Wirtschaftsgeschichte Bayerns

Dirk Götschmann

Wirtschaftsgeschichte Bayerns

19. und 20. Jahrhundert

Verlag Friedrich Pustet
Regensburg

Diese Publikation wurde gefördert durch:

AGROB Immobilien Aktiengesellschaft, München
Bayerische Landesbank, München
Bayernhafen Gmbh & Co KG, Regensburg
Brauerei Bischofshof e. K., Regensburg
E.ON Bayern AG, Regensburg
LFA Förderbank Bayern, München
Linde AG, München
Lindner AG, Arnstorf
Messe München GmbH, München
REWAG Regensburger Energie-und Wasserversorgung AG Co KG, Regensburg
Rohrwerke Maxhütte GmbH, Sulzbach-Rosenberg
Rosner GmbH & Co, München
Schaeffler KG, Herzogenaurach
Sennebogen Maschinenfabrik GmbH, Straubing
Vereinigung der Bayerischen Wirtschaft e. V., München

Bibliografische Information der Deutschen Nationalbibliothek

Die Deutsche Nationalbibliothek verzeichnet diese Publikation
in der Deutschen Nationalbibliografie; detaillierte bibliografische
Angaben sind im Internet über http://dnb.d-nb.de abrufbar.

www.verlag-pustet.de

ISBN 978-3-7917-2230-6
© 2010 by Verlag Friedrich Pustet, Regensburg
Umschlaggestaltung: Martin Veicht, Regensburg
Satz: Vollnhals Fotosatz, Neustadt a. d. Donau
Druck und Bindung: Friedrich Pustet, Regensburg
Printed in Germany 2010

Inhalt

Themenkästen

V. Die Nachkriegszeit (1945–1970/75)

Themenkästen

Vorwort

In krassem Gegensatz zur Bedeutung der Wirtschaft steht ihr Stellenwert in der Geschichtswissenschaft, insbesondere in der Lehre an den deutschen Hochschulen. Diese fokussiert sich seit den 1960er-Jahren zwar nicht mehr allein auf die „Große Politik", doch kann man Geschichte auch heute noch studieren, ohne sich mit Wirtschaftsgeschichte beschäftigen zu müssen. Die jüngsten Hochschulreformen verstärken diese Tendenz zum „Schmalspurstudium". Dass die Studierenden so keinen Grund erkennen können, sich intensiver mit Wirtschaftsgeschichte auseinanderzusetzen, habe ich in meiner langjährigen Tätigkeit als Hochschullehrer immer wieder erfahren müssen. Speziell in meinem Fach, der bayerischen Landesgeschichte, tritt ein weiteres Problem hinzu. Obwohl gerade hier wirtschaftshistorische Kenntnisse besonders wichtig sind, gibt es bisher keine umfassende Darstellung, die man den Studierenden an die Hand geben könnte.

Dieses Defizit zumindest für das 19. und 20. Jahrhundert zu beheben war die Absicht, die mich bei der Arbeit an diesem Buch leitete. Es basiert im Wesentlichen auf meinen Vorlesungen zur bayerischen Wirtschaftsgeschichte an der Universität Würzburg. Wie diese will es nicht nur einen Überblick geben, sondern auch zu einer intensiveren Beschäftigung mit dieser Thematik anregen. Es war mir deshalb ein besonderes Anliegen, diesem Buch einerseits eine attraktive Ausstattung zu geben, es aber andererseits zu einem Preis auf Markt zu bringen, der auch für die Studierenden erschwinglich ist. Das war nur Dank der Unterstützung einiger Unternehmen und Verbände möglich, die sich davon überzeugen ließen, wie wichtig es auch für die Wirtschaft selbst ist, dass ihr Anteil an der historischen Entwicklung stärker im Geschichtsbewusstsein verankert wird. Die Zuschüsse der vorne aufgeführten Sponsoren haben eine nicht unerhebliche Reduzierung des Verkaufspreises ermöglicht, wofür ich ihnen meinen herzlichen Dank ausspreche.

Danken möchte ich ferner allen meinen Mitarbeitern an der Universität, die mich bei der Literaturbeschaffung sowie dabei unterstützten, die Diagramme und die Register in die rechte Form zu bringen. Großen Anteil am Gelingen des Werkes aber hat der Verlag Friedrich Pustet. Fritz Pustet war mir stets ein verständnisvoller, aber auch konstruktiv-kritischer Partner; die Lektorin Heidi Krinner-Jancsik, die Lektoratsassistentin Christiane Abspacher sowie Sabine Karlstetter, die die technische Herstellung des Bandes überwachte, lernte ich als engagierte Mitarbeiterinnen schätzen. Ihre Hinweise – die mir manche zusätzliche Arbeit abverlangten! – haben wesentlich dazu beigetragen, ein akademisches Manuskript in ein ansprechendes Buch umzuwandeln.

Dirk Götschmann   Regensburg, im Oktober 2009

Einleitung

Bayern präsentiert sich heute mit Vorliebe als Standort innovativer Unternehmen und Forschungseinrichtungen, und dennoch sind es nicht Fortschritt und Modernität, die nach weitverbreitetem Verständnis den besonderen Charakter dieses Landes ausmachen. Gerade jene politischen und gesellschaftlichen Kräfte, die in den letzten Jahrzehnten mit großem Einsatz die Modernisierung des Freistaats vorangetrieben haben, pflegen das Klischee, wonach „in Bayern die Uhren anders gingen". Der Slogan „Laptop und Lederhose" suggeriert, dass in Bayern modernste Technik und traditionelle Lebensweise in harmonischer Verbindung stünden. Bayern, so lautet die Botschaft, sei ein moderner Staat ohne die üblichen negativen Begleiterscheinungen einer industrialisierten Gesellschaft.

Diese Sichtweise hat Tradition, denn in Bayern hielt man am Anspruch, ein Agrarstaat zu sein, auch dann noch fest, als die Verhältnisse, objektiv betrachtet, dem schon längst widersprachen. Denn bereits an der Wende vom 19. zum 20. Jahrhundert lebte der größte Teil der bayerischen Bevölkerung nicht mehr von der Landwirtschaft und auch nicht mehr an seinem Geburtsort, sondern fand seinen Lebensunterhalt in Industrie, Gewerbe und Dienstleistungen, und diese konzentrierten sich üblicherweise in den Städten. Und schon seit 1880 war der Anteil, den die Landwirtschaft zu den Staatseinnahmen und damit zum Gemeinwesen beitrug, geringer als jener der übrigen Wirtschaftsbereiche, und hat seither rasch weiter abgenommen.[1] Dennoch pflegte man hartnäckig das Bild von Bayern als Bauernland, dessen bodenständige Menschen fest in der Familie und im Glauben verankert seien und so dem Ansturm der Moderne standhielten, der anderswo die Menschen entwurzelt, die gewachsenen Bindungen gelöst und so die hergebrachte gesellschaftliche und politische Ordnung zerstört habe. Obwohl sich der tief greifende Wandel spätestens nach der Revolution von 1918 auch in Bayern nicht mehr kaschieren ließ, hielt man dieses Image sogar noch nach dem Zweiten Weltkrieg aufrecht.[2]

Vorschub leistete dieser Sichtweise der populäre Historiker Karl Bosl, der von einer „geminderten Industrialisierung Bayerns" sprach, auch wenn er dabei nur die Dynamik, nicht aber die Wirkungen und Folgen des Industrialisierungsprozesses im Auge hatte.[3] Besonders Franz Josef Strauß, der in seiner Amtszeit als Ministerpräsident (1978–1988) die Modernisierung Bayerns energischer vorantrieb als jeder seiner Vorgänger, pflegte mit Hingabe dieses Bayernbild. So betonte er 1985 in seinem Geleitwort zum Katalog der Landesausstellung „Leben und Arbeiten im Industriezeitalter", dass Bayern die „brutale Zerstörung seiner Landschaft" und die „plötzliche Entwurzelung großer Bevölkerungsschichten" erspart geblieben seien. Dass Bayern dem Industriezeitalter dennoch eine Ausstellung widmete, begründete er damit, dass „den Menschen, die Armut und Elend haben schrittweise überwinden helfen", „unser dankbares Interesse" gelte.[4]

Diese Sichtweise verleitet zu der Schlussfolgerung, dass sich Bayern in nur wenigen Jahrzehnten vom Agrarland zum modernen Staat postindustriellen Zuschnitts entwickelt habe. Vor diesem Hintergrund einer vorgeblich großen wirtschaftlichen Rückständigkeit Bayerns bis in die Jahre nach dem Zweiten Weltkrieg hinein erstrahlt dann der Aufstieg zu einem der wirtschaftlich stärksten Bundesländer in umso hellerem Licht. Und dessen Glanz fällt vor allem auf jene politische Kraft, die seit 1957 ununterbrochen die Regierung des Freistaates stellt und dessen wirtschaftliche Entwicklung als ihr Verdienst reklamiert.

In Wirklichkeit erfolgte die Entwicklung Bayerns vom Agrar- zum Industriestaat aber in einem langen und sehr komplexen Prozess, der durch viele Kräfte angetrieben und gesteuert wurde. Dieser Umstand war es auch, der den Autor dazu veranlasste, die vorliegende Untersuchung in Angriff zu nehmen. Es ist das Charakteristikum der Landesgeschichte, dass sie sich auf einen überschaubaren Raum beschränkt, um derartige komplexe historische Prozesse erfassen und darstellen zu können – und als ein Beitrag zur bayerischen Landesgeschichte versteht sich diese Abhandlung. Sie möchte aufzeigen, wie sich Wirtschaft und Gesellschaft Bayerns in den beiden zurückliegenden Jahrhunderten entwickelt haben, und dies in allgemein verständlicher Form. Deshalb verzichtet sie auch auf die Erörterung wirtschafts- und sozialwissenschaftlicher Kontroversen ebenso wie auf das hierbei übliche Vokabular. Um das Verständnis der wirtschaftlichen Entwicklung zu erleichtern, wird diese in die historischen Zusammenhänge eingeordnet, wobei vielfach auf die zeitgenössische Statistik und Publizistik Bezug genommen wird. Dass die Darstellung angesichts der Komplexität der Zusammenhänge von Politik, Wirtschaft und Gesellschaft, die sich auch in einer großen Zahl einschlägiger Publikationen niedergeschlagen hat, keinen Anspruch auf Vollständigkeit erheben kann, versteht sich von selbst.

Der Untersuchungszeitraum umfasst im Wesentlichen das Industriezeitalter. Das ist jene Epoche, in der nicht nur die Arbeitswelt, sondern auch die politischen und gesellschaftlichen Verhältnisse von „der Industrie", als einem Teilbereich der Wirtschaft, geprägt wurden. Genau datieren lassen sich weder Beginn noch Ende dieser Ära. Der Industrialisierungsprozess ging von England aus, wo er bereits gegen Ende des 18. Jahrhunderts einsetzte, und schritt von hier aus mit unterschiedlicher Geschwindigkeit und Intensität in Europa voran. In Deutschland gab es neben solchen Regionen, in denen die Industrialisierung sehr schnell Fuß fasste – wie etwa in den westlichen Provinzen Preußens, in Sachsen und in einigen mitteldeutschen Staaten – auch solche, in denen sie erst später und nur punktuell einsetzte; zu diesen zählt Bayern. Und auch innerhalb Bayerns ist eine höchst differenzierte Entwicklung zu beobachten. Die Ursache hierfür ist darin zu suchen, dass die Voraussetzungen für die Industrialisierung in den bayerischen Regionen sehr unterschiedlich waren. In einigen lassen sich bereits zu Beginn des 19. Jahrhunderts industrielle Keimzellen ausmachen; insgesamt aber hat die Entwicklung erst um 1840 ein Stadium erreicht, das es erlaubt, vom Beginn der Industrialisierung zu sprechen.

Das Ende dieser Epoche wird durch unterschiedliche Vorgänge Ende der 1960er- und Anfang der 1970er-Jahre markiert. Damals kam der bis dahin stete Anstieg des Anteils der Beschäftigten im produzierenden Bereich an der Gesamtzahl der Beschäftigten zum Stillstand, und 1975 waren dann in der Bundesrepublik mehr Menschen im tertiären Bereich beschäftigt als im produzierenden. Auch die Publikation der berühmten Studie des „Club of Rome" zu den „Grenzen des Wachstums" 1972 und die Ölkrise im Winter 1973/74 wurden als Einschnitte wahrgenommen.[5] Und weil in den am weitesten entwickelten Staaten diejenige Form der Industrie, die dem Industriezeitalter ihren Stempel aufdrückte, nun ihre Leitfunktion eingebüßt hatte, so apostrophierte man die neue Ära zunächst als „postindustriell".

Die Entwicklung seither ist noch zu sehr mit der Gegenwart verbunden, als dass sie schon als Geschichte betrachtet werden könnte. Nichts verdeutlicht dies besser als die Diskussionen über die Ursachen der Turbulenzen der Weltwirtschaft zu Beginn des 21. Jahrhunderts, in denen die politischen Weichenstellungen und wirtschaftlichen Entwicklungen der zurückliegenden Jahrzehnte neu und oft sehr kritisch bewertet werden. Deshalb muss sich die Darstellung der Entwicklung seit Ausgang des Industriezeitalters bis zur Jahrtausendwende auf einen eher referierenden als analysierenden Ausblick beschränken.

Der geografische Raum der Untersuchung umfasst bis in die Zeit der NS-Diktatur hinein auch die Pfalz, die bis 1945 der achte Regierungsbezirk Bayerns war. Dies ist nicht nur sinnvoll, weil die gesamte zeitgenössische bayerische Statistik selbstverständlich immer auch die Pfalz mit einbezog. Vielmehr war die Pfalz genuiner Bestandteil Bayerns, vor allem auch in wirtschaftlicher Hinsicht, sodass jede Darstellung der bayerischen Wirtschaftsgeschichte ohne Berücksichtigung der Pfalz unvollständig wäre. Erst im „Dritten Reich" lockerte sich diese Verbindung, die dann dadurch, dass die Pfalz 1945 der französischen Besatzungszone und im August 1946 einem neu gebildeten „rhein-pfälzischen Land" zugeschlagen wurde, endgültig gelöst wurde.

Der Industrialisierungsgrad Bayerns am Ende des 19. Jahrhunderts

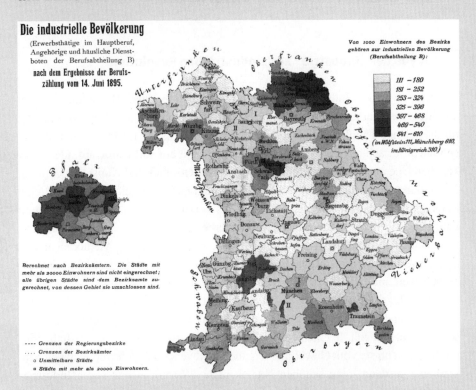

Wie diese Karte zeigt, zählte ein großer Teil der in Bayern lebenden Menschen bereits um die Wende vom 19. zum 20. Jahrhundert zur „industriellen Bevölkerung". Darunter verstand die Statistik jene Erwerbstätigen mit ihren Angehörigen, die ihren Lebensunterhalt in Industrie, Bergbau, Gewerbe und Handwerk verdienten. Dieser Anteil betrug im Jahr 1895 bayernweit 31 %; rechnet man auch die in der Sparte „Handel und Verkehr" Tätigen hinzu, so erhöht sich dieser Bevölkerungsanteil auf 40,8 %. Von „Landwirtschaft, Gärtnerei und Tierzucht, Forstwirtschaft und Fischerei" lebten damals 45,8 %. Nur zwölf Jahre später, im Jahr 1907, war der Anteil Letzterer auf 40,1 % geschrumpft, wogegen jener der „industriellen Bevölkerung" auf 33,5 % und jener der von Handel und Verkehr Lebenden auf 11,6 % angewachsen war. Zusammen stellten diese nun 45,1 % der Bevölkerung, womit ihr Anteil den der von Landwirtschaft Lebenden um 5 % übertraf.

Bei der Karte ist zu beachten, dass die Bevölkerung der Städte mit mehr als 20.000 Einwohner nicht miteinbezogen wurde; hätte man dies getan, dann wäre der Anteil der dunkel eingefärbten Kreise, also derjenigen mit einem starken Anteil an industrieller Bevölkerung, um einiges größer ausgefallen.

I. Grundlagen und Voraussetzungen der Industrialisierung Bayerns

1. Von der „Industria" zur „industriellen Revolution"

Der Begriff „Industrie" hat einen aufschlussreichen Bedeutungswandel durchlaufen.[1] „Industria" stand zunächst für „Emsigkeit" und „Betriebsamkeit", für die „eifrige Tätigkeit", und so wurde der Begriff bis ins 19. Jahrhundert hinein gebraucht. Er schloss auch die Geschicklichkeit mit ein und wurde auf alle Tätigkeitsbereiche angewandt, einschließlich der Wissenschaft und Kunst. Ab dem 18. Jahrhundert aber erfuhr der Begriff, von England und Frankreich ausgehend, eine Einengung und bezog sich nur noch auf das vorzugsweise in Manufakturen und Fabriken in größerem Stil ausgeübte Gewerbe. Seit Mitte des 19. Jahrhunderts schließlich definierte der Begriff „Industrie" eine mit modernen Methoden ausgeübte gewerbliche Tätigkeit, bei der aus Rohstoffen Erzeugnisse mit höherem Gebrauchswert und/oder höherem Nutzen hergestellt wurden.

Der Begriff „Industrie" war somit grundsätzlich positiv besetzt, weshalb auch nicht verwunderlich ist, dass als Wesensmerkmal eines Industrieprodukts seine besondere Qualität galt. In einem zeitgenössischen Lexikon heißt es dazu: „Industrieprodukte, wenn sie vom Gewöhnlichen und Handwerksmäßigen wenig abweichen, verdienen alsdann ihren schönen Namen nicht. Was in unsern Tagen Industrieprodukt heißt, kann in der nächsten Generation, wo die Kenntnisse höher steigen, ein gemeines Handwerksprodukt sein". So wie moderne Produktionsmethoden und hohe Qualität zusammenhingen, so korrelieren industrielle und massenhafte Produktion. Deshalb verschmolz der Begriff „Industrie" bald mit dem der „Fabrik-Industrie". Beide Bezeichnungen verwendete man nun für jene Wirtschaftsunternehmen, die ihre Produkte unter Einsatz von Maschinen und moderner Technologie, in großem Umfang und in großen Betriebseinheiten – den Fabriken – herstellten. Diese Definition hat sich allgemein durchgesetzt und gilt noch heute.

Die Menschen aber wurden sich rasch des tief greifenden Wandels bewusst, der mit diesen neuen Produktionsmethoden einherging. So etwa konstatierte der deutsche Nationalökonom Georg Winkelblech 1848: „Die jüngste Zeit hat eine neue Macht kennengelernt, welche die Schicksale der Völker bewegt, und diese Macht ist die Industrie". Schon damals sprach man häufig von der „industriellen Revolution", womit man ganz bewusst einen Zusammenhang zur Französischen Revolution von 1789 herstellte. Tatsächlich gab es zwischen der politisch-gesellschaftlichen und technisch-wirtschaftlichen Revolution enge Zusammenhänge. Die erste große Industrieausstellung fand 1798 nicht zufällig in Paris statt, sollte sie doch zeigen, zu welchen Leistungen der befreite menschliche Erfindungsgeist fähig sei.

Als Epochenbegriff wurde „industrielle Revolution" seit den 1830er-Jahren verwendet. In Deutschland machte ihn vor allem Friedrich Engels populär, der in seinem 1845 veröffentlichten Werk „Über die Lage der arbeitenden Klasse in England" von der „industriellen Revolution" sprach, mit der ein neuer Abschnitt der Menschheitsgeschichte begonnen habe. Diese Sichtweise teilten viele seiner Zeitgenossen, und wirklich hat die Industrialisierung die Welt von Grund auf verändert.

Die Industrialisierung stellt nämlich einen entscheidenden Wendepunkt in der Entwicklung der Menschheit dar: Mit ihr erfolgte die Ablösung der Empirie durch die Wissenschaft und die Loslösung der Produktion von den Fesseln der nachwachsenden Rohstoffe. Denn die Industrialisierung ruht auf zwei Säulen: auf der Naturwissenschaft und der Nutzung der fossilen Energierohstoffe. Auf der Naturwissenschaft insofern, als allen Innovationen, welche die Industrialisierung in Gang setzten, eines gemeinsam war: Mit ihnen wurden wissenschaftliche Erkenntnisse einer technischen und wirtschaftlichen Verwertung zugeführt. Damit begann eine Entwicklung, durch die sich das Leben der Menschen von Grund auf veränderte. Bisher hatten nahezu alle kulturellen Errungenschaften der Menschheit auf Erfahrung beruht; diese war die Grundlage allen Wissens und Könnens des „homo faber", des schaffenden Menschen. Ob Werkzeuge und Maschinen, landwirtschaftliche oder gewerbliche Produktionsverfahren – sie alle hatte der Mensch über lange Zeiträume hin entwickelt. Ihre Herstellung und Anwendung beruhte auf Kenntnissen und Fertigkeiten, die man oft über viele Generationen angesammelt hatte. Die moderne Technik dagegen basiert auf der Wissenschaft, und an die Stelle der Erfahrung ist die wissenschaftliche Erkenntnis getreten. Dem Wissenschaftler, der die Naturgesetze entschlüsselt, folgt der Techniker, der, auf diesen Erkenntnissen aufbauend, seine Vorrichtungen und Verfahren entwickelt. Der Fortschritt der Naturwissenschaft gibt somit das Tempo und die Richtung der Entwicklung vor, welche die Technik und, ihr folgend, die Wirtschaft nimmt. Im Verlauf der Industrialisierung lassen sich hierbei folgende Anwendungsbereiche unterscheiden:

– der Ersatz menschlicher und tierischer Arbeitskraft durch Maschinenkraft,
– die Ablösung menschlicher Tätigkeiten und Fertigkeiten durch technische Anlagen,
– die Einführung von Herstellungsverfahren, mit denen bei geringerem Arbeits-, Energie- und Rohstoffeinsatz ein gleichwertiges oder höherwertiges Produkt erzeugt wird,
– der Ersatz organischer Rohstoffe durch anorganische.

Mit solchen Veränderungen der Produktionsweise hielten grundlegend neue Produktionsformen Einzug und mit diesen wiederum neuartige Produktionsstätten. Diese wurden zunächst erheblich größer, denn der Einsatz von Maschinen, insbesondere der Dampfmaschinen, ermöglichte und erforderte die räumliche Konzentration der Produktionsanlagen. An die Stelle einzelner Werkstätten, die oft weit verstreut liegen mussten – vor allem, wenn sie auf die Wasserkraft angewiesen waren –, – trat die Fabrik. Diese aber war weit mehr als eine große Werkstatt – sie war ein völlig neues Produktionssystem. In der Fabrik war jeder Arbeitsplatz in einen genau vorgegebenen Produktionsablauf eingefügt, und die Funktion des Ganzen war von der exakten Durchführung jedes einzelnen Arbeitsschrittes abhängig, sodass letztlich jeder für den Erfolg des Ganzen mit verantwortlich war. Diese Betriebe waren streng hierarchisch aufgebaut, wobei zumeist ein einzelner Unternehmer an der Spitze stand. Er stellte das Kapital zur Verfügung, warb die Arbeitskräfte an, gab diesen die Produktionsmittel an die Hand und vermarktete die Produktion. Die Beschäftigten brachten ausschließlich ihre Arbeitskraft ein, was die Arbeiter der Fabriken grundsätzlich von den Handwerkern und Gewerbetreibenden unterschied, die Eigentümer ihrer Produktionsmittel waren.

Diese besondere Abhängigkeit wurde durch die Ein- und Unterordnung in den Betriebsablauf verstärkt. Der Disziplin kam jetzt essenzielle Bedeutung zu, und das Erfordernis einer strikten Disziplin macht wohl auch den wichtigsten Unterschied zwischen der Lebensweise der Menschen in der industriellen Welt zu jener der vorindustriellen aus. Zwar waren abhängig Beschäftigte auch früher teilweise starken Zwängen ausgesetzt gewesen, aber erst in der Fabrik waren sie einer vom Grundsatz her unmenschlichen Disziplin unterworfen. Denn es ist die Maschine, die dem Menschen ihren Rhythmus aufzwingt, und sie kennt, anders als der Mensch, kein Ermüden. Der Fabrikarbeiter musste seine Tätigkeit vielfach in einem mechanisch vorgegebenen Takt ausüben, und das zumeist mit sehr langen Arbeitszeiten, damit sich das in die Fabrik und ihre Maschinen investierte Kapital möglichst rentierte. Zeit war ab jetzt Geld, und so erhielt auch die Zeitmessung einen neuen Stellenwert. Uhren fanden als unentbehrliche Zeitmesser nun selbst im Haushalt der unteren Schichten Eingang; ohne sie kam niemand mehr aus. Pünktlichkeit avancierte zur Tugend und bildete zusammen mit Disziplin, Gehorsam, Genügsamkeit und Sauberkeit den neuen Wertekodex der Industriegesellschaft.

Die Industrialisierung revolutionierte aber nicht nur die Arbeits- und Lebensbedingungen. Sie führte außerdem zu einer Ausweitung der Produktion in einem bis dahin nicht vorstellbarem Ausmaß. In der vorindustriellen Welt waren solcher Expansion enge und unüberwindliche Schranken gesetzt, da Energie nur in begrenzter Menge zur Verfügung stand. Die wichtigste Energiequelle war menschliche und tierische Arbeitskraft. Von dieser war die landwirtschaftliche Produktion nahezu völlig und die gewerbliche zum größten Teil abhängig. An anderen Energieressourcen standen Wasser- und Windkraft, vor allem aber Holz zur Verfügung. Holz war wichtigster Energielieferant und zugleich Werkstoff.

Ohne die bei seiner Verbrennung freiwerdende Energie war menschliches Überleben nicht vorstellbar, und in Form von Holzkohle war es zur Erzeugung und Verarbeitung von Metallen unverzichtbar. Zugleich fand es als Werkmaterial universelle Verwendung. Ob beim Haus-, Fahrzeug-, Schiffs- oder Maschinenbau, ob in der Landwirtschaft, im Handwerk oder Gewerbe, nirgends kam man ohne Holz aus; zu Recht wurde die vorindustrielle Kultur deshalb auch eine hölzerne Kultur genannt.

Dem Umstand der begrenzten Verfügbarkeit dieses organischen Rohstoffs kam entscheidende Bedeutung für die gesamte wirtschaftliche Entwicklung zu. Holz konnte man letztlich nur so viel verbrauchen, wie in den Wäldern nachwuchs, wobei man große Waldflächen wegen ihrer Unzugänglichkeit kaum nutzen konnte. In der Praxis hat der Holzmangel der Produktion in vielen Bereichen enge Grenzen gesetzt. Das galt besonders für solche Produktionszweige, in denen es für Holz beziehungsweise Holzkohle keinen Ersatz gab, wie zum Beispiel bei der Erzeugung und Verarbeitung von Metallen.

Das zweite wesentliche Element der Industrialisierung ist deshalb die Loslösung vom Holz und dessen Ersatz durch fossile Energierohstoffe. Der Beginn des Industriezeitalters ist zugleich der Beginn der umfassenden Ausbeutung der fossilen Brennstofflager. Das war zunächst die Kohle, die dann durch Erdöl und Erdgas, in denen die Sonnenenergie von Jahrmillionen gespeichert ist, ergänzt und zunehmend ersetzt wurde, und deren Erschließung und Nutzbarmachung machte den Menschen somit unabhängig vom laufenden Energiezufluss der Sonne, den er bis dahin nur indirekt – in Form von Biomasse – nutzen konnte.

Mit den fossilen Energiequellen erschloss sich der Mensch die „Schatzkammern der Erde", und deren Ausbeutung ermöglichte eine Ausweitung der Produktion in bis dahin unvorstellbaren Größenordnungen. Dazu muss man sich nur vergegenwärtigen, dass ein Mensch zu einer stündlichen Dauerleistung von ca. 0,1 kWh imstande ist, was 86 Kilokalorien (kcal) entspricht, ein Kilogramm Steinkohle aber 7000 kcal und ein Liter Rohöl 10 000 kcal enthält. In einem Liter Öl ist somit soviel an Energie enthalten wie in 116,2 Stunden menschlicher Arbeitsleistung. Eine Tonne Rohöl enthält damit eine Energiemenge, die äquivalent zur Arbeitsleistung von 318,5 Menschen ist, die ein Jahr lang jede Woche sieben Tage zehn Stunden ohne Unterbrechung arbeiten. Um die Energie zu ersetzen, die in den 110,14 Mio. t Rohöl enthalten ist, die Deutschland im Jahr 2004 importierte, müssten 35 079 590 000 Menschen ein Jahr lang jeden Tag zehn Stunden arbeiten. Damit bedarf die Feststellung, dass mit der Industrialisierung tatsächlich ein Quantensprung in der Entwicklung der Menschheit erfolgte und dass dieser letztlich nur dank der fossilen Energierohstoffe möglich war, wohl keiner weiteren Begründung.

2. Der Industrialisierungsprozess

In der Verknappung des Energierohstoffes Holz ist eine der wichtigsten Ursachen für die Industrialisierung zu suchen. Europaweit nahmen im 18. Jahrhundert durch langfristigen übermäßigen Holzeinschlag die Wälder ab, der Holzmangel behinderte zunehmend die gesamte wirtschaftliche Entwicklung. Das galt vor allem bei der Produktion von Eisen, das als Werkstoff immer wichtiger wurde. Selbst bei Einsatz der fortschrittlichsten Hüttentechnologie benötigte man im 18. Jahrhundert zur Herstellung von 1 t Eisen rund 8 t Holzkohle, was wiederum 30 t Holz entsprach. Bei Buchenholz war dies etwa die Substanz, die auf einer Waldfläche von 35 Hektar in einem Jahr nachwuchs. In den wichtigsten europäischen Produktionsgebieten für Eisen bewirkte der Holzmangel damals eine Stagnation oder sogar einen Rückgang der Eisenerzeugung.

Schon seit Längerem hatte man deshalb versucht, Holzkohle durch andere Energierohstoffe zumindest zu ergänzen. Man experimentierte mit Torf, Braunkohle und Steinkohle, alles längst bekannte Brennstoffe, die zur Verhüttung aber bisher kaum zu gebrauchen waren. Als besonders interessant galt die energiereiche Steinkohle, die jedoch chemische Verbindungen enthält, welche mit ihr erzeugtes Eisen unbrauchbar machen. In England, dessen Wälder schon stark reduziert waren, das aber über große Steinkohlevorkommen verfügte, experimentierte man bereits seit dem ausgehenden 17. Jahrhundert mit dem Einsatz der Steinkohle zur Eisenerzeugung. 1735 gelang es erstmals, ausschließlich damit einen Hochofen zu betreiben. Vorausgegangen war die Entwicklung des Verkokungsverfahrens, bei dem der Steinkohle die schädlichsten Stoffe entzogen werden. Damit war der Schritt zur Abkoppelung der Roheisenproduktion von der Holzkohle vollzogen. Ihm folgte um 1780 die Erfindung eines Verfahrens („Puddeln"), mit dem nun auch die Weiterverarbeitung des Roheisens ohne Holzkohle möglich wurde. Jetzt war die gesamte Eisenerzeugung von Holzkohle unabhängig.

Damit war die Grundlage der modernen Eisenindustrie geschaffen. Dennoch dauerte es noch lange, bis diese Technologie in ganz Europa Anwendung fand, denn in waldreichen Regionen arbeitete man weiter mit Holzkohle. In der Oberpfalz, wo der Schwerpunkt der bayerischen Eisenerzeugung lag, erfolgte der Umstellungsprozess erst nach der Mitte des 19. Jahrhunderts, als man Kohle per Eisenbahn anliefern konnte.

Die Auswirkungen, welche die Erschließung fossiler Energieträger für die Eisenproduktion hatte, waren gewaltig. Stellte man in der Mitte des 18. Jahrhunderts in England noch maximal 17 000 t Roheisen pro Jahr her, so waren es 1788 bereits 68 000 t, 1806 244 000 t und 1823 schließlich 455 000 t; damit war die Eisenerzeugung innerhalb eines halben Jahrhunderts um fast das 27-fache gestiegen. Noch stärker stieg der Bedarf an Kohle, denn diese wurde nun auch in anderen Bereichen in größeren Mengen eingesetzt. Der Kohlebergbau wurde deshalb in immer größere Tiefen vorangetrieben, was den Einsatz immer stärkerer Maschinen zum Abpumpen des Grubenwassers erforderte. Dieser Bedarf zog die Entwicklung der leistungsfähigen pneumatischen Dampfmaschinen von James Watt nach sich, die zum Symbol der Industrialisierung werden sollten. Die erste dieser Maschinen kam 1777 zum Einsatz, drei Jahre später gab es bereits über 20 Stück, wenige Jahre später war ihre Zahl kaum mehr überschaubar.

Wie schon bei diesen Zusammenhängen zu sehen ist, griff bei der Industrialisierung ein Rad in das andere – in vielfacher Weise. So benötige die nun entstehende Schwerindustrie große Mengen Kohle, zu deren Abbau und Transport sie leistungsfähige Maschinen und Anlagen entwickeln und bauen musste. Neue Technologien und Produktionsweisen erzeugten zugleich einen Bedarf an neuen Produkten, und ein beträchtlicher Teil davon waren Investitionsgüter, also Maschinen, Einrichtungen, Verkehrsmittel und anderes, was zur Produktion und Verteilung von Gütern benötigt wurde. Von Anfang an war die Industrialisierung also ein interaktiver Prozess: Wandel erzeugte Wandel, der Fortschritt in dem einen Bereich setzte Fortschritt in anderen Bereichen voraus und zog diesen zugleich nach sich. So setzte beispielsweise der Bau von Dampfmaschinen mit hohem Wirkungsgrad einen fortgeschrittenen Entwicklungsstand des Maschinenbaus voraus und trieb diesen mit jeder neuen Konstruktion weiter voran; dazu mussten neuartige Werkzeuge, Vorrichtungen und Maschinen entwickelt und gebaut werden. Die hierfür notwendigen Investitionen rentierten sich aber nur, wenn die neuen Produktionsmittel und -kapazitäten entsprechend genutzt wurden. So wurden neue Anwendungsbereiche für Dampfmaschinen gesucht, die bald Arbeitsmaschinen aller Art antrieben, und auch solche Maschinen vermarktet, die man zunächst zur Produktion von Dampf- und Arbeitsmaschinen entwickelte, so zum Beispiel Maschinen zum Drehen, Bohren, Fräsen, Stanzen, Schneiden und Schmieden. Damit stellte der Maschinenbau eine wichtige Säule der Industrialisierung dar und ermöglichte die Mechanisierung immer weiterer Bereiche der gewerblichen Produktion.

Die stetig wachsende Nachfrage nach Investitionsgütern kam aber nicht nur der Maschinenbauindustrie, sondern auch der Schwerindustrie zugute und bewirkte so einen sich ständig erweiternden Bedarf an Kohle, Erz und Eisen – Grundstoffe, die in immer größeren Mengen gefördert und produziert sowie über immer weitere Strecken transportiert werden mussten. Diese Ausweitung des Bergbaus und der industriellen Produktion zog einen enormen Anstieg des Güterverkehrs nach sich, weshalb leistungsfähige Transportmittel und -wege entwickelt und gebaut werden mussten, womit sich ein weiteres wichtiges Feld industrieller Betätigung auftat. Vor allem der Eisenbahnbau wurde deshalb zu einer kräftigen Triebfeder der technischen Innovation und der industriellen Entwicklung, und auch er war gleichermaßen Produkt wie Antriebskraft der Industrialisierung.

In diesen ersten Phasen der Industrialisierung ist gut zu erkennen, dass ein beträchtlicher Teil der großen Nachfrage, welche die enormen Produktionssteigerungen ermöglichte und bedingte, von den an diesem Prozess unmittelbar Beteiligten selbst erzeugt wurde. Die Industrialisierung war ein dynamischer, sich selbst stimulierender Prozess, der sich wie Ringe im Wasser ausbreitete. Aber nicht nur dies unterschied die Industrialisierung grundlegend von früheren wirtschaftlichen Aufschwüngen: Neben dem exponentiell zunehmenden Einsatz fossiler Energieträger basierte sie auf einem enormen technischen Fortschritt. Erst in Verbindung mit modernen Fertigungsverfahren führte der vermehrte Energieeinsatz zu dem gewaltigen Fortschritt in der Produktivität, in dem ein weiteres wesentliches Merkmal der Industrialisierung zu sehen ist. Integraler Bestandteil der industriellen Revolution ist somit die technische Revolution, von der ein kumulativer, sich selbst tragender Fortschritt seinen Ausgang nahm, der alle Bereiche des Wirtschaftslebens durchdrang.

Trotz dieser sich gegenseitig stützenden und beschleunigenden Faktoren verlief die Industrialisierung nicht bruchlos. Immer wieder führten neue Technologien und neue Bedürfnisse zum Aufstieg neuer Industriezweige, während andere ihre Dynamik verloren und in ihrer Bedeutung für die Gesamtwirtschaft zurückfielen oder sogar völlig verschwanden. Während die wirtschaftliche Entwicklung insgesamt durch Konjunkturzyklen geprägt wird, lassen sich bei den einzelnen Industriezweigen die immer gleichen Entwicklungsstufen verfolgen: Einer oft stark expansiven Phase folgt die Konsolidierung und Stagnation, sobald die Zeit der wesentlichen Innovationen vorbei ist. Immer mehr Anbieter drängen jetzt mit nahezu gleichwertigen Produkten auf den Markt, sodass die Gewinne schrumpfen. Doch gehen Industriezweige, deren innovatives Potenzial erschöpft ist, nicht zwangsläufig zugrunde: Wenn sie durch Rationalisierung, Automatisierung oder durch Verlagerung der Produktion in Regionen, in den die Produktionskosten geringer sind, ihre Produkte billiger anbieten können und sich so neue Märkte und Käuferschichten erschließen, wachsen sie oft noch beträchtlich weiter.

So hatte der Aufstieg derjenigen Industriezweige, die das Kernstück der industriellen Revolution bildeten – die Eisen und Stahl erzeugende Industrie, die Textilindustrie, der Maschinenbau, der Eisenbahnbau und die chemische Grundstoffindustrie –, – in den fortschrittlichsten europäischen Staaten und in Nordamerika schon Ende des 19. Jahrhunderts seine Dynamik eingebüßt. Der befürchtete Zusammenbruch des Weltwirtschaftssystems trat jedoch nicht ein, und der Niedergang einzelner Industriezweige hatte keine dauerhaften negativen Folgen für die wirtschaftliche Gesamtentwicklung. Denn dieser relative Niedergang der Schwerindustrie – denn um einen relativen, und nicht um einen absoluten handelte es sich – wurde durch das Aufblühen neuer Industriezweige mehr als kompensiert. Nun sorgten die elektrotechnische und die chemische Industrie für einen neuen, die gesamte Weltwirtschaft erfassenden Auftrieb. Diese Branchen wiederum wurden in den 1940er-Jahren durch den riesigen Industriezweig abgelöst, der sich auf der Grundlage des Erdöls und des Verbrennungsmotors – einer der folgenreichsten Erfindungen des 19. Jahrhunderts – entfaltete. Die Motorisierung und die damit einhergehende massenhafte Mobilisierung, die die Welt mindestens im gleichen Maße verändert hat wie vor ihr die Dampfmaschine und die Eisenbahn, sorgten bis in die 1970er-Jahre hinein für wirtschaftliche Dynamik. Das Ende dieser Phase markiert der „Ölpreisschock" von 1973, mit dem auch das industrielle Zeitalter zu Ende ging.

3. Das Land und seine Ressourcen

Von der bayerischen Pfalz abgesehen, die 1945/46 von Bayern abgetrennt wurde, hat sich das Staatsgebiet Bayerns seit 1816 bis heute nicht wesentlich verändert. Das Königreich Bayern war rund 76 000 qkm groß und stellte mit Ausnahme der Pfalz ein geschlossenes Territorium dar. Es bestand seit 1817 aus acht Regierungsbezirken, von denen fünf zuvor nicht zu Bayern gehört hatten: Schwaben (bis 1837: Oberdonaukreis), Unterfranken (Untermainkreis), Oberfranken (Obermainkreis), Mittelfranken (Rezatkreis) und die Pfalz (Rheinkreis). Altbayerisch waren lediglich Oberbayern (Isarkreis), Niederbayern (Unterdonaukreis) und die Oberpfalz (Regenkreis).

Regierungsbezirk[7]	Fläche[8]	Einwohner[9]	Einw./qkm	Einwohner	Einw./qkm
	qkm	1818	1818	1846	1846
Oberbayern	17 020	585 467	34,4	705 544[10]	41,45
Niederbayern	10 725	450 895	42,0	543 709	50,6
Oberpfalz	9644	403 481	41,8	467 606	48,5
Oberfranken	6900	394 954	57,2	501 163	72,6
Mittelfranken	7638	437 838	57,3	527 866	69,1[11]
Unterfranken	8936	501 212	56,1	592 080	62,9
Schwaben	9562	487 951	51,0	558 436	58,4[12]
Pfalz	5957	446 168	74,9	608 470	102,1
Bayern	*76 382*	*3 707 966*	*49,5*	*4 504 874*	*59,0*

Mit einer Bevölkerungsdichte von 49,5 Einw./qkm lag Bayern zu Beginn des 19. Jahrhunderts fast genau im Durchschnitt des Deutschen Bundes (ohne Österreich), denn dieser betrug 49 Einwohner pro qkm.[13] 1840 aber war Bayern deutlich zurückgefallen. Denn während die Bevölkerungsdichte durchschnittlich nun bei

65 Einw./qkm lag,[14] waren es in Bayern nur 58; das entsprach einem Zuwachs von 17,2 % in Bayern, aber von 32,6 % im Durchschnitt des Deutschen Bundes.

Auf den Zeitraum von 1818 bis 1846 bezogen, wuchs die bayerische Bevölkerung um 19 % und damit um durchschnittlich 0,68 % pro Jahr. In der Oberpfalz waren es nur 15,9 % und in Schwaben 14,4 %; über dem Landesdurchschnitt lagen Oberfranken mit 26,9 % und die Pfalz mit 30,6 %. Vor allem dem Bevölkerungswachstum der Pfalz war es zu verdanken, dass die durchschnittliche Bevölkerungszunahme Bayerns in diesem Zeitraum nicht noch weiter zurücklag. Dieses geringere Wachstum der bayerischen Bevölkerung war weder auf eine niedrigere Geburtenrate noch die tatsächlich überproportional hohe Säuglingssterblichkeit zurückzuführen. Ausschlaggebend waren vielmehr die Wanderungsverluste. Vor allem seit etwa 1840 haben wesentlich mehr Menschen Bayern verlassen als dorthin zuwanderten.

Der bei Weitem größte Teil der Bevölkerung Bayerns lebte zu Beginn des 19. Jahrhunderts auf dem Land. 1825 wohnten über 671 000 Familien in Weilern und Orten, die eine Bevölkerung von weniger als 500 Familien hatten, in den größeren Orten und Städten hingegen nur 116 000. Das hätte einem Verhältnis von Stadt- zu Landbewohnern von ca. 1:5,8 entsprochen.[15] Diese Verteilung änderte sich schon bis 1840 deutlich, nun betrug sie 1:4,4.[16] Dabei gab es jedoch wieder erhebliche regionale Unterschiede. In Mittelfranken, Oberbayern, in der Pfalz und auch Schwaben war der Anteil der städtischen Bevölkerung deutlich höher, während er in der Oberpfalz, in Oberfranken, Unterfranken und vor allem in Niederbayern erheblich kleiner war. Die Spannbreite reichte von einem Verhältnis von 1:2,6 im städtereichen Mittelfranken bis zu 1:13,5 in Niederbayern.

Die Ursache für die ungleiche Bevölkerungsverteilung und das unterschiedliche Bevölkerungswachstum ist vor allem in den naturräumlichen Gegebenheiten Bayerns zu suchen. Weite Landstriche boten für die Landwirtschaft und damit aber auch für die Besiedlung ungünstige Voraussetzungen. Wegen der hohen Transportkosten im vorindustriellen Zeitalter war auch eine Nutzung der natürlichen Rohstoffe, die es vielfach gerade in solchen Regionen gab, nur sehr beschränkt möglich, sodass deren Gewinnung und Verarbeitung nur wenigen Menschen Arbeit und Brot geben konnte.

Derartig ungünstige Verhältnisse herrschten vor allem in großen Teilen des nördlichen Bayern, namentlich im Westen bis in den Odenwald hinein und nach Norden über den Spessart und die Rhön bis ins Fichtelgebirge. Den nordwestlichen Teil Bayerns füllt Unterfranken aus, dessen Zentrum das mainfränkische Gäuland bildet, eine weite, fruchtbare Hügellandschaft, die etwa 300 m hoch liegt. Hier findet die Landwirtschaft, insbesondere die Obstbaumzucht und der Weinbau, sehr gute Voraussetzungen, dagegen gibt es, abgesehen von Steinen und Erden, kaum nutzbare Bodenschätze. Eine natürliche Verkehrsanbindung dieser Region stellt der

Die natürlichen Grundlagen der bayerischen Landwirtschaft

Welche Art von Landwirtschaft in einer Region möglich ist, hängt in weitem Maße von den geologischen und klimatischen Gegebenheiten ab, wobei neben Bodenformen und -art die Niederschlagsmenge die wichtigste Rolle spielt. Diese natürlichen Voraussetzungen waren in vorindustrieller Zeit – als die Möglichkeiten, die Qualität der Böden durch Düngungen zu verbessern und zu geringe Niederschläge durch künstliche Bewässerung auszugleichen, eng begrenzt waren – von noch weitaus größerer Bedeutung als heute.

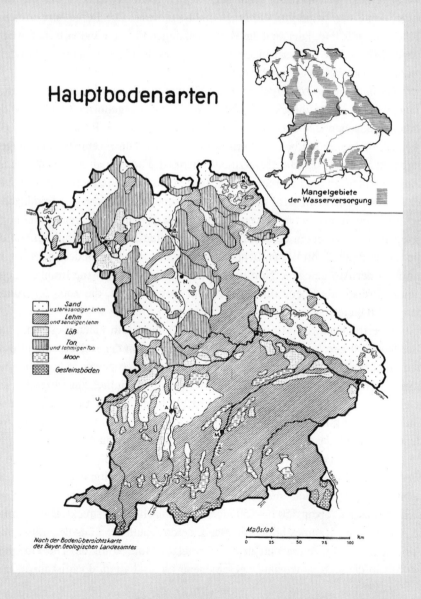

Hauptbodenarten

Mangelgebiete der Wasserversorgung

Sand u. stark sandiger Lehm
Lehm und sandiger Lehm
Löß
Ton und lehmiger Ton
Moor
Gesteinsböden

Maßstab
0   25   50   75   100   km

Nach der Bodenübersichtskarte des Bayer. Geologischen Landesamtes nach Westen fließende Main dar. Er durchquert das fränkische Kernland, das westlich von Odenwald und Spessart begrenzt wird. Letzterer erreicht bis zu 600 m Höhe, ist größtenteils mit dichten Laubwäldern bedeckt und weist auch einige Erzlagerstätten auf. Hier waren von alters her Eisen- und Glashütten ansässig.

Im Norden geht das Mainland in die Rhön über, einem kargen Mittelgebirgszug, der sich bis zu einer Höhe von 900 m erhebt. Das Klima ist rau, die Niederschlagsmengen sind hoch. Eine Besonderheit stellen hier die kohlensäurereichen Mineralquellen von Bad Kissingen, Bad Bocklet und Bad Neustadt dar. Nach Osten gelangt man in einen reich gegliederten Mittelgebirgszug, der die Haßberge, den Steigerwald und die Frankenhöhe umfasst. Die Berge dort erreichen Höhen bis zu 550 m. Hier sind die Voraussetzungen für die Landwirtschaft wegen karger Böden und Wassermangels ungünstig; weite Flächen sind mit Wäldern, vorzugsweise Nadelwäldern, besetzt.

Östlich dieses Mittelgebirgszuges liegt Oberfranken, südöstlich Mittelfranken. Die Achse dieses von Natur aus zusammengehörigen Gebietes, des mittelfränkischen Beckens, bilden die Flüsse Regnitz und Rednitz. Dieses Becken ist eine sandige Ebene mit ertragsarmen Böden und wenigen Erhebungen, deren markanteste der Burgberg zu Nürnberg ist. Diese Stadt ist zusammen mit den benachbarten Städten Fürth und Erlangen das wirtschaftliche Zentrum Mittelfrankens. Im Osten wird das mittelfränkische Becken von der Fränkischen Schweiz, im Südosten und Süden von der Fränkischen Alb begrenzt. Ihre hochgelegenen, verkarsteten Flächen werden von tiefen Tälern zerschnitten, auf die die Landwirtschaft im Wesentlichen beschränkt ist. Eine Besonderheit bildet das inmitten der Alb gelegene Nördlinger Ries im Südwesten Mittelfrankens, eine nahezu kreisrunde Ebene mit etwa 20 km Durchmesser, die zum Teil fruchtbaren Löß bietet.

Oberfranken wird von der Fränkischen Schweiz in einen westlichen und östlichen Teil geschieden. Zentren des westlichen, von der Regnitz durchflossenen Teils sind Forchheim und Bamberg, in dem östlich gelegenen und deutlich höheren Teil, der sich bis in den Frankenwald und das südlich angrenzende Fichtelgebirge erstreckt, liegen Bayreuth und Kulmbach. Vor allem in den östlichen Grenzgebirgen mit ihren ausgedehnten Wäldern finden sich Erzvorkommen, von denen vor allem das Eisenerz von wirtschaftlicher Bedeutung war.

Im Osten Frankens liegt die Oberpfalz, die sich zwischen der Frankenalb im Westen und dem ostbayerischen Grenzgebirge nach Süden hin bis zur Donau ausdehnt. Sie lässt sich als eine Senke mit sehr unebenem Boden beschreiben, die sich in einer Höhe von 550 bis 250 m von Nord nach Süd erstreckt. Die wichtigste Achse dieses Raumes bildet die Naab, deren Quellbäche aus der fränkischen Alb, dem Fichtelgebirge und dem Oberpfälzer Wald kommen. Die Oberpfalz zerfällt in deutlich voneinander geschiedene Landschaften, doch ist ihnen allen

Übersichtskarte des rechtsrheinischen Bayern

Bayern bestand seit 1817 aus acht „Kreisen", von denen sieben das „rechtsrheinische Bayern" bildeten. 1837 wurden nochmals kleinere Korrekturen an den Kreisgrenzen vorgenommen, zudem erhielten sie neue Bezeichnungen, welche auf ihre geschichtlichen Traditionen Bezug nahmen. Als altbayerisch wurden drei Regierungsbezirke bezeichnet: „Oberbayern" mit der Hauptstadt München, in der auch die Kreisregierung ihren Sitz hatte, „Niederbayern" mit der Kreishauptstadt Landshut sowie „Oberpfalz und Regensburg",

wobei Letzteres auch Sitz der Kreisregierung war. Neubayerisch waren „Schwaben und Neuburg" mit der Kreishauptstadt Augsburg, „Mittelfranken" mit der Kreishauptstadt Ansbach, „Oberfranken" mit der Hauptstadt Bamberg sowie „Unterfranken und Aschaffenburg" mit der Kreishauptstadt Würzburg. Der zweite Teil der Doppelnamen wurde nach dem Zweiten Weltkrieg jeweils gestrichen, die Abgrenzung zwischen den Regierungebezirken 1972 geringfügig abgeändert. Die Karte zeigt die Grenzen vor 1972.

Bayerisches Statistisches Landesamt-ÜA/K-1969

ein raues Klima gemeinsam, das die Landwirtschaft erheblich erschwert. Am besten lässt sich diese noch in den Talweiterungen und Senken betreiben, die sich vornehmlich im mittleren Naabtal und am Regen finden. Die Bodenbeschaffenheit ist vorwiegend durch den Kalkuntergrund und sandige Ablagerungen bestimmt; diesen Boden deckt nur eine dünne, von vielen Steinen durchsetzte Humusschicht. Auf den höheren Flächen herrscht vielfach wegen des karstigen Untergrundes spürbarer Wassermangel. Große Teile des Oberpfälzer Hügellandes sind von Wäldern bedeckt, in denen die Kiefer vorherrscht. Ursache für die Dominanz dieses Baumes ist nicht nur die Bodenbeschaffenheit und das Klima, sondern auch die über Jahrhunderte hinweg betriebene Forstkultur. Denn die Oberpfälzer Wälder dienten vor allem als Energielieferanten für zahlreiche Eisenhüttenwerke, weshalb die Kiefer als anspruchsloser und schnell nachwachsender Holzlieferant für das Kohlholz kultiviert wurde. Der wirtschaftlich wichtigste Bodenschatz der Oberpfalz war über Jahrhunderte das Eisenerz, das vor allem in der Gegend zwischen Amberg und Auerbach in großen Mengen und guter Qualität vorkommt. Erst später wurden auch andere Bodenschätze wichtig, so Quarz, Feldspalt und Kaolin, Steine und Erden.

Im Norden geht das Oberpfälzer Hügelland in das Fichtelgebirge über, das ein stark ausgeprägtes Gebirgskreuz darstellt. Es besteht im Wesentlichen aus Granit und erreicht eine Höhe von über 1000 m. Innerhalb des hufeisenförmigen Gebirges liegt das zu Oberfranken gehörige Wunsiedler Becken. Bis in die Neuzeit hinein war das Fichtelgebirge durch undurchdringliche Wälder geprägt, die es noch heute etwa zur Hälfte bedecken. Das raue Klima sowie der feuchte, humusarme Untergrund lassen kaum Landwirtschaft zu. Trotzdem ist das Fichtelgebirge mit zahlreichen Rodungsinseln durchsetzt, deren Entstehung zumeist bis ins Mittelalter zurückreicht. Grundlage dieser Besiedlung waren vor allem die Bodenschätze, die dieses geologisch sehr alte Gebirge enthält. Neben Eisenerz finden sich hier Gold, Silber, Zinn und Blei, und es waren diese Erze, die im Mittelalter die Menschen in die Region gezogen haben. Wichtig im Zusammenhang mit dem damaligen Montanwesen war auch der große Holzreichtum. Als sehr vorteilhaft für diesen Wirtschaftszweig erwies sich dabei der Umstand, dass das Fichtelgebirge aufgrund seiner hohen jährlichen Niederschlagsmenge zu den wasserreichsten Mittelgebirgen Europas zählt. Im Fichtelgebirge haben zahlreiche Flüsse ihren Ursprung, so der Main, die Naab, die Saale und die Eger. Das Wasser dieser Flüsse und Bäche wurde im Mittelalter und in der frühen Neuzeit zum Antrieb zahlreicher Hütten- und Hammerwerke, Mühlen, Sägewerke etc. genutzt. Auf dem Holzreichtum und den häufigen Quarzsandvorkommen basierte die Glasherstellung in diesem Gebiet. In späteren Zeiten, als die Erzlagerstätten weitgehend erschöpft waren, gewannen andere Bodenschätze an Bedeutung. Dazu zählen vor allem der hervorragende, politurfähige Granit, aber auch Marmor und Basalt. Seit

Ende des 18. Jahrhunderts wurden außerdem die ergiebigen Vorkommen an Porzellanerde wirtschaftlich genutzt.

Im Osten wird die Oberpfalz vom Oberpfälzer Wald begrenzt, der nach Südosten hin im Bayerischen Wald seine Fortsetzung hat; Letzterer gehört bereits zu Niederbayern. Der Oberpfälzer Wald erreicht 700 Höhenmeter und bildet ein niedriges, welliges Plateau, das zum Teil bewaldet ist und außer Gneis und Granit kaum verwertbare Bodenschätze aufweist. Vom Bayerischen Wald wird er durch die Cham-Further Senke getrennt, die ihrerseits eine der wichtigsten Verbindungen Bayerns ins benachbarte Böhmen darstellt. Auf dem südöstlich anschließenden Höhenzug des Hinteren Bayerischen Waldes – früher Böhmischer Wald genannt – verläuft die Grenze zwischen Bayern und Böhmen. Von diesem hohen Gebirgszug durch die Täler des Regen und der Ilz getrennt, schließt sich in südwestlicher Richtung der niedrigere Vordere Bayerische Wald an, der bis an die Donau reicht. Während der Hintere Bayerische Wald mit dem Großen Arber und dem Rachel Höhen von über 1450 m erreicht, kommt der Vordere Bayerische Wald mit dem Einödriegel lediglich auf 1120 m. Der Bayerische Wald ist eines der charakteristischsten deutschen Waldgebirge, das auch heute noch mancherorts nahezu undurchdringlich und wenig erschlossen ist. Früher waren diese Wälder so gut wie unbegehbar; zusammen mit den vielfach moorigen Talgründen stellten sich die steilen, dicht bewachsenen Hänge der menschlichen Besiedlung lange Zeit hartnäckig in den Weg. Die Schroffheit und der abweisende Charakter dieser Region wurden durch das raue Klima noch verstärkt. Ausreichende Voraussetzungen für eine rentable Landwirtschaft fanden sich lediglich in der Cham-Further Senke und in manchen Tälern des Vorderen Bayerischen Waldes.

An Bodenschätzen hat der Bayerische Wald nicht allzu viel zu bieten. Einiges Eisenerz findet sich in der Gegend um Eisenstein und Waldmünchen; Silber, Schwefelkies und andere Erze in der Gegend um Bodenmais. Von größerer Bedeutung waren die Grafitvorkommen nördlich von Passau. Dieses Grafit wurde vor allem zur Herstellung von Schmelztiegeln und feuerfestem Geschirr verwendet und hatte einen großen Absatzmarkt. Ansonsten wurde hauptsächlich Glas hergestellt, wozu man neben Quarzsand vor allem Pottasche benötigte, die aus Holzasche gewonnen wurde. Der Granit und das Holz, die wichtigsten Rohstoffe dieser Region, konnten erst nach dem Bau der Eisenbahnlinien in größerem Umfang verwertet werden. Zuvor kam der Flößerei einige Bedeutung zu, vor allem auf dem Regen.

Südlich der Donau erstreckt sich Bayern in einem breiten Gürtel vom Bodensee bis zu Salzach und Inn, der im Süden von den ersten Alpenkämmen begrenzt wird. Dieses „deutsche Alpenvorland" weist eine gemeinsame Grundstruktur auf. Generell lassen sich drei Zonen unterscheiden: Die nördlichste Zone, die sich entlang der Donau erstreckt, ist ein waldarmes Hügelland, das an vielen Stellen sehr fruchtbare Böden, darunter auch den wertvollen Lößboden, aufweist. Es wird durch eine Reihe von Flüssen in kleinere Räume gegliedert. So unterscheidet man neben dem westlichen Teil, den man als Iller-Lechplatte bezeichnet, und der das südliche bayerische Schwaben bildet, außerdem das Oberbayerische und das Niederbayerische Hügelland. Ursprünglich war diese Region stark bewaldet, doch fanden sich hier schon früh auch große waldfreie Flächen, die bereits in vor- und frühgeschichtlicher Zeit verhältnismäßig stark besiedelt waren. Diese Siedlungen hielten zumeist einen großen Abstand zur Donau; nur dort, wo Höhenrücken direkt an den Flusslauf heranreichen, wurden Siedlungen direkt am Fluss angelegt. Die Donau nahm einen breiten Raum ein – windungsreich und mit vielen Inseln durchsetzt, verlagerte sich ihr Hauptstrom oft beträchtlich, weite Überschwemmungsgebiete mit ausgedehnten Auwäldern säumten vor allem das südliche Ufer. Dennoch war die Donau die wichtigste Verkehrsader, und ihr folgten auch bedeutende Fernwege, die den Westen Europas mit Osteuropa und Kleinasien verbanden.

Südlich an dieses Hügelland schließt sich eine breite Zone an, die in Form einer schiefen Ebene allmählich zu den Alpen hin ansteigt. Dabei handelt es sich um eine starke Schotterdecke, dem Relikt großer eiszeitlicher Gletschergewässer. Durchzogen wird diese von tief eingeschnittenen Flussläufen. Diese Flüsse lassen ebenfalls wieder eine Dreiteilung der Region zu: das Lechfeld im Westen, die Münchener Schotterebene im Zentrum und die Mühldorfer Schotterebene im Osten. Auf dem Schotter liegt nur eine dünne Humusschicht, auch lässt der wasserdurchlässige Untergrund keine anspruchsvolle Vegetation aufkommen. In den Bodenmulden finden sich dagegen häufig Moore (Moose), die in früheren Zeiten kaum wirtschaftlich zu nutzen waren. Bodenschätze gibt es hier keine. Dieses Gebiet war für die Besiedlung grundsätzlich wenig geeignet. Doch gab es innerhalb dieses großen Raumes fruchtbare Gebiete, die schon früh besiedelt wurden; insbesondere in den Abhängen der Flusstäler finden sich dafür Nachweise.

An die Schotterebene schließt sich südlich der Moränengürtel an. Auch diese Landschaft ist von den Gletschern gestaltet. Die Erdoberfläche ist hier sehr abwechslungsreich geformt, größere Hügelreihen umschließen eine Reihe von Becken, die wieder vielfach in sich geteilt sind. In einigen davon haben sich an den tiefsten Stellen Seen gebildet: Ammersee, Starnberger See, Chiemsee, Federsee. Auch hier gibt es eine Reihe von zumeist kleineren Mooren. Eine Besiedlung fand gleichfalls zunächst nur punktuell statt, vor allem an den Verkehrswegen. Der Grund dafür ist in den meist sehr ungünstigen Bedingungen für den Ackerbau zu suchen, die auf die Höhenlage und das Klima zurückzuführen sind: Das Klima des gesamten Alpenvorlandes wird in starkem Maße von den Alpen geprägt. Dieses hohe Gebirge verhindert, dass die warmen Winde aus dem

Mittelmeerraum ins Land strömen können. Anderseits bescheren sie dem Alpenvorland sehr hohe Niederschläge. Diese liegen erheblich über dem jeweiligen Durchschnitt für Deutschland, die Temperaturen dagegen deutlich darunter.

Die bayerischen Alpen schließlich, die den südlichsten Teil Bayerns ausmachen, erstrecken sich zwischen dem Lech im Westen und dem Inn im Osten. Die Isar bildet die Trennlinie durch dieses Gebiet: Östlich davon liegt das Karwendelgebirge, westlich davon das Wettersteingebirge. Nur im Wettersteingebirge reicht Bayern heute noch weiter in die Alpen hinein. Die Grenze zu Österreich verläuft dort in etwa auf dem Hauptkamm. Hier liegt auch die Zugspitze, mit 2964 m der höchste Berg Deutschlands. Dagegen gehört das Karwendelgebirge bis auf wenige Vorberge heute zu Österreich. Östlich des Inns schließen sich an die bayerischen Alpen die Salzburger Alpen an, deren westlichster Teil, das Berchtesgadener Land, auch heute noch zu Bayern gehört. Die bayerischen Alpen bestehen geologisch im Wesentlichen aus Kalkgestein, ihre Berge steigen in steilen Hängen und in senkrechten Felswänden auf, die zahlreichen Bäche haben sich tief eingegraben. Unterhalb der Steilwände lagern stark abschüssige Schutthalden, auf denen sich kaum Bewuchs hält. Auf weniger steilen Bergflanken und in geschützteren Lagen gibt es dichte Tannen- und Fichtenwälder.

Diese Region bot der Besiedlung nur in den oft engen Tälern Raum. Von großer Bedeutung aber waren die hiesigen Bodenschätze; neben dem Alpentransitverkehr waren sie es, die schon früh Menschen in die Alpen lockten. Am nördlichen Alpenrand finden sich an mehreren Stellen Eisenerz-, aber auch Zinn-, Blei-, Kupfer- und Silbervorkommen. Von ganz besonderer Wichtigkeit aber war und ist noch immer das Salz, das sich auf bayerischem Gebiet vor allem bei Berchtesgaden findet. Ebenfalls von einiger Bedeutung sind – beziehungsweise waren – die Pechkohlelager sowie die Erdöl- und Erdgasvorkommen, die man im Alpenvorland gefunden hat.

Die bayerische Pfalz wurde durch den von Norden nach Süden verlaufenden Mittelgebirgszug der Hardt in zwei Regionen von unterschiedlichem Charakter geteilt. Östlich der Hardt erstreckt sich bis zum Rhein eine fruchtbare Ebene, die der Landwirtschaft einschließlich des Wein- und Obstanbaus beste Bedingungen bietet. Vor allem östlich entlang der Hänge der Hardt reihen sich Dörfer und Städte in dichter Folge aneinander. Das Zentrum dieser landwirtschaftlich geprägten Region bildet das am Rhein gelegene Speyer, das auch Sitz der Kreisregierung war. Nach Westen geht die Hardt in ein vielfach bewaldetes Berg- und Hügelland mit weiten Talmulden über. Die höchsten Erhebungen sind der im Pfälzer Bergland gelegene Donnersberg mit 687 m und der Kalmit, der mit 683 m die höchste Erhebung des Pfälzer Waldes bildet. Das Zentrum dieser vielfältig gegliederten Region war Kaiserslautern, das in einer weiten Talsenke zwischen dem nördlichen Pfälzer Bergland und dem südlichen Pfälzer Wald gelegen ist. Im Westen reichte

Übersichtskarte der bayerischen Pfalz

1816 erhielt Bayern als Entschädigung für Gebiete, die es wieder an Österreich abtreten musste, links des Rheins einen ca. 6000 qkm umfassenden Gebietskomplex mit einer Bevölkerung von 446 000 Menschen. Seit dem Frieden von Luneville 1801 hatte dieses Gebiet zu Frankreich gehört. Der Umstand, dass die unter französischer Herrschaft durchgeführten Reformen – wie z. B. die Aufhebung der adeligen Grund- und Gerichtsherrschaft, die Einführung eines modernen bürgerlichen und eines Strafgesetzbuchs sowie der Gewerbefreiheit – auch weiterhin in Kraft blieben, erschwerte die Integration der Pfalz in den bayerischen Staat erheblich. Hinzu kam, dass auch die zugesagte Landverbindung zwischen dem „linksrheinischen" und dem „rechtsrheinischen" Bayern nicht zustande kam. Aber mit der Gründung des Deutschen Zollvereins 1834, den Reformen, die im Gefolge der Revolution von 1848 im rechtsrheinischen Bayern durchgeführt wurden, und vollends nach der Bildung des Deutschen Reiches 1871 wurde der achte Regierungsbezirk zu einem integralen Bestandteil Bayerns. In der Zeit des Nationalsozialismus setzte jedoch eine Entfremdung ein, die 1945 durch die Zuteilung der Pfalz zur französischen Besatzungszone zementiert wurde. 1946 wurde die vormals bayerische Pfalz Bestandteil des neu geschaffenen Landes Rheinland-Pfalz.

die Pfalz bis St. Ingbert und damit weit in das heutige Saarland hinein. Ein Teil der dortigen großen Kohlevorkommen lag damit auf bayerischem Gebiet. Von wirtschaftlicher Bedeutung waren auch einige Vorkommen an Eisen-, Silber- und Kupfererz sowie an Quecksilber; am Rhein wurde zudem Waschgold gewonnen. Die wichtigsten Produkte der Pfalz waren jedoch landwirtschaftlicher Art. Besonders Wein, Getreide und Tabak wurden in einem solchen Umfang erzeugt, dass sie in größeren Mengen exportiert werden konnten.

Die wirtschaftliche Basis der bayerischen Regionen war somit höchst unterschiedlich. Das galt auch für die in der ersten Industrialisierungsphase besonders wichtigen Bodenschätze. Vor allem mit Kohle und Eisenerz war Bayern insgesamt nur spärlich bedacht. Unter den wirtschaftlich verwertbaren Bodenschätzen rangierte das Salz an der Spitze, das als Grundlage der chemischen Industrie wichtig werden sollte. Die für die Frühphase der Industrialisierung wichtigeren Eisenerzvorkommen lagen vor allem in der mittleren Oberpfalz; die anderen Lagerstätten spielten kaum eine Rolle. Auch die wenigen Vorkommen anderer Erze ließen sich nur in Ausnahmefällen wirtschaftlich verwerten. Von erheblicher Bedeutung waren dagegen Erden und Steine. Tonerde fand sich in bester Qualität in fast allen Regionen, und das große Grafitlager in der Nähe von Passau ist das einzige abbauwürdige Vorkommen dieser Art in ganz Deutschland. Kaolin, der Grundstoff für die Porzellanfabrikation, kommt in großen Mengen und guter Qualität vor allem in der Oberpfalz und in Oberfranken vor, und Quarz, das für die Glasherstellung benötigt wird, findet man in den fränkischen, oberpfälzischen und niederbayerischen Gebirgszügen im Norden und Osten Bayerns, ebenso verschiedene Mineralien – zum Beispiel Schwefel, Vitriol, Alaun und Feldspat –, die in der chemischen Grundstoffproduktion benötigt werden.

In den Gebirgen Nord- und Ostbayerns wurden an zahlreichen Orten Granit und andere Steine gebrochen, die vor allem im Straßenbau Verwendung fanden. In anderen Regionen wurde Dolomit gewonnen, den man auch zur Herstellung von Kalk und Zement einsetzt. Kohle kam dagegen im rechtsrheinischen Bayern fast nur in Form der Braunkohle vor. Am hochwertigsten war die Pechkohle, deren Heizwert dem der Steinkohle sehr nahe kam, die aber nicht verkokst werden konnte. Deren größte Vorkommen fanden sich im Voralpenland bei Miesbach, Hausham und Penzberg. Deutlich geringeren Brennwert besaß die Braunkohle, deren größte bayerische Lagerstätten in der mittleren Oberpfalz lagen. Steinkohle dagegen gab es im rechtsrheinischen Bayern nur in kleinen Lagern bei Stockheim und Wunsiedel in Oberfranken, bei Hofheim in Unterfranken und bei Amberg in der Oberpfalz. Ergiebige Steinkohlevorkommen fanden sich nur im äußersten Westen der Pfalz bei St. Ingbert.

Dagegen verfügte Bayern über einen großen Waldreichtum, sodass Holz auch im 19. Jahrhundert noch in größeren Mengen und zu vergleichsweise günstigen Preisen zur Verfügung stand. In den 1830er-Jahren gab es in Bayern rund 2 312 000 Hektar Wald, und dieser lieferte pro Jahr 2 460 000 Klafter Holz.[17]

Ein weiterer wirtschaftlicher Standortvorteil Bayerns war das große Potenzial an Wasserkraft. Diese wurde zwar bereits in vorindustrieller Zeit vielfach genutzt, doch konnte ihre Verwertung erst nach der Erfindung des Generators und des Drehstrommotors richtig beginnen; jetzt erwies sich die Wasserkraft, die „weiße Kohle", als eine wichtige natürliche Ressource.

4. Die Wirtschafts- und Erwerbsstruktur

Auf den oben skizzierten naturräumlichen Voraussetzungen baute die traditionelle Wirtschaftsstruktur Bayerns auf, die sich in den ersten Jahrzehnten des 19. Jahrhunderts noch wenig verändert hatte. Entgegen den gängigen Vorstellungen gab es jedoch, wie die zeitgenössische Statistik zeigt, auch auf dem flachen Land neben der Land- und Forstwirtschaft, in der der weitaus größte Teil der Menschen Arbeit fand, einen breit gefächerten gewerblichen Bereich. Denn nicht nur in den Städten und Märkten, sondern auch in den Dörfern übten zahlreiche Menschen, oft in Nebentätigkeit zur Land- und Forstwirtschaft, ein Gewerbe aus, wobei dies in der Regel selbstständig geschah. Eine Statistik von 1837 umschreibt die Wirtschaftssektoren wie folgt:[18]

	Menschen	Prozent
Die Gesamtbevölkerung umfasst	4 246 778	100 %
Es leben von		
- „reiner Landwirtschaft"	1 863 865	43,8 %
- „gemischter Landwirtschaft mit sekundärem Gewerbsbetrieb"	484 319	11,4 %
- „gemischter Landwirtschaft mit vorherrschendem Gewerbsbetrieb"	423 827	9,9 %
- „reinen Gewerben"	521 966	12,2 %
Dienstboten und Tagelöhner waren	721 952	17 %
Summe	*4 015 929*	*94,3 %*

Die nach diesen Angaben auf 100 % fehlenden 5,7 % der Bevölkerung – rund 230 800 Menschen – sind zum größeren Teil dem Sektor „öffentlicher Dienst" und „akademische Berufe" zuzurechnen, ein kleiner Teil lebte von Kapitaleinkünften oder Armenunterstützung. Auch hinsichtlich der Verteilung der Bevölkerung auf die verschiedenen Erwerbsbereiche gab es innerhalb Bayerns erhebliche Unterschiede. Einen Anhaltspunkt für die Einschätzung der Bedeutung, die den Sektoren in den einzelnen Regierungsbezirken zukam, liefern die nachfolgenden, 1837 dem Landtag präsentierten Aufstellungen:[19]

Regierungs-bezirk	Landwirtschaft		Landwirtschaft		Landwirtschaft		reines Gewerbe	
	ohne Zuerwerb		mit sekundärem Gewerbebetrieb		mit vorherrschendem Gewerbebetrieb			
	absolut	Prozent der gesamten Bevölkerung	absolut	Prozent der gesamten Bevölkerung	absolut	Prozent der gesamten Bevölkerung	absolut	Prozent der gesamten Bevölkerung
Oberbayern	252 957	5,9	45 703	1,0	44 799	1,0	87 884	2,0
Niederbayern	211 898	4,5	31 353	0,7	38 750	0,9	38 249	0,9
Oberpfalz	176 096	4,1	48 527	1,1	40 649	0,9	42 142	0,9
Schwaben	212 750	5,0	74 205	1,7	49 007	1,1	53 202	1,2
Mittelfranken	200 733	4,7	61 370	1,4	62 588	1,4	115 407	2,7
Oberfranken	228 607	5,3	70 083	1,6	57 224	1,3	73 767	1,7
Unterfranken	282 303	6,6	79 454	1,8	72 376	1,7	55 206	1,2
Pfalz	298 520	7,0	73 624	1,7	58 434	1,3	56 019	1,3
Gesamt	*1 863 864*	*43,8 %*	*484 319*	*11,4 %*	*423 827*	*9,9 %*	*521 876*	*12,2 %*

Beim „eigentlichen Gewerbe", d. h. dem Gewerbe mit Ausschluss von „Handlungen" und „Krämereien", ergaben die Erhebungen folgendes Bild:[20]

Regierungsbezirk	Zahl der Gewerbetriebe	Betriebe pro 100 Einwohner
Oberbayern	25 848	3,8
Niederbayern	19 405	3,7
Oberpfalz	22 799	5
Schwaben	32 715	6
Oberfranken	30 005	6,1
Mittelfranken	38 321	7,5
Unterfranken	29 588	5,3
Pfalz	24 348	4,2

Nach anderen Erhebungen existierten im rechtsrheinischen Bayern um 1840 rund 185 000 selbstständige Gewerbetreibende, wobei hier der allein arbeitende Handwerker ebenso erfasst ist wie der Inhaber eines Betriebs mit bis zu 10 Beschäftigten. Hinzu kamen 1501 Inhaber von „Großbetrieben", d. h. Betrieben mit mehr als 10 Beschäftigten. Bei einer Gesamtbevölkerung von etwa 4,37 Mio., die das rechtsrheinische Bayern um 1840 zählte, waren somit knapp 5 % der Bevölkerung selbstständige Gewerbetreibende. Legt man das damalige Verhältnis von ca. 4,5 Personen pro Familie zugrunde, dann lebten rund 22,5 % der Bevölkerung von selbstständiger gewerblicher Tätigkeit. Andere statistische Erhebungen bestätigen dieses Bild.[21]

Ein Vergleich der Erwerbsstruktur Bayerns mit derjenigen anderer deutscher Länder lässt sich wegen der unterschiedlichen statistischen Erfassung nur mit Abstrichen vornehmen. Nach den gängigen Angaben lag der Anteil der Erwerbstätigen im Bereich der Land- und Forstwirtschaft auf dem Gebiet des späteren Deutschen Reiches um die Jahrhundertmitte bei knapp 55 %, der des sekundären Sektors (Industrie und produktives Gewerbe) bei ca. 25 % und der des tertiären Sektors bei ca. 20 %.[22] Demnach wäre in Bayern der Anteil der Bevölkerung, der ganz oder überwiegend von Land- und Forstwirtschaft lebte, um etwa 10 % größer gewesen als der deutsche Durchschnitt. Dabei wird jedoch außer Acht gelassen, dass in Bayern bei rund 9 % derjenigen, die von selbstständiger Land- und Forstwirtschaft lebten, eine gewerbliche Nebenbeschäftigung hinzutrat; bei wie vielen der abhängig Beschäftigten dies der Fall war, wurde statistisch nicht erfasst. Berücksichtigt man auch diese gewerbliche Tätigkeit, die von erheblichem Umfang gewesen sein muss – denn sonst wäre sie nicht in die Statistik eingegangen –, so reduziert sich der Abstand zu den anderen deutschen Ländern deutlich.

Tatsächlich wurden in der vorindustriellen Zeit landwirtschaftliche und gewerbliche Tätigkeit vielfach so eng nebeneinander ausgeübt, dass die von der Statistik vorgenommene Zuteilung des jeweiligen Erwerbstätigen zu nur einem der Bereiche zwangsläufig an der Realität vorbeigehen musste. In welchem Umfang in Bayern tatsächlich mehr Menschen von der Land- und Forstwirtschaft lebten, als dies im Durchschnitt der deutschen Länder der Fall war, lässt sich daher nicht mit Bestimmtheit sagen. Mit Sicherheit aber wird man davon ausgehen dürfen, dass diese Differenz deutlich geringer war als bisher gemeinhin dargestellt.

5. Die Gewerbe- und Sozialpolitik

1798 hatte Robert Thomas Malthus mit der in seinem „Essay on the Principle of Population" entwickelten „Bevölkerungstheorie" eine heftige Debatte über die Folgen des Bevölkerungswachstums ausgelöst. Auch in Bayern wurde darüber gestritten, welche Chancen und Gefahren mit dem Bevölkerungswachstum verbunden und welche sozial- und wirtschaftspolitischen Konsequenzen daraus zu ziehen seien. Die bayerische Politik nahm eine abwartende Haltung ein. Sie ließ die feudalen Strukturen beim Grundbesitz unangetastet, und auch zur Einführung der Gewerbe- und Niederlassungsfreiheit konnte sie sich nicht durchringen. Diese Inaktivität hatte zur Folge, dass Bayern allmählich in einen deutlichen Entwicklungsrückstand geriet. Erst spät zog die politische Führung daraus Konsequenzen. Noch weit über die Revolution von 1848 hinaus, als wenigstens der

Grundbesitz aus seinen bisherigen Fesseln gelöst und so der Weg zur Modernisierung der Landwirtschaft frei gemacht worden war, hielt sie an der nun längst obsoleten Gewerbe- und Sozialordnung fest. Erst als Ende der 1850er-Jahre die negativen Folgen dieser Politik mit Händen zu greifen waren, entschloss sie sich zu einem Kurswechsel.

Dabei hatte es erste Anläufe zur wirtschaftlichen und sozialen Modernisierung schon zu Beginn des Jahrhunderts gegeben. Montgelas hatte vor allem eine Liberalisierung des Gewerbewesens angestrebt, da dessen veraltete Strukturen nach Überzeugung nahezu aller zeitgenössischen Ökonomen jede Steigerung der wirtschaftlichen Leistungsfähigkeit verhinderten. Aber alle Versuche, die Gewerbefreiheit einzuführen, scheiterten – vor allem am Widerstand des städtischen Bürgertums. Die Bürger waren von der Furcht vor sozialem Abstieg beherrscht, den sie durch das Anwachsen der städtischen Bevölkerung und der Zunahme der Handels- und Gewerbebetriebe erwarteten. Unablässig wiesen sie auf die vermeintlichen Gefahren hin, die Staat und Gesellschaft von einer Bevölkerungsvermehrung drohten, und stellten die städtischen Unterschichten, deren Anwachsen die unvermeidbare Konsequenz einer solchen Liberalisierung sei, als gefährliches Umsturzpotenzial dar.

Auch als 1825 ein Gesetz zustande kam, mit dem die Ausübung eines Gewerbes und die Niederlassung erleichtert und damit auch die Hürden bei der Eheschließung gesenkt werden sollten, leistete das Bürgertum heftigsten Widerstand. 1831/32 gab die Regierung diesem Druck aus innenpolitischen Motiven nach und verfolgte seither einen äußerst restriktiven Kurs. Vorrangiges Ziel der Sozialpolitik war es jetzt, „die nun einmal vorhandenen Armen angemessen unterzubringen und die Gemeinden vor deren lästigem Unterhalt zu sichern" und „neben Unterbringung der vorhandenen Armen und Beschäftigungslosen einem neuen Anwachsen der unbemittelten Bevölkerung vorzubeugen." Dazu sollten zwar auch neue Arbeitsplätze geschaffen werden, aber nicht in Fabriken. Vielmehr wollte man dafür sorgen, „dass das deutsche Gewerbewesen den zweckmäßigen Aufschwung nach seiner historischen Basis erlange, dass an die Stelle der alten und veralteten Zünfte Corporationen mit voller Bedeutsamkeit und gebührendem Einfluss auf das Gewerbewesen im Allgemeinen treten, dass insbesondere jener wichtige, in Nürnberg noch unversehrt erhaltene, wahrhaft deutsche Zustand wiederhergestellt werde, wonach die hierzu geeigneten Arbeiten in kleinen, familienweise betriebenen Werkstätten verfertigt, durch große Spediteure bestellt, bezahlt und verwertet werden, und diejenigen als wohlhabende, individueller Freiheit und Selbstständigkeit sich erfreuende Meister erscheinen, welche in andern Ländern den Stand stets missvergnügter Fabrikarbeiter bilden."[23]

Begründet wurde diese Politik mit der angeblich übermäßigen Zunahme der Gewerbskonzessionen – tatsächlich war die Zahl der Gewerbebetriebe von 1824 bis 1833 um rund 36 000 angestiegen –, die zu einer starken Zunahme mittelloser Familien geführt habe. Eine solche Politik würgte aber das im Land vorhandene Potenzial an produktiver Wirtschaftskraft ab. Wie eine 1850 veröffentlichte Statistik zeigt, hatte sich die Zahl der Gewerbebetriebe im rechtsrheinischen Bayern zwischen 1824 und 1833 von 201 482 auf 237 772 erhöht; bis 1843 aber ist sie wieder auf 220 115 abgesunken. Da die Bevölkerung in diesem Zeitraum weiter wuchs, verringerte sich so der Anteil der Gewerbebetriebe pro 100 Einwohner von 1833 bis 1843 von 6,18 auf 5,72. Nach anderen Berechnungen hat im Zeitraum von 1840 bis 1852 die Zahl der Menschen, die im rechtsrheinischen Bayern von Gewerbe und Handel lebten, um mehr als 71 000, die der Hilfsarbeiter und Dienstboten um über 21 000 abgenommen.[24] Neuere Berechnungen[25] belegen die Abnahme der Zahl der in gewerblichen Betrieben Beschäftigten. Danach machten diese 1834 etwa 12,3 % der Bevölkerung, 1847 aber nur mehr 10,07 % aus, und dieser Trend setzte sich auch in den 1850er-Jahren fort. So wuchs die Zahl der Handwerker im rechtsrheinischen Bayern in den Jahren 1847 bis 1861 lediglich um 1,4 %, obwohl das Bevölkerungswachstum 4,76 % betrug. In der Pfalz dagegen, wo die bereits in französischer Zeit eingeführte Gewerbefreiheit beibehalten wurde, nahm der Anteil der Gewerbetreibenden an der Gesamtbevölkerung kontinuierlich zu.[26]

Parallel dazu wuchsen die Auswandererströme an, denn die wirtschaftliche Situation breiter Bevölkerungsschichten verschlechterte sich deutlich. Das war auch von außenpolitischer Bedeutung, da Bayerns Gewicht sich so gegenüber den mittel- und norddeutschen Staaten immer stärker verminderte, und dies in einer Zeit, in der Deutschland infolge des gerade auch von Bayern geförderten Ausbaus der Verkehrswege zusammenwuchs. Tatsächlich ließen sich die Bemühungen Bayerns um seine Integration in den gesamtdeutschen Wirtschaftsraum mit dieser restriktiven Gewerbe- und Sozialpolitik nicht vereinbaren. Aber auch ihr erklärtes Ziel, das Anwachsen der besitz- und mittellosen Unterschichten und den Niedergang des Handwerks zu verhindern, hat diese Politik verfehlt.

Dennoch wurde diese Politik bis über die Jahrhundertmitte hinaus fortgeführt. Noch immer entsprach die Regierung damit den Erwartungen des Bürgertums, auf dessen Interessen König und Staat seit der Revolution von 1848 verstärkt Rücksicht nahmen. Höhe- und zugleich Schlusspunkt dieser restaurativen Wirtschafts- und Sozialpolitik stellte die Gewerbeordnung von 1853 dar, mit der man den Forderungen des gewerblichen Mittelstandes entsprach. Doch barg diese starre Sozial- und Wirtschaftsordnung bereits den Keim ihres Untergangs in sich. Denn mittlerweile war die wirtschaftliche und politische Integration Bayerns in den Verbund der deutschen Länder so weit gediehen, dass man auch in Bayern diese säkularen Entwicklungsprozesse nicht länger ignorieren konnte. 1857 nahm man die Arbeiten an einer neuen Gewerbeordnung in Angriff, die den veränderten wirtschaftlichen Verhältnissen Rechnung tragen sollte. Mit ausschlaggebend dafür war, dass nun auch Österreich erwog, zur Gewerbefreiheit überzugehen; auf diesen Staat hatte man bisher immer verwiesen, um zu untermauern, dass die Gewerbefreiheit für Staaten mit vergleichsweise wenig entwickelter Industrie nicht angebracht sei.

1859 machte dann ein politischer Kurswechsel den Weg zu einer Liberalisierung der Sozial- und Gewerbeordnung endgültig frei. Vorausgegangen war ein grundlegender Stimmungswandel im Bürgertum, das sich jetzt mehrheitlich für Reformen aussprach. Tatsächlich war nunmehr für jedermann sichtbar, dass Bayern den Anschluss an die wirtschaftlich weiter entwickelten Regionen Deutschlands endgültig zu verlieren drohte. Die Führung im nun einsetzenden Reformprozess, der 1868/69 mit der „Sozialgesetzgebung" zum Abschluss kam, übernahmen die in der bayerischen Fortschrittspartei organisierten Liberalen.[27]

Eine Folge der bis dahin betriebenen Politik war, dass Bayern hinsichtlich seines Bevölkerungswachstums weit zurücklag. Von 1818 bis 1865 war die Bevölkerung Bayerns um rund 35 % gewachsen, die Preußens aber um 87 % und die Sachsens sogar um 97 %. Im Durchschnitt der deutschen Länder lag der Zuwachs immerhin bei 60 %.

6. Wirtschaftspolitik und Wirtschaftsförderung

Diese restriktive Gewerbe- und Sozialpolitik stand in scharfem Kontrast zur Absicht der Regierung, die wirtschaftliche Leistungsfähigkeit zu steigern und damit die Staatseinnahmen zu erhöhen. Letzteres war eines der wichtigsten Ziele des staatlichen Modernisierungsprozesses, der deshalb auch nach dem Sturz Montgelas' fortgesetzt wurde, auch von König Ludwig I., der sofort nach seinem Regierungsantritt 1825 eine Instruktion zum erst kürzlich erlassenen neuen Gewerbegesetz erließ, die darauf abzielte, den Übergang zur Gewerbefreiheit zu beschleunigen.[28] Ludwig I. hielt selbst dann noch am Ziel der Gewerbefreiheit fest, als er im Übrigen bereits einen sehr konservativen Kurs verfolgte.[29]

Sein wirtschaftspolitisches Interesse geht auch aus seinen Bemühungen um die Schaffung eines gesamtdeutschen Wirtschaftsraums hervor. Da die Anläufe zum wirtschaftlichen Zusammenschluss der Mitgliedstaaten des Deutschen Bundes im Sande verlaufen waren, schloss Ludwig I. 1828 zunächst einen Zollbund mit Württemberg. Und auch am Zustandekommen des Deutschen Zollvereins, der ab 1834 die Mehrzahl der deutschen Länder zu einem Wirtschaftsraum zusammenfügte, war er maßgeblich beteiligt. Damit wurde Bayern Teil eines großen gemeinsamen Marktes, wodurch die bayerische Wirtschaft gezwungen war, sich weiter zu modernisieren, um sich gegenüber der Konkurrenz aus den weiter entwickelten west- und mitteldeutschen Staaten behaupten zu können.

Der Beitritt zum Zollverein hatte aber noch weiter reichende Folgen. So erhielten durch ihn jene Kräfte in der bayerischen Administration Aufwind, die sich für die Fortsetzung des Modernisierungsprozesses einsetzten. Denn ihrem Argument, dass Bayern seine Wirtschaftskraft stärken müsse, weil es sonst auch seine politische Stellung einbüßen werde, konnte jetzt kaum noch widersprochen werden. Positiv wirkte sich auch aus, dass sich die Regierung nun intensiver mit wirtschaftlichen Fragen zu beschäftigen hatte. Allein schon, um die bayerischen Interessen bei den Zollvereinsverhandlungen vertreten zu können, musste sie sich gründlich über die wirtschaftlichen Verhältnisse informieren, denn nur so war sie in der Lage, die Wirkung zoll- und handelspolitischer Maßnahmen einzuschätzen. Nur mit einer fundierten Argumentation konnte die bayerische Regierung Einfluss auf die Politik des Zollvereins nehmen, deren Ergebnisse die wirtschaftliche Entwicklung Bayerns ebenso beeinflusste wie seine Zolleinnahmen.

Dass diese progressive Wirtschaftspolitik in krassem Gegensatz zur restaurativen Gewerbe- und Sozialpolitik stand, blieb selbstverständlich nicht unbemerkt. Kritiker verwiesen darauf, dass der Ausbau der modernen Verkehrsmittel mit einer Konservierung der starren Gewerbe- und Sozialordnung unvereinbar sei. So bemerkte ein Abgeordneter 1846 in einer Parlamentsdebatte, in der es um die Fortführung des Eisenbahnbaus ging, dass es ihm doch sehr sonderbar erscheine, wenn man einerseits „die Schritte des Menschen beflügeln wolle", während man andererseits „Hände und Füße geknebelt hält, da man Grund und Boden, Gewerbe und Industrie, Umzug und Ansässigmachung nicht entfesselt."[30]

Dieses Widerspruchs war sich auch die Administration bewusst, konnte ihn aber nicht aufheben, da er die Folge eines politischen Zielkonflikts war. Einerseits wollte man den Anschluss an die wirtschaftlich führenden Staaten nicht verlieren, weil Bayern sonst politisch bedeutungslos werden musste, andererseits glaubte man, den Mittelstand als staatstragende Gesellschaftsschicht und Stütze der Monarchie erhalten zu müssen. Dazu aber schien eine konservative Gewerbe- und Sozialpolitik unumgänglich. Erst als das Bürgertum seinen Widerstand gegen eine Liberalisierung der Gewerbe- und Sozialordnung aufgab, konnte man einen anderen innenpolitischen Kurs einschlagen.

Als dieser Kurswechsel Ende der 1860er-Jahre durch Erlass neuer Gesetze besiegelt wurde, hatte Bayern die erste Phase seiner Industrialisierung aber schon hinter sich. Und gerade in dieser ersten Phase war das direkte und indirekte Engagement des Staates im wirtschaftlichen Bereich von essenzieller Bedeutung; ohne dieses hätte die Industrialisierung in Bayern erst erheblich später Fuß fassen können. Dabei griff der Staat auf sehr vielfältige Weise ein, um die Entwicklung voranzutreiben und nach seinen Vorstellungen zu lenken.

Ein wichtiges Instrument dafür war die Statistik. Der Erkenntnis, dass zielgerichtetes politisches Handeln im Bereich der Wirtschafts- und Sozialpolitik nur auf der Basis genauer Informationen möglich ist, trug Bayern mit einer ersten umfassenden statistischen Erhebung um 1770 Rechnung. Es war dann Montgelas, der die systematische Sammlung weitaus umfangreicherer Daten veranlasste; doch konnte er dieses Material nicht mehr umfassend auswerten lassen, und mit seinem Sturz 1817 geriet die Statistik wieder aus dem Blickfeld der Politik. Erst Innenminister Öttingen-Wallerstein (1832–1837), welcher der Wirtschaftspolitik einen großen Stellenwert einräumte, wandte der Statistik wieder sein Augenmerk zu. 1833 richtete er im Innenministerium ein „statistisches Büro" ein, dessen Leitung er einem hochrangigen Beamten übertrug. Auch wenn sich diese Personalwahl als Fehlgriff erwies, so war damit doch der Grundstein für eine Einrichtung gelegt, die sich unter der Leitung des bekannten Nationalökonomen Friedrich Benedikt v. Hermann, der ihr von 1840 bis 1848 vorstand, bald ein großes Renommee erwarb. Aus diesen Anfängen hat sich, stetig wachsend, das heutige bayerische Landesamt für Statistik und Datenverbreitung entwickelt. Mit der Einrichtung des statistischen Büros begann nun die systematische Erfassung und Aufbereitung von Daten, die, auf Druck vonseiten des Parlaments, seit 1852 auch veröffentlicht wurden. Die damals begründeten „Beiträge zur Statistik des Königreichs Bayern" werden unter wechselnden Titel bis heute fortgeführt. Dank der fundierten Arbeit dieses statistischen Büros verfügte die Administration über verlässliches Material als Grundlage für ihre Entscheidungen. Die Statistik ermöglichte eine „Landesentwicklungsplanung", lange bevor es diesen Ausdruck gab, und versetzte die bayerische Staatsregierung in den Stand, zunächst im Zollverein und dann auch im Deutschen Reich die Interessen der bayerischen Wirtschaft wirkungsvoller zu vertreten.

Ein weiterer im Verantwortungsbereich des Staates liegender Faktor, der für die Industrialisierung von entscheidender Bedeutung war, war das Bildungswesen. Tatsächlich kann man den Stellenwert, welcher dem Ausbau des Bildungswesens – insbesondere der naturwissenschaftlich-technischen und beruflichen Bildungseinrichtungen (aber nicht nur dieser) – im Rahmen der Industrialisierung zukam, kaum hoch genug veranschlagen. Dem Beispiel anderer deutscher Staaten folgend hat man diesem Aufgabenbereich auch in Bayern frühzeitig Aufmerksamkeit gewidmet. So führte bereits Montgelas die Feiertagsschule ein, die alle Jugendlichen nach Durchlaufen der Volksschule besuchen sollten. Hier sollten unter starkem Praxisbezug elementare Kenntnisse in Physik, Chemie, Naturgeschichte, Geometrie, Zeichnen und Mathematik vermittelt werden. Da der Staat die Umsetzung dieser Maßnahmen aber den mit solchen Aufgaben überforderten Kommunen überließ, war der Unterricht meist höchst unzulänglich. Immerhin war damit die Grundlage geschaffen für das berufliche Schul- und Weiterbildungswesen, das sich zu einem der beiden Pfeiler der dualen beruflichen Ausbildung entwickeln sollte. 1836/37 besuchten bereits über 8000 Lehrlinge und Gesellen die Feiertagsschulen.[31]

Gleichzeitig wurden die in vielen größeren Städten bestehenden „höheren Bürgerschulen" zu „Realschulen" weiterentwickelt, deren Absolventen auf die neu gegründeten Gewerbe- und Handelsschulen wechseln durften. In den Gewerbeschulen standen Physik, Chemie, Mathematik, Maschinenlehre, praktische Geometrie, Land- und Wasserbauwesen sowie Technologie auf dem Lehrplan; in den Handelsschulen dagegen Geschäftskorrespondenz, Handelswissenschaft, Handels- und Wechselrecht, kaufmännisches Rechnen und Buchhaltung, aber auch Handelsgeografie und Handelsgeschichte. Ähnliche Schulen entstanden für die landwirtschaftliche Ausbildung.

Die größten dieser beruflichen Lehranstalten gab es in Nürnberg und in München. In München wurde 1827 eine „Polytechnische Zentralschule" ins Leben gerufen, die der Ausbildung junger Leute dienen sollte, „welche sich in den auf Mathematik, Physik, Mechanik und Naturkunde begründeten Gewerben entweder als selbstständige Arbeiter oder als Aufseher und Werkführer in Fabriken und Manufakturen zu widmen gedächten."[32] Ihre Vorbilder waren das 1815 in Wien gegründete „Polytechnische Institut", die erfolgreichste Gründung dieser Art im damaligen Europa, und die 1825 eröffnete „Polytechnische Schule" in Karlsruhe.[33] 1833 kamen zum Münchner Polytechnikum zwei weitere in Augsburg und Nürnberg hinzu. Aus dem Münchner Institut ging 1868 die Technische Hochschule München hervor.

In den 1830er-Jahren wurde das berufliche Bildungswesen weiter ausgebaut. Jeder Regierungskreis hatte nun eine „Kreisgewerbeschule" einzurichten, die einen dreijährigen Unterricht in naturwissenschaftlichen und berufsbezogenen sowie allgemeinbildenden Fächern anzubieten hatten. 1836/37 zählten diese Gewerbeschulen immerhin 1288 reguläre und 311 Gastschüler.[34] Den Absolventen der Kreisgewerbeschulen standen die polytechnischen Schulen offen. Gleichzeitig wurde die staatswissenschaftliche Fakultät der Universität München um natur- und betriebswirtschaftliche Fächer erweitert. Dort waren schließlich zwei Lehrstühle für Forstwissenschaft sowie jeweils eigene Lehrstühle für Mathematik, mechanische und chemische Technologie, Landwirtschaft, Pharmazie, Bergbau, Staatswissenschaft, Polizeiwissenschaft und Polizeirecht eingerichtet.[35]

Bei allen Unzulänglichkeiten, die diesem naturwissenschaftlich-technischen und beruflichen Bildungswesen noch anhafteten, zeigen diese bildungspolitischen Maßnahmen doch, dass die Administration erkannt hatte, dass man auch im Bereich der Bildung Maßnahmen ergreifen musste, um den Herausforderungen der anlaufenden Industrialisierung gerecht zu werden. In diesem Zusammenhang ist auch die Unterstützung zu sehen, die der Staat solchen privaten Initiativen und Institutionen gewährte, die sich der Förderung und Verbreitung von technischem und beruflich verwertbarem Wissen widmeten. Hier ist an erster Stelle der 1815/16 in München gegründete Polytechnische Verein zu nennen. An dessen Gründung waren höhere Beamte führend beteiligt, und der Staat sicherte dessen Finanzierung, indem er staatliche Behörden anwies, den wöchentlich erscheinenden „Kunst- und Gewerbeanzeiger" des Vereins zu abonnieren.[36] Auch die in Augsburg, Nürnberg, Ansbach und Würzburg gegründeten Vereine mit ähnlicher Zielsetzung erhielten eine solche Unterstützung. Der Münchner Verein entwickelte sich in der Folge – gleichfalls wieder mit kräftiger staatlicher Hilfe – zur zentralen Instanz, an die sich nicht nur Gewerbetreibende, sondern auch staatliche Behörden mit der Bitte um gutachterliche Stellungnahmen in gewerblich-technischen Angelegenheiten wenden konnten.

Der Staat gewährte einzelnen Gewerbetreibenden, Unternehmern und Erfindern sowie ganzen Gewerbezweigen oder den Gewerben einzelner Orte und Regionen auch materielle Hilfe.[37] Zunächst geschah diese Förderung durch zweckgebundene Zuschüsse. In der Regel wurden diese solchen Antragstellern gewährt, die besondere Leistungen vorweisen und darlegen konnten, dass die von ihnen beabsichtigten Investitionen von allgemeinem volkswirtschaftlichem Nutzen waren. Auch Unternehmen, die bald weit über Bayern hinaus bekannt wurden – wie der Druckmaschinenhersteller König und Bauer in Obernzell oder der Maschinenbauer Maffei in München – wurden auf diese Art gefördert. Mitunter stellte der Staat auch Preisaufgaben, womit die Gewerbetreibenden zu größeren Leistungen angespornt und das Gewerbe insgesamt leistungsfähiger gemacht werden sollten.

Aber für derartige Fördermaßnahmen, die sich selbstverständlich auch auf die Landwirtschaft erstreckten, waren zunächst nur rund 84 000 Gulden jährlich vorgesehen. Dieser Betrag stieg bis 1843 auf rund 191 000 Gulden an, wovon der größte Teil (111 000 Gulden) für die Landwirtschaft gedacht war.[38] Diese Förderung erfolgte zunächst ziemlich willkürlich und wurde erst allmählich in reguläre Bahnen gelenkt. Für die Bereiche der Landwirtschaft, des Handwerks und der Industrie wurden nun gesonderte Fonds eingerichtet, in die teilweise auch zusätzliche Gelder flossen. Diese zentralen Fonds wurden durch Kreisfonds ergänzt, über welche die Landräte, gewählte Vertretungen der Bevölkerung des jeweiligen Regierungskreises, verfügten.[39] Nutznießer dieser staatlichen Fördermaßnahmen waren in erster Linie das Handwerk und kleinere Betriebe, denn für die Gründung oder den Ausbau größerer Unternehmen waren die Summen, die man aus diesen Fonds erhalten konnte, zu gering.

Schon bald nach Beendigung der Napoleonischen Kriege hatte man in Bayern auch die zunächst in Frankreich realisierte Idee aufgegriffen, mittels Gewerbe- und Industrieausstellungen der Fachwelt und einer breiteren Öffentlichkeit die Leistungsfähigkeit der modernen Gewerbe- und Industriebetriebe vor Augen zu führen. Die ersten großen Veranstaltungen dieser Art führte der Polytechnische Verein in München durch. Er organisierte 1818 parallel zum Oktoberfest eine Kunst- und Gewerbeausstellung, die auf großes Interesse stieß. Sie war die erste

Ausstellung dieser Art in Deutschland, und bis 1823 folgten mehrere ähnliche Veranstaltungen in München, Nürnberg, Würzburg und anderen Städten. Da diese jedoch den Veranstaltern nicht mehr den erhofften Gewinn einbrachten, zogen sich deren Initiatoren wieder zurück. Weil solche Ausstellungen nur dann den erwünschten Zweck erfüllen könnten, wenn sie landesweit und mit starker öffentlicher Unterstützung organisiert würden,[40] ordnete der König 1830 an, dass künftig in regelmäßigen Abständen „National-Industrie-Produkten-Ausstellungen" stattfinden sollten. Deren Organisation übernahm das Innenministerium, das durch Prämierung herausragender Leistungen und Veröffentlichung ausführlicher Ausstellungsberichte auch dafür sorgte, dass ein reges Interesse an aktiver Teilnahme durch Gewerbetreibende und Industrielle geweckt und eine breite Öffentlichkeit zum Besuch der Ausstellung angeregt wurde.

1834 fand die erste dieser Ausstellungen in München statt. Sie wurde zu einem beachtlichen Erfolg und bot einen guten Überblick über die Leistungsfähigkeit der heimischen Gewerbe- und Industriebetriebe. Das gleichzeitige Inkrafttreten des Zollvereins trug zur Attraktivität dieser Leistungsschau erheblich bei, und die Absicht, das Selbstbewusstsein der bayerischen Gewerbetreibenden und Industriellen zu stärken, wurde erreicht. Wie die offiziellen Ausstellungsberichte hervorheben, zeigte die Ausstellung, dass es in Bayern ein gewerbliches und industrielles Potenzial gab, das der ausländischen Konkurrenz durchaus gewachsen war.

1840 wurde in Nürnberg die vorerst letzte dieser Ausstellungen durchgeführt. 1844 erklärte sich Bayern zwar bereit, die nächste der Industrie- und Gewerbeausstellungen des Zollvereins 1849 in München abzuhalten, doch ist es dazu wegen der revolutionären Ereignisse nicht mehr gekommen. Sie fand erst fünf Jahre später statt. Die große Münchner Industrieausstellung von 1854, für die man eigens einen großen Glaspalast baute – dessen Vorbild der Crystal-Palace der Londoner Weltausstellung von 1851 war –, wurde dann zu einem eindrucksvollen Nachweis der Leistungsfähigkeit der bayerischen sowie der deutschen Industrie.

Dieses Ausstellungswesen spielte auch weiterhin eine wichtige Rolle. Vor allem seit der großen Elektrizitätsausstellung 1882 in München wurden derartige Veranstaltungen, die stets einen sehr großen Zulauf fanden, in kürzeren Abständen vor allem in München und Nürnberg, aber auch in anderen großen Städten durchgeführt. In München und Nürnberg wurden für diesen Zweck in der Folge große Ausstellungsparks geschaffen.[41]

Schon zu Beginn der 1820er-Jahre hatte man erkannt, dass Bayern ein leistungsfähiges Bankwesen benötigte, um seine wirtschaftliche Entwicklung zu beschleunigen. Aus Geldmangel konnten weder im landwirtschaftlichen noch im gewerblich-industriellen Bereich jene Investitionen getätigt werden, die zur Modernisierung notwendig waren. Das Bankgeschäft war bisher im Wesentlichen die Sache weniger Privatbanken gewesen, die hauptsächlich in Augsburg (Schaezler

Das Münchner Ausstellungs- und Messewesen bis zum Zweiten Weltkrieg

Untrennbar mit der Industrialisierung verbunden ist die Entstehung des modernen Messe- und Ausstellungswesens. Dessen wichtigste Funktion ist es, Fachwelt und Öffentlichkeit mit den Errungenschaften der modernen Wissenschaft und Technik sowie den neuesten Produkten von Industrie und Gewerbe bekannt zu machen. Es entwickelte sich aus zwei Wurzeln: Eine führt zurück zu den Märkten, die seit dem Mittelalter vor allem in den größeren Städten abgehalten wurden. Wichtig waren besonders die „Messen" genannten, in größeren Zeitabständen abgehaltenen Märkte, die mitunter auch bestimmten Waren vorbehalten waren. Die andere Wurzel bilden die Ausstellungen. Die erste fand bereits 1798 in Paris statt, aber erst nach Beendigung der Napoleonischen Kriege wurden sie häufiger und auch in anderen Ländern ausgerichtet. Auf diesen Veranstaltungen sollte zunächst vor allem die wirtschaftliche Leistungsfähigkeit der jeweiligen Nation demonstriert werden.

Eine der ersten deutschen Ausstellungen fand 1818 in München statt. Am Schnittpunkt wichtiger Verkehrswege gelegen, genoss München stets die besondere Förderung seiner Landesherren und wurde so früh zu einem Zentrum sowohl des Fern- als auch des regionalen Handels. Von besonderer Bedeutung war der Getreidemarkt. Er wurde zunächst auf dem Schrannenplatz, seit 1853 aber in der Schrannenhalle abgehalten, die mit 431 m Länge damals zu den größten Hallen ihrer Art zählte. Im 19. Jahrhundert wurde München das Zentrum des vergrößerten Bayern und baute seine wirtschaftliche Vorrangstellung aus. Dazu leisteten die Industrie- und Gewerbeausstellungen einen wichtigen Beitrag.

Die erste Ausstellung wurde vom Polytechnischen Verein parallel zum Oktoberfest 1818 durchgeführt und war das Vorbild für eine Reihe ähnlicher Veranstaltungen bayernweit. Ein wichtiger Schritt zur Etablierung Münchens als deutscher Messestandort erfolgte dann mit der vom Staat organisierten Industrie- und Gewerbeausstellung, die 1834 im neuerbauten Odeon stattfand. Sie war die erste Ausstellung im Deutschen Zollverein, fand aber weit über diesen hinaus Beachtung.

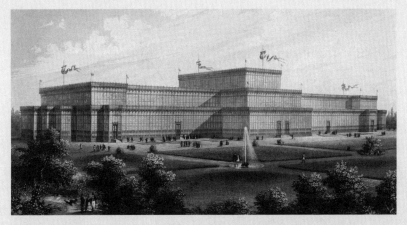

Der Münchener Glaspalast wurde für die Industrieausstellung 1854 erbaut

Der endgültige Durchbruch Münchens als Ausstellungsstandort erfolgte mit der „Allgemeinen Ausstellung deutscher Industrie- und Gewerbeerzeugnisse" 1854. Dafür hatte die Stadt nach dem Vorbild des Londoner „Crystal Palace", in dem 1851 die erste Weltausstellung stattgefunden hatte, den Glaspalast errichten lassen. Über 200 000 Besucher aus aller Welt kamen damals nach München, das erst seit kurzem an das europäische Eisenbahnnetz angeschlossen war. Mit der großen Internationalen Elektrizitätsausstellung von 1882, die von Oskar von Miller konzipiert wurde und den Beginn des elektrischen Zeitalters markierte, baute München seine Stellung als internationaler Ausstellungsort aus. Seit diesem Zeitpunkt zählten die regelmäßig und in kurzen Abständen abgehaltenen Ausstellungen zu den größten Attraktionen Münchens.

Um 1900 hatte das Ausstellungswesen einen derartigen Umfang angenommen, dass die über die Stadt verteilten, teilweise provisorischen Ausstellungshallen den Ansprüchen nicht mehr genügten. 1903 schritt die Stadt zum Bau eines großen Ausstellungsparks auf der Theresienhöhe. Dessen Betrieb übernahm ein Zusammenschluss von Bürgern, der „Verein Ausstellungspark München" (VAP). 1908 wurde der von renommierten Architekten konzipierte Komplex mit der Ausstellung „München 1908" eröffnet. Er umfasste neben den Hallen eine Reihe von Gastronomie- und Unterhaltungsbetrieben sowie ein Theater, deren Angebote auch zwischen den Ausstellungen lebhaft in Anspruch genommen wurden. Der Erste Weltkrieg brachte eine Unterbrechung, aber schon 1920 wurde die Entwicklung mit der sehr erfolgreichen „Allgemeinen Ernährungs- und Genussmittelausstellung" (ANUGA) fortgesetzt. Ab 1925 führte man wieder regelmäßig Industrie- und Gewerbeausstellungen durch. Eine große Goetheausstellung, 1932 anlässlich des 100. Todesjahres des Dichters abgehalten, war die letzte vom Verein organisierte Veranstaltung, denn 1933 übernahm die NSDAP das Kommando.

Die Verkehrsausstellung in München, 1925

und Süßkind) und in München (Eichthal und Hirsch) ansässig waren, sowie der königlichen Bank in Nürnberg. Diese Banken waren vor allem im Wechselgeschäft und im Handel von Staatspapieren tätig, größere Kredite an Privatleute vergaben sie nicht, auch war ihre Kapitalausstattung für umfangreichere Aktivitäten entschieden zu gering.

1822 legte die bayerische Regierung dem Landtag Pläne für eine Nationalbank vor, die auch zur Emission von Banknoten befugt sein sollte. Die Abgeordneten, die dem Papiergeld mehrheitlich sehr skeptisch gegenüberstanden, verlangten aber so weitgehende Modifikationen, dass die Regierung ihr Vorhaben wieder fallen ließ. Erst 1834 brachte sie erneut ein Gesetz mit ähnlicher Zielsetzung ein. Dieses wurde nun mit großer Bereitwilligkeit angenommen, denn mittlerweile hatten sich die wirtschaftlichen Verhältnisse so geändert, dass die Errichtung einer Hypotheken- und Wechselbank unabdingbar schien.[42]

Die Gründung der „Bayerischen Hypotheken- und Wechselbank" stellte einen wichtigen Schritt in der wirtschaftlichen Entwicklung Bayerns dar. Diese Bank hatte die Form einer Aktiengesellschaft, Hauptaktionäre waren mit je einer Mio. Gulden die Bankiers Eichthal, Rothschild, Schaezler und Hirsch, der König beteiligte sich mit 400 000 Gulden. Sie stand unter staatlicher Aufsicht, und ihre gesetzlich definierte Hauptaufgabe war es, die bayerische Landwirtschaft durch zinsgünstige Kredite – die Zinsen sollten 4 % betragen – in die Lage zu versetzen, sich zu modernisieren. Drei Fünftel des Bankfonds, der anfänglich 10 Mio. Gulden betrug, sollten für diesen Zweck zur Verfügung stehen. Der Rest sollte vorzugsweise für Kredite an das Gewerbe verwendet werden. Zudem war es dieser Bank erlaubt, Banknoten auszugeben. 1836 stieg die Bank auch in das Versicherungswesen ein, in dem sie Mobiliar-Feuerversicherungen und Lebensversicherungen anbot; eine „Leibrentenanstalt" vervollständigte dieses Angebotssegment.

Seit 1832 wurde auch der Königlichen Bank in Nürnberg, die der Weisungsbefugnis des Finanzministers unterstand, sukzessive ein größerer unternehmerischer Freiraum eingeräumt. In der Folge entwickelte sie sich zu einem unentbehrlichen Faktor der Wirtschaft der drei fränkischen Regierungsbezirke, auf welche sich ihre Tätigkeit bis zur Jahrhundertmitte zu beschränken hatte. Nicht nur die neu entstehenden großen industriellen Unternehmen Frankens, sondern auch der Landproduktenhandel – und hier in besonderem Maße der sehr wichtige Hopfenhandel – waren auf Kredite dieser Bank essenziell angewiesen.

Als Teil des Bankenwesens sind auch die Sparkassen zu betrachten, obwohl sie vor allem in der Absicht entstanden, den unteren Bevölkerungsschichten die Möglichkeit zu einer Vorsorge für Notfälle zu eröffnen und Hilfe zur Selbsthilfe zu leisten. Mit ihnen wollte man den Pauperismus bekämpfen und den Spargedanken fördern, und nicht zufällig entstanden die ersten Einrichtungen dieser Art in Verbindung mit Pfandleihen, der einzigen Institution, die den unteren Bevölkerungsschichten Kredite gewährte.[43] In Bayern wurden erste konkrete Vorschläge zu Einrichtung von Sparkassen 1814 entwickelt, die ersten Sparkassengründungen erfolgten 1824 in Nürnberg und München. Der Zinssatz, den diese Sparkassen auf Einlagen gewährten, betrug 2 % und war damit doppelt so hoch wie der sonst übliche Satz. Die Inanspruchnahme der bald in größerer Zahl gegründeten Sparkassen war derartig rege, dass man rund 20 Jahre später sogar daran denken musste, Kunden aus besseren Kreisen den Zugang zu den Sparkassen zu erschweren. Die Zahl der Sparkassen wuchs bis 1893 auf 323 an, wobei die Sparkassendichte in den Regierungsbezirken erhebliche Unterschiede aufwies:[44]

Bezirk	Zahl der Sparkassen	Eine Kasse trifft auf … Einwohner
Oberbayern	39	29 769
Niederbayern	33	20 218
Pfalz	51	14 657
Oberpfalz	29	18 549
Oberfranken	42	13 602
Mittelfranken	42	17 090
Unterfranken	45	13 732
Schwaben	42	16 127

Auffallend unterschiedlich war auch die Zahl der Kunden der Sparkassen in den einzelnen Regierungsbezirken; für das Jahr 1893 stellten sich diese wie folgt dar:

Bezirk	Anzahl der Einleger am Jahresende
Oberbayern	116 879
Niederbayern	48 215
Pfalz	40 210
Oberpfalz	47 373
Oberfranken	76 056
Mittelfranken	144 422
Unterfranken	75 894
Schwaben	89 838

Als weitere Maßnahme der Wirtschaftsförderung ist die Gründung von Industrie- und Handelskammern zu nennen. Nachdem der Landtag 1831 einen entsprechenden Antrag gestellt hatte, sicherte die Regierung zu, diesem die „verdiente Aufmerksamkeit" zuzuwenden. Zentrale Aufgabe dieser zunächst für alle wirtschaftlichen Zentren des Landes geplanten Gremien, in denen die Repräsentanten des „Handel- und Gewerbestandes" der jeweiligen Region Aufnahme finden sollten, sollte es sein, „die Staatsregierung mit den Ansichten, Wünschen und Bedürfnisse der Gewerbe, Fabriken und des Handels bekannt zu machen sowie Gutachten zu vorgelegten Fragen" abzugeben.[45] Da sich der „Handels- und Gewerbestand" aber zunächst lange nicht über die Zahl und die Standorte dieser Handelskammern einigen konnte, und die Regierung diese Angelegenheit nicht mit größerem Nachdruck verfolgte – sie fürchtete einen Anspruch auf Mitsprache dieser Gremien bei den laufenden Verhandlungen zur Bildung des Zollvereins –, dauerte es noch mehrere Jahre, bis diese Zusage erfüllt wurde. Im September 1842 wurde schließlich die Bildung von Handelskammern angeordnet, die im folgenden Jahr dann auch ins Leben traten.

7. Die Verkehrspolitik

Grundlinien

Der Handel, insbesondere der Transithandel, war von jeher ein bedeutender Faktor der bayerischen Wirtschaft, und die Zoll- und Mautgebühren machten einen beträchtlichen Teil der Staatseinnahmen aus. Die Förderung des Handels war deshalb stets ein vorrangiges Ziel bayerischer Wirtschaftspolitik, und so hat man trotz der angespannten Finanzlage schon in den 1820er-Jahren viel in den Ausbau der Verkehrswege investiert. Damit sollte verhindert werden, dass wichtige durch Bayern führende Transitwege verlagert wurden. Eine solche Gefahr bestand, weil Württemberg im Westen und Österreich im Osten und Süden ihre parallel zu Bayerns Grenzen verlaufenden Fernstraßen zielstrebig ausbauten.

Diese Verkehrspolitik diente aber nicht nur fiskalischen Interessen. Das zeigte sich am deutlichsten bei der Diskussion über Art und Verlauf der neuen Verkehrswege. Die Kernfrage war hierbei, ob man eher Wasserstraßen oder Eisenbahnen bauen sollte. Ludwig I. hat sich bekanntlich für die Wasserstraßen entschieden. Das ist heftig kritisiert worden, wobei man aber oft nicht hinreichend bedachte, wie sich die Sachlage für die Zeitgenossen darstellte. Denn zu Beginn des 19. Jahrhunderts waren die Wasserstraßen gerade in den wirtschaftlich fortschrittlichsten Staaten das Rückgrat des Verkehrssystems. Das dichteste Wasserstraßennetz mit den meisten Kanälen – rund 900 an der Zahl – gab es in England, aber auch Frankreich verfügte über 130 Kanäle mit einer Gesamtlänge von rund 4600 km. Das Schiff war das bei Weitem leistungsfähigste Transportmittel. Viele Massengüter wie Holz, Erz, Kohle, Salz und Getreide ließen sich nur so über weitere Entfernungen vermarkten, und manche Güter, wie zum Beispiel Stammholz, konnten ausschließlich auf dem Wasser transportiert werden.

In Deutschland gab es wegen der territorialen Zersplitterung kein vergleichbares Wasserstraßennetz. Erst als sich in der Napoleonischen Ära die politischen Rahmenbedingungen änderten, konnte man daran gehen, derartige Planungen in Angriff zu nehmen. Auch in Bayern wurden jetzt die Möglichkeiten zum Bau und Ausbau von Wasserstraßen intensiv geprüft, doch wurde aus Kostengründen zunächst nur der Ausbau des Mains geplant. Eben diese hohen Kosten des Wasserstraßenbaus waren es auch, auf welche die Befürworter des Eisenbahnbaus verwiesen. Dabei war man sich aber keineswegs darin einig, welcher Art von Eisenbahn der Vorzug zu geben sei. Mit einigem Erfolg propagierte der bayerische Ingenieur Baader ein von ihm entwickeltes System des kombinierten Straßen- und Schienenverkehrs. Die Dampfeisenbahn stellte in den 1820er-Jahren ein zwar im praktischen Betrieb bewährtes, aber noch relativ wenig leistungsfähiges Transportmittel dar. Gleisunterbau und Schienen sowie das rollende Material waren noch nicht für den Transport von großen Lasten ausgelegt. Dass sich dies in den nächsten Jahrzehnten rasch ändern sollte, war noch nicht abzusehen.

Anders als Schienenwege waren Wasserstraßen zwar sehr teuer in der Anlage, boten dafür aber viele Vorteile. Ihr Unterhalt war weniger aufwändig, vor allem aber konnten auf ihnen weitaus schwerere Lasten und dies mit einem verhältnismäßig geringeren Energieeinsatz transportiert werden. Die Dampfeisenbahn bot lediglich den Vorteil der größeren Geschwindigkeit, der aber bei dem damaligen Güterverkehr noch kaum ins Gewicht fiel. Der Personenverkehr hingegen spielte in den wirtschaftspolitischen Überlegungen keine Rolle; aus ordnungspolitischen Gründen galt eine Ausweitung und Beschleunigung des Personenverkehrs sogar als unerwünscht. Daher favorisierte die bayerische Administration die Wasserstraßen, für die sich dann auch Ludwig I. entschied.

Dass Ludwig I. bereit war, seine Entscheidung zu revidieren, als sich die politischen und technischen Rahmenbedingen änderten, zeigt seine spätere Verkehrspolitik. Denn als sich abzeichnete, dass der Main-Donau-Kanal nicht hinreichend sein würde, um den Transitverkehr in Bayern zu halten, entschloss er sich ohne Zögern zum Bau von Eisenbahnen. 1839 plante Württemberg den Bau einer Eisenbahn zwischen Heilbronn und Ulm, welche den Neckar mit der Donau verbinden sollte. Diese drohte, einen Teil des für den Main-Donau-Kanal erwarteten Frachtaufkommens abzuziehen. Um diesen befürchteten Verlust zu kompensieren, beschloss Ludwig I. die Verbindungen Bayerns nach Norden auszubauen. 1841 – vier Jahre vor Fertigstellung des Kanals – vereinbarte er mit Sachsen und Sachsen-Anhalt die Herstellung einer Eisenbahn von Leipzig nach Hof bis zum Jahr 1847. Gleichzeitig wurde der Bau der ersten durchgehenden Eisenbahnlinie Bayerns beschlossen. Sie sollte von Hof über Bamberg, Nürnberg, Donauwörth und Augsburg nach Lindau geführt werden. Da sich das private Kapital Anfang der 40er-Jahre wegen zu geringer Gewinnaussichten aus dem Eisenbahnbau zurückzog, hat der Staat den Bau und den Betrieb dieser Strecken übernommen; er hat dann auch in den folgenden Jahrzehnten das Eisenbahnnetz Bayerns konsequent ausgebaut.

Motiv für dieses starke staatliche Engagement im Eisenbahnbau war zunächst die Erkenntnis, dass der wichtige Transitverkehr Bayern meiden würde, wenn man ihm keine leistungsfähigen Eisenbahnverbindungen zur Verfügung stellte. Sehr rasch erkannte man dann aber auch, wie wichtig die Eisenbahn für die Entwicklung der inländischen Wirtschaft war. Nicht nur der Handel profitierte von dem neuen Verkehrsmittel, das den Gütertransport erheblich verbilligte, sondern auch das produzierende Gewerbe. Dieses konnte Rohstoffe und andere Güter wesentlich billiger beziehen und seine Produkte auch dann, wenn es sich um schwere und große Lasten handelte, auf weiter entfernten Märkten zu konkurrenzfähigen Preisen anbieten. Auch landwirtschaftliche Erzeugnisse, Holz und Steine konnten so wesentlich besser vermarktet werden. Manche dieser Waren, wie zum Beispiel Milch und andere Molkereiprodukte, konnten sich überhaupt erst nach dem Bau von Eisenbahnlinien einen größeren Markt erschließen.

Orte und Regionen mit Eisenbahnanschluss boten somit deutlich bessere wirtschaftliche Rahmenbedingungen, was sich augenfällig darin zeigte, dass dort, wo keine Eisenbahnverbindung bestand, sehr bald die Menschen abwanderten. Deshalb forderten alle Regionen und sehr viele Orte den Eisenbahnanschluss, und diesem Wunsch ist der Staat in erstaunlich großem Maße nachgekommen. Seit den 1860er-Jahren, und noch verstärkt ab der Reichsgründung, trieb Bayern die Erschließung der Fläche mittels Eisenbahnen mit erheblichem finanziellen Aufwand voran, obwohl man wusste, dass sich solche Strecken betriebswirtschaftlich kaum rentierten. Tatsächlich hat der Betrieb dieser zahlreichen Nebenstrecken dann auch die Rendite der Staatsbahn erheblich reduziert.

Wenn der Staat diese Verkehrspolitik dennoch mit erheblichem Aufwand weiter verfolgte, so vor allem aus sozialpolitischen Gründen. Mit ihr sollte die Abwanderung vom Land in die Städte wenn nicht beendet, so doch wenigstens gebremst werden. Denn in der Herauslösung der besitzlosen Unterschichten aus der vergleichsweise fest gefügten ländlichen Gesellschaft und deren Abwanderung in die Städte, wo sie das vermeintlich heimat- und wurzellose Proletariat verstärkten, sah man eine große Gefahr für Staat und Gesellschaft. Und in der sozialistischen Arbeiterbewegung, die in den 1870er-Jahren auch in Bayern breiteren Anhang fand, sah man diese Bedrohung konkrete Formen annehmen. Die Steigerung der Lebensqualität sowie der Erhalt oder die Schaffung von Arbeitsplätzen auf dem flachen Land waren daher aus übergeordnetem politischem Interesse dringend geboten; der Weg dahin aber führte über den Eisenbahnanschluss.

Der Bau solcher Eisenbahnen wurde aber auch von Unternehmern, Handel- und Gewerbetreibenden und bäuerlichen Interessenvertretern gefordert, und diese haben vor allem im Landtag entsprechenden Druck ausgeübt. Über viele Jahre hinweg stellten die Behandlung von „Eisenbahnpetitionen" und Beratungen über den Streckenverlauf von Bahnlinien einen Hauptgegenstand der parlamentarischen Verhandlungen dar. Indem die Regierung diesen Wünschen entgegenkam, konnte sie auch den Druck, den die katholisch-konservative Opposition in der Abgeordnetenkammer ausübte, zumindest teilweise abfangen. Denn diese verkehrspolitischen Maßnahmen kamen dem kleinbürgerlichen und bäuerlichen Klientel der katholisch-konservativen Mehrheit der Abgeordnetenkammer zugute, weshalb diese gezwungen war, mit der Regierung zu kooperieren. Man war damit in der günstigen Position, für den Eisenbahnbau, den man durchaus aus eigenem Interesse verfolgte, von der Opposition als Gegenleistung Entgegenkommen in anderen politischen Fragen einfordern zu können.

Straßenbau

Zu Beginn des Jahrhunderts befand sich Bayerns Straßennetz in einem desolaten Zustand. Altbayern, insbesondere Oberbayern, verfügte zwar über ein relativ dichtes Netz von Straßen – um 1800 erstreckte sich das Straßennetz des Kurfürstentums über rund 3000 km –, doch waren diese meistens mit schlechtem Obermaterial, unzureichendem Unterbau und ohne Randbegrenzungen angelegt und wiesen überdies vielfach starke Steigungen auf. In Franken und in der Pfalz gab es zwar einige nach französischem Vorbild angelegte „Chausseen" mit dauerhafterem Unter- und Oberbau, dafür war hier das Straßennetz sehr weitmaschig. 1805 unternahm die Regierung mit der Gründung einer Zentralbehörde für den Wasser- und Straßenbau unter Leitung eines anerkannten Ingenieurs den ersten Schritt zur Verbesserung dieses Zustandes. Aber erst nach Abschluss der Kriege und aller anderen Gebietsveränderungen konnte der Ausbau eines landesweiten Straßensystems in Angriff genommen werden. Nun hielt der moderne Straßenbau nach englischem und französischem Vorbild in Bayern Einzug. Bisher waren die Straßen zumeist von hand- und spanndienstpflichtigen Untertanen gebaut und instand gehalten worden, wobei die örtlichen Beamten die Leitung übernommen hatten. Jetzt wurden zumindest die Hauptverbindungen, die späteren Staatsstraßen, von Fachleuten geplant, und diese übernahmen auch die Bauaufsicht. Der Staat trieb den Bau dieser „Kunststraßen" zügig voran, doch wurden diese aus Sparsamkeit oft nicht optimal angelegt. 1825 betrug die Gesamtlänge der ausgebauten Hauptstraßen bereits 6621 km, wovon lediglich 400 km noch nicht die vorgeschriebene Breite und Bauart aufwiesen. Mit dem Straßenbau ging die Anlage neuer Brücken einher, von denen allein zwischen 1818 und 1825 mehr als 50 gebaut wurden. Die meisten davon waren hölzerne Brücken nach dem System „Wiebeking"; erst nach der Jahrhundertmitte traten an deren Stelle dauerhaftere Konstruktionen.[46]

Die nachrangigen Straßen, für deren Anlage und Unterhalt die Kreise und die Kommunen aufkommen mussten, waren aber nach wie vor häufig in schlechtem Zustand. Weil man am Unterhalt der Hauptstraßen ebenfalls sparte, verschlechterte sich auch deren Zustand rasch wieder.[47] Erst in den 1840er-Jahren widmete man den Straßen wieder größere Aufmerksamkeit, denn der Bau der Eisenbahnlinien machte eine Revision des Straßennetzes nötig. Parallel zur Eisenbahn laufende Straßen verloren an Bedeutung und wurden abgestuft, dagegen wurden solche, die der Erschließung des Hinterlandes von Bahnstationen dienten, ausgebaut.

Hierzu einige Zahlen. Für die Finanzperiode von 1843 bis 1849 wurden für den Straßen-, Brücken- und Wasserbau folgende jährliche Ausgaben eingeplant:[48]

Verwaltung	1000 fl
Neubauten	
- Straßen	80 000 fl
- Brücken	82 000 fl
- Wasserbau	140 000 fl
Unterhalt Wasserbau	150 000 fl
Unterhalt Straßen	60 000 fl
Reservefonds	101 593 fl
Summe	*614 593 fl*

Bei einem Haushaltvolumen von rund 32,4 Mio. Gulden entsprachen die hier eingesetzten Mittel somit einem bescheidenen Anteil von rund 1,9 %.

Wasserstraßenbau

Wenn der Straßenbau nach einer kurzen Hochphase schon um die Mitte der 1820er-Jahre wieder in den Hintergrund trat, hatte dies seine Ursache auch darin, dass man davon ausging, dass die Zukunft des Güterverkehrs auf dem Wasser liegen würde. Auch nach Überzeugung Ludwigs I. stellte der Bau von Wasserstraßen die beste, weil dauerhafteste und auf lange Sicht kostengünstigste Lösung des Verkehrsproblems dar. Eisenbahnen wollte er nur dort bauen lassen, wo die Anlage von Wasserstraßen unmöglich, beziehungsweise zu kostenaufwändig war. Die Pläne für ein bayerisches Wasserstraßennetz umfassten die Schiffbarmachung des Mains bis Bamberg und der Donau bis Ulm, den Bau von Kanälen von München und Augsburg zur Donau, die Kanalisierung von Naab und Vils bis Amberg, womit das oberpfälzische Montangebiet an die Donau angeschlossen werden sollte, und den Bau eines Kanals zwischen Donau und Main. Letzterer genoss Priorität, denn er sollte den Transithandel von West- nach Südosteuropa auf sich ziehen und zudem die Vermarktung von Produkten aus Bayern verbessern, beziehungsweise überhaupt erst ermöglichen. So wollte man zum Beispiel Stammholz aus dem Bayerischen Wald ins Rheingebiet exportieren, da dort deutlich höhere Preise als im Donauraum erzielt wurden.

Eine Verbindung vom Rhein zur Donau hatte bereits Karl der Große schließen wollen, und seither war ihr Bau immer wieder erwogen worden. Die territoriale Zersplitterung des Raumes, durch den eine solche Verbindung führen musste, hat jedoch bis ins 19. Jahrhundert jedes derartige Projekt von vornherein verhindert.[49] In der napoleonischen Ära änderte sich dies, als französische Offiziere im Jahr 1800 begannen, die Möglichkeit eines Kanalbaus vom Main über die Regnitz und Altmühl zur Donau konkret zu sondieren. Diese Prüfung kam zu einem positiven Ergebnis, sodass nun verschiedene Verlaufsvarianten für einen solchen Kanal ausgearbeitet wurden. Wegen der wiederholten Kriege war aber an einen Bau vorerst nicht zu denken. Erst mit der Niederlage Napoleons und der endgültigen Eingliederung Unterfrankens in Bayern 1814 konnte man daran denken, dieses Projekt in Angriff zu nehmen. Es fand im Herzog von Leuchtenberg, dem Schwiegersohn des bayerischen Königs, der in Eichstätt residierte, wo der Kanal vorbeigeführt werden sollte, einen einflussreichen Fürsprecher und wurde auch von der bayerischen Administration unterstützt. Vornehmlich aus finanziellen Gründen kam man jedoch bis zum Tod König Maximilians I. über das Planungsstadium nicht hinaus.

Unter Ludwig I. nahmen die Pläne dann konkrete Formen an. Er räumte der wirtschaftlichen Entwicklung Bayerns größere Priorität ein und verschaffte sich durch rigorose Sparmaßnahmen auch den nötigen finanziellen Spielraum. Die Entscheidung für den Kanal ist vor dem Hintergrund zu sehen, dass die Donauschifffahrt damals in eine neue Ära eintrat. 1829 verlor das Osmanische Reich mit dem Frieden von Adrianopel die bisherige Kontrolle über die untere Donau, und noch im gleichen Jahr konstituierte sich in Wien die „Erste privilegierte Donau-Dampfschifffahrts-Gesellschaft". 1830 lief ihr erstes Dampfschiff vom Stapel und 1831 erhielt sie das Monopol für die Dampfschifffahrt in Österreich und Ungarn.[50] Die Donauschifffahrt nahm nun einen rasanten Aufschwung. 1834 begann man mit der Aussprengung einer Fahrrinne durch die berüchtigten Katarakte des Eisernen Tores, womit die Dampfschifffahrt bis ans Schwarze Meer ausgeweitet werden konnte. Diese Entwicklung war für Ludwig I. vor allem auch deshalb von größtem Interesse, weil er die Handelsbeziehungen zwischen Bayern und Griechenland intensivieren wollte, wo seit 1832 sein Sohn Otto als König herrschte. Die Aussicht auf den Ausbau der bayerisch-griechischen Wirtschaftsbeziehungen, wobei man große Erwartungen in den Export von bayerischen Agrarprodukten setzte, spielte daher auch bei der Entscheidung des Landtags für den Kanalbau 1834 eine wichtige Rolle.[51]

Angesichts dieser Perspektiven verwundert es nicht, dass sich auch bayerische Bankiers und Unternehmer für die Binnenschifffahrt interessierten. Als 1835

in Regensburg eine Aktiengesellschaft gegründet wurde, welche die Dampfschifffahrt auf der Donau zwischen Ulm und Linz betreiben wollte, waren in kürzester
Zeit mehr als 500 000 Gulden Einlagekapital aufgebracht.[52] Am 16. Juni 1836
erteilte der König der „bayerisch-württembergischen Donau-Dampfschiffahrts-
gesellschaft" ein auf 40 Jahre befristetes Privileg zum Betrieb der Dampfschifffahrt auf der bayerischen Donau. Im August 1837 lief ihr erster, von Maffei in
Regensburg gebauter Dampfer vom Stapel; im Oktober fuhr dieser erstmals bis
nach Linz, und im folgenden Jahr wurde der fahrplanmäßige Verkehr zwischen
Regensburg und Linz aufgenommen. Zu geringe Wasserstände, zu niedrige Brücken, Hochwasser und manch andere Hindernisse machten der Schifffahrt jedoch
sehr zu schaffen. 1835 wurde in Lindau eine Bodenseedampfschifffahrtsgesell-
schaft gegründet, und 1841 entstand auch in Würzburg eine Aktiengesellschaft,
die 1842 die Dampfschifffahrt auf dem Main aufnahm.

Der rasante Aufschwung, den die Eisenbahn in den folgenden Jahren nahm,
hat dann allerdings die weitere Entwicklung der Dampfschifffahrt für mehrere
Jahrzehnte nahezu zum Stillstand gebracht. Eine verhängnisvolle Rolle spielte dabei der Ludwig-Main-Donau-Kanal. Dessen Rentabilität hatte man von vornherein
angezweifelt, weshalb nur ein Teil der Aktien der Kanalgesellschaft abgesetzt werden konnten, obwohl deren Emission das renommierte Bankhaus Rothschild übernahm. Als der Kanal 1845 endlich durchgängig befahren werden konnte, zeigte
sich, dass diese Bedenken nur zu berechtigt gewesen waren. Denn der Kanal war
zu klein dimensioniert, um seine ambitionierte Aufgabe, die Nordsee mit dem
Schwarzen Meer zu verbinden, erfüllen zu können. Die Schleusen waren mit
4,76 m Breite zu schmal, um von den üblichen Flussschiffen genutzt werden zu
können, die Kanalschiffe hingegen hatten mit 1,40 m einen zu großen Tiefgang, um
auf Donau und Main verkehren zu können, da diese noch nicht entsprechend ausgebaut waren; die Flussschiffe hatten damals üblicherweise nur einen Tiefgang bis zu
etwa 70 cm. Man musste also wiederholt umladen, was den Transport verlangsamte und verteuerte. Zudem war die Kapazität der Kanalschiffe mit 120 t auch für
damalige Verhältnisse eher gering. Hinzu kam, dass man aus Sparsamkeitsgründen
die Anlage von tieferen Einschnitten und höheren Dämmen sowie den Bau von
Aquädukten und Wasserzuführungen so weit wie möglich vermieden hatte, mit der
Folge, dass der Kanal nicht weniger als 101 Schleusen aufwies; durchschnittlich
musste alle 1,7 km geschleust werden. In ihrem Zusammenwirken haben diese Faktoren dazu geführt, dass der Transitverkehr den Kanal nicht annahm.

Letztlich war es somit falsche Sparsamkeit bei der Ausführung, die diesen
Kanalbau zur Fehlinvestition machte: In dieser Form war der Kanal als Verbindung von der Nordsee zum Schwarzen Meer ungeeignet, als regionaler Verkehrs-
weg aber war er entschieden zu teuer, zumal es zwischen Bamberg und Kelheim
kein entsprechendes Frachtaufkommen gab. Der Kurs der Kanalaktien sank denn

auch rapide; lag er 1838 noch bei 92 % des Nennwertes, so waren es 1848 noch 45 und 1850 nur noch 38 %.[53]

Nach dem Fehlschlag dieser „Sparversion" eines Kanals verschwanden alle Pläne für den Ausbau der bayerischen Wasserwege in den Schubladen, Bayern konzentrierte sich daher in den kommenden Jahrzehnten auf den Eisenbahnbau. Selbst bereits begonnene Wasserbauprojekte wurden nicht weiter verfolgt; so legen lediglich drei Schleusen am Unterlauf der Naab von dem umfassenden Wasserstraßenkonzept der Ära Ludwigs I. bis heute Zeugnis ab. Auch auf den bayerischen Flüssen kam die Schifffahrt wegen der bereits dargestellten Probleme, die nur durch den Bau neuer Brücken und mit umfangreichen wasserbautechnischen Maßnahmen hätten beseitigt werden können, nicht in Schwung. 1846 wurde die Donau-Dampfschifffahrtsgesellschaft zwar durch Übernahme in Staatsbesitz noch vor dem Konkurs gerettet, aber 1862 verkaufte Bayern den gesamten staatlichen Schifffahrtsbesitz an der Donau an die österreichische Donaudampfschifffahrtsgesellschaft.[54] Eine ähnlich ungünstige Entwicklung nahm die Dampfschifffahrt auf dem Main, die 1858 eingestellt wurde. Erst nach Einrichtung der Kettenschleppschifffahrt, die 1886 Aschaffenburg erreichte und bis 1912 nach Bamberg verlängert wurde, erlebte sie einen zweiten und diesmal dauerhaften Aufschwung.

Für die Entwicklung der bayerischen Wirtschaft hatten diese Investitionen in den Straßen-, Brücken- und Wasserbau jedoch einen größeren Effekt als alle bisherigen Maßnahmen des Staates zur Steigerung der wirtschaftlichen Leistungsfähigkeit Bayerns. Denn diese 173 km lange Wasserstraße war ein komplexes Bauwerk, das nicht nur den eigentlichen Kanal, sondern auch 101 Kammerschleusen mit 278 Toren, 12 Brückenkanäle, 284 Durchlässe, 3 Viadukte, 32 Überfallwehre und rund 100 Brücken umfasste. Die Baukosten des Kanals, ursprünglich auf 8,5 Mio. Gulden geschätzt, beliefen sich schließlich auf über 17,4 Mio. Gulden. Das entsprach in etwa dem dreißigfachen Jahresetat des regulären Straßen-, Wasser- und Brückenbaus. Damit stellte der Kanalbau die mit großem Abstand größte Einzelinvestition dar, die es in Bayern bis dahin gegeben hatte, und da diese zum größten Teil in nur zehn Jahren getätigt wurde, entfaltete sie eine stark belebende Wirkung auf die Binnenkonjunktur. So ist dieses Projekt zumindest insoweit positiv zu werten, als es ein gewaltiges Arbeitsbeschaffungsprogramm darstellte, von dem nicht nur jene Menschen profitierten, die beim Kanalbau unmittelbar Beschäftigung fanden, sondern weitaus größere Kreise der Bevölkerung und der Wirtschaft.

Eisenbahnbau

Den entscheidenden Anteil an der Industrialisierung Bayerns hatte wie in vielen anderen Ländern der Eisenbahnbau, auch wenn die Staatsführung diesem zunächst reserviert gegenüberstand.[55] Was sie zu dieser Haltung veranlasste, lässt sich beispielhaft den Ausführungen eines konservativen Abgeordneten auf dem

Landtag von 1842/43 entnehmen: „Ohne Anspruch auf einen prophetischen Geist zu machen, glaube ich aussprechen zu dürfen: die unmittelbare Folge (des Eisenbahnbaus; der Verf.) wird seyn, dass das Regieren sehr erschwert wird, besonders jenen Regierungen, welche nicht dem System des Geschehenlassens, sondern dem der Bevormundung folgen. Wir dürfen nur auf jene Länder blicken, in denen das Eisenbahnwesen schon sehr entwickelt ist. England ist mit Schienenwegen überdeckt, Belgien desgleichen, in Nordamerika sind auch schon 4–5000 englische Meilen Kanäle und Eisenbahnen im Betrieb. Welche Beweglichkeit sehen wir da, wie gewinnt jeder sonst kaum bemerkte Umstand gleich an Bedeutung durch die schnelle Verbreitung im größeren Publikum, welches dann Parthei dafür oder dagegen nimmt! Welche Gährung sehen wir in diesen Ländern fort und immer fort steigen! Ich bin zwar weit entfernt, diese Wirkung dem raschen Verkehr durch Eisenbahnen allein zuzuschreiben, aber sie tragen wenigstens wesentlich dazu bei, und machen den Regierungen genug zu schaffen. Diesseits des Kanales (= auf dem Kontinent; der Verf.), wir dürfen es uns nicht verhehlen, fehlt es auch nicht an Gährungsstoff, welcher aufgeregt wird, durch die Eisenbahn. Wer wird dann die fortschreitende Bewegung der Nationen aufzuhalten vermögen? Und wie wird, wie kann sich diese entwickeln? Die kurzen Andeutungen mögen es rechtfertigen, wenn eine Regierung wenigstens mit Zögern, ja sogar mit einigem Widerstand daran geht, den beflügelten Dampfmaschinen die Grenzen ihres Gebietes zu öffnen."

Es spricht für den Realitätssinn Ludwigs I., dass er die wirtschaftliche Bedeutung der Eisenbahn klar erkannte und ihren Bau trotz der Vorbehalte, die er hatte, förderte. Welchen Stellenwert er ihr einräumte, ersieht man schon daraus, dass er der Aktiengesellschaft, welche die erste Eisenbahn auf deutschem Boden zwischen Nürnberg und Fürth realisierte, erlaubte, diese Bahn nach ihm zu benennen und anlässlich ihrer Eröffnung sogar eine Gedenkmünze prägen ließ. Bevorzugt am 25. August, seinem Geburtstag, nahm der König Regierungs- und Staatsakte vor, die ihm besonders am Herzen lagen; deshalb verdient es Beachtung, dass er zwei Ereignisse, die für die Entwicklung der Eisenbahn in Bayern von besonderer Bedeutung waren, auf diesen Tag legte: Am 25. August 1843 unterzeichnete er das „Eisenbahndotationsgesetz", das die Finanzierung der ersten Hauptstrecken sicherte. Mit einem Volumen von rund 50 Mio. Gulden stellte dieses Projekt alle bisherigen Maßnahmen zur Verbesserung der Verkehrsinfrastruktur Bayerns weit in den Schatten. Und den 25. August 1844 bestimmte Ludwig I. als Tag für die feierliche Eröffnung der Eisenbahnlinie von Nürnberg nach Bamberg, den ersten Abschnitt der „Ludwigs-Westbahn". Hierbei kam zudem erstmals eine bayerische Lokomotive – die „Bavaria" von Maffei – zum Einsatz.

Damit wurde nur neun Jahre nach dem Bau der ersten Eisenbahn auf deutschem Boden – der Nürnberg-Fürther Linie – die erste Strecke der bayerischen

Staatsbahn eröffnet. Einen Monat später übernahm der Staat auch die private München-Augsburger Eisenbahn, die seit 1839 bestand; damit war die bayerische Staatsbahn endgültig etabliert und von da an schritt ihr Ausbau zügig voran. Als die bayerische Staatsbahn 1920 vom Reich übernommen wurde, umfasste ihr Streckennetz mehr als 8500 km und bestand ihr rollendes Material aus etwa 2400 Lokomotiven, 5000 Personen- und 64 000 Güterwaggons.

Das Engagement Ludwigs I. für die Eisenbahn überrascht vor allem deshalb, weil er nie einen Hehl aus seiner Skepsis gegenüber dem Fortschritt machte, der sich gerade in der Bahn so augenfällig manifestierte. Das Gedicht über die Eisenbahn zählt zweifellos zu den markantesten Versen des Königs:

> *„Aufgehen wird die Erde in Rauch", so steht es geschrieben,*
> *Was begonnen bereits; überall rauchet es schon.*
> *Jetzo lösen sich die Verhältnisse alle,*
> *Und die Sterblichen treibt jetzo des Dampfes Gewalt,*
> *Allgemeiner Gleichheit rastloser Beförd'rer. Vernichtet*
> *wird alle Liebe des Volk's nun zum Land der Geburt.*
> *Überall und nirgends daheim, streift über die Erde*
> *Unstät, so wie der Dampf, unstät das Menschengeschlecht.*
> *Seinen Lauf, den umwälzenden, hat der Rennwagen begonnen*
> *jetzo erst, das Ziel liegt dem Blick verhüllt.*

Zunächst hatte der bayerische Staat den Eisenbahnbau privaten Unternehmen überlassen wollen. Damit entsprach er den Vorstellungen führender Vertreter der bayerischen Wirtschaft, die gemäß der liberalen Wirtschaftsdoktrin vom Staat unternehmerische Enthaltsamkeit forderten. Dieser sollte lediglich die notwendigen gesetzlichen Grundlagen schaffen, sodass Aktiengesellschaften gebildet und der für den Streckenbau notwendige Grundstückserwerb notfalls erzwungen werden konnten.

Der Staat kam diesen Erwartungen nach und gab lediglich den Verlauf der Hauptstrecken vor. In Abstimmung mit den Aktiengesellschaften, die nach dem wirtschaftlich sehr ertragreichen Nürnberg-Fürther Pilotprojekt – diese Eisenbahn warf dauerhaft eine Rendite von mehr als 10 % ab – wie die Pilze aus dem Boden schossen, legte man zunächst den Verlauf einer Verbindung von Hof nach Lindau fest, die dann um Anschlüsse von Nürnberg in Richtung Aschaffenburg/Frankfurt und von München in Richtung Salzburg ergänzt wurde. Tatsächlich realisiert wurde aber nur die Linie zwischen Augsburg und München. Denn schon während des Baus dieser Strecke, der sich als schwieriger und damit teurer als erwartet erwies, war es unter den Aktionären zu erheblichen Differenzen gekommen. Und als sich dann nach der Betriebsaufnahme zeigte, dass die Einnahmen deutlich geringer als erwartet ausfielen und sich die Rendite nur zwischen 2 und 3 % bewegte, verloren die privaten Investoren das Interesse am Eisenbahnbau.

Das zwang nunmehr den Staat zum Handeln. Unmittelbarer Auslöser war das bereits genannte württembergische Projekt einer Eisenbahnverbindung vom Neckar bei Heilbronn bis an die Donau bei Ulm, die einen größeren Teil des bisher durch Bayern laufenden Transitverkehrs abzuziehen drohte. Zudem hatte Bayern mit Sachsen 1841 einen Vertrag geschlossen, der die Herstellung einer Eisenbahnverbindung von Leipzig über Hof nach Nürnberg bis 1847 vorsah. Unter dem Zwang dieser Umstände erklärte die bayerische Regierung den Eisenbahnbau zur staatlichen Aufgabe. Man hatte die Bedeutung der Eisenbahnen für die weitere wirtschaftliche Entwicklung klar erkannt und wusste, dass Bayern nicht auf Bahnen verzichten konnte, auch wenn man ihre sozialen und politischen Begleiterscheinungen fürchtete.

Von da an trieb die Regierung den Eisenbahnbau zielstrebig voran. Im Juli 1841 nahm in Nürnberg eine staatliche Eisenbahnbau-Kommission, die den Kern der künftigen staatlichen Eisenbahnverwaltung bildete, ihre Arbeit auf. Sie übernahm die Projektierung und den Bau der Bahnstrecken, deren erste größere Abschnitte 1844 in Betrieb genommen wurden. Im April 1845 wurde dann die „Generaldirektion der königlichen Eisenbahnen" als Unterabteilung des Außenministeriums eingerichtet, die für alle mit dem Betrieb der Eisenbahnen zusammenhängenden Angelegenheiten zuständig war.

Der Staat gewöhnte sich sehr schnell an seine Rolle als Eisenbahnunternehmer, die er bald auch nicht mehr als Notwendigkeit und Pflicht, sondern als sein Vorrecht betrachtete. An dieser Haltung hat die bayerische Staatsregierung seither festgehalten. Von der Wirkung her war dieses starke staatliche Engagement aber mit einem großen Konjunkturprogramm zu vergleichen, denn von ihm ging ein belebender Einfluss auf nahezu alle Bereiche der Wirtschaft aus. Und so hat der staatliche Eisenbahnbau entscheidend dazu beigetragen, dass die Industrialisierung in den 1840er-Jahren in Bayern in Schwung kam.

8. Der Staat als Unternehmer

Zu den Möglichkeiten, die dem Staat zu Gebote standen, um die wirtschaftliche Entwicklung voranzutreiben, zählte die eigene unternehmerische Tätigkeit. Der bayerische Staat war nicht nur im Besitz großer Wälder und Ländereien, sondern auch einer Reihe von größeren gewerblichen und industriellen Unternehmen. Basierend auf dem landesherrlichen Bergregal, das den Bergbau und die Verarbeitung bergmännisch gewonnener Rohstoffe aller Art von einer landesherrlichen Genehmigung abhängig machte, hatte der bayerische Staat schon seit der frühen Neuzeit Berg- und Hüttenwerke sowie Salinen in eigener Regie betrieben. Besonders die seit dem 16. Jahrhundert monopolisierte Salzproduktion war dabei von Bedeutung, denn sie und der ihr angeschlossene Salzhandel erwirtschafteten noch im 18. Jahrhundert bis zu einem Drittel der Einkünfte des bayerischen Kurfürstentums. Auch im 19. Jahrhundert waren die Einkünfte aus den Salinen bedeutend für die Staatsfinanzen; wichtig war die Salinenadministration aber nun vor allem als größter Arbeitgeber und Holzabnehmer Oberbayerns, denn als solcher hatte sie eine bedeutende volkswirtschaftliche Funktion.

Die staatlichen Berg- und Hüttenwerke warfen zwar wesentlich geringere Erträge ab als die Salinen, doch muss auch deren Betrieb vor allem gesamtwirtschaftlich betrachtet werden. Als konstante Großabnehmer von Holz- und Holzkohle und als oft einzige größere Betriebe in entlegenen Regionen verschafften sie einer großen Zahl von Menschen Arbeit und Verdienst; zudem versorgten sie das inländische Gewerbe kostengünstig mit Eisen und anderen Halbfabrikaten. So erfüllten auch sie eine wichtige volkswirtschaftliche Funktion.

Im Staatshaushalt der Finanzperiode von 1837 bis 1843, der einen jährlichen Umfang von rund 41,8 Mio. Gulden hatte, schlugen sich die Einkünfte aus den Salinen, Berg- und Hüttenwerken wie folgt nieder:

Jährliche Ausgaben	3 498 859 fl
Jährliche Einnahmen	5 811 194 fl
Jährlicher Überschuss	2 315 335 fl

Vervollständigt wurde die Palette der landesherrlichen Unternehmen durch Betriebe zur Erzeugung von Armeebedarf – hauptsächlich von Uniformstoffen und Uniformen, Lederwaren, Geschützen und Handfeuerwaffen – und verschiedene kleinere Betriebe, wie zum Beispiel dem Hofbräuhaus oder der Nymphenburger Porzellanmanufaktur.

Als Unternehmer war der Staat grundsätzlich daran interessiert, so viel Gewinn wie möglich zu erwirtschaften. Deshalb wurden diese Unternehmen nach betriebswirtschaftlichen Grundsätzen geführt, was u. a. zur Folge hatte, dass sie auch immer wieder modernisiert wurden. Leichter als ein privater Unternehmer konnte der Staat das Risiko eingehen, dass sich neue Einrichtungen und Verfahren erst nach längerer Zeit rentierten oder sich eventuell sogar als Fehlinvestition erwiesen. So übernahmen Staatsbetriebe vielfach eine Vorreiterrolle in der technischen Entwicklung. Das unternehmerische Engagement des Staates kam damit nicht nur direkt den Staatsfinanzen zugute, sondern besaß gerade in der Anfangsphase der Industrialisierung eine wichtige Vorbild- und Leitfunktion. Dieser Aufgabe war sich die Administration auch durchaus bewusst. Davon wird im Zusammenhang mit der Entwicklung einzelner Industriezweige noch zu sprechen sein.

Eine weitere Möglichkeit gezielter staatlicher Wirtschaftsförderung bot die Konzessionierungspraxis. Anders als beim traditionellen Gewerbe war die Genehmigung größerer Betriebe und neuartiger Unternehmen allein den staatlichen Behörden vorbehalten; die Kommunen hatten hier kein Mitspracherecht. Die Entscheidung, ob derartige Unternehmen zugelassen wurden oder nicht, konnte der Staat nach volkswirtschaftlichen Kriterien treffen; die vielfach engstirnige Praxis der Kommunen kam somit gerade in demjenigen Bereich, der für die Modernisierung der Wirtschaft besonders wichtig war, nicht zum Zuge. Tatsächlich hat der Staat Unternehmen, deren Konzept nachvollziehbar war und deren Finanzierung gewährleistet schien, kaum je die Konzession verweigert.

9. Keimzellen der bayerischen Industrie

Nutznießer der staatlichen Wirtschaftsförderung waren vor allem solche Unternehmen, die schon früh und unter oft widrigen Umständen technische und wirtschaftliche Pionierarbeit geleistet und damit Bayern den Weg ins industrielle Zeitalter geebnet haben. Eines der ersten Unternehmen dieser Art war das von Georg Reichenbach, Josef Utzschneider und Joseph Liebherr 1804 in München gegründete „optisch-mechanische Institut"[56], das sich nach dem Beitritt des genialen Joseph Fraunhofer 1807 innerhalb weniger Jahre zum weltweit führenden Unternehmen auf dem Gebiet der *optischen Instrumente* entwickelte. Auch nach dem Tod des letzten Firmenmitbegründers Joseph Utzschneider 1840 konnte die Firma – seit den 1850er-Jahren in „Georg und Sigmunde Merz, vormals Utzschneider und Fraunhofer" umbenannt – ihre Führungsstellung behaupten. Weltweit bezogen renommierte Sternwarten, darunter die von Kiew, Washington, Cincinnati, Moskau und Madrid, Teleskope mit Refraktoren mit bis zu 14 Zoll Durchmesser von diesem bayerischen Unternehmen, das lange Zeit ohne ernsthafte Konkurrenz blieb. Einer seiner Mitbegründer, Georg Reichenbach, schied bereits 1814 aus diesem Konsortium aus und gründete ein eigenes „mathematisch-mechanisches Institut", das sich auf die Herstellung von Mess- und Vermessungsinstrumenten spezialisierte. Nach Reichenbachs Tod wurde es unter dem Namen seines Partners und dessen Sohn als Firma „Ertel und Sohn" mit gleichfalls großem Erfolg weitergeführt.[57]

Zu den Pionieren des bayerischen *Maschinenbaus* zählen Friedrich Koenig, der Erfinder der Schnellpresse, und Andreas Bauer. Diese beiden rührigen Unternehmer errichteten 1817 im ehemaligen Kloster Oberzell bei Würzburg eine Maschinenfabrik, die innerhalb weniger Jahre zum unangefochtenen Marktführer von Druckpressen wurde. Zwischen 1826 und 1828 entwickelte sie die erste bayerische Papiermaschine zur Endlospapierherstellung. Einen guten Ruf hatte auch die in München ansässige Maschinen- und Turmuhrenfabrik von Johann Mannhardt.[58] Die Firma zählte zu den innovativsten Werkzeugmaschinenherstellern und entwickelte auch Spinn- und Webmaschinen für schwer zu verarbeitende

Faserstoffe wie zum Beispiel Flachs. Dieser Unternehmenszweig wurde zwar nach dem Tod des Gründers aufgegeben, aber unter dem Firmennamen „Großuhrenfabrik Hartmann" behauptete sie sich als führender Hersteller von Turmuhren bis ins 20. Jahrhundert.

Zu einem Zentrum der sich rasch entwickelnden bayerischen Maschinenindustrie wurde Nürnberg. Hier gründete 1820 Johann W. Späth, ein gelernter Müller, der sich in England gründliche Kenntnisse im Maschinenbau angeeignet hatte, eine mechanische Werkstatt, die schon in den 1830er-Jahren umfangreiche Aufträge für die ersten Eisenbahnen und den Main-Donau-Kanal abwickelte. 1842 erhielt Späth die Konzession zum Betrieb einer Maschinenfabrik mit Eisengießerei, womit sich die Expansion des Betriebes beschleunigte. Die Produktpalette wurde ständig erweitert, wobei jedoch der Eisenbahnbedarf nach wie vor einen wichtigen Bestandteil ausmachte.

Die günstigen Aussichten, die der Eisenbahnbau modernen Metall verarbeitenden Betrieben eröffnete, veranlassten 1837 auch den Nürnberger Großkaufmann Johann Friedrich Klett zur Gründung eines derartigen Unternehmens. Es zählte bald nicht nur in Bayern, sondern in ganz Deutschland zu den leistungsfähigsten Betrieben dieser Art. Zunächst aber handelte es sich nur um eine Werkstatt, in der Arbeiten für die neuen Eisenbahnen durchgeführt werden sollten. Erst nachdem sich Klett 1841 mit drei englischen Ingenieuren zusammengetan hatte, die das notwendige Wissen einbrachten, nahm der Betrieb einen raschen Aufschwung und entwickelte sich zu einer Maschinenfabrik mit Eisengießerei weiter, die alsbald Werkstücke und Maschinen aller Art herstellte. Das schloss auch den Bau von größeren Eisenkonstruktionen wie Hallen und Brücken mit ein. 1854 errichtete die Firma in nur acht Monaten für die Industrieausstellung in München einen „Glaspalast" mit einer Grundfläche von 11 000 qm. Diese Leistung brachte für Klett den Durchbruch auch in dieser Sparte, es folgten zahlreiche Aufträge ähnlicher Art aus Europa und Übersee. Auch auf dem Gebiet des Brückenbaus verschaffte sich die Firma in der Folge rasch eine weltweite Spitzenstellung. Nach Kletts Tod wurde die Firma von seinem Schwiegersohn Theodor v. Cramer-Klett erfolgreich weitergeführt. 1873 wurde der Brückenbau einer Tochtergesellschaft, der neu gegründeten „Süddeutschen Brückenbau-Aktiengesellschaft" überlassen, die Stammfirma aber wurde in eine Aktiengesellschaft umgewandelt und erhielt nun den Namen „Maschinenbau-Aktiengesellschaft Nürnberg".

Ebenfalls 1837, im gleichen Jahr wie das Klett'sche Unternehmen, entstand eine weitere Maschinenfabrik mit Weltruf: In diesem Jahr erwarb der vielseitige Unternehmer Josef Anton von Maffei, einer der Mitbegründer der Bayerischen Hypotheken- und Wechselbank, in der Hirschau im Norden Münchens ein Hammerwerk, das er rasch zu einer der leistungsfähigsten Lokomotiven- und Maschinenfabriken Bayerns ausbaute. Schon 1841, nur vier Jahre nach der Gründung seines

Ein Pionier des deutschen Maschinenbaus:
Die Dingler'sche Maschinenfabrik in Zweibrücken

Eine der ersten Maschinenfabriken Bayerns und Deutschlands entstand 1827 im pfälzischen Zweibrücken. Dort gründete Christian Dingler damals eine mechanische Werkstätte, die zunächst nur Druckpressen, bald aber Maschinen aller Art herstellte. 1838 richtete er seine eigene Eisen- und Metallgießerei ein und erweiterte so seine Produktpalette erheblich. Schon in den 1840er-Jahren zählte die Dingler'sche Maschinenfabrik zu den leistungsfähigsten ihrer Art in ganz Deutschland und war einer der wichtigsten Lieferanten der neu entstehenden Eisenbahnen, die bei ihr u. a. Drehscheiben, Weichen und

Waggons fertigen ließen. 1843 wurde die erste Dampfmaschine gefertigt; seither stellten solche Maschinen ein weiteres wichtiges Produkt dar, ohne dass jedoch die bisherigen Sparten vernachlässigt worden wären. 1848 warb man Professor Selinger von der Polytechnischen Schule Augsburg ab und machte ihn zum technischen Direktor. Er brachte seine Kenntnisse über den Turbinenbau in das Unternehmen ein, das bald darauf deren Herstellung aufnahm. Einen weiteren Aufschwung erfuhr das Werk mit seinem Anschluss an das neue pfälzische Eisenbahnnetz. Damit erhielt es nun auch eine kostengünstige Verkehrsanbindung zum Saargebiet, dessen aufblühende Montanindustrie einen großen Bedarf an Maschinen und Anlagen hatte. 1870 errichtete das Dingler'sche Werk dort seine erste Hochofenanlage, und ihr folgten bald weitere; die

Einrichtung kompletter Hüttenwerke mit der jeweils neuesten Technik wurde ein wichtiger Produktionszweig.

1897 wurde die Maschinenfabrik in eine Aktiengesellschaft umgeformt, und bald darauf setzte eine umfangreiche Investitionstätigkeit ein. Das Werk wurde erheblich erweitert und modernisiert, eine neue Kraftzentrale wurde installiert und als neuen Fabrikationszweig nahm man den Bau von Anlagen zur Reinigung von Hochofengasen, so genannten „Theisen-Waschern", auf. Bis 1910 hatte das Werk bereits 50 Hochöfen samt den zugehörigen Anlagen geliefert. Zudem erschloss man sich bis zum Ausbruch des Ersten Weltkrieges den Weltmarkt: Vor Kriegsausbruch ging bereits die Hälfte der Produktion ins Ausland, darunter China, Südamerika und Afrika. Im Krieg musste die Produktion auf Rüstungsgüter umgestellt werden. Aber weitaus schwieriger wurde die Lage erst nach 1918, als mit der Abtrennung der Saarpfalz das wichtigste inländische Absatzgebiet verloren ging. Durch Gründung eines Zweigwerkes im Saargebiet versuchte man dem entgegenzuwirken, aber auch so entging man 1925 nur knapp der Insolvenz. Nach dem Zweiten Weltkrieg ging das Unternehmen an den Mannesmann-Konzern über.

Werkes und zeitgleich mit seinen schärfsten Konkurrenten, den Lokomotivbauern Borsig in Berlin und Kessler in Karlsruhe, konnte Maffei die erste in Bayern gebaute Lokomotive der Öffentlichkeit präsentieren. 1844 lieferte er die ersten acht Lokomotiven an die bayerische Staatsbahn aus, die bald einen Großteil ihres Lokomotivenbedarfs bei Maffei deckte, der, dank des rasch wachsenden bayerischen Eisenbahnnetzes, erheblich war. Daneben stellte Maffei auch Dampfschiffe, Dampfmaschinen, Walz- und Mühlenwerke, Werkzeug- und sonstige Maschinen her.

In Augsburg gründete 1840 Ludwig Sandner eine Maschinenfabrik, in der vor allem Buchdruckmaschinen hergestellt werden sollten. Diese Firma wurde 1844 von Carl Reichenbach und Karl Buz übernommen und in „Reichenbachsche Maschinenfabrik" umbenannt. Die neuen Inhaber haben einerseits die Druckmaschine weiterentwickelt, sich andererseits aber auch mit der Fertigung anderer Maschinen, insbesondere Dampfmaschinen, befasst. Ihre wichtigsten Kunden waren die Textilfabriken Augsburgs und Schwabens, die ihre Spinnmaschinen und Webstühle mit Wasserkraft betrieben. Daher waren es auch Textilunternehmer, die der Firma um 1840 die ersten Aufträge zur Herstellung von Wasserturbinen erteilten. Die Fabrikation von Wasserturbinen entwickelte sich bald zu einem wichtigen wirtschaftlichen Standbein der Firma, auch nachdem diese ihre Produktpalette erheblich ausgeweitet hatte. So wurden neben dem Eisenbahnbedarf vor allem auch Schwerlastfahrzeuge für den Schienen- und Straßenverkehr gefertigt.

Wenn man auch mit der Gründung dieser Maschinenfabriken Neuland betrat, so basierten diese letztlich doch auf dem traditionellen Handwerk und Gewerbe der jeweiligen Orte und Regionen. Augsburg und Nürnberg waren seit Jahrhunderten Zentren der Metallverarbeitung gewesen. „Nürnberger Waren" – darunter verstand man Kleinmetallwaren wie Zirkel, Brillen, Instrumente, Blech- und Spielwaren aller Art etc. – waren seit Langem weltweit ein Begriff. Beide Städte waren berühmt für ihre erfindungsreichen und geschickten Mechaniker und Ingenieure. Augsburg und Nürnberg waren zwar die bekanntesten, aber keineswegs die einzigen Orte Bayerns, an denen die Metallverarbeitung florierte. Auch in München, Landshut, Passau, Regensburg sowie in vielen kleineren Städten gab es vielfach schon seit dem Mittelalter ein differenziertes Metall verarbeitendes Handwerk, das einen überregionalen Markt versorgte.

Der mit Abstand umfangreichste gewerbliche Sektor zu Beginn der Industrialisierung aber war das *Textilgewerbe,* das bis in die 1830er-Jahre hinein noch ganz überwiegend handwerklich ausgeübt wurde. Außerhalb von Schwaben, Oberfranken und Mittelfranken – denjenigen Regionen, in denen zumeist zünftig organisierte Handwerker hauptsächlich Baumwolle, in geringerem Maße auch Wolle verarbeiteten – wurde fast überall, vor allem auf dem flachen Land, Flachs gesponnen und zu Leinentuch verwoben. Das Spinnen – auch das von Baumwolle und Wolle – und das Leinenweben wurde oft neben der Land- und Forstwirtschaft ausgeübt und stellte die mit großem Abstand am weitesten verbreitete gewerbliche Tätigkeit dar. Diese jahrhundertealten Verhältnisse wandelten sich nur langsam. Nachdem zu Beginn des 19. Jahrhunderts erste Versuche, Baumwolle maschinell zu spinnen, fehlgeschlagen waren,[59] blieb man zunächst weiter bei der hergebrachten Handarbeit. Aber angesichts der starken ausländischen Konkurrenz, die größtenteils bereits maschinell arbeitete, geriet die bayerische Textilindustrie immer mehr unter Druck. Am stärksten war davon die Baumwolle verarbeitende Industrie betroffen, in der die Mechanisierung ihren Anfang genommen hatte. Dann folgte die Flachs verarbeitende und als letzte, nachdem um 1830 auch Verfahren zur mechanischen Verarbeitung von Wolle entwickelt worden waren, die Tuchherstellung.[60]

Nicht nur technische Probleme und Kapitalmangel, sondern auch der Widerstand des zünftigen Handwerks verzögerten die Modernisierung der bayerischen Textilfabrikation, die so erst in der Mitte der 1830er-Jahre Anschluss an die moderne Entwicklung fand. 1836 erhielt der aus Nürnberg stammende Kaufmann J. A. F. Merz die Genehmigung zur Errichtung der ersten Kammgarnspinnerei in Augsburg. Zunächst wurde hier auf 3000 Spindeln Wollgarn erzeugt, und bis 1854 entstand daraus eine Fabrik mit 1400 Beschäftigten, die 30 000 Spindeln sowie 800 mechanische und 300 Handwebstühle betrieb. Eine zweite Kammgarnspinnerei entstand in Zweibrücken; sie verfügte 1847 über 18 000 Spindeln. Damit waren die beiden größten deutschen Kammgarnspinnereien der damaligen Zeit in Bayern ansässig.

1837 erhielt der Augsburger Bankier Schaezler die Genehmigung zur Gründung der „Mechanischen Baumwollspinnerei und -weberei Augsburg", doch leisteten die Zünfte und sogar der Magistrat von Augsburg hartnäckigen Widerstand gegen die Einrichtung dieser ersten vollmechanischen Baumwollverarbeitung. Erst 1840 konnte diese Fabrik ihren Betrieb aufnehmen, dann aber entwickelte sie sich rasch zum größten Arbeitgeber der Stadt. Mit der Gründung dieser ersten mechanischen Baumwollspinnerei und -weberei war auch in dieser Sparte der Bann gebrochen; rasch folgten weitere Fabriken gleicher Art. Sie entstanden hauptsächlich in den beiden wichtigsten Zentren des bayerischen Textilgewerbes, in Augsburg und seinem oberschwäbischen Umfeld und in Oberfranken.

Die *chemische Industrie* war in Bayern zu Beginn des 19. Jahrhunderts erst in Ansätzen präsent.[61] Der älteste und größte Betrieb dieser Art war die staatliche Vitriolhütte in Bodenmais, in der aus dem dort abgebauten Eisenkies „Potée" – ein als Poliermittel verwendbares Eisenoxid – Eisenvitriol und Alaun produziert wurden. Verschiedene Säuren und andere chemische Präparate stellte die 1788 gegründete Firma Fikentscher in Marktredwitz her, Farben erzeugte die 1780 gegründete Firma Huber in München. Zu einem Zentrum der chemischen Industrie wurde in der ersten Hälfte des 19. Jahrhunderts Schweinfurt, nachdem sich neben der Farbenfirma Gademann, die hier schon seit 1792 bestand, auch der Unternehmer Wilhelm Sattler, der Erfinder des „Schweinfurter Grüns", niederließ. Neben Farben stellte Sattler auch Tapeten, Steingut und Sago her. In Augsburg gründete 1823 J. G. Dingler eine Firma, die sich auf die Herstellung von Textilfarben spezialisierte. Sie wurde später nach München verlegt und fusionierte mit einem Augsburger Chemieunternehmen; als „Chemische Werke München, Otto Bärlocher GmbH" bestand sie bis in die jüngste Zeit. Als letzte dieser frühen Firmengründungen ist die Nürnberger Ultramarinfabrik von Johannes Zeltner vom Jahre 1827 zu nennen; auch sie hatte dauerhaft Bestand.

Neben diesen ersten größeren Unternehmen traten in rascher Folge weitere, die insbesondere Soda und Säuren, aber auch Farben und andere chemische Stoffe herstellten. Diese Ausweitung der chemischen Produktion stand in engem Zusammenhang mit einem 1792 entwickelten Verfahren zur Herstellung von Soda aus Salz, bei dem als Nebenprodukte Salzsäure – die zu Chlor verarbeitet werden konnte – und Schwefelwasserstoffe entstanden.[62] Mit diesem Verfahren war nicht nur das Fundament für die moderne chemische Industrie gelegt, sondern es wurden auch anderen Industriezweigen völlig neue Perspektiven eröffnet.

Zu diesen zählte an erster Stelle die *Glasfabrikation*. Das relativ billig und in großen Mengen zu erzeugende Soda ersetzte die aus Holzasche gewonnene Pottasche, die bisher als Flussmittel bei der Glasherstellung unverzichtbar gewesen war, und zu deren Herstellung große Mengen Holz – ein Zentner Fichtenholz lieferte weniger als ein Pfund Pottasche – benötigt wurden. Gleichzeitig wurden neue Glasöfen entwickelt, die wesentlich weniger Brennstoff verbrauchten und nicht nur mit Holz, sondern auch mit Torf und Kohle betrieben werden konnten. Damit verschwand die bisherige Abhängigkeit der Glashütten von waldreichen Standorten und Glas konnte in wesentlich größeren Mengen und zu weitaus niedrigeren Kosten hergestellt werden. Dafür erforderte die Errichtung dieser modernen Glashütten erheblich größere Investitionen, was den Konzentrationsprozess in der Glasindustrie beschleunigte.

In Bayern konnte sich die moderne Glasindustrie erst nach dem Bau der Eisenbahnen entwickeln. Noch in den 1820er-Jahren wurden in Bayern lediglich 45 Glashütten gezählt, von denen die meisten im Fichtelgebirge, dem Oberpfälzer und dem Bayerischen Wald sowie im Spessart lagen. Eine bayerische Besonderheit war die Spiegelglasherstellung, deren Zentrum in Nürnberg, Fürth und Erlangen angesiedelt war. Die hierfür notwendigen Flachglasscheiben wurden auf böhmischen und ostbayerischen Glashütten erzeugt und danach auf hauptsächlich in der Oberpfalz gelegenen Glasschleif- und Polierwerken veredelt und so für Spiegel tauglich gemacht. Die Fertigstellung der Spiegel – das Belegen und teilweise auch das Rahmen – fand dann in Fürth und Erlangen statt. Diese Spiegel fanden einen weltweiten Absatz, was sich auch an der Zunahme der oberpfälzischen

Glasschleifereien ablesen lässt. Von 49 Werken 1809/10 vermehrten sie sich auf 132 im Jahr 1847 und 209 im Jahr 1864.[63]

Wie die Glasfabrikation konnte sich auch die Herstellung von *keramischen Produkten* wegen ihrer starken Abhängigkeit vom Brennstoff Holz erst nach der Jahrhundertmitte voll entfalten. Auch sie war jedoch längst in all ihren Zweigen in Bayern heimisch. In den 1820er-Jahren gab es im rechtsrheinischen Bayern 16 Steingut- und Fayencenfabriken, hinzu kamen zahlreiche handwerkliche Töpfereien; das Material für diese Fabrikation wurde in rund 400 Ton- und Lehmgruben gewonnen. Die Schwerpunkte der Töpferei lagen in den niederbayerischen Bezirken Geisenhausen und Vilsbiburg, wo das „Kröning-Geschirr" hergestellt wurde.[64] Und selbstverständlich deckte Bayern auch seinen Bedarf an Ziegeln selbst; diese Aufgabe übernahmen rund 350 Ziegelhütten.

Aber auch feinste Keramik wurde in Bayern erzeugt. Die erste Porzellanfabrik Bayerns wurde 1754 auf Anordnung des Kurfürsten in der Nähe Münchens errichtet und 1758 nach Nymphenburg verlegt; unter diesem Namen besteht sie bis heute. 1827 waren in Bayern sieben Porzellanfabriken in Betrieb, von denen die meisten jedoch keinen dauerhaften Bestand haben sollten. Den wichtigsten Rohstoff der Porzellanherstellung, die kaolinhaltige Porzellanerde, hatte man in der Oberpfalz bei Amberg, Pressath, Kemnath und Mitterteich in großen Mengen und in guter Qualität gefunden, womit einer Porzellanherstellung in größerem Umfang nichts im Wege stand, sobald der Ausbau des Eisenbahnnetzes hier die nötigen Voraussetzungen geschaffen hatte. Dies war erst gegen Ende der 1850er-Jahre der Fall. Der Ausbau des ostbayerischen Eisenbahnnetzes ermöglichte dann auch eine starke Ausweitung der Industrie der Steine, die sich vor allem auf die Granitsteinbrüche im nord- und ostbayerischen Gebiet zwischen dem Fichtelgebirge und der Donau stützte.

Mit dem Bau von Eisenbahnen erhielt der bayerische *Kohlebergbau* starke Impulse. Denn bis dahin waren die Pech- und Braunkohlelager in den verschiedenen bayerischen Regionen, die teilweise schon seit Längerem bekannt waren, nicht in nennenswertem Umfang genutzt worden.[65] In den 1830er-Jahren aber ergriff eine regelrechte Kohlen-Euphorie die am wirtschaftlichen Fortschritt interessierten Kreise. Der Münchner Polytechnische Verein gründete 1836 eine Aktiengesellschaft zur Erschließung der oberbayerischen Pech- und Braunkohlevorkommen. Sie erschloss in der Folge zahlreiche Lagerstätten, und auch wenn der wirtschaftliche Erfolg dieser Gesellschaft gering war, so gab ihre Tätigkeit dem Kohlebergbau doch starken Anschub. Der Staat begann 1837 am Hohenpeißenberg mit der Anlage eines Bergwerks zum Abbau der dortigen Pechkohle, und private Unternehmer nahmen Anfang der 1840er-Jahre den Abbau der Kohle in den Revieren von Penzberg, Miesbach und den angrenzenden Regionen in Angriff. Bereits Ende der 1840er-Jahre setzte ein Konzentrationsprozess ein, an dessen Abschluss die Gruben bei Miesbach, Penzberg und dem Gebiet zwischen Tölz und Mangfall zur „Miesbacher Steinkohlengewerkschaft" zusammengefasst waren.[66] Gerade in der Anfangsphase der Industrialisierung, in der Steinkohle noch nicht preisgünstig per Eisenbahn nach Bayern gebracht werden konnte, waren diese Bergwerke für die bayerische Industrie von erheblicher Bedeutung. Doch genügte die Qualität dieser Kohle nicht allen Ansprüchen, sodass man in Bayern auf die Einfuhr hochwertiger Steinkohle angewiesen blieb.

Aufschlussreich ist ein Blick auf die Entwicklung der *Eisenindustrie* in den ersten Jahrzehnten des 19. Jahrhunderts, denn hier zeigt sich besonders augenfällig, dass der Staat dort, wo er als Unternehmer tätig war, den Fortschritt förderte. Mit Georg Reichenbach nahm er schon vor der Jahrhundertwende einen der innovativsten Ingenieure seiner Zeit in seinen Dienst; ihn und andere Techniker hat er dann auf vielfache Weise gefördert. Der bayerische Staat hat solche Fachleute zur Fortbildung nach England geschickt und ihnen wiederholt die Ausführung neuartiger, oft mit beträchtlichen Kosten verbundener technischer Anlagen übertragen. 1803 baute Georg Reichenbach die erste bayerische Dampfmaschine, die bei der königlichen Münze in München zum Einsatz kam.[67] Eine herausragende Ingenieurleistung war der Bau einer 108 km langen Soleleitung von Berchtesgaden nach Rosenheim, deren Ausführung in wesentlichen Teilen gleichfalls Reichenbach übernahm. Er hat auch diese technische Herausforderung in den Jahren von 1806 bis 1817 vor allem mittels neu konstruierter „Wassersäulenmaschinen" in einer Weise gemeistert, die für viele Jahrzehnte unübertroffen bleiben sollte.[68] Reichenbach war es auch, der die 1801 in Amberg gegründete Gewehrfabrik einrichtete. Sie war die erste Produktionsstätte Bayerns, die zu Recht die Bezeichnung „Fabrik" trug, denn in ihr wurden von einer größeren Zahl von angelernten Arbeitern in weitgehender Arbeitsteilung und unter Einsatz von Maschinen große Stückzahlen eines in seinen Einzelteilen voll austauschbaren Produktes hergestellt. Reichenbach konstruierte für sie unter anderem eine Drehbank zum Abdrehen von Gewehrläufen, denen auch ausländische Fachleute höchsten Respekt zollten.[69] 1820 waren hier bereits 146 Personen beschäftigt,[70] womit dieser staatliche Betrieb die mit Abstand größte Fabrik Bayerns war. Sie wurde kontinuierlich erweitert, und während des Ersten Weltkriegs wuchs ihre Belegschaft auf 4100 Arbeitskräfte an. 1919 ging die Fabrik in den Besitz des Deutschen Reiches über.

Auch im Bergbau und dem Eisenhüttenwesen war der Staat in erheblichem Maße unternehmerisch engagiert. Von volkswirtschaftlicher Bedeutung waren in jenen Jahrzehnten vor allem der Eisenerzbergbau und die Eisenproduktion, die in zwei bayerischen Regionen – in Oberbayern und vor allem in der Oberpfalz – auf eine bis ins Mittelalter zurückreichende Tradition verweisen konnten. Nun bildeten sie einen Teil der Basis, auf der sich die bayerische Industrialisierung vollzog, denn auch zu Beginn des 19. Jahrhunderts gab es in Bayern noch eine große Zahl von Eisenhütten.

Gerade im Eisenhüttenwesen war das staatliche Engagement von besonderer Bedeutung. Denn zur Zeit des Merkantilismus hatte der Landesherr privaten Unternehmern den Betrieb von Hochöfen untersagt und so den landesherrlichen Hütten einen entscheidenden Wettbewerbsvorteil verschafft. Diese besaßen damit nicht nur ein Monopol für Eisengusswaren, sondern konnten auch Schmiedeeisen und Stahl kostengünstiger erzeugen, als dies den privaten Hütten möglich war, die mit veralteter Technologie arbeiten mussten. Zudem wurden die landesherrlichen Hütten aus den staatlichen Wäldern zu günstigen Bedingungen mit Holzkohle versorgt, während die privaten Werke mit Holzverknappung und -verteuerung zu kämpfen hatten. So blieben die privaten Werke auch dann noch benachteiligt, als ihnen im Zuge der wirtschaftlichen Liberalisierung unter Montgelas der Bau von Hochöfen gestattet wurde.

Angesichts dieser Situation kann es nicht verwundern, dass es die staatlichen Hüttenwerke waren – 1827 gab es 8 staatliche und 27 private Hütten mit Hochöfen[71] –, die als Erste zum Frischen des Eisens im Puddelofen übergingen. Nach ersten Versuchen 1832 wurde dieses Verfahren ab 1835 sukzessive auf allen staatlichen Hütten eingeführt.[72] Die modernsten dieser Werke war die Hüttenwerke Bergen (Oberbayern), Fichtelberg und Königshütte (beide Oberpfalz). Auch deren Hochöfen wurden noch mit Holzkohle betrieben, beim Frischen jedoch kamen zusätzlich andere Brennstoffe, vorzugsweise Braunkohle, zum Einsatz.

Über den Umfang der damaligen bayerischen Eisenproduktion geben einige Zahlen Aufschluss: So wurden im Betriebsjahr 1825/26 in der gesamten Oberpfalz rund 61 000 Zentner (3416 t) Eisen erzeugt;[73] davon entfielen 21 000 Zentner (1176 t) auf die staatlichen Werke Fichtelberg, Bodenwöhr, Weiherhammer, Königshütte und Leidersdorf. Die übrigen 40 000 Zentner (2240 t) verteilten sich auf 48 private Werke.[74] 1830/31 lag die Gesamtproduktion der Oberpfalz bei knapp 63 237 Zentner (ca. 3541 t), davon entfielen auf die staatlichen Werke 21 364 Zentner (ca. 1196 t), auf die privaten 41 873 Zentner (ca. 2344 t).[75] Der aus diesen Zahlen abzulesende Aufwärtstrend hielt auch nach Inkrafttreten des Zollvereins an, obwohl damit der bisherige Schutz der bayerischen Eisenindustrie durch hohe Einfuhrzölle auf Eisen entfiel. Gleichzeitig vergrößerte sich der Abstand zwischen der Produktivität der staatlichen und derjenigen der privaten Werke weiter.

Eisenproduktion in der Oberpfalz (in t)

	1835/36	1840/41	1845/46
Staatliche Werke	1370	3129	4270
Private Werke	2467	2338	1696
Gesamt	*3837*	*5467*	*5966*

Die gesamte Hochofen-Roheisenerzeugung Bayerns (einschließlich der Pfalz) betrug um 1834 rund 14 000 t und 1842 rund 16 800 t.[76] Damit lag die Produktion der bayerischen Eisenindustrie weit unter der anderer deutscher Staaten, und daran sollte sich mangels Steinkohlevorkommen im rechtsrheinischen Bayern auch zukünftig nichts ändern. Immerhin aber hielt man dem Konkurrenzdruck stand, was die Innovationsfähigkeit dieses Wirtschaftsbereiches belegt. Vor allem für die Maschinenfabriken und die anderen Eisen verarbeitenden Betriebe Bayerns war es wichtig, in den ansässigen Hüttenwerken kompetente Partner zu haben, die bereit und fähig waren, ihre Produktion den Bedürfnissen der bayerischen Industrie anzupassen. Auch wenn die Produktion der bayerischen Hütten von vergleichsweise geringem Umfang war, haben diese nicht unwesentlich zur Entwicklung der bayerischen Industrie beigetragen, und dies bis weit ins 20. Jahrhundert hinein.

Ein Wirtschaftszweig von beträchtlicher gesamtwirtschaftlicher Bedeutung war auch das *Brauwesen*. Die 1516 erlassene Vorschrift, wonach Bier nur aus Gerste, Hopfen und Wasser gebraut werden darf, galt noch im 19. Jahrhundert, ebenso die 1553 erlassene Bestimmung, dass nur in den Wintermonaten von Michaeli bis Georgi gebraut werden durfte. Diese Restriktionen und die beschränkte Lagerfähigkeit von Bier setzten der Bierproduktion einen engen Rahmen und hatten zur Folge, dass das Brauwesen noch fast ausschließlich im handwerklichen Betrieb ausgeübt wurde. Erst um die Mitte des 19. Jahrhunderts setzte bei der Brauerei eine Entwicklung ein, die, flankiert durch stark erweiterte Absatzmöglichkeiten dank der modernen Verkehrsmittel, dann sehr rasch zur Entstehung einer Brau*industrie* führte.

10. Bayern – ein Entwicklungsland?

Wie die Bestandsaufnahme des Wirtschaftsraums Bayern zu Beginn der Industrialisierung sowie der Blick auf die wirtschaftlichen Aktivitäten während der ersten Industrialisierungsphase erkennen lassen, verfügte Bayern über viele Voraussetzungen, um sich erfolgreich den Herausforderungen stellen zu können, welche das Industriezeitalter mit sich brachte. Dies galt vor allem in Hinblick auf seine Menschen, die über die hierfür notwendigen Fertigkeiten und Kenntnisse verfügten. Es gab in Bayern Wissenschaftler, Ingenieure und Techniker, die denen der wirtschaftlich weiter fortgeschrittenen Länder in nichts nachstanden, und es gab auch Unternehmer, die das finanzielle Risiko auf sich nahmen, das mit der Umsetzung dieser Erkenntnisse und Erfindungen in die Praxis, d. h. deren wirtschaftlicher Verwertung, verbunden war. Und anders als man das oft dargestellt hat, verfügte Bayern auch über ein leistungsfähiges Gewerbe. Eine Schlüsselrolle kam jedoch unübersehbar dem Staat zu. Die bayerische Staatsführung hatte die Notwendigkeit einer Modernisierung klar erkannt und bemühte sich erkennbar, das Ihre dazu beizutragen. Sie tat dies, indem sie vor allem die wichtigsten Voraussetzungen schuf, auf denen die moderne Gesellschaft und Wirtschaft aufbaut: eine effektiv und korruptionsfrei arbeitende Administration und Justiz, ein differenziertes, leistungsfähiges und breiteren Schichten zugängliches Bildungswesen, eine moderne Verkehrsinfrastruktur und ein funktionsfähiges Banken- und Versicherungswesen.

Man würde deshalb völlig falsche Assoziationen hervorrufen, wenn man das vorindustrielle Bayern wegen seines unverkennbaren Rückstandes hinsichtlich der wirtschaftlichen Leistungsfähigkeit als Entwicklungsland betrachten wollte, das nur im Schlepptau der weiter entwickelten Länder im Westen und Norden Deutschlands den Anschluss an die Moderne fand. Denn anders, als dies bei Entwicklungsländern der Fall ist, befand sich Bayern nie in einer derartigen Abhängigkeit; es war auch nicht auf die Hilfe Außenstehender angewiesen, um an den technischen und wirtschaftlichen Fortschritt aufzuschließen. Bayern hat seinen Entwicklungsrückstand vielmehr aus eigener Kraft aufgeholt.

Verursacht wurde dieser Rückstand, der eine Verzögerung der Industrialisierung Bayerns zur Folge hatte, vor allem durch den Rohstoffmangel und die Marktferne. Diese beiden Faktoren hatten jedoch neben unübersehbaren negativen Aspekten durchaus auch positive Folgen. Sie bewirkten, dass sich Bayerns Industrie und Handwerk von Anfang an auf solche Produkte spezialisierten, bei deren Herstellung die Arbeitskosten die Materialkosten erheblich überstiegen. Da Bayern viele Rohstoffe – vor allem jene, die in der ersten Industrialisierungsphase die größte Rolle spielten, wie Metalle, Baumwolle und Kohle – importieren musste, diese Materialien somit in Bayern teurer als in den meisten anderen deutschen Ländern waren, bestand der Zwang, sie einer möglichst hohen Veredelungsstufe zuzuführen. Nur so konnten die höheren Kosten aufgefangen werden, die durch die Standortnachteile entstanden. Die hohen Kosten für Rohstoffe und Energie zwangen zum möglichst wirtschaftlichen Umgang mit diesen, und das stellte eine wichtige Triebfeder für Innovationen dar. Hochwertige Fertigprodukte, erzeugt mit Rohstoff sparenden Verfahren: So lässt sich das Konzept umschreiben, mit dem die bayerische Wirtschaft trotz ihrer Standortnachteile den Anschluss an die weiter entwickelten Regionen Deutschlands und Europas fand.

Realisieren ließ sich dieses Konzept jedoch nur, weil Bayern über entsprechend qualifizierte und motivierte Arbeitskräfte verfügte. Deren Kenntnisse, Wissen und Sachverstand, aber auch Einsatzbereitschaft und Arbeitswille stellten die wichtigste Ressource Bayerns dar und diese hatten ihre Wurzeln im städtischen Handwerk, im vielfältigen, über das ganze Land verbreitete Gewerbe sowie in den Manufakturen, Hüttenwerken und Betrieben unterschiedlichster Art. Die hier

Beschäftigten verfügten über tradierte Kenntnisse und Fertigkeiten, die in Verbindung mit neuen naturwissenschaftlichen Erkenntnissen jenen technologischen Quantensprung ermöglichten, der die frühe Industrialisierungsphase kennzeichnete. Nicht von ungefähr entstanden die zukunftsträchtigen Unternehmen bevorzugt im Umfeld solcher Städte und in solchen Regionen, die oft über die Jahrhunderte hinweg Spitzenstellungen in bestimmten Wirtschaftssektoren eingenommen hatten. So wurden beispielsweise in Oberschwaben und Augsburg seit dem Mittelalter hochwertige Stoffe und Tuche erzeugt, während Nürnberg seit dem ausgehenden Mittelalter weithin als Zentrum der Feinmechanik und der Metallverarbeitung bekannt war, wohingegen die Oberpfalz schon in der frühen Neuzeit den gesamten süddeutschen Raum mit Schmiedeeisen und Blech versorgt hatte.

Wenn dieses Potenzial und dessen Entwicklungsfähigkeit von vielen Zeitgenossen und auch der Nachwelt unterschätzt wurden, so wegen der langwierigen Krise, in der sich Bayerns Wirtschaft seit der napoleonischen Epoche befand. Damals war der wirtschaftliche Austausch Bayerns mit dem Ausland über viele Jahre stark eingeschränkt und teilweise völlig unterbrochen worden. Danach aber wurde Bayern wie der gesamte europäische Kontinent von englischen Waren regelrecht überschwemmt, sodass die bayerischen Produkte auf ihren früheren ausländischen Absatzmärkten nicht mehr Fuß fassen konnten. Verschärft wurde diese Krise durch den Rückgang des verfügbaren Einkommens breiter Bevölkerungsschichten: Zunächst verursachten die Missernten von 1815 und 1816 einen Kaufkraftschwund, später ein bald darauf einsetzender, lang andauernder Preisverfall bei den Agrarprodukten.[77] Verstärkt wurde diese negative Entwicklung durch den „Gründerkrach" von 1825, der von England ausging und auch in Deutschland zum Zusammenbruch von Banken, Handelshäusern und industriellen Unternehmen führte.[78] Sobald sich aber diese Rahmenbedingungen besserten und der Deutsche Zollverein seine Wirkung zu entfalten begann, erholte sich auch Bayerns Wirtschaft wieder; seither hat sie immer wieder ihre Leistungs- und Entwicklungsfähigkeit bewiesen.

Anmerkungen

1 Der Anteil der von Land- und Forstwirtschaft lebenden Bevölkerung Bayerns betrug 1882 noch 50,2 %, im Jahr 1907 aber nur mehr 40,3 % (Beiträge zur Statistik des Königreich Bayern 82, 1907, S. 15), und der Ertrag der Grundsteuer, der wichtigsten direkten Steuer der landwirtschaftlichen Betriebe, stagnierte seit 1860, während der Ertrag der Einkommens-, Kapitalrenten-, Gewerbe- und Haussteuern von 1860 bis 1910 um rund das 10-fache zulegte; s. u. Kap. III, „Lebenshaltungskosten und Einkommen".

2 So zum Beispiel Rodenstock, R., Der Wandel im bayerischen Wirtschaftsgefüge, 1956, S. 259.

3 Bosl, K., Die „geminderte" Industrialisierung in Bayern, in: Aufbruch ins Industriezeitalter Bd. 1, Linien der Entwicklungsgeschichte, hg. von H. Grimm, 1985, S. 22–39.

4 Leben und Arbeiten im Industriezeitalter. Katalog des Germanischen Nationalmuseums Nürnberg, hg. von G. Bott, 1985, S. VI f.

5 Borchardt, K., Zäsuren der wirtschaftlichen Entwicklung, in: Zäsuren nach 1945. Essays zur Periodisierung der Nachkriegsgeschichte, hg. von M. Broszat, 1990, S. 21–33, hier S. 22–26.

6 Zum Nachfolgenden s. v. a. L. Hölschers und D. Hilgers Artikel „Industrie, Gewerbe", in: Geschichtliche Grundbegriffe. Historisches Lexikon zur politisch-sozialen Sprache in Deutschland, Bd. 3, 1982, S. 237–304.

7 Folgende Angaben nach: Beiträge zur Statistik des Königreichs Bayern 1 (1850).

8 Fläche nach der Neuorganisation der Kreise 1837; die in der Statistik in Quadratmeilen angegebenen Zahlen wurden im Verhältnis von 1 Quadratmeile = 55,053 qkm umgerechnet.

9 Diese Angaben beziehen sich bereits auf den Umfang der Kreise nach der Neuorganisation von 1837.

10 Die hohe Zuwachsrate in Oberbayern ist vor allem auf das Anwachsen Münchens zurückzuführen. Hier vermehrte sich die Bevölkerung im gleichen Zeitraum von knapp 53 000 auf rund 95 000 Einwohner, das entsprach 76,8 %.

11 Hier ist das starke Anwachsen Nürnbergs eine der Ursachen des starken Wachstums: 1818 26 800 Einwohner, 1846 50 460 Einwohner, Zuwachs somit 88,8 %.

12 Die Bevölkerungszunahme Augsburgs war relativ gering: 1818 29 800 Einwohner, 1846 38 200 Einwohner, Zuwachs 27,9 %.

13 Nipperdey, Th., Deutsche Geschichte 1800–1866. Bürgerwelt und starker Staat, [2]1984, S. 105; die hier angegebene Zahl für Bayern liegt mit 47 Einw./qkm etwas unter der hier zugrunde gelegten.

14 Ebd.

15 Wiest, H., Die Entwicklung des Gewerbes im rechtsrheinischen Bayern in der Frühzeit der deutschen Zolleinigung, 1972, S. 13. Pro Familie rechnete man im Durchschnitt mit 4,5 Personen. Allerdings waren die Verhältnisse in der Realität so unterschiedlich, dass dieser Vergleich von städtischer und ländlicher Bevölkerung mit gewissen Vorbehalten zu versehen ist.

16 Errechnet nach den Angaben zur Bevölkerungsverteilung in Beiträge zur Statistik des Königreichs Bayern 1 (1850), S. 108.

17 Stenographische Berichte der Kammer der Abgeordneten 1837, Bd. 1, S. 494 ff. Es waren genau 6 785 683 Tagwerk, wobei ein bayerisches Tagwerk 0,3407 Hektar entspricht. Ein Klafter Holz entsprach ca. 3 Festmeter.

18 Stenographische Berichte der Kammer der Abgeordneten 1837, Bd. 15, S. 484 ff. Diese Angaben beziehen sich auf die Regierungsbezirke vor der Reform von 1837, bei der außer einer Umbenennung auch kleinere Grenzkorrekturen vorgenommen wurden, die jedoch für das hier gezeigte Bild kaum Einfluss gehabt haben.

19 Ebd.

20 Mauersberg, H. Bayerische Entwicklungspolitik 1818–1923. Die etatmäßigen bayerischen Industrie- und Kulturfonds, 1986, S. 8 f.; „Betriebe pro Einwohner" wurden errechnet, wobei die Bevölkerungszahlen von 1840 zugrunde gelegt wurden.

21 Wiest (s. Anm. 15), Tabelle 2a, S. 16 ff.

22 Henning, F.-W., Wirtschafts- und Sozialgeschichte, Bd. 2: Die Industrialisierung in Deutschland 1800 bis 1914, [5]1979, S. 20.

23 Anweisung Öttingen-Wallersteins vom 1.7.1833, Hauptstaatsarchiv München, Ministerium des Inneren 15578.

24 Eheberg, Th., Die industrielle Entwicklung Bayerns seit 1800, 1897, S. 12.

25 Preißer, K.-H., Die industrielle Entwicklung Bayerns in den ersten drei Jahrzehnten des Deutschen Zollvereins, 1993, S. 16.

26 Eheberg (s. Anm. 24), S. 12.

27 Stache, Ch., Bürgerlicher Liberalismus und katholischer Konservativismus in Bayern 1867–1871, 1981, S. 33 f.

28 Götschmann, D., Das bayerische Innenministerium 1825–1864. Organisation und Funktion, Beamtenschaft und politischer Einfluss einer Zentralbehörde in der konstitutionellen Monarchie, 1993, S. 524 f.

29 Ebd., S. 555 f.

30 Stenographische Berichte der Kammer der Abgeordneten 1846, Bd. 4, S. 431.

31 Hundert Jahre Technische Erfindungen und Schöpfungen in Bayern, 1906, S. 178.

32 Ebd., S. 89.

33 Wehler, H. U., Deutsche Gesellschaftsgeschichte, Bd. 2: Von der Reformära bis zur industriellen und politischen „Deutschen Doppelrevolution". 1815–1845/49, ²1989, S. 500 f.

34 Hundert Jahre (s. Anm. 31), S. 178.

35 Hundert Jahre (s. Anm. 31), S. 91.

36 Hundert Jahre (s. Anm. 31), S. 33 ff.

37 Hierzu und zum Folgenden: Mauersberg (s. Anm. 20), S. 20 ff.

38 Ebd., S. 22 f.; S. 37.

39 Ebd., S. 39.

40 Hundert Jahre (s. Anm. 31), S. 40 f.

41 Barabarino, K., Ausstellungen und Messen in Bayern, in: Bayern Land und Volk, 1952, S. 46–58.

42 Götschmann, D., Bayerischer Parlamentarismus im Vormärz. Die Ständeversammlung des Königreichs Bayern 1819–1848, 2002, S. 610.

43 Hruschka, M., Die Entwicklung des Geld- und Kreditwesens unter besonderer Berücksichtigung der Sparkasse im Raum Straubing-Bogen 1803–1972, 1990, S. 74 ff.

44 Statistisches Jahrbuch Bayern 1895, S. 135.

45 Kammerer, M., Interessenvertretungspolitik im Wandel. Von der „Oberpfälzisch-Regensburg'schen Handelskammer" zur Industrie- und Handelskammer Regensburg (1843–1932), 2002, S. 43 f.

46 Hartung, G., Die bayerischen Landstraßen, 1902; Hundert Jahre (s. Anm. 31), S. 16; Dietz, W., Die Entwicklung des Brückenbaus und Bayerns Anteilnahme im 19. Jahrhundert, in: ebd., S. 111–118.

47 Hartung (s. Anm. 46), S. 45 ff.

48 Stenographische Berichte der Kammer der Abgeordneten 1843, Beilagen Bd. 1, S. 120 ff.

49 Dazu s. v. a. Brüschwien, S., Der Gedanke einer Rhein-Main-Donau-Verbindung in seiner geschichtlichen Entwicklung (Diss. Erlangen 1927),1928.

50 Pisecky, F., Die österreichische Donauschiffahrt und Europa im Wandel der Zeiten – Realitäten und Visionen, in: Donauschiffahrt – Sonderband, 2004, S. 19–23.

51 Witt, G., Die Entstehung des nordostbayerischen Eisenbahnnetzes. Politische, wirtschaftliche und verkehrsgeographische Motive und Probleme. (Diss. Erlangen-Nürnberg 1968), S. 5 ff.

52 Rathmayer, O., Die Anfänge der Dampfschiffahrt auf der bayerischen Donau, in: Donauschiffahrt 2 (1984), S. 17–31.

53 Die Bayerische Staatsbank 1780–1955. Geschichte und Geschäfte einer öffentlichen Bank, hg. v. Staatsbankdirektorium, bearb. v. F. Steffan u. W. Diehm, 1955. S. 137 f.

54 Pilz, H., Anmerkungen zur Geschichte der Donauschiffahrt, in: Donau-Schiffahrt 1, 1983, S. 7–20.

55 Ausführungen des Freiherrn von Welden, Stenographische Berichte der Kammer der Abgeordneten 1843, Bd. 84, S. 556 f.

56 Hundert Jahre (s. Anm. 31), S. 12–17.

57 Ebd., S. 181.

58 Ebd., S. 122.

59 Leben und Arbeiten im Industriezeitalter. Eine Ausstellung zur Wirtschafts- und Sozialgeschichte Bayerns seit 1850, hg. von Gerhard Bott, 1985, S. 195; Hundert Jahre (s. Anm. 31), S. 56.

60 Hundert Jahre (s. Anm. 31), S. 134.

61 Für die folgenden Ausführungen s. Leben und Arbeiten (s. Anm. 60), S. 202 f.

62 Tremel, M. (Hg.), Salz Macht Geschichte (Haus der Bayerischen Geschichte, Ausstellungskatalog), 1995, S. 96 f.

63 Götschmann, D., Wirtschaftliche Entwicklung und gesellschaftlicher Wandel. Aspekte der Industrialisierung der Oberpfalz, in: Industrie- und Technikgeschichte der Oberpfalz, hg. vom Oberpfälzer Kulturbund, 1985, S. 13.

64 Hundert Jahre (s. Anm. 31), S. 50.

65 Ebd., S. 45.

66 Ebd., S. 113 f.

67 Ebd., S. 75.

68 Ebd., S. 19 ff.

69 Hierzu: Hailer, Festschrift zur Feier des 100-jährigen Bestehens der K. B. Gewehrfabrik in Amberg, 1901; Götschmann, D., Die Kuchenreuter und ihre Zunftgenossen. Das Oberpfälzer Büchsenmacherhandwerk von seinen Anfängen bis um 1850, 1991, S. 67–80, S. 73.

70 Ebd., S. 71.

71 Hundert Jahre (s. Anm. 31), S. 46.

72 Ebd., S. 120 f.

73 Der Umrechnung wird der alte bayerische Zentner von 56 kg zugrunde gelegt.

74 Götschmann (s. Anm. 64), S. 11.

75 Diese und die folgenden Angaben nach Niedermayer, H., Die Eisenindustrie der Oberpfalz in geschichtlicher und handelspolitischer Beziehung unter besonderer Berücksichtigung der Roheisenerzeugung, (Diss. Heidelberg 1912), S. 78.

76 Hundert Jahre (s. Anm. 31), S. 121.

77 Zu Entwicklung der Agrarpreise s. Nipperdey (s. Anm. 13), S. 146.

78 Bayerische Staatsbank (s. Anm. 53), S. 113 f.

II. Bayern auf dem Weg zum Industriestaat (1840–1914)

1. Politische und wirtschaftliche Rahmenbedingungen

Dass mit dem Zollverein der Weg zum „kleindeutschen" Nationalstaat unter preußischer Führung eingeschlagen war, konnte man bei seiner Gründung 1834 noch nicht absehen. Keinesfalls hat man in Bayern mit einer derartigen Entwicklung gerechnet, sonst hätte sich Ludwig I. mit Sicherheit nicht daran beteiligt. Ohnedies stieß der Zollverein in Bayern keineswegs nur auf positive Resonanz. Vor allem empfand man das Fernbleiben Österreichs als einen gravierenden Mangel, denn damit wurde die bayerische Wirtschaft von einem wichtigen Handelspartner und seinen traditionellen Handelswegen nach Süd- und Südosteuropa abgeschnitten. Bayerns Einsatz für eine Einbeziehung Österreichs blieb jedoch wirkungslos. Wegen seiner wirtschaftlichen Vorrangstellung konnte Preußen Bayern und die anderen Mitgliedstaaten, die für Österreich Partei ergriffen, so stark unter Druck setzen, dass sie alle Versuche in diese Richtung aufgeben mussten. 1854 akzeptierte Wien schließlich einen von Berlin angebotenen Handelsvertrag und beendete seine Bemühungen, Mitglied des Zollvereins zu werden.

In den ersten Jahren des Zollvereins hatte Preußen noch größere Rücksichten auf die süddeutschen Staaten genommen. Der Zollverein verfolgte zunächst eine Politik, die auch bayerischen Interessen entsprach. Im Sinne eines „Erziehungszolles" blieben zwar einige industrielle Halb- und Fertigprodukte – zum Beispiel Garne und Eisen – mit Einfuhrzöllen belegt, doch waren diese nicht so hoch, dass sie die Einfuhr dieser Güter unterbunden oder auch nur erheblich reduziert hätten. Die deutschen Unternehmen waren dem Konkurrenzdruck des Auslands damit zwar nicht entzogen – was sie zur Modernisierung zwang –, aber so weit geschützt, dass sie diesem standhalten konnten. Bayerns Wirtschaft hatte insgesamt weniger mit der ausländischen als vielmehr mit der innerdeutschen Konkurrenz zu kämpfen; 1837 stammten 87 % der nach Bayern importierten gewerblichen Fertig- und Halbfertigwaren aus Sachsen und Preußen.[1] Bayern lieferte, wie die anderen süddeutschen Länder, im Gegenzug zunächst vor allem Agrarprodukte und Rohstoffe; diese Produkte machten rund 70 % des Exports aus. Während Bayerns Handel, Landwirtschaft und Industrie vom Zollverein profitierten, beschleunigte dieser den Niedergang des Handwerks. Durch die erleichterte Einfuhr gewerblicher Produkte und die nunmehr auch in Bayern vermehrt entstehenden Fabriken wurde das Handwerk von zwei Seiten her in die Zange genommen, und diese Entwicklung ließ sich auch durch eine restriktive Gewerbepolitik nicht aufhalten.

Die Tatsache, dass der Zollverein für Bayern wie für die anderen süddeutschen Staaten insgesamt eine positive Wirkung entfaltete, ist aber vor allem dem Umstand zuzuschreiben, dass das Zollvereinsgebiet durch den raschen Ausbau des Eisenbahnnetzes in den 1840er-Jahren zu einem großen Binnenmarkt wurde. Diese Entwicklung wurde durch eine Erleichterung des Zahlungsverkehrs und die Vereinheitlichung der Zahlungsmittel, Maße und Gewichte sowie des Handelsrechts beschleunigt.

Je stärker aber die Stellung Preußens wurde, umso weniger war es zu Zugeständnissen gegenüber seinen Partnern bereit. Gegen deren Widerstand rückte der Zollverein von der bisherigen Schutzzollpolitik ab. Angesichts des nach der Jahrhundertmitte erreichten Entwicklungsstandes seiner Industrie glaubte nämlich Preußen, vom Freihandel mehr profitieren zu können als von den bisherigen Handelsbeschränkungen. Hinzu kam, dass Österreich seine Schutzzölle nicht aufgeben wollte und so auf handelspolitischem Weg weiterhin aus Deutschland ausgegrenzt werden konnte. Der Widerstand der süddeutschen Staaten gegen diese Kursänderung der Zollpolitik blieb wirkungslos. Sie konnten auch nicht verhindern, dass Preußen 1862 dem Zollverein die Übernahme eines preußisch-französischen Handelsvertrags aufzwang, mit dem die Zölle auf eine Reihe von Industrieprodukten teilweise kräftig gesenkt wurden. 1865 wurden die Getreidezölle vollständig aufgehoben, und ab 1867 wurden auch die Eisenzölle schrittweise abgebaut. Diese Zollpolitik wurde über die Gründung des Deutschen Reiches hinaus fortgesetzt.

Der Ausbau der preußischen Hegemonie wurde von Bayern aus mit Misstrauen beobachtet, und zwar nicht nur von den Konservativen, die sich um die Selbstständigkeit Bayerns sorgten und die Industrialisierung wegen ihrer befürchteten sozialpolitischen Auswirkungen grundsätzlich ablehnten, sondern auch von einem großen Teil der Liberalen, deren politischer Einfluss aber seit dem Rücktritt der reaktionären Regierung Reigersberg/von der Pfordten 1859 erheblich gewachsen war. Die bayerischen Liberalen lehnten einen zentralistischen kleindeutschen Nationalstaat unter preußischer Führung zunächst entschieden ab. Zwar plädierten manche für einen Nationalstaat mit einer starken Zentralregierung, aber nur unter Einbeziehung Österreichs. Die große Mehrheit der Liberalen wollte – genau wie auch die bayerische Regierung – einen reformierten Deutschen Bund mit erweiterten Kompetenzen, in dem der Einfluss der mittleren Staaten unter der Führung Bayerns gestärkt und dauerhaft gesichert sein sollte.

Die österreichfeindliche Haltung, die Preußen 1859 erneut offenbarte, als es den Deutschen Bund daran hinderte, Österreich im Krieg gegen den König von Piemont und Sardinien und Napoleon III. zu unterstützen, was dazu führte, dass Österreich eine Niederlage erlitt, bestärkte die Liberalen in ihrer Aversion gegen Preußen ebenso wie die antikonstitutionelle Politik Bismarcks, der 1862 Ministerpräsident von Preußen wurde. Erst die Schleswig-Holstein-Problematik führte einen Stimmungsumschwung herbei. Dass sich Österreich 1864 in dieser Frage gegen den Deutschen Bund stellte und mit Preußen gemeinsame Sache machte, enttäuschte viele Liberale zutiefst. Schon vor dem „deutschen Krieg" von 1866 sahen sie nun keine Alternative mehr zu einem kleindeutschen Nationalstaat unter preußischer Führung. Viele der bisher „großdeutsch" gesonnenen bayerischen Liberalen wechselten jetzt auf die Seite der preußenfreundlichen Nationalliberalen hinüber. Der Ausgang des Krieges von 1866 beendete alle Spekulationen, und mit der Gründung des Norddeutschen Bundes und der Einrichtung des Zollparlaments wurden bereits 1867 die Strukturen des künftigen Nationalstaats unter Preußens Führung geschaffen. Diesen hat Bismarck dann im Krieg gegen Frankreich 1870/71 wie geplant vollendet.

Die bayerischen Liberalen haben in ihrer Mehrheit die Realitäten anerkannt und den Einigungsprozess seit 1866 mehr oder weniger aktiv unterstützt. Die Bedrohung der bayerischen Eigenständigkeit mobilisierte jedoch die Konservativen, die sich zu einer breiten politischen Bewegung formierten. Bei den Zollparlamentswahlen 1867 errangen sie 26 von 48 Mandaten, und bei den Landtagswahlen im Mai 1869 kamen sie auf 78 der 154 Sitze. Als diese Kammer aufgelöst und im November neu gewählt wurde, eroberten sie sogar 80 Sitze und verfügten damit über eine klare Mehrheit. Ab diesem Zeitpunkt hat die konservative Partei, die sich bis 1886 Patriotenpartei, danach bayerisches Zentrum nannte, ihre Mehrheit in der Abgeordnetenkammer des bayerischen Landtages durchgängig behaupten können. Seit 1869 musste sich somit die bayerische Staatsregierung, deren Mitglieder auch weiterhin dem liberalen Spektrum zuzurechnen waren, gegen eine konservative Kammermehrheit durchsetzen. Wenn ihr dies zumeist gelang, so deshalb, weil es der großen konservativen Fraktion gerade bei besonders wichtigen Fragen wiederholt nicht gelang, geschlossen zu agieren, und weil in der Ersten Kammer zumeist eine sichere Mehrheit auf Seiten der Regierung stand. So kam es, dass der bayerische Landtag 1870 für den Kriegseintritt Bayerns und im Januar 1871 für den Beitritt Bayerns zum Kaiserreich votierte.

Die wirtschaftliche Integration Bayerns in das Deutsche Reich bekam bereits 1867 mit der Einrichtung des Zollparlaments eine neue Dimension. Die Folgen dieser Entwicklung schätzten konservative Kritiker wie folgt ein: „Die oberste Leitung der bayerischen Finanzen und Volkswirtschaft ist nach Berlin verlegt und die maßgebende Richtschnur dieser Leitung ist einzig und allein das preußische Bedürfnis."[2] Dass diese Befürchtungen nicht unberechtigt waren, zeigte später die Wirtschaftspolitik des Kaiserreiches.

Die hiermit umrissene politische Entwicklung ist vor dem Hintergrund einer sich rasch intensivierenden Weltwirtschaft zu sehen, die zunächst ganz im Zeichen der Hochkonjunktur stand, die um die Jahrhundertmitte durch die großen Goldfunde in Kalifornien und Australien ausgelöst wurde. Diese beflügelten den

Unternehmungsgeist auch in Europa und schürten eine Spekulationslust in bisher unbekanntem Ausmaß. Der Wunschtraum, schnell reich zu werden, ergriff jetzt auch in Deutschland breitere Bevölkerungsschichten. Viele suchten gewinnbringende Anlagen, ohne das damit verbundene Risiko zu bedenken. In rascher Folge entstanden Geschäftsbanken, deren Hauptbetätigungsfeld das Börsengeschäft war, und die sich vorzugsweise an spekulativen Unternehmen beteiligten. Nutznießer dieses Spekulationsfiebers waren vor allem die Banken selbst und unseriöse Aktienunternehmen; als es 1857 dann zur ersten weltweiten Rezession mit starken Kurseinbrüchen und Zahlungseinstellungen kam, waren vor allem die Anleger die Geprellten. Für viele Beschäftigte aber bedeutete dieser Konjunktureinbruch Lohnkürzungen und Arbeitslosigkeit.

Diese erste Weltwirtschaftskrise dauerte jedoch nur bis 1859 und zog Deutschland weniger stark in Mitleidenschaft als die weiter entwickelten Industriestaaten. Wegen der relativen Rückständigkeit seiner Industrie hatte Bayern vom Aufschwung der frühen 1850er-Jahre nur wenig profitiert, war dadurch aber auch von der Rezession weitgehend unberührt geblieben. Die Entwicklung der bayerischen Wirtschaft folgte in jenen Jahren noch weitgehend anderen Impulsen, die vor allem vom Eisenbahnbau ausgingen. Um 1859 begann dann für die deutsche Wirtschaft eine Phase zunächst noch mäßigen Wachstums, das nach einer kurzen Stockung, die der Krieg von 1866 auslöste, in den Boom der „Gründerjahre" mündete. Die Gründung des Kaiserreiches 1871, vor allem aber die hohe Kriegskostenentschädigung, die Frankreich an das Reich zu entrichten hatte und die zu einem großen Teil investiert wurde, verstärkten den wirtschaftlichen Aufschwung in Deutschland zusätzlich.[3]

Die militärischen Erfolge im Krieg gegen Frankreich, die Reichsgründung, mit der Deutschland zum mächtigsten Staat Mitteleuropas aufstieg, und der darauf folgende Wirtschaftsauschwung steigerten das nationale Selbstbewusstsein der Deutschen derart, dass sie sich nun dem Wettbewerb auf dem Weltmarkt vollauf gewachsen fühlten. Deshalb setzten sich nun die Befürworter des Freihandels auf ganzer Linie durch, die Schutzzollpolitik wurde aufgegeben. Doch diese neue Politik sollte keinen langen Bestand haben. Als 1873 eine Depression einsetzte und die Nachfrage nach Industrieprodukten und Dienstleistungen stark zurückging, gerieten zahlreiche Unternehmen ins Schlingern. Viele Unternehmer – vor allem solche, die wenig exportierten und so eine Gegenreaktion des Auslands nicht zu fürchten hatten – sahen die Rettung in einer Abschottung des deutschen Marktes durch Schutzzölle, um ihn so den inländischen Produzenten vorzubehalten. Diese Sichtweise teilten auch die Interessenvertreter der Landwirtschaft, die sich durch Getreideimporte – neben osteuropäischem Getreide drängte jetzt auch solches aus Übersee auf den europäischen Markt – bedroht fühlten. Bismarck wiederum war an hohen Zöllen interessiert, weil die Zolleinnahmen dem Reich zuflossen, dessen

Einnahmen infolge der Rezession stark zurückgegangen waren. So wurden ab 1879 wieder gestaffelte Einfuhrzölle auf Industrieprodukte und Getreide erhoben.

Nur langsam überwand die deutsche Wirtschaft diesen Tiefpunkt. Ab der Mitte der 1880er-Jahre entwickelte sie sich dann bis fast in die Zeit des Ersten Weltkriegs hinein insgesamt stark expansiv, trotz wiederholter Depressionen von zwei- bis vierjähriger Dauer. Deshalb kehrte das Reich nicht mehr zur früheren Freihandelspolitik zurück, sondern hielt weiterhin an Zöllen fest, auch wenn der deutsche Markt im Interesse der exportorientierten Industrie, deren Bedeutung stetig zunahm, den ausländischen Handelspartnern zugänglich bleiben musste. Verschiedene Zollsätze wurden deshalb deutlich gesenkt, so ab 1891 auch der für Getreide. Andauernder Widerstand von Seiten der Landwirtschaft bewirkte jedoch, dass die Getreidezölle 1902 wieder angehoben wurden.

Mit der Abkehr vom Freihandel ging auch im Inneren die Ära der liberalen Wirtschaftspolitik zu Ende. Während dieser hat der Staat gemäß der liberalen Doktrin, wonach man die Wirtschaft dem freien Spiel der Marktkräfte überlassen müsse, kaum regulierend in die Beziehung von Arbeitgebern und Arbeitnehmern eingegriffen. Die liberale Lehre sah in der Arbeitsleistung einen Produktionsfaktor wie jeden anderen – etwa das Kapital oder die Rohstoffversorgung –, und der Grundsatz, dass die Produktionskosten so niedrig wie möglich gehalten werden müssten, galt demnach auch für die Löhne. Das Überangebot an Arbeitskräften, das vor allem in Zeiten der Rezession besonders groß war, wurde deshalb für Lohnsenkungen genutzt. Außerdem erkannte der Unternehmer grundsätzlich keine Fürsorgepflicht für arbeitsunfähig oder arbeitslos gewordene Beschäftigte an. Freiwillige Leistungen – zum Beispiel Zuschüsse für Betriebskrankenkassen oder der Bau von Werkswohnungen – wurden in der Regel nur erbracht, wenn sich derartige Aufwendungen betriebswirtschaftlich positiv niederschlugen.

Eine vollständige Umsetzung dieser liberalen Doktrin war jedoch in Deutschland kaum je möglich. Denn Staat und Gesellschaft waren nicht bereit, die Unternehmer aus ihrer Verantwortung gegenüber den Beschäftigten ganz zu entlassen und so alle sozialen Folgelasten der Allgemeinheit aufzubürden. Dennoch waren die Arbeits- und Lebensbedingungen breiter Bevölkerungsschichten äußerst schlecht, und angesichts der starken Zunahme der Unterstützungsbedürftigen versagten auch die traditionellen, hauptsächlich von den Kommunen getragenen sozialen Sicherungssysteme. Die vom Staat ergriffenen Maßnahmen zur Verbesserung der Lage der Arbeiter erwiesen sich als völlig unzulänglich – sie bestanden vor allem in der Förderung freiwilliger betrieblicher Kranken- und Unterstützungskassen und der Sparkassen, im Ausbau der Fabrik- und Gewerbeaufsicht und in der Einschränkung von Kinder- und Frauenarbeit. In der langen „Gründerkrise" nach 1873, in der Lohnsenkungen und eine hohe Arbeitslosigkeit das Bild prägten, wurde unübersehbar, dass aus diesen sozialpolitischen Defiziten eine ernsthafte Gefahr für Staat und Gesellschaft zu erwachsen drohte. Da die Gemeinschaft weder willens noch in der Lage schien, allen Bürgern ein menschenwürdiges Leben zu ermöglichen, erhielten politische Bewegungen Zulauf, deren Ziel ein Umsturz der bestehenden Herrschafts- und Gesellschaftsordnung war.

Der Staat reagierte zunächst mit repressiven Maßnahmen, deren spektakulärste das von Bismarck 1878 initiierte Sozialistengesetz war. Gleichzeitig aber wollte Bismarck die „besitzlosen Klassen" durch konstruktive Maßnahmen dazu bewegen, den Staat als eine Institution zu betrachten, die auch ihren Interessen diente, und die es daher zu schützen statt zu vernichten galt. Einen ersten Schritt in diesem Sinne unternahm er 1878 mit dem Ausbau der Gewerbeaufsicht und des Arbeiterschutzes, den Durchbruch aber erzielte er erst mit der Einführung der Krankenversicherung 1883, der dann 1884 die Unfall- und 1889 schließlich die Alters- und Invalidenversicherung folgte; die schon damals angestrebte Arbeitslosenversicherung kam erst 1927 zustande.

Diese Versicherungsgesetze stellen Meilensteine der deutschen Geschichte dar. Erstmals war ein arbeitsunfähig gewordenes Mitglied der Gesellschaft nicht mehr auf die Wohltätigkeit der Mitmenschen angewiesen, sondern hatte ein Recht auf Unterstützung. Jeder Lohnempfänger – denn die Versicherung wurde auf alle abhängig Beschäftigten ausgeweitet – erwarb sich einen staatlich garantierten Anspruch auf Versorgung für den Fall der Arbeitsunfähigkeit, egal, ob diese durch Krankheit, Invalidität oder Alter verursacht wurde. Erst damit wurden viele Menschen zu vollwertigen Mitgliedern der Gesellschaft, was sie als (potenzielle) Almosenempfänger nie hätten sein können. Zugleich wandelte sich der Staat mit der Einführung der Sozialversicherung vom „Nachtwächterstaat" zum „Fürsorgestaat". Er beschränkte sich nicht mehr darauf, die Rahmenbedingungen zu schaffen, in der sich der Einzelne – vor allem im Bereich der Wirtschaft – frei entfalten konnte, sondern sorgte dafür, dass auch die schwächeren Mitglieder der Gesellschaft eine menschenwürdige Existenz führen konnten.

Aus ähnlichen Gründen wie bei der „Arbeiterfrage" sah sich der Staat auch bei der „Handwerkerfrage" gefordert: Mit der Ausweitung der industriellen Fertigung auf immer mehr Produkte wurde solchen Handwerkszweigen, die sich den veränderten Verhältnissen nicht anpassen konnten – indem sie etwa der Industrie zulieferten oder sich zu Dienstleistungsunternehmen entwickelten – nach und nach die Existenzgrundlage entzogen. Unter Hinweis auf die angeblich drohende Verelendung des gewerblichen Mittelstandes forderte die Handwerkslobby den Staat zum Einschreiten auf. Er sollte die Konkurrenz einschränken – in der Praxis eine Aufhebung der Gewerbefreiheit. Mit dem „Handwerkerschutzgesetz" von 1897, das die eigenständige Führung eines Handwerkbetriebs wieder generell vom Meisterbrief abhängig machte und den Innungszwang ermöglichte, kam die Politik diesem Verlangen weitgehend nach.

Diese mittelstandsfreundliche Politik entsprach auch den wirtschafts- und sozialpolitischen Vorstellungen der bayerischen Konservativen, die das moderne kapitalistische Unternehmertum gleichermaßen ablehnten wie alle sozialistischen Bestrebungen. Schon 1867 hatten sie die seit Ende der 1850er-Jahre verfolgte Politik, „welche die Stärkung der Souveränität und die Sicherung des Throns viel gewisser in der ‚Förderung der materiellen Interessen' zu erreichen hoffte als auf dem geistigen Weg der Tradition"[4] heftig kritisiert. Nach ihrer Überzeugung konnte der monarchische Staat nur dann bestehen, wenn ein starker Mittelstand als die eigentlich staatstragende Schicht erhalten blieb. Der wirtschaftliche Rückschlag nach dem Boom der Gründerzeit bestärkte die bayerischen Konservativen in ihren Überzeugungen. Im Vorfeld der Reichstags- und Landtagswahlen von 1881 stellten sie ihre Position wie folgt dar: „Auf der rechten Seite des Hauses (= der Kammer der Abgeordneten; der Verf.) konnte man dem Verlauf der volkswirtschaftlichen Reaktion mit Ruhe entgegensehen. Man hatte sich hier nie engagiert für die Maßnahmen des ökonomischen Liberalismus, man hat das Unheil seit Jahren kommen sehen, und kann nun die schwere Frage, wie dem zu wehren und ein besserer Zustand für Land und Leute wieder zu beschaffen sei, denjenigen zur Lösung anheimstellen, welche das Unheil angerichtet haben."[5] Auch den von Bismarck eingeschlagenen Weg der Integration der Arbeiterschaft über die Sozialversicherungsgesetzgebung lehnten sie ab. Denn dadurch würden die Unternehmer aus ihrer Verantwortung für ihre Arbeitnehmer entlassen und die sozialen Folgelasten der kapitalistischen Wirtschaftsform der Allgemeinheit aufgebürdet.

Die Organisation von Arbeitnehmern in Gewerkschaften, die sich auch in Bayern bis 1848 zurückverfolgen lässt, wurde vom Staat seit Beginn der 1860er-Jahre geduldet. Als 1873 auch formal die Koalitionsfreiheit hergestellt war, bildeten sich zahlreiche Gewerkschaften, die entweder den Liberalen (Hirsch-Dunker'sche Gewerbevereine), dem Allgemeinen Deutschen Arbeiterverein unter Führung Lassalles oder den Sozialisten Bebels und Liebknechts („Gewerksgenossenschaften") nahestanden. Ab Ende der 1880er-Jahre erhielten vor allem Letztere größeren Zulauf und der Organisationsgrad der Arbeiterschaft nahm insgesamt deutlich zu. 1907 waren 23 % der lohnabhängig Beschäftigten gewerkschaftlich organisiert; in Sachsen waren es damals allerdings schon 35,5 %. Die Unternehmer reagierten auf diese Entwicklung u. a. mit einer engeren Zusammenarbeit der Verbände, zu denen sie sich branchenweise zusammengeschlossen hatten. 1902 entstand als eine Art Dachverband der „Bayerische Industriellen Verband" (BIV), der es sich zur Aufgabe setzte, die Interessen der bayerischen Industrie gegenüber Staat und Gesellschaft noch wirkungsvoller zur Geltung zu bringen.

Der Staat hat die von der Wirtschaft ausgehenden Bestrebungen, Kartelle, Interessensverbände und mächtige Konzerne zu bilden, unterstützt. Aus Interesse an stabilen Verhältnissen hat er derartige Zusammenschlüsse auch selbst initiiert, wie er überhaupt vielfach steuernd und regulierend ins Wirtschaftsleben eingegriffen hat. Bis in die 1890er-Jahre hatte sich der staatliche Einfluss schließlich so weit ausgedehnt und verfestigt, dass Zeitgenossen von einem „organisierten Kapitalismus" sprachen; Historiker charakterisierten das Kaiserreich wegen dieser Politik auch als „Interventionsstaat".[6] Diese Charakteristik trifft auch auf Bayern zu, das sich im Rahmen seiner Kompetenzen und Möglichkeiten im Wesentlichen der gleichen Methoden der Wirtschaftssteuerung bediente wie das Reich.

Ein Überblick über die wirtschaftspolitischen Maßnahmen wäre unvollständig, würde man die Außenpolitik unberücksichtigt lassen. Seit seiner Gründung und verstärkt seit den 1880er-Jahren entfaltete das Deutsche Reich mannigfache Aktivitäten, die der Expansion des deutschen Außenhandels und damit der deutschen Wirtschaft zugutekamen.[7] In diesem Zusammenhang ist auch die Gründung deutscher Kolonien in Afrika und im pazifischen Raum zu sehen, die vor allem als Stützpunkte wichtig waren, von denen aus man die umliegenden Regionen dem deutschen Außenhandel erschließen konnte. Erheblich effektiver war jedoch die weltweite Einrichtung zahlreicher Gesandtschaften und anderer Auslandsvertretungen, deren wichtigste Aufgabe es war, die Gründung und den Ausbau deutscher Handelsniederlassungen zu fördern und der deutschen Wirtschaft neue Märkte und Betätigungsfelder zu erschließen. Diese mit mehr oder weniger friedlichen Mitteln betriebene Expansion erhielt eine neue Dimension, als unter der Regentschaft Kaiser Wilhelms II. die Kriegsmarine ausgebaut wurde. Damit schuf man sich die Möglichkeit, deutsche Wirtschaftsinteressen durch Androhung und notfalls auch Anwendung militärischer Gewalt durchzusetzen, wie dies an der Wende vom 19. zum 20. Jahrhundert beispielsweise in China geschah.

Diese aggressive Wirtschaftspolitik fand viele prominente und einflussreiche Fürsprecher, gerade auch in der Wirtschaft und den ihr nahestehenden Kreisen. So forderte der renommierte Nationalökonom Gustav Schmoller gemeinsam mit weiteren Wissenschaftlern 1899 den Aufbau einer mächtigen Flotte. Nur so könne man verhindern, dass Deutschland zu einem „stagnierenden Mittel- oder Continentalstaat herabgedrückt" werde. Er ging davon aus, dass Deutschland im 20. Jahrhundert 20 bis 30 Mio. Menschen in deutschen Kolonien oder „Tochterstaaten", die mit dem Reich verbündet seien, unterbringen müsse.[8] Dass diese Aktivitäten das Ihre dazu beigetragen haben, die Spannungen zwischen dem Deutschen Reich und den anderen weltweit engagierten Großmächten zu vergrößern und auf diese Weise den Weg in den Ersten Weltkrieg mitzubereiten, liegt auf der Hand.

In den Jahrzehnten zwischen 1880 und 1914 haben sich Deutschland und Bayern grundlegend verändert. Der Wandel vom Agrar- zum Industriestaat war nun weitgehend abgeschlossen, und der Schwerpunkt der Bevölkerung, der 1870 noch auf dem Land lag, hatte sich in die Städte, vorzugsweise in die Großstädte

Der Verstädterungsprozess 1871–1939

Nach der Reichsgründung nahm die Wanderung der Bevölkerung vom Land in die Städte auch in Bayern stark zu. Bereits bis zum Ende des 19. Jahrhunderts hatte diese Bewegung ein derartiges Ausmaß angenommen, dass die Bevölkerungszahl der ländlichen Gemeinden trotz eines beträchtlichen Geburtenüberschusses insgesamt keinen Zuwachs mehr erfuhr. In den besonders strukturschwachen Gebieten war schon zu diesem Zeitpunkt vielerorts ein erheblicher Rückgang der Bevölkerung zu beobachten.

Wie diese Darstellung gut erkennen lässt, blieb der bei Weitem größte Teil der vom flachen Land abwandernden Menschen in Bayern und fand eine neue Heimat in den Städten, die sich zu Zentren von industriellen Ballungsräumen entwickelten. Die Grafik veranschaulicht jedoch nur die Folgen der Binnenwanderung; dass ein nicht unbeträchtlicher Teil der Menschen, die vom Land abwanderten, Bayern und auch Deutschland verließen, zeigt sie nicht.

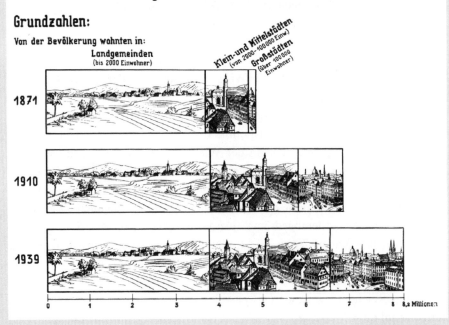

Verteilung der Bevölkerung auf Stadt und Land in Bayern 1871, 1910 und 1939

Grundzahlen:

Von der Bevölkerung wohnten in:
Landgemeinden (bis 2000 Einwohner)
Klein- und Mittelstädten (von 2000–100 000 Einw.)
Großstädten (über 100 000 Einwohner)

1871
1910
1939

0 1 2 3 4 5 6 7 8 8,2 Millionen

verlagert. Gleichzeitig ging die Auswanderung seit Anfang der 1890er-Jahre rapide zurück, was darauf zurückzuführen war, dass Industrie und Gewerbe so stark expandierten, dass sie nunmehr den Geburtenüberschuss größtenteils absorbieren konnten. Das weltweit zu beobachtende Wirtschafts- und Bevölkerungswachstum jener Jahrzehnte, der Ausbau leistungsfähiger internationaler Schiffs- und Bahnverbindungen und nicht zuletzt die Schaffung eines zuverlässigen, auf Goldwährungen gegründeten internationalen Zahlungsverkehrs ermöglichten es Deutschland, sein wirtschaftliches Potenzial voll auszuschöpfen. Die großen Wachstumsraten der deutschen Industrie in jenen Jahren waren vor allem dem Umstand zu verdanken, dass es weder in Ost- und Südosteuropa noch auf den anderen Kontinenten – sieht man einmal von den USA und Japan ab – konkurrenzfähige Industrien gab. Von großem Vorteil erwies sich dabei die geografische Lage Deutschlands, das mit modernen Verkehrsmitteln Verbindungen zu allen interessanten Märkten der Welt aufbauen konnte. 1913 rangierte Deutschland bei der Eisen- und Stahlerzeugung sowie im Außenhandel weit vor allen europäischen Nationen und weltweit auf dem zweiten Platz – nach den USA. Bereits seit den 1890er-Jahren überstiegen die Investitionen deutscher Banken und Unternehmen im Ausland erheblich jene von Ausländern in Deutschland; 1914 wurde das im Ausland angelegte deutsche Kapital auf 30–35 Milliarden Goldmark geschätzt. Trotz eines leichten Passivsaldos bei der Warenhandelsbilanz erzielte Deutschland, dank seiner hohen Einkünfte aus den im Ausland erbrachten Dienstleistungen und dem dort investierten Kapital, eine deutlich positive Zahlungsbilanz. Rund 400 Mio. Mark wurden im Ausland jährlich neu angelegt, und rund 100 Mio. Mark flossen in Form von Gold und Devisen jährlich nach Deutschland.[9]

Wie im gesamten Reich wurden auch in Bayern die wirtschaftlichen Verhältnisse in großem Maße von diesen Entwicklungen bestimmt. Hierbei ist aber zu bedenken, dass sich – wie schon im Zollverein so auch im Kaiserreich – die deutsche Wirtschaftpolitik vor allem an den wirtschaftlichen Interessen Preußens ausrichtete. Das konnte nicht ohne negative Folgen für Bayern bleiben, zumal das Reich über deutlich größere wirtschaftpolitische Kompetenzen als der Zollverein verfügte. So war das Gewerbe-, Zoll- und Handelswesen ebenso Gegenstand der Reichsgesetzgebung wie das Münz-, Maß- und Gewichtssystem. 1873 wurde das „Reichsmünzgesetz" erlassen, mit dem ein für das gesamte Reichsgebiet einheitliches Münzsystem auf der Basis der Goldwährung eingeführt wurde, und mit der Reichszivilprozessordnung wurde erstmals ein für ganz Deutschland gültiges Verfahrensrecht geschaffen. Das Bürgerliche Gesetzbuch, das ab 1900 im gesamten Reichsgebiet galt, hob die vielen Zivilgesetze der einzelnen Staaten auf, die eine einheitliche Rechtsprechung bis dahin verhindert hatten; allein in Bayern hatte es bis dahin um die hundert verschiedene Zivilrechtsbücher gegeben. Die

Einnahmen aus den Zöllen flossen ausschließlich dem Reich zu, ebenso der Ertrag aus den indirekten Steuern, den „Verkehrssteuern". Zudem ging die Post der Länder i. d. R. auf das Reich über; die Bahnen, so plante man, sollten folgen. Bayern konnte sich jedoch einige wirtschaftlich wichtige Reservatrechte sichern. So behielt es nicht nur die ertragsreichsten indirekten Steuern – das waren die Bier- und Branntweinsteuer –, sondern auch die Post und die Eisenbahn.

Trotz der ungleichen Kompetenzverteilung zwischen dem Reich und Bayern war Letzterem also in wirtschaftlichen Fragen ein noch immer beachtlicher Handlungsspielraum geblieben. Nicht nur die Post, die Telegrafenanstalten und die Eisenbahn blieben weiterhin im Besitz des bayerischen Staates, vielmehr konnte Bayern auch seine Gesetzgebungskompetenzen im Bauwesen einschließlich des Straßen- und Wasserbaus, im Bergbau, der Landeskultur, beim Kredit- und Sparkassenwesen sowie beim Immobilienversicherungswesen ungeschmälert bewahren. Dagegen unterlag das Handels-, Gewerbe-, Banken- und Versicherungsrecht, das Eisenbahn- und Schifffahrtsrecht der konkurrierenden Gesetzgebung von Reich und Ländern.[10] Von erheblicher Bedeutung war es ferner, dass das Schul- und Hochschulrecht, und damit auch das technische und berufliche Bildungswesen ausschließlich Sache der Länder blieb. Zudem verfügte Bayern in den direkten Steuern, der Bier- und Branntweinsteuer und nicht zuletzt in den Einkünften aus dem Bahn-, Post- und Telegrafiebetrieb sowie aus den staatlichen Forsten über eine sehr solide, dem Einfluss des Reiches weitgehend entzogene finanzielle Grundlage. Durch ihre Anbindung an die stetig wachsenden Umsätze der staatlichen Unternehmen und an das steigende Vermögen und Einkommen der Bürger nahmen die bayerischen Staatseinnahmen in diesen Jahrzehnten erheblich zu und damit auch der politische Handlungsspielraum der bayerischen Regierung.

2. Der Staatshaushalt

Bereits in den Jahren von 1840/41 bis 1880 konnte Bayern seine Staatsausgaben deutlich steigern, nämlich von (umgerechnet) 79 Mio. auf 221,2 Mio. Mark; das entsprach einem Zuwachs von rund 180 % oder durchschnittlich 4,5 % pro Jahr. In den folgenden Jahrzehnten erlaubte die wirtschaftliche Entwicklung sogar eine noch etwas stärkere Ausweitung der Staatsausgaben. Diese stiegen in den 33 Jahren von 1880 bis 1913 von 221,2 auf 713,8 Mio. an – ein Zuwachs um rund 222 % oder durchschnittlich 6,7 % pro Jahr (siehe Diagramm S. 87 oben).

Diese Zahlen stehen für Entwicklungen von größter politischer Relevanz. Denn wie schon Rudolf Goldscheid, der Begründer der „Finanzsoziologie", feststellte, ist das Budget das „aller verbrämenden Ideologie entkleidete Gerippe des Staates." Die Art, wie sich der Staat finanziert – über welche Arten von Steuern,

Die bayerischen Staatsfinanzen 1819-1914
(in Millionen Mark, gerundet)

	1819	1825	1830	1835	1840	1845	1850	1855	1860	1865	1870	1875	1880	1885	1890	1895	1900	1905	1910	1913
■ Staatseinnahmen	53	50,8	58,2	60,8	79	89	85	105,4	104,5	99,3	127,5	203,8	214,7	240	321,6	349	445,1	456,2	629,1	715,3
☐ Staatsausgaben	54,2	50,5	55,4	57,1	72,1	86	81,9	99,1	114,8	111,3	123,3	194,6	221,2	235,2	283,2	330,6	427,8	450,7	626,1	713,8

Abgaben und sonstige Einnahmen – und wofür er diese Mittel ausgibt, sagt wesentlich mehr über ihn aus als jede Verfassung. Eine genauere Analyse des bayerischen Staatshaushaltes aber würde ein eigenes Buch füllen, weshalb nachfolgend nur einige Aspekte etwas näher beleuchtet werden können.[11]

Das erste Budget wies jährliche Staatseinnahmen in Höhe von umgerechnet 53 Mio. Mark aus. Sie stammten aus folgenden Quellen:

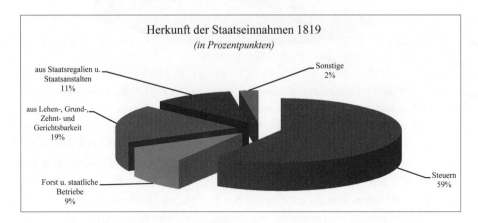

Herkunft der Staatseinnahmen 1819
(in Prozentpunkten)

aus Staatsregalien u. Staatsanstalten 11%

aus Lehen-, Grund-, Zehnt- und Gerichtsbarkeit 19%

Forst u. staatliche Betriebe 9%

Sonstige 2%

Steuern 59%

Der größte Einnahmeposten waren somit die Steuern, wobei direkte und indirekte nahezu gleichauf lagen (siehe Diagramme Seite 88).

Die wichtigste direkte Steuer war die Grundsteuer, es folgten die Gewerbesteuer und die Familiensteuer (eine Art Einkommensteuer, die von jedem selbstständigen Haushalt zu entrichten war) sowie die Häuser- und die Dominikalsteuer. Erstere war vom bürgerlichen Hausbesitz zu leisten, Letztere von den Einkünften aus der Grundherrschaft. Die Zugviehsteuer traf in erster Linie die Landwirte. Bauern und Bürger zahlten somit den Löwenanteil der Steuern, Adel und Klerus trugen dazu nur wenig bei. Abgesehen von der Familiensteuer basier-

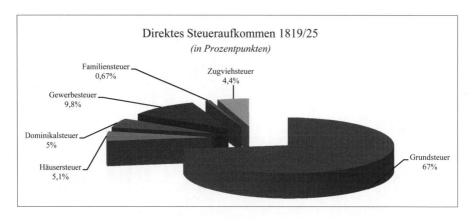

Direktes Steueraufkommen 1819/25
(in Prozentpunkten)

Familiensteuer 0,67%
Zugviehsteuer 4,4%
Gewerbesteuer 9,8%
Dominikalsteuer 5%
Häusersteuer 5,1%
Grundsteuer 67%

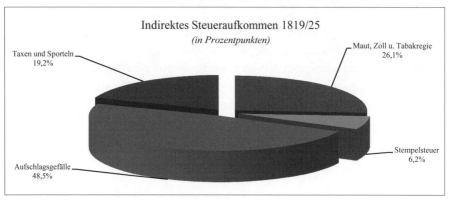

Indirektes Steueraufkommen 1819/25
(in Prozentpunkten)

Taxen und Sporteln 19,2%
Maut, Zoll u. Tabakregie 26,1%
Aufschlagsgefälle 48,5%
Stempelsteuer 6,2%

ten alle direkten Steuern auf „Realien". Alle anderen Einkünfte, insbesondere solche aus Kapitalvermögen, blieben unbesteuert.

Die indirekten Steuern belasteten alle Bürger, unabhängig von Besitz und Vermögen. Bei den Stempelsteuern und Taxen handelte es sich um Verwaltungsgebühren, deren Höhe vom finanziellen Gegenwert des Vorganges abhängig war, bei den Sporteln um Gerichtsgebühren. Die Zollgebühren verteuerten vor allem die eingeführten Waren, und da Bayern auf die Einfuhr zahlreicher Produkte für den allgemeinen Gebrauch angewiesen war, betraf dies breite Bevölkerungsschichten; der hohe Adel – die „Standesherren" – dagegen war von Zöllen befreit. Die „Tabakregie" schließlich belegte alle Tabakprodukte mit einer hohen Steuer. Die weitaus wichtigste indirekte Steuer aber war der „Malzaufschlag"; da Malz nahezu ausschließlich zum Bierbrauen gebraucht wurde, war dies de facto eine „Biersteuer". Bier zählte in jener Zeit aber zu den Grundnahrungsmitteln, und zwar vor allem für die körperlich schwer arbeitenden unteren Bevölkerungsschichten. Je nach Sorte wurde das Bier durch den Aufschlag um 20 bis 25 % verteuert.

Die indirekten Steuern haben damit in besonderer Weise die besitz- und vermögenslosen Bevölkerungsschichten – landwirtschaftliche Hilfskräfte und

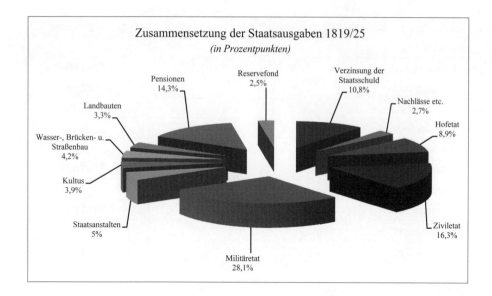

Zusammensetzung der Staatsausgaben 1819/25
(in Prozentpunkten)

Pensionen 14,3%
Reservefond 2,5%
Verzinsung der Staatsschuld 10,8%
Landbauten 3,3%
Nachlässe etc. 2,7%
Wasser-, Brücken- u. Straßenbau 4,2%
Hofetat 8,9%
Kultus 3,9%
Staatsanstalten 5%
Ziviletat 16,3%
Militäretat 28,1%

Gesinde, Gesellen und Dienstboten – belastet. Mehr noch: Die Steuern insgesamt wurden nahezu ausschließlich vom „kleinen Mann" aufgebracht. Adelige Gutsbesitzer, freiberuflich Tätige, von Kapitaleinkünften Lebende, Unternehmer, Geistliche und auch höhere Beamte trugen, vor allem im Verhältnis zu ihrem Vermögen und ihren Einkünften, wenig dazu bei. Wie die Einnahmen verwendet wurden, zeigt das obenstehende Diagramm.

Der größte Teil der Ausgaben entfiel demnach auf die Armee; ihr Etat war um mehr als ein Drittel größer als der „Ziviletat", der die Ausgaben für alle anderen Ministerien umfasste. An dritter Stelle folgten die Ausgaben für die Pensionszahlungen, an vierter diejenigen für die Staatsverschuldung. Mehr als die Hälfte des „Ziviletats" machten die Zuwendungen für die königliche Familie und den Hof aus, die damit deutlich vor allen weiteren Ausgabenposten rangierten. Unter „Staatsanstalten" wurden die staatlichen Einrichtungen und Fonds für Erziehung und Bildung, Gesundheit, Wohltätigkeit, Sicherheit, Industrie und Landwirtschaft subsumiert, unter „Kultus" die staatlichen Aufwendungen für kirchliche Zwecke.

Somit machten solche Ausgaben, die der Allgemeinheit direkt oder indirekt zugutekamen, nur einen geringen Anteil der Staatsausgaben aus. Selbst wenn man hierzu noch alle Aufwendungen für die innere Verwaltung, das Justiz-, Bildungs-, Erziehungs- und Gesundheitswesen, für Wohltätigkeit und Förderung von Industrie und Landwirtschaft, für den Wasser-, Brücken- und Straßenbau sowie die Instandhaltung und den Neubau staatlicher Gebäude rechnet, so ergaben sich daraus nicht mehr als rund 25 % der Staatsausgaben.

1842/43, also zu Beginn der Industrialisierung, stellten sich die Verhältnisse wie folgt dar:[12]

Art der Staatseinnahmen	Betrag in Gulden
I. Direkte Steuern	
1. Grundsteuer	4 295 604
2. Häusersteuer	580 162
3. Dominikalsteuer	342 631
4. Gewerbesteuer	743 037
5. Familien-, Besoldungs-, Personal- u. Mobiliarsteuer	352 324
6. Witwen- und Waisenfondsbeiträge	47 496
II. Indirekte Steuern	
1. Taxen	2 170 000
2. Stempelgefälle	919 880
3. Aufschläge	5 290 000
4. Zollgefälle	4 156 292
III. Staatsregalien und Anstalten	
1. Salinen und Bergwerke	2 312 335
2. Post	450 048
3. Lotto	1 066 004
4. Gesetz- und Regierungsblatt	14 564
5. Übrige Staatsregalien	16 291
IV. Staatsdomänen	
1. Aus Staatsforsten, Jagden und Triften	3 265 171
2. Aus Ökonomie und Gewerben	250 097
3. Lehen-, grund-, gerichts-, zins- u. zehntherrliche Gefälle	4 840 799
V. Besondere Abgaben	73 312
VI Übrige Einnahmen	178 800
1. Staatsrendite aus der Bank in Nürnberg	36 000
2. Entschädigung von Österreich	100 000
3. Erlös aus Mobiliarschaften	1017
4. Zufällige Einnahmen	1273
Gesamtsumme	*31 503 137*

Art der Staatsausgaben	Betrag in Gulden
I. Verzinsung der Staatsschuld	8 746 294
II. Etat des königl. Hauses und Hofes	
1. Permanente Zivilliste des Königs	2 350 580
2. Unterhalt des Kronprinzen	230 000
3. Apanagen	485 000
4. Witwengehalte	104 720
5 . Pensionen à conto heimgefallner Apanagen	34 657
III. Etat des Staatsrats	72 000
IV. Etat der Ständeversammlung	46 400
V. Etat des Ministeriums des kgl. Hauses und d. Äußeren	480 000
VI. Etat des Ministeriums der Justiz	389 789
VII Etat des Ministeriums des Innern	888 638
VIII. Gemeinschaftlicher Etat d. Ministerien der Justiz u. d. Innern, respektive der Landgerichte	57 902
iX. Etat des Ministeriums der Finanzen	755 780
X. Staatsanstalten	
1. Erziehung und Bildung	317 455
2. Kultus	
– katholischer	1 092 347
– protestantischer	315 581
3. Gesundheit	29 419
4. Wohltätigkeit	163 809
5. Sicherheit	488 452
6. Industrie und Kultur	129 000
7. Straßen-, Brücken- u. Wasserbau	614 593
8. Bes. Leistungen des Ärars an die Gemeinden	114 691
9. Steuerkataster	600 000
10. Münzanstalt	13 600
XI. Zuschüsse an die Kreisfonds	3 920 845
XII. Militäretat	
1. Aktive Armee	
– in Geld und in Naturalien zu Budgetpreisen	5 932 450
2. Gendarmerie	638 976
3. Topographisches Bureau	50 000
4. Zuschuss an Militär-Invaliden- u. Waisenfonds	92 000

Art der Staatsausgaben	Betrag in Gulden
5. Unterhalt Festung Landau	25 000
6. Kosten der Militär-Kommission in Frankfurt	14 000
7. Militärpensionen u. Medaillen-Zulagen	567 550
XIII. Landbau-Etat	126 065
XIV. Pensionen der Witwen u. Waisen der Staatsdiener	448 714
XV. Eisenbahnen	1 200 000
Reichs-Reserve-Fonds	500 000
Gesamtsumme	*32 036 307*

Bei genauerer Betrachtung erkennt man, dass sich der Haushalt bereits in der frühesten Phase der Industrialisierung signifikant veränderte. So ist der Anteil der Steuern, der 59,5 % der Staatseinnahmen ausmachte, zwar gleich geblieben, aber der Ertrag der indirekten Steuern hatte stark zugelegt. Zurückgegangen war vor allem der Anteil der Grundsteuer, aber auch derjenige der Gewerbe-, Familien- und Dominikalsteuer. Etwas mehr eingebracht hatte lediglich die Häusersteuer. Die indirekten Steuern hingegen wuchsen allesamt: die Erträge aus den Taxen und den Stempelgebühren ebenso wie die aus den Aufschlägen, Zöllen und Mauten. Letztere wiesen den größten Zuwachs auf, was dem Beitritt Bayerns zum Deutschen Zollverein zu verdanken war. Diese Einnahmen trugen nun statt 7,7 % (wie noch 1819) beachtliche 13,1 % zu den Staatseinnahmen bei. Den zweitgrößten Zuwachs wiesen die Aufschläge aus, die nun 16,7 % der Staatseinnahmen ausmachten.

Die Einnahmen aus den „Staatsdomänen" waren um 42,2 % gestiegen und betrugen damit jetzt 11,1 % der Staatseinnahmen. Die Staatsregalien und Staatsanstalten lieferten 20,6 % mehr, wobei der größte Teil dieses Zuwachses auf das Konto der Salinen ging. Diese Einkünfte ergaben jetzt insgesamt 12,2 % der gesamten Einnahmen. Insgesamt stammten 97,7 % der Staatseinnahmen aus den Steuern (59,5 %), den Staatsregalien und Staatsanstalten (12,1 %) sowie den Staatsdomänen (26,3 %).

Dagegen war der Anteil, der vom Grundbesitz beigesteuert wurde, deutlich geschrumpft. Die Steuer- und Abgabepflichtigen dieser Kategorie leisteten um rund 25 % weniger als 20 Jahre zuvor. Ausgeglichen wurden diese Ausfälle vor allem durch eine Erhöhung der indirekten Steuern und der Verwaltungsgebühren, durch die stark gestiegenen Zolleinnahmen und eine beachtliche Steigerung der Erträge aus den staatlichen Betrieben.

Auf der Ausgabenseite fallen als Erstes die stark erhöhten Ausgaben für die Verzinsung der Staatsschulden ins Auge, die jetzt 16,2 % der Ausgaben ausmachten. Um knapp 18,2 % waren die Ausgaben für das königliche Haus und den Hof gestiegen; sie betrugen nun 10 % der Staatsausgaben. Die Ausgaben für alle zivilen Ministerien und die „Staatsanstalten" umfassten 20,1 % der Staatsausgaben; rechnet man die Dotation der Kreisfonds hinzu, kommt man jedoch auf 32,4 % und damit auf fast genau den gleichen Anteil wie 1819.

Der größte neue Ausgabenposten war der für die Eisenbahnen. Diese Mittel waren für die Verzinsung eines Kredites bestimmt, mit dem der Bau der Eisenbahnlinie von Hof nach Lindau finanziert wurde. Auffällig gering dotiert war der „Landbau-Etat", aber dies ist auf die Praxis Ludwigs I. zurückzuführen, die im Budget bewilligten Mittel nicht in vollem Umfang auszugeben und die eingesparten Summen – die „Erübrigungen" – vor allem für seine Bauvorhaben zu verwenden. Tatsächlich waren in der Finanzperiode 1837–1843 „Erübrigungen" in Höhe von 29,2 Mio. erzielt worden, und zwar hauptsächlich durch Einsparungen im Straßen-, Wasser- und Brückenbau, bei der Verwaltung, den Gerichten und den Bildungseinrichtungen.[13]

Diese Verhältnisse änderten sich erst nach der Revolution von 1848 in signifikanter Weise. Damals wurde eine – noch sehr moderate – Steuer auf Kapitaleinkünfte und andere Einkommen eingeführt, vor allem aber hat die nun anlaufende Industrialisierung eine starke Ausweitung des Staatshaushalts mit sich gebracht. Im Jahr 1900 schließlich betrugen die Netto-Staatseinnahmen, d. h. unter Abzug der Verwaltungskosten, rund 240 Mio. Mark, was rund 137 Mio. Gulden entsprach (siehe Diagramm S. 94 oben).

Der Anteil der Steuern war insgesamt deutlich zurückgegangen, jedoch hatten sich die Gewichtungen zwischen den Steuerarten erneut stark auf die Seite der indirekten Steuern verschoben, und dies, obwohl die Zölle seit der Reichsgründung dem Reich zuflossen. Die indirekte Steuerleistung kam zu 87 % aus der Biersteuer, die mit rund 44 Mio. Mark den größten Steuerposten überhaupt ausmachte; alle direkten Steuern zusammen brachten nur rund 37 Mio. ein! Aber auch bei den direkten Steuern gab es signifikante Verschiebungen. Der Anteil der Grundsteuer, deren Prozentsatz gewissermaßen eingefroren worden war, halbierte sich von 1850 bis 1900. Dagegen blieb der Anteil der Einkommensteuer in etwa gleich, und die Anteile der Haussteuer, der Kapitalrentensteuer und der Gewerbesteuer wuchsen um mehr als 100 % an. Diese Entwicklung setzte sich nach der Jahrhundertwende verstärkt fort.

Ein immer größerer Anteil der Staatseinnahmen stammte somit aus den Städten, dem Gewerbe und der Industrie. 1912 kamen bereits fast zwei Drittel der gesamten Steuereinnahmen aus den drei Regierungsbezirken, in denen die städtische und gewerblich tätige Bevölkerung überproportional stark vertreten war, nämlich aus Oberbayern, Mittelfranken und der Pfalz. Oberbayern allein lieferte 34,28 %, also mehr als ein Drittel dieser Steuereinnahmen. Die ländlich strukturierten Regierungsbezirke blieben weit dahinter zurück. Die Schlusslichter bildeten die Oberpfalz, die knapp 5 % zum Steueraufkommen beitrug, und Nieder-

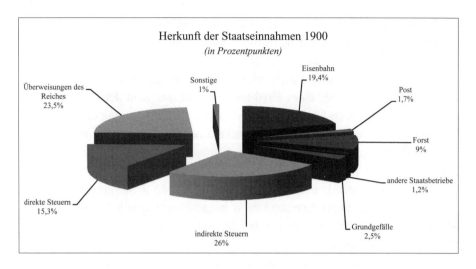

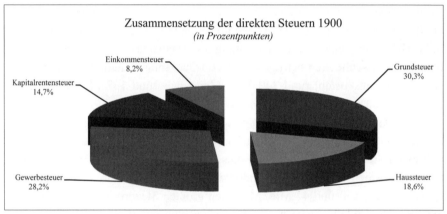

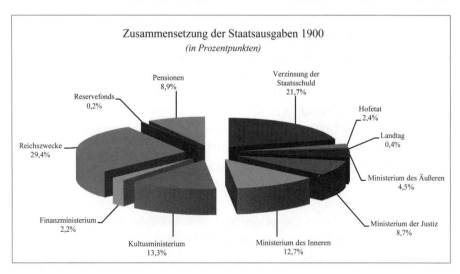

bayern, wo dieser Anteil bei 5,7 % lag. Noch deutlicher werden die Verschiebungen, wenn man den Sektor der direkten Steuern betrachtet. Denn ein Drittel dieser Steuern wurde allein von den Einwohnern Münchens aufgebracht, und die Hälfte dieser Steuern wurden von den zwölf Städten – einschließlich München – erzielt, die insgesamt über 50 000 Einwohner zählten. Die städtische und gewerblich tätige Bevölkerung, die ihr Einkommen aus Gehalt, Lohn, Gewerbetrieben und Kapital bezog, hat also schon damals den mit Abstand größten Anteil zu den Staatseinnahmen beigetragen[14] (siehe Diagramm S. 94 Mitte).

Durch die starke Erhöhung des Anteils der Verbrauchssteuern blieb es aber bei der übermäßigen Heranziehung der unteren sozialen Schichten zur Staatsfinanzierung. Dagegen wurde der bäuerliche Mittelstand deutlich entlastet; dieser profitierte vom Einfrieren der Grundsteuer ebenso wie von der 1848 erfolgten Aufhebung der Grundherrschaft. Nach wie vor relativ gering belastet waren Einkommen und Vermögen, wovon in erster Linie die höheren Gesellschaftsschichten profitierten.

Das „ordentliche Budget" von 1900 sah Staatsausgaben in Höhe von 222,6 Mio. Mark vor (siehe Diagramm S. 94 unten). Die auffälligsten Veränderungen gegenüber der Zeit vor Beginn der Industrialisierung bestanden in der starken Erhöhung der Aufwendungen für die Verzinsung der Staatsschulden und im neuen Posten „für Reichszwecke". Erstere ist vor allem auf die „Eisenbahnschuld" zurückzuführen, die rund 75 % der gesamten Staatsverschuldung ausmachte. Die Einkünfte aus dem Eisenbahnbetrieb trugen jedoch 46,6 Mio. Mark zu den Staatseinnahmen bei, das entsprach ca. 96 % der Ausgaben für die gesamte Staatsschuld.

Die Ausgaben für das königliche Haus und den Hof betrugen 5,4 Mio. Mark und waren somit nur wenig angestiegen; ihr Anteil an den Staatsausgaben, deren Volumen sich seit dem ersten Haushalt von 1819 vervierfacht hatte, hatte sich damit von 8,9 auf 2,3 % reduziert. Eine beträchtliche Ausweitung, nämlich von 16,3 % auf gut 37 %, erfuhr dagegen der Anteil der Ausgaben für die einzelnen Ressorts. Dieser Zuwachs war allerdings zum Teil auch darauf zurückzuführen, dass hierin nun auch die Posten für die „Staatsanstalten" und das Bauwesen eingeschlossen waren. Doch floss besonders der inneren Verwaltung, dem Justiz- und Finanzwesen nun ein deutlich größerer Anteil zu; vor allem aber investierte der Staat jetzt sehr viel mehr in das Erziehungs- und Bildungswesen. Der Etat des Kultusministeriums umfasste rund 26,9 Mio. Mark; das waren mehr als 13 % aller Ausgaben, und davon wurden knapp 21 Mio. für Erziehung und Bildung ausgegeben.

Hinsichtlich der Staatseinnahmen ist somit vor allem ein starker Rückgang desjenigen Anteils zu beobachten, den zu Beginn des Jahrhunderts die Landwirtschaft (über die Grundsteuer und die Grund-, Zehnt- und Gerichtsbarkeitsabgaben) beisteuerte. Während somit der bäuerliche Grundbesitz entlastet wurde, blieb die verhältnismäßig starke steuerliche Belastung der unteren Bevölkerungsschichten bestehen. Bei den Staatsausgaben dagegen floss ein weitaus größerer Teil des Geldes nunmehr in solche Bereiche, die direkt oder indirekt der Allgemeinheit, und da besonders der Wirtschaft – nicht zuletzt auch der Landwirtschaft – zugute kamen.

Die Entwicklung der Staatseinnahmen Bayerns 1842/43 bis 1906/07 im Überblick:

Budgetzeitraum	1842/43 in Gulden	1859/60 in Gulden	1874/75 in Gulden	1906/7 in Mark
Direkte Steuern davon entfallen auf	**6 361 254**	**9 297 009**	**10 868 800**	**41 060 000**
Grundsteuer	4 295 604	4 826 384	6 672 355	10 380 000
Haussteuer	580 162	697 757	1 160 145	8 870 000
Dominikalsteuer	342 631			
Gewerbesteuer	743 037	1 176 997	1 636 300	11 200 000
Familien-, Besoldungs-, Personal- u. Mobiliarsteuer	352 324			210 000
Beiträge zum Witwen- u. Waisenfond	47 496			
Kapitalrentensteuer		536 028	920 000	6 600 000
Einkommensteuer		237 089	480 000	3 800 000
Steuerzuschläge		1 822 754		
Indirekte Steuern u. ä. davon entfallen auf	**12 536 172**	**19 056 182**	**19 298 500**	**78 722 230**
Taxen	2 170 000	4 486 263	6 291 920	
Gebühren	919 880	1 255 900	1 888 850	25 231 200
Aufschläge	5 290 000	7 252 202	10 340 830	41 405 000
Zölle u. ä.	4 156 292	6 061 815	776 900	4 183 570
Erbschaftssteuer				3 000 000
Hundesteuer				2 614 000
Gemischte Einnahmen				465 460
Strafen				943 000
Zuschläge v. Gebühren.				880 000
Staatsregalien u. Anstalten davon entfallen auf	**3 859 242**	**10 991 667**	**44 194 621**	**263 833 483**
Salinen, Berg- u. Hüttenwerke	2 312 335	3 248 209	4 925 500	11 132 188
Post (1905/6 inkl. Telegr.)	450 048	537 478	4 434 571	51 853 080

Budgetzeitraum	1842/43 in Gulden	1859/60 in Gulden	1874/75 in Gulden	1906/7 in Mark
Lotto	1 066 004	3 042 222		
Gesetz- u. Verordnungsblatt	14 564	9 357	29 770	72 850
Übrige	16 291	36 256		
Eisenbahn		4 007 378	33 676 160	199 222 900
Donaudampfschifffahrt		20 330		
Donau-Mainkanal		63 137	79 739	117 770
Telegraphenanstalt		5 748	741 110	
Unterstützungsfond Beamte		21 545		
Bodenseedampfschifffahrt			214 637	571 505
Münzanstalt			93 194	645 650
Kettenschleppschiff. Main				210 100
Frankenthaler Kanal+				7 440
Staatsdomänen davon entfallen auf :	**8 776 623**	**9 782 309**	**20 654 217**	**52 347 426**
Forsten, Jagden, Triften	3 265 171	5 260 180	15 285 930	44 052 000
Ökonomie u. Gewerbe	250 097	345 262	737 798	2 657 026
Lehen-, Grund-, Gerichts-, Zins- u. Zehentherrliche Gefälle	4 840 799	4 196 215	4 601 605	5 638 400
Zinsen aus Aktivkapital etc.	420 556		28 884	
Verlustvortag		– 19 348		
Besondere Abgaben	**64 826**	24 251	32 297	
Übrige Einnahmen davon entfallen auf	**138 290**	**325 924**	**216 253**	**4 622 800**
Zinsen, Renten, bes. Einnahmen				2 372 800
Von der Nürnberger Bank	36 000	150 987		1 850 000
Entschädigungsleistung Österreichs	100 000	102 083	102 083	
Erlös von Mobilarschaften	1 017	1 799		
Zufällige Einnahmen	1 277		44 170	
Feuerversicherungsanstalt		45 000		
Steuerbeischlag Pfalz		100 000		
Witwen- u. Waisenfond		69 919		

Budgetzeitraum	1842/43 in Gulden	1859/60 in Gulden	1874/75 in Gulden	1906/7 in Mark
Ertragsanteil von den Pfälzischen Bahnen			70 000	400 000
Verlustvortrag		- 140 790		
Anleihen (Neuverschuldung)		11 640 000		
Einnahmen Pensionsfond			202 690	
Aus dem Reichsetat für das Militärwesen zugewiesen			20 172 110	20 746 850
Überschuss von voriger Periode			5 239 404	
Gesamtsumme	*31 736 407*	*61 117 344*	*120 878 892*	*461 332 789*
in Mark umgerechnet	*55.662.000*	*107.199.000*	*212.021.000*	

3. Die Staatsverschuldung

Als 1819 das erste Budget vorgelegt wurde, wies dieses – hauptsächlich als Folge der zahlreichen Gebietserwerbungen und der Kriege – eine beträchtliche Staatsschuld aus. Sie betrug rund 107 Mio. Gulden und machte – bei jährlichen Staatseinnahmen in Höhe von rund 30 Mio. – 356 % der Einnahmen aus. Da aber die Kreditwürdigkeit Bayerns bereits durch den Erlass der Verfassung und der damit verbundenen Einrichtung eines Parlaments, das die Garantie für die Schuldentilgung übernahm, wiederhergestellt und auf Dauer gewährleistet wurde, empfand man diese Verschuldung in der Folgezeit nicht als größere Belastung. So waren die Budgets zunächst weiterhin defizitär, mit der Folge, dass die Verschuldung in den folgenden Jahren zunahm. Auch diese Entwicklung stieß auf keine größere Kritik, weil man der Auffassung war, dass es weniger auf die Höhe der Staatsschulden als vielmehr darauf ankomme, dass der Staat über die Mittel verfüge, die Zinsen zu bezahlen. Die Kreditwürdigkeit des Staates genoss auch deswegen Priorität, weil man meinte, dass diese nicht nur dem Staat selbst, sondern dem ganzen Land zugutekomme. Forderungen, wonach man nur so viel ausgeben solle wie man einnehme, wurde nicht nachgekommen. Die Kreditaufnahme sei ein unverzichtbares Mittel bei der Bewältigung von Aufgaben, für welche die laufenden Einnahmen nicht ausreichten, die aber erledigt werden müssten, weil sie weitaus nachteiligere Folgen als eine Verschuldung hätten. Auch könne man nur so eine übermäßige Steuerbelastung vermeiden. Natürlich dürfe der Staat nicht unentwegt Schulden machen; er könne dies aber auch nicht tun, da er schon vorher seine Kreditwürdigkeit verlöre. Die Kreditwürdigkeit galt somit als Indikator dafür, ob die Verschuldung eines

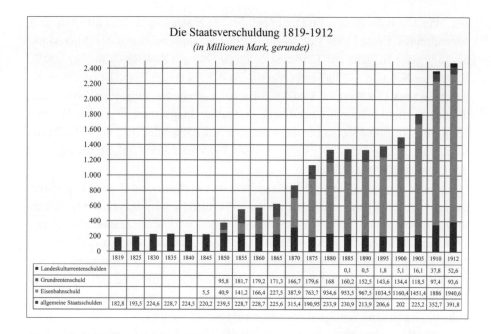

Die Staatsverschuldung 1819-1912
(in Millionen Mark, gerundet)

	1819	1825	1830	1835	1840	1845	1850	1855	1860	1865	1870	1875	1880	1885	1890	1895	1900	1905	1910	1912
■ Landeskulturrentenschulden														0,1	0,5	1,8	5,1	16,1	37,8	52,6
■ Grundrentenschuld							95,8	181,7	179,2	171,3	166,7	179,6	168	160,2	152,5	143,6	134,4	118,5	97,4	93,6
■ Eisenbahnschuld						5,5	40,9	141,2	166,4	227,5	387,9	763,7	934,6	953,5	967,5	1034,5	1160,4	1451,4	1886	1940,6
■ allgemeine Staatsschulden	182,8	193,5	224,6	228,7	224,5	220,2	239,5	228,7	228,7	225,6	315,4	190,95	233,9	230,9	213,9	206,6	202	225,2	352,7	391,8

Staates in einem angemessenen Verhältnis zu seiner Leistungsfähigkeit stand. Dass dies in Bayern aber der Fall war, ersieht man daraus, dass die bayerischen Staatsanleihen seit Ende der 1820er-Jahre wieder zu ihrem Nominalwert gehandelt wurden, obwohl die Staatverschuldung nun bereits rund 140 Mio. Gulden betrug.

Zudem verwiesen die zeitgenössischen Finanzfachleute auch auf die positiven volkswirtschaftlichen Aspekte der Staatsverschuldung. Die Staatsanleihen stellten für viele Bürger, vor allem aber für Stiftungen, Sparkassen und andere Institutionen die einzige Möglichkeit dar, Kapital gewinnbringend anzulegen, wohingegen eine Reduzierung oder gar ein Abbau der Staatsschuld diese Einnahmequelle zum Versiegen gebracht hätten. Außerdem verhindere der Staat durch seine Anleihen, dass verfügbares Kapital ins Ausland abfließe und führe dieses über die staatlichen Investitionen und Zinsen dem Wirtschaftkreislauf zu.

Hinzu kam ein innenpolitischer Aspekt, der vor allem die Abgeordnetenkammer veranlasste, keinen Druck in Richtung Schuldenabbau auszuüben. Dem Parlament war zwar das Budget vorzulegen, es war jedoch nicht berechtigt, Änderungen daran vorzunehmen, also etwa die Mittel für das Militär zu kürzen und jene für Bildung zu erhöhen. Benötigte die Regierung hingegen einen Kredit, so musste sie dazu die Genehmigung des Parlaments einholen, das dessen Verwendungszweck überprüfen und modifizieren konnte. So reduzierte die Staatsverschuldung, deren Verzinsung im regulären Staatshaushalt enthalten war, den politischen Handlungsspielraum der Regierung, erweiterte aber den des Parlaments. Auf diese Art hat die Staatsverschuldung zu einer gewissen Aufwertung des Parlaments beigetragen.

Vor allem durch den Eisenbahnbau hat die Staatsschuld dann ab 1840 stark zugenommen. Diese belief sich schon 1850/51 auf umgerechnet 220,6 Mio. Mark; bis 1880 stieg sie dann auf 1336,5 Mio. an, das war ein Zuwachs von über 600 %. Hatten die Schulden 1850/51 noch etwa das 4,3-Fache des Staatshaushalts betragen, so war es 1880 bereits etwa das 6-Fache. Auch in den folgenden Jahren stieg die Staatsschuld weiter an, wenn auch in deutlich langsamerem Tempo. Von den 1336 Mio., die sie 1880 umfasste, wuchs sie auf 2586 Mio. im Jahr 1914. In der Relation nahm sie damit aber sogar ab, denn 1914 betrug ihr Umfang nur noch das 3,5-Fache des Staatshaushalts.

Diese per Saldo günstige Entwicklung ist vor allem darauf zurückzuführen, dass es sich bei den neuen Staatschulden größtenteils um Eisenbahnschulden handelte. Diese machten im Jahr 1880 rund 900 Mio. (= 67 % der Staatsschulden) und 1914 rund 1900 Mio. Mark (= 73,5 % der Staatsschulden) aus.[15] Im Budget von 1900 waren 21 % der Staatsausgaben für die Verzinsung der Staatsschulden eingeplant. Zum Vergleich: Im Haushalt des Freistaats Bayern lagen diese Ausgaben Ende der 1990er-Jahre bei rund 4 %, was den damaligen Ministerpräsidenten veranlasste, einen scharfen Sparkurs einzuschlagen.

Als eine „Hypothek auf die Zukunft" hat diese Verschuldung damals kaum jemand betrachtet. Denn die Bürger waren sich der Tatsache bewusst, dass der Staat ohne diese Kreditaufnahmen nicht zu den großen Investitionen in die Verkehrsinfrastruktur, in das Bildungs-, Gesundheits- und Justizwesen sowie in die innere Verwaltung fähig gewesen wäre, durch die sich Bayern zu dem attraktiven Lebens- und Wirtschaftsraum entwickelte, den es zu Beginn des 20. Jahrhundert tatsächlich darstellte. Und von diesen Investitionen haben nicht nur die Zeitgenossen profitiert, sondern auch noch die nachfolgenden Generationen. Erst die Zunahme der Verschuldung nach der Jahrhundertwende wurde kritischer bewertet, weil sie letztlich auf eine starke Erhöhung der Rüstungsausgaben des Reiches zurückzuführen und somit unproduktiver Natur war.

4. Die Wirtschaftspolitik

Die steigenden Staatseinnahmen verschafften der bayerischen Politik einen wachsenden Handlungsspielraum. Was dessen Nutzung speziell im Bereich der Wirtschaftspolitik anbelangt, so lassen sich zwar unterschiedliche Phasen, aber keine einschneidenden Zäsuren feststellen. Unmittelbar nach der Revolution von 1848 stand die Politik zunächst ganz im Zeichen der Revolutions-Prävention, denn übereinstimmend sahen die politischen Beobachter eine der Hauptursachen des revolutionären Aufbegehrens in der schlechten wirtschaftlichen Situation breiter Volksschichten. Die wichtigste Frage war daher, wie man die Lage des „Vierten

Standes" – der Handwerker und Arbeiter – verbessern könne. Karitative Maßnahmen wurden als zwar notwendig, aber unzureichend erkannt; eine dauerhafte Lösung sah man nur in der Schaffung neuer Arbeitsplätze. Staatliche Arbeitsbeschaffungsmaßnahmen genossen daher für König Maximilian II., der Ludwig I. im März 1848 in der Regierung abgelöst hatte, oberste Priorität. Im Mai 1848 verabschiedete der Landtag ein Gesetz, das die Regierung zur Aufnahme einer Anleihe in Höhe von 7 Mio. Gulden bevollmächtigte. Diese Mittel sollten außer zur „Vervollständigung und Erhaltung des Heerwesens" vor allem für „die Anordnung öffentlicher Arbeiten zur Unterstützung Arbeitssuchender" und für „die Unterstützung der Industrie des Landes" verwendet werden.[16] Diese Anleihe wurde mit 5 % verzinst und kam in kleiner Stückelung auf den Markt, sodass sie rasch gezeichnet war und die Maßnahmen noch im Sommer 1848 anlaufen konnten.

Von diesen aber profitierten die einzelnen Regierungsbezirke in höchst unterschiedlichem Maße: Während nach Oberbayern fast 2 Mio. Gulden flossen, erhielten Schwaben rund 1 Mio., Mittelfranken ca. 0,9 und die Pfalz 0,86 Mio., Niederbayern musste sich mit ca. 330 000, die Oberpfalz mit 238 000, Oberfranken mit 293 000 und Unterfranken mit 505 000 Gulden zufriedengeben. Die staatliche Zentralkasse bekam 884 000 Gulden, und für die Unterstützung „der Industrie des Landes" war 1 Mio. vorgesehen. Dieser Betrag diente dazu, „nach allen Seiten hin auf ein mögliches Fortbestehen der Industrie-Anstalten und Gewerbe hinzuwirken".[17]

Wichtiger als diese Ad-hoc-Maßnahmen war für die weitere Entwicklung, dass die Wirtschaftspolitik insgesamt einen größeren Stellenwert erhielt. Damit trug man der Erkenntnis Rechnung, dass eine dauerhafte Besserung der Verhältnisse nur durch eine Steigerung der wirtschaftlichen Leistungsfähigkeit möglich war. Dieser Auffassung war auch der Landtag, der die Regierung aufforderte, ein neues Ministerium einzurichten, dessen Aufgabe die Förderung der wirtschaftlichen Entwicklung und die Verbesserung der materiellen Lage der Bürger sein sollte. In diesem sollten vorzugsweise Männer mit praktischer Erfahrung „frei von ideeller und bürokratischer Beschränktheit" Verwendung finden. Die Errichtung eines solchen Ministeriums war auch deshalb sinnvoll, weil bisher die wirtschaftlichen Angelegenheiten bei verschiedenen Ministerien ressortierten. So war für die Staatsbetriebe das Finanzministerium zuständig, für die Post und das Zollwesen das Außenministerium, für das Gewerbs- und Fabrikwesen, das Bau- und Verkehrswesen und vieles andere aber das Innenministerium.[18]

Am 11. November 1848 wurde dieses Ministerium mit der programmatischen Bezeichnung „Staatsministerium des Handels und der öffentlichen Arbeiten" eingerichtet. Es war zuständig für alles, was mit Produktion, Fabrikation und Handel zu tun hatte, für das Bau- und Zollwesen, die Post, die Eisenbahn und die Schifffahrt, das gesamte landwirtschaftliche, gewerbliche und berufliche Schulwesen sowie die Statistik. Die Staatsbetriebe blieben dem Finanzministerium unterstellt, und beim Gewerbewesen hatte das neue Ministerium, weil dieser Bereich mit der Sozial- und Sicherheitspolitik verknüpft war, eng mit dem Innenministerium zu kooperieren.

Dem Wunsch der Abgeordneten, im neuen Ministerium Fachleute mit praktischer Erfahrung einzusetzen, kam man jedoch nicht nach. Zunächst fanden hier hauptsächlich jene Beamte Verwendung, die schon bisher beim Innen- und Außenministerium die entsprechenden Referate innegehabt hatten, dann rückten Beamte mit der üblichen akademischen Ausbildung nach. Dennoch trug man dem Verlangen der Abgeordneten in gewissem Maße Rechnung, indem das Ministerium bei der Ausarbeitung von Gesetzen und Verordnungen eng mit den einschlägigen Ausschüssen der Abgeordnetenkammer zusammenarbeitete und von Fall zu Fall auch Mitglieder der Handelskammern und anderer wirtschaftlicher Organisationen mit einbezog.[19]

Das neue Ministerium wurde bis Ende 1864 vom Minister des Äußeren und des königlichen Hauses, der zugleich Vorsitzender des Ministerrates war, geleitet. Von Oktober bis Dezember 1864 übernahm der Finanzminister diese Aufgabe, und erst am 1. Januar 1865 erhielt es mit Adolf von Pfretzschner seinen ersten eigenen Minister. Im August 1866 trat der rührige Gustav v. Schlör dessen Nachfolge an. In seine Amtszeit fiel die Weiterentwicklung des Zollvereins durch Einrichtung des Zollparlaments 1867 und die Einführung der Gewerbefreiheit 1868. Ihm oblag ferner die Vorbereitung und Durchführung der Integration Bayerns in das Kaiserreich. Mit der Erledigung dieser Aufgabe endete am 1. Dezember 1871 Schlörs Amtszeit und das Ministerium wurde aufgelöst. Begründet werden konnte dieser Schritt damit, dass Bayern wichtige wirtschaftspolitische Kompetenzen an das Reich abgetreten hatte. Die Bayern verbliebenen Zuständigkeiten im wirtschaftlichen Bereich wurden nun wieder auf verschiedene Ministerien aufgeteilt. Das Post- und Verkehrswesen sowie das Zollwesen wurde dem Außenministerium übertragen, das berufliche Bildungswesen dem Kultusministerium und die übrigen Bereiche dem Innenministerium,

Die Eingliederung ins Reich war jedoch nicht die entscheidende Ursache für diese erneute Dezentralisierung der bayerischen Wirtschaftsverwaltung. Ausschlaggebend war vielmehr eine Verlagerung der politischen Prioritäten; die Staatsregierung maß der inneren Sicherheit und sozialen Stabilität einen deutlich größeren Stellenwert bei als der Wirtschaft. Die bisherige Wirtschaftspolitik, deren Triebfeder das Wirtschaftsministerium war, hatte nach Auffassung der wieder erstarkenden konservativen Kräfte allzu einseitig den Interessen der Unternehmer gedient und die Belange des Staates und der Gesellschaft vernachlässigt: „Werden Streiks gemacht und entstehen sonstige Strömungen auf industriellem Gebiete, so wird nach der Polizei gerufen und von dem Ministerium des Inneren erwartet, dass es die öffentliche Ordnung aufrecht erhalte und für die Sicherheit der Person und des Eigentums einstehe. Aber der Polizeimann hat längst erkannt, dass das in den abgesonderten volkswirtschaftlichen Kreisen bis in die allerneueste Zeit als ein Evangelium verkündete *laisser aller* in dem Verhältnis zwischen Kapital und Arbeit zu Unhaltbarkeit geführt habe …"[20]

Die Auflösung des Wirtschaftsministeriums signalisierte der Wirtschaft, dass sie sich hinfort stärker staatlichen Erfordernissen unterzuordnen habe. Die Regierung betrachtete die Wirtschaftspolitik jetzt wieder als Teil einer umfassenderen Politik, die vor allem die Sicherheitsinteressen von Staat und Gesellschaft im Auge haben müsse. Vor diesem Hintergrund wird deutlich, wie wichtig es war, dass es in Bayern zumindest in den Jahrzehnten zwischen der Revolution und der Reichsgründung – und damit in den Jahren, in denen die Industrialisierung das Land voll erfasste – ein eigenes Wirtschaftsministerium gab. Denn für wie unzureichend man auch den Einfluss dieses Ministeriums empfunden haben mag, der Wirtschaft stand damit immerhin ein Ansprechpartner zur Verfügung, der für ihre Interessen eintrat, auch wenn er sich gegenüber den starken Kräften in den traditionellen Ministerien oft nicht durchsetzen konnte. Vor allem in den Jahren von 1859 bis 1870, als das Wirtschaftsministerium der Leitung profilierter Minister unterstand – das waren vor allem Karl Freiherr v. Schrenk-Notzing (1.5.1859–5.10.1864), Benno v. Pfeufer (1.10.–31.12.1864) und Gustav v. Schlör (1.1.1865–31.12.1871) –, hat die bayerische Wirtschaft einen beachtlichen Aufschwung genommen. Dies war zwar sicherlich nicht vorrangig dem Wirken des Ministeriums, aber doch zum Teil auch diesem zu verdanken. Und man darf annehmen, dass sich die Wirtschaft und insbesondere die Industrie auch in den folgenden Jahrzehnten besser entwickelt hätten, wenn diese auf staatlicher Seite einen kompetenten Ansprechpartner gehabt hätte. Die Aufteilung der wirtschaftlichen Zuständigkeiten auf mehrere Ressorts hatte auch zur Folge, dass es keine Instanz mehr gab, welche die Interessenskonflikte innerhalb der Wirtschaft – solche gab es nicht nur zwischen Unternehmern und der Arbeiterschaft, sondern auch zwischen Industrie und Handwerk und zwischen gewerblicher Wirtschaft und Landwirtschaft – ausgleichen konnte. Auf diese Weise hat die Zersplitterung der staatlichen Wirtschaftsverwaltung dazu beigetragen, dass diese Konflikte an Schärfe zunahmen, sich die Gräben zwischen den gesellschaftlichen Gruppen vertieften und damit das politische Konfliktpotenzial anwuchs.

Seit die bayerische Regierung Ende der 1850er-Jahre auf einen gemäßigt liberalen Kurs eingeschwenkt war, bestimmte zunächst der Konflikt zwischen der konservativen Bevölkerungsmehrheit, deren Kern der bäuerliche Mittelstand und das städtische Kleinbürgertum bildeten, und den Liberalen, die von der höheren Beamtenschaft, den Akademikern, Unternehmern und großbürgerlichen Handels- und Gewerbetreibenden unterstützt wurden, die innenpolitischen Auseinandersetzungen. Nach der Reichsgründung betrat als dritter Kontrahent von ständig wachsender Bedeutung die Arbeiterschaft, die ihren organisatorischen Rückhalt in den Gewerkschaften und in der SPD fand, die Bühne der Politik. Als sich diese gesellschaftlichen Gegensätze zu Beginn des 20. Jahrhunderts verschärften, kam es auch zu stärkeren Konflikten innerhalb der Administration, denen man durch die Gründung eines neuen Spezialministeriums die Spitze zu nehmen versuchte. So entstand im Dezember 1903 das Verkehrsministerium, das jedoch nur eine Notlösung darstellte, mit der die Probleme, die durch die Reibereien zwischen den rivalisierenden Ministerien verursacht wurden, nicht wirklich behoben werden konnten. Das war schon daraus zu ersehen, dass dem Außenministerium als Entschädigung für die Abtretung des Verkehrswesens die Zuständigkeit für Landwirtschaft, Handel und Gewerbe übertragen werden musste, und dass man dem Innenministerium, das diese Bereiche nunmehr eingebüßt hatte, die Kompetenzen für die Energiepolitik beließ, obwohl die Energiewirtschaft in engster Verbindung mit dem Verkehrswesen und anderen innovativen Industriezweigen stand – wie etwa der chemischen Industrie. Die Folge davon war, dass die wirtschaftspolitischen Entscheidungsprozesse lange Zeit in Anspruch nahmen und die dann getroffenen Entscheidungen nicht selten keinen langen Bestand hatten.[21]

Wiederholt, aber letztlich stets erfolglos, hat man von Seiten der Wirtschaft und im Landtag diese Defizite beklagt; die problematische Aufteilung der Wirtschaftsverwaltung auf fünf Ministerien blieb aber bis zum Ende der Monarchie bestehen. Das Ministerium des Äußeren war demnach zuständig für Industrie, Handel, Gewerbe, Münz-, Währungs- und Bergwesen, das Ministerium des Inneren für Landwirtschaft, Bauwesen, Nutzung der Wasserkraft, Eichwesen, Wasserversorgung, Gewerbeinspektion und Statistik, das Kultusministerium für das berufliche Bildungswesen, das Finanzministerium für die Staatsbetriebe und das Verkehrsministerium schließlich für Post und Bahn. Unter diesen Umständen kann es nicht verwundern, dass sich eine klare wirtschaftspolitische Linie der bayerischen Staatsregierung kaum ausmachen lässt.

5. Die Bildungspolitik

Dass die bayerische Regierung frühzeitig erkannt hatte, dass Bayern seinen politischen Einfluss nur dann behaupten konnte, wenn es den Anschluss an den wissenschaftlichen, technischen und wirtschaftlichen Fortschritt nicht verlor, belegen bereits die wirtschaftspolitischen Maßnahmen, die unter Ludwig I. ergriffen worden waren. Vor allem aber war es sein Nachfolger Maximilian II. (1848–1864), der seine Politik darauf ausrichtete, den nunmehr unübersehbaren Entwicklungsrückstand Bayerns gegenüber den nord- und westdeutschen Staaten, allen voran Preußen, aufzuholen. In Erkenntnis der Bedeutung, die der Wissenschaft in diesem Zusammenhang zukommt, setzte Maximilian hier seine Prioritäten. Tatsächlich gelang es ihm, eine Reihe herausragender Wissenschaftler nach Bayern zu holen, und trotz mancher Anfeindungen von Seiten missgünstiger Kollegen, und obwohl diese meist protestantischen „Nordlichter" bei der konservativen katholischen Bevölkerungsmehrheit auf Misstrauen und Ablehnung stießen, sind viele dieser Koryphäen in Bayern geblieben – vor allem wegen der guten Arbeits- und Forschungsbedingungen, die ihnen der König verschaffte. Maximilian II. förderte die Wissenschaften in ihrer ganzen Breite, doch lag einer der Schwerpunkte unverkennbar bei den Naturwissenschaften. An erster Stelle der nach München Berufenen ist Justus v. Liebig zu nennen, der wohl einflussreichste deutsche Chemiker seiner Zeit; er hat von 1852 bis zu seinem Tod 1873 in Bayern gewirkt. Auf Initiative und unter Mitwirkung dieser Gelehrten wurden an den bayerischen Universitäten Institute eingerichtet, in denen Forschung und Lehre vereinigt wurden und wo man mit modernsten wissenschaftlichen Methoden arbeitete.

Aber nicht nur an der Spitze, auch in der Breite wurde die Bildung gefördert. Was das im engeren Sinn berufliche Bildungswesen anbelangt, so blieb zwar das in den 1830er-Jahren geschaffene System der beruflichen und technischen Bildungseinrichtungen in seinen Grundzügen bestehen, doch wurde es erheblich verbessert und ausgebaut. Hier ist zunächst die Weiterentwicklung der polytechnischen Schulen in München, Augsburg und Nürnberg zu nennen. Deren „allgemeine Abteilung" bot zu jener Zeit einen zweijährigen Kurs an, den alle Schüler zu durchlaufen hatten, und in dem sie in Mathematik, den Naturwissenschaften und im Zeichnen unterrichtet wurden. Danach hatten sich die Schüler für eine der vier Fachabteilungen zu entscheiden: Die drei Abteilungen Bauwesen, Maschinentechnik und chemische Technik boten jeweils zweijährige Kurse an, die für Handel und Verkehr einen einjährigen. An der Münchner Schule gab es zudem einen Jahreskurs für Bauingenieure, auch bildete man hier die „Aspiranten" für das Berg- und Hüttenwesen aus.[22]

Aber diese Ausbildungsgänge wurden bald als unzureichend empfunden. Man bemängelte, dass die polytechnischen Schulen allen Absolventen der Gewerbeschulen offen stünden, obwohl deren Vorkenntnisse oft unzureichend seien, dass das Lehrangebot bei Weitem nicht ausreiche, manche Lehrer nicht die notwendige Qualifikation besäßen, und dass der Unterricht zu theorielastig sei. Seit 1861 gab es Überlegungen, ausländischen Vorbildern folgend eine technische Hochschule zu gründen, und 1864 entschied man sich dazu. Nachdem 1866 endlich die Standortfrage geklärt war – München erhielt vor Nürnberg den Vorzug –, wurde der Grundstein des neuen Gebäudes der nunmehr zur technischen Hochschule aufgewerteten Polytechnischen Schule München gelegt. Sie nahm 1868 den Lehrbetrieb auf. Ihrem Lehrkörper gehörte von Anfang an eine Reihe prominenter Wissenschaftler an, was viel zur Attraktivität dieser neuen Bildungseinrichtung beitrug. Im ersten Studienjahr schrieben sich 438, im zweiten bereits 610 und im dritten 818 Studenten ein. Der Unterricht erfolgte in fünf Abteilungen: Der allgemeinen, Ingenieur-, Hochbau-, mechanisch-technischen und chemisch-technischen Abteilung. Etwas später kam noch eine landwirtschaftliche Abteilung hinzu.

Im Zuge der Verwissenschaftlichung der technischen und berufsbezogenen Ausbildung trat 1864 neben die bisherigen humanistischen Gymnasien das Realgymnasium; solche Gymnasien entstanden in München, Nürnberg, Augsburg, Würzburg, Regensburg und Speyer. Als weiterer Schultyp hob man gleichzeitig die „Industrieschulen" aus der Taufe. Damit wurde den Absolventen der Gewerbeschulen die Möglichkeit gegeben, einen Abschluss zu erwerben, der dem der Realgymnasien entsprach, und der auch den Zugang zur technischen Hochschule eröffnete. Die „Industrieschulen" hatten jedoch nicht allzu lange Bestand, sie wurden nach wenigen Jahren durch die „Oberrealschule" ersetzt. Diese war vor allem für solche Absolventen der Realschulen gedacht, die eine höhere Position im technischen oder kaufmännischen Bereich anstrebten oder ihr Studium an der technischen Hochschule fortsetzen wollten. Mit der Einrichtung dieser Schulen wurde die „realistische", d. h. die technisch-kaufmännische Ausbildung der „humanistischen", die das traditionelle Gymnasium vermittelte, annähernd gleichrangig an die Seite gestellt. Diese bildungspolitischen Maßnahmen hatten nicht nur eine Aufwertung der technisch-kaufmännischen Berufe zur Folge, deren Angehörige damit auch an gesellschaftlichem Ansehen dazugewannen; ein weiterer Effekt war auch ein spürbares Anwachsen der Zahl der Jugendlichen, die eine höhere Schule besuchten; auch die Zahl der Studenten – insbesondere die der Technischen Hochschule – erhöhte sich deutlich. Nutznießer dieser Entwicklung war die bayerische Wirtschaft, der auf diese Weise eine wachsende Zahl gut ausgebildeter Nachwuchskräfte zugeführt wurde.

Gerade das berufliche Bildungswesen wurde in der Folgezeit konsequent ausgebaut. Gab man 1884/85 für die damals bestehenden 243 gewerblichen Fortbildungsschulen mit rund 24 000 Schülern knapp 392 000 Mark aus, so betrug dieser Posten 1899/1900 für die nun 274 Schulen mit rund 36 500 Schülern schon mehr als 656 000 Mark. Bis 1910/11 erfolgte erneut ein Entwicklungsschub; in 371 Schulen wurden jetzt rund 63 600 Schüler unterrichtet, die Ausgaben dafür betrugen knapp 2 260 000 Mark. Damit hatte die öffentliche Hand ihre Aufwendungen für diesen Schultyp innerhalb von 25 Jahren um mehr als 244 % erhöht. Und waren für einen Schüler 1884/85 noch durchschnittlich knapp 18 Mark pro Jahr ausgegeben worden, so waren es 1910 schon 35,5 Mark.[24] Allerdings gab es auch im Bildungsbereich gewaltige regionale Unterschiede. Während 1892/93 für einen Schüler der gewerblichen Fortbildungsschulen in Oberbayern immerhin 28,70 Mark aufgewendet wurden, waren es in Oberfranken und Unterfranken nur je 9,10 Mark; in den anderen Regierungsbezirken bewegten sich die Beträge

Berufliches Bildungswesen 1885/86

Schultyp	Anzahl der Schulen	Anzahl der Schüler
Feiertagsschulen	7148	263 923
gewerbliche Fortbildungsschulen	244	26 645
landw. Fortbildungsschulen	597	11 539
Realgymnasien	4	444
Realschulen	57	8633
Industrieschulen	4	126
Baugewerkeschulen	5	763
Handelsschulen	8	1163
Frauen-Arbeitsschulen	21	1713
Kunstgewerbeschulen	2	218
Landw. Fortbildungsschulen	597	11 539
Kreislandwirtschaftsschule	1	78
landw. Zentralschule Weihenstephan	1	71
sonstige Fachschulen	26	3423

zwischen 22 und 12 Mark, durchschnittlich waren es im Königreich 18,40 Mark.[25] Damit bewegten sich Aufwendungen für die Schüler berufsbildender Schulen etwas unter dem Durchschnitt, denn dieser lag damals bei 21,84 Mark pro Schüler.[26] Auch hier stand in Oberbayern mit 31,17 Mark pro Schüler weitaus mehr Geld zur Verfügung als in den meisten anderen Regierungsbezirken, wo sich diese Summen zwischen 21 und 12,50 Mark bewegten; nur Mittelfranken kam mit 27,50 Mark fast an Oberbayern heran.[27]

6. Die staatlichen Unternehmen

Die Staatseisenbahn

Nicht nur die Bildungspolitik, auch das Engagement im Eisenbahnbau zeugt von der Entschlossenheit der politisch Verantwortlichen, ein Abgleiten Bayerns in die politische Zweitrangigkeit zu verhindern. Die Grundlage hierfür wurde bereits in der Regierungszeit Ludwigs I. gelegt. Die Entscheidung, das Basis-Streckennetz auf Staatskosten zu erbauen und zu betreiben und dafür 50 Mio. Gulden bereitzustellen, hatte Anfang der 1840er-Jahre für einen wirtschaftlichen Aufschwung gesorgt, der nahezu bis zur Revolution von 1848 andauerte. Auch in den 1850er-Jahren verschaffte der Eisenbahnbau der wirtschaftlichen Entwicklung einen nachhaltigen Anschub.

Mittel für den Eisenbahnbau

Jahr	Gulden
1849/50	1 723 954
1850/51	8 206 634
1851/52	17 702 600
1852/53	16 107 757
1853/54	14 650 497
1854/55	7 642 390
1855/56	13 685 197
1857/58	8 472 595
Summe	*88 191 624*

Seit Aufnahme des staatlichen Eisenbahnbaus 1842 waren in den Bahnbau selbst 102,6 Mio. Gulden investiert worden, auf den Zinsendienst entfielen weitere 18,1 Mio. und auf die Tilgung 3,6 Mio. Gulden.[28] Das gesamte Anlagekapital der Staatsbahn wurde 1858 mit 185,8 Mio. Gulden angegeben.[29] Ein Großteil dieser Investitionen war in die Beschaffung von Schienen, Lokomotiven, Waggons, Maschinen und Geräten aller Art geflossen und hatte so eine Nachfrage erzeugt, die zum einen eine starke Ausweitung der Eisen- und Stahlproduktion nach sich zog – was bis in den Bergbau Rückwirkungen hatte –, und zum andern der Eisen verarbeitenden Industrie, insbesondere dem Maschinen- und Stahlbau, einen gewaltigen Auftrieb verschaffte. Ein weiterer großer Teil dieser Gelder war für Löhne ausgegeben worden, denn die Anlage der Strecken mit ihren Einschnitten, Dämmen und Tunnels ging noch weitgehend in Handarbeit vonstatten und erforderte daher eine große Zahl von Arbeitskräften. Nicht nur die Eisen schaffende und verarbeitende Industrie, auch viele andere Wirtschaftsbereiche profitierten vom Bahnbau, so etwa das Baugewerbe, das mit der Herstellung von Bahnhöfen, Betriebsgebäuden und Brücken beauftragt wurde, aber auch die Fuhrunternehmen, die Steinbrüche und Ziegeleien, nicht zuletzt auch die Beherbergungsbetriebe und Gastwirtschaften. Schon in ihrer Entstehungsphase stellte so die Eisenbahn *die* treibende Kraft der Industrialisierung Bayerns dar.

Wie bereits oben ausgeführt, hatte sich der Staat dem Eisenbahnbau erst zugewandt, als das private Kapital diesen wegen unzureichender Gewinnaussichten nicht weiter verfolgte, beziehungsweise staatliche Garantien für eine Mindestverzinsung forderte. 1842 wurde mit dem Bau der ersten Staatsbahnstrecke begonnen, die von Hof nach Lindau führte, und ab 1844 ging diese abschnittsweise in Betrieb. Vor allem wegen der damit verbundenen hohen Staatsverschuldung war der Staatseisenbahnbau jedoch nicht unumstritten. Die Regierung rechtfertigte ihr Engagement vor allem mit der großen volkswirtschaftlichen Bedeutung der Eisenbahn: „Für die Haupteisenbahnen, die großen Pulsadern des Länderverkehrs, für diese nimmt die Regierung das System des Baus auf Staatskosten an, indem die Erfahrung gelehrt hat, dass durch Überlassung solcher Eisenbahnbauten durch die Privatindustrie der Zweck hier nicht zu erreichen sey. Dazu kommt, meine Herren, dass die Vortheile, welche die Eisenbahnen gewähren sollen, nur dann in vollem Maße erreicht werden können, wenn sie Regierungsunternehmen sind. Die Regierung (…) betrachtet und behandelt die Eisenbahnen ausschließend aus dem rein staatswirthschaftlichen Standpunkt. (…) Die Privatgesellschaften hingegen werden lediglich ihre finanziellen Interessen in's Auge fassen …"

Sehr bald hielt der Staat die Eisenbahnen für so wichtig, dass er ihren Bau und Betrieb nicht mehr aus der Hand geben wollte. Als die Regierung 1845/46 auf dem Landtag erneut wegen der hohen Investitionen in den Eisenbahnbau angegriffen wurde, stellte der Innenminister klar: „Nie, meine Herren, ich bin zu dieser Erklärung angewiesen und beauftragt, nie wird die Regierung die Leitung und Benutzung der Eisenbahnen, einer Anstalt, deren Inhaber bis zu einem gewissen Punkte den gesamten kommerziellen Verkehr des Landes beherrscht, nie wird die Regierung die Bahnen in ihren Hauptrichtungen in Privathände geben, nie und unter keiner Bedingung."[30] Nur in der Pfalz überließ man den Eisenbahnbau privaten Unternehmen. Um die Durchführung dieses für die gesamte Wirtschaft der Pfalz wichtigen Unternehmens sicherzustellen, garantierte der Staat in diesem Fall eine vierprozentige Verzinsung des Aktienkapitals für 25 Jahre.[31]

Die erste unter staatlicher Regie gebaute Bahnstrecke wurde am 1. Oktober 1844 in Betrieb genommen; sie führte von Nürnberg nach Bamberg und war 59 km lang. Im gleichen Jahr übernahm der Staat die München-Augsburger Eisenbahn, und wenige Wochen später ging der Streckenabschnitt von Augsburg nach Donauwörth in Betrieb. 1846 beschloss man den Bau einer Eisenbahnlinie von Bamberg über Würzburg nach Aschaffenburg, und 1851 den einer Linie von Augsburg nach Ulm. 1854 umfasste das in Betrieb befindliche Bahnnetz bereits rund 1000 km; von München aus konnte man jetzt per Bahn nach Stuttgart, Frankfurt und Leipzig fahren. Im Betriebsjahr 1853/54 beförderte die Bahn bereits über 2 Mio. Menschen und mehr als 8 Mio. Frachtsendungen.[32]

Einen rascheren Ausbau des Bahnnetzes ließen die angespannten Staatsfinanzen zunächst nicht zu, zumal im Landtag in den 1850er-Jahren der Widerstand gegen das staatliche Eisenbahnmonopol wieder stärker wurde. Banken und andere Kapitaleigentümer sahen im Eisenbahnbau damals erneut gute Anlagemöglichkeiten, da der Staat aus gesamtwirtschaftlichen Interessen den raschen Ausbau der Bahn wünschte und deshalb bereit war, privaten Investoren eine Mindestrendite zu garantieren. Zudem hatte sich die Rendite der Staatsbahn nicht so gut wie erhofft entwickelt. Die Regierung eröffnete deshalb 1855 die Möglichkeit zum Bau und Betrieb von Privatbahnen. Zwei finanzstarke Konsortien bewarben sich bereits seit Längerem um die Konzession für den Bahnbau im bisher noch unerschlossenen ostbayerischen Raum. Zum Zuge kam schließlich jene Investorengruppe, die vom Münchner Bankhaus Eichthal, dem Fürsten von Thurn und Taxis, der königlichen Bank Nürnberg und den Bankhäusern Rothschild in Frankfurt und Bischofsheim in Antwerpen gebildet wurde. Diese Gesellschaft verpflichtete sich zum Bau und Betrieb eines genau umschriebenen Streckennetzes innerhalb eines Zeitraums von 7 Jahren, und im Gegenzug garantierte der Staat eine Verzinsung des gesamten Bau- und Einrichtungskapitals in Höhe von 4,5 % auf die Dauer von 35 Jahren, gerechnet ab Fertigstellung der Bahn.

Die „Ostbahn-Aktiengesellschaft" brachte ein Kapital von insgesamt 60 Mio. Gulden auf, wovon 20 Mio. Gründungskapital waren. Diese wurde vom Fürsten von Thurn und Taxis (4 Mio.), der königlichen Bank Nürnberg (2 Mio.), der Verwaltung der staatlichen Salinen- und Bergwerke (5 Mio.), dem Nürnberger Unternehmer Theodor Cramer-Klett und weiteren Nürnberger Investoren (2 Mio.), dem Regensburger Unternehmer Georg Neuffer und weiteren Regensburger Investoren (2 Mio.) und den Bankhäusern Rothschild, Eichthal, Hirsch und Bischofsheim (je 2 375 000) aufgebracht. Auf die restlichen 40 Mio. besaßen die Gründungsaktionäre Optionen; lediglich 5 Mio. davon standen der Allgemeinheit zur Verfügung, wovon 1,5 Mio. in München, je 1,25 Mio. in Nürnberg und Regensburg sowie je 0,5 Mio. in Würzburg und Augsburg ausgegeben wurden. Auch diese Anteile waren sofort überzeichnet. Das Streckennetz der Ostbahn wurde größtenteils in den Jahren 1858 bis 1864 gebaut und umfasste schließlich rund 900 km;[33] es verband Regensburg mit den Eisenbahnknotenpunkten Nürnberg und München, erschloss darüber hinaus den gesamten ostbayerischen Raum zwischen Passau und Hof und stellte über Furth im Wald und Pilsen eine Verbindung nach Prag her.

Aber auch der staatliche Eisenbahnbau trat in den 1860er-Jahren in eine neue Phase. 1865 forderte der Landtag die Erstellung eines vollständigen Bahnnetzes, das alle Regionen Bayerns erfassen sollte. Das Schienennetz, das 1860 rund 1200 km umfasste, wurde in der Folge erheblich ausgeweitet; 1870 erstreckte es sich über ca. 1800 km und 1875 über rund 2600 km. Zu dieser Zeit wurden jährlich um die 70 Mio. Mark in den Staatsbahnbau investiert. Durchgeführt wurde er von mehr als 60 Eisenbahn-Bausektionen, die insgesamt rund 25 000 Arbeiter beschäftigten. Auch ein Teil der Bahnhöfe der ersten Generation wurde damals bereits durch Neubauten ersetzt. Gleichzeitig trieb man die Erschließung des flachen Landes voran. Ein Teil dieser Nebenstrecken wurde von privaten Unternehmen, an denen hauptsächlich Gemeinden beteiligt waren, gebaut und dann an die Staatsbahn verpachtet, die den Betrieb übernahm; zwischen 1853 bis 1865 entstanden acht derartige „Pachtbahnen". Danach ging man dazu über, „Vizinalbahnen" anzulegen; Grundlage dafür bildete ein Gesetz von 1869, das die Finanzierung des Betriebs solcher Bahnen aus den Betriebsüberschüssen der Staatsbahn und der Ostbahn sicherstellte. Die ersten dieser Bahnen wurden 1872 in Betrieb genommen, bis 1880 wurden 15 fertig gestellt. Da jedoch die Anlage und der Betrieb dieser Bahnen zu kostenaufwändig waren, ging man ab 1884 dazu über, einen neuen Typ von Nebenbahnen, die „Lokalbahnen", zu bauen. Diese waren in ihrer Anlage und auch im Betrieb weitaus kostengünstiger, ließen aber nur Reisegeschwindigkeiten von maximal 25 km/h zu. 1912 wurden 120 Lokalbahnen dieses Typs mit einer gesamten Streckenlänge von 2705 km vom Staat betrieben; daneben gab es noch einige Bahnen gleicher Bauart in privater Regie.

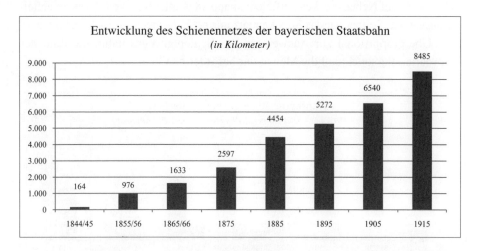

Entwicklung des Schienennetzes der bayerischen Staatsbahn
(in Kilometer)

Als in der Gründerkrise nach 1873 das Verkehrsaufkommen erheblich zurückging und sich damit auch die Bahnrendite verminderte, verlor das Kapital erneut das Interesse an der Eisenbahn, während der Staat immer höhere Leistungen erbringen musste, um die garantierte Mindestrendite zu finanzieren. Da auch betriebswirtschaftliche Überlegungen für die Zusammenfassung des gesamten Eisenbahnbetriebes in einer Hand sprachen, ging Bayern jetzt erneut zum Staatsbahnprinzip über. 1875 wurde die Ostbahn übernommen, womit das staatliche Schienennetz um rund 900 km wuchs. Nachdem die durch diese Verstaatlichung entstandene Staatsverschuldung zu einem guten Teil abgebaut war, übernahm der Staat zum 1. Januar 1909 für rund 300 Mio. Mark auch die Pfälzische Eisenbahngesellschaft, die 1870 aus den bisherigen Gesellschaften hervorgegangen war. Denn in der Pfalz hatte der Staat den Eisenbahnbau 1837 zwei Aktiengesellschaften überlassen, die mit auf 99 Jahre befristeten Privilegien ausgestattet waren. Sie sollten zwei Linien anlegen, die beide ihren Ausgang in Ludwigshafen nahmen. Eine sollte nach Westen geführt werden und über Bexbach und die preußische Grenze bis nach Saarbrücken gehen, die andere sollte nach Süden führen und über Lauterburg und die französische Grenze Straßburg anfahren. Aber erst nachdem der Staat 1843 eine 25-jährige Zinsgarantie erteilt hatte, wurde das Kapital vollständig aufgebracht und es konnte mit dem Bau begonnen werden. Am 10. Juni 1847 wurde der erste längere Abschnitt, der von Speyer nach Neustadt führte, offiziell in Betrieb genommen, und am 6. Juni 1849 war dann die Verbindung nach Westen fertig gestellt. Der Anschluss nach Straßburg ließ länger auf sich warten – er kam erst 1876 zustande –, da andere Projekte vorgezogen wurden.

In den 30 Jahren zwischen 1860 und 1890 wuchs das Schienennetz der bayerischen Staatsbahn von 1160 auf 4795 km, das entsprach einem Zuwachs von 413 %. Im Jahr 1912 schließlich umfasste es 8059 km, von denen 60 % auf Haupt-, die restlichen 40 % auf Nebenstrecken entfielen; knapp 38 % aller Strecken waren zweigleisig ausgebaut. Seither hat das Streckennetz nur noch geringen Zuwachs erfahren.

Überproportional zur Ausweitung des Schienenweges nahm die Zahl der beförderten Personen und die Menge der beförderten Güter zu:

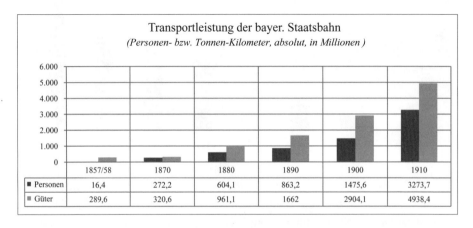

der Transportleistung der bayer. Staatsbahn
(Personen- bzw. Tonnen-Kilometer, absolut, in Millionen)

	1857/58	1870	1880	1890	1900	1910
■ Personen	16,4	272,2	604,1	863,2	1475,6	3273,7
■ Güter	289,6	320,6	961,1	1662	2904,1	4938,4

Die Staatseisenbahn stellte schon dann, wenn man sie nur als kommerzielles Unternehmen betrachtet, also ihre Funktion bei der Erschließung Bayerns und dessen Anschluss an die nationalen und internationalen Märkte außer Acht lässt, einen wesentlichen Teil der bayerischen Wirtschaft dar. Ihre Bedeutung als Arbeitgeber und Abnehmer von Waren und Dienstleistungen erkennt man klar, wenn man die jährlichen Ausgaben der Bahn betrachtet. Die nachfolgende Auflistung der wichtigsten Ausgabeposten folgt dem parlamentarischen Rechenschaftsbericht für 1874/75. Die Ausgaben des Bahnbetriebs lagen demnach bei rund 32,6 Mio. Gulden (siehe Tabelle S. 113/114).

Ein großer Teil der Ausgaben war somit investiver Natur und kam direkt der Industrie, dem Gewerbe und dem Handwerk zugute. Einen weiteren großen Teil der Ausgaben machten die Löhne aus, die überwiegend direkt in den Konsum flossen und so gleichfalls vorzugsweise der Wirtschaft zugutekamen. Auf diese Weise flossen dem wirtschaftlichen Kreislauf beträchtliche Mittel zu, deren positive Wirkung umso kräftiger war, als die Ausgaben der Staatsbahn von konjunkturellen Schwankungen weitgehend unabhängig waren.

Ausgaben der Bahn 1874/75 für	Betrag in Gulden
Generaldirektion (Personal- und Sachkosten)	559 633
Äußere Betriebsorgane (Personal- und Sachkosten)	9 311 402
Tagelöhne	
- im Bahnhofs- und Transportdienst	1 465 000
- im Werkstättendienst	2 130 000
- im Baudienst	630 000
Werkzeuge und Requisiten	217 500
Einrichtung und Unterhalt der Wartesäle	
- Mobiliarbeschaffungen	5250
- Beleuchtung	360 450
- Heizung	13 200
- Reinigung	43 000
Reparaturen	61 000
Nachbeschaffungen	400 000
Auswärtig gefertigte Arbeiten (Maschinen, Tender, Wagen etc.)	461 000
Brennmaterial	4 255 000
Fettwaren	675 000
Holzwaren	297 500
Metallwaren	1 130 000
div. Materialien	510 000
Reservestücke für Dampfwagen	182 500
Reservestücke für Transportwagen	236 500
Aufwendungen für den Bau nebst Zubehör	
- Schienen, Unterlagen, Schwellen	2 400 000
- Bahnkörper und Schienenlegen	1 555 000
- Auslenkungen	62 000
- Drehscheiben	23 125
- Wegübergänge	126 280
- Brücken und Durchlässe	98 745
- Uferschutz	22 512
- Signalapparate	29 616
Fahrgelder des Dienstpersonals	1 192 000
Prämien für Materialersparnis	139 500
Für die Benutzung fremden Transportmaterials	903 000
Für den Unterhalt gemeinsamer Bahnhöfe	400 000

Ausgaben der Bahn 1874/75 für	Betrag in Gulden
Versicherungsprämien	15 000
Entschädigungen und Ersatzleistungen	100 000
Ständige Bauausgaben	100 500
Umzugsgebühren	14 000
Bauausgaben auf Dienstgebäude	436 570
Übrige Ausgaben	111 600
Besondere außerordentliche Ausgaben	
- Mobiliar	98 600
- Einrichtung neuer Linien	119 500
- Bahnhofserweiterungen	220 000
- Gleisevermehrung	245 000
- Neubauten	371 100

Den obigen Ausgaben der Bahn standen Einnahmen von insgesamt 49,8 Mio. Gulden gegenüber, sodass ein Überschuss von etwa 17,2 Mio. Gulden verblieb; das waren 34,5 % der Bruttoeinnahmen. Ein Großteil dieses Überschusses wurde dazu verwendet, die Bahnschulden zu verzinsen und zu tilgen. Unter Einbeziehung aller Ausgaben belief sich die Bahnrendite im Etatjahr 1876 aber immerhin noch auf 4,12 %,[34] und in dieser Größenordnung bewegte sie sich zumeist auch in anderen Jahren.

Die Investitionen in den Bahnbau haben sich damit nicht nur unter volks-, sondern auch unter betriebswirtschaftlichen Aspekten gelohnt, obwohl im Landtag kritisch vermerkt wurde, dass die Rendite der Staatsbahn deutlich unter der von Privatbahnen lag. So erwirtschaftete die Ostbahn in den Jahren 1871 bis 1873 zwischen 6 und 8 %, die Pfalzbahn zwischen 4,27 und 7,09 % Rendite; die Bahn zwischen Nürnberg und Fürth warf regelmäßig sogar mehr als 11 % ab. Zurückzuführen war die geringere Rendite der Staatsbahn vor allem darauf, dass viele der Nebenstrecken defizitär waren und über den Fernverkehr mitfinanziert werden mussten, sowie auf die höheren Betriebsausgaben bei der Staatsbahn, die wiederum in erster Linie durch die hier höheren Personalkosten verursacht wurden.[35]

Post und Telegrafie

Zusammen mit den Eisenbahnen entstanden die ersten Telegrafenlinien, womit auch in Bayern eine neue Form der Kommunikation ihren Siegeszug antrat. Mit Samuel Thomas Soemmering, der seit 1805 als Professor der Medizin in München wirkte, war einer der Erfinder der elektrischen Telegrafie in Bayern

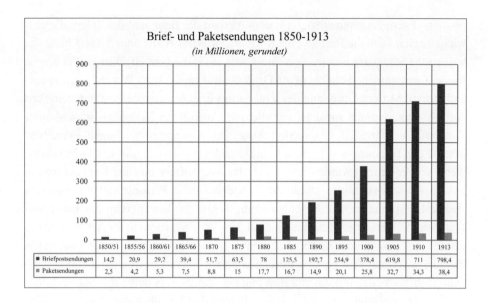

Brief- und Paketsendungen 1850-1913
(in Millionen, gerundet)

	1850/51	1855/56	1860/61	1865/66	1870	1875	1880	1885	1890	1895	1900	1905	1910	1913
■ Briefpostsendungen	14,2	20,9	29,2	39,4	51,7	63,5	78	125,5	192,7	254,9	378,4	619,8	711	798,4
■ Paketsendungen	2,5	4,2	5,3	7,5	8,8	15	17,7	16,7	14,9	20,1	25,8	32,7	34,3	38,4

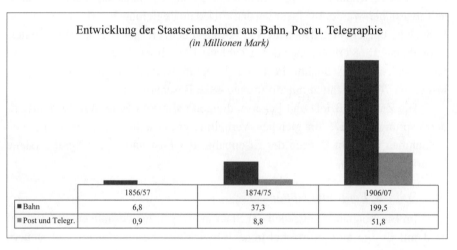

Entwicklung der Staatseinnahmen aus Bahn, Post u. Telegraphie
(in Millionen Mark)

	1856/57	1874/75	1906/07
■ Bahn	6,8	37,3	199,5
■ Post und Telegr.	0,9	8,8	51,8

ansässig. Er baute 1809 einen der ersten funktionsfähigen Apparate dieser Art, doch konnte er seine Erfindung nicht wirtschaftlich verwerten. Dies gelang erst Karl August Steinheil mit seinem magnetelektrischen Schreibtelegrafen, den er 1838 präsentierte. 1846 baute er entlang einer Eisenbahnlinie die erste bayerische Versuchstelegrafenlinie, doch konnte die Telegrafie, bedingt durch die politische Entwicklung, erst 1849 ihren regulären Betrieb aufnehmen. Dann aber setzte sie sich rasch durch, und seit 1857 konnte die Telegrafie, da sie mittlerweile über ein dichtes europaweites Netz verfügte, auch von der bayerischen Bevölkerung genutzt werden. Innerhalb kurzer Zeit entwickelte sie sich zu einem wichtigen Teil des Kommunikationssystems und warf guten Gewinn ab.

In engem Zusammenhang mit dem Ausbau der Bahn und der Telegrafie entwickelte sich auch die Post zu einem wichtigen Wirtschaftsfaktor.[36] 1808 hatte der bayerische Staat dem Fürsten von Thurn und Taxis die Post abgelöst und in eigene Regie übernommen, wobei er deren Organisation zunächst im Wesentlichen unverändert ließ. Mit der Gründung des Zollvereins erlebte auch die Post einen starken Aufschwung, der sich zunächst vor allem im Ausbau der Verbindungen und einer Zunahme der Poststationen niederschlug. Einen weiteren wichtigen Fortschritt brachte die Trennung von Personen- und Frachtbeförderung, die seit 1826 schrittweise vorgenommen wurde, denn durch den Wegfall der Be- und Entladearbeiten an den Zwischenstationen wurde die Fahrtdauer beim Personenverkehr erheblich verkürzt. Für eine weitere Beschleunigung sorgte die Erweiterung des Eilwagensystems; 1838 entstanden die ersten täglichen Verbindungen dieser Art. Sobald die ersten – noch privaten – Eisenbahnlinien in Betrieb gingen, sorgte der Staat dafür, dass diese von der Post genutzt werden konnten. Nach dem Übergang zum Staatsbahnprinzip arbeiteten Bahn und Post eng zusammen, was durch die 1847 gebildete „Generalverwaltung der Königlichen Posten und Eisenbahnen" auch institutionell abgesichert wurde. 1851 wurden dann in jedem Regierungsbezirk Oberpost- und Bahnämter eingerichtet, denen die 489 Postanstalten, die man damals zählte, unterstanden. Bis 1868 erhöhte sich deren Zahl auf 1051, bis 1878 auf 1585. Außerdem unterstanden der Eisenbahn-, Post- und Telegrafenverwaltung im Jahr 1875 noch insgesamt 76 Werkstätten mit zusammen 4826 Beschäftigten.[37]

Die Zahl der Brief- und Paketsendungen nahm seit Mitte des 19. Jahrhunderts sprunghaft zu.[38] Im gleichen Verhältnis entwickelten sich die staatlichen Einnahmen aus dem Betrieb der Eisenbahn, der Post und der Telegrafie (siehe Diagramme S. 115).[39]

Salinen, Berg- und Hüttenwerke

Im Eisenbahnbau hatte sich der Staat in erster Linie deshalb engagiert, weil er damit die gesamte wirtschaftliche Entwicklung beschleunigen und steuern konnte; ähnliche Motive lagen auch den meisten seiner Unternehmen in den anderen Wirtschaftsbereichen und -zweigen zugrunde. Traditionell stark war das staatliche Engagement im Bergbau und Hüttenwesen, und da diesem im Zuge der Industrialisierung erhöhte Bedeutung zukam, kann es nicht erstaunen, dass er in diesem Bereich auch besonders aktiv wurde. Das fiskalische Interesse, das bei Bahn, Post und Telegrafie eine nicht zu verkennende Rolle spielte, war in diesem Bereich von sekundärer Bedeutung. Hier überwogen eindeutig volkswirtschaftliche und sozialpolitische Motive. Denn als Betreiber von Berg- und Hüttenwerken war der Staat fast ausschließlich in solchen Wirtschaftsbereichen und Regionen unternehmerisch tätig, in denen sich das private Kapital nicht engagierte, weil die Gewinnaussichten nicht lukrativ genug waren.

Diese Politik kann gut am Beispiel des Eisenerzbergbaus bei Amberg und des dortigen Hüttenwerkes veranschaulicht werden. Der Amberger Bergbau wurde seit dem 18. Jahrhundert ausschließlich vom Staat betrieben und fortgeführt, obwohl er kaum je Gewinn abwarf. Für dieses Engagement des Staates lassen sich zwei Gründe ausmachen: Zum einen war die Fortführung des Bergbaus die Voraussetzung dafür, dass die Oberpfälzer Hütten weiter existieren konnten, und zum zweiten gab auch das Bergwerk einer größeren Zahl von Menschen Arbeit. Insgesamt sicherte also dieser staatliche Bergbau die Existenz eines ganzen Wirtschaftszweiges und damit auch eine größere Zahl von Arbeitsplätzen, und dies in einer Region, die zu den wirtschaftlich schwächsten des Landes zählte. Diese Politik wurde auch in der zweiten Hälfte des 19. Jahrhunderts weitergeführt. So hat der Staat die Gründung der Maximilianshütte, eines privaten Unternehmens, das 1853 zunächst bei Schwandorf entstand, vor allem deshalb unterstützt, weil es als Abnehmer des Eisens aus den Oberpfälzer Hütten deren Überleben zu sichern schien. Als sich das ursprüngliche Unternehmenskonzept als nicht realisierbar erwies, der Hauptstandort des Werkes nach Sulzbach-Rosenberg verlegt und dort eigene Hochöfen in Betrieb genommen wurden, trug dies der Staat gleichfalls mit, weil auf diese Weise zumindest die Existenz des Bergbaus auf Dauer gesichert schien; die veralteten Oberpfälzer Hütten waren nicht mehr zu retten und gingen auch binnen kurzer Zeit ein. Wenige Jahre später aber legte die Maximilianshütte eigene Bergwerke in der Region an, womit dem Amberger Bergbau die Existenzgrundlage genommen wurde. In dieser Situation entschloss sich der Staat dazu, bei Amberg ein eigenes Hüttenwerk zu errichten, das zunächst vor allem die Funktion hatte, den Absatz und damit den Fortbestand des Amberger Bergwerks zu gewährleisten. Die später so genannte Luitpoldhütte nahm von Anfang an eine sehr positive Entwicklung und wurde zu einer tragenden Säule der Wirtschaft der mittleren Oberpfalz. Wenn vielleicht auch nicht in jedem Fall in so ausgeprägter Weise – es lagen auch dem übrigen staatlichen Engagement im Bergbau und Hüttenwesen ähnliche Motive zugrunde.

Auch bei den Salinen, die zu Beginn des Jahrhunderts noch einen beträchtlichen Teil der Staatseinnahmen lieferten, trat das fiskalische Interesse im Laufe der Entwicklung immer stärker zurück und wurde von volkswirtschaftlichen Motiven abgelöst. Ein Teil der Salzproduktion – vor allem dort, wo bereits seit langer Zeit Salzpfannen bestanden – war unter betriebswirtschaftlichen Gesichtspunkten nicht mehr rentabel, wurde aber aus Rücksicht auf die Folgen, welche eine Stilllegung dieser Produktionsstätten für die umgebende Region haben musste, dennoch fortgeführt.

Einen instruktiven Überblick über Art und Umfang dieser staatlichen Aktivitäten bieten auch hier die dem Landtag vorgelegten Etatansätze und Rechnungsnachweise. Die nachfolgenden Angaben sind den entsprechenden Nachweisen vom Jahr 1875 entnommen.[40]

Ausgaben im staatlichen Montanwesen 1875

Ausgabenposten	Bergwerke	Hüttenwerke
	Betrag in fl	Betrag in fl
Arbeitslöhne	754 598	339 354
Betriebsmaterialien	165 213	745 534
Anschaffung und Unterhalt v. Maschinen	58 664	19 291
Betriebseinrichtungen		
- Reparatur und Unterhalt	16 464	33 944
- Neu- und Erweiterungsbauten	54 697	28 213
Fracht- und Fuhrlöhne	42 775	13 358
Handelsprovisionen und Rabatte	35 303	7175
Sonstiges	1881	
	1 129 595 fl	1 186 869 fl

Ausgabenposten Salinen	Betrag in fl
Salzerzeugung und -gewinnung	
- Betriebslöhne	148 916
- Materialien	462 582
- Anschaffungen u. Unterhalt von Maschinen	10 625
Betriebseinrichtungen	
- Reparaturen	66 940
- Neu- und Erweiterungsbauten	12 192
Salzverkauf und Verpackung	
- Materialien	236 483
- Löhne	26 835
- Fracht- u. Fuhrlöhne, Lagerzinsen	348 250
	1 313 588 fl

Einnahmen und Ausgaben der Berg- und Hüttenwerke 1874

	Einnahme	Gesamtein-nahmen	Ausgaben	Überschuss Verlust
	Bergwerksprodukte			
Bergwerke				
St. Ingbert	900 062	902 066	585 602	316 464
Mittelbexbach	120 300	120 600	117 593	3007
Odenbach-Roth	17 015	17 050	17 161	- 111

Amberg	228 958	288 021	248 699	9184
Peißenberg	261 917	288 021	259 345	28 676
Gesamt	*1 528 2523*	*1 573 953*	*1 228 400*	*357 220*

Hüttenwerke				
Bergen	250 368	312 736	303 762	8974
Bodenwöhr	208 616	254 816	213 907	40 909
Sonthofen	244 000	314 238	275 159	39 079
Obereichstätt	101 967	120 237	106 483	13 754
Weiherhammer	158 050	201 280	186 201	15 079
Bodenmais	39 750	50 921	45 503	5418
Eisenärzt	64 167	77 351	74 856	2495
Hagenacker	55 184	66 132	66 333	- 201
Gesamt	*1 102 102*	*1 397 711*	*11 272 204*	*125 507*

	Ges. Einnahmen (inkl. Vorjahrsrest)	Gesamtausgaben	Überschuss
Salinen			
Berchtesgaden			
– Bergbau	68 298	67 111	1187
– Saline	202 724	186 495	16 229
Reichenhall	419 267	378 846	40 421
Traunstein	376 659	295 236	81 423
Rosenheim	709 353	500 504	208 849
Gesamt	*1 776 301*	*1 428 192*	*348 109*

Einnahmen und Ausgaben im Montanbereich um 1900[41]

	Gesamtausgabe	Gesamteinnahme	Überschuss (jeweils in Mark)
Hüttenwerke			
Bergen	342 725	342 853	128
Bodenwöhr	328 520	331 050	2530
Sonthofen	321 350	325 350	4000
Obereichstätt	128 255	129 670	1415
Weiherhammer	344 810	367 300	22 490
Bodenmais	148 540	161 507	12 967
Amberg	1 233 770	1 277 700	43 930
Gesamt	*2 847 970*	*2 935 720*	*87 460*

	Gesamtausgabe	Gesamteinnahme	Überschuss (jeweils in Mark)
Bergwerke			
St. Ingbert	1 479 732	1 588 114	108 382
Mittelbexbach	437 125	478 590	41 465
Amberg	325 680	346 720	21 040
Peißenberg	997 130	1 020 390	23 260
Gesamt	*3 239 667*	*3 433 864*	*194 147*

	Gesamteinnahme	Gesamtausgabe	Überschuss (jeweils in Mark)
Salinen			
Berchtesgaden			
- Bergbau	122 101	121 535	566
- Saline	227 319	207 822	19 497
Reichenhall	447 843	421 310	26 533
Traunstein	400 554	381 706	18 848
Rosenheim	1 010 662	817 806	192 856
Gesamt	*2 208 477*	*1 950 179*	*258 300*

Der Staatsforst

Seit der Säkularisierung war der Staat der mit Abstand größte Waldbesitzer Bayerns. 1816 war rund ein Drittel der gesamten Waldfläche Staatsforst, was einer Fläche von ca. 940 000 ha entsprach. Bei der staatlichen Forstwirtschaft besaß der finanzielle Aspekt einen weitaus größeren Stellenwert als im staatlichen Montanwesen, obwohl nicht übersehen werden darf, dass der Staat auch in diesem Bereich nicht ausschließlich nach rein betriebswirtschaftlichen Gesichtspunkten agierte, denn auch bei der staatlichen Forstwirtschaft haben allgemeine wirtschafts- und sozialpolitische Aspekte eine nicht geringe Rolle gespielt. Bei der noch immer großen Bedeutung, die der Roh- und Brennstoff Holz für weite Bevölkerungskreise sowie für die wirtschaftliche Entwicklung hatte, war der Staat als der bei Weitem größte Waldbesitzer in der Lage, durch Erweiterung und Verknappung des landesweiten und regionalen Holzangebotes sowie durch Preiserhöhungen und -senkungen wirksamen Einfluss auf die Wirtschaftsentwicklung zu nehmen. Darüber hinaus hat die staatliche Forstverwaltung ähnlich wie die Bahn- und Postverwaltung als einer der größten Arbeitgeber und Abnehmer von Waren und Dienstleistungen eine wichtige Position im bayerischen Wirtschaftsgefüge eingenommen.

Anteil der Einnahmen aus den staatlichen Forsten an den Staatseinnahmen

	1842/43	1874/75	1906/07
Staatseinnahmen gesamt (in Mio. Mark):	55,66	212,02	461,33
Einnahmen aus Forsten, Jagden u. Triften (in Mio. Mark):	5,72	26,76	44,05
Anteil an den Staatseinnahmen in Prozent	10,3	12,6	9,5

Demgegenüber waren die staatlichen landwirtschaftlichen Güter von vernachlässigbarer wirtschaftlicher Bedeutung. Zu nennen wären hier die Staatsgüter Schleißheim und Oberschleißheim, die Gestüte in Achselschwang, Schweiganger und Zweibrücken sowie das Staatsweingut in Würzburg. Kaum finanziellen Gewinn warfen auch die staatlichen Bäder in Bad Kissingen und Bad Brückenau sowie das Solebad Axelmannstein bei Reichenhall ab.

Besonders im Vergleich mit anderen Ländern fällt ins Auge, dass der Anteil, den andere Staatseinkünfte als solche aus Steuern zu den Einnahmen des bayerischen Staates beitrugen, relativ hoch war. Eine 1880 publizierte statistische Übersicht weist für die wichtigsten deutschen Staaten folgenden Steueranteil an den Staatseinnahmen von 1878 aus:[42]

Staat	Anteil der Steuern an den Staatseinnahmen in Prozent
Preußen	27,96
Bayern	31,09
Württemberg	46,68
Baden	48,25
Sachsen	30,87
dt. Kleinstaaten (Durchschnitt)	51,45

7. Das Banken- und Versicherungswesen

Ein weiterer wirtschaftlicher Bereich, in dem der Staat teils selbst unternehmerisch tätig war, teils auf andere Art fördernd und steuernd eingriff, war das Banken- und Versicherungswesen. Dass die Versorgung der Wirtschaft mit Kapital von allergrößter Bedeutung für deren Entwicklung ist, bedarf keiner Erläuterung. Und kaum weniger wichtig sind die Versicherungen, deren volkswirtschaftliche Funktion vor allem darin besteht, den Kapitalfluss zu steigern, indem sie einerseits die Kreditwürdigkeit der Darlehensnehmer erhöhen und andererseits das Risiko der Darlehensgeber mindern.

Mit der Gründung der Bayerischen Hypotheken und Wechselbank 1834, die schon oben dargestellt wurde, hatte die bayerische Regierung einen ersten wichtigen Schritt zum Ausbau des Bankenwesens getan, der insbesondere der Landwirtschaft und dem Gewerbe zugutekam. Die Renditemöglichkeiten, die diese Bank den Kapitalanlegern bot, erwiesen sich jedoch bald als zu wenig attraktiv. Erheblich interessanter waren für viele Kapitalanleger Investitionen in Staatsanleihen, und da vor allem in Eisenbahn- und Industriewerte, denn Letztere hatten die Form börsenfähiger Wertpapiere, die sehr viel schneller veräußert werden konnten und zumeist auch eine deutlich höhere Rendite abwarfen. Die Folge davon war, dass sich das Kapital vom Grundbesitz weitgehend zurückzog.

Dieser Entwicklung konnte die Hypotheken- und Wechselbank erst seit 1864, als man ihr die Errichtung einer Pfandbriefanstalt genehmigte, wirkungsvoller entgegentreten. Der damals noch neue Pfandbrief verbesserte den Grundkredit, indem er ihn auf alle von der Hypothekenbank verwalteten Deckungshypotheken bezog, und er war genauso leicht zu veräußern wie ein Börsenpapier. Damit war eine neue Anlageform geschaffen, die sehr bald von einem breiten Publikum genutzt wurde. Mittels dieser Pfandbriefe konnte nicht nur der steigende Kreditbedarf der Landwirtschaft, sondern auch jener der Kommunen gedeckt werden. Deren Bedarf hatte sich mit dem Wachstum der Städte, die große Investitionen zu tätigen hatten, enorm vergrößert.

Der Königlichen Bank in Nürnberg, deren Tätigkeitsbereich bisher auf die fränkischen Bezirke beschränkt war und die auch sonst vielen Restriktionen unterlag, wurde 1850 ein wesentlich größeres Wirkungsfeld eröffnet. Sie wandelte sich nun von einer privatrechtlichen zu einer staatsrechtlichen Institution, an die Stelle der königlichen Aktie trat ein staatliches Stammkapital. Der Bank wurden jetzt alle bisher bei der Staatschuldentilgungsanstalt angelegten Einlagen der Gerichte und Verwaltungsbehörden einschließlich der Mündelgelder sowie alle künftig anfallenden Gelder dieser Art zugewiesen, womit sich ihre Betriebsmittel vervielfachten. Zugleich wurde die Bank angewiesen, ihre Geschäfte kaufmännisch zu führen, als Wechselbank den Verkehr und Handel allgemein zu fördern, und als Leihbank – d. h. durch Gewährung von Darlehen – Handel, Industrie und Gewerbe gezielt zu unterstützen. Die staatlichen Hauptkassen legten künftig ihr Geld bei dieser Bank an und beauftragten sie mit den Überweisungen, zudem wurde von ihr die Auszahlung der Zinsen auf Staatsanleihen übernommen. Ihr Wirkungsbereich wurde nun auf das ganze Königreich ausgeweitet; allerdings blieb ihr Südbayern noch bis 1875 de facto weitgehend verschlossen. Denn erst als die Bayerische Hypotheken- und Wechselbank ihr Notenrecht an die neu gegründete bayerische Notenbank abtreten musste und sich damit endgültig zu einer erwerbswirtschaftlichen Bank wandelte, konnte die Königliche Bank auch in Südbayern in vollem Umfang tätig werden. Zu den drei Niederlassungen in Würz-

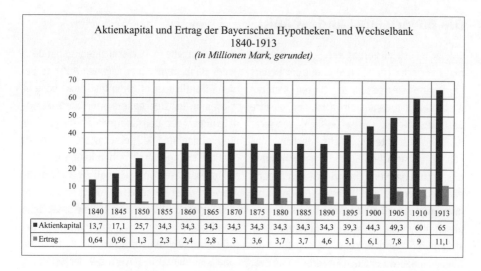

Aktienkapital und Ertrag der Bayerischen Hypotheken- und Wechselbank 1840-1913
(in Millionen Mark, gerundet)

	1840	1845	1850	1855	1860	1865	1870	1875	1880	1885	1890	1895	1900	1905	1910	1913
■ Aktienkapital	13,7	17,1	25,7	34,3	34,3	34,3	34,3	34,3	34,3	34,3	34,3	39,3	44,3	49,3	60	65
■ Ertrag	0,64	0,96	1,3	2,3	2,4	2,8	3	3,6	3,7	3,7	4,6	5,1	6,1	7,8	9	11,1

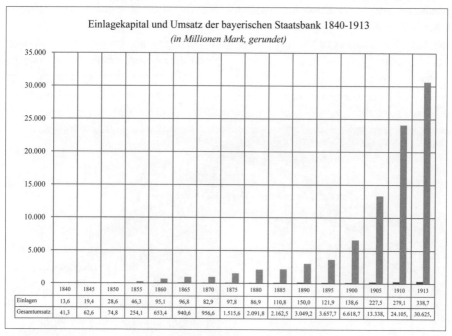

Einlagekapital und Umsatz der bayerischen Staatsbank 1840-1913
(in Millionen Mark, gerundet)

	1840	1845	1850	1855	1860	1865	1870	1875	1880	1885	1890	1895	1900	1905	1910	1913
Einlagen	13,6	19,4	28,6	46,3	95,1	96,8	82,9	97,8	86,9	110,8	150,0	121,9	138,6	227,5	279,1	338,7
Gesamtumsatz	41,3	62,6	74,8	254,1	653,4	940,6	956,6	1.515,6	2.091,8	2.162,5	3.049,2	3.657,7	6.618,7	13.338,	24.105,	30.625,

burg, Ansbach und Bamberg traten 1850 Regensburg, 1852 Bayreuth und Ludwigshafen, 1856 Hof, 1857 Passau und Schweinfurt, 1861 Amberg und Straubing,
1875 endlich auch München und Augsburg.

Mit dem Fortschritt der Industrialisierung nahm der Kapitalbedarf der
bayerischen Wirtschaft zu, wodurch sich den Banken gute Entwicklungsmöglichkeiten boten. Neben die bereits etablierten Institute, deren wichtigste nach
wie vor die Bayerische Hypotheken- und Wechselbank und die Königliche

Die Bayerische Landesbank

Mit der Industrialisierung entwickelte sich ein reges Wirtschaftsleben und damit der Bedarf an Finanzdienstleistungen. Diesen konnten die bisher bestehenden Privatbanken, die ihre Geschäftstätigkeit ausschließlich an ihrer Rendite ausrichteten, nicht decken. Aus volkswirtschaftlichen Erwägungen war somit die Schaffung von Finanzinstituten unumgänglich, deren Zweck nicht die Gewinnmaximierung, sondern die Ausführung von Finanzdienstleistungen entweder für einen bestimmten Personenkreis oder für die Allgemeinheit war. Zu den Ersteren zählen vor allem die Genossenschaftsbanken, zu den Letzteren die öffentlich-rechtlichen Institute der Sparkassen, Landesbanken und Landesbausparkassen.

Auch wenn sich die Geschäftsfelder von Privat-, Genossenschafts- und Landesbanken heute weitgehend überschneiden, so hat doch jeder Bankentyp seinen eigenen Auftrag. Bei den öffentlich-rechtlichen Instituten besteht dieser in der Übernahme von Finanzdienstleistungen für den „normalen" Bürger, für Kommunen und Körperschaften, für Handwerker, Kleingewerbetreibende und den Mittelstand. Diese Banken haben zwar ebenfalls Gewinn zu erwirtschaften, doch ist er nicht Selbstzweck. Das gilt auch für die Bayerische Landesbank, die ihre Aufgabe wie folgt beschreibt: „Wir unterstützen die Sparkassen und Kommunen in Bayern bei der Erfüllung ihrer Aufgaben. Gemeinsame Zielsetzung ist es, den Strukturwandel in den Regionen aktiv zu begleiten, die Infrastrukturausstattung weiter auszubauen und die mittelständische Wirtschaft systematisch zu fördern, denn dort entstehen Arbeitsplätze mit Zukunft."

Hauptgeschäftsstelle der Girozentrale in München 1922

Entstanden ist die Bayerische Landesbank aus einer doppelten Wurzel. Die erste reicht ins Jahr 1884 zurück, als die „Landeskultur-Rentenanstalt" gegründet wurde, die landwirtschaftlichen Betrieben Kapital zur „Ausführung von Kulturunternehmungen" zur Verfügung stellen sollte. Die Vergabe dieser Darlehen übernahm eine beim Innenministerium eingerichtete Kommission. Nach der Jahrhundertwende wuchs der Geschäftsumfang stark an, da nun auch die Wasserversorgung der Gemeinden auf diese Art finanziert wurde. 1904 überschritt die Summe der ausgegebenen Darlehen die 3-Mio.-Mark-Grenze. 1929 wurde die Landeskultur-Rentenanstalt zur selbstständigen juristischen Person öffentlichen Rechts und erhielt einen erheblich erweiterten Aufgabenbereich, so auch die Finanzierung des sozialen Wohnungsbaus. Zudem durfte sie nun festverzinsliche „Landeskultur-Rentenbriefe" emittieren. 1949 wurde sie in „Bayerische Landesbodenkreditanstalt" umbenannt, womit ihre Aufgabe aber nur grob umschrieben wurde, denn der Umfang der Finanzdienstleistungen, die sie nun für die Kommunen, andere Körperschaften und die Wirtschaft übernahm, wuchs ständig. Das war auch der Grund dafür, dass man sich 1972 entschloss, die Landesbodenkreditanstalt mit der Bayerischen Gemeindebank zu vereinigen.

Diese zweite Wurzel der Bayerischen Landesbank reicht in die 1820er-Jahre zurück, als in Bayern die ersten Sparkassen gegründet wurden. Diese standen unter der Aufsicht der Kommunen und dienten zunächst vornehmlich sozialen Zwecken, nahmen aber einen raschen Aufschwung, vor allem nach 1874, als die bisherigen Restriktionen bezüglich Einlegerkreis und Einlagenhöhe gelockert wurden. Im Dezember 1914 gründeten die Sparkassen den „Giroverband"

und richteten eine zentrale Abrechnungsstelle für den Scheck- und Giroverkehr ein, wodurch der bargeldlose Zahlungsverkehr eine starke Ausweitung erfuhr. Das führte 1917 zur Einrichtung einer eigenständigen, in Nürnberg angesiedelten Geschäftsstelle, der „Girozentrale bayerischer Sparkassen", die 1920 nach München verlegt, 1925 organisatorisch vom Sparkassenverband getrennt und in „Bayerische Gemeindebank (Girozentrale) Öffentliche Bankanstalt" umbenannt wurde. Ihre Hauptaufgabe war die Versorgung der Kommunen mit langfristigen Krediten, hinzu kamen das stetig wachsende Firmenkundengeschäft und das Konsortialgeschäft mit den Sparkassen. 1929 entstand für die Sparte „Baufinanzierung" als eine besondere Abteilung der Gemeindebank die „Bayerische Landesbausparkasse".

Nach Erlass der dazu erforderlichen gesetzlichen Grundlage fusionierten die Bayerische Gemeindebank und die Bayerische Landesbodenkreditanstalt am 1. Juli 1972 zur Bayerischen Landesbank Girozentrale. Diese hatte ein Grundkapital von 400 Mio. DM, an dem der Freistaat und die Sparkassen je zur Hälfte beteiligt waren, und verstand sich als Sparkassenzentralbank, Hausbank des Freistaates Bayern, Kreditinstitut der Kommunen und Universalbank mit Schwerpunkt im Wertpapier- und Auslandsgeschäft. Die Bilanzsumme der neuen Landesbank, die 3500 Mitarbeiter beschäftigte, betrug 1972 fast 30 Mrd. DM.

Ab den 1980er-Jahren hat die Bayerische Landesbank ihre Aktivitäten – und dies auch weit über die Grenzen Bayern hinaus – sehr stark ausgeweitet. Dies schien angesichts des nachlassenden Kerngeschäfts unumgänglich und entsprach den Erwartungen der Eigentümer. Denn so konnte die Landesbank ihren Umsatz und Gewinn weiter steigern, was ihre

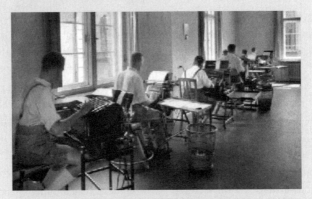

Büro mit Registratur- und Rechengeräten um 1935

Eigentümer, d. h. vor allem den Freistaat und die Kommunen, instand setzte, mehr Mittel zur Finanzierung solcher Projekte zur Verfügung zu stellen, die sie für förderungswürdig hielten. Allerdings kam es deswegen immer wieder zu heftigen politischen Auseinandersetzungen.

Die Landesbank betätigte sich nun verstärkt in den Geschäftssparten Groß- und Privatkunden, gewerbliche Immobilien sowie Export- und Projektfinanzierungen. Sie intensivierte das Auslandsgeschäft, erwarb Anteile an anderen Banken und an Unternehmen, erweiterte ihr Angebot an Finanzprodukten und Dienstleistungen und tätigte Geschäfte am internationalen Kapitalmarkt. Auf diese Weise entwickelte sie sich zu einer der größten deutschen Banken; 2007 rangierte sie mit einer Bilanzsumme von 415 Mrd. € und einem satzungsmäßigen Grundkapital von 1800 Mio. € unter den deutschen Kreditinstituten an siebter Stelle.

Dieses starke Engagement am internationalen Finanzmarkt war jedoch mit einem hohen Risiko verbunden und führte nach der Jahrtausendwende zu erheblichen Verlusten, deren Höhe im Dezember 2008 mit 4,3 Mrd. € beziffert wurde. Insgesamt belief sich der angemeldete Finanzbedarf der LB bis dahin auf über 10 Mrd. €. Das hat die Diskussionen über die Existenzberechtigung der Landesbanken neuerlich angeheizt; sowohl ein Verkauf als auch die Privatisierung der Bayerischen Landesbank werden erwogen, sodass deren Zukunft derzeit offen erscheint.

Bank (Staatsbank) waren, traten 1869 mit der Bayerischen Vereinsbank und der Bayerischen Handelsbank zwei weitere leistungsstarke Bankhäuser, die sich sowohl im Kredit- und Depositengeschäft wie im Hypotheken- und Pfandbriefgeschäft betätigten; 1871 folgte als weiteres derartiges Institut die Süddeutsche Bodencreditbank. Sie wurden von bayerischen Bankiers, Industriellen und Grundbesitzern, teilweise auch mit Unterstützung von außerbayerischen Banken, gegründet. Eine davon war die Darmstädter Bank, die seit 1870 in München auch in Form einer Kommandite präsent war; aus dieser entwickelte sich das Privatbankhaus Merk, Finck & Co., das sich in der Folge besonders stark im industriellen Bereich engagierte und u. a. auch an der Gründung der Münchner Rückversicherungsgesellschaft AG und der Allianz-Versicherungsgesellschaft beteiligt war.

Es dauerte aber noch fast zwei Jahrzehnte, bis deutsche Großbanken in Bayern mit eigenen Filialen Fuß fassten. Die erste dieser Niederlassungen eröffnete 1889 die Deutsche Bank (Berlin) in München, ihr folgte 1896 die Dresdner Bank mit Filialen in Nürnberg und Fürth. 1905 gründete die Disconto-Gesellschaft (Berlin) zusammen mit der Bayerischen Hypotheken- und Wechselbank eine Tochterbank in Nürnberg, die „Bayerische Disconto- und Wechselbank". Im Gegenzug wurde die Bayerische Hypotheken- und Wechselbank ab 1896 in anderen deutschen Ländern aktiv. Ihre Versicherungsanstalt betätigte sich bereits auch im Ausland und wurde 1905 als „Bayerische Versicherungsbank" selbstständig. Die genossenschaftlichen Darlehenskassen und -vereine gründeten 1893 die Bayerische Zentraldarlehenskasse (Raiffeisen); gleichfalls auf genossenschaftlicher Grundlage stand die mit staatlicher Unterstützung 1896 gegründete Bayerische Landwirtschaftsbank GmbH.

8. Neue Probleme - neue Perspektiven

Die Kohlenkrise

Der bereits dargestellte Mangel an klaren wirtschaftspolitischen Zielvorgaben zeigte sich besonders deutlich, als es um die Jahrhundertwende in Bayern zu Versorgungsengpässen bei der Kohle kam. Private Verbraucher und Wirtschaft waren von der Verknappung und Verteuerung dieses wichtigen Energierohstoffes in gleicher Weise betroffen und setzten deshalb die Staatsregierung unter Druck, geeignete Maßnahmen für eine sichere und kostengünstige Energieversorgung zu ergreifen.

Um 1900 war die Kohle auch in Bayern längst der mit großem Abstand wichtigste Energielieferant. Eisenbahn und Schifffahrt, Gewerbe und Industrie und selbst die Landwirtschaft und viele Haushalte waren auf diesen Brennstoff angewiesen. Hinzu kamen die Werke, die Gas für die öffentliche Versorgung lieferten; solche Gaswerke waren in fast allen größeren Städten errichtet worden. Da um die Jahrhundertwende nur etwa 13 % des Steinkohlen- und 39 % des Braunkohlenbedarfs aus inländischen Gruben gedeckt werden konnten, war Bayern auf große Kohleimporte angewiesen; sie machten rund 60 % der gesamten Gütereinfuhr nach Bayern aus.[43] Braunkohle kam überwiegend aus dem nahen Böhmen, hochwertige Steinkohle, wie sie insbesondere für den Betrieb von Lokomotiven und anderen leistungsstarken Dampfmaschinen und für die Verkokung benötigt wurde, musste man aus dem preußischem Ruhrgebiet beziehen. Relativ geringe Mengen kamen aus Sachsen und dem preußischen Saargebiet. Die Frachtkosten verteuerten die Kohle erheblich, vor allem, weil ein Wassertransport, der um rund ein Drittel günstiger gewesen wäre als der Schienentransport, nicht bis nach Bayern möglich war. Aus diesem Grund drängte die bayerische Industrie schon seit den 1880er-Jahren auf den Ausbau der Wasserwege. Insbesondere forderte sie die Schiffbarmachung des Mains bis Bamberg und den Bau eines leistungsfähigen Kanals zwischen dem Main und der Donau. Die Forderungen, einen solchen Kanal zu bauen, fanden breite Zustimmung, auch bei der bayerischen SPD, die sich davon eine deutliche Verbilligung der Kohle und anderer Rohstoffe versprach, welche letztlich auch den privaten Verbrauchern zugutekommen würde.[44] Die Landwirtschaft aber lehnte den Kanal ab, weil sie davon neben einer Zunahme der Getreideimporte vor allem eine Beschleunigung der Industrialisierung befürchtete. Das aber, so die Befürchtung, würde die Abwanderung von Arbeitskräften aus der Landwirtschaft beschleunigen, folglich deren Löhne in die Höhe treiben und so die Existenz der Landwirtschaft gefährden.

Diese Argumente griff die bayerische Staatsregierung umso lieber auf, als sie am Ausbau der Wasserstraßen seit dem Desaster mit dem Ludwig-Donau-Main-Kanal nicht mehr interessiert war. Auch vom Landtag kamen zunächst keine Anstöße für eine Wiederaufnahme des Wasserstraßenbaus. Erst die von Preußen betriebene Kanalisierung des Mains bis Frankfurt führte dann zu einem Meinungsumschwung. Der rasante wirtschaftliche Aufstieg der Region um Frankfurt bewies nämlich, welche große Bedeutung leistungsfähige Wasserstraßen haben konnten, und widerlegte so die These, dass diese sich nicht gegen die Konkurrenz der Bahn behaupten könnten.

Main-Donau-Großschifffahrtsstraße

Auch in Bayern kam jetzt diese Diskussion wieder in Gang. Zunächst wurde auf dem bayerischen Main die Kettenschleppfahrt eingerichtet, die zwar die Leistungsfähigkeit der Schifffahrt deutlich verbesserte, aber auch die engen Grenzen dieser Art von Schifffahrt aufzeigte. Eine nachhaltige Leistungssteigerung war nur mittels Kanalisierung möglich, doch der damit verbundene Aufwand rentierte sich nach Ansicht der Experten nur, wenn man den Kanal bis zur Donau führte und diese bis nach Passau ausbaute. Damit war die Diskussion um den Bau einer „Großschifffahrtsstraße" quer durch Bayern eröffnet.[45]

Einen wichtigen Anstoß dazu gab Prinz Ludwig, der künftige Regent Bayerns, der im Dezember 1891 in der Kammer der Reichsräte den Bau einer solchen Wasserstraße zur zentralen Aufgabe der bayerischen Wirtschaftspolitik erklärte. Werde dieser Bau unterlassen, so drohe Bayern, wie sich bereits abzeichne, von den Hauptströmen des europäischen Handels umgangen zu werden. Ludwigs Vorschläge wurden von der Staatsregierung zurückgewiesen, weil der Aufwand für dieses Projekt in keinem Verhältnis zu seinem wirtschaftlichen Nutzen stehen werde, aber von Teilen der Wirtschaft und einflussreichen Verbänden wurden sie nachhaltig unterstützt. Im November 1892 entstand auf Initiative der Würzburger Handelskammer der „Verein für Hebung der Fluß- und Kanalschiffahrt in Bayern". Die Gründungsversammlung fand in Nürnberg statt, das auch Sitz des Vereins wurde; Mitglieder waren die Bürgermeister einer größeren Zahl von Städten, die sich von dem Ausbau der Wasserstraße Vorteile erhofften – allen voran waren dies Nürnberg, Regensburg und Würzburg –, des Weiteren Vorstände von Handelskammern und ähnlichen Verbänden der angrenzenden Regionen, aber auch Industrielle und Unternehmer aus ganz Deutschland; die meisten Mitglieder kamen jedoch aus Franken und der Oberpfalz. Ziel des Vereins war es, die Öffentlichkeit von der Notwendigkeit des Ausbaues der Wasserstraßen Bayerns zu überzeugen und so Landtag und Regierung zum Handeln zu zwingen. Diesem Zeck diente auch die Ausarbeitung von Plänen und Projekten, wozu der Verein 1898 ein „technisches Vereinsamt" mit einem Stab von Wasserbaufachleuten einrichtete. Hier wurden die unterschiedlichen Wasserbauprojekte – Ausbau des Mains, Verbindung vom Main zur Donau, Anbindung Nürnbergs an diese, Ausbau der Donau bis Ulm, Anbindung von Augsburg und München an die Donau etc. – hinsichtlich ihrer technischen Durchführbarkeit und Finanzierung untersucht und detaillierte Bauplanungen dazu ausgearbeitet. Auch die Errichtung von Wasserkraftwerken zur Stromerzeugung wurde in diese Überlegungen bereits mit einbezogen.

Diese von einer regen Öffentlichkeitsarbeit begleitete Tätigkeit des Vereins zeitigte 1912 erste konkrete Erfolge. Der Landtag unterstützte jetzt die Bestrebungen zum Ausbau des Mains und forderte die Staatsregierung zu entsprechenden Vorlagen auf. Im Dezember 1912 trat Ludwig die Regierung an, und im Herbst 1914 konnte man, nachdem der Landtag die entsprechenden Mittel bewilligt hatte, mit der Kanalisierung des Mains im Abschnitt zwischen Hanau und Aschaffenburg beginnen. Diese Arbeiten wurden auch während des Krieges fortgeführt und 1921 zum Abschluss gebracht.

Während des Ersten Weltkriegs erlangte der Bau einer Wasserstraße vom Rhein zum Schwarzen Meer dann einen völlig neuen Stellenwert. Der Blick der deutschen Wirtschaft, der bisher überwiegend nach Westen und auf den Übersee handel gerichtet war, ging nun nach Südosteuropa und die angrenzenden Regionen. Wegen der Sperrung des Seeweges und fast aller Verkehrsverbindungen in den Westen besaß die Donau als wichtigste Verkehrsader nach Südosteuropa und ins Schwarze Meer eine wesentlich größere Bedeutung als zuvor. Besonders wichtig wurde sie nun zur Ölversorgung, die sowohl gesamtwirtschaftlich als auch militärisch eine immer größere Rolle spielte. Bereits vor dem Krieg hatte Deutschland einen beträchtlichen Teil seines Bedarfs an Erdölprodukten in Russland, Galizien und Rumänien gedeckt. Ein großer Teil des russischen und rumänischen Öls wurde auf der Donau transportiert, obwohl diese nur mit kleineren Tankschiffen befahren werden konnte. Schon 1910 war in Regensburg, der Kopfstation der Donauschifffahrt, ein vom übrigen Hafen abgesonderter Petroleumhafen in Betrieb gegangen. Mit Kriegsausbruch fiel die Ölzufuhr zunächst fast vollständig aus. Galizien wurde von russischen Truppen besetzt, die bei ihrem Abzug 1915 die Förderanlagen und Vorräte zerstörten, Rumänien aber erklärte sich für neutral und lieferte den Mittelmächten, zumindest offiziell, kein Öl. Als Rumänien im Januar 1916 gegen die Mittelmächte in den Krieg eintrat, wurde es umgehend von deutschen und österreichischen Truppen besetzt. Die zerstörten Ölförderanlagen konnten rasch instand gesetzt werden und die Ölförderung wurde in größerem Umfang denn je wieder aufgenommen. Waren vor dem Krieg maximal 117 000 Tonnen Öl pro Jahre von Rumänien nach Deutschland geliefert worden – bei einer Gesamtöleinfuhr von 1,3 Mio. Tonnen –, so waren es 1918 schließlich immerhin 500 000 Tonnen Ölprodukte, die von Rumänien nach Deutschland kamen.[46]

War der Ausbau der Donau und einer leistungsfähigen Verbindung zwischen dieser und dem Rhein vor dem Krieg fast nur von den Anrainern gefordert worden, so lag dieser jetzt in „nationalem Interesse" und wurde von weiten Kreisen der deutschen Wirtschaft und vom Militär propagiert. Diese Gunst der Stunde ließen die bis dahin nur mäßig erfolgreichen bayerischen Propagandisten des Kanalbaus nicht ungenutzt. So auch Heinrich Held, ein einflussreicher Regensburger Journalist, der seit 1907 Abgeordneter des bayerischen Landtags und seit 1914 Vorsitzender der Fraktion des bayerischen Zentrums war. Er hatte sich für dieses Projekt, von dem er sich einen großen Nutzen für Regensburg und Bayern erwartete, schon länger engagiert, aber bisher mit relativ geringem Erfolg. Über den Ausbau des Mains war man kaum hinausgekommen, zum einen, weil man sich nicht auf den Verlauf des Kanals und über seine Finanzierung einigen konnte, zum anderen wegen der Zurückhaltung des Staates.

Held versicherte sich zunächst der Unterstützung der Stadt Regensburg sowie regionaler und nationaler wirtschaftlicher Interessensverbände und mobilisierte dann mittels einer neu gegründeten Zeitschrift die breite Öffentlichkeit. Im Februar 1916 fand in Nürnberg eine große Versammlung der Kanal-Interessierten

Die Binnenschifffahrt vor dem Ersten Weltkrieg

Als das Osmanische Reich 1829 seine bisherige Kontrolle über die Donau verlor, entstand in Wien die „Erste privilegierte Donau-Dampfschiffahrts-Gesellschaft", die 1830 ihr erstes Dampfschiff vom Stapel ließ. Nach Sprengung der berüchtigten Katarakten des „Eisernen Tores" 1834 konnten Dampfschiffe bis ins Schwarze Meer fahren, wodurch die Donauschifffahrt einen großen Aufschwung erlebte. Nun war auch eine Schifffahrtsverbindung von Bayern bis nach Griechenland möglich, wo seit 1832 mit König Otto ein Wittelsbacher regierte. Diese Perspektiven beförderten die Entscheidung für den Bau eines Kanals zwischen Main und Donau, den der bayerische Landtag 1834 genehmigte, und veranlassten 1835 bayerische Bankiers und Unternehmer zur Gründung einer Aktiengesellschaft zum Betrieb der Dampfschifffahrt auf der Donau zwischen Ulm und Linz. Diese nahm zwar schon 1837 mit einem von Maffei in Regensburg gebauten Seitenraddampfer den Schiffsverkehr auf, doch hatte dieser wegen zu geringer Wasserstände, zu niedriger Brücken und anderer wasserbaulicher Hindernisse mit großen Problemen zu kämpfen. In Lindau entstand 1835 eine Bodensee-Dampfschiffahrts gesellschaft, in Würzburg 1841 eine für den bayerischen Main, auf dem die Dampfschifffahrt 1842 aufgenommen wurde.

Der Ludwig-Main-Donau-Kanal konnte zwar seit 1845 durchgängig befahren werden, erfüllte aber wegen seiner zu geringen Dimensionen nicht die in ihn gesetzten Erwartungen. Aber auch auf der Donau und dem Main kam die Dampfschifffahrt, da der Staat wegen seines Engagements im Eisenbahnbau kaum in den Brücken- und Wasserbau investierte, nicht aus der Verlustzone heraus. 1846 rettete der Staat die Donau-Dampfschiff fahrtsgesellschaft durch die Übernahme vor dem Konkurs, aber 1862 trat er dann seinen gesamten Schifffahrtsbesitz an der Donau an die Wiener Donau-Dampfschifffahrtgesellschaft ab. Die Dampfschifffahrt auf dem Main wurde 1858 eingestellt und erlebte erst 1886 mit der Einrichtung der Kettenschleppschifffahrt eine neue Blüte.

Gegen Ende des 19. Jahrhunderts nahm die Binnenschifffahrt auch in Bayern einen beachtlichen Aufschwung. So erhöhte sich die Tonnage der hier registrierten Schiffe von

Seitenraddampfer der Firma Maffei um 1837. – Zeitgenössische Lithografie

Schleuse Nr. 1 des Ludwig-Main-Donau-Kanals, dahinter das Hafenbecken von Kelheim

rund 47 000 t im Jahr 1892 auf fast 75 500 t im Jahr 1902 und knapp 271 000 t im Jahr 1912. Das veranlasste die Regierung, die bereits bestehenden Staatshäfen auszubauen und neue anzulegen. Der mit großem Abstand wichtigste war der von Ludwigshafen am Rhein, wo 1913 Güter im Gesamtgewicht von ca. 2,8 Mio. t umgeschlagen wurden; deutlich abgeschlagen folgte der Hafen von Regensburg, wo der Umschlag im gleichen Jahr bei 237 671 t lag, danach der von Würzburg mit 228 459 t. Alle anderen Häfen blieben hinter diesen Umschlagsleistungen weit zurück.

In besonderer Weise profitierte der Hafen Regensburg von einer stetigen Zunahme des Warenaustauschs mit den südosteuropäischen Anrainerstaaten der Donau, wobei vor allem der Import von Mineralölprodukten immer wichtiger wurde. Zu dessen Abwicklung baute der bayerische Staat einen modernen Petroleumhafen, der 1910 in Betrieb genommen wurde. Er sollte nach den Vorstellungen der Regierung nicht nur zum Hauptumschlagplatz für das aus Rumänien herangeführte Erdöl werden, sondern auch zum Standort von Raffinerien und anderen weiterverarbei-

Hafenanlage an der Regensburger Donaulände um 1913

tenden Betrieben. Deshalb wurden am Regensburger neuen Hafen große Industrieflächen ausgewiesen, die einschlägigen Unternehmen zu günstigen Konditionen überlassen wurden. Gleichfalls in Regensburg entstand 1913 mit dem Bayerischen Lloyd, einer Aktiengesellschaft, an der sich neben einigen Banken, der Petroleum- und Eisenindustrie auch der bayerische Staat und die Stadt Regensburg selbst beteiligten, ein sehr leistungsfähiges bayerisches Schifffahrtsunternehmen. Es nahm noch vor dem Ersten Weltkrieg eine Reihe moderner Frachtschiffe, darunter auch Tankschiffe, in Dienst.

Petroleumhafen Regensburg mit Tanklager und Raffinerie, davor Tankschiff des Bayerischen Lloyd, um 1913

aus Deutschland, Österreich und Ungarn statt. Welche Intentionen sie verbanden, zeigte das Grundsatzreferat von Bürgermeister Bleyer aus Regensburg auf: „Die Erfahrungen des Krieges lehren eindringlich, dass das Schwergewicht der deutschen Handels- und Verkehrspolitik nicht ausschließlich auf die Pflege der überseeischen Beziehungen verlegt werden darf. Die politische Lage nach dem Krieg wird von selbst darauf drängen, dass die deutschen Interessen im Südosten Europas und darüber hinaus nicht weiter vernachlässigt werden. Zur militärischen Sicherung unseres Vaterlandes gegen künftige Angriffe, zur Aufrechterhaltung und Neubelebung unserer auf neue Bezugsquellen und Absatzgebiete angewiesenen Volkswirtschaft ist neben der wirtschaftlichen Annäherung an die verbündeten Oststaaten die Ausgestaltung der Verkehrswege zwischen West und Ost notwendige Voraussetzung. Besondere Berücksichtigung verdienen und verlangen dabei die Wasserstraßen, deren Unentbehrlichkeit neben den Eisenbahnen ebenfalls eine wichtige Lehre des Krieges ist. Die strategischen und wirtschaftlichen Bedürfnisse Deutschlands fordern eine zeitgemäße, leistungsfähige Großschifffahrtsstraße vom Rhein über den Main zur Donau bis zum Schwarzen Meer mit entsprechenden Anschlüssen aller süd- und westdeutschen Staaten". Dass vom Ausbau dieses Wasserweges vorrangig dessen Anrainer zu profitieren hofften, zeigt die Teilnehmerliste der Tagung.

Dieser ersten Veranstaltung folgten zahlreiche weitere in Deutschland, Österreich und Ungarn, mit denen das Interesse einflussreicher Wirtschaftsvertreter und Industrieller dieser Länder geweckt wurde. Es bildeten sich eine ganze Reihe von Interessentengruppen unterschiedlichster Zusammensetzung, deren gemeinsames Ziel eine möglichst rasche Realisierung dieser Wasserstraße war, und die dieses Projekt auch finanziell unterstützten. Am 22. Dezember 1917 kamen Helds Bemühungen zum Abschluss. In Nürnberg gründeten die Vertreter der verschiedenen Interessentengruppen ein „Interessenskollegium", den „Stromverband". Dessen „geschäftsführendem Ausschuß" gehörten 60 Mitglieder an, davon waren 18 Personen Vertreter bayerischer Städte und 20 Abgesandte des bayerischen Handels und der bayerischen Industrie, weitere 20 Mitglieder vertraten die außerbayerische Interessenten; einer sprach für den Kanalverein, und Heinrich Held machte die Zahl voll. Die Mitglieder bildeten die „Gesellschafterversammlung", wobei jedes von ihnen pro 500 Mark Einlage eine Stimme führen konnte. Insgesamt wurden rund 1,6 Mio. Mark aufgebracht, mit denen sofort die Planungen für das Projekt „Großschiffahrtsstraße von Aschaffenburg bis zu Reichsgrenze unterhalb Passau" in Angriff genommen wurden.

Mit der Niederlage 1918 änderten sich die politischen Rahmenbedingungen erneut grundlegend. Das Ende der Monarchie zog auch eine Neuverteilung der Kompetenzen zwischen dem Reich und den Ländern nach sich. Nach Artikel 97 der Weimarer Verfassung gingen die dem allgemeinen Verkehr dienenden Wasserstraßen in das Eigentum und die Verwaltung des Reichs über, womit der Bau der Großschifffahrtstraße neuer rechtlicher und organisatorischer Grundlagen bedurfte. Diese wurden 1921 mit der Main-Donau-AG geschaffen, deren Entwicklung unten dargestellt wird.

Anfänge der Stromversorgung

Unter den Argumenten, die man für den Ausbau der Wasserstraßen anführte, stand die Nutzung der Wasserkräfte zur Erzeugung von Strom mit an erster Stelle. Schon seit den 1880er-Jahren hatte sich das Interesse der Wirtschaft auf die „Weiße Kohle" gerichtet, von der man sich eine deutliche Verbesserung der bayerischen Energieversorgung erhoffte. Seit den 1890er-Jahren und verstärkt nach der Jahrhundertwende entstanden überall im Land Wasserkraftwerke von meist kleiner bis mittlerer Leistungsfähigkeit. 1894 wurden als erstes größeres Energieversorgungsunternehmen von einem Münchner Konsortium die „Isarwerke" gegründet, die noch im gleichen Jahr bei Höllriegelskreuth das damals leistungsfähigste Wasserkraftwerk Deutschlands in Betrieb nahmen. 1903 ging das von der „Lechwerke" AG gebaute Wasserkraftwerk Gersthofen ans Netz, dessen Hauptabnehmer ein dort errichteter großer elektrochemischer Betrieb der Farbwerke Höchst war. In rascher Folge entstanden nun weitere Energieversorgungsunternehmen. Die Nutzung der Wasserkräfte und die Elektrifizierung erfolgten somit zunächst auf privatwirtschaftlicher Basis und unter unternehmerischen Gesichtspunkten. Da volkswirtschaftliche Interessen dabei zu kurz kamen, stieß diese Nutzung zunehmend auf Widerstand.

Nachdem die bayerische Staatsregierung den Ausbau der Wasserstraßen zur Verbesserung der Kohlenzufuhr nicht mit dem notwendigen Nachdruck verfolgte – denn sie wollte der Staatseisenbahn, deren Frachtkapazität nicht ausgelastet war, keine Konkurrenz machen[47] –, und andere Maßnahmen zur Verbesserung der Kohlenversorgung scheiterten,[48] erhielt die Stromerzeugung politische Priorität. Die Regierung plante, mittels Wasserkraftwerken in großem Umfang selbst Strom zu erzeugen und diesen zum Betrieb von Eisenbahnstrecken zu nutzen.[49] Tatsächlich bot dieses Projekt dem Staat große Vorteile. Die Staatsbahn konnte so ihre Abhängigkeit von der teuren Importkohle vermindern, ihre Betriebskosten senken und ihre Rendite verbessern. Die Industrie und die Privatverbraucher aber blieben weiterhin auf die Kohle als Energieträger angewiesen, die sie über die Eisenbahn beziehen mussten, wodurch sie weiterhin zu deren Auslastung beitrugen.

Voraussetzung für die Realisierung dieses Projekts war, dass der Staat über die Wasserkräfte verfügte. Das sollte ein neues Wassergesetz bewirken, dessen Entwurf 1905 dem Landtag vorgelegt, aber dort zunächst von der Ersten Kammer blockiert wurde. Hier formierte sich unter Einfluss des Bayerischen

Industriellenverbandes Widerstand gegen eine Monopolisierung der Wasserkräfte in Staatshand. Schließlich aber stimmte auch die Erste Kammer zu, und am 1. Januar 1908 trat das Gesetz im Wesentlichen in der von der Regierung gewünschten Form in Kraft.[50]

Wirksamer als der Widerstand der Industrie war der des Militärs, das gegen die Elektrifizierung strategisch wichtiger Strecken große Bedenken hatte. Diese konnten auch nicht ausgeräumt werden, weshalb nur Nebenstrecken für die Elektrifizierung in Frage kamen. 1908 legte die Staatsregierung dem Landtag eine Denkschrift vor, in der sie ihre Planungen konkretisierte. Sie fand damit breite Unterstützung in der Abgeordnetenkammer, wobei auch der Umstand mitspielte, dass das Reich erwog, ein Reichselektrizitätsmonopol zu errichten.[51]

Mit dem Elektrifizierungsprojekt betrat Bayern sowohl in technischer wie auch in wirtschaftlicher Hinsicht Neuland. Während sich aber für die technischen Probleme schon relativ rasch Lösungen abzeichneten, blieben auf wirtschaftlichem Gebiet noch viele Fragen offen. Die Kosten der Stromerzeugung und der Stromleitungen waren unbekannt, man wusste nicht, wer außer der Eisenbahn als Stromabnehmer in Frage kam, wie hoch deren Bedarf sein würde und welche Preise dafür durchzusetzen waren; dabei war man auf solche Abnehmer essenziell angewiesen, da ein wirtschaftlicher Betrieb großer Kraftwerke wegen des beschränkten und auf bestimmte Tageszeiten konzentrierten Strombedarfs der Eisenbahn ohne zusätzliche Abnehmer nicht möglich war.

Grundlage aller Planungen aber war eine zuverlässige Erfassung der nutzbaren Wasserkräfte, welche die Oberste Baubehörde schon 1906 in Angriff genommen hatte. Im Oktober 1907 wurden deren Ergebnisse in der Publikation „Die Wasserkräfte Bayerns" der Öffentlichkeit vorgelegt. Auf dieser Grundlage konnte die Regierung nun entscheiden, welche Wasserkräfte dem Staat vorbehalten und welche der privaten Nutzung überlassen werden sollten. Darüber hinaus konnte sie nun ein landesweites Versorgungsnetz planen. Denn Bayern befand sich bereits in einem wahren Elektrifizierungsfieber, vielerorts wurden Pläne zur Nutzung der Elektrizität in den unterschiedlichsten Bereichen entwickelt. Als erster deutscher Staat erhielt Bayern am 1. April 1908 eine eigene Behörde für die Elektrizitätswirtschaft. Es war die „Abteilung für Wasserkraftausnutzung", welche bei der Obersten Baubehörde im Innenministerium angesiedelt war. Ihre vordringlichste Aufgabe war die Standortbestimmung für Wasserkraftwerke sowie deren Planung und Bau.[52] In technischen Fragen wurde diese Behörde vom „Hydrotechnischen Büro", einer neu errichteten Abteilung der Obersten Baubehörde, und in wirtschaftlichen Fragen von einem „Wasserwirtschaftsrat" unterstützt. Letzterer setzte sich aus Vertretern der Ministerien, der Wissenschaft, der Handelskammern, des Landwirtschaftsrates und des Landesfischereivereins zusammen.

Die städtischen Versorgungs- und Dienstleistungsunternehmen am Beispiel REWAG

Im Industriezeitalter wandelte sich auch der Charakter der Städte grundlegend. Da sie über gute Verkehrsanbindungen verfügten, einen interessanten Absatzmarkt bildeten und ihre Bevölkerung ein großes Potenzial an Arbeitskräften mit unterschiedlichster Qualifikation darstellte, siedelten sich die neuen Industrie- und Gewerbetriebe bevorzugt in den Städten und deren Umfeld an. Dazu trug auch bei, dass die Städte von alters her die Versorgung ihrer Einwohner und Gewerbebetriebe mit Wasser, teilweise auch mit Holz und Wasserkraft gewährleisteten. Zudem übernahmen sie häufig bestimmte Dienstleistungen, wie etwa den Unterhalt der Straßenbeleuchtung oder das öffentliche Transportwesen.

Mit der rasanten Zunahme der Bevölkerung und der Gewerbebetriebe im Zuge der Industrialisierung erlangten diese Dienstleistungen einen völlig neuen Stellenwert, womit den Städten Aufgaben erwuchsen, die mit den bisherigen administrativen Strukturen auf Dauer nicht zu bewältigen waren. So entstanden städtische Betriebe, die nach betriebswirtschaftlichen Grundsätzen geführt wurden und sich in der Folge vielfach zu großen Versorgungs- und Dienstleistungsunternehmen entwickelten. Beispielhaft kann man dies an der „Regensburger Energie- und Wasserversorgung AG & Co KG" (REWAG) aufzeigen, einem der größten kommunalen Unternehmen dieser Art in Bayern.

Die Ursprünge der REWAG lassen sich bis 1856 zurückverfolgen, als in Regensburg die Gasbeleuchtung eingeführt wurde (s. S. 177: „Kommunale Gasversorgung"). Die Installation und den Betrieb dieser Beleuchtung übernahm zunächst eine Aktiengesellschaft, die

Frühneuzeitliche Quellfassung der Stadt Regenburg

1897 in den Besitz der Stadt überging. Die nächste Station war die Gründung einer Aktiengesellschaft im Jahr 1873, welche für den Bau und Betrieb einer modernen Wasserversorgung zuständig sein sollte (s. S. 186). An dieser AG war die Stadt von Anfang an mit 50 % beteiligt; 1880 übernahm sie dann das Vermögen und die Betriebsanlagen der Gesellschaft in vollem Umfang.

Um die Bürger und vor allem die Gewerbetreibenden auch mit der modernsten Form von Energie, nämlich mit elektrischem Strom versorgen zu können, ließ Regensburg 1899 von der „Elektrizitäts AG, vorm. Schuckert & Co", Nürnberg, ein Elektrizitätswerk errichten, das diese Firma zunächst selbst betrieb.

Maschinenhaus des ersten Wasserwerks in Regensburg

Wegen der rapide zunehmenden Bedeutung der Stromversorgung nahm die Stadt aber 1909 die Stromversorgung in die eigene Hand (s. S. 142).

In engem Zusammenhang mit der Stromversorgung erfolgte der Ausbau des öffentlichen Personennahverkehrs. Die 1891 angelegte Pferdebahn wurde 1903 durch eine elektrische Straßenbahn abgelöst, die von Siemens-Schuckert eingerichtet und zunächst auch betrieben wurde. 1909, im gleichen Jahr wie die Elektrizitätsversorgung, ging die Straßenbahn in den Besitz der Stadt Regensburg über.

Die Stadtverwaltung hatte die Übernahme dieser Betriebe in eigene Regie – obwohl diese mit erheblichen finanziellen Anstrengungen verbunden war – deswegen so zielstrebig vorangetrieben, weil sie erkannt hatte, dass nur so eine positive weitere Entwicklung der Stadt gewährleistet werden konnte. Denn in zunehmendem Maße hing die Attraktivität einer Stadt sowohl als Wohnort wie vor allem als Wirtschaftsstandort davon ab, dass ausreichend große Mengen an Wasser und Energie zu günstigen Konditionen bereitgestellt wurden und leistungsfähige Personennahverkehrseinrichtungen vorhanden waren. In der Folge kamen dann eine Reihe weiterer Versorgungs- und Dienstleistungen hinzu. Heute ist die Stadt Regensburg Alleinund Miteigentümerin einer ganzen Reihe von Unternehmen, von denen nach wie vor die REWAG das größte und wichtigste ist. Den Stadtwerken Regensburg, die zu 100 % der Stadt gehören, sind heute als 100%ige Tochterunternehmen die Lagerhaus- und Schifffahrtsgesellschaft mbH (LSR), die Regensburger Kommunaler Fahrzeugpark GmbH, die Regensburger Bus GmbH (REBUS), die Regensburger Badebetriebe GmbH und die Regensburger Verkehrsbetriebe GmbH

Die Straßenbahn auf der Steinernen Brücke

angliedert. Der wichtige Bereich der Energie- und Wasserversorgung aber wurde bereits am 1. Januar 1976 der zu diesem Zweck gegründeten „Regensburger Energie- und Wasserversorgung AG & Co KG" (REWAG) übertragen, deren Eigentümer zu 64,52 % die Stadtwerke Regensburg GmbH und zu 35,48 % die „Energieversorgung Altbayern AG" (OBAG) waren; an die Stelle der OBAG trat 2001 die E.ON Bayern.

Das deklarierte Ziel dieser engen Kooperation zwischen der Stadt und dem größten regionalen Stromversorger war es, „eine sichere und preisgünstige Versorgung der Bevölkerung und der Wirtschaft des Großraumes Regensburg zu gewährleisten". In Verfolgung dieses Zieles hat die REWAG große Aktivitäten entfaltet, wobei zunächst sowohl der Anschluss an die Ferngasversorgung und der Ausbau des Gasversorgungsnetzes als auch die Verbesserung der regionalen Stromversorgung im Vordergrund standen. Bald jedoch gewannen auch andere Aktivitäten an Bedeutung, die sich teils in der Gründung von Tochtergesellschaften, teils in der Beteiligung an Gesellschaften niederschlugen. Dazu zählen u. a. die Regensburger Telekommunikationsgesellschaft (R-KOM), die Kommunale Energieallianz (KEA), die KEA Kraftwerksprojekt GmbH & Co. KG und die Bayerngas GmbH.

Noch immer aber war die Grundsatzentscheidung nicht getroffen, ob bei der Nutzung der Wasserkräfte der Staat und öffentliche Körperschaften oder privatwirtschaftliche Unternehmer den Vorrang haben sollten. Die Diskussion darüber stand seit 1906 auf der politischen Tagesordnung. Damals hatte die BASF die Konzession zur Nutzung der Wasserkräfte der Alz beantragt, um in großem Maßstab Stickstoff zu produzieren, wozu viel elektrische Energie gebraucht wurde. Dieses Vorhaben wurde vom bayerischen Verkehrsminister vehement unterstützt, weil die Errichtung dieses Werkes einen beträchtlichen Anstieg des Frachtverkehrs nach sich ziehen musste, welcher der nicht ausgelasteten Staatsbahn höchst willkommen gewesen wäre. Widerstand kam dagegen vonseiten der Konservativen und der Vertreter der Landwirtschaft, doch war dieser nicht allzu heftig. Wenn das Projekt dennoch nicht vorankam, so deshalb, weil sich die Regierung nicht dazu entschließen konnte, die Verfügung über die Wasserkräfte aus der Hand zu geben. Sie wollte sich eine Rücknahme der Konzession unter bestimmten Bedingungen vorbehalten, worauf sich aber die BASF nicht einließ. Kompliziert wurden die Verhandlungen durch die Absicht Österreichs, die Tiroler Ache und damit den wichtigsten Zufluss des Chiemsees – dessen Abfluss über die Ilz wiederum in die Alz gelangt – in den Inn abzuleiten. Obwohl Bayern und Österreich schließlich diesen Konflikt beilegen konnten und die bayerische Regierung der BASF weit entgegenkam, verfolgte das Unternehmen das Projekt nicht weiter. Ausschlaggebend dafür war die undurchsichtige Wirtschaftspolitik der bayerischen Regierung, die auch andere potenzielle Investoren abschreckte. Das Kraftwerk an der Alz wurde erst nach 1918 realisiert.[53]

Auch das staatliche Elektrifizierungsprojekt kam nur langsam voran. Immerhin rang sich die Regierung bis zum Frühjahr 1910 zu der Grundsatzentscheidung durch, dass der Staat nur den Strom erzeugen sollte, den er selbst brauchte, und die Errichtung und den Betrieb der „Überlandzentralen", welche die Stromversorgung der privaten Verbraucher und der Wirtschaft gewährleisten sollten, generell privatwirtschaftlichen Unternehmen unter Beteiligung öffentlicher Körperschaften zu überlassen. Der Landtag billigte diese Entscheidung, lediglich die SPD trat für ein Versorgungsmonopol des Staates ein.

Mit Nachdruck forderten jetzt konservative Kräfte einen raschen Ausbau der Stromversorgung des flachen Landes, denn auf die vielfältig einsetzbaren und leicht zu bedienenden Elektromotoren setzte der gewerbliche und landwirtschaftliche Mittelstand große Hoffnungen. Bis dahin wurden nämlich die fast immer privaten Elektrizitätswerke – 1910 zählte man in Bayern bereits 679 davon – nur dort errichtet, wo es Großabnehmer mit einem relativ konstanten Verbrauch gab. Längere Stromleitungen zu Kleinabnehmern wurden aus Kostengründen kaum gebaut, sodass der ländliche Raum – von Ausnahmen abgesehen – von der Stromversorgung noch weitgehend abgekoppelt war. Die unzureichende Versorgung des flachen Landes führte dazu, dass das von der Regierung verfolgte Ziel, die Stromversorgung in die Hände von regionalen Monopolgesellschaften zu legen, die der Kontrolle öffentlicher Körperschaften unterstanden, breite Zustimmung fand. Auch das Geschäftsgebaren der privaten Stromerzeuger trug dazu bei, denn diese nutzten ihre monopolartige Stellung häufig dazu, um die Abnehmer zur Installation von Geräten und Maschinen bestimmter Hersteller zu zwingen.[54]

Ebenfalls noch im Jahr 1910 bewilligte der Landtag die Mittel zum Bau des ersten großen staatlichen Kraftwerks, das am Walchensee entstehen sollte, und für die Elektrifizierung der ersten drei Bahnstrecken. Dieses Investitionspaket umfasste knapp 32 Mio. Mark. Widerstand dagegen, und zwar vorgeblich wegen einer zu befürchtenden Beeinträchtigung des Fremdenverkehrs, gab es lediglich in der Kammer der Reichsräte, doch konnte der Pionier der Wasserkraftnutzung, Oskar von Miller, der seit 1909 Mitglied dieser Kammer war, die Skeptiker schließlich überzeugen. Daraufhin wurde die „Abteilung für Wasserkraftnutzung", die zu diesem Zweck um einen Ausschuss für elektrotechnische Angelegenheiten erweitert wurde, mit der Erstellung eines „Elektrizitätsplans" für Bayern beauftragt. Als dieser vorlag, unterbreitete die Regierung im Sommer 1912 dem Landtag ihre Planungen, mit denen die 1910 getroffene Grundsatzentscheidung in die Praxis umgesetzt werden sollte.

Obwohl der Beginn dieser Planungen erst relativ kurze Zeit zurücklag, hatte sich der Charakter des Elektrifizierungsprojekts bereits grundlegend gewandelt. Die Umstellung der Staatsbahn auf elektrischen Betrieb war weit in den Hintergrund getreten, und zwar nicht nur wegen des Einspruchs des Militärs. Denn 1908 war ein neuer Lokomotiventyp, ausgestattet mit einer Heißdampfmaschine, zur Serienreife gelangt. Diese von Maffei entwickelte Lokomotive des Typs S 3/6 kam mit wesentlich weniger Kohle aus als vergleichbare Lokomotiven mit Nassdampfmaschinen und erreichte eine Spitzengeschwindigkeit von 148 km/h. Damit verloren die Elektrolokomotiven etwas an Attraktivität. Und auch wirtschaftspolitische Argumente sprachen gegen eine rasche Elektrifizierung der Bahn. Bayerische Unternehmen hatten sich mit dem Bau von Elektrolokomotiven, deren Technik noch nicht voll ausgereift war, bisher nur wenig beschäftigt, und so hätten die großen bayerischen Lokomotivenbauer Maffei und Krauss bei einer Auftragsvergabe kaum berücksichtigt werden können. Diese Unternehmen waren aber für den Wirtschaftsstandort Bayern zu wichtig, als dass man ihre Interessen übergehen konnte, zumal sich Krauss in einer Krise befand und mit der Halbierung seiner Belegschaft drohte.[55]

Das Verkehrsministerium hat deshalb die Elektrifizierung der Bahn seit 1910 mit deutlich geringerem Nachdruck weiterverfolgt. Dennoch sollten das Walchenseekraftwerk gebaut und „Überlandzentralen" eingerichtet werden. Banken und Unternehmer, zu deren Sprecher sich der einflussreiche Bankier Wilhelm

Die kommunale Stromversorgung am Beispiel Regensburgs

Noch bevor die Elektrizitätswerke der großen Energieversorgungsunternehmen und die Stromfernleitungen entstanden, gingen viele Kommunen dazu über, selbst Strom zu erzeugen und den Gewerbetreibenden und Haushalten zur Verfügung zu stellen. Das wichtigste Motiv dafür war die Steigerung der Attraktivität der Stadt als Wirtschaftsstandort, die mit der Bereitstellung der modernen elektrischen Energie verbunden war. Vorreiter bei der Stromversorgung waren jedoch die kleineren Kommunen, die aus Kostengründen auf die Installation einer Gasbeleuchtung verzichtet hatten und denen ab Ende der 1880er-Jahre eine billigere Alternative in Form einer elektrischen Beleuchtung offenstand. Die erste elektrische Straßenbeleuchtung wurde 1889 in Schwabing installiert; ihr Gleichstromgenerator wurde von einem 40-PS-Gasmotor angetrieben und lieferte Strom für 400 Edison-Glühlampen. Diesem Beispiel folgten bald weitere Kommunen. Die erste Stadt, die ein Elektrizitätswerk nicht nur für die Straßenbeleuch-

tung, sondern für die Stromversorgung ihrer Gewerbetreibenden und Bürger in größerem Umfang plante, war Nürnberg. Dieses E-Werk wurde nach Plänen von Oskar von Miller von der „Elektrizitäts-Aktiengesellschaft, vormals Schuckert & Co" in den Jahren 1895/96 errichtet. Nach Nürnberg, aber noch vor München und Augsburg, die eine öffentliche Stromversorgung erst nach der Jahrhundertwende erhielten, bekam auch die Stadt Regensburg eine Stromversorgung; 1899 übertrug sie der Elektrizitäts-Aktiengesellschaft die Errichtung und den Betrieb eines Elektrizitätswerkes, das dann bereits im Januar 1900 fertiggestellt war. Es bestand aus vier „Kompound-Dampfdynamos" mit einer Leistung von zusammen 720 kW (s. Abb. S. 143). Erzeugt wurde Gleichstrom, der in zwei Akkumulatoren gespeichert und mit einer Spannung von 110 V abgegeben wurde. Im ersten Jahr lieferte das E-Werk rund 20000 kWh Strom.

1909 übernahm die Stadt die Stromversorgung in eigene Regie. Der Grund dafür war

der rasant steigende Strombedarf, der mittlerweile schon über 360 000 kWh pro Jahr betrug. Hauptabnehmer war die 1903 von Siemens-Schuckert in Betrieb genommene elektrische Straßenbahn, die Regensburg gleichfalls 1909 erwarb. 1910 ließ die Stadt das Elektrizitätswerk um einen Generator erweitern, der durch einen 1000 PS starken, doppelt wirkenden Viertakt-Dieselmotor von MAN angetrieben wurde (s. Abb. S. 142). Vor allem um die elektrischen Drehkräne des 1910 eröffnete neuen Hafens mit dem von diesen benötigten Wechselstrom versorgen zu können, schloss man einen Liefervertrag mit der „Überland-Zentrale AG", die solchen Strom in ihrem 1908 errichteten Braunkohlekraftwerk Haidhof bei Schwandorf erzeugte. Um den Wechselstrom auch an die Endverbraucher weiterleiten zu können, ließ die Stadt Regensburg in der Folge mehrere Umspannwerke errichten. Hauptabnehmer des Stroms waren außer den Betrieben am Hafen und der Straßenbahn die oberpfälzische Heil-

und Pflegeanstalt Karthaus, das fürstliche Schloss in Prüfening – das in der Stadt gelegene Schloss St. Emmeram verfügte über ein eigenes Stromaggregat –, aber auch schon eine ganze Reihe von Gewerbebetrieben und sogar einige Haushalte.

Nach dem Ersten Weltkrieg stieg der Strombedarf der Gewerbetreibenden und Haushalte rasch weiter. Die zusätzlich benötigten Strommengen bezog Regensburg größtenteils von einem regionalen Stromversorgungsunternehmen, das 1926 ein leistungsfähiges Umspannwerk ausschließlich zur Versorgung der Stadt errichtete. Zu dieser Zeit wurden pro Jahr bereits mehr als 4 Mio. kWh Strom geliefert. In den folgenden Jahren wurde das Stromverteilungsnetz kontinuierlich erweitert, wobei man in den Außenbezirken Regensburgs von Anfang an Wechselstrom installierte; auf diesen wurden nach und nach auch die älteren Leitungen umgerüstet. Der Stromverbrauch wuchs bis 1939 auf rund 13 Mio. kWh pro Jahr an.

„Gleichrichter" zur Transformation von Wechsel- in Gleichstrom

Das noch immer in Betrieb befindliche städtische E-Werk wurde 1945 durch Bomben fast vollständig zerstört. Bis 1949 wurde daher ein neues E-Werk mit drei dieselbetriebenen Generatoren mit einer Gesamtleistung von 2400 kW errichtet. Deren Aufgabe war es, den Spitzenbedarf zu decken, denn die Grundversorgung leistete nach wie vor der regionale Stromversorger, bei dem es sich nunmehr um die OBAG handelte. Beim Stromabsatz aber setzte sich nach 1948 das starke Wachstum der Vorkriegszeit verstärkt fort; schon 1951 betrug der jährliche Stromverbrauch 32 Mio. und 1960 68 Mio. kWh.

Die Umstellung der Stromversorgung von Gleich- auf Wechselstrom hat man in Regensburg im Jahr 1958 abgeschlossen, und mit der Stilllegung der Straßenbahn 1965 wurde die Gleichstromerzeugung völlig eingestellt. Der starke Anstieg des Stromverbrauchs machte den Bau weiterer Umspannwerke notwendig, mit denen die Übergabeleistung bis 1973 auf 62 Mio. kW gesteigert werden konnte; sie war damit rund zweihundertmal größer als die des E-Werkes, das die Stadt 1909 übernommen hatte.

Die über Jahrzehnte bereits sehr enge Kooperation der Stadtwerke mit dem regionalen Stromversorger legte es nahe, auf dieser Grundlage ein gemeinsames Unternehmen zu errichten, mit dem man die Versorgungs-, Entsorgungs- und Verkehrsverhältnisse der expandierenden Stadt und ihres Umlandes auf eine neue, langfristig tragfähige Basis stellen konnte. Dieses Unternehmen kam 1976 in Form der REWAG zustande (s. dazu S. 137).

Durch diese Kooperationslösung konnte die bisher stets konfliktträchtige Abgrenzung der Stromversorgungsbereiche von städtischem und regionalem Stromversorger einvernehmlich und dauerhaft neu geregelt werden. Das von der REWAG mit Strom versorgte Gebiet wurde von rund 25 qkm auf 195 qkm erweitert; die Zahl der angeschlossenen Zähler erhöhte sich damit von 46000 auf 82500, der Stromabsatz aber stieg um das 1,7-Fache. Hatte der Stromabsatz der Stadtwerke 1965 noch rund 106 Mio. kWh jährlich betragen, so setzte die REWAG 1980 rund 606 Mio. kWh ab.

Finck machte, nahmen jedoch den Wandel der staatlichen Planungen zum Anlass, das Walchenseekraftwerk als überflüssig zu kritisieren und die bayerische Energiepolitik grundsätzlich in Frage zu stellen. Mit dem Angebot, eine rasche Elektrifizierung des gesamten Landes durchzuführen, hofften sie, die Staatsspitze für das Konzept einer rein privatwirtschaftlichen Stromversorgung gewinnen zu können. Dieser Vorstoß wurde von der Regierung zwar mit breiter Unterstützung des Landtags abgefangen, aber die Elektrifizierung weiterer Bahnstrecken wurde erst einmal verschoben.[56]

Noch immer war der Kurs der Staatsregierung in dieser für die gesamte wirtschaftliche Entwicklung des Landes so wichtigen Frage nicht klar abgesteckt. In dieser Situation fand im Februar 1912 ein folgenreicher Regierungswechsel statt. Erstmals berief der Prinzregent Minister, die dem politischen Lager der Konservativen, dem bayerischen Zentrum, angehörten oder nahestanden. An der Spitze dieses Kabinetts, das sich erstmals seit 1869 wieder auf die Mehrheit der Abgeordnetenkammer stützen konnte, stand Ministerpräsident Hertling. Auch er war jedoch nicht in der Lage, die Rivalitäten zwischen den mit wirtschaftspolitischen Kompetenzen ausgestatteten Ministern zu beseitigen. Vor allem der Verkehrs- und der Innenminister, von denen jeder eine einflussreiche Klientel mit unterschiedlichen Interessen hinter sich wusste, bekämpften sich heftig. Einer der Hauptkonfliktpunkte war nach wie vor die Frage, wer die Wasserkraftwerke und die Überlandzentralen bauen und betreiben sollte. Denn auch nach den Vorentscheidungen von 1910 hatte die Lobby der Stromversorgungsunternehmer keineswegs aufgegeben. Erst 1914 kamen die regierungsinternen Auseinandersetzungen mit einem Sieg des Innenministers über den Verkehrsminister zu einem Ende. Die Elektrizitätswirtschaft wurde zur ausschließlichen Angelegenheit des Innenministers erklärt, und dieser stand wie die Zentrumspartei hinter der 1910 getroffenen Grundsatzentscheidung. Im April 1914 billigte der Landtag mit großer Mehrheit eine Regierungsvorlage, die den Bau und Betrieb des Walchenseekraftwerks zur Staatsaufgabe erklärte, während die Stromversorgung des Landes ein Betätigungsfeld privater Unternehmen sein sollte, die auf diesem Gebiet schon längst aktiv waren. Es wurden jedoch Kontrollmechanismen vorgesehen, die einen Missbrauch der regionalen Versorgungsmonopole verhindern sollten.[57] Der Ausbruch des Weltkriegs im August des gleichen Jahres hat dann jedoch die Umsetzung dieser Pläne um Jahre verzögert.

Anmerkungen

1 Wehler, H. U., Deutsche Gesellschaftsgeschichte, Bd. 2: Von der Reformära bis zur industriellen und politischen „Deutschen Doppelrevolution". 1815–1845/49, ²1989, S. 134.

2 Beitrag „Der fortschreitende Mediatisierungs-Prozeß im deutschen Süden", in: Historisch-politische Blätter für das katholische Deutschland 60, 1867, S. 73-84, S. 75.

3 Die wirtschaftsgeschichtliche Forschung sieht im Zeitraum von 1843 bis 1873 eine „Aufschwungsspanne", worunter eine Phase zu verstehen ist, in der die Aufschwungsjahre eindeutig vorherrschten. Ihr folgte dann eine bis in die Mitte der 1890er-Jahre reichende „Stockungsspanne", der sich dann bis 1914 eine weitgehend störungsfreie Phase „stärkster, wenn gleich schon teilweise organisierter Entfaltung des Kapitalismus" angeschlossen habe; s. Spiethoff, A., Die wirtschaftlichen Wechsellagen, Bd. 1, 1955, S. 86 ff., 145 ff. Zu dieser nicht ohne Widerspruch gebliebenen Einteilung s. Gömmel, R., Wachstum und Konjunktur der Nürnberger Wirtschaft, 1978, S. 11–20.

4 Historisch-Politische Blätter für das katholische Deutschland 60 (1867), S. 75.

5 Historisch-Politische Blätter für das katholische Deutschland 88 (1881), S. 149.

6 Wehler (s. Anm. 1), S. 662 ff.

7 Ebd., S. 677 f.

8 Beitrag „Flottenvorlage und Weltpolitik vor dem Reichstage", in: Historisch-Politische Blätter für das katholische Deutschland 125, 1900, S. 364-370, S. 368 f.

9 Die Bayerische Staatsbank 1780–1955. Geschichte und Geschäfte einer öffentlichen Bank, hg. v. Staatsbankdirektorium, bearb. von Steffan, F. u. Diehm, W., 1955, S. 184.

10 Albrecht, D., Von der Reichsgründung bis zum Ende des Ersten Weltkriegs, in: Handbuch der Bayerischen Geschichte, Bd. 4,1, Das Moderne Bayern, 1979, S. 283–386, S. 285.

11 Eine solche hat der Autor an anderer Stelle publiziert: Götschmann, D., „Nervus rerum". Die Staatseinnahmen des Königreichs Bayern und ihre Verwendung, in: Festschrift Hermann Rumschöttel zum 65. Geburtstag, hg. von G. Hetzer und B. Uhl (Archivalische Zeitschrift Bd. 88), 2006, S. 229–270.

12 Generalübersicht des voranschlägigen Betrags des Staatsbedarfs für ein Jahr der V. Finanzperiode 1843/49, Verhandlungen des Bayerischen Landtags, Kammer der Abgeordneten 1842/43, Beilagen Bd. 1, Beilage III, S. 40–47.

13 Stenographische Berichte Bd. 5, Verhandlungen des Bayerischen Landtags, Kammer der Abgeordneten 1843, 34. Sitzung vom 27.3.1843, S. 224–243.

14 Zahn, F., Bayern in der deutschen Volkswirtschaft, 1918, S. 179.

15 Bayerische Staatsbank (s. Anm. 9), S. 192; Beiträge zur Statistik Bayerns 122, Tabelle 42.

16 Mauersberg, H., Bayerische Entwicklungspolitik 1818-1923. Die etatmäßigen bayerischen Industrie- und Kulturfonds, 1986, Entwicklungspolitik, S. 54 ff.

17 Ebd., S. 55.

18 Götschmann, D., Das bayerische Innenministerium 1825-1864. Organisation und Funktion, Beamtenschaft und politischer Einfluss einer Zentralbehörde in der konstitutionellen Monarchie, 1993, S. 26-47.

19 Ebd., S. 574 ff.

20 Borchardt, K., Zur Geschichte des Bayerischen Staatsministeriums für Wirtschaft und Verkehr (Beiträge zur Wirtschafts- und Sozialgeschichte 34), 1987, S. 58.

21 Ebd., S. 60.

22 Hundert Jahre Technische Erfindungen und Schöpfungen in Bayern. Jahrhundertschrift des Polytechnischen Vereins in Bayern, 1906, S. 178 f.

23 Zeitschrift des Königlichen Statistischen Bureaus 20 (1888), S. 25–45.

24 Bayerns Entwicklung nach den Ergebnissen der amtlichen Statistik seit 1840, hg. vom k. statistischen Landesamt, 1915, S. 103.

25 Statistisches Jahrbuch für Bayern 1894, S. 210 f.

26 Ebd., S. 209.

27 Ebd.

28 Verhandlungen des Bayerischen Landtags, Kammer der Abgeordneten 1859/61, Beilagen Bd. 1, Beilage III.

29 Zeitschrift des Königlichen Statistischen Bureaus 10 (1878), S. 390.

30 Verhandlungen des Bayerischen Landtags, Kammer der Abgeordneten 1846, Protokolle Bd. 4, 23. öffentl. Sitzung vom 2.3.1846, S. 617.

31 Verhandlungen des Bayerischen Landtags, Kammer der Abgeordneten 1843, Protokolle Bd. 7, 45. öffentl. Sitzung vom 9.5.1843, S. 2; Beilagen Bd. 7, Beilage LXV, S. 485-496.

32 Hundert Jahre (s. Anm. 22), S. 164.

33 Zur Ostbahn: Witt, G., Die Entstehung des nordostbayerischen Eisenbahnnetzes. Politische, wirtschaftliche und verkehrsgeographische Motive und Probleme. Diss. rer. pol. Erlangen-Nürnberg 1968; Zeitschrift des Königlichen Statistischen Bureaus 10 (1878), S. 389 f.

34 Zeitschrift des Königlichen Statistischen Bureaus 10 (1878), S. 391.

35 s. die Ausführungen des Abgeordneten Memminger in der Sitzung der Kammer der Abgeordneten vom 30.10.1905; Protokolle Bd. 1.

36 Hundert Jahre (s. Anm. 22), S. 168 f.

37 Zeitschrift des Königlichen Statistischen Bureaus 10 (1878), S. 229.

38 Grundlage: Beiträge zur Statistik 122, Tabelle 16.

39 Grundlage: Rechnungsnachweis für 1856/57, Verhandlungen des Bayerischen Landtags, Kammer der Abgeordneten 1859/61, Beil. Bd. 1; Voranschlag der Einnahmen und Ausgaben 1874/75, Verhandlungen des Bayerischen Landtags, Kammer der Abgeordneten 1873/74, Beil. Bd. 1; Rechnungsnachweis für 1906/07, Verhandlungen des Bayerischen Landtags, Kammer der Abgeordneten 1908, Beil. Bd. 4, S. 14 ff.

40 Verhandlungen des Bayerischen Landtags, Kammer der Abgeordneten 1875, Beil. Bd. 1, Beilage 4, Voranschlag der Einnahmen und Ausgaben für die staatlichen Berg- und Hüttenwerke und Salinen.

41 Verhandlungen des Bayerischen Landtags, Kammer der Abgeordneten 1900/01, Beil. Bd. 4, S. 28 f., S. 44 f., S. 50 f., S. 58f.

42 Meyers Jahrbuch 1879–1880, 1880, S. 227.

43 Blaich, F., Die Energiepolitik Bayerns 1900–1921, 1981, S. 12 f.

44 Ebd., S. 15.

45 Zu diesen und den folgenden Ausführungen zur „Großschifffahrtsstraße" s. Held, J., Brüschwien, H., Rhein-Main-Donau. Die Geschichte einer Wasserstraße, 1929.

46 Förster, F., Geschichte der deutschen BP 1904–1979, 1979, S. 109.

47 Blaich (s. Anm. 43), S. 36 f.

48 Ebd., S. 15–35.

49 Ebd., S. 38 ff.

50 Zu diesen Vorgängen s. Löffler, B., Die Bayerische Kammer der Reichsräte 1848 bis 1918. Grundlagen, Zusammensetzung, Politik, 1996, S. 309 ff.

51 Blaich (s. Anm. 43), S. 47 f.

52 Ebd., S. 58 f.

53 Ebd., S. 49-54.

54 Zu den Praktiken der privaten Versorgungsunternehmen und der Reaktion hierauf s. Blaich (s. Anm. 43), S. 66 ff.

55 Blaich (s. Anm. 43), S. 76.

56 Ebd., S. 77–80.

57 Zu diesen Maßnahmen s. ebd., S. 90 ff.

III. Gesellschaft und Wirtschaft im Wandel (1840–1914)

1. Die Bevölkerung

Bevölkerungswachstum

Wenn nachfolgend die Bevölkerungsentwicklung ins Blickfeld gerückt wird, so deshalb, weil zwischen der Entwicklung von Wirtschaft und Bevölkerung eines Landes ein enges gegenseitiges Abhängigkeitsverhältnis besteht. So bilden die Menschen das Arbeitskräftepotenzial und generieren den Binnenmarkt, worauf jede Wirtschaft unabdingbar angewiesen ist; allein schon deshalb hängt die wirtschaftliche Leistungsfähigkeit eines Landes maßgeblich von seiner Bevölkerung ab. Umgekehrt beeinflusst die Wirtschaft die Bevölkerungsentwicklung. Wenn man zum Beispiel im Bayern des 19. Jahrhunderts lange die Eheschließung erschwerte und so die Geburtenrate niedrig hielt, dann deshalb, weil man glaubte, nicht mehr Menschen mit Arbeit und Brot versorgen zu können. Erst als die Wirtschaft und damit auch der Bedarf an Arbeitskräften und Konsumenten wuchsen, wurden diese Beschränkungen aufgehoben, mit der Folge, dass das Bevölkerungswachstum beträchtlich zunahm. Verstärkt wurde dies außerdem durch die Verbesserung der Lebens- und Arbeitsbedingungen, der Ernährung, Hygiene und medizinischen Versorgung; auch dieser Fortschritt hing jedoch in starkem Maße von der wirtschaftlichen Entwicklung ab.

Aber nicht nur das Bevölkerungs*wachstum* steht in engem Zusammenhang mit der Wirtschaft, sondern auch die Bevölkerungs*bewegung*. Zwar findet eine Zu- und Abwanderung ständig statt, aber dort, wo die Erwerbsmöglichkeiten langfristig deutlich schlechter sind als im Umfeld, wandern stets mehr Menschen ab als zu. So stellt auch die Wanderungsbewegung einen Gradmesser für die wirtschaftliche Entwicklung einer Region oder eines Landes dar.

Wie in nahezu allen europäischen Staaten wuchs auch in Bayern die Bevölkerung im 19. Jahrhundert deutlich. Dieses Wachstum ist auf ein Bündel von Faktoren zurückzuführen; in Gang kam es durch ein Absinken der Sterblichkeitsquote, hauptsächlich aber durch eine höhere Heiratsquote bei zunächst gleichbleibender Kinderzahl pro Ehe.[1] Die höhere Heiratsquote war durch die Erleichterung der Eheschließung bedingt, für die man in Bayern aber erst in den 1860er-Jahren sorgte; hierin ist eine der Ursachen dafür zu suchen, dass das Bevölkerungswachstum Bayerns zunächst deutlich hinter dem der meisten deutschen Länder zurückblieb. Während die Bevölkerung im Gebiet des Deutschen Bundes (ohne Österreich) von 1816 bis 1865 um 60 % wuchs, waren es in Bayern lediglich 35 %.[2]

Und während der jährliche Geburtenüberschuss in Preußen in diesem Zeitraum bei rund 1,2 % lag, waren es in Bayern nur 0,6 %.[3] Hauptfaktor des beschleunigten Bevölkerungswachstums des ausgehenden 19. Jahrhunderts war das nun signifikante Absinken der Sterblichkeitsquote bei zunächst nur geringfügig zurückgehender Kinderzahl pro Ehe. Zwischen 1867 und 1910 wuchs die Bevölkerung im Gebiet des deutschen Reiches um rund 61,3 %, in Bayern jedoch nur um 42,7 %. Der Geburtenüberschuss nahm in Deutschland bis zur Jahrhundertwende relativ stetig zu; 1876 wurden pro 1000 Menschen durchschnittlich 10,7 mehr Geburten als Todesfälle gezählt, und 1902 erreicht dieser Überschuss mit 15,6 seinen Höhepunkt. In Bayern lag er 1876 mit 8,2 deutlich unter dem reichsweiten Durchschnitt, näherte sich diesem dann aber allmählich an. Als der bayerische Geburtenüberschuss 1902 seinen Höhepunkt erreichte, lag er mit einem Wert von 14,2 nur noch wenig unter dem des Reiches. [4]

Eine der Ursachen für die langsamere Zunahme des Geburtenüberschusses in Bayern ist in der hohen Säuglingssterblichkeit zu suchen. 1840 starben in Bayern 30 % der Kinder vor dem Erreichen des ersten Lebensjahres, und daran änderte sich zunächst wenig.[5] Erst in den 1880er-Jahren begann sie moderat zu sinken. Zur Jahrhundertwende fiel sie dauerhaft unter 25 %, 1912 unter 20 %. Dabei waren jedoch sehr starke regionale Unterschiede zu beobachten. So war 1862/66 die Säuglingssterblichkeit in Oberbayern mit 42 % die höchste bayerische und zugleich die höchste aller erfassten deutschen Regionen;[6] Schwaben folgte mit 41,2 %, Niederbayern mit 36,1 % und die Oberpfalz mit 35,6 %. Lediglich die Pfalz lag damals mit 19,6 % unter dem deutschen Durchschnitt. Auch als die bayerische Säuglingssterblichkeit dann bis kurz vor dem Ersten Weltkrieg deutlich zurückging, blieben die regionalen Unterschiede bestehen.

Im Zeitraum 1911/14 lag sie in Oberbayern bei 20,2 %, in Schwaben bei 19,9 %, in Niederbayern bei 26,5 % und in der Oberpfalz bei 24,6 %; in der Pfalz dagegen betrug sie nur 14,4 %. Bemerkenswert ist hierbei vor allem, dass sich nun die Reihenfolge der Regionen geändert hatte. Jetzt war die Sterblichkeit in Niederbayern am höchsten, während sich Oberbayern und Schwaben deutlich verbessert hatten. Insgesamt aber lag die Säuglingssterblichkeit in Bayern nach wie vor deutlich über dem Reichsdurchschnitt. Starben in Bayern 1911/14 noch 19,2 % der Kinder vor Erreichen des ersten Lebensjahres, so waren es im Reichsdurchschnitt lediglich 16,4 %.

Wie man nachgewiesen hat, bestand zwischen Säuglingssterblichkeit und sozialem Status der Eltern ein enger Zusammenhang.[7] Es liegt deshalb nahe, die höhere Säuglingssterblichkeit in Bayern vornehmlich auf den wirtschaftlichen Rückstand zurückzuführen, der einen niedrigeren Lebensstandard, besonders der unteren sozialen Schichten, zur Folge hatte. Zu beachten ist dabei auch die Verschiebung innerhalb der bayerischen Regionen: Im Laufe der Entwicklung fielen Niederbayern und die Oberpfalz immer weiter zurück, während sich die Verhältnisse in Ober-

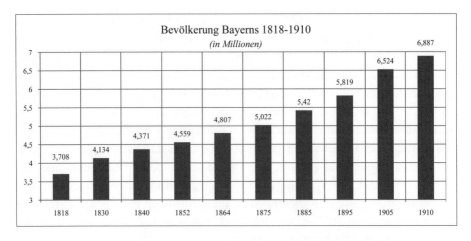

Bevölkerung Bayerns 1818-1910
(in Millionen)

Durchschnittliches jährliches Bevölkerungswachstum 1840-1910
Bayern und Deutschland im Vergleich
(in Prozentpunkten)

bayern, Schwaben und Franken denen des Reichsdurchschnitts annäherten, Verhältnisse, die in der Pfalz anscheinend schon weitgehend erreicht waren.

Die wirtschaftliche Rückständigkeit Bayerns und die daraus resultierenden schlechteren Lebensbedingungen vor allem der breiten Bevölkerungsschichten waren auch der Grund für die starke Abwanderung – der zweiten Hauptursache für den geringeren Bevölkerungszuwachs Bayerns. Dieser Wanderungsverlust, der bis in die 1930er-Jahre anhalten sollte, zeigt, dass die bayerische Wirtschaft nicht in der Lage war, Arbeitsplätze in hinreichender Zahl zur Verfügung zu stellen.

Unter den geschilderten Umständen nahm die Bevölkerung Bayerns nur moderat zu. 1840 wurden 4 371 000 Menschen gezählt; zum Zeitpunkt der Reichsgründung waren es 4 863 000 und vor Ausbruch des Ersten Weltkriegs – im Jahre 1910 – dann 6 887 000[8] (siehe Diagramme oben).

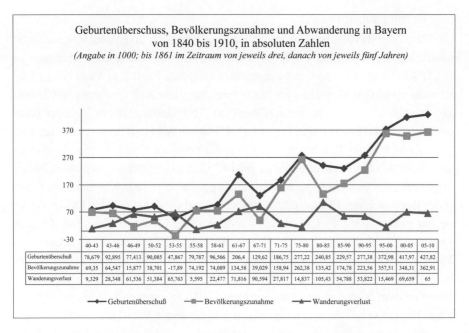

Geburtenüberschuss, Bevölkerungszunahme und Abwanderung in Bayern
von 1840 bis 1910, in absoluten Zahlen
(Angabe in 1000; bis 1861 im Zeitraum von jeweils drei, danach von jeweils fünf Jahren)

	40-43	43-46	46-49	50-52	53-55	55-58	58-61	61-67	67-71	71-75	75-80	80-85	85-90	90-95	95-00	00-05	05-10
Geburtenüberschuß	78,679	92,895	77,413	90,085	47,867	79,787	96,566	206,4	129,62	186,75	277,22	240,85	229,57	277,38	372,98	417,97	427,82
Bevölkerungszunahme	69,35	64,547	15,877	38,701	-17,89	74,192	74,089	134,58	39,029	158,94	262,38	135,42	174,78	223,56	357,51	348,31	362,91
Wanderungsverlust	9,329	28,348	61,536	51,384	65,763	5,595	22,477	71,816	90,594	27,817	14,837	105,43	54,788	53,822	15,469	69,659	65

◆ Geburtenüberschuß   ■ Bevölkerungszunahme   ▲ Wanderungsverlust

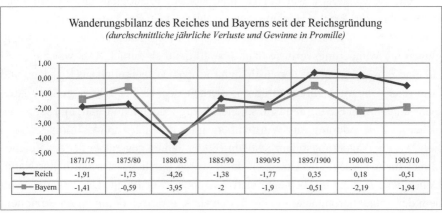

Wanderungsbilanz des Reiches und Bayerns seit der Reichsgründung
(durchschnittliche jährliche Verluste und Gewinne in Promille)

	1871/75	1875/80	1880/85	1885/90	1890/95	1895/1900	1900/05	1905/10
◆ Reich	-1,91	-1,73	-4,26	-1,38	-1,77	0,35	0,18	-0,51
■ Bayern	-1,41	-0,59	-3,95	-2	-1,9	-0,51	-2,19	-1,94

Bis zur Reichsgründung ist Bayerns Bevölkerung demnach ohne Dynamik gewachsen. Von 1840 bis 1870 nahm sie nur um rund eine halbe Million zu, das entsprach einem durchschnittlichen jährlichen Wachstum von ca. 0,4 %. In den folgenden vier Jahrzehnten aber erhöhte sich die Zahl der Menschen in Bayern um etwas mehr als zwei Millionen, was einer durchschnittlichen jährlichen Zunahme von knapp über einem Prozent entsprach. Damit wuchs die Bevölkerung in den 40 Jahren zwischen 1870 und 1910 rund dreimal so stark wie in den 40 Jahren von 1830 bis 1870.

Bevölkerungsbewegung

Dass der Bevölkerungszuwachs Bayerns erheblich unter dem Reichsdurchschnitt lag, war zu einem erheblichen Teil der Auswanderung zuzuschreiben. In den 1840er- und 1850er-Jahren wanderten allein nach Nordamerika in einem Jahr oft mehr als 10 000 Menschen aus; 1854 erreichte diese Auswanderung mit 23 690 registrierten Auswanderern ihren Höhepunkt. Vom Geburtenüberschuss der Jahre zwischen 1834 und 1871 sind Bayern 41,4 % durch Abwanderung verlorengegangen.[9] Zwischen der Reichsgründung und dem Ausbruch des Ersten Weltkriegs sank der Abwanderungsverlust dann auf 16,7 % des Geburtenüberschusses. Insbesondere die Abwanderung nach Übersee ging zunächst deutlich zurück, stieg aber in der Rezession der 1880er-Jahre vorübergehend wieder stark an. 1883 erreichte sie mit mehr als 15 000 Überseeauswanderern einen neuen Höhepunkt. Danach gingen die Zahlen stetig zurück, ab der Mitte der 1890er-Jahre lag sie dann bei 2000–3000 Überseeauswanderern pro Jahr. Weitaus mehr Bayern kehrten ihrer Heimat den Rücken, um in anderen Teilen Deutschlands ihr Glück zu versuchen. Allein im dem Jahrzehnt zwischen 1900 und 1910 haben rund 135 000 mehr Menschen Bayern verlassen als zuzogen (siehe Diagramme S. 151).

Die Abwanderung war ein gesamtdeutsches Phänomen, und in den Jahrzehnten bis zur Reichsgründung hatten einige deutsche Länder noch weitaus höhere Wanderungsverluste zu verkraften als Bayern. Nach der Reichsgründung gingen die Wanderungsverluste dann überall deutlich zurück. Das war zum Teil auf eine Zuwanderung aus dem östlichen Europa – vornehmlich aus Russland und Österreich-Ungarn – zurückzuführen, die seit den 1890er-Jahren größere Ausmaße annahm. In Bayern fand ein solcher Zuzug jedoch kaum statt, und selbst die bisherige Zuwanderung aus Württemberg ging deutlich zurück. Infolge dessen fiel Bayerns Wanderungsbilanz seit den 1890er-Jahren gegenüber der des Reiches immer mehr zurück. Die Ursachen dafür waren letztlich wirtschaftlicher Natur. Denn diese Wanderung bewegte sich zwischen zwei Polen: Der negative, von dem der Wanderstrom ausging, lag in den stark agrarisch dominierten Regionen, der positive wurde von den Industrieregionen gebildet, die den größten Teil dieses Stromes aufnahmen.[10]

Aber nicht nur durch Auswanderung, auch durch Binnenwanderung kam in diesen Jahrzehnten viel Bewegung in die bayerische Bevölkerung. Entsprechend der Erwerbsstruktur lebte der weitaus größte Teil der Bayern um die Mitte des 19. Jahrhunderts noch auf dem flachen Land. Von den damals 4,5 Millionen Menschen wohnten lediglich eine halbe Million in Städten, die übrigen auf dem Lande, und zwar ganz überwiegend in kleinen und kleinsten Orten. Dies aber änderte sich schon bis zur Jahrhundertwende signifikant (siehe Diagramm S. 154 unten).[11]

Die Zahl der Einwohner in Orten mit weniger als 1000 Einwohnern blieb seit 1855 nahezu unverändert, womit ihr prozentualer Anteil an der Bevölkerung

Wachstum der Städte, die 1910 mehr als 10 000 Einwohner zählten

Stadt	Kreis	Bevölkerung 1840	Bevölkerung 1910	Zunahme 1840/1910
München	Oberbayern	95 531	596 467	500 936
Nürnberg	Mittelfranken	46 824	333 142	286 318
Augsburg	Schwaben	36 869	123 015	86 146
Würzburg	Unterfranken	26 814	84 496	57 682
Ludwigshafen	Pfalz	1511	83 301	81 790
Fürth	Mittelfranken	14 989	66 553	51 564
Kaiserslautern	Pfalz	8250	54 659	46 409
Regensburg	Oberpfalz	21 942	52 624	30 682
Bamberg	Oberfranken	20 863	48 063	27 200
Hof	Oberfranken	7985	41 126	33 141
Pirmasens	Pfalz	6410	38 463	32 053
Bayreuth	Oberfranken	16 660	34 547	17 887
Aschaffenburg	Unterfranken	9273	29 892	20 619
Amberg	Oberpfalz	10 627	25 242	14 615
Landshut	Niederbayern	9307	25 137	15 830
Erlangen	Mittelfranken	10 630	24 877	14 247
Ingolstadt	Oberbayern	9189	23 745	14 556
Speyer	Pfalz	11 147	23 045	11 898
Schweinfurt	Oberfranken	7347	22 194	14 847
Straubing	Niederbayern	8825	22 021	13 196
Kempten	Schwaben	7788	21 001	13 213
Passau	Niederbayern	10 211	20 983	10 772
Ansbach	Mittelfranken	11 939	19 995	8056
Neustadt a. H.	Pfalz	6726	19 288	12 562
Frankenthal	Pfalz	4622	18 779	14 157
Lechhausen	Schwaben	2556	18 405	15 849
Landau/Pf.	Pfalz	11 818	17 767	5949
St. Ingbert	Pfalz	4015	17 278	13 263
Rosenheim	Oberbayern	3090	15 969	12 879
Zweibrücken	Pfalz	7578	15 250	7672
Freising	Oberbayern	4926	14 946	10 020
Weiden	Oberpfalz	2284	14 921	12 637
Neu-Ulm	Schwaben	1488.	12 395	10 907
Memmingen	Schwaben	6876	12 362	5486
Schwabach	Mittelfranken	6981	11 195	4214
Kulmbach	Oberfranken	3966	10 731	6765
Selb	Oberfranken	3140	10 500	7360
Summe		*480 997*	*2 024 374*	*1 543 377*

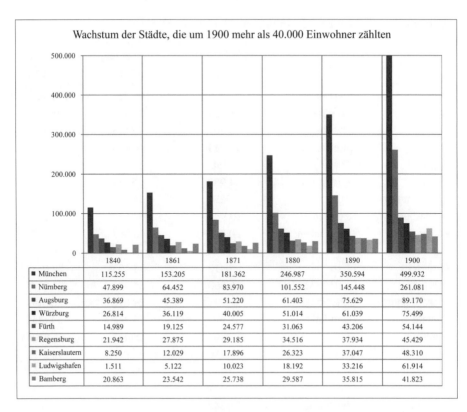

Wachstum der Städte, die um 1900 mehr als 40.000 Einwohner zählten

	1840	1861	1871	1880	1890	1900
■ München	115.255	153.205	181.362	246.987	350.594	499.932
■ Nürnberg	47.899	64.452	83.970	101.552	145.448	261.081
■ Augsburg	36.869	45.389	51.220	61.403	75.629	89.170
■ Würzburg	26.814	36.119	40.005	51.014	61.039	75.499
■ Fürth	14.989	19.125	24.577	31.063	43.206	54.144
■ Regensburg	21.942	27.875	29.185	34.516	37.934	45.429
■ Kaiserslautern	8.250	12.029	17.896	26.323	37.047	48.310
■ Ludwigshafen	1.511	5.122	10.023	18.192	33.216	61.914
■ Bamberg	20.863	23.542	25.738	29.587	35.815	41.823

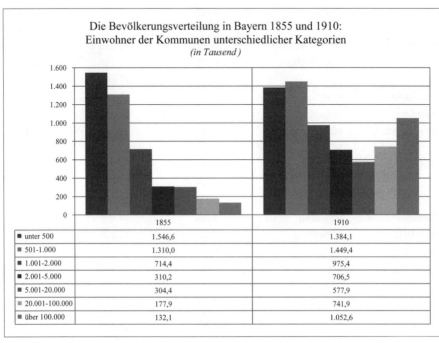

Die Bevölkerungsverteilung in Bayern 1855 und 1910:
Einwohner der Kommunen unterschiedlicher Kategorien
(in Tausend)

	1855	1910
■ unter 500	1.546,6	1.384,1
■ 501-1.000	1.310,0	1.449,4
■ 1.001-2.000	714,4	975,4
■ 2.001-5.000	310,2	706,5
■ 5.001-20.000	304,4	577,9
■ 20.001-100.000	177,9	741,9
■ über 100.000	132,1	1.052,6

erheblich abnahm. Lag er 1855 noch bei rund 63,5 %, so waren es 1910 nur noch etwa 41 %. Dagegen wuchsen die Städte mit mehr als 20 000 und vor allem die Großstädte mit mehr als 100 000 Einwohnern erheblich an. Deren Bevölkerungsanteil nahm im gleichen Zeitraum von rund 6,9 % auf 26 % zu. Von den rund zwei Millionen Menschen, um welche die Bevölkerung von 1840 bis 1910 wuchs, lebten somit mehr als 1,5 Millionen in den 37 Städten, die 1910 mehr als 10 000 Einwohner zählten.[12]

Von den Städten mit einer Einwohnerzahl über 10 000 lagen vier in Oberbayern, und deren Einwohnerzahl wuchs insgesamt um etwa 538 400, davon allein München um ca. 501 000. In Mittelfranken waren es fünf Städte, die einen Zuwachs von insgesamt 364 400 Menschen hatten, und in Oberfranken sechs, doch mit einem Zuwachs von nur 107 200. Hier fehlte ein mit Nürnberg vergleichbares Zentrum, und das war auch in der Pfalz der Fall, wo es acht größere Städte gab, die um rund 225 700 Menschen wuchsen (siehe Diagramm S. 153).

Zwischen dem Wachstum der Städte und dem der Regierungsbezirke bestand ein enger Zusammenhang, was sich darin zeigte, dass jene Bezirke am meisten zulegten, in denen auch die städtische Bevölkerung am stärksten wuchs. Die Bilanz des Bevölkerungszuwachses in den Regierungsbezirken von 1840 bis 1910 stellte sich demnach wie folgt dar (siehe auch Diagramm S. 157 oben):

Kreis	Zuwachs insgesamt		davon in Orten über 10 000 Ew.		davon in Orten unter 10 000 Ew.	
	absolut	Prozent	absolut	Prozent	absolut	Prozent
Oberbayern	841 100	124,3	538 400	64	302 700	36
Niederbayern	198 500	37,8	39 800	20	158 700	80
Pfalz	352 500	60,9	225 800	64	126 700	36
Oberpfalz	137 200	30,0	58 000	42,3	79 200	57,7
Oberfranken	169 400	34,5	107 200	63,3	62 200	36,7
Mittelfranken	417 100	81,8	364 400	87,4	52 700	12,6
Unterfranken	155 600	28,2	78 300	50,3	77 300	49,7
Schwaben	238 300	43,5	131 600	55,2	106 700	44,8
Bayern	2 509 700	57,5	1 543 500	61,5	966 200	38,5

Das Bevölkerungswachstum der Regierungsbezirke war somit von höchst unterschiedlichem Umfang; dass es in allererster Linie mit der Wanderungsbewegung in Zusammenhang stand, legt die Wanderungsbilanz nahe (siehe Diagramm S. 157 unten)

Den mit Abstand größten Wanderungsgewinn und Bevölkerungszuwachs hatte *Oberbayern* zu verzeichnen; wichtigstes Ziel der Zuwanderer, die größtenteils aus den anderen bayerischen Regierungsbezirken kamen, war München, aber auch die anderen oberbayerischen Städte wuchsen beachtlich. So konnte Freising seine Ein-

Die Bevölkerungsbewegung 1818 bis 1895 im Bild der Statistik des Königreichs

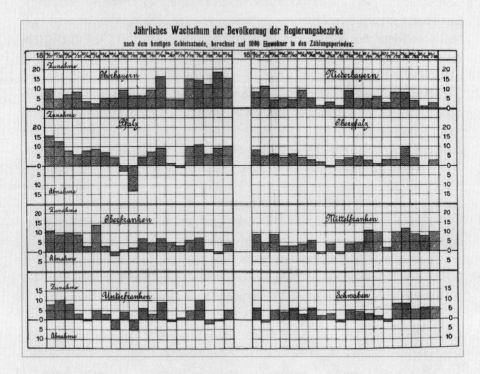

Dass schon die zeitgenössische Statistik des 19. Jahrhunderts das höchst unterschiedliche Bevölkerungswachstum der Regierungebezirke und die sich daraus ergebende Konzentration der Bevölkerung in Bayern südlich der Donau mit großer Aufmerksamkeit verfolgte, belegen die obigen Diagramme des Statistischen Jahrbuchs für Bayern aus dem Jahr 1897. Sie zeigen die jährliche Zunahme in den einzelnen Regierungsbezirken in Zählungsperioden unterschiedlicher Dauer. Die erste umfasst neun Jahre (1818 bis 1827), die folgenden jeweils drei Jahre, ab 1867 bis 1895 dann jeweils vier Jahre. Da der durchschnittliche jährliche Zuwachs in Promillepunkten angegeben ist, geben die Diagramme die tatsächliche Entwicklung seit Einrichtung der acht Regierungsbezirke (1817) realistisch wieder,

zumal hier auch die Veränderungen der Bevölkerungszahlen, die sich durch die Grenzverschiebungen bei der Reorganisation der Bezirke 1837 ergaben, berücksichtigt sind.

Die Diagramme aus dem Jahr 1897 lassen die Grundzüge der Entwicklung gut erkennen: Zum einen wiesen mit Ausnahme von Oberbayern und Niederbayern alle Regierungsbezirke Phasen von Bevölkerungsschwund auf, wobei dieser in der Pfalz in den Jahren nach 1848/49 besonders stark ausfiel, und das Bevölkerungswachstum schwächte sich bis zur Jahrhundertmitte generell deutlich ab. Zum anderen konzentrierte sich – als Folge der Binnenwanderung – das verstärkte Bevölkerungswachstum der zweiten Jahrhunderthälfte vor allem auf Oberbayern und Mittelfranken.

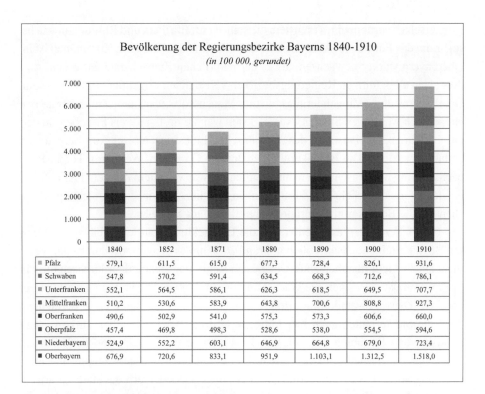

Bevölkerung der Regierungsbezirke Bayerns 1840-1910
(in 100 000, gerundet)

	1840	1852	1871	1880	1890	1900	1910
Pfalz	579,1	611,5	615,0	677,3	728,4	826,1	931,6
Schwaben	547,8	570,2	591,4	634,5	668,3	712,6	786,1
Unterfranken	552,1	564,5	586,1	626,3	618,5	649,5	707,7
Mittelfranken	510,2	530,6	583,9	643,8	700,6	808,8	927,3
Oberfranken	490,6	502,9	541,0	575,3	573,3	606,6	660,0
Oberpfalz	457,4	469,8	498,3	528,6	538,0	554,5	594,6
Niederbayern	524,9	552,2	603,1	646,9	664,8	679,0	723,4
Oberbayern	676,9	720,6	833,1	951,9	1.103,1	1.312,5	1.518,0

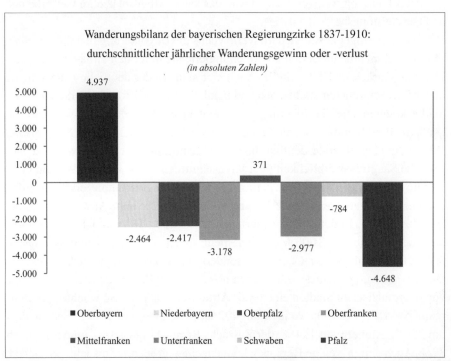

Wanderungsbilanz der bayerischen Regierungzirke 1837-1910:
durchschnittlicher jährlicher Wanderungsgewinn oder -verlust
(in absoluten Zahlen)

wohnerschaft verdoppeln, Traunstein die seine verdreifachen, und Rosenheim wuchs sogar um das Fünffache. Aber auch die Bevölkerung der kleineren Kommunen ist in Oberbayern stärker gewachsen, als es der natürlichen Zuwachsrate entsprach. Anders als in allen übrigen Regierungsbezirken verzeichnete sogar der ländliche Raum Oberbayerns einen Zuwanderungsgewinn. Mancherorts war diese Zuwachsrate sogar so hoch wie in den Städten. Am stärksten war sie im Landkreis Friedberg in der unmittelbaren Nachbarschaft des schwäbischen Industriezentrums Augsburg sowie entlang der Alpen. Die Bevölkerung der Bezirke Garmisch, Weilheim, Tölz, Miesbach, Aibling und Rosenheim nahm deutlich zu, was vor allem mit dem hier aufblühenden Fremdenverkehr im Zusammenhang stand. Auch in der Umgebung Münchens ist die Bevölkerung überdurchschnittlich stark angewachsen.

In *Niederbayern* dagegen verlief die Entwicklung deutlich ungünstiger. Dessen Bevölkerungswachstum blieb um rund 20 % hinter dem Landesdurchschnitt zurück. Da die Geburtenüberschüsse in diesem Regierungsbezirk überdurchschnittlich hoch waren, ist dieses geringe Wachstum nur durch hohe Abwanderungsverluste zu erklären. Diese Abwanderung erfolgte größtenteils aus den ländlichen Bereichen, denn die Städte hatten auch hier teilweise kräftige Wachstumsraten aufzuweisen. Landshut und Straubing konnten ihre Bevölkerung verdoppeln, und auch Passau und Deggendorf wuchsen beträchtlich. Es liegt daher nahe, diese ungünstige Entwicklung vor allem darauf zurückzuführen, dass Niederbayern ein stark agrarisch geprägtes Land mit wenigen Städten war, das kaum Arbeitsplätze im Gewerbe und im Dienstleistungsbereich aufwies.

Noch geringer als in Niederbayern wuchs die Bevölkerung in der *Oberpfalz*. Mit einer Zunahme um lediglich 30 % rangierte sie unter den altbayerischen Regierungsbezirken an letzter Stelle. Auch hier sind wieder deutliche Unterschiede in der Entwicklung der städtischen und ländlichen Bevölkerung zu erkennen. Die Städte konnten ihre Bevölkerung insgesamt in etwa verdoppeln, während die ländliche Bevölkerung um kaum mehr als 15 % wuchs. Auch in der Oberpfalz lag jedoch die Geburtenrate deutlich über dem Landesdurchschnitt. Zwar war hier auch die Säuglingssterblichkeit überdurchschnittlich hoch, aber bei Weitem nicht in dem Maße, dass damit die geringere Bevölkerungszunahme erklärt werden könnte. Diese war, wie in Niederbayern, vielmehr auf die hohe Abwanderungsrate zurückzuführen. In dem halben Jahrhundert zwischen 1855 und 1905 verließen die Oberpfalz über 138 000 Menschen mehr als zuzogen; und von diesen haben fast 32 000 nicht nur der Oberpfalz, sondern auch Bayern den Rücken gekehrt. Diese Wanderungsverluste wären noch höher ausgefallen, hätte nicht eine Reihe von oberpfälzischen Städten eine große Attraktivität gehabt. So wuchsen im Zeitraum von 1855 bis 1905 Weiden um 402 %, Rosenberg um 280 %, Schwandorf um 254 %, Amberg um 124 %; der Zuwachs Regensburgs betrug immerhin noch 89 %. Auch einige wenige Regionen konnten einen größeren Zuwachs verbuchen.

Ganz vorn rangierte hier das Bezirksamt Neustadt an der Waldnaab, das um fast 56 % zulegte, was auf die Ansiedlung von Industriebetrieben in und um den Eisenbahnverkehrsknotenpunkt Weiden zurückzuführen war. In den meisten ländlichen Regionen der Oberpfalz aber war die Abwanderung so groß, dass man besorgt von einer Entvölkerung sprach. Zwei Drittel bis drei Viertel der oberpfälzischen Landgemeinden haben in diesen Jahren eine rückläufige, stagnierende, oder höchstens geringfügig expansive Entwicklung genommen.

Der Regierungsbezirk *Schwaben* wuchs von 1840 bis 1910 um 43,5 %, womit der Zuwachs auch hier ganz erheblich hinter der Geburtenrate zurücklieb. Auch Schwaben wies somit hohe Wanderungsverluste auf, wobei die Unterschiede zwischen Stadt und Land besonders ausgeprägt waren. Denn während die städtische Bevölkerung um rund 100 % wuchs, legte die Landbevölkerung nur um etwa 20 % zu. Unter den ländlichen Regionen ragte nur eine mit besonders kräftigem Wachstum heraus, nämlich die um Augsburg, während mehrere eine sehr ungünstige Entwicklung nahmen. Negativste Beispiele waren der Bezirk Nördlingen, der bis 1905 rund 8 % seiner Bevölkerung von 1855 verlor, und der Bezirk Dillingen, der 1 % einbüßte. Insgesamt lässt sich auch hier ein deutliches Nord-Süd-Gefälle ausmachen, da die Entwicklung in den südlicheren Bezirken insgesamt günstiger verlief als in den nördlichen.

Die Entwicklung in Franken dagegen verlief unterschiedlich. So blieb *Oberfranken* hinsichtlich des Bevölkerungszuwachses gegenüber dem Landesdurchschnitt deutlich zurück. Seine Bevölkerung wuchs um 169 100 oder 34,5 % an. Mit einem durchschnittlichen Abwanderungsverlust von 3178 Personen pro Jahr (von 1837 bis 1910) wies Oberfranken die höchste Abwanderungsquote aller rechtsrheinischen Regierungsbezirke auf. Der Bevölkerungszuwachs hingegen beschränkte sich im Wesentlichen auch hier auf die Städte, deren Einwohnerzahl sich insgesamt mehr als verdoppelte. Am stärksten wuchs Hof, dessen Bevölkerung um 415 % zunahm; es folgten Forchheim mit 206 % und Kulmbach mit 170 %. Noch stärker als in der Oberpfalz machten sich in Oberfranken Rückgang und Stagnation bei der Bevölkerungsentwicklung vieler ländlicher Gemeinden bemerkbar. Auch hier fand eine Entvölkerung ausgedehnter Gebietsteile statt. Bis auf die Regionen entlang der Grenze nach Böhmen und Thüringen wiesen die meisten Landstriche eine negative Entwicklung auf. Positive Einflüsse gingen in diesen Teilen Oberfrankens nur von dem kräftigen industriellen Wachstum in Hof, Wunsiedel, Marktredwitz, Rehau, Lichtenfels, Kronach und Teuschnitz aus. Stagnation dagegen herrschte im südlichen und südwestlichen Oberfranken vor.

Die Entwicklung in *Mittelfranken* wurde von dem Industriezentrum Nürnberg geprägt. Im gesamten Regierungsbezirk nahm die Bevölkerung von 510 100 Einwohnern auf 927 300 zu, das waren 81,8 %. Damit lag Mittelfrankens Wachstum an zweiter Stelle – nach demjenigen Oberbayerns. Zurückzuführen ist diese günstige Entwicklung zum guten Teil auf eine starke Zuwanderung. Vor allem die Städte profitierten davon; deren Bevölkerung wuchs insgesamt um das Vierfache.

Dieser Zuwachs der städtischen Population ging vor allem auf das Konto Nürnbergs und Fürths. Nürnbergs Bevölkerung wuchs um 611 %, die Fürths um 346 %. Auch Erlangen wuchs kräftig, nämlich um 134 %. Im Süden Mittelfrankens dagegen sah es insgesamt weitaus ungünstiger aus. Selbst in den größten Städten dieser Region, in Weißenburg und Eichstätt, blieb das Bevölkerungswachstum weit hinter dem Landesdurchschnitt zurück. Unbefriedigend war die Entwicklung überhaupt in einer ganzen Reihe kleiner Städte, vor allem aber in den Landgemeinden. In mehr als 53 % dieser Gemeinden hat die Bevölkerung sogar abgenommen. Von diesem negativen Trend unberührt waren nur die zentral gelegenen Bezirksämter Hersbruck und Fürth.

In *Unterfranken* schließlich war eine ähnliche Entwicklung der Bevölkerungsverteilung zu beobachten wie in Mittelfranken, aber dies bei einem insgesamt wesentlich geringeren Bevölkerungszuwachs. Im Zeitraum von 1840 bis 1910 wuchs hier die Einwohnerschaft nur um rund 155 600 Menschen oder 18,2 %. Ursache war auch hier die starke Abwanderung, die in den Jahren 1846 bis 1849, 1852 bis 1855 und 1881 bis 1885 besonders hohe Raten erreichte; sie stieg damals auf mehr als 5000 Auswanderer pro Jahr an. Und auch in Unterfranken ist ein scharfer Gegensatz zwischen der Entwicklung auf dem Lande und der in den Städten zu beobachten: Während sich die städtische Bevölkerung mehr als verdoppelte, nahm die ländliche nur um rund 10 % zu. Allein in Würzburg wuchs die Bevölkerung stärker als in allen unterfränkischen Bezirksämtern zusammen. Die relativ größte Zunahme aber hatte Aschaffenburg aufzuweisen, nämlich 222 %; Würzburg folgte mit 215 % dicht.

Eine Sonderrolle nahm die *Pfalz* ein, deren Einwohnerzahl um 352 500 und somit 60,9 % zunahm, womit ihr Wachstum nach Oberbayern und Mittelfranken an dritter Stelle lag, und dies, obwohl sie die mit Abstand stärkste Abwanderungsquote zu verkraften hatte. Die Pfalz verlor durch Abwanderung im Jahresdurchschnitt 4648 Menschen, das waren fast so viele wie in Oberbayern zuwanderten, denn dessen Wanderungsgewinn betrug 4937 Personen pro Jahr. Zurückzuführen war der trotzdem relativ hohe Bevölkerungszuwachs auf einen im Vergleich zum rechtsrheinischen Bayern deutlich höheren Geburtenüberschuss. Im Zeitraum 1855/60 lag der jährliche Geburtenüberschuss in ganz Bayern bei 0,65 %, in der Pfalz dagegen bei 1,18 %; im Zeitraum 1901/05 war der Geburtenüberschuss im Landesdurchschnitt auf 1,3 % angestiegen, in der Pfalz aber betrug er jetzt 1,8 %. Damit waren die Verhältnisse in der Pfalz deutlich verschieden von denen in den beiden anderen Regierungsbezirken mit überdurchschnittlichem Bevölkerungswachstum, denn Oberbayern und Mittelfranken waren gleichzeitig die Bezirke mit den geringsten Geburtenüberschüssen.

Gradmesser der Industrialisierung: Die Bevölkerungsmobilität

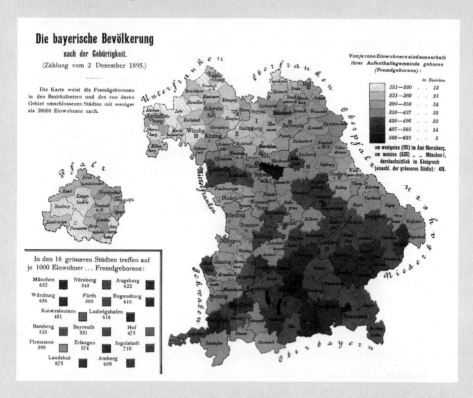

Die bayerische Bevölkerung nach der Gebürtigkeit. (Zahlung vom 2. Dezember 1895.)

Ein wesentliches Merkmal der Industrialisierung ist die erhöhte Mobilität der Bevölkerung. Verursacht wurde diese vor allem durch das immer stärkere Auseinanderklaffen der Lebens- und Arbeitsbedingungen sowie der Einkommen zwischen Stadt und Land beziehungsweise zwischen den Regionen. Wie diese Karte von 1897 zeigt, hatte die gesteigerte Mobilität bereits Ende des 19. Jahrhunderts längst auch Bayern erfasst. Wenn selbst in stark agrarisch geprägten Regionen zahlreiche Menschen nicht mehr an ihrem Geburtsort lebten, so belegt dies, dass viele hofften, ihre Lebens- und Einkommensverhältnisse durch einen Ortswechsel verbessern zu können. Hinzu kam die Abwanderung in andere deutsche Länder und ins Ausland.

Ziel vieler „Binnenwanderer" war nicht die nächstgelegene Stadt; vor allem dann nicht, wenn diese in einem der wirtschaftlich und strukturell benachteiligten Regierungsbezirke lag. Die attraktiven Regionen lagen – abgesehen von denen im unmittelbaren Umkreis der industriellen Zentren in Mittelfranken und in der Oberpfalz – vielmehr südlich der Donau. Dort lebte jeder Zweite nicht mehr an seinem Geburtsort, wobei dieser oftmals nördlich der Donau lag.

Auch in der Pfalz konzentrierte sich der Bevölkerungszuwachs auf die Städte. Die Einwohnerzahl der 14 größten pfälzischen Städte wuchs im Zeitraum von 1855 bis 1905 um nicht weniger als 216 %. Dagegen wuchs die ländliche Bevölkerung im gleichen Zeitraum um nur 19 %. Den bei Weitem größten Zuwachs hatte die Stadt Ludwigshafen zu verzeichnen und war damit Spitzenreiter in ganz Bayern: 1840 wohnten hier 1511 Einwohner, 1910 dagegen 83 301, das war das 55-Fache der Zahl von 1840. Auch die ländlichen Gemeinden in der Umgebung Ludwigshafens haben von dessen Entwicklung profitiert, auch hier gab es ein weit überdurchschnittliches Wachstum. Das Bezirksamt Ludwigshafen wies 1905 die vierfache Bevölkerungszahl von 1855 auf. Günstig war auch die Entwicklung in den benachbarten Bezirksämtern Speyer und Frankenthal. Speyer selbst wuchs von 1840 bis 1910 um 107,5 %, Frankenthal um 306,3 %.

Außer in diesen „vorderpfälzischen" Gebieten nahm die Bevölkerung vor allem auch in den westlichen Bezirken zu. Besonders die Bezirke St. Ingbert und Homburg, außerdem die Gebiete um Zweibrücken, Pirmasens und Kaiserslautern fallen durch eine positive Entwicklung auf. Im Bezirk Homburg ragen in dieser Hinsicht die Gemeinden Ober- und Mittelbexbach und deren Umgebung heraus. Die Ursache hierfür ist vor allem im Aufschwung des dortigen Kohlebergbaus zu suchen. Ähnliches gilt für den Bezirk St. Ingbert im Saargebiet. Dieser Bezirk zählte 1855 21 000 Einwohner, 1905 aber über 40 000. Im Bezirk Zweibrücken dagegen wuchs vor allem die Stadt selbst, nämlich um rund 100 %. Günstig war auch die Entwicklung im Amt Pirmasens; dieses vergrößerte sich um 500 %.

In den meisten anderen Amtsbezirken dagegen verlief die Entwicklung deutlich schlechter. Die Regionen mit geringer oder stagnierender Bevölkerungsbewegung erstreckten sich hauptsächlich im Norden und Osten der Pfalz und umfassten die Bezirke Kusel, Rockenhausen, Kirchheimbolanden, dazu die Gebiete in der östlichen Hardt, die Bezirke Bad Dürkheim, Neustadt, Landau, Bergzabern und Germersheim. Hier wuchsen nur einzelne Städte. Aber nur in einem Bezirk, in Bergzabern, ging die Bevölkerungszahl insgesamt zurück.

Wichtigstes Ergebnis dieser Bevölkerungsbewegung war die Herausbildung eines starken Nord-Süd-Gefälles im rechtsrheinischen Bayern. Im Süden, hauptsächlich aber in Oberbayern, wiesen fast alle Gemeinden eine insgesamt positive Entwicklung auf; Stagnation oder gar Rückgang waren hier die Ausnahme. Die Grenze zwischen den Gebieten mit günstiger und ungünstiger Entwicklung wurde in etwa von der Donau gebildet. Kein größerer Gebietskomplex südlich der Donau wies eine negative Bevölkerungsentwicklung auf, wohl aber eine ganze Reihe Regionen im Norden. 26 Bezirksämter, davon 24 in der Oberpfalz und in Franken und zwei in Schwaben, hatten 1905 eine geringere Bevölkerung aufzuweisen als 1855. Bei anderen hatte die Bevölkerung nur sehr wenig zugenommen. Zudem war auch in diesen benachteiligten Gebieten der Prozess der Bevölkerungskonzentration in

den Städten vorangeschritten, sodass das Ausmaß der Entvölkerung weiter Landstriche noch größer war als die Statistik auf den ersten Blick erkennen lässt.

In den Erhebungen des Statistischen Büros wurde eine Reihe von Ursachen
für die positive oder negative Entwicklung von Kommunen und Regionen verantwortlich gemacht, und zwar in dieser Rangfolge:

– Positiv auf das Wachstum wirkte sich vor allem der Anschluss an die Hauptver-
  kehrswege, und zwar vor allem an die Eisenbahn aus. Wo Eisenbahnverbindungen mit anderen wichtigen Verkehrswegen zusammentrafen, waren besonders
  gute Voraussetzungen gegeben. Wichtig war ein Eisenbahnanschluss nicht nur
  aus unmittelbar wirtschaftlichen Gründen, sondern auch deshalb, weil damit ein
  Ort an Lebensqualität gewann: Die Menschen konnten leichter auch zu privaten
  Zwecken verreisen, Ausflüge in die Umgebung oder in die nächste größere
  Stadt unternehmen und deren Kultur- und Dienstleistungsangebot nutzen. Als
  besonders wichtig erwies sich diese Art der Verkehrsanbindung bei den Orten
  am Alpenrand; denn hier bildete sie die Voraussetzung für den Aufschwung des
  Fremdenverkehrs, der zu einer neuen wichtigen Erwerbsquelle wurde.
– Sehr positiv wirkte sich auch die Nähe zu einer Großstadt aus. Vielfach entwickelte sich deren Umgebung kräftiger als die Stadt selbst, denn dort beeinträch-
  tigten Lärm, Abgase und andere negative Umwelteinflüsse die Lebensqualität.
  Wohnte man im ländlichen Umfeld der Städte, so konnte man die wirtschaftlichen Vorteile der Stadt nutzen und dennoch die Annehmlichkeiten des Lebens
  auf dem Land genießen. Begünstigt wurde die Stadtflucht auch durch die stark
  steigenden städtischen Grundstückspreise, die den Angehörigen des Mittelstandes den Erwerb eines eigenen Hauses erschwerten. Ermöglicht wurde sie in größerem Umfang aber erst durch den Ausbau des öffentlichen Nahverkehrs in den
  nun entstehenden Ballungsräumen. Darüber hinaus profitierte das Umland von
  der Verlagerung der expandierenden Fabriken aus den Städten an deren Peripherie. Dieser Prozess lässt sich besonders gut in Nürnberg, München und Augsburg
  verfolgen, wo sich viele Dörfer der Umgebung zu florierenden Kommunen entwickelten, die in der Folge allerdings auch häufig eingemeindet wurden.
  Fast alle ländlichen Gemeinden, die eine positive Entwicklung nahmen, verwiesen auf die Bedeutung der benachbarten Industrie als Wachstumsfaktor durch
  das größere Angebot an Arbeitsplätzen, das zur Blüte ganzer Bezirke in ihrem
  Umfeld beitrug. Ähnlich wie Industrie und Gewerbe konnten auch andere Einrichtungen zu einem überdurchschnittlichen Bevölkerungswachstum führen.
  Genannt wurden in diesem Zusammenhang beispielsweise Garnisonen, zentrale
  Unterrichtsanstalten oder andere staatliche Einrichtungen wie Ämter, Gerichte,
  Krankenhäuser, Gefängnisse und staatliche Werkstätten. Unter Letzteren spielten Eisenbahnausbesserungswerke und andere Eisenbahneinrichtungen eine
  wichtige Rolle.

Was die negativen Faktoren anbelangt, so wurde nur in Ausnahmefällen eine zu geringe Geburtenrate angeführt. Als wichtigste Ursache für den Bevölkerungsrückgang ihrer Gemeinde gaben die Gemeindevorsteher vielmehr die Abwanderung an, die sie auf das Fehlen der oben angeführten positiven Faktoren zurückführten.

– Als eine weitere Ursache des wirtschaftlichen Niedergangs von ländlichen Gemeinden und Bezirken wurde der Mangel an landwirtschaftlichen Arbeitskräften sowie an industriellen und gewerblichen Arbeitsplätzen genannt. In manchen Orten wurde eine rückläufige Entwicklung direkt mit der Einstellung eines größeren Betriebes, etwa eines Berg- oder Hüttenwerkes, in Verbindung gebracht, mitunter auch mit der Zerschlagung eines größeren landwirtschaftlichen Guts. Darüber hinaus machte man den Abzug staatlicher Einrichtungen dafür verantwortlich.

Vor dem Hintergrund dieser Entwicklung wird verständlich, warum die Zahl der bayerischen Gemeinden in der zweiten Jahrhunderthälfte erkennbar abgenommen hat. Weitaus auffälliger waren jedoch die oben aufgezeigten Verschiebungen zwischen den einzelnen Siedlungstypen, zeigen sie doch, dass auch in Bayern die Landflucht und die Verstädterung voll in Gang gekommen waren.

2. Die Erwerbs- und Wirtschaftsstruktur

Ein herausragendes Merkmal des strukturellen Wandels, der sich mit dem Einsetzen der Industrialisierung vollzog, waren die Verlagerungen der Gewichte zwischen der Land- und Forstwirtschaft auf der einen und Gewerbe, Handel und Dienstleistungen auf der anderen Seite (siehe Diagramm S. 165 oben). Das gilt für Bayern im gleichen Maße wie für alle anderen Länder, auch wenn in Bayern dieser Prozess erst später einsetzte und langsamer verlief als in anderen Teilen Deutschlands. Die Verhältnisse auf Reichsebene zeigt das Diagramm S. 165 Mitte.

Ein weiteres Merkmal des Industrialisierungsprozesses ist die starke Zunahme der Erwerbstätigen in allen Bereichen außerhalb der Landwirtschaft. Auch in Bayern legte deren Zahl spürbar zu, und zwar von 2,5 Millionen im Jahr 1882 auf 2,7 Millionen im Jahr 1895 und 3,4 Millionen 1907. Die Zunahme der Erwerbstätigen war deutlich stärker als das Bevölkerungswachstum. Insbesondere wuchs auch die Zahl der Frauen an, die einer gewerblichen Tätigkeit nachgingen (siehe Diagramm S. 165 unten).

Damit aber lag die Erwerbsquote in Bayern deutlich über dem Reichsdurchschnitt, denn die reichsweite Erwerbsquote betrug 1882 nur 41,9 %, 1895 dann 42,7 % und 1907 schließlich 45,5 %.[13] Insbesondere war im Reich der Anteil der erwerbstätigen Frauen deutlich geringer; 1882 lag dieser bei etwa 23 %, 1907 bei

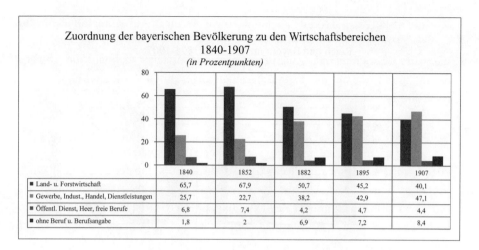

Zuordnung der bayerischen Bevölkerung zu den Wirtschaftsbereichen
1840-1907
(in Prozentpunkten)

	1840	1852	1882	1895	1907
Land- u. Forstwirtschaft	65,7	67,9	50,7	45,2	40,1
Gewerbe, Indust., Handel, Dienstleistungen	25,7	22,7	38,2	42,9	47,1
Öffentl. Dienst, Heer, freie Berufe	6,8	7,4	4,2	4,7	4,4
ohne Beruf u. Berufsangabe	1,8	2	6,9	7,2	8,4

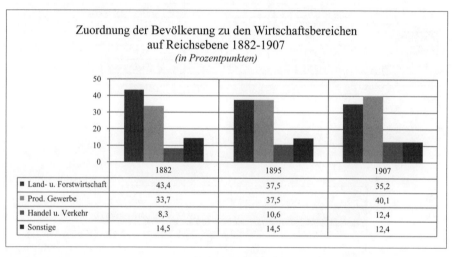

Zuordnung der Bevölkerung zu den Wirtschaftsbereichen
auf Reichsebene 1882-1907
(in Prozentpunkten)

	1882	1895	1907
Land- u. Forstwirtschaft	43,4	37,5	35,2
Prod. Gewerbe	33,7	37,5	40,1
Handel u. Verkehr	8,3	10,6	12,4
Sonstige	14,5	14,5	12,4

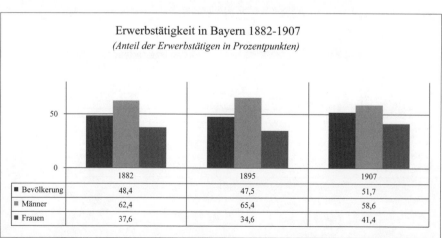

Erwerbstätigkeit in Bayern 1882-1907
(Anteil der Erwerbstätigen in Prozentpunkten)

	1882	1895	1907
Bevölkerung	48,4	47,5	51,7
Männer	62,4	65,4	58,6
Frauen	37,6	34,6	41,4

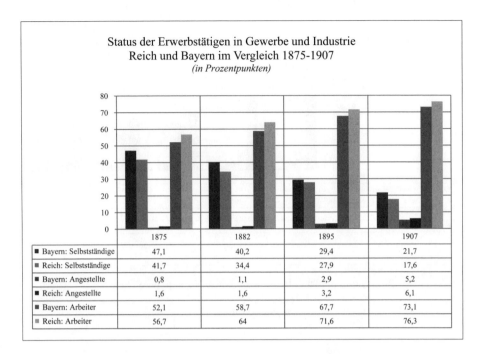

Status der Erwerbstätigen in Gewerbe und Industrie
Reich und Bayern im Vergleich 1875-1907
(in Prozentpunkten)

	1875	1882	1895	1907
■ Bayern: Selbstständige	47,1	40,2	29,4	21,7
■ Reich: Selbstständige	41,7	34,4	27,9	17,6
■ Bayern: Angestellte	0,8	1,1	2,9	5,2
■ Reich: Angestellte	1,6	1,6	3,2	6,1
■ Bayern: Arbeiter	52,1	58,7	67,7	73,1
■ Reich: Arbeiter	56,7	64	71,6	76,3

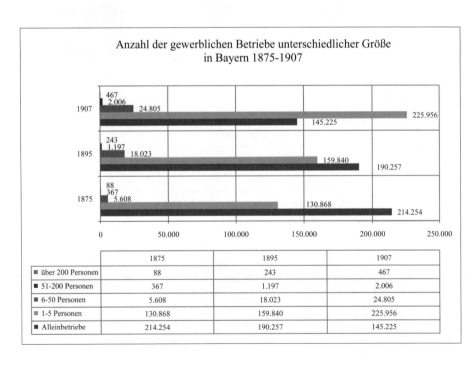

Anzahl der gewerblichen Betriebe unterschiedlicher Größe
in Bayern 1875-1907

	1875	1895	1907
■ über 200 Personen	88	243	467
■ 51-200 Personen	367	1.197	2.006
■ 6-50 Personen	5.608	18.023	24.805
■ 1-5 Personen	130.868	159.840	225.956
■ Alleinbetriebe	214.254	190.257	145.225

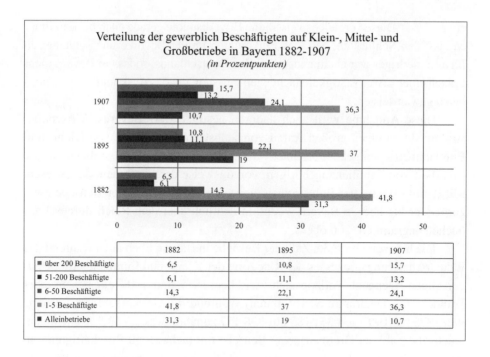

Verteilung der gewerblich Beschäftigten auf Klein-, Mittel- und Großbetriebe in Bayern 1882-1907
(in Prozentpunkten)

	1882	1895	1907
■ über 200 Beschäftigte	6,5	10,8	15,7
■ 51-200 Beschäftigte	6,1	11,1	13,2
■ 6-50 Beschäftigte	14,3	22,1	24,1
■ 1-5 Beschäftigte	41,8	37	36,3
■ Alleinbetriebe	31,3	19	10,7

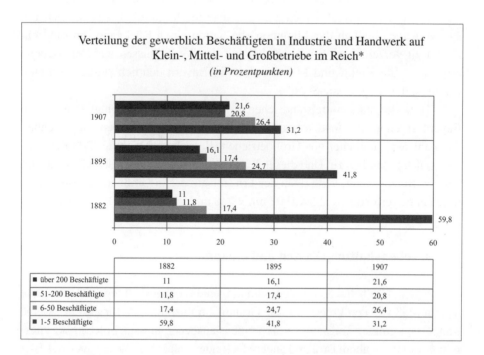

Verteilung der gewerblich Beschäftigten in Industrie und Handwerk auf Klein-, Mittel- und Großbetriebe im Reich*
(in Prozentpunkten)

	1882	1895	1907
■ über 200 Beschäftigte	11	16,1	21,6
■ 51-200 Beschäftigte	11,8	17,4	20,8
■ 6-50 Beschäftigte	17,4	24,7	26,4
■ 1-5 Beschäftigte	59,8	41,8	31,2

* Die Alleinbetriebe sind hier in der Kategorie „Betriebe mit 1–5 Beschäftigte" erfasst.

etwa 32 %.[14] Diese vergleichsweise hohe Erwerbsquote gerade auch bei den Frauen lässt den Schluss zu, dass das Einkommen breiter Bevölkerungsschichten in Bayern niedriger war als in anderen Teilen Deutschlands, sodass in Bayern mehr Frauen einer Erwerbstätigkeit nachgehen mussten, um das Auskommen der Familie zu gewährleisten.

Diese Annahme wird auch dadurch gestützt, dass Bayerns Wirtschaftsstruktur durch einen großen Anteil von Selbstständigen sowie von Klein- und Einmannbetrieben gekennzeichnet war; solche Betriebe waren vielfach auf die Mitarbeit von Familienangehörigen, vorzugsweise der Ehefrauen, angewiesen. Mit dem Fortgang der Industrialisierung ging der Anteil dieser Betriebe zwar zurück, er lag aber in Bayern weiterhin deutlich über dem Reichsdurchschnitt (siehe Diagramm S. 166 oben).

Die bei weitem größte Zahl der Betriebe in Bayern blieb auch während des Industrialisierungsprozesses der Kategorie der Klein- und Einmannbetriebe zuzurechnen. Dennoch vollzog sich zwischen 1875 und 1907 ein beachtlicher Wandel (vgl. Diagramm S. 166 unten).Während die Gesamtzahl der Betriebe von 1875 bis 1907 von 351 185 auf 398 459 zunahm, was ca. 13,5 % entsprach, wuchs die Zahl der Großbetriebe – Betriebe mit mehr als 50 Beschäftigten – in diesem Zeitraum um nicht weniger als 443 %. Auch die mittelgroßen Betriebe – 6 bis 50 Beschäftigte – nahmen weit überdurchschnittlich zu, nämlich um 342 %. Ausschließlich die Alleinbetriebe hatten einen Rückgang um rund ein Drittel zu verzeichnen. Ein Vergleich mit den Verhältnissen auf Reichsebene zeigt, dass die Klein- und Mittelbetriebe in Bayern deutlich stärker vertreten waren (siehe Diagramme S. 167).

Trotz der stark mittelständischen Prägung von Gewerbe und Industrie in Bayern ist jedoch die Tendenz zur Bildung von größeren Betrieben unübersehbar. Die Zahl der Mitarbeiter von Großbetrieben (Betriebe mit mehr als 200 Beschäftigten) nahm deutlich zu. Und dieser Trend war in Bayern kaum schwächer als im übrigen Reichsgebiet, legte doch der Prozentsatz der in Großbetrieben Beschäftigten in Bayern von 1882 bis 1907 um 9,2 % und im Reich um 10,6 % zu.

3. Lebenshaltungskosten und Einkommen

In dem hier betrachteten Zeitraum hingen die Lebenshaltungskosten noch in hohem Maß von den Preisen für die Grundnahrungsmittel ab, für die der „kleine Mann" den größten Teil seines Einkommens ausgeben musste. Solche Nahrungsmittel waren vor allem Brot und andere Getreideprodukte (zu denen auch das Bier zählte), dann Kartoffeln, Fleisch, Geflügel, Schmalz, Butter und Eier. Bis zur Jahrhundertmitte kam der Entwicklung des Getreidepreises noch eine Leitfunktion für die Lebenshaltungskosten zu, danach kaum mehr. Zurückzuführen ist dies in erster Linie darauf, dass mit dem Ausbau der Verkehrswege Getreide in großen Mengen importiert werden konnte und dessen Preis nun maßgeblich von den Einfuhrzöllen abhing. Die von der Industrie um 1890 durchgesetzte Absenkung der Getreidezölle führte zwar zum Rückgang des Getreidepreises und ließ die Erträge der deutschen Landwirtschaft schrumpfen, bewirkte jedoch nur eine vorübergehende Senkung beziehungsweise Stagnation der Preise, die der Verbraucher zu zahlen hatte:

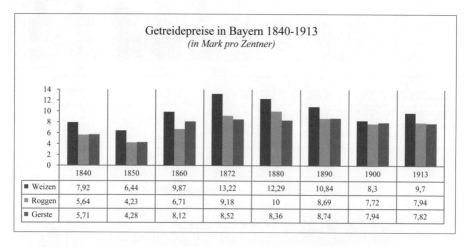

Getreidepreise in Bayern 1840-1913
(in Mark pro Zentner)

	1840	1850	1860	1872	1880	1890	1900	1913
■ Weizen	7,92	6,44	9,87	13,22	12,29	10,84	8,3	9,7
■ Roggen	5,64	4,23	6,71	9,18	10	8,69	7,72	7,94
■ Gerste	5,71	4,28	8,12	8,52	8,36	8,74	7,94	7,82

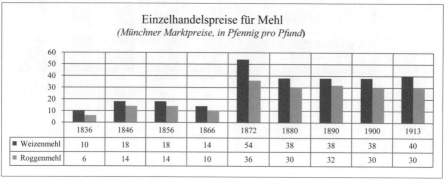

Einzelhandelspreise für Mehl
(Münchner Marktpreise, in Pfennig pro Pfund)

	1836	1846	1856	1866	1872	1880	1890	1900	1913
■ Weizenmehl	10	18	18	14	54	38	38	38	40
■ Roggenmehl	6	14	14	10	36	30	32	30	30

In stärkerem Maße als die Getreidepreise aber stiegen die Mehlpreise. Die Preise für die meisten Grundnahrungsmittel haben sich jedoch seit der Jahrhundertmitte noch deutlich stärker erhöht als die Mehlpreise; eine Ausnahme machten Kartoffeln (vgl. Diagramme S. 170).

Erheblich schwieriger zu ermitteln als die Entwicklung der Lebensmittelpreise ist die der Einkommen, da hier das statistische Material weitaus dürftiger ist. Grundsätzlich kann man jedoch davon ausgehen, dass das Einkommen der Bevölkerung insgesamt stärker wuchs als die Lebenshaltungskosten. Diesen

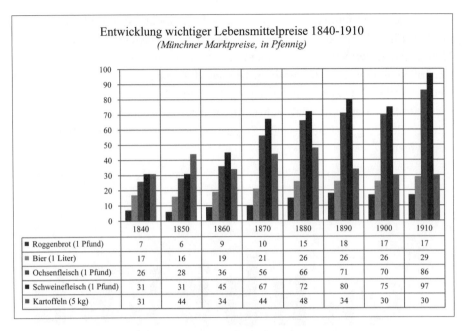

Entwicklung wichtiger Lebensmittelpreise 1840-1910
(Münchner Marktpreise, in Pfennig)

	1840	1850	1860	1870	1880	1890	1900	1910
■ Roggenbrot (1 Pfund)	7	6	9	10	15	18	17	17
■ Bier (1 Liter)	17	16	19	21	26	26	26	29
■ Ochsenfleisch (1 Pfund)	26	28	36	56	66	71	70	86
■ Schweinefleisch (1 Pfund)	31	31	45	67	72	80	75	97
■ Kartoffeln (5 kg)	31	44	34	44	48	34	30	30

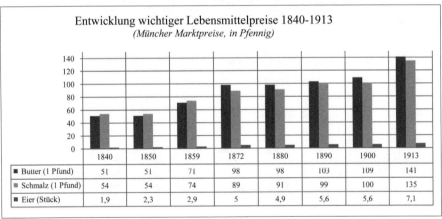

Entwicklung wichtiger Lebensmittelpreise 1840-1913
(Müncher Marktpreise, in Pfennig)

	1840	1850	1859	1872	1880	1890	1900	1913
■ Butter (1 Pfund)	51	51	71	98	98	103	109	141
■ Schmalz (1 Pfund)	54	54	74	89	91	99	100	135
■ Eier (Stück)	1,9	2,3	2,9	5	4,9	5,6	5,6	7,1

Rückschluss kann man u. a. aus der Entwicklung der Einlagen bei den Sparkassen ziehen (siehe Diagramm S. 171).

Der mit der Industrialisierung verbundene allmähliche Anstieg des Lebensstandards fiel aber höchst unterschiedlich aus und hat manche Bevölkerungsschichten weitgehend oder auch gänzlich ausgespart. Einen relativ zuverlässigen Anhalt für die Einschätzung der Einkommensentwicklung insgesamt bietet die Entwicklung der direkten Steuerleistung, wobei man jedoch berücksichtigen muss, dass die Steuern stärker stiegen als die Einkommen und dass dieser Steueranstieg je nach der Art der Einkommen unterschiedlich hoch war (siehe Diagramm S. 172).

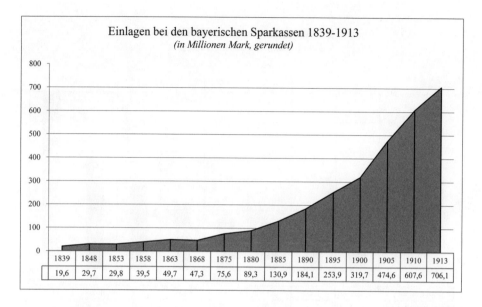

Einlagen bei den bayerischen Sparkassen 1839-1913
(in Millionen Mark, gerundet)

1839	1848	1853	1858	1863	1868	1875	1880	1885	1890	1895	1900	1905	1910	1913
19,6	29,7	29,8	39,5	49,7	47,3	75,6	89,3	130,9	184,1	253,9	319,7	474,6	607,6	706,1

Im Zeitraum von 1840 bis 1900 ist das Steueraufkommen somit um etwa das 3,5-Fache gestiegen, bis 1910 um das 5-Fache. Entfiel 1845 auf jeden Einwohner Bayerns eine direkte Steuerleistung in Höhe von 2,51 Mark, so waren es 1900 bereits 6,16 Mark und 1910 schließlich 8,82 Mark.[15] Wie die Anteile der einzelnen Steuerarten zeigen, trugen dazu am meisten jene Steuern bei, die mit den Bereichen Gewerbe, Handel und Dienstleistungen in Verbindung standen. Dazu ist neben der Kapitalsteuer auch die Haussteuer zu rechnen, denn Letztere stammte größtenteils aus der Miethaussteuer.

Probleme bereitet vor allem auch die Einschätzung der Anteile, welche die Einkünfte aus Arbeit und jene aus Kapital an diesem Einkommenszuwachs hatten. Hierbei ist zu berücksichtigen, dass die Erfassung der Erträge aus Kapitalvermögen sehr unzulänglich war, weshalb die Entwicklung der Kapitalsteuer die der wirklichen Erträge aus derartigen Anlagen nicht korrekt widerspiegelt. Die 1848 eingeführte Kapitalsteuer betrug zunächst ein Kreuzer pro Gulden Zinsertrag, was einer Steuer von 0,75 % bis 0,83 % entsprach. Die gleichzeitig eingeführte Einkommensteuer musste von jedem Einkommen, gleichviel, ob dieses bereits von einer anderen Steuer erfasst wurde oder nicht, und unabhängig von seiner Art – Geld, geldeswerte Leistungen, Einkommen aus selbstständiger oder unselbstständiger Tätigkeit – entrichtet werden.[16] Anders als die Arbeitseinkommen waren jedoch die Einnahmen aus Kapitalanlagen sehr schwer zu erfassen, hier waren die Steuerbehörden auf die Auskünfte des Steuerpflichtigen angewiesen. Tatsächlich blieben die Erträge der Kapitalsteuer weit hinter den Erwartungen zurück. 1902 wurde im Landtag von einem Abgeordneten, der über einschlägige Erfahrungen verfügte, dazu Folgendes ausgeführt: „Was die

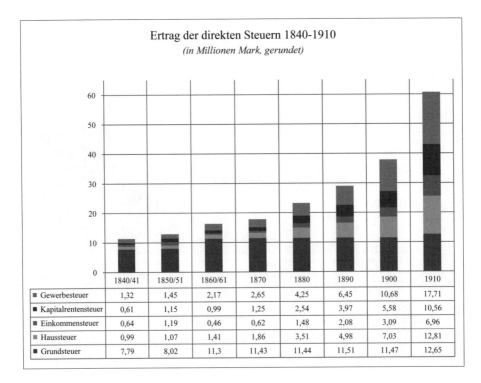

Ertrag der direkten Steuern 1840-1910
(in Millionen Mark, gerundet)

	1840/41	1850/51	1860/61	1870	1880	1890	1900	1910
■ Gewerbesteuer	1,32	1,45	2,17	2,65	4,25	6,45	10,68	17,71
■ Kapitalrentensteuer	0,61	1,15	0,99	1,25	2,54	3,97	5,58	10,56
■ Einkommensteuer	0,64	1,19	0,46	0,62	1,48	2,08	3,09	6,96
■ Haussteuer	0,99	1,07	1,41	1,86	3,51	4,98	7,03	12,81
■ Grundsteuer	7,79	8,02	11,3	11,43	11,44	11,51	11,47	12,65

Kapitalrentensteuer anbelangt, halte ich sie geradezu für etwas Lächerliches, weil nur der Kapitalrentensteuer bezahlt, der will, und wer nicht will, bezahlt einfach nicht. Ich habe das zweifelhafte Vergnügen, einem Kapitalrenten- und Einkommensteuerausschuß anzugehören, aber ich muß gestehen, wenn man von Einem ganz bestimmt weiß, dass er mehr Kapital hat und viel mehr Einkommen, und er wird vor einen Steuerausschuß citirt, so geht er einfach her und lügt noch mehr vor, geht hinaus und lacht sich die Faust voll und zahlt einfach nichts. Soviel ich weiß, zahlt das kleine Württemberg ziemlich so viel an Kapitalrentensteuer, als wir Bayern bezahlen. Dieses Land kann das leisten, und wir können es nicht."[17]

Aber auch die Ermittlung der Einkommen aus Erwerbstätigkeit bereitet erhebliche Probleme. Hier kann zunächst die Gehaltsentwicklung im öffentlichen Dienst einen Anhaltspunkt bieten. Das monatliche Anfangsgehalt eines Regierungsrates betrug um 1826 umgerechnet 228,50 Mark und erhöhte sich zunächst nur unwesentlich. Bis 1872 stieg es dann auf 380 Mark und blieb längere Zeit auf diesem Niveau. 1892 waren es dann 455, 1904 477,50 und 1909 schließlich 500 Mark. Das Anfangsgehalt eines Sekretärs lag 1826 bei 117,80 Mark und stieg in ähnlicher Progression bis 1904 auf 220 Mark an, was einer Steigerung um das 1,9-Fache entsprach. Bei den Endgehältern ist in etwa die gleiche Entwicklung zu beobachten, doch schnitt hier der Sekretär etwas besser ab.[18]

Anders als im öffentlichen Dienst war die Höhe der Löhne, die in der Wirtschaft gezahlt wurden, vor allem von der Nachfrage nach Arbeitskräften abhängig. Diese Nachfrage hing von den konjunkturellen Rahmenbedingungen und der Situation in der jeweiligen Branche ab, aber auch von den örtlichen und regionalen Verhältnissen, die in Bayern jedoch höchst differenziert waren. Als ein Beleg für die starke Abhängigkeit der Löhne von derartigen Faktoren kann die große Spannbreite der Verdienste von fest angestellten landwirtschaftlichen Arbeitskräften dienen. Im Jahre 1888 lag der Jahresverdienst männlicher Erwachsener hier zwischen 260 und 730 Mark, der weiblicher Erwachsener zwischen 120 und 520 Mark; 1899 waren es zwischen 305 und 880, beziehungsweise zwischen 225 und 600 Mark und 1906/7 schließlich zwischen 378 und 900 beziehungsweise 260 und 650 Mark. Ähnlich groß waren die Unterschiede bei den Tageslöhnen, d. h. den Löhnen für nicht fest angestellte, ungelernte Arbeitskräfte: 1884 erhielten erwachsene männliche Arbeiter zwischen 0,80 und 2,65 Mark pro Tag, weibliche zwischen 0,60 und 1,75 Mark. 1896 waren es zwischen 1 und 2,50 beziehungsweise zwischen 0,80 und 1,80 Mark, und 1907 zwischen 1,20 und 3,20 beziehungsweise zwischen 1 und 2,20 Mark.[19] Legt man diese Löhne zugrunde, dann ist das Arbeitseinkommen in den beiden letzten Jahrzehnten des 19. Jahrhunderts etwa um das 1,5-Fache gestiegen.

Das Einkommen der selbstständigen Landwirte dagegen hing stark von der Entwicklung der Produktivität und der Preise für Agrarprodukte und Betriebsmittel ab. Statistisch erfasst wurde die jährliche Wertschöpfung pro Hektar; sie lag im Reichsdurchschnitt im Zeitraum 1871/75 bei 129 Mark; 1909/11 waren es 286 Mark, was einer Steigerung um rund das 2,2-Fache (122 %) entsprochen hätte. Das durchschnittliche Arbeitseinkommen in der Landwirtschaft stieg jedoch deutlich langsamer an. Es lag Anfang der 1870er-Jahre bei 426 Mark, sank in den 1880er-Jahren vorübergehend etwas ab, stieg dann bis zur Jahrhundertwende auf 511 Mark und bis 1909/10 auf 640 Mark an; das entsprach einer Steigerung um das 1,5-Fache.[20]

Für den Bereich von Industrie und Gewerbe hat man die durchschnittlichen Arbeitseinkommen ermittelt (siehe Diagramm S. 174). Bei aller gebotenen Vorsicht, die diese schmale Datenbasis nahelegt, kann man davon ausgehen, dass die Einkommen aus nichtselbstständiger Tätigkeit zwar stärker gestiegen sind als die Lebenshaltungskosten, aber deutlich geringer als die Produktivität und die Wertschöpfung der Wirtschaft. Zu ersehen ist dies an der starken Zunahme der Einnahmen aus der Gewerbe- und Kapitalrentensteuer, die sich von 1870 bis 1910 mehr als verdreifacht haben. Das zeigt, dass sich die Schere zwischen den Einkommen aus selbstständiger Tätigkeit und Kapital einerseits und dem aus abhängiger Beschäftigung andererseits in diesen Jahren stark geöffnet hat. Dafür spricht insbesondere die Steigerung der Erträge aus der Kapital-

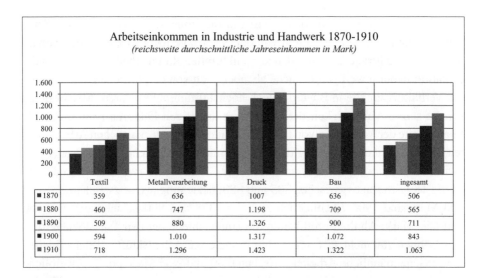

Arbeitseinkommen in Industrie und Handwerk 1870-1910
(reichsweite durchschnittliche Jahreseinkommen in Mark)

	Textil	Metallverarbeitung	Druck	Bau	ingesamt
■ 1870	359	636	1007	636	506
■ 1880	460	747	1.198	709	565
■ 1890	509	880	1.326	900	711
■ 1900	594	1.010	1.317	1.072	843
■ 1910	718	1.296	1.423	1.322	1.063

rentensteuer; diese sind von 1870 bis 1910 um das 8,5-Fache angestiegen, und dies trotz des oben dargelegten unzulänglichen Erhebungsmodus.

Werner Sombart, der in seinem 1903 erstmals publizierten Werk „Die deutsche Volkswirtschaft im neunzehnten Jahrhundert" eine scharfsichtige Analyse der Wirtschaft und Gesellschaft jener Epoche vornahm, beurteilte die Einkommensentwicklung wie folgt: [21] „Man wird auch wohl sagen dürfen, die Einkommensverteilung sei heute differenzierter als vor hundert oder vor fünfzig Jahren. Denn sicher ist zwischen den Ärmsten und den Reichsten heute ein größerer Abstand als damals, nicht etwa weil die Ärmsten ärmer geworden wären, sie sind vielmehr weniger arm, sondern weil die Reichsten um so viel rascher an Reichtum gewachsen sind.

Aber im großen Ganzen ist das Bild, das die deutsche Bevölkerung in ihrer Einkommensschichtung darstellt, nach wie vor so ziemlich das nämliche. Es ist dieselbe breite Bettelsuppe armer und kümmerlicher Existenzen, auf der die paar Reichen wie Fettaugen schwimmen. Vielleicht ist die Mehlsuppe etwas konsistenter und sicher sind die Fettaugen zahlreicher geworden. Oder passt der Vergleich etwa nicht, wenn man sieht, dass in Preußen (1900) nur 6,1 vom Hundert der Gesamtbevölkerung ein Einkommen von mehr als 3000 Mark beziehen, noch nicht 1 Prozent aber ein solches von mehr als 9500 Mark?"

Und er fährt dann fort:

„1. Es ist sicher nicht wahr, dass die Armen ärmer geworden sind; im Gegenteil: die Ärmsten sind heute ‚reicher' als vor hundert Jahren, ganz gleich ob man die ärmsten Hunderttausend oder die ärmsten Zehnmillionen nimmt.

2. Es ist sicher nicht wahr, dass die mittleren Schichten des Einkommens – sage zwischen 900 und 3000 Mark – schwächer geworden seien; im Gegenteil: sie

werden (durch raschen Zuzug von unten) immer kräftiger. So waren in diesen Schichten in Preußen 1892–1893 81,89 %, 1900 87,47 %, 1910 88,7 % aller Zensiten veranlagt; im Königreich Sachsen stieg ihre Zahl (800 bis 3300 Mark) von 20,94 % im Jahre 1879 auf 31,14 % im Jahre 1894 und 40,35 % im Jahre 1900 (…). Diese Ziffern sind für derjenigen nicht auffallend, der weiß, dass eine der Eigenarten der kapitalistischen Entwicklung gerade darin besteht, Existenzen mit einem mittleren Einkommen in unübersehbarer Fülle ins Leben zu rufen: kleinkapitalistische Unternehmer, hochgelohnte Qualitätsarbeiter, höhere Angestellte, Agenten, besser situierte Ladeninhaber, Wirte u. dgl.

3. Es ist sicher nicht wahr, dass die Zahl der Reichen immer mehr zusammenschrumpfe; im Gegenteil: man mag die Grenze ziehen, wo man will: bei 10 000, 20 000, 50 000, 100 000 Mark: immer wird das Ergebnis sein, dass die Leute mit derartigen Einkommen sich rascher vermehren als irgendeine andere Spezies der Einkommensbezieher. Und sich vermehren gerade etwa im Verhältnis zu dem Anwachsen des von ihnen zusammen bezogenen Einkommens, sodass also jeder von ihnen immer gleich reich im Durchschnitt bleibt."

4. Die Entwicklung von Industrie und Gewerbe

Mit den Reformen der Sozial- und Gewerbegesetzgebung 1868/69 setzte in Bayern ein wirtschaftlicher Aufschwung ein, der über die Reichsgründung hinaus bis Mitte der 1870er-Jahre anhielt. In diesen Jahren wurden zahlreiche neue Betriebe gegründet, sodass trotz vieler Betriebseinstellungen per Saldo ein beachtlicher Zuwachs zu verzeichnen war.[22] Von 1869 bis 1876 erfolgten 309 046 Gewerbeanmeldungen, denen 239 755 Abmeldungen gegenüberstanden. Daraus ergab sich ein Zuwachs von 69 291 Betrieben. 26,7 % des realen Zuwachses entfielen auf Oberbayern, 20 % auf die Pfalz, 11 % auf Schwaben und 10,4 % auf Unterfranken. Diese Regierungsbezirke rangierten auch im Hinblick auf die Zunahme der Gewerbedichte vorne. In der Pfalz betrug dieser Zuwachs 2,7 Betriebe pro tausend Einwohner, in Oberbayern 2,6, in Niederbayern 2,0, in Schwaben 1,6 und in Unterfranken 1,5. Der besonders hohe Zuwachs in Ober– und Niederbayern galt als Indiz dafür, dass hier die bisherige Konzessionierungspraxis besonders rigide war, sodass ein erhöhter Nachholbedarf bestand. Die meisten Neuanmeldungen (144 058) erfolgten im Bereich „Mechanische Künste und Handwerk"; dieser hatte aber auch die meisten Abmeldungen zu verzeichnen. Unter dem Strich blieb hier ein Zuwachs von 23 934 Betrieben, was einem durchschnittlichen jährlichen Zuwachs von 2991 entsprach. Damit entfielen 34,5 % des realen Zuwachses an Betrieben auf diesen Bereich. Deutlich mehr, nämlich 47,6 %, steuerten die Neugründungen im Bereich „Handelsgeschäfte" bei. Hier betrug der Überschuss 32 961 Betriebe, obwohl die Zahl der Neuanmeldungen mit 117 731 wesentlich geringer war als bei Industrie und Handwerk. Es entstanden so in dieser Branche durchschnittlich 4121 zusätzliche Betriebe pro Jahr, die bei Weitem meisten – 3714 – im „Detailhandel mit bestimmten Gegenständen". Die Gast- und Schankwirtschaften nahmen um insgesamt 11 508 oder 1438 pro Jahr zu, womit sie 16,8 % des Gesamtzuwachses ausmachten. Sehr klein waren die Zuwächse in der Rubrik „Fracht-, Stadt- und Reisefuhrwerk, Schiffahrt", wo ein realer Zugang um nur 13 Betriebe verzeichnet wurde. Beachtenswert waren hingen wieder die Veränderungen bei den „Fabrikationsanstalten und Fabrikunternehmungen", wo 4901 Betriebseinstellungen 5531 Neuanmeldungen gegenüberstanden, womit sich diese um 630 vermehrten.

Diese Zahlen sind vor dem Hintergrund der Gewerbeaufnahme vom 1. Dezember 1875 zu sehen, die gezeigt hatte, dass 280 876 der Gewerbetriebe (79,9 %) solche waren, „welche sich mit Industrie im eigentlichen Sinn befassen (Mechanische Künste und Handwerk usw.)." In den Jahren 1869 bis 1876 hatten diese „produktiven" Betriebe aber nur um 8,8 % zugenommen, während die Handelsgeschäfte um 74,6 % und die Gast- und Schankwirtschaften um 55 % zugelegt hatten.

Als eine Ursache für den relativ geringen Zuwachs an produktiven Gewerbebetrieben wurde genannt, „dass die Zahl der industriellen Gewerbe verhältnismäßig nicht mehr so sehr sich steigern kann, da unter denselben eine größere Zahl von Anmeldungen von Fabrikationsanstalten sich befindet, bei welchen in der Regel eine nicht unbedeutende Menge von Arbeitern (…) beschäftigt werden." Die starke Zunahme der „unproduktiven" Gewerbe wurde mit großer Skepsis betrachtet: „Diese Daten sind ein sprechender Beleg dafür, dass die eigentliche produktive Thätigkeit, d.h. diejenige Thätigkeit, welche sich mit der Hervorbringung befaßt (…), in der bayerischen Bevölkerung relativ nur mäßig zunimmt, während die Thätigkeit, welche als vermittelnder Faktor zwischen den eigentlichen Produzenten und Konsumenten tritt, die Thätigkeit der Handelstreibenden in einem Maasse zugenommen hat, welche die Frage nahelegt: Ist dieser Zuwachs von Handelsgeschäften in wirthschaftlicher Beziehung ein gesunder zu nennen? Noch bedenklicher zeigt sich der Zuwachs der Gast – und Schenkwirtschaften." Diese Entwicklung wurde aber auch auf Reichsebene beobachtet: „Die Reihen der produktiv Thätigen lichten sich, die der distributiv Thätigen füllen sich. Je mehr das über das nothwendige Mass hinaus der Fall ist, desto theurer müssen die Waren werden, weil sie über ihre unschmälerbaren Produktionskosten hinaus den zur Erhaltung der Distribuenden nöthigen Aufschlag zu tragen haben."

Die weitere Entwicklung von Gewerbe und Industrie lässt sich anhand der großen statistischen Erhebungen der Jahre 1875, 1882, 1895 und 1907 nachvollziehen. Dabei wurden drei Gewerbeabteilungen gebildet: A: Gärtnerei, Tierzucht

Die kommunale Gasversorgung am Beispiel Regensburgs

Industrialisierung und Energieverbrauch stehen in engem Zusammenhang, weshalb die Versorgung mit Energie, insbesondere die mit den neuen, vielfältig einsetzbaren Energieträgern Gas und elektrischer Strom, große Bedeutung erlangte. Dabei spielte zunächst das Gas die wichtigere Rolle. Obwohl es in den verschiedensten Formen schon lange bekannt war, setzte seine Nutzung in größerem Stil erst mit der Industrialisierung ein. Zunächst wurde Gas vor allem als Leuchtmittel verwendet, dann auch zum Antrieb von Motoren und Turbinen, zum Kochen und zum Heizen. Da es sich nur für große Unternehmen rentierte, Gas selbst zu erzeugen und zu speichern, musste der Bedarf der anderen Gasverbraucher über eine öffentliche Gasversorgung gedeckt werden. Insbeson-

dere den Städten fiel deshalb die Aufgabe zu, ihre Bürger und Gewerbetreibenden mit dieser Energie hinreichend und preisgünstig zu versorgen. Im Interesse sowohl ihrer eigenen Konkurrenzfähigkeit wie der ihrer Wirtschaft haben die Städte vielfach selbst die Aufgabe der Gasversorgung übernommen.

Ihren Ausgang nahm die öffentliche Gasversorgung in der Straßenbeleuchtung. Als erste bayerische Stadt erhielt München 1850 eine öffentliche Gasbeleuchtung und innerhalb weniger Jahre folgten dann alle größeren bayerischen Städte. Regensburg schloss 1856 mit dem Augsburger Unternehmer A. Riedinger, einem Pionier der Gastechnik, einen Vertrag, worin diesem die Einrichtung und der Betrieb einer Gasbeleuchtung auf 37 Jahre übertragen wurde. 1857 nahm eine ei-

Aktie von 1857 mit bildlicher Darstellung von Erzeugung und Einsatzgebieten des Gases

gens dafür gegründete Aktiengesellschaft das erste Gaswerk Regensburgs in Betrieb. Dort wurde bis 1871 auf Holz-, danach auf Steinkohlenbasis Gas erzeugt, das mittels eines Rohrsystems verteilt wurde. Abnehmer war zunächst außer der Stadt, die neben ihren Straßen auch einige öffentliche Gebäude damit beleuchtete, vor allem noch der Bahnhof. Sehr rasch aber wuchs die Nachfrage, und Mitte der 1870er-Jahre wurden außer den 577 städtischen Laternen schon über 9000 private Gaslampen betrieben, womit schon ein großer Teil der Haushalte der damals 36 000 Einwohner zählenden Stadt Regensburg über eine derartige Beleuchtung verfügt haben dürfte.

Trotz der Installation erster – noch privater – elektrischer Beleuchtungen in den 1890er-Jahren wuchs der Gasverbrauch rasch weiter. 1895 wurden auch schon 29 Gaskraftmaschinen betrieben und allein der Absatz an Industrie-, Koch- und Heizgas belief sich bereits auf knapp 81 000 cbm; die gesamte Gaserzeugung lag bei rund 900 000 cbm. Produziert wurde das Gas in sieben Retortenöfen, gespeichert in vier Behältern mit insgesamt 3125 cbm Fassungsvermögen.

Um den Bedürfnissen der Gasverbraucher besser Rechnung tragen zu können, erwarb die Stadt 1897 für 700 000 Mark das Gaswerk. Trotz der fast gleichzeitigen Einrichtung einer öffentlichen Stromversorgung stieg der Gasverbrauch weiter stark an. 1902 betrug der Tagesabsatz bis zu 6200 cbm, womit das bisherige Werk am Limit seiner Produktions- und Speicherkapazität angelangt war. Da es an seinem Standort nicht erweiterungsfähig war, baute die Stadt 1908/09 am Stadtrand ein neues und weitaus leistungsfähigeres Gaswerk. Diese Industrieanlage fand auch wegen ihrer modernen und qualitätsvollen Architektur weit über Bayern hinaus

große Beachtung; heute stehen Teile davon, die einer neuen Verwendung zugeführt und saniert wurden, unter Denkmalsschutz.

Die Kapazität des neuen Werkes war zunächst auf eine Jahresproduktion von 5 Mio. cbm ausgelegt, was einer täglichen Produktion von 25 000 cbm entsprach, die stufenweise bis auf 85 000 cbm erweitert werden sollte. Die Kapazität der neuen Gasbehälter betrug 10 000 cbm. Die Werkseinrichtung umfasste 7 Kammeröfen mit zusammen 19 Kammern und einer Gesamtladefähigkeit von 4 t. Elektrische Förderaufzüge übernahmen den Kohle- und Kokstransport, das Gas wurde mittels elektrischer Sauger in den Speicher geleitet. Eine Gas-Kühlanlage, ein Teerscheider und ein Naphtalinwäscher mit je 30 000 cbm Leistungsfähigkeit, ein Ammoniakwäscher mit einer Tagesleistung von 15 000 cbm und eine Schwefelwasserstoffreinigungsanlage für 25 000 cbm, Pumpen für das Teer- und Amoniakwasser, zwei Dampfkessel von je 100 qm Heizfläche, eine Gas-Ammoniakwasser-Verarbeitungsanlage und eine Wassergasanlage vervollständigten die Einrichtungen. Hinzu kamen Verwaltungsgebäude, Dienstwohnungen, „Wohlfahrtsgebäude" mit Waschgelegenheiten, Lagerhäuser und Werkstätten. Ein 55 km langes Rohrnetz versorgte Laternen und 3650 Verbraucher.

1909 wurden 2,1 Mio. cbm Gas erzeugt, und bis 1918 stieg diese Menge auf 5 Mio. cbm an. In der Zwischenkriegszeit erfolgten kleinere Rationalisierungs- und Modernisierungsmaßnahmen, die Produktion wuchs bis 1939 auf 6 Mio. cbm. Während des Krieges wurde sie stark ausgeweitet, 1944 erreichte sie 9,2 Mio. cbm. Nach einem kurzen Rückgang in der unmittelbaren Nachkriegszeit setzte sich das Wachstum fort; 1954 wurde mit 13 Mio. cbm die Kapazitätsgrenze des Werks erreicht. Durch die Installation einer

Die nicht vollständig realisierte Planung eines neuen Gaswerks von 1908/09 am Stadtrand

neuen Ofenanlage wurde diese 1955 auf 70 000 cbm täglich erweitert, die Jahresproduktion stieg nun auf ca. 15 Mio. cbm an. Das Gasrohrnetz war jetzt 175 km lang, die Zahl der angeschlossenen Verbraucher betrug ca. 25 000.

1963 entschloss sich die Stadt zur Beteiligung an der Bayerischen Ferngasgesellschaft, woraufhin das Gaswerk 1964 stillgelegt wurde. Regensburg bezog sein Gas nun über das Ferngasnetz, das zunächst mit Gas aus Raffinerien und ab 1974 mit Erdgas beliefert wurde.

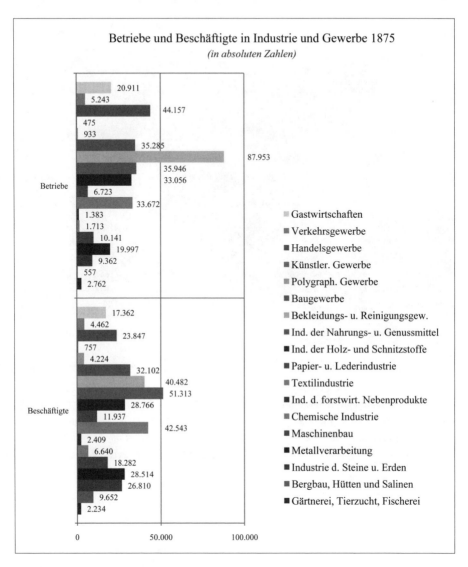

Betriebe und Beschäftigte in Industrie und Gewerbe 1875
(in absoluten Zahlen)

und Fischerei, B: Industrie, einschließlich Bergbau und Baugewerbe, C: Handel und Verkehr. Diese wurden in zunächst 19, ab 1907 in 23 Gewerbegruppen eingeteilt. Die Statistik von 1875 unterschied sich von den drei nachfolgenden insofern, als bei den „Beschäftigten" die Geschäftsleiter mitgezählt wurden. Um auch hier die Zahlen der Beschäftigten im Sinne der späteren Erhebungen angeben zu können – nämlich als abhängige Beschäftigte –, wurden diese nachfolgend – da jeder Betrieb von mindestens einer Person geleitet werden musste – um die Zahl der Betriebe vermindert, um so annähernd die Zahl der abhängig Beschäftigten zu ermitteln. Zudem hat die Statistik 1882 die bisherige Gewerbegruppe „Papier und Leder" geteilt, die „Industrie der Heiz- und Leuchtstoffe" in „Industrie der forst-

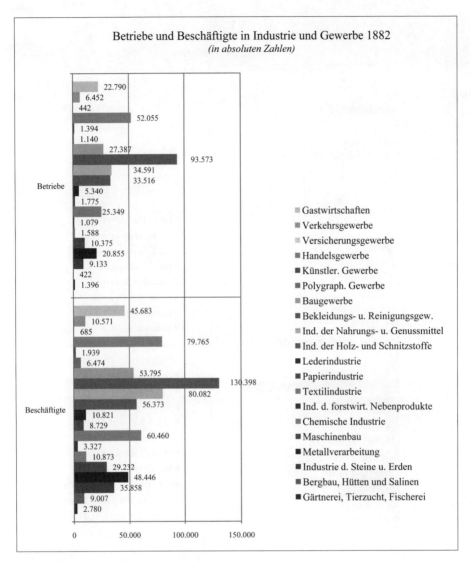

Betriebe und Beschäftigte in Industrie und Gewerbe 1882
(in absoluten Zahlen)

wirtschaftlichen Nebenprodukte, Leuchtstoffe etc." umbenannt und eine neue Gruppe „Versicherungsgewerbe" geschaffen.

Die Angaben zu den Betrieben beziehen sich auf die „Hauptbetriebe", bei den Beschäftigten sind auch die der „Nebenbetriebe" mit erfasst (s. Diagramm S. 180).

1875 zählte die Statistik 351 187 Hauptbetriebe mit insgesamt 702 908 beschäftigten Personen; aber 348 862 Betriebsleiter (auch von Einmannbetrieben!) und 354 101 „sonstige", d. h. abhängig Beschäftigte.[23] Wie der Vergleich der Betriebs- mit den Beschäftigtenzahlen im Einzelnen belegt, wurden Industrie und Gewerbe 1875 noch stark von Klein- und Kleinstbetrieben dominiert. In den Branchen

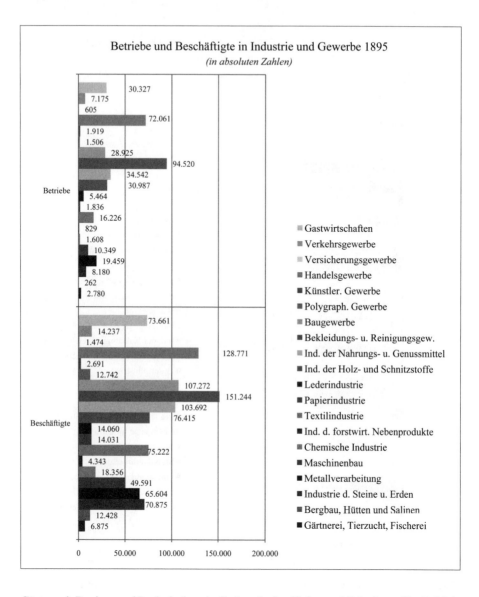

Betriebe und Beschäftigte in Industrie und Gewerbe 1895
(in absoluten Zahlen)

Gärtnerei, Papier- und Lederindustrie, Industrie der Holz- und Schnitzstoffe, Beklei-
dungs- und Reinigungsgewerbe, Baugewerbe, Handelsgewerbe, Verkehrsgewerbe
und Gastronomie überstieg die Zahl der Betriebe die der (abhängig) Beschäftigten,
und dies teilweise deutlich. Am größten war die Zahl der Einpersonenbetriebe im
Bekleidungs- und Reinigungsgewerbe, zu denen u. a. die Schneider und die Wä-
scherinnen zählten, sowie im Handelsgewerbe. Aber auch in solchen Branchen, in
denen die Großbetriebe am schnellsten Verbreitung fanden – etwa der Textilindustrie, der Metallverarbeitung, im Maschinenbau, in der keramischen Industrie –, übertraf die Zahl der Betriebe die der Beschäftigten oft nur in geringem Maße.

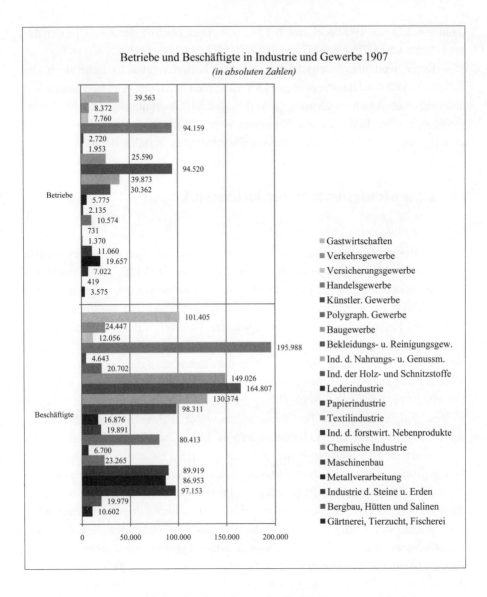

Betriebe und Beschäftigte in Industrie und Gewerbe 1907
(in absoluten Zahlen)

Die größte Anzahl der Betriebe hatte das Bekleidungs- und Reinigungsgewerbe aufzuweisen, gefolgt von den Handelsgewerben, bei denen wieder die Detailhandlungen den bei Weitem größten Teil bildeten. Die größte Beschäftigtenzahl dagegen wies die Industrie der Nahrungs- und Genussmittel auf, zu denen das gesamte Lebensmittelhandwerk zählte, gefolgt von der Textilindustrie und dem Bekleidungs- und Reinigungsgewerbe.

Bis 1882 nahm die Zahl der gewerblichen Arbeitsplätze deutlich zu; gab es 1875 im Bereich von Industrie, Gewerbe, Handel und Verkehr lediglich 351 721 Arbeitsplätze für abhängig Beschäftigte, so waren es 1882 bereits 682 518, 1895 dann 996 709 und 1907 schließlich 1 342 908. Damit betrug der Zuwachs der Beschäftigten von 1875 bis 1907 ca. 282 %[24] (siehe Diagramme S. 180–183).

Einen weit überdurchschnittlichen Beschäftigtenzuwachs hatte nach der Tabelle S. 185 der Dienstleistungssektor zu verzeichnen, der in diesen Statistiken unter den Rubriken Versicherungsgewerbe, Handel, Gastronomie und Verkehrsgewerbe erfasst ist. In diesen vier Bereichen waren 1907 rund 334 000 Personen angestellt, das waren 24,8 % aller abhängig Beschäftigten in Industrie und Gewerbe.

5. Die wichtigsten Branchen im Überblick

Textilindustrie

Zu Beginn der Industrialisierung stellte die Textilfabrikation den bei Weitem größten Gewerbezweig Bayerns dar. Schätzungsweise ein Drittel aller Handwerksbetriebe und ein Fünftel der Beschäftigten der Großbetriebe waren diesem Bereich zuzurechnen, der alles umfasste, was mit der Produktion und Verarbeitung von Spinn- und Faserstoffen zu tun hatte: Spinnerei, Weberei, Strickerei, Wirkerei und Seilerei, aber auch das Bleichen, Färben und Bedrucken von Stoffen sowie die Herstellung und Verarbeitung von Filz.[29] Wie dies fast überall der Fall war, kam der Textilbranche auch in Bayern während der ersten Industrialisierungsphase die Funktion einer Leitindustrie zu. Noch 1875 gehörten 85 der 455 Betrieben, die mehr als 50 Beschäftigte zählten, zur Textilbranche, das waren 18,7 %. Bei den 57 Betrieben, die 200 bis 500 Beschäftigte hatten, waren es 33,3 %, bei denjenigen mit 501 bis 1000 waren es 54 % und bei denen mit mehr als 1000 Beschäftigten 50 %. Diese Führungsrolle musste die Textilindustrie jedoch bald anderen Industriezweigen überlassen. Hinsichtlich der Beschäftigtenzahl fiel sie schon 1875 auf den zweiten Rang zurück, bis 1882 auf den vierten und bis 1907 schließlich auf den zehnten.

Wichtigster Zweig der sich seit Beginn des 19. Jahrhunderts ausbildenden Textilindustrie war die Produktion von Baumwollgarnen und Baumwollstoffen. Zentren hierfür lagen in Schwaben, in Oberfranken und in der Pfalz. Dagegen war die industrielle Fertigung von Leinwand und von Wolltuch von nachrangiger Bedeutung. Die Kapazität der bayerischen Baumwollindustrie – die man üblicherweise an der Zahl der Spindeln maß, auf denen Baumwoll-Feingarne erzeugt wurden – lag im Jahr 1847 bei 56 533 Spindeln. Vierzehn Jahre später, im Jahr 1861, waren es bereits 536 825, womit sich ihre Zahl fast verzehnfacht hatte. Allein in Schwaben waren im Jahr 1861 in den Fabriken dieser Industrie 9092 Menschen beschäftigt, in Oberfranken waren es 3782 und in der Pfalz 2676.[30] Dieser Aufschwung setzte sich auch in den folgenden Jahrzehnten fort. 1875 verfügte die bayerische Baumwollindustrie über 875 826 Spindeln, das entsprach 20 % aller in Deutschland betriebenen, und 12 460 Webstühle.[31]

Verteilung des Beschäftigungszuwachses auf die einzelnen Branchen

Gewerbegruppe	Zunahme 1875–1882 absolut	Zunahme 1875–1882 Prozent	Zunahme 1882–1895 absolut	Zunahme 1882–1895 Prozent	Zunahme 1895–1907 absolut	Zunahme 1895–1907 Prozent	Zunahme 1875–1907 absolut	Zunahme 1875–1907 Prozent
Gastwirtschaften	28 321	163	27 978	61,2	27 744	37,6	84 043	484,0
Verkehrsgewerbe	6 109	137	3 666	34,6	10 210	71,7	19 985	447,9
Versicherungs-gewerbe			789	115	10 582	718	11 368[25]	1660,0
Handelsgewerbe	55 918	234	49 006	61,4	67 217	52,2	172 141	721,8
Künstlerische Gewerbe	1 182	156	752	38,8	1 952	72,5	3 886	513,3
Polygraphisches Gewerbe	2 250	53,2	6 268	96,8	7 960	62,5	16 478	390,1
Baugewerbe	21 693	67,5	53 477	99,4	41 756	38,9	116 924	364,2
Bekleidungs- und Reinigungsgewerbe	89 916	222,1	20 846	16	13 563	8,9	124 325	307,1
Industrie der Nahrungs- und Genussmittel	28 769	56	23 610	29,5	26 682	25,7	79 061	154,0
Industrie der Holz- und Schnitzstoffe	27 607	96	20 042	35,5	21 896	28,6	69 545	241,7
Lederindustrie[26]			3 239	29,9	2 816	20	6 055[27]	55,9
Papierindustrie			5 302	60,7	5 860	41,7	11 162[28]	127,9
Textilindustrie	17 917	42,1	14 762	24,4	5 181	6,9	37 870	89,0
Ind. der forstwirt-schaftl. Nebenprod.	918	38,1	1 016	31,5	2 357	54,3	4 291	178,1
Chemische Industrie	4 233	63,7	7 483	68,8	4 909	26,7	116 625	250,3
Maschinenbau	10 950	59,9	10 359	69,6	41 328	83,3	71 637	391,8
Metallverarbeitung	19 932	69,9	17 158	35,4	21 349	32,5	58 439	204,9
Industrie der Steine und Erden	9 048	33,7	35 917	97,6	26 278	37,1	70 343	262,4
Bergbau, Hütten-wesen und Salinen	- 645	- 7	3 421	38	7 551	60,7	10 972	121,8
Gärtnerei, Tier-zucht und Fischerei	546	24,4	4 095	147	3 727	54,2	8 368	374,5

Die neben diesen ersten Fabriken zunächst noch zahlreich vorhandenen handwerklichen Betriebe des Textilgewerbes verarbeiteten in erster Linie Flachs, Hanf und Wolle. Die *Flachsspinnerei* und die *Leinenweberei* waren hauptsächlich auf dem flachen Land angesiedelt, wobei das schwäbische Alpenvorland, der Bayerische und der Oberpfälzer Wald sowie das Fichtelgebirge und die Rhön als

Die städtische Wasserversorgung am Beispiel Regensburgs

Zu den wichtigsten Aufgaben der Städte im Bereich der Versorgung zählte seit jeher die Bereitstellung von Trinkwasser. Dazu tätigten viele Städte schon in der vorindustriellen Ära teilweise erhebliche Investitionen in den Bau und Unterhalt von Quellfassungen, Wasserleitungen und -behältern, Pumpwerken und Brunnen. Aufgrund des starken Anwachsens der Bevölkerung, das einherging mit einem deutlich steigenden Wasserverbrauch sowohl der Haushalte als auch der gewerblichen Betriebe, genügten die bisherigen Maßnahmen zur Wasserversorgung jedoch nicht mehr. Auch um den Ausbruch von Krankheiten zu verhindern, die durch den Genuss verseuchten Wassers verursacht wurden, war eine völlig neue Art von Beschaffung und Bereitstellung erforderlich. Zentral gefasstes und ge-

speichertes Trinkwasser musste mittels eines entsprechenden Rohrleitungssystems in jede Straße und möglichst in jedes Haus geleitet werden. Den Aufbau und Unterhalt dieser Anlagen übernahmen zumeist die Städte selbst, um so eine flächendeckende und kostengünstige Versorgung ihrer Bürger mit dem unverzichtbaren Lebensmittel sicherzustellen. Dabei kann man nahezu überall eine ähnliche Entwicklung beobachten wie sie nachfolgend am Beispiel Regensburgs dargestellt wird.

In dieser Stadt konnten die bestehenden Quellfassungen und Zuleitungen von Trinkwasser Mitte des 19. Jahrhunderts den Bedarf längst nicht mehr decken. Nach einer Bestandsaufnahme von 1864 waren deshalb zusätzlich noch über 1200 Pumpbrunnen in Betrieb, von denen aber viele verunreinigtes

Blick in das Maschinenhaus des 1873 bis 1875 errichteten Wasserwerks Sallern

Wasser lieferten. Da die Bevölkerung weiter wuchs, entschloss sich die Stadt 1873 zur Einrichtung einer zentralen Wasserversorgung. Deren Bau und Betrieb übertrug sie einer Aktiengesellschaft, an der sie sich mit 50 % selbst beteiligte. In nur zwei Jahren wurden nun am nördlichen Stadtrand sechs starke Quellen gefasst und dampfmaschinenbetriebene Pumpen installiert, die das Wasser in einen 3000 cbm fassenden Hochbehälter förderten. Von hier aus wurde es mittels einer Leitung, welche unter der Donau durchgeführt wurde, in die Stadt und über ein neu verlegtes Rohrsystems in alle Straßen und Gassen geleitet. Diese Wasserversorgung war auf einen Verbrauch von 160 l pro Kopf ausgelegt, wobei die Bevölkerung bis auf 50 000 anwachsen durfte. 1890 wurde die AG aufgelöst und die Stadt übernahm Anlagen und Betrieb in eigene Regie. Bereits 1910 musste man jedoch weitere zehn Quellen fassen, womit man nun die Wasserversorgung bis Mitte der 1940er-Jahre sichern konnte. In der Nachkriegszeit wurde dann die Fördermenge durch die Anlage von Flach- und Tiefbrunnen wiederholt erweitert, da der Bedarf ständig zunahm. Denn die Bevölkerung Regensburgs wuchs seit Einrichtung der zentralen Wasserversorgung 1875 bis Mitte der 1970er-Jahre von ca. 30 000 auf 130 000 und somit um das 4,3-Fache, der durchschnittliche tägliche Wasserverbrauch aber von 3000 auf 40 000 cbm, was dem 13,3-Fachen entspricht.

Schwerpunkte auszumachen sind. Das waren solche Landstriche, in denen die Landwirtschaft nur kargen Ertrag abwarf. Ein Großteil dieser handwerklichen Leinenproduktion fand Absatz im Ausland, doch unterlag das handgewebte Leinen hier bereits in den 1830er- und 1840er-Jahren der Konkurrenz durch das maschinengewebte Leintuch aus den westeuropäischen Ländern und vor allem durch den billigeren Baumwollstoff, der das Leinen in vielen Anwendungsbereichen ersetzte. Immerhin arbeiteten um 1860 in Oberfranken noch immer rund 2000 Webermeister mit über 1000 Gesellen, wenn auch zumeist als Zulieferer für die dortigen Fabrikanten; in Augsburg dagegen war die Handweberei zu diesem Zeitpunkt bereits nahezu gänzlich eingestellt. Um 1870 war die handwerkliche Leinenweberei auf einem absoluten Tiefpunkt angekommen. Man hat damals zwar noch etwa 2500 Webstühle gezählt, doch haben diese nur noch wenig produziert. 1875 erfasste man 21 128 Spindeln, auf denen Flachs zu Garn verarbeitet wurde, und 559 Leinenwebstühle. Auf diesem niedrigen Niveau hat sich die Verarbeitung von Flachs wie auch die von Hanf konsolidiert. Auf wenige Betriebe konzentriert wurden hauptsächlich Spezialprodukte wie zum Beispiel Nähzwirn und Garne, Seilerwaren und Bindfäden, aber auch glatte und gemusterte Leinwand hergestellt. Der Fortbestand dieser speziellen Branche wurde durch die Rückkehr zur Schutzzollpolitik Ende der 1870er-Jahre begünstigt.[32]

Die *Tuchfabrikation*, also die Herstellung von Wollstoffen – insbesondere von Flanellstoffen –, fand hauptsächlich in städtischen Handwerksbetrieben, und zwar vor allem in Augsburg, Kaufbeuren, Memmingen und Nördlingen sowie in den pfälzischen Städten Kusel und Lambrecht statt. Letzteres entwickelte sich zum Zentrum der bayerischen Wollspinnerei und -weberei. 1882 waren hier 9850 Fein- und 1020 Zwirnspindeln für die Verarbeitung von Wolle in Betrieb, das war rund die Hälfte aller in Bayern vorhandenen. Die vergleichsweise geringe Bedeutung dieser Branche ist jedoch daraus zu ersehen, dass in ganz Bayern damals nur 4 % der Spindeln und 1,4 % der Webstühle standen, die in Deutschland für die Verarbeitung von Wolle eingerichtet waren. Von relativ geringer gesamtwirtschaftlicher Bedeutung war auch die Strumpfwirkerei, die vor allem in Fürth, Nürnberg und München betrieben wurde.

Die fabrikmäßige Herstellung von *Kammgarn*, d. h. feinen Wollgarnen, und dessen mechanische Weiterverarbeitung setzte in Bayern erst in den 1830er-Jahren ein. Dass diese Fabriken in Augsburg entstanden, war kein Zufall, denn dieses traditionelle Zentrum der Textilfabrikation spielte bei der Entwicklung der modernen bayerischen Textilindustrie eine Vorreiterrolle. Den beiden ersten großen Unternehmensgründungen, der Kammgarnspinnerei von Merz und der Baumwollspinnerei und -weberei von Schaezler (s. o.), traten bald weitere Unternehmen an die Seite, die teils aus handwerklichen Betrieben hervorgingen, teils Neugründungen kapitalstarker Unternehmer waren. Darunter waren auch einige, die

„Erstes Haus am Platz":
Das Textil- und Wäschehaus Rosner & Seidl in München

Im 19. Jahrhundert deckte die Bevölkerung ihren Bedarf an Textilien – vor allem an Stoffen zur Herstellung von Bekleidung, Leib- und Bettwäsche, Tisch-, Hand- und Taschentüchern, Vorhängen, Möbelüberzügen etc. – zunächst noch vorzugsweise auf den Jahrmärkten. Hier wurden jene Produkte angeboten, die nicht zum täglichen Bedarf zählten und daher beim örtlichen Einzelhandel nicht oder nicht in der gewünschten Qualität und Auswahl zu haben waren. So kam den Handlungsreisenden, welche die Waren eines oder mehrer Textilfabrikanten auf den Märkten verkauften und auch den Einzelhandel versorgten, im Textilhandel eine Schlüsselrolle zu. Als dann im Zuge der Industrialisierung die Bevölkerung zunahm und sich mehr und mehr in den Städten konzentrierte, eröffneten sich dem Textilhandel neue Perspektiven. Denn so entstand eine örtlich konzentrierte, verstärkte Nachfrage nach Textilien, vor allem in den größeren Städten, in denen mit dem Lebensstandard auch die Anforderungen der Kunden hinsichtlich Qualität und Auswahl der Waren anstiegen. In der Textilindustrie führte dies zu weiterer Diversifikation und Spezialisierung, im Textilhandel aber zur Einrichtung neuartiger Ladengeschäfte. In diesen wurde den Kunden eine breite Auswahl von Textilien aller Art angeboten, sodass sie hier nahezu ihren gesamten Bedarf decken konnten. Da das Sortiment zum größten Teil vorrätig war, konnten die Einkäufe sofort mitgenommen oder geliefert

Verkaufsräume des Textilhauses Rosner & Seidl

werden. Indem man das reichhaltige Angebot in ansprechend gestalteten Verkaufsräumen und von geschultem Fachpersonal offerierte, verlieh man dem Einkauf eine ganz neue Qualität. Er wurde auch für Angehörige der „besseren Kreise" attraktiv, und die Kunden suchten ein solches Geschäft nicht allein des Einkaufs wegen auf, sondern auch, weil es ein gesellschaftlicher Treffpunkt und ein Ort der Kommunikation mit nicht zu unterschätzenden sozialen Funktionen war.

Einer derjenigen, die diese Entwicklung früh erkannten und erfolgreich nutzten, war Friedrich Rosner. 1850 in Straubing geboren, war er zunächst als Handlungsreisender der renommierten Reutlinger Textilfirma Ulrich Gminder tätig, für die er Leinen und Baumwollstoffe vertrieb. Im Jahr 1873, als München im Zuge des Booms der Gründerjahre einen großen Aufschwung erlebte, entschloss sich der erst 23-jährige Kaufmann zur Gründung eines Textil- und Wäschehauses. Er kaufte dazu in der Dienerstraße 21 in unmittelbarere Nähe zum Neuen Rathaus ein vom bekannten Architekten Johann Michael Fi-

scher in spätbarockem Stil gebautes Wohn- und Geschäftshaus in Münchens bester Lage. Im Erdgeschoss und im ersten Stock wurden weitläufige, elegant im Stil der Zeit möblierte und dekorierte Ausstellungs- und Verkaufsräume untergebracht.

Mit dieser Investition und dem Zukauf des angrenzenden Hauses Burgstraße 4 bewies Rosner großen unternehmerischen Weitblick, denn dieser Komplex sollte in der Folge über alle Wechselfälle der Geschichte hinweg die Existenzgrundlage der Firma bilden. Im Jahr 1876 trat Mathias Seidl als Teilhaber in das Unternehmen ein, das nunmehr Rosner & Seidl hieß. Unter diesem Namen, den es auch nach dem Tod Seidls im Jahr 1901 behielt, war es bald weit über München hinaus ein Begriff. Nun führte Friedrich Rosner, der seit 1885 mit der aus Reutlingen stammenden Frida Bardtenschlager verheiratet war, das Geschäft alleine weiter. Zu den Kunden des Textil- und Wäschehauses, das vor allem wegen seiner qualitätvollen Heimtextilien und Aussteuern den besten Ruf genoss, zählte nicht nur die gehobene

Ein Lieferfahrzeug der Firma in den Jahren vor dem Ersten Weltkrieg

Münchner Bürgerschaft, sondern alles, was in Bayern Rang und Namen hatte. Die offizielle Anerkennung der herausragenden Leistungen der Firma erfolgte mit der Ernennung Friedrich Rosners zum königlich bayerischen Hoflieferanten im Jahr 1903. Schon 1894 hatte er die ehrenvolle Berufung zum Beisitzer des Handelsgerichtes erhalten, und 1914 erfuhr er mit der Ernennung zum Kommerzienrat die höchste Auszeichnung, die einem Unternehmer im damaligen Bayern zuteilwerden konnte.

Den Ersten Weltkrieg und die anschließenden schwierigen Jahre überstand das Wäschehaus unter seiner Leitung noch weitgehend unbeschadet. 1919 nahm er seinen aus dem Kriegsdienst zurückgekehrten Sohn Edmund Rosner in die Geschäftsführung auf, und dieser führte die Firma nach dem Tod seines Gründers im Jahr 1925 erfolgreich fort.

Im Zweiten Weltkrieg brannte das Geschäftsgebäude in der Dienerstraße durch drei Bombenangriffe vollständig ab. An eine Wiederherstellung war zunächst nicht zu denken, und da der Verkauf möglichst rasch wieder aufgenommen werden sollte, richtete man in der Ruine behelfsmäßige Geschäftsräume ein. Dieses Provisorium bestand bis 1959. In diesem Jahr begann man mit dem Wiederaufbau des Geschäftshauses, wobei dieses zum größten Teil völlig neu und im eher nüchternen Stil der frühen Nachkriegszeit errichtet wurde; lediglich im Erdgeschoss mit seinen großen, bogenförmigen Schaufenstern wurden die Formen des Vorgängerbaus aufgegriffen.

Die Geschäftsführung lag in diesen Jahren noch immer bei Edmund Rosner, der dabei seit 1949 von seiner Tochter Ruth unterstützt wurde. 1963 wurde sie Teilhaberin und 1967, nach dem Tod ihres Vaters, Alleininhaberin der Firma. Auch in ihrer Ägide konnte sich die Firma Rosner & Seidl durch Aufrechterhaltung eines hohen Qualitätsanspruchs bei gleichzeitiger Erweiterung und Anpassung des Sortiments an die sich rasch wandelnden Wünsche der Kunden behaupten. Erst 1988 gab Ruth Rosner das Geschäft auf und vermietete die Gebäude Dienerstraße und Burgstraße dem unmittelbar angrenzenden Münchner Traditionsunternehmen „Ludwig Beck am Rathauseck".

sich auf die Herstellung von bunten und bedruckten Stoffen sowie die Veredelung (Appretur) von Stoffen spezialisierten. Eine ähnliche Entwicklung wie in Augsburg lässt sich auch in den kleineren Zentren der schwäbischen Textilfabrikation, in Kaufbeuren, Kempten, Immenstadt und an anderen Orten beobachten.

Die weitere Entwicklung war außer durch weiter voranschreitende Spezialisierung und Steigerung von Qualität und Produktivität durch einen Konzentrationsprozess gekennzeichnet, bei dem viele kleine Unternehmen verschwanden. Dank ihrer Anpassungs- und Wandlungsfähigkeit konnten der Textilbranche auch die heftigen konjunkturellen Schwankungen der folgenden Jahrzehnte wenig anhaben. Dazu hat auch das große Reservoir an leistungsfähigen und -willigen Arbeitskräften – die übrigens überdurchschnittlich gut entlohnt wurden – seinen Teil beigetragen. Die wichtigste Voraussetzung war aber zweifellos die günstige Energieversorgung. In Form der wasserreichen Voralpenflüsse stand den schwäbischen Textilfabriken eine schier unerschöpfliche Energiequelle zur Verfügung, die sie durch die modernen, von Augsburger Maschinenfabriken entwickelten Turbinen optimal nutzen konnten. 1862 wurde die von den Augsburger Fabriken genutzte Wasserkraft bereits auf 5000 PS geschätzt. Allein die Spinnerei am Stadtbach, damals die größte Spinnerei Deutschlands, betrieb eine Turbine mit einer Leistung von 1000 PS; daneben benötigte sie noch eine Dampfmaschine mit 400 PS, um ihre 95 000 Spindeln anzutreiben.[33]

Größere Probleme bereitete die Energieversorgung der *Textilindustrie in Oberfranken*, wo in der Stadt Hof und deren Umfeld der zweite regionale Schwerpunkt der bayerischen Textilindustrie angesiedelt war. Dort konnten große moderne Fabriken erst angelegt werden, nachdem die Eisenbahnverbindungen hergestellt waren und so günstig Kohle als Brennstoff für die Dampfmaschinen angeliefert werden konnte, die hier zum Antrieb der Spinnmaschinen und Webstühle eingesetzt wurden. Nach dem Bau der Eisenbahnen profitierte aber die oberfränkische Textilindustrie von ihrer Nähe zu Thüringen, Sachsen und Böhmen, von woher sie nicht nur Kohle, sondern auch Garn und andere Materialien preiswert beziehen konnte.

Die Konzentration in Regionen mit günstiger Energie- und Rohstoffversorgung sowie die Entstehung immer größerer Unternehmen bestimmten das Erscheinungsbild der bayerischen Textilindustrie dann im zunehmenden Maße. Dieser Prozess wurde durch die Reichsgründung beschleunigt, denn die Angliederung von Elsass und Lothringen, wo es eine leistungsstarke Textilindustrie gab, setzte auch die bayerischen Textilunternehmen einer verschärften Konkurrenz aus. Im Jahr 1875 zählte man in Bayern noch 39 600 Textilbetriebe aller Art, 20 Jahre später waren es nur noch gut 21 000. Dieser Rückgang wäre noch größer gewesen, wären nicht im Zuge der fortgesetzten Spezialisierung zahlreiche Betriebe vornehmlich im Bereich der Wollbereitung sowie der Spitzen- und Weißzeugfabrikation entstanden. Dennoch blieb die Baumwollindustrie das Rückgrat der

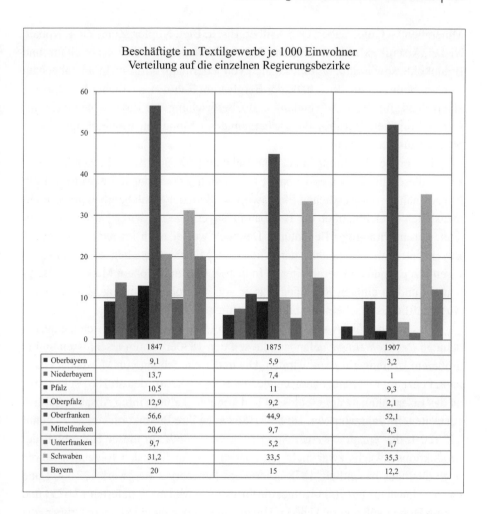

Beschäftigte im Textilgewerbe je 1000 Einwohner
Verteilung auf die einzelnen Regierungsbezirke

	1847	1875	1907
■ Oberbayern	9,1	5,9	3,2
■ Niederbayern	13,7	7,4	1
■ Pfalz	10,5	11	9,3
■ Oberpfalz	12,9	9,2	2,1
■ Oberfranken	56,6	44,9	52,1
▥ Mittelfranken	20,6	9,7	4,3
■ Unterfranken	9,7	5,2	1,7
▦ Schwaben	31,2	33,5	35,3
■ Bayern	20	15	12,2

bayerischen Textilindustrie. 1905 war ihre Produktionskapazität auf ca. 1 578 000 Spindeln und 30 800 mechanische Webstühle angewachsen. Die Zahl ihrer Beschäftigten nahm von 1875 bis 1895 von rund 13 400 auf 21 300 zu, die der gesamten Textilindustrie von ca. 23 000 auf 34 500.

Dass die einzelnen Regierungsbezirke von dieser Entwicklung der Textilindustrie in sehr unterschiedlichem Maße profitierten, zeigt das oben stehende Diagramm[34].

Bergbau und Salinen

1869 verabschiedete der Landtag ein neues Berggesetz, mit dem das seit dem Mittelalter bestehende „Bergregal" aufgehoben und der Grundsatz der Bergbaufreiheit proklamiert wurde. Mit Ausnahme der Salzgewinnung im Berchtesgadener Revier, die sich weiterhin der Staat vorbehielt, konnten alle „bergfreien

Mineralien" – Gold, Silber, Quecksilber, Eisen, Blei, Kupfer, Zinn, Zink, Kobalt, Nickel, Arsenik, Mangan, Antimon, Schwefel, Alaun- und Vitriolerze, Stein- und Braunkohle sowie Salz – grundsätzlich von jedermann aufgesucht und abgebaut werden. Selbstverständlich hatte der Bergbau im Rahmen staatlicher Vorschriften zu erfolgen, für deren Anwendung und Überwachung das Bayerische Oberbergamt in München und drei Bezirksbergämter in München, Bayreuth und Zweibrücken zuständig waren.

Die großen Hoffnungen auf eine Belebung des Bergbaus, die man mit dem Erlass dieses Berggesetzes verband, haben sich jedoch nur ansatzweise erfüllt. Mit Ausnahme der westlichen Pfalz, wo vor allem der Kohlebergbau größere Dimensionen erreichte, blieb der Bergbau in Bayern, gesamtwirtschaftlich betrachtet, von nachrangiger Bedeutung. Dennoch war er auch im rechtsrheinischen Bayern integraler Bestandteil der Wirtschaft. Manche Branchen, allen voran die Eisen erzeugende und verarbeitende Industrie, hingen in hohem Maße vom Bergbau ab, und in einigen Regionen war er von so großem Umfang, dass er deren wirtschaftliches Erscheinungsbild nachhaltig geprägt hat.

Das galt beispielsweise für jene Region Oberbayerns, in der sich die ausgedehnten *Pechkohlelager* befanden, die seit den 1830er-Jahren erschlossen und in größerem Umfang abgebaut wurden. Die in der Umgebung von Miesbach, Hausham, Penzberg und Peißenberg angelegten Bergwerke wurden ab 1861 sukzessive an das Eisenbahnnetz angeschlossen und konnten dadurch ihren Absatz erheblich ausweiten. Im Jahrzehnt von 1858 bis 1869 stieg ihre Produktion von 24 745 t auf 118 120 t, das entsprach einer Steigerung von 377 %. In dieser Höhe hielt der Produktionszuwachs zwar nicht an, aber er war auch in den folgenden Jahren noch durchaus beachtlich. 1878 lieferte das Penzberger Bergwerk 122 500 t und das bei Hausham 117 700 t Kohle; die Gruben bei Miesbach lieferten 17 675 t und die am Hohenpeißenberg 37 463 t. Hinzu kamen noch einige kleinere Gruben, die zusammen 1892 t förderten.[35]

Weniger umfangreich war der Abbau im oberfränkischen *Steinkohlebergbau* bei Stockstadt. Im Jahr 1878 wurden hier 47 455 t Kohle gefördert, 10 Jahre später aber waren es nur mehr 39 291 t. Die ertragreichsten bayerischen Steinkohlegruben, die auch die qualitativ beste Kohle lieferten, lagen im Westen der Pfalz und waren größtenteils in Staatsbesitz. Da der größte Teil dieser Kohle von der Industrie abgenommen wurde, war die Fördermenge stark vom Konjunkturverlauf abhängig. So nahm sie – bei starken Schwankungen – in den Jahren von 1858 bis 1869 von 150 759 t auf 176 400 t zu, in den Jahren von 1873 bis 1878 jedoch von 173 082 t auf 150 242 t, d. h. um 13,2 %, ab. Erst ab 1887 zog die Förderung in der Pfalz wieder stärker an, seither stellte sie einen immer größeren Anteil an der bayerischen Kohlenförderung, die im Vergleich zur gesamtdeutschen freilich immer von sehr nachrangiger Bedeutung blieb. Bayern konnte deshalb seinen Kohlebedarf nur zu einem geringen Teil selbst decken und war auf umfangreiche Importe angewiesen. Hochwertige Kohle bezog man zumeist aus dem preußischen Ruhrgebiet, minderwertigere und damit auch billigere vor allem aus Böhmen, Thüringen und Sachsen, seit 1909 außerdem auch aus Schlesien. 1885 bezog man aus Böhmen 430 508 t und aus Sachsen und Thüringen zusammen 263 232 t. 1903 umfassten die Lieferungen aus Böhmen 2 076 825 t, die aus Thüringen und Sachsen 246 622 t.

Bis in die Jahre unmittelbar vor Ausbruch des Ersten Weltkriegs nahm der Kohlenverbrauch in Bayern ständig zu. 1903 wurde der gesamte Steinkohlenverbrauch des rechtsrheinischen Bayern mit 2 588 172 t angegeben. Davon kamen 1 155 234 t aus dem Ruhrgebiet und 289 890 t aus dem preußischen Saargebiet; dies war besonders hochwertige Kohle, die hauptsächlich von der Eisenindustrie und der Eisenbahn benötigt wurde. Allein die Staatsbahn verbrauchte 1903 mehr als 828 000 t Kohle. Nach statistischer Berechnung konnte Bayern im Jahr 1903 seinen gesamten Kohlenbedarf nur zu 13,4 % mit eigener Steinkohle decken. Aus dem Ruhrrevier kamen 27,4 %, aus dem Saarrevier 6,9 %, aus Böhmen 6,5 %, aus Sachsen 4,7 % und aus den anderen Regionen zusammen 1,2 %. Damit deckte die Steinkohle 60,1 % des gesamten Kohlebedarfs in Bayern ab; die restlichen 39,9 % entfielen auf Braunkohle.

Braunkohle war zwar in fast ganz Bayern, aber in zumeist nicht rentabel abzubauenden Lagerstätten anzutreffen. Lange blieb sie deshalb von nur sehr nachrangiger Bedeutung. 1880 umfasste die gesamte bayerische Fördermenge von Braunkohle lediglich 15 834 t, und diese ging bis 1885 noch weiter auf 8956 t zurück. Aber auch der Import war zunächst unbedeutend, betrug dieser doch im Jahr 1884 nur 745 t. Gegen Ende des Jahrhunderts aber stiegen die Einfuhren von Braunkohle rasch an, und bis 1907 hatten sie schon einen Umfang von fast 41 000 t erreicht.

Der bayerische Braunkohlebergbau erfuhr einen Aufschwung erst mit dem Aufschluss der großen Lagerstätten bei Klardorf und Wackersdorf in der mittleren Oberpfalz, wo die Kohle im Tagebau gewonnen werden konnte. Hauptabnehmer der 1898 gegründeten Oberpfälzischen Braunkohlengewerkschaft Haidhof, die diesen Bergbau in Angriff nahm, war die am gleichen Ort ansässige Maxhütte, die 90 % der rund 300 000 t verbrauchte, die hier zunächst jährlich gefördert wurden. 1905 entstand mit der „Bayerischen Braunkohlenindustrie-Aktiengesellschaft" ein weiteres Bergbauunternehmen in diesem Revier, das dank der damals herrschenden starken Nachfrage nach Brennstoff einen raschen Aufschwung nahm. Ein Großteil der Braunkohle wurde zu Briketts verarbeitet und fand Abnehmer in ganz Bayern. Auf diese Weise wurde auch ein großer Teil der in Unterfranken geförderten Braunkohle vermarktet; die beiden hier ansässigen Braunkohlebergwerke konnten bis zum Ersten Weltkrieg ihre Stellung als größte bayerische Braunkohlelieferanten behaupten. Auch bei Großweil nahe dem Kochelsee wurde zu dieser Zeit in größerem Stil Braunkohle gewonnen; allerdings blieb diese Förderung – 1905 waren es 4340 t – weit hinter der in Unterfranken und der Oberpfalz zurück. Wie bei der Steinkohle konnte Bayern aber auch bei der Braunkohle seinen wachsenden Bedarf nur zu einem geringen Teil selbst decken. 1906 wurden zusätzlich rund 2 213 000 t Braunkohle importiert, der größte Teil davon – über 2 Mio. t – kam aus Böhmen.

Im Jahr 1907 waren in Bayern 14 Stein- und 6 Braunkohlebergwerke in Betrieb, wobei die Steinkohlebergwerke rund 8000 Menschen beschäftigten. Sie verteilten sich in etwa je zur Hälfte auf die oberbayerischen und pfälzischen Bergwerke, während in der einzigen oberfränkischen Grube bei Stockheim nur 257 Mann arbeiteten; dieses Bergwerk wurde 1911 stillgelegt. Zusammen förderten diese Bergwerke 1907 über 1 327 000 t Kohle, die einen Wert von ca. 17 Millionen Mark hatte. Die sechs Braunkohlebergwerke – zwei lagen in Unterfranken, drei in der Oberpfalz und eines in Oberbayern – förderten damals zusammen Kohle im Wert von 852 260 Mark.

Salz wurde nach wie vor ganz überwiegend im Siedeverfahren gewonnen, nur ein kleiner Teil wurde – im Salzbergwerk Berchtesgaden – bergmännisch abgebaut. Die stark schwankende jährliche Fördermenge betrug hier im Jahr 1907 1393 t, die von rund 100 Arbeitern gewonnen wurde. Die Menge des in den staatlichen Salinen von Reichenhall, Traunstein und Rosenheim gewonnenen Siedesalzes übertraf die des Steinsalzes um ein Vielfaches. Die einzige private Saline Bayerns war jene von Philippshall bei Bad Dürkheim in der Pfalz, alle anderen waren in Staatsbesitz.

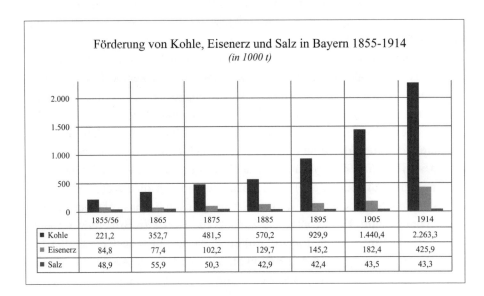

Förderung von Kohle, Eisenerz und Salz in Bayern 1855-1914
(in 1000 t)

	1855/56	1865	1875	1885	1895	1905	1914
■ Kohle	221,2	352,7	481,5	570,2	929,9	1.440,4	2.263,3
■ Eisenerz	84,8	77,4	102,2	129,7	145,2	182,4	425,9
■ Salz	48,9	55,9	50,3	42,9	42,4	43,5	43,3

Eine bayerische Besonderheit stellt der Grafitbergbau im Bayerischen Wald nahe Wegscheid dar. Bei dieser einzigen abbauwürdigen Grafitlagerstätte Deutschlands waren 1870 39 Gruben mit insgesamt 224 Arbeitern in Betrieb. Bis 1907 vermehrte sich die Zahl der Gruben auf 64, die der Arbeitskräfte auf 276. Sie förderten damals 4033 t Grafit mit einem Marktwert von 201 350 Mark.

Eisen und Stahl erzeugende Industrie

1855 begann mit der Entwicklung des Bessemer-Verfahrens, bei dem flüssigem Roheisen in einem Konverter Luft zugeführt und dieses damit in Stahl umgewandelt wurde, eine neue Ära im Eisenhüttenwesen. In Bayern konnte man nicht zu diesem Verfahren übergehen, weil es bei den hier verarbeiteten phosphorreichen Erzen nicht angewandt werden konnte. Die bayerischen Eisenhütten büßten damit weiter an Konkurrenzfähigkeit ein, was sich um so nachteiliger bemerkbar machte, als die Zölle auf Roheisen von 1863 bis 1870 von 20 auf 5 Mark pro t abgesenkt und 1873 völlig aufgehoben wurden.[36] Zudem hatte die bayerische Eisenindustrie wegen ihrer Ferne zur Steinkohle ohnehin große Schwierigkeiten, sich gegen die Konkurrenz zu behaupten. Der erste mit Koks betriebene Hochofen im rechtsrheinischen Bayern stand in Oberfranken und wurde 1856 angeblasen, musste aber nach kurzem Probebetrieb wieder gelöscht werden. Erst nachdem die Oberpfalz an das Eisenbahnnetz angeschlossen wurde und so Steinkohle relativ kostengünstig herangebracht werden konnte, gingen in Bayern die ersten beiden modernen Hochöfen dauerhaft in Betrieb.[37] Sie standen in der *Maximilianshütte* bei Sulzbach-Rosenberg, einem Unternehmen, das in jenen Jahrzehnten die Funktion übernahm, welche bis dahin die staatlichen Hüttenwerke ausgeübt hatten. Es passte die im Ausland entwickelten modernen Verfahren den bayerischen Bedingungen an und trieb damit den Modernisierungsprozess voran, der allein den Fortbestand der bayerischen Eisenhütten gewährleisten konnte. 1869 experimentierte man im Werk Maxhütte-Haidhof auch mit dem Bessemer-Verfahren, jedoch vorerst ohne Erfolg. Erst durch den Erwerb von Eisenerzgruben in Thüringen verschaffte sich das Unternehmen eine geeignete Rohstoffversorgung für dieses Verfahren, das seither auch in Sulzbach-Rosenberg mit Erfolg praktiziert wurde. Die Zukunft des Oberpfälzer Eisenerzbergbaus und der darauf basierenden Verhüttung wurde aber erst durch das 1879 entwickelte „Thomasverfahren" gesichert, das die Verwendung des aus phosphorhaltigen Erzen gewonnenen Roheisens im Konverter ermöglichte. Als Nebenprodukt fiel dabei das „Thomasmehl" an, das als phosphorhaltiger Mineraldünger bald höchst begehrt war. Ab den 1890er-Jahren ging man dann ferner zum Siemens-Martin-Verfahren über, bei dem auch Stahlschrott eingesetzt und insgesamt deutlich kostengünstiger produziert werden konnte.

In diesen Jahrzehnten festigte sich die Stellung der Maximilianshütte als leistungsstärkster bayerischer Eisen- und Stahlproduzent. Neben Eisenbahnschienen, für deren Herstellung das Unternehmen 1853 gegründet worden war, wurde bald nahezu die gesamte Palette an Profil-, Walz- und Gusseisenwaren erzeugt. Allein die Produktion an gewalztem Fertigmaterial wuchs in den Jahren von 1893/94 bis 1913/14 von 30 000 t auf 60 400 t an, was einer jährlichen Steigerungsrate von 3,5 % entspricht. Die gesamte Roheisenerzeugung der Maximilianshütte steigerte sich von 33 000 t im Jahre 1871 auf 78 000 t im Jahr 1891 und auf 155 000 t im Jahr 1905.[38] Der deutsche Stahlwerksverband räumte der Maxhütte 1904 eine Produktion von 163 800 t Rohstahl ein, der zu 17 200 t Halbzeug, 54 000 t Eisenbahnmaterial, 37 600 t Formeisen und 55 000 t Stabeisen verarbeitet werden konnte. Im Verhältnis zur gesamten deutschen Stahlproduktion fiel die der Maxhütte damit zwar kaum ins Gewicht – einschließlich der Produktion ihres in Thüringen gelegenen Werkes machte diese 1909 nur 2,3 % aller im Verband organisierter Werke aus –, aber in Bayern rangierte sie damit weit an der Spitze.

Den zweiten Platz unter den bayerischen Eisenhütten nahm die 1882 gegründete *Luitpoldhütte* bei Amberg ein, welche in den ersten Jahrzehnten einen Hochofen mit einer Kapazität von ca. 20 000 t Roheisen pro Jahr in Betrieb hatte. 1911 wurde ein zweiter Hochofen angeblasen, womit die Roheisenproduktion bis 1912 auf rund 61 000 t gesteigert werden konnte, und 1914 kam ein dritter Hochofen hinzu. Hatte sie bis 1911 den größten Teil des Roheisens anderen Eisenhütten zur Weiterverarbeitung abgegeben, so ging die Luitpoldhütte danach dazu über, die von ihr bisher nur in kleinem Stil betriebene Gusswarenproduktion stark auszuweiten.

Parallel zum Ausbau der Hochofenkapazität in Sulzbach-Rosenberg und Amberg haben die anderen bayerischen Eisenhütten ihre Roheisenerzeugung zunächst reduziert und dann völlig eingestellt. Soweit diese Werke nicht völlig stillgelegt wurden, gingen sie zur Verarbeitung von Eisen und Stahl über. Die staatlichen Hüttenwerke Fichtelberg am Ochsenkopf, Königshütte bei Mitterteich und Leidersdorf bei Amberg wurden 1859/60 stillgelegt und verkauft. Nur das Werk zu Bodenwöhr, dessen Hochofen mit Amberger Erz arbeitete, wurde zunächst noch weiter betrieben und nach der Gründung der Luitpoldhütte dann in eine Gießerei umgewandelt.[39]

In der Pfalz konzentrierte sich die Eisenerzeugung auf das Hüttenwerk bei St. Ingbert, das zum Unternehmensverband Kraemer gehörte. Diesem mit Abstand größten Eisen- und Stahlproduzenten der Pfalz wurde vom deutschen Stahlwerksverband 1904 eine Produktion von knapp 94 000 t Roheisen zugestanden, das zu 26 000 t Eisenbahnmaterial, 13 500 t Formeisen und 60 000 t Stabeisen verarbeitet werden durfte. Damit konnte man jedoch nur einen kleineren Teil des Bedarfs der zahlreichen eisenverarbeitenden Werke dieses Regierungsbezirks

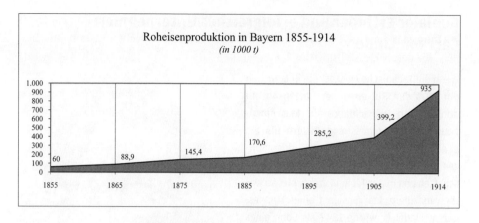

Roheisenproduktion in Bayern 1855-1914
(in 1000 t)

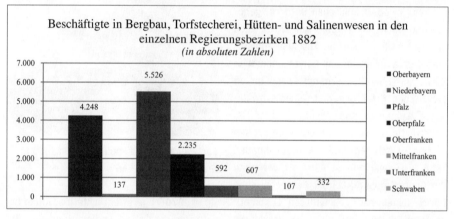

Beschäftigte in Bergbau, Torfstecherei, Hütten- und Salinenwesen in den einzelnen Regierungsbezirken 1882
(in absoluten Zahlen)

abdecken, zu deren bedeutendsten die Firma Gienanth in Kaiserslautern zählte.[40] Die Bedeutung dieser Gewerbegruppe war in den einzelnen Regierungsbezirken höchst unterschiedlich (siehe oben stehende Diagramme).

Maschinen-, Apparate- und Instrumentenbau

Nach der Textilindustrie und dem Montanwesen zählte der Maschinenbau zu den Leitsektoren der Industrialisierung. In den Jahrzehnten von 1824 bis 1847 nahm die Zahl derjenigen, die als Berufsbezeichnung „Mechaniker" angaben, in Bayern um rund 50 % zu, und seit der Jahrhundertmitte bildete dieser Industriesektor zusammen mit den Handels- und Dienstleistungsgewerben das Rückgrat der Industrialisierung Bayerns.[41]

Maßgeblichen Anteil an dieser Entwicklung hatten einige zumeist schon in der ersten Hälfte des 19. Jahrhunderts gegründete Unternehmen, deren größte bereits oben vorgestellt wurden: die Maschinenfabriken von König und Bauer in Obernzell, von Dingler im pfälzischen Zweibrücken und von Späth in Nürnberg, dann die von Klett und Cramer begründete „Maschinenbau-Aktiengesellschaft Nürnberg", die

Genialer Erfinder und erfolgreicher Unternehmer: Carl von Linde

Wenn die Technische Hochschule in München um 1900 den Ruf einer der besten Ausbildungsstätten Deutschlands für Maschinenbauingenieure genoss und Bayern als ein Land wahrgenommen wurde, das Spitzenleistungen in den angewandten Wissenschaften und in der Technik erbrachte, so war dies vor allem das Verdienst eines Mannes: Carl v. Linde. Er wurde 1842 als Sohn eines Pfarrers im oberfränkischen Berndorf geboren und wuchs in Kempten auf, wo er auch das Gymnasium besuchte. Anschließend studierte er am berühmten Polytechnikum in Zürich Maschinenbau, sammelte seine ersten praktischen Erfahrungen in einer schwäbischen Spinnerei und arbeitete dann im Konstruktionsbüro von Borsig, dem großen Berliner Maschinen- und Lokomotivenbauer. 1866, Linde war nun 24 Jahre alt, vertraute ihm Georg Krauss die Leitung des technischen Büros seiner neu gegründeten Lokomotivenfabrik in München an. 1868 wurde der 26-jährige Ingenieur als außerordentlicher Professor für Maschinenlehre an das Münchner Polytechnikum berufen, der späteren Technischen Hochschule. Hier beschäftige er sich bevorzugt mit den noch weithin unbeachteten Gebieten der Thermodynamik und der Kältetechnik. Damit er in München blieb – Linde hatte einen Ruf an die TH Darmstadt erhalten –, ernannte man ihn 1872 zum Ordinarius und kam vor allem auch seinem Wunsch nach der Einrichtung eines Maschinenlaboratoriums nach. Stattliche 70 000 Gulden wurden hierfür investiert, und mit der neuen Anlage wurden Forschung und Lehre auf ein neues Niveau gehoben.

Angeregt von einer Ausschreibung entwickelte Linde eine Kältemaschine, deren Prin-

Carl Paul Gottfried von Linde (1842–1934), Gründer der Linde AG

zip er 1870/71 veröffentlichte. Daraufhin beauftragte ihn Gabriel Sedlmayr, Inhaber der Münchner Spatenbrauerei, mit dem Bau einer Versuchsanlage, die bis 1873 fertig gestellt war. Auch wenn diese noch kleinere Mängel hatte, so bewies sie die Praxistauglichkeit der „Kaltdampfmaschine". Nach der Installation einer zweiten Maschine in der Dreher'schen Brauerei in Triest gingen Aufträge von Brauereien aus ganz Europa ein. Mit jeder neuen Anlage entwickelte Linde seine Technik fort. 1878 gab er seine Anstellung an der Hochschule auf, um sich ganz seiner unternehmerischen Tätigkeit widmen zu können. Um dieser eine solide finanzielle Basis zu geben, gründete er 1879 zusammen mit prominenten Unternehmern, darunter die bisherigen Auftraggeber, die „Gesellschaft für Linde's Eismaschinen". Diese in Wiesba-

Modell der Kältemaschine von 1877, installiert in Triest

den ansässige AG bildete die Grundlage für ein Unternehmen, das sich rasch zu einem weltweit tätigen Konzern entwickeln sollte; zunächst aber bestand es lediglich aus einem Konstruktionsbüro.

In den folgenden Jahren boomte der Bau von Kälteanlagen; bis Ende der 1880er-Jahre hatte man schon 747 Kältemaschinen in 445 Brauereien installiert. Der Einsatzbereich der Kältetechnik wurde immer breiter, denn vor allem die Chemische Industrie, aber auch die Lebensmittelindustrie entwickelte einen großen Bedarf an Kühlung. 1890 gründete Linde die „Gesellschaft für Markt- und Kühlhallen", die entsprechende Gebäude errichtete und in eigener Regie betrieb.

1889/90 zog sich Linde aus der Geschäftsführung der AG zurück und wandte sich erneut der Forschung zu. Er nahm seine Tätigkeit an der Technischen Hochschule München wieder auf und engagierte sich nun auch in verschiedenen Organisationen wie dem Verband Deutscher Ingenieure (VDI) und dem Bayerischen Dampfkesselrevisionsverein, aus dem der Technische Überwachungsverein (TÜV) hervorging. Er wurde Mitglied des Kuratoriums der Physikalisch-Technischen Reichsanstalt, der Bayerischen Akademie der Wissenschaften sowie der Vorläuferorganisation der heutigen Max-Planck-Gesellschaft und erhielt 1907 den persönlichen Adel verliehen. Höchst aktiv beteiligte er sich an der Gründung des Deutschen Museums, dessen Vorstand er dann bis zu seinem 80. Lebensjahr angehörte.

Aber auch als Ingenieur und Unternehmer entfaltete er, unterstützt von seinen Söhnen Friedrich und Richard, weiterhin große Aktivitäten. Anfang der 1890er-Jahre wandte er sich dem Bereich der Tiefkühltechnik, der Luftverflüssigung und der damit verbunden Gewinnung von Gasen zu. Am 29. Mai 1895 gelang mit einer neu konstruierten Maschine erstmals die Erzeugung flüssiger Luft, und in den folgenden Jahren wurde dieses Verfahren zur industriellen Nutzung weiterentwickelt. Daneben erarbeitete man Verfahren und Anlagen, mit denen flüssige Luft in ihre Bestandteile zerlegt werden konnte. Vor allem bei Sauerstoff gab es bereits einen großen Bedarf, da dieser für das autogene Schweißen und zum Schneiden von Metallen benötigt wurde, und so errichtete man 1903 dafür in Höllriegelskreuth eine erste Produktionsanlage. In dem etwas modifizierten Verfahren der „Rectification" ließ sich auch reiner Stickstoff gewinnen, für den gleichfalls eine starke Nachfrage bestand, da Stickstoffverbindungen als Düngemittel und zur Herstellung von Salpetersäure benötigt wurden. Bis 1910 wurde in Höllriegelskreuth eine Anlage entwickelt und gebaut, in der gleichzeitig und kostengünstig Sauerstoff und Stickstoff erzeugt werden konnten. Daneben wurden hier auch ein Verfahren zur Gewinnung des Edelgases Argon erarbeitet, das man zur Füllung von Glühlampen benötigte, sowie eines zur Zerlegung von Wassergas in die Bestandteile Wasserstoff, Kohlenmonoxid, Kohlendioxid, Stickstoff und Methan.

Die erste Produktionsanlage, die nach diesem „Linde-Frank-Caro-Verfahren" arbeitete, gab die BASF in Auftrag, die damit die synthetische Herstellung von Ammoniak aufnahm. Auf diesen Verfahren basierten dann die seit 1920 praktizierte Koksgaszerlegung sowie die Ethylengewinnung aus Erdgas und Erdöl, die wiederum die Voraussetzung für die Kunststoffherstellung war.

Zunächst allerdings ging die weitere Entwicklung in eine andere Richtung, denn nun bestimmte die Politik die Prioritäten. Als mit Beginn des Ersten Weltkriegs die Chilesalpeterlieferungen ausfielen, benötigte man in kürzester Zeit Anlagen zur Gewinnung von Salpetersäure aus Kalkstickstoff, damit die Sprengstoffproduktion aufrecht erhalten werden konnte. 1914/15 wurden in Höllriegelskreuth und in Mün-

chen in nur zehn Monaten vier derartige Stickstoffanlagen mit einer Gesamtleistung von 14 000 cbm pro Stunde produziert. Dank dieser und weiterer großer Aufträge zur Lieferung kriegswichtiger Anlagen erfuhren Lindes Unternehmen und dessen diverse Tochtergesellschaften trotz des Verlustes ihrer zahlreichen Auslandsbeteiligungen währenden des Ersten Weltkriegs einen beachtlichen Aufschwung.

Carl v. Linde, der 1914 bereits 72 Jahre alt war, hatte sich zu diesem Zeitpunkt schon weitgehend aus der Entwicklung und Geschäftsführung zurückgezogen. In der technischen Leitung waren ihm sein Sohn Richard, in der kaufmännischen sein Sohn Friedrich und sein Schwiegersohn Rudolf Wucherer nachgefolgt. 1934 starb Carl v. Linde im Alter von 92 Jahren in München.

Das für Linde eingerichtete Münchener Maschinenlaboratorium, in dem auch die ersten Versuche zur Luftverflüssigung stattfanden

sich 1898 mit der noch auf Reichenbach zurückgehenden, dann von Buz weiterge-
führten Maschinenfabrik in Augsburg zur „Vereinigten Maschinenfabrik Augsburg
und Nürnberg A. G.", der MAN, zusammenschloss, und schließlich die auf den Bau
von Lokomotiven spezialisierten Werke von Maffei und Krauss in München.

Diese großen Unternehmen bildeten auch in der zweiten Jahrhunderthälfte
das Rückgrat des bayerischen Maschinenbaus, obwohl nun zahlreiche weitere,
zumeist mittelständische Betriebe hinzukamen. Denn nicht mehr nur die Industrie
und Eisenbahn, sondern auch das Gewerbe, das Handwerk sowie die Landwirtschaft setzten in immer größerem Umfang Maschinen ein, und diese erhöhte
Nachfrage ermöglichte eine starke Ausweitung der Produktion, deren Palette immer breiter wurde. Waren zunächst überwiegend Antriebs- und Arbeitsmaschinen
für industrielle und gewerbliche Anwendungsbereiche sowie den Eisenbahnbedarf gefertigt worden, so erlangten jetzt auch Maschinen für den Einsatz in der
Landwirtschaft erhebliche Bedeutung – Sä- und Erntemaschinen, Pflüge und
Heuwender, Häcksel- und Sortiermaschinen, Milchzentrifugen, Dreschmaschinen, Lokomobile und Zugmaschinen – sowie Fahrzeuge für den Individualverkehr; hierbei spielte das Fahrrad eine wichtige Rolle.

Nach wie vor war jedoch die Nachfrage nach den klassischen Investitionsgütern, d. h. nach Maschinen und anderen Anlagen zur Produktion von Gütern
aller Art, die wichtigste Triebfeder des Maschinenbaus, und diese Nachfrage war
dank des allgemeinen Wachstums von Industrie und Gewerbe groß. Verstärkt
wurde sie durch das Entstehen völlig neuer Industrie- und Gewerbezweige, wobei
die stärksten Impulse von der Elektroindustrie und der Chemischen Industrie ausgingen, die ab 1880 eine zweite Industrialisierungswelle auslösten.

Wie sich vor diesem Hintergrund der *Maschinenbau* entwickelte, lässt sich
beispielhaft an den großen Augsburger und Nürnberger Maschinenbaufirmen
aufzeigen. Sie hatten sich schon vor der Jahrhundertmitte auf die Fertigung von
Dampfmaschinen, Eisenbahnbedarf und Turbinen spezialisiert, und damit auf
Produkte, die ein großes Innovationspotenzial enthielten. Dieses Potenzial zeigte
sich besonders deutlich, als mit dem rasanten Aufstieg der Elektrotechnik ein großer Bedarf an stromerzeugenden Aggregaten entstand. Diesen Bedarf haben die
beiden Unternehmen zunächst mit der Entwicklung von schnell und gleichmäßig
laufenden, energiesparenden Dampfmaschinen zu befriedigen gesucht. Bis 1913
hat die MAN fast 4000 derartiger Dampfmaschinen mit einer Gesamtleistung von
rund 700 000 PS hergestellt. Daneben entwickelte man aber auch die Turbinen
zum Antrieb von Generatoren weiter; dabei handelte es sich sowohl um Wasser-
als auch um Dampfturbinen. Letztere haben den Kolbendampfmaschinen in diesem Anwendungsbereich dann rasch den Rang abgelaufen. Bis 1911 wurden
schon 148 dieser modernen Dampfturbinen mit einer Gesamtleistung von mehr
als 330 000 PS gefertigt.

Trotz der guten Erfolge, die man mit diesen bewährten Technologien erzielte, investierten die Unternehmen erhebliche Mittel in die Kraftmaschinentechnik der Zukunft, den Verbrennungsmotor. Grundlage für die Entwicklung dieses Motors bildeten die Erfahrungen, die man beim Bau von großen Gasmotoren gemacht hatte. Solche Aggregate, die bis zu 6000 PS leisteten, fanden hauptsächlich in Eisenhütten und Bergwerken Verwendung. Auf diesem Sektor war die Nürnberger Maschinenfabrik, beziehungsweise die MAN, um die Jahrhundertwende weltweit Marktführer. Eine weitere Voraussetzung war die Entwicklung von mit Benzin betriebenen Explosionsmotoren. Diese waren bereits seit 1873 in Gebrauch, hatten aber bisher noch keine größere Bedeutung erlangt, was vor allem auf den geringen Wirkungsgrad dieser Motoren zurückzuführen war. Die Entwicklung einer mit flüssigem Brennstoff betriebenen Wärmekraftmaschine mit großem Wirkungsgrad, also einer möglichst großen Energieausnutzung, war das zentrale Ziel, das Rudolf Diesel mit der Konstruktion seiner neuen Maschine verfolgte. 1893 erhielt er das Patent auf einen Motor, bei dem flüssiger Brennstoff in eine zylinderförmige Brennkammer mit hochkomprimierter Luft eingespritzt wurde und sich dabei selbst entzündete, wodurch ein Kolben nach unten getrieben wurde.

Umgehend sicherte sich die Augsburger Maschinenfabrik die Rechte zum Bau von Maschinen nach diesem Funktionsprinzip, wobei sie dem Erfinder weitgehende Zugeständnisse machen musste. Zudem hatte sie sich mit der Firma Krupp in Essen zu arrangieren, die gleichfalls Rechte an dem Patent erworben hatte. In Augsburg und Nürnberg wurde dann der „Dieselmotor" in einer sehr zeit- und kostenaufwändigen Entwicklungsarbeit zur Einsatzreife gebracht. 1895 hat man in Augsburg einen ersten voll funktionsfähigen Prototyp fertig gestellt, und nach weiteren drei Jahren präsentierten die Maschinenfabrik Augsburg, die Maschinenbaugesellschaft Nürnberg sowie die Gasmotorenfabrik Deutz auf einer Münchener Ausstellung ihre ersten für den praktischen Einsatz geeigneten Dieselmotoren.

Alle Motoren dieser Art waren zunächst für den stationären Einsatz bestimmt. Vor allem wegen seines geringeren Platzbedarfs und der gegenüber einer Dampfmaschine wesentlich unkomplizierteren Bedienung fand der Dieselmotor rasch Verbreitung. Neben diesen kleineren Aggregaten wurden von MAN bald auch große und sehr große Maschinen hergestellt, die bis zu 4000 PS leisten konnten. Bis Ende 1911 hatte man bereits 2645 stationäre Dieselaggregate mit einer Gesamtleistung von rund 250 000 PS ausgeliefert. Besondere Vorteile bot der Dieselmotor bei seiner Verwendung als Schiffsantrieb, und der Bau von Schiffsmotoren wurde sehr rasch zu einer Spezialität der MAN; diese Maschinen wurden vor allem im Nürnberger Werk hergestellt.

Mit solchen vielfältigen Antriebsmaschinen war die Produktpalette dieses innovativen Maschinenbauunternehmens noch keineswegs vollständig. Zu einem wichtigen Unternehmenszweig entwickelte sich, seit man 1875 in Augsburg die erste Kältemaschine nach dem System Linde gefertigt hatte, die Herstellung von Kühlanlagen, die zunächst vor allem im Bereich des Brauerei- und Molkereiwesens Anwendung fanden. Und auch der in Nürnberg ansässige und von Anfang an sehr wichtige Waggonbau wurde mit großem Einsatz weitergeführt. Hatte man zunächst fast ausschließlich Waggons für die bayerischen Eisenbahnen gebaut, so belieferte man um die Jahrhundertwende Eisenbahnen in der ganzen Welt. Bis 1913 verließen rund 70 000 Eisenbahn- und 15 000 Straßenbahnwagen die Werkstätten der MAN; hinzu kamen zahlreiche Spezialfahrzeuge, insbesondere auch solche für den elektrischen Betrieb. Im Umfeld der Sparte „Eisenbahnbedarf" entwickelte sich rasch ein weiterer Produktionszweig, der in der Folge zu einem selbstständigen Unternehmen ausgebaut wurde: Der Bau von (Eisenbahn-)Brücken; bis 1903 wurden allein in Bayern 2116 eiserne Eisenbahnbrücken gebaut.[42] Auch in diesem Bereich kamen die ersten Aufträge zunächst von der bayerischen Staatseisenbahn. Bald übernahm das Unternehmen jedoch den Bau von Eisenbahn- und Straßenbrücken in ganz Europa. Um die Jahrhundertwende dehnten sich die Aktivitäten weiter aus; so baute MAN Brücken für die Bagdadbahn und in den deutschen Kolonien in Afrika.

Eine andere Form des Eisenhochbaus stellte der Bau von Hallen dar. Das erste große Projekt dieser Art realisierte die Firma Cramer-Klett mit dem „Glasplast", der großen Ausstellungshalle der Industrieausstellung in München im Jahre 1854. Dieser hochmoderne Bau erregte weltweite Aufmerksamkeit und verschaffte dem Unternehmen auch im Bereich des Eisenhochbaus größte Anerkennung und in der Folge zahlreiche Aufträge. Vor allem der Bau großer Bahnhöfe – so in Zürich, München und Mainz – hat den Ruf des Unternehmens in dieser Sparte rasch befestigt.

Auf all den genannten Produktionsfeldern zählte die MAN bereits vor der Jahrhundertwende zu den weltweit operierenden und marktbeherrschenden Unternehmen. Unter den bayerischen Industrieunternehmen nahm sie mit rund 12 000 Beschäftigten, einem Jahresumsatz von rund 16 Mio. Mark (1910/11) und einem Aktienkapital von 27 Mio. Mark (1914) die unangefochtene Spitzenstellung ein.

Lokomotivbau

Einen besonderen Zweig des Maschinenbaus stellte seit den Anfängen der Industrialisierung der Lokomotivbau dar, der in Bayern untrennbar mit den Namen Maffei und Krauss verbunden ist. Joseph Anton von Maffei erwarb 1838 in Hirschau bei München ein Hammerwerk mit einer kleinen Eisengießerei und baute dieses in der Folge zu einer auf den Lokomotivbau spezialisierten Maschinenfabrik aus. Bereits 1841 wurde hier die erste bayerische, noch vollständig einem englischen Vorbild nachgebaute Lokomotive fertiggestellt. Die „Münchner", so ihr Name, wurde von der München-Augsburger Eisenbahngesellschaft abgenommen, zu deren Großaktionären Maffei zählte. 1844 folgte eine zweite, verbesserte Lokomotive, die „Suevia", welche die Strecke zwischen Augsburg und Donauwörth befuhr. Wie bei den frühen Maschinenfabriken üblich, musste man viele Werkzeuge und Arbeitsmaschinen selbst herstellen, und so gehörten außer Lokomotiven auch Maschinen aller Art – vor allem Drehbänke und Bohrmaschinen, aber ebenso Dampf- und Dreschmaschinen – zur Produktion. Im Laufe der Zeit erweiterte man die Produktpalette erheblich; sie umfasste bald auch Dampfschiffe – diese wurden vor allem in einer Regensburger Werft gebaut –, Lokomobile und Dampfwalzen. In den 1880er-Jahren kam dann die Fertigung von Dampfmaschinen für die Stromerzeugung, 1905 die von Dampfturbinen für den gleichen Zweck hinzu.

Der Schwerpunkt der Produktion aber lag jedoch nach wie vor im Lokomotivbau, in dem man sich sehr bald von den englischen Vorbildern löste. Die frühen Lokomotiven wurden noch als Einzelstücke gefertigt; dass das Werk in den 1840er-Jahren innerhalb von 4 Jahren 14 Lokomotiven herstellte, galt als Zeichen seiner besonderen Leistungsfähigkeit. Um die Jahrhundertmitte aber änderten sich die Verhältnisse grundlegend. Im September 1851 gewann eine Maffei'sche Lokomotive neuer Bauart den von der Semmeringbahn ausgelobten Preis in Höhe von 20 000 Dukaten. Sie hatte den besonderen Anforderungen dieser Strecke – starke Steigungen und enge Kurvenradien – am besten entsprochen. Aufgrund ihrer besonderen Leistungsfähigkeit drängten die Maffei'schen Lokomotiven im Bereich der bayerischen Eisenbahnen ihre Konkurrenten nach der Jahrhundertmitte immer weiter zurück. Begünstigt wurde dies dadurch, dass auch die bayerische Ostbahn, zu deren Hauptaktionären Maffei zählte, ihre Lokomotiven ausschließlich von diesem Werk bezog. Hinsichtlich der außerbayerischen Konkurrenz kam Maffei zugute, dass die Staatsbahn aus innen- und wirtschaftspolitischen Motiven inländischen Unternehmen, sofern sie nicht merklich hinter der auswärtigen Konkurrenz zurückstanden, den Vorzug gab.

Letztlich aber hatte das Werk seinen auch in der zweiten Jahrhunderthälfte andauernden wirtschaftlichen Erfolg vor allem seiner ungebremsten Innovationsfähigkeit zu verdanken. Von der Maffei'schen Fabrik gingen in diesen Jahrzehnten wichtige Impulse für den Lokomotivbau aus. So baute sie als erstes deutsches Werk Duplexverbundlokmotiven der Bauart Mallet, die mit zwei Triebgestellen ausgestattet und deshalb besonders für Strecken mit größeren Steigungen und engeren Kurvenradien geeignet waren. Die Dampfmaschinen wurden ständig weiter verbessert, sodass ihre Leistung beträchtlich erhöht und ihr Verbrauch deutlich gesenkt werden konnte. Die letzte vor dem Ersten Weltkrieg konstruierte Schnellzuglokomotive von Maffei erreichte bei einer Nutzlast von 150 t schon eine Geschwindigkeit von 155 km/h.

Verblichener Glanz: Krauss-Maffei

Bayerische Industrie und Krauss-Maffei: Diese Begriffe waren über Jahrzehnte nahezu austauschbar. Der Bankier und Unternehmer Joseph Anton von Maffei erwarb 1838 ein Eisenwerk in der Hirschau bei München und machte daraus die erste Eisenbahnfabrik Bayerns. 1841 lieferte sie ihre erste Lokomotive aus, und bis 1854 hatte sie dann bereits 187 Lokomotiven und 15 Dampfschiffe sowie zahlreiche Dampfmaschinen, Kräne, Gasometer, Pumpen, Arbeitsmaschinen, Pressen und andere Produkte hergestellt. Da man viele Werkzeuge und Maschinen selbst konstruieren und fertigen musste, war man bald dazu übergegangen, solche auch zu verkaufen. Später kamen Lokomobile, Dampfwalzen, Dampfturbinen, Zentrifugen und schließlich auch Zugmaschinen mit Verbrennungsmotoren hinzu. Mit 700 Beschäftigten und einer jährlichen Lohnsumme von 250 000 Gulden war Maffei 1854 der mit Abstand größte Arbeitgeber Münchens. Unter Hugo v. Maffei (1836-1921), der 1907/08 mit der „Berliner Maschinenbau AG, vorm. Schwartz-kopf" die „Maffei-Schwartzkopf-Werke Berlin" gründete, wuchs das Unternehmen über Bayern hinaus. Bei dem in Berlin beheimateten Bau von Elektrolokomotiven kooperierte Maffei seit 1925 mit Siemens-Schuckert und der AEG. 1927 wurde das Unternehmen in eine Aktiengesellschaft, die „J. A. Maffei AG", transformiert, aber 1931 mussten die Maffei'schen Erben nach Aktientransaktionen auf ihre Ansprüche verzichten. Jetzt übernahm der schärfste Konkurrent, die „Krauss & Comp. AG", von Maffei den Lokomotivenbau und einige weitere Produktionszweige sowie ca. 20 % der Belegschaft. Das fusionierte Unternehmen firmierte nun als „Lokomotivenfabrik Krauss & Comp. – J. A. Maffei AG".

Georg Krauss hatte seine Fabrik 1866 gleichfalls in München gegründet und konnte sich mit besonders kurvengängigen, kräftigen und einfach zu bedienenden Lokomotiven rasch einen großen Marktanteil sichern. Er bewies, dass mit seinen Fahrzeugen auch Nebenstrecken rentabel zu befahren waren,

Werbeanzeige der „Lokomotivenfabrik Krauss & Comp. – J. A. Maffei AG" von 1931

was eine starke Nachfrage nach kleiner dimensionierten Eisenbahnen auslöste. Nur fünf Jahre nach Aufnahme der Fertigung lieferte er bereits die 100. Lokomotive aus; 1905 verließ die 5000. die Fabrik. Seit 1872 betrieb Krauss ein Zweigwerk in Sendling, seit 1880 ein weiteres in Linz an der Donau. 1908 beteiligte sich das Unternehmen, seit 1887 eine Aktiengesellschaft, an der Eisengießerei Krautheim & Co. in München-Allach, die man bald vollständig übernahm; dort baute man ab 1925 auch Lastkraftwagen.

Nach der Übernahme von Maffei 1931 wurde der Firmensitz nach München-Allach verlegt. 1934 nahm man dort auch die Produktion von Kettenfahrzeugen auf. Das 1940 in „Krauss-Maffei AG" umbenannte Unternehmen zählte zu den wichtigsten Rüstungsbetrieben des „Dritten Reiches"; von 1934 bis 1940 wuchs seine Belegschaft von ca. 1700 auf 6000 Mitarbeiter an. Seine Hauptprodukte waren Militärfahrzeuge; weiterhin aber wurden auch Lokomotiven gebaut, bis ihre Herstellung 1943 untersagt wurde. Nach dem Krieg war die Reparatur von Lokomotiven wichtigstes Standbein des Unternehmens, daneben begann es Omnibusse zu bauen, da ihm die Produktion von Lokomotiven immer noch nicht gestattet war. Ab 1950 weitete man das Produktionsprogramm dann wieder beträchtlich aus. 1963 stieg man mit der Produktion des Kampfpanzers Leopard auch wieder in das Rüstungsgeschäft ein, und seit 1969 beteiligte man sich an der Entwicklung der Magnetschwebebahn (Transrapid).

Längst hatte sich Krauss-Maffei von einem bayerischen Unternehmen zu einem deutschen Konzern mit Sitz in Bayern gewandelt. Seit der Fusion von 1931 befanden sich seine Aktien überwiegend im Besitz großer deutscher Industrieller und Banken. 1955 verkaufte die Deutsche Bank AG 35 % des Aktienkapitals von Krauss-Maffei an die Buderus'schen Eisenwerke AG in Wetzlar, die ihrerseits zunächst zu 40 % und dann zu 100 % zum Flick-Konzern gehörten. 1985 übertrug der bisherige Mehrheitseigentümer Buderus die meisten seiner Anteile an Kraus-Maffei der „LfA – Gesellschaft für Vermögensverwaltung mbH" (München) – und damit dem Freistaat Bayern, der „RTG-Raketentechnik GmbH", der Dresdner Bank, der Deutschen Bank und der Bayerischen Vereinsbank. Nur noch 15 % hielt weiterhin die Buderus AG, die wiederum zur Feldmühle Nobel AG gehörte; 3,6 % der Aktien waren in Streubesitz.

1989 erwarb der Mannesmann-Konzern die Aktienmehrheit der Krauss-Maffei AG, 1996 dann auch die restlichen Aktien. 1999 fusionierte die Mannesmann Demag AG (Duisburg) mit der Krauss-Maffei AG zur „Mannesmann Demag Krauss-Maffei AG", aber dieses Unternehmen wurde schon im Jahr darauf vom Britischen Vodafone-Konzern übernommen, der es wiederum an Siemens verkaufte. Siemens schlug Krauss-Maffei zunächst der Atecs Mannesmann AG zu, einer seiner Industrie-Holdings, und veräußerte das Unternehmen dann 2002 an die US-amerikanische Beteiligungsgesellschaft KKR weiter. Im Zuge dieser rasch wechselnden Besitzverhältnisse wurde Krauss-Maffei in verschiedene eigenständige Unternehmen zerlegt, die vor allem in den Bereichen Verkehrstechnik, Wehrtechnik, Verfahrenstechnik und Kunststofftechnik tätig sind. Zu diesen zählen u. a. die „Krauss-Maffei Wegmann GmbH & Co KG" (Kassel), welche Panzerfahrzeuge produziert, die „Siemens ‚Krauss-Maffei' Lokomotiven GmbH" mit dem Fertigungsstandort in München-Allach und die Krauss-Maffei, gleichfalls mit Sitz in Allach, die im Bereich der Kunststofftechnik tätig ist.

Aber nicht nur den deutschen Markt hatte das Unternehmen im Blick, sondern auch den Weltmarkt. Hierbei kam ihm vor allem seine Fähigkeit zugute, Lokomotiven für die unterschiedlichsten Ansprüche und Anforderungen zu entwickeln. Egal, ob man Maschinen brauchte, die auf gering belastbaren Gleisunterbauten und Brücken einsetzbar waren, oder solche, die besonders große Lasten ziehen oder wechselweise im Güter- und Personenverkehr eingesetzt werden konnten, Maffei entwickelte und baute sie. Bis zum Jahr 1908 hatte Maffei bereits 8165 Lokomotiven ausgeliefert, wovon 3323 für den inländischen und 4842 für den ausländischen Markt bestimmt waren. Dabei wies die Produktion einen starken Zuwachs auf. Stellte Maffei im Jahr 1896 Produkte im Gesamtgewicht von 2846 t her, so waren es 1906 schon 5842 t und 1913 sogar 10 900 t.

Angesichts der übermächtigen Stellung Maffeis stellte die Gründung eines weiteren auf den Lokomotivbau spezialisierten Unternehmens ein gewagtes Unterfangen dar. Wenn Georg Krauss dieses Wagnis im Jahr 1866 dennoch einging und in der Nähe des Münchner Südbahnhofs ein solches Werk errichtete, so deshalb, weil er während seiner langjährigen Tätigkeit im Lokomotivbau die Chancen erkannt hatte, welche ihm die Schwächen der bisherigen Konstruktionen boten. Diese bestanden insbesondere in der geringen Kurvengängigkeit, unbefriedigender Kraftkoppelung und Adhäsion und schließlich auch in der komplizierten Bedienung der bisherigen Lokomotiven. Auf die Abstellung dieser Mängel richtete er deshalb sein Augenmerk. Was seine Lokomotiven schon äußerlich von allen anderen unterschied, war der von ihm konstruierte Kastenrahmen. Dieser bot viele Vorteile; so konnten in ihm die Speisewasserbehälter untergebracht werden, weshalb im Tender nur noch Kohle mitgeführt werden musste. Eine erste „Voll-Lokomotive" dieser Konstruktionsweise wurde von ihm schon auf der Weltausstellung von 1855 präsentiert, wo sie viel beachtet und auch prämiert wurde. Die Kurvengängigkeit und Adhäsion seiner Lokomotiven wurde in der Folge vor allem durch das „Krauss-Helmholtzsche" Drehgestell und andere Systeme – zum Beispiel parallel zu verschiebende Kuppelachsen – weiter verbessert. Diese Lokomotiven waren robust und relativ einfach zu bedienen, und sie konnten in allen Größen und Spurweiten gebaut werden. Aus diesem Grund waren sie besonders auch für den Werksverkehr sowie für die Industrie- und Nebenbahnen bestens geeignet.

Lokomotiven dieser Bauart stellten zunächst einen großen Teil der Produktion der Krauss'schen Lokomotivenfabrik dar. Mit großem Einsatz, der den Bau und Betrieb von schmalspurigen Nebenbahnstrecken und Straßenbahnen in Deutschland und Österreich auf eigene Kosten und eigenes Risiko mit einschloss, konnte er die skeptischen Eisenbahnverwaltungen davon überzeugen, dass mit dem von ihm gelieferten Material ein rentabler Betrieb auch von Nebenstrecken möglich war. In den 1890er-Jahren hatte er bereits Lokomotiven für 97 verschiedene Spurweiten – von 45,7 bis 142,5 cm – gebaut, die zwischen 5 und 800 PS leisteten.

Auf diese Weise konnte sich das Unternehmen Krauss & Cie zu einer der führenden Lokomotivfabriken Deutschlands entwickeln. Am 28. Juni 1871, fünf Jahre nach Gründung des Werkes, wurde die 100. Lokomotive ausgeliefert; im Mai 1882 verließ die 1000. und im Oktober 1905 die 5000. Lokomotive das Münchener Werk. Rund 750 davon hatten die bayerischen Staatsbahnen abgenommen, etwa 2200 waren ins Ausland geliefert worden; allein Letztere stellten einen Rechnungswert von rund 35,5 Mio. Mark dar.[43]

Elektrotechnische und elektrochemische Industrie

Die Elektroindustrie entwickelte sich zunächst im Bereich des Fernmeldewesens. Denn die mit Schwachstrom aus Batterien gespeiste Telegrafie war es, in der elektrischer Strom und elektromechanische Vorrichtungen zuerst zu praktischer Anwendung kamen. 1849 wurde die erste bayerische Telegrafenlinie entlang der Bahnlinie von München nach Salzburg in Betrieb genommen, und dieser folgten rasch weitere. Die dafür nötigen Apparate und Einrichtungen musste man zunächst aus dem Ausland beziehen, doch bald entwickelte man diese in Bayern weiter und baute sie auch hier.

Den Durchbruch der Elektroindustrie aber brachte die Erfindung des Magnetinduktors. Auch dieser wurde für die Telegrafie entwickelt; er kam in einem Apparat zum Einsatz, den die Berliner Firma Siemens & Halske 1856 für die bayerische Staatsbahn baute. Aus diesem Magnetinduktor entwickelte Siemens bis 1866 die so genannte Dynamomaschine, die mechanische Energie über eine Drehbewegung in elektrische Energie umwandeln konnte. Diese Dynamomaschine erlaubte die Stromerzeugung in nahezu beliebig großer Menge, und jetzt trat der im Generator gewonnene Strom an die Stelle des weitaus teureren, auf chemischem Wege gewonnenen und in Akkumulatoren gespeicherten Stroms; damit begann endgültig das elektrische Zeitalter.

In Bayern lässt sich dessen Beginn auf das Jahr 1882 datieren, als im Münchner Glaspalast die erste deutsche Elektrizitätsausstellung stattfand.[44] Auf ihr wurden alle bis dahin entwickelten elektrotechnischen Geräte, Maschinen und Vorrichtungen in teilweise spektakulärer Weise vorgeführt. Rund zwei Dutzend der Aussteller kamen aus Bayern. Diese vergleichsweise große Zahl war darauf zurückzuführen, dass die Herstellung von Telegrafen und elektrischen Messgeräten, mit denen die Elektroindustrie ihren Anfang nahm, hauptsächlich noch in feinmechanischen Werkstätten erfolgte. Zu den leistungsfähigsten dieser innovativen Betriebe zählte der von Friedrich Heller in Nürnberg, in dem u. a. Johann Sigmund Schuckert die Herstellung elektrischer Geräte erlernte. Als gelernter Mechaniker hatte auch er zunächst Instrumente, vornehmlich Vermessungsinstrumente und Entfernungsmesser, gefertigt. Nachdem Schuckert dann in den Betrieben von Siemens & Halske in Berlin und bei Thomas Alva Edison in den USA seine elektrotechnischen Kenntnisse erweitert hatte, kehrte er nach Nürnberg zurück und gründete hier 1873 sein eigenes Unternehmen. Aus ihm entstand 1893 die „Elektrizitäts-Aktiengesellschaft vorm. Schuckert & Co" mit einem Stammkapital von stattlichen 12 Mio. Mark. Begonnen hatte Schuckert mit der Produktion kleiner Dynamomaschinen zur Erzeugung von Strom für galvanoplastische Arbeiten und Beleuchtungszwecke, doch sehr bald war er dazu übergegangen, auch Beleuchtungsmittel – Bogenlampen verschiedenster Konstruktion und Scheinwerfer – zu fertigen. Vor allem seine Scheinwerfer erfreuten sich rasch eines sehr guten Rufes und Absatzes. Für die Produktion dieser Geräte benötigte er Messgeräte, Regulatoren, Schalter und andere Vorrichtungen, die er für sich und bald auch für den Verkauf herstellte. 1878 installierte Schuckert für Ludwig II. im Schloss Linderhof die erste permanente elektrische Beleuchtung Bayerns; weitere derartige Installationen folgten im Münchner Telegrafenamt, im Münchner Hauptbahnhof (1879) und im Residenztheater (1880). Auf der Münchner Ausstellung von 1882 erregte Schuckert aber vor allem mit einer Stromfernleitung Aufmerksamkeit. In der Maffei'schen Fabrik in der Hirschau installiert er einen wasserkraftbetriebenen Generator, dessen Strom über eine 5 km lange Kupferleitung in den Glaspalast transferiert wurde, wo er tagsüber den 3 PS starken Motor einer Dreschmaschine in Gang setzte und nachts elf Bogenlampen speiste.

Eine andere Stromfernübertragung, welche die 57 km Entfernung von Miesbach nach München überbrückte, lieferte den Strom für den 0,9 PS starken Motor der Pumpe eines künstlichen Wasserfalls; diese Aufsehen erregende Installation hatte Oskar von Miller ausgeführt. Die Stromfernleitungen dienten zugleich dazu, Methoden zur sicheren und verlustarmen Leitung von Strom über größere Entfernungen zu entwickeln, denn das war die wichtigste Voraussetzung für eine flächendeckende Verbreitung elektrischer Beleuchtungseinrichtungen, Maschinen und Geräte. Dazu musste aber auch die bisherige große Vielfalt an Stromarten und Spannungen beseitigt werden.

Die Münchener Elektrizitätsausstellung von 1882 gab auch den Anstoß zur Einführung der elektrischen Beleuchtung in München und anderen bayerischen Städten. Überall wurden zunächst, dem Vorbild Edisons folgend, so genannte Blockstationen errichtet. Das waren zumeist mit Dampfmaschinen oder Gasmotoren betriebene Generatoren, die so viel Strom erzeugten, dass größere Häuserkomplexe mit elektrischer Beleuchtung ausgestattet werden konnten. Derartige Stationen wurden zunächst vor allem von privaten Unternehmern errichtet. Das erste größere Elektrizitätswerk Deutschlands wurde 1884/85 in Berlin gebaut, und zwar von der 1883 von Emil Rathenau gegründeten „Deutschen Edison-Gesellschaft für angewandte Elektricität", aus der 1887 die „Allgemeine Eletricitäts-

Gesellschaft" (AEG) hervorging. Weitere Städte folgten bald nach, darunter auch München. Hier hatte die Stadt schon unmittelbar nach der Ausstellung von 1882 Blockstationen in eigener Regie betrieben. Doch da deren Kapazität zu klein und ihr Betrieb mit vielfältigen Problemen verbunden war, errichtete sie 1893 bei zwei vormaligen Brunnenhäusern ihre ersten Wasserkraftwerke. Eines davon wurde bald wieder aufgegeben, das andere aber – das Muffatwerk –, das zunächst mit einer 300-PS-Turbine ausgestattet war, wurde bald um vier dampfturbinengetriebene Generatoren mit zusammen 2100 PS erweitert. Weitere Kraftwerke kamen hinzu, und 1903 verfügten die städtischen Elektrizitätswerke Münchens über eine Leistung von knapp 6000 Kilowatt.[45]

Obwohl die Strompreise so hoch waren, dass sich nur wenige Privatleute eine elektrische Beleuchtung leisten konnten, stieg der Strombedarf rasch an, sodass die Stromversorgung ein interessantes Betätigungsfeld für private Unternehmen wurde. Dazu trug wesentlich die technische Entwicklung bei. 1891 demonstrierte die AEG auf die Initiative Oskar von Millers hin, dass ein relativ verlustfreier Transport von Strom auch über weite Strecken möglich ist, wenn dieser unter Hochspannung (es waren 15 000 Volt) und in Form von Drehstrom erfolgt. Dazu baute man eine 178 km lange Stromübertragung von Lauffen am Neckar zur Internationalen Elektrotechnischen Ausstellung, die in jenem Jahr in Frankfurt am Main stattfand. Mit dieser spektakulären Fernübertragung war in Deutschland auch die Entscheidung für den Einphasen-Wechselstrom gefallen und die bis dahin herrschende Vielfalt an verwendeten Stromarten fand bald ihr Ende.

1894 entstand als erstes größeres Stromversorgungsunternehmen Bayerns die „Isarwerke A.G.", die noch im gleichen Jahr bei Höllriegelskreuth ihr erstes Wasserkraftwerk in Betrieb nahm. 1901 wurden die „Lech-Elektrizitätswerke A.G." Augsburg, 1908 die „Amperwerke Elektrizitäts-Aktiengesellschaft München" und die „Bayerische Überlandcentrale A.G." mit Sitz in Regensburg und 1911 schließlich die „Oberbayerische Überlandzentrale A.G. München" gegründet.

Einen großen Anteil an der Verbreitung der Elektrotechnik in Bayern hatte Schuckert, einer der weltweit führenden Hersteller von Elektrizitätswerken; bis 1891 hatte seine Firma bereits 50 Elektrizitätswerke errichtet, dazu kamen komplette elektrische Straßenbahnen und ähnliche große Anlagen. 1893 wurde diese Firma in die „Elektrizitäts-Aktien Gesellschaft" umgewandelt, und um 1900 beschäftigte sie schon rund 8500 Mitarbeiter. 1903 wurde diese AG grundlegend umgebildet, wobei eine Aufteilung in einen Schwachstrom- und in einen Starkstrombereich erfolgte. Die Starkstromtechnik wurde der neu gebildeten „Siemens-Schuckert-Werke GmbH" mit Sitz in Nürnberg überlassen. Ein weiterer erfolgreicher Unternehmer der Elektrobranche, der sich ebenfalls maßgeblich für die Verbreitung der elektrischen Beleuchtung engagierte, war Alois Zettler

Elektrischer Strom als Grundlage neuer Industrien

1912 entstand mit dem „Portlandcement-werk" bei Burglengenfeld in der Oberpfalz eine der modernsten Fertigungsstätten für Baustoffe in Süddeutschland. Das Werk war einer der Industriebetriebe, die sich im Versorgungsbereich des 1908 errichteten Braunkohlekraftwerks der „Bayerische Überlandzentrale A. G." in Haidhof ansiedelten (s. Abb. oben). Der ambitionierte und architektonisch höchst bemerkenswerte Industriebau wurde 1912 mit einem Aufwand von 1 Mio. DM ganz in Betonbauweise errichtet und verkörperte so selbst beispielhaft die moderne Bauindustrie, für deren Bedarf das Unternehmen produzierte. Denn der Portlandzement, der hier auf der Grundlage regionaler Rohstoffe – Dolomit aus dem benachbarten Steinbruch, Ton, Sand und Eisenerz – erzeugt wurde, war die Voraussetzung für die Betonbauweise, welche gegen Ende des 19. Jahrhunderts das Bauwesen revolutionierte. Da zur Erzeugung von Zement viel Energie, davon ein großer Teil in Form von elektrischem Strom, erforderlich ist, konnte sich die moderne Baustoffindust-

rie in Bayern erst nach der Anlage leistungsfähiger Kraftwerke entwickeln. Vorzugsweise in deren Versorgungsbereichen ließen sich ab Beginn des 20. Jahrhunderts auch andere moderne Industriebetriebe nieder.

Von den Isarwerken zur E.ON Bayern AG:
Die Stromversorgung Oberbayerns

1894 gründete ein Konsortium, bestehend aus Wilhelm von Finck, Mitinhaber des Bankhauses Merck, Finck & Co, dem Münchner Bauunternehmer Jacob Heilmann und Dr. Johannes Kaempf, Vorstandsmitglied der Bank für Handel und Industrie, Berlin und Darmstadt, die „Isarwerke GmbH". Das zentrale Ziel des Unternehmens war es, Strom in größeren Mengen zu erzeugen und so die Ansiedlung neuartiger Industriebetriebe – vor allem solcher der Elektrochemie – im Umland von München zu fördern. Daneben sollte Strom auch an andere Abnehmer geliefert werden, um so die Auslastung zu verbessern und den Preis für den Industriestrom niedrig zu halten.

Am 19. November 1894 ging als erstes Kraftwerk dieses Stromversorgers das Wasserkraftwerk in Höllriegelskreuth in Betrieb. Es verfügte über eine Maschinenleistung von zweimal 500 PS Drehstrom; seine Normalleistung betrug 1360 kW. Damit war in Höllriegelskreuth das bis dahin leistungsstärkste Drehstromkraftwerk Deutschlands entstanden. 1902 wurde in Pullach ein zweites E-Werk errichtet; es leistete zunächst 2000 PS und wurde 1904 auf 4000 PS erweitert. Hier wurde zur Abdeckung von Spitzenlasten zudem eine Dampfturbine mit 3000 PS installiert.

1908 kam als weiteres großes Energieversorgungsunternehmen die „Amperwerke Elektrizitäts-Aktiengesellschaft München" hinzu. Ihr Hauptaktionär war

die „Gesellschaft für elektrische Unternehmungen", eine Berliner Holdinggesellschaft. Diese AG übernahm die „Süddeutschen Wasserwerke", die bisher in Hohenwart a. d. Paar und in Engelmannszell Wasserkraftwerke und in Pfaffenhofen a. d. Ilm ein Dampfkraftwerk betrieben. Da deren Leistung zu gering war, bauten die Amperwerke in Kranzberg und Unterbruck weitere Wasserkraftwerke und erweiterten die Kapazität der bestehenden; 1909 erwarben sie zudem ein von Siemens und Halske in München-Riem errichtetes Dampfkraftwerk. Vor dem Ersten Weltkrieg zählte das Versorgungsnetz der Amperwerke zu den weitläufigsten Deutschlands.

1913 lieferten die Isarwerke bereits rund 20 Mio. und die Amperwerke rund 13,7 Mio. kWh elektrischen Strom. Seit 1911 war mit der „Oberbayerischen Überlandzentrale" ein zusätzlicher regionaler Stromversorger hinzugekommen. Dessen Haupteigentümer war das Berliner Bankhaus Ernst Friedmann. Das Versorgungsgebiet der Überlandzentrale erstreckte sich über das östliche Oberbayern,

Das Maschinenhaus in Höllriegelskreuth

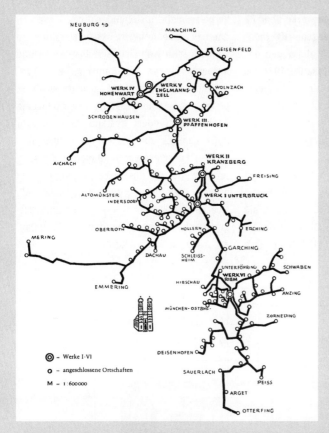

*Hochspannungsnetz der
Amperwerke, 1911*

ihren Strom bezog sie zunächst von einer Reihe kleinerer, zumeist von Fabriken betriebener Kraftwerke. Um den rasch wachsenden
Strombedarf abdecken zu können, nahm die
Überlandzentrale umgehend gemeinsam mit
den Städtischen Elektrizitätswerken München den Bau eines eigenen leistungsstarken
Wasserkraftwerks an der Leitzach in Angriff;
1914 ging es in Betrieb.

Wichtig für den weiteren Ausbau der öffentlichen Stromversorgung war das Jahr
1921, in dem die Isarwerke GmbH als ein
Tochterunternehmen die „Isarwerke AG",
welche die Aufgabe hatten, die Wasserkraftzentrale Mühltal an der Isar zu erweitern,
und die „Neue Amperkraft AG" gründeten,
welche den Ausbau der Wasserkraftzentrale
Haag an der Amper bewerkstelligen sollte.

Ebenfalls in diesem Jahr gründete der Freistaat 1921 die „Bayernwerk AG", deren wichtigster Auftrag die Fertigstellung und der
Betrieb des Walchenseekraftwerks, der Wasserkraftwerke an der Mittleren Isar und die
Errichtung und der Betrieb eines bayernweiten Hochspannungsnetzes war, das nicht nur
der Verteilung des selbst erzeugten Stroms
dienen, sondern einen landesweiten Strom-
verbund ermöglichen sollte.

Die bis dahin stark expansive Entwicklung
dieser Stromversorgungsunternehmen geriet
mit der Wirtschaftskrise ins Stocken, erstmals
ging der Stromverbrauch, und dies in beträchtlichem Ausmaß, zurück. Dennoch bewegte sich die Stromerzeugung auch 1931 auf
einem weitaus höheren Niveau als ein Jahrzehnt zuvor. So setzten die Isarwerke 1931

rund 64 Mio. kWh, die Amperwerke über 29 Mio. kWh und die Oberbayerische Überlandzentrale knapp 28 Mio. kWh ab. Wegen des stark gesunkenen Ertrags verkaufte 1931 das Bankhaus Ernst Friedmann die Aktienmehrheit an der Oberbayerischen Überlandzentrale an die „Gesellschaft für elektrische Unternehmen", dem Mehrheitsaktionär der Amperwerke. Nachdem diese Unternehmen bereits seit Längerem eng kooperiert hatten, wurden sie im September 1932 zur neuen „Amperwerke-Elektrizitäts AG" vereint. Damit hatte die öffentliche Stromversorgung Oberbayerns die Form erhalten, die sie bis in die 1950er-Jahre behielt. Um die anstehenden großen Investitionen in neue Anlagen besser schultern zu können, schlossen sich 1955 Isar-Werke und Amperwerke zur „Isar-Amperwerke AG" zusammen. Dass sich diese Lösung bewährte, ersieht man daraus, dass die neue AG fast ein halbes Jahrhundert bestand. Erst im Jahr 2001 kam es zum Zusammenschluss aller großen Energieversorger Bayerns: Die Isar-Amperwerke AG, Energieversorgung Ostbayern AG, Energieversorgung Oberfranken AG, Überlandwerk Unterfranken AG und Großkraftwerk Franken AG wurden zur „E.ON Bayern AG" zusammengefasst.

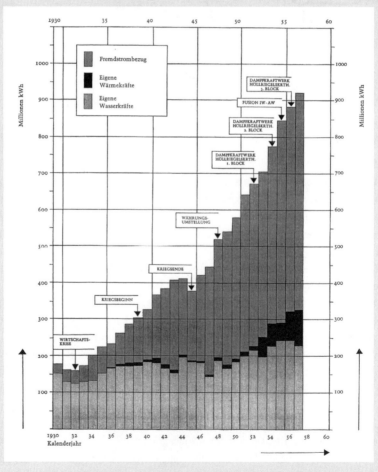

Stromlieferungen der Isar-Amperwerke, 1930-1957

aus München. Er installierte u. a. eine elektrische Beleuchtung in Herrenchiemsee, die zu den ersten in Bayern zählte, was ihm den Titel eines „Hofilluminators" einbrachte.

Der Ausbau der Stromversorgung und des elektrischen Fernleitungssystems in Bayern ist aber vor allem mit dem Namen Oskar von Miller verbunden. Er war über lange Jahre Leiter des 1899 gegründeten staatlichen „Hydrotechnischen Büros" und zudem maßgeblich am Aufbau des Deutschen Museums in München beteiligt. Miller hatte als Erster klar erkannt, dass die Wasserkraft der wasserreichen, über ein starkes Gefälle verfügenden Flüsse Oberbayerns und Schwabens die Basis der bayerischen Stromversorgung bilden müsse. Nur zur Vermeidung von Versorgungsengpässen sollten auch Dampfkraftwerke installiert werden. Diese sollten nur in Franken und der Oberpfalz errichtet werden, wo keine ausreichenden Wasserkräfte zur Verfügung standen.

Eine wichtige Rolle bei der Verbreitung der Elektrizität sollten die regionalen „Überland-Zentralen" übernehmen, indem sie ein flächendeckendes Leitungssystem errichteten. Das waren zumeist Aktiengesellschaften, an denen jedoch vielfach öffentliche Körperschaften beteiligt waren. Der große Aufschwung dieser Unternehmen erfolgte zwar erst nach dem Ersten Weltkrieg, als sie schließlich das flache Land erschlossen, ein wichtiges Signal aber wurde bereits vor dem Krieg gesetzt: Es war dies der Bau der ersten elektrifizierten Eisenbahnstrecke von Garmisch bis zur bayerisch-österreichischen Grenze in den Jahren 1912/13. Und auch das Projekt des Walchenseekraftwerks, eines der bis dahin größten Wasserkraftwerke, wurde schon vor dem Weltkrieg entwickelt, konnte aber erst danach zur Ausführung kommen.

Diese Fortschritte bei der Stromerzeugung und -verteilung waren die Voraussetzung dafür, dass sich in der Folge auch große Unternehmen der Elektrochemie in Bayern ansiedelten.[46] Als erstes Unternehmen dieser Art errichteten die Farbwerke Höchst kurz nach der Jahrhundertwende bei Gersthofen einen Betrieb zur Herstellung des Rohstoffs für synthetisches Indigo. Die dafür nötige elektrische Energie lieferte das 1901 von den Lech-Elektrizitätswerken errichtete Wasserkraftwerk Gersthofen, das mit einer Leistung von 6000 PS zu den leistungsstärksten Werken seiner Zeit zählte. Als sich die zunächst geplante Produktion nicht realisieren ließ, ging Höchst zur Herstellung von Chlor, Ätznatron, Wasserstoff und anderen chemischen Grundstoffen auf der Basis von Steinsalz über. 1908 entstand im Südosten Bayerns die „Bayerische Stickstoff-Werke A.G.", deren Geschäftsgegenstand die Herstellung von Kalkstickstoff (Karbid) war. Die dafür nötigen großen Strommengen lieferte ein Wasserkraftwerk an der Alz, das 1914 bereits eine Leistungsfähigkeit von rund 10 000 Kilowatt hatte. Und 1910 wurden die „Elektrochemischen Werke München" gegründet, die in Höllriegelskreuth ein Werk zur Herstellung chemischer Stoffe, vor allem von Säuren und Wasserstoffperoxyd, errichteten. 1914 war das Gründungsjahr der „Dr. Alexander Wacker Gesellschaft für elektrochemische Industrie".[47] Sie bezog seine elektrische Energie zunächst aus einem eigenen Wasserkraftwerk an der Alz, später auch aus dem staatlichen Wasserkraftwerk Saalach bei Reichenhall. In dem bei Burghausen angesiedelten Wacker-Werk wurden chemische Grundstoffe erzeugt, darunter auch Aceton, das zu künstlichem Kautschuk verarbeitet werden konnte, weshalb das Unternehmen im Ersten Weltkrieg einen großen Aufschwung nahm. 1917 schließlich wurden die „Innwerke A.G." gegründet, wo mittels der in elektrischen Strom umgewandelten Wasserkräfte des Inns Aluminium erzeugt werden sollte; dieses Vorhaben wurde jedoch erst nach dem Krieg realisiert.

Industrie der Steine und Erden

Vor Beginn der Industrialisierung waren im rechtsrheinischen Bayern nur etwa 1,4 % aller gewerblichen Beschäftigten in dem Bereich „Steine und Erden" tätig. In der zweiten Hälfte des 19. Jahrhunderts aber nahm dieser einen enormen Aufschwung, sodass Bayern vor dem Ersten Weltkrieg zu den wichtigsten Standgebieten der keramischen Industrie zählte. 1907 waren in diesem Sektor über 97 000 Menschen beschäftigt, das waren 7,2 % aller gewerblich Tätigen, davon allein 14 500 in der Porzellanindustrie. Diese war an die Stelle zahlreicher einschlägiger Handwerksbetriebe getreten; noch um 1840 gab es 2041 Töpfereibetriebe, von denen etwa drei Dutzend hochwertigere Waren – Fayencen, Majolika und Porzellan – fabrizierten. Die größten davon waren die staatliche Porzellanmanufaktur Nymphenburg mit 58, die Regensburger Porzellanmanufaktur mit 56 und die Fayencefabrik Amberg mit 70 Beschäftigten. Alle anderen Betriebe waren erheblich kleiner.

Der Aufschwung der Porzellanindustrie basierte vornehmlich auf der stark erhöhten Nachfrage. Dank der industriellen Massenerzeugung von Porzellan, welche durch die Mechanisierung ermöglicht worden war, wandelte sich dieses vom Luxusartikel zum Gebrauchsgegenstand. In der Folge gingen bis auf Nymphenburg und Schney alle traditionellen bayerischen Porzellanmanufakturen ein. Dafür entstanden ca. 40 Porzellanfabriken, die ausnahmslos in der Oberpfalz und in Oberfranken angesiedelt waren. Denn hier waren nicht nur die notwendigen Rohstoffe Kaolin, Feldspat und Quarz vorhanden, sondern auch viele Arbeitskräfte. Als die Eisenbahn um 1860 diesen Raum erschloss, woraufhin ein kostengünstiger Transport von Rohstoffen und Waren möglich war, setzte hier ein wahrer Gründungsboom ein.

Die erste große Fabrik entwickelte sich aus einem bereits 1833 in Tirschenreuth gegründeten Betrieb, der nach dem Anschluss an die Eisenbahn die Produktion von preisgünstigem Gebrauchsgeschirr aufnahm. Vor dem Ersten Weltkrieg waren allein in diesem Werk 750 Personen beschäftigt. Am gleichen Ort entstand 1866 eine weitere Fabrik, und, ebenfalls 1866, auch die erste Porzellanfabrik von Baruther und Sohn in Waldsassen, die um 1900 bereits rund 600 Menschen beschäftigte. Weitere größere Gründungen waren: 1879 in Schönwald (Betrieb dann nach Arzberg verlegt), rund 1500 Beschäftigte; 1880 Zeh und Scherzer in Rehau, 900 Beschäftigte; 1880 Philipp Rosenthal & Co, zunächst Rehau, dann auch Kronach und Selb, 4000 Beschäftigte; 1880 Porzellanfabrik Mitterteich, 550 Beschäftigte; 1881 Porzellanfabrik Bauscher, Weiden, 1400 Beschäftigte. Um die Jahrhundertwende setzte dann eine zweite Gründungswelle ein.

Aber nicht alle Unternehmen konnten sich auf Dauer behaupten. Ein großer Teil des bayerischen Porzellans wurde von Anfang an exportiert, was zu einer starken Abhängigkeit von der Auslandsnachfrage führte. Diese aber wies große Schwankungen auf, was manche Fabriken in den Ruin trieb; die Folge war ein schon vor dem Ersten Weltkrieg einsetzender Konzentrationsprozess. Obwohl die Porzellanindustrie Bayerns während des Krieges einen großen Einbruch erlitt, beschäftigte sie auch Mitte der 1920er-Jahre noch etwa 30 000 Menschen und lieferte rund 75 % des deutschen Porzellans.

Auch die anderen Sektoren der Industrie der Steine und Erden profitierten stark von der Verbilligung der Transportkosten, die mit der Erschließung des flachen Landes durch die Eisenbahn einherging. Denn die Eisenbahn ermöglichte nicht nur den Einsatz von Kohle als Brennstoff in den in Bayern weit verbreiteten Ziegeleien und von Dampfmaschinen zur Aufbereitung des Tons bei anderen Arbeitsprozessen; sie eröffnete dieser Industrie auch einen weiträumigen Absatzmarkt. Die Folge war die Entstehung vieler Ziegeleien, Röhren-, Dachplatten-, Schamotte- und Trottoirplattenfabriken, die sich über nahezu das ganze Land verteilten.

In nicht geringerem Maße profitierten die Steinbrüche von der Eisenbahn. Mit der Industrialisierung stieg zudem die Nachfrage nach Steinen und den daraus gewonnenen Produkten erheblich an. Zur Anlage der Schienenwege wurden große Mengen von Schotter gebraucht, und auch beim Straßenbau wurde im großen Umfang Steinmaterial – teils Schotter, teils Pflastersteine – verwendet. Die sich rasch entwickelnde Bauindustrie hatte einen großen Bedarf nicht nur an Hausteinen, sondern vor allem an Kalk und Zement; Letzterer wurde in erheblichen Mengen für den neuartigen Betonbau benötigt. Dank des modernen Maschinen-, Stahl- und Anlagebaus konnte die Industrie der Steine ihre Produktivität gewaltig steigern und so die stark gewachsene Nachfrage befriedigen.

Glasindustrie und optische Industrie

Die Glasindustrie entwickelte sich ähnlich wie die keramische. Vor dem Einsetzen der Industrialisierung hatte die noch überwiegend handwerklich ausgeübte Glasmacherei einen nur geringen Umfang. Aus den ca. 45 Glashütten, die es

Industrie in der „Provinz":
Die Emaillegeschirrfabrik Baumann in Amberg

Das Erscheinungsbild der bayerischen Industrie des ausgehenden 19. Jahrhunderts prägten nicht so sehr die großen Unternehmen wie MAN oder Maffei, die man im Allgemeinen mit der Industrialisierung Bayerns in Verbindung bringt, sondern eher die kleineren und mittleren Firmen, die oft auch außerhalb der großen industriellen Zentren lagen. Für diese Standortwahl sprach mitunter die Nähe zu bestimmten Rohstoffen, vor allem aber das große Potenzial an billigen Arbeitskräften, das der ländliche Raum zu bieten hatte. Unabdingbare Voraussetzung aber war die Anbindung an das Eisenbahnnetz, denn ohne eine kostengünstige Versorgung mit Kohle und Rohstoffen sowie die Möglichkeit, die produzierten Güter per Bahn zu versenden, wären diese Unternehmen nicht konkurrenzfähig gewesen. Zumeist beschränkten sie sich auf die Herstellung einer relativ schmalen Produktpalette und konnten sich durch diese Spezialisierung einen beträchtlichen – und oft weltweiten – Marktanteil erobern. Sie waren daher aber auch sehr stark vom Export abhängig und somit krisenanfällig.

Die genannten Merkmale wies die Emaillegeschirrfabrik der Gebrüder Baumann in Amberg in der Oberpfalz auf. Dieses Unternehmen war aus einem handwerklichen Spenglereibetrieb entstanden, der 1865 von Wunsiedel nach Amberg übersiedelte, das damals gerade erst an das nationale und internationale Bahnnetz angeschlossen worden war. 1869 stellte der Familienbetrieb das erste Emaillegeschirr her und war damit so erfolgreich, dass er schon 1872 ein ausgedehntes Gelände nahe der Bahn erwerben konnte, auf dem in der Folge in kurzer Zeit eine ausgedehnte Fabrik entstand. Binnen weniger Jahre eroberte sich die Oberpfälzer Fabrik einen weltweiten Markt und verkaufte ihr Emaillegeschirr bis nach Nord- und Südamerika und sogar nach China. Um die Jahrhundertwende

Ansicht der Emaillegeschirr-Fabrik Amberg im Jahr 1909

erreichte die Firma mit ca. 2600 Beschäftigten ihren größten Personalstand; rund 70 % der Produktion ging damals in den Export.

Der Erste Weltkrieg brachte einen ersten großen Einbruch, der in der Zwischenkriegszeit nicht mehr wettgemacht werden konnte. Dem Unternehmen gelang es auch nach dem Zweiten Weltkrieg nicht mehr, an seine früheren Erfolge anzuknüpfen, und es musste seine Belegschaft erheblich reduzieren. Als der Betrieb 1986 in Konkurs ging, hatte er noch 113 Mitarbeiter. 1987 wurde die Fabrikanlage, ein herausragendes Denkmal oberpfälzischer und bayerischer Industriegeschichte, vollständig abgerissen.

vor der Jahrhundertmitte gab, entwickelte sich, als auch hier der Brennstoff Kohle und Gas eingesetzt werden konnte, hauptsächlich in Ostbayern und entlang der Bahnlinien eine moderne Glasindustrie. Ihr wichtigstes Produkt war nach wie vor das Flachglas. Ein – sich allerdings mit der Ausweitung der Glasproduktion stetig verringernder – Teil des Flachglases diente als Ausgangsprodukt zur Spiegelherstellung; 1840 wurden 137 Glasschleifereien mit Fabrikkonzession gezählt, und daneben gab es rund 50 handwerksmäßig betriebene Glasschleifereien. Die Zahl der Gesamtbeschäftigten der Glasindustrie im rechtsrheinischen Bayern wurde 1847 mit rund 7400 angegeben.

Diese traditionelle Spiegelglas- und Spiegelherstellung war auch in der zweiten Jahrhunderthälfte noch von Bedeutung. Vor dem Ersten Weltkrieg waren hier rund 6000 Menschen beschäftigt, der Jahresumsatz lag damals bei 9 bis 12 Mio. Mark; 14 Rohglashütten und ungefähr 200 Spiegelschleifen arbeiteten ausschließlich als Zulieferer für diese Spiegelindustrie. In der gesamten bayerischen Glasindustrie gab es 1907 insgesamt 622 Betriebe, wovon 51 als Fabriken eingestuft wurden, und zwar 24 für Tafel- und Spiegelglas, 23 für Hohlglas und 4 für Glasperlen. Von diesen 51 Fabriken lagen 12 in Oberfranken, 17 in der Oberpfalz und 12 in Niederbayern. Die restlichen neun teilten sich die übrigen vier Regierungsbezirke. Auch in dieser Industrie erfolgte eine Konzentration der Produktion auf wenige Großbetriebe; eine Ausnahme bildeten nur die standortgebundenen Glasschleifen, welche die Wasserkraft nutzten. Die großen Glashütten, die in der zweiten Hälfte des Jahrhunderts entstanden, lagen alle in unmittelbarer Nähe der Eisenbahnlinien: so bei Weiden, Neustadt an der Waldnaab, Windischeschenbach, Mitterteich, Waldsassen und Furth im Wald, um nur die wichtigsten zu nennen.

Die Anfänge der *optische Industrie* gehen auf die Erfindung des Brillenglases im 13. Jahrhundert zurück; Anfang des 17. Jahrhunderts wurden in England dann das erste Fernrohr und das erste Mikroskop gefertigt. In Bayern fand die Herstellung optischer Geräte zu Beginn des 18. Jahrhunderts zunächst in Augsburg Eingang, und in der zweiten Hälfte dieses Jahrhunderts wurden Brillen in Augsburg und Nürnberg bereits serienmäßig produziert. An der Wende vom 18. zum 19. Jahrhundert stieg München zum Zentrum der optischen Industrie nicht nur Bayerns, sondern Deutschlands auf (s. oben). Zu verdanken war dies vor allem der Initiative und dem Erfindungsgeist Reichenbachs und Liebherrs, denen wichtige Entdeckungen und Erfindungen auf dem Gebiet der Optik gelangen, sowie dem Unternehmergeist Joseph von Utzschneiders, der die kaufmännische Leitung der neuen optischen Werkstatt übernahm. Einen weiteren Aufschwung brachten die innovativen Herstellungsverfahren von optischen Gläsern, die Joseph Fraunhofer entwickelte.

1852 gründete der Physiker Carl A. Steinheil ein Unternehmen, das sich insbesondere auf die Fertigung von Objektiven für die neu erfundenen Photoapparate spezialisierte. Und 1883 verlegte Rodenstock seinen Betrieb zur Herstellung von Brillengläsern und Brillen von Würzburg nach München, wo er sich bald zum Marktführer im Bereich optischer Produkte entwickelte.

Chemische Industrie

Der Aufstieg der chemischen Industrie in Bayern ist untrennbar mit dem Namen Justus von Liebig verbunden. Er wurde 1852 von König Maximilian II. von Gießen nach München abgeworben, indem man ihm hier beste Forschungs- und Arbeitsmöglichkeiten einräumte. Liebig betrieb nicht nur chemische Grundlagenforschung, sein besonderes Augenmerk galt vielmehr der Umsetzung seiner wissenschaftlichen Erkenntnisse in die Praxis. Hierzu zählte zunächst vor allem die Produktion von Mineraldünger, mit der die Erkenntnis verwertet wurde, dass durch seine Zugabe das Wachstum der Pflanzen gezielt verbessert werden konnte. 1857 entstand mit seiner Beteiligung die „Bayerische Aktiengesellschaft für chemische und landwirtschaftlich-chemische Fabrikate" in Heufeld am Inn. Ihr Gegenstand war die Produktion von Superphosphatdüngemitteln und verwandten chemischen Produkten. Der Absatz ließ aber noch lange zu wünschen übrig, da die bayerischen Landwirte dem Kunstdünger skeptisch gegenüberstanden. Man verlagerte daher den Produktionsschwerpunkt auf Säuren und Sulfate für die Glasindustrie.

Von besonderer Bedeutung wurde die zunächst nur nebenbei betriebene Produktion von Gelatine auf der Basis von Tierknochen. Sie wurde zur Erzeugung von flexiblen Fotoplatten gebraucht, die seit dem Aufkommen der Amateurfotografie immer größeren Absatz fanden. Ein Pionier auf dem Gebiet der Fotomaterialerzeugung war Otto Perutz, der 1875 in das Werk zu Heufeld eintrat, dann in München einen eigenen Betrieb erwarb und hier die Produktion von fotografischem Material, zunehmend in Form von Filmen, aufnahm. Schon vor dem Ersten Weltkrieg fand er in der bayerischen Filmindustrie, die sich in München-Geiselgasteig ansiedelte, einen potenten Abnehmer. Auch das Chemiewerk bei Heufeld nahm nach der Jahrhundertwende einen großen Aufschwung. Grundlage dafür bildete die Erzeugung von Bleicherde, die vor allem in der Öl- und Fettindustrie benötigt wurde. 1941 schloss es sich mit anderen chemischen Betrieben zur „Süd-Chemie" zusammen.

Die 1879 gegründete „Gesellschaft für Linde's Eismaschinen A.G.", deren Hauptsitz in Wiesbaden lag, engagierte sich in Bayern auf dem Gebiet der Entwicklung und Herstellung von Anlagen zur Produktion chemischer Grundstoffe.[48] Sie errichtete 1902 in Höllriegelskreuth bei München ein Werk, in dem zunächst Anlagen zur Verflüssigung von Luft und der Aufspaltung in ihre Bestandteile produziert wurden. Es folgten Anlagen zur Zerlegung von Wassergas in seine Bestandteile Wasserstoff, Kohlenmonoxid, Kohlendioxid, Stickstoff und Methan.

Die erste dieser nach diesem „Linde-Frank-Caro-Verfahren" arbeitenden Anlagen gab die BASF in Auftrag, die damit die synthetische Herstellung von Ammoniak aufnahm. Auf diesen Verfahren basiert auch die seit 1920 praktizierte Koksgaszerlegung und auch die Ethylengewinnung aus Erdgas und Erdöl, die wiederum die Voraussetzung für die Kunststoffherstellung war. Mittels gleichartiger Verfahren konnte man auch weitere Gase herstellen, darunter das Edelgas Argon, das in der Glühlampenproduktion verwendet wurde, sowie Neon und Helium. Während des Ersten Weltkriegs nahm der Anlagenbau in Höllriegelskreuth vor allem wegen des großen Bedarfs an Produktionsanlagen für Stickstoff einen großen Aufschwung.

Wenn sich die chemische Industrie im rechtsrheinischen Bayern zunächst nur verhältnismäßig langsam entwickelte, so vor allem wegen ihrer marktfernen Lage. Diesen Standortnachteil hatte die Pfalz nicht, und so waren in Ludwigshafen in den Jahren 1822, 1851 und 1864 bereits drei Chemiewerke entstanden. 1865 zog dieser Standort auch die Badischen Anilin- und Sodafabrik (BASF) an. Sie wurde durch F. Engelhorn und die Gebrüder August und Karl Klemm gegründet; ihr erster Sitz befand sich zunächst auf der anderen Rheinseite im badischen Mannheim. Bis zur Jahrhundertwende entwickelte sich die BASF zum größten Chemiebetrieb der Welt. Grundlage ihrer Produktion war die Aufbereitung des bei der Destillation von Steinkohlen entstehenden Teers. Die daraus gewonnenen Stoffe dienten als Ausgangsbasis für die verschiedensten Produkte, zunächst vor allem für die so genannten Teerfarben. 1869 gelang die Entwicklung eines Verfahrens zur Produktion von Alizarin, einem synthetischen Krappfarbstoff, und 1897 die Synthese von Indigo. Neue, rationellere Verfahren für die Herstellung von Schwefelsäure wurden entwickelt. Besondere Bedeutung aber erlangte die synthetische Stickstoffgewinnung, die der BASF im Ersten Weltkrieg eine Schlüsselstellung verschaffte.

Um die Jahrhundertwende arbeiteten in diesem Werk um die 300 Chemiker und Ingenieure, 600 „kaufmännische Beamte" und 7500 Arbeiter. Das Werk benötigte pro Jahr 355 000 t Kohle, 41 Millionen cbm Wasser und 18 Millionen kg Eis. Sein Gaswerk liefert ca. 25,3 Millionen cbm Gas zur Beleuchtung und Heizung, und 12 Dampfdynamomaschinen mit zusammen 9000 PS lieferten den Strom für 320 Elektromotoren und eine Beleuchtungsanlage mit 1104 Bogenlampen und 15 800 Glühlampen. Jährlich wurden ca. 9 Mio. Mark an Löhnen und ca. 4, 3 Mio. Mark an Handwerker und Lieferanten ausbezahlt.

Ludwigshafen war auch Standort weiterer größerer chemischer Unternehmen, so der Firma Johann A. Benckiser (gegr. 1822), die Weinsteinsäure, Pottasche, Schwefelsäure, Salzsäure, Chlorkalium, Kaliumsulfat und Natriumbisulfat herstellte, des Unternehmens der Gebrüder Giulini, gegründet 1851, das Tonerdepräparate, Mineralsäuren und Superphosphat produzierte, und der Firma von Michel & Co., gegründet 1864, die Mineraldünger erzeugte. Hinzu kamen

Unternehmen, die sich auf die Produktion von Leim und Leimpräparaten, pharmazeutischen Präparaten, Arzneimitteln, Salicylsäure und Sprengstoffen spezialisiert hatten.

Weitere Zentren der bayerischen chemischen Industrie waren Nürnberg-Fürth, Augsburg und Schweinfurt. In Nürnberg und Fürth gab es eine größere Anzahl chemischer Betriebe aller Art, unter denen die Bleistift- und Bronzefarbenfabriken herausragten, sowie die Schwefelsäure- und Salpetersäurefabrik von Schney und die Petroleumindustrie in Doos, wo Rohbenzin rumänischer, galizischer und holländisch-indischer Herkunft verarbeitet wurde. Andere größere Unternehmen produzierten Zelluloid und Mineralfarben.

Das größte chemische Unternehmen Augsburgs war die „Union A.G.", welche in ihren Fabriken in Augsburg, Aalen (Württemberg), Deggendorf, Habelschwerdt, Kempten und Linz Zündwaren produzierte. In der Nachbarschaft Augsburgs, in Gersthofen, betrieben die Höchster Farbwerke die Herstellung von Chromsäure, Chlor, Ätznatron und ihren Derivaten. In der Chemischen Fabrik Pfersee bei Augsburg wurden chemische Präparate für Färberei und Druckerei hergestellt.

Schweinfurt dagegen war ein Zentrum der Mineral- und Lackfarben, auf deren Herstellung sich die Unternehmen von Gademann & Cie., Sattler, Wirsing und die Vereinigten Ultramarinfabriken spezialisiert hatten. Die „Vereinigten chemischen Fabriken" stellten Essigsäure, Essigessenz, Eisessig, Fruchtäther, Äther aller Art und Zaponlack her.

Über ganz Bayern verteilt waren Unternehmen, in denen Seifen, Mineralwässer, Düngemittel und Leim produziert wurden. Zu den größeren zählten die Kalziumkarbidfabrik in Lechbruck, die Gummiwarenfabrik von Metzeler & Co. in München und ein Werk der Berliner Aktiengesellschaft für Teer- und Erdölindustrie in Pasing, welches das im bayerischen Voralpenraum vorkommende Erdöl destillierte.

Der Schwerpunkt der chemischen Industrie Bayerns lag aber eindeutig in der Pfalz, wo die Standortbedingungen für sie besonders günstig waren. Im rechtsrheinischen Bayern dagegen machte sich die große Entfernung zu den Energierohstoffen und Märkten negativ bemerkbar, von einigen Standorten abgesehen, wo bestimmte Bodenschätze – etwa Kohle, Torf, Öl und Mineralien – und vor allem der aus Wasserkraft gewonnene Strom die Produktion interessant machten.

Brauindustrie

Im 19. Jahrhundert stellte das Bier, längst zum unabdingbaren Volksnahrungsmittel avanciert, einen wichtigen wirtschaftlichen Faktor dar; das war der Grund, warum man sich bald auch wissenschaftlich mit der Brauerei beschäftigte, die bisher handwerklich und auf rein empirischer Grundlage betrieben wurde. Die wissenschaftliche Erforschung und Beherrschung der Brauvorgänge bildete somit den Anfang, und erst danach setzte die industrielle Erzeugung von Bier ein. Ihren Ausgang nahmen diese Forschungen an der bayerischen Akademie der Wissenschaften, wo man zunächst Verfahren zur Analyse des Bieres entwickelte. 1833 stellte der Chemiker Johann Nepomuk Fuchs die hallymetrische Methode vor, 1843 der Physiker Carl August Steinheil die optische. Weitere wichtige Anstöße gaben die 1845 vom Prager Chemiker Karl Joseph Balling publizierten Forschungsergebnisse zur Gärungschemie.

Zum Wegbereiter des modernen Brauwesens in Bayern wurde aber Cajetan von Kaiser, der Sohn eines kurfürstlichen Brauereiverwaltungsbeamten. Nach einem Studium der Pharmazie war er zunächst am Lyzeum in Landshut, seit 1834 dann an der Polytechnischen Schule in München tätig. 1849 wurde er Honorarprofessor, 1851 Professor für Technologie an der Universität München; seit 1868 war er als Professor für angewandte Chemie mit Berücksichtigung der Theorie der Bierbrauerei an der Technischen Hochschule tätig; er starb 1871.

Seit 1837 hielt Kaiser Vorlesungen zum Brauwesen, die vor allem auch unter den Praktikern große Resonanz fanden; Hunderte von Hörern aus dem In- und Auslande haben sie besucht und so Kaisers Erkenntnisse über das Brauwesen weltweit verbreitet. Kaisers Einsichten beruhten auch auf Experimenten im praktischen Betrieb, die er zunächst im Hofbräuhaus, dann in der Spatenbrauerei durchführte. Letztere hat sich unter der Geschäftsführung von Gabriel Sedlmayr, der 1833 mit seinem Freund Dreher aus Wien England bereist hatte, wo sich das Brauwesen schon auf einer hohen Entwicklungsstufe befand, zur fortschrittlichsten Brauerei Bayerns entwickelt; Kaiser hat dabei entscheidend mitgewirkt.

Der Staat unterstützte die Entwicklung der neuen Industrie vor allem durch Ausbau des brautechnischen Unterrichtswesens an der Landwirtschaftlichen Zentralschule, der späteren Akademie für Landwirtschaft und Brauerei in Weihenstephan. Schon als Max Schönleutner dieses Lehrinstitut 1804 begründete, wollte er die Schüler auch in den landwirtschaftlichen Nebengewerben, zu denen die Brauerei zählte, ausbilden. 1865 wurde dieser Unterricht auf eine neue organisatorische Grundlage gestellt; zugelassen wurden nur noch solche Schüler, die neben einer entsprechenden Schulbildung eine zweijährige Praxis nachweisen konnten. Seither nahmen hier Forschung und Lehre des Brauwesens einen raschen Aufschwung.

Aber auch die Brauindustrie selbst wurde in dieser Richtung tätig. 1876 gründete sie die erste wissenschaftliche Versuchsstation für das Brauwesen, weitere folgten in Memmingen und Nürnberg. Sie wurde von einem Verein getragen, dessen Vorsitz Gabriel Sedlmayr übernahm. Die „Wissenschaftliche Station für Brauerei in München" erhielt 1881 ein eigenes Gebäude und wurde zur festen Einrichtung, die von den Großbrauereien des In- und Auslandes finanziert wurde. Weitere kleinere Stationen richtete der Staat ab 1888 ein. In großen Brauereien

Die Brauindustrie vor dem Ersten Weltkrieg: Das Beispiel Brauerei Bischofshof Regensburg

Im Brauwesen setzte die Entwicklung von der handwerklichen zur industriellen Produktion um 1830 ein. Voraussetzung dafür war die Erforschung der beim Brauen ablaufenden chemischen Prozesse; diese Aufgabe übernahmen vor allem der Polytechnische Verein, die Polytechnische Schule, die Universität und die Akademie der Wissenschaften, die alle in München angesiedelt waren. Seit 1834 vermittelte Kajetan Kaiser an der Polytechnischen Schule, später an der Universität und schließlich an der Technischen Hochschule diese Kenntnisse künftigen Chemikern; etwas später unterrichtete auch Karl Lintner an der Landwirtsschaftschule Weihenstephan angehende Braumeister. Bei der Umsetzung der wissenschaftlichen Erkenntnisse in die Praxis spielte Gabriel Sedlmayr, der Inhaber der Spatenbrauerei in München, eine wichtige Rolle. 1833 unternahm er gemeinsam mit dem Wiener Brauereibesitzer Dreher eine Reise nach England, um das dortige, bereits weitgehend industrialisierte Brauwesen zu studieren. Dort lernte er das Instrumentarium zur Analyse und Steuerung der Brauprozesse sowie den Einsatz der Dampfkraft und der Dampfheizung beim Mälzen, Maischen und Brauen kennen. Heimgekehrt setzte er diese Kenntnisse in der eigenen Brauerei um und wurde so Vorreiter der Modernisierung des gesamten bayerischen Brauwesens.

Im Brauprozess spielt die Temperatursteuerung eine wichtige Rolle, wobei auch auf bestimmte Temperaturen heruntergekühlt werden muss. Aus diesem Grund war es bislang nicht möglich, im Sommer qualitätsvolles Bier zu brauen. Nun richtete man mit Natureis betriebene Kühlanlagen ein; das Eis dazu wurde im Winter gewonnen und in Felsenkellern gelagert. So konnte man auch im Sommer brauen, doch war diese Art der Kühlung mit großem Arbeitsaufwand verbunden. Die von Carl Linde entwickelte Ammoniakkompressionsmaschine, die erste praxistaugliche Kältemaschine, hat dann aber nicht nur diesen Aufwand erheblich reduziert, sondern vor allem auch eine genaue Steuerung

Das Sudwerk der Brauerei Bischofshof um 1910

der Gärprozesse ermöglicht, was die Bierqualität deutlich verbesserte.

1873 wurde das erste Linde-Kühlaggregat installiert, und zwar in der Münchner Spatenbrauerei, und damit setzte ein neuer Entwicklungsschub im Brauwesen ein. Da nun auch Hefe aus Reinkulturen zur Verfügung stand und man dazu überging, in „doppelten Sudwerken" zu brauen, in denen Würze und Maische getrennt verarbeitet und deren Rührwerke maschinell angetrieben wurden, verbesserte sich wiederum die Bierqualität. Beim Mälzen kamen nun Dampfheizungen und automatische Wendeanlagen zum Einsatz, und das Entkeimen des Darrgutes erfolgte jetzt mechanisch. Damit entwickelte sich die Mälzerei zu einem eigenen Produktionszweig und viele Brauereien stellten daraufhin das Mälzen ein.

Dieser Strukturwandel in der Brauindustrie wurde durch eine 50 %ige Erhöhung des Malzaufschlags 1879 beschleunigt, denn da diese wegen der starken Konkurrenz nicht auf den Preis umgelegt werden konnte, mussten viele kleinere Brauereien aufgeben und die anderen verstärkt rationalisieren. Allein von 1882 bis 1895 verringerte sich die Zahl der gewerblichen Brauereien in Bayern von 5234 auf 4014. Die Bierproduktion aber wuchs von 1880 bis 1914 von ca. 12 auf ca. 20 Mio. hl an.

Beispielhaft lässt sich diese Entwicklung anhand der Brauerei Bischofshof in Regensburg nachvollziehen. Diese war 1649 als bischöflicher Betrieb entstanden und diente vorrangig der Versorgung des Hofes des Fürstbischofs, der inmitten der Reichsstadt Regensburg residierte. Mit der Säkularisation des Hochstifts im Jahr 1803 fiel die Brauerei an Fürstprimas Dalberg, der sie dem letzten fürstbischöflichen Braumeister verpachtete. 1810 wurden das vormalige Hochstift und die vormalige Reichsstadt Regensburg bayerisch, und schon 1811 verkaufte der bayerische Staat die bisher bischöfliche Brauerei einem Regensburger Brauer, der sie zunächst selbst betrieb und dann seinem Sohn übergab. 1852 veräußerte dieser das Unternehmen, zu dem auch ein beachtlicher Teil des umfangreichen Gebäudekomplexes der ehemaligen bischöflichen Residenz gehörte, Bischof Valentin von Riedel.

Mit dem Erwerb der Brauerei wollte der Bischof der Stiftung, die das bischöfliche Knabenseminar finanzierte, eine solide wirtschaftliche Grundlage verschaffen. Um den Ertrag der Brauerei zu steigern – deren Jahresausstoß zum Zeitpunkt des Kaufs bei ca. 3000 hl lag, womit sie unter den rund 35 Brauereien Regensburgs einen mittleren Platz einnahm –, wurde sie in der Folge erweitert und modernisiert. In den Jahren von 1865 bis 1869 wurden größere Investitionen getätigt. Dazu zählten vor allem die Installation einer Dampfmaschine und der Bau eines neuen Sommerkellers für die Bierlagerung sowie neuer Pferdestallungen. Schon 1878 folgten weitere Modernisierungsmaßnahmen. Man zog zunächst im Sudhaus eine Zwischendecke ein, errichtete auf der so erweiterten Grundfläche ein doppeltes Sudwerk, baute dann einen neuen

Gärkeller mit einem Kühlhaus und versah die Grünmalztenne mit automatischen Wendevorrichtungen. Zudem wurden Maschinen für die Gersten- und Malzreinigung und eine moderne Fassabfüllanlage installiert. Durch diese Maßnahmen wurde die Produktion auf nunmehr rund ca. 16 000 hl pro Jahr gesteigert.

1887 brach in der Mälzerei ein Brand aus, dem diese selbst und Teile der angrenzenden Gebäude zum Opfer fielen. Da die Produktion am bisherigen Standort ohnehin nicht mehr erweiterungsfähig war, entschloss man sich, vor dem westlichen Stadtrand Regensburgs eine neue Malzfabrik zu errichten. Sie ging 1889 in Betrieb und hatte eine Tagesleistung von 15 t, womit man nicht nur die Voraussetzung für die Erweiterung der eigenen Bierproduktion schuf, sondern auch andere Brauereien mit Malz versorgen konnte. Weitere zehn Jahre später, von 1908 bis 1910, erbaute man dann neben der Malzfabrik eine der modernsten Brauereien Bayerns (s. Abb. S. 227). Die Dampf- und Kühlmaschinenanlage dafür lieferte MAN, die Elektroinstallation stammte von Siemens und Schuckert. Mit einer Produktionskapazität von 50 000 hl jährlich zählte die Brauerei Bischofshof nun zu den 20 leistungsfähigsten Brauereien Bayerns.

entstanden darüber hinaus Betriebslaboratorien, in denen fachwissenschaftlich gebildete Chemiker tätig waren. Das erste davon errichtete die Münchner Aktien-brauerei zum Löwenbräu 1896.

Molkereiindustrie

Zu den Industriezweigen, die erst gegen Ende des 19. Jahrhunderts entstan-den und noch lange von kleinen und mittleren Unternehmen geprägt wurden, zählt die Milch verarbeitende Industrie. Ihre Grundlage ist die Milchwirtschaft, die in Bayern vor allem im Voralpenland betrieben wurde. Eine über den eigenen Bedarf und den des näheren Umfelds hinausgehende Erzeugung von Milchprodukten war wegen deren beschränkter Haltbarkeit vor dem Bau leistungsfähiger Trans-portwege nur in kleinem Umfang möglich.

Dennoch setzte eine zunächst noch geringe Steigerung dieser Produktion bereits vor der Jahrhundertmitte ein. Durch die natürliche Düngung der Wiesen stieg die Milchproduktion an, zugleich erweiterten verbesserte Methoden der Käseerzeugung die Nachfrage und den Absatzmarkt. Mit dem Bau der Eisen-bahnen aber konnten dann Molkereiprodukte bis nach Mittel- und Norddeutsch-land geliefert werden.

Der eigentliche Aufschwung erfolgte jedoch erst im letzten Drittel des Jahrhunderts. Grundlage hierfür war einmal mehr der wissenschaftliche und technische Fortschritt, und zwar in diesem Fall die Erkenntnisse auf dem Gebiet der Chemie und der Bakteriologie sowie die Entwicklung von Zentrifugen, Se-paratoren und Kühlanlagen. Auch hier trug der Staat, vor allem durch Förderung wirtschaftlicher Rahmenbedingungen sowie von Forschung und Lehre, das Seine dazu bei. Das Genossenschaftsgesetz von 1868 und dessen Reform 1889 ermöglichte die Bildung von Erzeuger- und Vermarktungsgenossenschaften, die gerade für die Milchwirtschaft allergrößte Bedeutung erlangten. Durch die Ein-richtung von Fachschulen und Musterbetrieben unterstützte der Staat diese zusätzlich und nachhaltig.

Als erstes größeres Unternehmen dieses Wirtschaftszweiges entstand 1874 die „Linda-Gesellschaft für kondensierte Milche und Kindermehl G.m.b.H." Es war eine Zweigniederlassung des bedeutendsten Schweizer Unternehmens zur Herstellung von Kondensmilch und Kindernahrung, aus dem später der Nestlé-Konzern hervorging. Das größte Unternehmen aber wurde 1902 in Kempten gegründet; es handelte sich hierbei um die „Edelweiß-Camembert-Fabrik" von K. Höfelmayer, der die Herstellung der Käsesorte in Frankreich studiert und dann auf eine wissenschaftliche Basis gestellt hatte. Ab Beginn des 20. Jahrhunderts fanden Kondensmilch und Trockenmilchprodukte auch in Deutschland immer größeren Absatz und so entstand nun auch in Bayern eine Reihe von Betrieben zur Herstellung solcher Produkte.

Handel und Verkehr

Sowohl der Transithandel wie auch die Ein- und die Ausfuhren haben mit dem Ausbau des Verkehrswesen im 19. Jahrhundert rasch einen erheblich größeren Umfang als zuvor erreicht, womit auch die gesamtwirtschaftliche Bedeutung dieses Wirtschaftszweiges stark zunahm. War Bayern schon bisher eine wichtige Drehscheibe für den Handel gewesen, der sich zwischen dem Norden und Westen Europas einerseits und dem Südosten und Süden anderseits abspielte, so konnte es diese Funktion mit dem Ausbau des Verkehrswesens noch erheblich ausweiten. Der wichtigste Seehafen für den südbayerischen Handel war Triest, das zur Zeit der österreichisch-ungarischen Monarchie zum größten Umschlagplatz in der nördlichen Adria ausgebaut wurde. Durch die in den 1850er-Jahren gebaute Semmmeringbahn rückte Triest noch näher an die Regionen der Alpennordseite heran, ein Großteil des bayerischen Imports und Exports sowie des bayerischen Transithandels wurde über diesen Hafen abgewickelt. Nordbayern und damit auch das industrielle Umfeld Nürnbergs waren jedoch stärker zur Nordseeküste hin orientiert. Nürnberg war nach wie vor das wichtigste Handelszentrum Bayerns, hier waren die größten Außenhandelsfirmen ansässig. Doch konnte München seine Stellung als Handelsplatz beträchtlich ausbauen, indem es sich zu einem internationalen Zentrum für den Handel mit Agrarprodukten entwickelte. Denn nach der Jahrhundertwende entstand hier ein großer Eisenbahnumschlagplatz für den Obst- und Gemüsehandel, auf dem die aus dem Süden kommenden Produkte für das ganze Reichsgebiet verteilt wurden.

Der zunehmende Handel mit Massengütern führte jedoch zu einer verstärkten Konkurrenz auf solchen Märkten, die Bayern bis dahin beherrscht hatte. So löste, nachdem 1860 durchgängige Eisenbahnverbindungen hergestellt waren, Getreide aus Ungarn vielfach bayerisches Getreide auf den Märkten in der Schweiz ab. Insgesamt aber überwogen eindeutig die positiven Aspekte des verstärkten Warenaustauschs. Die Außenhandelsbilanz Bayerns verbesserte sich, vor allem, als die bayerische Industrie in der zweiten Jahrhunderthälfte deutlich an Leistungsfähigkeit gewann und immer mehr Industrieprodukte exportiert wurden. Waren es bis um die Jahrhundertmitte noch vor allem landwirtschaftliche Erzeugnisse, Textilien, Spiegel- und Spiegelglas sowie Nürnberger Metallwaren, die außer Landes gingen, so traten in der zweiten Jahrhunderthälfte Produkte der Nahrungs- und Genussmittelindustrie, der keramischen Industrie, des Maschinen- und Apparatebaus und vor allem auch der chemischen Industrie hinzu. Ein beträchtlicher Teil des Exportes ging in die USA; dorthin wurden 1913 Waren im Wert von insgesamt 63,9 Mio. Mark geliefert. 15 Warengruppen lagen mit einem Ausfuhrwert von über einer Mio. Mark an der Spitze, und deren Art und Reihenfolge ist höchst aufschlussreich: Farbstoffe (11,8 Mio.), Spielwaren (10,9 Mio.), Hopfen (4,4 Mio.), Antiquitäten (3,8 Mio.), Chemikalien (2,6 Mio.), Stahlkugeln und Kugellager (2,5

Mio.), Bronzefarben (2,0 Mio.), Bier (1,7 Mio.), Ölgemälde (1,6 Mio.), Lithografien (1,4 Mio.), Blei- und Farbstifte (1,3 Mio.), Porzellan (1,3 Mio.), Spiegel (1,1 Mio.), Bronzemetallabschnitte (1,0 Mio.) und Korbwaren (1,0 Mio.).[49]

Das wichtigste Verkehrsmittel, über den der Handel abgewickelt wurde, war unangefochten die Eisenbahn, aber nach der Reichsgründung, verstärkt nach der Jahrhundertwende, gewann auch die Binnenschifffahrt wieder an Bedeutung. So nahm der bayerische Schiffsbestand von 592 Schiffen mit einer Gesamttragfähigkeit von 36 735 t im Jahr 1872 auf 635 Schiffe mit einer Gesamttragfähigkeit von 270 564 t im Jahr 1912 zu. Davon verkehrten 178 Schiffe mit insgesamt 142 338 t auf dem Rhein, 235 mit zusammen 42 138 t auf dem Main und 153 mit 81 818 t auf der Donau. Weit abgeschlagen folgten die Schifffahrt auf dem Donau-Main-Kanal, wo 135 Schiffe mit zusammen 1793 t im Einsatz waren, sowie die Schifffahrt auf dem Bodensee und den oberbayerischen Seen, wo zwar 54 Schiffe verkehrten, die jedoch nur eine Gesamtkapazität von 2477 t hatten.[50]

6. Die Landwirtschaft

Besitzverhältnisse und Struktur

Das Kennzeichen der bayerischen Landwirtschaft war die Dominanz mittlerer und kleiner Betriebe. Schon großbäuerliche Güter waren selten, und Großgrundbesitz ab 100 ha machte kaum 1 % der landwirtschaftlichen Betriebe aus. Rund zwei Drittel aller Höfe dagegen verfügten lediglich über eine Fläche von maximal fünf ha, ein beträchtlicher Teil davon wiederum nur über ein bis zwei ha. Solche Parzellenbetriebe mit bis zu zwei ha waren vor allem in der Pfalz, im westlichen Unterfranken und im nördlichen Oberfranken verbreitet. Betriebe mit zwei bis zehn ha dagegen gab es in ganz Bayern, mit Schwerpunkten im nördlichen Schwaben, in Unterfranken und im westlichen Oberfranken. In Altbayern, aber auch in Mittelfranken und dem östlichen Oberfranken herrschten dagegen die mittleren Betriebsgrößen mit mehr als zehn, aber zumeist deutlich weniger als 100 ha vor. Auch hier gab es wieder Abstufungen; in Oberbayern und Niederbayern südlich der Donau waren die Höfe durchschnittlich größer als jenseits der Donau und in Schwaben. Diese Betriebsgrößenverteilung war vor allem die Folge des unterschiedlichen Erbrechts, das in Altbayern die ungeteilte Übernahme des Hofes durch den an erster Stelle Erbberechtigten vorsah, während in anderen Landesteilen vielfach eine Aufteilung unter den Erben üblich war.

Bei allen Unterschieden hatten jedoch bis 1848 über 90 % aller bäuerlichen Grundbesitzer eines gemeinsam: Sie verfügten nicht über freien, sondern über grundherrschaftlich gebundenen Besitz. Sie waren somit „Hintersassen" oder „Nutzeigentümer" des von ihnen bewirtschafteten Bodens, während das Obereigentum bei einem Grundherren lag. Der Bauer hatte die an dem Boden haftenden Lasten zu tragen – das waren die dem Landesherrn und der Kirche zustehenden Abgaben und Dienstleistungen – und solche schuldete er auch seinem Grundherrn. Zudem hatte er nur ein eingeschränktes Verfügungsrecht über seinen Besitz, denn jede Besitzveränderung bedurfte der Zustimmung der Grundherren. Grundherr war seit der Säkularisierung neben dem Adel vor allem der Landesherr, d. h. der Staat, an den deshalb auch die entsprechenden Abgaben, die „Grundgefälle" flossen; diese machten einen nicht unbeträchtlichen Teil der Staatseinnahmen aus. Im 19. Jahrhundert musste zwar kaum mehr ein Bauer damit rechnen, dass ihm sein Hof entzogen werden könnte, aber die Abgaben – besonders jene, die im Erbfall zu entrichten waren und deren Höhe von dem Wert des Anwesens abhing – wurden als drückende Last empfunden. Vor allem wollte man die eingeschränkte Verfügungsgewalt über Grund und Boden und die Einschränkung der wirtschaftlichen Handlungsfreiheit nicht mehr akzeptieren. Denn die grundherrschaftliche Bindung des Bodens hatte gravierende Folgen für dessen Bewirtschaftung. Aus dem Bestreben, allen Mitgliedern einer Gemeinde einen gerechten Anteil an der Dorfflur einzuräumen, waren einst bei der Anlage eines Dorfes jedem Hof Grundstücke in allen Teilen der Flur zugeteilt worden. Die Bewirtschaftung dieser relativ kleinen Feldstreifen innerhalb eines „Gewannes" war nur gemeinschaftlich möglich und erfolgte im Rhythmus der Dreifelderwirtschaft. Der daraus resultierende „Flurzwang" engte den Handlungsspielraum des Einzelnen stark ein; zugleich nahm die Bindung des Bodens den Bauern die Möglichkeit, durch Kauf oder Tausch größere zusammenhängende Feldflächen zu erwerben. Und da die Bauern nicht freie Eigentümer ihres Grundes waren, konnten sie diesen auch nicht als Sicherheit für Kredite einbringen. Damit aber wurde jede grundlegende Modernisierung des landwirtschaftlichen Betriebs von vornherein unmöglich gemacht.

Die Grundentlastung

Dass die Beseitigung der Grundherrschaft – die „Grundentlastung" – die erste Bedingung für jede Modernisierung und damit Leistungssteigerung der Landwirtschaft darstellte, war den zeitgenössischen Fachleuten längst bewusst. Dieser Schritt hatte jedoch schwerwiegende Folgen für den Adel und den Staat, denn die Einkünfte, die diese von den „Hintersassen" bezogen, bildeten einen wichtigen Teil ihrer materiellen Existenzgrundlage. Dennoch war die bayerische Regierung schon 1803 entschlossen, die Grundentlastung in die Wege zu leiten. Damals eröffnete sie per Gesetz die Möglichkeit, die Grundherrschaft gegen eine einmalige Entschädigungszahlung abzulösen und die laufenden Abgaben in einen Bodenzins umzuwandeln. Von dieser Möglichkeit wurde aber kaum Gebrauch gemacht, ebenso wenig von einer ähnlichen, welche die

Der Fortschritt in der Landwirtschaft des 19. Jahrhunderts

Wie in den anderen Wirtschaftszweigen bildete die Anwendung naturwissenschaftlicher Erkentnisse auch in der Landwirtschaft die Grundlage der Modernisierung. Flankiert wurde dieser Prozess durch die Mechanisierung, die in der Folge zu einer erheblichen Reduzierung der in der Landwirtschaft benötigten Arbeitskräfte führte. Die Entwicklung der Agrarwissenschaften zu einer eigenen naturwissenschaftlichen Disziplin setzte in der zweiten Hälfte des 18. Jahrhunderts ein und ist in Deutschland vor allem mit dem Wirken von Albrecht Daniel Thaer (1770–1828) verbunden. Der studierte Mediziner befasste sich nach der Übernahme eines großen Landwirtschaftsbetriebes intensiv mit der Fachliteratur der damals führenden englischen Agrarwissenschaften und verbreitete deren Erkenntnisse in Deutschland – durch eine umfangreiche Publikationstätigkeit und vor allem durch praktische Vermittlung auf Mustergütern und in neu gegründeten landwirtschaftlichen Lehranstalten. In Bayern folgte seinem Beispiel als einer der ersten Max Schönleutner (1778–1831). Er studierte bei Thaer und führte als Leiter dreier großer Staatsgüter, darunter Weihenstephan – wo 1804 eine Musterlandwirtschaftsschule enstand –, das „Thaersche Ackersystems" in Bay-

ern ein. Bei diesem wurde die traditionelle Dreifelderwirtschaft in der Weise modifiziert, dass man die Brache mit „Brachfrüchten" (zum Beispiel Kartoffeln, Rüben, Klee und Luzerne) bebaute. Durch den Wegfall der Brache wuchs die Anbaufläche um ein Drittel, zudem wurde der Getreideanbau zugunsten der Kultivierung von Blattfrüchten reduziert. Das ermöglichte die ganzjährige Stallhaltung, die neben einer Verbesserung der Viehhaltung auch eine Steigerung der Stalldungerzeugung zur Folge hatte, die wieder dem Ackerbau zugutekam. Aus der Weihenstephaner Schule enstand 1822 die „Landwirthschaftliche Centralschule", die bis 1852 in Schleißheim, dann wieder in Weihenstephan untergebracht war. Mit ihr fasste die wissenschaftlich fundierte Ausbildung der Landwirte in Bayern endgültig Fuß.

Der nächste große Entwicklungsschritt ist mit den Namen Justus v. Liebig (1803–1873) und Gregor Mendel (1822–1884) verbunden.

Heuwendemaschine.

Vor allem ihnen ist es zu verdanken, dass sich die Erträge beim Getreideanbau um 1910 gegenüber 1800 in etwa verdoppelten. Liebig erkannte, dass die Pflanzen beim Wachstum dem Boden bestimmte Mineralien entziehen, die diesem wieder zugeführt werden müssen, um seine Fruchtbarkeit zu erhalten. Er entwickelte entsprechende Mineraldünger, zu deren Herstellung er 1857 in Heufeld bei Rosenheim eine Düngemittelfabrik anlegte. Mendel dagegen entdeckte bei seinen „Versuchen über Pflanzenhybriden" die Gesetze der Vererbung und ermöglichte damit eine Leistungssteigerung der Kulturpflanzen und Nutztiere durch gezielte Auslese. Diese Erkenntnisse wurden seit Beginn des 20. Jahrhunderts zunächst vor allem zur Verbesserung des Saatgutes genutzt. Nun entstanden Betriebe, die sich auf die Produktion von qualitätsvollem Saatgut spezialisierten.

Die Mechanisierung dagegen setzte mit der Verbesserung und Weiterentwicklung der traditionellen Geräte ein. Bei diesen wurde zunächst Holz durch Eisen und Stahl ersetzt, wodurch die Geräte stabiler und damit leistungsfähiger wurden. Zudem wurden neue Maschinen entwickelt, die einfachere Arbeiten – wie z. B. das Heuwenden und -rechen – übernahmen. Die Palette dieser von Pferden gezogenen Geräte wurde in der Folge rasch erweitert, vor allem um Sä- und Mähmaschinen. Diese wurden hauptsächlich in Nordamerika entwickelt und eingesetzt. Dort sollen 1864 bei der Getreideernte bereits 90 000 Mähmaschinen im Einsatz gewesen sein, von denen jede fünf Arbeitskräfte ersetzte. Rund 450 000 Erntehelfer sollen so eingespart worden sein.

Von besonderer Bedeutung war die Verbreitung der bereits in der ersten Hälfte des 18. Jahrhunderts erfundenen Dreschmaschine, die das sehr zeit- und arbeitsaufwändige und damit kostenträchtige Dreschen von Hand ablöste. Diese Maschine wurde zunächst über stationäre, von Pferden angetriebene Göpelwerke in Gang gesetzt und war daher nur für größere Betriebe rentabel. Aber als fahrbare Dampfmaschinen, sog. Lokomobile, weitere Verbreitung fanden, was in Bayern nach der Mitte des 19. Jahrhunderts der Fall war, trat das Dampfdreschen seinen Siegeszug an: Nun konnte man derartige Dampfmaschinen einschließlich des Bedienungspersonals für die Dauer des Dreschens mieten.

Verfassung von 1818 bot. Da einerseits viele adelige Grundherren die Ablöse grundsätzlich ablehnten, andererseits den Hintersassen die Ablösesummen zu hoch waren, kam die Grundentlastung bis 1848 kaum voran. Sie bildete daher eine der Hauptforderungen, welche die bäuerliche Bevölkerung in der Revolution erhob, und ihre Regelung stellte auch eine der wichtigsten Errungenschaften des Jahres 1848 dar.

Die Grundentlastung, die mit dem „Gesetz zur Aufhebung, Fixierung und Ablösung der Grundlasten" vom 4. Juni 1848 in die Wege geleitet wurde, ließ die bisherigen Hintersassen als eindeutige Gewinner hervorgehen. Denn ein beträchtlicher Teil der Leistungen, die bis dahin dem Grundherren erbracht werden mussten, wurde entschädigungslos kassiert, die übrigen Abgaben – das waren ausnahmslos solche, die am Boden hafteten – wurden fixiert und für ablösbar erklärt. Nach einer zeitgenössischen Schätzung wurden den Grundherren – und das waren vor allem Staat und Adel – Vermögenswerte im Umfang von rund 90 Mio. Gulden entzogen und den Hintersassen ohne Gegenleistung überlassen. Bei den abzulösenden Abgaben wurden die Handlohngebühren – der Handlohn war eine bei Besitzveränderungen zu zahlende Abgabe, die 5 bis 7,5 % des Guts ausmachte – auf den 1 bis 1 ½-fachen Betrag, und die „ständigen Grundgefälle" – das war die wichtigste laufende Abgabe – auf den 18-fachen Jahresbetrag festgelegt. Wollte ein Bauer diese Entschädigung, die auch ratenweise abbezahlt werden konnte, nicht leisten, dann hatte er künftig einen jährlichen Bodenzins zu zahlen, der 4 % der Ablösesumme ausmachte. Da der Berechnung des Bodenzinses aber nur 72 % der Ablösesumme zugrunde gelegt wurden – 28 % wurden dem Bauern als Gewinn eingeräumt –, stellte dieser Bodenzins eine sehr moderate Belastung dar. Die bisherigen Grundherren wiederum konnten wählen, ob sie die Bodenzinse – das waren de facto hypothekarisch abgesicherte Renten – selbst beziehen oder dem Staat abtreten wollten. In letzterem Fall erhielten sie 4-prozentige Staatsanleihen im Nennwert des 20-fachen Jahresbetrags.

Da der effektive Bodenzins deutlich unter 4 % und damit unter der Rendite von Staatsanleihen lag, hatten viele Bauern kein Interesse an einer Ablösung und zogen es vor, den Bodenzins zu zahlen. Andererseits machten viele der Grundherren vom Angebot des Staates Gebrauch und traten ihre Rentenansprüche an diesen ab. Beides zusammen führte zu einer hohen Neuverschuldung des Staates, deren Kosten die Allgemeinheit zu tragen hatte. So wurden die Kosten für die Grundentlastung zum größten Teil dem Steuerzahler aufgeladen. Denn zum einen stiegen die Steuern, weil der Staat einen Ausgleich für die nun wegfallenden Grundgefälle benötigte, die er als größter Grundherr bisher bezogen hatte, zum anderen wurde auch die Grundentlastung selbst aus Steuermitteln finanziert. Nutznießer waren dagegen die vormaligen Hintersassen und nunmehr freien Landeigentümer. Sie blieben auch die Gewinner, als die Ablöse, beziehungsweise die Tilgung des Bodenzinskapitals 1872 per Gesetz vorgeschrieben wurde; denn dieses sah eine Zahlung in so geringen Raten vor, dass die letzten erst im Jahr 1934 fällig werden sollten. Immerhin war der Staat so in der Lage, die Grundrentenschuld allmählich zu verringern. Betrug sie 1876 noch 176,1 Mio. Mark, so waren es 1910 nur noch 97,5 Mio.[51]

Landwirtschaftsförderung

Den Gewinn, den der bayerische Staat aus dieser hohen Subventionierung der Landwirtschaft zog – denn um nichts anderes handelte es sich bei diesem Vorgang –, war der Erhalt eines breiten bäuerlichen Mittelstandes, der sich, wie erhofft, dank dieser besonderen Fürsorge dem monarchischen Staat verbunden fühlte. Dieser hatte auch weiterhin stets ein offenes Ohr für die Wünsche und Sorgen der Landwirtschaft. Zumindest einer gewissen staatlichen Fürsorge bedurfte diese auch: Einer seit Mitte der 1830er-Jahre bis in die Mitte des Jahrhunderts steigenden Nachfrage und damit auch steigenden Preise für Agrarprodukte folgte eine Phase des Preisverfalls, die teils durch die Absenkung der Einfuhrzölle auf Getreide ab 1853 und deren völlige Aufhebung 1865, teils durch den Ausbau der Eisenbahnverbindungen verursacht wurde. Im Boom der Gründerjahre ab 1866 stiegen die Agrarpreise jedoch wieder stark an, und 1873 wurden für Getreide Höchstpreise erzielt. Gleichzeitig drängte jedoch immer mehr ausländisches Getreide, jetzt auch aus Übersee und Russland, auf den deutschen Markt, und als der Gründerkrach zu einer erheblichen Minderung der Kaufkraft breiter Bevölkerungsschichten führte, sank der Getreidepreis zeitweise bis unter die Gestehungskosten. Die Folge war eine Überschuldung zahlreicher Betriebe; allein im Jahr 1880 wurden in Bayern 3739 Anwesen mit insgesamt über 30 000 Hektar Land zwangsversteigert. Seit 1879 wirkte man dieser Entwicklung zwar durch Erhöhung der Einfuhrzölle entgegen, doch wurden diese auf Druck der Industrie und aus Rücksicht auf die Arbeiterschaft ab 1891 wieder schrittweise abgebaut, mit der Folge, dass sich der Getreidepreis bis 1895 wieder dem Gestehungspreis annäherte. Diese ungünstige Entwicklung wurde jedoch zunächst durch einen allgemeinen Wirtschaftsaufschwung abgefedert und schließlich 1902 durch einen neuen Zolltarif gestoppt. Dieser hat den deutschen Agrarmarkt wieder weitgehend von der ausländischen Konkurrenz abgeschirmt und der bayerischen Landwirtschaft zu einem neuerlichen Aufschwung verholfen

Unabhängig von diesen Konjunkturschwankungen widmete der bayerische Staat der Landwirtschaft, insbesondere aber dem bäuerlichen Mittelstand durchgängig seine Aufmerksamkeit. Dabei spielte die Förderung von landwirtschaftlichen Genossenschaften und Vereinen eine wichtige Rolle. Diese Zusammenschlüsse – Maschinengenossenschaften, Ankaufs- und Verkaufsvereine, Vereine zur Verwertung von Milchprodukten, von Feld- und Gartenfrüchten und zur Tierzucht, Versicherungs- und Kreditvereine – ermöglichten es den bäuerlichen Betrieben, sich gegen die Konkurrenz der Großbetriebe zu behaupten, die vor allem in Nord- und Ostdeutschland das Bild der Landwirtschaft prägten. Von besonderer Bedeutung waren dabei die landwirtschaftlichen Kreditgenossenschaften, die ihren Mitgliedern einerseits eine rentable Anlage auch kleinerer Beträge ermöglichten, und anderseits unbürokratisch kostengünstige Kredite für Investitionen und vorübergehende Verbindlichkeiten gewährten. Zugleich nahmen sie wie auch die anderen Vereine und Genossenschaften eine wichtige Funktion bei der Vermittlung landwirtschaftlicher Kenntnisse wahr (siehe Diagramm S. 238 oben).

Grundentlastung und Förderung des Genossenschafts- und Vereinswesens waren zwar wichtige, aber bei Weitem nicht die einzigen Maßnahmen, mit denen der Staat die Landwirtschaft unterstützte. Hierzu sind auch solche Maßnahmen zu zählen, die auf eine Steigerung der landwirtschaftlichen Produktion abzielten. Hierbei rangierten traditionell die „Meliorationen", d. h. die Umwandlung von ödem oder extensiv landwirtschaftlich genutztem Land in Ackerland, an erster Stelle. Diese geschah vor allem durch Entwässerung (Trockenlegung von Mooren) einerseits und Bewässerung anderseits. Auf diese Art wurden zusätzliche Flächen in die landwirtschaftliche Nutzung einbezogen (siehe Diagramm S. 238 unten).

1884 schuf man per Gesetz die „Landeskultur-Rentenanstalt", deren Aufgabe es war, Darlehen zur Ausführung von „Kulturunternehmungen" zur Verfügung zu stellen. Vor allem die klein- und mittelbäuerlichen Betriebe sollten durch Flurbereinigung und Entwässerungsmaßnahmen neue landwirtschaftliche Flächen dazugewinnen und ihre bisherigen besser nutzen können. Gewährt wurden diese Darlehen in Form von Bargeld und Schuldverschreibungen; verzinst und getilgt wurden sie durch die Entrichtung einer „Kulturrente". Die gesamten Verwaltungskosten dieser Einrichtung wurden vom Staat getragen, der auch das Startkapital zur Verfügung stellte. Eine „Landeskultur-Renten-Kommission" prüfte die Darlehensgesuche und sorgte für die korrekte Verwendung der Darlehen; sie war dem Innenministerium unterstellt, dem auch ihr Personal angehörte. Diese zinsgünstigen Darlehen stellten eine Subvention dar, in deren Genuss zunächst nur Landwirte kamen. 1908 wurde jedoch der Kreis der Begünstigten erweitert. Von da an konnten solche Darlehen auch von Unternehmen in Anspruch genommen werden, die das Kleingewerbe und die Landwirtschaft mit elektrischem Strom versorgten, sowie zur „gesundheitlichen Verbesserung für Kleinwohnungsbauten für die minderbemittelte Bevölkerung" und die Ansiedlung landwirtschaftlicher Arbeiter. Die Tätigkeit der „Landeskultur-Renten-Kommission" nahm daher stark zu und schon 1904

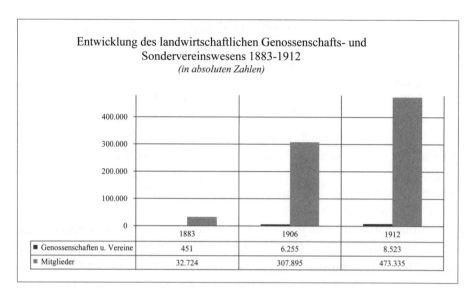

Entwicklung des landwirtschaftlichen Genossenschafts- und
Sondervereinswesens 1883-1912
(in absoluten Zahlen)

	1883	1906	1912
■ Genossenschaften u. Vereine	451	6.255	8.523
■ Mitglieder	32.724	307.895	473.335

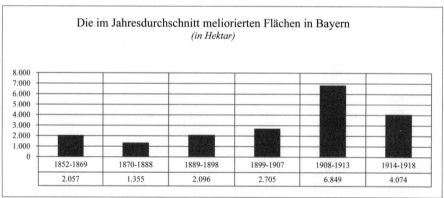

Die im Jahresdurchschnitt meliorierten Flächen in Bayern
(in Hektar)

	1852-1869	1870-1888	1889-1898	1899-1907	1908-1913	1914-1918
	2.057	1.355	2.096	2.705	6.849	4.074

überschritt die Darlehenssumme 3 Mio. Mark. Im Dezember 1914 gründeten die Vertreter der bayerischen Sparkassen, die diese Kreditgeschäfte abwickelten, als zentrale Abrechnungsstelle den „Giroverband", dessen Aufgabe es zudem war, den bargeldlosen Zahlungsverkehr zu fördern. Diese in Nürnberg ansässige „Girozentrale bayerischer Sparkassen" erhielt 1917 eine hauptamtliche Leitung, womit man der Tatsache Rechnung trug, dass sie sich mittlerweile zu einer eigenständigen Institution mit einer wichtigen Funktion für die Kreditversorgung des gesamten Mittelstandes entwickelt hatte.

Aus diesen Mitteln wurden bis 1913 rund 8,5 Mio. Mark allein für Entwässerungs- und Bewässerungsmaßnahmen zur Verfügung gestellt, weitere 7,5 Mio. Mark wurden für andere Maßnahmen, wie Flusskorrektionen, Uferschutz und landwirtschaftlichen Wegebau bewilligt. Durch den Erlass entsprechender Gesetze und andere Maßnahmen schuf der Staat auch die Voraussetzung dafür, dass

Brachen und Weiden – oft befanden sich solche noch im Gemeindebesitz – privatisiert und so intensiver genutzt werden konnten. Insgesamt wurde so der Anteil der Brachen und Ackerweiden, der 1853 noch etwa 22 % der landwirtschaftlichen Nutzfläche ausmachte, auf 5 % im Jahr 1907 reduziert.

Stärker noch als die Ausweitung der landwirtschaftlichen Nutzflächen sorgte deren intensivere Bewirtschaftung für einen deutlichen Anstieg der landwirtschaftlichen Produktion. Auch hierbei leistete der Staat in vielfältiger Weise Hilfestellung. So förderte er die Vieh- und Pflanzenzucht, indem er die entsprechende wissenschaftliche Forschung sowie Musterbetriebe und landwirtschaftliche Versuchsanstalten unterstützte. Davon profitierte vor allem auch die 1805 in Weihenstephan gegründete Landwirtschaftliche Lehranstalt, eine der ältesten ihrer Art in Deutschland. Mit Ausbau des beruflichen Bildungswesens wurde auch die Ausbildung der Landwirte ständig verbessert, und durch die Förderung landwirtschaftlicher Vereine und landwirtschaftlicher Ausstellungen unterstützte man wirkungsvoll die Verbreitung neuer, ertragreicherer Tierrassen und Pflanzensorten, sowie die Einführung moderner Produktionsmittel und -methoden. Eine besondere Rolle spielte hierbei die in Zusammenhang mit dem Oktoberfest durchgeführte landwirtschaftliche Ausstellung, das Zentrallandwirtschaftsfest, das der „Landwirtschaftliche Verein in Bayern" erstmals 1810 veranstaltete. Dieser vom Staat nachhaltig geförderte Verein entfaltete in der Folge eine rege Tätigkeit, die er durch seine Publikationen und mit Hilfe zahlreicher Unterorganisationen in alle Landesteile hinaustrug. 1872 erhielt dieser Verein einen halboffiziellen Charakter, indem man ihm den Status eines Beirats der Staatsregierung verlieh, der in allen landwirtschaftlichen Fragen zu hören war.

Auf Initiative dieses Vereins kam 1881 das Gesetz „die Zusammenlegung der Grundstücke betreffend" zustande, mit dem die Grundlage für die Flurbereinigung in Bayern gelegt wurde, auch wenn diese zunächst nur sehr zögerlich in Gang kam. Das änderte sich erst mit einer Novelle dieses Gesetzes im Jahr 1886. Denn damit wurden die Voraussetzungen erleichtert, unter denen eine Flurbereinigung durchgeführt werden konnte, und eine zentrale Behörde geschaffen, die das gesamte Verfahren abwickelte. Bis zur erneuten Novellierung dieses Gesetzes im Jahr 1922 wurden immerhin bereits 1025 Flurbereinigungsverfahren durchgeführt.[52]

Beschäftigte, Betriebe und Produktion

Die Zahl der Menschen, die von land- und forstwirtschaftlicher Tätigkeit lebten, veränderte sich in den Jahrzehnten bis zum Ersten Weltkrieg nur unwesentlich; 1882 wurde ihre Zahl mit 2 681 265 angegeben, im Jahr 1907 mit 2 659 127. Da die Bevölkerung insgesamt beträchtlich wuchs, nahm ihr Anteil an der Gesamtbevölkerung damit jedoch von 50,9 auf 40,3 % ab. Die Zahl der selbstständigen landwirtschaftlichen Betriebe hat leicht abgenommen:

Gesamtzahl der Betriebe[53]	
Jahr	Anzahl
1882	681 521
1895	663 785
1912	669 911

Nur geringfügige Veränderungen gab es auch bei der Verteilung der landwirtschaftlichen Nutzfläche auf die Betriebe:

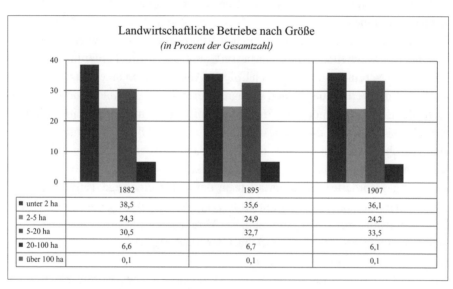

Landwirtschaftliche Betriebe nach Größe
(in Prozent der Gesamtzahl)

	1882	1895	1907
■ unter 2 ha	38,5	35,6	36,1
■ 2-5 ha	24,3	24,9	24,2
■ 5-20 ha	30,5	32,7	33,5
■ 20-100 ha	6,6	6,7	6,1
■ über 100 ha	0,1	0,1	0,1

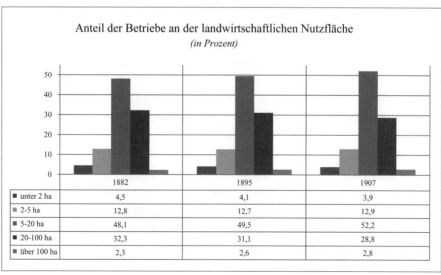

Anteil der Betriebe an der landwirtschaftlichen Nutzfläche
(in Prozent)

	1882	1895	1907
■ unter 2 ha	4,5	4,1	3,9
■ 2-5 ha	12,8	12,7	12,9
■ 5-20 ha	48,1	49,5	52,2
■ 20-100 ha	32,3	31,1	28,8
■ über 100 ha	2,3	2,6	2,8

Die meisten bayerischen landwirtschaftlichen Betriebe waren demnach Parzellenbetriebe mit Flächen bis zu 2 ha und kleinbäuerliche Betriebe mit 2 bis 5 ha; diese machten 1882 zusammen 62,8 % aller Betriebe aus. Die bäuerlichen Betriebe mit 5–20 ha stellten 30 %, die großbäuerlichen mit 20–100 ha und Großbetriebe mit über 100 ha dagegen nur 6,6 % beziehungsweise 0,1 %. Diese Durchschnittszahlen sind jedoch von nur statistischem Wert, da die realen Verhältnisse in jedem Regierungsbezirk teilweise erheblich davon abwichen (siehe Diagramm S. 242 oben).

Vor allem in der Pfalz und in Unterfranken gab es einen weit überdurchschnittlichen Anteil an Parzellenbetrieben. Die bäuerlichen Betriebe (5–20 ha) waren besonders in Altbayern und Schwaben anzutreffen, die großbäuerlichen vor allem in Altbayern. Und in Oberbayern war der Anteil der Großbetriebe doppelt so hoch wie im Landesdurchschnitt. Interessante Unterschiede lassen sich aber auch bei der weiteren Entwicklung bis 1907 feststellen (siehe Diagramm S. 242 unten).

Während in allen rechtsrheinischen Regierungsbezirken der Anteil der Parzellenbetriebe sank, legte er in der Pfalz um 2,5 % zu. Bemerkenswert ist auch, dass der generelle Zuwachs in den nächsten Kategorien höchst unterschiedlich war. Nicht nur in der Pfalz, sondern auch und vor allem in Schwaben nahmen die Kleinbetriebe ab, während die bäuerlichen Betriebe – mit Ausnahme in der Pfalz – ihren Anteil überall erhöhten. Die großbäuerlichen Betriebe verzeichneten ihre größten Zuwächse in Ober- und Niederbayern sowie Schwaben, den stärksten aber dort, wo ihr Anteil schon am größten war, nämlich in Oberbayern, die bäuerlichen dagegen in Schwaben.

Es versteht sich, dass die Produktion und in der Folge auch der Produktionszuwachs in enger Abhängigkeit zur Betriebsgröße stand, die im Übrigen auch die Art der Produkte beeinflusste, da diese keineswegs nur von den klimatischen Gegebenheiten und den Bodenverhältnissen abhingen (siehe Diagramm S. 243 oben).

Da die im vorausgehenden Abschnitt geschilderten Maßnahmen zur Förderung der Landwirtschaft erst bei Betrieben ab einer gewissen Mindestgröße griffen, wobei man die Untergrenze bei den bäuerlichen Betrieben ziehen kann, fiel die Steigerung der Produktion in den Jahrzehnten bis zum Ersten Weltkrieg relativ moderat und vor allem auch wieder von Regierungsbezirk zu Regierungsbezirk unterschiedlich aus. Diese Steigerung lässt sich generell ab den 1880er-Jahren beobachten, als die Mechanisierung und der Einsatz von Mineraldünger deutlich vorankamen.

Die breitere Mechanisierung setzte mit relativ einfachen und damit kostengünstigen Geräten und Maschinen ein (siehe Diagramm S. 243 unten). Dazu gehörten zunächst tiefer gehende Pflüge und Getreideputzmaschinen, mit denen das

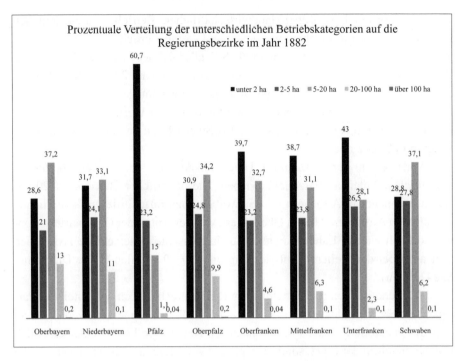

Prozentuale Verteilung der unterschiedlichen Betriebskategorien auf die Regierungsbezirke im Jahr 1882

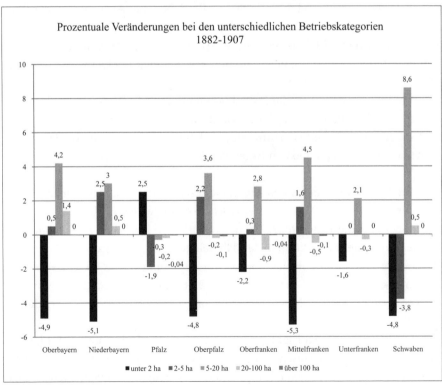

Prozentuale Veränderungen bei den unterschiedlichen Betriebskategorien 1882-1907

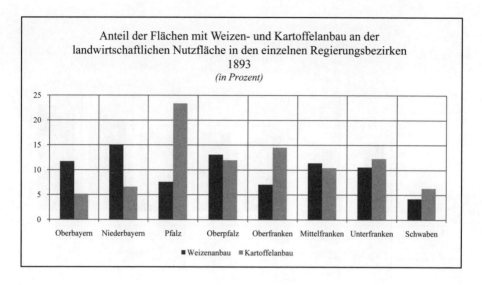

Anteil der Flächen mit Weizen- und Kartoffelanbau an der
landwirtschaftlichen Nutzfläche in den einzelnen Regierungsbezirken
1893
(in Prozent)

■ Weizenanbau ■ Kartoffelanbau

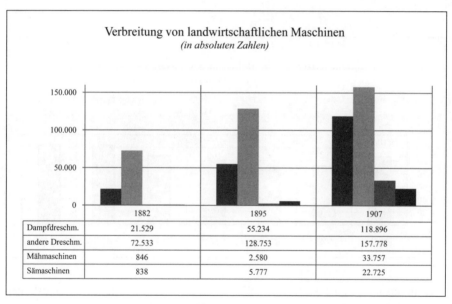

Verbreitung von landwirtschaftlichen Maschinen
(in absoluten Zahlen)

	1882	1895	1907
Dampfdreschm.	21.529	55.234	118.896
andere Dreschm.	72.533	128.753	157.778
Mähmaschinen	846	2.580	33.757
Sämaschinen	838	5.777	22.725

Saatgut von Unkrautsamen gereinigt werden konnte; beides zusammen bewirkte
bereits eine deutliche Ertragssteigerung. Es folgten dann Sämaschinen, mit denen
das Saatgut sparsamer und gleichmäßiger ausgebracht werden konnte, und Ernte-
und Dreschmaschinen, welche diese arbeitsintensiven Tätigkeiten erheblich erleichterten und beschleunigten. Ergänzt wurde diese Grundausstattung durch
Häckselmaschinen, Milchzentrifugen und Heuwender.

Einen neuerlichen Schub erfuhr die Mechanisierung noch vor Beginn des
Ersten Weltkriegs durch den Elektromotor, der die teuren und schweren Dampf-

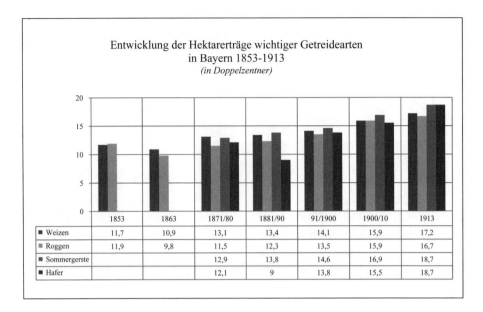

Entwicklung der Hektarerträge wichtiger Getreidearten
in Bayern 1853-1913
(in Doppelzentner)

	1853	1863	1871/80	1881/90	91/1900	1900/10	1913
■ Weizen	11,7	10,9	13,1	13,4	14,1	15,9	17,2
■ Roggen	11,9	9,8	11,5	12,3	13,5	15,9	16,7
■ Sommergerste			12,9	13,8	14,6	16,9	18,7
■ Hafer			12,1	9	13,8	15,5	18,7

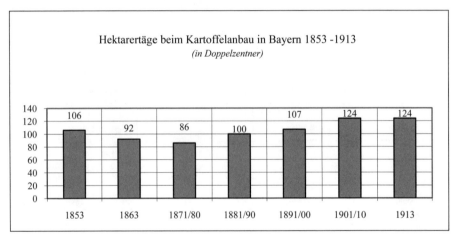

Hektarertäge beim Kartoffelanbau in Bayern 1853 -1913
(in Doppelzentner)

maschinen in vielen Funktionen ablöste und gerade in den landwirtschaftlichen
Betrieben Verbreitung fand. 1909 gab es auf Bayerns Bauernhöfen immerhin be-
reits 7029 Elektromotoren, und 1921 verfügten schon über 184 000 Höfe über
Stromanschluss, das waren rund 28 % aller landwirtschaftlichen Betriebe[54].

Auch zur Verwendung von Mineraldünger gingen die bayerischen Landwirte
erst gegen Ende des 19. Jahrhunderts in größerem Umfang über, da sich erst jetzt
allmählich die Erkenntnis durchsetzte, dass der organische Dünger, obwohl sich dessen Menge durch die Einführung der Stallhaltung und einen höheren Viehbestand
erheblich vergrößert hatte, allein nicht ausreichte, um dem Boden alle benötigten
Mineral- und Nährstoffe zuzuführen. Dann jedoch stieg der Verbrauch rasch an:

Jahr	Verbrauch an Kali pro 100 ha
1889	21 kg
1899	111 kg
1908	276 kg
1913	571 kg

Vor diesem Hintergrund ist das zunächst noch verhaltene, dann zunehmend stärkere Wachstum der landwirtschaftlichen Produktion in Bayern zu sehen (siehe Diagramme S. 244).

Auch bei der Viehhaltung lässt sich eine kräftige Zunahme des Bestandes feststellen, die jedoch, auf Arten bezogen, recht unterschiedlich ausfiel. Den größten Zuwachs verzeichnete die Schweinehaltung, die von 1873 bis 1912 um 108 % zulegte. Der Rinderbestand erhöhte sich im gleichen Zeitraum um 16 %, der Pferdebestand um 17 %. Weitaus stärker wuchs die Zahl der Ziegen mit 63 %. Dagegen ist die Schafhaltung stark zurückgegangen. 1912 betrug der Bestand nur noch rund 28 % jenes des Jahres 1873 (siehe Diagramme S. 246).

Da zwischen Viehhaltung, Betriebsgröße und Art der landwirtschaftlichen Nutzfläche ein enger Zusammenhang bestand, gab es auch hinsichtlich des Viehbestandes erhebliche regionale Unterschiede. Diese werden besonders dann erkennbar, wenn man die Pferde- und die Ziegen haltenden Betriebe in den Blick nimmt (siehe Diagramm S. 247).

Eine generelle Verbesserung der Qualität des Viehbestandes belegt die überproportionale Zunahme seines statistischen Verkaufswertes:

Jahr	geschätzter Verkaufswert in Mio. DM
1883	795,5
1892	945,3
1900	1097,5
1907	1300,0

Für die Milchproduktion liegen statistische Daten erst spät vor; offensichtlich fehlte zunächst selbst für Schätzungen jeder einigermaßen zuverlässige Anhalt. Grundsätzlich kann man jedoch davon ausgehen, dass diese Produktion nicht nur durch die Zunahme des Rinderbestandes, sondern auch durch die Verbesserung von dessen Qualität im Laufe der Jahrzehnte deutlich zugenommen hat.

1908 wurden nach den nun vorliegenden statistischen Angaben rund 41 Mio. hl Milch erzeugt, davon knapp 1 Mio. hl Ziegenmilch. Etwa 36 Mio. hl waren für den menschlichen Verbrauch bestimmt, das waren 1,4 l Milch pro Tag und Einwohner, womit wesentlich mehr Milch erzeugt als im Land selbst verbraucht wurde. Ein

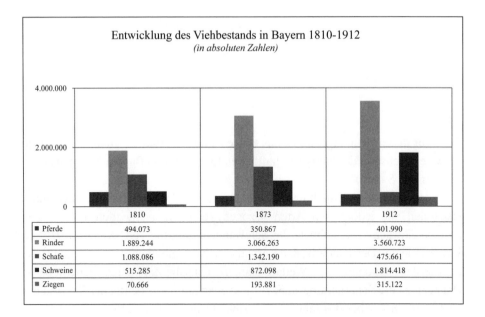

Entwicklung des Viehbestands in Bayern 1810-1912
(in absoluten Zahlen)

	1810	1873	1912
■ Pferde	494.073	350.867	401.990
■ Rinder	1.889.244	3.066.263	3.560.723
■ Schafe	1.088.086	1.342.190	475.661
■ Schweine	515.285	872.098	1.814.418
■ Ziegen	70.666	193.881	315.122

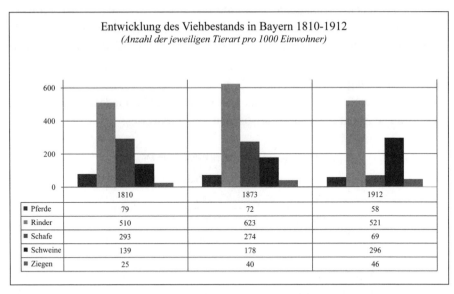

Entwicklung des Viehbestands in Bayern 1810-1912
(Anzahl der jeweiligen Tierart pro 1000 Einwohner)

	1810	1873	1912
■ Pferde	79	72	58
■ Rinder	510	623	521
■ Schafe	293	274	69
■ Schweine	139	178	296
■ Ziegen	25	40	46

beträchtlicher Teil des Überschusses wurde in Form von Milchprodukten exportiert. Von den 36 Mio. hl Milch wurden im Jahre 1908 rund 6,16 Mio., im Jahr 1913 rund 6,41 Mio. hl weiterverarbeitet. Statistisch erfasst wurde 1908 die Erzeugung von 173.490 dz Butter, 104 524 dz Hartkäse und 299 165 dz Weichkäse.[55]

Außer an Milch und Milchprodukten erzeugte die bayerische Landwirtschaft auch an Rindern und Schafen mehr, als zur inländischen Bedarfsdeckung nötig war. 1907 wurden 91 140 Rinder mehr aus- als eingeführt, bei den Scha-

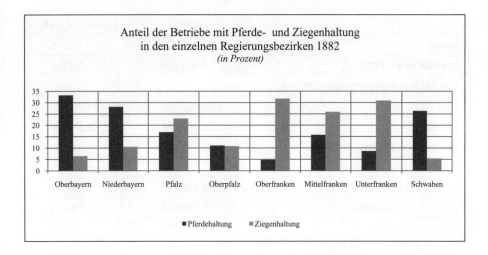

Anteil der Betriebe mit Pferde- und Ziegenhaltung
in den einzelnen Regierungsbezirken 1882
(in Prozent)

fen betrug der Ausfuhrüberschuss 95 103 Tiere. Dagegen reichte die Schweineproduktion trotz ihres starken Anstiegs nicht aus, den bayerischen Bedarf zu decken; allein im rechtsrheinischen Bayern wurden 1907 um 538 549 mehr Schweine ein- als ausgeführt, und 1913 waren dies auf ganz Bayern bezogen sogar 768 562.[56]

Bei den pflanzlichen Produkten erzeugte die bayerische Landwirtschaft bei einigen Sorten – Roggen, Hafer, Kartoffeln, Rüben, Heu und Hopfen – zwar kleinere Überschüsse, doch wurden diese durch die Einfuhren – vor allem von Weizen, Gerste, Zucker und Kraftfuttermitteln – bei Weitem übertroffen. 1913 wurden allein an Getreide insgesamt 310 427 t mehr ein- als ausgeführt, und der Kraftfuttermittelbedarf wurde rund zur Hälfte aus Importen gedeckt. Auch die einheimische Kunstdüngerproduktion reichte bei Weitem nicht zur Bedarfsdeckung aus, und 1913 betrug die Mehreinfuhr an Kunstdünger rund 485 000 Tonnen.

7. Volkswirtschaftliche Bilanz am Vorabend des Ersten Weltkriegs

In einem 1918 publizierten Überblick, der auf Daten aus den unterschiedlichsten Bereichen der Volkswirtschaft basierte, verglich Friedrich Zahn, der damalige Leiter der Bayerischen Statistik, den Status der bayerischen Wirtschaft vor Kriegsbeginn mit dem Preußens, Württembergs und Sachsens sowie des Reiches insgesamt. Diese Statistik bietet einen instruktiven Überblick über den wirtschaftlichen Entwicklungsstand Bayerns unmittelbar vor dem Krieg:[57]

	Absolut	Anteil reichsweit
Gebiet	75 870 qkm	14,0 %
Bevölkerung (1910)	6 887 291	10,6 %
Geschätztes Volksvermögen (1913)[58]		
Wert (in Mark)	38 Milliarden	10,8 %
pro Einwohner	ca. 5000 M	ca. 10 %
Gesamt-Berufsbevölkerung[59]	6 598 168	10,7 %
davon:		
– Land- und Forstwirtschaft	2 659 127	15,0 %
– Gewerbe- u. Industrie	2 198 444	8,8 %
– Handel- u. Verkehr	765 257	9,2 %
– häusl. Dienste u. Lohnarbeit	60 203	7,6 %
– öffent. Dienst u. freie Berufe	343 433	10,4 %
– ohne Beruf u. Berufsangabe	571 704	11,9 %
Erwerbstätige	3 722 268	12,3 %
davon:		
– Land- u. Forstwirtschaft	1 697 948	17,2 %
– Gewerbe u. Industrie	1 020 203	9,1 %
– Handel u. Verkehr	358 181	10,2 %
– häusl. Dienste u. Lohnarbeit	40 211	8,5 %
– öffent. Dienst u. freie Berufe	181 371	10,4 %
– ohne Beruf u. Berufsangabe	424 354	12,5 %
Landwirtschaft		
Betriebe insgesamt (1907)	669 911	11,7 %
– unter 2 ha	241 642	7,2 %
– 2–5 ha	162 431	16,1 %
– 5–20 ha	224 640	21,1 %
– 20–100 ha	40 663	15,5 %
– über 100 ha	535	2,2 %
Anbaufläche insgesamt (1914; in ha)	3 800 118	14,6 %
– Weizen	292 097	14,6 %
– Roggen	556 559	8,8 %
– Winterspelz	59 163	22,0 %
– Sommergerste	371 741	23,5 %
– Hafer	509 158	11,6 %
– Kartoffeln	378 280	11,2 %

	Absolut	Anteil reichsweit
– Feldfutterpflanzen	505 588	23,7 %
– Wiesen	1 289 383	22,2 %
– Hopfen	18 033	65,1 %
– Wein	19 235	18,2 %
Viehbestand (1913)		
– Viehbesitzende Betriebe insgesamt	610 123	11,1 %
– Pferde	401 990	8,9 %
– Rindvieh	3 702 735	17,6 %
– Schafe	491 871	8,9 %
– Schweine	2 106 312	8,2 %
– Ziegen	326 381	9,2 %
Forstwirtschaft (1913)		
Gesamtfläche (in ha)	2 494 342	17,5 %
Gesamtertrag (in Festmeter)		
– Nutzholz	5 477 059	19,1 %
– Brennholz	4 072 329	21,3 %
– Stock- u. Reisholz	1 770 547	16,7 %
Gewerbebetriebe (nach der Betriebszählung 1907)		
Gärtnerei u. Tierzucht		
– Gesamtzahl der Betriebe	4351	6,8 %
– Gesamtzahl der Beschäftigten	10 602	6,5 %
Industrie		
Gesamtzahl der Betriebe	290 386	12,5 %
bis 5 Beschäftigte	224 672	12,0 %
6–50 Beschäftigte	18 091	9,7 %
über 50 Beschäftigte	2267	7,8 %
Gesamtzahl der Beschäftigten	1 009 012	9,8 %
davon in Betrieben:		
bis 5 Beschäftigte	389 676	12,2 %
6–50 Beschäftigte	250 125	9,8 %
über 50 Beschäftigte	369 211	7,5 %
Handel und Verkehr		
– Gesamtzahl der Betriebe	189 112	11,6 %
bis 5 Beschäftigte	143 212	11,9 %
6–50 Beschäftigte	6436	8,4 %

	Absolut	Anteil reichsweit
über 50 Beschäftigte	199	7,0 %
- Gesamtzahl der Beschäftigten	333 896	10,6 %
davon in Betrieben:		
bis 5 Beschäftigte	238 635	11,6 %
6–50 Beschäftigte	73 051	8,2 %
über 50 Beschäftigte	22 210	5,6 %
Bergbau (1913)		
- Steinkohle (in t)	810 546	0,4 %
- Braunkohle (in t)	1 895 715	2,2 %
- Eisenerz (in t)	485 254	1,7 %
Salzgewinnung (1911)		
- Kochsalz (in t)	41 202	6,3 %
Hütten (1911)		
- Roheisen (in t)	165 684	1,2 %
- Schwefelsäure (in t)	170 039	10,4 %
Roheisenverarbeitung (1911)		
- Eisengießerei (in t)	172 007	6,1 %
- Schweißeisen u. -stahl (in t)	26 500	7,1 %
- Flusseisen u. -stahl (in t)	313 306	2,3 %
Bierproduktion (1913)		
- Gesamtmenge (in 1000 hl)	19 088	27,6 %
Branntweinproduktion (1912/13)		
- Gesamtmenge (in hl)	187 320	5,0 %
Schaumweinproduktion (1913)		
- aus Fruchtwein (in Flaschen)	37 408	3,5 %
- anderer Schaumwein	632 535	5,4 %
Zuckerproduktion (1913/14)		
- Rohrzucker (in dz)	357 781	1,5 %
- Verbrauchszucker (in dz)	1 504 120	8,6 %
- Zuckerabläufe (in dz)	205 356	4,0 %
Zigarettenfabrikation (1913)		
- Zigaretten (in 1000 Stk)	600 532	4,8 %
- Zigarettentabak (in kg)	52 511	4,0 %
Eisenbahn (1913)		
- Vollspurige Bahnen (in km)	8 357	13,1 %

	Absolut	Anteil reichsweit
damit entfallen auf 100 qkm	11,01 km	11,68 km
und auf 10 000 Einwohner	11,83 km	9,43 km
- Anlagekapital Eisenbahn (in Mio. M)	2 162,9	11,5 %
- Personenkilometer (in Mio. km)	3 725,9	9,2 %
- Tonnenkilometer (in Mio. km)	5 496,8	8,2 %
- Betriebsüberschuss (in Mio. M)	90,4	8,6 %
Post (1913)		
- Zahl der Postanstalten	5 355	12,9 %
- Briefsendungen (in Mio. Stk)	564,7	8,0 %
- Pakete ohne Wertangabe (in Mio. Stk)	23,1	7,9 %
- Briefe u. Pakete mit Wertangabe (Betrag in Mio. M)	1 582, 6	5,3 %
- Eingegangene Postanweisungen (Betrag in Mio. M)	847, 9	9,7 %
- Aufgegebene Postanweisungen (Betrag in Mio. M)	820,1	9,4 %
Telegrafie und Telefon (1913)		
- Telegrafenanstalten	9 136	18,8 %
- Länge des Telegrafennetzes (in km)	31 700	13,3 %
- eingegangene Telegramme (in 1000)	3 296	6,3 %
- aufgegebene Telegramme (in 1000)	3 336	6,4 %
Telefone („Sprechstellen")	115 000	8,3 %
Vermittelte Gespräche in Mio.	172,5	6,9 %
Aktiengesellschaften (1912/13)		
- Gesamtzahl	389	8,2 %
- Eingezahltes Aktienkapital (in 1000 M)	1 016 731	6,6 %
- Dividendensumme (in 1000 M)	86 611	6,5 %
- Dividendensumme in % des dividendenberechtigten Aktienkapitals	8,67 %	8,74 %
Eingetragene Genossenschaften		
- Zahl	5 424	17,1 %
- Mitglieder	636 873	11,5 %
Schuldverschreibungen der deutschen Aktiengesellschaften und sonstigen privatrechtlichen Schuldner (Ende des Jahres 1912)		
Zahl der Aussteller	178	8,3 %
Gesamtumlauf in 1000 M	214 297	4,7 %

	Absolut	Anteil reichsweit
Schuldverschreibungen der deutschen Bodenkreditinstitute (Ende 1912)		
Zahl der Aussteller	10	10,2 %
Gesamtumlauf in 1000 M	3 692 959	21,7 %
Öffentliche Sparkassen		
Zahl	380	13,0 %
Zahl der Sparkassenbücher	1 147 276	5,2 %
Gesamtguthaben der Einleger (in 1000 M)	706 048	3,9 %
Vom Gesamtguthaben entfallen auf einen Einwohner	102,51 M	284,11 M
Öffentliche Volksschulen (1911)		
– Gesamtzahl	7 566	12,3 %
– Lehrkräfte	18 352	9,8 %
– Zahl der Schüler	1 041 676	10,1 %
Aufwand (in 1000 M)	480 000	9,3 %
Universitäten (1912/13)		
Studierende im Sommersemester	10 301	15,1 %
Studierende im Wintersemester	10 638	15,2 %
Technische Hochschule (1912/13)		
Studierende im Sommersemester	2 692	19,8 %
Studierende im Wintersemester	2 900	17,2 %
Tierärztliche Hochschule (1912/13)		
Studierende im Sommersemester	458	29,6 %
Studierende im Wintersemester	411	27,1 %

Diese Aufstellung lässt erkennen, dass die Bemühungen des bayerischen Staates, den wirtschaftlichen Rückstand gegenüber anderen Teilen Deutschlands aufzuholen, nicht ohne Erfolg geblieben sind. Das zeigen zunächst die Daten aus dem Bereich der Infrastruktur. So war das bayerische Eisenbahnnetz für einen Flächenstaat mit der geringen Bevölkerungsdichte von 91 Einw./qkm überdurchschnittlich dicht ausgebaut. Damit verfügte Bayern, das 14 % des Reichsgebiets umfasste, über 13,7 % der Eisenbahnstrecken; Preußen dagegen, das 64,5 % der Fläche einnahm und eine Bevölkerungsdichte von 115 Einwohner/qkm hatte, blieb mit 60,8 % der Bahnstrecken deutlich hinter dem bayerischen Wert zurück. Selbst im erheblich dichter besiedelten Württemberg – hier kamen 125 Einwohner auf den qkm – war der Anteil am Bahnnetz mit 3,8 % bei einem Anteil an der Reichsfläche von 3,6 % nur wenig größer. Auch die Post war in Bayern sehr gut ausgebaut. Bei einem Bevölkerungsanteil von 10,6 % entfielen auf Bayern 12,9 % der Postanstalten, 18,8 % der Telegrafenanstalten und 13,3 % der Telegrafenleitungen des Reiches. Auffällig ist aber auch, dass die Dienstleistungen von Bahn und Post deutlich weniger in Anspruch genommen wurden als im Reichsdurchschnitt. Auf dem bayerischen Eisenbahnnetz wurden weniger Personen befördert, als es dessen Anteil entsprochen hätte, vor allem aber war die Auslastung beim Güterverkehr erheblich geringer; dem Anteil der bayerischen Strecken in Höhe von 13,7 % stand ein Anteil an der Transportleistung von nur 8,2 % gegenüber. Noch ungünstiger stellten sich Verhältnisse bei der Post und dem Fernmeldewesen dar, deren Dienstleistungen in Bayern teilweise nur halb so stark in Anspruch genommen wurden wie reichsweit.

Die geringere Inanspruchnahme dieser Einrichtungen ist mit dem allgemeinen Entwicklungsrückstand, aber auch der besonderen Struktur der bayerischen Wirtschaft zu erklären. So wurde die schlechte Auslastung der Transportkapazität der bayerischen Eisenbahn hauptsächlich dadurch verursacht, dass es in Bayern kaum Bergbau und Schwerindustrie gab; deshalb mussten viele der Waggons, die Kohle, Eisen, Düngemittel und Getreide und andere Rohstoffe nach Bayern transportierten, leer zurückfahren, da die aus Bayern ausgeführten Waren einen wesentlich geringeren Umfang hatten. Neben den vielen, betriebswirtschaftlich oft unrentablen Nebenstrecken, die aus strukturpolitischen Gründen angelegt und betrieben wurden, ist es vornehmlich diesen Umständen zuzuschreiben, dass Auslastung und Rendite der bayerischen Staatseisenbahn deutlich hinter der von Eisenbahnen anderer Ländern zurückblieben. Bei einem Anlagekapital von 2163 Mio. Mark und einem Betriebsüberschuss von 90,4 Mio. Mark (1914) lag die Rendite der bayerischen Staatsbahn bei ca. 4,3 %.[60] Das Anlagekapital aller deutschen Staatsbahnen zusammengerechnet betrug 18 880 Mio. Mark, ihr Betriebsüberschuss 1048,5 Mio. Mark, womit sich deren Rendite bei 5,6 % bewegte. Bei den preußisch-hessischen Staatsbahnen betrug das Anlagekapital 12 683,6 Mio., der Betriebsüberschuss 787,5 Mio., die Rendite somit sogar ca. 6,2 %.

Was das Bildungswesen anbelangt, so zeigen die obigen Zahlen aus dem Bereich der Volksschulen, dass sich Bayern hinsichtlich der Schulbildung der breiteren Bevölkerungsschichten in etwa im Durchschnitt des Reiches bewegte. Deutlich bessere Werte aber wies Bayern im Bereich des Hochschulwesens auf. Sowohl an den drei Landesuniversitäten als auch vor allem an der Technischen Hochschule und der Tierärztlichen Hochschule waren deutlich mehr Studierende eingeschrieben, als es Bayerns Anteil an der Reichsbevölkerung entsprach.

Was die im engeren Sinne wirtschaftlichen Verhältnisse anbelangt, so fällt zunächst die überdurchschnittlich hohe Quote der Erwerbstätigen ins Auge. Bayern stellte 12,3 % der Erwerbstätigen und damit um 1,7 % mehr, als es seinem Anteil an der Reichsbevölkerung entsprach. Zurückzuführen war diese hohe bayerische Erwerbstätigkeitsquote vor allem auf die große Zahl von berufstätigen Frauen, die hauptsächlich in der Landwirtschaft und in kleinen Gewerbebetrieben beschäftigt waren. Mit einem Anteil von 17,2 % lag der bayerische Anteil an den Erwerbstätigen in der Land- und Forstwirtschaft erwartungsgemäß weit über dem reichsweiten Durchschnitt. Unterdurchschnittlich blieben die bayerischen Werte dementsprechend in allen anderen Sparten der Erwerbstätigkeit, aber doch mit signifikanten Unterschieden. Während bei „Handel und Verkehr" und bei „öffentlicher Dienst und freie Berufe" fast die dem Bevölkerungsanteil entsprechenden Werte erreicht wurden, wurden diese bei „Gewerbe und Industrie" und vor allem bei „häusliche Dienste und Lohnarbeit wechselnder Art" weit verfehlt.

Aufschlussreich ist auch der Blick auf die Struktur der Landwirtschaft. Die Gesamtzahl der Betriebe war in Bayern im Verhältnis zur Anbaufläche geringer als im Reichsdurchschnitt (11 % der Betriebe bei 14,6 % der Anbaufläche), was hauptsächlich darauf zurückzuführen war, dass es in Bayern relativ wenige Kleinstbetriebe (unter 2 ha) gab. Nur 7,2 % dieser Betriebe lagen in Bayern, dafür aber über 16 % der Betriebe in der Größe von 2 bis 5 ha und 21 % derjenigen von 5 bis 20 ha. Auch die Betriebe in der Größe von 20 bis 100 ha waren in Bayern mit 15,5 % aller Betriebe dieser Art noch überdurchschnittlich stark vertreten; dagegen rangierte Bayern bei den Großbetrieben über 100 ha mit 2,3 % weit am Ende der Skala. Auffällig ist auch, dass die Hektarerträge der bayerischen Landwirtschaft fast durchwegs hinter dem Reichsdurchschnitt zurückblieben, was auf einen Rückstand beim Einsatz von gutem Saatgut, Düngemitteln und Maschinen schließen lässt.

Was die Bereiche Gewerbe und Industrie anbelangt, so überrascht zunächst, dass Bayern im Bereich „Industrie" mit 12,5 % aller Betriebe reichsweit überproportional zu seiner Bevölkerungszahl vertreten war. Die bei Weitem größte Zahl dieser Betriebe aber gehörte zur Kategorie der „Kleinbetriebe" (bis 5 Beschäftigte), während die Kategorien „Mittelbetriebe" (6–50 Beschäftigte) und „Großbetriebe" (über 50 Beschäftigte) weit unterdurchschnittlich vertreten waren. Das Gleiche galt für den Bereich „Handel und Verkehr". Dennoch verdient festgehalten zu werden, dass es vornehmlich der Entwicklung dieser Sektoren zu verdanken war, dass in Bayern in den Jahrzehnten zwischen 1882 und 1907 mehr als eine Million neuer Arbeitsplätze entstanden, nämlich 706 000 in der Industrie und 330 000 in Bereich von Handel und Verkehr. Die Dominanz der Klein- und Mittelbetriebe wurde dabei allerdings langsamer abgebaut als in anderen Teilen Deutschlands.

Erklärt wurde diese relative Rückständigkeit des gewerblichen Sektors in Bayern wie folgt: „Die große Entfernung von Kohle und Eisen, die ungünstige Lage zu Wasserstraßen, zu Hochstraßen des Weltverkehrs und zur Küste, dazu die beschränkte Zahl an geschulten Arbeitskräften, welche überdies bis vor kurzem an verhältnismäßig viele Feiertage gewohnt waren, die mittelmäßige Kaufkraft der einheimischen Bevölkerung, der Mangel eines für den Absatz günstigen Hinterlandes, die lange Auslandsgrenze im Osten und Süden – dies alles bot für Produktion wie Absatz große Hemmungen."[61]

Worauf die geringe Zahl an „Großbetrieben" hauptsächlich zurückzuführen war, das zeigen umrisshaft die obigen Angaben zur Produktion. Sie belegen, dass Bergbau und Schwerindustrie in Bayern selbst mit Einschluss der Pfalz nur eine Nebenrolle spielten. Nur 0,4 % der deutschen Steinkohle wurden auf bayerischem Boden abgebaut, und nur 1,2 % der deutschen Roheisenproduktion entfiel auf bayerische Hütten. Auf dieser schmalen Basis konnte sich keine Eisen verarbeitende Industrie größeren Stils entwickeln, wie dies in anderen, standortgünstigeren Regionen Deutschlands der Fall war und dort die Industrialisierung vorantrieb.

In einigen Wirtschaftsbereichen aber war Bayern dennoch führend, und darauf wurde auch selbstbewusst verwiesen: „Trotzdem verstand es Bayern, in der Verarbeitung, in der Fertigfabrikation, in der hochwertigen Qualitätsindustrie sich durchzusetzen. Hervorragende Typen dieser Entwicklung sind Münchens Großbrauereien, Maschinenbau und Kunstgewerbe, die Eisengewerkschaft Maximilianshütte in Rosenberg i. Opf., die Augsburg-Nürnberger Maschinenfabrik, die Badische Anilin- und Sodafabrik in Ludwigshafen a. Rh., die Siemens-Schuckert-Werke in Nürnberg, die Mechanische Baumwollspinnerei und -weberei in Augsburg. Sie sind zugleich namhafte Riesenbetriebe (Betriebe mit über 1000 Arbeitern), deren Bayern im Jahr 1907 im ganzen 39 zählte." Auch die Exportorientierung der bayerischen Industrie sei wichtig: „Ich erinnere zum Beispiel an die mittelfränkische Luxusindustrie (Gold- und Silberschlägerei, Leonische Drahtwaren), an die dortige Fabrikation von Spiel- und Blechwaren, Spiegelglas, von elektrischen Apparaten, optisch-mechanischen Instrumenten, an die Pinselindustrie, an die Bleistiftfabrikation, an die oberfränkische Korb- und Webwarenindustrie, an die Schweinfurter Kugellagerfabrik, an Oberbayerns Brauerei- und Kunstgewerbe, an die verschiedenen Metall- und Maschinenfabriken in Oberbayern, Schwaben und Pfalz, an die schwäbischen Webstoffgewerbe, an die pfälzische Leder- und Schuhindustrie, vor allem an die chemische Industrie in Ludwigshafen a. Rh. Es kommen im ganzen über 2000 Exportbetriebe in Frage, sie vertreten die Interessen von gegen ½ Million Arbeiter, einschließlich ihrer Angehörigen die Interessen von 2 Millionen Personen, und die Überseewerte in Ein- und Ausfuhr stellten sich für diese Exportbetriebe im Jahresdurchschnitt vor Kriegsausbruch auf ½ Milliarde Mark. Die direkte Ausfuhr Bayerns nach den Vereinigten Staaten von Amerika betrug mindestens 64 Millionen Mark und bedeutete nahezu 10 % der Gesamtausfuhr Deutschlands dorthin. Hiernach hat Bayern trotz seiner Binnenlage sich einen ganz bemerkenswerten Anteil an der Bedeutung des Reiches als Welthandelsstaat verschafft, seine Überseeinteressen waren seit Anschluss Bayerns ans Reich fortgesetzt gestärkt worden."

Auch Handel und Verkehr hätten einen wichtigen Anteil zu dieser Entwicklung beigetragen: „Bayern und ganz besonders München rückte dank der Entwicklung des innerdeutschen zum internationalen Verkehr geradezu in den Schnittpunkt des europäischen Verkehrs, indem die nord-südlichen Richtungen seiner großen Eisenbahnlinien den italienisch-schweizerischen Verkehr (Brenner, Gotthard), die diagonalen Linien den englisch-holländisch-französischen Verkehr zum Osten (Paris–München–Wien–Konstantinopel, London–Köln–München–Konstantinopel) in sich aufgenommen haben. Dadurch erlangte München die Bedeutung eines internationalen Güter- und Personenbahnhofs. Dadurch gewann Bayern in steigendem Umfang Anteil am großen internationalen Fremdenverkehr und profitierte als Land von außerbayerischem Fremdenzuzug ebenso, wie der interne Fremdenverkehr innerhalb der Grenzen Bayerns den einzelnen Fremdenorten lokalen Nutzen schafft."[62]

Dass Bayern hinsichtlich seiner industriellen Entwicklung aber deutlich zurückgeblieben war, lässt sich auch aus den Angaben bezüglich der Aktiengesellschaften ablesen. Nur 389 Aktiengesellschaften, das waren 8,2 %, waren in Bayern ansässig, und deren Aktienkapital – rund eine Milliarde Mark – machte nur ca. 6,6 % des deutschen Aktienkapitals aus. Die Schuldverschreibungen dieser Aktiengesellschaften und der sonstigen privatrechtlichen Schuldner, die sich auf insgesamt rund 214,3 Mio. Mark beliefen, betrugen 4,7 % dieser Schuldverschreibungen reichsweit. Sowohl Kapitaleinsatz als auch Kreditaufnahme lagen also weit unterhalb des Reichsdurchschnitts, was nur den Schluss zulässt, dass der Anreiz fehlte, in Bayern zu investieren. Offensichtlich konnte man in anderen Teilen Deutschland mit schnelleren und höheren Erträgen rechnen. Auch das geringe Interesse der in Bayern ansässigen Banken an der Förderung der einheimischen Wirtschaft wurde dafür verantwortlich gemacht. Vor allem die größeren Banken hätten sich nicht hinreichend engagiert: „Diese (= die Förderung der Wirtschaft) geschah im Wesentlichen seitens der Provinzbankiers, die diesen und jenen vertrauenswürdigen Unternehmern den erforderlichen Kredit einräumten und dadurch unter eigenem Nutzen so manches Unternehmen zum Blühen brachten. In der Hauptsache begnügten sich die einheimischen Banken mit der Pflege des Bestehenden. Auch die seit 1892 von der Deutschen Bank, 1896 von der Dresdner Bank, 1910 von der Darmstädter Bank – unter Aufkauf von alten, angesehenen bayerischen Bankfirmen – errichteten bayerischen Niederlassungen bedeuteten wenig für die Erschließung der heimischen Industrie, sondern dienten mehr dazu, das überschüssige und daher billige Geld des industrieschwachen Landes anzuziehen und im industriellen und kapitalbedürftigen Norden rentabler zu verwerten."[63]

Dass sich dieser Rückstand auch auf die Einkommen der bayerischen Bevölkerung auswirkte, zeigen augenfällig die obigen Angaben zum Sparkassenwesen.

Obwohl dieses in Bayern flächendeckend ausgebaut war, betrug das durchschnittliche Sparguthaben nur wenig mehr als 102 Mark. Dagegen waren es im reichsweiten Durchschnitt mehr als 284 Mark; in Preußen waren es sogar über 310 und in Sachsen über 406 Mark.

Dennoch kam die amtliche bayerische Statistik zu einer insgesamt positiven Einschätzung. „Das Endergebnis der wirtschaftlichen Arbeit, wie sie in Bayern bis zum Ausbruch des Weltkrieges geleistet wurde, findet seinen Ausdruck in dem Stand des Volksvermögens. Dieses ist für Ende 1913 auf insgesamt 37 bis 38 Milliarden Mark zu veranschlagen. Davon entfielen:"

Auf Grund und Boden	Etwa 9 Mrd. M
Auf das Gebäudekapital	Etwa 10 Mrd. M
Auf das Viehkapital	Etwa 2 Mrd. M
Auf das übrige mobile Kapital	Etwa 10-12 Mrd. M
Auf Vermögensteile des Staates und der sonstigen öffentlichen Körperschaften, soweit oben noch nicht enthalten	Etwa 6 Mrd. M

Nach dieser „vorsichtigen Mindestschätzung" entfiel auf jeden Einwohner Bayerns ein durchschnittlicher Volksvermögensanteil von 5000 Mark, was fast genau dem Reichsdurchschnitt entsprochen hätte.[64] Diese Schätzung steht jedoch in einem gewissen Widerspruch zu den von der Forschung ermittelten statistischen Daten bezüglich des Volkseinkommens in den einzelnen Staaten und Provinzen Deutschlands:[65]

Gebiet	Gesamteinkommen der natürlichen Personen	Unverteilte Gesellschafts-einkommen	Öffentliche Erwerbs-einkünfte	Ver-sicherungs-beiträge	Volks-einkommen	Pro-Kopf-Einkommen	
	Mill. Mark					Mark	in % des Reichs-durch-schnitts
Preußen	28.336	885	798	999	31.018	747	101,2
Ostpreußen	913	11	40	50	1.014	486	63,4
Westpreußen	752	7	33	44	836	480	0,0
Berlin	2.323	228	41	51	2.643	1.254	0,0
Brandenburg	3.944	34	83	103	4.164	962	0,0
Pommern	910	13	33	41	997	576	75,2
Posen	896	12	42	53	1.003	465	0,0
Schlesien	2.951	59	103	129	3.242	603	78,7
Prov. Sachsen	2.009	51	61	75	2.196	700	91,4
Schles.-Holstein	1.193	14	32	41	1.280	763	99,6
Hannover	1.938	45	58	72	2.113	697	91,0
Westfalen	2.921	100	84	106	3.211	735	96,0
Hessen-Nasau	1.903	60	44	55	2.062	899	117,4
Rheinprovinz	5.683	251	144	179	6.257	832	108,6
Bayern	4.093	88	114	147	4.442	629	82,1

Das Volkseinkommen in deutschen Bundesstaaten und preußischen Provinzen 1913

Dass diese Durchschnittswerte wenig über den Lebensstandard der breiteren Bevölkerung aussagen, wurde bereits dargelegt. Ebenso, dass sich mit der Industrialisierung die Schere zwischen dem Einkommen aus unternehmerischer und selbstständiger Tätigkeit sowie aus Kapitalanlagen auf der einen und dem aus abhängiger Beschäftigung auf der anderen Seite weiter geöffnet hat. Was in dieser Bilanz ebenfalls keinen Niederschlag fand, sind die großen Unterschiede beim wirtschaftlichen Entwicklungsstand und den damit eng zusammenhängenden Lebensverhältnissen innerhalb Bayerns. Denn von der oben konstatierten positiven Entwicklung blieben große Landstriche weitgehend ausgespart. Der zwischen den Regierungsbezirken schon vor Beginn der Industrialisierung bestehende Abstand, dessen Ursachen vor allem in den naturräumlichen Gegebenheiten zu suchen waren, hatte sich im Verlauf der Industrialisierung erheblich vergrößert. Insbesondere haben die nördlich der Donau gelegenen Regionen am allgemeinen wirtschaftlichen Aufschwung deutlich weniger partizipiert als Südbayern. Dies kommt in der Bevölkerungsbewegung augenfällig zum Ausdruck: Während im Süden nicht nur die Städte, sondern große Regionen einen Bevölkerungszuwachs von teilweise beachtlichem Umfang verzeichneten, leerten sich in Nordbayern ganze Landstriche.

Ihr wichtigstes Ziel, den Erhalt der grundlegenden gesellschaftlichen und wirtschaftlichen Strukturen, hat die bayerische Politik damit eindeutig verfehlt. Das Gefälle zwischen Stadt und Land, das zugleich auch ein Gefälle zwischen den Einkommen war, die man in Industrie, Gewerbe und Dienstleistungen einerseits und in der Land- und Forstwirtschaft anderseits erzielte, war zu groß, als dass es durch die Erschließung des ländlichen Raumes durch Eisenbahnen und die Verbesserung von öffentlicher Verwaltung, Justiz- und Bildungswesen in den ländlichen Regionen hätte ausgeglichen werden können.

Bei diesem Prozess handelte es sich aber nicht nur um die in allen industrialisierten Ländern zu beobachtende Abwanderung vom Land in die Städte. Es war zugleich eine Verlagerung der Gewichte innerhalb Bayerns von Norden nach Süden. Oberbayern mit seinem Zentrum München ließ die anderen Regierungsbezirke hinsichtlich Bevölkerungszahl, Wirtschafts- und Steuerkraft immer weiter hinter sich. Selbst Mittelfranken, das von allen nördlich der Donau gelegenen Regierungsbezirken noch am besten abschnitt, konnte mit Oberbayern nicht Schritt halten, denn hier beschränkte sich die positive Entwicklung weitgehend auf den Ballungsraum Nürnberg-Fürth-Erlangen, während der ländliche Raum weitgehend ausgespart blieb.

8. Die Kriegswirtschaft

Grundzüge

Der Erste Weltkrieg schuf wirtschaftliche Rahmenbedingungen, die sich grundlegend von denen der „Friedenswirtschaft" unterschieden. Dazu zählte der nahezu vollständige Ausfall des Außenhandels, was für eine exportorientierte

Wirtschaft, wie sie die deutsche und auch die bayerische vor dem Krieg waren, gravierende Folgen haben musste. Die seit Kriegsbeginn von England praktizierte Seeblockade bewirkte zudem einen massiven Rückgang der Einfuhren an wichtigen Rohstoffen sowie an Futter- und Lebensmitteln. Dieser Ausfall stellte zwar die gesamte Wirtschaft vor schwere Probleme, hat sich jedoch je nach Wirtschaftsbereich und Branche sehr unterschiedlich ausgewirkt. Während sich manche den veränderten Verhältnissen anpassen konnten und von der massiv erhöhten Nachfrage nach solchen Produkten profitierten, die zur Kriegsführung benötigt wurden, war anderen eine solche Anpassung nicht möglich.

Zu Letzteren zählte die Landwirtschaft. Auch sie litt stark unter der Blockade, da diese sie nahezu vollständig von der Zufuhr von importierten Futtermitteln und Dünger abschnitt, auf welche sie in starkem Maße angewiesen war. Der Ausfall des Düngers wurde noch dadurch verschärft, dass der im Reich erzeugte Stickstoff zur Herstellung von Sprengstoffen benötigt wurde. Eine Kompensation des Wegfalls des Futtermittelimports war ebenso wenig möglich, da die pflanzliche Produktion nun in weit größerem Maße als zuvor der Ernährung der Menschen zu dienen hatte. Erheblich mehr Kartoffeln als vor dem Krieg wurden als Speisekartoffeln benötigt, und da auch die Industrie einen gesteigerten Bedarf an – aus Kartoffeln gewonnener – Stärke und Alkohol hatte, waren diese als Futtermittel knapp und teuer. Ähnlich verhielt es sich bei anderen Ackerfrüchten wie zum Beispiel Rüben, die nun vielfach dem unmittelbaren menschlichen Verzehr dienten.

Weitere negative Faktoren kamen hinzu. So wurde die Herstellung von landwirtschaftlichen Maschinen und Geräten weitgehend eingestellt, da die Produktionskapazitäten der Maschinen- und Fahrzeugbauindustrie für den Kriegsbedarf benötigt wurden. Kohle und andere wichtige Betriebsmittel unterlagen der Bewirtschaftung und waren knapp und teuer, viele Arbeitspferde wurden requiriert, zahlreiche landwirtschaftliche Arbeitskräfte wurden entweder zum Militärdienst eingezogen oder wanderten in die Industrie ab, die weitaus höhere Löhne zahlte. Umfang und Qualität der Feldarbeit gingen zurück, was zusammen mit dem Düngermangel einen beträchtlichen Rückgang der Ernteerträge zur Folge hatte.

Geringere Erträge und stark gesteigerte Produktionskosten bei erhöhter Nachfrage: Das hätte die Preise für Lebensmittel zwangsläufig in die Höhe treiben müssen. Einen solchen Anstieg der Lebenshaltungskosten aber wollte die politische Führung aus Rücksicht auf die Stimmung der Bevölkerung unbedingt vermeiden. Aber anstatt Maßnahmen zu ergreifen, um die landwirtschaftliche Produktion zu steigern und effektiv zu verteilen, wodurch eine übermäßige Teuerung verhindert worden wäre, setzte die Politik auf repressive Maßnahmen. Zunächst wurden vor allem Höchstpreise für die wichtigsten Lebensmittel festgesetzt. Wegen der hohen Produktionskosten bei sinkenden Produktionsmengen deckten diese oft nicht mehr die Gestehungskosten, mit der Folge, dass die landwirtschaftliche Produktion weiter absank. Darauf reagierte der Staat mit einer umfassenden Zwangsbewirtschaftung, die selbst fundamentale Bedürfnisse der landwirtschaftlichen Betriebe ignorierte. Viele Betriebe wirtschafteten mehr und mehr zu Lasten ihrer Substanz; die Böden wurden ausgelaugt, das Zugvieh entkräftet, Maschinen und Geräte verschlissen, das Betriebskapital aufgezehrt.

Differenzierter ist das Bild, das sich im Bereich von Industrie, Gewerbe und Handwerk bot. Solche Betriebe, die nicht in der Lage waren, sich auf die Produktion von kriegswichtigen Gütern und/oder der Grundversorgung umzustellen, konnten auf Dauer kaum überleben. Denn alle wichtigen Rohstoffe und Materialien wurden einer Zwangsbewirtschaftung unterworfen, die in erster Linie die Versorgung der kriegswichtigen Betriebe sicherstellen sollte. Danach wurden jene Betriebe berücksichtigt, die den Grundbedarf der Bevölkerungen zu decken hatten, und erst dann folgten die übrigen.

Aber bei Weitem nicht jeder Betrieb, der in der Lage war, Güter für den Kriegsbedarf zu erzeugen, erhielt auch die Möglichkeit dazu. Die zentralen Stellen, die die Beschaffung des Bedarfs der Armee und anderer staatlicher Organisationen ausführten, waren in der Regel am Abschluss möglichst umfangreicher Lieferverträge interessiert, weshalb sie große Unternehmen bevorzugten. Deshalb wurden nach offiziellen Angaben zunächst nur 8,6 % der Heeresaufträge nach Bayern vergeben. Dieser Anteil stieg auch in der Folge nur sehr wenig, obwohl man dazu überging, Handwerksbetriebe ebenfalls als Lieferanten einzubeziehen. Diese Praxis war innenpolitisch motiviert, denn man wollte damit dem Vorwurf, die Industriebetriebe zu begünstigen, entgegenwirken. Schließlich gab es in Bayern rund 10 000 „Heeresbetriebe", deren Auftragsbestand jedoch, am 1. August 1917 mit rund einer Milliarde Mark beziffert, auch künftig weit hinter dem anderer Regionen des Reiches zurückblieb.[66]

Die meisten der kleinen und kleinsten Betriebe, die für das produktive Gewerbe in Bayern charakteristisch waren, zählten deshalb zu den Verlierern der Kriegswirtschaft, und viele mussten ihre Selbstständigkeit aufgeben. Aber auch die Betriebe mittlerer Größe wurden bei dieser Vergabepraxis stark benachteiligt, da die zentralen Beschaffungsstellen größtenteils im nördlichen Deutschland etabliert waren und die dortigen Firmen bevorzugten, mit denen sie oft schon langjährige Verbindungen unterhielten. Erst auf massiven Druck von Seiten der bayerischen Unternehmer hat die bayerische Regierung sich mit einigem Erfolg dafür eingesetzt, dass sie bei der Vergabe solcher Aufträge stärker berücksichtigt wurden.

Diese Bedingungen beschleunigten den Konzentrationsprozess in der bayerischen Wirtschaft deutlich. Und als 1916 das „Hindenburgprogramm" aufgelegt wurde, mit dem die wirtschaftliche Leistungskraft des Reiches gesteigert werden sollte, erhielt dieser Konzentrationsprozess erneuten Anschub durch das nun eingerichtete „Kriegsamt", in dessen Aufgabenbereich nicht nur die gesamte Rüstungsindustrie, sondern auch die Außenwirtschaft und die „Volksernährung" fielen. Die Zahl der „Riesenbetriebe" – das waren Betriebe mit mehr als 1000 Mitarbeitern – wuchs in Bayern von 1907 (der letzten statistischen Erfassung) bis 1917 von 39 auf 45, die Zahl ihrer Beschäftigten von 75 000 auf 120 000 an.[67] In verstärktem Umfang wurden jetzt auch Frauen in die Industriebetriebe geholt, und mit dem im Dezember 1916 erlassenen „Gesetz über den Vaterländischen Hilfsdienst" führte man einen allgemeinen Arbeitszwang ein.

Die Nutznießer dieser Maßnahmen waren die Industrieunternehmen, die davon um somehr profitierten, als die staatlichen Auftraggeber bei der Festsetzung der Preise zumeist sehr großzügig verfuhren. Denn durch die besondere Art der Kriegsfinanzierung standen dem Staat stets ausreichende Mittel zur Beschaffung von Rüstungsgütern zur Verfügung. Das Reich deckte seinen Geldbedarf nämlich nahezu vollständig durch Schatzwechsel und Kriegsanleihen. Um den Markt dafür frei zu halten, wurden Anleiheemissionen der Länder und Gemeinden bei Kriegsbeginn eingestellt und der Wertpapierhandel stark eingeschränkt. Gleichzeitig wurden so genannte Reichsdarlehenskassen eingerichtet, welche die Aufgabe hatten, die Wirtschaft mit Krediten zu versorgen. Diese Kassen gaben gegen Verpfändung von Waren und Wertpapieren „Darlehenskassenscheine" aus, die von allen öffentlichen Kassen in Zahlung genommen wurden und damit den Charakter von Banknoten hatten. Diese Zahlungsmittel traten gleichrangig neben die von der Reichsbank ausgegebenen Geldnoten, zumal diese Darlehenskassenscheine in Stückelungen bis zu einer Mark ausgegeben wurden.

Die Reichsbank und die Reichsdarlehenskassen kauften und beliehen die ständig vermehrten Schatzwechsel und Kriegsanleihen wie andere öffentliche Schuldtitel, und dies ohne jede Einschränkung. Das war nur deshalb möglich, weil die Reichsbank sofort bei Kriegsbeginn von der Pflicht befreit wurde, ihre Noten mit Gold einzulösen. Da Schatzwechsel und Kriegsanleihen die nahezu einzige Anlagemöglichkeit sowohl für die Bürger wie auch für die Versicherungen, Sozialversicherungen, Stiftungen und andere Institutionen darstellten, wurde fast alles Geld in dieser Form angelegt. Wegen des sehr eingeschränkten Warenangebots bestand zudem ein großer Kaufkraftüberhang, mit der Folge, dass die Kriegsanleihen sehr lebhaft gezeichnet wurden. So geriet das Reich nie in ernste Finanzierungsnöte und musste zunächst auch keine Steuern erhöhen. Erst 1916 wurde eine „Kriegsabgabe" eingeführt, die aber nur den seit 1914 erzielten Vermögenszuwachs – bei den Unternehmen den Gewinnzuwachs – besteuerte. 1918 kam eine weitere Kriegsabgabe hinzu, die sich nach dem Mehreinkommen der Steuerpflichtigen gegenüber dem letzten Friedenseinkommen berechnete. Zudem wurden nun verschiedene indirekte Steuern und Gebühren erhöht sowie eine neue Umsatzsteuer eingeführt. Diese Steuern waren vor allem für die Verzinsung der Kriegskredite gedacht. Durch diese Art der Kriegsfinanzierung war ein Rückgriff auf die Goldreserve der Reichsbank während des gesamten Kriegs nicht notwendig, sodass diese von 1914 bis 1918 von 1477 Mio. Goldmark auf 2550 Mio. zunahm.

Wie das Reich seinen Verpflichtungen jemals nachkommen wollte, war allerdings eine völlig offene Frage, die jedoch weder die politische Führung noch die Wirtschaft oder die Bürger ernsthaft beschäftigte. Denn niemand wagte, offen Zweifel daran zu äußern, dass der Krieg mit einem deutschen Sieg enden würde, und man war sich darin einig, dass danach die Besiegten für sämtliche Kriegskosten aufkommen müssten.

Angesichts dieser Situation befand sich das Militär in der glücklichen Lage, sich seine Wünsche ohne Rücksicht auf die Kosten erfüllen zu können. Denn nicht das Geld, sondern der Mangel an Rohstoffen und die Leistungsfähigkeit der deutschen Wirtschaft begrenzten Art und Umfang der Rüstung. Ab 1916 überstiegen die Kriegsausgaben drei Milliarden Mark pro Monat, und 1917 waren es bereits deutlich mehr als 4 Mrd. 1918 steigerten sich diese Ausgaben weiter, denn nun wurden die letzten Reserven mobilisiert. Auch im letzten Kriegsjahr wurden nochmals zwei Kriegsanleihen aufgelegt, von denen die erste 14,6 Mrd., die zweite – emittiert im September 1918! – nochmals 10,1 Mrd. Mark in die Staatskasse spülten.

Der größte Teil dieser riesigen Summen floss in die Kassen der großen Industrieunternehmen, die Gewinne in einer bis dahin ungekannten Größenordnung machten. Dieses Geld wurde größtenteils investiert, die Betriebe wurden in großem Stil modernisiert und erweitert. Auf diese Weise begünstigte die Kriegswirtschaft die Entstehung und Ausdehnung von Großunternehmen und Konzernen, und diese Entwicklung ging zwangsläufig zu Lasten der kleineren Unternehmen und Betriebe.

Industrie und Gewerbe

Mitunter hat man einen engen Zusammenhang zwischen dem Ersten Weltkrieg und Bayerns Wandel vom Agrar- zum Industriestaat hergestellt. Die Vermutungen, dass Bayern während des Krieges einen nachhaltigen Industrialisierungsschub erhalten habe, beruhten auf der Beobachtung, dass in Bayern in jenen Jahren einige bereits etablierte Unternehmen stark expandierten und daneben eine Reihe von industriellen Neugründungen erfolgte. Letztere waren auch den Bemühungen der bayerischen Regierung zu verdanken, wenigstens einen Teil der zusätzlichen Produktionskapazitäten, die man für den Kriegsbedarf benötigte, in Bayern anzusiedeln. Zu diesen Industrieansiedlungen zählten die „Bayerischen Geschützwerke", welche der Essener Krupp-Konzern im Jahre 1915 in Freimann bei München errichtete, und die mit einem Kapital von 25 Mio. Mark ausgestattet wurden, sowie ein Zweigwerk der Rumplerwerke, eines Berliner Flugzeugbauers, das in Augsburg entstand. Von nachhaltigerer Bedeutung war jedoch die Grün-

Krieg als Motor industrieller Entwicklung: Die TE-KA-DE Nürnberg

Wie eng die Zusammenhänge zwischen Betrieben der Rüstungs- und der „zivilen" Industrie sein konnten, kann man am Beispiel der „Süddeutsche Telefon-, Apparate-, Kabel- und Drahtwerke AG" (TE-KA-DE) studieren. Das Unternehmen ging aus einer von Johann Friedrich Heller 1858 in Nürnberg gegründeten Werkstatt zur Herstellung von Apparaten hervor. Diese nahm in den 1880er-Jahren durch die Entwicklung und Fertigung von Telefonapparaten einen beachtlichen Aufschwung und wurde 1904 von dem Kölner Kabelfabrikanten Felten & Guillaume übernommen, der in Nürnberg bereits ein großes Kabelwerk besaß. 1912 wurden die Nürnberger Werke von Felten & Guillaume zur „TE-KA-DE" vereint.

Obwohl dieses Unternehmen in den Jahren vor 1914 nahezu ausschließlich für den zivilen Markt produziert hatte, eröffnete auch ihm der Erste Weltkrieg große Möglichkeiten. Zunächst erweiterte es – wie eine Reihe anderer Nürnberger Firmen – seine Produktpalette um Granatenzünder (s. Abb. links), aber seine Zukunft lag auf einem anderen Gebiet: Mit der Entwicklung eines Abhörgerätes, bei dem das Unternehmen seine Erfahrungen aus dem elektrischen Apparatebau einbringen konnte, dann aber vor allem mit der Fertigung von Verstärkerröhren für Funkgeräte entwickelte es sich rasch zu einem der größten Rüstungsbetriebe der Elektrobranche.

Nach dem Krieg sorgten die Entwicklung und Produktion von Röhren, Kopfhörern, Radioapparaten und Lautsprechern für einen weiteren starken Aufschwung (s. Abb. rechts). In den 1930er-Jahren avancierte TE-KA-DE zu einem der größten deutschen Unternehmen der Elektro-Branche, wobei es in besonderem Maße von dem großen Bedarf des NS-Propaganda-Apparates an Lautsprecheranlagen und Radios profitierte. Ein Fernsehgerät, das Ende der 1930er-Jahren bereits serienreif war, konnte wegen des ausbrechenden Zweiten Weltkriegs jedoch nicht mehr auf den Markt gebracht werden; stattdessen produzierte man wieder in sehr großem Umfang Röhren und Geräte für den militärischen Gebrauch. In der Nachkriegszeit engagierte sich TE-KA-DE dann mit großem Erfolg in der Unterhaltungselektronik und expandierte erneut stark; erst 1982 ging das Unternehmen in der Philips Kommunikations Industrie AG auf.

Aufstellung aus dem Jahre 1918 über folgende Neugründungen größerer Unternehmen während des Krieges

Name und Ort	Kapitalausstattung in Millionen Mark
Bayerische Geschützwerke, München (Krupp)	25
Bayerische Motorenwerke, München	10
Bayerische Flugzeugwerke, München	3
Nesselgesellschaft m. b. H., München	1,2
Donau Schmelztiegelwerke A. G., München	1
Graphit A. G. Kropfmühle, München	5
Zentralgesellschaft für chemische Industrie m. b. H.	2,5
Bayerische Hüttenwerke von Neumeyer A. G., Nürnberg	4
Gesellschaft für Elektro-Metallurgie g. m. b. H., Nürnberg	2,5
Bayerische Sprengstoffwerke A. G., Nürnberg	3
Zünder- und Apparatebaugesellschaft, Nürnberg	2,5
Bavarialinie, Bamberg	0,2
Noris-Versicherungs-A. G., Nürnberg	4
Sanubia A. G. für Mineralölindustrie, Regensburg	3
3 Benzinraffinerien, Regensburg	
1 Schmierölfabrik, Regensburg	
1 Kunstdüngerfabrik, Regensburg	
Reichsfutterwerke, Regensburg	9
3 Schiffswerften, Regensburg	
3 Sulfit-Spiritusgewinnungsfabriken	2
im Anschluss an die	
a) Aktiengesellschaft für Maschinenpapierfabrikation, Aschaffenburg	
b) Oberbayerische Zellstoff- und Papierfabrik, Redenfeld	
c) Simonius-Zellulosefabrik A. G., Kelheim	
Reichsaluminiumwerke, Töging am Inn	30
Gesellschaft für elektro-chemische Industrie Dr. Wacker, Burghausen	20
Größere Kapitalerhöhungen nahmen vor:	
Bayerische Stickstoffwerke, Trostberg-München	von 10 auf 12 Mio M
Amperwerke Elektrizitäts-A. G.	von 2 auf 7 Mio M
MAN	um 9 Mio M
Gebrüder Bing A. G., Nürnberg	um 3,25 Mio M
Preß-, Stanz- und Ziehwerke Chillingworth A. G., Nürnberg	um 1,4 Mio M
Marswerke A. G	um 0,5 Mio M
Bayerischer Lloyd, Regensburg	von 4 auf 16 Mio M

Name und Ort	Kapitalausstattung in Millionen Mark
Insgesamt wurden an Neuinvestitionen seit 1916 überschlägig registriert:	
Branche	*Betrag in Millionen Mark*
- elektro-chemische Industrie	50
- Waffen-, Flugzeug-, Metallindustrie	40
- Schifffahrt	18
- Nahrungsmittelindustrie	6
- Graphitindustrie	10
Gesamte Investitionen	*124*

dung der Reichsaluminiumwerke in Töging am Inn im Jahr 1917, denn diese hatten sich nach dem Krieg zu einer der größten Aluminiumhütten des Reiches entwickelt. Eine weitere zukunftsträchtige Neugründung war die der Bayerischen Motorenwerke, die sich auf die Herstellung von Fahrzeug- und Flugzeugmotoren spezialisierten; dieses Unternehmen entstand 1917 in München und hat sich in der Nachkriegszeit kräftig weiterentwickelt.

Den größten Beitrag zur weiteren industriellen Entwicklung Bayerns leisteten die bereits vor dem Krieg hier ansässigen Unternehmen, die dank der Rüstungsaufträge ihre Produktion in erheblichem Maße ausweiten konnten. Hierzu zählten an erster Stelle die BASF, welche vor allem durch die Erzeugung von Stickstoff einen enormen Aufschwung nahm, und die MAN, die große Aufträge über die Lieferung von Dieselmotoren und Fahrzeugen aller Art erhielt. Aber auch zahlreiche weitere Unternehmen sind in diesem Zusammenhang zu nennen, wie zum Beispiel die staatliche Gewehrfabrik in Amberg, die einen beträchtlichen Teil der Handfeuerwaffen der deutschen Armee lieferte, die gleichfalls staatlichen Munitionsfabriken bei Ingolstadt sowie die oberpfälzischen Hüttenwerke, die Maxhütte und die Luitpoldhütte, die insbesondere große Mengen von Granaten herstellten. Auf den Kriegsbedarf umgestellt wurden auch zahlreiche metallverarbeitende Betriebe, darunter die in Nürnberg ansässigen, die sich u. a. auf die Herstellung von Zündern für Granaten spezialisierten.

Auch die Binnenschifffahrt auf der Donau profitierte sehr stark vom Krieg. Durch die Blockade des Seewegs nach Westen gewann die Verbindung über die Donau nach Südosten erheblich an Bedeutung, zumal ein beträchtlicher Teil der Erdölimporte auf diesem Weg abgewickelt wurde. Der 1913 von der Deutschen Bank unter Beteiligung bayerischer Banken und Unternehmen als GmbH gegründete Bayerische Lloyd wurde 1917 in eine Aktiengesellschaft mit einem Kapital von 16 Mio. Mark umgewandelt. Er baute seinen Schiffsbestand bis Kriegsende auf 116 Schleppschiffe, 19 Dampfschiffe, 75 Warenboote, 15 Tankschleppschiffe, 2 Tankmotorschiffe und 1 Motorfrachtschiff aus. Der 1910 mit einem Kostenaufwand von 2,75 Mio. Mark errichtete Petroleumhafen in Regensburg erwies sich angesichts dieser rasanten Entwicklung rasch als zu klein und sollte ab 1918 mit einem Gesamtaufwand von 16 Mio. Mark erweitert werden.[68]

Wie die ersten Gewerbezählungen der Nachkriegszeit belegen, war der durch die Kriegskonjunktur bedingte starke Zuwachs jedoch nur in einigen wenigen Wirtschaftsbereichen von Dauer. Die Branchen, die einen dauerhaften Entwicklungsschub erlebten, lassen sich aus einem Vergleich der Betriebsgrößen und Beschäftigtenzahlen der Betriebszählungen von 1907 und 1922 erschließen:[69]

Chemische Industrie	1907			1922		
Beschäftigte:	50-199	200-999	über 1000	50-199	200-999	über 1000
Zahl der Betriebe:	44	14	3	50	19	3
Zahl der Beschäftigten:	4356	6116	7249	5177	9323	26 263
Zunahme aller Beschäftigten 1907 bis 1922: von 17 721 auf 40 763 (130 %)						

Metallverarbeitung	1907			1922		
Beschäftigte:	50-199	200-999	über 1000	50-199	200-999	über 1000
Zahl der Betriebe:	177	36	1	189	54	5
Zahl der Beschäftigten:	16 278	13 076	1818	17 921	21 380	10 771
Zunahme aller Beschäftigten 1907 bis 1922: von 31 172 auf 50 072 (60,6 %)						

Industrie der Maschinen, Instrumente u. Apparate	1907			1922		
Beschäftigte:	50-199	200-999	über 1000	50-199	200-999	über 1000
Zahl der Betriebe:	147	63	9	226	77	28
Zahl der Beschäftigten:	14 063	25 516	19 947	20 646	27 120	60 412
Zunahme aller Beschäftigten 1907 bis 1922: von 59 526 auf 108 178 (81,7 %)						

Aufschlussreich ist auch ein genauerer Blick auf die Verhältnisse innerhalb dieser einzelnen Branchen. So waren von den 40 763 Beschäftigten der chemischen Industrie von 1922 allein 27 234 in der Stickstoff- und Düngemittelherstellung tätig, und von den 108 978 Beschäftigten des Maschinenbaus arbeiteten 17 820 in der Fertigung von elektrischen Maschinen, Apparaten und Anlagen. In allen Industriezweigen aber lässt sich der Trend zum Großbetrieb, d. h. zu Betrieben mit mehr als 1000 Beschäftigten feststellen, deren Beschäftigtenzahlen weitaus stärker wuchsen als die der mittleren und kleineren Betriebe, obwohl auch deren Zahl nicht unbeträchtlich zunahm.

Zu den Nutznießern der Kriegswirtschaft zählten außer den bereits genannten auch das Spinnstoffgewerbe und die Bekleidungsindustrie. Auch hier lässt sich neben einer absoluten Zunahme ein starker Konzentrationsprozess feststellen. Im Spinnstoffgewerbe nahm die Zahl der Betriebe mit mehr als 1000 Beschäftigten von 1907 bis 1922 von 6 auf 14, die Zahl ihrer Beschäftigten von 7316 auf 18 726 zu. Im Bekleidungsgewerbe gab es 1907 noch keinen Betrieb mit mehr als 1000 Beschäftigten, 1922 aber vier mit insgesamt 5212 Beschäftigten. Auffällig ist des Weiteren die Ausweitung der Nahrungs- und Genussmittelindustrie. 1907 zählte diese 145 Großbetriebe, davon 125 mit weniger als 200 und nur einen mit mehr als 1000 Beschäftigten. 1922 gab es zwei Betriebe mit mehr als 1000 Beschäftigten und insgesamt 185 Betriebe; die Beschäftigtenzahl in dieser Industrie war seit 1907 um 58,5 % gewachsen.

In den anderen Industriezweigen fiel der Zuwachs sowohl an Großbetrieben wie an Beschäftigten weitaus geringer aus, und in einigen ist die Zahl der Beschäftigen sogar nicht unerheblich gesunken. Das waren die Industrie der forstwirtschaftlichen Nebenprodukte, Leuchtstoffe, Seifen, Fette und Öle (-8 %), das Reinigungsgewerbe (-33,5 %) und vor allem das Baugewerbe (-43,6 %).

Einen allgemeinen und nachhaltigen Industrialisierungsschub hat der Erste Weltkrieg in Bayern, wie bereits bemerkt, dennoch nicht bewirkt. Vielmehr setzte die bayerische Wirtschaft während des Krieges ihre schon seit den 1890er-Jahren zu beobachtende Entwicklung nahezu geradlinig fort. Das belegen vor allem die langfristigen Entwicklungslinien der Erwerbsstruktur. So nahm der Anteil der Erwerbstätigen in der Land- und Forstwirtschaft in den 12 Jahren von 1895 bis 1907 um 4,5 % (von 45,8 auf 40,3 %), und in den 18 Jahren von 1907 bis 1925 um 5,4 % (von 40,3 auf 34,9 %) ab, womit dieser Rückgang nahezu linear verlief. Der Anteil der im gewerblichen Sektor Tätigen (einschließlich der Dienstleistungen und der freien Berufe, aber ohne den öffentlichen Dienst) stieg von 1895 bis 1907 um 4,2 % (von 42,9 auf 47,1 %), von 1907 bis 1925 aber nur mehr um 3,9 % (von 47,1 auf 51 %) an. Und die Zunahme des Anteils der Erwerbstätigen an der Gesamtbevölkerung verlangsamte sich sogar. Dieser Anteil stieg im Zeitraum von 1895 bis 1907 von 47,5 % auf 51,7 % und somit um 4,2 % an; 1925 betrug dieser Anteil 53,7 %, er war also seit 1907 nur noch um 2 % gewachsen.

Aber die Zeit der Kriegswirtschaft blieb selbstverständlich nicht ohne Folgen. Denn in ihr beschleunigte sich die Schwerpunktverlagerung zwischen den Industriezweigen und es verstärkte sich die Tendenz zur Bildung von Großbetrieben.

Nach Ausweis der Betriebszählungen nahm der Anteil der Beschäftigten in Betrieben mit mehr als 50 Beschäftigten an der bayerischen Bevölkerung von 1895 von 3,7 % bis 1907 auf 5,5 %, und von 1907 bis 1922 von 5,5 % auf 6,8 % zu. Unter diesen wiederum machten die in den größten Betrieben (= mehr als 1000 Beschäftigte) Tätigen 1895 noch 8,8 %, 1907 aber bereits 14,3 % und 1922 schließlich 28,7 % aus. Die Beschäftigtenzahl in den Betrieben mit mehr als 1000 Beschäftigten wuchs also um ein vielfaches schneller als die der übrigen Großbetriebe.

Landwirtschaft

Der Erste Weltkrieg traf die bayerische wie die deutsche Landwirtschaft insgesamt empfindlich, Ertrag und Erlöse gingen beträchtlich zurück. Die Blockade schnitt Deutschland nahezu vollständig von allen Zufuhren ab, was auch die Landwirtschaft massiv beeinträchtigte, da diese auf große Einfuhren an Futter- und Düngemitteln aus dem Ausland angewiesen war. Zugleich fiel die inländische Kunstdüngerfabrikation zunächst nahezu vollständig aus. Aber auch die Herstellung von landwirtschaftlichen Maschinen und Geräten wurde ausgesetzt, Kohle und andere Betriebsmittel wurden rationiert, Pferde wurden requiriert, zahlreiche landwirtschaftliche Arbeitskräfte zum Militärdienst eingezogen.

Die Folge davon war, dass die Hektarerträge deutlich zurückgingen und auch nach dem Krieg zunächst nicht mehr den früheren Umfang erreichten (siehe Diagramme S. 269).

Da Bayern schon vor dem Krieg Getreide importieren musste, blieb es auch während des Krieges auf dessen Einfuhr angewiesen; von 1915 bis 1918/19 erhielt es rund 168 700 Tonnen Brotgetreide zugeteilt. Umgekehrt wurde nur in den Wirtschaftsjahren 1917/18 Brotgetreide in andere Reichsteile geliefert, und zwar insgesamt 36 716 Tonnen. Lediglich an Gerste und vor allem Kartoffeln wurde in Bayern so viel erzeugt, dass man einen größeren Teil davon an das Reich und an die Heeresverwaltung abliefern musste.

Beim Viehbestand blieb der allgemein befürchtete Einbruch weitgehend aus, zumindest die Stückzahlen gingen, außer beim Pferde- und Schweinebestand, nicht allzu stark zurück (siehe Diagramm S. 270).

Dieser relativ große Viehbestand hatte zur Folge, dass Bayern in der Zeit der Fleisch-Zwangswirtschaft vom Juni 1916 bis Oktober 1920 deutlich mehr Schlachtvieh aus- als einführte. Der Ausfuhrüberschuss betrug im genannten Zeitraum allein 41 459 Stück Großvieh, 645 Kälber und 51 200 Schafe und Ziegen, dazu kamen über 200 000 Stück Geflügel und rund 168 000 dz rohes und verarbeitetes Fleisch.

Insgesamt hatte die Kriegswirtwirtschaft erhebliche und langdauernde negative Folgen für die Landwirtschaft. Sichtbar wird dies beispielsweise an der Abnahme der Betriebe. Zwar hielt sich diese dank der stark vom Mittelstand gepräg-

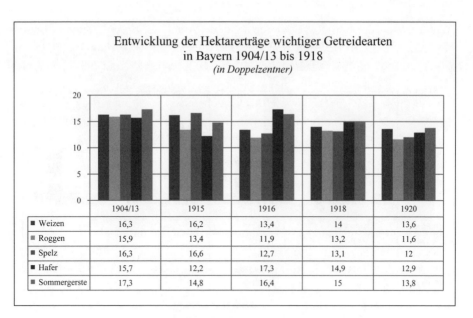

Entwicklung der Hektarerträge wichtiger Getreidearten in Bayern 1904/13 bis 1918
(in Doppelzentner)

	1904/13	1915	1916	1918	1920
■ Weizen	16,3	16,2	13,4	14	13,6
■ Roggen	15,9	13,4	11,9	13,2	11,6
■ Spelz	16,3	16,6	12,7	13,1	12
■ Hafer	15,7	12,2	17,3	14,9	12,9
■ Sommergerste	17,3	14,8	16,4	15	13,8

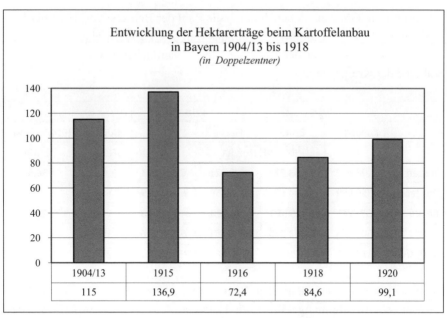

Entwicklung der Hektarerträge beim Kartoffelanbau in Bayern 1904/13 bis 1918
(in Doppelzentner)

1904/13	1915	1916	1918	1920
115	136,9	72,4	84,6	99,1

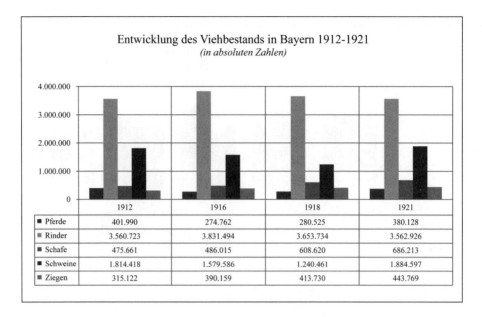

Entwicklung des Viehbestands in Bayern 1912-1921
(in absoluten Zahlen)

	1912	1916	1918	1921
■ Pferde	401.990	274.762	280.525	380.128
■ Rinder	3.560.723	3.831.494	3.653.734	3.562.926
■ Schafe	475.661	486.015	608.620	686.213
■ Schweine	1.814.418	1.579.586	1.240.461	1.884.597
■ Ziegen	315.122	390.159	413.730	443.769

ten Struktur in Grenzen, dennoch nahm die Zahl der Betriebe von 1912 bis 1925 immerhin von 669 911 auf 666 285 ab; das waren 33 626 Betriebe oder 5 %. Wesentlich stärker aber war der Rückgang der Anbauflächen und der Ernteerträge während der Kriegsjahre:

	1914		1918			
	Fläche	Ernte	Fläche	Ernte	Rückgang 1914/18 in %	
	ha	dz	ha	dz	Fläche	Ernte
Weizen	292 097	4 463 593	273 021	3 817 163	6,5	14,5
Roggen	556 559	7 084 831	476 350	6 307 929	14,4	11
Gerste	371 741	6 156 570	318 720	4 778 930	14,3	22,4
Hafer	509 158	9 043 365	430 391	6 398 296	15,5	29,3
Kartoffeln	378 280	43 728 437	296 686	25 093 353	21,6	42,6

Auch wenn in der städtischen Bevölkerung, die in weit stärkerem Maße unter dem Lebensmittelmangel litt als die ländliche, der Eindruck vorherrschte, dass die Landwirte vom Krieg profitierten – ein Eindruck, der dadurch verstärkt wurde, dass sich manche Bauern illegale Lebensmittelabgaben teuer bezahlen ließen –, so war die Landwirtschaft ohne Zweifel einer der Wirtschaftzweige, die vom Krieg am stärksten und nachhaltigsten in Mitleidenschaft gezogen wurden.

Anmerkungen

1 Zur Bevölkerungsentwicklung und deren Analyse s. Nipperdey, T., Deutsche Geschichte 1800–1866, S. 102–114; Ders., Deutsche Geschichte 1866–1918, S. 1–42.

2 Nipperdey, 1800–1866, S. 103.

3 Ebd., S. 106.

4 Die Bayerische Zahlen nach Beiträge zur Statistik Bayerns 122, S. 52–54, Tabelle 2.

5 Ebd., S. 56–58, Tabelle 5.

6 Die Zahlen für ganz Deutschland (auch die der bayerische Regierungebezirke) bei Nipperdey, 1866–1918, S. 16. f.

7 Nipperdey (1866–1918) (s. Anm. 1), S. 18 f.

8 Grundlage: Statistisches Jahrbuch für Bayern 23 (1947), S. 6.

9 Beiträge zur Statistik Bayerns 123, S. 2.

10 S. Bayern und seine Gemeinden unter dem Einfluß der Wanderungen während der letzten 50 Jahre (Beiträge zur Statistik Bayerns 69) 1912, S. 301*.

11 Grundlage: Statistisches Jahrbuch 1909, S. 17.

12 Grundlage: Statistisches Jahrbuch 1915, S. 19.

13 Bevölkerung und Wirtschaft 1872–1982, hg. vom Statistischen Bundesamt Wiesbaden anläßlich des 100-jährigen Bestehens der zentralen amtlichen Statistik, 1972, S. 140.

14 Berechnet nach: ebd., S. 90 und 140.

15 Statistisches Jahrbuch 13 (1915), S. 398.

16 Zur Einführung dieser Steuern s. Götschmann, D., Bayerischer Parlamentarismus im Vormärz. Die Ständeversammlung des Königreichs Bayern 1819–1848, 2002, S. 859–867.

17 Verhandlungen des Bayerischen Landtags, Stenographische Berichte, Kammer der Abgeordneten 1901/02, Bd. 8, S. 691.

18 Alle Angaben nach: Beiträge zur Statistik Bayerns 122, S. 83.

19 Ebd.

20 Nipperdey (1800–1866) (s. Anm. 1), S. 206.

21 Sombart, W., Die deutsche Volkswirtschaft im neunzehnten Jahrhundert und im Anfang des 20. Jahrhunderts, ⁶1923, Viertes Buch: Die Grundzüge der neuen Gesellschaft, S. 432–436.

22 Die nachfolgenden Angaben nach: Reichel, C., Die Bewegung der Gewerbe in Bayern in den Jahren 1868 bis 1876, in: Zeitschrift des Königlich-Bayerischen Statistischen Bureaus 10 (1878), S. 105–119.

23 Zeitschrift des Königlich-Bayerischen Statistischen Bureaus 10 (1878), S. 224, Tabelle II.

24 Errechnet nach: Statistisches Jahrbuch 13 (1915), S. 110.

25 Zunahme 1882 bis 1907.

26 Leder- und Papierindustrie wurden 1875 zusammen erfasst: 11 937 Beschäftigte. 1882 Leder- und Papierindustrie zusammengerechnet 8541 Beschäftigte, somit ergibt sich ein Schwund um 3396 oder 28,4 %.

27 Zuwachs 1882 bis 1907.

28 Zuwachs 1882 bis 1907.

29 Spilker, E. M., Bayerns Gewerbe 1815–1965. Eine quantitative Analyse der Struktur und der Entwicklung des gewerblichen Sektors in Bayern in 150 Jahren, 1985, S. 137.

30 Preißer, K.-H., Die industrielle Entwicklung Bayerns in den ersten drei Jahrzehnten des Deutschen Zollvereins (Beiträge zur Wirtschafts- und Sozialgeschichte 2), 1993, S. 20 f.

31 Hundert Jahre Technische Erfindungen und Schöpfungen in Bayern. Jahrhundertschrift des Polytechnischen Vereins in Bayern, 1906, S. 287.

32 Ebd., S. 286 f.

33 Bavaria. Landes- und Volkskunde des Königreichs Bayern. 4 Bde. in je zwei Teilen, 1860–1867; Bd. 2,2, S. 920.

34 Nach Spilker (s. Anm. 29), S. 143, Tabelle 10.

35 Hundert Jahre (s. Anm. 31), S. 249 f.

36 Ebd., S. 256.

37 Gömmel, R., Entwicklungsprobleme der ostbayerischen Eisenindustrie vom Ende des Alten Reiches bis 1918, in: Die Oberpfalz, ein europäische Eisenzentrum, S. 371–382.

38 Hundert Jahre (s. Anm. 31), S. 259.

39 Nichelmann, V., Die ärarialischen Eisenhütten in der Oberpfalz vom Ende des Alten Reiches bis 1918/19, in: Die Oberpfalz, ein europäische Eisenzentrum, S. 355–370.

40 Hundert Jahre (s. Anm. 31), S. 260.

41 Spilker (s. Anm. 29), S. 153 f.

42 Hundert Jahre (s. Anm. 31), S. 127.

43 Hundert Jahre (s. Anm. 31), S. 276 f.

44 Die nachfolgenden Angaben zur Stromversorgung nach: Das Zeitalter der Elektrizität. 75 Jahre Vereinigung Deutscher Elektrizitätswerke, hg. von der Vereinigung Deut-

scher Elektrizitätswerke, 1967; darin: Wisel, R., Von der Blockzentrale zur Drehstromversorgung, S. 7–14; Callies, H., Übergang vom Drehstrom – Beginn der Überlandversorgung, S. 15–28; Hellberg, F., Braunkohle und Elektrizitätswirtschaft, S. 29–38; Christaller, H., Der Ausbau der Wasserkraftwerke, S. 39–51. S. auch Tuner, H., Elektrizität und Elektrotechnik, in: Leben und Arbeiten im Industriezeitalter, S. 223–228.

45 Hierzu: Elektriztät und elektrische Beleuchtung, in: Hundert Jahre (s. Anm. 31), S. 338–345.

46 Zur Entwicklung der chemischen Industrie in Bayern: Leben und Arbeiten im Industriezeitalter. Eine Ausstellung zur Wirtschafts- und Sozialgeschichte Bayerns seit 1850, hg. von Gerhard Bott, 1985, S. 202–208.

47 Von der Karbidlampe zum Mikrochip. 75 Jahre Wacker-Chemie, 1989.

48 75 Jahre Linde, hg. von der Gesellschaft für Linde's Eismaschinen Aktiengesellschaft, 1954.

49 Zeitschrift des Königlich-Bayerischen Statistischen Bureaus 1914, S. 269.

50 Ebd., S. 131 ff.

51 Diese Zahlen nach Zorn, W., Kleine Wirtschaftsgeschichte, S. 42 f.

52 Bayerisches Staatsministerium für Ernährung, Landwirtschaft und Forsten (Hg.), Die Ausstellung „100 Jahre Flurbereinigung in Bayern 1886–1986" (Materialien zur Flurbereinigung Heft 10), München 1986.

53 Nach Zahn, F, in: Bayern, das Bauernland, S. 24.

54 Ebd., S. 22.

55 Ebd., S. 25.

56 Ebd., S. 25.

57 Zahn, F., Bayern in der deutschen Volkswirtschaft vor, in und nach dem Kriege, in: Zeitschrift des Königlich-Bayerischen Statistischen Bureaus 1918, S. 175–198, hier S. 190–195.

58 Ebd., S. 179.

59 Darunter begriffen sind Erwerbstätige, Angehörige und häusliche Dienstboten.

60 Diese und die folgenden Angaben nach der gleichen Quelle.

61 Zahn (s. Anm. 57), S. 177.

62 Ebd., S. 177 f.

63 Ebd., S. 178.

64 Das Reichsvolksvermögen wurde auf 350 Milliarden Mark geschätzt; ebd., S. 179.

65 Nach Hohorst, G. (u. a.), Sozialgeschichtliches Arbeitsbuch, Bd. 2, 1870–1914, 1978, S. 104.

66 Zahn (s. Anm. 57), S. 181.

67 Ebd., S. 181.

68 Ebd., S. 182.

69 Schick, E., Bayerns gewerbliche Großbetriebe im Jahre 1922, in: Zeitschrift des Bayerischen Statistischen Landesamtes 57 (1925), S. 16–25.

IV. Zwischenkriegszeit und Zweiter Weltkrieg

1. Politische und wirtschaftliche Rahmenbedingungen

Verlust der Staatlichkeit

Die Frage nach den Folgen, die der Erste Weltkrieg und die anschließenden friedensvertraglichen Regelungen für Politik, Wirtschaft und Gesellschaft Deutschlands hatten, beschäftigt die Forschung bis heute. Im Hinblick auf die wirtschaftliche Entwicklung Bayerns aber sind vor allem zwei Aspekte zu berücksichtigen: zum einen das grundlegend gewandelte Verhältnis zwischen den Ländern und dem Reich, und zum anderen die hohe Verschuldung des Reiches und das große wirtschaftliche Ungleichgewicht zwischen Deutschland und seinen wichtigsten Handelspartnern. Denn diese bildeten den Rahmen, in dem sich die weitere wirtschaftliche Entwicklung Bayerns vollzog.

Mit der Novemberrevolution und der Gründung der Weimarer Republik verlor Bayern wie die übrigen deutschen Länder seinen Status als Staat, denn nach Auffassung der vorherrschenden Staatslehre ging mit der Beseitigung der Monarchien die Souveränität an das deutsche Volk über, sodass es nur noch einen Staat – das Deutsche Reich – geben konnte. Die Länder waren nur noch Teilstaaten, deren Existenz vom Reich abhängig war, und dieses konnte alle Rechte und Kompetenzen der Länder an sich ziehen; selbstverständlich auch die Sonderrechte, die Bayern bisher besessen hatte. Mit der Erzbergerschen Finanzreform wurde 1919/20 der größte Teil der direkten Steuern, die bisher den Ländern zugestanden hatten, vom Reich in Anspruch genommen. Den Ländern verblieb im Wesentlichen nur die Grund-, Gebäude- und Gewerbesteuer, und diese hatten sie sich mit den Kommunen zu teilen. Für ihren weitergehenden Finanzbedarf waren die Länder auf Zuweisungen des Reiches angewiesen.

Ein weiterer schwer wiegender Verlust für Bayern stellte die Übernahme der Eisenbahn und der Post durch das Reich am 1. April 1920 dar. Die dafür geleisteten Entschädigungen machten nur einen Bruchteil des Anlagewertes aus. Für die Bahn erhielt Bayern bis 1934 pro Jahr 5,27 % des mit 2,3 Mrd. Mark sehr niedrig veranschlagten Anlagekapitals, und für die Post, deren Anlagekapital mit nur 620 Mio. Mark angesetzt wurde, nahezu nichts. Vor allem aber war damit dem bayerischen Staat die Möglichkeit genommen, Bahn und Post als wirtschaftspolitische Instrumente zu nutzen, wodurch der Handlungsspielraum der bayerischen Regierung erheblich eingeschränkt wurde. In noch weit stärkerem Maße als dies vor dem Krieg der Fall war, hing die Entwicklung der bayerischen Wirtschaft seither von Entscheidungen ab, die in Berlin getroffen wurden, und auf die man von München aus nur noch einen sehr begrenzten Einfluss ausüben konnte.

Die Inflation

Mit dem Frieden von Versailles verlor Deutschland etwa ein Siebentel seiner landwirtschaftlichen Nutzfläche, ein Viertel seiner Kohlen- und drei Viertel seiner Erzlagerstätten. Es musste nahezu seine gesamte Handelsflotte abtreten, dazu den größten Teil seines Auslandsvermögens und seine Kolonien, zudem musste es im Zuge der Reparationen auch Fabrikeinrichtungen und andere Anlagen, Lokomotiven, Waggons, Vieh und eine ganze Reihe weiterer Güter abliefern. Die im Versailler Vertrag in ihrer Höhe noch unbestimmten Reparationsforderungen wurden schließlich auf 269 Mrd. Goldmark fixiert, und diese sollten in 42 Jahresraten abbezahlt werden. All dies musste von einer Wirtschaft aufgebracht werden, die ihre früheren ausländischen Absatzmärkte nahezu vollständig eingebüßt hatte – und dies oft auf Dauer, da in vielen dieser Länder während des Krieges eigene Industrien aufgebaut worden waren. Gleichzeitig führte der hohe Bedarf des Reiches an Lebensmitteln und Rohstoffen zu einer schnellen Wiederaufnahme der Importe, mit der Folge, dass die deutsche Außenhandelsbilanz stark negativ ausfiel.

Die Reparationszahlungen, vor allem aber auch Devisenspekulationen und Kapitalflucht führten dazu, dass sehr große Geldmengen ins Ausland abflossen und dass die Mark gegenüber den ausländischen Währungen rasch weiter an Wert verlor; schon während des Krieges war ihr Kurswert auf 56 % des Friedensstandes gesunken.[1] Auch im Reich war ihre Kaufkraft stark geschwunden. Die Preise für Industriewaren hatten sich während des Krieges verdrei- bis vervierfacht, und selbst Lebensmittel waren schon 1918 trotz der staatlich festgesetzten Höchstpreise etwa doppelt so teuer wie 1914. Lohnerhöhungen waren daher unvermeidlich, doch gingen diese weit über die Steigerung der Produktivität hinaus und setzten so eine Lohn-Preis-Spirale in Gang. Gleichzeitig verschuldeten sich die öffentlichen Haushalte weiter, da den großen Leistungen, die Staat und Kommunen für die Überwindung der Kriegsfolgen zu leisten hatten, trotz wiederholter Steuererhöhungen keine entsprechenden Einnahmen gegenüberstanden. Wegen ihrer hohen Verschuldung büßte die öffentliche Hand ihre Kreditwürdigkeit ein, sodass sie kaum Anleihen aufnehmen konnte. Das zwang die Reichsregierung, die Notenpresse immer schneller laufen zu lassen, wodurch die Inflation beschleunigt wurde. Der Dollar, der 1914 noch bei 4,20 Mark stand und sich bis zum Dezember 1918 erst auf 8,40 Mark verteuert hatte, kostete ein Jahr später schon 46,40 Mark. Im Jahr 1920 gelang es kurzfristig, durch höhere Exporte die Außenhandelsbilanz zu stabilisieren, womit der Dollarkurs vorübergehend zurückging; im Juni 1920 lag er bei nur noch 39,60 Mark. Aber bis zum Dezember des Jahres stieg er schon wieder auf 43 Mark an, und 1921 beschleunigte sich dann die Talfahrt der Mark rapide. Im Dezember dieses Jahres kostete ein Dollar 192 Mark, ein Jahr später schon 7594 Mark.[2]

Bereits vor Beginn der Hyperinflation des Jahres 1923 waren damit alle bei den Banken oder in Bargeld angelegten Vermögen größtenteils entwertet. Über den Dollarkurs berechnet betrugen die Kreditoren aller deutschen Geldanstalten Ende des Jahres 1918 noch 44 Mrd., Ende 1922 aber nur noch 700 Mio. Goldmark. Alle in Form von Staatsanleihen, Pfandbriefen, Hypotheken, Banken- und Sparguthaben angelegten „Kaufkraftansprüche" – denn so kann man Erspartes definieren – waren damit schon jetzt nahezu vernichtet. Der Nutznießer dieser Entwicklung war vor allem die öffentliche Hand, deren Schulden damit zu Lasten ihrer Gläubiger – und das waren direkt oder indirekt vor allem die Bürger – nahezu vollständig getilgt waren.

Im Sommer 1923 kam es dann im Gefolge des „Ruhrkampfes" zur Hyperinflation. Denn um den passiven Widerstand im Ruhrgebiet finanzieren zu können, ließ die Regierung die Notenpressen immer schneller laufen. Lag der Dollarkurs im Februar 1923 noch bei 28 100 Mark, so waren es im August 4,6 Mio., im Oktober 23 Mrd. und im November schließlich 4,2 Billionen Mark.

Die deutsche Industrie aber entwickelte sich unter den Bedingungen der Nachkriegszeit rasant. Der Grund dafür war die große Nachfrage nach Wirtschaftsgütern aller Art. Zahlreiche Maschinen und Anlagen mussten nach ihrem Dauereinsatz in der Kriegsproduktion ersetzt werden, zudem musste von der Kriegs- auf die Friedensproduktion umgestellt werden. Hinzu kam eine Flucht in die Sachwerte, denn jeder versuchte sein Geld anzulegen, so lange er noch etwas dafür bekam. Auch die Auslandsnachfrage stieg enorm an. Denn dank der billigen Mark waren deutsche Produkte und Dienstleistungen auf dem Weltmarkt so billig zu haben wie noch nie, weshalb es zu einem regelrechten „Ausverkauf Deutschlands" kam.

Viele Unternehmer haben die Chancen, die ihnen diese außergewöhnlichen Verhältnisse boten, sehr erfolgreich genutzt. Das Rezept war einfach, bestand es doch lediglich darin, möglichst viel Geld aufzunehmen, dieses rasch in Produktionsmittel zu investieren und so die Produktion mit größtmöglicher Geschwindigkeit auszuweiten – der Absatz war garantiert. Die Löhne spielten dabei kaum eine Rolle, zumal die Unternehmer auch an der Lohnsteuer verdienten. Denn sie behielten die Lohnsteuer zwar jede Woche ein, mussten sie aber nur vierteljährlich abführen. In der Zwischenzeit investierten sie auch dieses Geld gewinnbringend, während sie die Steuern dann Wochen später mit entwertetem Geld bezahlten. Auch die Steuern vom Gewinn wurden erst in größerem Abstand nach dem Zeitpunkt fällig, zu dem die Gewinne anfielen, sodass auch diese Steuerbelastung nahezu Null war; und genau so verhielt es sich bei der Rückzahlung von Krediten.

Von diesen Verhältnissen profitierten die größten Unternehmer am meisten; denn da sie die größten Sicherheiten einbringen konnten, erhielten sie auch die umfangreichsten Kredite. Es entstanden so riesige Konzerne, die oft Unternehmen unterschiedlichster Branchen unter einem Dach vereinigten. So umfasste der Stinnes-Konzern Reedereien, Zeitungen, Banken, Warenhäuser, Chemiefabriken, Raffinerien, Berg- und Hüttenwerke. Wer die größten Schulden machen konnte, konnte somit am raschesten reich werden; ein Bonmot von damals lautete: „Ich bin zwar nicht so reich wie Stinnes, aber einige Milliarden Schulden habe ich auch schon."

Ein anderer Weg, sich Geld für den Ankauf von Produktionsmitteln und anderen Sachwerten zu verschaffen, führte über die Gründung von Aktiengesellschaften, denn Aktien fanden als vermeintliche Sachwertanlage reißenden Absatz. Deshalb florierten auch die Börsen- und Bankgeschäfte in einem bisher nie dagewesenen Maße. Von 1919 bis 1922 schwappte eine riesige Gründungswelle von Banken über das Land, die Großbanken vervielfachten ihre Zweigniederlassungen und waren nun auch in fast allen bayerischen Provinzstädten vertreten.

Erst mit der Ausgabe der Rentenmark im November 1923 normalisierte sich die Lage. Diese als Übergang konzipierte Währung basierte auf Grund- und Bodenbesitz; Löhne, Gehälter und ähnliche Zahlungen wurden in Rentenmark getätigt und der Druck von Marknoten wurde eingestellt. Die Existenz dieser stabilen Währung beendete schlagartig die Flucht in die Sachwerte, die Inflation kam zum Stillstand. Am 3. Juni 1924 wurde der Wert der bisherigen Mark mit 4,2 Billionen für einen Dollar fixiert, und am 30. August wurde die „Reichsmark" eingeführt. Mit ihr kehrte man in etwa zu den Verhältnissen von 1914 zurück. Eine Reichsmark entsprach der gleichen Goldmenge wie die Mark des Jahres 1914. Goldmünzen wurden jedoch nicht geprägt, und auch die Verpflichtung der Reichsbank, Noten jederzeit zum festgelegten Kurs in Gold oder Devisen umzutauschen, wurde nicht erneuert. In der Praxis aber tat sie dies, und so erwies sich die neue Währung dann auch als erstaunlich stabil.

Erst jetzt, nachdem sich die Verhältnisse auf diese Weise normalisiert hatten, wurden die Folgen des Krieges und der Niederlage in vollem Umfang sichtbar. Die gravierendste Folge war zweifellos die völlige Enteignung all jener, die ihr Vermögen oder ihre Ersparnisse in Spar- und Bankguthaben, Anleihen, Pfandbriefen und sonstigen Wertpapieren angelegt hatten. Es waren aber nicht nur Privatleute, die sich oft mittels solcher Anlagen eine Altersversorgung hatten sichern wollen, sondern auch die Sozialrentenversicherung und die zahlreichen Stiftungen, die karitativen und kulturellen Zwecken gewidmet waren. Andererseits hatten viele Haus- und Grundstückseigentümer die Gelegenheit genutzt, um Hypothekenschulden mit entwertetem Geld zurückzuzahlen. Dagegen wurde von der Regierung nichts unternommen, und sie ergriff auch keine Maßnahmen, um die völlige Vernichtung der Geldvermögen zu verhindern. Erst auf massiven Druck der Öffentlichkeit hin – besonders der deutsche Richterverein engagierte sich in dieser Sache – kam am 16. Juli 1925 ein Gesetz zustande, das eine Aufwertung von „Vermögensanlagen" – worunter vor allem die Hypotheken fielen – in Höhe von 25 % des Goldmarkbetrages vorsah. Die Anleihen der öffentlichen Hand aber sollten zu wesentlich darunter liegenden Quoten abgelöst werden. Die schließlich realisierte Aufwertung der alten Geldvermögensanlagen war dann jedoch kaum mehr als ein symbolischer Akt.

Hauptbetroffener dieser Vermögensvernichtung war der Mittelstand, dessen Angehörige ihre Existenz vielfach über Vermögensanlagen abgesichert hatten. Vor allem diese Menschen fühlten sich vom Staat im Stich gelassen und glaubten, alleine jene Last aufgebürdet zu bekommen, welche von Rechts wegen die gesamte Gesellschaft hätte tragen müssen. Die daraus resultierende Verbitterung wuchs, als man sah, dass diejenigen, die vom Krieg und von der Inflation profitiert und riesige Vermögen angehäuft hatten, nahezu unbehelligt blieben. Die Verbitterung über dieses Unrecht trieb viele Angehörige des Mittelstandes, Akademiker und Beamte in die Opposition zur Republik und machte sie anfällig für die Parolen extremer Parteien. Das wirkte bis zur Machtergreifung der Nationalsozialisten nach, weshalb die Bedeutung der Inflation schon aus diesem Grund kaum zu hoch veranschlagt werden kann.

Ihre Wirkung aber reichte noch sehr viel weiter; sie verursachte einen bis heute nachwirkenden Wandel im Verhältnis des Bürgers zu seinem Staat. Denn die damals vom Staat billigend in Kauf genommene Vernichtung zahlreicher selbstständiger Existenzen führte zu einer starken Zunahme der Zahl solcher Bürger, deren Lebensunterhalt von der staatlichen Fürsorge abhing. Hatte der Begriff „Rentner" bis dahin denjenigen bezeichnet, der von seinen Erträgen aus Vermietung, Verpachtung und Wertpapieren etc. lebte, so meinte er jetzt den Invaliden oder Pensionisten, der seine Rente von der Sozialversicherung oder einer anderen öffentlichen Einrichtung bezog. Rasch gewöhnten sich die Menschen daran, nicht mehr eigenverantwortlich für das Alter und die Risiken von Krankheit, Berufsunfähigkeit und Erwerbslosigkeit vorsorgen zu müssen. Der Staat, der seine Bürger durch Vernichtung ihrer Vermögen erst in diese Lage gebracht hatte, übernahm diese Funktion zunächst nur gezwungenermaßen. Sehr bald aber erkannte er die großen politischen Möglichkeiten, die damit verbunden waren, und entwickelte die staatlichen Versicherungen, die bisher lediglich der Grundsicherung der abhängig Beschäftigten gedient hatten, zu sozialpolitischen Steuerungsinstrumenten weiter. Das Ringen um die staatlichen Transferleistungen, die sich bald auch nicht mehr auf den Bereich der Arbeitslosen-, Alters- und Krankenversorgung beschränkten, wurde so zu einem Hauptbestandteil der politischen Auseinandersetzungen, und damit zu einem Feld, auf dem sich seither die politischen Parteien zu profilieren versuchten.

Angesichts dieser weitreichenden und gravierenden Konsequenzen der Inflation kann nicht stark genug betont werden, dass diese keine Folge der Reparationen, sondern der Kriegsfinanzierung über Anleihen war. Die deutsche Gesellschaft hatte während des Krieges die Augen davor verschlossen, dass dieser immense Summen verschlang, die im wahrsten Sinne des Wortes verpulvert wurden. Ein großer Teil des über Jahrzehnte angesammelten Volksvermögens wurde so innerhalb weniger Jahre vernichtet, was jedoch erst mit der Inflation offenkundig wurde. Das Vermögen, das danach noch übrig war, bestand vor allem in Grund und Boden, in Liegenschaften, Produktionsmitteln, Rohstoffen, Waren und sonstigen Sachwerten. Dieses Vermögen war, bedingt durch die besonderen Verhältnisse der Kriegs- und Nachkriegszeit, in großem Stil umgeschichtet worden und konzentrierte sich nun in den Händen Weniger.

Die Reparationen

Mit der Entwertung der Geldvermögen waren nur die Kriegskosten des Deutschen Reiches abgegolten. Die Siegermächte jedoch folgten der gleichen Maxime, die Deutschland für den Fall seines Sieges ins Auge gefasst hatte: Sie forderten vom Verlierer Ersatz für ihre Kriegskosten und die während des Krieges entstandenen Schäden.[3] Die Höhe dieser Forderungen wurde im Juni 1920 mit 269 Mrd. Goldmark beziffert. Die ersten fünf Jahre sollten 3 Mrd., die nächsten fünf 6 Mrd. und die restlichen 32 Jahre 7 Mrd. Goldmark jährlich entrichtet werden. Im Mai 1921 wurde der Zahlungsmodus geändert; die jährlichen Raten sollten innerhalb von 10 Jahren von 2 auf 5 Mrd. steigen und danach 6 Mrd. jährlich betragen; zusätzlich sollten 12 % des Wertes der deutschen Ausfuhren abgeführt werden. Diese Zahlungen sollten so lange andauern, bis 229 Mrd. erreicht wären. Noch im gleichen Jahr aber wurden die Reparationsforderungen nochmals, und zwar ganz erheblich, reduziert. Der neue Londoner Zahlungsplan enthielt nur noch Forderungen in Höhe von 132 Mrd., die in drei Serien eingeteilt wurden; die Serie A hatte einen Umfang von 12, die Serie B von 38 und die Serie C von 82 Mrd. Goldmark. Für diese wurden Bons ausgestellt; doch nur die der beiden ersten Serien waren sofort einlösbar, die der letzten Serie sollten erst ausgegeben werden, wenn eine gemeinsame Kommission der Alliierten zu der Überzeugung gelangt war, dass die Leistungsfähigkeit des Reiches ausreiche, um auch diese zu zahlen. Pro Jahr sollte das Reich 2 Mrd. und zusätzlich 26 % des Wertes der deutschen Ausfuhr bezahlen.

Nach dem Zusammenbruch der deutschen Wirtschaft, den die Beendigung der Inflation bewirkt hatte, kamen die Siegermächte jedoch zu der Einsicht, dass auch dieser Zahlungsplan die Leistungsfähigkeit des Reiches bei Weitem überstieg. Mit dem Dawes-Plan von 1924 wurde die Regelung getroffen, dass das Reich vom 1. September 1924 an zunächst einen Jahresbetrag von 1 Mrd. Mark zu entrichten hatte. Dieser sollte dann progressiv so weit ansteigen, dass im Jahre 1928 der volle Jahresbetrag von 2,5 Mrd. erreicht werden würde. Wie lange diese Zahlungen dauern sollten, war aber nicht festgelegt worden. Und falls sich die wirtschaftliche Leistungsfähigkeit und mit ihr der Wohlstand der deutschen Bevölkerung stärker entwickeln sollte als erwartet, so konnten die Alliierten die jährlichen Raten erhöhen. Von den 2,5 Mrd. sollten 1,25 aus dem Reichshaushalt entnommen werden, wofür die Einnahmen aus den Zöllen und Verbrauchssteuern auf Alkohol, Tabak, Bier und Zucker verpfändet wurden. 290 Mio. sollte eine Beförderungssteuer erbringen, auf 300 Mio. belief sich der Beitrag der Industrie, 660 Mio. hatte die Reichsbahn beizusteuern.

Mit dem Dawes-Plan waren die jährlichen Raten also reduziert und der Zahlungsmodus realistischer gestaltet worden. In dieser Hinsicht war die Bestimmung entscheidend, nach der das Reich seinen Verpflichtungen in Reichsmark nachkommen konnte und Überweisungen in fremder Währung an die Gläubiger nur dann erfolgen durften, wenn sie die Stabilität der deutschen Währung nicht gefährdeten. Auch der Dawes-Plan konnte jedoch nur funktionieren, wenn und so lange die deutsche Wirtschaft eine entsprechende Leistungsfähigkeit besaß – war diese doch die Grundlage sowohl des direkten Staatsbeitrages als auch der sonstigen Beiträge. Tatsächlich gingen die Initiatoren dieses Plans davon aus, dass die deutsche Wirtschaft über eine solche Leistungsfähigkeit verfüge, beziehungsweise diese rasch erreichen würde, und die Entwicklung der nächsten Jahre schien ihnen Recht zu geben.

1929 sollte das Provisorium, das der Dawes-Plan darstellte, durch eine dauerhafte Regelung ersetzt werden. Die Motive dazu waren unterschiedlicher Natur. Zum einen drängte Frankreich darauf, einen größeren Teil seiner Forderungen liquidieren zu können, zum anderen ließ die hohe Verschuldung der deutschen Wirtschaft Zweifel aufkommen, ob der Dawes-Plan auf Dauer eingehalten werden könne, und diese Zweifel waren nur zu berechtigt. Das Reich hatte zu diesem Zeitpunkt zwar kein Interesse an einer dauerhaften Regelung, musste sich jedoch dem Druck der Alliierten fügen und das Ergebnis der Verhandlungen, das nach dem Vorsitzenden der Konferenz als „Young-Plan" bezeichnet wurde, akzeptieren.

Dieser wurde am 7. Juni 1929 verabschiedet und regelte die Reparationsleistungen im Detail. Sein Kern war die genaue Festsetzung der Leistungen für einen zwar begrenzten, aber sehr langen Zeitraum. Danach sollte das Reich 37 Jahre lang Reparationsraten zahlen, die von rund 1,7 Mrd. auf ca. 2,4 Mrd. jährlich steigen sollten. Anschließend hätte das Reich die interalliierten Kriegsschulden an die USA abtragen sollen. Diese Zahlungen sollten 1966 einsetzen und rund 1,6 Mrd. jährlich umfassen. Von 1985 bis 1988 sollten drei Raten in Höhe von ca. 900 Mio. schließlich die Zahlungsverpflichtung beenden. Die Reichsregierung konnte dem Young-Plan wenig Positives abgewinnen, obwohl mit ihm die jährlichen Raten abgesenkt, die alliierten Kontrollen aufgehoben und die Räumung des Rheinlandes verabredet wurden.

Alle Beteiligten wussten, dass auch dieser Plan nur eine Station auf dem Weg zur Lösung des Reparationsproblems sein würde. Dass der Young-Plan nie wirksam werden und das Reich alle Zahlungen bereits 1931 aussetzen würde, konnte aber niemand vorhersehen, denn das war die Folge der Weltwirtschaftskrise, die am „Schwarzen Freitag", dem 25. Oktober 1929, einsetzte. Auf Initiative des

Reparationsleistungen und Kapitalfluss 1918–1931

Mit diesen Darstellungen veranschaulichte die „Brockhaus Enzyklopädie" in ihrer 15. Auflage von 1933 den Lesern den Umfang der Reparationsleistungen und den Kreislauf, der von den Zahlungen des deutschen Reiches auf der einen Seite in Gang gesetzt und durch die amerikanischen Darlehen auf der anderen Seite in Gang gehalten wurde. Bild 1 zeigt, wie hoch die ursprünglichen Reparationsforderungen waren und wie diese Schritt für Schritt reduziert wurden. Auf dem nächsten Bild ist zu sehen, in welcher Form Reparationen von 1918 bis 1931 insgesamt geleistet wurden, wie hoch deren Wert von deutscher Seite veranschlagt wurde und wie sie in die Berechnungen der „Repko" eingingen. Hierbei handelt es sich um die gemäß Art. 233 des Versailler Vertrags eingerichtete Reparations-Kommission, die bis zum Inkrafttreten des Young-Plans die Abwicklung der Reparationen überwachte. Bild 3 stellt die Kapitalströme dar, die bis zum Zahlungsmoratorium vom 30. Juni 1931 geflossen waren. In Bild 4 schließlich sind die Zahlungen des letzten Reparationsjahres 1930/31 dargestellt; bei der B.I.Z. handelt es sich um die „Bank für Internationalen Zahlungsausgleich" in Basel, über die der Zahlungsverkehr abgewickelt wurde.

amerikanischen Präsidenten Hoover wurde auf der Londoner Konferenz am 7. Juli 1931 ein einjähriges Moratorium für alle politischen Schulden beschlossen, womit das Reich, das die Zahlungen bereits eingestellt hatte, faktisch von seinen Reparationslasten befreit wurde, da dieses Moratorium nach Ablauf stillschweigend unbefristet verlängert wurde. Bis dahin hatte das Reich Reparationen in Höhe von 10,3 Mrd. Goldmark geleistet; weitere Zahlungen sind nicht mehr erfolgt.

Die „Goldenen Zwanziger"

Dass die Zahlungsverpflichtung Deutschlands 1931 ausgesetzt wurde, war vor allem dem Umstand zu verdanken, dass die negativen Auswirkungen, welche die Reparationen für alle Beteiligten hatten, mittlerweile unübersehbar geworden waren. Schon während des Ersten Weltkriegs war nicht nur der Welthandel stark zurückgegangen, sondern hatte ein grundlegender Wandel der Weltwirtschaft eingesetzt. Viele der Länder, die bis dahin nur als Lieferanten von Rohstoffen und Abnehmer von Industrieprodukten in Erscheinung getreten waren, bauten eigene Industrien auf und wurden so zu Konkurrenten auf dem Weltmarkt. Diesen Wandel aber haben die europäischen Staaten lange kaum zur Kenntnis genommen. Zudem fehlte das Bewusstsein dafür, dass Europa einen gemeinsamen Wirtschaftsraum bildete und seine Stellung in der Welt nur erhalten beziehungsweise wieder erlangen konnte, wenn auch Deutschland sein Potenzial voll einbringen konnte. Die Siegermächte wollten aber eine wirtschaftliche Erholung des Reiches verhindern, um es dauerhaft schwach zu halten, wobei sie nicht bedachten, dass dies nicht nur Deutschland, sondern ganz Europa schwächte. Hinzu kamen die Zerschlagung Österreich-Ungarns und die Schaffung zahlreicher kleiner Nationalstaaten in Ost- und Südosteuropa. Die neuen Grenzen und Zollmauern zerstörten gewachsene ökonomische Zusammenhänge und erschwerten den Austausch von Waren und Dienstleistungen. Zudem wurden in diesen neuen Staaten aus politischen Motiven Industrien aus dem Boden gestampft, die vielfach nur durch staatliche Subventionen existieren konnten. Angesichts dieser Verhältnisse war die europäische Wirtschaft den neuen Herausforderungen der gewandelten Weltwirtschaft nicht gewachsen.

Die aber wurde nun von den USA dominiert. Vor dem Weltkrieg waren die USA die größten Schuldner der Welt, ihre Handelsbilanz wies 1913 allein gegenüber den europäischen Staaten einen Passivsaldo von 5 Mrd. Dollar aus. Während des Krieges aber wandelten sich diese Verhältnisse dank der großen Warenlieferungen an Frankreich und England grundlegend. Die USA wurden vom größten Schuldner zum größten Gläubiger der Welt. Und da die europäische Wirtschaft auch nach dem Krieg nicht genug eigenes Kapital bilden konnte, um auf eigenen Füßen stehen zu können, blieb sie weiterhin vom amerikanischen Geld abhängig. Der Handelsbilanzüberschuss der USA stieg damit ständig weiter an. Die politische

Führung der USA hat die weltwirtschaftliche Verantwortung, die ihr aus dieser Vormachtstellung erwuchs, jedoch nicht zur Kenntnis genommen. Aus Enttäuschung über ihre europäischen Alliierten, die ihre Politik nicht unterstützten, zogen sich die USA auch aus jenen internationalen Gremien zurück, die auf ihre Initiative entstanden waren. Im Irrglauben, dank ihrer überlegenen Wirtschaftskraft auf den Rest der Welt nicht angewiesen zu sein, wählten die USA die „Splendid Isolation".

Als verhängnisvoll sollte sich zudem erweisen, dass die USA nicht bereit waren, die Kredite, die sie ihren Alliierten im Krieg gewährt hatten, in der Form tilgen zu lassen, in der sie sie gegeben hatten, nämlich in Form von Warenlieferungen. Die USA errichteten vielmehr hohe Zollmauern und zwangen so die Schuldner, ihren Verpflichtungen durch Gold- und Devisenzahlungen nachzukommen. Da zugleich die Waren- und Rohstoffexporte der USA andauerten, strömten große Mengen an Gold in die USA, deren Goldreserven ständig wuchsen. Die USA erlebten dadurch in den 1920er-Jahren eine lange Phase kräftiger Prosperität, die sie in die Lage versetzten, die weltweiten Kapitalmärkte in großem Maßstab mit Geld zu versorgen. Da amerikanisches Kapital in schier unbeschränkter Menge zur Verfügung zu stehen schien, fand die Tatsache, dass sich so die Handelspartner ständig weiter verschuldeten und ihre Abhängigkeit von den USA immer weiter wuchs, keine Beachtung.

Diese wachsende Abhängigkeit sollte sich besonders für Deutschland als verhängnisvoll erweisen. Nach ihrem Zusammenbruch Ende des Jahres 1923 hatte die deutsche Wirtschaft nur mühsam wieder Fuß gefasst. Erst als der Dawes-Plan für eine gewisse Planungssicherheit sorgte und mit dem Vertrag von Locarno eine außenpolitische Stabilisierung Deutschlands einsetzte, konnte sich die deutsche Wirtschaft wieder erholen. Ihr größtes Problem war dabei die Kapitalbeschaffung, denn der inländische Kapitalmarkt war seit der Währungsumstellung leer gefegt. Was sich durch Spareinlagen und auf andere Weise langsam wieder ansammelte, wurde größtenteils vom Reich, den Ländern und den Kommunen in Anspruch genommen, deren Einnahmen hinter den Ausgaben noch immer weit zurückblieben. Die Folge war eine starke Kapitalnachfrage, die einen entsprechenden Zinsanstieg nach sich zog. Das wiederum machte Deutschland für Kapitalanleger interessant, und die gab es vor allem in den USA. So floss nun in den nächsten Jahren ein großer Kapitalstrom von den USA nach Deutschland. Dieses Kapital wurde jedoch nicht nur von der Wirtschaft, sondern auch von der öffentlichen Hand in Anspruch genommen. Aber während sich das in der Wirtschaft investierte Kapital rentierte, war das bei jenem Geld, das in den öffentlichen Bereich floss, nur zu einem kleinen Teil der Fall; die öffentliche Verschuldung wuchs, ohne dass dem eine entsprechende Steigerung der Leistungsfähigkeit gegenüberstand.

Die Wirtschaft nutzte das Kapital vor allem dazu, die Produktionsanlagen auf den modernsten Stand zu bringen. Es wurden nicht nur neue Maschinen angeschafft, sondern auch völlig neue Produktionsmethoden – wie zum Beispiel die Fließbandfertigung – eingeführt. Begünstigt wurde diese Entwicklung von einer starken Nachfrage nach Investitions- und Konsumgütern. Innerhalb kurzer Zeit entstand außerdem eine neue große deutsche Handelsflotte, welche die Übersee-ausfuhren übernahm; denn auch der Export erholte sich jetzt erstaunlich schnell. Diese Wirtschaftsbelebung hatte zur Folge, dass sich die Zahl der Arbeitslosen rasch verringerte. Es bestand somit die begründete Hoffnung, dass die deutsche Wirtschaft in wenigen Jahren in der Lage sein würde, wieder Überschüsse in der Handelsbilanz zu erzielen, sodass das Reich seine Auslandsverpflichtungen ab-bauen und zudem seinen Reparationsverpflichtungen nachkommen konnte.

Wenn sich diese Erwartungen nicht erfüllt haben, so hauptsächlich deshalb, weil die USA und andere westliche Industriestaaten ihre protektionistische Wirt-schaftspolitik weiter verfolgten und ihre Märkte abschotteten. Damit aber wurde der wirtschaftliche Kreislauf unterbrochen, der nur funktionieren konnte, solange die deutsche Wirtschaft so viel an Exportüberschüssen erwirtschaftete, dass da-von nicht nur die Kredite bedient, sondern auch die Reparationen bezahlt werden konnten. Einen solchen Umfang aber konnte der deutsche Export unter den gege-benen wirtschaftspolitischen Rahmenbedingungen nie erreichen. Und da Deutsch-land zugleich auf umfangreiche Importe angewiesen war – nicht nur Rohstoffe, auch Futtermittel und Getreide mussten seit den Gebietsverlusten im Osten in verstärktem Maße eingeführt werden –, wies die deutsche Außenhandelsbilanz auch in den Jahren der Prosperität von 1924 bis 1929 ein Gesamtdefizit von rund 10 Mrd. Reichsmark auf.

Die Weltwirtschaftskrise

Die Reichsbank betrachtete diese Entwicklung mit größter Sorge, war sie doch der Überzeugung, dass sich Deutschland als Industriestaat auf Dauer kein derartiges Außenhandelsdefizit würde leisten können; zudem sah sie durch die Ab-hängigkeit von Auslandskrediten die Stabilität der Reichsmark gefährdet. Sie er-schwerte daher die Aufnahme von Außenkrediten, mit der Folge, dass man sie vermehrt umging und dass an die Stelle der bisherigen langfristigen Kredite schwe-rer kontrollierbare kurzfristige traten. Nach Berechnungen der Reichsbank betrug die Auslandsverschuldung Ende des Jahres 1930 zwischen 25,3 und 25,8 Mrd. Reichsmark, wovon 14,5 bis 15 Mrd. kurzfristige und 10,8 Mrd. langfristige An-leihen waren. An den kurzfristigen Krediten waren die öffentliche Hand mit 1,1, die Banken mit 7,3 und die Wirtschaft mit 6,1 bis 6,6 Mrd. Reichsmark beteiligt.[4]

Diese Entwicklung war vor allem deshalb gefährlich, weil mit diesen kurz-fristigen Krediten vielfach langfristige Anlagen getätigt wurden. Bei einer Kündi-gungswelle waren die Kreditnehmer daher nicht in der Lage, diese Kredite zu-rückzuzahlen, und auch die deutschen Banken konnten ihnen in einer solchen

Situation keine Hilfestellung leisten, da deren Kapitaldecke noch immer entschieden zu dünn war. Auch vonseiten der Reichsbank war keine Hilfe zu erwarten, denn deren oberstes Ziel war die Stabilität der Reichsmark und damit die Aufrechterhaltung des Wechselkurses. Bei einer Intervention wäre aber eine Abwertung der Reichsmark nicht zu verhindern gewesen, da die Devisenbestände der Reichsbank zu gering waren.

Auch die Reparationsleistungen waren angesichts des anhaltenden deutschen Handelsdefizits nur durch die gleichzeitig aus den USA nach Deutschland fließenden Kredite möglich. Nach einer Aufstellung, die der Londoner Konferenz im Juli 1931 vorgelegt wurde, betrug die Kapitaleinfuhr nach Deutschland zwischen 1924 und 1930 18,2 Mrd. Reichsmark; hinzu kamen 3 Mrd. für im Ausland erbrachte Dienstleistungen. Davon wurden 6,3 Mrd. für die Bezahlung des Passivsaldos der Warenhandelsbilanz, 2,5 Mrd. für Zinsen, 10,3 Mrd. für Reparationen und 2,1 Mrd. für die Erhöhung des Gold- und Devisenbestandes der Reichsbank verwendet.[5] Von den 18,2 Mrd., die Deutschland an Krediten erhalten hatte, waren damit nur 10,3 Mrd. über den Umweg der Staaten, welche die Reparationsleistungen erhielten, wieder in die USA zurückgeflossen. Neben der negativen Außenhandelsbilanz bewirkten so auch die Reparationszahlungen eine ständig wachsende Verschuldung Deutschlands bei seinen amerikanischen Gläubigern.

Dieser Kreislauf konnte nur so lange funktionieren, wie US-Amerikaner neues Geld in Deutschland anlegten, was aber neben einem hohen Zinsniveau des deutschen Kapitalmarkts auch dessen Stabilität voraussetzte. Letztere war vor allem von den wirtschaftlichen Rahmenbedingungen abhängig, die sich jedoch gerade auch durch die wachsende Auslandsverschuldung ständig verschlechterten. 1929 zeigten sich die ersten Krisensymptome, und im August dieses Jahres brach mit der Frankfurter Allgemeinen Versicherungs-AG der zweitgrößte deutsche Versicherungskonzern zusammen. Sofort sank in den USA die Bereitschaft, in Deutschland Geld anzulegen, Kredite wurden knapp und somit teurer. Als im Oktober die Deutsche Bank und die Diskontogesellschaft mit dem Ziel fusionierten, ihr gemeinsames Überleben in erheblich verkleinertem Umfang zu sichern, verstärkte sich dieser Trend. Da aber die gute Weltkonjunktur noch anhielt und auch der deutsche Außenhandel florierte, hoffte man, dass sich dieser Trend bald wieder umkehren würde.

Diese Hoffnungen wurden mit dem „Schwarzen Freitag" am 25. Oktober 1929 zunichte gemacht. An diesem Tag endete die größtenteils kreditfinanzierte langjährige Börsenhausse, welche nahezu die gesamte amerikanische Gesellschaft in einen wahren Konsumrausch versetzt und der amerikanischen Wirtschaft Produktions- und Umsatzzuwächse größten Ausmaßes beschert hatte. Der bisherige grenzenlose Optimismus machte schlagartig einer tiefen Resignation und Depression Platz, der Absatz – und in der Folge die Produktion – sackten ab, viele Unternehmen und mit ihnen zahlreiche Banken wurden zahlungsunfähig, die Aktien stürzten ins Bodenlose. Unvermeidbar strahlte dieser Zusammenbruch der größten Wirtschaftsmacht auf alle Teile der Welt aus; und je enger eine fremde Nationalökonomie mit der amerikanischen verbunden war, desto stärker wurde sie in Mitleidenschaft gezogen.

In Deutschland wirkte sich deshalb die Weltwirtschaftskrise besonders verhängnisvoll aus. Hier rächte es sich nun, dass sich nicht nur die Wirtschaft, sondern auch die öffentliche Hand vom Zufluss amerikanischer Kredite abhängig gemacht und im Vertrauen auf deren weiteren Zufluss selbst notwendigste Reformen unterlassen hatte. In der Hoffnung auf eine durchgreifende Verbesserung der wirtschaftlichen Situation, die mehr Geld in die Kassen spülen würde, hatten Reich, Länder und Kommunen lange Jahre über ihre Verhältnisse gelebt und unbequeme Maßnahmen aus Furcht vor den politischen Folgen zu lange vor sich hergeschoben. So wuchsen die Probleme und entwickelten eine große politische Brisanz. Das eröffnete den Extremisten große Möglichkeiten, die diese skrupellos und erfolgreich nutzten, um den demokratischen Staat zu demontieren.

Die Konjunktur in Deutschland brach noch Ende des Jahres 1929 zusammen. Die gleichzeitigen Verhandlungen über die Reparationszahlungen, die im Januar 1930 zur Verabschiedung des Young-Plans führten (s. o.), wurden von Nationalisten und Rechtsextremen zur Hetze gegen die Regierung genutzt, die zudem in einen Zwist mit der Reichsbank geriet, der zum Rücktritt des Reichsbankpräsidenten Hjalmar Schacht führte. Kurz darauf stürzte die letzte Reichsregierung, die eine parlamentarische Mehrheit hinter sich hatte. Jetzt wurde Heinrich Brüning Reichskanzler, der mit Rückendeckung des Reichspräsidenten und mit Hilfe von Notverordnungen regierte; die erste, am 16. Juli 1930 erlassen, hatte die „Sicherung von Wirtschaft und Finanzen" zum Ziel. Als der Reichstag diese am 18. Juli aufhob, wurde er aufgelöst. Aus den Neuwahlen am 14. September 1930 aber ging die NSDAP als großer Sieger hervor, und damit war das Ende der Weimarer Republik eingeläutet.

Die ausländischen Gläubiger reagierten auf dieses Wahlergebnis mit einem massiven Abzug von Kapital. Schon in den ersten zwei Wochen nach der Reichstagswahl hatte allein die Reichsbank Devisen im Wert von fast einer halben Milliarde Reichsmark zurückzuüberweisen. Alle Anreize, das Geld in Deutschland zu belassen, fruchteten nichts, mit der Folge, dass Deutschlands Wirtschaft geradezu abstürzte. Die Zahl der Arbeitslosen nahm rapide zu, die Steuereinnahmen sanken und die Defizite der öffentlichen Haushalte wuchsen. Staat, Länder und Kommunen reagierten mit einer starken Einschränkung ihrer Ausgaben, wodurch es mit der Wirtschaft noch rascher bergab ging.

Nur kurz zeigte sich ein Silberstreifen am Horizont. Die Weltwirtschaft wies zu Beginn des Jahres 1931 Anzeichen einer Wiederbelebung auf, und auch einige

Geldanleger kehrten auf den deutschen Markt zurück. Im zeitigen Frühjahr nahm die Arbeitslosenzahl von rund vier auf drei Mio. ab, die Zinsen sanken, der Wechselkurs der Reichsmark stabilisierte sich, die Börsenkurse zogen wieder an. Aber diese Erholung war rasch vorüber. Zunächst verschreckten außenpolitische Spannungen, ausgelöst durch ein Zollunionsprojekt zwischen Deutschland und Österreich, die ausländischen Anleger. Am 11. Mai musste dann die Österreichische Creditanstalt, die größte Bank Österreichs, ihre Zahlungsunfähigkeit eingestehen, nachdem ausländische Kreditoren in großer Zahl ihre Guthaben abgezogen hatten. Von Österreich aus griff die Panik der Geldanleger auf Deutschland über. In nur zwei Wochen musste allein die Reichsbank Gold und Devisen im Wert von 1 Mrd. Reichsmark abführen, und bis Mitte Juli summierten sich diese Verluste auf ca. 2 Mrd. Um die Zahlungsfähigkeit der Reichsbank zu erhalten, musste die Vergabe von Krediten an die Wirtschaft stark eingeschränkt werden.

Der nächste Tiefschlag folgte am 13. Juli 1931. An diesem Tag musste die Darmstädter und Nationalbank – die „Danatbank" – ihre Zahlungsunfähigkeit einräumen; sie war in den Sog des Zusammenbruchs ihres wichtigsten Kunden geraten, der Norddeutschen Wollkämmerei AG, des größten deutschen Textilkonzerns. Dieser Bankenzusammenbruch löste eine Kettenreaktion aus, die weit über Deutschland hinausreichte und als „Bankenkrise" in die Geschichte einging. Alle Bankkunden wurden von der Panik ergriffen, in ganz Deutschland stürmte man die Banken, um seine Einlagen und Guthaben in Sicherheit zu bringen. Per Notverordnung erklärte die Reichsregierung daraufhin den 14. und 15. Juli zu Bankfeiertagen und verhängte für die Zeit danach Auszahlungsbeschränkungen. Das gesamte Kreditgeschäft kam vorübergehend zum Erliegen.

In diese angespannte Situation fiel das schon erwähnte Hoover'sche Zahlungsmoratorium, das jedoch unter diesen Umständen weitgehend wirkungslos blieb. Wirksamer waren das gleichfalls auf Hoover zurückgehende „Einfrieren" des noch in Deutschland angelegten Geldes und die Einführung der Devisenbewirtschaftung. Die deutschen Schuldner hatten jetzt ihre Kredite auf ein Sperrkonto bei der Reichsbank zurückzuzahlen, die über deren Weiterleitung entschied. Die Devisenbewirtschaftung, zu der auch andere Staaten griffen, wurde dann in der Folge zu einem wichtigen Instrument der Außenhandelspolitik weiterentwickelt.

Selbst der innerdeutsche Zahlungsverkehr kam danach nur schleppend wieder in Gang. Nur mit Unterstützung der Reichsbank und der öffentlichen Hand waren die Banken in der Lage, allmählich wieder ihre Funktionen zu übernehmen, wodurch sich der Einfluss der Politik auf das Bankwesen erheblich verstärkte. Mittels Notverordnung wurde im September 1931 ein Reichskommissar für das Bankgewerbe ernannt und ein Bankkuratorium errichtet. Deren Aufgabe war es, die Entwicklung aller Kreditinstitute zu beobachten, allgemeine Grundsätze für deren Geschäftsführung zu entwickeln und bankpolitische Leitlinien vorzugeben. Alle Banken unterstanden damit der staatlichen Aufsicht, und diese Entwicklung führte geradlinig auf das Reichsgesetz über das Kreditwesen hin, das die NS-Regierung 1934 erließ.

Die gleichzeitig von Brüning verfolgte Deflationspolitik verschärfte den wirtschaftlichen Niedergang und wurde deshalb nach dessen Sturz Ende Mai 1932 nicht fortgeführt. Die nun folgenden kurzlebigen Reichsregierungen erhöhten die Ausgaben wieder massiv, wodurch die Verschuldung der öffentlichen Haushalte weiter zunahm. Bereits in den Jahren von 1925 bis 1930 hatten sich die Ausgaben von Reich, Ländern und Gemeinden um ca. 50 % erhöht, die Einnahmen dagegen nur um 38 %; seit 1927 war der Reichshaushalt durchgängig defizitär. Ursachen der zunehmenden Verschuldung waren zum einen stark gestiegene Personalausgaben – diese machten ca. 27 % aller öffentlichen Ausgaben aus – und zum anderen die 1927 neu eingeführte Arbeitslosenversicherung. Ein beachtlicher Posten waren auch die Reparations- und Entschädigungszahlungen; sie machten ca. 10 % aller öffentlichen Ausgaben beziehungsweise 25 % der Reichsausgaben aus.

2. Bayerns Wirtschaftspolitik 1919–1933

Grundlinien

Unmittelbar nach der Novemberrevolution, als über das künftige Verhältnis von Reich und Ländern noch nicht entschieden war, gab es in Bayern starke Bestrebungen, dem Staat künftig großen Einfluss im Bereich der Wirtschaft einzuräumen. Die Regierung unter Ministerpräsident Kurt Eisner hatte zudem die Absicht, solche Wirtschaftzweige, die von besonderer Bedeutung für Staat und Gesellschaft waren, in Gemeineigentum zu überführen. Welche Wirtschaftszweige und Unternehmen davon betroffen sein würden, wie diese Überführung stattfinden sollte und welche Form diese Unternehmen künftig haben sollten, war aber noch völlig offen. Auch eine Zerschlagung des Großgrundbesitzes war geplant, wobei sowohl dessen Definition als auch die Verteilung des dabei gewonnenen Bodens noch ungeklärt waren.

Welch große Bedeutung die SPD-geführten Regierungen in der unmittelbaren Nachkriegszeit der Wirtschaft beimaßen, ersieht man aus der Einrichtung von zwei neuen Ministerien: eines für Handel und Gewerbe und eines für Landwirtschaft. Geplant waren diese Ministerien bereits unmittelbar nach der Revolution, doch wurde ihre Einrichtung vom damaligen Innenminister Erhard Auer verhindert.[6] Er setzte sich gegen Eisner mit dem Argument durch, dass die akute wirtschaftliche Notlage und die angespannte Ernährungssituation die Konzentration aller wirtschaftspolitischen Kompetenzen beim Innenministerium erfordere. Vor allem auf Drängen der Selbstständigen und Unternehmer, die befürchteten, gegenüber den

Arbeitnehmern ins Hintertreffen zu geraten – denn deren Interessen sollte das am 8. November 1918 geschaffene „Ministerium für soziale Fürsorge" wahrnehmen –, entstand ein „Staatsministerium für Handel und Gewerbe". Erster Minister wurde Josef Simon (SPD), dessen Aufgabe neben dem Wiederaufbau der Wirtschaft vorrangig die Ausdehnung der Gemeinwirtschaft, insbesondere in den Bereichen Bergbau und Energiegewinnung, sein sollte. Die großen wirtschaftlichen und sozialen Probleme glaubte er nur durch Überführung privater Unternehmen in Gemeineigentum und staatliche Planwirtschaft lösen zu können. Dem neuen Ministerium, das am 3. April 1919 seine Arbeit aufnahm, wurden alle Angelegenheiten des „Handels, der Industrie, des Kunstgewerbes, Handwerks und Kleingewerbes" zugewiesen. Bisher ressortierten diese größtenteils beim Ministerium des Äußeren, und so wechselten nun die entsprechenden Referate einschließlich der Beamten ins Handelsministerium. Diesem oblag nunmehr der Vollzug der Reichsgewerbeordnung, die Aufsicht über die Handels-, Handwerks- und Gewerbekammern, über die Gewerbemuseen und den Kunstgewerbeverein, über das gewerbliche Genossenschafts- und Kreditwesen, die Gewerbe- und Kaufmannsgerichte, über die Münzanstalt, die Währung und die Börse und auch über das gesamte Bergwesen.

Aber bereits am 31. Mai 1919 musste Simon sein Amt aufgeben. Sein Nachfolger wurde Eduard Hamm von der liberalen Deutschen Demokratischen Partei. Damit wurden alle Pläne zur Sozialisierung ad acta gelegt. Der neue Minister sah seine Hauptaufgabe in der allgemeinen Steigerung der Produktivität von Industrie und Gewerbe, wobei er den Schwerpunkt auf die Förderung des gewerblichen Mittelstandes legte. Im Sommer 1920 wurde das bisherige bayerische Staatsministerium für Verkehr aufgelöst, auch dessen Kompetenzen gingen jetzt auf das Handelsministerium über.

Aber auch der Fortbestand des Handelsministeriums war nicht unumstritten. Angesichts der Zentralisierung der wirtschaftspolitischen Kompetenzen beim Reich, die mit Erlass der Weimarer Verfassung am 14. August 1919 zementiert worden war, erwog man, das Handelsministerium mit dem Sozialministerium zu einem „Wirtschaftsministerium" zu fusionieren. Begünstigt wurden diese Pläne durch die politische Einstellung des seit November 1922 amtierenden parteilosen Handelsministers Wilhelm Meinel. Dieser definierte Bayern als Agrarstaat und sah in Industrie und Gewerbe lediglich notwendige Übel, die man brauche, um dem Bevölkerungsüberschuss Arbeit und Brot geben zu können.[7] Als Meinel 1927 sein Amt aufgab, übernahm der Ministerpräsident und Außenminister Heinrich Held die Führung auch dieses Ministeriums.[8] Unter diesen Umständen kann es nicht verwundern, dass vom Handelsministerium kaum wirtschaftspolitische Impulse ausgingen.

Neu geschaffen wurde 1919 auch ein „Staatsministerium für Land- und Forstwirtschaft". Seine Errichtung wurde am 17./18. März 1919 verfügt, am 1. April nahm es seine Geschäfte auf.[9] Erster Landwirtschaftsminister wurde Martin Steimer, ein Landwirt und Mitglied des Bauernbundes. Die wichtigsten Kompetenzen dieses neuen Ministeriums stammten vom Innenministerium, das die Bereiche Landwirtschaft und Volksernährung, mitsamt allen der Förderung der Landwirtschaft dienenden Landesanstalten, den Kulturbauämtern und den Behörden der Kriegswirtschaft, abtreten musste. Vom Kultusministerium kam der Bereich der Landwirtschaftsberatung hinzu. Die angestrebte Übertragung des staatlichen Forstwesens, das dem Finanzministerium unterstand, unterblieb jedoch, da sich die Forstverwaltung einer Zuordnung zur Landwirtschaft hartnäckig widersetzte.

Dringlichste Aufgabe des Landwirtschaftsministeriums war die Sicherung der „Volksernährung". Diese Aufgabe hatte im November 1918 zunächst ein Staatskommissar übernommen, dessen Stelle erst am 1. September 1919 offiziell aufgehoben wurde. Aber auch die Existenzberechtigung des Landwirtschaftsministeriums, das zunächst von rasch wechselnden Ministern geführt wurde, wurde sehr bald in Frage gestellt. Nicht zuletzt auf Druck der landwirtschaftlichen Verbände blieb es jedoch bestehen und wurde nach der Auflösung des Sozialministeriums 1928 sogar um den Bereich Arbeit erweitert. Als Landwirtschaftminister Anton Fehr als Mitglied des Bauern- und Mittelstandsbundes 1930 aus der Regierung ausschied, wurde dieses Ministerium zunächst von Ministerpräsident Held geleitet und 1931 dann aufgelöst.

Das am raschen Bedeutungsverlust dieser Ministerien ablesbare Desinteresse der bayerischen Staatsregierung an der Wirtschaftspolitik hatte unterschiedliche Gründe. Zu verweisen ist auf die fortdauernde Verlagerung von Kompetenzen an das Reich, den Verlust von Bahn und Post, womit der Regierung von Bayern nicht nur eine wichtige Einnahmequelle, sondern auch wirtschaftliche Steuerungsinstrumente entzogen wurden, und schließlich auch auf die Aufteilung der Steuern zwischen Reich und Ländern. Denn diese hat die Länder erheblich benachteiligt und ihnen den Anreiz genommen, Aktivitäten zur Steigerung der wirtschaftlichen Leistungsfähigkeit zu entfalten, da deren Nutzen vorrangig dem Reich zugutekam.

Neben Post und Bahn war zudem eine ganze Reihe weiterer bayerischem Staatsbetriebe in Besitz des Reiches übergegangen, das bereits über große in Bayern ansässige Unternehmen verfügte, so über die Aluminiumhütte in Töging am Inn und die Stickstoffwerke in Trostberg. Diese reichseigenen Betriebe wurden 1923 zu einem großen Unternehmen, der „Vereinigten Industrie-Unternehmung AG" (VIAG) zusammengefasst.[10] Die weitere Entwicklung dieser Betriebe, in denen viele der industriellen Arbeitsplätze Bayerns angesiedelt waren, hing damit von Entscheidungen ab, die in Berlin getroffen wurden; aber das Verhältnis zwischen Berlin und München war zumeist sehr angespannt.

Diese Abhängigkeit der bayerischen Industrie wurde durch den Konzentrationsprozess verstärkt, der sich nach dem Krieg verstärkt fortsetzte. So wurden die Siemens-Schuckert-Werke 1922 in die Elektrounternehmensgruppe „Siemens-Rheinelbe-Schuckert-Union" eingegliedert und damit ein Teil des Stinnes-Imperiums. Die MAN wurde 1920/22 vom Ruhr-Montankonzern der Gutehoffnungshütte übernommen, die zum Unternehmenskomplex des Großindustriellen Friedrich Flick gehörte, und zu diesem stieß 1929 auch die Maxhütte; sie war 1921 zunächst von der saarländischen Röchlinggruppe übernommen worden. Auch die BASF verlor ihre Eigenständigkeit; sie fusionierte 1925 mit fünf anderen großen Chemieunternehmen zur IG-Farben A.G., deren Zentrale in Frankfurt am Main war. Der Verlust der Eigenständigkeit dieser Unternehmen führte zwar nicht unmittelbar zu Betriebseinstellungen oder Arbeitsplatzverlusten in Bayern, hatte aber zur Folge, dass bei wichtigen Entscheidungen andere Interessen als die der bayerischen Standorte im Vordergrund standen und die bayerische Staatsregierung darauf kaum mehr Einfluss nehmen konnte.

All dies hat dazu beigetragen, dass die industriekritischen Kräfte, die in Bayern nach wie vor sehr einflussreich waren, gestärkt wurden. Zu diesen zählten auch große Teile der Bayerischen Volkspartei, die seit Rücktritt der Regierung unter dem SPD-Ministerpräsident Johannes Hoffmann (SPD) im März 1920 bis zur Machtübernahme der Nationalsozialisten im März 1933 die führende politische Kraft war. Viele Wähler der BVP haben eine stärkere Industrialisierung Bayerns abgelehnt, und diese Haltung fand unter den BVP-Funktionären aus ideologischen wie standespolitischen Gründen breite Unterstützung. Daran hat auch die Gründung eines Wirtschaftsbeirates der BVP, die am 11. Mai 1920 erfolgte, wenig ändern können, auch wenn dieser in der Folge zweifellos einen nicht unbedeutenden Einfluss auf die Wirtschaftspolitik der Staatsregierung ausübte. Solch verstärkte Einflussnahme war auch das Anliegen des schon 1902 gegründeten Bayerischen Industriellen Verbandes (BIV), eines Zusammenschlusses verschiedener bayerischer Wirtschaftsverbände und großer in Bayern tätiger Unternehmen, der im Ersten Weltkrieg sehr stark an Mitgliedern und Durchsetzungskraft gewonnen hatte; 1926 vertrat er 2127 Unternehmen und 16 Verbände.[11] Er wurde von Vertretern der größten Industrieunternehmen dominiert; von 1906 bis 1922 stand dem Präsidium Anton von Rieppel vor, der Generaldirektor der MAN, danach der Vorstandsvorsitzende der Neuen Augsburger Kattunfabrik AG, und ab 1926 dann Gottlieb Lippart, der Vorstandsvorsitzende der MAN. Auch wenn so sichergestellt war, dass die Interessen der Industrie gewahrt wurden, was sich besonders in der Verkehrs- und Energiepolitik zeigte, so war doch die Förderung der Landwirtschaft, des Handwerks und des gewerblichen Mittelstandes das erklärte Ziel der Wirtschaftspolitik der seit 1920 amtierenden Mitte-Rechts-Regierungen. Damit setzten sie nahezu nahtlos die Politik der Vorkriegszeit fort, was auch für die eng mit der Wirtschaft verbundenen Bereiche Verkehr und Energieversorgung galt.

Verkehrs- und Energiepolitik

Die Kontinuität der Lobby-Arbeit zeigte sich in besonderer Weise beim Einsatz für die Rhein-Main-Donau-Großschifffahrtsstraße. Dass dieses Projekt auch unter den schwierigen Bedingungen der unmittelbaren Nachkriegszeit mit Nachdruck weiterverfolgt wurde – schon 1920 wurden umfangreiche Baumaßnahmen am Main und an der Donau in Angriff genommen –, war zunächst den nicht nachlassenden Aktivitäten des Stromverbandes zu verdanken, wobei sich hauptsächlich dessen bayerische Mitglieder hervortaten. Auf diesen Druck hin hat sich nun auch die bayerische Staatsregierung stark für dieses Projekt engagiert. Dafür gab es mehrere Gründe: Angesichts der großen Probleme, welche die Kohleversorgung in der Kriegs- und Nachkriegszeit bereitete, und einem starken Anstieg der Energiekosten räumte man dem Ersatz der Kohle durch Strom absolute Priorität ein. Der Ausbau der Großschifffahrtsstraße aber war mit der Errichtung zahlreicher Wasserkraftwerke verbunden, die – wie bereits dargestellt – dieses Projekt finanzieren sollten. Die Gesamtleistung der projektierten Wasserkraftwerke wurde auf rund 1,4 Mrd. Kilowattstunden berechnet, das war erheblich mehr Strom, als man nach den damaligen Berechnungen in ganz Bayern brauchte.[12] Zudem erwartete man sich von der Wasserstraße eine deutliche Senkung der Kosten für Massenfrachtgüter und damit auch für Kohle, sodass die Energieversorgung auch auf diese Weise nochmals günstiger werden konnte. Eine Senkung der Energiekosten aber würde allen Verbrauchern und nicht nur der Wirtschaft nutzen. Vor allem aber erwartete man von einer kostengünstigen elektrischen Energie, wenn sie erst einmal flächendeckend zur Verfügung stand, große Vorteile für die Landwirtschaft, das Handwerk und das mittelständische Gewerbe. Denn diese konnten dann vermehrt Elektromotoren und andere elektrische Geräte einsetzen, die wesentlich geringere Investitionen als Dampfmaschinen und Diesel-, Benzin- und Gasaggregate erforderten, leichter zu handhaben und vielfältiger einsetzbar waren. Tatsächlich war es vor allem der Elektromotor, der es den kleineren und mittleren Betrieben in der Folge ermöglichte, ihre Produktion zu rationalisieren und so konkurrenzfähig zu bleiben. So diente die Energiepolitik auch der Mittelstandsförderung.

Nicht zuletzt aber hat das angespannte Verhältnis zwischen München und Berlin für das Engagement Bayerns beim Ausbau der Großschifffahrtstraße eine wichtige Rolle gespielt. Denn die Weimarer Verfassung legte zwar fest, dass die Wasserstraßen an das Reich übergehen sollten, aber die Modalitäten der Übergabe der „dem allgemeinen Verkehr dienenden Wasserstraßen" in das Eigentum und die Verwaltung des Reiches mussten zwischen diesem und den Ländern ausgehandelt werden. Das versetzte die bayerische Regierung in die Lage, dem Reich größere Leistungen zugunsten Bayerns abzuverlangen. Unter Hinweis auf die beträchtlichen Mittel, die das Reich für den Bau des Mittellandkanals und für die

Von der Landeshafenverwaltung zur Bayernhafen GmbH & Co. KG

Seit Errichtung des Staatshafens in Aschaffenburg, der 1921 in Betrieb ging, verfügte der bayerische Staat an Rhein, Main und Donau über sechs eigene leistungsfähige Häfen. Da diese Häfen vorrangig für die Versorgung der Eisenbahn mit Kohle angelegt wurden, übernahm die bayerische Staatsbahn auch deren Verwaltung. Nachdem die Staatsbahn 1920 in der Deutschen Reichsbahn aufgegangen war, richtete man 1925 in Ludwigshafen, Aschaffenburg, Regensburg und Passau eigene Hafenämter ein, die einer dem Innenministerium zugeordneten „Landeshafenverwaltung" unterstellt wurden.

1945 verlor Bayern mit der Pfalz auch seine drei Staatshäfen am Rhein, und das wurde zum Anlass genommen, um eine grundlegende Reorganisation der Hafenverwaltung vorzunehmen. Hafenämter blieben nur noch in Regensburg und Aschaffenburg bestehen. Ein für die weitere Entwicklung wichtiger Schritt erfolgte 1953 mit der Umwandlung der Landeshafenverwaltung in einen kaufmännisch geführten Staatsbetrieb. Damit trug man dem Umstand

Rechnung, dass der Frachtumschlag an Main und Donau bereits um 1950 wieder das Vorkriegsniveau erreicht hatte und rasch weiter zunahm. In der Folge baute man die bestehenden Häfen kontinuierlich aus, und mit dem Fortgang des Baus der Main-Donau-Großschifffahrtstraße entstanden dann auch weitere: 1962 wurden ein neuer Hafen in Bamberg, 1960 und 1970 neue Hafenanlagen in Regensburg und 1972, als der Main-Donau-Kanal 1972 bis Nürnberg fertiggestellt war, auch der dortige Hafen in Betrieb genommen. Hier hatte man schon 1967 eine eigene Hafenverwaltung geschaffen. 1995 wurde dann die Betreibergesellschaft „Hafen Nürnberg-Roth GmbH" gegründet, an der die Landeshafenverwaltung mit 80 %, die Stadt Nürnberg mit 19 % und die Stadt Roth mit 1 % beteiligt sind.

Die Übertragung des Hafenbetriebes an ein privatrechtlich organisiertes Unternehmen signalisiert den Beginn einer neuen Ära bayerischer Wirtschaftspolitik. Aus der Erkenntnis, dass privatrechtlich organisierte Unternehmen geringeren Restriktionen un-

Der Westhafen in Regensburg, um 1960

Der Terminal der „Bayernhafen" in Aschaffenburg, 2007

terliegen als staatliche, ihnen beispielsweise andere Möglichkeiten der Finanzierung offenstehen, sie rascher und unkomplizierter Beteiligungen eingehen und sich leichter neue Geschäftsfelder erschließen können, leitete die Politik die Folgerung ab, dass man Staatsbetriebe in Unternehmen dieser Art umwandeln müsse. Unter Ministerpräsident Edmund Stoiber (1993-2007) wurde diese Politik entschlossen umgesetzt. Dabei wurde nicht nur die Rechtsform der Staatsbetriebe geändert, sondern der Staat zog sich vielfach auch als Eigentümer zurück. Der aus dem Verkauf der Staatsanteile fließende Erlös wurde für Investitionen eingesetzt, die vor allem der wirtschaftlichen Entwicklung zugutekamen.

In diesem Zusammenhang ist auch der Rückzug des Staates aus dem Bereich der Hafenverwaltung zu sehen. Zum 1. Juni 2005 stellte die „Bayerische Landeshafenverwaltung" ihre Tätigkeit ein und an ihre Stelle trat die Bayernhafen GmbH & Co. KG, deren alleiniger Eigentümer nach wie vor der Freistaat Bayern ist. Den weitaus größeren Handlungsspielraum, über den dieses privatrechtliche Unternehmen gegenüber dem vormaligen Staatsbetrieb verfügt, hat es in der Folge konsequent und erfolgreich zur Erweiterung seiner Geschäftsbereiche genutzt. Die „bayernhafen Gruppe" hat ihre Tätigkeit weit über die Vorhaltung von Infrastruktur in den bayerischen Häfen hin ausgeweitet und stellt heute ein modernes Dienstleistungsunternehmen dar. Dessen Basis bilden nach wie vor die sechs Standorte Aschaffenburg, Bamberg, Nürnberg, Roth, Regensburg und Passau, an denen heute ca. 200 eigene Mitarbeiter tätig sind. Daneben ist das Unternehmen jedoch auch an den Terminalgesellschaften TriCon GmbH (Nürnberg) und baymodal Bamberg GmbH beteiligt und ist Hauptgesellschafterin der Hafen Nürnberg-Roth GmbH. Im Zentrum ihrer Tätigkeit steht der kombinierte Frachtverkehr, der größtenteils über neu errichtete Hafenterminals abgewickelt wird. Dank deren Lage an wichtigen Knotenpunkten und der effizienten Verknüpfung der Verkehrswege Wasser, Schiene und Straße werden diese sehr gut angenommen. 2008 wurden insgesamt 28,1 Mio. t Güter umgeschlagen, davon 4,6 Mio. t per Schiff, 5,6 Mio. t per Bahn, 17,9 Mio. t per Lkw. 800 ha Gesamthafenfläche und rund 500 ansässige Unternehmen mit ca. 12 000 Beschäftigten machen die „bayernhafen Gruppe" zu einem der leistungsstärksten Logistik-Netzwerke in Europa.

Kanalisierung des Neckars bereitstellte, pochte die bayerische Regierung auf Gleichbehandlung und forderte vom Reich Investitionen in vergleichbarer Höhe für den Wasserstraßenbau in Bayern.

Am 13. Juni 1921 unterzeichneten die Vertreter Bayerns und des Reiches den „Vertrag über die Ausführung der Main-Donau-Wasserstraße", in dem sich das Reich und Bayern verpflichteten, „den Plan der Main-Donau-Wasserstraße baldigst zu verwirklichen, so weit die Finanzlage des Reiches und Bayerns dazu die Möglichkeit bietet."[13] Dieser Vertrag war die Voraussetzung dafür, dass Bayern den „Staatsvertrag wegen Übertragung bayerischer Wasserstraßen auf das Reich" akzeptierte. Beide Verträge wurden vom bayerischen Landtag am 19. Juli 1921 genehmigt. In den vorausgehenden parlamentarischen Beratungen hat sich vor allem Heinrich Held engagiert, eine der führenden Persönlichkeiten der BVP und Ministerpräsident von 1924 bis 1933.

Als der Landtag seine Zustimmung erteilte, waren auch schon seit längerem Verhandlungen zwischen Bayern und dem Reich über die Bildung eines „gemischtwirtschaftlichen Unternehmens" gelaufen, das die Finanzierung und Bauausführung der Wasserstraße übernehmen sollte. Diese Verhandlungen kamen am 30. Dezember 1921 mit der Gründung der Rhein-Main-Donau AG zum Abschluss. Das Grundkapital der Gesellschaft betrug 900 Mio. Mark, von denen das Reich 360, Bayern 212 sowie Thüringen und Hessen je 3 Mio. einbrachten. Die Deutsche Bank beteiligte sich mit mehr als 102, die Bayerische Staatsbank, die Bayerische Vereinsbank und die Bayerische Hypotheken- und Wechselbank mit je 51 Mio. Mark. Die restlichen Aktien wurden von Städten gezeichnet, wobei Nürnberg mit rund 19 Mio. weit an der Spitze rangierte; die kleinsten Anteile hielten mit je 25 000 Mark Berchtesgaden und Wertheim.[14]

Gegenstand des Unternehmens war „der Ausbau der Großschiffahrtsstraße vom Main bei Aschaffenburg über Bamberg – Nürnberg zur Donau und weiter über Regensburg bis zur Reichsgrenze bei Passau, der Ausbau der Donau zwischen Kelheim und Ulm zur Großschiffahrtsstraße, die Herstellung von Schiffahrtsanschlüssen nach Augsburg und München, sowie der Bau und Betrieb von Wasserkraftwerken an diesen Wasserstraßen." Zwischen dieser Gesellschaft, dem Reich, Bayern und Baden (als Anrainer des Mains) wurde zusätzlich ein Vertrag „über die Durchführung der Großschiffahrtsstraße" geschlossen, in der die Aufgaben, Rechte und Pflichten sowohl der Aktiengesellschaft als auch des Reiches und der beiden Länder genauer festgelegt wurden. Er regelte zudem detailliert den Bau und Betrieb der Wasserkraftwerke sowie die Vermarktung des von ihnen erzeugten Stromes.

Damit stand einer Fortführung der Arbeiten nichts mehr im Wege. Die Planungen sahen zunächst den Bau der Kachletstufe oberhalb von Passau vor, die Niederwasserregulierung auf der Donau zwischen Regensburg und Straubing, den Bau von Staustufen bei Viereth und Obernau am Main sowie des Kraftwerks Mainmühle in Würzburg. Die mit großem Abstand kostenaufwändigste dieser Baumaßnahmen war die Kachletstufe, die nicht nur deswegen Vorrang genoss, weil durch sie gefährliche Schifffahrtshindernisse auf der Donau – die Katarakten des „Kachlet" – beseitigt wurden, sondern auch ein leistungsfähiges Wasserkraftwerk entstand; seine Maximalleistung wurde auf 275 Mio. Kilowatt pro Jahr berechnet. Es sollte vor allem die Stromversorgung Mittelfrankens verbessern, wo man bisher nahezu ausschließlich auf Strom aus Heizkraftwerken angewiesen war. Ab 1923 sollten dann weitere Staustufen am Main in Angriff genommen werden. Trotz der großen wirtschaftlichen und finanziellen Probleme der folgenden Jahre schritten die Arbeiten von nun an zügig voran. Bis 1928 war die Kachletstufe fertig gestellt und auch die Niederwasserregulierung auf der Donau auf einer Länge von 20 km durchgeführt. Die Mainkanalisierung dagegen verzögerte sich, da man sich noch immer nicht über deren genauen Verlauf einig werden konnte. Erst 1930 fiel die Entscheidung gegen den Bau eines Kanals, mit dem man das Maindreieck mit den Städten Würzburg, Ochsenfurt und Kitzingen abgeschnitten hätte, und 1936 dann endgültig für jene Lösung, bei der die Wasserstraße von Aschaffenburg bis Bamberg fast durchgängig durch den zu diesem Zweck kanalisierten Main gebildet wurde.[15]

Als erstes großes Wasserkraftwerk der Nachkriegszeit wurde noch im Dezember 1918 das bereits vor dem Krieg projektierte Walchenseekraftwerk in Angriff genommen. Ihm folgten drei Wasserkraftwerke an der mittleren Isar, deren Bau im Sommer 1919 begonnen wurde. Diese Kraftwerke sollten nach den Plänen Oskar von Millers das Rückgrat der bayerischen Stromversorgung bilden. 1921 wurden drei Aktiengesellschaften gegründet: Die Walchenseewerk-AG, die Mittlere Isar-AG und die Bayernwerk AG. Erstere sollten Strom erzeugen, das Bayernwerk aber ein landesweites Hochspannungsnetz errichten. Bei allen drei Unternehmen war der bayerische Staat zunächst Alleinaktionär, doch beteiligte sich dann bei den beiden Kraftwerksgesellschaften zu je einem Neuntel die Deutsche Reichsbahngesellschaft. Bis Ende des Jahres 1921 nahmen diese drei Unternehmen zusammen 1,3 Mrd. Mark auf, und im Februar 1923 folgte eine Anleihe über 40 Mrd. für alle drei Gesellschaften gemeinsam. Im August 1923 schließlich folgte eine weitere, wertbeständige Anleihe in Höhe von 11,2 Mio. Goldmark.[16]

Am Inn ging 1919 zwischen Jettenbach und Töging ein großes Wasserkraftwerk in Bau. Bauherr war hier die 1917 gegründete „Innwerk, Bayerische Aluminium AG", ein zum Zweck des Betriebs einer Aluminiumhütte in Töging gegründetes Unternehmen, dessen Hauptaktionäre zunächst die Giulini GmbH (Ludwigshafen), die AEG, die Siemens-Schuckertwerke AG, der Staat Bayern und das Reich waren. 1920 übernahm das Deutsche Reich alle Anteile und 1923 wurde das Werk der reichseigenen „Vereinigten Industrieunternehmen AG" (VIAG) angegliedert. Die Aluminiumhütte wurde 1925 abgetrennt, sodass sich das Innwerk nun zu einem reinen Energieunternehmen wandelte, das 1938 in „Innwerk AG" umbenannt wurde. Ab 1935 hat es eine ganze Reihe weiterer Kraftwerke am Inn errichtet.

Die Wasserkräfte des Lechs wurden seit Inbetriebnahme des Kraftwerks Gersthofen im Jahre 1901 genutzt. Dieses war im Besitz der 1903 gegründeten „Lech-Elektrizitätswerke AG" und belieferte zunächst vor allem ein von den Höchster Farbwerken in Gersthofen errichtetes Werk mit Strom. 1924 entstand als ein Gemeinschaftsunternehmen der Bayernwerke AG (55 %), der Lech-Elektrizitätswerke AG (40 %) und des Bezirksverbandes des Regierungsbezirks Schwaben (5 %) die „Untere Iller AG", welche bis 1931 am Unterlauf der Iller zwei Wasserkraftwerke errichtete. Anschließend erfolgte der Ausbau der oberen Iller.[17]

Die Ausbauleistung aller bayerischen Wasserkraftwerke – neben den großen, vom Staat finanzierten Werken gab es noch eine große Zahl kleinerer privater – lag 1923 bereits bei über 572 000 kW. Sie erhöhte sich bis 1939 auf rund 717 000 kW, wovon 590 000 auf öffentliche Versorgungsanlagen und 127 000 auf industrielle Eigenanlagen entfielen. Sie lieferten 1939 rund 3,78 Mrd. kWh und damit mehr als die Hälfte des in Deutschland mit Wasserkraft erzeugten Stroms.

Dennoch konnte nicht der gesamte Strombedarf Bayerns durch Wasserkraftwerke gedeckt werden, da es sich bei diesen ganz überwiegend um „Laufwerke" handelte, deren Stromerzeugung in hohem Maße von den witterungs- und jahreszeitlich bedingten Schwankungen des Wasserstandes abhängig ist. Zwischen November und Februar sank ihre Leistung auf etwa 40 % der im Sommer erzielten Höchstleistungen, mitunter aber auch auf wesentlich weniger. Auch auf die tageszeitlich und wochentäglich bedingten Schwankungen des Strombedarfs konnten diese Kraftwerke kaum reagieren. Nur das Speicherkraftwerk am Walchensee war dazu in der Lage, doch war dies das einzige große Werk seiner Art in Bayern. Seine Kapazität lag bei rund 180 000 kWh jährlich, was bei Weitem nicht ausreichte, die Leistungsschwankungen der anderen Werke abzufangen.

Sowohl um diesen jahreszeitlich bedingten Produktionsrückgang auszugleichen, als auch um den Spitzenbedarf abzudecken, musste man auf Wärmekraftwerke zurückgreifen. Diese verfeuerten zu rund 80 % Steinkohle, der Rest wurde durch Braunkohle abgedeckt. Der größte Teil dieser Braunkohle wurde in der mittleren Oberpfalz bei Schwandorf abgebaut. Hier errichtete 1928 das Bayernwerk ein großes Wärmekraftwerk zur „Verstromung" der Braunkohle. 1939 lag die Ausbauleistung der bayerischen Wärmekraftwerke bei rund 624 000 kW, ihre Jahresleistung bei rund 1,762 Mrd. kWh.[18]

Aufgrund der besonderen Struktur seiner Energieversorgung war Bayern auf einen ständigen Austausch mit anderen Teilen Deutschlands und mit Österreich angewiesen. Denn im Sommer erzeugte Bayern mehr Strom als es selbst verbrauchen konnte, sodass man zusätzliche Abnehmer benötigte, während es im Winter Strom importieren musste, um die teure Stromerzeugung durch Wärmekraftwerke möglichst gering halten zu können. Deshalb ging Bayern mit dem Rheinisch-Westfälischen Elektrizitätswerk und der Preussag einen Verbund ein. Außerdem bezog es in Überlastzeiten Strom vom österreichischen Speicherkraftwerk am Achensee, während das Kachletwerk Strom nach Österreich lieferte.

Diese großen Investitionen der öffentlichen Hand in den Ausbau der Stromversorgung, der trotz der finanz-, wirtschafts- und innenpolitischen Turbulenzen der 1920er-Jahre mit beträchtlichem Einsatz vorangetrieben wurde, entfaltete – wie ein halbes Jahrhundert zuvor der Eisenbahnbau – die Wirkung eines großen Konjunkturprogramms. Denn nicht nur solche Unternehmen, die selbst unmittelbar an der Ausführung der Arbeiten beteiligt waren, haben davon profitiert, sondern auch ein sehr viel größerer Kreis von Zulieferern und Dienstleistern, und mit jedem Dorf und jedem Hof, die an das Stromnetz angeschlossen wurden, wuchs die Kundenzahl der Elektroindustrie, die schon seit ihrer Entstehung in Bayern stark vertreten war. Auch das wichtigste wirtschaftspolitische Ziel der Elektrifizierung des Landes, die Erhaltung und Stärkung des Mittelstandes, wurde zumindest teilweise erreicht. Denn der Strom erleichterte den mittelständischen Betrieben nicht nur die Modernisierung, sondern brachte auch eine Reihe neuer Produkte und Dienstleistungen mit sich, die Handwerk und Gewerbe eine breitere Basis gaben.

Letztlich aber kam die Erschließung der Wasserkräfte zur Stromerzeugung doch vor allem der Industrie zugute. Wie oben gezeigt, wurden schon die ersten großen Wasserkraftwerke von privaten Unternehmen gebaut und dienten vorrangig der Versorgung elektrochemischer Werke und anderer Industrieanlagen. Die Belieferung anderer Abnehmer stellte für diese Unternehmen lediglich einen Nebeneffekt dar, der jedoch für die Wirtschaftlichkeit sowohl der Kraftwerke als auch der Industrieanlagen von erheblicher Bedeutung war. Denn durch diese Stromlieferungen, die von privaten Kunden teuer zu bezahlen waren, konnten die Kosten für den industriell genutzten Strom niedrig gehalten werden.

Durch den Ausbau der Stromversorgung erhielt die bayerische Wirtschaft erkennbaren Auftrieb, und tatsächlich nahm der Industrialisierungsprozess in Bayern seit Mitte der 1920er-Jahre einen rascheren Fortgang als in den weiter entwickelten Regionen Deutschlands. 1925 stellte Bayern 8,3 % der reichsweit im Bereich von Industrie und Handwerk Beschäftigten, und damit deutlich weniger als seinem Bevölkerungsanteil von 10,3 % entsprach; 1929 aber waren es bereits 9,1 %. Dass Bayerns Industrie aufholte, zeigte vor allem auch der betriebliche Maschineneinsatz. Während dieser auf Reichsebene von 1925 bis 1939 von 146 auf 231 PS je 100 Beschäftigte zunahm – was 58 % entsprach –, waren es in Bayern 1925 zunächst 108 und 1939 dann 207 PS, was einem Zuwachs von 92 % gleichkommt.

Die „Verstromung" der Oberpfälzer Braunkohle

Ansicht der Werksanlagen der Bayerischen Braunkohlen-Industrie AG bei Wackersdorf vor 1913

Im Jahr 1906 wurde zur Verwertung der Braunkohlelager südlich von Wackersdorf in der mittleren Oberpfalz die „Bayerische Braunkohlen-Industrie AG" (BBI) gegründet. Die dortige Braunkohle war zwar von breiten Ton- und Sandschichten durchsetzt, konnte aber im Tagebau und somit relativ kostengünstig gewonnen werden. Da sich diese Kohle wegen ihrer geringen Qualität nicht bei der Weiterverarbeitung von Eisen einsetzen ließ, war sie bis dahin nur in geringem Umfang genutzt worden. Erst als um 1900 die Kohlenpreise erheblich anstiegen, versprach ihre Ausbeute ein rentables Geschäft zu werden.

Die BBI vermarktete die Braunkohle zunächst jedoch nahezu ausschließlich in Form von Briketts, was der Entwicklung des Absatzes enge Schranken setzte.

Im Jahr 1928 erwarb die „Bayern Werk AG" die Aktienmehrheit der BBI, womit diese zu einem Tochterunternehmen des größten süddeutschen Elektrizitäts-Versorgungsunternehmens wurde. Dieses errichtete bei Wackersdorf umgehend ein Dampfkraftwerk mit der anfänglichen Maschinenleistung von 55 000 kW, wozu die Kohleförderung von bisher jährlich rund 500 000 t verdoppelt werden sollte. Wegen der bald danach ein-

Braunkohlegrube Anfang der 1950er-Jahre

setzenden Weltwirtschaftkrise konnte das Kraftwerk jedoch erst Mitte der 1930er-Jahre mit voller Auslastung betrieben werden. Nun jedoch profitierte es in starkem Maße von der Rüstungspolitik des „Dritten Reiches", denn die reichseigenen „Vereinigten Aluminiumwerke" errichteten in der Nähe des Kraftwerkes eine Aluminiumhütte, wodurch dessen Stromabsatz von 62 Mio. kWh im Jahr 1936 auf 241 Mio. im Jahr 1937 gesteigert werden konnte. Die Zahl der Arbeiter, die 1932 auf 39 abgesunken war, erhöhte sich rasch auf 600, zudem wurden umfangreiche Investitionen getätigt.

Den Zweiten Weltkrieg überstand das Werk unbeschadet, und wegen des großen Energiebedarfs Bayerns in der Nachkriegszeit konnte das Unternehmen seine günstige Entwicklung auch nach 1945 fortsetzen. Zwar wurde die Aluminiumhütte als ein Rüstungsbetrieb demontiert, aber die Nachfrage nach elektrischer Energie war so groß, dass die „Verstromung" der Braunkohle bald in noch größerem Umfang erfolgte als zuvor. Betrug die jährliche Förderung 1951 noch 1,4 Mio. t Kohle, so waren es 1956 bereits 2,4 Mio. Die Stromerzeugung stieg gleichzeitig durch eine Erweiterung des Kraftwerks von 488,4 Mio. kWh auf 841,5 Mio. jährlich an. Die Fläche der Seen, die in den Tagebauen nach der Einstellung des Abbaus 1982 entstanden, bedecken heute mehr als 650 ha.

Werksanlagen der Bayern Werk AG um 1955

Unmittelbar nach dem Zweiten Weltkrieg erklärte man diese Entwicklung wie folgt: „Dieses Aufholen der bayerischen Industriewirtschaft nach dem Ersten Weltkrieg lässt sich vor allem dadurch erklären, daß sich damals in Deutschland wie in allen hochindustrialisierten Ländern das Schwergewicht der Industrialisierung immer mehr von den eigentlichen Schwer- oder Primärindustrien zu den Sekundär- und Kulturgüterindustrien hin verlagerte: Elektroindustrie, Apparatebau und Feinmechanik, Kraftfahrzeugbau und Hausratindustrie traten immer mehr in den Vordergrund. Die Hauptmängel des bayerischen Industriekörpers, der Mangel an eigener Kohle und eigener Schwerindustrie, machten sich bei dieser Entwicklung nicht mehr so hemmend bemerkbar; andere für Bayern günstige Entwicklungsfaktoren traten demgegenüber in den Vordergrund."[19]

3. Die NS-Wirtschaftspolitik

Gleichschaltung und erster Vierjahresplan

Mit der Errichtung der NS-Diktatur ging die „Gleichschaltung" der Länder einher, die eine Zentralisierung sämtlicher staatlicher Funktionen auf Reichsebene zum Ziel hatte. In Bayern lösten NSDAP-Funktionäre die letzte legitime Regierung am 15. März 1933 ab. An der Spitze dieser Nazi-Regierung stand zunächst als „kommissarischer Ministerpräsident" General von Epp. Am 7. April 1933 erließ die Reichsregierung das „Gesetz zur Gleichschaltung der Länder mit dem Reich", das die Institution der Reichsstatthalter in den Ländern schuf, welche befugt waren, die Länderregierungen einzusetzen. Bayern hatte einen Reichsstatthalter, erneut in der Person Epps, schon am 10. April erhalten. Ministerpräsident wurde am 12. April Ludwig Siebert, vordem Oberbürgermeister von Lindau, ein reiner Befehlsempfänger der Partei. Aber auch Epp verfügte über keine reale Macht. Diese lag vor allem in den Händen von Adolf Wagner, dem Gauleiter von Oberbayern, der gleichzeitig Innenminister war; auch alle anderen wichtigen Positionen wurden mit hohen Parteifunktionären besetzt. Diese Regierung hatte als verlängerter Arm der Reichsregierung für die Umsetzung von deren Anordnungen zu sorgen. So sah Siebert denn auch seine Aufgabe in der „Ziehung der Folgerungen aus der völligen Gleichschaltung der Länder mit dem Reich in allen staats- und machtpolitischen Fragen". Er versprach zudem, die Kommunen finanziell zu entlasten, Bauern, Arbeiter und Mittelstand verstärkt zu fördern und Maßnahmen gegen die Massenarbeitslosigkeit zu ergreifen.

Aber selbst unter der NS-Herrschaft geriet die Regierung in Bayern mit der Reichsregierung wegen Kompetenzüberschreitung in Konflikt. Dem wurde am 30. Januar 1934 durch das „Gesetz über den Neuaufbau des Reiches" endgültig ein Riegel vorgeschoben. Mit diesem Gesetz endete die Existenz der Länder als staatliche Gebilde. Auch Bayern war nur noch eine Reichsprovinz, die über keine Attribute der Eigenstaatlichkeit mehr verfügte. Die Länderregierungen waren nun Reichsmittelbehörden und hatten lediglich die von Berlin ausgehenden Anordnungen umzusetzen.

An die Stelle der vormaligen Länder traten in gewissem Sinne die Gaue, d. h. die regionalen Organisationen der NSDAP. Von diesen befanden sich sechs auf dem Gebiet des früheren bayerischen Staats. Es waren die Gaue Oberbayern, Franken, Mainfranken, Schwaben, die bayerische Ostmark – diese umfasste Oberfranken, die Oberpfalz und Niederbayern – und der Gau Saarpfalz, zu dem außer der bayerischen Pfalz das 1935 wieder dem Reich angeschlossene Saarland zählte. Die Verbindung zwischen Bayern und der Pfalz wurde dadurch weitgehend durchtrennt, dieser Regierungsbezirk nahm seither eine eigene Entwicklung, deren Endpunkt die Einordnung in das 1946 neu gebildete Land Rheinland-Pfalz war. Wegen dieser 1933 einsetzenden Verselbstständigung der Pfalz wird ihre wirtschaftliche Entwicklung in der nachfolgenden Darstellung im Wesentlichen auch nur bis zu diesem Zeitpunkt berücksichtigt. Alle nachfolgenden statistischen Angaben für die Zeit nach 1933 beziehen sich daher, soweit nicht ausdrücklich anders angemerkt, nur auf das rechtsrheinische Bayern. Diese Vorgehensweise ist auch deshalb sinnvoll, weil so durchgängige Entwicklungslinien in die Nachkriegszeit gezogen werden können.

Die Etablierung des Dritten Reiches hatte eine starke Ausweitung der staatlichen Eingriffe insbesondere auch auf wirtschaftlichem Gebiet zur Folge.[20] Zentrales Ziel der neuen Machthaber wurde sehr bald eine rasche und starke Aufrüstung, und diese wurde flankiert vom Streben nach einer möglichst weitgehenden Autarkie vor allem bei kriegswirtschaftlich wichtigen Rohstoffen. Diese Zielsetzungen ließen sich zunächst gut mit den bereits von den Vorgängerregierungen eingeleiteten Maßnahmen zur Wirtschaftsbelebung und Beseitigung der Massenarbeitslosigkeit verbinden. Dazu zählten zum Beispiel staatliche Zuschüsse zur Wohnraumsanierung, mit denen man eine beachtliche Belebung des Bau- und Ausbaugewerbes erreichte, und andere Investitionsanreize in Form von Steuerstundungen, Zinsvergünstigungen und erweiterten Abschreibungsmöglichkeiten, welche zu einer erhöhten Nachfrage führten.[21] Eine gesetzliche Regelung landwirtschaftlicher Schuldverhältnisse gab den Bauern ein Gefühl der Sicherheit und stärkte so auch deren Investitionsbereitschaft, und ein Gemeindeumschuldungsgesetz ermöglichte es schließlich den Gemeinden, wieder verstärkt zu investieren.[22]

Im Herbst 1933 wurde dann der erste nationalsozialistische Vierjahresplan dekretiert. Dieser sah eine starke Ausweitung der aus öffentlichen Mitteln finanzierten Baumaßnahmen vor. Damit sollten die Arbeitslosen von der Straße geholt und gleichzeitig dem Regime wichtige Projekte – allen voran die Reichsautobahn – realisiert werden. Auch Bahn und Post nahmen große Investitionen vor, die vielen Gewerbezweigen zugutekamen. Und schließlich sorgte auch die Einführung des zunächst noch freiwilligen Reichsarbeitsdienstes für die jungen Männer und eines „Landjahrs" für junge Frauen dafür, dass die Arbeitslosigkeit erheblich zurückging.

Von entscheidender Bedeutung für die gesamte weitere wirtschaftliche Entwicklung war die Art der Finanzierung der öffentlichen Investitionen. Eine Finanzierung über Anleihen und Steuern kam nicht in Frage, weil diese das Kapital verteuern, dadurch die Nachfrage dämpfen und so einen wirtschaftlichen Aufschwung verhindern mussten. Stattdessen wurde den mit öffentlichen Projekten beauftragten Firmen die Möglichkeit eröffnet, Wechsel auf Sonderinstitute des Reiches zu ziehen; die wichtigsten dieser Einrichtungen waren die Deutsche Gesellschaft für Öffentliche Arbeiten und die Deutsche Rentenbank-Kreditanstalt. Diese Institute akzeptierten die Wechsel der ausführenden Firmen und nahmen ihrerseits Geld bei Kreditbanken auf, die so gute Anlagemöglichkeiten erhielten. Abgesichert wurden diese Wechsel über die Reichsbank, die im Oktober 1933 ihre bisherige Kreditpolitik aufgab, welche das Kreditvolumen an die jeweilige Gold- und Devisendeckung gebunden hatte. Erst nach einer längeren Laufzeit sollten die Wechsel mit Mitteln aus dem Reichshaushalt eingelöst werden. Die Kosten für den wirtschaftlichen Aufschwung wurden somit in die Zukunft verlagert in der Hoffnung, dass der Staat aufgrund seiner dann erhöhten Einnahmen in der Lage sein würde, diese zu begleichen.[23] Da sich gleichzeitig die Weltwirtschaft wieder belebte, setzte der erhoffte wirtschaftliche Aufschwung tatsächlich ein. Und dies hatte die angestrebte politische Wirkung: Die Menschen fassten Vertrauen in das nationalsozialistische Regime, vor allem, als die Arbeitslosenzahl von 5,1 Mio. im Herbst 1932 auf 2,3 Mio. im Herbst 1934 und 1,7 Mio. im Herbst 1935 zurückgingen. Parallel dazu nahm die Zahl der Beschäftigen von 12,8 auf 16,7 Mio. zu, womit auch die Steuereinnahmen wuchsen.

Auch Bayern bot deshalb 1934, wie der Geschäftsbericht der bayerischen Staatsbank vermerkte, „das Bild einer umfangreichen Steigerung der Wirtschaftätigkeit mit lebhafter Zunahme der gesamten gewerblichen Gütererzeugung und wachsender Verbrauchsbelebung".[24] Dafür sorgten auch Investitionen, die aus den Mitteln finanziert wurden, über welche die Statthalter der nationalsozialistischen Reichsführung in München verfügten.[25] Diese stellten 1933 und 1934 rund 174 Mio. Reichsmark für Arbeitsbeschaffungsprogramme sowie für Kredithilfen zur Verfügung, die sowohl der Industrie als auch den mittelständischen Gewerbebetrieben zugutekamen. Letztere profitierten auch von staatlichen Ausfallbürgschaften und Bankkrediten sowie von einem 1934 aufgelegten Wohnungsbauprogramm, das ein Volumen von 40 Mio. Reichsmark hatte. Besonders gefördert wurden die „Notstandsgebiete" – das waren der Bayerische Wald, der Frankenwald, der Spessart und die Rhön. Diese Maßnahmen hatten zur Folge, dass die Arbeitslosigkeit in Bayern zügiger abnahm als im Reichdurchschnitt und dass die bayerische Wirtschaft ihren Rückstand beschleunigt aufholte. So nahm der Anteil der Bevölkerung, der von Land- und Forstwirtschaft lebte, rascher ab als im übrigen Reichsgebiet.

Die Branchen, die von der nationalsozialistischen Wirtschaftspolitik besonders profitierten, waren die Eisen und Stahl erzeugende und die Metall verarbeitende Industrie, die Industrie der Steine und Erden, die Holzwirtschaft und das Baugewerbe. Auch bei der Fertigwarenindustrie, und zwar besonders bei der Porzellan-, Glas- und Textilindustrie, stieg die Produktion, wenn auch nicht im gleichen Maße wie in den vorgenannten Branchen. Durch ihre starke Exportorientierung litt diese Industrie unter den verschlechterten Ausfuhrmöglichkeiten, die durch eine verstärkte Inlandsnachfrage nur teilweise ausgeglichen wurden. Die Textilindustrie wurde von ersten Rohstoffverknappungen vor allem bei der Baumwolle getroffen; diese zwangen zu Produktionsdrosselung und -umstellung. In der Landwirtschaft dagegen stiegen die Einkommen dank der Festsetzung von Mindestpreisen und verschiedenen steuerlichen Vergünstigungen.

Die Belebung der Wirtschaft hatte eine verstärkte Einfuhr von Rohstoffen zur Folge, die wiederum eine Steigerung des deutschen Außenhandelsdefizits nach sich zog. Da die Rohstoffpreise anzogen, sich bisherige wichtige Export-Absatzgebiete abschotteten und der Export durch eine Dollarabwertung erschwert wurde, wuchs dieses Defizit rasch weiter. Die Reichsregierung reagierte darauf zunächst mit einer Verschärfung der 1931 eingeführten Kontrollen des Außenhandels. Zudem machte sie das Importvolumen vom Exportvolumen abhängig, wodurch die Rohstoffeinfuhr erheblich reduziert wurde. Und schließlich wurde die Ausfuhr von Devisen streng begrenzt und Verstöße gegen die Devisenvorschriften hart geahndet.

Damit kam der freie Warenaustausch mit dem Ausland zum Erliegen, Deutschland schied aus dem Welthandel weitgehend aus. Stattdessen knüpfte das Reich bilaterale Wirtschaftbeziehungen der Art, dass der ausländische Partner dem Reich Rohstoffe lieferte und dafür mit Fertigprodukten entlohnt wurde. Die deutsche Wirtschaft konnte ihre Rohstoffe damit nicht länger von da beziehen, wo sie am günstigsten zu haben waren, und ihre Produkte nicht mehr dort absetzen, wo sie die besten Preise erzielten. Der Export konnte so nicht mehr seine frühere Bedeutung erlangen, weshalb die leicht positive Handelsbilanz, die Deutschland seit 1935 aufwies, teuer erkauft war. Hatten die Exporte 1929 noch 18,4 % zum Volkseinkommen beigetragen, so waren es 1935/36 nur noch 7,3 %.

Mit der Stabilisierung der Wirtschaft ging ihre Unterordnung unter den Staat einher. So wurden auch die Löhne nicht mehr zwischen den Tarifpartnern ausgehandelt, sondern von „Treuhändern" festgesetzt. An die Stelle der Gewerkschaften trat der Zwangszusammenschluss der „Arbeitsfront", die freie Wahl des Arbeitsplatzes wurde eingeschränkt und die Arbeitnehmer zur Führung von Arbeitsbüchern verpflichtet; das sollte eine „zweckentsprechende Verteilung der Arbeitskräfte in der Wirtschaft" gewährleisten. Die Landwirtschaft, die als „Reichsnährstand" den Lebensmittelbedarf der Bevölkerung vollständig decken sollte, wurde den marktwirtschaftlichen Mechanismen weitgehend entzogen,[26] denn die Autarkie bei der Lebensmittelversorgung genoss absoluten Vorrang. Die Industrie- und Handelskammern sowie die Fachverbände der Wirtschaft wurden zu „Wirtschaftkammern" zusammengefasst und unmittelbar dem Reichswirtschaftsministerium unterstellt, die gesamte Wirtschaft wurde immer stärker gegängelt.[27]

Selbstverständlich unterstanden auch die Banken staatlicher Kontrolle und Lenkung; Grundlage dafür war das „Reichsgesetz über das Kreditwesen" vom 5. Dezember 1934. Die Banken hatten seither ihre Geschäfte der Reichsbank gegenüber offenzulegen, über welche die Reichsregierung jederzeit auf die Geschäfte jeder einzelnen Bank einwirken konnte. In besonders enge Abhängigkeit gerieten die Staatsbanken, die sich das Reich mit dem „Gesetz über die Staatsbanken" vom 18. Oktober 1935 seinem Zugriff unterwarf. Das galt auch für die bayerische Staatsbank. Ihre Hauptaufgabe war nun die Durchführung der Entschuldungsverfahren der landwirtschaftlichen Betriebe und des Gemeindeumschuldungsgesetzes. Diese Aufgaben sicherten aber immerhin ihren Fortbestand, wohingegen die seit 1875 bestehende bayerische Notenbank 1935 ihren Betrieb einstellen musste.

Aufrüstung und Kriegswirtschaft

Am 16. März 1935, wenige Monate nach dem Austritt aus dem Völkerbund, verkündete Hitler, dass er sich an die Aufrüstungsbeschränkungen des Versailler Vertrags nicht mehr gebunden fühle und führte die Wehrpflicht wieder ein. Damit rückten die unmittelbaren Vorbereitungen für den Krieg in das Zentrum der nationalsozialistischen Wirtschaftspolitik. Alle bisher noch nicht genutzten Kapazitäten der Industrie und der Gesellschaft – auch im Jahr 1935 gab es noch rund 1,7 Mio. Arbeitslose – sollten diesem Zweck dienstbar gemacht werden. Tatsächlich aber beanspruchte die Aufrüstung in der Folge nicht nur die zusätzlich geschaffenen Kapazitäten, sondern auch einen großen Teil der bereits vorhandenen, sodass die Erzeugung von Gütern für den zivilen Markt in der Folge stark zurückging. Bald zeigte sich, dass deren Produktion mit dem Bedarf nicht mehr Schritt hielt, die Nachfrage überstieg das Angebot erheblich. Aber die daraus zwangsläufig erwachsenden Preissteigerungen wurden weitgehend unterbunden.

Ein zweiter Vierjahresplan, der den ersten vorzeitig schon im Jahr 1936 ersetzte, räumte nun dem Ausbau der inländischen Rohstoffproduktion Priorität ein.

So sollte Deutschland im Kriegsfall von Rohstoffeinfuhren unabhängiger gemacht werden. Dazu wurden reichseigene Unternehmen gegründet, deren Aufgabe es war, auch solche Rohstofflager, die bisher wegen mangelnder wirtschaftlicher Rentabilität nicht genutzt wurden, zu erschließen. Davon profitierte vor allem der Erzbergbau, der wegen der billigeren und teilweise auch qualitätsvolleren Importerze bisher nicht rentabel zu betreiben gewesen war, aber auch der Kohlenbergbau sowie die Eisen- und Stahlerzeugung, und dies vor allem auch außerhalb der großen Reviere im Westen und in der Mitte Deutschlands. Damit stieg die Bergbautätigkeit auch in Bayern zunächst deutlich an.[28]

Beschäftigte im bayerischen Eisenerzbergbau

Jahr	Beschäftigte	Gefangene
1936	1640	
1937	1540	
1938	2780	
1939	2000	
1940	2400	58
1941	2070	76
1942	1860	147
1943	1580	167
1944	895	48
1945	605	

Eisenerzförderung in Bayern

Jahr	Menge in t	Anteil an gesamtdeutscher Förderung
1938	1 030 000	8,3 %
1939	1 140 000	7,7 %
1940	1 150 000	5,9 %
1941	1 040 000	5,7 %
1942	840 000	5,7 %
1943	830 000	5,5 %

Kohleförderung in Bayern (in t)

1932	1 583 000
1936	2 076 000
1938	2 901 000
1945	2 053 000

Auch andere Branchen profitierten von dieser Politik, so vor allem die chemische Industrie, die in großem Stil die Produktion von synthetischen Ersatzstoffen zum Beispiel für Mineralölprodukte und Kautschuk aufnahm, oder Unternehmen der Zellstoffherstellung, welche die Lücke füllten, die sich durch den Mangel an Baumwolle aufgetan hatte. So entstand 1935 in Kelheim die Süddeutsche Zellwolle AG, das bis dahin größte deutsche Zellstoffwerk, das auf eine Tagesleistung von 20 t Zellwolle kam.[29]

Bis Kriegsbeginn gab das Reich für die Aufrüstung rund 65 Mrd. Reichsmark aus, wovon rund die Hälfte mit Mitteln aus dem Reichshaushalt bestritten werden konnte; der Rest wurde über Kredite finanziert.[30] Das wichtigste Finanzierungsmittel waren die so genannten „Mefo-Wechsel", die von den Lieferanten des Staates auf die „Metallurgische Forschungsgesellschaft mbH" gezogen wurden, und die von der Reichsbank rediskontiert wurden, obwohl diese Gesellschaft nur über ein sehr geringes Eigenkapital verfügte. Diese Mefo-Wechsel waren zunächst nur als eine Art Vorfinanzierung gedacht, die 1938 mittels Steuereinnahmen und regulären Anleihen hätten eingelöst werden sollen. Sie traten an die Stelle der früheren Arbeitsbeschaffungswechsel, die aber im Unterschied zu den Mefo-Wechseln vor allem der Finanzierung von Infrastrukturmaßnahmen und anderen produktiven Investitionen gedient hatten. Mit den Mefo-Wechseln wurde dagegen nahezu ausschließlich die Aufrüstung und damit unrentierliche Produkte finanziert. Seit 1935 schöpfte auch der Staat schon weitgehend die Möglichkeiten des privaten Kreditmarktes aus. Private Emissionen, die schon seit 1933 nur in Ausnahmefällen zugelassen wurden, gab es jetzt so gut wie keine mehr. Die gesamten Ersparnisse der Bevölkerung wurden so vom Staat in Anspruch genommen, der seine Monopolstellung dazu nutzte, den Zinssatz zu drücken. Gleichzeitig ergriff er Maßnahmen, um auch die Aktienkurse zu senken, um so die Anlage in Aktien unattraktiv zu machen und die Sparquote weiter zu erhöhen. Auf diese Art konnte das Reich von 1935 bis 1939 Anleihen und Schatzanweisungen in Höhe von insgesamt 16,5 Mrd. Reichsmark am Kapitalmarkt platzieren.

Durch den steigenden Anteil der Rüstungsproduktion am Sozialprodukt schrumpfte das Angebot an Waren für den Konsum und da die umlaufende Geldmenge stark zunahm, stiegen trotz der staatlichen Gegenmaßnahmen die Preise. Auch die Autarkiebestrebungen trugen zum Anstieg der Preise bei, denn sie führten zur Verteuerung vor allem der Rohstoffe, welche die verarbeitende Industrie an ihre Abnehmer weitergeben musste. Als diese Preiserhöhungen die Aufrüstung zu hemmen drohten, fror die Reichsregierung im November 1936 die Preise kurzerhand ein. Staatliche Stellen überwachten diesen Preisstopp und setzten auch die Preise für neue Produkte fest; bei Staatsaufträgen überprüften sie zudem die Kalkulation der Anbieter. Das bereits 1931 eingerichtete Amt eines Reichskommissars für Preisüberwachung wandelte sich jetzt zum Kommissariat für Preisbildung.

Ab der Jahreswende 1936/37 herrschte Vollbeschäftigung. Eine Folge davon war, dass die Freizügigkeit der Arbeitnehmer weiter eingeschränkt wurde. In allen wichtigeren Wirtschaftszweigen konnte man jetzt nur noch mit Genehmigung des „Betriebsführers" das Arbeitsverhältnis auflösen. Und bis Ende 1938 war die wirtschaftliche Expansion dann bis zum Äußersten getrieben. Die Reserven an Arbeitskräften, Produktionskapazitäten und Rohstoffen waren voll ausgeschöpft, die Reichsbank warnte bereits vor dem Kollaps des Finanzierungssystems und bewirkte so tatsächlich einen Stopp der Ausgabe von Mefo-Wechseln. Aber dieses Innehalten war nur von kurzer Dauer, denn die außenpolitischen Ambitionen Hitlers ließen keine Rücksichtnahme auf wirtschaftspolitische Erwägungen zu. Die Aufrüstung wurde seit 1939 beschleunigt fortgesetzt und der Bau des „Westwalls" verschlang zusätzlich große Summen. Das Reich war auf frisches Kapital angewiesen, und das konnten ihm nur seine Bürger zur Verfügung stellen. Deshalb wurde die Reichsbank mittels eines neuen Statuts im Sinne des „Führerprinzips" umstrukturiert. Nunmehr konnte die Regierung bei der Reichsbank uneingeschränkt Kredite in Anspruch nehmen. Die Hauptaufgabe der Bank bestand seither darin, der Regierung die nötigen Zahlungsmittel zur Verfügung zu stellen.

Die deutsche Wirtschaft jener Zeit war durch hektische Betriebsamkeit gekennzeichnet. Alle Anstrengungen waren darauf gerichtet, die Kapazitäten der kriegswichtigen Produktionszweige auszubauen und deren Versorgung mit Rohstoffen auf inländischer Basis sicherzustellen, und diesem Ziel wurden alle Erwägungen volks- und betriebswirtschaftlicher Natur untergeordnet. Für Bayern hatte dies einen beträchtlichen Aufschwung gerade solcher Wirtschaftszweige zur Folge, die bisher von geringer Bedeutung gewesen waren, weil sie unter normalen wirtschaftlichen Rahmenbedingungen nicht konkurrieren konnten. Dazu gehörten vor allem der Bergbau, die Eisen- und Stahlerzeugung, aber auch ein Teil der Industrie der Steine und Erden. Zu den Industriezweigen, die von der nationalsozialistischen Wirtschaftpolitik besonders profitierten, zählten aber auch in Bayern längst wichtige Branchen wie der Maschinen- und Fahrzeugbau, der Apparatebau und die Elektroindustrie.

Nicht selten spielten politische Gründe eine entscheidende Rolle bei der Wahl der Standorte, wo Unternehmen erweitert oder neue angesiedelt werden sollten. Beispielsweise wurde in Regensburg, bis 1933 eine Hochburg des katholischen Konservatismus, mit der Ansiedlung eines Flugzeugwerks und anderer Rüstungsbetriebe gezielt die Industrialisierung und damit ein grundlegender Wandel der Sozialstruktur vorangetrieben.

Auch im Bereich der Energieversorgung Bayerns vollzogen sich unter der NS-Herrschaft tief greifende Veränderungen. Das „Gesetz zur Förderung der Energiewirtschaft" vom 13. Dezember 1935 erklärte die Energieversorgung zur

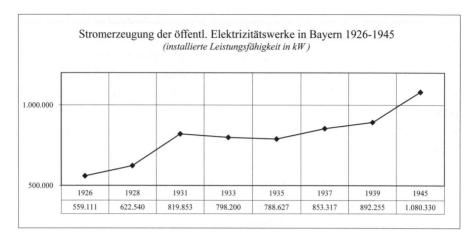

Stromerzeugung der öffentl. Elektrizitätswerke in Bayern 1926-1945
(installierte Leistungsfähigkeit in kW)

	1926	1928	1931	1933	1935	1937	1939	1945
	559.111	622.540	819.853	798.200	788.627	853.317	892.255	1.080.330

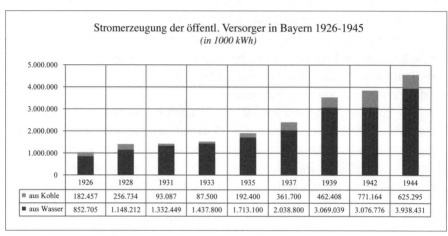

Stromerzeugung der öffentl. Versorger in Bayern 1926-1945
(in 1000 kWh)

	1926	1928	1931	1933	1935	1937	1939	1942	1944
aus Kohle	182.457	256.734	93.087	87.500	192.400	361.700	462.408	771.164	625.295
aus Wasser	852.705	1.148.212	1.332.449	1.437.800	1.713.100	2.038.800	3.069.039	3.076.776	3.938.431

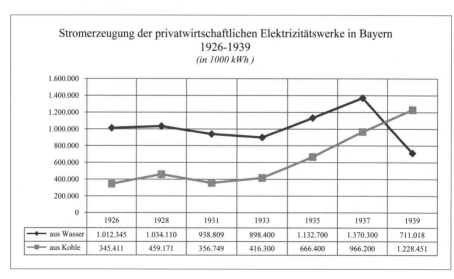

Stromerzeugung der privatwirtschaftlichen Elektrizitätswerke in Bayern 1926-1939
(in 1000 kWh)

	1926	1928	1931	1933	1935	1937	1939
aus Wasser	1.012.345	1.034.110	938.809	898.400	1.132.700	1.370.300	711.018
aus Kohle	345.411	459.171	356.749	416.300	666.400	966.200	1.228.451

Reichsangelegenheit und entzog den Ländern die Kompetenzen zur Regelung dieses wichtigen Wirtschaftsbereiches.[31] Das hatte empfindliche Eingriffe in die Stromversorgung Bayerns zur Folge. Über seine Aktienmehrheit bei der Rhein-Main-Donau-AG und über das reichseigene Innwerk verfügte das Reich zwar schon bisher über einen beträchtlichen Einfluss auf die bayerische Stromerzeugung. 1940 aber wurde als weiteres Energieunternehmen die „Bayerischen Wasserkraftwerke AG" gegründet, dem die Nutzung der gesamten Wasserkräfte des Lechs überlassen wurde, womit dieses Unternehmen zum schärfsten Konkurrenten des Bayernwerks aufstieg. Das war vor allem deswegen folgenreich, weil am neuen Unternehmen auch die Rheinisch-Westfälische Elektrizitätswerk AG (RWE) zu einem Drittel beteiligt war. Damit erhielt der größte Konkurrent des Bayernwerks einen direkten Zugang zum bayerischen Markt. 1942 verfügte das Reich zudem, dass Bayern 40 % der Aktien des Bayernwerkes an die reichseigene VIAG abtreten musste.

Anders als in der nationalsozialistischen Propaganda angekündigt, kam der Ausbau der Kapazitäten der bayerischen Wasserkraftwerke nur langsam voran. Das galt auch für die Arbeiten am Lech, die dem Regime zunächst besonders wichtig waren. Bayerns Wasserkraft hatte seit dem „Anschluss" Österreichs seine bisherige Priorität eingebüßt, da die Machthaber in Berlin seither ihr Interesse vor allem auf den bisherigen Grenzfluss Inn und die österreichischen Wasserkräfte richteten, die ein weitaus größeres ungenutztes Potenzial darstellten als die Bayerns. Die Folge des „Anschlusses" für Bayern war daher, dass der rasch wachsende Bedarf der bayerischen Industrie und der Konsumenten an elektrischer Energie größtenteils durch Kohlekraftwerke gedeckt werden musste.[32] Vor allem die privatwirtschaftlichen Kraftwerke waren vermehrt auf die Kohle angewiesen, wozu auch die großen Unternehmen der Industrie zählten (siehe Diagramme S. 308).

Im Übrigen aber hat die bayerische Wirtschaft von der außenpolitischen Entwicklung durchaus profitiert. Durch die Annexionen Österreichs und der westlichen Teile der Tschechoslowakei kam Bayern aus seiner bisherigen Randlage und rückte in das Zentrum des erweiterten „großdeutschen" Wirtschaftraumes. Die gleichzeitige Intensivierung der politischen und wirtschaftlichen Beziehungen des deutschen Reiches zu den südosteuropäischen Staaten verstärkte die positiven Wirkungen dieses Wandels.

Das Städtewachstum 1871–1939

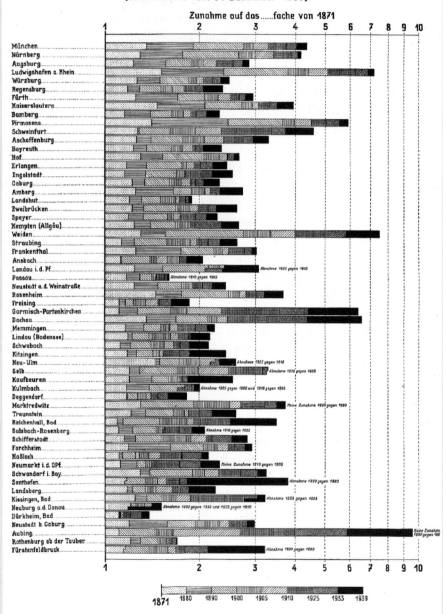

4. Bevölkerungswachstum und Bevölkerungsbewegung

Im Zeitraum von 1910 bis 1925 wuchs die bayerische Bevölkerung von 6,882 auf 7,379 Mio., von 1925 bis 1933 auf 7,681 Mio. und von 1933 bis 1939 auf 8,050 Mio. an. Im ersten Zeitraum betrug der durchschnittliche jährliche Zuwachs 0,48 %, im zweiten 0,51 % und im dritten 0,8 %. Ein Vergleich der Bevölkerungszunahme Bayerns mit der anderer Länder und des Reiches im Zeitraum von 1890 bis 1939 zeigt folgendes Bild:[33]

Land	Bevölkerungszunahme in Prozent						
	1890-1895	1895-1900	1900-1905	1905-1910	1910-1925	1925-1933	1933-1939
Preußen	6,3	8,2	8,2	7,7	8,9	4,6	4,9
Bayern	4,0	6,1	5,6	5,6	7,2	4,1	5,8
Sachsen	8,1	10,9	7,3	6,6	3,9	4,1	0,7
Württemberg	2,2	4,2	6,1	5,9	5,9	4,5	7,5
Reich gesamt	5,8	7,8	7,6	7,1	8,0	4,5	3,8

Der Abstand der Zuwachsraten Bayerns zu denen des Reiches hat sich somit seit 1890 kontinuierlich verringert, nämlich von 1,8 Prozentpunkten im Zeitraum von 1890/95 auf 0,4 Prozentpunkte 1925/33. Von 1933 bis 1939 aber wuchs dann die Bevölkerung in Bayern erstmals schneller als im Reichsdurchschnitt; sie nahm um 5,8 % zu, während es im Reich 3,8 % waren.[34] Um 1910 lebten in Bayern durchschnittlich 90,6 Personen auf einem qkm, im Reichsdurchschnitt dagegen 120.[35] 1925 waren es in Bayern 97,1 Personen und im Reichsdurchschnitt 133, 1933 in Bayern 101,1 und im Reich 139, 1939 schließlich in Bayern 106,5 und im Reich 136,4.[36]

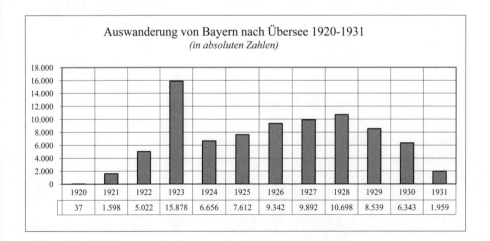

Auswanderung von Bayern nach Übersee 1920-1931
(in absoluten Zahlen)

	1920	1921	1922	1923	1924	1925	1926	1927	1928	1929	1930	1931
	37	1.598	5.022	15.878	6.656	7.612	9.342	9.892	10.698	8.539	6.343	1.959

Das Bevölkerungswachstum verlief jedoch keineswegs geradlinig. Während des Ersten Weltkriegs und der anschließenden Hunger- und Krisenjahre war es deutlich niedriger, zudem lag es in diesem Zeitraum nach wie vor deutlich unter der Geburtenrate, obwohl auch diese erheblich zurückgegangen war. Betrug der Geburtenüberschuss Bayerns 1913 noch 11,5 %, so sank er bis 1933 auf nur mehr 4,8 % ab. Erst danach legte er wieder zu; 1934 lag er bei 7,4 %.

Dass das Bevölkerungswachstum Bayerns relativ gemäßigt ausfiel, war in erster Linie Folge der Abwanderung, wobei in der unmittelbaren Nachkriegszeit auch die Übersee-Auswanderung wieder stärker zu Buche schlug. Im Zeitraum von 1910 bis 1925 gaben 54,3 % aller Auswanderer ein Ziel in Übersee an, im Zeitraum von 1925 bis 1933 noch 44,3 %. Dieser relative Rückgang war aber vor allem auf Einwanderungs-Restriktionen der Aufnahmeländer zurückzuführen, die mit Beginn der Weltwirtschaftkrise 1929/30 verhängt wurden (siehe Diagramm S. 311 unten).

Sowohl die Geburtenrate als auch die Abwanderungsverluste variierten wie schon vor dem Ersten Weltkrieg von Regierungsbezirk zu Regierungsbezirk erheblich. Das zeigt der nachfolgende Überblick über die Bevölkerungsentwicklung der Regierungsbezirke 1925 bis 1933:[37]

Regierungs-bezirk	Bevölkerungs-zunahme	Geburtenüber-schuss	Wanderungs-gewinn bzw. -verlust absolut	Wanderungs-gewinn bzw. -verlust in %
Oberbayern	91 768	58 020	+ 33 748	0,68 %
Niederbayern	14 491	58 638	- 44 147	0,24 %
Oberpfalz	23 238	53 712	- 30 437	0,46 %
Oberfranken	29 090	49 179	- 20 089	0,48 %
Mittelfranken	37 271	41 504	- 4 233	0,47 %
Unterfranken	34 084	52 139	- 18 055	0,56 %
Schwaben	18 122	38 170	- 20 048	0,26 %
Pfalz	53 926	69 065	- 15 139	0,72 %
Bayern	*301 990*	*420 427*	*- 118 437*	*0,46 %*

Mit Ausnahme von Oberbayern hatten somit alle Regierungsbezirke Wanderungsverluste, wenn auch in sehr unterschiedlichem Ausmaß, hinzunehmen. Selbst im stark industrialisierten Mittelfranken zogen mehr Menschen weg als zu, aber besonders stark war diese Abwanderung nach wie vor in den gering industrialisierten Regierungsbezirken. Bis 1939 änderte sich das Bild erheblich.

Die Entwicklung der Bevölkerung in den Regierungsbezirken von 1933 bis 1939[38]

Regierungs-bezirk	Bevölkerungs-zunahme	Geburtenüber-schuss	Wanderungs-gewinn bzw. -verlust absolut	Wanderungs-gewinn bzw. -verlust in %
Oberbayern	184 865	57 156	+127 709	+ 7,2
Niederbayern	13 603	45 573	- 31 970	- 3,7
Oberpfalz	34 228	41 771	- 7 543	- 1,2
Oberfranken	21 575	36 703	-15 128	- 1,9
Mittelfranken	40 864	33 855	+ 7 009	+ 0,7
Unterfranken	45 039	43 592	+ 1 447	+ 0,2
Schwaben	47 011	34 410	+ 12 601	+ 1,4
Pfalz	65 791	53 405	+ 12 386	+ 1,3
Bayern	*452 976*	*346 465*	*+ 106 511*	*+ 1,4*

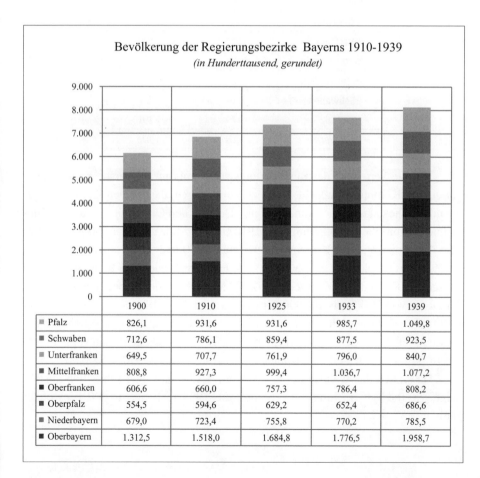

Bevölkerung der Regierungsbezirke Bayerns 1910-1939
(in Hunderttausend, gerundet)

	1900	1910	1925	1933	1939
Pfalz	826,1	931,6	931,6	985,7	1.049,8
Schwaben	712,6	786,1	859,4	877,5	923,5
Unterfranken	649,5	707,7	761,9	796,0	840,7
Mittelfranken	808,8	927,3	999,4	1.036,7	1.077,2
Oberfranken	606,6	660,0	757,3	786,4	808,2
Oberpfalz	554,5	594,6	629,2	652,4	686,6
Niederbayern	679,0	723,4	755,8	770,2	785,5
Oberbayern	1.312,5	1.518,0	1.684,8	1.776,5	1.958,7

Die Abwanderung verlangsamte sich zu Beginn der 1930er-Jahre zunächst und schlug dann in eine Zuwanderung beträchtlichen Ausmaßes um. Dadurch nahm auch die Abwanderung aus den strukturschwachen Regionen ab, während die Zuwanderung in den wirtschaftlich prosperierenden nochmals deutlich zunahm. Am stärksten war sie nach wie vor in Oberbayern, und zwar nicht nur in München und den anderen größeren Städten, sondern auch in den Landkreisen; denn Letztere verbuchten einen Zuwanderungsgewinn von 7,5 %, die Stadtkreise dagegen von 6,9 %[39].

Sehr unterschiedlich war auch die Bevölkerungsdichte der einzelnen Regierungsbezirke:[40]

Regierungsbezirk	Einwohner pro qkm	
	1933	1939
Oberbayern	107	117
Niederbayern	69	70
Oberpfalz	68	71
Oberfranken	105	108
Mittelfranken	69	71
Unterfranken	94	100
Schwaben	88	93
Pfalz	179	191
Bayern	*101*	*106*

Was die Verteilung des Bevölkerungswachstums auf die verschiedenen Kategorien von Kommunen angeht, so ist zu konstatieren, dass in den ländlichen Gemeinden nahezu kein Wachstum stattfand. Denn in den Orten mit bis zu 2000 Einwohnern nahm die Bevölkerung von 1910 bis 1925 nur um rund 5000 Menschen oder 0,13 % zu. Bei den Kommunen zwischen 2000 und 5000 Einwohnern betrug der Zuwachs im gleichen Zeitraum 113 804 Einwohner oder 16,1 %, in den Städten zwischen 5000 und 20 000 dagegen 107 100 Menschen oder 18,5 %, und in Städten der Größe von 20 000 bis 100 000 Einwohnern waren 99 100 mehr Menschen oder 13,4 %. In den Großstädten mit mehr als 100 000 Einwohnern schließlich war der Zuwachs am stärksten; sie verzeichneten 478 100 zusätzliche Einwohner, was einem Zuwachs von 54,4 % entsprach (siehe Diagramme S. 310 u. 318).

Dass auch das Wachstum der größeren Städte sehr unterschiedlich ausfiel, zeigt v. a. die Entwicklung jener Städte, die 1939 mehr als 10 000 Einwohner zählten.

Wachstum der Städte mit mehr 10 000 Einwohner (1939)[41]

Stadt	Regierungsbezirk	Bevölkerung			
		1910	1925	1933	1939
München	Oberbayern	596 467	680 704	735 388	829 318
Nürnberg	Mittelfranken	333 142	392 494	410 438	423 388
Augsburg	Schwaben	123 015	165 522	176 575	185 374
Würzburg	Unterfranken	84 496	89 910	101 003	107 515
Ludwigshafen	Pfalz	83 301	165 530	176 575	194 523
Regensburg	Oberpfalz	52 624	76 948	81 106	95 631
Fürth	Mittelfranken	66 553	73 693	77 135	82 315
Kaiserslautern	Pfalz	54 659	50 152	54 161	70 517
Bamberg	Oberfranken	48 063	50 152	54 161	59 466
Schweinfurt	Oberfranken	22 194	36 336	40 176	49 321
Bayreuth	Oberfranken	34 547	35 306	37 196	45 028
Hof	Oberfranken	41 126	41 377	43 545	44 877
Aschaffenburg	Unterfranken	9892	34 056	36 260	45 379
Pirmasens	Pfalz	38 463	42 996	47 235	50 560
Erlangen	Mittelfranken	24 877	29 597	32 348	35 964
Ingolstadt	Oberbayern	23 745	26 630	28 628	33 394
Coburg	Oberfranken	24 701	29 038	32 552	
Amberg	Oberpfalz	25 242	26 330	27 082	31 775
Landshut	Niederbayern	25 137	26 105	30 858	31 573
Speyer	Pfalz	23 045	25 609	27 718	30 072
Weiden	Oberpfalz	14 921	19 536	22 775	29 372
Kempten	Schwaben	21 001	21 874	25 670	29 700
Straubing	Niederbayern	22 021	23 593	25 893	28 962
Ansbach	Mittelfranken	19 995	21 923	23 033	25 958
Passau	Niederbayern	20 983	24 428	25 151	25 565
Neustadt a. H.	Pfalz	19 288	20 726	22 238	24 476
Frankenthal	Pfalz	18 779	24 647	26 080	27 020
Landau/Pf.	Pfalz	17 767	17 325	19 758	
Rosenheim	Oberbayern	15 969	17 998	19 060	21 809
Zweibrücken	Pfalz	15 250	25 047	26 719	30 940
Freising	Oberbayern	14 946	14 974	16 211	19 734
Garmisch-P.	Oberbayern	6708	10 107	12 565	18 079
Dachau	Oberbayern	5764	7148	8234	17 684
Memmingen	Schwaben	12 362	14 049	15 324	16 191

Stadt	Regierungsbezirk	Bevölkerung			
Neu-Ulm	Schwaben	12 395	11 919	12 741	14 571
Schwabach	Mittelfranken	11 195	11 782	12 720	14 518
Kitzingen	Unterfranken	9113	10 272	11 106	14 453
Selb	Oberfranken	10 500	13 366	13 912	13 812
Kaufbeuren	Schwaben	9094	9160	9549	13 381
Kulmbach	Oberfranken	10 731	11 874	12 089	12 641
Deggendorf	Niederbayern	7478	7843	8317	12 057
Marktredwitz	Oberfranken	6635	7636	8525	11 791
Traunstein	Oberbayern	7686	9028	9882	11 714
Bad Reichenh.	Oberbayern	6386	8274	8282	11 538
Sulzbach-Rosenb.	Oberpfalz	7914	9009	9797	11 488
Forchheim	Oberfranken	9150	9574	10 338	10 988
Schwandorf	Oberpfalz	7406	8633	808	10 459
Landsberg	Oberbayern	7285	7728	8254	10 054

Die größten Städte waren somit auch jene mit dem größten Wachstum, und dabei handelte es sich zugleich auch um die wichtigsten Industriestädte: München, Nürnberg, Augsburg, Würzburg, Ludwigshafen, Regensburg, Fürth, Kaiserslautern, Bamberg, Schweinfurt, Bayreuth, Hof, Aschaffenburg, Pirmasens, Erlangen und Ingolstadt. 13 dieser 16 Industriestädte lagen im rechtsrheinischen Bayern, die restlichen drei in der Pfalz.

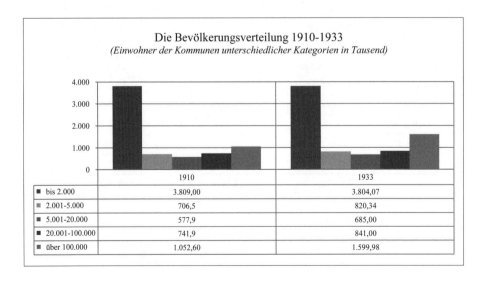

Die Bevölkerungsverteilung 1910-1933
(Einwohner der Kommunen unterschiedlicher Kategorien in Tausend)

	1910	1933
bis 2.000	3.809,00	3.804,07
2.001-5.000	706,5	820,34
5.001-20.000	577,9	685,00
20.001-100.000	741,9	841,00
über 100.000	1.052,60	1.599,98

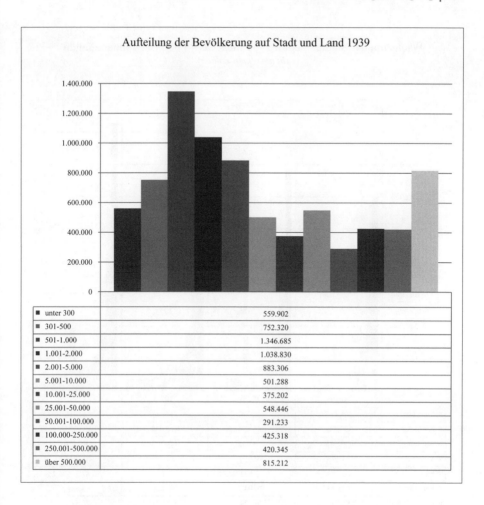

Aufteilung der Bevölkerung auf Stadt und Land 1939

■ unter 300	559.902
■ 301-500	752.320
■ 501-1.000	1.346.685
■ 1.001-2.000	1.038.830
■ 2.001-5.000	883.306
■ 5.001-10.000	501.288
■ 10.001-25.000	375.202
■ 25.001-50.000	548.446
■ 50.001-100.000	291.233
■ 100.000-250.000	425.318
■ 250.001-500.000	420.345
■ über 500.000	815.212

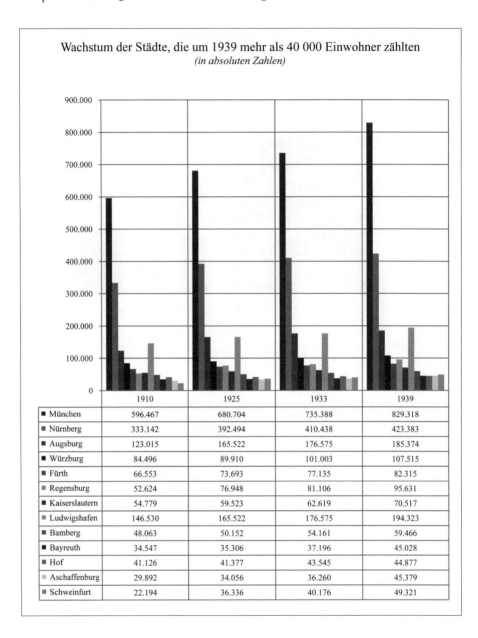

Wachstum der Städte, die um 1939 mehr als 40 000 Einwohner zählten
(in absoluten Zahlen)

	1910	1925	1933	1939
■ München	596.467	680.704	735.388	829.318
■ Nürnberg	333.142	392.494	410.438	423.383
■ Augsburg	123.015	165.522	176.575	185.374
■ Würzburg	84.496	89.910	101.003	107.515
■ Fürth	66.553	73.693	77.135	82.315
■ Regensburg	52.624	76.948	81.106	95.631
■ Kaiserslautern	54.779	59.523	62.619	70.517
■ Ludwigshafen	146.530	165.522	176.575	194.323
■ Bamberg	48.063	50.152	54.161	59.466
■ Bayreuth	34.547	35.306	37.196	45.028
■ Hof	41.126	41.377	43.545	44.877
▨ Aschaffenburg	29.892	34.056	36.260	45.379
■ Schweinfurt	22.194	36.336	40.176	49.321

5. Die Erwerbs- und Wirtschaftsstruktur

1919 nahm Bayern rund 16 % des Reichsgebiets ein und es lebten dort knapp 11,8 % der deutschen Wohnbevölkerung. Die Zahl der Erwerbstätigen stieg zwischen 1907 und 1925 um rund 547 000 an, das entsprach einem Zuwachs von 16 %; auf Reichsebene waren es ca. 14 %.[42] Dabei stieg der Anteil der „eigentlichen Erwerbstätigen" von 34,6 % auf 37,9 %, während derjenige der „mithelfenden Familienangehörigen" von 14,9 % auf 13,9 % und derjenige der Hausangestellten von 2,2 % auf 1,9 % absanken.[43] In Bayern lag die Erwerbsquote 1925 damit bei 53,7 %, im Reich dagegen bei 51,3 %. Erneut war die bayerische Erwerbsquote somit deutlich höher als die des Reiches, und wieder spielte dabei der relativ hohe Anteil berufstätiger Frauen eine wichtige Rolle. 1925 lag dieser in Bayern bei 39,4 % und im Reich bei 35,8 %. Am größten war der Anteil der Frauen bei den „häuslichen Diensten", wo sie 93,5 % der Erwerbstätigen stellten; es folgten das Gesundheitswesen mit 50,6 %, die Landwirtschaft mit 50,5 %, Handel und Verkehr mit 33,7 % und das Gewerbe mit 22,6 %.

Noch immer aber wies Bayern hinsichtlich seines Industrialisierungsgrads einen deutlichen Rückstand gegenüber dem Reichsgebiet auf (siehe Diagramm unten).

Die schon seit der zweiten Hälfte des 19. Jahrhunderts zu beobachtende Bedeutungseinbuße des Agrarsektors beschleunigte sich im 20. Jahrhundert; die von der Landwirtschaft lebende Bevölkerung nahm nun nicht mehr nur relativ, sondern auch in absoluten Zahlen deutlich ab. Die stärkste Zunahme dagegen hatten die Berufsabteilungen „Gesundheitswesen" (von 1907 bis 1925 um +48,9 %) und „Handel und Verkehr" (von 1907 bis 1925 um +32,3 %) zu verzeichnen. In absoluten Zahlen aber nahm der Sektor Industrie und Handwerk am stärksten zu.[44]

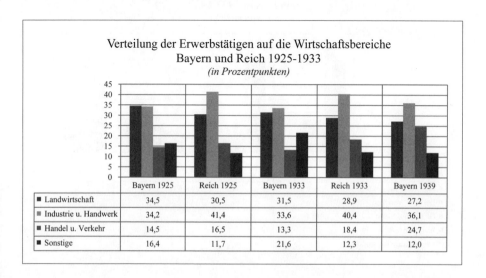

Verteilung der Erwerbstätigen auf die Wirtschaftsbereiche
Bayern und Reich 1925-1933
(in Prozentpunkten)

	Bayern 1925	Reich 1925	Bayern 1933	Reich 1933	Bayern 1939
■ Landwirtschaft	34,5	30,5	31,5	28,9	27,2
■ Industrie u. Handwerk	34,2	41,4	33,6	40,4	36,1
■ Handel u. Verkehr	14,5	16,5	13,3	18,4	24,7
■ Sonstige	16,4	11,7	21,6	12,3	12,0

Dass diese auf ganz Bayern bezogenen statistischen Werte die realen Verhältnisse nur sehr unzureichend widerspiegeln, zeigt ein Blick auf die berufliche Gliederung der Bevölkerung in den einzelnen Regierungsbezirken.

Die Zahl der in der Landwirtschaft Tätigen nahm in Bayern somit schneller
ab als auf Reichsebene. Industrie und Gewerbe erreichten in den 1920er-Jahren
einen solchen Umfang, dass man Bayern nun oft als „Agrar-Industriestaat" be-

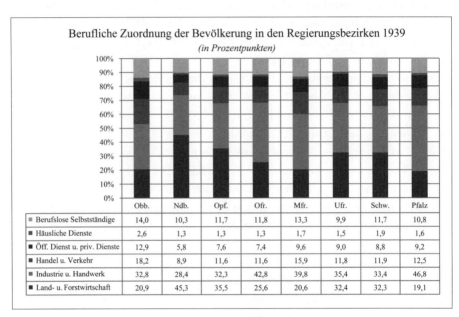

Berufliche Zuordnung der Bevölkerung in den Regierungsbezirken 1939
(in Prozentpunkten)

	Obb.	Ndb.	Opf.	Ofr.	Mfr.	Ufr.	Schw.	Pfalz
■ Berufslose Selbstständige	14,0	10,3	11,7	11,8	13,3	9,9	11,7	10,8
■ Häusliche Dienste	2,6	1,3	1,3	1,3	1,7	1,5	1,9	1,6
■ Öff. Dienst u. priv. Dienste	12,9	5,8	7,6	7,4	9,6	9,0	8,8	9,2
■ Handel u. Verkehr	18,2	8,9	11,6	11,6	15,9	11,8	11,9	12,5
■ Industrie u. Handwerk	32,8	28,4	32,3	42,8	39,8	35,4	33,4	46,8
■ Land- u. Forstwirtschaft	20,9	45,3	35,5	25,6	20,6	32,4	32,3	19,1

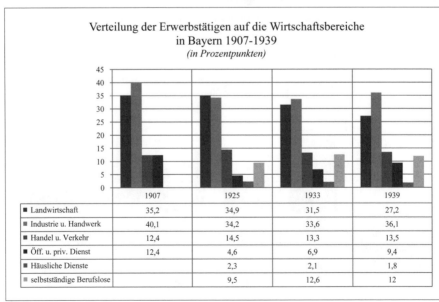

Verteilung der Erwerbstätigen auf die Wirtschaftsbereiche
in Bayern 1907-1939
(in Prozentpunkten)

	1907	1925	1933	1939
■ Landwirtschaft	35,2	34,9	31,5	27,2
■ Industrie u. Handwerk	40,1	34,2	33,6	36,1
■ Handel u. Verkehr	12,4	14,5	13,3	13,5
■ Öff. u. priv. Dienst	12,4	4,6	6,9	9,4
■ Häusliche Dienste		2,3	2,1	1,8
■ selbstständige Berufslose		9,5	12,6	12

zeichnete. Das sollte zum Ausdruck bringen, dass die Landwirtschaft nach wie vor Bayerns Erscheinungsbild prägte, auch wenn Gewerbe und Industrie auf dem Vormarsch waren. Doch verschleierte diese Bezeichnung die Tatsache, dass Letztere für die Wirtschafts- und Finanzkraft Bayerns schon seit Jahrzehnten von weitaus größerer Bedeutung waren als die Landwirtschaft.

Die Sozialstruktur Bayerns war auch nach dem Ersten Weltkrieg noch von einem beachtlichen Prozentsatz an Selbstständigen und ihrer im Betrieb mitarbeitenden Familienangehörigen geprägt. 1925 stellten sich die Verhältnisse bei den Erwerbstätigen insgesamt wie folgt dar:[45]

	Bayern	Reich
Selbstständige und Betriebsleiter	20,9 %	16,5 %
Angestellte und Beamte	13,0 %	17,3 %
Arbeiter	36,7 %	49,3 %
Mithelfende Familienangehörige	25,9 %	17,0 %
Hausangestellte	3,5 %	

Ein Blick auf das Handwerk zeigte 1926 folgendes Bild:[46]

Soziale Stellung	Bayern		Reich	
	Zahl	Prozent	Zahl	Prozent
Selbstständige	200 210	43,7	1 320 515	33,7
Mithelfende Familienangehörige	1876	0,4	201 650	5,1
Gesellen	171 241	37,3	1 517 047	38,7
Lehrlinge	84 996	18,5	766 666	19,6
Angestellte	67	0,01	109 325	2,8
Summe	*458 390*	*99,9*	*3 915 203*	*99,9*

Am stärksten waren die Selbstständigen und mithelfenden Familienangehörigen in der Landwirtschaft vertreten (siehe Diagramm S. 322).

Nach der Erwerbs- und Berufsstatistik von 1925, der letzten großen Datenerhebung vor der Weltwirtschaftskrise, waren in Bayern 3,96 Mio. Menschen erwerbstätig, im Reich 32 Mio.[47] Bayern hielt damit bei einem Anteil an der Reichsbevölkerung von 11,8 % einen Anteil an den Erwerbstätigen von 12,4 %. Von den 4,492 Mio. Erwerbstätigen, die man 1925 einschließlich „berufslosen Erwerbstätigen" in Bayern zählte, waren rund 1,735 Mio. in der Landwirtschaft tätig, was einem Anteil von 38,6 % entsprach.[48] Auf Reichsebene betrug dieser Anteil 30,5 %.[49] 1925 betrug der bayerische Anteil an in der Industrie und im Handwerk Beschäftigten des Reiches nur 8,3 %, dieser stieg aber bis 1929 um beachtliche 0,8 % an.

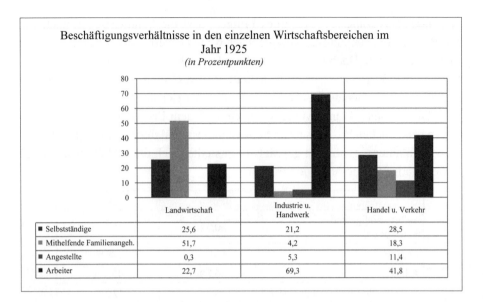

Beschäftigungsverhältnisse in den einzelnen Wirtschaftsbereichen im Jahr 1925
(in Prozentpunkten)

	Landwirtschaft	Industrie u. Handwerk	Handel u. Verkehr
■ Selbstständige	25,6	21,2	28,5
■ Mithelfende Familienangeh.	51,7	4,2	18,3
■ Angestellte	0,3	5,3	11,4
■ Arbeiter	22,7	69,3	41,8

Bayern holte damit seinen Rückstand in diesem Bereich rasch auf, was noch deutlicher wird, wenn man den betrieblichen Maschineneinsatz betrachtet. Denn während dieser auf Reichsebene von 1925 bis 1939 von 146 auf 231 PS je 100 Beschäftigte zunahm, was 58 % entsprach, stieg er in Bayern von 108 PS im Jahr 1925 auf 207 PS, was einen Zuwachs von 92 % bedeutete.[50]

In Industrie und Handwerk fanden 1925 in Bayern über 1 335 000 Menschen Beschäftigung, das entsprach 29,7 % der Erwerbstätigen; bei Abzug der „berufslosen Erwerbstätigen" – Rentner, Anstaltsinsassen etc. – erhöhte sich dieser Anteil auf 33,7 %[51]; im Reich lag diese Quote bei 42,1 %. Zudem gab es in Bayern ein sehr großes Gefälle zwischen Stadt und Land. So hat man für die größeren bayerischen Industriestädte errechnet, dass hier rund 60 % der Arbeitsplätze der Industrie und dem Handwerk zuzuordnen waren, wobei es allerdings zwischen den Städten große Unterschiede gab, denn ihr Anteil reichte von rund 70 % in Augsburg bis zu 47 % in Regensburg.

Der Wirtschaftsbereich „Dienstleistungen, Handel und Verkehr" zählte in Bayern 1925 ca. 521 000 Erwerbstätige, das entsprach einem Anteil an den Erwerbstätigen von 15 %. Er konzentrierte sich in den Städten und industriellen Zentren, wo sein Anteil bis zu 40 % ausmachte. Viel geringer war sein Umfang in den ländlichen Regionen, weshalb Bayern auch in diesem Wirtschaftsbereich insgesamt deutlich hinter dem Reich zurücklag; denn hier waren 1925 etwa 20 % aller Erwerbstätigen in Handel und Dienstleistungen tätig.

Während der Weltwirtschaftskrise gingen dann vor allem in der Industrie viele Arbeitsplätze verloren, wobei die einzelnen Branchen davon in sehr unterschiedlichem Maße betroffen waren:

Arbeitslosenquote in Bayern 1933[52]

Branche	Arbeitslosenquote in Prozent
Textilindustrie	13,0
Industrie der Steine u. Erden	32,3
Elektroindustrie	40,4
Eisen- u. Metallgewinnung	40,7
Eisen, Stahl- u. Metallverarbeitung	42,3
Maschinen- u. Apparatebau	43,4
Bau- und Baunebengewerbe	46,5
Musikinstrumente- u. Spielwarenindustrie	55,2

Insgesamt betrug der Arbeitsplatzverlust im produktiven Sektor in Bayern mehr als 200 000 Stellen, was einem Rückgang von rund 19 % entsprach. Er war damit aber erheblich geringer als in anderen Teilen des Reiches, wo er in diesem Sektor bei 30 % lag. In der Höhe des Reichsdurchschnittes bewegte sich der Arbeitsplatzabbau in Bayern nur in den Industriestädten, während er in den kleineren Städten und auf dem Land teilweise sehr viel gemäßigter ausfiel. Auch der Handels- und Dienstleistungsbereich war vom Stellenabbau betroffen, doch in geringerem Umfang; hier betrug der Verlust rund 7 %, zudem beschränkte er sich weitgehend auf die Städte.

Während der Weltwirtschaftskrise ging aber auch in der Landwirtschaft die Beschäftigtenzahl zurück; in Bayern war diese 1933 um rund 83 000 kleiner als 1925. Dieser Arbeitsplatzabbau ging jedoch vornehmlich auf den strukturellen Wandlungsprozess zurück und setzte sich daher auch nach 1933 fort; erst nach dem Zusammenbruch 1945 kam er vorübergehend zum Stillstand.

Insgesamt verringerte sich die Zahl aller Erwerbstätigen während der Weltwirtschaftskrise in Bayern um rund eine halbe Mio., womit die Entwicklung Bayerns ziemlich genau im nationalen Durchschnitt lag. Etwa 183 000 der abgebauten Stellen entfielen auf die größten Industriestädte Bayerns;[53] und während von den in Städten angesiedelten Arbeitsplätzen rund ein Viertel verlorenging, war es auf dem Land nur etwa ein Achtel.

Der 1933 einsetzende Wirtschaftsaufschwung führte bis 1939 zu einer Zunahme der Erwerbstätigen von 3,508 Mio. auf 4,285 Mio., das waren 22,1 %.[54] Und dies, obwohl in der Land- und Forstwirtschaft gleichzeitig mehr als 35 000 Arbeitsplätze verlorengingen. Die meisten der neuen Arbeitsplätze – fast 449 000, das war ein Zuwachs von 56,2 % – entstanden in Industrie und Handwerk. Im Bereich „Öffentlicher Dienst und private Dienstleistungen" betrug der Zuwachs rund 139 000 oder 50,1 %, in „Handel und Verkehr" ca. 117 100 oder 23,4 % und bei den „Häuslichen Diensten" 8000 oder 6,2 %.

Dieses Wachstum war dort am stärksten, wo die Einbrüche vorher am heftigsten gewesen waren. Allein in den genannten 13 Industriestädten entstanden bis 1939 fast 265 000 neue Arbeitsplätze.[55] Dieser Zuwachs dauerte über 1939 hinaus an, wobei er sich auch weiterhin sehr stark auf die Industriezentren konzentrierte. Schon bis 1939 konnten München, Nürnberg, Regensburg, Schweinfurt und Aschaffenburg die Zahl ihrer Industriebeschäftigten in etwa verdoppeln und auch die anderen größeren Städte wiesen beträchtliche Zuwachsraten auf. In Ingolstadt wuchs die Zahl um 80 %, in Erlangen um 70 %, in Augsburg um 56 % und in Würzburg um 53 %. In den kleineren Städten und in den Regionen lag dieses Wachstum zwischen 25 % und 35 %. Insgesamt wuchs die Zahl der in Industrie und Gewerbe Tätigen bis 1939 um 54 %; damit blieb das Wachstum aber unter dem Reichsdurchschnitt, denn dieser lag bei 62 %.

Trotz der Weltwirtschaftkrise hat sich die Zahl der Erwerbstätigen in Bayern von 1925 bis 1939 somit von 3,960 Mio. auf 4,285 Mio. erhöht, und dies bei einem gleichzeitigen Rückgang der in der Land- und Forstwirtschaft Tätigen um fast 144 000. Im Bereich der Industrie dagegen war die Zahl der Erwerbstätigen um mehr als 189 000 angestiegen, im Bereich von Handel, Verkehr und Dienstleistungen sogar um über 295 000.[56] Industrie und Handwerk rangierten sowohl hinsichtlich des Arbeitsplatzangebots wie auch des Anteils an der Wertschöpfung weit vor allen anderen Wirtschaftsbereichen.[57]

Ein besonderes Charakteristikum der Entwicklung nach 1933 ist ein starker Schwund an klein- und mittelständischen Betrieben im produktiven Gewerbe, der vor allem auf die massive Förderung der großen Industriebetriebe durch das NS-Regime zurückzuführen ist. Während die Zahl aller Erwerbstätigen dieses Sektors von 1933 bis 1939 insgesamt um rund 275 000 zunahm, verringerte sich die der selbstständig Erwerbstätigen um ca. 72 500, was 8,9 % entsprach. Dagegen nahm die Zahl der Arbeiter um 8,5 %, die der Angestellten um 25,9 % und die der Beamten um 26,3 % zu.[58] Die Gesamtzahl der Arbeiter und Angestellten betrug 1932 noch 1,191 Mio., 1938 aber 2,019 Mio. In der Industrie waren davon 1932 erst 348 200 beschäftigt, 1936 aber schon 571 700 und 1938 schließlich 627 700.[59] Und während der Anteil der Selbstständigen und ihrer Angehörigen an der Bevölkerung von 1933 bis 1939 um 15,1 % abnahm, so legte der Anteil der Arbeiter um 12,3 %, der der Beamten um 16,1 % und der der Angestellten um 28,5 % zu. Damit verschob sich die Verteilung zwischen Selbstständigen und abhängig Beschäftigten erheblich. 1925 waren 46,8 % und 1933 noch 42,6 % der Bevölkerung dem Sektor Selbstständige oder mithelfende Familienangehörige zuzuordnen; in nur sechs Jahren nationalsozialistischer Wirtschaft hat sich dieser Anteil auf 37,4 % vermindert (siehe Diagramme S. 325).

Besonders betroffen vom Rückgang der Selbstständigkeit war das Handwerk. Dessen Lage wurde 1931 noch durchaus positiv geschildert: „Der gegenwärtige

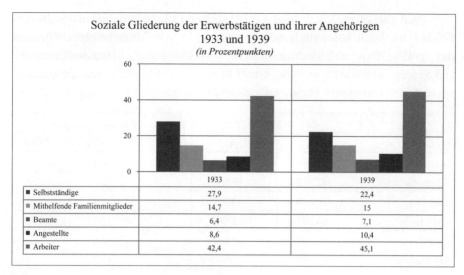

Soziale Gliederung der Erwerbstätigen und ihrer Angehörigen
1933 und 1939
(in Prozentpunkten)

	1933	1939
■ Selbstständige	27,9	22,4
■ Mithelfende Familienmitglieder	14,7	15
■ Beamte	6,4	7,1
■ Angestellte	8,6	10,4
■ Arbeiter	42,4	45,1

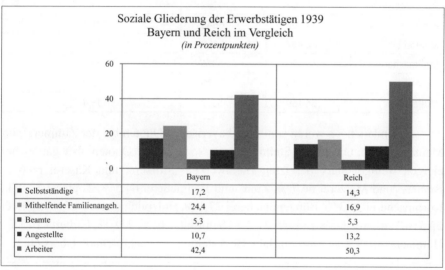

Soziale Gliederung der Erwerbstätigen 1939
Bayern und Reich im Vergleich
(in Prozentpunkten)

	Bayern	Reich
■ Selbstständige	17,2	14,3
■ Mithelfende Familienangeh.	24,4	16,9
■ Beamte	5,3	5,3
■ Angestellte	10,7	13,2
■ Arbeiter	42,4	50,3

Stand des Handwerks zeigt ein abwechslungsreiches Bild. In einzelnen Zweigen, zum Beispiel in Bäckerei, Fleischerei, Friseurgewerbe, Baugewerbe hat sich das Handwerk so gut wie voll behauptet. In anderen Zweigen erhält es sich durch lokalen Absatz, durch individuelle, z. T. künstlerische Gestaltung der Produktion, durch Reparatur und Anbringung sowie durch Handel mit einschlägigen fabrikmäßig hergestellten Erzeugnissen. Ferner hat die technische Entwicklung neue Arbeitsgebiete dem Handwerk erschlossen, so im Zusammenhang mit der Elektrizitäts- und Automobilindustrie, die der Installateure, Elektroinstallateure, Maschinen- und Arbeitsschlosser. Besonders die Befriedigung des großstädtischen Bedarfs hat vielen Handwerkern einen starken Rückhalt für ihre Erhaltung und Entwicklung gegeben."[60]

1926 gab es im Reich rund 1,8 Mio. Handwerksbetriebe, davon in Bayern 199 314. Im Reich waren im Handwerk rund 3,915 Mio. Menschen beschäftigt, in Bayern 458 390. Im Reich kamen damit auf 1000 Einwohner 21 Handwerksbetriebe und 59,5 darin Beschäftigte, in Bayern 27 Betriebe und 61,9 darin Beschäftigte. Die am stärksten vertretenen Handwerke Bayerns waren:

Handwerkszweig	Zahl der Betriebe		Bayerns Anteil am jeweiligen Handwerkszweig in Prozentpunkten
	Reich	Bayern	
Schneiderei	214 999	31 909	14,8
Schuhmacherei	147 377	19 504	13,2
Tischlerei	92 088	13 749	14,9
Fleischerei	84 392	13 087	15,5
Bäckerei	97 397	12 462	12,8
Schmiederei	60 720	9907	16,3
Maurergewerbe	48 002	9382	19,5
Friseurgewerbe	59 205	6643	11,2
Malerei	62 437	6450	10,3
Stellmacherei	36 550	6376	17,4
Zimmerei	24 710	5790	23,4
Müllerei	36 169	5567	15,4

Besonders hoch waren somit die bayerischen Quoten bei der Zimmerei, im Maurergewerbe und in der Stellmacherei. Noch höhere Quoten aber gab es bei einigen weniger stark besetzten Handwerken: Molkerei und Käserei 69,6 %, Brauerei und Mälzerei 66,7 %, Zinn- und Bleigießerei 64,5 %, Töpferei 37,2 %, Korbmacherei 30,3 %, Bürstenmacherei 27,1 %, Holzbildhauerei 23,5 %, Seilerei 22,5 %, Wirkerei und Strickerei 21,5 %, Schirmmacherei 22,6 %, Färberei 19,1 %, Hutmacherei 18,9 %. Aus dem Jahr 1934 stammt die nachfolgende Übersicht:[61]

Handwerkszweig	Zahl der Betriebe	Davon mit			Maschinenleistung in PS je Betrieb
		bis zu 5	6-10 Beschäftigten	über 10	
Metallhandwerk					
Schlosserei	3686	3418	243	25	1,8
Schmiedereien	10 612	10 579	28	5	1,1
Spenglerei	4498	4160	257	81	0,4
Elektroinstallation	2822	2647	175	-	0,8
Uhrmacherei	1658	1647	11	-	0,1
Fahrrad- u. Kfz-Reparatur	3633	3380	182	71	1,8
Sattlerei	4493	4409	39	45	0,2

Handwerkszweig	Zahl der Betriebe	Davon mit			Maschinenleistung in PS je Betrieb
		bis zu 5	6-10 Beschäftigten	über 10	
Holzverarbeitendes Gewerbe					
Schreinerei	16 859	16 378	481	-	3,6
Wagnerei	7209	7183	26	-	2,6
Schäffnerei	2499	2485	14	-	1,3
Drechslerei	1291	1270	21	-	1,9
Nahrungsmittelgewerbe					
Bäckerei	14 022	12 887	1135	-	1,7
Konditorei	1539	1270	210	-	1,1
Metzgerei	14 981	13 790	1191	-	2,2
Bekleidungsgewerbe					
Schneiderei	50 548	50 039	509	-	0,0
Kürschnerei	354	305	35	-	0,3
Hut- und Putzmacherei	2035	1903	88	44	0,3
Schuhmacherei	25 170	24 987	183	-	0,1
Bauhandwerk					
Steinmetz	1744	1697	47	-	1,2
Maurerei u. Zimmerei	14 807	13 342	465	-	1,1
Malerei	9121	8478	491	-	0,0
Dachdeckerei	591	507	54	-	0,0
Tapeziererei	1882	1817	49	16	0,4
Glaserei	1594	1569	20	5	1,5
Schornsteinfegerei	783	781	2	-	0,0
Friseurgewerbe	9655	9210	411	34	0,0

1943 beurteilte die amtliche Statistik die Situation im Handwerk weitaus kritischer als zwölf Jahre zuvor.[62] Zunächst konstatierte sie, dass noch immer erst ein Fünftel der in der „Industrie" Tätigen in „fabrikmäßigen Betrieben" arbeite, vier Fünftel aber in handwerklichen. Diese klein- und mittelständische Struktur habe sich als sehr nachteilig erwiesen:

„Die Wettbewerbsfähigkeit der bayerischen Industrie – abgesehen etwa von den hoch entwickelten Standorten in Ludwigshafen a. Rhein, Nürnberg und Augsburg – war schon deshalb gering, weil die Produktionsmethoden aus einem gewissen Konservatismus heraus nicht auf dem neuesten Stand technischer und rationalisierter Güterherstellung gebracht waren. Die vielfach schmale Finanzbasis, die bei den mittelbetrieblich geführten Industriezweigen und Handwerksbetrieben noch genügte (…) erwies sich 1930–1932 als unzureichend. Im Durch-

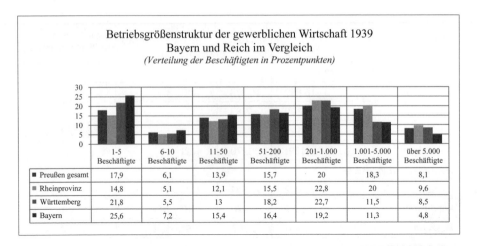

Betriebsgrößenstruktur der gewerblichen Wirtschaft 1939
Bayern und Reich im Vergleich
(Verteilung der Beschäftigten in Prozentpunkten)

	1-5 Beschäftigte	6-10 Beschäftigte	11-50 Beschäftigte	51-200 Beschäftigte	201-1.000 Beschäftigte	1.001-5.000 Beschäftigte	über 5.000 Beschäftigte
■ Preußen gesamt	17,9	6,1	13,9	15,7	20	18,3	8,1
■ Rheinprovinz	14,8	5,1	12,1	15,5	22,8	20	9,6
■ Württemberg	21,8	5,5	13	18,2	22,7	11,5	8,5
■ Bayern	25,6	7,2	15,4	16,4	19,2	11,3	4,8

schnitt hatte 50 % der Handwerker (gemeint sind die selbstständigen Handwerker; der Verf.) ein Jahreseinkommen von 1500 RM, 35 % bis 3000 RM, nur die restlichen 15 % mehr als 3000 RM."

Diese kritische Sicht ist aber vor allem darauf zurückzuführen, dass das NS-Regime entgegen anderslautender Propaganda am Erhalt des Handwerks und des Mittelstandes nicht interessiert war. Das zeigte sich mit aller Deutlichkeit, als die angeblich gewünschte „Mittelstandsförderung" mit dem übergeordneten Ziel der Aufrüstung in Konflikt geriet, denn nun wurden die Interessen von Handwerk und Mittelstand rücksichtslos jenen der Industrie untergeordnet. Die Zahl bayerischer Handwerksbetriebe ging von 208 355 im Jahr 1936 auf 195 086 im Jahr 1939 zurück, während die Zahl der Gesellen von 1936 bis 1938 zunächst noch von ca. 161 000 auf 180 400 zunahm, um sich dann aber binnen Jahresfrist auf 173 000 zu vermindern.[63]

Diese Entwicklung ist auf eine ganze Reihe von wirtschaftpolitischen Maßnahmen zurückzuführen, die, jede für sich betrachtet, geringfügig erscheinen mochte, die aber im Zusammenwirken gravierende Folgen hatten.[64] Wie sich die Verhältnisse im bayerischen Handwerk unter diesen Umständen im Einzelnen verändert haben, lässt sich nicht feststellen, wohl aber, dass sie sich in Richtung Anpassung an die reichsweiten Verhältnisse bewegten (siehe oben stehendes Diagramm).

1939 zog die amtliche Statistik aus der Entwicklung der Erwerbsstruktur Bayerns folgendes Resümee:[65]

„In den beiden Wirtschaftsgruppen der Wirtschaftsabteilung Land- und Forstwirtschaft war die Entwicklung seit 1933 ganz verschieden. Die Forstwirtschaft weist eine Steigerung der Erwerbspersonenzahl um 19,4 vH auf, die sich aus den großen Aufgaben der Forstwirtschaft im Vierjahresplan erklärt. Demgegenüber hat sich die Zahl der in der Landwirtschaft und Tierzucht tätigen Erwerbspersonen um 2,3 vH vermindert (...).

Innerhalb der Wirtschaftsabteilung Industrie und Handwerk hat den weitaus größten Aufschwung die Metallindustrie im weitesten Sinne genommen, darunter vor allem der Maschinenbau, der seit 1933 um 77,9 vH der Erwerbspersonen gewonnen hat. Es folgt die elektrotechnische Industrie und die Eisen- und Metallgewinnung mit einer Zunahme der Zahl der Erwerbspersonen um 67,3 und 55,2 vH. Nur die Wirtschaftsgruppe Eisen-, Stahl- und Metallwarenherstellung weist einen zahlenmäßigen Rückgang von 5,2 vH auf, der jedoch lediglich auf Abnahme der vorwiegend handwerklichen Wirtschaftszweige Schmiederei, Schlosserei und Klempnerei beruht.

Eine kräftige Aufwärtsentwicklung hat auch das Baugewerbe aufzuweisen, dessen Belegschaft nach der Zahl der Erwerbspersonen sich um zwei Fünftel vermehrt hat. Die genannten Wirtschaftsgruppen haben für die Durchführung des Vierjahresplanes die größte Bedeutung. Dementsprechend ist auch der Anteil an der gesamten Wirtschaftsabteilung Industrie und Handwerk gestiegen. Während im Jahr 1933 die Metallindustrie und das Bauhandwerk über ein Drittel (35,9 vH) aller Erwerbspersonen in Industrie und Handwerk umfassten, beziffert sich der Anteil im Jahre 1939 auf über zwei Fünftel (44,2 vH). Auch die Wirtschaftgruppen Kautschuk und Asbest verarbeitende Industrie, Wasser-, Gas-, Elektrizitätsgewinnung und Versorgung zeigen eine erhebliche Ausweitung ihrer Personenzahl (um 30,9 und 15,1 vH). Auffällig ist die Entwicklung im Bergbau. Die Zahl der Erwerbspersonen hat sich hier trotz der großen Aufgaben des Bergbaus im Vierjahresplan fast nicht verändert (Abnahme 0,1 vH). Die Ursache liegt wohl darin, daß im Jahre 1933 die Belegschaft zu einem erheblichen Teil aus Kurzarbeitern bestand; somit konnte die Förderung im Bergbau bedeutend gesteigert werden, ohne daß eine Mehrung des Personalstands notwendig wurde. Auch der technische Fortschritt mag hier eine Rolle spielen. So hat sich zum Beispiel die Förderung der bayerischen Braunkohle von 1,6 Mill. t im Jahr 1933 auf 2,9 Mill. t im Jahr 1939 erhöht.

Die Bedeutung der Verbrauchsgüterindustrien im bayerischen Wirtschaftsleben hat sich in den letzten Jahren gemindert. Das geht aus der Tatsache hervor, daß die Zahl der Erwerbspersonen nur eine verhältnismäßig geringe Zunahme aufweist, wie zum Beispiel in der Textilindustrie (um 2,9 vH), Papiererzeugung und -verabeitung (um 0,7 vH) und in der Holz- und Schnitzstoffindustrie (0,8 vH). In einigen Wirtschaftsgruppen sind sogar weniger Erwerbspersonen beschäftigt; zu diesen gehören das Druck- und Vervielfältigungsgewerbe und die Musikinstrumenten- und Spielwarenherstellung, die um 16,3 und 27,2 vH weniger als 1933 zählen. Auch die beiden bedeutendsten Verbrauchsgüterindustrien, nämlich das Nahrungs- und Genußmittelgewerbe und das Bekleidungsgewerbe haben 3,4 und 2,4 vH ihrer Erwerbspersonen an andere Wirtschaftzweige abgegeben.

In der Wirtschaftsabteilung Handel und Verkehr sind sämtliche Wirtschaftsgruppen mit Ausnahme des Verlagsgewerbes 1939 stärker besetzt als 1933, wobei die Zunahmen an Erwerbspersonen ihr höchstes Ausmaß bei der Reichspost und Reichsbahn mit 34,0 vH erreicht. Diese Wirtschaftsgruppe hat zusammen mit dem Verkehrswesen ihren Anteil an der Wirtschaftsabteilung Handel und Verkehr in dem sechsjährigen Zeitraum von 26,6 auf 31,5 vH erhöht.

In der Wirtschaftsabteilung Öffentlicher Dienst und private Dienstleistungen hat sich vor allem die Zahl der in der Sammelgruppe NSDAP, Verwaltung, Wehrmacht usw. hauptberuflich tätigen Kräfte vervielfacht. Der Reichsarbeitsdienst wurde neu geschaffen. Die öffentliche Arbeits- und Wirtschaftslenkung, die die Organisation der gewerblichen Wirtschaft, den Reichsnährstand, die Deutsche Arbeitsfront umfaßt, erhielt für den Ausbau des Wirtschaftslebens größte Bedeutung. In dieser Gruppe wird auch die ehemalige Reichsanstalt für Arbeitsvermittlung und Arbeitslosenversicherung mit ihren zahlreichen Dienststellen erfaßt, die 1933 entsprechend ihrem damaligen Charakter noch dem Versicherungswesen in der Wirtschaftsabteilung Handel und Verkehr zugeteilt war. Die zunehmende soziale und gesundheitliche Betreuung des deutschen Volkes führte auch zu einem verstärkten Einsatz hauptamtlicher Kräfte in der Volkspflege und Fürsorge und im Gesundheitswesen, vor allem bei der NS-Gemeinschaft Kraft durch Freude und bei der NS-Volkswohlfahrt mit ihren zahlreichen Einrichtungen wie Schwesternheimen, Kindergärten und Krippen. Demgemäß weisen die beiden Wirtschaftgruppen NSDAP, Verwaltung, Wehrmacht, Erziehung, Kirche usw. einerseits sowie Volks- und Gesundheitspflege usw. anderseits, im Jahr 1939 rund drei Fünftel (59,2 vH) beziehungsweise ein Fünftel (20,5 vH) mehr Erwerbspersonen als 1933 auf. In den beiden übrigen zur gleichen Wirtschaftsabteilung gehörigen Wirtschaftsgruppen, nämlich Friseurgewerbe und Theater- und Filmwesen ging die Zahl der Erwerbspersonen um rund ein Zehntel (10,2 und 11,1 vH) zurück.

So haben von den Wirtschaftsgruppen der Wirtschaftsabteilung Industrie und Handwerk im Vergleich zum Reich stärkere Bedeutung das Bau- und Baunebengewerbe und die ihm nahestehende Industrie der Steine und Erden, ferner die feinmechanische und optische Industrie, die chemische Industrie, das Holz- und Schnitzstoffgewerbe und die Musikinstrumenten- und Spielwarenherstellung. Auch das Bekleidungsgewerbe und das Nahrungs- und Genußmittelgewerbe sind in Bayern verhältnismäßig stärker besetzt als im Reich. Dementsprechend ist in diesen Wirtschaftsgruppen der Anteil Bayerns am Reich erheblich höher als der Anteil der gesamten Wirtschaftsabteilung Industrie und Handwerk. Die gilt vor allem für die bayerische Musikinstrumenten- und Spielwarenherstellung. Während von allen Erwerbspersonen der Wirtschaftsgruppe Industrie und Handwerk im Reich rund ein Zehntel (9,3 vH) auf Bayern entfallen, steigt der Anteil bei der Wirtschaftsgruppe Musikinstrumenten- und Spielwarenherstellung auf rund ein Sechstel (16,0 vH). Nächstdem folgt die Wirtschaftgruppe Industrie der Steine und Erden mit 14,4 vH, das Holz- und Schnitzstoffgewerbe mit 12,5 vH und das

Bekleidungsgewerbe mit 12,1 vH aller in der jeweiligen Wirtschaftsgruppe im Reich tätigen Erwerbspersonen. Dagegen spielen infolge des Mangels an Mineralien und Erzen in Bayern im Vergleich zum Reich der Bergbau und die Eisen- und Metallgewinnung nur eine untergeordnete Rolle. Während von 100 Erwerbspersonen des gesamten Reichsgebiets 10,9 auf Bayern entfallen, treffen im Bergbau und in der Eisen- und Metallgewinnung von 100 im Reich tätigen Erwerbspersonen nur 1,8 und 3,6 auf Bayern.

Innerhalb von Handel und Verkehr sind in Bayern die Wirtschaftsgruppen Reichspost und Reichsbahn sowie Gaststättenwesen stärker besetzt als im Reich. Im öffentlichen Dienst zeigt allein die Wirtschaftsgruppe NSDAP usw. in Bayern durch die Konzentration öffentlicher Stellen in den Großstädten, insbesondere in München, ein stärkeres Gewicht als im Reich."

Wie man auch diesem Bericht entnehmen kann, war der Prozess der Anpassung der bayerischen Erwerbsstruktur an die des Reiches unmittelbar vor Ausbruch des Zweiten Weltkriegs weitgehend abgeschlossen. Vor allem aber war in Bayern wie im gesamten Reichsgebiet die Indienstnahme der erwerbstätigen Bevölkerung für die Aufrüstung und die kommende Kriegswirtschaft vollzogen und damit das vorrangige Ziel der NS-Wirtschafts- und Sozialpolitik erreicht.

6. Industrie und Gewerbe

Grundlinien der Entwicklung

Die für Bayerns Industrie und Gewerbe maßgeblichen Rahmenbedingungen haben sich auch nach dem Ersten Weltkrieg nicht wesentlich geändert. Die weite Entfernung zu den großen Lagerstätten von Kohle als dem noch immer wichtigsten Energierohstoff und zu den Weltmärkten bildete nach wie vor das größte Hindernis für jede Ausweitung der gewerblichen Produktion. Soweit Gewerbe und Industrie nicht auf die Deckung des inländischen Bedarfs an Konsumgütern ausgerichtet waren, herrschte die auf Spezialgebiete und besondere Märkte ausgerichtete Produktion vor. Zu diesen Produkten zählten neben Maschinen, Apparaten, Elektrogeräten, Instrumenten und Fahrzeugen die Fertigung von Kugellagern und Stahlkugeln, von Glas, Porzellan, Metallspielwaren, Emaillegeschirr, leonischen Drähten und daraus gefertigter Waren, Bleistiften, Farben, Musikinstrumenten und Druckerzeugnissen.

Was die Betriebsformen anbelangt, so setzte sich der schon in den Jahrzehnten vor dem Weltkrieg zu beobachtende Trend zum Großbetrieb fort. 1922 gab es in Bayern 46 777 Betriebe mit mehr als zehn Beschäftigten. Insgesamt waren hier knapp 810 000 Menschen beschäftigt, das waren 11,1 % der Bevölkerung. Damit hatte Bayern gegenüber dem Reich weiter aufgeholt; reichsweit lag der entsprechende Prozentsatz damals bei 12,4 %. Von diesen 810 000 Beschäftigten wiederum arbeiteten 501 000 in Betrieben mit mehr als 50 Mitarbeitern, das waren 6,9 % der Bevölkerung.[66] Gegenüber den früheren Gewerbeerhebungen ergaben sich in den einzelnen Gewerbegruppen hinsichtlich der Beschäftigten in Großbetrieben folgende Veränderungen:

Gewerbegruppe	Zunahme 1907-1922 in Prozent	Zunahme 1895-1922 in Prozent
Bergbau, Hütten u. Salinen, Torfgräberei	28,9	114,8
Industrie der Steine und Erden	20,2	112,1
Metallverarbeitung	60,6	245,2
Industrie der Maschinen, Instrumente u. Apparate	81,7	301,4
Chemische Industrie	130,0	222,1
Industrie der forstwirt. Nebenprodukte, Leuchtstoffe, Seifen, Fette, Öle, Firnisse	- 8,4	135,5
Spinnstoffgewerbe	20,7	51,1
Papierherstellung u. -verarbeitung	52,2	145,7
Lederindustrie	21,4	173,0
Holz- und Schnitzstoffgewerbe	39,7	199,6
Nahrungs- u. Genussmittelgewerbe	58,5	113,7
Bekleidungsgewerbe	64,8	228,0
Reinigungsgewerbe	- 33,5	
Baugewerbe	- 48,6	-1,1
Vervielfältigungsgewerbe	8,1	112,2

Wenigen Branchen mit einer rückläufigen Entwicklung, unter denen die Baubranche die wichtigste war – deren Tätigkeit war während des Ersten Weltkrieges nahezu zum Erliegen gekommen –, stand eine ganze Reihe Branchen mit einem sehr positiven Trend gegenüber. Die größte Zunahme hatte die Industrie der Maschinen, Instrumente und Apparate sowie die der Metallverarbeitung aufzuweisen, ihnen folgten das Bekleidungsgewerbe, die chemische Industrie und das Holz- und Schnitzstoffgewerbe. Den stärksten Aufschwung seit 1907 hatte die chemische Industrie erlebt. Die Zunahme beim Bergbau und den Hütten trotz des Verlustes der saarpfälzischen Gebiete war dem Umstand zuzuschreiben, dass man in der Nachkriegszeit den Abbau auch geringwertiger Kohlelager in Bayern forcierte, um den Brennstoffmangel zu mildern.

Diese Großbetriebe waren nach wie vor das Rückgrat der bayerischen Industrie; die nachfolgende Aufstellung zeigt ihre Aufteilung auf die einzelnen Gewerbegruppen:

Betriebe mit mehr als 50 Beschäftigten 1907 und 1922

Gewerbegruppe	Betriebe 1907	Beschäftigte 1907	Betriebe 1922	Beschäftigte 1922
Bergbau, Salinen, Torfgräberei	41	12 121	78	22 812
Industrie der Steine u. Erden	323	43 073	347	56 341
Metallverarbeitung	179	24 964	220	44 199
Industrie Maschinen-, Apparate- u. Fahrzeugbau	186	47 390	293	93 230
Chemische Industrie	50	9 936	61	12 678
Industrie der forstw. Nebenprodukte, Leucht-Stoffe, Seifen, Fette, Öle, Firnisse	23	2 751	16	2 584
Spinnstoffgewerbe	187	49 331	204	60 948
Papierherstellung und -verarbeitung	66	9 087	86	14 611
Lederindustrie	18	2 785	27	3 848
Holz- und Schnitzstoffgewerbe	155	17 566	234	24 900
Nahrungs- und Genussmittelgewerbe	98	10 675	131	18 851
Bekleidungsgewerbe	71	9 411	95	15 666
Reinigungsgewerbe	19	1 644	11	1 094
Baugewerbe	369	43 806	186	21 262
Vervielfältigungsgewerbe	75	9 520	67	9 757
Zusammen	*1 860*	*294 060*	*2 056*	*402 781*

Diese Großbetriebe verteilten sich auf die Regierungsbezirke höchst ungleichmäßig:

Regierungsbezirk	Zahl der Großbetriebe	Beschäftige in Großbetrieben	
		absolut	Prozent der Bevölkerung
Oberbayern	504	94 134	5,8
Niederbayern	138	17 404	2,2
Oberpfalz	185	34 730	5,4
Oberfranken	394	69 991	9,2
Mittelfranken	492	98 489	10,0
Unterfranken	148	29 477	3,8
Schwaben	251	63 132	7,3
Pfalz	397	97 612	10,7

Nach wie vor wies jeder Regierungsbezirk bestimmte Schwerpunkte auf. In *Oberbayern* waren dies die Produktion elektrischer Maschinen, Apparate und Anlagen, chemische Industrie, Papiererzeugung und -verarbeitung, Industrie der

Holz- und Schnitzstoffe, Mälzerei und Brauerei, Kleider- und Wäschekonfektion, Reinigungsgewerbe, Buch- und Zeitungsdruck, Steindruck und Grafik, Kohlebergbau und die Salinen. In *Mittelfranken* waren es Metallverarbeitung, Metallspielwaren, Maschinen-, Fahrzeug-, Apparate- und Stahlbau, Elektroindustrie, chemische Industrie, Verarbeitung von Papier und Pappe, Lederindustrie, Industrie der Holz- und Schnitzstoffe, Möbelherstellung, Bürsten- und Pinselmacherei, Mälzerei und Brauerei, Steindruckerei und grafische Kunstanstalten. In der *Pfalz* stand die chemische Industrie an erster Stelle, gefolgt von der Industrie der Holz- und Schnitzstoffe, der Tabakverarbeitung und der Schuhindustrie. In *Oberfranken* waren es vornehmlich Porzellanherstellung, Baumwollspinnerei und -weberei, Mälzerei und Brauerei, und in *Schwaben* Baumwollspinnerei, Weberei und Bleicherei sowie Buch- und Zeitungsdruck. In der *Oberpfalz* bestimmten die Porzellanindustrie, der Bergbau und die Eisenhütten das Bild, in *Unterfranken* dagegen Steinbrüche und Steinhauerei, aber auch Eisen- und Stahlverarbeitung (Stahlkugeln!), und in *Niederbayern* schließlich Ziegeleien und Sägewerke.

Über die Auswirkung der Weltwirtschaftkrise auf die einzelnen Industriezweige gibt die Betriebszählung vom 1. Juni 1933 Auskunft.[67] Danach zählte man in Bayern 1925 und 1933 insgesamt folgende Betriebe und Beschäftigte:

Gewerbegruppe	Betriebe 1925	Betriebe 1933	Zu- und Abnahme in Prozent	Beschäftigte 1925	Beschäftigte 1933	Zu- und Abnahme in Prozent
Bergbau, Salinen, Torfgräberei	212	136	- 35,8	14 541	9 047	- 37,8
Industrie der Steine u. Erden	5 144	5 285	2,7	108 356	70 654	-34,8
Eisen- u. Stahlgewinnung	119	146	22,7	13 880	6 539	- 52,9
Metallhütten u. Metallhalbzeugwerke	118	90	- 23,6	5 116	3 085	- 39,7
Herstellung von Eisen-, Stahl- u. Metallwaren	20 466	21 868	6,9	88 386	63 018	- 28,7
Maschinen-, Apparate- u. Fahrzeugbau	4 296	5 604	30,4	112 443	56 556	- 49,7
Elektrotechnische Industrie	2 608	3 137	20,3	37 412	23 200	- 38,0
Optische u. feinmechanische Industrie	2 567	2 908	13,3	13 688	10 923	- 20,2
Chemische Industrie	1 111	1 029	- 7,4	48 951	32 902	- 32,8
Textilindustrie	9 353	6 684	- 28,5	92 843	82 716	- 10,9
Papierindustrie	1 499	1 348	- 10,1	24 465	18 420	- 24,7

Gewerbegruppe	Betriebe 1925	Betriebe 1933	Zu- und Abnahme in Prozent	Beschäftigte 1925	Beschäftigte 1933	Zu- und Abnahme in Prozent
Vervielfältigungsgewerbe	2 505	2 985	19,2	30 837	26 032	- 15,6
Leder- u. Linoleumindustrie	4 617	4 919	6,5	14 618	11 096	- 24,1
Kautschuk- u. Asbestindustrie	110	164	49,1	2 113	1 720	- 18,6
Holz- u. Schnitzstoffgewerbe	39 113	39 682	1,5	133 969	95 260	- 28,9
Musikinstrumente- u. Spielwarenindustrie	2 541	1 905	- 25,0	15 978	7 737	- 51,6
Nahrungs- u. Genussmittelgewerbe	41 647	45 740	9,8	151 833	176 823	16,5
Bekleidungsgewerbe	70 421	78 998	12,2	170 159	158 908	- 6,6
Bau- u. Baunebengewerbe	29 791	34 118	14,5	157 215	118 623	- 24,5
Wasser-, Gas- u. Elektrizitätsgewinnung und -verarbeitung	1566	1272	- 18,8	15 898	14 021	- 11,8
Reinigungsgewerbe	9277	13 521	45,7	21 122	32 681	54,7
Zusammen	249 081	271 539	9,0	1 273 823	1 019 961	- 19,9

Die wichtigsten Branchen

Einen guten Überblick über die Verteilung der einzelnen Branchen auf die Regierungsbezirke gibt die nachfolgendende Aufstellung der Betriebe aus dem Jahr 1939:[68]

Gewerbegruppe	Oberbayern	Niederbayern - Oberpfalz	Ober- und Mittelfranken	Unterfranken	Schwaben	Bayern
Nichtlandwirt. Gärtnerei und Tierzucht	359	117	275	139	138	1 028
Fischerei	57	30	31	60	26	204
Bergbau	17	29	8	2	-	56
Steine u. Erden	898	1 014	1 434	671	470	4 487
Eisen- u. Stahlgewinnung	15	14	38	7	7	81
Metallhütten und -halbzeugwerke	59	17	99	15	20	210

Gewerbegruppe	Ober-bayern	Nieder-bayern – Oberpfalz	Ober- und Mittel-franken	Unter-franken	Schwaben	Bayern
Eisen-, Stahl- und Metallwaren	4 266	3 774	5 110	2 081	2 360	17 591
Maschinen-, Stahl- u. Fahr-zeugbau	1 886	1 149	1 632	602	907	6 176
Elektrotechnik	1 019	458	875	300	397	3 049
Optik und Feinmechanik	839	424	876	206	333	2 678
Chemische Ind.	419	91	312	86	127	1 035
Textilindustrie	2 594	930	6 656	605	1 143	11 928
Papierindustrie	325	132	708	112	171	1 448
Druck- u. Ver-vielfältigungs-gewerbe	1 194	359	704	223	315	2 795
Leder- u. Lino-leumindustrie	1 095	924	999	405	811	4 234
Kautschuk und Asbest verarbeit. Industrie	59	15	69	10	12	165
Holz- und Schnitzstoffgew.	6 537	6 695	11 309	3 937	4 457	32 935
Musikinstru-mente u. Spielwaren	131	50	1 768	36	102	2 087
Nahrungs- und Genussmittel	8 225	8 227	11 785	5 475	5 491	39 203
Bekleidungsgew.	15 707	11 360	15 581	9 142	8 973	60 763
Bau- u. Bau-nebengewebe	7 224	3 953	6 695	3 286	3 227	24 385
Wasser-, Gas- u. Elektrizitäts-versorgung	352	316	324	156	199	1 347
Groß-, Ein- und Ausfuhrhandel	4 388	2 881	4 256	1 618	1 822	14 965
Einzelhandel	21 475	12 723	19 430	6 396	8 675	68 699
Verlagswesen, Vermittlung und Werbung	5162	1 004	3 904	1 040	1 188	12 298

Gewerbegruppe	Ober-bayern	Nieder-bayern – Oberpfalz	Ober- und Mittel-franken	Unter-franken	Schwaben	Bayern
Nachrichten- und Verkehrswesen	5 056	2 918	3 925	2 551	2 048	16 498
Gaststätten-wesen	8 602	6 444	8 811	2 952	4 230	31 039
Insgesamt	*97 960*	*66 048*	*107 614*	*42 113*	*47 649*	*361 384*

Bayerns Wirtschaft wurde somit maßgeblich von rund einem Dutzend Gewerbegruppen geprägt, die ca. 90 % der gewerblichen Arbeitsplätze anboten. Das waren das Holz- und Schnitzstoffgewerbe, die Industrie der Steine und Erden, der Maschinen-, Stahl- und Fahrzeugbau, die Nahrungs- und Genussmittelindustrie, das Bau- und Baunebengewerbe, das Bekleidungsgewerbe, die Textilindustrie, die optische und feinmechanische Industrie, die Eisen- und Stahlgewinnung, die chemische Industrie, die Papierindustrie, die Herstellung von Eisen-, Stahl- und Metallwaren und elektrotechnische Industrie. Einige dieser Gewerbegruppen sollten bald erheblich an Bedeutung einbüßen, während andere schon während des Dritten Reichs einen starken Aufschwung erfuhren, der sich dann zumeist auch in der Nachkriegszeit fortsetzen sollte.

Zu den Gewerbegruppen, die sich relativ gut behaupteten, aber keine dynamische Entwicklung erfuhren, gehörte das *Bekleidungsgewerbe*, das 1925 an erster Stelle unter allen Gewerbegruppen rangierte. Es zählte damals über 70 400 Betriebe mit insgesamt mehr als 170 000 Beschäftigten. In den wichtigsten Industriestädten des rechtsrheinischen Bayern waren rund 61 000 Beschäftigte in diesem Sektor tätig, womit dieser hier an zweiter Stelle lag.[69] Dieses noch weitgehend handwerklich ausgeübte Gewerbe verteilte sich nahezu gleichmäßig über ganz Bayern und bildete nur wenige Schwerpunkte mit größeren Industriebetrieben. Solche gab es vornehmlich in München, Aschaffenburg und Bamberg. In den beiden letztgenannten Städten waren 264 beziehungsweise 213 von 1000 gewerblich Beschäftigten in der Bekleidungsindustrie tätig.

In der Weltwirtschaftskrise ging die Zahl der Beschäftigten des Bekleidungsgewerbes um 6,6 % zurück, während die Zahl der Betriebe um 12,2 % zulegte. Denn viele Entlassene versuchten, sich selbstständig durchzuschlagen; das kann man auch in anderen Branchen, wenn auch nicht im gleichen Umfang, beobachten. In den größten Industriestädten war ein Beschäftigungsrückgang von 32,3 % zu verzeichnen und die Zahl der Betriebe nahm um fast 2000 ab. Dem standen ein Beschäftigungswachstum auf dem Land von 4 % und die Gründung von ca. 8800 neuen Betrieben gegenüber. 1933 zählte die Sparte „Kleider- und Wäscheherstellung" 50 823 Betriebe, von denen 50 039 bis zu fünf Beschäftigte hatten. Fabriken mit mehr als 1000 Beschäftigten gab es nur zwei, und diese stellten 1,6 % der Arbeitsplätze.[70] Viele der neu gegründeten Kleinbetriebe wurden wieder aufgegeben, nachdem sich die Lage am Arbeitsmarkt gebessert hatte. In den ländlichen Teilen des rechtsrheinischen Bayern nahm die Zahl der Betriebe bis 1939 um rund 6800 ab, während die Zahl der hier Beschäftigten um rund 9500 wuchs, das waren 12 %. Noch deutlich größer war das Beschäftigungswachstum in den Zentren, in denen die Zahl der Arbeitsplätze um 41 % anstieg. Am größten war das Wachstum in Aschaffenburg und Erlangen, wo sich die Beschäftigtenzahl verdoppelte; es folgte München mit 63 % vor den übrigen Städten, wo es bei maximal 30 % lag. In einigen Städten gingen aber auch weiterhin Arbeitsplätze in beträchtlichem Umfang verloren, so in Schweinfurt 21 % und in Ingolstadt 16 %.

Trotz der zum Teil beachtlichen Wachstumsraten bei der Beschäftigung hat sich die Zahl der Betriebe bis 1939 um 1212 in den Städten und um 6787 im übrigen Bayern deutlich verringert. Die durchschnittliche Betriebsgröße stieg von 2,3 auf 3,4 Beschäftigte in den Industriestädten und von 1,5 auf 2,0 im Rest von Bayern. 1939 waren die Zentren der Kleiderherstellung München mit 18 826 Beschäftigten, Aschaffenburg mit 6081, Würzburg mit 2402, Fürth mit 1307 und Bamberg mit 1104 Beschäftigten. Am wichtigsten war dieser Gewerbezweig nach wie vor in Aschaffenburg, wo 226 von 1000 gewerblich Beschäftigten in ihm tätig waren.

Insgesamt blieb das Beschäftigungswachstum in dieser Branche deutlich unter dem Durchschnitt, womit sich der Anteil der Beschäftigten des Bekleidungsgewerbes erheblich verringerte. Zurückzuführen war dies zu einem guten Teil auf die Strukturveränderungen im Schuhgewerbe. So verringert sich die Zahl der hier Arbeitenden in den größeren Städten um rund ein Viertel, die der Betriebe um über ein Fünftel. Wie bei der Herstellung von Oberbekleidung ging der Trend auch in der Schuhfabrikation zur industriellen Fertigung.

Das *Holz- und Schnitzstoffgewerbe* wies 1925 mit rund 134 000 Beschäftigten die viertgrößte Beschäftigtenzahl aller Gewerbegruppen auf, und mit fast 39 700 Betrieben rangierte es bei der Betriebszahl auf Platz drei. Zum ihm zählten die Säge- und Furnierwerke, die Herstellung von Möbeln, Holzbauten und Holzgeflechten, die Stellmacherei und der Holzwagenbau. Dieses Gewerbe war stark handwerklich strukturiert und hauptsächlich außerhalb der großen Städte angesiedelt; regionale Schwerpunkte lassen sich nicht ausmachen.

Trotz dieser krisenresistenten Struktur gingen in diesem Gewerbe während der Weltwirtschaftskrise fast 29 % der Arbeitsplätze verloren. In den größten Industriestädten betrug der Stellenabbau sogar 58 %. Eine gleichzeitige Zunahme an Betrieben war auch in diesem Wirtschaftszweig zu beobachten, die aber mit nur 1,5 % gering ausfiel. Während die Zahl der Betriebe auf dem Land um 5 % zunahm, sank sie in den Städten um 18 %. In den Städten halbierte sich zudem die durchschnittliche Betriebsgröße (von 6,9 auf 3,5), während sie im übrigen Bayern bei 2,3 nahezu unverändert blieb.

Bis 1939 wuchs dann die Zahl der Beschäftigten dieses Gewerbes zwar um 41,4 %, blieb damit jedoch um rund 13,5 % hinter der allgemeinen Entwicklung zurück. Das Wachstum war in den Städten fast doppelt so hoch wie auf dem Lande, was auf eine Strukturveränderung in diesem Wirtschaftsbereich zurückzuführen ist. Während die hauptsächlich auf dem Land betriebenen Zweige Stellmacherei, Korbflechterei und Holzwagenbau erheblich an Bedeutung verloren, weitete sich die in den Städten vorherrschende Bau- und Möbeltischlerei aus. Die stärksten Zuwächse in absoluten Zahlen verzeichnete München mit 4567, Schweinfurt mit 1564 und Fürth mit 1029 neuen Arbeitsplätzen. Gleichzeitig aber ging die Zahl der Betriebe im rechtsrheinischen Bayern um 1331 zurück, die durchschnittliche Betriebsgröße wuchs so von 3,5 auf 6,1 Beschäftigte in den Industriestädten und von 2,3 auf 3,2 Beschäftigte außerhalb dieser Zentren. Das Holz- und Schnitzstoffgewerbe war somit noch immer handwerklich geprägt.

Das *Nahrungs- und Genussmittelgewerbe* nahm 1925 mit knapp 152 000 Beschäftigten den dritten Rang unter den Gewerbegruppen ein. Als einzige der großen Gewerbegruppen nahm die Zahl ihrer Beschäftigten in der Weltwirtschaftskrise zu, und dies um immerhin 16,5 %. Dieser Zuwachs erfolgte ausschließlich in den ländlichen Bereichen, wo er sogar 31 % betrug, während in den Städten ca. 4 % der Arbeitsplätze verloren gingen. Die gleichzeitige Vermehrung der Betriebe, die 9,8 % ausmachte, fand dagegen auch in den Städten statt. Hinsichtlich der regionalen Verteilung und der auf Stadt und Land wirkte sich vor allem der Umstand aus, dass dieses Gewerbe fast ausschließlich der unmittelbaren Versorgung der Bevölkerung mit Lebensmitteln diente. Nur zwei regionale Schwerpunkte lassen sich ausmachen: In Fürth sorgte ein Betrieb zur Herstellung von Obst- und Gemüsekonserven mit 122 Beschäftigten und in Regensburg eine Zuckerfabrik mit 254 Beschäftigten für erhöhte statistische Werte.

Der Wirtschaftsaufschwung nach 1933 verschaffte dem Nahrungs- und Genussmittelgewerbe keinen zusätzlichen Aufwind. Da diese Branche zu einem ganz wesentlichen Teil aus Bäckereien, Metzgereien, Gastwirtschaften und verwandten Betrieben bestand, kam ihr im Zuge der auf industrielle Entwicklung und Aufrüstung angelegten Politik des Dritten Reiches keine Bedeutung zu. Im rechtrheinischen Bayern vermehrte sich die Zahl der Beschäftigten dieses Gewerbesektors in den 13 größten Industriestädten um 13 % und außerhalb dieser um nur 7 %. Damit blieb die Lebensmittelbranche am weitesten von allen großen Gewerbegruppen hinter dem allgemeinen Wachstum von Industrie und Gewerbe von 54 % zurück.

Das *Bau- und Baunebengewerbe* bot 1925 mehr als 157 000 Menschen Arbeit und stellte nach dem Bekleidungsgewerbe die zweitgrößte Gewerbegruppe dar. Bis 1933 gingen hier 24,5 % der Arbeitsplätze verloren, was zur Folge hatte, dass es auf den dritten Rang – hinter das Nahrungs- und Genussmittelgewerbe – zurückfiel. In den Städten betrug der Arbeitsplatzabbau 41 %, auf dem Land 12 %. Die Weltwirtschaftskrise führte auch hier zur Gründung zahlreicher neuer Betriebe, sodass dem Verlust von 24,5 % der Arbeitsplätze eine Zunahme von 14,5 % bei der Anzahl der Betriebe gegenüberstand. Die durchschnittliche Betriebsgröße verringerte sich damit von 5,3 auf 3,5 Beschäftigte pro Betrieb. 1925 waren rund 42 % der Arbeitsplätze dieser Branche in den Städten angesiedelt, womit das Bauwesen – bezogen auf die Einwohner – in den Städten doppelt so stark vertreten war wie außerhalb. Bezogen auf die Beschäftigten aber war das Bauwesen auf dem Land wichtiger als in der Stadt. Waren in den Städten 124 von 1000 in Industrie und Gewerbe Tätigen dem Bauwesen zuzurechnen, so waren es auf dem Land 131.

Auch das Bau- und Baunebengewerbe zählte zu den großen Profiteuren der Wirtschaftspolitik des Dritten Reiches. Im rechtsrheinischen Bayern entstanden bis 1939 in dieser Branche mehr als 144 000 neue Arbeitsplätze; in den 13 wichtigsten Industriezentren wuchs die Zahl der beim Bau Beschäftigten um 228 %, außerhalb dieser um 95 %. In München entstanden 35 346, in Nürnberg 18 760, in Augsburg 5782, in Würzburg 4336 und in Regensburg 3749 neue Arbeitsplätze. Und waren 1933 in den Städten von 1000 in Industrie und Gewerbe Tätigen durchschnittlich 100,7 der Baubranche zuzuordnen, so waren es 1939 schon 192,7; im übrigen Bayern stieg diese Zahl von 125,6 auf 178. Gleichzeitig verringerte sich die Zahl der Betriebe um rund 21 %, wobei dieser Abbau die Industriezentren aber nahezu aussparte. Dort verringerte sich die Zahl der Betriebe um lediglich vier, außerhalb der Zentren um 5502; dabei nahm aber die Beschäftigtenzahl der hier verbliebenen Betriebe um mehr als 66 000 zu. Die durchschnittliche Betriebsgröße wuchs dadurch in den Industriestädten von 4,6 auf 15,1 und im übrigen Bayern von 3,2 auf 7,9 Beschäftigte pro Betrieb.

Damit wies das Bau- und Bauhilfsgewerbe die größte Zunahme aller Gewerbegruppen auf und rangierte nun von der Beschäftigungszahl her an erster Stelle. 1939 waren von 1000 Beschäftigten im Sektor Industrie und Handel 184 in dieser Gewerbegruppe tätig. Damit war das Baugewerbe hinsichtlich des absoluten Anstiegs der Beschäftigtenzahl der größte Gewinner des wirtschaftlichen Aufschwungs von 1933 bis 1939.

In der *Industrie der Steine und Erden* waren 1925 rund 108 000 Menschen beschäftigt, womit diese hinsichtlich der Beschäftigtenzahl an sechster Stelle rangierte. Dieser Branche kam traditionell ein herausragender Platz in der bayerischen Wirtschaft zu, denn Steine und Erden waren Bayerns wirtschaftlich wichtigste Bodenschätze. Zu den Betrieben dieser Gewerbegruppe zählten außer denen, die diese Rohstoffe gewannen, auch jene, die Gips, Kalk, Zement, Beton,

Ziegel und Glas herstellten. Diese Betriebe waren ganz überwiegend auf dem Land angesiedelt. 1925 lagen von den mehr als 99 000 Arbeitsplätzen dieser Gewerbegruppe im rechtsrheinischen Bayern nur rund 11 500 in den großen Industriestädten, und anders als bei den meisten anderen Branchen waren diese städtischen Betriebe auch kleiner als die auf dem Land. In den genannten 13 Städten lag die durchschnittliche Beschäftigtenzahl mit 14,5 kaum über dem Durchschnitt von Industrie und Handwerk, auf dem Land dagegen mit 23,2 deutlich darüber.

Diese Gewerbegruppe wurde von der Weltwirtschaftskrise besonders hart getroffen. Die Zahl der Beschäftigten sank bis 1933 um fast 35 %, in den größten Städten waren es sogar mehr als 50 %. War der Bereich Steine und Erden 1925 außerhalb der städtischen Zentren noch die beschäftigungsreichste Gewerbegruppe, so lag sie 1933 hier nur noch auf dem fünften Rang. Wieder kann man gleichzeitig eine Zunahme der Betriebe – in ganz Bayern um 2,7 % – beobachten. Auffällig ist vor allem die Entwicklung in Würzburg, wo 30 neue Betriebe entstanden.

Von der 1933 einsetzenden starken Bautätigkeit des Dritten Reiches musste die Industrie der Steine und Erden in besonderem Maße profitieren. Tatsächlich nahm die Zahl der in diesem Bereich Tätigen von 1933 bis 1939 in größeren Städten um rund 50 % und außerhalb dieser um rund 60 % zu, womit der Zuwachs dieses Wirtschaftszweiges deutlich über dem von Industrie und Gewerbe insgesamt lag. Die meisten neuen Arbeitsplätze entstanden in München (1987), Nürnberg (1170), Würzburg (710), Regensburg (480) und Augsburg (291).

Deutlich ungünstiger verlief die Entwicklung der *Textilindustrie*. Sie rangierte 1925 mit ca. 9350 Betrieben und fast 93 000 Beschäftigten noch an siebter Stelle. Ihre Schwerpunkte im rechtsrheinischen Bayern lagen in Augsburg mit rund 16 300 Beschäftigten und einer Betriebsgröße von durchschnittlich 113, in Hof mit ca. 7400 Beschäftigten und einer Betriebsgröße von 36 und in Bayreuth mit ca. 3900 Beschäftigten bei einer Betriebsgröße von durchschnittlich 80 Personen. Hinzu kamen zahlreiche, oft kleinere und kleinste Betriebe in weiteren Städten und auf dem Land. In den Zentren machten die Beschäftigten im Textilgewerbe teilweise einen beträchtlichen Prozentsatz der gewerblich Tätigen aus. Er lag in Hof bei 55 %, in Augsburg bei 30 %, in Bayreuth bei 35 %, in Erlangen bei 15 % und in Bamberg bei 9 %. Von 1000 Einwohnern arbeiteten in Hof 180, in Bayreuth 110 und in Augsburg 99 für die Textilindustrie.

Im Ganzen gesehen überstand die Textilindustrie die Weltwirtschaftskrise mit einem Rückgang der Beschäftigtenzahl von knapp 11 % relativ gut. Deutlich stärkere Einbrüche waren außerhalb ihrer Zentren zu verzeichnen; so ging die Zahl der Arbeitsplätze in München um 43 %, in Nürnberg um 49 %, in Würzburg um 60 %, in Schweinfurt um 65 % und in Aschaffenburg um 88 % zurück. Dagegen stieg in Augsburg die Zahl der Beschäftigten sogar leicht an. Ursache dieser unterschiedlichen Entwicklung war ein Strukturwandel, der sich auch in der Verringerung der Zahl der Betriebe um 28,5 % niederschlug, und der eine Zunahme der durchschnittlichen Betriebsgröße von 18 auf 28 Beschäftigte zur Folge hatte. Bis 1939 stieg die Zahl der Beschäftigten dieses Industriezweiges im rechtsrheinischen Bayern um 30 % an. Das war ein sehr geringer Zuwachs, zumal bei den Erhebungen von 1939 – anders als zuvor – diesem Gewerbezweig auch die Wasch- und Plättanstalten, sowie die chemischen Reinigungen hinzugerechnet wurden. In diesen „Hilfsbetrieben" aber war, vor allem in den größeren Städten, eine große Zahl der seit 1933 neu entstanden Arbeitsplätze zu finden. Damit blieb das Wachstum der Textilindustrie weit hinter dem der übrigen Wirtschaft zurück. Sie zählte damit zu den Wirtschaftszweigen, die von dem durch die Aufrüstung ausgelösten Wirtschaftsaufschwung weitgehend ausgespart wurden.

Nicht ganz so negativ entwickelte sich die *Papier- und Druckindustrie*, die 1925 mit mehr als 55 000 Beschäftigten hinsichtlich der Zahl der Arbeitsplätze an neunter Stelle lag. Sie zeichnete sich damals durch eine relativ homogene Betriebsstruktur – die meisten Betriebe zählten zwischen 10 und 20 Beschäftigte – und durch eine ziemlich gleichmäßige Verteilung über alle Regierungsbezirke aus. Lediglich im Raum Aschaffenburg war eine Konzentration zu beobachten. Sie resultierte aus einem Großbetrieb zur Papierherstellung mit 869 und vier Betrieben zur Papierveredelung mit zusammen 756 Beschäftigten. Während der Weltwirtschaftskrise ging die Beschäftigtenzahl um knapp 25 % zurück, wobei es jedoch große regionale Unterschiede gab. Einem Zuwachs in Aschaffenburg von 29 % standen Arbeitsplatzverluste von mehr als 30 % in München, Nürnberg, Schweinfurt, Regensburg und Fürth gegenüber.

Vom Aufschwung nach 1933 profitierte die Papier- und Druckindustrie nur mäßig, zudem erfasste dieser die einzelnen Regionen in sehr unterschiedlichem Maße. In Augsburg, Bamberg und Ingolstadt sank die Zahl der Beschäftigten sogar weiter ab, während sie in Regensburg und Aschaffenburg leicht, in München und vor allem in Hof, Bayreuth und Schweinfurt stark zulegen konnte.

Sehr viel positiver hingegen verlief die Entwicklung der heterogenen Gewerbegruppe *Herstellung von Eisen-, Stahl- und Metallwaren*. Sie gab 1925 in über 20 400 Betrieben rund 88 400 Menschen Arbeit, womit sie sowohl hinsichtlich der Betriebs- als auch der Beschäftigtenzahl den fünften Rang einnahm. Regionale Schwerpunkte lagen in Nürnberg mit ca. 21 400, in München mit ca. 8400, in Augsburg mit ca. 2600 und in Regensburg mit ca. 1000 Arbeitsplätzen. In dieser Branche war zwischen 1925 und 1933 ein Stellenrückgang von 29 % zu verzeichnen. Die größten Einbrüche gab es dabei in Nürnberg (56 %), Fürth (64 %) und Erlangen (45 %). 1933 zählte man zwar 21 868 Betriebe, doch nur noch ca. 63 000 Beschäftigte.

Bis 1939 verringerte sich die Zahl der Betriebe um fast 2000, während die der Beschäftigten um nahezu 27 000 oder 43 % zunahm. Dies war die Folge eines tief gehenden Umstrukturierungs- und Konzentrationsprozesses, dem besonders kleinere und ländliche Betriebe zum Opfer fielen. So nahm in Nürnberg die durchschnittliche Betriebsgröße in diesen wenigen Jahren von 5,6 auf 14,7 Beschäftigte zu. An der Spitze des Wachstums stand München mit 7799 vor Nürnberg mit 5667 zusätzlichen Beschäftigungsverhältnissen in diesem Wirtschaftssektor, was einer Steigerung um 136,4 % und 60,5 % entsprach. Im Ganzen betrachtet waren 1939 noch rund 51 % der Beschäftigten dieser Gewerbegruppe in Schlossereien und ähnlichen Betrieben tätig, aber schon 49 % im Bereich Herstellung von Werkzeugen und Metallwaren.

Einer der Sektoren mit ausgesprochen dynamischer Entwicklung war jener der *Elektrotechnik*. 1925 waren hier in ganz Bayern ca. 37 400 Menschen beschäftigt, davon allein rund 29 000 in den 13 größten Industriestädten. Nürnberg rangierte mit rund 17 000 an der Spitze, es folgten München mit fast 7100 und Erlangen mit über 2000 Beschäftigten. Die nächsten Zentren waren Augsburg mit 930 sowie Bamberg und Würzburg mit jeweils 470 Arbeitsplätzen. Auch hinsichtlich der Betriebsgrößen lag Nürnberg – gefolgt von Erlangen – an der Spitze.

In der Weltwirtschaftskrise gingen in den genannten Zentren rund die Hälfte der Arbeitsplätze verloren, außerhalb dieser rund ein Viertel, insgesamt aber 38 %. Gleichzeitig nahm die Zahl der Betriebe aber um mehr als 20 % zu. Der Zuwachs an Betrieben setzte sich bis 1939 verstärkt fort, diesmal aber verbunden mit einer starken Ausweitung der Beschäftigtenzahl. Von den 367 nach 1933 im rechtsrheinischen Bayern entstandenen neuen Betrieben fanden sich 73 in Nürnberg, 44 in München und 23 in Bamberg. Damit konzentrierte sich auch der Zuwachs an neuen Stellen auf diese Zentren. Insgesamt entstanden in den 13 größten Industriestädten knapp 25 000 neue Arbeitsplätze, im übrigen rechtsrheinischen Bayern rund 11 000; das war eine Zunahme von insgesamt 155 %. Mit mehr als 14 900 neuen Arbeitsplätzen rangierte Nürnberg wieder ganz vorne, gefolgt von München mit rund 6500 und Erlangen mit gut 1800.

Auch in dieser Gewerbegruppe vollzog sich von 1933 bis 1939 ein starker Strukturwandel. Hatten sich zunächst die meisten Betriebe mit Elektroinstallation und der Reparatur von elektrischen Geräten beschäftigt, so gehörten 1939 die meisten Betriebe in die Sparte „Herstellung von elektrischen Erzeugnissen"; in Nürnberg und Erlangen waren dies 93 % aller Betriebe. Mir deutlichem Abstand wichtigster Standort der bayerischen Elektroindustrie war Nürnberg. Hier gaben vor dem Krieg die Werke der Siemens-Schuckert AG, des AEG-Konzerns und der TeKaDe-AG den Ton an, die 1938 zusammen fast 18 000 Mitarbeiter beschäftigten. Weitere sechs Betriebe boten 300 bis 1000, zusammen aber rund 3800 Menschen Arbeit. Ihre wichtigsten Produkte waren Zähler, Schalter, Widerstände, Heizgeräte, Kondensatoren, Gleichrichter, Fernsprechgeräte, Elektromaschinen und -anlagen aller Art, Elektromessgeräte, Radios und Kabel.

Einen starken Aufschwung erfuhr auch die Gewerbegruppe *Maschinen-, Apparate- und Fahrzeugbau*, die 1925 mit ca. 112 500 Beschäftigten an fünfter Stelle lag. Diese Branche konzentrierte sich sehr stark auf die Industriestädte. Mit mehr als 70 000 Beschäftigten war sie schon 1925 die wichtigste Gewerbegruppe in den 13 größten Industriestädten des rechtsrheinischen Bayern. Von 1000 Erwerbstätigen dieser Branche waren 772 in diesen Städten und nur 228 im übrigen Bayern tätig. Als Schwerpunkte lassen sich Nürnberg (18 130 Beschäftigte), München (16 186), Augsburg (13 644) und Schweinfurt (13 516) ausmachen. Auf diese vier Städte allein entfielen 68 % aller Beschäftigten der Branche im rechtsrheinischen Bayern. Mit deutlichem Abstand folgten Würzburg (3105) und Ingolstadt (2457).

Die Weltwirtschaftkrise traf den Maschinen-, Apparate- und Fahrzeugbau besonders hart. Insgesamt gingen hier fast 50 % der Arbeitsplätze verloren, nur die Eisen- und Stahlgewinnung, der Musikinstrumentenbau und die Spielwarenindustrie büßten noch mehr ein. Und wieder waren die Arbeitsplatzverluste in den Städten besonders hoch. Parallel dazu nahm die Zahl der Betriebe um beachtliche 30 % zu, wovon die meisten außerhalb der großen Städte entstanden. Die meisten Neugründungen zählten zur Kategorie „Reparaturwerkstätten", deren Zahl sich in etwa verdoppelte. Auch nach 1933 wuchs die Zahl der Betriebe weiter; bis 1939 entstanden im rechtsrheinischen Bayern weitere 1524 Betriebe, davon zwei Drittel außerhalb der größeren Städte und ebenfalls zwei Drittel Reparaturwerkstätten.

Der große Zuwachs an Arbeitsplätzen fand jedoch in den Industriezentren und in den großen Unternehmen statt. Insgesamt erweiterte diese Branche im rechtsrheinischen Bayern ihre Beschäftigtenzahl nach 1933 um 198 %. Von den mehr als 94 500 zusätzlichen Arbeitsplätzen, die bis 1939 im rechtsrheinischen Bayern entstanden, entfielen über 70 500 auf die 13 größten Industriestädte. Das mit großem Abstand stärkste Wachstum wies Regensburg mit 1074 % auf, ihm folgten München mit 329 %, Augsburg und Fürth mit rund 250 % und Aschaffenburg und Nürnberg mit jeweils ca. 200 %. Die größten nominellen Zuwächse verzeichneten München mit 24 462, Nürnberg mit 16 931, Augsburg mit 12 220, Schweinfurt mit 7352 und Regensburg mit 3963 Beschäftigten. In Aschaffenburg, Ingolstadt, Fürth und Würzburg lag die Zunahme zwischen 1100 und 1500. Die oberfränkischen Städte Hof, Bamberg, Bayreuth und das mittelfränkische Erlangen konnten dagegen nur vergleichsweise bescheidene Zuwächse zwischen 60 und 300 Beschäftigten erzielen.

Die durchschnittliche Betriebsgröße verdoppelte sich sowohl in den Zentren als auch außerhalb, doch blieb sie höchst unterschiedlich. Denn in den Zentren stieg sie von 20 auf 47, außerhalb dieser aber von vier auf neun Mitarbeiter. Am größten war die durchschnittliche Beschäftigtenzahl in Schweinfurt, wo sie von 1933 bis 1939 von 214 auf 308 anstieg. Diese Durchschnittswerte sind aber nur von eingeschränkter Aussagekraft. Die große Zahl kleiner und kleinster (Reparatur-) Werkstätten senkt diese Werte stark ab; die Durchschnittswerte lassen so ein falsches Bild dieses Wirtschaftssektors entstehen, der in der Realität stark von großen Unternehmen geprägt war. So entfielen zum Beispiel von 9365 Beschäftigten, die 1938 in Nürnberg im Maschinenbau tätig waren, 6350 auf die MAN und weitere 1366 auf nur zwei andere Unternehmen. Die restlichen 1649 aber verteilten sich auf eine Reihe von Betrieben, von denen keiner mehr als 200 Arbeitskräfte hatte. In der Nürnberger Fahrzeugindustrie lag die durchschnittliche Betriebsgröße bei 749 Beschäftigten. Hier gab es zwei Großbetriebe mit mehr als 1000 Beschäftigten, vier Betriebe mit einer Größe von 200 bis 1000 Mitarbeitern und fünf mit weniger als 200.

Es liegt auf der Hand, dass der große Aufschwung dieses Industriezweiges vor allem der Aufrüstung zuzuschreiben war. Besonders augenfällig ist dies beim Flugzeugbau, der in Bayern förmlich aus dem Boden gestampft wurde. Wurden 1933 erst 102 Beschäftigte im Flugzeugbau gezählt, so waren es 1939 bereits kapp 16 000, wobei das enorme Wachstum, das mit keinem anderen Wirtschaftbereich vergleichbar war, noch immer anhielt.

Einer der erfolgreichsten Aufsteiger war der Bereich *Optik und Feinmechanik*, der 1925 ca. 2500 Betriebe und 13 700 Beschäftigten zählte. Damit umfasste er rund 0,9 % der Betriebe und ca. 1 % der Beschäftigten des gesamten gewerblichen Sektors. Rund die Hälfte dieser Beschäftigten arbeitete in Münchener und Nürnberger Betrieben. Während der Weltwirtschaftkrise wurden hier rund 20 % der Arbeitsplätze abgebaut, womit man in etwa im bayerischen Durchschnitt lag.[71] München konnte in diesen Jahren seine Führungsposition in diesem Bereich ausbauen, hier waren 1933 nicht weniger als 41 % aller Arbeitsplätze der Branche angesiedelt. Auf Nürnberg entfielen 10,6 %, auf Fürth 3,7 % der Beschäftigten, überall sonst waren es weniger als 2 %.

Die Rüstungspolitik bescherte dem Bereich Optik und Feinmechanik einen großen Aufschwung, von dem besonders die großen Betriebe profitierten. Bis 1939 wuchs dieser Wirtschaftssektor im rechtsrheinischen Bayern um knapp 10 000 Beschäftigte oder ca. 92 %; 4000 neue Arbeitsplätze entstanden allein in München. Es folgten Augsburg mit 945, Aschaffenburg mit 772, Erlangen mit 651, Nürnberg mit 636 und Fürth mit 403 neuen Stellen. Dabei lagen die Schwerpunkte der Produktion optischer Geräte in München und Fürth, die der Feinmechanik in Nürnberg und Erlangen.

Insbesondere der Bereich *Eisen- und Stahlgewinnung* profitierte in erheblichem Maße von der NS-Wirtschaftspolitik. Hier waren 1925 in 119 Betrieben 13 880 Menschen beschäftigt, doch gingen bis 1933 fast 53 % der Arbeitsplätze verloren, mehr als in allen anderen Bereichen von Industrie und Gewerbe.[72] Die an Autarkie orientierte NS-Wirtschaftspolitik bescherte dieser Branche dann aber den stärksten Aufstieg von allen. Bis 1939 entstanden hier allein im rechtsrheinischen Bayern fast 22 000 neue Arbeitsplätze, das war ein Zuwachs von 338 %. Am meisten profitieren davon wieder die großen Betriebe und die industriellen Zentren. In Nürnberg entstanden 9000 neue Stellen, in München rund 1500 und in Augsburg fast 700. Dennoch blieb die Branche von nachrangiger gesamtwirtschaftlicher Bedeutung.

Ein großer rüstungswirtschaftlicher Stellenwert kam auch der *chemischen Industrie* zu, die ihren Schwerpunkt mit der BASF allerdings im pfälzischen Ludwigshafen hatte. Zentren dieser Branche im rechtsrheinischen Bayern waren Schweinfurt, Ingolstadt, Regensburg und Würzburg. Insgesamt gab es in Bayern 1925 rund 49 000 Chemie-Arbeitsplätze, wovon rund 30 000 auf die BASF entfielen. Bis 1933 gingen im gesamten Bayern rund 33 % aller Stellen in dieser Branche verloren. Von der NS-Wirtschaftspolitik profitierte dann zwar vor allem die chemische Industrie der Pfalz, aber auch im rechtsrheinischen Bayern nahm die Zahl der Chemie-Beschäftigten bis 1939 um 66 % zu; das war deutlich mehr als das Wachstum von Industrie und Gewerbe insgesamt, das bei 54 % lag.

Langfristige Entwicklungstrends

Im Rückblick erkennt man, dass die Entwicklung des produktiven Sektors der bayerischen Wirtschaft eine starke Kontinuität aufweist, und dies trotz aller Zäsuren durch Krieg, Inflation und Weltwirtschaftskrise. Eine dieser durchgängigen Entwicklungen stellt die Umgewichtung zwischen den einzelnen Branchen dar. In Bayern vollzog sich mit einiger zeitlicher Verzögerung der gleiche Prozess, den man auf Reichsebene verfolgen kann und wie er für den Industrialisierungsprozess generell kennzeichnend war. Es handelte sich hierbei um die Verlagerung von der Konsumgüterindustrie zur Kapital- beziehungsweise Investitionsgüterindustrie.[73]

Verhältnis der Beschäftigten der Konsumgüterindustrie zu jenen der Kapitalgüterindustrie 1875 bis 1939

Jahr	Bayern	Reich
	Konsum : Kapital	Konsum : Kapital
1875	75 : 25	69 : 31
1882	73 : 27	68 : 32
1895	69 : 31	65 : 35
1907	63 : 37	55 : 45
1925	56 : 44	48 : 52
1933	66 : 34	57 : 43
1939	53 : 47	41 : 59

Im produktiven Gewerbe lassen sich weitere langfristige Trends ausmachen. Anfang der 1880er-Jahre wies die Industrie der Nahrungs- und Genussmittel die meisten Beschäftigten auf, dicht gefolgt von der Textilindustrie sowie dem Bekleidungs- und Reinigungsgewerbe. Deutlich abgeschlagen folgten – in dieser Reihenfolge – das Baugewerbe, die Industrie der Holz- und Schnitzstoffe, die Metall verarbeitende Industrie, die Industrie der Steine und Erden und schließlich der Maschinenbau. Von 1882 bis 1907 stieg die Zahl der Beschäftigten in der Industrie der Nahrungs- und Genussmittel um 55 %, in der Textilindustrie um 32 % und im Bekleidungs- und Reinigungsgewerbes um 19 %. Im Baugewerbe aber betrug diese Zunahme 183 %, in der Industrie der Holz- und Schnitzstoffe 77 %, in der Industrie der Steine und Erden 169 % und im Maschinen-, Instrumente- und Apparatebau 204 %. Zur letztgenannten Gewerbegruppe zählte die Statistik auch die optische und feinmechanische Industrie sowie die Elektroindustrie; die Beschäftigtenzahl Letzterer aber hatte sich seit 1882 verdreifacht.[74]

Von 1907 bis 1925 nahm die Zahl der Beschäftigten in der Industrie der Nahrungs- und Genussmittel um 16,4 %, in der Textilindustrie um 15,4 % und im Bekleidungs- und Reinigungsgewerbe um 16 % zu. Das Baugewerbe wies ein Wachstum von 5,5 %, die Industrie der Steine und Erden von lediglich 1,1 % auf. In der Industrie der Holz- und Schnitzstoffe dagegen betrug der Zuwachs 35 % und im Maschinenbau 36,2 %, und das, obwohl manche der Branchen, die bis 1907 noch dem Maschinenbau zugezählt wurden – v. a. die optische, feinmechanische und elektrotechnische Industrie –, 1925 gesondert erfasst wurden.

1925 waren 704 400 Menschen in solchen Gewerbegruppen tätig, die zwar traditionell die meisten Arbeitsplätze boten, deren gesamtwirtschaftlicher Stellenwert aber dennoch insgesamt zurückging: In der Bekleidungsbranche, der Industrie der Nahrungs- und Genussmittel, dem Holz- und Schnitzstoffgewerbe und in der Textilindustrie. Auch in den – gleichfalls traditionell stark besetzten – Bereichen des Baugewerbes und der Industrie der Steine und Erden war die Beschäftigtenzahl weiter gestiegen und lag nun bei rund 265 600. Dennoch hatte der sich immer weiter ausdifferenzierende Bereich der Metallverarbeitung, dem neben den traditionellen Betrieben wie Schmieden, Klempnern und Schlossern der Maschinen-, Stahl- und Fahrzeugbau, die Elektroindustrie sowie die optische und feinmechanische Industrie zugerechnet wurden, stark aufgeholt. Die meisten der neuen Arbeitsplätze waren hier zudem in den zukunftsträchtigen Branchen Maschinen-, Stahl- und Fahrzeugbau, der Elektrotechnik sowie der Optik und Feinmechanik entstanden. Insgesamt fanden hier jetzt knapp 262 000 Menschen Arbeit.

Diese Entwicklung setzte sich nach der Weltwirtschaftskrise fort, auch wenn – in absoluten Zahlen gemessen – das Baugewerbe und benachbarte Branchen den größten Zuwachs aufwiesen. Das Baugewerbe steigerte seine Beschäftigtenzahl um mehr als 144 000, die Industrie der Steine und Erden um rund

40 000 und das Holz- und Schnitzstoffgewerbe um knapp 36 000. In diesen Branchen waren somit rund 220 000 der bis 1939 in Bayern neu entstandenen knapp 484 000 Arbeitsplätze angesiedelt. Rund 94 500 neue Arbeitsplätze waren im weitaus kleineren Sektor Maschinen-, Stahl- und Fahrzeugbau entstanden und über 34 000 in der Elektroindustrie. Damit aber verzeichnete der Maschinen-, Stahl- und Fahrzeugbau einen Zuwachs von 198 % und damit das stärkste Wachstum aller Industriebranchen. An zweiter Stelle folgte die Elektroindustrie mit einem Zuwachs von 154 %, und erst dann kam mit 138 % der Bausektor. Die Eisen- und Stahlgewinnung rangierte zwar mit einem Zuwachs von 194 % direkt nach dem Maschinenbau, doch ist dieser, da er vor allem der Autarkiepolitik zuzuschreiben war, gesondert einzuordnen.

Mit dieser Verlagerung der Gewichtung zwischen den Industriezweigen beschleunigte sich auch der seit dem Ausgang des 19. Jahrhundert zu beobachtende Aufholprozess gegenüber den wirtschaftlich weiter entwickelten Teilen des Reiches. Von 1907 bis 1925 wuchs der Anteil der außerhalb des landwirtschaftlichen Bereichs Erwerbstätigen an deren Gesamtzahl auf Reichsebene um 22 %, in Bayern aber nur um 8,5 %. Ab 1925 aber nahm der Anteil der außerhalb des landwirtschaftlichen Bereichs Tätigen an der Gesamtzahl der Erwerbstätigen in Bayern um 6,5 %, reichsweit aber nur um 3,1 % zu. Und von 1933 bis 1939 wuchs die Zahl der Beschäftigten in Industrie und Handwerk in Bayern um rund 25 %, während der Zuwachs im Deutschen Reich nur etwa 13 % betrug. Eine ähnliche Entwicklung fand auch in den Bereichen Handel und Verkehr statt, womit die gesamte gewerbliche Wirtschaft Bayerns seit etwa Mitte der 20er-Jahre stärker wuchs als die des Reiches und sich der Entwicklungsrückstand Bayerns stetig verringerte. Zurückgeführt hat man dieses überdurchschnittliche Wachstum auf das größere Arbeitskräftepotenzial in Bayern, das durch die verstärkte Freisetzung in der Landwirtschaft zustande gekommen sei.

1939 arbeiteten von 1000 Einwohnern Bayerns 192 in Industrie und Handwerk. Damit lag Bayern zwar noch immer unter dem Reichsdurchschnitt, denn dieser lag bei knapp 200, aber deutlich vor Preußen, wo es 180 waren. Noch immer groß war jedoch der Abstand zu den Spitzenreitern in Deutschland, denn in Sachsen waren es 307, in Thüringen 269, in Württemberg 264 und in Baden 221.[75]

Bayern hat seinen wirtschaftlichen Rückstand also in einem lang dauernden Prozess aufgeholt, der tief im 19. Jahrhundert eingesetzt hatte. In diesem langfristigen Prozess wuchsen neben den traditionellen und schon früh gut entwickelten Wirtschaftbereichen – wie etwa dem Bau-, Lebensmittel-, Textil- und Bekleidungsgewerbe – die zunächst nur in Ansätzen vorhandenen zukunftsträchtigen Wirtschaftzweige zu immer größerer Leistungsfähigkeit heran. Diese Branchen waren hauptsächlich die Optik, Feinmechanik und Elektrotechnik sowie der

Maschinen-, Stahl- und Fahrzeugbau. In diesen Bereichen verschafften sich bayerische Unternehmen zunächst Spitzenplätze hinsichtlich der Qualität ihrer Produkte, und auf dieser Grundlage eroberten sie sich dann einen beachtlichen Anteil am nationalen und internationalen Markt.

Die NS-Wirtschaftspolitik hat diesen säkularen Prozess dann unverkennbar beschleunigt. Bayerns Wirtschaft profitierte von dieser auch deshalb, weil im Zuge der Mobilisierung aller wirtschaftlichen Reserven für die Aufrüstung Rücksichten auf die wirtschaftliche Rentabilität zurückgestellt wurden. Anders als bisher waren die bayerischen Unternehmen nun nicht mehr gezwungen, die durch die geringen inländischen Rohstoffvorkommen und die Marktferne bedingten Nachteile durch Konzentration der Produktion auf hochwertige Fertigprodukte zu kompensieren. Das kam vor allem auch dem Bergbau und der Schwerindustrie zugute, die bis dahin kaum konkurrenzfähig gewesen waren.

7. Handel und Verkehr

Erstaunlich rasch haben Handel und Verkehr nach der Zäsur des Ersten Weltkrieges wieder den Umfang der Vorkriegszeit erreicht. Eine der Voraussetzungen dafür war, dass die Verkehrsinfrastruktur nicht nur von Kriegseinwirkungen unbeeinträchtigt blieb, sondern durch den Ausbau der Wasserstraßen während des Krieges und unmittelbar danach deutliche Verbesserungen erfuhr:

Verkehrsinfrastruktur	1913	1922
Länge der Staatsstraßen	6766 km	6744 km
Länge der Bezirksstraßen	18 560 km	19 127 km
Länge der schiffbaren Flüsse	1072 km	1292 km
- davon Reichswasserstraßen	-	806 km
Länge des Reichsbahnnetzes in Bayern		
- Vollspurbahn, Hauptstrecken	4802 km	4622 km
- Vollspurbahn, Nebenstrecken	3262 km	3608 km
- Schmalspurbahnen	115 km	115 km
Privatbahnen		
- Vollspurbahn	236 km	230 km
- Schmalspurbahn	35 km	35 km

Trotz der Reparationsleistungen überstieg auch der Bestand an rollendem Material, das auf den bayerischen Eisenbahnstrecken 1923 im Einsatz war, den des letzten Vorkriegsjahres:

Gattung	Bestand 1913	Bestand 1923
Dampflokomotiven	2440	2569
Elektrische Lokomotiven	5	17
Sitz- und Stehplätze	346 904	395 574
Güterladegewicht in Tonnen	751 578	986 131

Und der Umfang des Eisenbahnverkehrs hat bis 1922 wieder den Vorkriegsstand erreicht beziehungsweise übertroffen:

Art der Züge	Wagenachskilometer	
	1913	1922
Schnellzüge	281 706 637	248 123 408
Eilzüge	109 591 076	10 253 267
Personenzüge	712 047 174	665 777 362
Militärzüge	4 796 299	2 791 952
Eilgüterzüge	30 081 508	45 387 436
Güterzüge	1 679 299 188	1 727 026 376
Sonstige Züge	3 596 705	3 361 152
Zusammen	2 821 118 587	2 702 720 953

Entsprechend entwickelte sich auch der mittels der Bahn abgewickelte Güterverkehr:

	Menge der beförderten Güter in 1000 Tonnen	
	1919	1922
Innerhalb von Südbayern	5024,7	5871,8
Von Südbayern in andere Verkehrsbezirke, Empfang (1921)	3532,0	4876,1
Von Südbayern in andere Verkehrsbezirke, Versand	1971,6	3212,9
Innerhalb von Nordbayern	3769,1	4873,2
Von Nordbayern in andere Verkehrsbezirke, Empfang (1921)	4258,2	5492,9
Von Nordbayern in andere Verkehrsbezirke, Versand	2593,2	4104,6
Davon war Internationaler Verkehr	*1919*	*1922*
- Empfang	670	1296,3
- Versand	77,1	356,6

Im gewerblichen Bereich wie im Handel bestimmten die kleinen und kleinsten Betriebe das Bild, während sich die Umsätze bei den größeren und großen

Unternehmen konzentrierten. Das zeigt die nachfolgende Übersicht über die Betriebsstruktur des bayerischen Handels 1928:[76]

	Kleinst-betriebe mit Umsatz bis 5000 RM	Kleinbetriebe mit Umsatz 5000-50 000 RM	Mittelbetriebe mit Umsatz 50 000-500 000 RM	Großbetriebe mit Umsatz 500 000-5 Mio. RM	Größtbetriebe mit Umsatz über 5 Mio. RM
Zahl der Betriebe	75 579	83 718	14 852	1513	55
Umsatz in Mio. RM	158	1386	1934	1726	668
Durchschnittlicher Umsatz in RM	2 090	16 555	130 218	1 140 779	12 145 454

Auch der Handel erlitt mit der Weltwirtschaftskrise einen starken Einbruch, wie die Entwicklung seines Umsatzes erkennen lässt:[77]

	1913	1930/31	1932	1933	1934
Gesamtumsatz in Mio. M bzw. RM	30 625,5	41 125,2	31 418,4	32 569,7	36 335,5
Bilanzabschluss in Mio. M bzw. RM	338,7	364,4	391,9	463,5	533,6

Während des „Dritten Reiches" konnte sich vor allem der Einzelhandel einer besonderen Protektion erfreuen. Denn hier glaubte das Regime demonstrieren zu können, dass seine antisemitische, gegen das jüdische Kapital gerichtete Politik dem deutschen Mittelstand nütze. Tatsächlich kam die konsequent betriebene Verdrängung der Juden aus der Wirtschaft zweifellos den in dieser Branche tätigen deutschen Geschäftsleuten zugute. Anders als im Bereich des produktiven Gewerbes, wo die Steigerung der Leistungsfähigkeit absolute Priorität genoss, konnte sich das Regime beim Handel ohne jeden Nachteil als Protektor des Mittelstands gerieren. Schon am 12. Mai 1933 erließ es ein „Gesetz zum Schutz des Einzelhandels", das den Kreis derjenigen, die Einzelhandel betreiben durften, erheblich einschränkte. Am 11. Mai 1933 wurden alle Verbrauchsgenossenschaften liquidiert, womit dem Einzelhandel eine lästige Konkurrenz vom Hals geschafft wurde, am 12. Mai 1933 folgte das „Gesetz über das Zugabewesen", am 25. November 1933 das Rabattgesetz und am 26. Februar 1935 schließlich noch eine Ergänzung des Gesetzes gegen den unlauteren Wettbewerb. Alle diese Maßnahmen schränkten den Wettbewerb ein und gingen letztlich zu Lasten der Konsumenten. Sie sorgten gleichzeitig dafür, dass ausschließlich der etablierte, von „Ariern" betriebene Einzelhandel vom Anstieg der Nachfrage profitierte, der mit der Überwindung der Weltwirtschaftskrise 1933 einsetzte. Bis 1937 stieg der Umsatz des Einzelhandels gegenüber 1932 um 41 % an, die Zahl seiner Beschäftigten wuchs um 27 %.[78]

Ein weiterer Wirtschaftszweig, der in besonderer Weise von der Politik des NS-Regimes profitierte, war der Fremdenverkehr. Der Bau der neuen Fernstraßen – neben der Autobahn waren dies in Bayern vor allem die Queralpenstraße, die Ostmarkstraße und die Olympiastraße – sowie die auch dadurch maßgeblich geförderte Motorisierung – von 1932 bis 1937 wuchs der Kraftfahrzeugbestand in Bayern um nicht weniger als 72,3 % – führten zu einer beachtlichen Ausweitung des Reise- und Fremdenverkehrs. Obwohl die statistische Erfassung noch Probleme bereitete, hat man für die Zeit von 1932 bis 1937 eine Zunahme der Übernachtungen von 104 % ermittelt.[79] Einen Überblick über die Entwicklung 1933 bis 1942 bietet folgende Tabelle:[80]

Sommerhalbjahr	Zahl der meldenden Gemeinden	Zahl der Fremden-meldungen	Zahl der Fremden-übernachtungen
1933	979	2 387 155	9 938 381
1934	956	3 302 029	13 788 877
1935	980	3 166 716	14 491 945
1936	1172	3 758 523	16 461 548
1937	1244	4 204 106	18 680 542
1938	1242	4 284 517	17 611 376
1939	1233	3 749 764	15 009 638
1940	1332	2 172 211	9 453 824
1941	1337	2 529 903	14 874 808
1942	1341	2 535 571	13 940 796

8. Die Landwirtschaft

Der bereits vor dem Weltkrieg zu beobachtende Rückgang desjenigen Anteils der Bevölkerung, der von Land- und Forstwirtschaft lebte, setzte sich danach zunächst mit ungefähr der gleichen Dynamik fort.[81] Lebten 1907 noch 40,1 % der Bayern von Land- und Forstwirtschaft, so waren es 1925 nur noch 34,9 %. Der Rückgang bis 1925 war, wie schon in den Jahrzehnten vor dem Krieg, vor allem der im Vergleich zum Bevölkerungswachstum geringeren Zunahme der in diesem Wirtschaftsbereich Tätigen zu verdanken. Die Zahl der Erwerbstätigen in Land- und Forstwirtschaft stieg von 1907 bis 1925 von 1 697 948 auf 1 735 398 an, was einem Zuwachs von 2,2 % entsprach, während die Bevölkerung um 11,9 % zulegte.

Nach 1925 aber setzte ein stark beschleunigter Strukturwandel in der Landwirtschaft ein, der zu einem Rückgang der hier Erwerbstätigen führte. 1933 zählte man in diesem Wirtschaftzweig nur noch 1 651 839 Erwerbstätige, das war gegenüber 1925 ein Schwund von 83 559 oder knapp 5 %; die Bevölkerung wuchs gleichzeitig um 4 %. Dieser Prozess setzte sich nach 1933 fort: 1939 gab es in der Land- und Forstwirtschaft Bayerns noch 1 619 290 Erwerbstätige und somit erneut um 32 549 oder ca. 5 % weniger; die Bevölkerung hatte sich in diesen Jahren um 3 % vermehrt. Auf das rechtsrheinische Bayern bezogen stellte sich die Entwicklung wie im Diagramm auf S. 354 oben dar.

Zurückzuführen war dieser rasche Abbau an Erwerbstätigen in der Land- und Forstwirtschaft auf den Strukturwandel in diesem Wirtschaftszweig, der sich nach der Inflation deutlich beschleunigte. Die Inflation hatte den landwirtschaftlichen Betrieben eine nahezu vollständige Befreiung von der bisherigen Verschuldung beschert, die vor dem Krieg auf ca. 1,4 Mrd. Mark geschätzt wurde, doch hatten sich die meisten Betriebe danach sehr rasch wieder neu verschulden müssen.[82] Eine der Ursachen dafür lag in den stark steigenden Ausgaben für Löhne und Sozialleistungen sowie in den stark erhöhten Steuern, die sich gegenüber der Vorkriegszeit verdoppelt bis verdreifacht hatten. Hinzu kam eine Viehseuche, die 1925 einen großen Teil des bayerischen Rinderbestandes heimsuchte, und heftige Unwetter in den Jahren 1926 und 1927, die zu erheblichen Ernteausfällen führten. Entscheidend aber war, dass die Preise für Agrarprodukte in den 1920er-Jahren deutlich geringer anstiegen als die für Betriebsmittel und Industrieprodukte. 1928/29 kosteten Agrarprodukte durchschnittlich 32 % mehr als 1914, Betriebsmittel dagegen 39,4 %; und bis 1932/33 sanken die Preise für Agrarprodukte auf 77 % des Vorkriegsniveaus ab, während die für Betriebsmittel noch immer um 11,6 % darüber lagen.[83]

Besonders nachteilig wirkte sich auch der Kapitalmangel der deutschen Banken aus. Das hatte nicht nur ein hohes Zinsniveau zur Folge, sondern führte dazu, dass der Kapitalmarkt keine auf die Bedürfnisse der Landwirtschaft zugeschnittenen Darlehen anbot. Die Landwirte mussten zumeist kurzfristige Darlehen aufnehmen, die zunächst mit 7 %, ab 1928/29 aber mit 9 bis 10 % zu verzinsen waren. Schon 1928 wurde die Gesamtverschuldung der bayerischen Landwirtschaft bereits wieder auf 1,1 bis 1,2 Mrd. RM geschätzt. Eine Folge davon war, dass die Zahl der Zwangsversteigerungen erheblich zunahm (siehe Diagramm S. 354 Mitte).

Durch die ungünstigen wirtschaftlichen Rahmenbedingungen mussten jedoch weitaus mehr landwirtschaftliche Betriebe aufgeben, als in Konkurs gingen. Hatte sich die Gesamtzahl der landwirtschaftlichen Betriebe im Zeitraum von 1912 bis 1925 von 669 911 auf 666 285 und somit nur um 3626 verringert, was einem jährlichen Schwund von 0,22 % entsprach, so waren es 1933 nur noch 555 922 Betriebe, das waren um 110 363 weniger, was ein jährlicher Rückgang von 2,07 % war. Vor allem kleinere Betriebe wurden zur Aufgabe gezwungen, wohingegen die größeren und Großbetriebe sich behaupten und ihren Anteil an der Nutzfläche beträchtlich erweitern konnten (siehe Diagramm S. 354 unten).

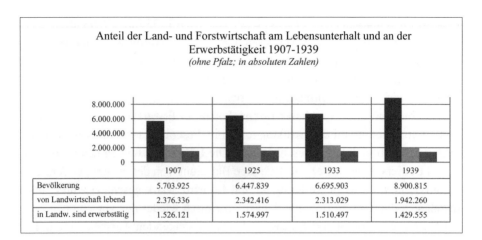

Anteil der Land- und Forstwirtschaft am Lebensunterhalt und an der
Erwerbstätigkeit 1907-1939
(ohne Pfalz; in absoluten Zahlen)

	1907	1925	1933	1939
Bevölkerung	5.703.925	6.447.839	6.695.903	8.900.815
von Landwirtschaft lebend	2.376.336	2.342.416	2.313.029	1.942.260
in Landw. sind erwerbstätig	1.526.121	1.574.997	1.510.497	1.429.555

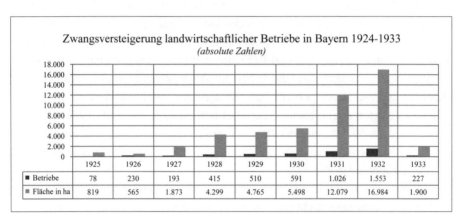

Zwangsversteigerung landwirtschaftlicher Betriebe in Bayern 1924-1933
(absolute Zahlen)

	1925	1926	1927	1928	1929	1930	1931	1932	1933
■ Betriebe	78	230	193	415	510	591	1.026	1.553	227
■ Fläche in ha	819	565	1.873	4.299	4.765	5.498	12.079	16.984	1.900

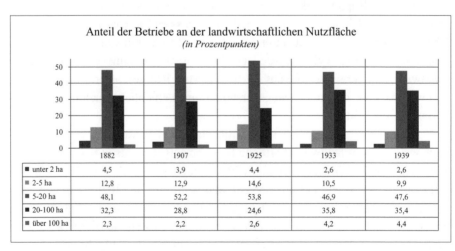

Anteil der Betriebe an der landwirtschaftlichen Nutzfläche
(in Prozentpunkten)

	1882	1907	1925	1933	1939
■ unter 2 ha	4,5	3,9	4,4	2,6	2,6
■ 2-5 ha	12,8	12,9	14,6	10,5	9,9
■ 5-20 ha	48,1	52,2	53,8	46,9	47,6
■ 20-100 ha	32,3	28,8	24,6	35,8	35,4
■ über 100 ha	2,3	2,2	2,6	4,2	4,4

Wie das vorstehende Diagramm zeigt, vollzog sich in den Jahren zwischen 1925 und 1933 eine starke Verlagerung weg von den Betrieben, deren Betriebsflächen kleiner als 20 Hektar war – das waren die Parzellenbetriebe (unter 2 ha), die kleinbäuerlichen Betriebe (2–5 ha) und die mittelbäuerlichen Betriebe (5–20 ha) – hin zu den großbäuerlichen (20–100 ha) und den Großtrieben (über 100 ha). Letztere waren die ausgesprochenen Gewinner dieses Prozesses, wuchs doch ihr Anteil an der gesamten landwirtschaftlichen Betriebsfläche von 2,6 % im Jahr 1925 auf 4,4 % im Jahr 1939, das war ein Zuwachs von rund 70 %.

Dabei muss man den bis 1933 amtierenden bayerischen Regierungen konzedieren, dass sie bemüht waren, diese Entwicklung aufzuhalten; schließlich war der bäuerliche Mittelstand eine wichtige Klientel der Bayerischen Volkspartei. Zwar war die mittelständische Struktur der bayerischen Landwirtschaft noch nicht ernsthaft gefährdet, aber die Zunahme der Zwangsversteigerungen wurde vom politischen Gegner, insbesondere von der NSDAP, ausgiebig und erfolgreich propagandistisch ausgeschlachtet. Die bayerische Staatsregierung versuchte, dieser politisch gefährlichen Verunsicherung der bäuerlichen Bevölkerung durch Hilfsmaßnahmen für die Landwirtschaft entgegenzuwirken, wenn auch ihre Möglichkeiten wegen der verringerten Kompetenzen auf wirtschaftspolitischem Gebiet eingeschränkt waren. Da sie weder zu Steuervergünstigungen noch zu Subventionen in der Lage war, konzentrierte sie sich auf die Unterstützung von Meliorationsmaßnahmen wie den Ausbau des Hochwasser- und Uferschutzes und die Be- und Entwässerung landwirtschaftlicher Nutzflächen.

Mit diesen Maßnahmen führte man die Tätigkeit der 1884 gegründeten Landeskultur-Rentenanstalt verstärkt fort; gab Bayern dafür 1924 rund 10 Mio. RM aus, so waren es 1926 bereits 28 Mio. RM. Von den 20 Mio. RM, die in jenem Jahr den Etat des Landwirtschaftsministeriums bildeten, flossen 2 Mio. in die Flurbereinigung und 6 Mio. in Bodenkulturmaßnahmen.[84] 1929 wurde dann die Landeskultur-Rentenanstalt in eine selbstständige juristische Person des öffentlichen Rechts umgewandelt und erhielt damit ein wesentlich erweitertes Aufgabenfeld, das auch die Kreditvergabe für den sozialen Wohnungsbau umfasste; zudem konnte sie nun selbst festverzinsliche „Landeskultur-Rentenbriefe" emittieren. Um die Kreditversorgung des bäuerlichen Standes wie des Mittelstandes überhaupt zu verbessern, wurde 1925 die „Girozentrale bayerischer Sparkassen", die man 1920 von Nürnberg nach München verlegt hatte, vom Sparkassenverband gelöst und in die „Bayerische Gemeindebank (Girozentrale) Öffentliche Bankanstalt" umgewandelt. Diese übernahm zum bisherigen Kundengeschäft und dem Konsortialgeschäft mit den Sparkassen auch die Versorgung der Gemeinden mit langfristigen Krediten. Einem Bedürfnis breiterer Bevölkerungsschichten kam man 1929 mit der Gründung der Bayerischen Landesbausparkasse als Abteilung der Bayerischen Gemeindebank nach. Mit derartigen Maßnahmen wurde aber bestenfalls die Stimmung auf dem Land verbessert, den säkularen, aus vielfachen Ursachen gespeisten Struktur-wandel der Landwirtschaft aufhalten konnte man damit nicht.

Das konnten auch die Nationalsozialisten nur vorübergehend, wenn auch in deren Ideologie das Bauerntum als „Reichsnährstand" eine wichtige Rolle spiel-te. Die nationalsozialistische Landwirtschaftspolitik erklärte es zu ihrem Ziel, die Schäden beseitigen zu wollen, „die liberalistisches Wirtschaftsdenken und -han-deln dem ländlichen Grundbesitz durch Bodenzersplitterung auf Grund verfehl-ter Erbteilungen zugefügt" habe, die Landflucht zu stoppen und die „Neubildung deutschen Bauerntums" in die Wege zu leiten.[85] Mit großem propagandistischem Aufwand wurde ein Entschuldungsprogramm für die Landwirtschaft auf den Weg gebracht, doch blieb das „Gesetz über die landwirtschaftliche Schulden-regulierung" vom 1. Juni 1933 de facto ohne nachhaltige Wirkung. Mit dem „Ge-setz über die Neubildung des deutschen Bauerntums" vom 14. Juli 1933 zog das Reich die ausschließliche Gesetzgebung für die ländliche Siedlung und die land-wirtschaftlichen Betriebe an sich. Damit wollte das Regime nicht nur die Land-flucht stoppen, sondern einen neuen Typus des Bauern heranbilden, „der sein Bauerntum nicht als Beruf, sondern als Berufung empfindet, der besonders dort, wo es sich um die Sicherung deutschen Bodens handelt, Kulturpionier und Wehr-bauer zugleich ist." Dazu erließ man am 29. September 1933 das „Reichserbhof-gesetz", mit dem rund drei Fünftel des landwirtschaftlichen Grundbesitzes einem neuen Bodenrecht unterworfen wurden; so sollte die Bildung und der Erhalt mit-telständischer Betriebe gefördert und gesichert werden. Bis 1938 entstanden in Bayern aber nur 823 „Neusiedlerstellen" mit einer Gesamtfläche von 10 044 ha, womit deren durchschnittliche Betriebsgröße 12,2 ha umfasste.

Im Zentrum dieser Landwirtschaftspolitik stand die Entschuldung der mittle-ren und größeren landwirtschaftlichen Betriebe, womit sie modifiziert jene Hilfs-maßnahmen für die Landwirtschaft fortführte, welche die Reichsregierung bereits 1928 mit der „Grenzlandhilfe" und 1931 mit dem „Osthilfegesetz" begonnen hat-te. Von den hierbei eingesetzten beträchtlichen Mitteln, die hauptsächlich dem Großgrundbesitz im Osten Deutschlands zugutekamen, wurde ein kleiner Teil auch zur Entschuldung landwirtschaftlicher Betriebe an der Grenze Bayerns zur Tschechoslowakei zu Verfügung gestellt. Das nationalsozialistische Entschul-dungsprogramm sah aber nur eine Reduktion der Schulden erhaltungswürdiger landwirtschaftlicher Betriebe – der oben genannten „Erbhöfe" – auf eine Summe vor, die nicht mehr existenzgefährdend war. Dafür stellte das Reich insgesamt 1 Mrd. RM zu Verfügung. In Bayern stellten 98 282 Betriebe Antrag auf eine der-artige Entschuldung, durchgeführt wurden 28 932 Verfahren.

Größeren Einfluss als diese Aktionen hatten auf die weitere Entwicklung der Landwirtschaft jedoch andere Maßnahmen des nationalsozialistischen Regimes. So wurde der Landwirtschaft im Zuge der Autarkiebestrebungen die Aufgabe zugewiesen, den gesamten Bedarf der deutschen Bevölkerung an Lebensmitteln zu decken, sich von der Einfuhr von Futtermitteln unabhängig zu machen und vermehrt Rohstoffe – vor allem Öl, Stärke, Alkohol und Faserstoffe – für industrielle Zwecke zu erzeugen. Zu diesem Zweck wurde 1934 die „Erzeugungsschlacht" ausgerufen und eine Mobilisierung aller landwirtschaftlichen Ressourcen in Angriff genommen. Neue Flächen wurden urbar gemacht, Wiesen in Ackerland umgewandelt und die Produktion durch Einsatz saisonaler Hilfskräfte – hier griff man bevorzugt auf die Jugendlichen der NS-Organisationen zurück – sowie erhöhten Maschinen- und Düngereinsatzes gesteigert. Die landwirtschaftliche Nutzfläche Bayerns wurde bis 1939 um 258 667 ha erweitert, was einem Zuwachs von 3,8 % entsprach.

Insbesondere wurde zunächst auch die Mechanisierung der Landwirtschaft vorangetrieben; das galt allerdings nur so lange, bis die Aufrüstung einsetzte, denn dann standen für den Landmaschinenbau kaum mehr Kapazitäten zur Verfügung. Die „Aufrüstung des deutschen Dorfes", mit der die Produktivität gesteigert, der Landwirtschaft ein höherer Anteil am Volkseinkommen gesichert „und dem Landvolk ein höherer Lebensstandard, wie ihn bisher nur die industrielle Arbeit gewähren konnte", verschafft werden sollte, wurde auf die Zeit nach der „siegreichen Beendigung des Kriegs" verschoben.[86]

Die im Zuge der Betriebszählung 1939 durchgeführte Bestandsaufnahme zeigte, dass auch zu dieser Zeit erst der Besitz kleinerer, mit geringen Anschaffungskosten verbundener Maschinen allgemein üblich war: „Weitaus an der Spitze stehen hinsichtlich ihrer Verbreitung die Häckselmaschinen. Von den 575 870 land- und forstwirtschaftlichen Betrieben, die durch die landwirtschaftliche Betriebszählung 1939 in Bayern ermittelt wurden, schneiden 383 531, d. s. zwei Drittel, ihr Futterstroh mit der Maschine. Die Zahl der Maschinen selbst beträgt 415 268. Unter den Antriebsmaschinen stehen an erster Stelle die Elektromotoren, von denen insgesamt 314 604 in 270 170 Betrieben liefen. Die Ausdehnung des Stromversorgungsnetzes auf dem flachen Lande und die Möglichkeit, die Motoren zum Antrieb der verschiedensten Geräte zu benützen, haben ihnen einen festen Platz in fast der Hälfte aller land- und forstwirtschaftlichen Betriebe in Bayern gesichert. Elektromotoren mit einer Leistung von 6 und mehr PS finden allerdings nur verhältnismäßig selten Verwendung. An dritter Stelle folgen mit einer Gesamtzahl von 260 805 die Mähmaschinen für Gras und Getreide; darunter befinden sich 18 303 Bindemaschinen.

Wesentlich niedriger ist wegen ihres hohen Anschaffungspreises die Zahl der betriebseigenen Dreschmaschinen; sie beträgt 145 971, davon sind 94,4 vH für Kraftantrieb eingerichtet. Trotzdem gab es über 270 000 Betriebe, die ihr Getreide maschinell ausdreschen ließen, ein Hinweis auf die in Bayern sehr weit verbreitete Genossenschafts- und Lohndrescherei. Betriebseigene Drill- (Säe)-maschinen waren insgesamt 136 338 vorhanden, also bei rund einem Viertel aller landwirtschaftlichen Betriebe mit Ackerland. Auch hier ist die Zahl der sie verwendenden Betriebe mit 186 099 wesentlich höher. (…)

In etwa der gleichen Größenordnung hält sich die Zahl der Schrotmühlen (133 471) und der Sägen aller Art (130 043); beide Maschinenarten können auch von kleinen Betrieben vorteilhaft verwendet werden. Nicht ganz so häufig, aber immer noch mit sehr erheblichen Stückzahlen kommen als Antriebsmaschinen Verbrennungsmotoren (44 452) vor, wobei die Benzinmotoren mit 77,9 vH überwiegen, ferner als Arbeitsmaschinen und -geräte: Heuwender, Kartoffelerntemaschinen, Greiferaufzüge, Düngerstreuer, luftbereifte Ackerwagen und Hackmaschinen. Am seltensten werden naturgemäß solche Maschinen und Anlagen gehalten, die wegen ihrer hohen Anschaffungs- und Betriebskosten vorerst nur größeren Betrieben zugänglich sind oder den besonderen bayerischen Bodenverhältnissen und Bewirtschaftungsweisen weniger entsprechen beziehungsweise durch andere Maschinenarten verdrängt worden sind. Es handelt sich dabei vor allem um Ackerschlepper aller Größen, Dampfkraftmaschinen, Fördereinrichtungen wie Höhenförderer und Gebläse, Strohbinder und Strohpressen, Rübenroder und -heber.“

Über die Entwicklung der Zahl eigener Maschinen auf den bayerischen Höfen im Zeitraum 1933 bis 1939 gibt die nachfolgende Aufstellung Aufschluss:

Art der Maschine	Anzahl 1933	Anzahl 1939	Zu- oder Abnahme in %	Anteil an den Maschinen reichsweit in % (1939)
Elektromotoren	231 325	313 616	35,6	17,4
Dampfkraftmaschinen	2355	1242	- 47,3	10,7
Verbrennungsmotoren	26 849	46 659	73,8	23,5
Ackerschlepper, Kleinschlepper, Motormäher und Kleinfräsen	2538	10 064	298,0	14,6
Drillmaschinen	111 936	135 338	21,0	16,9
Düngerstreuer	12 862	15 705	22,1	6,7
Hackmaschinen	7573	10 031	32,5	5,0
Bindemäher	9082	18 297	101,5	5,9
Mähmaschinen	203 065	242 103	19,2	17,8
Kartoffelerntemaschinen	28 436	41 604	46,3	9,1
Dreschmaschinen mit Kraftantrieb	135 840	136 270	0,3	14,2
Schrotmühlen	108 240	132 827	22,8	19,3
Häckselmaschinen	422 033	408 647	- 3,2	20,6
Fördereinrichtungen	12 936	40 010	209,3	21,2
Sägemaschinen	101 995	129 610	27,1	21,9

Die Mechanisierung der Landwirtschaft in der Zwischenkriegszeit

In den Jahren nach dem Ersten Weltkrieg schritt der Einsatz von Maschinen in der Landwirtschaft rasch voran, denn einerseits zwang eine starke Steigerung der Betriebskosten zur Erhöhung der Produktivität, andererseits stellte die Industrie eine immer umfangreichere Palette an Maschinen, Geräten und Anlagen für landwirtschaftliche Betriebe her. Als Antriebe kamen nun Verbrennungs- und Elektromotoren zum Einsatz. Sie lösten die Dampfmaschinen ab, die auch in ihrer mobilen Variante, als Lokomobile, schwer, teuer und kompliziert zu bedienen waren.

Vor allem im Bereich der Bodenbearbeitung hatte sich bis zum Ersten Weltkrieg nur wenig geändert. Noch immer wurden die Äcker mit Pferde- und Ochsengespannen bestellt, auf deren Zugkraft die Pflüge und Eggen ausgerichtet waren; nur in sehr wenigen Großbetrieben kamen schon vor dem Krieg Zugmaschinen zum Einsatz. Dies änderte sich in den 1920er-Jahren signifikant: Nun wurden vergleichsweise leichte Zugmaschinen mit Verbrennungsmotor hergestellt und zu Preisen angeboten, die auch für mittelständische Betriebe erschwinglich waren. Da das Pflügen die Arbeit war, bei der eine stärkere Zugkraft den größten Vorteil bot, wurden zunächst vor allem Motorpflüge entwickelt, Traktoren, bei denen der Pflug in das Fahrgestell integriert war. Ihr Erfinder war Robert Stock (1858–1912), der 1891 in Mariendorf bei Berlin eine Werkzeug- und Maschinenfabrik gründete, in der nach dem Krieg derartige Motorpflüge in größeren Stückzahlen produziert wurden.

Wollte man diese Motorpflüge für andere Arbeiten verwenden, so musste man die Pflugscharen abmontieren, was umständlich und zeitraubend war. Deshalb wurden sie bald von Traktoren abgelöst, an die man das jeweils benötigte Gerät oder auch Wägen anhängen konnte. Sollten sie hauptsächlich zur Bodenbearbeitung eingesetzt werden, so stattete man sie mit einem Raupenantrieb aus, der vor allem bei schweren Böden von Vorteil war.

Noch vielseitiger einsetzbar war ein anderer Traktortyp: Bei ihm handelte es sich um ein Radfahrzeug, das auch über eine Zapfwelle verfügte, mit der man Maschinen unterschiedlichster Art nicht nur im Stand, sondern auch im Fahren antreiben konnte. Damit

Ein Stock-Motorpflug, der mit einem Benzinmotor von 22 PS ausgestattet ist. Er wurde seit 1922 auf einem Betrieb in der Nähe Regensburgs eingesetzt, der eine Fläche von ca. 100 ha zu bearbeiten hatte

Ein von der Firma Stock gefertigter Raupenschlepper, der mit einem 30-PS-Benzinmotor ausgerüstet war

konnte man nun weitaus effektivere Mäh- und andere Erntemaschinen einsetzen, denn bisher wurden derartige Maschinen über ihre Räder angetrieben, die bei höherer Belastung und feuchtem Boden jedoch leicht die Haftung verloren, was die Funktion der Maschine beeinträchtigte. Bei einem Antrieb über die Zapfwelle waren derartige Störungen ausgeschlossen, und so konnte man nun leistungsstärkere Maschinen einsetzen. Sehr rasche Verbreitung fanden in den landwirtschaftlichen Betrieben auch Sägemaschinen, wobei es sich zum Teil um recht eigenartige Konstruktionen handelte.

Ein Traktor der Firma Lanz, der einen Vielstoffmotor hatte, der je nach Einstellung 15 oder 30 PS leistete, und mit einer Zapfwelle ausgestattet war. Er bewährte sich vor allem in den Zeiten, in denen Benzin knapp und teuer war

Die Zahl der Betriebe, die Maschinen verwendeten, war jedoch deutlich höher als die, welche solche besaßen. Viele liehen sich Maschinen aus oder ließen bestimmte Arbeiten mit Maschinen durchführen. Letzteres galt vor allem für die Drescharbeiten. Nur 23,9 % der Betriebe besaßen Dreschmaschinen, aber 45,7 % führten ihre Drescharbeiten damit durch. Noch häufiger war der Einsatz betriebsfremder Dampfkraftmaschinen. Nur 13 195 Betriebe besaßen eine solche (1939), aber 46 864 gaben an, sie einzusetzen. Die größten Zuwächse zwischen 1933 und 1939 waren bei den Ackerschleppern, den Fördereinrichtungen, den Bindemähern, den Kartoffelerntemaschinen und bei Motoren jeder Art zu beobachten. Den stärksten absoluten Zuwachs – 82 291 Stück – registrierte man bei den Elektromotoren.

Dennoch kamen auch 1939 bei Weitem noch nicht in allen Betrieben Maschinen zum Einsatz.[87] Am weitesten verbreitet war die Häckselmaschine, über die 66,6 % der Höfe verfügten, danach rangierte mit 45,6 % der Elektromotor, mit 45,7 % die Dreschmaschine, mit 36,7 % die Mähmaschine, mit 32,3 % die Drillmaschine, mit 23,7 % die Sägemaschine und mit 13,1 % der Heuwender. Elektrisches Licht gab es in 77,5 % der Höfe, fließendes Wasser in 48,7 %.

Der Einsatz von Maschinen hing hauptsächlich von der Größe der Betriebe ab; kleinere Höfe besaßen nicht nur seltener Maschinen, sondern brachten solche auch kaum zum Einsatz. Daraus erklärt es sich, dass die Maschinendichte, d. h. die Zahl der Maschinen umgelegt auf die Zahl der Betriebe und die Nutzfläche, in den einzelnen Regierungsbezirken sehr unterschiedlich war.

Die NS-Landwirtschaftpolitik hatte zur Folge, dass die Abnahme der landwirtschaftlichen Betriebe in Bayern vorübergehend zum Stillstand kam, ja sogar ein wenig umgekehrt wurde. Von 1933 bis 1939 nahm die Zahl der landwirtschaftlichen Betriebe von 555 922 auf 564 763 zu, das war ein Plus von 8841 Betrieben oder 1,6 %.[88] Rund 80 % aller Betriebe waren Familienbetriebe, worunter die Statistik solche Betriebe verstand, die keine familienfremden Personen beschäftigten. In 6,6 % dieser Betriebe wiederum gab es keine Person, die ihre Arbeitskraft ausschließlich dem Betrieb widmete, wodurch sie als Nebenerwerbsbetriebe einzuordnen sind.[89]

Nachhaltiger als durch die aufgeführten Maßnahmen zur Förderung des „Reichsnährstandes" wurde die Entwicklung der Landwirtschaft durch staatliche Eingriffe in die Marktordnung beeinflusst. Im April 1933 bereits wurde eine Reichsstelle für Öle und Fette eingerichtet, deren Aufgabe es war, die gesamte Fettwirtschaft zu leiten und zu kontrollieren. Zudem griff das Regime aus innenpolitischen Motiven massiv in die Preisgestaltung für Agrarprodukte ein. Es wurden Preise festgelegt, die dem Niveau von 1914 entsprachen, und diese stiegen in der Folge nur um 1 bis 2 %. Die Industrieprodukte dagegen kosteten im Durchschnitt zunächst 11–12 % mehr als vor dem Krieg und verteuerten sich dann auch stärker als die Agrarprodukte. Durch diese und andere Eingriffe des Staates, der während des Krieges seinen Zugriff auf die landwirtschaftlichen Betriebe weiter ausbaute, wandelte sich der Charakter der bayerischen Landwirtschaft in den zwölf Jahren des Nationalsozialismus deutlich. Das zeigt bereits ein Blick auf die Ernteerträge:

Ernteerträge in Bayern 1932–1946 (ohne die Pfalz; Angabe in 1000 t)

Jahr	Roggen	Weizen	Gerste	Hafer	Kartoffeln	Zucker-rüben	Raps u. Rübsen
1932	631,9	646,8	597,5	678,7	5428,9	207,1	0,0348
1934	660,2	694,4	652,2	577,7	5744,3	240,3	1,658
1936	582,2	603,8	565,7	554,4	4382,2	253,4	5,330
1938	769,3	832,2	730,9	636,7	5506,6	420,9	7,128
1940	447,0	619,5	720,3	679,0	5298,1	381,7	5,115
1942	394,9	549,4	627,3	533,8	5560,0	371,1	16,351
1944	444,6	564,8	413,5	456,2	4136,4	287,7	58,505
1946	445,6	506,9	290,3	369,9	3485,3	360,5	4,638

Trotz zunehmender Ernteerträge verringerte sich die Ackerfläche von ihrem maximalen Umfang von 2,563 Mio. ha im Jahr 1927 auf 2,178 Mio. ha im Jahr 1946, was einem Verlust von rund 385 000 ha entsprach. In den Jahren von 1927 bis 1933 hatte sie sich nur um 15 729 ha oder 0,6 % verringert, von 1933 bis 1939 dagegen um 185 883 ha oder 7,3 %.[90] Nur ein kleiner Teil dieses Verlustes war den Land fressenden Bauaktivitäten des Dritten Reiches wie dem Bau der Reichsautobahn, der Anlage von Truppenübungsplätzen und von Fliegerhorsten zuzuschreiben; der größte Teil der vormaligen Ackerflächen war vielmehr der Grünlandwirtschaft zugeführt worden. Wie die obigen Zahlen zeigen, ging zudem sowohl der Getreide- als auch der Kartoffelanbau nahezu kontinuierlich und in beträchtlichem Ausmaß zurück, während der Anbau von Zuckerrüben, vor allem aber der der Ölfrüchte Raps und Rübsen, stark anstieg. Dieser Wandel war eine Folge der „Preisführung" und der Anbauvorschriften des Regimes. Hierbei kam insbesondere der erhöhten Nachfrage nach Ölfrüchten große Bedeutung zu. Verantwortlich dafür war die Autarkiepolitik, welche die Abhängigkeit der deutschen Wirtschaft von der Einfuhr von Öl und Ölfrüchten abbauen wollte und deshalb den Anbau Letzterer durch finanzielle Anreize förderte, wodurch dieser sich lohnte, obwohl die Aufwendungen für Dünger und Schädlingsbekämpfung groß waren. Ähnliches gilt für die Zuckerrübenproduktion, die in Bayern allerdings erst nach dem Krieg, als man von den ost- und mitteldeutschen Gebieten abgeschnürt war, größeren Umfang erreichte.

Weitere Ursachen für den Rückgang des Ackerbaus sind in den generell stark verschlechterten wirtschaftlichen Rahmenbedingungen zu suchen, unter denen die Landwirtschaft dann während des Krieges in wachsendem Maß zu leiden hatte. Besonders gravierend war der Mangel an landwirtschaftlichen Arbeitskräften.[91] Schon 1939 waren in den 575 870 Betrieben, welche die bayerische Land- und Forstwirtschaft insgesamt zählte, nur noch 323 023 familienfremde Arbeitskräfte tätig, und davon wiederum waren 45,1 % Männer, 42,5 % Frauen und 2,4 % Kinder unter 14 Jahren.[92] Die meisten dieser Arbeitskräfte gab es in Oberbayern, wo sie 22,6 % der in der Landwirtschaft Tätigen ausmachten, die wenigsten in Unterfranken, wo ihr Anteil nur 8 % betrug. Zwischen Beschäftigtenzahl und Betriebsgröße bestand naturgemäß eine enge Korrelation, und die Betriebe waren in Oberbayern im Durchschnitt deutlich größer als in allen anderen Regierungsbezirken.[93]

Dass die kleineren Betriebe kaum mehr rentabel zu betreiben waren, legt auch die Entwicklung bei der Großviehhaltung nahe. Von 1933 bis 1939 mussten 23,3 % der Betriebe mit einer Größe bis 2 ha und immerhin noch 7,1 % der mit 2 bis 5 ha die Rinderhaltung aufgeben.[94] Gleichzeitig aber nahm die Zahl der Rinder um fast 122 000 Stück oder 3 % zu. Die Zahl der Pferde dagegen ging um rund 5000 oder 1,3 % zurück. In Bayerns Ställen standen vor Kriegsausbruch 3,932 Mio. Rinder und 292 355 Pferde; 83,5 % aller land- und forstwirtschaftlichen Betriebe hielten Großvieh, wenn auch zumeist in geringem Umfang. Rinder gab es auf vier Fünftel aller Höfe, Pferde dagegen nur auf einem Viertel. Rinder waren für einen landwirtschaftlichen Betrieb nach wie vor nahezu unverzichtbar; das belegt die breite Streuung des Rinderbestandes, wobei zu berücksichtigen ist, dass bei den nachfolgenden Aufstellungen auch die reinen Forstbetriebe mitzählen.

Betriebsgröße	Anzahl der Betriebe		Anzahl der Rinder	Anteil am Bestand in Prozent
	gesamt	mit Rindern		
bis 2 ha	116 100	44 361	82 432	2,1
2-5 ha	140 167	125 600	451 843	3,0
5-10 ha	143 215	138 719	931 695	11,1
10-20 ha	105 349	102 660	1 147 687	23,7
20-100 ha	67 531	64 072	1 248 950	31,7
über 100 ha	3508	1405	70 158	1,8

In etwa der Hälfte der Betriebe mussten Milchkühe auch als Zugtiere dienen, denn Pferde wurden nur auf den größeren Höfen gehalten (siehe Diagramm S. 364 unten), und fast nur dort fanden sich auch Zugochsen. Die kleineren Betriebe dagegen mussten ganz überwiegend auf Kühe als Zugtiere zurückgreifen.

Deshalb stellt die Verwendung von Rindern als Zugtiere einen aussagekräftigen Indikator für die Entwicklungsstand und die Leistungsfähigkeit der Landwirtschaft dar:

Betriebsgröße	von 100 Kühen sind Zugtiere
bis 2 ha	71,8
2–5 ha	82,8
5–10 ha	60,6
10–20 ha	23,2
20–100 ha	4,8
über 100 ha	0,2

Auch bei vielen der mittelbäuerlichen Betriebe musste man also noch immer auf Kühe als Zugtiere zurückgreifen, und selbst bei manchen Großbetrieben kam man nicht ohne sie aus. Entsprechend der unterschiedlichen Verbreitung von Klein-, Mittel- und Großbetrieben in den Regierungsbezirken lässt sich so außerdem ein Leistungsgefälle zwischen diesen feststellen:

Regierungsbezirk	von 100 Kühen sind Zugtiere
Oberbayern	14,0
Niederbayern	29,8
Oberpfalz	49,2
Oberfranken	69,8
Mittelfranken	57,9
Unterfranken	70,6
Schwaben	28,2
Pfalz	47,5

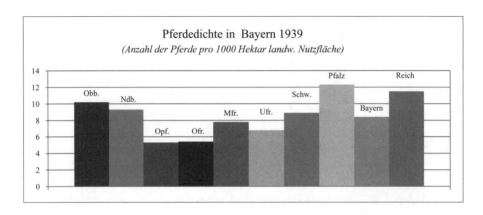

Pferdedichte in Bayern 1939
(Anzahl der Pferde pro 1000 Hektar landw. Nutzfläche)

Mit deutlichem Abstand waren die Betriebe Unter- und Oberfrankens auf die Zugkraft ihrer Kühe angewiesen, am wenigsten die in Oberbayern. Ein nahezu reziprokes Bild zeigt die Verbreitung von Pferden, wobei hier jedoch die Pfalz hervorsticht, die beim Einsatz von Kühen als Zugtiere im Mittelfeld rangierte (siehe Diagramm S. 364 unten).

Ähnlich weit verbreitet wie die Haltung von Rindern war die von Schweinen. 75 % der land- und forstwirtschaftlichen Betriebe hielten 1939 insgesamt 2,155 Mio. Schweine. Sie verteilten sich auf die Betriebe der verschiedenen Kategorien wie folgt:

Betriebsgröße	Anzahl d. Betriebe mit Schweinehaltung	Schweine	Anteil am Bestand in %
bis 2 ha	53 794	105 499	4,9
2-5 ha	98 632	266 499	12,4
5-10 ha	122 896	511 528	23,7
10-20 ha	95 204	595 133	27,6
20-100 ha	60 333	623 726	28,9
über 100 ha	1139	52 930	2,5

Fast die Hälfte aller Betriebe hielt nur ein bis zwei Schweine, ein weiteres Drittel drei bis fünf. Nur 18 Betriebe, davon 11 mit mehr als 100 Hektar, hielten zwischen 200 und 500 Schweine, über 500 dagegen hielt keiner der Betriebe. Die Schweinezucht konzentrierte sich auf Niederbayern, wo 19,4 % des bayerischen Schweinebestandes gezählt wurden. Es folgten Unterfranken mit 14,9 %, Mittelfranken mit 13,7 %, Oberbayern mit 13,6 %, Schwaben mit 12,7 %, die Oberpfalz mit 10,8 % und Oberfranken mit 9,1 %. Den geringsten Anteil hielt die Pfalz mit 5,8 %.[95] Wie bei der Rinderhaltung lässt sich auch bei der Schweinehaltung ein Konzentrationsprozess beobachten. Zwischen 1933 und 1939 gaben 3,3 % der Betriebe unter 2 ha und 8 % der Betriebe mit 2–5 ha die Schweinehaltung auf, während bei den größeren die Anzahl um 6,2 % zunahm.

Die Schafhaltung war im Vergleich zum 19. Jahrhundert weitaus geringer, gewann aber – dank der verstärkten Wollnachfrage – seit 1933 wieder an Bedeutung. Die Zahl der Schafe haltenden Betriebe stieg in dieser Zeit um mehr als 9000 an. Immerhin rund 29 000 Betriebe hielten 1939 noch Schafe, wenn auch drei Viertel davon nicht mehr als zehn. Wenn dennoch insgesamt mehr als 603 000 Schafe gezählt wurden, so war das vor allem der Schafhaltung im größeren Stil zu verdanken, die von manchen größeren Betrieben gepflegt wurde. So hielten die rund 7800 Schafe haltenden Betriebe der Kategorie 20–100 ha zusammen mehr als 247 000 Tiere und die 347 Betriebe der Kategorie über 100 ha fast 62 000.

Dass nahezu jeder Betrieb über eine seiner Größe angemessene Zahl an Hennen verfügte, verstand sich von selbst; ihre Gesamtzahl wurde mit 10,85 Mio. angegeben. Kleinbetriebe besaßen zumeist bis zu 20 Hennen, großbäuerliche zwischen 20 und 50; Massenhaltung aber war nahezu unbekannt. Von den insgesamt mehr als 494 000 Federvieh haltenden Betrieben gaben nur 0,3 % an, mehr als 100 Hennen zu halten, und 0,1 % meldeten einen Bestand von mehr als 250. Die Hühnerhaltung verzeichnete seit 1933 einen signifikanten Zuwachs, bis 1939 nahmen 4300 Betriebe diese neu auf; dagegen gaben fast 25 000 Betriebe die Haltung von Gänsen auf.

Während des Kriegs litt die Landwirtschaft außer an Verknappung und Verteuerung der Betriebsmittel verstärkt an einem Mangel an Arbeitskräften, der wegen fehlender Maschinen auch nicht durch einen erhöhten Maschineneinsatz ausgeglichen werden konnte. Dafür fehlte den Höfen nicht nur das Geld, vielmehr war die Industrie mit Fortdauer des Krieges nicht mehr in der Lage, Maschinen zur Verfügung zu stellen. Dazu kam ein Mangel an Düngemitteln und Saatgut; das alles zusammen bewirkte vor allem einen Rückgang des Ackerbaus; Ackerflächen wurden brach liegen gelassen oder als Grünland genutzt.

Rückgang und Zunahme der landwirtschaftlichen Nutzflächen von 1932 bis 1946 (in Prozent)	
Ackerland	- 5,4
Gartenbau	+ 6,1
Wiesen	+ 3,3
Viehweiden	+ 16,0
gesamte Nutzfläche	+ 0,6
gesamte Wirtschaftsfläche	+ 8,8

Rückgang und Zunahme der Anbauflächen verschiedener Produkte von 1932 bis 1946, in Prozent	
Winterroggen	- 12,3
Winterweizen	- 4,2
Sommergerste	- 36,4
Hafer	- 25,5
Kartoffeln	- 27,7
Zuckerrüben	+ 132,1
Raps und Rübsen	+ 4686,3
übrige Ölfrüchte	+ 580,8
Futter	- 8,5

Überblickt man die Entwicklung der Landwirtschaft von 1918 bis 1945, so erkennt man tief greifende Veränderungen sowohl bei der Betriebsstruktur als auch bei den Besitzverhältnissen und der Bodennutzung. Diese waren die Folge langfristiger politischer und wirtschaftlicher Entwicklungen. Nach dem Ersten Weltkrieg waren Landwirtschaft und bäuerliche Bevölkerung auch in Bayern längst nicht mehr die Grundlage von Wirtschaft und Gesellschaft, und so rangierten deren Interessen trotz anders lautender Bekundungen der Politik hinter der anderer Wirtschaftzweige und Bevölkerungsgruppen. Das zeigte sich am auffälligsten daran, dass sich die Preisschere zwischen Agrar- und Industrieprodukten ständig weiter öffnete. Die daraus resultierende Existenzgefährdung veranlasste die Politik jedoch lediglich zu Hilfsmaßnahmen für einen bestimmten Teil der landwirtschaftlichen Betriebe, nämlich für den bäuerlichen Mittelstand, obwohl gerade die kleineren Betriebe besonders bedroht waren. Dass diese vermehrt zur Aufgabe gezwungen wurden, wurde von der Politik billigend in Kauf genommen, denn sie war nur am Erhalt der wirtschaftlich leistungsfähigen größeren Betriebe interessiert. Bezeichnenderweise waren es die Großbetriebe, die den bei Weitem größten Flächenzuwachs verzeichneten.

Dieser Strukturwandel wurde nur in den ersten Jahren des Dritten Reiches aufgehalten, setzte sich dann jedoch verstärkt fort. Schon als 1936 die Vollbeschäftigung erreicht wurde, was einen verstärkten Bedarf an Arbeitskräften – vor allem in der rüstungsrelevanten Industrie – nach sich zog, verringerte sich der Stellenwert der Landwirtschaft in der nationalsozialistischen Wirtschaftspolitik deutlich. Hinzu kam die Vernachlässigung der Lebens- und Futtermittelproduktion zugunsten der Produktion von industriell verwertbaren Rohstoffen. Angesichts stagnierender Preise bei den Produkten für den menschlichen Konsum und stark steigender Betriebskosten gab es zu dieser Umstellung für viele Betriebe keine Alternative. Die Folge dieser Entwicklungen war, dass sich der Charakter der bayerischen Landwirtschaft am Ende des Zweiten Weltkriegs tief greifend gewandelt hatte.

9. Öffentliche Finanzen und Steuerkraft

Unabhängig von der Art, wie sich Bayerns Staat und Gemeinden finanzierten – ob aus eigenen Einnahmen, wie dies bis 1918 überwiegend der Fall war, oder aus Zuweisungen des Reiches, wie dies danach geschah –, bestand zwischen der Entwicklung der Staatseinnahmen und jener der Wirtschaft ein enger Zusammenhang. Denn staatliche Einnahmen hängen stets sehr stark vom Ertrag der Steuern und Abgaben ab; nur zu einem verhältnismäßig kleinen Teil kann ein Staat seine Einnahmen durch Kreditaufnahme erhöhen. Und auch deren Höhe wird letztlich von

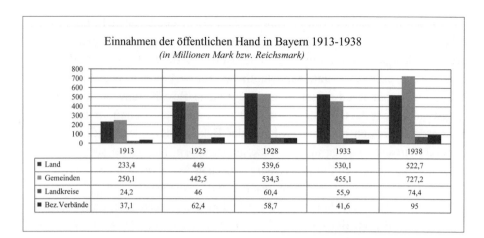

Einnahmen der öffentlichen Hand in Bayern 1913-1938
(in Millionen Mark bzw. Reichsmark)

	1913	1925	1928	1933	1938
■ Land	233,4	449	539,6	530,1	522,7
■ Gemeinden	250,1	442,5	534,3	455,1	727,2
■ Landkreise	24,2	46	60,4	55,9	74,4
■ Bez.Verbände	37,1	62,4	58,7	41,6	95

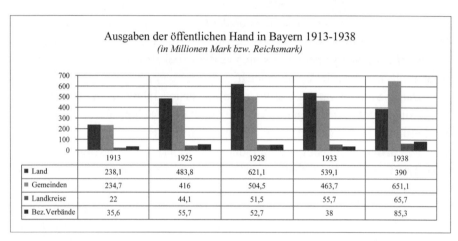

Ausgaben der öffentlichen Hand in Bayern 1913-1938
(in Millionen Mark bzw. Reichsmark)

	1913	1925	1928	1933	1938
■ Land	238,1	483,8	621,1	539,1	390
■ Gemeinden	234,7	416	504,5	463,7	651,1
■ Landkreise	22	44,1	51,5	55,7	65,7
■ Bez.Verbände	35,6	55,7	52,7	38	85,3

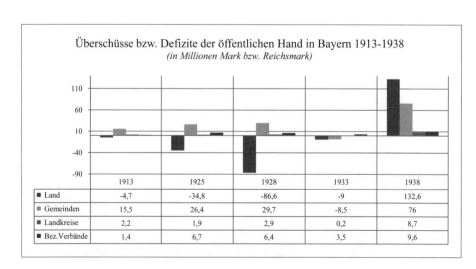

Überschüsse bzw. Defizite der öffentlichen Hand in Bayern 1913-1938
(in Millionen Mark bzw. Reichsmark)

	1913	1925	1928	1933	1938
■ Land	-4,7	-34,8	-86,6	-9	132,6
■ Gemeinden	15,5	26,4	29,7	-8,5	76
■ Landkreise	2,2	1,9	2,9	0,2	8,7
■ Bez.Verbände	1,4	6,7	6,4	3,5	9,6

der wirtschaftlichen Entwicklung vorgegeben, zumal die Ausgaben für Tilgung und Verzinsung der Staatsschuld auf längere Sicht nicht in stärkerem Maße wachsen dürfen als die Staatseinnahmen; andernfalls schrumpft der Handlungsspielraum der Politik, den zu erweitern doch der eigentliche Zeck der Kreditaufnahme wäre. Auch kann eine sehr starke Kreditnachfrage von Seiten der öffentlichen Hand dazu führen, dass das Kapital knapp und damit teurer wird, wodurch das Wirtschaftswachstum gebremst wird und damit die Staatseinnahmen verringert werden. Dennoch kann der Staat auf das Mittel der Kreditaufnahme kaum verzichten, weil eine aktive Politik in der Regel auch immer wieder größere Investitionen erfordert.

Das jedenfalls legt das bayerische Beispiel nahe. Bayern verfolgte schon seit Beginn der Industrialisierung eine Politik, welche die wirtschaftliche Entwicklung unterstützte und beschleunigte, indem sie die Verwaltung, das Schul- und Bildungswesen, die Verkehrsinfrastruktur und die Energieversorgung ausbaute und modernisierte, was nur mittels massiver Kreditaufnahme möglich war. Nachdem das Reich den Ländern die Verfügung über diese Steuereinnahmen weitgehend entzogen hatte, waren einer solchen Politik nach 1918 jedoch enge Grenzen gesetzt. Das zeigt die Entwicklung der Einnahmen und Ausgaben der öffentlichen Hand[96] (siehe Diagramme S. 368).

Dass die Verschuldung der öffentlichen Hand in den 1920er-Jahren nicht stärker ausfiel, war vor allem dem Umstand zuzuschreiben, dass die Gemeinden und Gemeindeverbände Überschüsse erwirtschafteten. Denn der Bayerische Staatshaushalt war deutlich stärker defizitär (Angaben in Mio. RM):

Jahr	Einnahmen	Ausgaben	Differenz	Staatsschuld
1924	608,7	573,2	+ 35,5	5,4
1925	635,2	666,7	- 31,5	80,8
1926	648,0	701,8	- 53,8	267,7
1927	757,4	762,0	- 4,6	293,9
1928	817,0	833,2	- 16,2	381,8
1929	789,7	833,6	- 43,9	485,0
1930	835,6	857,4	- 21,8	475,5
1931	679,2	707,8	- 28,6	424,9

Nach 1933 änderten sich die Verhältnisse erneut grundlegend, denn die Beseitigung der Staatlichkeit der Länder hatte auch eine Neuverteilung der Aufgaben zwischen den Ländern und dem Reich auf der einen sowie zwischen den Ländern und den Gemeinden und Gemeindeverbänden auf der anderen Seite zur Folge. Durch die „Verreichlichung" von Justiz und Polizei wurde den Ländern eine weitere, mit hohen Ausgaben verbundene Aufgabe entzogen, zudem wurden die Bezirksverbände stärker an der Finanzierung des Schulwesens beteiligt. Damit gingen die vom Land Bayern getätigten Aufwendungen für seine Bürger nach 1933 deutlich zurück:

Jahr	Aufwendungen pro Einwohner
1913	34,60 M
1927	95,44 RM
1932	58,34 RM
1933	70,18 RM
1938	47,94 RM

Die Ausgaben der Gemeinden stiegen dagegen an:

Jahr	Aufwendungen pro Einwohner
1913	34,10 M
1928	68,37 RM
1932	58,90 RM
1938	80,02 RM

Wie schon vor dem Ersten Weltkrieg war die Leistungsfähigkeit der bayerischen Wirtschaft auch in den Jahren danach deutlich geringer als im übrigen Reichsgebiet. Dies zeigte sich auch in der nach wie vor geringeren Vermögensbildung in Bayern. 1928 umfasste das Rohvermögen, welches bei den gewerblichen Betrieben das Reinvermögen, bei den übrigen Vermögensarten das Gesamtvermögen ohne Abzug der Schulden umfasste, in Bayern 12 835 Mio. RM. Ein Vergleich mit den anderen größeren Staaten des Reiches 1928 zeigt folgendes Bild:

Das Rohvermögen in Deutschland 1928

	Vermögenssteuerpflichtige		Vermögenssteuerbetrag	
	Zahl	Anteil reichsweit in Prozent	in 1000 RM	Anteil reichsweit in Prozent
Preußen	1 613 605	56,0	83 468 919	62,1
Bayern	391 637	13,6	12 835 308	9,5
Sachsen	223 237	7,8	11 472 762	8,5
Württemberg	153 097	5,3	5 426 987	4,0
Baden	131 573	4,6	4 705 918	3,5
Reich ges.	2 879 222	100	134 444 342	100

In Bayern, das einen Anteil an der Reichsbevölkerung von 11,8 % hatte, lebten demnach 13,6 % der Vermögenssteuerpflichtigen und somit mehr, als seinem Bevölkerungsanteil entsprach; das lag am höheren Anteil der Selbstständigen an den Erwerbstätigen. Der bayerische Anteil am Gesamtrohvermögen betrug jedoch nur 9,5 %, was seine Ursache in der „geringeren Verbreitung von industriellen, gewerblichen und Handelsgroßbetrieben in Gesellschaftsform" hatte.[97] Ein Vergleich der Pro-Kopf-Erträge aus den Einkommens- und Umsatzsteuern in den Jahren 1925 und 1937 lässt ebenfalls einen erheblichen Rückstand erkennen:

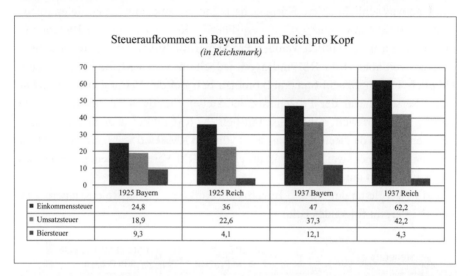

Steueraufkommen in Bayern und im Reich pro Kopf
(in Reichsmark)

	1925 Bayern	1925 Reich	1937 Bayern	1937 Reich
■ Einkommenssteuer	24,8	36	47	62,2
■ Umsatzsteuer	18,9	22,6	37,3	42,2
■ Biersteuer	9,3	4,1	12,1	4,3

Betrug der Abstand 1925 bei der Einkommensteuer noch 45,6 % und bei der Umsatzsteuer 19,6 %, so verringerte er sich bis 1937 auf 32,2 % und 13,1 %. Wie ein Vergleich der Steuerkraft Bayerns mit der Preußens, Sachsens, Württembergs und des gesamten Reiches vom Jahr 1936 zeigt, war der Abstand aber noch immer beträchtlich:

Land	Steuern pro Einwohner in RM
Reich gesamt	67,23
Preußen	67,87
Sachsen	72,91
Württemberg	82,25
Bayern	48,53

Eine der Ursachen für das schwache Steueraufkommen in Bayern war der geringere Prozentsatz von Lohnsteuerpflichtigen, der hier bei 15,4 % der Bevölkerung lag, reichsweit aber bei 19,7 %. Das war die Folge des noch immer größeren Anteils an Selbstständigen unter den Erwerbstätigen in Bayern. Wenn Bayerns Lohnsteuerpflichtige aber nur 8,7 % zum Lohnsteueraufkommen des Reiches beitrugen, so war das auch dem geringeren Lohnniveau in Bayern zuzuschreiben.

Tatsächlich lag der durchschnittliche Monatslohn in Bayern 1936 bei 85 RM, reichsweit aber bei 88 RM.

Zur Einkommensteuer veranlagt wurden reichsweit 4,1 % der Bevölkerung, in Bayern aber nur 3,7 %. Bei dieser Steuer betrug die durchschnittliche Veranschlagung reichsweit 692 RM pro Steuerpflichtigen, in Bayern lediglich 598 RM. Bayern trug damit nur 8,9 % zum reichsweiten Einkommenssteueraufkommen bei. Und was schließlich die Körperschaftssteuern anbelangt, so entfielen reichsweit auf 1000 Einwohner 1,03 steuerpflichtige Körperschaften, in Bayern 1,02 und somit nur unwesentlich weniger. Pro Steuerpflichtigem erbrachte diese Steuer reichsweit aber 16,17 RM, in Bayern jedoch nur 9,72 RM; Bayern trug damit lediglich 7 % zu diesem Steueraufkommen bei. Bei der Vermögenssteuer natürlicher Personen war der Prozentsatz der Steuerpflichtigen in Bayern zwar der gleiche wie reichsweit, mit durchschnittlich 287 RM zahlten aber auch diese deutlich weniger als den Reichsdurchschnitt von 316 RM. Und während nicht natürliche Personen reichsweit durchschnittlich 1975 RM Vermögensteuer zahlten, waren es in Bayern nur 1497 RM.

Ein Vergleich der Anteile Bayerns am Aufkommen der Reichssteuern 1933 und 1938 ergibt folgendes Bild:

Steuerart	Anteil Bayerns 1933 in Prozent	Anteil Bayerns 1938 in Prozent
Lohnsteuer	11,2	12,6
Einkommenssteuer (inkl. Kapitalertragsteuer)	9,4	21,5
Körperschaftssteuer	1,9	12,2
Vermögenssteuer	4,5	2,4
Umsatzsteuer	24,3	21,3

Wie diese Zahlen zeigen, holte Bayern in den 1930er-Jahren seinen Rückstand bezüglich des Steueraufkommens allmählich auf, zugleich kam es zu einer deutlichen Verschiebung zwischen den einzelnen Steuerarten. Die Lohnsteuerpflichtigen, d.h. die abhängig Beschäftigten und Pensionisten, partizipierten am wirtschaftlichen Fortschritt in geringerem Maße als die Einkommenssteuerpflichtigen, d.h. die Selbstständigen und solche Personen, deren Einkünfte aus Kapitalertrag stammten. Am stärksten aber stiegen die Gewinne der Körperschaften, zu denen die größeren Unternehmen zählten.

Nach den statistischen Erhebungen stellten sich das Volkseinkommen und seine Verteilung 1934 wie folgt dar:[98]

	insgesamt	Einkommen aus selbstständiger Tätigkeit in Land- und Forstwirtschaft	Einkommen aus selbstständ. Tätigkeit in Gewerbe, Handel u. freien Berufe	Gehalt- u. Lohneinkommen der Beamten, Angestellten u. Arbeiter	Pensionen, Altenteilbezüge und Renten	Einkommen aus Kapitalvermögen, Vermietung, Verpachtung	Sonstiges Einkommen
Reich in Mio. RM	52 710	5100	7243	29 155	3710	3344	4108
Bayern in Mio. RM	5669	984	783	2688	446	323	445
Reich in %	100	9,7	13,7	55,3	7,1	6,4	7,8
Bayern in %	100	17,4	13,8	47,4	7,9	5,7	7,8

Aber nicht nur die Bevölkerungsschichten, auch die Regionen Bayerns profitierten von dieser Entwicklung in sehr unterschiedlichem Umfang. Wie schon im 19. Jahrhundert, so waren einige Regierungsbezirke auch jetzt an dieser positiven Entwicklung kaum beteiligt. Das zeigte sich bereits am unterschiedlichen Anteil der einzelnen Steuerarten am Steueraufkommen (siehe Diagramm S. 375).

Vor allem aber schlug sich dies in der stark unterschiedlichen Steuerkraft der einzelnen Regierungsbezirke nieder, die man über die durchschnittliche Steuerleistung pro Einwohner ermittelte:

Regierungsbezirk	Steuerleistung pro Einwohner 1936 in RM
Oberbayern	76,95
Niederbayern	15,94
Oberpfalz	24,28
Oberfranken	37,08
Mittelfranken	59,40
Unterfranken	42,57
Schwaben	46,21
Pfalz	42,59

Einen genaueren Einblick in die wirtschaftlichen Verhältnisse der Regierungsbezirke erlauben die statistischen Erhebungen zur Steuerkraft der einzelnen Stadt- und Landkreise von 1936 (siehe folgende Diagramme).

Regierungsbezirk	Zahl der Stadt- und Landkreise mit einer Pro-Kopf-Steuerleistung von:					
	unter 10 RM	10-20 RM	20-30 RM	30-40 RM	über 40 RM	über 80 RM
Oberbayern	–	9	7	5	4	5
Niederbayern	8	13	1	–	2	–
Oberpfalz	12	5	2	1	2	1
Oberfranken	6	3	3	1	6	2
Mittelfranken	4	8	2	1	4	2
Unterfranken	2	13	5	2	–	3
Schwaben	–	4	8	2	5	2
Pfalz	–	6	4	3	4	3
Bayern	32	61	32	15	27	18

Steuerstärkste Kreise	Steuerleistung in RM pro Einwohner
Stadtkreis Schweinfurt	213,16
Stadtkreis München	133,24
Stadtkreis Aschaffenburg	118,61
Stadtkreis Weiden	115, 30
Landkreis Garmisch-Partenkirchen	112,11
Stadtkreis Ludwigshafen	103,92
Stadtkreis Nürnberg	101,77
Stadtkreis Augsburg	98,35

Steuerschwächste Kreise	Steuerleistung in RM pro Einwohner
Landkreis Bogen/Niederb.	4,94
Landkreis Roding/Opf.	5,02
Landkreis Parsberg/Opf.	5,05
Landkreis Oberviechtach/Opf.	5,14
Landkreis Wegscheid/Niederb.	4,84
Landkreis Ebermannstadt/Ofr.	6,49
Landkreis Wolfstein/Niederb.	7,06

Die zeitgenössische Statistik kommentierte die Ergebnisse dieser Erhebungen wie folgt: „Der Steuerkraft-Gruppe bis 20 RM gehört eine breite einheitliche Flächenmasse an, im Süden beginnend mit Ebersberg, Wasserburg am Inn und Laufen an der Ostgrenze hinauf bis nach Tirschenreuth und herüber nach Westen

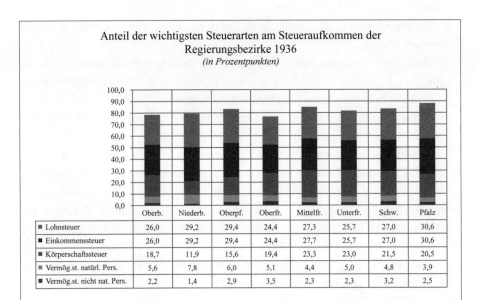

Anteil der wichtigsten Steuerarten am Steueraufkommen der
Regierungsbezirke 1936
(in Prozentpunkten)

	Oberb.	Niederb.	Oberpf.	Oberfr.	Mittelfr.	Unterfr.	Schw.	Pfalz
■ Lohnsteuer	26,0	29,2	29,4	24,4	27,3	25,7	27,0	30,6
■ Einkommenssteuer	26,0	29,2	29,4	24,4	27,7	25,7	27,0	30,6
■ Körperschaftssteuer	18,7	11,9	15,6	19,4	23,3	23,0	21,5	20,5
■ Vermög.st. natürl. Pers.	5,6	7,8	6,0	5,1	4,4	5,0	4,8	3,9
■ Vermög.st. nicht nat. Pers.	2,2	1,4	2,9	3,5	2,3	2,3	3,2	2,5

bis Aichach – wozu noch Wertingen, Günzburg und Illertissen als Enklaven gehören –, über Neuburg a. d. Donau nach Neumarkt i. d. Opf. und Vohenstrauß. In
Nordbayern beginnt im Westen bei Dinkelsbühl und Gunzenhausen sich quer bis
Tirschenreuth hinüberziehend, ein zusammenhängendes Gebiet der untersten
Steuerkraft-Gruppe, unterbrochen durch einige Landkreise der 2. und 3. Steuer-
kraftgruppe (= 20–30 und 30–40 RM) sowie den Landkreis der 4. Steuerkraft-
gruppe (40–50 RM) Kulmbach.«[99]

Die hier umrissenen Regionen stimmen nahezu vollständig mit jenen über-
ein, in denen man am Ende des 19. Jahrhunderts eine Stagnation oder einen Rückgang der Bevölkerungsentwicklung konstatiert hatte.

10. Einkommen und Lebenshaltungskosten

Mit Gesetz vom 29. März 1920 wurde reichsweit die Lohnsteuer eingeführt
und hinfort in Form eines Abzugs vom Arbeitslohn erhoben.[100] Seither lässt sich
das Arbeitseinkommen weitaus genauer statistisch erfassen als zuvor, denn von
dieser Steuer waren grundsätzlich alle unselbstständigen Beschäftigten – egal ob
Beamte, Angestellte, Arbeiter oder Hausangestellte – betroffen. Hinzu kamen diejenigen, die nebenberuflich eine lohnsteuerpflichtige Tätigkeit ausübten oder
Pensionen bezogen. Lohnsteuer*pflichtig* war aber nur derjenige, dessen Jahreseinkommen über dem Existenzminimum lag, das für Alleinstehende mit 1200 RM
festgesetzt war. Die Lohnempfänger wurden somit in drei Gruppen eingeteilt:

– die Steuerbelasteten, das waren jene, bei deren Lohn ein Steuerabzug vorgenommen wurde,

– die Steuerbefreiten, das waren diejenigen, die zwar so viel verdienten, dass sie prinzipiell Lohnsteuer entrichten mussten, aber einen so hohen Steuerfreibetrag eingeräumt bekamen, dass sie davon befreit waren,

– die Unbesteuerten, das waren jene Lohnempfänger, deren Löhne unterhalb des Existenzminimums lagen.

1926 gab es in Bayern 2,094 Mio. Lohnempfänger; 54 % davon waren Steuerbelastete, 1,5 % Steuerbefreite und 44,5 % Unbesteuerte. Es gab somit einen sehr hohen Prozentsatz an Lohnempfängern, deren Lohn unterhalb des Existenzminimums lag; wie zu erwarten, war dieser Prozentsatz in bestimmten Regionen besonders hoch. An der Spitze rangierte hier Niederbayern mit 59,3 %, gefolgt von der Oberpfalz mit 58,7 % und Oberfranken mit 50,9 %. In Unterfranken lag die Quote mit 45,1 % noch etwas über dem Landesdurchschnitt, in den anderen Regierungsbezirken darunter: Oberbayern 42,2 %, Schwaben 41,6 % und Mittelfranken 41,4 %. Die mit Abstand wenigsten Unbesteuerten gab es in der Pfalz, wo ihr Anteil 34 % betrug.

Auch die „Pflichtigen-Dichte", d. h. der Anteil der Lohnsteuerpflichtigen an der Bevölkerung, war höchst unterschiedlich. Im reichsweiten Vergleich nahm Bayern einen weit abgeschlagenen Platz ein:

Regierungsbezirk	Lohnsteuerpflichtige pro 1000 Einwohner (im Jahr 1926)
Oberbayern	336
Niederbayern	167
Oberpfalz	267
Oberfranken	287
Mittelfranken	344
Unterfranken	243
Schwaben	255
Pfalz	289
Bayern gesamt	284

Staat	Lohnsteuerpflichtige pro 1000 Einwohner[101] (im Jahr 1928)
Preußen	381
Bayern	299
Sachsen	472
Württemberg	350
Baden	337

| Einkommensgruppe | Lohnsteuerbelastete in Bayern 1928 | | | |
| | Lohnsteuerzahlende | | Einkommen | |
Jahreslohn	Anzahl	Prozent	in 1000 RM	Prozent
bis 1200 RM	552 065	48,8	403 177	22,1
1200–1500 RM	122 788	10,9	165 643	9,1
bis 1500 RM	674 853	59,7	568 820	31,2
1500–3000 RM	324 401	28,7	670 260	36,7
3000–5000 RM	96 958	8,6	368 190	20,2
5000–8000 RM	31 961	2,8	195 991	10,7
über 8000 RM	2533	0,2	21 133	1,2
Zusammen	1 130 706	100	1 824 394	100

Im Durchschnitt verdiente ein Lohnempfänger in Bayern 1613 RM pro Jahr, auf die Woche umgerechnet waren das 31 RM. Fast 60 % der Lohnempfänger erzielten einen Jahreslohn von maximal 1500 RM, was einen Wochenlohn von 28,85 RM ausmachte. Der durchschnittliche Jahreslohn in dieser Gruppe lag jedoch bei nur rund 843 RM, das war ein Wochenlohn von 16 RM. Und bei den 48,8 % der Lohnempfänger, die bis 1200 RM erzielten, errechnet sich ein durchschnittlicher Wochenlohn von 14 RM.

Bei den Löhnen zeigt sich ebenfalls in den Regierungebezirken die übliche Differenzierung:

Regierungsbezirk	Versteuertes Jahreseinkommen pro Lohnsteuerpflichtigem in RM
Oberbayern	1750
Niederbayern	1506
Oberpfalz	1556
Oberfranken	1489
Mittelfranken	1560
Unterfranken	1572
Schwaben	1486
Pfalz	1661

1926 ertrug die Lohnsteuer in Bayern insgesamt 86,6 Mio. RM; davon entfielen auf die einzelnen Regierungsbezirke:

Regierungsbezirk	Lohnsteuerertrag in Mio. RM
Oberbayern	29,077
Niederbayern	3,303
Oberpfalz	8,309
Oberfranken	6,259
Mittelfranken	14,381
Unterfranken	6,908
Schwaben	8,309
Pfalz	13,972

Die Löhne stiegen bis 1928/29 deutlich an. 1928 waren nur noch 38,9 % der Lohnempfänger in der Einkommensgruppe bis 1200 RM, während es in der Gruppe von 1500 bis 3000 RM nun 34,8 % waren.[102] Noch immer aber lagen die Löhne in Bayern deutlich unter dem reichsweiten Durchschnitt.

	Anteil der Lohnsteuerpflichtigen an den Lohngruppen in %					
	bis 1200 RM	1200 - 1500	1500 - 3000	3000 - 5000	5000 - 8000	über 8000
Preußen	34,5	10,7	39,2	11,2	4,1	0,3
Bayern	38,5	10,5	34,8	11,2	4,3	0,3
Reichsdurchschnitt	35,8	11,0	38,5	10,9	4,0	0,3

In den Jahren von 1929 bis 1933 gingen die Löhne empfindlich zurück, was sich statistisch in der Form niederschlug, dass der Anteil der in den unteren Lohngruppen eingestuften Lohnempfänger zu Lasten jenes in den mittleren deutlich zunahm. Bei den nachfolgenden Tabellen sind die Wochenlöhne zugrunde gelegt.[103] Nachdem ein Jahreslohn von 1200 RM einem Wochenlohn von 23 RM entspricht, umfasst diese obige erste Lohngruppe nun in etwa die ersten drei Wochenlohngruppen (bis 24 RM); 1200–1500 RM Jahreslohn entspricht Wochenlöhnen von 23 bis 28,85 RM, 1500–3000 RM Jahreslohn 28,85 bis 57,70 RM, 3000–5000 RM Jahreslohn Wochenlöhnen von 57,70 bis 96,15 RM; solche sind in der nachfolgenden Tabelle nicht mehr gesondert ausgewiesen.

Die Einkommensunterschiede im Jahr 1936

Diese Karte zeigt, wie groß die Einkommensunterschiede auch nach Überwindung der Weltwirtschaftkrise Mitte der 1930er-Jahre noch immer waren. Eine geschlossene Reihe von Landkreisen mit sehr hoher Steuerkraft je Einwohner erstreckte sich demnach längs des Alpenrandes in Schwaben und Oberbayern, ansonsten aber lagen die leistungsstarken Landkreise alle in den industriellen Ballungsräume um die Zentren München, Augsburg, Nürnberg, Hof und Ludwigshafen. In weiten Gebieten Niederbayerns, der Oberpfalz, Frankens und auch der Pfalz dagegen waren die Einkommen äußerst gering.

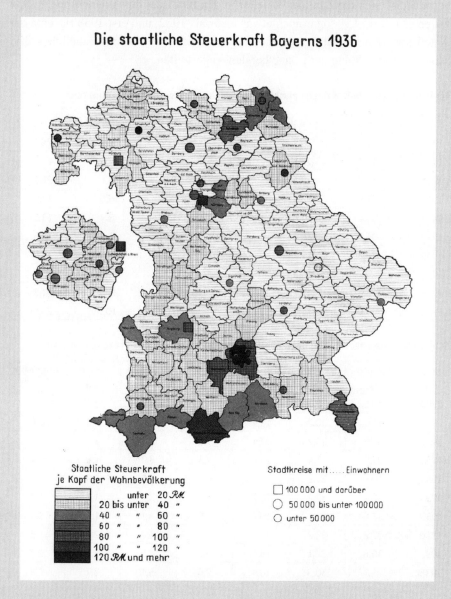

Der ohnehin schon außerordentlich hohe Anteil der Arbeiter mit einem Jahreseinkommen von bis zu 1200 RM (dem Existenzminimum!) hat demnach von 1929 bis 1933 von 53,7 % auf 66,7 % zugenommen. Zwei Drittel der Arbeiter bezogen damit ein Arbeitseinkommen, das für den Lebensunterhalt nicht oder nur sehr knapp hinreichte. Während des Dritten Reiches wurde dann zwar die Arbeitslosigkeit abgebaut und schließlich beseitigt, womit sich die soziale Lage der bis dahin Arbeitslosen zweifellos erheblich verbesserte; die Situation derjenigen aber, die in Arbeit und Brot standen, änderte sich dagegen kaum. Nur sehr langsam verminderte sich die Zahl der Arbeiter in den untersten drei Lohngruppen. 1934 waren es mit 67,1 % sogar noch etwas mehr als 1932, und erst 1938 rutschte der Anteil mit 52,6 % knapp erstmals unter den von 1929. Ein sehr ähnliches Bild zeigt die Entwicklung der Löhne bei den Angestellten.

Schichtung der Arbeiter nach Lohnklassen (Wochenlöhne; in Prozentpunkten)

Jahr	bis 12 RM	12-18 RM	18-24 RM	24-30 RM	30-36 RM	über 36 RM
1929	13,6	26,7	13,4	9,2	8,9	29,1
1930	13,2	27,1	15,7	9,7	7,6	26,7
1931	14,5	29,6	17,8	10,0	7,1	21,0
1932	21,8	32,3	16,8	9,6	6,6	12,9
1933	31,4	20,6	14,7	11,0	8,4	13,5
1934	31,8	20,6	14,7	11,0	8,4	13,5
1935	29,8	19,2	14,3	11,4	9,5	15,8
1936	27,7	18,3	13,5	11,8	10,1	18,6
1937	25,6	17,4	13,0	12,0	10,7	21,3
1938	23,9	16,6	12,1	11,5	10,9	25,0

Schichtung der Angestellten nach Lohnklassen (Monatslöhne; in Prozentpunkten)

Jahr	bis 100 RM	100-200 RM	200-300 RM	300-400 RM	400-500 RM	500-600 RM	über 600 RM
1929	30,5	30,5	18,5	11,1	5,8	2,0	1,6
1930	31,0	30,2	18,9	10,6	5,9	2,3	2,0
1931	33,6	30,2	17,5	9,8	5,5	1,7	1,7
1932	37,5	32,4	16,4	7,3	3,2	1,8	1,4
1933	40,6	31,2	15,7	6,6	3,0	0,9	1,3
1934	38,1	33,2	16,2	6,9	3,2	1,2	1,2
1935	33,8	34,2	16,4	7,8	4,1	1,8	1,9
1936	32,2	33,2	17,8	8,4	4,4	2,7	1,8
1937	30,8	32,1	18,4	8,5	4,2	3,8	2,7
1938	29,1	30,8	18,9	9,6	5,1	3,7	2,8

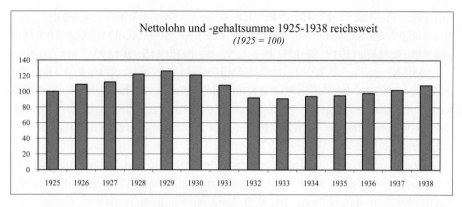

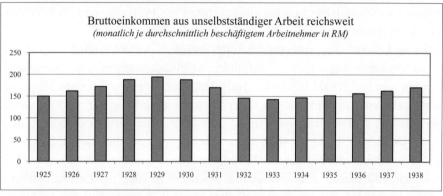

Für die weitere Entwicklung des Arbeitseinkommens bieten Berechnungen, die auf der Grundlage der Statistik des Reiches erstellt wurden, einen guten Anhalt. Wie sie zeigen, wurde das Gehalts- und Lohnniveau von 1929 auch in den Jahren des starken wirtschaftlichen Aufschwungs ab 1934 nicht mehr erreicht[104] (siehe oben stehende Diagramme).

Das durchschnittliche Bruttoeinkommen der bayerischen Arbeitnehmer lag jedoch deutlich unter diesen für das gesamte Reich ermittelten Werten. 1932 betrug das Einkommen eines Industriearbeiters in Bayern durchschnittlich 108,57 RM pro Monat; 1933 waren es 112,89 RM, und 1934 dann 121,80 RM. Nach Erreichen der Vollbeschäftigung stieg dieser Durchschnittslohn im Jahr 1937 auf 128,82 RM und schließlich auf 135,22 RM im letzten Friedensjahr an.[105]

Obwohl Bayerns wirtschaftlicher Rückstand gegenüber den anderen Teilen des Reiches in der Zwischenkriegszeit deutlich kleiner wurde, lag das Einkommen der bayerischen Bevölkerung noch immer weit unter dem Reichsdurchschnitt. Allerdings hat sich diese Differenz verringert.[106] 1913 betrug das Jahreseinkommen pro Kopf der Bevölkerung in Bayern 82,1 % des Reichsdurchschnitts, 1928 waren es 87,8 %, 1932 89,7 % und 1934 schließlich 91,2 %. Andere Länder schnitten weitaus besser ab, so trotz seiner einkommensschwachen östlichen

Provinzen Preußen (1913: 101,2 %; 1928: 99,1 %; 1932: 98,9 %; 1934; 98,8 %), vor allem aber Sachsen (1913: 117,1 %; 1928: 120,1 %; 1932: 110,1 %; 1934: 109,2 %) und Württemberg (1913: 87,7 %; 1928: 99,8 %; 1932: 115,9 %; 1934: 114,2 %).

Mit Kriegsbeginn wurde dann ein allgemeiner Lohnstopp verfügt, um „die durch den außerordentlichen Kräftebedarf der Kriegswirtschaft ausgelösten Auftriebstendenzen zu zügeln." So lagen die 1941 verfügten Tariflohnsätze für die „gewerblichen Arbeiter im Wirtschaftsgebiet Bayern" generell – und teils erheblich – unter denen von 1930.[107]

Die *Lebenshaltungskosten* sind nach der Inflation und der Währungsstabilisierung an der Jahreswende 1923/24 bis zum Höhepunkt der wirtschaftlichen Konjunktur in den Jahren 1928/29 kontinuierlich angestiegen. Gegenüber 1913/14 haben sich die Lebenshaltungskosten bis 1928 um rund 50 % erhöht. Mit der Weltwirtschaftskrise trat dann ein starker Preisverfall ein, in dessen Gefolge die Lebenshaltungskosten erheblich zurückgingen; im Frühjahr 1933 hatte diese Abwärtsbewegung ihren Tiefpunkt erreicht, der Lebenshaltungskostenindex lag nun bei 118,0 (1913/14 = 100). Der Preisindex für Großhandelspreise war zu diesem Zeitpunkt auf 93,3, der für Agrarprodukte sogar auf 77,0 gefallen. Ab 1933 setzte dann ein allmählicher Preisanstieg ein; besonders kräftig zogen die Preise für Agrarprodukte an, die bis 1936 um durchschnittlich 30 % teurer wurden, während die Großhandelspreise in diesem Zeitraum um 12 % zulegten. Mit diesem Preisanstieg war auch ein Anstieg der Lebenshaltungskosten verbunden, der aus einer amtlichen Statistik[108] zu ersehen ist:

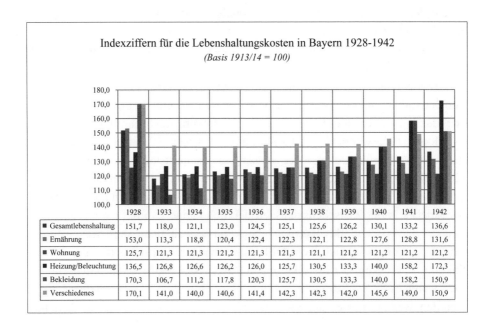

Indexziffern für die Lebenshaltungskosten in Bayern 1928-1942
(Basis 1913/14 = 100)

	1928	1933	1934	1935	1936	1937	1938	1939	1940	1941	1942
■ Gesamtlebenshaltung	151,7	118,0	121,1	123,0	124,5	125,1	125,6	126,2	130,1	133,2	136,6
■ Ernährung	153,0	113,3	118,8	120,4	122,4	122,3	122,1	122,8	127,6	128,8	131,6
■ Wohnung	125,7	121,3	121,3	121,2	121,3	121,3	121,1	121,2	121,2	121,2	121,2
■ Heizung/Beleuchtung	136,5	126,8	126,6	126,2	126,0	125,7	130,5	133,3	140,0	158,2	172,3
■ Bekleidung	170,3	106,7	111,2	117,8	120,3	125,7	130,5	133,3	140,0	158,2	150,9
■ Verschiedenes	170,1	141,0	140,0	140,6	141,4	142,3	142,3	142,0	145,6	149,0	150,9

Nach den amtlichen Zahlen haben sich die Gesamtlebenshaltungskosten im Zeitraum von 1932 bis 1939 um rund 8 % erhöht. Das war ein deutlich geringerer Zuwachs als man ihn für die Arbeitseinkommen berechnete, denn dieser lag – für einen Industriearbeiter berechnet – bei rund 27 %. Die amtliche Statistik zog daraus folgenden Schluss:

„Die Erhöhung der Einkommen hat sich zweifellos in stärkerem Ausmaß vollzogen als die Steigerung der Lebenshaltungskosten. Die Einkommensvermehrung konnte sich allgemein in einer Erweiterung und Verfeinerung des Verbrauchs auswirken. Vor allem haben sich die Verbrauchsverhältnisse der großen Masse der wieder in den Produktionsprozess eingegliederten Arbeitskräfte gebessert. Das schließt nicht aus, daß einzelne Warengruppen, wie zum Beispiel Ernährung und Bekleidung, sich verhältnismäßig stärker erhöht haben als die gesamte Lebenshaltung. (…) Wenn im Zuge der gesamten Preisüberwachung auf einzelnen Gebieten Preissteigerungen eingetreten sind, so ist das auf die bewußte Auflockerung der Krisenpreise, vor allem durch die Marktgestaltung für die Agrarprodukte sowie auf die erhöhten Kosten der auslandsabhängigen Einfuhrwaren zurück zu führen. Ferner mußte mit der binnenwirtschaftlich ausgerichteten Behebung der Arbeitslosigkeit und mit Zurückdrängung der Einfuhr in verstärktem Maße zur Gewinnung einheimischer Rohstoffe übergegangen werden, die – zunächst wenigstens – noch teurer zu stehen kamen als die früher an ihrer Stelle eingeführten Auslandswaren."

Wenn dieser offizielle Bericht dann feststellt, dass das „gesteckte Ziel, die soziale Verbindung zwischen den Löhnen und den Preisen wieder herzustellen" weitgehend erreicht worden sei, „wobei man die wirtschaftliche Vernunft keineswegs durch irgendwelche Diktate" habe ausschalten, sondern diese lediglich dem „Gesamtwohl" habe unterordnen müssen, so ist dies ein deutlicher Hinweis darauf, dass der Anstieg der Lebenshaltungskosten von den Zeitgenossen tatsächlich sehr kritisch bewertet wurde. Man kann zudem davon ausgehen, dass die Statistik die Verhältnisse geschönt dargestellt hat und der Anstieg der Lebenshaltungskosten in Wirklichkeit schon bis 1936 höher war als ausgewiesen. Nach Verkündung des zweiten Vierjahresplans zogen die Preise dann allgemein stark an. Erklärt wurde dies mit der nunmehr erreichten Vollbeschäftigung und der verstärkten Nachfrage durch die auf vollen Touren laufende Wirtschaft. Vor allem die Nachfrage habe einen starken Preisauftrieb bei allen Gütern – von den Agrarprodukten bis zu den industriellen Fertigwaren – zu Folge gehabt: „Die Steigerung kam nunmehr in erster Linie den Industriewaren mit einer Erhöhung von 44,2 vH sowie den Rohstoffen und Halbfabrikaten mit 25,8 vH zugute, während die landwirtschaftlichen Produkte mit einem Anstieg von 18,8 vH etwas zurückblieben."[109]

Um negative Auswirkungen dieser Entwicklung für die Aufrüstung zu verhindern, wurde mit Gesetz vom 26. Oktober 1936 ein „Reichskommissar für die Preisbildung" eingesetzt. Sein wichtigstes Instrument war die „Preisführung", bei der die Interessen der Arbeitnehmer und Verbraucher weit hinten rangierten. Auch die Veröffentlichung statistischen Materials diente nun vorrangig der national-sozialistischen Propaganda. So beschränkte sich etwa die 1943 veröffentlichte Dar-stellung der Entwicklung der Arbeitseinkommen weitgehend auf das Gesamt-Ar-beitseinkommen und sparte diejenige der individuellen Einkommen fast gänzlich aus.[110] Denn durch den Abbau der Arbeitslosigkeit und die Steigerung der Erwerbs-tätigenquote fiel die Zunahme des Gesamt-Lohneinkommens beeindruckend aus; sie wuchs von 1932 bis 1938 von 1,467 auf 3,041 Mrd. RM an, was einem Zuwachs von 107,8 % entsprach; gegenüber 1928 betrug der Zuwachs allerdings nur 23,3 %. Die Hervorhebung des starken Anstiegs des Masseneinkommens drängte die Tatsa-che in den Hintergrund, dass sich die Einkommens- und Lebensverhältnisse des Einzelnen bei Weitem geringer und oft auch überhaupt nicht verbessert hatten. Wie schlecht es um diese zum Teil noch immer bestellt war, kann man einem 1943 ver-öffentlichten Bericht über die „überaus unbefriedigende Soziallage" der Landarbei-terschaft entnehmen. Diese leide unter „zu niedrigen Lohnstufen, entsittlichenden Wohnverhältnissen und vielfach nur saisonalen Beschäftigungsmöglichkeiten". Weiter heißt es hier: „Die vielfach periodisch binnenwandernde Arbeiterschaft hat im allgemeinen keine Aussicht auf eine auskömmliche Dauerstellung oder beruf-lichen Aufstieg, noch die Möglichkeit, eine Familie zu gründen."[111]

Das Wachstum des Masseneinkommens spiegelte sich in der Entwicklung der Spareinlagen bei den bayerischen Banken und Sparkassen wider, die von 1932 bis 1937 deutlich zunahmen (Angaben in Mio. RM):

1932	1933	1934	1935	1936	1937
1 216 109	1 261 662	1 436 414	1 771 648	1 937 784	2 200 359

Dass die Einlagen der einzelnen Sparer von höchst unterschiedlicher Höhe waren, versteht sich von selbst, doch lässt die Statistik in dieser Hinsicht keine näheren Auskünfte zu. Immerhin aber zeigt sie, dass die regionale Verteilung der Sparguthaben gleichfalls sehr unterschiedlich war. Die folgende Übersicht gibt die Verhältnisse von 1937 wieder:[112]

Regierungsbezirk	Einlagen in 1000 RM	Prozent der gesamten Einlagen	Sparbetrag pro Einwohner in RM
Oberbayern	467 903	21,3	363,4
Niederbayern	167 226	7,6	217,1
Oberpfalz	146 314	6,6	224,3
Pfalz	258 518	11,7	262,3
Oberfranken	230 770	10,5	293,4

Regierungsbezirk	Einlagen in 1000 RM	Prozent der gesamten Einlagen	Sparbetrag pro Einwohner in RM
Mittelfranken	362 277	16,5	349,4
Unterfranken	232 476	10,6	292,0
Schwaben	334 875	15,2	381,6
Bayern	*2 200 359*	*100*	*286,4*

So ist auch am Ausgang der Zwischenkriegszeit im Wesentlichen noch das zu konstatieren, was Werner Sombart als Resultat der Einkommensentwicklung des 19. Jahrhunderts resümierte: „Es ist dieselbe breite Bettelsuppe armer und kümmerlicher Existenzen, auf der die paar Reichen wie Fettaugen schwimmen. Vielleicht ist die Mehlsuppe etwas konsistenter und sicher sind die Fettaugen zahlreicher geworden." Erheblich geändert aber hatte sich, um im Bilde zu bleiben, die Art der „Fettaugen". Krieg, Zusammenbruch, Inflation und Weltwirtschaftskrise haben diejenigen begünstigt, die skrupel- und rücksichtslos genug waren, die Not vieler zum eigenen Vorteil zu nutzen. Der patriarchalische, in die gesellschaftliche Umgebung vor Ort eingebettete Unternehmer hatte vielfach angestellten Betriebsleitern von Aktien- und sonstigen Gesellschaften Platz gemacht, die ihrerseits oft nur Teil großer Konzerne waren. Kapitaleigner, Gesellschafter und Aktionäre, die keine Bindungen an die Betriebe und deren Angehörige hatten, entschieden so über das Schicksal Tausender. Und deren Zahl wurde immer größer, denn immer mehr Selbstständige mussten aufgeben und sich in der Industrie verdingen. Im Dritten Reich setzte sich diese Entwicklung beschleunigt fort. Denn das zentrale Ziel des nationalsozialistischen Regimes, die rasche Aufrüstung, war nur durch massiven Ausbau der Industrie zu erreichen, deren Interessen deshalb absolute Priorität genossen. Jene Elemente der nationalsozialistischen Ideologie, die dem im Wege standen, wurden nicht realisiert, wenn sie auch noch so lautstark propagiert wurden. Von dem Aufschwung, den die Wirtschaft nach 1933 nahm, profitierte die große Mehrheit der Menschen schon deshalb bis zum Kriegsausbruch nur wenig. Der nationalsozialistischen Propaganda ist es jedoch gelungen, ein anderes Bild von den Lebensverhältnissen zu vermitteln, und dieses verdrängt die Realität mitunter bis heute.

11. Die Wirtschaft im Krieg

Mit dem Ausbruch des Krieges im September 1939 änderten sich die wirtschaftlichen Verhältnisse zunächst nur wenig. So wurde die Finanzierung des Krieges im Wesentlichen auf die gleiche Weise bewerkstelligt wie bisher die Aufrüstung. Zwar wurden auch beträchtliche Kriegszuschläge auf die Einkommens-

und Verbrauchssteuern gelegt, aber in der Hauptsache wurde der Krieg über eine fortlaufende Erhöhung der Staatsschulden finanziert. Weil es gleichgültig war, auf welche Art der Staat an das Geld seiner Bürger kam – ob durch Kredite, d. h. durch den Zugriff auf die Guthaben der Bürger bei den Banken, Sparkassen und Versicherungen, oder über Anleihen –, spielten Kriegsanleihen, anders als im Ersten Weltkrieg, diesmal eine weitaus geringere Rolle bei der Kriegsfinanzierung. Geld stand dem Reich ohnedies in nahezu unbeschränkter Menge zur Verfügung, zumal die Bürger mangels Konsumgütern zwangsläufig einen großen Teil ihrer Einkommen sparen mussten.

Flankiert von strikten Preisbindungen und einer rigorosen, nahezu lückenlosen Zwangsbewirtschaftung funktionierte diese Art der Kriegsfinanzierung reibungslos. Und nachdem deutsche Truppen weite Teile Europas besetzt hatten, konnten dessen große Produktions- und Rohstoffkapazitäten der deutschen Kriegswirtschaft dienstbar gemacht werden. Mit der Fortdauer des Krieges nahmen jedoch die Verluste an Soldaten so stark zu, dass immer mehr männliche Arbeitskräfte aus der Produktion abgezogen werden mussten. Der Mangel an Arbeitskräften wurde zu einem Hauptproblem der Wirtschaft, das nur zum Teil durch die oft zwangsweise geschehene Heranziehung von ausländischen Arbeitskräften und KZ-Häftlingen gelöst werden konnte. Da diese Zwangsrekrutierungen nicht ausreichten, mussten als nicht kriegswichtig eingestufte Betriebe Arbeitskräfte abgeben oder stillgelegt werden. Von derartigen Maßnahmen waren vor allem mittelständische Betriebe und das Handwerk betroffen.

1942 setzte die planmäßige Bombardierung von Industrieanlagen ein, wodurch die Produktion zunächst aber noch kaum beeinträchtigt wurde. Bewerkstelligt wurde dies vor allem durch eine Dezentralisierungen und Verlagerung der Produktionsanlagen, auch und gerade nach Bayern, das zunächst noch außerhalb der Reichweite der alliierten Bomber lag.

Trotz der Mobilisierung aller Reserven verfügte die Wirtschaft des Deutschen Reiches aber über eine weitaus geringere Leistungsfähigkeit als die der Alliierten, vor allem seit zu diesen auch die USA zählten. Die Niederlage des Dritten Reichs war damit letztlich nur eine Frage der Zeit; je länger sie aber hinausgezögert wurde, umso gravierender mussten ihre Folgen sein, was sich bewahrheitete, als das Dritte Reich am 8. Mai 1945 bedingungslos kapitulierte.

Die Entwicklung, welche die bayerische Industrie bis zum Ende des Zweiten Weltkrieges genommen hat, lässt sich wegen des unzulänglichen statistischen Materials nicht genau rekonstruieren. Immerhin lassen sich aber die Entwicklungslinien ausmachen.[113] So ist nachgewiesen, dass die Zahl der Beschäftigten in Betrieben mit mehr als zehn Beschäftigten im rechtsrheinischen Bayern von rund 453 400 im Jahr 1936 auf ca. 683 000 im Juli 1944 und somit um 50,6 % zunahm. An diesem Wachstum der größeren Betriebe waren vor allem der Maschinenbau, die chemische Industrie, die Elektroindustrie sowie die optische und feinmechanische Industrie beteiligt. Im Maschinen-, Fahrzeug-, Stahl- und Eisenbau nahm die Zahl der Beschäftigten von rund 55 400 auf 212 000 zu, das war eine Steigerung von 383 %, in der chemischen Industrie von ca. 17 000 auf 51 500 (201 %), in der Elektroindustrie von ca. 23 200 auf 60 300 (160 %) und in der optischen und feinmechanischen Industrie von 7100 auf 17 600 (150 %). Große Zuwächse verzeichneten außerdem die Eisen-, Stahl- und Blechwaren erzeugende Industrie sowie die Nichteisen-Metallindustrie. In anderen Gewerbezweigen dagegen stagnierte die Beschäftigtenzahl oder nahm sogar ab, und dies teilweise in beträchtlichem Ausmaß. Den stärksten Rückgang wiesen die Textilindustrie, die Industrie der Steine und Erden, die keramische Industrie sowie die Nahrungs- und Genussmittelindustrie auf.

Maschinen-, Fahrzeug-, Stahl- und Eisenbau stellten miteinander nunmehr die mit großem Abstand wichtigste Industrie dar; es folgte die Elektroindustrie, die chemische Industrie und die Eisen-, Stahl- und Blechwarenindustrie. Selbst wenn man davon ausgeht, dass in manchen Bereichen – wie etwa der Nahrungs- und Genussmittelindustrie – der Anteil von Betrieben mit weniger als zehn Beschäftigten deutlich größer war als in anderen und diese Statistik also ein nicht ganz vollständiges Bild zeichnet, so ist die daraus ablesbare Entwicklung doch eindeutig, zumal sie genau auf der Linie liegt, die schon in den Jahrzehnten vorher zu beobachten war. Dabei versteht sich, dass die besonders heftigen Einbrüche im Bausektor, der Textilindustrie sowie beim Nahrungsmittelgewerbe als kriegsbedingte und damit zumindest zum Teil als vorübergehende zu betrachten sind.

Je länger der Krieg dauerte, umso mehr produzierte die gesamte Industrie direkt oder indirekt für den ständig steigenden militärischen Bedarf. 1943 lag der Anteil der Beschäftigten, die unmittelbar für die Rüstung arbeiteten, im Maschinenbau bei 59 %, in der Elektrotechnik bei 70 %, in der Fahrzeugindustrie bei 79 % und in der Luftfahrt bei 100 %. In der Textilindustrie waren es immerhin noch 44 %, in der Lebensmittelindustrie 25 % und in der Bekleidungsindustrie 23 %. Da die Produktionskapazitäten nicht mehr ausgeweitet werden konnten, mussten sie auf jene Bereiche konzentriert werden, die als besonders kriegswichtig galten. Das Ausmaß dieser Kapazitätsverlagerung kann man abschätzen, wenn man bedenkt, dass die Kriegsausgaben des Reiches von 38 Mrd. RM im ersten Kriegsjahr auf rund 100 Mrd. im Jahr 1944 anstiegen, und dies trotz des Preisstopps, den das Regime verhängt hatte. Die gesamten Kriegskosten beliefen sich schließlich auf 670 Mrd. RM.

Dieses Geld floss zum größten Teil jenen Unternehmen zu, welche die Rüstungsaufträge ausführten, und wurde von diesen zum großen Teil in neue Gebäude, Anlagen und Maschinen investiert. Diese Investitionen waren auch deshalb außerordentlich umfangreich, weil die Lohnkosten dank der staatlich verordneten Löhne und des Einsatzes von Zwangsarbeitern und KZ-Häftlingen sehr niedrig gehalten werden konnten. Da diese Investitionstätigkeit bis weit in das Jahr 1944, mitunter sogar bis wenige Wochen vor dem Zusammenbruch anhielt, befanden sich die bayerischen Industrieanlagen zu diesem Zeitpunkt trotz der Zerstörungen in einem weitaus besseren Ausbauzustand als vor dem Krieg. 1945 betrug das geschätzte Netto-Anlagevermögen (gerechnet in Preisen von 1950) der deutschen Industrie 37,3 Mrd. DM, womit es deutlich höher lag als 1939, für welches Jahr man es auf 31,25 Mrd. DM veranschlagte. Den Höhepunkt hatte es allerdings 1943 – bevor die systematischen Bombardierungen begannen – mit einem Wert von 43,66 Mrd. erreicht.[114]

Von den Zerstörungen waren die Industrieanlagen, im Ganzen betrachtet, in geringerem Ausmaß betroffen als die Wohngebäude. Während nahezu alle größeren Städte erhebliche Verluste an ihrer Wohnraumsubstanz erlitten, hielten sich die Schäden an Industrieanlagen, insgesamt gesehen, in Grenzen. Am umfangreichsten war die Zerstörung gewerblich genutzter Gebäude und Anlagen in Nürnberg, wo 1790 derartige Objekte total zerstört waren; 50 bis 75 % der Kapazität der Nürnberger Elektroindustrie galten als vernichtet. Deutlich weniger Verluste verzeichneten der Maschinen- und Fahrzeugbau sowie die chemische Industrie in Nürnberg, da deren Anlagen weiter außerhalb des Stadtkerns lagen. Auch in Augsburg, wo 330 Industriebauten zerstört wurden, waren hauptsächlich die altstadtnahen Betriebe betroffen. Im stark bombardierten Schweinfurt wurden 83 Industriegebäude zerstört, wobei 30 % der Kapazitäten der Kugellagerwerke und 65 % der des Fichtel & Sachs-Werkes vernichtet wurden. In den anderen Industriestädten war der Zerstörungsgrad bei Industrieanlagen und -gebäuden zumeist deutlich geringer.[115] Tatsächlich waren die Schäden gerade bei den eigentlichen Produktionsanlagen offenbar zumeist weitaus geringer, als es der erste Eindruck vermittelte. So kam Ludwig Erhard, der als örtlicher Sachverständiger Ende Mai 1945 von der amerikanischen Besatzungsmacht mit einem Gutachten über die wirtschaftliche Lage der stark zerstörten Stadt Fürth beauftragt wurde, zu dem Ergebnis, dass gute Ansätze für einen baldigen Wiederaufbau vorhanden seien, denn die Industrieanlagen seien nur wenig zerstört und „in ihrem Gesamtgefüge" deshalb „sofort einsatzfähig".[116]

Die Höhe des Gesamtschadens der bayerischen Industrie durch Kriegseinwirkung lässt sich nicht feststellen, da derartige Schätzungen nur vereinzelt vorgenommen wurden. So zum Beispiel für das besonders hart betroffene Schweinfurt; hier wurden die Gebäudeschäden auf 57,6 Mio. RM, die „gewerblichen Schäden", d. h. der Verlust an Produktionseinrichtungen aber auf 92,8 Mio. RM und die „gewerblichen Nutzungsschäden" auf 11,9 Mio. veranschlagt.

Jüngere Forschungen kommen zu dem Schluss, dass die enormen Kapazitätsausweitungen der deutschen Industrie durch die Kriegszerstörungen nur teilweise rückgängig gemacht wurden. Nach ihren Berechnungen waren in den westlichen Besatzungszonen insgesamt 17 % des Bruttoanlagenvermögens der Industrie durch Kriegseinwirkung vernichtet worden. Geht man davon aus, dass dies auch für Bayern zutrifft, dann verfügte die bayerische Industrie nach dem Krieg über weitaus größere Produktionskapazitäten als zuvor. Und dies vor allem in den Industriezweigen Maschinen-, Stahl- und Fahrzeugbau, Optik und Feinmechanik, Flugzeugbau und Chemie, denn hier waren die Kapazitäten – wie oben gezeigt – in besonderem Maße erweitert worden.

Anmerkungen

1 Währung und Wirtschaft in Deutschland 1876–1975, hg. von der Deutschen Bundesbank, 1976, S. 130.

2 Die Bayerische Staatsbank 1780–1955. Geschichte und Geschäfte einer öffentlichen Bank, hg. vom Staatsbankdirektorium, bearb. von F. Steffan u. W. Diehm, 1955, S. 243.

3 Adam, S., Vom Dawes-Plan zum Young-Plan, in: Bayerisches Jahrbuch 1930. Ein Hand- und Nachschlagebuch, 1930, S. 176–180.

4 Währung und Wirtschaft (s. Anm. 1), S. 279.

5 Bayerische Staatsbank (s. Anm. 2), S. 304.

6 Volkert, W. , Handbuch der bayerischen Ämter, Gemeinden und Gerichte 1799–1980, 1983, S. 236–238.

7 Wirtschaft und Wirtschaftsverwaltung in Bayern, hg. von H. Reuther, 1981, S. 67

8 Volkert (s. Anm. 6), S. 236–238

9 Ebd. 262–265.

10 Zorn, W., Bayerns Gewerbe, Handel und Verkehr (1806–1970), in: Handbuch der bayerischen Geschichte, Bd. 4, 2, 1979, S. 781–845, hier S. 824 ff.

11 Dazu s. Eckardt, G., Industrie und Politik in Bayern 1900–1919. Der Bayerische Industriellen-Verband als Modell des Einflusses von Wirtschaftsverbänden, 1976; Moser, E., Unternehmer in Bayern. Der Landesverband der Bayerischen Industrie und sein Präsidium 1948 bis 1978, in: Bayern im Bund 2, S. 25–86; Kuhlo, A., Jubiläumsdenkschrift des Bayerischen Industriellen-Verbandes e.V. 1902–1927, 1927.

12 Held, J., Rhein-Main-Donau. Die Geschichte einer Wasserstraße, 1929, S. 109.

13 Ebd.

14 Ebd., S. 125.

15 Fuchs, H., Die Mainkanalisierung Würzburg Bamberg. Rückblick und Ausblick, in: Festschrift zur Eröffnung der kanalisierten Mainstrecke Würzburg-Ochsenfurt 18. Juni 1954, 1954, S. 15–25.

16 Bayerische Staatsbank (s. Anm. 2), S. 250 f.

17 Lech-Elektrizitätswerke A. G. Augsburg 1901–1951. Ein Bericht zur 50. Wiederkehr der Betriebseröffnung, 1951.

18 Emminger, O., Die bayerische Industrie (Schriftenreihe der Volkswirtschaftlichen Arbeitsgemeinschaft für Bayern, Heft 2), 1947, S. 27 ff.

19 Ebd., S. 24.

20 Zur NS-Wirtschaftspolitik: Treue, W., Wirtschaft und Politik 1933–1945, 1952; Hesse, H., Auswirkungen der nationalsozialistischen Politik auf die bayerische Wirtschaft, in: ZBLG 43 (1980), S. 369–485

21 Hesse, S. 376 ff; Bayerische Staatsbank (s. Anm. 2), S. 322 ff.

22 Hesse, S. 378–380.

23 Zu anderen Formen der Anleihen s. ebd. S. 383.

24 Bayerische Staatsbank (s. Anm. 2), S. 326.

25 Zu diesen Programmen s. Hesse (s. Anm. 20), S. 391 f.

26 Ebd., S. 390.

27 Ebd., S. 453–460.

28 Nach: Bayern in Zahlen 1 (1947), S. 53–58.

29 Hesse (s. Anm. 20), S. 409.

30 Hansmeyer, K.-H. und Caesar, R., Kriegswirtschaft und Inflation (1936–1948), in:

Währung und Wirtschaft in Deutschland 1876–1975, hg. von der Deutschen Bundesbank, 1976, S. 367–430.

31 Deutinger, S., Energiepolitik und regionale Energieversorgung 1945 bis 1980, in: Die Erschließung des Landes 1949 bis 1973, S. 33–118, 35 f.

32 Ebd., S. 36.

33 Burgdörfer, F., Weitere Ergebnisse der Volkszählung 1939, in: Zeitschrift des Bayerischen Statistischen Landesamtes 71 (1939), S. 543–551, S. 545.

34 Burgdörfer, F., Die Volks-, Berufs- und Betriebszählung 1939, in: Zeitschrift des Bayerischen Statistischen Landesamtes 71 (1939), 1–7, S. 6.

35 Statistisches Jahrbuch für Bayern 1937, S. 7; Bevölkerung und Wirtschaft 1872–1982, hg. vom Statistischen Bundesamt Wiesbaden anläßlich des 100jährigen Bestehens der zentralen amtlichen Statistik, 1972, S. 90.

36 Burgdörfer, F., Die Volks-, Berufs- und Betriebszählung 1939, in: Zeitschrift des Bayerischen Statistischen Landesamtes 71 (1939), 1–7, S. 6.

37 Beiträge zur Statistik Bayerns 123, S. 2.

38 Burgdörfer, F., Weitere Ergebnisse (s. Anm. 33), S. 547. Die geringen Abweichungen in den Bevölkerungsangaben gegenüber der nachfolgenden Übersicht ergeben sich daraus, dass hier die Wohnbevölkerung und nicht die ortsansässige Bevölkerung zu Grunde gelegt wurde. Zu den Unterschieden zwischen diesen s. Burgdörfer, a. a. O., S. 69.

39 Die auffällige Bevölkerungszunahme in Oberfranken zwischen 1910 und 1925 ist zu einem großen Teil der Eingliederung Coburgs nach Bayern zu verdanken, das diesem Regierungsbezirk zugeordnet wurde.

40 Ebd., Burgdörfer, F., Weitere Ergebnisse (s. Anm. 33), S. 553.

41 Grundlage: Statistisches Jahrbuch 1947, S. 23; erfasst wurde die ortsansässige Bevölkerung, welche in der Regel deutlich größer war als die Wohnbevölkerung.

42 Beiträge zur Statistik Bayerns 111, S. 9*; Bevölkerung und Wirtschaft, S. 142.

43 Beiträge zur Statistik Bayerns 111, S. 9*.

44 Anmerkung: 1907 umfasst die Rubrik „öffentliche und private Dienste" auch die häuslichen Dienste sowie die Berufslosen.

45 Beiträge zur Statistik Bayerns 122, S. 11.

46 Das Handwerk in der Volkswirtschaft, in: Zeitschrift des Bayerischen Statistischen Landesamtes 63 (1931), S. 174.

47 Angaben für das Reich hier und im Folgenden nach „Sozialgeschichtliches Arbeitsbuch" Bd. 3, hier S. 54.

48 Beiträge zur Statistik Bayerns 111, S. 15*.

49 Arbeitsbuch (s. Anm. 47), S. 54.

50 Emminger (s. Anm. 18), S. 24.

51 Beiträge zur Statistik Bayerns 111, S. 15*.

52 Nach: Zeitschrift des Bayerischen Statistischen Landesamtes 75 (1943), S. 131 f.

53 Nach : Frey, A., Die industrielle Entwicklung Bayerns von 1925 bis 1975. Eine vergleichende Untersuchung über die Rolle städtischer Agglomerationen im Industrialisierungsprozess (Schriften zur Wirtschafts- und Sozialgeschichte 76), 2003, S. 49–120.

54 Adelung, M., Die bayerische Bevölkerung nach Wirtschaftsabteilungen und nach der Stellung im Beruf auf Grund der Berufszählung vom 17. Mai 1939, in: Zeitschrift des Bayerischen Statistischen Landesamtes 74 (1942), S. 174–195, S. 193–195.

55 Frey (s. Anm. 53), S. 50.

56 Grundlage der Berechnung ist für 1925 das statistische Jahrbuch 1927, S. 16, für 1939 Adelung, M., Die bayerische Bevölkerung nach Wirtschaftsabteilungen und nach der Stellung im Beruf auf Grund der Berufszählung vom 17. Mai 1939, in: Zeitschrift des Bayerischen Statistischen Landesamtes 74 (1942), S. 174–195, S. 184.

57 Lieberich, L., Strukturelle Entwicklungslinien der bayerischen Wirtschaft, in: Zeitschrift des Bayerischen Statistischen Landesamtes 86 (1954), S. 59–69, S. 62. (Die hier angegebenen Zahlen beziehen sich auf Bayern ohne die Pfalz!)

58 Adelung (s. Anm. 54), S. 185.

59 Raab, J., in: Zeitschrift des Bayerischen Statistischen Landesamtes 75 (1943), S. 20.

60 Das Handwerk in der Volkswirtschaft, in: Zeitschrift des Bayerischen Statistischen Landesamtes 63 (1931), S. 174.

61 Beiträge zur Statistik Bayerns 123 (1935), S. 58.

62 Zeitschrift des Bayerischen Statistischen Landesamtes 75 (1943), S. 121 f.

63 Hesse (s. Anm. 20), S. 439.

64 Zu diesen Maßnahmen s. ebd. S. 439–442.

65 Adelung (s. Anm. 54), S. 193–195.

66 Alle nachfolgenden Angaben nach Schick, E., Bayerns gewerbliche Großbetriebe im Jahre 1922, in: Zeitschrift des Bayerischen Statistischen Landesamtes 27 (1925), S. 16–25, S. 17.

67 Die nachfolgenden Angaben nach: Beiträge zur Statistik Bayerns 123, S. 39.

68 Statistisches Jahrbuch Bayern 23 (1947), S. 114.

69 Die nachfolgenden Angaben zur Entwicklung der einzelnen Gewerbegruppen im Zeitraum 1925–1939 nach Beiträge zur Statistik Bayerns 123, S. 39 und Frey (s. Anm. 53), Abschnitt „Entwicklung der Gewerbegruppen 1925–1950", S. 58–102.

70 Beiträge zur Statistik Bayerns 123, S. 55.

71 Ebd., S. 39.

72 Ebd.

73 Folgende Angaben nach Spilker, E. M., Bayerns Gewerbe 1815– 1965, 1985, S. 59.

74 Lieberich (s. Anm. 57), S. 64.

75 S. Frey (s. Anm. 53), S. 101 und S. 303, Tabelle C 15.4.

76 Grundlage: Zeitschrift des Bayerischen Statistischen Landesamtes 75 (1943), S. 123.

77 Angaben nach: Zeitschrift des Bayerischen Statistischen Landesamtes 75 (1943), S. 123 (diese nach dem Geschäftsbericht der Bayerischen Staatsbank).

78 Angaben nach: Zeitschrift des Bayerischen Statistischen Landesamtes 75 (1943), S. 130 f.

79 Alle nachfolgenden Angaben nach: Zeitschrift des Bayerischen Statistischen Landesamtes 75 (1943), S. 131.

80 Zeitschrift des Bayerischen Statistischen Landesamtes 75 (1943), S. 78.

81 Grundlage der nachfolgenden Ausführungen: Beiträge zur Statistik Bayerns 111 (1926), S. 15–33, „Berufliche Gliederung"; Beiträge zur Statistik Bayerns 123 (1935), S. 26–30, „Beruflicher Aufbau"; Statistisches Jahrbuch Bayern 1947, „Die Bevölkerung nach Wirtschaftsabteilungen 1882–1946", S. 170.

82 Das Nachfolgende nach: Die Entschuldung der Landwirtschaft in Bayern und im Deutschen Reich (Beiträge zur Statistik Bayern 134, 1942), S. 1 ff.

83 Raab, J., 10 Jahre nationalsozialistische Preisführung in Bayern, in: Zeitschrift des Bayerischen Statistischen Landesamtes 75 (1943), S. 17–28, S. 18.

84 Beiträge zur Statistik Bayerns 134, S. 6 f; Hundert Jahre Flurbereinigung in Bayern 1886–1986, hg. vom Bayerischen Staatsministerium für Ernährung, Landwirtschaft und Forsten, 1986, S. 142 f.

85 Hierzu und zum Folgenden: Henninger, W., Die land- und forstwirtschaftlichen Betriebe in Bayern nach der land- und forstwirtschaftlichen Betriebszählung vom 17.Mai 1939, in: Zeitschrift des Bayerischen Statistischen Landesamtes 72 (1940), S. 191–217, S. 192 f.

86 Henninger, W., Weitere Ergebnisse der land- und forstwirtschaftlichen Betriebszählung vom 17. Mai 1939 in Bayern, in: Zeitschrift des Bayerischen Statistischen Landesamtes 73 (1941), S. 104–127, S.121.

87 Ebd., S. 123.

88 Henninger (s. Anm. 85), S. 197.

89 Henninger (s. Anm. 86), S. 107.

90 Hesse (s. Anm. 20), S. 445.

91 Ebd., S. 446–449.

92 Henninger (s. Anm. 86), S. 110.

93 Ebd., S. 111.

94 Ebd., S. 111–118.

95 Ebd., S. 116.

96 Diese und die nachfolgenden Angaben nach: Bayerns Finanzen und Steuerkraft 1913–1938 (Beiträge zur Statistik Bayerns 135).

97 Die Vermögensverhältnisse in Bayern. Nach den Ergebnissen der Vermögenssteuerveranlagung 1928, in: Zeitschrift des Bayerischen Statistischen Landesamtes 63 (1931), S. 411–414, S. 414.

98 Zeitschrift des Bayerischen Statistischen Landesamtes 69 (1937), S. 408.

99 Beiträge zur Statistik Bayerns 135, S. 46 f.

100 Dies und das Folgende nach: Henninger, W., Der Steuerabzug vom Arbeitslohn in Bayern. Die Ergebnisse der Lohnsteuerstatistik für das Jahr 1926, in: Zeitschrift des Bayerischen statistischen Landesamtes 63 (1931), S. 7–16.

101 Das Einkommen in Bayern und seine Besteuerung im Jahre 1928, in: Zeitschrift des Bayerischen Statistischen Landesamtes 63 (1931), S. 415–419, S. 415.

102 Ebd., S. 416.

103 Erstellt nach: Die Entwicklung des Arbeitseinkommens nach der Invaliden- und Ange-

stelltenversicherung in Bayern 1929 bis 1938, in: Zeitschrift des Bayerischen Statistischen Landesamtes 75 (1943), S. 67–76, S. 71 Arbeiter, S. 72 Angestellte.

104 Bevölkerung und Wirtschaft (s. Anm. 35), S. 263.

105 Raab, J., 10 Jahre nationalsozialistische Preisführung in Bayern, in: Zeitschrift des Bayerischen Statistischen Landesamtes 75 (1943), S. 17–25, S. 20.

106 Nachfolgende Angaben nach: Zeitschrift des Bayerischen Statistischen Landesamtes 69 (1937), S. 407 f.

107 Die Tariflöhne 1941 und 1942, in: Zeitschrift des Bayerischen Statistischen Landesamtes 75, S. 55–66, S. 55.

108 Raab (s. Anm. 105), S. 18.

109 Ebd., S. 21.

110 Die Entwicklung des Arbeitseinkommens nach der Invaliden- und Angestelltenversicherung in Bayern 1929 bis 1938, in: Zeitschrift des Bayerischen Statistischen Landesamtes 75 (1943), S. 67–76.

111 Zeitschrift des Bayerischen Statistischen Landesamtes 75 (1943), S. 121.

112 Nach: Hagmann, M., Kreditinstitute und Spareinlagen in Bayern 1932–1937, in: Zeitschrift des Bayerischen Statistischen Landesamtes 71 (1939), S. 127–141

113 Grundlage für die nachfolgenden Angaben: Frey (s. Anm. 53), Tabelle C 17: „Beschäftigte in der bayerischen Industrie 1936–1955", S. 105.

114 Ebd., S. 111, Tabelle C 20.

115 Ebd., S. 115–118, Tabellen, C 22 bis C 25.

116 Zitiert nach Löffler, B., Erhard und Bayern, in: Staat und Verwaltung in Bayern. Festschrift für Wilhelm Volkert zum 75. Geburtstag, 2003, S. 725–750, S. 735.

derartigen Aktionen fähig sein würde, auch wenn dazu drastische Maßnahmen und ein langfristiges Engagement erforderlich sein sollten. Zu diesem Zweck wurde Deutschland in Zonen aufgeteilt, in denen jeweils eine Siegermacht die volle Kontrolle ausübte. Auf der Jalta-Konferenz wurde im Februar 1945 zunächst eine Dreiteilung Deutschlands beschlossen, im Juni 1945 erhielt dann auch Frankreich eine Zone. Diese Zoneneinteilung wurde im Juli auf der Potsdamer Konferenz bestätigt, eine Aufteilung des Reiches, wie sie zuvor erwogen worden war, sollte dagegen unterbleiben.[3] Das Deutsche Reich hatte damit seine Souveränität und Rechtsfähigkeit verloren, da aber keine Annexion stattfand, war eine Art Schwebezustand eingetreten. Obwohl es keine deutsche Regierung mehr gab und auch eine Verwaltung nur noch rudimentär existierte, galten grundsätzlich alle Gesetze weiter. Regierung und Verwaltung aber übernahmen die Besatzungsmächte.

Bayern gehörte zur amerikanischen Besatzungszone, wie auch größere Teile Württembergs, Badens und Hessens sowie Bremen. Dass das rechtsrheinische Bayern – mit Ausnahme von Lindau, das zunächst der französischen Zone zugeschlagen wurde und erst 1955 wieder definitiv an Bayern zurückfiel – nur einer einzigen Besatzungsmacht unterstand, und dass dies die USA waren, sollte sich für die weitere Entwicklung als wichtig erweisen. Allerdings war damit auch ein herber Verlust verbunden, denn die Pfalz lag in der französischen Zone, und die amerikanische Militärregierung wies jeden Versuch Bayerns zurück, die Verbindungen dorthin aufrechtzuerhalten.[4] Am 30. August 1946 dekretierte dann die französische Militärregierung die Bildung eines „Rhein-pfälzischen Landes", das außer der bayerischen Pfalz einige vormals preußische und hessische Regierungsbezirke umfasste.[5] Erst nach langen Bemühungen, bei denen sich neben der bayerischen Staatsregierung vor allem der Bund „Bayern und die Pfalz" engagierte, wurde schließlich 1956 in Rheinland-Pfalz ein Volksbegehren über die Rückkehr der Pfalz nach Bayern in die Wege geleitet. Dieses scheiterte jedoch an der zu geringen Beteiligung, da sich nur 7,6 % statt der erforderlichen 10 % der Stimmberechtigten in die Listen eintrugen. Damit war die Abtrennung der Pfalz von Bayern definitiv.[6]

Im rechtsrheinischen Bayern wurde die Staatsgewalt seit Mai 1945 von der amerikanischen Besatzungsmacht ausgeübt. An der Spitze der amerikanischen Zonenverwaltung stand bis März 1947 General McNarney, ihm folgte dann General Clay. Oberste Verwaltungsbehörde war seit Januar 1946 das „Office of Military Government of the United States for Germany" (OMGUS) mit Sitz in Berlin. Bayern regierte das „Regional Military Government Detachement (RMG) E1F3" mit Sitz in München. Diesem unterstanden fünf Regierungsbezirks-Detachements und 152 lokale Detachements. Im Oktober 1945 wurde das RMG durch das „Office of Military Government for Bavaria" (OMGB) abgelöst; ihr Chef war Walter J. Muller. Jetzt wurden vermehrt Deutsche an der Verwaltung beteiligt. Die

Die regionale Verteilung der bayerischen Industrie 1949

Wie diese nach den Ergebnissen der Industrieberichterstattung vom Januar 1949 erstellte grafische Übersicht zeigt, konnte Oberbayern seine Vorrangstellung gerade auch hinsichtlich der zukunftsträchtigen Industriezweige über den Zusammenbruch von 1945 hinaus unangefochten behalten. Ob Maschinenbau, Elektrotechnik, Fahrzeugbau, Chemie, Feinmechanik, Optik oder Stahl- und Eisenbau – in fast all diesen Sparten verfügte

Oberbayern über die meisten Arbeitsplätze. Darüber hinaus war dieser Regierungsbezirk auch in einigen weiteren wirtschaftlich besonders interessanten Bereichen führend oder lag mit an der Spitze, so bei der Bekleidungsindustrie, der Lebensmittelindustrie, der Druck-, Papier- und Papierverarbeitungsindustrie, der Brauindustrie, der Nichteisen-Metallindustrie, der Tabakindustrie und der Gummi- und Asbestverarbeitung.

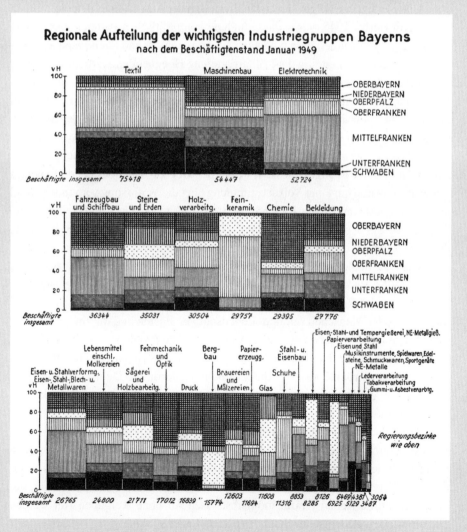

Militärregierung existierte bis September 1949, dann wurden die Regierungsgeschäfte wieder in vollem Umfang von der bayerischen Staatsregierung ausgeübt.

Sehr bald leitete die Militärregierung den Aufbau demokratischer Strukturen ein. Schon im Mai 1945 setzte sie einen „Ministerpräsidenten" als verantwortlichen Leiter der bayerischen Zentralverwaltung ein, die als „Regierung" bezeichnet wurde. Erster Amtsinhaber war Fritz Schäffer, der jedoch schon Ende September 1945 durch Wilhelm Hoegner abgelöst wurde. Kurz zuvor, am 19. September, hatte die amerikanische Militärregierung in ihrer Zone die Bildung von Staaten verfügt, deren Regierungen zwar weiterhin ihrer vollen Kontrolle unterstanden, jedoch die gesetzgebende, richterliche und vollziehende Gewalt ausüben sollten. Damit war auch Bayern wieder ein Staat.

Unter Hoegner erfolgte nun erstaunlich rasch der Aufbau eines demokratischen Staates. Im Herbst 1945 wurde die Gründung von politischen Parteien zugelassen, und Anfang 1946 wurden bereits Wahlen auf kommunaler und Kreisebene abgehalten. Im Februar 1946 erteilte die Militärregierung Hoegner den Auftrag, einen Verfassungsentwurf ausarbeiten zu lassen, der einer spätestens im Juni zu wählenden Verfassunggebenden Versammlung vorgelegt werden sollte. Diese wurde dann am 30. Juni 1946 gewählt, wobei die CSU 58,3 % und die SPD 28,8 % der Stimmen erhielt. Die anderen Parteien – FDP, KPD und die „Wirtschaftliche Aufbau-Vereinigung" (WAV) – waren weit abgeschlagen. Die Arbeiten an der Verfassung wurden am 26. Oktober 1946 abgeschlossen, womit der Weg zur Wahl des ersten Landtags frei war; sie wurde mit einer Volksabstimmung über die Verfassung verbunden. Wahl und Abstimmung fanden am 1. Dezember 1946 statt, wobei die Wahlbeteiligung bei 75 % lag. Sieger der Landtagswahl war die CSU mit 52,3 % vor der SPD mit 28,6 %, die Verfassung wurde mit 71 % der Stimmen angenommen.

Die erste demokratische Regierung wurde von Ministerpräsident Hans Ehard (CSU) geführt und von CSU und SPD getragen; im Oktober 1947 zog sich aber die SPD aus der Regierung zurück. Hauptaufgaben dieser Regierung waren die Versorgung der Menschen mit dem Lebensnotwendigsten und die Integration der Flüchtlinge und Vertriebenen; beides warf gewaltige Probleme auf. Zudem hatte die Regierung die Entnazifizierung durchzuführen, was zu heftigen Kontroversen führte. Daneben rückte ab 1947 die staatliche Neuordnung Deutschlands immer mehr in den Vordergrund; an ihr nahmen Regierung, Landtag und Bevölkerung lebhaften Anteil.

Dass die westlichen Besatzungsmächte den politischen Rekonstruktionsprozess derartig forcierten, war Folge der außenpolitischen Entwicklungen. Denn bald nach Kriegsende fühlten sich die Westmächte durch die Expansion des Kommunismus und der UdSSR bedroht. Deshalb sollten die in Westdeutschland gebundenen militärischen Kräfte möglichst rasch für neue Aufgaben frei werden und ein neuer westdeutscher Staat das eigene Lager stärken.

Der Weg zur Bundesrepublik

Die Schaffung der Länder war die erste Station auf dem Weg zu einem westdeutschen Staat. Im Oktober 1945 hatten dann die Ministerpräsidenten von Württemberg-Baden, Großhessen und Bayern auf Weisung der Besatzungsmacht einen „Länderrat des amerikanischen Besatzungsgebietes" zu bilden, der „die über das Gebiet eines Landes hinausreichenden Fragen gemeinschaftlich zu lösen" hatte. Am 1. Januar 1947 erfolgte der Zusammenschluss der Länder der englischen und amerikanischen Zone zur „Bizone". Sie verfügte bereits über zahlreiche kompetenzstarke gemeinsame Einrichtungen, wie zum Beispiel Verwaltungsämter für Ernährung und Landwirtschaft, Verkehr, Wirtschaft, Finanzen und für das Postwesen, welche die Vorläufer der entsprechenden späteren Bundesministerien waren. Noch immer aber war die Direktive JCS/1067 der amerikanischen Regierung in Kraft, welche der Militärregierung eine harte Haltung gegenüber den Deutschen auftrug und u. a. die Bestimmung enthielt, dass es Deutschland keinesfalls besser gehen dürfe als irgendeinem anderen Land Europas. Diese wurde erst am 17. Juli 1947 durch eine neue Direktive abgelöst, welche „die Herstellung von politischen, wirtschaftlichen und sittlichen Verhältnissen in Deutschland" einer solchen Qualität vorsah, dass sie „den wirksamsten Beitrag für ein gesichertes und blühendes Europa liefern werden."

Während des gesamten Prozesses, der im Mai 1949 zur Gründung der Bundesrepublik führte, bemühte sich die bayerische Staatsregierung um die Durchsetzung föderaler Strukturen. Ihre Gegner waren vor allem die SPD und große Teile der CDU der nord- und westdeutschen Länder; in diesen vormals preußischen Provinzen existierte kein Bewusstsein für Eigenstaatlichkeit. Ein starker Befürworter eines zentralistischen Staates war auch Konrad Adenauer, der einflussreiche Vorsitzende der CDU in der britischen Besatzungszone, der für föderalistische Bestrebungen keinerlei Verständnis hatte. Die Befürworter eines Staates mit starker Zentralgewalt profitierten von der schwierigen wirtschaftlichen Situation, für deren Bewältigung man allgemein eine starke Zentralgewalt für unabdingbar hielt. Der bereits bestehende Zentralismus in der Wirtschaftsverwaltung der Bizone zog so zwangsläufig den Zentralismus in den politischen Strukturen nach sich.

Die Bildung der Bundesrepublik erfolgte in mehreren Schritten. Der Gründung der „Bizone" im Januar 1947 folgte Anfang 1948 die Einrichtung eines „vereinigten Wirtschaftsgebietes". Mit dem am 9. Februar 1948 in Kraft gesetzten „Frankfurter Statut" wurden die Strukturen der späteren Bundesrepublik vorweggenommen: Der „Wirtschaftsrat" fand in der Bundesrepublik seine Entsprechung im Bundestag, das „Wirtschaftskabinett" im Bundeskabinett unter Leitung des Bundeskanzlers, und der „Länderrat" im Bundesrat. Die im Frühjahr 1948 tagende Sechs-Mächte-Konferenz von London – Teilnehmer waren die USA, Großbritannien, Frankreich, Belgien, Luxemburg und die Niederlande – fasste

Anfang Juni den Beschluss, dieses „vereinigte Wirtschaftsgebiet" zu einem Staat auszubauen. Der erste konkrete Schritt dazu war die Währungsreform vom 20. Juni 1948, auf den die Sowjetunion mit der Blockade aller Zufahrtswege nach Berlin reagierte, die am 24. Juni ihren Anfang nahm. Die westlichen Alliierten ließen sich dadurch nicht von ihrem Entschluss abbringen. Mit den „Londoner Empfehlungen" – auch als „Frankfurter Dokumente" bezeichnet – vom 1. Juli 1948 wurden die Ministerpräsidenten der westdeutschen Länder dann aufgefordert, binnen zweier Monate eine Versammlung einzuberufen, die eine Verfassung für Deutschland ausarbeiten sollte. Es sollte ein föderalistischer Staat sein, da dieser am besten geeignet sei, später die deutsche Einheit wieder – herzustellen und die Rechte aller beteiligten Länder zu wahren. Diese Verfassung sollte eine angemessene Zentralinstanz schaffen und Garantien für die individuellen Rechte und Freiheiten enthalten.

Um den provisorischen Charakter dieses Staates zu betonen, sollte dieser nach dem Willen der deutschen Seite aber nur ein „Grundgesetz" erhalten. Ausarbeiten sollte dieses ein „Parlamentarischer Rat", dessen Mitglieder aus den Landtagen entsandt wurden. Das Vorhaben des bayerischen Ministerpräsidenten, seine Kollegen im August 1948 mittels des „Verfassungskonvents von Herrenchiemsee" auf einen föderalistischen Kurs einzuschwören, misslang, man einigte sich nur auf einige unverbindliche Empfehlungen. Damit hatten die Länderregierungen ihren Anspruch verspielt, das Grundgesetz maßgeblich zu prägen; dies taten in der Folge die Parteien.

Der „Parlamentarische Rat" bestand aus 65 Mitgliedern, wovon 13 aus Bayern kamen. Als Föderalismusbefürworter galten nur 16 Mitglieder, und so setzten sich in fast allen Kernfragen, die über den Charakter des künftigen Staates entschieden, die Zentralisten durch. Am 2. März 1949 forderten die Alliierten den Rat deshalb sogar auf, ihre in der ersten Empfehlung niedergelegten föderalistischen Grundsätze zu beachten. Aber ihr Interesse an der schnellen Bildung eines westdeutschen Staates war größer als das an dessen föderalistischer Ausgestaltung. Und so fielen die Korrekturen, die der Parlamentarische Rat vornahm, so dürftig aus, dass die bayerische Regierung auch danach noch 25 Beanstandungen auflistete. Moniert wurden vor allem die zu umfangreiche Gesetzgebungskompetenz des Bundes, die einseitige Steuerverteilung zwischen Bund und Ländern und die Verweigerung einer Gleichstellung des Bundesrates mit dem Bundestag. Folgerichtig hat der bayerische Landtag am 20. Mai 1949 das Grundgesetz abgelehnt, seine Gültigkeit aber, wenn es mit der erforderlichen Zweidrittelmehrheit der Bundesländer angenommen werden würde – woran kein Zweifel bestand –, anerkannt.

Diese Kontroversen haben das Verhältnis zwischen Bayern und dem Bund von Anfang an belastet. Bis zum heutigen Tag wirft man den Bayern wegen der Ablehnung des Grundgesetzes eine „unpatriotische" Haltung vor und beschuldigt sie des Separatismus. Beide Vorwürfe sind unbegründet. Der bayerische Landtag hat das Grundgesetz – übrigens in Übereinstimmung mit der großen Mehrheit der Bevölkerung – abgelehnt, weil es seiner Überzeugung nach nicht den Erfordernissen eines echt föderalistischen Bundesstaates entsprach und die Interessen der Länder nicht hinreichend wahrte. Indem er aber dessen Gültigkeit anerkannte, sofern es die notwendige Mehrheit fände, verhielt sich der Landtag geradezu beispielhaft demokratisch: Er verteidigte das Recht auf seine eigene Meinung, unterwarf sich aber dem Willen der Mehrheit. Und was das Engagement für eine Änderung des Verhältnisses von Bund und Ländern im Sinne eines echten Föderalismus anbelangte, so war dieses nicht nur legitim, sondern auch von der Sachlage her gerechtfertigt. Das belegen schon die bis in die jüngste Zeit immer wieder notwendig gewordenen „Föderalismusreformen".

Die Wirtschaftspolitik der Besatzungsmächte

Unmittelbar nach dem Zusammenbruch hatte nahezu jede Versorgung aufgehört.[7] Der Transport von Rohstoffen und Industrieprodukten, aber auch von Lebensmitteln und anderen Konsumgütern war zum Stillstand gekommen, vielfach war zudem die Versorgung mit elektrischer Energie und Gas unterbrochen. Die Menschen waren auf das angewiesen, was sie an Vorräten angesammelt hatten oder in ihrer unmittelbaren Umgebung auftreiben konnten. Unter diesen Versorgungsengpässen litten besonders jene Menschen, die während des Krieges nach Bayern gezogen oder danach hierher verschlagen worden waren. Das war eine sehr große Zahl von Personen, denn da Bayern zunächst außerhalb der Reichweite der Bombenangriffe lag, war es nach Beginn der massiven Bombardierungen nord- und westdeutscher Städte zum Zufluchtsgebiet geworden, viele Ausgebombte wurden nach Bayern evakuiert. Die Wohnbevölkerung nahm auf diese Weise schon in den Jahren von 1939 bis zum Kriegsende erheblich zu. Danach aber setzte dann ein mächtiger Strom von Flüchtlingen und Vertriebenen ein, der schon 1945 zu einer starken Bevölkerungszunahme führte; im Oktober 1946 ermittelte man für das rechtsrheinische Bayern eine Bevölkerungszunahme von rund 2 Mio. Menschen gegenüber 1939.

Angesichts dieser Verhältnisse stellte die Versorgung der Bevölkerung mit dem Notwendigsten das vordringlichste Problem dar. Besatzungsmacht und bayerische Regierung griffen dazu auf das Instrumentarium der Kriegswirtschaft zurück. Nicht nur die Preise für Lebensmittel und andere Güter des täglichen Bedarfs, auch die Mieten, Löhne und Renten blieben eingefroren. Die Zuteilung nahezu aller Konsumgüter und Nahrungsmittel blieb reglementiert, ebenso die Vermittlung von Arbeitskräften, von Wohnraum und von Material für die Industrie und die sonstige gewerbliche Produktion. Einen wesentlichen Unterschied aber gab es: An die Stelle der optimalen Nutzung der Ressourcen für den Krieg trat nun das Ziel der Versorgung der Menschen mit Nahrungsmitteln und anderen lebensnotwendigen Gütern.

Eine Alternative zur Zwangsbewirtschaftung gab es nicht. Denn eine Freigabe des Handels und der Produktion hätte dazu geführt, dass die besitzlosen Schichten, insbesondere aber die Flüchtlinge und Vertriebenen noch weitaus größeren Mangel gelitten hätten. Zudem war das Ungleichgewicht zwischen der vorhandenen Geldmenge und dem Warenangebot so groß, dass es ohne die Kontrollmechanismen in kürzester Zeit zu einer Hyperinflation und in deren Gefolge zu einem totalen Zusammenbruch der gesamten Versorgung hätte kommen müssen.

Die Durchführung der Zwangsbewirtschaftung übertrug die Militärregierung sukzessive auf bayerische Behörden und Dienststellen. Die Versorgung mit Kohle und Stahl behielt sie sich selbst vor, zudem kontrollierte sie den Geldverkehr und die Kreditvergabe. Außenwirtschaftliche Beziehungen waren deutschen Unternehmen untersagt. Es durften nur solche Güter nach Deutschland eingeführt werden, die unabdingbar notwendig waren; diese mussten aus Exporterlösen bezahlt werden.

Damit ist die Wirtschaftspolitik der Besatzungsmächte in der ersten Phase umrissen. Es war dies die Phase der „De-Politik", wie man sie nach ihren Zielen benannt hat, denn das waren vor allem die Demilitarisierung, die Denazifizierung und die Deindustrialisierung. Diese Politik war 1945 im Abkommen von Potsdam festgelegt worden. Demnach wollte man Deutschland als wirtschaftliches Ganzes behandeln und bei Produktion und Verteilung der Erzeugnisse von Bergbau und Industrie, Land- und Forstwirtschaft sowie des Fischfangs, in Fragen der Löhne, Preise und der Rationierung, der Ein- und Ausfuhren, des Geld- und Banksystems, des Steuer- und Zollwesens, der Reparationen und der Liquidation der Rüstungsindustrie sowie des Verkehrs- und Kommunikationswesens eine gemeinsame Politik verfolgen.

Dennoch fand ein Güteraustausch zwischen den Zonen nur in äußerst beschränktem Umfang statt. In Bayern mussten wegen der ausbleibenden Rohstoff- und Energieversorgung viele Industrie- und Gewerbetriebe, nachdem sie ihre Vorräte aufgebraucht hatten, ihre Produktion einstellen oder sehr stark einschränken. Dadurch verschlechterte sich die Versorgungslage weiter. Auch die Wohnungssituation wurde ständig angespannter, denn mangels Baustoffen war an den Bau neuer Wohngebäude so wenig zu denken wie an die Instandsetzung zerstörter Wohnungssubstanz. So war die bayerische Wirtschaft trotz weitgehend intakter Produktionsanlagen vielfach außer Funktion, und zwar weniger wegen der Deindustrialisierungsmaßnahmen als vielmehr in Folge des Rohstoff- und Energiemangels sowie der Kappung nahezu aller Handelsverbindungen nach außen.

Die Militärregierung erkannte diese prekäre Lage und sah die Verelendung breiter Bevölkerungsschichten als absehbare Folge voraus. Wollten die Alliierten Deutschland nicht völlig in den wirtschaftlichen Ruin abgleiten lassen – mit allen

Das Münchner Ausstellungs- und Messewesen nach 1945

Unmittelbar nach Kriegsende nahm der Verein Ausstellungspark München seine Tätigkeit wieder auf. Mit großem Engagement ging er an den Wiederaufbau der stark beschädigten Hallen, und schon im Juli 1947 konnte man das erste Richtfest feiern. Im Mai 1948 fand mit der programmatischen „Deutschen Presseausstellung" die erste Ausstellung statt. Sie richtete sich hauptsächlich an das Fachpublikum und war so eher eine Fachmesse denn eine „Repräsentationsausstellung", auch wenn der Andrang des allgemeinen Publikums groß war. Das galt auch für die gleichfalls noch 1948 abgehaltene erste Handwerksmesse, die sehr große Resonanz fand und seither jedes Jahr veranstaltet wird. Bald kamen als weitere regelmäßig stattfindende Fachmessen die Internationale Gastgewerbe-Fachausstellung (IGAFA), die Internationale Kolonialwaren- und Feinkostmesse (IKOFA), die Deutsche Baumaschinen-Messe (BAUMA) und die Modewoche München hinzu.

Der große Aufschwung, den das Messewesen in den 50er-Jahren nahm, ließ den organisatorischen und finanziellen Aufwand so anwachsen, dass er von einem Verein nicht mehr bewältigt werden konnte. Auf Initiative von Oberbürgermeister Hans-Jochen Vogel gründete man daher 1964 die Münchner Messe- und Ausstellungsgesellschaft GmbH (MMG), an der zu 60 % die Stadt, zu 30 % der Freistaat und zu je 5 % die IHK und die Handwerkskammer beteiligt waren. Das neue professionelle, durch einschlägige Tätigkeiten ausgewiesene Management, dem ein fester Mitarbeiterstab zur Verfügung stand, setzte es sich zum Ziel, „über die Grenzen von Bayern, der Bundesrepublik Deutschland und Europa hinaus der Wirtschaft in München einen internationalen Markt zu bieten, einen Markt, der Impulse gibt für weltweite Verbin-

Das Messegelände bei der BAUMA 2007

Die 1969 ins Leben gerufene SYSTEMS, die erste deutsche Computermesse

dungen, wechselseitige Handelsbeziehungen und menschliche Kontakte."

In den folgenden Jahren hat die MMG das Messeprogramm erheblich erweitert. Schon 1964 fanden die erste Internationale Fachmesse für Baustoffe, Bausysteme und Bauerneuerung (BAU), die Internationale Fachmesse für Bauelemente und Baugruppen der Elektronik (Elektronica) und die Fachmesse Büro und Computer statt. Zahlreiche weitere folgten, so u. a. die IFAT (intern. Fachmesse für Wasser, Abwasser, Abfall, Recycling) 1966, die SYSTEMS 1969, die TRANSPORT LOGISTIC und die C-B-R (Freizeit und Tourismus) 1970, die DRINKTEC 1971, die LASER 1973, die IN-HORGENTA 1974, die PRODUKTRONICA 1975, die ANALYTICA 1976 und die ISPO sowie die CERAMITEC 1979.

In den 80er-Jahren waren alle Erweiterungskapazitäten am bisherigen Standort ausgeschöpft. Da bot die Verlegung des Flug-hafens München ins Erdinger Moos die Chance, in München-Riem ein Areal zu erwerben, das allen Anforderungen eines modernen Messe- und Kongresszentrums auf lange Zeit genügen konnte.

Nachdem dieses Projekt 1986 die Zustimmung der Staatsregierung gefunden hatte, wurde es konsequent umgesetzt, wobei sich Staat und Stadt, jetzt je zur Hälfte an der MMG beteiligt, die Kosten teilten. In einem Ideen- und einem Architekturwettbewerb wurde das Konzept der „Weißen Messe" entwickelt, mit dessen Realisation man 1994 begann. Das seit den Olympischen Spielen von 1972 größte Bauprojekt der Stadt München wurde 1998 vollendet. Am 12. Februar dieses Jahres wurde zunächst die Neue Messe München, die über eine Gesamtfläche von 250 000 qm verfügt, feierlich eröffnet. In seiner Festansprache verwendete Bundespräsident Roman Herzog dabei erstmals die

Wendung „zwischen Laptop und Lederhose", mit der er den Wirtschaftsstandort Bayern charakterisierte. Als erste Messe in den neuen Hallen, deren Gesamtfläche 140 000 qm umfasst, öffnete die traditionsreiche Publikumsmesse C-B-R Freizeit und Reisen ihre Tore. Am 9. Oktober 1998 ging dann mit einem Festakt auch das Internationale Congress Center München (ICM) in Betrieb. Die MMG ist längst einer der Motoren der wirtschaftlichen Entwicklung der Metropolregion München. Nach jüngsten Berechnungen führender Wirtschaftsforschungsinstitute lösen ihre Aktivitäten direkte und indirekte Produktionseffekte mit einem Volumen von ca. 1,5 Mrd. € jährlich aus, sorgen direkt oder indirekt für die Beschäftigung von 21 900 Menschen und erbringen ein Steueraufkommen von 363 Mio. €, von dem 38 % Bayern und München zufließen.

Der Eingang des Internationalen Kongresszentrums (ICM)

Folgen, die sich daraus ergeben würden –, so mussten sie eine Wiederbelebung der Wirtschaft zulassen. Da auch die Handelspartner sehr darunter litten, dass Deutschland als Lieferant wie als Abnehmer ausfiel, setzte sich selbst in Ländern, die unter deutscher Okkupation besonders zu leiden gehabt hatten, bald die Erkenntnis durch, dass ein wirtschaftlich schwaches Deutschland eine dauerhafte Last und Gefahr für ganz Europa darstellen würde.

Damit wurden die früheren Pläne der Alliierten, die auf eine Reduzierung der künftigen wirtschaftlichen Kapazität Deutschlands abzielten, hinfällig. Diese hatten vorgesehen, die gesamte Rüstungsindustrie zu beseitigen und jene Industrie, die mittelbar zum militärischen Potenzial beitragen konnte, erheblich zu verkleinern. Deutschland hätte demnach nur so viel an industriellem Potenzial behalten sollen, dass es ohne fremde Hilfe existieren konnte. Die zur Durchführung dieser Maßnahmen zu demontierenden Ausrüstungen und Maschinen sollten zugleich als Reparationsleistungen dienen.

Diese Absichten eröffneten einen weiten Spielraum, den die Besatzungsmächte sehr unterschiedlich nutzten. Am rigorosesten ging die Sowjetunion vor, die auch ein Viertel aller im Westen zu demontierenden Ausrüstungen beanspruchte. Der erste Industrieplan der Westmächte von 1946 sah vor, die industrielle Kapazität Deutschlands auf 55 % des Standes von 1938 oder 70–75 % des Standes von 1936 zurückzuführen. Allerdings wurde dieser Plan nur ansatzweise realisiert und bereits im August 1947 revidiert. Jetzt wurde die volle Kapazität von 1936 als Richtgröße festgelegt. Bei der Berechnung sollten zudem die Schäden durch Zerstörung sowie der Zuwachs der Bevölkerung um etwa 6 Mio. Flüchtlinge berücksichtigt werden. Für Bayern bedeutete dieser Plan eine Reduktion der bestehenden Kapazitäten beim schweren Maschinenbau um 35 %, beim Fahrzeugbau um 16 %, beim Leichtmaschinenbau um 23 %, bei der Elektroindustrie um 4 % und in der gesamten chemischen Industrie um etwa 10 %.[8] Bis in den April 1948 fanden auch in Bayern noch entsprechende Demontagen statt, aber zu diesem Zeitpunkt hatte sich die Stimmung bereits grundlegend gewandelt.

Diese Revision ist vor dem Hintergrund der rasch zunehmenden Spannungen zwischen West und Ost zu sehen. Als die UdSSR im März 1947 auf der Moskauer Außenministerkonferenz die Internationalisierung des Ruhrgebietes und die Herstellung der wirtschaftlichen Einheit Deutschlands forderte, um so Zugriff auf Westdeutschland zu erhalten, rückten die Westmächte endgültig von den Potsdamer Beschlüssen ab. Stattdessen beschleunigten sie den Staatsbildungsprozess in Westdeutschland.

Dessen Motor war die Wirtschaftspolitik. Schon die Bildung der Bizone war vorrangig aus wirtschaftspolitischen Motiven erfolgt, denn dieser Zusammenschluss sollte bewirken, dass sich dieser Teil Deutschlands nach spätestens drei Jahren aus eigener Kraft erhalten würde können. Welches Wirtschaftssystem hier

Platz greifen sollte, blieb damals noch offen. Denn die britische, von der Labour-Partei geführte Regierung befürwortete einen gemäßigten Wirtschaftssozialismus mit Verstaatlichung der Grundstoff- und Energiebetriebe, während die amerikanische Regierung eine liberale Wirtschaftsweise anstrebte. Sie favorisierte auf deutscher Seite vor allem Ludwig Erhard, der 1945/46 Wirtschaftminister in Bayern war; er wurde 1948 Wirtschaftsdirektor des Vereinigten Wirtschaftsgebietes und war dann schließlich von 1949 bis 1963 Wirtschaftminister der Bundesrepublik. Ihm vor allem ist die Durchsetzung des Konzepts der „sozialen Marktwirtschaft" zu verdanken, die man als eine liberale Wirtschaftsform, angereichert mit Elementen, die ihre Sozialverträglichkeit gewährleisten sollten, charakterisieren kann.

Der alliierten Bizonenverwaltung unterstanden fünf deutsche Zweizonenausschüsse, und zwar für Wirtschaft, Finanzen, Landwirtschaft und Ernährung sowie einer für Beförderung und Verkehr; daneben gab es noch einige besondere Ausschüsse. Diese Ausschüsse konnten Beschlüsse fassen, die dann von den zuständigen Organen der Länder auszuführen waren. Die Alliierten übten nach wie vor die Kontrolle aus und gaben „Anregungen".

Mit dem im Mai 1947 eingerichteten „Wirtschaftsrat" entstand die erste demokratisch legitimierte zentrale Institution. Sie hatte ihren Sitz in Frankfurt und bestand aus 52 von den Landtagen entsandten Delegierten. Auch seine Tätigkeit wurde zwar von den Alliierten überwacht, doch konnte er auf den Gebieten von Wirtschaft, Verkehr, Finanzen, Nachrichtenwesen, Ernährung und Landwirtschaft selbstständig Anordnungen treffen. Erstmals waren nun deutsche Gesetze auf einer höheren als der Landesebene möglich. Ausgeführt wurden die Beschlüsse durch einen Exekutivrat, der aus je einem Vertreter der acht Länder bestand. Dieser erließ die Ausführungsbestimmungen und koordinierte die verschiedenen Verwaltungsämter.

Am 9. Februar 1948 erhielt der Wirtschaftsrat eine erweiterte Verwaltungsspitze aus zehn Mitgliedern, zugleich trat an die Stelle des Exekutivrats nun ein „Länderrat". Er hatte das Recht zu Gesetzesvorschlägen und konnte sein Veto gegen Gesetze des Wirtschaftsrats einlegen. Zwar waren Wirtschafts- und Länderrat noch immer auf fiskalische und wirtschaftliche Bereiche beschränkt, doch handelte es sich bereits um eine nationalstaatliche Organisation föderalistischen Zuschnitts. Innere, sozial- und kulturpolitische Angelegenheiten waren nach wie vor allein Sache der Länder. Mit der Gründung der Bundesrepublik gingen diese Aufgaben und Kompetenzen dann auf Bundesregierung und Bundesrat über.

Als weitere gemeinsame deutsche Institution entstand am 15. Februar 1948 per Militärgesetz die Bank Deutscher Länder. Sie war das zentrale Bankinstitut innerhalb eines neuen Bankensystems und als solches für die Durchführung der sich abzeichnenden Währungsreform unerlässlich. Die französische Zone trat dieser Einrichtung wenig später bei, womit erstmals eine alle westlichen Besatzungszonen umfassende Institution existierte.

Der Marshall-Plan

Den westlichen Mächten war bewusst, dass sie der Expansion der Sowjetunion nicht allein mit einer Stabilisierung der Verhältnisse in Westdeutschland begegnen konnten. Ganz Europa musste gestärkt werden, um sich dieser Entwicklung entgegenstemmen zu können. Zwar musste diese Stärkung alle Bereiche umfassen, aber der Wirtschaft kam dabei eine Schlüsselfunktion zu. Denn nur, wenn es gelingen würde, die Lebensverhältnisse der breiten Bevölkerungsschichten in allen europäischen Ländern nachhaltig zu verbessern, konnte der kommunistischen Agitation, die der Expansion des Machtbereichs der UdSSR den Weg bereitete, der Boden entzogen werden. Dazu aber musste die europäische Wirtschaft insgesamt wieder in Schwung gebracht werden. In Europa hatte sich die wirtschaftliche Situation seit Kriegsende weiter deutlich verschlechtert. In Belgien, Frankreich und den Niederlanden war bis Ende 1946 die Industrieproduktion auf rund 85 %, in Italien sogar auf 60 % des Vorkriegsstandes gesunken. Noch stärker hatte die Produktion in Deutschland abgenommen. In der britischen und amerikanischen Zone lag die Wirtschaftsleistung im Oktober 1946 bei nur noch 38 % des Standes von 1936.

Vor diesem Hintergrund ist die Absicht der USA zu sehen, ein umfassendes Hilfsprogramm für Europa in Gang zu bringen. Als Voraussetzung dafür erachtete man die verstärkte wirtschaftliche Zusammenarbeit aller europäischen Staaten, da diese nur gemeinsam wirtschaftlich gesunden würden können. Am 5. Mai 1947 hielt der Außenminister der USA, George Marshall, in Harvard eine programmatische Rede, in der er die europäischen Staaten zur Erstellung von wirtschaftlichen Wiederaufbauprogrammen aufforderte und ihnen dafür die finanzielle Unterstützung der USA zusagte. Dazu waren sie in der Lage, weil ihre Zahlungsbilanz außerordentlich positiv war. Dieser starke Zustrom an Geld in die USA sollte dazu genutzt werden, das bis dahin größte wirtschaftliche Hilfsprogramm der Welt zu finanzieren. Wie diese Initiative zeigt, wollten die USA diesmal jene Fehler vermeiden, die sie in der Zwischenkriegszeit gemacht hatten. Es hatte sich die Einsicht durchgesetzt, dass eine florierende Weltwirtschaft die Voraussetzung für eine günstige wirtschaftliche Entwicklung aller sei und dass Alleingänge letztlich allen schadeten.

Das Angebot des „Marshall-Plans" richtete sich an ganz Europa, und alle Staaten außerhalb des sowjetischen Einflussbereichs mit Ausnahme von Spanien nahmen es an. Sie schlossen sich zum „Committee of European Economic Cooperation" (CEEC) zusammen, dessen gemeinsames Ziel die Steigerung der Wirtschaftskraft aller seiner Mitglieder war. Die USA erließen im April 1948 ein Gesetz für die wirtschaftliche Zusammenarbeit, auf dessen Grundlage dann das „European Recovery Program" (ERP) entstand, und zu dessen Durchführung die „Economic Cooperation Administration" (ECA) gegründet wurde. Für die Zusammenarbeit zwischen der ECA und dem CEEC schuf man die „Organisation for European Economic Cooperation" (OEEC), deren Satzungen die beteiligten Länder in bilateralen Verträgen anerkannten.

Die Einbeziehung Westdeutschlands wurde schon auf der ersten Marshall-Plan-Konferenz in Paris im Sommer 1947 vereinbart; im Juli 1948 unterzeichneten die drei Militärgouverneure der westlichen Zonen ein entsprechendes Abkommen mit der Regierung der USA, das dann nach Gründung der Bundesrepublik von der deutschen Regierung bestätigt wurde. Sie ernannte im September 1949 auch einen Bundesminister für den Marshall-Plan. Am 31. Oktober 1949 wurde die Bundesrepublik vollberechtigtes Mitglied der OEEC, und am 15. Dezember 1949 wurde der Vertrag der Alliierten vom Juli 1948 durch ein „Abkommen über wirtschaftliche Zusammenarbeit zwischen der Bundesrepublik Deutschland und den Vereinigten Staaten von Amerika" ersetzt. In ihm erklärte sich die Bundesrepublik zur Schaffung und Aufrechterhaltung der inneren finanziellen Stabilität und zur Mitarbeit an der Förderung des internationalen Warenaustausches bereit. Nach seinem Auslaufen 1952 wurde dieses Gesetz durch das „Gesetz über gegenseitige Sicherheit" („Mutual Security Act") ersetzt, dessen Zweck es war, das Erreichte zu sichern und zu verteidigen.

Im Unterschied zu anderen Hilfsprogrammen arbeiteten die Empfängerländer bei der Marshall-Plan-Hilfe aktiv mit. Jedes Land reichte seine Verwendungspläne für die Hilfsgelder bei der amerikanischen „Economic Cooperation Administration" (ECA) ein, die über die Zuteilung entschied. War die Bewilligung erfolgt, so stellte das Empfängerland ein detailliertes Einfuhrprogramm auf, nach dessen Genehmigung es innerhalb eines bestimmten Zeitraumes die betreffenden Waren aus Überschussländern – vor allem den USA – einführen konnte; die Bezahlung übernahm die ECA mit den vom amerikanischen Kongress bewilligten Mitteln. Die Importeure in den Empfängerländern hatten die Waren in eigener Währung zu bezahlen, und diese Beträge flossen den so genannten Gegenwertkonten zu. Damit konnten die nationalen Regierungen volkswirtschaftlich vordringliche Projekte – wiederum mit Genehmigung der ECA – finanzieren. Die USA erhielten auf diese Weise einen großen Einfluss auf die Entwicklung der gesamten Wirtschaft aller beteiligten Länder. Sie haben diesen u. a. dazu genutzt, um die Teilnehmerländer zu einer liberalen Wirtschaftspolitik zu veranlassen, was sich vor allem auch auf die Wirtschaftspolitik der Bundesrepublik ausgewirkt hat.

Die Bundesrepublik sollte rund ein Drittel der bis zum 30. Juni 1951 zugeteilten ECA-Mittel innerhalb der folgenden 30 Jahre zurückzahlen. In den vier Marshall-Plan-Jahren von April 1948 bis Juni 1952 erhielt die Bundesrepublik Waren im Wert von rund 1,4 Mrd. Dollar. Dabei standen in den ersten zwei Jahren landwirtschaftliche Produkte an der Spitze, ab 1950 dann Rohstoffe. Die Waren kamen zu 80 % aus den USA, dann folgten Südamerika und der Mittlere Osten

(Rohöl). Die deutschen Importeure zahlten die DM-Gegenwerte in das „ERP-Sondervermögen" ein, und in dieses flossen auch die Tilgungsraten für Investitionen und Zinserträge. Ende 1952 umfasste dieses ERP-Vermögen schon 5,31 Mrd. DM, und bis 1961 wurden daraus Kredite von mehr als 13 Mrd. DM gewährt. Mit ihnen wurden zunächst vor allem solche Investitionen unterstützt, die der Beseitigung von wirtschaftlichen Engpässen – etwa in der Energieversorgung – dienten, dann auch solche im Bereich von Industrie, Landwirtschaft und Verkehr. Ab 1957 kamen Klein- und Mittelbetriebe – insbesondere solche, die von Vertriebenen gegründet und geführt wurden – ebenfalls in den Genuss dieser Förderung.

Eine erste Tranche in Höhe von 1036 Mio. DM aus diesen Mitteln wurde im Dezember 1949 zur Verfügung gestellt, eine zweite in Höhe von 1150 Mio. DM im Juni 1950. Der Industrie flossen aus der ersten Tranche 310 Mio., aus der zweiten 272 Mio. DM zu. Die bayerische Industrie erhielt davon 53,4 und 30 Mio. DM. Davon wiederum gingen Beträge von mehr als 10 Mio. DM in die Bereiche Elektrotechnik, Maschinenbau- und Textilindustrie. Es folgten die chemische Industrie, die Zellstoff- und Papierindustrie, die feinmechanische und die optische Industrie, die Glas-, Porzellan- und Keramikindustrie.

Daneben gab es eine staatliche Förderung der Industrie im Rahmen eines bundesweiten Arbeitsbeschaffungsprogramms, das einen Gesamtumfang von 950 Mio. DM hatte. Davon flossen 105 Mio. DM nach Bayern, wovon 58,8 Mio. DM in Form von Großkrediten an die Industrie gingen, davon wiederum 18 Mio. DM an Unternehmen von Flüchtlingen. 10 Mio. erhielten Handwerks- und Kleinbetriebe, die von Flüchtlingen betrieben wurden und die in „Notstandsgebieten" lagen, 2,25 Mio. das einheimische Handwerk und Kleinbetriebe.[9]

Die Grundlage auch dieser Fördermaßnahmen war der Marshall-Plan, ohne den der rasante wirtschaftliche Aufschwung Westdeutschlands schlichtweg nicht denkbar ist. Ohne ihn wäre der Wiederaufbau unendlich viel mühsamer und langsamer verlaufen. Er war zudem die Voraussetzung für die wirtschaftliche Integration Deutschlands in den Westen und damit auch für die Einigung Europas. Deshalb kann die Bedeutung des Marshall-Plans kaum hoch genug veranschlagt werden.

Die Währungsreform

Ein zentrales Problem des deutschen Wiederaufbaus, das es in den anderen europäischen Staaten nicht gab und dessen Lösung eine Voraussetzung für die Teilnahme am Marshall-Plan war, bestand in der Schaffung eines funktionierenden Geldwesens.[10] Die Reichsmark (RM) erfüllte die Aufgabe einer Währung nicht mehr, da sich bei ihr nominaler Wert und Kaufkraft zu weit voneinander entfernt hatten. Schon in der NS-Zeit hatte die RM stark an Wert verloren, weil man wegen der straffen Bewirtschaftung der wichtigsten Güter fast nichts mehr kaufen konnte. Nach Kriegsende entsprach die angehäufte große Geldmenge – zu

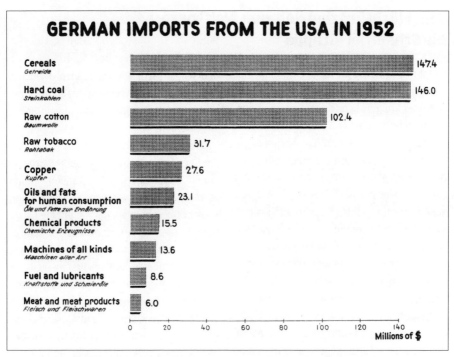

GERMAN IMPORTS FROM THE USA IN 1952

	Millions of $
Cereals *Getreide*	147.4
Hard coal *Steinkohlen*	146.0
Raw cotton *Baumwolle*	102.4
Raw tobacco *Rohtabak*	31.7
Copper *Kupfer*	27.6
Oils and fats for human consumption *Öle und Fette zur Ernährung*	23.1
Chemical products *Chemische Erzeugnisse*	15.5
Machines of all kinds *Maschinen aller Art*	13.6
Fuel and lubricants *Kraftstoffe und Schmieröle*	8.6
Meat and meat products *Fleisch und Fleischwaren*	6.0

*1952 bezog Westdeutschland aus den USA Waren im Wert von 596 Mio. Dollar.
Den Anteil der wichtigsten Güter zeigt das obige Diagramm eines „Schaubilderheftes" des
Bayerischen Statistischen Landesamtes, das im Juli 1953 anlässlich einer Reise des dama-
ligen bayerischen Ministerpräsidenten Ehard in die USA erschien*

73 Mrd. Bargeldumlauf kamen Sparguthaben in Höhe von 125 und sonstige Bankguthaben in Höhe von 100 Mrd. RM – dem stark geschrumpften, zwangsbewirt-
schafteten Warenangebot in keiner Weise mehr. Diese Geldmenge auf andere Art,
etwa durch Steuererhöhungen, im erforderlichen Umfang zu reduzieren, war nicht
möglich. Eine schwerwiegende Folge der großen Geldmenge war auch, dass oft
der Anreiz fehlte, Arbeit gegen Entlohnung zu übernehmen. Deshalb musste man
den Bezug von Lebensmitteln und anderen kontingentierten Waren von einem
Arbeitsnachweis abhängig machen. Zudem war die Bereitschaft gering, Sachwerte gegen Geld einzutauschen, d. h. etwas zu verkaufen.

Die Folge war die Bildung von Grauen und Schwarzen Märkten, auf denen
Ware gegen Ware getauscht wurde, und dies nicht nur in kleinem Stil zwischen
den Konsumenten, sondern auch in großem Stil zwischen Wirtschaftspartnern.
Ein normales Wirtschaftsleben war unter diesen Umständen nicht möglich. Und
auch die sozialen Spannungen nahmen stark zu, denn zwischen Sachwertbesit-
zern und Arbeitskraft-Anbietern, zwischen Produzenten und Konsumenten entstand eine immer größere Kluft, welche die Gesellschaft spaltete.

Vom Flüchtlingsbetrieb zum Weltkonzern: Die Schaeffler-Gruppe

Im Jahr 2002 wurde die lange Chronik der Industriestadt Schweinfurt um ein weiteres wichtiges Ereignis bereichert: Das traditionsreiche Unternehmen FAG Kugelfischer wurde von der INA-Schaeffler KG übernommen. Die Ursprünge von „Fischers Aktien Gesellschaft" (FAG) sind im Jahr 1883 zu suchen. Damals hatte der Mechaniker Friedrich Fischer, der Sohn des Erfinders des Tretkurbelfahrrades, eine Maschine konstruiert, welche die Herstellung von Präzisionsstahlkugeln, wie man sie für Kugellager benötigte, revolutionierte (s. Abb. unten). Sein Verfahren bildete die Grundlage für die Massenproduktion von Wälzlagern aller Art, wie sie in allen modernen Maschinen und Fahrzeugen Verwendung finden. Schweinfurter Kugellager gingen bald in alle Welt und revolutionierten das gesamte Transportwesen. Ihre Produktion, die außer der FAG noch zwei weitere Fabrikanten aufnahmen, machte Schweinfurt binnen kürzester Zeit zu einem der wichtigsten Zentren der deutschen metallverarbeitenden Industrie. In Fischers 1896 neu errichteter Fabrik konnten pro Woche bereits 10 Mio. Kugeln produziert werden.

Die Firma, seit 1897 eine AG, geriet nach Fischers Tod in Turbulenzen; 1909 wurde die „Erste Automatische Gußstahlkugelfabrik, vormals Friedrich Fischer, AG" von Georg Schäfer übernommen, der sie in eine Offene Handels-Gesellschaft umwandelte und ihr zu einem neuen Aufschwung verhalf. 1919 ging das Unternehmen, das im Ersten Weltkrieg erheblich gewachsen war und nun etwa 2000 Mitarbeiter beschäftigte, in den alleinigen Besitz von Georg Schäfer und dessen Schwiegersohn Hermann Barthel über. Nach dem Tod Schäfers 1925 führten sein Sohn (Georg II.) und Barthel die Firma fort. Sie wahrten deren Selbstständigkeit, auch als 1929 die schwedische SKF fast alle anderen deutschen Wälzlagerfabriken aufkaufte. Nach 1933 expandierte die FAG durch Übernahme eines Produzenten für große Wälzlager und die Gründung von Zweigwerken – eines davon in England – erheblich. Während des Zweiten Weltkriegs wurde die Produktion stark ausgeweitet, ab 1943 aber wurden die Werksanlagen wiederholt bombardiert und 1946 schließlich vollständig demontiert.

Nachdem die nunmehrigen Gesellschafter, Georg und sein Bruder Otto Schäfer, 1948 die Leitung des Unternehmens wieder übernommen hatten, ging es mit diesem erneut rasch aufwärts. Wichtigste Stationen waren die Gründung eines Tochterunternehmens in Kanada, die Aufnahme der Fertigung von Bremshydraulik-Teilen, die Übernahme eines Produzenten für Textilmaschinenzubehör, die Gründung eine Tochterfirma in Brasilien und

Die Schleiferei der FAG um 1900

die Übernahme der Bielefelder „Dürkopp-werke AG". Es folgten zahlreiche weitere Er-werbungen und Beteiligungen im In- und Ausland. 1984 beteiligte sich FAG mit 50 % an der Helmut Elges GmbH, Bielefeld, deren restliche Anteile die INA-Schaeffler KG hielt. 1990 übernahm die FAG die Deutsche Kugel-lagerfabriken AG, Chemnitz, was in der Folge zu hohen Verlusten führte; 1993 stand der FAG-Konzern am Rand des Zusammenbruchs. Durch Konzentration auf das Kerngeschäft wurde diese Krise überwunden. Nachdem die bisherige Kommanditgesellschaft 1983 in eine KG auf Aktien umgewandelt worden war, ging sie 1985 an die Börse. Das war die Vor-aussetzung dafür, dass die FAG 2001/02 von der Schaeffler-Gruppe übernommen werden konnte. Zu diesem Zeitpunkt beschäftigte der FAG-Konzern an 25 Standorten weltweit über 18 000 Mitarbeiter.

Die INA GmbH – INA steht für „Industrie-werke Nadellager" – wurde von Dr. Wilhelm und Georg Schaeffler im oberfränkischen Her-zogenaurach gegründet. Die beiden Brüder, von Beruf Diplomkaufmann und Ingenieur, hatten im oberschlesischen Katscher vor dem Krieg einen größeren Textilbetrieb übernom-men. 1942 hatten sie ihn um einen Metallver-arbeitungsbetrieb erweitert, in dem sie ab 1943 in großem Stil Nadellager fertigen lie-ßen. Zu Beginn des Jahres 1945 gelang es ih-nen, große Teile der Werkseinrichtung nach Schwarzenhammer in Oberfranken in Sicher-heit zu bringen, und dorthin flüchteten auch viele Werksangehörige. Am neuen Standort hielt man sich zunächst mit der Herstellung von einfachen Gebrauchsgegenständen – Lei-terwagen, Knöpfen, Kochlöffeln, Wäscheklam-meren etc. – über Wasser. Im Frühjahr 1946 verlegten die Brüder den Firmensitz nach Her-zogenaurach, wo ihnen die Stadt gegen die Verpflichtung, binnen Jahresfrist 120 Arbeits-plätze zu schaffen, ein Grundstück zum Bau eines Fabrikgebäudes einräumte. Hier ent-

Sitz der Schaeffler-Gruppe in Herzogenaurach

stand innerhalb kürzester Zeit ein mit dem geretteten Maschinenpark bestens ausgerüsteter metallverarbeitender Betrieb, der eine breite Palette von Produkten herstellte. Im Herbst 1949 begann hier Georg Schaeffler mit der Entwicklung eines neuen Wälzlagertyps, eines Nadellagers, bei dem die Nadeln in einem Käfig geführt wurden. Dieses Produkt brachte den Durchbruch: Im Februar 1951 erteilten Daimler-Benz und der Motorradhersteller Adler die ersten Aufträge zur Lieferung solcher Lager, und nur zwei Jahre später wurden sie in alle in Westdeutschland gefertigten Autos einbaut; allein der VW-Käfer war mit 13 dieser Lager bestückt. Die Zahl der Beschäftigten des INA-Werks in Herzogenaurach nahm von 149 zum Jahreswechsel 1946/47 auf 613 im Jahr 1954 und über 2000 im Jahr 1960 zu, und die Produktpalette wurde auf Wälzlager aller Arten und Größen ausgeweitet.

Nach dem großen Erfolg mit den Nadellagern ging man auch an die Wiederbelebung der Textilfabrikation, die zunächst in Schwarzenhammer fortgeführt worden war. Nun gründete man die „Textilwerke Schaeffler oHG" und errichtete in Herzogenaurach ein Teppichwerk, das zu diesem Zeitpunkt die

größte Teppichweberei Deutschlands war. Durch Zuerwerb von weiteren Werken sicherte man die Position auf diesem Markt ab. Da sich aber die lohnintensive Textilproduktion in den nachfolgenden Jahren immer weniger rentierte, wurde die Textil- und Teppichgruppe 1981 verkauft.

Die INA-Schaeffler KG dagegen expandierte kontinuierlich weiter. Ausgehend von den Wälzlagern erweiterte man die Produktion nach und nach auf alles, was sich bewegt, ob rotierend oder linear, ob in Maschinen, Anlagen und Kraftfahrzeugen oder in der Luft- und Raumfahrt. 1956 entstand im französischen Haguenau das erste Werk im Ausland, 1958 in Brasilien das nächste, und seither kamen stetig neue hinzu. Auch durch Fusionen und Übernahmen – die wichtigsten davon waren die des Kupplungsherstellers LuK 1999 und von FAG 2002 – wuchs das Unternehmen von 12 000 Mitarbeitern 1981 auf 54 000 um die Jahrtausendwende an. 2003 wurden INA, FAG und LUK zur Schaeffler-Gruppe zusammenschlossen, die zu den größten europäischen Industrieunternehmen in Familienbesitz zählt. Ihr Sitz ist nach wie vor in Herzogenaurach.

Die amerikanische Militärregierung plante schon seit 1946 eine Währungsumstellung, die jedoch unmöglich in nur einer Zone durchgeführt werden konnte, da dies die Zerstückelung des Wirtschaftsraums und damit die Teilung Deutschlands besiegelt hätte. So warteten die USA zunächst die Bildung der Bizone ab und hofften, dass sich Großbritannien und Frankreich zur Teilnahme an einer Währungsreform entschließen würden. Auch der Sowjetunion wurde dann ein entsprechendes Angebot gemacht, obwohl abzusehen war, dass sich diese mit ihrer Zone nicht beteiligen würde.

Ab Mai 1947 wurde der Plan der Sachverständigen zur Währungsumstellung umgesetzt. Ende 1947 lagen bereits große Mengen der neuen DM-Währung bereit; man musste nur noch auf einen geeigneten Zeitpunkt warten, um sie einzuführen. Dieser Zeitpunkt war gekommen, als sich der alliierte Kontrollrat auflöste und kein gemeinsames Vorgehen aller Besatzungsmächte mehr möglich war. Nach Beschluss der amerikanischen und britischen Militärregierung sollte die Währungsreform am 1. Juni 1948 beginnen, doch wurde dieser Zeitpunkt nochmals verschoben, weil sich die Franzosen kurzfristig noch zur Teilnahme entschlossen hatten.

Die neue Währung wurde mit vier Gesetzen etabliert: Dem „Währungsgesetz", das die DM-Währung einführte, dem „Emissionsgesetz", das die Notenausgabe durch die Bank Deutscher Länder regelte, dem „Umstellungsgesetz", das nähere Bestimmungen über Behandlung der RM-Guthaben bei den Geldinstituten und die Umstellung der sonstigen Schuldverhältnisse brachte, und dem „Festkontengesetz", durch das der Umstellungssatz nochmals geändert und die Sperrung eines bestimmten Betrages auf einem Anlagekonto angeordnet wurde.

Am 20. Juni 1948 wurde die neue Währung eingeführt und gleichzeitig die alte außer Kraft gesetzt. Jeder Einwohner erhielt 60 DM, das war die „Kopfquote", und diese wurde in zwei Raten ausgezahlt. 40 DM wurden ab dem 20. Juni, die restlichen 20 DM im August ausgegeben. Die Betriebe erhielten einen „Geschäftsbetrag" in Höhe von 60 DM je Beschäftigtem. Diese Beträge wurden gegen RM-Beträge in gleicher Höhe, also 1:1 umgetauscht. Wer über größere RM-Bargeldbestände verfügte, konnte diese bei den Banken und Sparkassen abliefern, wo die Guthaben erfasst wurden. Die RM-Guthaben der Gebietskörperschaften, der Banken, der Post, der NSDAP und anderer Institutionen wurden ersatzlos eingezogen. Die von Bürgern abgelieferten RM-Noten sowie die RM-Guthaben von Bürgern und Unternehmen wurden zunächst im Verhältnis 10:1 umgestellt; von diesem umgestellten Betrag war aber nur die Hälfte frei verfügbar, die andere Hälfte wurde einem so genannten „Festkonto" gutgeschrieben. 70 % dieser Beträge wurden dann durch das „Festkontengesetz" nachträglich annulliert. Denn ihre Freigabe hätte die Geldmenge derartig anwachsen lassen, dass die gesamte Reform zu scheitern drohte. Von den verbleibenden 30 % wurden wiederum zwei Drittel auf ein Freikonto überwiesen, ein Drittel dagegen nur zum Erwerb von Wertpapieren zur Verfügung gestellt. Damit betrug die endgültige Umtauschquote 10 RM zu 0,65 DM.

Die Schuldverhältnisse wurden generell im Verhältnis 10:1 umgestellt, Löhne und Gehälter, Mieten und Pachtzinsen, Renten und Pensionen im Verhältnis 1:1. Die Verbindlichkeiten des Reiches, der Länder und der Kommunen wurden gegeneinander verglichen, um die Höhe der Ausgleichsforderungen zu bestimmen. Länder und Gemeinden erhielten eine finanzielle Erstausstattung in Höhe einer durchschnittlichen Monatseinnahme. Der Außenwert der neuen Währung, der für den Außenhandel von größter Bedeutung war, wurde durch einen festen Wechselkurs zum Dollar fixiert, der 30 US-Cent für 1 DM betrug.

Die Wirkung der Währungsreform übertraf die Erwartungen der Experten. Nahezu über Nacht änderte sich die Situation sowohl auf dem Waren- wie auf dem Arbeitsmarkt grundlegend. Schlagartig entstanden wieder über den Preis gesteuerte Märkte und der Kompensationshandel verschwand. Geld war wieder sehr begehrt, und entsprechend stieg das Angebot an Waren und Dienstleistungen. Die Nachfrage war hoch, denn es gab einen lang aufgestauten Nachholbedarf sowohl bei den Verbrauchern als auch in der Wirtschaft. Die Kopfgeldbeträge und nahezu alle eingetauschten Beträge flossen umgehend in den Konsum, und diese Tendenz wurde durch das Gesetz zur Festgeldkontenumstellung noch verstärkt. Auch die Geldumlaufgeschwindigkeit war sehr hoch, denn fast jeder gab das Geld, das er einnahm, umgehend wieder aus. Das führte aber sehr bald auch zu starken Preissteigerungen. So kam es für einige Monate zu beträchtlicher Unruhe in der Bevölkerung, die gesamte Währungsreform drohte diskreditiert zu werden. Gegen Ende des Jahres 1948 führte jedoch das Zusammenwirken verschiedener Faktoren zu einer Umkehr dieses gefährlichen Trends und damit zur Beruhigung der Bevölkerung.

Die Währungsreform traf die Menschen in sehr unterschiedlicher Weise. Besitzer von Sachwerten – und damit die Unternehmer – waren von ihr wesentlich weniger betroffen als die Besitzer von Geldvermögen. Entscheidend aber war letztlich, dass die Wirtschaft damit wieder eine feste Basis erhielt. Die neue Währung war die Grundvoraussetzung für eine Belebung der Wirtschaft, konnte sich doch nur auf diesem Wege die Preisstruktur wieder den realen Verhältnissen anpassen und das unternehmerische Handeln sich wieder am Gewinn ausrichten. Tatsächlich nahm die Produktion sehr rasch zu, da viele Unternehmer Halbwaren und Rohstoffe gehortet hatten, weil sie Fertigprodukte wegen der Zwangsbewirtschaftung nicht zurückhalten hätten können. In Erwartung einer baldigen Währungsumstellung hatten sie vielfach auch ihre Stammbelegschaft gehalten, selbst wenn sie diese nicht voll beschäftigen konnten, sodass die Produktion nun sofort anlaufen konnte.

Und die Produkte fanden reißenden Absatz. Der Index der Industrieproduktion der Bizone wuchs allein vom Juni bis August 1948 um 26 % und bis Ende des Jahres nochmals um 22 %. Die Investitionen verdoppelten sich im zweiten Halbjahr 1948 gegenüber dem vorangegangenen, und die Arbeitsproduktivität erhöhte sich von Juni 1948 bis März 1949 um mehr als 30 %. Die Zahl der Beschäftigten wuchs, aber auch die der Arbeitslosen, denn mit der Einführung der DM drängten jetzt sehr viele Menschen auf den Arbeitsmarkt. Auch ein deutliches Anwachsen der Wochenarbeitszeit trug zur Zunahme der Arbeitslosigkeit bei.

Mit seiner positiven wirtschaftlichen Entwicklung stand Westdeutschland nicht allein. Sie war vielmehr in engem Zusammenhang mit einem weltweiten Wirtschaftswachstum zu sehen, das im Gefolge der Ausweitung von Produktion und Welthandel eintrat. Auch dies war dem Anschub durch den Marshall-Plan zu verdanken, der diese Wirkung aber nur entfalten konnte, weil er von nationalen und internationalen Maßnahmen und Entwicklungen und vor allem auch von einem dauerhaft stabilen und niedrigen Preis für Erdöl flankiert wurde.

Vom „Wirtschaftwunder" zum „Ende des Wachstums"

Als die aus dem Umtausch der RM-Bestände gespeiste erste Nachfrage nach Konsumgütern nachließ, normalisierten sich die Verhältnisse. Die Preise sanken, das Angebot überstieg die Nachfrage, die „Verkäufermärkte" wandelten sich wieder zu „Käufermärkten".[11] Dennoch wuchs die industrielle Produktion 1949 gegenüber dem Vorjahr um 43 %, und bereits Ende des Jahres 1949 hatte die Industrie wieder den Produktionsumfang der Vorkriegszeit erreicht. Die letzten Zwangsbewirtschaftungsmaßnahmen konnten aufgehoben werden, und ab März 1950 waren auch alle Lebensmittel wieder ohne Lebensmittelkarte zu erwerben.

Bereits 1950 geriet dieser Aufschwung jedoch ins Stocken. Verminderte Gewinnaussichten, verursacht durch eine gesunkene Binnennachfrage, führten zur Drosselung der Produktion und damit auch zu erhöhter Arbeitslosigkeit. Dem versuchte die Bundesregierung mit Subventionen für den Industrie- und Wohnungsbau, durch Steuersenkungen und Exportförderung entgegenzuwirken. Die Frage, ob diese Maßnahmen gewirkt hätten, muss unbeantwortet bleiben, denn im Juni 1950 brach der Koreakrieg aus, womit sich die Lage schlagartig änderte. Dieser Krieg veranlasste die Westmächte, die letzten Restriktionen der westdeutschen Industrie, auch die bezüglich Rüstungsgütern, aufzuheben. Und die Sorge, dass dieser Krieg Europa erfassen könnte, bewirkte einen abrupten Anstieg der Binnennachfrage. Aus Furcht vor erneuter Zwangsbewirtschaftung deckten sich die Menschen mit großen Vorräten aller Art ein. Die Preise stiegen und mit ihnen die Löhne, die Industrie nahm wieder große Investitionen vor. Erstmals nach dem Ende des Zweiten Weltkrieges trat wieder ein Facharbeitermangel auf, außerdem kam es zu Lieferengpässen.

Die Koreakrise hatte aber noch weitere Folgen. Schon mit der Lockerung und Aufhebung der Außenhandelsrestriktionen war die Außenhandelsbilanz Westdeutschlands ins Minus gerutscht, und mit der Koreakrise stieg die Nachfrage nach Rohstoffen und damit deren Preis stark an, mit der Folge, dass sich das deutsche Außenhandelsdefizit vergrößerte. Sofort wurde ein Eingreifen des Staates gefordert, das Ludwig Erhard jedoch strikt ablehnte. Er war davon überzeugt, dass diese Situation vorübergehender Natur sei und man es der Wirtschaft überlassen sollte, wie sie damit fertig werden würde. Tatsächlich hat die deutsche Wirtschaft dann vom Koreakrieg profitiert, denn die bald sehr stark steigende Auslandsnachfrage nach deutschen Industrieprodukten und Dienstleistungen machte die erhöhten Ausgaben für Rohstoffe mehr als wett. Lag der Wert der monatlichen Ausfuhren Westdeutschlands 1948 noch bei 180 Mio. DM, so waren es Ende 1950 bereits eine Mrd. und Ende 1952 schon zwei Mrd. DM.[12]

Damit begann 1950/51 eine Phase der wirtschaftlichen Entwicklung, die vor allem durch ein starkes Wachstum der industriellen Produktion bestimmt war, und in der es der Bundesrepublik gelang, rasch zur Spitze der Industrie- und Handelsnationen aufzuschließen.[13] Die Dynamik, mit der die deutsche Wirtschaft wuchs, zog viel ausländisches Kapital an – vor allem aus den USA –, wodurch das Wachstum weiter beschleunigt wurde. Das „Wirtschaftswunder" war nicht mehr aufzuhalten.

Eine der Ursachen dieses Wachstums ist in der Zunahme der Bevölkerung zu suchen. Bis 1950 wuchs die westdeutsche Bevölkerung vor allem durch den Zustrom von Flüchtlingen und Vertriebenen von rund 43 auf 50,3 Mio. an. Auch danach dauerte der Zuzug an, jetzt zunehmend aus der DDR. Bis 1958 waren dies nochmals etwa 4,1 Mio. Menschen.[14] Nur durch diese starke Zuwanderung konnten die rund 500 000 Arbeitsplätze besetzt werden, die zwischen 1950 und 1958 in Westdeutschland jährlich neu entstanden. Ab etwa 1960 wurden dann in rasch wachsender Zahl „Gastarbeiter" angeworben, um den Bedarf der Wirtschaft an Arbeitskräften zu befriedigen. In Bayern nahm deren Zahl von 1960 bis 1971 von 37 000 auf 351 000 zu.[15]

Eine weitere Voraussetzung dieses Wachstums stellte die hohe Investitionsquote dar. Ein großer und stetig wachsender Teil des deutschen Sozialprodukts wurde dazu verwendet, die Produktionskapazitäten durch Modernisierung und Rationalisierung, aber auch durch Einrichtung neuer Arbeitsplätze zu erweitern. Zudem musste entsprechender Wohnraum gebaut werden. Die Zahl der jährlich fertig gestellten Wohnungen in Bayern stieg von knapp 62 000 im Jahr 1950 auf 102 000 im Jahr 1961 an. Dieser Wohnungsbau trug erheblich zur allgemeinen Steigerung des Lebensstandards in den Ballungsräumen bei und förderte so die Abwanderung vom Land.

Seit 1951 war die Außenhandelsbilanz Deutschlands aktiv. 1958 betrug der Jahresüberschuss bereits 6 Mrd. DM, die Auslandsaktiva der Deutschen Bundes-

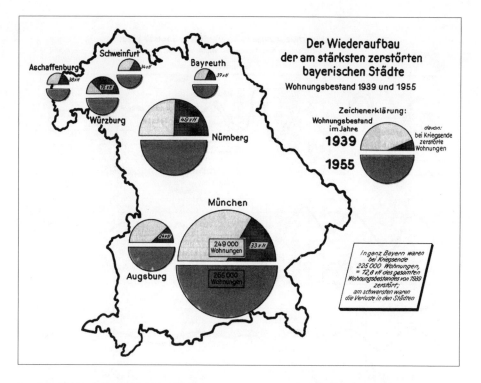

Der Wiederaufbau der am stärksten zerstörten bayerischen Städte

Wohnungsbestand 1939 und 1955

Zeichenerklärung:

Wohnungsbestand im Jahre **1939** davon: bei Kriegsende zerstörte Wohnungen

1955

In ganz Bayern waren bei Kriegsende 225 000 Wohnungen, = 12,8 vH des gesamten Wohnungsbestandes von 1939 zerstört; am schwersten waren die Verluste in den Städten

bank beliefen sich auf 27 Mrd. DM – davon 11 Mrd. in Gold – und der deutsche Export machte 9,2 % des Weltexportes aus, womit er dem Großbritanniens entsprach.[16] Die Industrieproduktion stieg stetig, gleichzeitig nahm die Arbeitslosigkeit konstant ab. 1958 aber stagnierte die Entwicklung auf dem Arbeitsmarkt erstmals und die Konjunktur schwächte sich ab. Die zyklischen Konjunkturschwankungen, bisher vom Wachstum überdeckt, traten wieder in Erscheinung, und von da an war die wirtschaftliche Entwicklung wieder von den üblichen Konjunkturzyklen gekennzeichnet. Ein solcher Zyklus umfasste zumeist einen Zeitraum von drei bis vier Jahren; so markierten die Jahre 1958, 1963 und 1967 konjunkturelle Tiefpunkte, die Jahre 1960, 1964/65 und 1969/71 dagegen konjunkturelle Höhepunkte. Ausgelöst wurden diese Zyklen durch viele Faktoren, von denen man der Exportnachfrage, der inländischen Investitionstätigkeit sowie der Zinsentwicklung den größten Einfluss beimaß.[17]

Trotzdem hielt das generelle Wirtschaftswachstum bis 1966 an. Erst der Einbruch von 1966/67 führte zu einem Rückgang der industriellen Produktion. Seither ist der Umstand, dass Konjunktureinbrüche ein Absinken der Produktion zur Folge hatten, wieder häufiger aufgetreten, sodass die Rezession von 1966/67 eine wichtige Zäsur in der Nachkriegsgeschichte der deutschen Wirtschaft darstellt.[18]

Weitere Vorgänge dieser Jahre untermauern dies. 1966 musste Ludwig Erhard als Bundeskanzler abtreten, was als Signal dafür gewertet werden kann, dass

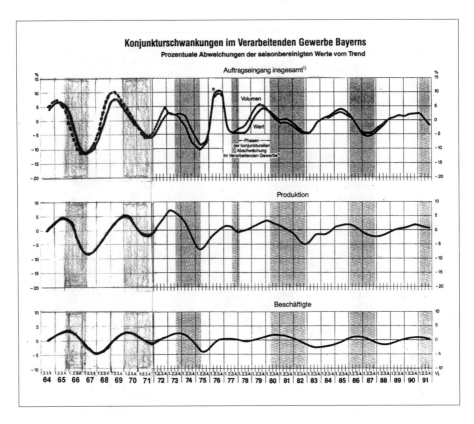

Konjunkturschwankungen im Verarbeitenden Gewerbe Bayerns
Prozentuale Abweichungen der saisonbereinigten Werte vom Trend

man die Wirtschaftspolitik, für die sein Name stand, für überholt hielt. Im Jahr darauf verabschiedete die von der ersten großen Koalition aus CDU/CSU und SPD gebildete Bundesregierung das Stabilitäts- und Wachstumsgesetz. Das zeigt, dass es der Staat nunmehr als seine Aufgabe betrachtete, die gesamtwirtschaftliche Entwicklung zu steuern, was zur Folge hatte, dass der Staatshaushalt hinfort verstärkt als Instrument der Wirtschaftpolitik eingesetzt wurde. Und durch einen neu eingefügten Artikel im Grundgesetz (Art. 91 a), der den Bereich der Gemeinschaftsaufgaben von Bund und Ländern neu absteckte, wurde dem Bund ein verstärkter Einfluss nicht nur auf das Hochschulwesen, sondern auch auf die weitere Entwicklung der Wirtschafts- und Agrarstruktur der Länder eingeräumt. Hatte das Budget der Bundesrepublik bis Mitte der 1960er-Jahre stets einen Überschuss ausgewiesen, so wechselten sich nun Überschüsse und Defizite ab, wobei Letztere immer häufiger wurden. Die Staatsausgaben, die schon seit den 50er-Jahren schneller als das Sozialprodukt wuchsen, stiegen in den 70er-Jahren so stark an, dass der Haushalt ein „strukturelles Defizit" auswies, was zu einer laufenden Neuverschuldung des Bundes führte.

Der konjunkturelle Einbruch von 1966/67 wurde zwar schnell überwunden – von 1970 bis 1973 wuchs die industrielle Produktion in Deutschland schneller denn je –, aber er hatte dennoch nachhaltige Wirkungen. Denn die Erwartung, dass die Wirtschaft und mit ihr der Lebensstandard stetig weiter wachsen werde, wurde erstmals in Frage gestellt, und damit auch die bisherige Politik, die auf dieser Prämisse beruhte. Das neue Problembewusstsein manifestierte sich in der 1972 veröffentlichten Studie des „Club von Rom" über die „Grenzen des Wachstums", mit der dieser Wandel im politischen Denken beschleunigt wurde. Wie Bundeskanzler Willy Brandt es in einer Regierungserklärung 1973 formulierte, wurde den Menschen wieder stärker bewusst, dass Lebensqualität mehr ist als Lebensstandard und Mehrproduktion.[19] Die negativen Begleiterscheinungen der Industrialisierung und des ständigen Wirtschaftswachstums, vor allem die „Umweltzerstörung", wurden nun auch von der Politik thematisiert. Schutz der Umwelt wurde als neue Aufgabe anerkannt, die Politik musste sich mit neuen Maßstäben messen lassen.

1973 kam es zu einer Zäsur, die als Ende der Nachkriegszeit wahrgenommen wurde. Wegen der Unterstützung, die der Westen Israel im Krieg mit seinen Nachbarstaaten gewährte, stellten die arabischen Staaten ihre Öllieferungen vorübergehend ein, was zu einer starken und dauerhaften Erhöhung des Ölpreises führte. Dieser „Ölpreisschock" beschleunigte nicht nur einen konjunkturellen Abschwung, sondern hatte sehr viel weiter reichende Wirkungen. Die bisherige Wirtschaftspolitik wurde nun generell in Frage gestellt, und das Ende des Wirtschaftswachstums galt als so sicher, dass die Bundesregierung einen Anwerbestopp für ausländische Arbeitskräfte verfügte. Diese hatten seit dem Versiegen des Zustroms Deutscher aus dem Osten – hier markierte der Bau der Mauer 1961 einen Einschnitt – das fortgesetzte Wachstum der deutschen Wirtschaft ermöglicht. Im gleichen Jahr wies die Bundesrepublik zudem erstmals eine über den Geburten liegende Zahl von Sterbefällen aus. Solange es statistische Aufzeichnung gab, war erstmals in Friedenszeiten ein Sterbeüberschuss zu verzeichnen. Damit setzte eine Bevölkerungsentwicklung ein, deren Auswirkungen auch heute noch nicht abzusehen sind.

Aber nicht nur in Deutschland und Europa, sondern auch weltweit stellte das Jahr 1973 einen tiefen Einschnitt dar. Mit ihm ging das „Goldene Zeitalter" zu Ende, als welches man die Jahrzehnte von den frühen 1950er- bis in die 1970er-Jahre bezeichnet hat. In ihm fand eine weltweite und grundlegende Umgestaltung der wirtschaftlichen, politischen und gesellschaftlichen Verhältnisse statt. In diesen zwanzig Jahren hat sich – vor allem auf der Basis eines stabilen und sehr niedrigen Rohölpreises, der von 1950 bis 1973 im Durchschnitt bei weniger als zwei Dollar pro Barrel lag – die Industrieproduktion weltweit vervierfacht und der Welthandel sogar verzehnfacht.[20] Diese Jahre eines steten Wachstums der Wirtschaft und des Wohlstandes wurden nun von „Krisenjahrzehnten" abgelöst. „Die Geschichte des 20. Jahrhunderts war seit 1973 die Geschichte einer Welt, die die Orientierung verloren und in Instabilität und Krise geschlittert ist", so charakterisierte Eric Hobsbawm in seiner wegweisenden „Weltgeschichte des 20. Jahrhunderts" die weitere Entwicklung bis zum Ende des Jahrhunderts.[21]

Denn im „postindustriellen" Zeitalter, welches das Industriezeitalter nunmehr ablöste, ließen sich über viele Jahre hinweg keine klaren Entwicklungstendenzen ausmachen. Solche zeichneten sich erst nach dem Zusammenbruch des Sowjetimperiums Ende der 1980er-Jahre allmählich ab; denn dieser hatte den Zerfall des „sozialistischen Blocks" zur Folge, was die Voraussetzung für die Ausbildung einer umfassenden, nach kapitalistischen Grundsätzen funktionierenden Weltwirtschaft war. Damit begann die Entwicklung, die man heute allgemein als „Globalisierung" zu bezeichnen pflegt; wie sich Bayern unter diesen veränderten Bedingungen entwickelte, wird weiter unten umrissen werden.

2. Die Wirtschaftspolitik Bayerns

Die wirtschaftspolitischen Vorgaben der Verfassung

Das gesamte politische Denken und Handeln der unmittelbaren Nachkriegszeit war zunächst darauf ausgerichtet, eine Entwicklung, wie sie zur Katastrophe von 1945 geführt hatte, künftig auszuschließen. Die CSU setzte sich in der Präambel ihres Grundsatzprogramms vom 31. Dezember 1945 das Ziel, „die aus tausend Wunden blutende Heimat im Geiste des Christentums und einer wahrhaft sozialen Gesinnung wieder aufzurichten." In den „30 Punkten der Union", ihrem Programm vom 31. Oktober 1946, bekannte sie sich erneut zu einer christlich geprägten Staats-, Wirtschafts- und Gesellschaftsform, lehnte sowohl den „unbegrenzten Wirtschaftsliberalismus" wie die „marxistisch-sozialistische Planwirtschaft" ab und kündigte an, einen „mittleren Weg" einzuschlagen (Punkt 15). Sie wollte den Mittelstand und das Genossenschaftswesens fördern (Punkt 16), neue Arbeitsplätze durch Industrialisierung schaffen (Punk 18) und konstatierte, dass die Wirtschaft einer „sinnvollen Lenkung" bedürfe (Punkt 18). Zudem sprach sie sich dafür aus, lebenswichtige Produktionsmittel, Großbanken, größere Versicherungen, Bodenschätze und Kraftquellen in Gemeineigentum zu überführen (Punkt 19). Die SPD forderte in ihrem ersten vorläufigen Parteiprogramm eine tief greifende Demokratisierung von Staat und Gesellschaft, was auch starke Gewerkschaften voraussetze, und die Wirtschaft planmäßig und unter staatlicher Lenkung wieder aufzubauen. Nach Hoegners Ansicht lag die Zukunft aber nicht im Staatssozialismus, sondern im genossenschaftlichen Sozialismus, und die Produktionsmittel sollten nicht durch staatlichen Zwang, sondern durch freiwilligen Zusammenschluss in das Eigentum der Gesellschaft überführt werden. Im Aktionsprogramm der bayerischen SPD wurden diese wirtschaftspolitischen Vorstellungen wie folgt zusammengefasst: „Planmäßiger

Wiederaufbau der Volkswirtschaft. Bekämpfung von Hunger, Wohnungsnot und Arbeitslosigkeit. Gesetzliche Enteignung des Großgrundbesitzes zugunsten der Kleinbauern und Landarbeiter. Überführung der Bodenschätze, Kraftquellen, lebenswichtigen Großindustrien, Großbanken und größerer Versicherungsunternehmen in Gemeinbesitz, Lenkung des Währungs- und Kreditwesens nach den Bedürfnissen der Volksgesamtheit. Weitgehendste Förderung des Genossenschaftswesens."[22]

Dank dieser parteiübergreifenden kapitalismuskritischen Einstellung fanden einige dieser Vorgaben Aufnahme in die bayerische Verfassung. So stellt diese fest, dass Eigentum gegenüber der Gesamtheit verpflichte und ein offenbarer Missbrauch des Eigentums- und Besitzrechts keinen Rechtsschutz genieße. Von Planwirtschaft ist in ihr zwar keine Rede, aber immerhin von einer Überwachung der „geordneten Herstellung und Verteilung" der wirtschaftlichen Güter zur Deckung des notwendigen Lebensbedarfs der Bevölkerung durch den Staat (Art. 152). Sie verbietet die Errichtung von Monopolen (Art. 156), bestimmt, dass Kapitalbildung der Entfaltung der Volkswirtschaft zu dienen habe (Art. 157) und dass eine Überführung lebenswichtiger Produktionsmittel, von Großbanken und Versicherungen in Gemeineigentum möglich sei (Art. 160). Sie enthält des Weiteren ein Recht auf Arbeit (Art. 166), verbietet die Ausbeutung menschlicher Arbeitskraft (Art. 167), bestimmt, dass Frauen bei gleicher Arbeit gleicher Lohn zu zahlen sei (Art. 168) und schafft das Mitbestimmungsrecht für Arbeitnehmer (Art. 175 und 176). Sie legt ferner fest, dass alle Bürger im Verhältnis ihres Einkommens und Vermögens und unter Berücksichtigung ihrer Unterhaltspflicht zu den öffentlichen Lasten heranzuziehen seien, dass Verbrauchssteuern und Besitzsteuern in einem angemessenen Verhältnis zu stehen hätten und die Erbschaftssteuer auch dem Zwecke zu dienen habe, die Ansammlung von „Riesenvermögen" in den Händen Einzelner zu verhindern (Art. 123). Außerdem sei die Verteilung und Nutzung des Bodens vom Staat zu überwachen, der eine „Steigerung des Bodenwertes" für die Allgemeinheit nutzbar zu machen habe (Art. 161).

Mit der Gründung der Bundesrepublik gingen die meisten wirtschaftspolitischen Kompetenzen an diese über, und weil überall dort, wo Bestimmungen der Länderverfassungen mit denen des Grundgesetzes kollidieren, Letztere Vorrang genießen, haben die wirtschaftspolitischen Zielvorgaben der bayerischen Verfassung in der Praxis kaum eine Rolle gespielt, zumal sich die CSU sehr bald für die „soziale Marktwirtschaft" entschied. Das Ende der Ära, in der in der CSU eine kapitalismuskritische Einstellung vorherrschte, wird von der Gründung des Wirtschaftsbeirats der CSU, die am 14. Juni 1948, also unmittelbar vor der Währungsreform erfolgte, markiert. Damit stellte die CSU die früheren engen Verbindungen zwischen der konservativen Partei und den Unternehmern wieder her.

Wirtschaftspolitik als Mangelverwaltung

Angesichts der realen Verhältnisse der unmittelbaren Nachkriegszeit haben die Überlegungen zur künftigen Gestaltung der Wirtschaftsordnung zunächst kaum Einfluss auf das praktische Handeln gehabt. Sowohl das Agieren der von der Militärregierung eingesetzten Regierungen Schäffer und Hoegner als auch das der ersten demokratisch legitimierten Regierung unter Ministerpräsident Ehard konzentrierte sich darauf, die akute Notlage zu bewältigen. Denn die Versorgung der in Bayern lebenden Menschen stellte eine große Herausforderung dar, deren wahres Ausmaß sich erst Wochen nach dem Zusammenbruch zeigte. Im Juli 1945 forderte die Militärregierung die bayerische Regierung auf, innerhalb von nur drei Tagen genaue Auskünfte über die Bevölkerungszahl, das Acker- und Weideland sowie Zahl und Art der Gewerbe- und Bergbaubetriebe und anderer Wirtschaftsunternehmen zu liefern. Ursache dieser Eile war, dass die Menschen selbst mit dem Lebensnotwendigsten nicht mehr versorgt werden konnten. Auch die Versorgung mit Kohle, dem wichtigsten Energierohstoff, ohne den die Wirtschaft weitgehend lahmgelegt war, hatte nahezu aufgehört; wegen des Ausfalls der Kohleeinfuhr drohte für den kommenden Winter eine Katastrophe.

Die inländische Kohlenförderung war in den beiden Kriegsjahren um die Hälfte zurückgegangen und 1945 nahezu völlig zum Erliegen gekommen. Waren 1943 in Bayern noch über 1,3 Mio. Tonnen Kohle gefördert worden, so waren es jetzt nur noch 50 000 bis 60 000 Tonnen, wovon die Besatzungsmacht 80 % zur eigenen Versorgung beschlagnahmte. Als Mindestbedarf für den Winter wurde ein Gesamtbedarf von ca. 639 000 Tonnen ermittelt, zusagen konnte die Militärregierung aber nur eine wöchentliche Zufuhr von 1000 Tonnen aus außerbayerischen Gebieten. Die Haushalte sollten deshalb auf Holz ausweichen, was aber große Probleme verursachte, denn allein schon wegen des Mangels an Werkzeug und Transportmitteln war ein verstärkter Holzeinschlag nicht so rasch zu bewerkstelligen.

Auch an eine Wiederherstellung von Wohnraum war nicht zu denken, denn die Produktion von Baustoffen fiel wegen Kohlemangels größtenteils aus, und die noch vorhandenen Vorräte waren entweder von der Militärregierung beschlagnahmt oder rasch aufgebraucht. Den evakuierten Bewohnern der zerstörten Städte wurde deshalb die Rückkehr untersagt; vor allem in München zeichnete sich eine besorgniserregende Entwicklung ab. Die ohnehin sehr angespannte Wohnraum- und Versorgungssituation wurde durch die zahlreichen bereits nach Bayern zugezogenen und noch immer einströmenden Menschen zusätzlich verschärft. Schon im Februar 1945 hielten sich nach amtlichen Aufstellungen 450 000 Evakuierte und 30 000 Flüchtlinge in Bayern auf; bis Dezember 1945 kamen 680 000 Flüchtlinge und Vertriebene hinzu, und im November 1946 betrug deren Zahl 1,6 Mio.

Zudem erwies sich die Abriegelung der sowjetischen Besatzungszone für Bayern als äußerst nachteilig, denn damit wurden die wichtigen Verbindungen nach Thüringen und Sachsen gekappt. Große Teile Nordbayerns waren so von wichtigen Rohstoff- und Lebensmittellieferungen abgeschnitten. Ganz Bayern war damit auf das angewiesen, was im Land selbst erzeugt wurde. Die Auseinandersetzung um die Verfügung und Verteilung von Lebensmitteln, Rohstoffen und anderen knappen Gütern – die zunächst nur innerhalb Bayerns geführt wurde, dann aber auch mit den anderen Ländern der westlichen Zonen – stand deshalb im Mittelpunkt der Tätigkeit von Bayerns Regierung und Verwaltung.

In dem Rechenschaftsbericht, den Hoegner bei seinem Rücktritt am 1. Dezember 1946 gab, hob er als besondere Leistung seiner Regierung die Wiederbelebung des Exports hervor, der die Mittel einbringen musste, die man zum Import von Lebensmitteln und anderem Grundbedarf benötigte, sowie die „Erneuerung des Produktionsapparates". Wie er weiter ausführte, waren von der Verbrauchsgüterproduktion bis zu 70 % für die Erfüllung von Sonderprogrammen für Flüchtlinge und andere bevorzugte Personengruppen gebunden. Für die Schulkinder hatte man 150 000 Paar Schuhe bereitgestellt, der übrigen Bevölkerung hoffte man im kommenden Winter Schuhe, Bekleidung, Wäsche und Hausrat liefern zu können.[23]

Die zentrale Wirtschaftsverwaltung Bayerns war auf vier Ressorts verteilt: Das Ministerium für Wirtschaft, das für Landwirtschaft, Ernährung und Forsten, das für Arbeit und soziale Fürsorge sowie das für Verkehrsangelegenheiten, Post- und Telegrafenwesen. Die meisten Kompetenzen lagen aber beim Wirtschaftsministerium, das auch als oberste Landesbehörde auf dem Gebiet der Bewirtschaftung gewerblicher Güter und Leistungen fungierte, soweit nicht der Wirtschaftsrat, beziehungsweise später die Bundesregierung dafür zuständig waren.[24] Wirtschaftsminister zur Zeit der Regierung Hoegner war Ludwig Erhard, von Dezember 1946 bis zum Austritt der SPD aus der Regierungskoalition im September 1947 Rudolf Zorn (SPD) und danach Hanns Seidel (CSU).

Mit der Gründung der Bizone hat sich die Versorgungslage in Bayern zunächst erheblich verschlechtert. Wie Ministerpräsident Ehard in einer Regierungserklärung am 24. Oktober 1947 feststellte, hatte Bayern in so großem Umfang Lebensmittel nach Württemberg, Baden, Hessen, Nordrhein-Westfalen und Berlin zu liefern, dass die Rationen für die bayerische Bevölkerung stark reduziert werden mussten. Statt 1000 Gramm Fleisch und 300 Gramm Fett konnten in einer Versorgungsperiode nur noch 400 und 150 Gramm abgegeben werden. Die westdeutsche Lebensmittelproduktion war so gering, dass, obwohl die Amerikaner allein in diesem Jahr fünf Mio. Tonnen Lebensmittel lieferten, die Zuteilung auf nur noch 1550 Kalorien pro Person und Tag abgesenkt werden musste. Völlig unzureichend war auch die Versorgung mit Textilien und Schuhen, da viele Fabriken wegen Stromsperren nicht arbeiten konnten. Ursache dafür war der sehr harte Winter 1946/47 und der niederschlagsarme Sommer 1947.[25]

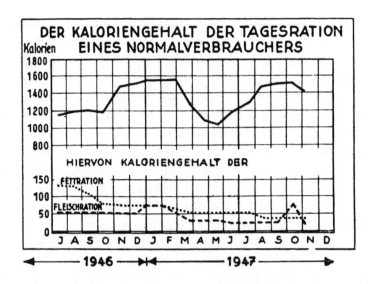

Die Energieversorgung war einer der wenigen Bereiche, in denen die Regierung nicht nur den Mangel verwalten, sondern aktiv werden konnte, und sie besaß wegen des nahezu vollständigen Ausfalls des Kohleimports auch äußerste Priorität. Um diesen Ausfall zumindest teilweise zu kompensieren, wurde zunächst die inländische Kohleförderung gesteigert. Da die Hauptursache des starken Förderungsrückgangs der Arbeitskräftemangel war, gewährte man den Bergleuten größere Lebensmittelrationen, was auch die erwünschte Wirkung zeitigte. Zudem wurden Braunkohlevorkommen erschlossen, die bisher aus betriebswirtschaftlichen Gründen nicht abgebaut wurden. Dank beträchtlicher staatlicher Förderung und weil ihm bevorzugt Maschinen und Rohstoffe zugewiesen wurden, nahm der Kohlenbergbau einen beachtlichen Aufschwung.

Vor dem Krieg hatte der jährliche inländische Kohlenbedarf ca. 12 Mio. Tonnen betragen, wovon etwa 2 Mio. von bayerischen Gruben gedeckt wurden.[26] Bis 1946 wurde diese Menge auf 2,7 Mio. Tonnen erhöht, und in den Jahren 1947 bis 1950 wurden dann deutlich über 3 Mio. Tonnen gefördert. Davon entfielen etwa je die Hälfte auf die oberbayerische Pechkohle und auf die vor allem oberpfälzische Braunkohle; die Steinkohlenförderung blieb unbedeutend. Dafür waren rund 10 000 Bergleute, ein großer Teil davon Flüchtlinge, in ca. 20 Bergwerken im Einsatz. Die wichtigsten Betriebe waren die Pechkohlengruben bei Peißenberg, Peiting, Penzberg, Marienstein und Hausham und die große Braunkohlengrube Wackersdorf. Dieser Nachkriegsboom des Kohlebergbaus fand nach einem letzten Höhepunkt im Winter 1950/51, der durch die Kohlenknappheit im Gefolge der „Koreakrise" ausgelöst wurde, ein rasches Ende. Nur der oberpfälzische Braunkohlebergbau überlebte längere Zeit, da er außer in einem großen Wärmekraftwerk auch Abnehmer in der Industrie fand,

Inbegriff der Oberpfälzer Montanindustrie: Die Maxhütte

Ein Unternehmen, das seit Beginn der Industrialisierung in Bayern existiert und diese nachhaltig mitgestaltet hat, ist die Maxhütte. Ihre Anfänge reichen bis 1851 zurück, als zwei Belgier eine Commanditgesellschaft gründeten, deren Geschäftsgegenstand die Errichtung und der Betrieb eines Hüttenwerkes zur Fabrikation von Eisenbahnschienen in Bayern war. Das Werk wurde in Haidhof – unweit von Schwandorf in der Oberpfalz – angelegt, da beabsichtigt war, als Brennstoff auf die dortige Braunkohle zurückzugreifen und das Eisen von den Oberpfälzer Hüttenwerken zu beziehen. Dieses Konzept ließ sich jedoch nicht realisieren. 1853 wandelte man das Unternehmen in eine Aktiengesellschaft mit bayerischer Beteiligung um und verschaffte ihm so eine breitere Kapitalbasis. Mit Genehmigung König Maximilians II. erhielt die AG den Namen „Eisenwerk-Gesellschaft Maximilianshütte".

Die „Maxhütte" erwarb in der Folge zunächst einige Hüttenwerke in der Umgebung Haidhofs und nahm dann im Amberg-Sulzbacher Revier den Erzbergbau auf. In der Nähe dieser Gruben, in Rosenberg unfern der Stadt Sulzbach, errichtete die AG dann 1864 ein modernes Hüttenwerk mit einem Kokshochofen. Mittlerweile war diese Region nämlich an das Eisenbahnnetz angeschlossen worden, und so konnte man aus Thüringen kostengünstig Steinkohle und aus Böhmen hochwertige Braunkohle heranführen.

Da das aus dem phosphorreichen Oberpfälzer Erz gewonnene Roheisen für die Weiterverarbeitung im Bessemer-Verfahren, das bald darauf die Stahlerzeugung revolutionierte, ungeeignet war, erwarb die Maxhütte 1869 eine Erzlagerstätte in Thüringen und errichtete auch dort, in Unterwellenborn, ein Hüttenwerk. In der Folge expandierte die Maxhütte sowohl in der Oberpfalz als auch in Thüringen, in beiden Regionen wurden neue Erzlagerstätten erschlossen, neue Hüttenwerke errichtet und die bestehenden modernisiert und erweitert. Nach Entwick-

Ansicht des Rohrwerks in der Ausbaustufe von 1953

V. Die Nachkriegszeit (1945–1970/75)

1. Die Rahmenbedingungen

Die Wiederentstehung des bayerischen Staates

„Am 20. April 1945 wurde Nürnberg, am 30. April 1945 München von amerikanischen Truppen besetzt, am 7. Mai 1945 war die Besetzung Bayerns durch die US-Armee beendet. Am 8. Mai 1945 erfolgte die bedingungslose Kapitulation Deutschlands. Es gab kein Reich mehr, keine Reichsregierung, keine Landesregierung, keine Verfassung, keinen bayerischen Staat." So beschrieb der bayerische Ministerpräsident Ehard 1956 rückblickend die Situation Bayerns im Mai 1945,[1] und so wie ihm hat sich der Zusammenbruch des Dritten Reiches tief in das Gedächtnis aller Zeitgenossen eingegraben. Das war angesichts der überall präsenten Zerstörung und Verluste nur zu verständlich, hatten doch viele Menschen nahe Angehörige, ihren Besitz oder sogar ihre Heimat verloren. In Bayern hatte man den Tod von ca. 255 000 Soldaten und 28 500 in Kampfhandlungen umgekommenen Zivilisten zu beklagen, zudem befanden sich ca. 200 000 Männer in Gefangenschaft. Eine Viertelmillion Wohnungen, 13,5 % des Bestandes von 1939, waren zerstört; in Augsburg waren es 22,8 %, in München 33,2 %, in Nürnberg 49,3 % und in Würzburg sogar 71,6 %. Von den Regierungsbezirken waren am meisten Mittel- und Unterfranken mit knapp 25 % und 18 % des Bestandes betroffen, am wenigsten die Oberpfalz und Niederbayern mit knapp 5 % und 3 %. Zerstört waren gleichfalls viele Industriebauten, Handels- und Bankgebäude sowie zahlreiche öffentliche Einrichtungen; vor allem aber waren auch zahllose unersetzliche Kulturdenkmäler und Kunstwerke vernichtet. Nach den statistischen Erhebungen waren in Bayern insgesamt 57 000 Gebäude total zerstört, rund 40 000 waren schwer, 38 000 erheblich und 70 000 leicht beschädigt. Mit diesen Verlusten rangierte Bayern aber unter den Ländern der westlichen Besatzungszonen am unteren Ende der Skala der Zerstörung. Gravierende Folgen für die Versorgung der Bevölkerung und für die Wirtschaft hatte vor allem die Zerstörung der Verkehrsinfrastruktur. Wegen zahlreicher gesprengter Brücken waren Straßen, Schienen- und Wasserwege unterbrochen, zudem war ein Großteil des rollenden Eisenbahnmaterials sowie der Straßen- und Wasserfahrzeuge vernichtet oder unbrauchbar.[2]

Noch schwerer wog jedoch, dass die Deutschen zwölf Jahre lang einem Regime gedient hatten, das die Welt in einen verheerenden Krieg gestürzt und Verbrechen unfassbarer Dimensionen begangen hatte. Sie hatten damit den Anspruch verwirkt, als gleichberechtigte Mitglieder der Völkergemeinschaft behandelt zu werden und wurden unter die Kuratel der Siegermächte gestellt. Und diese waren entschlossen, alles zu tun, um zu verhindern, dass Deutschland jemals wieder zu

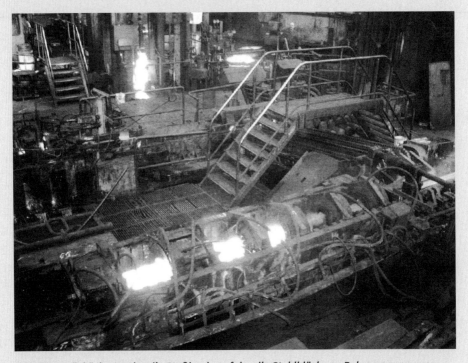

Das „Herzstück" des Werks: die Stoßbank, auf der die Stahlblöcke zu Rohren ausgezogen werden

lung des Thomasverfahrens konnte dann auch das Oberpfälzer Erz im großen Stil voll genutzt werden. 1889 wurde die Hütte in Rosenberg zum Thomasstahlwerk umgerüstet und 1893 brachte man mit der Inbetriebnahme eines Siemens-Martin-Ofens auch das Walzwerk in Haidhof auf den modernsten technischen Stand. Zur Sicherung der Rohstoffversorgung erschloss man bei Auerbach weitere Erzlagerstätten und engagierte sich außerdem im Steinkohlebergbau des Ruhrgebiets.

1921 erwarb die Saarbrückener Röchling-Gruppe die Aktienmehrheit der Maxhütte, 1927 dann der Unternehmer Friedrich Flick, der 1930 auch die restlichen Aktien an sich brachte. 1945 verlor die Maxhütte ihre thüringischen Gruben und Hüttenwerke und 1951 übernahm der Freistaat im Zuge der Entflech-

tung des deutschen Montanwesens ein Viertel ihrer Aktien; allerdings trat er diese schon 1955 wieder an die Flick-Gruppe ab.

In der NS- Zeit hatte die Oberpfälzer Montanindustrie und mit ihr die Maxhütte aufgrund der Autarkiepolitik und Aufrüstung einen starken Aufschwung genommen; in der Nachkriegszeit aber machten ihr wieder ihre Standortnachteile zu schaffen, die sich aufgrund der Teilung Deutschlands und Europas durch den „Eisernen Vorhang" erheblich verstärkt hatten. Nur durch ständige Modernisierung, Rationalisierung und Spezialisierung war ihr Fortbestand zu sichern, und hierbei rangierte die Maxhütte stets an der Spitze. Ein wichtiger Schritt in diese Richtung war die 1952 getroffene Entscheidung, in der Nähe des Hüttenwerks Rosenberg ein Rohrwerk zu errichten und für dessen erste Ausbaustufe 13,7 Mio. DM bereitzustellen. So entstand ein bereits weitgehend automatisiertes, auf die Produktion von nahtlos gezogenen Stahlrohren hoher Qualität ausgelegtes Werk. Es nahm bereits Ende 1953 den Betrieb auf und war mit seiner 233 Mitarbeiter starken Belegschaft schon im ersten Betriebsjahr in der Lage, über 2000 t Rohre pro Monat zu fertigen.

In den folgenden Jahren wurde das Werk immer wieder erweitert und modernisiert, die Belegschaft stieg auf 800 Mitarbeiter, die Produktion auf bis zu 80 000 t pro Jahr an. Die positive Entwicklung des Rohrwerks konnte jedoch den Niedergang des Gesamtunternehmens nicht aufhalten, da der durch den rasanten Anstieg der weltweiten Stahlproduktion verursachte Preisverfall eine rentable Stahlerzeugung in der Oberpfalz unmöglich machte. Obwohl die Maxhütte ihre Betriebe ständig auf den neuesten technischen Stand brachte und nicht entwicklungsfähige Unternehmensteile stilllegte, musste sie 1987 Konkurs anmelden. Um einen sofortigen Niedergang der Oberpfälzer Montanindustrie, der schwerwiegende Folgen für die gesamte mittlere Oberpfalz haben musste, zu verhindern, wurde auf Initiative des Freistaats mit der „Neuen Maxhütte" (NMH) eine Auffanggesellschaft gegründet, an der Bayern mit 45 %, Thyssen, Krupp, Saarstahl sowie Klöckner und Mannesmann mit je 11 % beteiligt waren. 1994 übernahm die Aicher-Gruppe den Staatsanteil und damit auch die Führung der NMH, aber die weitere Entwicklung des Weltstahlmarktes machte alle Bemühungen zunichte. 1998 ging auch die NMH in Konkurs, 2002 wurde der Betrieb des Stahlwerks in Rosenberg und damit die Produktion von Stahl überhaupt aufgegeben;

das Walzwerk in Haidhof, die Keimzelle der Maxhütte, war bereits 1986 stillgelegt und verkauft worden, und den Bergbau hatte man 1989 eingestellt.

Das Rohrwerk, das nach den Plänen der bayerischen Staatsregierung 1987 hätte stillgelegt werden sollen, blieb auf Initiative von Manfred Kühnlein, des Eigentümers des Nürnberger Handelshauses Kühnlein, einem der wichtigsten Kunden des Rohrwerks, erhalten und wurde in einen eigenständigen Betrieb umgeformt. Dessen Anteile hielten zu 15 % Kühnlein und zu 85 % die NMH. 1997 übernahm die Max Aicher Gruppe die Geschäftsführung des Rohrwerkes, und ihr gelang es, dieses Werk trotz des Konkurses der NMH in Betrieb zu halten. Die Voraussetzung dafür wurde schon unmittelbar nach dem ersten Konkurs 1987 geschaffen. Damals hat man ca. 50 Mio. DM in eine grundlegende Überholung des Werks investiert, wobei man vor allem die Produktionskapazitäten für Rohre größter Präzision erweiterte. So konnte das Unternehmen mit einer Belegschaft von rund 500 Mitarbeitern jährlich weit über 90 000 t Rohre höchster Qualität herstellen. Aus der Konkursmasse der NMH heraus wurde das Rohrwerk im Jahr 2000 von dem österreichischen Unternehmen ARI-Baustahl erworben. In den beiden folgenden Jahren kam die Entwicklung zu einem selbstständigen Unternehmen zum Abschluss, und seit dem 1. Januar 2003 firmiert es als „Rohrwerk Maxhütte GmbH". Da das Werk auch weiterhin stets auf dem neusten technischen Stand gehalten wird – allein 2004 wurden dafür 15 Mio. € investiert –, stehen die Chancen gut, dass die traditionsreiche „Maxhütte" in ihrer neuen Form auch die Herausforderungen der Zukunft meistern kann.

die ihre Feuerungen mit Hilfe von staatlichen Krediten auf Braunkohle umgestellt hatten.

Diese Ausweitung des Kohlebergbaus konnte das Problem der Energieversorgung aber nur mindern und nicht lösen. Das Gleiche galt für die Steigerung der inländischen Stromerzeugung durch Wasserkraft. Schon seit Ausgang der 1930er-Jahre reichte der innerhalb Bayerns erzeugte Strom vor allem im Winter bei Weitem nicht mehr aus, um den inländischen Bedarf zu decken.[27] Die bayerische Elektrizitätswirtschaft war deshalb in einen Verbund mit den mitteldeutschen Braunkohlekraftwerken getreten, die Bayern Strom in einer Menge von bis zu einer Mrd. Kilowattstunden pro Jahr lieferten. Nach dem Zusammenbruch fielen diese Lieferungen weg, und da die Kraftwerke in der sowjetischen Zone demontiert wurden, war mit einer Wiederaufnahme auch nicht mehr zu rechnen; ferner erhielt Bayern keinen Strom mehr aus Österreich und dem Westen Deutschlands. In dieser Situation entsann man sich in München eines Projektes aus dem Jahr 1913, das die Ableitung des Rißbaches, eines Zuflusses der Isar, in den Walchensee vorsah. Durch diesen zusätzlichen Wasserzufluss konnte die Leistung des Walchenseekraftwerks um ca. 90 Mio. kWh oder rund 50 % gesteigert werden. Im Juni 1947 beschloss der Landtag, dieses Projekt, das den Bau von Stollen in einer Gesamtlänge von über 7 km Länge erforderte, möglichst rasch zu realisieren. Bis zu 1500 Arbeiter waren im Einsatz, um diese Zuleitung herzustellen, die im Sommer 1949 vorzeitig fertig wurde. Im Winter 1949/50 konnte das Walchenseekraftwerk erstmals mit erhöhter Leistung zur Deckung des bayerischen Strombedarfs beitragen. Aber selbstverständlich konnte auch dadurch das Problem der Energieversorgung Bayerns nicht gelöst werden; die Energiefrage sollte noch lange im Zentrum bayerischer Wirtschaftpolitik stehen.

Ein weiteres zentrales Problem stellte die Aufnahme der großen Zahl von Flüchtlingen und Vertriebenen dar. Die Amerikaner hatten von Anfang an klargestellt, dass Bayern viele der Vertriebenen dauerhaft aufzunehmen hatte; sie mussten also nicht nur vorübergehend versorgt, sondern dauerhaft integriert werden. Dafür benötigte man Wohnraum sowie Schul-, Ausbildungs- und Arbeitsplätze. Tatsächlich hat Bayern in der Folge unter allen Bundesländern die meisten Flüchtlinge und Vertriebenen aufgenommen. Bis Oktober 1946 zogen 2,2 Mio. Menschen nach Bayern; davon kamen 40 % aus der Tschechoslowakei, 20 % aus Schlesien, 4,7 % aus Ostpreußen, Ostpommern und Brandenburg und ca. 10 % aus Südosteuropa und der UdSSR. Die verbleibenden 25 % waren Evakuierte aus den anderen Zonen Deutschlands und nichtdeutsche Ausländer.

Weil auch in Bayern die größeren Städte erhebliche Verluste an Wohnraum erlitten hatten, mussten die Flüchtlinge vorrangig in den kleineren Städten und auf dem flachen Land untergebracht werden. Das veränderte dort nachhaltig die Sozialstruktur. So wuchs beispielsweise der Landkreis Sonthofen von 40 000 Einwohnern im Jahre 1939 auf 160 000 im Jahre 1946. Rund 60 % der Flüchtlinge wurden in Gemeinden mit weniger als 2000 Einwohnern untergebracht, weitere 15,5 % in solchen von 2000 bis 5000 Einwohnern. Zwar suchten sich viele Flüchtlinge möglichst schnell eine neue Bleibe, womöglich in größeren Orten mit besseren Arbeitsmöglichkeiten; aber auch im Jahre 1949 beherbergten 40 % der bayerischen Höfe, das waren etwa 201 000, mehr als 850 000 Flüchtlinge.

Da die Flüchtlinge zu einem großen Teil einer gewerblichen Tätigkeit nachgegangen waren, kam es durch diese Einquartierungen im agrarischen Umfeld unvermeidlich zu erheblichen Reibereien zwischen Einheimischen und Flüchtlingen. Erschwerend kam hinzu, dass viele Flüchtlinge einer anderen Konfession angehörten als ihre Quartiergeber. Viele Dörfer, die bis zum Krieg nahezu rein katholisch oder evangelisch gewesen waren, erhielten nun starke Minderheiten anderer Konfessionen. Damit taten sich viele der Eingesessenen schwer, in nicht wenigen Gemeinden regte sich gegen die Einquartierung von Andersgläubigen Protest, der häufig von den jeweiligen Geistlichen mitgetragen wurde.

Die Aufnahme der Flüchtlinge und Vertriebenen brachte eine starke Bewegung in die bayerische Gesellschaft, vornehmlich auf dem Land und in den kleineren Städten. Was sich aus späterer Perspektive als eine der wichtigsten Voraussetzungen für Bayerns Entwicklung zu einem modernen Industriestaat darstellt – durch den Zugewinn an leistungsfähigen, arbeitswilligen und hoch motivierten Menschen –, wurde zunächst als große Belastung empfunden. Wie die Statistik errechnete, musste Bayern nunmehr 2,6 Mio. industrielle und gewerbliche Arbeitsplätze bereitstellen, das waren um 400 000 mehr als 1939; bis Ende 1947 rechnete man mit einem Bedarf von sogar 3 Mio. Da die gewerbliche Wirtschaft Bayerns 1939 nahezu vollständig ausgelastet war, obwohl die Bevölkerung damals 2 Mio. weniger zählte, und die Arbeitsplätze der Rüstungsindustrie dauerhaft wegfallen sollten, sah sich die bayerische Regierung vor die Aufgabe gestellt, eine große Zahl neuer Arbeitsplätze schaffen zu müssen. Dies schien – wenn überhaupt – nur in den Bereichen von Industrie und Gewerbe möglich. Viele der Einheimischen aber fühlten sich durch das Überangebot an Arbeitskräften bedroht, reagierten mit heftiger Ablehnung gegenüber den Flüchtlingen und setzten die Behörden und die Regierung unter Druck, diese anderswo unterzubringen.

Die Aufgabe, die unerwünschten Neubürger einzugliedern, wurde von der bayerischen Regierung nicht aus freien Stücken übernommen, und die Solidarität der bayerischen Bevölkerung mit den Flüchtlingen und Vertriebenen hielt sich trotz mancher anders lautender Bekundungen in engen Grenzen. Das war insoweit verständlich, als niemand damit rechnen konnte, dass die Wirtschaft in absehbarer Zeit wieder ihr Vorkriegsniveau, geschweige denn eine darüber hinausgehende Leistungsfähigkeit erreichen könnte. Und solange die Wirtschaft nicht in der Lage war, die zusätzlichen Arbeitskräfte aufzunehmen, konnte auch keine Integration der Neubürger stattfinden. Daran konnten die allmählich anlaufenden

Wohnungsbau- und Ansiedlungsprogramme ebenso wenig ändern wie der Lasten-ausgleich, zu dem sich die Bundesregierung schließlich durchrang. Erst als durch den wirtschaftlichen Aufschwung viele neue Arbeitsplätze entstanden und eine verstärkte Nachfrage nach Waren und Dienstleitungen einsetzte, wurden die Flüchtlinge und Vertriebenen allmählich integriert.

Ein besonderes Problem stellten diejenigen Vertriebenen dar, die wieder als selbstständige Landwirte arbeiten wollten.[28] Um diese mit Land ausstatten zu können, schien eine Bodenreform unumgänglich, mit deren Hilfe Grundbesitz, der eine bestimmte Größe überschritt, enteignet und unter den Flüchtlingen aufgeteilt werden konnte. Obwohl es Großgrundbesitz in Bayern nur in geringem Umfang gab, sodass die Zahl der Betroffenen nur klein würde, führten schon erste Über-legungen zu einer solchen Enteignung bei der eingesessenen bäuerlichen Bevölke-rung zu großer Unruhe. Dabei sollte schon nach den ersten Vorstellungen der US-Militärregierung Besitz in der Größe von unter 100 Hektar nicht angetastet werden. Die Grundlage der Landbeschaffung wurde dann mit dem „Gesetz zur Beschaffung von Siedlungsland und zur Bodenreform" vom 18. September 1946 gelegt. Von Ent-eignung betroffen waren demnach 407 Besitzer von größeren Ländereien; sie sollten zusammen rund 37 000 Hektar Land abtreten, das waren im Durchschnitt 90 Hektar. In der Praxis aber griff man aber bevorzugt auf ehemalige Truppenübungsplätze und anderes Wehrmachtsgelände zurück. Innerhalb von rund 20 Jahren entstanden annä-hernd 6000 neue bäuerliche Betriebe mit einer durchschnittlichen Größe von rund 9,6 Hektar. Dem standen aber rund 30 000 Bewerber gegenüber.

Besondere Probleme bereitete auch die Versorgung und der Umgang mit den „displaced persons". In ganz Deutschland zählte man nach dem Zusammenbruch rund 6,5 Mio. ehemalige Kriegsgefangene, Zwangsarbeiter, KZ-Häftlinge und an-dere Menschen, die der Krieg nach Deutschland verschlagen hatte. Nicht alle konnten oder wollten in ihre Heimatländer zurückkehren, sodass sie für unbe-stimmte Zeit untergebracht und versorgt werden mussten. Sie wurden häufig in jenen Unterkünften zusammengefasst, die vorher der Unterbringung von Zwangs-arbeitern und Häftlingen dienten. In solchen Lagern lebten in Bayern noch im Jahr 1948 etwa 240 000 Menschen, die meisten davon in der Umgebung Mün-chens. Die Ansammlung so vieler Menschen, die gegenüber der deutschen Bevöl-kerung ebenso große Vorbehalte hatten wie jene ihnen gegenüber, führte zu erheb-lichen Spannungen und Problemen. Erst 1956 wurde das Lager in Föhring bei München, in dem zum Schluss noch etwa 1000 jüdische „displaced persons" un-tergebracht waren, als letztes Lager dieser Art in Bayern aufgelöst.

Die Anfänge einer aktiven Wirtschaftspolitik

Anders als nach dem Ersten Weltkrieg, als das Reich seine Zuständigkeiten zu Lasten der Länder stark erweitert hatte, verfügte Bayern in den Jahren nach 1945 zunächst über beträchtliche wirtschaftspolitische Kompetenzen. Bayern war nicht nur fähig, sondern gezwungen, eine aktive Wirtschaftspolitik betreiben, da die Probleme, die insbesondere der Zustrom der Vertriebenen schuf, nur mittels umfassender Maßnahmen zu bewältigen waren. Angesichts der Dringlichkeit dieser Probleme konnte sich Bayern nicht auf das Verwalten beschränken, sondern musste die Initiative ergreifen. Und dass dieser Impuls von Bayern und nicht vom Bund ausging, war vor allem deshalb wichtig, weil eine gezielte Förderung der Wirtschaft gründliche Kenntnisse der regionalen und örtlichen Verhältnisse voraussetzte.

Die Voraussetzungen dafür waren auch nach der Gründung der Bundesrepublik noch in gewissem Umfang gegeben. Denn das Grundgesetz wies „das Recht der Wirtschaft (Bergbau, Industrie, Energiewirtschaft, Handwerk, Gewerbe, Bank- und Börsenwesen, privatrechtliches Versicherungswesen)", „das Arbeitsrechtsrecht einschließlich der Betriebsverfassung, des Arbeitsschutzes und der Arbeitsvermittlung sowie die Sozialversicherung einschließlich der Arbeitslosenversicherung", die „Verhütung des Missbrauchs wirtschaftlicher Machtstellung" und schließlich auch „die Förderungen der land- und forstwirtschaftlichen Erzeugung" sowie die Ein- und Ausfuhr von deren Erzeugnissen der *konkurrierenden* Gesetzgebung von Bund und Ländern zu (Art. 74, Abs. 11, 12, 16, 17 GG). Die wirtschaftlichen Beziehungen zwischen der Bundesrepublik und dem Ausland sowie zwischen Deutschland und den internationalen wirtschaftlichen Organisationen waren ausschließlich Angelegenheit des Bundes.

Auf dieser Basis konnten die Länder eine aktive Wirtschaftspolitik betreiben, und von dieser Möglichkeit hat die bayerische Regierung ausgiebig Gebrauch gemacht. Die Wirtschaftspolitik wurde ein wichtiges Aufgabenfeld, auf dem sich profilierte Politiker wie Hanns Seidel, Otto Schedl und Anton Jaumann betätigten. Am Anfang stand eine umfassende Analyse, 1947 von Otmar Emminger, dem späteren Präsidenten der Bundesbank, veröffentlicht, die – mit der obligatorischen Genehmigung der amerikanischen Militärregierung – trotz der Papierknappheit in einer Auflage von immerhin 2000 Stück gedruckt wurde.[29] Die „Nachkriegsaufgaben der bayerischen Wirtschaft", so Emminger, seien nicht nur die Behebung der Kriegsschäden, die Versorgung der Bevölkerung, die Sicherstellung des Bedarfs der Besatzungsmächte und die Reparationsleistungen, sondern vor allem die „weitere noch kaum übersehbare Aufgabe der Eingliederung der Millionen von Flüchtlingen und Ausgewiesenen, ihre Verpflegung, Unterbringung, Ausstattung und produktive Beschäftigung". Und dies könne nur die gewerbliche Wirtschaft leisten, denn auch „eine noch so große Ertragssteigerung der heimischen Landwirtschaft wird eine ausreichende Ernährung der Bevölkerung bei weitem nicht ermöglichen. Selbst wenn die landwirtschaftlichen Erträge im heutigen Rumpf-Deutschland wieder den Stand der Vorkriegszeit auf allen Gebieten erreichen, so werden doch nur etwa 60 v. H. des

Die Landesanstalt für Aufbaufinanzierung (LfA)

Nachdem mit der Währungsreform im Juni 1948 die wichtigste Voraussetzung für einen wirtschaftlichen Neubeginn erfüllt war, stellte der Kapitalmangel das größte Hindernis für die Wiederbelebung des Wirtschaftslebens dar. Während einheimische Gewerbetreibende und Unternehmer Immobilien und Sachwerte besaßen und sich deshalb Kapital auf dem freien Kreditmarkt verschaffen konnten, verfügten die Flüchtlinge und Vertriebenen über keine Sicherheiten dieser Art. Weil der Freistaat ein großes Interesse daran hatte, deren Integration gerade auf wirtschaftlichem Gebiet zu fördern, da er diese zu Recht für besonders effektiv erachtete, richtete er schon 1947 beim Finanzministerium einen Bürgschaftsausschuss zur Vergabe von „Flüchtlingsproduktivkrediten" ein. Die Überlegung war, die Banken durch Staatsbürgschaften zu bewegen, den Flüchtlingen Kredite zu gewähren. Die Bürgschaften wurden sofort stark in Anspruch genommen, nach der Währungsreform aber explodierte die Nachfrage geradezu. Bis Ende 1951 zählte man 8150 an Flüchtlingsunternehmen vergebene Kredite mit einer Gesamtbürgschaftssumme von 98 Mio. DM. Zugleich ergänzte man die Bürgschaften um zinsgünstige Liquiditätsbeihilfen. Bis Oktober 1950 wurden derartige Kredite in Höhe von fast 34 Mio. DM vergeben.

Mit dem Anlaufen des Marshall-Plans und des Lastenausgleichs erhöhten sich die hierfür verfügbaren Mittel derartig und dieses Kreditgeschäft nahm einen so großen Umfang an, dass man das Ministerium davon entlasten musste. So wurde mit Gesetz vom 7. Dezember 1950 die Bayerische Landesanstalt für Aufbaufinanzierung (LfA) ins Leben gerufen.

Die LfA wurde mit einem Grundkapital von 40 Mio. DM und Rücklagen von 4 Mio. DM ausgestattet und erhielt den Auftrag, die öffentlichen finanziellen Förderungsmaßnahmen durchzuführen ohne den privaten Kreditinstituten Konkurrenz zu machen. Deshalb gab und gibt die LfA ihre Finanzhilfen ausschließlich über Geschäftsbanken an die Wirtschaft. Dieses „Hausbankprinzip" und der Grundsatz der Wettbewerbsneutralität kennzeichnen die LfA als Spezialbank des Freistaats zur Förderung der Wirtschaft. Rasch entwickelte sie sich zu einem höchst wirkungsvollen wirtschaftspolitischen Steuerungsinstrument, was auch deshalb wichtig war, weil der Freistaat auf die Tätigkeit der bundesweit operierenden Institutionen mit ähnlichem Aufgabenbereich – der 1948 geschaffenen Kreditanstalt für Wiederaufbau (KfW), der 1950 gegründeten Vertriebenen-Bank, der späteren Lastenausgleichsbank bzw. Deutschen Ausgleichsbank – nur wenig Einfluss nehmen konnte.

Zunächst konzentrierte sich die LfA auf die Unterstützung der Flüchtlingsbetriebe, die auch dann auf die LfA zählen konnten, wenn sie sich zu mittelständischen und Großbetrieben weiterentwickelten, wie dies beispielsweise bei der Kunert AG oder der Schaeffler-Gruppe der Fall war. Ab Mitte der 50er-Jahre kamen jedoch in immer größerer Zahl auch einheimische Unternehmen bei der Vergabe von LfA-Krediten zum Zug. Deren Bilanzsumme erhöhte sich von 50,44 Mio. im Jahr 1951 auf 1,12 Mrd. DM 1965. Von immer größerer Bedeutung wurde auch die Übernahme von Bürgschaften, deren Gesamtobligo sich 1965 auf 480 Mio. DM belief.

1961 startete die LfA ihr „Refinanzierungsprogramm", mit dem sie von der reinen Weiterleitung der Mittel zu deren Transformation überging. Die staatlichen Zinsverbilligungsmittel wurden jetzt der LfA global zur Verfügung gestellt, die sie als langfristige und zinsgünstige Refinanzierungsdarlehen über die Hausbanken an die Letztkreditnehmer ausreichen konnte. Das Programm hatte zunächst einen Umfang von 25,7 Mio. DM, der sich bis Mitte der 70er-Jahre auf 200 Mio. DM erhöhte.

Ab Mitte der 60er-Jahre engagierte sich die LfA sehr stark bei Infrastrukturmaßnah-

men der Energiewirtschaft, zudem wurde sie nun verstärkt zur Sanierung und Konsolidierung angeschlagener bayerischer Unternehmen herangezogen. Deren Zahl nahm mit der Rezession 1966/67 erheblich zu, und da die Staatsregierung nun auch verschiedene Programme zur Konjunkturbelebung finanzierte, wuchs der Geschäftsumfang der LfA weiter stark an. Am 1. Juli 1970 erhielt sie eine den

Kundencenter und Vorstandshaus der LfA in München, Königinstraße 15 und 17

gewandelten Aufgaben angepasste neue gesetzliche Grundlage. Ihr Eigenkapital wurde bis 1973 auf 100 Mio. DM erhöht. Dank dieser Maßnahmen konnte die LfA ihre Funktion auch weiterhin effektiv erfüllen, wozu besonders in den Rezessionsjahren 1973/74 und 1982/83 ein beträchtlicher Einsatz erforderlich war. So trug die LfA damals zur Konsolidierung so wichtiger Unternehmen wie Audi, MAN, Hutschenreuther und Rosenthal bei.

Den Schwerpunkt aber bildete nach wie vor die Förderung des Mittelstandes; diese wurde 1974 mittels des „Einmaligen Hilfsprogramms zur Sicherung von Arbeitsplätzen im gewerblichen Mittelstand", das mit rund 500 Mio. DM ausgestattet war, auf eine neue Basis gestellt. Um sich nicht auf die Rolle als „Krisenfeuerwehr" beschränken zu müssen, hatte die LfA schon 1972 die „Kapitalbeteiligungsgesellschaft für die mittelständische Wirtschaft" (KBG) gegründet. Seither bildet das Beteiligungsgeschäft, bei dem zumeist neu gegründeten mittelständischen Betrieben ohne ausreichende Sicherheiten zu günstigen Bedingungen haftendes Eigenkapital zur Verfügung gestellt wird – neben der Kreditvergabe und Bürgschaftsübernahme die dritte Säule des LfA-Finanzierungsgeschäfts. Gerade sie hat in den folgenden Jahren eine immer größere Bedeutung erlangt. Und diese nahm weiter zu, als die LfA 1979/80 das Bayerische Technologie-Beratungsprogramm und das Bayerische Innovationsförderungsprogramm startete.

1978 wurde die LfA mit dem Programm „Darlehen junge Familie" erstmals auch auf sozialpolitischem Gebiet tätig; im Zuge dieses bis 1989 laufenden Programms bewilligte die LfA Darlehen von insgesamt mehr als 3 Mrd. DM. Von 1951 bis 1983 hat sich das Geschäftsvolumen der LfA von 1,1 auf 12,4 Mrd. DM ausgeweitet; das Beteiligungsgeschäft war bis dahin auf einen Umfang von 18 Mio. DM angewachsen, das Gesamtobligo der Bürgschaften auf 1,9 Mrd. DM.

Nach der Wiedervereinigung begann auch für die LfA eine neue Ära. Durch Unterstützung bayerischer Unternehmer, die in den neuen Bundesländern investierten, weitete sie ihre Tätigkeit über die Landesgrenzen aus. Gleichzeitig wurde der LfA die Durchführung von Fördermaßnahmen mit regionalpolitischer und unternehmensbezogener Ausrichtung sowohl vonseiten des Bundes als auch von der EU immer weiter erschwert, da diese die strikte Einhaltung von Subventionsrichtlinien einforderten. Deshalb konzentrierte sich die LfA noch stärker auf die strukturelle Förderung mittelständischer Unternehmen und den Ausgleich von Nachteilen gegenüber Großunternehmen in der Unternehmensfinanzierung. Ein besonderer Fokus lag dabei auf der Förderung von Betriebsneugründungen in den als besonders zukunftsträchtig eingestuften Bereichen.

Von 1977/78 bis 1999 vergab die LfA an mehr als 65 000 Nachwuchskräfte Förderkredite mit einem Gesamtumfang von ca. 5 Mrd. DM. Das Geschäftsvolumen der LfA überstieg 1999 31 Mrd. DM, ihr Eigenkapital betrug nun 1,5 Mrd. DM. Allein 1998 vergab sie Darlehen in einer Gesamthöhe von 4,7 Mrd. DM. Immer weniger der Mittel hierfür kamen aus der Staatskasse; 1999 waren es noch 28 %, den Rest brachte die LfA aus eigenen Mitteln auf, die zum größten Teil aus den Beteiligungen, aber auch aus dem Anlagengeschäft, das die LfA nun gleichfalls betrieb, stammten. Bis 2008 stieg die Bilanzsumme der Förderbank auf 18,9 Mrd. €, das Volumen der zugesagten Förderkredite auf 2,5 Mrd. €. Mit ihren drei Fördersäulen Kredite, Risikoübernahme und Beratung unterstützt die LfA vor allem Gründer sowie kleine und mittlere Unternehmen.

normalen Lebensmittelbedarfes der heutigen Bevölkerung aus inländischen Quellen gedeckt werden können. Der Fehlbedarf muß eingeführt und durch *Ausfuhr von Industrieerzeugnissen* bezahlt werden." (Hervorhebungen hier und nachfolgend im Original.) Das vordringlichste Ziel der bayerischen Wirtschaftspolitik sei deshalb der Ausbau der Industrie:

„Die Kapazität der bayerischen Industrie für Friedenserzeugung muß also sehr erheblich über den Stand von 1939 gesteigert werden, wenn das im Land verfügbare Arbeitspotenzial produktiv beschäftigt werden soll. (…) Die zwei Millionen zusätzlicher Menschen in Bayern können ja auch nur dann ausreichend ernährt und mit Bedarfsgütern versorgt werden, wenn tatsächlich die *Erzeugung* von Wohnraum, Bekleidung, Möbeln und sonstigem Hausrat und nicht zuletzt die Produktion von Exportgütern ganz erheblich über den Vorkriegsstand hinaus steigt.

Beschäftigung und Versorgung des Bevölkerungszustroms zwingen gleicherweise zu einer Lösung, die dem Industrieplan des alliierten Kontrollrats stracks zuwiderläuft, nämlich zu einer sehr erheblichen Expansion des Industrieapparates in den Hauptaufnahmegebieten für die Umsiedler."

Die Überzeugung, dass man die Aufnahme der großen Zahl von Flüchtlingen und Vertriebenen in Bayern nur durch weitere Industrialisierung bewältigen könne, machte sich auch die Militärregierung zu eigen, und das förderte jene Kräfte in Politik und Verwaltung, die sich für eine verstärkte Industrialisierung einsetzten. Noch immer aber gab es dagegen kräftigen Widerstand. Negative Folgen der Industrialisierung befürchtete vor allem der altbayerische, von Alois Hundhammer geführte Flügel der CSU, der so starken Einfluss hatte, dass ihn die Parteiführung nicht ignorieren konnte.

Für eine Industrialisierung setzte sich dagegen Hanns Seidel ein, der im September 1947 Wirtschaftsminister wurde und dies bis 1954 blieb, wodurch er die entscheidenden Weichenstellungen in der Wirtschaftspolitik vornehmen konnte. Seidel verfügte über sehr gute Beziehungen zu bayerischen Unternehmern, die sich 1948/49 wieder organisierten und ihre Interessen und Anliegen auch im Wirtschaftsbeirat der CSU formulierten. An dessen Gründung im Juni 1948 war neben Seidel auch Lorenz Sedlmayr, Staatssekretär im Wirtschaftsministerium, beteiligt. Gute Verbindungen unterhielt Seidel zudem zu den wieder begründeten Verbänden der Unternehmer, sei es zu den Fachverbänden der einzelnen Industriezweige oder zum 1949 gegründeten „Landesausschuß der bayerischen Industrie", dessen Ziel es erklärtermaßen war, die gemeinsamen Interessen der Industrie gegenüber Staat und Gesellschaft zu vertreten.[30]

Eine Restauration der Verhältnisse, wie sie vor der NS-Zeit bestanden hatten, kam jedoch für Seidel, anders als für manchen Vertreter der Wirtschaft, nicht in Betracht. Denn er war der Überzeugung, „daß es sich der moderne Staat bei der engen Wechselbeziehung zwischen Staat und Wirtschaft nicht leisten kann, die Wirtschaft völlig ihrer Wege gehen zu lassen und sich jeden Einflusses auf sie zu enthalten. Die Frage ist dabei nur, in welchem Umfang die Einflußnahme des Staates ausgeübt werde und welchen Umfang infolgedessen die staatliche Wirtschaftsverwaltung annehmen dürfe."[31] Die soziale Marktwirtschaft bedeute deshalb nicht die Rückkehr zu einer „bedingungslosen Marktwirtschaft", wie man sie im 19. und beginnenden 20. Jahrhundert praktiziert habe. Diese neue Wirtschaftsform basiere vielmehr auf zwei Voraussetzungen: „Die eine Voraussetzung ist eine ökonomische; sie äußert sich im freien Wettbewerb. Der Wettbewerb kann aber nicht funktionieren, wenn nicht die zweite Voraussetzung erfüllt ist, nämlich die Einhaltung von bestimmten sittlichen Normen. (…) Mit anderen Worten: Die so genannte soziale Marktwirtschaft kann nur dann funktionieren, wenn ein Minimum von sittlichen Normen vom Wirtschaftsvolk anerkannt und eingehalten wird."[32]

Diese Wirtschaft erfordere daher den aktiven Staat: „Der liberale Lehrsatz, daß dem Staat nichts anderes zu tun bleibe, als die Wirtschaft sich selbst zu überlassen, ist nicht mehr gültig. Die Vorstellung einer „autonom", also unabhängig vom Staat existierenden Wirtschaft ist ohne Sinn, da ohne die Mithilfe des Staates selbst die unbeschränkte Verkehrswirtschaft nicht denkbar ist. Es ist vielmehr die Aufgabe des Staates, dafür zu sorgen, daß die Wirtschaft nicht das Leben des Volkes beherrscht, sondern daß sie dem Volke dient. In dieser Feststellung liegt das Wesen der Wirtschaftspolitik; in ihr ist aber zugleich die Schwierigkeit der Aufgabe verborgen. Die Schwierigkeit ist durch die Frage nach der Art, dem Umfang und der Richtung des staatlichen Eingreifens, das heißt der wirtschaftspolitischen Maßnahmen gekennzeichnet." Drei Aufgaben vor allem habe die „staatliche Wirtschaftsverwaltung" zu erfüllen. Die erste sei es, dafür zu sorgen, „daß das Kapital dorthin fließt, wo es den größten volkswirtschaftlichen Nutzen bringen kann." Die zweite bestehe darin, der „Wirtschaft in all ihren Zweigen, Organisationen und Ständen" „beratend und unterstützend zur Seite zu stehen." Drittens und vor allem aber habe der Staat eine „aktive Wirtschaftspolitik" zu betreiben und müsse sich deshalb „insbesondere der Gewerbeförderung, dem Auf- und Ausbau der gewerblichen Kapazität und der Schaffung einer gesunden Wirtschaftsstruktur widmen. Hier liegen die großen und entscheidenden Aufgaben für eine wirkliche Wiedergesundung unserer Wirtschaft, dem Einsatz der vorhandenen Arbeitskräfte und die Wettbewerbsfähigkeit unserer Wirtschaft im In- und Ausland; hier muß daher auch das Schwergewicht der Arbeit einer Wirtschaftsverwaltung liegen."[33]

„Staat" aber bedeutete für Seidel vor allem „Bundesland": „Es ist sicherlich richtig, daß das Grundgesetz für die Bundesrepublik Deutschland in starkem Maße auf das Wirtschaftrecht und damit auf die Wirtschaftspolitik des Bundes und der Länder einwirkt. Nach dem Grundgesetz steht dem Bund die ausschließliche Gesetzgebung für das Währungs-, Geld- und Münzwesen, die Einheit des Zoll- und Handelsgebietes, die Handelsverträge, die Freizügigkeit des Warenverkehrs und der Waren- und Zahlungsverkehr mit dem Ausland zu. Für diese Angelegenheiten kommt den Ländern die Gesetzgebungsbefugnis nur zu, wenn sie hierzu in einem Bundesgesetz ausdrücklich ermächtigt werden. Mit dem Recht zur Gesetzgebung liegt auch die Wirtschaftspolitik auf diesen Gebieten in den Händen des Bundes.

Im Rahmen des föderativen Aufbaus des Bundes aber kommt der so genannten konkurrierenden Gesetzgebung eine wichtige Rolle zu. Hierzu zählen nach dem Grundgesetz unter anderem die Überführung von Naturschätzen und Produktionsmitteln in Gemeineigentum oder in andere Formen der Gemeinwirtschaft, die Verhütung des Missbrauchs wirtschaftlicher Machtstellung, die Ein- und Ausfuhr land- und forstwirtschaftlicher Erzeugnisse und vor allem die Angelegenheiten der Wirtschaft im engeren Sinn, nämlich der Industrie, des Handwerks, des Handels, des sonstigen Gewerbes, der Energiewirtschaft, des Bergbaus usw.

Auf all diesen Gebieten können die Länder Gesetze erlassen, solange und soweit der Bund von seinem Gesetzgebungsrecht keinen Gebrauch macht. Hiervon Gebrauch machen kann der Bund aber nur, soweit ein Bedürfnis für bundesgesetzliche Regelung besteht, insbesondere wenn die Wahrung der Rechts- oder Wirtschaftseinheit eine bundesrechtliche Ordnung erfordert."

Er, so Seidel weiter, setze auf die „politische Klugheit und Weitsicht der Bundesregierung", die den Erfordernissen der Wirtschaft Rechnung tragen und daher ihre Gesetzgebungskompetenz nicht überstrapazieren werde. Dafür werde schon der Bundesrat sorgen, in dem Bayern seinen Einfluss entsprechend zur Geltung bringen werde:

„Der tiefere Sinn einer föderativen Organisation des Bundes liegt ja gerade darin, einen sinnvollen Ausgleich zwischen den Eigeninteressen der Länder und den zentralen Notwendigkeiten zu finden. (…) Die Wahrung der wirtschaftlichen Eigeninteressen und die Lösung der spezifischen wirtschaftlichen Probleme eines Landes müssen durch eine unmittelbare und eigenständige Wirtschaftspolitik gewährleistet bleiben; sie kann nur von einer selbstständigen Landeswirtschaftsverwaltung durchgeführt werden. Die Tatsachen rechtfertigen diese Behauptung. Die Landeswirtschaftsverwaltungen besitzen den unmittelbaren Kontakt mit den einzelnen Fachzweigen und Betrieben und sehen am raschesten die Auswirkungen zentraler Maßnahmen. Ein föderativer Aufbau der Wirtschaftsverwaltung wird die Vielfältigkeit eines wirtschaftlichen Organismus stärker zur Entfaltung bringen, als dies ein reiner Zentralstaat jemals vermöchte. Eine zentralistische Wirtschaftspolitik ist nur zu leicht geneigt, die Interessen der traditionellen wirtschaftlichen Schwerpunkte wahrzunehmen, die Notwendigkeiten der übrigen Gebiete aber zu übersehen und damit einen organischen Aufbau der Struktur des Landes zu verhindern. Diese Überlegungen führen zu dem einleuchtenden Schluss, dass wir in Bayern auf eine eigene und eigenständige Wirtschaftsverwaltung nicht verzichten können".[34]

Diesen Grundsätzen folgend hat Seidel ein Konzept für die künftige wirtschaftliche Entwicklung Bayerns entworfen, das breite Zustimmung fand. Es bestand im Kern darin, dass zwar Industrie und Gewerbe ausgebaut werden sollten, dass aber diese Industrialisierung, anders als dies in anderen Teilen Deutschlands der Fall war – hier diente vor allem das Ruhrgebiet als abschreckendes Exempel –, nicht zur Bildung industrieller Ballungsräume führen sollte. Vielmehr sollte eine über das ganze Land verteilte, leistungsfähige gewerbliche Wirtschaft entstehen. Mit diesem Konzept entschied sich die bayerische Staatsregierung gegen die später so bezeichnete „passive Sanierung" wirtschaftlich unterentwickelter Regionen. Dabei sollte die Unterstützung unterentwickelter Regionen unterbleiben, weil dies zu einem Rückgang von deren Bevölkerung auf einen Stand führen würde, der mit der wirtschaftlichen Leistungsfähigkeit der Region in Einklang stünde. Zugleich würde sich die wirtschaftliche Entwicklung auf die Ballungsräume konzentrieren, die der Wirtschaft viele Vorteile böten. Die Wirtschaft werde dadurch beschleunigt wachsen, und davon wiederum würden Staat und Gesellschaft insgesamt profitieren, und zwar auch die unterentwickelten Regionen.

Bayerns Wirtschaftspolitik dagegen strebte eine „Industrialisierung des ländlichen Raumes nach dem Konzept der dezentralen Verdichtung" an.[35] Klein- und Mittelstädte sollten gefördert und so zu „Kristallisationskernen" eines florierenden regionalen Wirtschaftslebens werden, als Teile eines das ganze Land überspannenden Netzes. Eine besondere Rolle wies man dabei dem gewerblich-industriellen Mittelstand zu, der deshalb auch besonders gefördert werden sollte. Durch eine planmäßige „Erschließung des Landes", bei der der Ausbau der Verkehrsinfrastruktur im Vordergrund stand, sollten regionale Unterschiede abgebaut und das Gefälle zwischen Zentrum und Peripherie, zwischen Stadt und Land vermindert werden. „Das normative Postulat der Erschließung des Landes war – um ein Schlagwort der sechziger Jahre zu gebrauchen – die Gleichwertigkeit der Lebensverhältnisse in allen Teilen Bayerns."[36]

Mit der „Erschließung des Landes" setzte die bayerische Staatsregierung eine Politik fort, die man schon seit der Zeit der Monarchie verfolgt hatte. Schon in der zweiten Hälfte des 19. Jahrhunderts hatte man große Hoffnungen in diese Art der Erschließung gesetzt, die damals vor allem mittels des Eisenbahnbaus vorangetrieben wurde. Auch damals hatte man diese mit hohen Kosten verbundene Erschließung der Fläche mit der Erwartung verbunden, so mittlere und kleinere wirtschaftliche Zentren in der Peripherie erhalten beziehungsweise bilden zu können. Dadurch sollte die fortschreitende Entleerung ganzer Landstriche und das fortgesetzte überdimensionale Wachstum der Ballungsräume verhindert werden. Diese Erwartungen gingen jedoch nur ansatzweise in Erfüllung, denn die Ballungsräume boten den wirtschaftlichen Unternehmen so viele Vorteile, dass dagegen jene, welche die schwach entwickelten Regionen zu bieten hatten – neben der Nähe zu bestimmten Rohstoffen waren dies vor allem billigere Arbeitskräfte –, kaum ins Gewicht fielen. Von der Möglichkeit, Unternehmen durch Vergünstigungen und Subventionen zur Ansiedlung in den schwach entwickelten Regionen zu bewegen, hatte man zur Zeit der Monarchie jedoch keinen Gebrauch gemacht. Und die Bemühungen, die Attraktivität der Provinz dadurch zu steigern, dass man die Infrastruktur kleiner und mittlerer Zentren ausbaute – etwa durch Verbesserung von Bildungseinrichtungen und durch die Ansiedlung von Behörden und anderen öffentlichen Einrichtungen –, waren nicht effektiv genug, um größere positive Wirkungen zu zeitigen. Die Folgen davon waren neben der Fortdauer der Landflucht eine weit unter dem Landesdurchschnitt liegende Wirtschafts- und Steuerkraft breiter Landstriche gewesen.

Da sich auch der Industrialisierungsschub während des Dritten Reiches sehr stark auf die industriellen Zentren konzentriert hatte, die Flüchtlinge und Vertriebenen dagegen auf dem Land untergebracht werden mussten, hatte sich das Gefälle zwischen Zentren und Peripherie, zwischen industrialisierten Ballungsräumen und landwirtschaftlichen Regionen in den Kriegs- und Nachkriegsjahren weiter verstärkt. Es war daher abzusehen, dass vor allem die Flüchtlinge und Vertriebenen in großer Zahl in die Städte und die industriellen Zentren abwandern würden, sobald die akute Notlage überwunden sein würde. Ein solcher Zuzug in die Ballungszentren musste dort große Probleme verursachen, was die Integration der „Neubürger" sehr erschweren musste. Auch aus diesem Grund schien es zu dieser Landesentwicklungspolitik keine Alternative zu geben.

Die Politik der „Erschließung des Landes"

Der Hebel, mit dem die Staatsregierung die wirtschaftliche Entwicklung des Landes vorantreiben und steuern wollte, war der Ausbau der Infrastruktur, der „Gesamtheit der materiellen, institutionellen und personellen Gegebenheiten" des Landes.[37] Ein weiteres wichtiges Mittel hierfür waren die direkten und indirekten Subventionen, wie zum Beispiel Frachthilfen, Steuererleichterungen und Steuernachlässe. Zur finanziellen Abwicklung all dieser Maßnahmen konnte die Staatsregierung auf die traditionellen Institutionen zurückgreifen, vor allem auf die Bayerische Gemeindebank, die Sparkassen und die Landeskultur-Rentenanstalt, die 1949 in „Bayerische Landesbodenkreditanstalt" umbenannt wurde. Diese drei Institutionen arbeiteten eng zusammen, was 1972 schließlich zur Fusion der Bayerischen Gemeindebank und der Bayerischen Landesbodenkreditanstalt zur „Bayerischen Landesbank Girozentrale" führte. Die Bayerische Landesbank, wie sie üblicherweise genannt wurde, verfügte über ein Grundkapital von 400 Mio. DM, das je zur Hälfte vom Freistaat Bayern und den bayerischen Sparkassen gehalten wurde. Sie hatte vor allem als Sparkassenzentralbank, als Hausbank des Freistaates Bayern und als Kreditinstitut der Kommunen zu fungieren, betrieb aber als Universalbank alle Arten von Bankgeschäften. Über die ihr angeschlossene Landesbausparkasse nahm sie zudem wichtige Funktionen im Städte- und Wohnungsbau Bayerns wahr.

Hanns Seidel trieb zunächst als Wirtschaftsminister (1947–1954) und dann als Ministerpräsident (1957–1960) die „Erschließung des Landes" und die „dezentralisierte Industrialisierung" voran. Anders als Ehard unterhielt Seidel sehr gute Beziehungen zu den Vertretern der bayerischen Wirtschaft und Industrie, die er auch stark in die politischen Entscheidungsprozesse miteinbezog. Seidels erklärte Absicht war es, durch den Ausbau „wirtschaftsnaher" öffentlicher Einrichtungen die Voraussetzungen für die Ansiedlung neuer Betriebe zu schaffen beziehungsweise zu verbessern, und so die Zahl der Arbeitsplätze auf dem Land zu erhöhen. Auch wenn davon zunächst nur die Wirtschaft profitierte, so sollten diese Maßnahmen letztlich der Allgemeinheit zugutekommen, da man die Infrastruktur umfassend erweitern und sich nicht auf jene Bereiche beschränken wollte, die unmittelbar der Wirtschaft dienten. Mit dieser Politik folgte Bayern einem bundesweiten Trend, der in den 1960er-Jahren einen ersten Höhepunkt erlebte; in diesem Jahrzehnt hat sich das „reale Infrastrukturkapital" Westdeutschlands verdoppelt.

In Bayern verlief dieser Ausbau in den ersten Jahren noch in eher bescheidenen Bahnen, da dem Freistaat zunächst nur geringe finanzielle Mittel zur Verfügung standen. Diese stammten zudem größtenteils aus den Begleitprogrammen des Marshall-Plans und mussten somit nach bestimmten Vorgaben verwendet werden. Das änderte sich, als mit dem Wirtschaftsaufschwung gegen Ende der 1950er-Jahre auch die Staatseinnahmen deutlich anstiegen. Aber nicht nur mit eigenen Haushaltsmitteln, sondern auch mit solchen, die Bayern über den Länderfinanzausgleich zuflossen – Bayern erhielt vom Bund erheblich mehr Mittel zugewiesen als es selbst zum Bundeshaushalt beitrug[38]–, konnte man diese Politik intensivieren. Schon in den Jahren 1951 bis 1954 wurde die angesichts des relativ geringen bayerischen Haushaltsvolumens beachtliche Summe von 2,1 Mrd. DM an staatlichen Investitionsmitteln in die Wirtschaft geleitet. Sie flossen vor allem in den Wohnungsbau, die Energieversorgung, den Hoch-, Straßen- und Wasserbau, aber auch in die gewerbliche Wirtschaft und die Landwirtschaft. Diese hohen staatlichen Investitionen waren aber nur durch Kreditaufnahmen möglich, sodass die Neuverschuldung Bayerns von der Währungsreform bis zum Abschluss des Rechnungsjahres 1953 auf 1,4 Mrd. DM anstieg.[39]

1954, am Ende der zweiten Legislaturperiode, zog Seidel eine erste Bilanz. Hierbei verwies er zunächst auf die positive Wirkung des Zustroms der Flüchtlinge und Vertriebenen, der das Arbeitskräftepotenzial wesentlich gestärkt habe. Dann stellte er die negativen Faktoren dar, unter denen er vor allem den Rohstoff-

Die Vereinigung der Bayerischen Wirtschaft

Der Vereinigung der Bayerischen Wirtschaft (vbw) gehören heute über 80 bayerische Arbeitgeber- und Wirtschaftsverbände sowie 30 Einzelunternehmen aus den Wirtschaftsbereichen Industrie, Handwerk, Bauwirtschaft, Verkehrsgewerbe, Einzel-, Groß- und Außenhandel, Banken und Versicherungen, Land- und Forstwirtschaft, Hotellerie und Gastronomie und den Freien Berufen an, denen insgesamt rund 3,3 Mio. sozialpflichtig Beschäftigte zuzuordnen sind. Die vbw ist zudem die Landesvertretung der Bundesvereinigung der Deutschen Arbeitgeberverbände e. V. (BDA) und des Bundesverbandes der Deutschen Industrie e. V. (BDI), sodass sie als die branchenübergreifende und zentrale Interessenvereinigung der bayerischen Wirtschaft gilt. Die vbw wirkt als „Stimme der Wirtschaft" und sieht ihre wichtigste Aufgabe darin, deren gemeinsame wirtschaftliche, soziale sowie gesellschaftspolitische Interessen zu vertreten. Als oberste Maxime definiert der Verband den Erhalt des Freiraums für wirtschaftliches Handeln und die Sicherung des sozialen Frieden. Die vbw betreibt die Informations- und Öffentlichkeitsarbeit der bayerischen Wirtschaft, koordiniert die Meinungen, fokussiert die Aussagen und sorgt für die publizistische Verbreitung und Erläuterung der unternehmerischen Ansichten, Anliegen und Argumente.

In der Verfolgung dieses Zieles bringt die vbw die Vorstellungen der Wirtschaftverbände und Unternehmer in den Diskurs mit staatlichen und nichtstaatlichen Organisationen ein und nimmt auf diese Weise an der Meinungsbildung und den politischen Entscheidungsprozessen teil. Ihr Einsatz gilt dabei vornehmlich der Aufrechterhaltung und Steigerung der Wettbewerbsfähigkeit bayeri-

Die erste Ausgabe des seit 2008 herausgegebenen vbw-Magazins

scher Unternehmen sowie der bayerischen Wirtschaft insgesamt. Durch ihre Zusammensetzung ist die vbw nicht nur legitimiert, für die bayerische Wirtschaft zu sprechen, sondern verfügt auch über die größten Kompetenzen und Erfahrungen auf wirtschaftlichem Gebiet. Das zeigt sich am augenfälligsten in der Zusammensetzung ihres Präsidiums und Vorstandes, in denen herausragende Führungspersönlichkeiten der bayerischen Wirtschaft tätig sind. Aus diesem Grund werden die von der vbw erarbeiteten Stellungnahmen, die sich vor allem auf die Bereiche Sozialpolitik, Wirtschaftspolitik, Steuer- und Finanzpolitik, aber auch Umwelt-, Verkehrs-, Energie- und Bildungspolitik beziehen, von der Politik und der Administration mit großer Aufmerksamkeit zur Kenntnis genommen. Die vbw übt so einen nicht zu unterschätzenden Einfluss auf die Wirtschaftpolitik und die wirtschaftliche Entwicklung Bayerns aus.

Die jeweiligen Positionen der vbw werden in einschlägigen Fachausschüssen erarbeitet, die sich aus haupt- und ehrenamtlichen Vertretern der vbw-Mitglieder zusammensetzen. An der Spitze jedes Ausschusses steht ein ehrenamtlicher Vorsitzender, zudem hat jeder einen Paten im vbw-Präsidium. Betreut werden die derzeit elf Ausschüsse von jeweils einer Fachreferentin bzw. einem Fachreferenten.

Die Wurzeln der vbw reichen bis 1902 zurück. In diesem Jahr entstand als Zusammenschluss verschiedener bayerischer Wirtschaftsverbände und einiger großer in Bayern tätiger Unternehmen der Bayerische Industriellen-Verband (BIV). Im Ersten Weltkrieg wurde er bei der Vergabe von Heeresaufträgen eingeschaltet, und so schlossen sich ihm viele weitere Unternehmen an. 1917 zählten 1549 Firmen und ca. 30 Verbände zu seinen Mitgliedern.

Bereits 1905 war der BIV mit den bayerischen Arbeitgeberverbänden übereingekommen, sich nicht in deren Aufgaben einzumischen und sich im Wesentlichen auf die Beratung seiner Mitgliedsunternehmen zu beschränken. Diese Aufgabenteilung blieb auch nach Gründung der bayerischen Landesstelle der Vereinigung deutscher Arbeitgeberverbände 1919 erhalten, die 1924 in Vereinigung der bayerischen Arbeitgeberverbände (VBA) umbenannt wurde. BIV und VBA arbeiteten jetzt jedoch in einer Bürogemeinschaft zusammen und gaben eine gemeinsame Zeitschrift heraus.

1926 gehörten dem BIV bereits 2127 Unternehmen und 16 Verbände an, wobei der Organisationsgrad bei den Industrieunternehmen besonders hoch war; deren Vertreter dominierten auch den aus 100 Mitglie-

dern bestehenden Ausschuss und das zwölfköpfige Präsidium. Diesem stand von 1906 bis 1922 Anton von Rieppel, der Generaldirektor von MAN, vor, danach bis 1926 Walter G. Clairmont, der Vorstandsvorsitzende der Neuen Augsburger Kattunfabrik AG, und anschließend Gottlieb Lippart, Vorstandsvorsitzender der MAN. In der NS-Zeit wurde der BIV gleichgeschaltet, mit dem VBA zusammengeschlossen und ging dann in der „Wirtschaftskammer Bayern" auf.

Im November 1949 wurde mit dem „Landesausschuß der bayerischen Industrie" eine Nachfolgeorganisation ins Leben gerufen. Ziel war die Schaffung einer Branchen übergreifenden, bayernweiten Organisation, die wirksam die gemeinsamen Interessen der Industrie gegenüber Staat und Gesellschaft vertreten konnte. Die wieder entstandenen Industrie- und Handelskammern hielt man in diesem Punkt für ungeeignet, da diese die Interessen der gesamten Wirtschaft zu vertreten hätten. Initiatoren des neuen Verbandes, gegen dessen Gründung sich die Industrie- und Handelskammern vehement aussprachen, waren vor allem die industriellen Fachverbände Bayerns. Da eine Vereinigung der Arbeitgeberverbände in Bayern (VAB) bereits im Juli 1949 gegründet worden war und die Gründung einer Arbeitsgemeinschaft der industriellen Wirtschaftsverbände auf Bundesebene auf dem Weg war, schien den Industriellen Bayerns die Bildung eines Zusammenschlusses der einzelnen bayerischen Verbände aber dringend erforderlich. Nur so konnte das Gewicht der bayerischen Industrie gemeinsam in die Waagschale geworfen werden. Der zunächst als „Landesausschuß" konstituierte Verband wurde auch von den Industrie- und Handelskammern mitgetragen, nachdem diese durchgesetzt hatten, dass nur Verbände und nicht einzelne Unter-

Rudolf Rodenstock

nehmen Mitglieder werden konnten. Im März 1951 erhielt der nun in „Landesverband der Bayerischen Industrie" (LBI) umbenannte Verband eine neue Satzung und wurde in das Vereinsregister eingetragen. Seine Mitglieder waren 34 Wirtschaftsverbände und die Industrieausschüsse von neun Industrie- und Handelskammern, seine Organe die Mitgliederversammlung, der Hauptausschuss und ein aus 15 Mitgliedern bestehendes Präsidium. Diesem wurden umfangreiche Kompetenzen eingeräumt; seine Sitze wurden – wie die im Hauptausschuss – nach den Beschäftigtenzahlen des jeweiligen Industriezweiges und unter Berücksichtigung eines regionalen Proporzes vergeben. Generell hatten hier die angestellten Manager der Großbetriebe das Übergewicht.

Obwohl der Einfluss des LBI von Anfang an beträchtlich war – er wurde regelmäßig zur Gesetzgebung herangezogen, hatte Sitz und Stimme u. a. im Landesplanungsbeirat, im Energiebeirat und im Landesausschuss für Berufsbildung –, empfand man es in der Wirtschaft als ein Manko, dass er in einer gewissen Konkurrenz zur „Vereinigung der Arbeitgeber Bayerns" (VAB) stand, weil so die Wirtschaft „mit zwei Zungen sprach". Dennoch blieben alle Anläufe, die beiden Verbände zu fusionieren, lange erfolglos. Erst 1997 kam diese Fusion zustande. Seit 2000 steht Randolf Rodenstock, der geschäftsführende Gesellschafter der Optischen Werke G. Rodenstock GmbH & Co. KG München, an der Spitze der Vereinigung der Bayerischen Wirtschaft.

Der Ausbaustand des bayerischen Straßennetzes um 1960/65

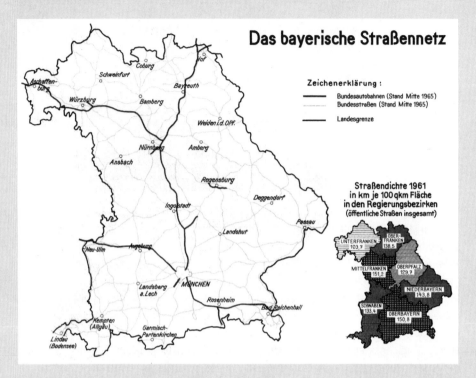

Das bayerische Straßennetz

Zeichenerklärung :

— Bundesautobahnen (Stand Mitte 1965)
······ Bundesstraßen (Stand Mitte 1965)
— Landesgrenze

Straßendichte 1961
in km je 100 qkm Fläche
in den Regierungsbezirken
(öffentliche Straßen insgesamt)

UNTERFRANKEN 103,7
OBER-FRANKEN 138,5
MITTELFRANKEN 151,2
OBERPFALZ 129,7
NIEDERBAYERN 143,8
SCHWABEN 133,4
OBERBAYERN 150,8

Von 1950 bis 1965 hat das Netz der klassifizierten Straßen (Autobahn, Bundes-, Staats- und Kreisstraßen) in Bayern um ca. 6600 km oder rund 25 % auf 33 170 km zugenommen. Von diesem Zuwachs – verursacht durch Umstufungen, Neubauten und Umbauten – entfielen fast 3600 km oder 60 % auf Staatsstraßen und nur rund 860 km auf Bundesstraßen. An Bundesautobahnen wurden in diesem Zeitraum 213 km neu gebaut. Die Aufwendungen für den Um-, Aus- und Neubau der Bundesfernstraßen und Staatsstraßen stiegen von 1950 bis 1964 von 38 auf rund 697 Mio. DM pro Jahr an. 1964 entfielen mehr als drei Viertel der Baumittel auf den Neubau von Autobahnen und Bundesstraßen, was zeigt, dass hier ein erheblicher Nachholbedarf empfunden wurde. Das gesamte Bau-volumen einschließlich der Aufwendungen für die Instandhaltung der Straßen belief sich in diesem Jahr auf über 800 Mio. DM.

Das gesamte öffentliche Straßennetz umfasste in Bayern im Jahr 1961 rund 97 700 km. Damit betrug die Straßendichte landesweit 137 km Straße pro 100 qkm Fläche. Unter den Regierungsbezirken wiesen Oberbayern mit 150,8 und Mittelfranken mit 151,2 km/100 qkm die höchsten, Unterfranken mit 103,7 km/100 qkm die niedrigste Straßendichte auf. In der Oberpfalz waren es 129,7, in Oberfranken 138,5, in Niederbayern 143,8 und in Schwaben 133,4 km/100 qkm. In den kreisfreien Städten war die Straßendichte mit 384 km/100 qkm fast dreimal so hoch wie in den Landkreisen.

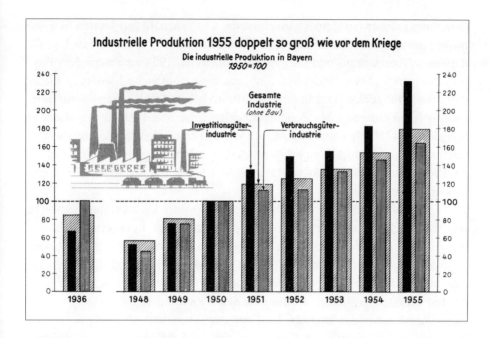

Industrielle Produktion 1955 doppelt so groß wie vor dem Kriege

Die industrielle Produktion in Bayern
1950 = 100

und Kapitalmangel Bayerns herausstrich, welche die wirtschaftliche Entwicklung Bayerns erschwert und „zu einem gewissen Rückstand" geführt hätten. „Daher mussten auch mehr und größere Notstandsgebiete, d. h. wirtschaftlich zurückgebliebene Landesteile übernommen werden, als dies im übrigen Bundesgebiet der Fall war. Außerdem wurde durch den verlorenen Krieg Bayern von den benachbarten Wirtschaftsräumen abgeschnürt. Im Ganzen kann man sagen, daß mit Beginn des Wiederaufbaus die Aufgaben in Bayern größer und schwieriger, die Kapital- und Finanzkraft des Landes aber eher geringer, die Standortfaktoren und Wettbewerbslage ungünstiger waren als in anderen Bundesländern."[40]

Seidel hat die Ausgangslage wohl bewusst etwas sehr düster dargestellt, damit die Erfolge seiner Politik umso heller strahlten. Deren Bilanz war jedoch ohnehin beeindruckend, denn die industrielle Produktion Bayerns lag 1954 bereits um 74 % über dem Vorkriegsstand, und die Exporte waren von 767 Mio. DM im Jahr 1950 auf über 2 Mrd. DM im Jahr 1954 angestiegen.

Diese Entwicklung war aber nicht nur das Resultat bayerischer Politik. Denn seit 1951 beteiligte sich auch der Bund massiv an der Förderung der wirtschaftsschwachen Räume Bayerns. Dazu war er verpflichtet, da die Teilung Deutschlands mit ihren negativen Folgen für Bayern als Kriegsfolgelast galt, womit ein Anspruch auf Hilfe des Bundes bestand, wie dies das Grundgesetz vorsah (Art. 120). Zudem hatten die wirtschaftsschwachen Länder einen Anspruch auf Unterstützung, die von den leistungsfähigeren Bundesländern aufzubringen war. Zusätzlich wurde 1953 durch Bundesgesetz ein besonders zu förderndes „Zonenrandgebiet" ausgewiesen, das einen 40 km breiten Streifen entlang der sowjetischen Besatzungszone und der CSSR – und damit auch große Regionen Oberfrankens und Ostbayerns – umfasste. 1954 verabschiedete Bayern ein eigenes „Grenzlandprogramm", das eine zusätzliche Förderung dieser Regionen ermöglichte. Das Instrumentarium, das die Staatsregierung zur wirtschaftlichen Förderung des Zonenrandgebiets einsetzte, bestand vor allem in zinsgünstigen Darlehen und Zuschüssen, die den Zweck hatten, die Investitionsbereitschaft und -fähigkeit zu erhöhen. Zudem gab es Vergünstigungen, welche die Produktionskosten senkten; dazu zählten vor allem die Frachthilfen und Sonderabschreibungen.

Entscheidend für den Aufschwung von Bayerns Industrie und Gewerbe aber war letztlich das große Arbeitskräftepotenzial. Denn dieses ermöglichte es, sowohl die vor und während des Krieges entstandenen gewerblichen Arbeitsplätze als auch diejenigen, die in der Nachkriegszeit durch Neugründungen hinzukamen, zu besetzen. Von 1951 bis 1957 wurden 1187 Industriebetriebe mit mehr als 10 Beschäftigten gegründet, womit sich deren Zahl um 12,5 % erhöhte.[41] Eine ganze Reihe der neuen Betriebe kam aus der „Ostzone" beziehungsweise der DDR. In den Jahren zwischen Kriegsende und 1955 sollen nach neueren Untersuchungen 809 Betriebe ihre Produktionsstandorte und teilweise auch ihre Hauptverwaltung nach Bayern verlagert haben. Darunter waren zum Teil sehr

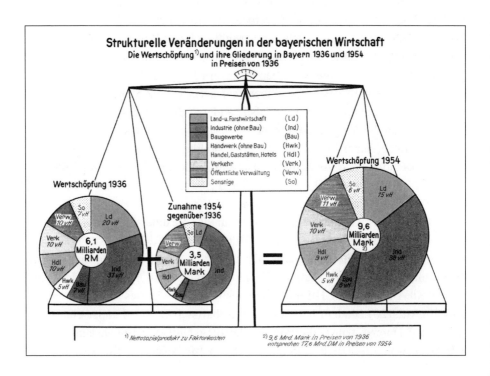

renommierte Industriebetriebe wie beispielsweise Werke von Siemens, die in Eisenach ansässige PKW-Fertigung von BMW, die Auto-Union, die ihren Hauptsitz in Chemnitz hatte, und das Elektronikunternehmen Loewe. Diese Betriebe stellten eine große Bereicherung der bayerischen Industrie dar und machten Bayern zum Gewinner der Teilung Deutschlands.[42] Zudem wurden zahlreiche Betriebe auch von Vertriebenen in Bayern neu gegründet.

Wie Seidel schon 1954 konstatierte, wirkte sich der industrielle Aufschwung auch auf die anderen Wirtschaftsbereiche aus, so vor allem auf die Bauwirtschaft, die seit 1950 pro Jahr zwischen 75 000 und 80 000 Wohnungen erstellte. Aber selbst die Landwirtschaft profitierte von ihm; ihr Produktionswert steigerte sich von 2,7 Mrd. DM im Jahr 1949/50 auf 3,6 Mrd. im Jahr 1952/53, und dies nicht zuletzt dank staatlicher Förderung, die allein in den Jahren 1951 bis 1954 223 Mio. DM betrug.

Der unter Seidel eingeschlagene wirtschaftspolitische Kurs wurde im Wesentlichen auch von der nächsten Regierung beibehalten, die von 1954 bis 1957 von der Viererkoalition gebildet wurde. Eine gewisse Schwerpunktverlagerung erfolgte durch die Priorität, die Ministerpräsident Hoegner der Atomenergie bei der Energieversorgung einräumte. Sein am 17. Januar 1956 vorgelegtes Programm zählte als wichtigste Vorhaben auf wirtschaftspolitischem Gebiet die folgenden auf:

– Aufsuchung, Gewinnung und Aufbereitung der Bodenschätze, besonders an Öl und Uran,
– Errichtung weiterer Kraftwerke zur Deckung des steigenden Energiebedarfs,
– Fortsetzung der Industrialisierung, insbesondere Ansiedlung arbeitsintensiver Industrien nach einem Landesentwicklungsplan,
– planvoller Ausbau des Verkehrsnetzes,
– Förderung der Mechanisierung der Landwirtschaft durch staatliche Beihilfe,
– Aufstellung eines Wasserwirtschaftsplanes,
– Ausbau des Fremdenverkehrs.

Die planmäßige „Erschließung des Landes" war in diesen Jahren eines starken allgemeinen Wirtschaftswachstums zwar etwas in den Hintergrund getreten, die Planungen dafür aber liefen weiter. 1951 und 1954 legte die „Landesplanungsstelle" im Wirtschaftsministerium das zweiteilige Kompendium „Die bayerische Landesplanung. Grundlage für die Aufstellung von Richtlinien zu einem Landesentwicklungsplan" vor; diese „Magna Charta der Landesentwicklung"[43] gab der Politik zwar Entscheidungsgrundlagen an die Hand, hatte aber keinen verbindlichen Charakter. 1957 erließ man das „Landesplanungsgesetz", das die Verfahrensweise regelte, der Landesentwicklung aber keine konkreten Ziele vorgab. Auf dieser Basis wurden die ersten Raumordnungspläne für besonders problematische Gebiete wie die Rhön und den Oberpfälzer Wald erstellt.

Als Hanns Seidel im Herbst 1957 Ministerpräsident wurde, erklärte er die „Aktivierung der regionalen Wirtschaftspolitik", die Sorge für den Mittelstand und die freien Berufe, die Deckung des Energiebedarfs und die Verbesserung der verkehrspolitischen Situation zu den Hauptaufgaben seiner Regierung.[44] Sein zentrales Ziel sei es, die „Wirtschafts- und damit die Finanz- und Steuerkraft unseres Landes zu stärken", da die Zuwachsraten beim Volkseinkommen und bei der Einkommens- und Vermögenssteuer gegenüber denen der Bundesrepublik insgesamt zurückgeblieben seien.[45] Dazu sei es nötig, dass Bayern künftig mehr Mittel über den Länderfinanzausgleich erhalte und man den „Weg einer Aktivierung der regionalen Wirtschaftspflege" beschreite. Entscheidend sei jedoch, „daß wir im Land selbst den Willen aufbringen und die Fähigkeit entwickeln, die wirtschaftlichen Möglichkeiten zu sehen und auszuschöpfen". Bayern müsse seine Potenzial besser nutzen; es müsse insbesondere die Erschließung der Wasserkraft vorantreiben, den Hafen Regensburg ausbauen, die Mainschifffahrt rationalisieren und die Möglichkeiten ausschöpfen, die der „Grüne Plan" biete.[46]

Wie Seidels Ausführungen auch erkennen lassen, ging es nun nicht mehr nur um die Verbesserung der wirtschaftlichen Lage Bayerns an sich. Vielmehr sollte Bayern wirtschaftlich so rasch vorankommen wie die anderen Bundesländer, von denen einige ein weitaus stärkeres Wirtschaftswachstum aufzuweisen hatten.[47] Dieses wurde immer mehr zum Gradmesser erfolgreicher Politik. Vor allem zwischen Bundesländern mit Regierungen unterschiedlicher politischer Couleur entwickelte sich ein heftiger Wettstreit. Das äußerte sich auch darin, dass das Thema Wirtschaft in den Programmen und Rechenschaftsberichten der bayerischen Staatsregierung einen immer größeren Stellwert einnahm.

So standen auch in Seidels Regierungserklärung zu Beginn der Legislaturperiode 1958–1962 wirtschaftspolitische Themen im Mittelpunkt. Darin nahm er eine neue Standortbestimmung vor und präzisierte die Ziele seiner Wirtschaftspolitik. Dabei stellte er zunächst fest, dass sich der Charakter Bayerns bereits grundlegend gewandelt habe:

„Am auffälligsten tritt dies bei der Betrachtung des wirtschaftlichen und sozialen Zustandes unseres Landes in Erscheinung. Dieser Zustand ist im Wesentlichen durch eine starke Industrialisierung herbeigeführt worden. Bayern wurde dadurch geradezu zum Prototyp eines Industrie-Agrarstaates, also eines Staates, in dem neben einer bedeutenden Landwirtschaft die gewerbliche Wirtschaft mehr und mehr an Boden gewinnt. Um es mit einem Satz zu sagen: Das Strukturbild der bayerischen Wirtschaft und damit des Staatswesens selbst hat sich entscheidend geändert. Eine außergewöhnliche Bevölkerungszunahme und der Zwang zur Neuorientierung des Güteraustausches – beides Folgen des unseligen letzten Krieges – sind die wesentlichen Ursachen für die Veränderung. Sicherlich ist die Landwirtschaft auch heute noch eine der wichtigsten Erwerbsquellen für einen

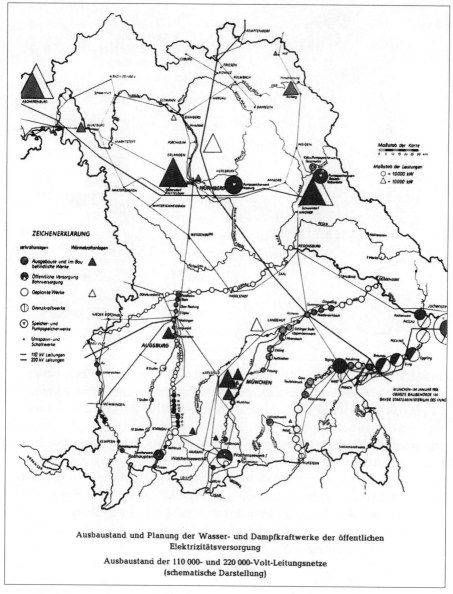

Ausbaustand und Planung der Wasser- und Dampfkraftwerke der öffentlichen
Elektrizitätsversorgung

Ausbaustand der 110 000- und 220 000-Volt-Leitungsnetze
(schematische Darstellung)

Ausbau- und Planungsstand der öffentlichen Elektrizitätsversorgung Bayerns um 1955

großen Teil unserer Bevölkerung; ihr Zurücktreten hinter die gewerbliche Wirtschaft wird aber offen erkennbar, wenn man die Ergebnisse der Berechnung des
Sozialprodukts in Betracht zieht. Die Wertschöpfung der bayerischen Wirtschaft,
d. h die Summe aller Arbeits- und Kapitaleinkünfte sowie der Betriebsgewinne
betrug für das Jahr 1957 nach vorläufiger Berechnung rund 25 Mrd. DM. Daran

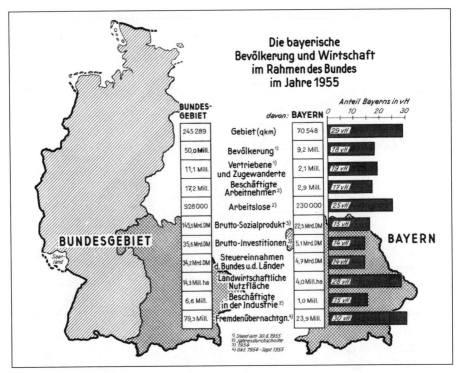

Die bayerische
Bevölkerung und Wirtschaft
im Rahmen des Bundes
im Jahre 1955

BUNDES-GEBIET	davon: BAYERN		Anteil Bayerns in vH
245 289	Gebiet (qkm)	70 548	29 vH
50,0 Mill.	Bevölkerung[1]	9,2 Mill.	18 vH
11,1 Mill.	Vertriebene[1] und Zugewanderte	2,1 Mill.	19 vH
17,2 Mill.	Beschäftigte Arbeitnehmer[2]	2,9 Mill.	17 vH
928 000	Arbeitslose[2]	230 000	25 vH
145,5 Mrd.DM	Brutto-Sozialprodukt[3]	22,5 Mrd.DM	15 vH
35,6 Mrd.DM	Brutto-Investitionen[3]	5,1 Mrd.DM	14 vH
34,2 Mrd.DM	Steuereinnahmen d. Bundes u.d. Länder	4,7 Mrd.DM	14 vH
14,3 Mill. ha	Landwirtschaftliche Nutzfläche	4,0 Mill.ha	28 vH
6,6 Mill.	Beschäftigte in der Industrie[2]	1,0 Mill.	15 vH
79,3 Mill.	Fremdenübernachtgn.[4]	23,9 Mill.	30 vH

BUNDESGEBIET   BAYERN

[1] Stand am 30.6.1955
[2] Jahresdurchschnitte
[3] 1954
[4] Okt. 1954 – Sept. 1955

In der Erläuterung dieses Schaubildes von 1955 heißt es: „Ein Vergleich der bayerischen Wirtschaft mit der des Bundes zeigt die noch immer starke agrarische Stellung Bayerns, während der Industrialisierungsgrad trotz der bedeutenden Aufbau- und Ausbauleistung nach dem Zweiten Weltkrieg noch heute niedriger ist als im übrigen Bundesgebiet. Die geringere Industrialisierung, die ungünstigeren Standortverhältnisse verschiedener Teile der bayerischen Wirtschaft sowie die durch die Zonentrennung entstandenen zusätzlichen Belastungen sind wichtige Gründe dafür, daß die Wirtschaftskraft Bayerns unter dem Bundesdurchschnitt bleibt. So war auch das Aufkommen an Einkommens- und Körperschaftssteuer je Kopf der Bevölkerung in Bayern im Rechnungsjahr 1955/56 mit 178 DM niedriger als im Bundesdurchschnitt (231 DM); Bayern stand damit vor Schleswig-Holstein und Rheinland-Pfalz an 7. Stelle unter den Bundesländern."

sind beteiligt Land- und Forstwirtschaft mit 14,6 %, Bergbau, Energiewirtschaft, verarbeitende Gewerbe und Baugewerbe, also Industrie und produzierendes Gewerbe mit 43,6 %, Handel und Verkehr, Banken und Versicherungen 22,7 %. Der Rest entfällt auf nicht gewerbliche Dienstleistungen. Ziemlich genau 2/3 der Wertschöpfung werden somit von der industriellen und gewerblichen Produktion sowie durch Dienstleistungen erbracht. (…) Produktion, Verteilung, Verkehr und Dienstleistungen sind dabei in einer Betriebsgrößengliederung organisiert, die ihr Gepräge von mittleren und kleinen Unternehmen erhält. Die mittelständische

Gliederung ist ohne Zweifel als Aktivum der Wirtschaftsstruktur zu bewerten. (...) Dies ändert jedoch nichts an der Tatsache, daß die Industrie und der ihrem wachsenden Potential folgende Verteilungs- und Verkehrsapparat eindeutig zum beherrschenden Faktor der bayerischen Industrie geworden ist."[48]

Danach konstatierte er, dass die wirtschaftliche Entwicklung Bayerns hinter der Westdeutschlands zurückgeblieben sei. Eine der Ursachen dafür sei darin zu suchen, dass in Bayern der Raum als Wirtschaftsfaktor noch nicht die ihm zukommende Rolle spiele. Das führe zu hohen „Sozialkosten" – vor allem durch die Pendelwanderung –, zu hohen Erschließungskosten und zu teuren Verkehrsanlagen. Zudem entspreche das bayerische Verkehrsnetz nicht dem Erfordernis, die durch die Revier- und Seehafenferne bedingte Frachtkostenvorbelastung der bayerischen Wirtschaft durch rasche und billige Transportwege auszugleichen. Darunter litten viele Regionen, vor allem auch die Grenzbezirke, was zur Folge habe, dass in Bayern noch immer ein starkes wirtschaftliches und soziales Gefälle bestünde.

„Die Folgerung, die aus dem geschilderten Sachverhalt zu ziehen ist, ergibt sich beinahe von selbst: Es ist die Erkenntnis, daß, so wie die Dinge liegen, alles daran gesetzt werden muß, die Wirtschafts- und damit Finanzkraft des Landes mit allen Mitteln zu fördern und zu erhöhen."

Folgende Schwerpunkte werde die Regierung in den nächsten Jahren setzen:
– Anpassung des Produktions- und Verteilungsapparates der bayerischen Wirtschaft an die Erfordernisse, welche die Neuorientierung auf die europäischen und weltwirtschaftlichen Beziehungen mit sich bringe. Bayern müsse den Weg zur Spezialisierung der Produktion auf dem Gebiet der Verarbeitungswirtschaft fortsetzen und alle technischen Fortschritte auf dem Gebiet der Energiegewinnung umsetzen. Zudem sollte der „gesunde gewerbliche und industrielle Mittelstand" erhalten werden; dazu müsse man auch die Grenzlandförderung und die Verkehrseinrichtungen verbessern.
– Steigerung der Leistungsfähigkeit der Landwirtschaft, auch um diese auf den gemeinsamen europäischen Markt vorzubereiten.
– Eine solide Finanzwirtschaft, um Bayerns wirtschaftspolitische Handlungsfähigkeit zu erhöhen; dazu müsse der Länderfinanzausgleich verbessert werden.
– Ausweitung des sozialen Wohnungsbaus.
– Ausbau des Schul- und Bildungswesens, insbesondere der Hochschulen.

Tatsächlich war das bayerische Wirtschaftswachstum der 1950er-Jahre vor allem dem starken Anwachsen des industriellen Sektors zu verdanken. Hier hatte sich die Zahl der Arbeitsplätze von 1951 bis 1957 um rund 323 000 erhöht. Mit dieser Zunahme rangierte Bayern auch vor ansonsten wirtschaftlich weitaus erfolgreicheren Bundesländern. 198 000 der neuen Industriearbeitsplätze waren in den 13 größten Industriestädten entstanden – davon allein 72 000 in München, 68 000 in Nürnberg und 33 000 in Augsburg –, während sich die restlichen ca.

Die Entwicklung des Bruttoinlandsprodukts der BRD und Bayerns 1951–1991

Nahezu gleichzeitig mit der Gründung der Bundesrepublik Deutschland setzte ein konstanter wirtschaftlicher Aufschwung ein. Das trug maßgeblich dazu bei, dass die Bürger diesen Staat, anders als die Weimarer Republik, rasch akzeptierten. Tatsächlich maßen die Menschen der wirtschaftlichen Entwicklung, die ihnen einen bis dahin unbekannten Wohlstand bescherte, in der Folge so viel Gewicht bei, dass das Wirtschaftswachstum zum wichtigsten Gradmesser erfolgreicher Politik avancierte. Nicht nur die Bundesregierung, auch die Regierungen der Länder erhoben den Anspruch, diese positive wirtschaftliche Entwicklung durch ihre Politik bewirkt zu haben.

Gespannt beobachteten Politiker und Öffentlichkeit vor allem das Wachstum des Bruttoinlandsprodukts (BIP), des „zusammenfassenden, wertmäßigen Ausdrucks für die erzeugten Güter und erbrachten Dienstleistungen." Dies galt auch für die bayerische Staatsregierung. In kaum einer der Regierungserklärungen, die die bayerischen Ministerpräsidenten zu Beginn einer Legislaturperiode abgaben, fehlte der Hinweis auf die Annäherung des bayerischen BIP an das der Bundesrepublik, galt dies doch als Beleg für die Überlegenheit der eigenen Wirtschaftspolitik. 1984 wurde dieses Ziel erreicht, erstmals übertraf das bayerische BIP je Einwohner geringfügig den bundesweiten Durchschnitt.

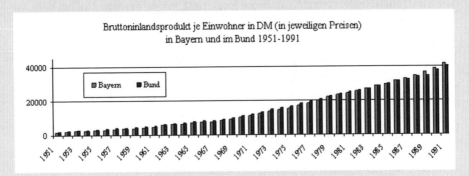

Bruttoninlandsprodukt je Einwohner in DM (in jeweiligen Preisen) in Bayern und im Bund 1951-1991

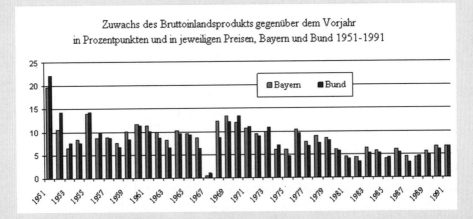

Zuwachs des Bruttoinlandsprodukts gegenüber dem Vorjahr in Prozentpunkten und in jeweiligen Preisen, Bayern und Bund 1951-1991

265 000 auf das übrige Land verteilten. Damit betrug die Zunahme in den 13 größten Zentren rund 80 %, im übrigen Bayern ca. 74,5 %.[49] Bedenkt man, dass von letzterem Prozentsatz ein beträchtlicher Teil auf die mittleren und kleineren Zentralorte entfiel, so war man am Ende der 50er-Jahre von einer „dezentralisierten Industrialisierung" also objektiv weiter entfernt als zu deren Beginn, denn die Konzentration der Industrie in den Ballungsräumen hatte weiter zugenommen.

Am 21. Januar 1960 gab Seidel aus gesundheitlichen Gründen das Amt des Ministerpräsidenten ab, und als er am 5. August 1961 starb, war die erste Phase der bayerischen Nachkriegs-Wirtschaftspolitik definitiv abgeschlossen. Der Charakter des Landes hatte sich, wie Seidel zutreffend festgestellt hatte, tief greifend gewandelt; allerdings hatte dieser Wandel nicht nach dem Krieg und mit der Zuwanderung von zwei Millionen Flüchtlingen eingesetzt, sondern schon sehr viel früher. Die Zäsur von 1945 wurde von den Zeitgenossen aber offensichtlich als so tief empfunden, dass sie die langfristigen Entwicklungslinien nicht wahrnahmen. Der rasche wirtschaftliche Aufstieg Bayerns nach dem Krieg erschien ihnen deshalb wie ein Wunder, das aus Sicht der bayerischen Politik allerdings zwei Schönheitsfehler aufwies. Erstens war dieses „Wunder" in Bayern kleiner ausgefallen als im Bundesdurchschnitt; dieser Entwicklungsrückstand schmälerte das politische Gewicht Bayerns im Bund und musste schon aus diesem Grund aufgeholt werden. Zweitens hatten große Teilen des ländlichen Bayern von dieser Entwicklung weitaus weniger partizipiert als Bayern als Ganzes. Das lief der erklärten Absicht zuwider, in ganz Bayern gleichwertige Lebensverhältnisse zu schaffen und gefährdete die gesellschaftliche und politische Stabilität. Damit standen die Ziele der bayerischen Wirtschaftspolitik der nächsten Jahrzehnte fest: Aufholen des wirtschaftlichen Rückstands gegenüber den anderen Bundesländern und verstärkte Förderung des ländlichen Raums.

Die Ära Otto Schedl

Die Aufgabe, diese Politik umzusetzen, übernahm Otto Schedl. Er war schon 1958 in das zweite Kabinett Seidel als Wirtschaftsminister berufen worden und hat dieses Ministerium bis 1970 geleitet. In diesen zwölf Jahren hat er die bayerische Wirtschaftspolitik geprägt, wichtige Weichenstellungen – wie der Bau der ersten Öl-Pipeline nach Bayern und der Abschluss des ersten Gasliefervertrages mit der Sowjetunion – gehen auf seine Initiative zurück. Da der seit 1962 amtierende bayerische Ministerpräsidenten Alfons Goppel sich auf wirtschaftlichem Gebiet weit weniger stark engagierte als sein Vorgänger Seidel, konnte Schedl seine eigenen Vorstellungen und Ziele weitgehend zur Richtschnur des wirtschaftspolitischen Handelns der Staatsregierung machen. Dass aber die Wirtschaftspolitik in diesem Jahrzehnt mehr denn je im Zentrum des Handelns der Regierung stehen sollte, ließ bereits der Tätigkeitsbericht erkennen, den die Staatsregierung vor der Landtagwahl im Herbst 1962 vorlegte.[50]

Hierin wurde zunächst hervorgehoben, dass ihre Politik auf eine Festigung und Stärkung der staatlichen und sozialen Ordnung, der wirtschaftlichen Entwicklung und des kulturellen Lebens Bayerns abziele und im europäischen Kontext gesehen werden müsse. Dann hieß es weiter: „Wie weit Bayern zur Festigung seines Staates und damit auch zur Stärkung der Bundesrepublik beigetragen hat, geht aus den Erfolgen hervor, die die Staatsregierung zur Stärkung und Erhöhung der Wirtschafts- und Finanzkraft des Landes durchgeführt oder eingeleitet hat." Man habe sich dabei von fünf Grundsätzen leiten lassen: „Entwicklung des räumlichen Gefüges, Verbesserung der fachlichen Struktur der Industriewirtschaft, verkehrswirtschaftliche Erschließung des Landes, Festigung der mittelständischen Wirtschaft, Verbreiterung der energiewirtschaftlichen Basis des Landes."

Anschließend wurden die Erfolge dieser Politik aufgelistet. In den vergangenen vier Jahren habe sich der Industrieumsatz von 25,5 auf 35,7 Mrd. DM erhöht, sei die Lohnsumme der Industrie von 5 auf 7,3 Mrd. DM gewachsen und die Zahl der Arbeitnehmer um 250 000 angestiegen. Dabei hätten Handwerk und Mittelstand ihre starke Stellung behaupten können; vom Gesamtumsatz der Wirtschaft in Höhe von rund 100 Mrd. seien 15,3 Mrd. auf das Handwerk und 13,2 Mrd. auf den Einzelhandel entfallen. Die Bemühungen um die Ansiedlung von Industrie an neuen Standorten seien fortgesetzt worden. Weiter hieß es:

„Das Kernstück der bayerischen regionalen Wirtschaftsförderung bildet die Förderung der bayerischen Ostrand- und Sanierungsgebiete. In der Umgebung von Ingolstadt entstand das neue Raffineriezentrum. Die bayerische Staatsregierung hat mit großer Energie in den letzten Jahren den Bau von Ölleitungen und Raffinerien betrieben und erwartet sich durch die Realisierung dieser Projekte eine spürbare Senkung der Energiekosten. Auf dem Gebiet der Atomkraft förderte die bayerische Staatsregierung den Bau des ersten Atomkraftwerks bei Kahl und nahm die Planung des Atomkraftwerks bei Gundremmingen in Angriff. Die verkehrsmäßige Erschließung des bayerischen Raumes wurde durch großzügige Straßenbauten, den Ausbau der Autobahn über Würzburg hinaus Richtung Nürnberg, die Weiterführung der großen Schiffahrtsstraße Rhein-Main-Donau bei Bamberg gefördert. Die mittelständischen Unternehmen erhielten Kreditförderungen durch verbilligte Darlehen, Zuschüsse zu Krediten des privaten Kreditgewerbes und staatliche Bürgschaften zur Ergänzung der Kreditsicherung. In den Haushaltsjahren 1961/62 wurden im Rahmen dieser Programme rund 35 Mio. DM zur Verfügung gestellt, so daß damit insgesamt ein Kreditvolumen von rund 145 Mio. DM gefördert werden konnte."

Durch diese Politik sei die gewerbliche Wirtschaft produktiver und konkurrenzfähiger geworden und das Volkseinkommen weiter gewachsen. Die originäre Finanzkraft Bayerns – d. h. ohne Zuweisungen des Bundes – habe erheblich zugenommen. Habe sie 1958 je Einwohner nur 81,24 % des Bundesdurchschnitts betragen, so liege sie 1961 bei nunmehr 85,4 %. Diese Stärkung der Finanzkraft nutze die Regierung für eine massive Verstärkung wirtschaftsfördernder Maßnahmen: „Von besonderer Bedeutung ist die Erhöhung der Mittel für den Wohnungsbau von 293 auf 535 Mio. DM, für die Landwirtschaft von 239 auf 431 Mio. DM, für den kulturellen Bereich von 823 auf 1103 Mio. DM und für den kommunalen Finanzausgleich von 295 auf 655 Mio. DM. Das Gesamtvolumen des bayerischen Staatshaushalts stieg von 4 Mrd. DM im Jahre 1959 auf über 6 Mrd. im Jahre 1962."

Diese wirtschaftliche Entwicklung erlaube auch die endgültige Lösung des Flüchtlingsproblems:

„In Folge der Austreibungen nach dem Zweiten Weltkrieg mussten für die Heimatvertriebenen u. a. 1381 staatliche Lager eingerichtet werden. Im Lauf der Jahre wurden diese nach und nach geräumt, mussten aber später wieder mit Zonenflüchtlingen belegt werden. Die Staatsregierung hat nun einen Plan aufgestellt, der die Räumung aller staatlichen Lager in zwei Jahren vorsieht. Im Jahre 1963 sollen demnach alle Lager aufgelöst sein. Entsprechende Wohnungen für Zonenflüchtlinge werden bereitgestellt. Wie sehr im Übrigen die Eingliederung in das Wirtschaftsleben durchgeführt ist, geht daraus hervor, daß der Anteil an den Vertriebenenunternehmen in der bayerischen Wirtschaft beträchtlich ist. Er beträgt 37 % aller im Gebiet der Bundesrepublik vorhandenen Unternehmen dieser Art. Damit ist der Anteil der in Bayern stationierten Vertriebenenbetriebe fast doppelt so hoch wie der Anteil des Landes an der Gesamtzahl aller in der Bundesrepublik lebenden Heimatvertriebenen. Die Heimatvertriebenen haben damit der Wirtschaftsstruktur Bayerns deutlich erkennbare Züge eingeprägt."

Die Integration der Flüchtlinge und Vertriebenen stellt zweifellos eine große Leistung dar; sie wurde in den Jahren von 1949 bis 1979 über das „Soforthilfegesetz" und den Lastenausgleich mit insgesamt 12,5 Mrd. DM gefördert.[51] Der größte Teil dieser Mittel floss dem Wohnungsbau zu, ein beträchtlicher Teil diente aber auch der Errichtung und dem Ausbau von Betrieben. Die Darlehen, die aus diesen Mitteln gewährt wurden, erhöhten sich von durchschnittlich 3300 DM um 1950 auf annähernd 35 000 DM gegen Ende des Förderzeitraums. In Bayern, das rund 25 % der Flüchtlinge aufgenommen hatte, befanden sich Anfang der 1950er-Jahre 32 % der von diesen gegründeten Betriebe. Die meisten dieser Betriebsgründungen erfolgten im Bereich der Konsumgüterindustrie; 1951 zählte man hier 1922 derartige Betriebe mit zusammen 55 257 Beschäftigten. Dagegen waren es im Bereich der Investitionsgüterindustrie nur 303 Betriebe und 17 613 Beschäftige. Trotz dieser Förderung gelang es bis 1955 aber nur etwa 32 % der ehemals Selbstständigen unter den Flüchtlingen und Vertriebenen, wieder eine eigenständige Existenz aufzubauen.

Zu Beginn der 1960er-Jahre konnte die westdeutsche und mit ihr die bayerische Wirtschaft auf einen steilen Aufstieg zurückblicken. Ab Mitte der 50er-Jahre wurden nicht mehr nur die bereits bestehenden Industriebetriebe ausgebaut, sondern es entstanden auch zahlreiche neue. Diese ließen sich zum Teil auch an der Peripherie und in strukturschwächeren Gebieten nieder, wobei das dortige größere Arbeitskräftepotenzial eine wichtige Rolle spielte, denn der Mangel an Arbeitskräften veranlasste die Wirtschaft bereits früh zur Anwerbung von „Gastarbeitern". Von diesen waren 1961 in Bayern bereits 69 000 tätig, das waren 1,5 % der Erwerbstätigen.

Übergeordnetes Ziel bayerischer Wirtschaftspolitik war nach wie vor die dezentrale Industrialisierung. Auch in den wirtschaftlich unterentwickelten Regionen sollten Wirtschafts- und Sozialstrukturen entstehen, die denen des übrigen Landes in nichts nachstanden, damit die weitere Abwanderung der Menschen in die Ballungszentren unterblieb. Voraussetzung dafür war die aktive Mitwirkung der Kommunen; dazu aber musste der Staat große Vorleistungen in Form von Investitionen in die Verkehrsinfrastruktur, in die Wasser- und Energieversorgung sowie in den Bau von Schulen, Krankenhäusern und anderen öffentlichen Einrichtungen erbringen. So sollten die Attraktivität des Landes gesteigert und potenzielle Investoren anzogen werden, vor allem für „Wachstumsindustrien" – das waren Industriezweige, die in der sich ausformenden EWG und auf dem Weltmarkt besonders gute Wettbewerbschancen hatten. Solche Unternehmen stellten zumeist hoch spezialisierte und damit auch sehr lohnintensive Produkte her, und dies vor allem in den Bereichen von Elektrotechnik, Maschinenbau, Stahl- und Fahrzeugbau, Feinmechanik und Optik. Der Erfolg dieser Industrialisierungspolitik hing somit stark vom Arbeitskräftepotenzial ab, und das war in Bayern größer als in anderen Bundesländern. Im bayerischen Zonenrandgebiet nahm die Zahl der nicht selbstständig tätigen Erwerbspersonen allein im Jahrzehnt zwischen 1958 und 1967 um mindestens 100 000 zu, und in Niederbayern wuchs ihre Zahl innerhalb von fünf Jahren – von 1961 bis 1966 – um 28 000, was einem Zuwachs von 12 % entspricht. Diese zusätzlichen Arbeitskräfte kamen vor allem aus der Landwirtschaft; denn immer mehr Landwirte, die kleine und kleinste Betriebe bewirtschafteten, gaben diese entweder ganz auf oder führten sie nur noch im Nebenerwerb fort. Mit ihrer Arbeit in Industrie und Gewerbe erzielten sie oft eine signifikante Erhöhung ihrer Einkünfte.[52]

Dank dieses Arbeitskräftepotenzials wuchs die Zahl der Industrie- und Gewerbebetriebe auch in bisher stark agrarisch geprägten Regionen. Zwischen 1954 und 1966 entstanden in Niederbayern und in der Oberpfalz 173 Industriebetriebe mit einer Kapazität von ca. 20 000 Arbeitsplätzen. Unterstützt wurde diese Entwicklung durch staatliche Förderung: Von den rund 160 Mio. DM, die die Wirtschaft hierbei investierte, stammten 75 Mio. aus öffentlichen Kreditprogrammen. Vor allem die Verbrauchsgüterindustrie investierte seit Ende der 50er-Jahre bevorzugt in schwach strukturierten Gebieten. Aber auch in der Investitionsgüterindustrie lag der Zuwachs an Arbeitsplätzen in solchen Gebieten bei 74 %, während es im Landesdurchschnitt nur 38 % waren.[53] 1972 untermauerte das bayerische Staatsministerium für Wirtschaft und Verkehr die positive Wirkung der Grenzlandförderung mit folgenden Zahlen:[54]

	niederb. Grenzland		opf. Grenzland		ofr. Grenzland		unterf. Grenzland	
Jahr	Einw.	Industrie-beschäf-tigte	Einw.	Industrie-beschäf-tigte	Einw.	Industrie-beschäf-tigte	Einw.	Industrie-beschäf-tigte
1952	417 659	22 293	352 531	28 212	923 274	138 189	347 374	30 533
1972	419 863	45 753	364 064	44 641	929 046	163 796	378 859	62 184

Diese zunächst durchaus eindrucksvollen Zahlen werden aber bereits durch das (mit Ausnahme von Oberfranken) sehr niedrige Ausgangsniveau bei den Industriebeschäftigtenzahlen in diesen Regionen stark relativiert. Tatsächlich stieg die Zahl der in der Industrie Beschäftigten pro 1000 Einwohner in den strukturschwachen Gebieten zwar von 30,5 im Jahr 1950 auf 62,7 im Jahr 1958 und auf 78,9 im Jahr 1968 an, aber damit bewegte sich der Zuwachs nur im Landesdurchschnitt; denn bayernweit betrugen die entsprechenden Quoten 1950 69,7, 1958 117,7 und 1968 123,6.[55] Der Rückstand dieser Gebiete hinsichtlich der Beschäftigtenquote blieb somit bestehen, und daran änderte sich auch bis 1977 nichts. Damals reklamierte die Staatsregierung die Schaffung von 133 664 neuen Industrie-Arbeitsplätzen, die im Zeitraum von 1960 bis 1975 in strukturschwachen Gebieten entstanden seien, als Erfolg ihrer regionalen Strukturpolitik.[56] Von diesen neuen Arbeitsplätzen entfielen 11 % auf Oberbayern, 10 % auf Mittelfranken, 10,6 % auf Unterfranken und 9,8 % auf Schwaben, aber 18,6 % auf Niederbayern, 18,5 % auf die Oberpfalz und 21,5 % auf Oberfranken. Über 52 000 dieser Arbeitsplätze, das waren ca. 39 %, waren den Angaben zufolge im Zuge von Neuansiedlungen entstanden, davon wiederum die meisten, nämlich 47 %, in der Oberpfalz. Dicht aber folgten Oberbayern mit 46,8 %, Schwaben mit 42,9 % und Niederbayern mit 41,9 %. Bei der Zahl der Arbeitsplätze, die durch Betriebserweiterungen entstanden waren, rangierte mit einem Anteil von 24,5 % Oberfranken an der Spitze, gefolgt von Niederbayern mit 17,7 %, der Oberpfalz mit 16,1 % und Unterfranken mit 11,9 %.[57] Vor allem den wirtschaftlichen Fördermaßnahmen schrieb man auch zu, dass die Abwanderungen aus dem bayerischen Grenz- und Zonenrandgebiet zum Stillstand kamen. Tatsächlich nahm die Bevölkerung von 1959 bis 1970 hier um 5,5 % zu, womit das Wachstum allerdings stark hinter dem gesamtbayerischen zurückblieb.

Zu den wirtschaftlichen Problemgebieten zählte auch Oberfranken, das, anders als Ostbayern, hoch industrialisiert war. Aber durch die Abtrennung vom mitteldeutschen Raum, zu dem Oberfranken bis dahin sehr enge wirtschaftliche Beziehungen unterhalten hatte, war die oberfränkische Wirtschaft von ihren früheren binnendeutschen Bezugs- und Absatzmärkten abgeschnitten und ihrer bisherigen Basis beraubt, die in der Kosten sparenden Verflechtung mit diesem Raum bestand. Hinzu kam die seit der Gründung der EWG immer stärkere Ausrichtung der bayerischen Wirtschaft nach dem Westen.

Der hohe Industrialisierungsgrad Oberfrankens — er lag Ende der 1960er-Jahre um rund 30 % über dem bayerischen und 20 % über dem Bundesdurchschnitt — basierte auf einer starken Spezialisierung. Noch in den 1950er-Jahren dominierten hier die Textilindustrie und die feinkeramische Industrie. 1953 waren in Oberfranken 28,7 % aller in der Industrie Beschäftigten im Textilbereich tätig, 19,1 % in dem der Feinkeramik. Die Textilindustrie erwirtschaftete 35,5 % des gesamten oberfränkischen Industrieumsatzes, die keramische 11 %.

Die starke Abhängigkeit von diesen zwei Industriezweigen war höchst nachteilig. Durch strukturpolitische Maßnahmen sollten die Folgen ihres unvermeidlichen Niedergangs aufgefangen werden, wozu die Ausweitung und Ansiedlung anderer Industriezweige nötig war. Die Zahl der Beschäftigten im Fahrzeugbau, die mit 1,5 % aller in der Industrie Beschäftigten zunächst sehr klein war, wurde von 1953 bis 1969 mehr als verdoppelt, der Anteil der in der elektrotechnischen Industrie Beschäftigten erhöhte sich im gleichen Zeitraum von 5,4 % auf 9 %, der im Maschinenbau Tätigen von 4,9 % auf 9,2 %, der in der Bekleidungsindustrie Arbeitenden von 6,2 % auf 8,8 % und der in der Kunststoff verarbeitenden Industrie Beschäftigten von 0,7 % auf 3,9 %. Auf diese Weise verringerte sich der Anteil der in der feinkeramischen Industrie Beschäftigten von 19,1 % im Jahre 1953 auf 11,6 % im Jahre 1969, und der in der Textilindustrie Tätigen von 28,7 % auf 21,5 %.

Gleichzeitig wurde die Produktivität in den traditionellen Industriezweigen gesteigert. 1953 erwirtschafteten die 27 888 in der feinkeramischen Industrie Oberfrankens Beschäftigten einen Umsatz von 248 Mio. DM; 1969 war ihre Zahl auf 21 500 zurückgegangen, der Umsatz aber auf 467 Mio. angewachsen. In der Textilindustrie hatten 1953 die rund 41 800 Beschäftigten einen Umsatz von 800 Mio. DM erwirtschaftet; 1969 aber erzielten nur noch 39 800 Arbeitskräfte einen Umsatz von 1,58 Mrd. Die für den Rationalisierungsprozess der Textilindustrie notwendigen Investitionen hat das bayerische Wirtschaftsministerium in den 60er-Jahren mit einem gesonderten Darlehensprogramm ermöglicht.

Entscheidend aber war, dass die neu angesiedelten Industrien ihren Anteil am Industrieumsatz Oberfrankens mehr als verdoppeln konnten. Die Umsätze der Branchen Fahrzeugbau, elektrotechnische Industrie, Kautschukindustrie, Kunststoffverarbeitung und Maschinenbau stiegen von 251,7 Mio. DM im Jahre 1953 auf 1,97 Mrd. DM im Jahre 1969. Auch das Arbeitskräftepotenzial wurde durch staatliche Maßnahmen gezielt erweitert. Dazu zählte die Förderung der Umschulung, die in Kooperation zwischen den Arbeitsämtern – die den Großteil der Kosten übernahmen – und den Organisationen des Handwerks und der Industrie durchgeführt wurde. Diese Umschulung bedurfte besonderer finanzieller Anreize, denn die Nachfrage nach un- und angelernten Arbeitskräften war damals groß, sodass man auch mit einer derartigen Beschäftigung gut verdiente. Damit entfiel ein wichtiger Anreiz, eine Ausbildung zu absolvieren oder sich weiterzubilden.

Zu den großen Nutznießern der „Erschließungspolitik" der 50er- und 60er-Jahre zählte der Fremdenverkehr, denn dieser hat von den Maßnahmen zur Verbesserung der regionalen Wirtschaftsstruktur in besonderem Maße profitiert. In Ostbayern hat er sich erst in diesen Jahren zu einer wichtigen Einkommensquelle entwickelt. In der Saison 1957/58 registrierte man im ostbayerischen Raum immerhin schon 940 000 Übernachtungen, und diese Zahl nahm bis 1963/64 auf 2,1 Mio. zu. 1968/69 waren es dann sogar 3,4 Mio., das entsprach 7,5 % des gesamten Fremdenverkehrsaufkommens in Bayern.

Da die Folgen der Rezession von 1966/67 in den strukturschwächeren Regionen besonders deutlich spürbar waren, sah sich die bayerische Regierung veranlasst, die Landesentwicklungspolitik erneut zu forcieren. 1969 wurde das Landesplanungsgesetz verabschiedet, worin man „die vielleicht einschneidendste Zäsur in der Geschichte von Raumordnung und Landesplanung in Bayern nach 1945" gesehen hat: „Hatte die Planungsbürokratie bis dahin überwiegend mit Gutachten und Beratung Einfluss auf die räumliche Entwicklung genommen, gab das Landesplanungsgesetz nun verbindliche Ziele vor, setzte den Rahmen für ein Landesentwicklungsprogramm und organisierte die Regionalplanung, die Staatsaufgabe blieb, von Grund auf neu. 1970 fiel eine weitere Entscheidung von grundsätzlicher Bedeutung. Nach der Landtagswahl kündigte Ministerpräsident Alfons Goppel die Errichtung eines neuen Ressorts an: eines Ministeriums für Landesentwicklung und Umweltfragen. Damit erlangte die Landesplanung größeres politisches Gewicht, zumal die Belange der Landesentwicklung zunächst sichtlich vor denen des Umweltschutzes rangierten."[58]

Diese verstärkten Bemühungen, der Landesplanung eine solidere Grundlage zu verschaffen, sind als indirektes Eingeständnis dafür zu werten, dass die Politik ihre Ziele bisher nicht erreicht hatte. Und dies trotz der beträchtlichen finanziellen Mittel, die man dafür eingesetzt hatte. Da diese aus den unterschiedlichsten Quellen stammten, sind sie jedoch nicht vollständig zu erfassen. Nachweislich aber summierte sich allein die Frachthilfe, die Unternehmen in Ostbayern und dem Grenzland erhielten, von 1950 bis 1971 auf knapp 405 Mio. DM. Ebenfalls nachgewiesen ist, dass in den Jahren von 1951 bis 1968 in den bayerischen Grenz-, Zonenrand- und sonstigen Ausbaugebieten für Strukturverbesserungen aus öffentlichen Mitteln über 1,3 Mrd. DM eingesetzt wurden, wovon der Bund ca. 739 Mio. und der Freistaat ca. 572 Mio. beisteuerten. Und 1977 bezifferte die Staatsregierung den Umfang der staatlichen Fördermaßnahmen, die von 1960 bis 1975 der bayerischen Industrie zugutegekommen seien, auf annähernd 8 Mrd. DM.[59] Gleichfalls 1977 bilanzierte die bayerische Staatsregierung die Leistungen für das Zonenrandgebiet in den Jahren 1960 bis 1975 wie folgt:[60]

- 63 453 der in Bayern durch staatliche Maßnahmen geschaffenen Arbeitsplätze entstanden im Zonenrandgebiet, das waren 45 %,
- das Grenzland erhielt 3,8 Mrd. DM bei einem Gesamtfördervolumen von 8,4 Mrd. DM,
- 89,4 Mio. DM Subventionshilfen, das waren 51,4 % aller so gewährten Zuschüsse,
- 591,6 Mio. DM an Darlehen, das waren 42,4 % der insgesamt gewährten Darlehen,
- 132,4 Mio. DM Darlehen der Bundesanstalt für Arbeit, das waren 66,5 % der von dieser Anstalt insgesamt gewährten Darlehen,
- 103,2 Mio. DM der Mittel zur „Verbesserung der regionalen Wirtschaftsstruktur", das waren 62,3 % dieser Mittel und
- 203,8 Mio. DM Investitionszulagen, das waren 59,7 % dieser Finanzierungshilfen.

Einen Subventionsschub hatte die Neuregelung des Länderfinanzausgleichs mit sich gebracht, welche die große Koalition auf Bundesebene – Finanzminister war damals CSU-Parteivorsitzender Franz Josef Strauß – vornahm. Hatte Bayern 1966 aus Bundesmitteln noch 21,7 Mio. DM an Strukturbeihilfen erhalten, so waren es 1970 schon 105 Mio.; für Wissenschaft und Forschung überwies der Bund an Bayern 1967 noch 209 Mio. DM, 1970 aber 396 Mio.[61]

Gerechtfertigt wurde diese massive Unterstützung der Wirtschaft mit dem Argument, dass ohne diese „die in allen Teilräumen feststellbare Verbesserung der Wirtschaftsstruktur in den vergangenen 15 Jahren (d. h. von 1961 bis 1976; der Verf.) nicht denkbar gewesen" wäre und dass „die regionale Verteilung der Wirtschaftskräfte in Bayern" ohne sie „weniger ausgewogen" wäre, als sie sich gegenwärtig darstellte. Da die Staatsregierung eine direkte Einflussnahme auf die Investitions- und Standortentscheidungen von Unternehmen als unvereinbar mit den Grundprinzipien der Marktwirtschaft ablehne, gebe es zu diesem „systemkonformen Weg zur Gewinnung ausreichender Investitionsströme für die wirtschaftsschwachen Gebiete" keine Alternative.[62]

Im Rückblick räumte die Staatsregierung jedoch ein, dass der Erfolg ihrer Strukturpolitik auch von Faktoren abhinge, die ihrem Einfluss entzogen seien. Diese seien ein „hohes gesamtwirtschaftliches Entwicklungsniveau" und ein „möglichst schwankungsfreier Konjunkturverlauf". Hohe gesamtwirtschaftliche Wachstumsraten seien aber nur durch eine positive Entwicklung von „wirtschaftlich gesunden und vitalen Verdichtungsräumen" zu erreichen, weshalb man vornehmlich diese fördern müsse. Denn die von den Verdichtungsräumen ausgehenden Impulse seien Voraussetzung für die „Anhebung des wirtschaftlichen Entwicklungsstandes in den übrigen Gebieten." Von deren Aufschwung profitierten dann aber wieder die Verdichtungsräume, denn ohne eine „ausreichende wirtschaftliche Basis außerhalb der Ballungen" blieben die von den Verdichtungsräumen ausgehenden Impulse ohne Resonanz.[63]

Auf den Kern gebracht heißt dies, dass der Aufholprozess der wirtschaftlich schwach strukturierten Gebiete auf zwei Voraussetzungen beruhte: auf dem starken Wirtschaftswachstum seit den 1950er-Jahren und der positiven Entwicklung der „Verdichtungsräume". Das wurde auch an anderer Stelle nochmals ausdrücklich festgestellt. Die Chancen wirtschaftsschwacher Räume auf Überwindung ihres Entwicklungsrückstandes, so wurde nämlich konstatiert, seien dann am günstigsten, wenn der Versuch dazu in einer Phase hohen gesamtwirtschaftlichen Wachstums und günstiger Konjunktur unternommen werde, und diese Voraussetzung sei in Bayern in den Jahren von 1960 bis 1975 in besonderem Maße gegeben gewesen.[64]

Damit stellt sich die Frage, ob der große finanzielle Aufwand der „Erschließungspolitik" gerechtfertigt war. Die Staatsregierung verwies hierzu, wie oben dargestellt, hauptsächlich auf die Zunahme der Industriebeschäftigten im ländlichen Raum, die größer gewesen sei als in den Ballungsräumen. Tatsächlich scheint die Statistik auf den ersten Blick den Erfolg dieser Politik zu belegen. Denn von 1948 bis 1970 stieg die Zahl der Industriebeschäftigten Bayerns insgesamt von 604 000 auf 1 400 000 an, das waren 796 000 oder 132 %. Von den neuen Arbeitsplätzen entstanden 309 000 in den 13 größten Industriestädten, womit der Zuwachs in diesen 125 % betrug, außerhalb dieser Städte 486 000, was ein Zuwachs von 137 % war.[65] Das industrielle Wachstum war somit außerhalb der Zentren tatsächlich größer als innerhalb. Betrachtet man jedoch die Entwicklung des *gesamten* produzierenden Sektors, der neben der Industrie auch das Handwerk umfasst, so ändert sich das Bild erheblich. Denn die Zahl der Beschäftigten dieses Sektors nahm in Bayern von 1950 bis 1970 von 1 534 0000 auf 2 264 000 zu, was einem Zuwachs von 730 000 oder 47,6 % entsprach. Dabei nahm sie in den 13 größten Industriestädten von ca. 567 000 auf 860 000 zu, das waren 51,7 %, außerhalb dieser von knapp 968 000 auf 1 404 000, das waren 45 %.[66] Damit fiel das Wachstum im gesamten produktiven Sektor außerhalb der Ballungsräume also schon deutlich niedriger aus als innerhalb. Und fasst man schließlich die *Gesamtzahl* der Beschäftigten ins Auge, d. h. die aller Wirtschaftsbereiche einschließlich der Land- und Forstwirtschaft, so zeigt sich ein gänzlich anderes Bild. Denn die Zahl aller Erwerbstätigen Bayerns wuchs von 1950 bis 1970 von 3,9 auf 4,3 Mio., das waren rund 400 000 oder 10,2 %. Verantwortlich für diese relativ geringe Zunahme war vor allem der Arbeitsplatzabbau in der Land- und Forstwirtschaft. Denn in den 13 größten Städten nahmen die Erwerbstätigen von 1,024 auf 1,511 Mio. zu, das waren 487 000 oder 47,5 %, während sie außerhalb davon von 2,876 auf 2,851 Mio., also um 0,9 %, zurückgingen.[67] Damit hat sich der

Abstand zwischen Stadt und Land sogar deutlich vergrößert. Denn kamen 1950 in den 13 Industriestädten 478 Beschäftigte auf 1000 Einwohner und außerhalb dieser 413, so waren es 1970 in diesen Zentren 544 gegenüber 344 außerhalb.[68]

Das eigentliche Ziel der Erschließungspolitik wurde damit nur teilweise erreicht, da sich das Gefälle zwischen Peripherie und Ballungsräumen lediglich in einem Bereich, nämlich bei den Industriearbeitsplätzen, gemindert hat. Im Übrigen aber bestand es nach wie vor, und im Hinblick auf die Beschäftigtendichte hatte es sich sogar deutlich erhöht. Die Frage kann daher nur sein, ob das überdurchschnittliche Wachstum der Ballungsräume ohne diese Politik noch stärker ausgefallen wäre; das lässt sich aber schlichtweg nicht beantworten. Denn dass industrielle und gewerbliche Arbeitsplätze vermehrt im ländlichen Raum entstanden sind, hatte seine wichtigste Ursache in dem seit Ausgang der 1950er-Jahre herrschenden Arbeitskräftemangel, der sich vor allem in den Ballungsräumen bemerkbar machte. Vor allem das auf dem Land vorhandene Arbeitskräftepotenzial zog Industrie und Gewerbe an; die Annahme, dass diese Entwicklung durch die Erschließungs- und Förderpolitik verstärkt wurde, liegt zwar nahe, aber wie groß deren Anteil wirklich war, lässt sich nicht bestimmen.

Unstrittig ist jedoch, dass diese Politik zu einer starken Annäherung der Lebensverhältnisse von Stadt und Land geführt hat. Durch den Ausbau der Infrastruktur erhielten die ländlichen Regionen Einrichtungen, die bisher den Städten vorbehalten waren, wie etwa Krankenhäuser und weiterführende Schulen, Sport- und Stadthallen, Hallenschwimmbäder und andere Einrichtungen. Vor allem aber verkürzten die guten Straßenverbindungen die Fahrtzeiten zu den nächstgelegenen städtischen beziehungsweise industriellen Zentren derartig, dass sie für den motorisierten Landbewohner nun gleichsam „um die Ecke" lagen. So konnte er nun deren Vorzüge nutzen, ohne seinen Wohnsitz aufgeben zu müssen, und von dieser Möglichkeit wurde zunehmend Gebrauch gemacht.

Die Folge war eine starke Zunahme der „Pendler". Die Zahl der „Auspendler" – der Erwerbstätigen, die an einem anderen Ort als ihrem Wohnort arbeiteten – nahm von 1950 bis 1970 von ca. 456 000 auf über 1,417 Mio. zu, das war ein Zuwachs von 211 %. Da man 1970 insgesamt 4,9 Mio. Erwerbstätige zählte, machten die Auspendler davon 29 % aus.[69] Die Landflucht alten Stils wurde damit insgesamt etwas verlangsamt, und in der Umgebung von Ballungsräumen kam es sogar zu einem starken Wachstum vieler ländlicher Gemeinden, die ihren Charakter dadurch vollkommen veränderten. Im Gegenzug aber hat dadurch der Verkehr, besonders der motorisierte Individualverkehr, sehr stark zugenommen, und mit ihm alle negativen Folgen, die damit verbunden sind.

Mit dem Geburtenrückgang und der damit verbundenen Stagnation des Bevölkerungswachstums auch im ländlichen Raum wurden jedoch auch diese Erfolge der „Erschließungspolitik" bereits zu Beginn der 70er-Jahre wieder in

Frage gestellt. Im Strukturbericht von 1977 heißt es dazu: „Wirtschaftspolitisches und strukturpolitisches Ziel der Vergangenheit war die Schaffung möglichst hochqualifizierter Arbeitsplätze im ländlichen Raum bei gleichzeitiger Verbesserung der Infrastruktur. Damit sollte u. a. die Abwanderung in diesen Gebieten vermindert, wenn nicht beseitigt werden. Bei sinkender Bevölkerung könnten die geschaffenen Arbeitsplatzkapazitäten in ländlichen Gebieten unter Umständen nicht mehr ausreichend besetzt werden; dies insbesondere dann, wenn man davon ausgeht, dass die Attraktivität der Verdichtungsräume und damit die Sogwirkung gegenüber den ländlichen Räumen auch in Zukunft anhalten wird. Dies scheint schon deshalb wahrscheinlich, weil die Infrastruktur der Verdichtungsgebiete laufend verbessert wird (Bau von U-Bahnnetzen, Autobahnring usw.), während der Bevölkerungsdruck und die damit verbundenen Agglomerationsnachteile bei insgesamt sinkender Geburtenrate nachlassen dürften. (…) Nicht nur der Ausbau der Infrastruktur war und ist mit hohen Kosten verbunden; auch die Erhaltung der bestehenden Infrastruktur erfordert von Maßnahmengruppe zu Maßnahmegruppe unterschiedliche, im ganzen jedoch erhebliche laufende Beträge. Die Beträge müssen von der Allgemeinheit, der Gesamtbevölkerung aufgebracht werden. In dem Maße, in dem die Bevölkerung abnimmt und die bestehende Infrastruktur trotzdem weiter aufrecht erhalten werden soll, sind die laufenden Kosten der Infrastruktur auf eine kleinere Zahl von Einwohnern zu verteilen, d. h. die Infrastrukturkosten pro Einwohner steigen. Gerade in dünn besiedelten Gebieten, in denen besonders hohe Infrastrukturverbesserungen zu verzeichnen sind (zum Beispiel Hallenbäder), kann eine Verminderung der Bevölkerung dazu führen, daß die Folgelasten der Infrastruktur von einer verringerten Bevölkerung nicht mehr getragen werden können. Deshalb müßte, wenn nicht eine entsprechende Steigerung der Wirtschaftskraft die finanzielle Tragfähigkeit verbessern wird, mit erheblichen Auswirkungen eines Bevölkerungsrückgangs im ländlichen Raum für den Unterhalt der dort aufgebauten Infrastruktur gerechnet werden."[70]

Die sich mehrenden negativen Aspekte der Entwicklung brachten die bayerische Staatsregierung auch in ihrer Auseinandersetzung mit dem Bund in eine ungünstige Lage. Denn schon seit längerem hielt der Bund Bayern eine unangebrachte Handhabung des „Schwerpunktprinzips bei der regionalen Strukturförderung" vor. „Hier steht der Bund auf dem Standpunkt, daß Bayern über zu viele, letztlich nicht entwicklungsfähige Schwerpunkte verfüge, worunter die Effizienz der eingesetzten Mittel leide."[71] Die Staatsregierung verteidigte ihre Politik mit dem Argument, dass sie damit lediglich den besonderen Verhältnissen Bayerns Rechnung trage: „Demgegenüber vertritt die Bayerische Staatsregierung die Auffassung, daß eine Beschränkung der regionalen Strukturförderung auf einige wenige Ober- und Mittelzentren letztlich in einzelnen, wenn auch kleineren Teilräumen zu einer passiven

Sanierung führt, deren Vermeidung gerade die Aufgabe der Strukturpolitik ist. Die regional unterschiedlichen topographischen und klimatischen Verhältnisse und die davon abhängende Zumutbarkeit von Pendlerentfernungen, die historisch gewachsene Siedlungsstruktur sowie die regionale Agrarstruktur müssen bei der Handhabung des Schwerpunktprinzips mit berücksichtigt werden. Eine strenge Orientierung an bundesdurchschnittlichen Kriterien würde diesen Erfordernissen nicht gerecht. (…) Weite Teile Bayern werden – nicht zuletzt auch auf Grund ihrer topographischen Situation – nach wie vor eine disperse Siedlungsstruktur mit relativ vielen, historisch gewachsenen Zentren aufweisen, deren Existenz in der regionalen Strukturpolitik nicht ignoriert und deren weitere Entwicklungswürdigkeit auch künftig nicht verneint werden kann."[72]

Obwohl es die bayerische Staatsregierung nicht offen eingestand, war aber auch sie zu der Einsicht gelangt, dass ihre bisherige Wirtschafts- und Strukturpolitik die in sie gesetzten Erwartungen nur teilweise erfüllt hatte. Im Regierungslager mehrten sich die Stimmen, die eine Kurskorrektur anmahnten. Den Beginn dieser neuen Politik markierte das bereits genannte „Landesentwicklungsprogramm" von 1969. Dem folgte 1970 die Gründung eines „Staatsministeriums für Landesentwicklung und Umweltfragen", dem man mit Gesetz vom 19. Februar 1971 die Umsetzung des Landesentwicklungsprogramms übertrug. Mit der Gründung dieses „Umweltministeriums" sollte der Bevölkerung signalisiert werden, dass man ihre wachsende Besorgnis, dass die Umwelt durch ihre Anpassung an die Bedürfnisse der Wirtschaft zerstört werde, ernst nehme. Die Skepsis der Bürger aber blieb bestehen; die Zahl derjenigen, die die negativen Seiten der „Erschließung des Landes" kritisierten, nahm in den 70er-Jahren weiter zu. Zum Ausdruck kam diese schließlich weitverbreitete Skepsis, die sich sogar bis in die obersten Ränge der Politik bemerkbar machte, unter anderem darin, dass die bisher so eifrig betriebene Landesentwicklungsplanung ins Stocken geriet. Als das seit dem 1. Mai 1976 eigentlich verbindliche neue Landesentwicklungsprogramm nach langen Vorarbeiten umgesetzt werden sollte, fand man immer wieder Vorwände, um dessen Realisierung zu verzögern. Vorgeschoben wurden finanzielle Gründe, tatsächlich aber war der Widerstand in der Bevölkerung und auf der unteren politischen Ebene so groß geworden, dass die Staatsregierung eine solche Politik nicht mehr so offensiv wie bisher verfolgen konnte. Da sie mit dieser Politik nicht mehr auf so breite, auch parteipolitisch nutzbare Zustimmung stieß, musste sie diese jetzt zu verschleiern suchen. Deshalb bezeichnete man den „Landesentwicklungsplan" auch nicht mehr als solchen, sondern als „zweites Landesentwicklungsprogramm". Dieses „Programm" aber war derartig umfassend und detailliert, dass man es nicht wie die sonstigen Verordnungen im bayerischen Gesetz- und Verordnungsblatt abdrucken konnte; es war dafür vielmehr eine eigene umfangreiche Veröffentlichung notwendig.

Dieses Programm war der krönende Abschluss einer Ära, in der man glaubte, Bayern vom Reißbrett aus neu erschaffen zu können, und zwar wesentlich rationeller als es die Natur getan hatte. Das Land und seine natürlichen Gegebenheiten sollten den Bedürfnissen der Menschen noch viel stärker angepasst werden, als dies schon bisher der Fall gewesen war, und diese Bedürfnisse definierte die Politik, d.h. letztlich eine Handvoll Fachleute. Obwohl dieser Plan als verbindlich bezeichnet wurde, stellte er – erkennbar wegen des breiten Widerstandes aus der Bevölkerung – in der Praxis dann doch nur einen Orientierungsrahmen dar. Auch die Staatsregierung fühlte sich nicht an ihn gebunden und griff auf ihn nur zurück, wenn es ihr opportun erschien. Das war ihr vor allem deshalb möglich, weil die im Plan enthaltenen Investitionen nicht durch eine entsprechende Finanzplanung abgesichert waren.

Die Verkehrspolitik

Die Verkehrswege Bayerns waren in einem jahrhundertelangen Prozess entstanden und eng mit denen seiner Nachbarn verflochten, da Bayern von alters her wichtiges Durchgangsland sowohl im West-Ost-Verkehr als auch im Nord-Süd-Verkehr war. Besonders wichtig und deshalb auch gut ausgebaut waren die Verbindungen nach Mitteldeutschland, in die Tschechoslowakei und diejenigen entlang der Donauachse in den südosteuropäischen Raum, deutlich weniger gut dagegen jene nach Westen. Gerade die Verbindungen nach Norden, Osten und Südosten wurden aber durch den „Eisernen Vorhang" unterbrochen. Die bayerische Wirtschaft musste sich deshalb neu orientieren, und ihre neuen Partner waren überwiegend im Westen und Nordwesten angesiedelt. Von dort musste Bayern seine Rohstoffe beziehen, dorthin wurden auch die meisten Waren abgesetzt. Das erforderte eine „Umpolung" der bayerischen Verkehrswege, die nur durch den Bau neuer leistungsfähiger Fernverkehrsverbindungen zu bewerkstelligen war.

Aber auch nach dem Bau solcher Verbindungen waren die Nachteile, die sich für Bayerns Wirtschaft aus ihrer neuen Lage am äußersten Rand des sich neu formierenden europäischen Wirtschaftsraums und direkt am Eisernen Vorhang ergaben, noch beträchtlich. Um diese zu mildern wurde 1950 ein differenziertes System von „Frachthilfen" entwickelt, mit dem ein Ausgleich für jene Unternehmen geschaffen werden sollte, die unter den verschlechterten Standortbedingungen besonders zu leiden hatten. Je nach Standort erhielten diese Unternehmen Zuschüsse zu den Frachtkosten in Höhe von 10 bis 30 %.[73] Diese „Frachthilfen" wurden später auch in Form von verbilligten Strom- und Gaslieferungen gewährt. Im Zuge der Förderung strukturschwacher Gebiete kam dieser Subventionierung essenzielle Bedeutung zu; von 1950 bis 1976 wurden dafür in Bayern von Bund und Freistaat zusammen ca. 530 Mio. DM aufgewandt; 1976 bezogen 1393 Betriebe derartige Zuschüsse in Höhe von insgesamt rund 38 Mio. DM.[74]

Mit solchen Hilfen allein war es aber nicht getan. Da Bayern eine dezentralisierte Industrialisierung anstrebte, musste auch in den Ausbau der regionalen Verkehrswege stark investiert werden. Die Verbesserung der Verkehrsinfrastruktur galt als Voraussetzung jeder Entwicklung, und deswegen räumte ihr die Staatsregierung Priorität ein. Der Ausbau und der Unterhalt der Verkehrswege durften sich nach ihrer Überzeugung gerade in den strukturschwachen Regionen nicht am aktuellen Verkehrsbedarf ausrichten. Vielmehr sollte eine ausgebaute Verkehrsinfrastruktur ihre Nutzer selbst generieren, womit an die Stelle des bisherigen „Bedarfsdeckungsprinzips" das „Erschließungsprinzip" trat.

Hatte es in den ersten Jahren des Wiederaufbaus ausgereicht, die bestehende Verkehrsinfrastruktur auf- und auszubauen, so erforderte die „Erschließung" nun deren planmäßige Weiterentwicklung. Dazu hätte man zunächst verkehrspolitische Grundsätze und Zielvorstellungen sowie eine „integrierte", d. h. alle Verkehrsträger umfassende Verkehrsplanung entwickeln müssen. Tatsächlich aber wurde erst 1970 der erste Gesamtverkehrsplan Bayerns vorgelegt. Er enthielt neben einer umfassenden Bestandsaufnahme vor allem Prognosen und legte dar, wie Bayern an die außerbayerischen Verkehrsnetze angebunden, wie die innerbayerische Erschließung weiter entwickelt und welchen Anteil die einzelnen Verkehrsträger daran haben sollten.

Bis dahin aber genoss der Straßenbau absolute Präferenz, denn durch ihn ließ sich die beabsichtigte Erschließung des Landes am schnellsten und kostengünstigsten verwirklichen. Diese Schwerpunktsetzung war zunächst auch durch den Zustand des bayerischen Straßennetzes bedingt. Viele Straßen befanden sich nach dem Krieg in einer desolaten Verfassung, die sich wegen unterlassener Wartungs- und Reparaturarbeiten zunächst noch weiter verschlechterte; zudem waren rund 1000 Brücken zerstört. Anfang der 1950er-Jahre besaßen 52 % der Staatsstraßen, 89 % der Kreisstraßen und selbst 7 % der Bundesstraßen nur „wassergebundene" Fahrbahndecken aus Schotter, Kies und Sand. Und auch die meisten der gepflasterten und der wenigen asphaltierten Straßen waren wegen ihrer geringen Breite und ihres unzureichenden Unterbaus nicht für den schweren LKW-Verkehr geeignet.

1955 wurde durch das Bundes-Verkehrsfinanzierungsgesetz, das sowohl die dem Bund zufließende Mineralölsteuer als auch die den Ländern zustehende Kraftfahrzeugsteuer anhob, die Voraussetzungen für einen Ausbau der Straßen in größerem Umfang geschaffen. Dank der nun rasch voranschreitenden Motorisierung flossen Bund und Ländern bald so große Mittel für den Straßenbau zu, dass sie sich hier kaum mehr Beschränkungen auferlegen mussten.

Das Autobahnnetz in Bayern, das 1951 erst 570 km umfasste – wovon nur ein 11 km langes Teilstück bei Wolnzach nach dem Krieg gebaut worden war –, wurde zunächst um die Strecke von Nürnberg über Würzburg nach Aschaffenburg erweitert, von wo aus die Autobahn nach Frankfurt weiterführte. Damit wurde die erste leistungsfähige Straßenverbindung in den Nordwesten der Bundesrepublik hergestellt; sie war 1964 durchgehend befahrbar. Nach den Vorstellungen Bayerns sollten die Autobahnen aber nicht nur den Anschluss an das nationale und internationale Verkehrsnetz herstellen, sondern auch die bayerischen Industrieregionen sowohl untereinander als auch mit den peripheren Räumen verbinden. Der Bund setzte jedoch andere Prioritäten beim Autobahnbau, und auch die in Bayern verlaufenden Bundesstraßen haben diese Erschließungsfunktion nicht im gewünschten Ausmaß erfüllt. Ihre Gesamtlänge betrug etwa 5600 km, womit ihr Netz sehr weitmaschig war, und größere Erweiterungen fanden auch hier zunächst nicht statt.

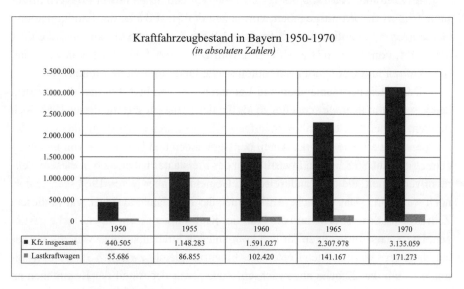

Kraftfahrzeugbestand in Bayern 1950-1970
(in absoluten Zahlen)

	1950	1955	1960	1965	1970
■ Kfz insgesamt	440.505	1.148.283	1.591.027	2.307.978	3.135.059
■ Lastkraftwagen	55.686	86.855	102.420	141.167	171.273

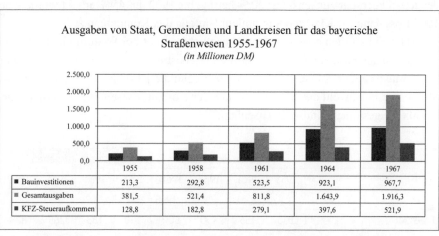

Ausgaben von Staat, Gemeinden und Landkreisen für das bayerische Straßenwesen 1955-1967
(in Millionen DM)

	1955	1958	1961	1964	1967
■ Bauinvestitionen	213,3	292,8	523,5	923,1	967,7
■ Gesamtausgaben	381,5	521,4	811,8	1.643,9	1.916,3
■ KFZ-Steueraufkommen	128,8	182,8	279,1	397,6	521,9

Deshalb wurde der Bau von Staats-, Kreis- und Gemeindestraßen forciert, zumal der Verkehr rasant zunahm. In diesem Bereich konnte die Staatsregierung weitgehend eigenständig handeln, und so hat sie hier große Aktivitäten entfaltet. Seit Mitte der 50er-Jahre wurden die bayerischen Straßen aller Kategorien grundlegend überholt. Der Unterbau wurde verstärkt, die Fahrbahnen wurden verbreitert, es wurden neue Brücken und Unterführungen gebaut, mitunter auch schon erste Ortsumgehungen. Völlig neue Trassen aber legte man selten an, sodass das Straßennetz im Wesentlichen unverändert blieb; dafür war nun bald jeder Ort über eine Straße erreichbar, die mit festem Unter- und gutem Oberbau – zunehmend aus Asphalt – versehen war. Ein erheblicher Zuwachs war dagegen bei den innerörtlichen und den Gemeindestraßen zu verzeichnen.

Im Zeitraum von 1955 bis 1968 wurden für den Straßenbau in Bayern insgesamt 15,2 Mrd. DM ausgegeben, von denen der Staat 37 %, die Landkreise und Gemeinden 63 % aufbrachten.[75] Im Jahr 1968 betrugen die Gesamtausgaben 2,1 Mrd. DM, von denen 671,8 Mio. DM vom Bund und 1,432 Mrd. von Freistaat, Landkreisen und Gemeinden stammten (siehe Diagramm S. 467 unten)[76].

Der Anteil der Gemeinden und Landkreise an den Investitionen für das Straßenwesen nahm deutlich schneller zu als der des Freistaates. Hatte dieser 1955 noch rund ein Drittel der Straßenkosten aufgebracht, so waren es 1968 nur mehr 13,2 %. Entsprechend erhöhte sich der Anteil der Gemeinden und Landkreise von knapp einem Drittel auf 86,8 %. Die Investitionen des Freistaates haben sich in diesem Zeitraum verdoppelt, die der Landkreise und Gemeinden aber waren 1968 sechsmal so hoch wie 1955.[77] Das jährliche Aufkommen der Kraftfahrzeugsteuer war in diesem Zeitraum um das 4,4fache und die Zahl der Kraftfahrzeuge um das 4,7fache gestiegen. Die Staatszuweisungen für den kommunalen Straßenbau aber waren – vor allem dank der 1963 erfolgten Reform des Finanzausgleichs zwischen Staat und Kommunen – um das 22fache angewachsen. Zudem war der Anteil der Kommunen an der Kfz-Steuer, der zunächst nur 20 % betrug, bis 1962 auf 45 % erhöht worden; ab 1963 floss dann die Kfz-Steuer in vollem Umfang den Kommunen zu.[78]

Die Einnahmen aus der Kfz-Steuer reichten aber bei Weitem nicht aus, um die Kosten des Straßenbaus und -unterhalts zu bestreiten; ein zunehmend größerer Teil kam aus anderen Quellen. Insgesamt stiegen die jährlichen Ausgaben für das Straßenwesen sowohl des Staates als auch der Kommunen seit 1955 deutlich stärker als die gesamten Haushaltsausgaben:[79]

	Ausgaben für Straßen				gesamte Ausgaben			
	1955	1961	1965	1968	1955	1961	1965	1969
	1955 = 100							
Freistaat	100	156	450	500	100	183	265	323

	Ausgaben für Straßen				gesamte Ausgaben			
Gemeinden u. Landkreise	100	252	457	496	100	187	307	365
Großstädte	100	297	502	400	100	197	305	362
Kreisfreie Städte	100	206	300	431	100	167	226	268

Am stärksten fiel die Ausgabensteigerung für den Straßenbau bei den kreisangehörigen Gemeinden aus. Stellten diese 1955 noch insgesamt 56,7 Mio. DM dafür zur Verfügung, so waren es 1968 nicht weniger als 538,9 Mio. 1968 erreichten die Ausgaben der Landkreise und Kommunen für die Straßen ein jährliches Volumen von 1,186 Mrd. und damit einen neuen Höhepunkt. 13,5 % der Gesamthaushaltsausgaben der kommunalen Gebietskörperschaften flossen nun in den Straßenbau. Die Landkreise und Gemeinden gaben in diesem Jahr durchschnittlich pro Einwohner 114,72 DM für den Straßenbau aus; in den kreisfreien Städten waren es dagegen 101,10 DM. Im Jahr 1967 war Bayern an den Gesamtausgaben aller Länder, Gemeinden und Gemeindeverbände der Bundesrepublik für Straßenbau in Höhe von 5,86 Mrd. DM mit 21,4 % beteiligt, d. h. mit einem deutlich größeren Betrag, als es seinem Bevölkerungsanteil entsprach, der bei rund 17 % lag.

Diese über lange Jahre hinweg getätigten hohen Investitionen bewirkten eine grundlegende Verbesserung des Straßenzustandes und hatten zur Folge, dass das Netz der Staatsstraßen von 1961 bis 1970 um 33 % – von 10 143 auf 13 478 km – und das der Kreisstraßen um 29 % – von 10 792 auf 13 891 km – wuchs. Für die Gemeindestraßen wurde 1966 eine Gesamtlänge von 75 242 km ermittelt, womit sich Bayerns Anteil an den Gemeindestraßen des Bundesgebiets auf 30 % belief.[80] Da Bayerns Anteil an der Fläche des Bundesgebiets 28,4 % ausmachte, verfügte es damit trotz seiner relativ geringen Bevölkerungsdichte über ein überdurchschnittlich dichtes Netz von Straßen. Auch bei einem Vergleich der gesamten Straßenlänge einschließlich der Autobahnen und Bundesstraßen schnitt Bayern im Vergleich mit den anderen Flächenstaaten 1966 gut ab:[81]

	Anteil an (in %)			
	Fläche d. BRD	Bevölkerung d. BRD	KFZ-Bestand d. BRD	Straßen d. BRD
Bayern	28,4	17,2	18,9	26,8
Baden-Wü.	14,4	14,5	15,4	15,3
Rheinland-Pf.	8,0	6,0	6,2	7,0
Nordrhein-W.	13,7	28,0	25,6	19,0
Niedersachsen	19,0	11,6	11,8	15,3
Hessen	8,5	8,8	9,4	7,7

Ohne die Mithilfe des Bundes wäre dieser Ausbau des Straßennetzes in Bayern jedoch nicht möglich gewesen. So stiegen die gesamten Ausgaben des Bundes für die Autobahnen in Bayern von 1955 bis 1968 von 16,1 auf 319,2 Mio. DM jährlich an, und die Investitionen für die bayerischen Bundesstraßen nahmen in dieser Zeit von 53,5 auf 352,6 Mio. DM zu.[82] Der bei Weitem größte Teil dieses Geldes floss in den Neubau; so nahm die Länge der Autobahnen von 1961 bis 1968 von 641 auf 972 km zu, das waren 331 km oder 52 %, und die der Bundesstraßen von 6322 auf 7184 km, das waren 852 km oder 13 %.[83]

In der Landschaft machte sich dieser großartige Ausbau der Straßen vor allem im Verschwinden von Alleen und Straßenbäumen bemerkbar. Nachdem entsprechende Kampagnen, die hauptsächlich vom ADAC ausgingen, auch bei Politikern zunehmend Unterstützung fanden, gab die Verwaltung, die sich bisher überwiegend für den Erhalt der Bäume eingesetzt hatte, ihren Widerstand auf. Allein in den Jahren zwischen 1960 und 1971 wurden in Bayern schätzungsweise 175 000 Straßenbäume gefällt.[84]

In der unmittelbaren Nachkriegszeit aber stand zunächst die Eisenbahn im Mittelpunkt der bayerischen Verkehrspolitik, denn die Bahn hatte damals die Hauptlast des Personen- und vor allem des Güterverkehrs zu tragen.[85] Wegen des großen Kohlenmangels und der hohen Kosten, die deren Einfuhr nach Bayern verursachte, aber auch wegen anderer damit verbundener Vorteile, trieb die bayerische Regierung mit großem Einsatz die Elektrifizierung der Hauptstrecken voran. Da die Reichs- und spätere Bundesbahn nicht in der Lage war, diese selbst zu finanzieren, stellte ihr der bayerische Staat zweckgebundene Kredite in Höhe von insgesamt 212 Mio. zu Verfügung; bis 1970 gewährte er ihr weitere Darlehen von insgesamt 260 Mio. Auch der Bau eines Kohlekraftwerks bei Penzberg, das den zusätzlichen Strombedarf decken sollte, wurde auf diese Weise finanziert. Dank dieser Investitionen konnten bis 1954 die Strecke Aschaffenburg-Nürnberg und bis 1959 die von Nürnberg nach Passau elektrifiziert werden; dazu kamen einige kleinere Abschnitte. So verfügte Bayern bald über durchgehend elektrifizierte und erneuerte Hauptverbindungen, über leistungsfähige Anschlüsse nach dem Westen und Nordwesten der Bundesrepublik sowie über modernste Bahnanlagen und neuestes rollendes Material, wodurch die gesamte Qualität des Bahnverkehrs gesteigert, die Fahrtzeiten verkürzt und die Betriebskosten gesenkt wurden.

Diese großen Investitionen stellten später auch ein wichtiges Argument der bayerischen Staatsregierung dar, als sie sich Ende der 50er-Jahre gegen die Pläne der Bundesbahn zur Wehr setzte, Nebenstrecken in Bayern stillzulegen. Solche Pläne liefen der „Erschließungs-Politik" Bayerns strikt zuwider, waren doch 45 % des bayerischen Schienennetzes Nebenstrecken. Da jedoch zahlreiche Nebenstrecken keine großen Geschwindigkeiten zuließen, verlor der Bahnverkehr für viele Menschen mit dem Ausbau der Straßen rasch an Attraktivität. Und beim

Warenverkehr setzte sich zunehmend der bequemere „von Haus zu Haus"-Verkehr per Lkw durch, sodass auch der Güterverkehr stark zurückging. Angesichts dieser Entwicklung konnte auch massiver politischer Widerstand gegen die Streckenstilllegungen nur verzögernde Wirkung haben.

Erste Pläne zum „Rückzug aus der Fläche" legte die Bundesbahn 1958 vor. In Bayern waren davon 20 Strecken betroffen. 14 sollten vollständig stillgelegt, bei den übrigen sollte der Personenverkehr eingestellt werden. Gegen diese wie auch spätere Streckenstilllegungen regte sich in den betroffenen Regionen heftiger Widerstand, der von der Staatsregierung unterstützt wurde. Am fortschreitenden Rückgang der Auslastung dieser Strecken änderte sich jedoch nichts, und so waren die Stilllegungen nicht zu verhindern. Bis 1974 wurde in Bayern auf 47 Nebenbahnstrecken mit einer Gesamtlänge von 548 km der Verkehr vollständig, bei weiteren 60 Strecken mit zusammen 744 km der Personenverkehr eingestellt.

Dass die Einstellung des Bahnverkehrs negative Auswirkung auf die Entwicklung der betroffenen Regionen und Orte gehabt hätte, ließ sich jedoch nicht feststellen. Das sei, so wurde vermutet, auch dem hartnäckigen Widerstand gegen die Stilllegungen zu verdanken, der diese verzögert habe: „Erst dadurch wurde es möglich, ein hochwertiges Straßennetz aufzubauen, das auch die Verlagerung des Verkehrs von der Schiene auf die Straße verkraften konnte."[86]

Wie bei der Elektrifizierung der Bahnstrecken, so führte die bayerische Staatsregierung auch beim Ausbau der Wasserstraßen eine Politik fort, die Bayern bereits vor dem Ersten Weltkrieg verfolgt hatte. Die Argumente, mit denen man vor und während des Ersten Weltkriegs den Ausbau einer Großschifffahrtsstraße Rhein-Main-Donau gefordert hatte, wurden auch nach dem Zweiten Weltkrieg wieder ins Feld geführt. Da Bayern in vermehrtem Umfang auf Kohlelieferungen aus Westdeutschland angewiesen war, bestand zunächst tatsächlich der Bedarf an einer leistungsfähigen Wasserstraße. Und die großen Erwartungen, die man mit diesem Projekt von Anfang an verband, wurden selbst durch den Eisernen Vorhang nicht gedämpft. Hanns Seidel, der sich mit Nachdruck für die Fortführung der Arbeiten einsetzte, sah in ihr „eine Wasserstraße, die sich als einziges europäisches Projekt seiner Größenordnung nach mit denen der Vereinigten Staaten von Amerika und Sowjetrusslands messen" könne.[87]

Die Bundesrepublik, als Nachfolgerin des Reiches Hauptaktionär der Rhein-Main-Donau AG, maß diesem Projekt zwar keine Priorität bei, war jedoch verpflichtet, ihren Anteil zu dessen Realisierung beizutragen. 1949 einigten sich Bund und Freistaat auf die weitere Finanzierung, und zwar in der Weise, dass der Bund zwei Drittel und der Freistaat ein Drittel aufzubringen hatte. Hauptfinanzierungsquelle waren nach wie vor die Einnahmen aus dem Betrieb der Wasserkraftwerke, Finanzierungslücken sollten durch zinslose Darlehen der öffentlichen Hand geschlossen werden. Immer wieder aber musste sich die bayerische Staatsregierung, die dabei stets breite Unterstützung sowohl von Seiten des Landtags wie der Wirtschaft erfuhr, bei der Bundesregierung für eine zügigere Fortführung der Arbeiten einsetzen, wozu sie viele Vorleistungen erbrachte.

Um den Gegnern des Projekts, die die Wirtschaftlichkeit dieser Wasserstraße anzweifelten, den Wind aus den Segeln zu nehmen, gab die Staatsregierung beim Ifo-Institut für Wirtschaftsforschung ein Gutachten in Auftrag. Dieses beschäftigte sich vor allem mit der strittigen Frage, welche Auswirkung der Kanal auf die Bundesbahn haben werde, und damit, was man sich von ihm für die wirtschaftliche Entwicklung Bayerns erwarten könne. Das 1951 vorgelegte Gutachten kam zu dem wenig überraschenden Schluss, dass die Bahn vom Kanal keinerlei Nachteile zu befürchten hätte, während die bayerische Wirtschaft davon in vielfacher Hinsicht profitieren würde. Der Kanal würde eine allgemeine Standortverbesserung der bayerischen Wirtschaft bewirken, von der weite Regionen, unter anderem auch das Oberpfälzer Montanrevier, profitieren würden. Er würde sich zu einer wichtigen internationalen Wasserstraße mit einem lebhaften Schiffsverkehr entwickeln, dessen Umfang auf 14, ja sogar 20 Mio. Tonnen pro Jahr geschätzt werde.[88] Tatsächlich wurde diese Größenordnung bis heute nicht annähernd erreicht. 2005 wurden auf dem Kanal Güter mit einem Gesamtgewicht von 7,6 Mrd. Tonnen transportiert, 2006 waren es 6,24 Mrd. Tonnen. Dass die Prognosen nicht in Erfüllung gehen konnten, stand aber spätestens Anfang der 60er-Jahre fest; denn zu diesem Zeitpunkt wurde die Kohle, das wichtigste Massenfrachtgut, von Öl und Gas verdrängt, die mit Pipelines nach Bayern transportiert wurden. Für eine Revision des Projekts sah die Staatsregierung dennoch keinen Anlass.

So schritt der Bau trotz anhaltender und immer wieder erneuerter Widerstände, die zunächst hauptsächlich vom Bund kamen und wirtschaftlich begründet waren, später dann auch von Seiten des Umwelt- und Naturschutzes, langsam voran. 1962 waren die Arbeiten am Main weitgehend abgeschlossen und der Hafen in Bamberg ging in Betrieb, 1972 erreichte der Kanal Nürnberg und der dortige Hafen wurde eröffnet. Weitere 20 Jahre benötigte man für den besonders problematischen Abschnitt zwischen Nürnberg und Kelheim. Gleichzeitig wurde die Donau zwischen Kelheim und Straubing durch den Bau von Staustufen ausgebaut. 1992 war dann die gesamte Strecke von Bamberg bis Passau mit Schiffen mit einer Tragfähigkeit von bis zu 1500 Tonnen befahrbar. Lediglich auf dem noch nicht ausgebauten Teilstück zwischen Straubing und Vilshofen können diese bei Niedrigwasser nicht mit voller Ladung verkehren. Seit der Wiederaufnahme der Arbeiten nach dem Zweiten Weltkrieg bis zur Fertigstellung der durchgehend befahrbaren Strecke im Jahr 1993 wurden insgesamt mehr als 5,5 Mrd. DM in den Bau dieser Wasserstraße investiert. Die Diskussion um deren Wirtschaftlichkeit und Nutzen aber hält nach wie vor an; eine abschließende Beurteilung wird erst in fernerer Zukunft möglich und sicherlich auch dann nicht unumstritten sein.

Der Luftverkehr spielte in der bayerischen Verkehrspolitik zunächst nur eine untergeordnete Rolle. Lediglich der Flughafen München-Riem, den schon vor dem Krieg mehrere Fluggesellschaften anflogen – 1937 lag das Fluggastaufkommen (dieses umfasst die Ankommenden wie die Abfliegenden) bei rund 26 000 Passagieren –, wies bald wieder größere Flugbewegungen auf. 1949, im ersten Betriebsjahr nach Kriegsende, verzeichnete man hier ca. 1400 Landungen und ca. 7300 ankommende sowie 16 150 abfliegende Passagiere. 1950 waren es über 2600 Landungen und 25 000 ankommende und 28 000 abfliegende Fluggäste.[89] Bis zum Jahr 1960 nahm das Fluggastaufkommen auf 795 000 zu, und diese schon sehr stattliche Zahl stieg bis 1976 auf nunmehr 4 925 000 an. Damit war die Kapazität des Flughafens München-Riem völlig ausgeschöpft, und da zudem die Start- und Landebahn keine Nonstop-Flüge über Langstrecken erlaubte, wurde seine Auflassung beschlossen. Im Erdinger Moos, ca. 30 km vor München, sollte ein neuer Flughafen entstehen, der den Anforderungen der Zukunft gerecht werden konnte; dessen Bau wurde 1974 genehmigt.

Der zweite internationale Flughafen Bayerns, der von Nürnberg, konnte 1960 ein Fluggastaufkommen von 113 000 verbuchen, und diese Zahl wuchs bis 1976 auf 778 000 an; da man mit einem weiteren starken Anstieg rechnete, wurde seine Kapazität schon 1974 auf 2 Mio. Fluggäste erweitert.

In der Folge erlangten neben diesen beiden großen internationalen Flughäfen auch die regionalen Flugplätze eine gewisse Bedeutung. Bis Mitte der 70er-Jahre entstanden 26 allgemein zugängliche Verkehrslandeplätze, davon fünf in Oberfranken, je vier in Niederbayern und Unterfranken, je drei in Mittelfranken und in Oberbayern sowie je zwei in der Oberpfalz und in Schwaben; 15 dieser Plätze verfügten über asphaltierte Start- und Landebahnen. Von einigen dieser Plätze aus konnte man im regelmäßigen Verkehr die benachbarten internationalen Flughäfen anfliegen, wovon fast ausschließlich Geschäftsreisende Gebrauch machten. Da sich dieser Flugverkehr nicht selbst trug, wurde er vom Freistaat mit Zuwendungen in Höhe von ca. 800 000 DM jährlich subventioniert.[90]

Die Energiepolitik

Die großen Probleme der Energieversorgung in der Nachkriegszeit rückten diese von Anfang an ins Zentrum der bayerischen Wirtschaftspolitik. Tatsächlich war und ist eine ausreichende, sichere und preisgünstige Energieversorgung unabdingbare Voraussetzung jeder modernen Wirtschaft. Sie stellt einen der wesentlichen Standortfaktoren dar, der auch die Entwicklung der bayerischen Wirtschaft beeinflusste. So verstand es sich eigentlich von selbst, dass die bayerische Staatsregierung der Energieversorgung stets besondere Bedeutung beimaß.

Die Energieversorgung Bayerns ruhte auf zwei Säulen: der Kohle und dem aus Wasserkraft gewonnenen Strom. 1936 wurden rund vier Fünftel des Primärenergiebedarfs durch importierte Kohle und nur das restliche Fünftel durch einheimische Energieträger gedeckt, wobei der Anteil des Stroms noch hinter dem des Brennholzes lag.[91] Für die Wirtschaft aber war der elektrische Strom nach der Kohle die wichtigste Energiequelle, zumal ja auch ein beträchtlicher Teil der Kohle zur Stromerzeugung eingesetzt wurde. Zahlreiche Unternehmen betrieben eigene Wärmekraftwerke, und auch die Stromversorgungsunternehmen verfügten über einige leistungsstarke Werke dieser Art, die vor allem benötigt wurden, um den Tagesspitzenbedarf abzudecken und den jahreszeitlich bedingten Leistungsabfall der Laufwasserkraftwerke auszugleichen.

1946 besaßen die bayerischen Wasserkraftwerke eine Kapazität von ca. 776 000 kW und erzeugten jährlich 3,3 Mrd. kWh. Die installierte Leistung der Wärmekraftwerke betrug 400 000 kW, wovon 325 000 auf Steinkohle, 76 000 auf Braunkohle entfielen. Die gesamte Kraftwerksleistung lag damit bei rund 1,17 Mio. kW. Erzeugt wurde diese Energie in 40 großen, 25 mittleren und rund 900 kleinen Kraftwerken.[92] Mit den genannten 3,3 Mrd. kWh lag die Stromerzeugung mittels Wasserkraft von 1946 nur wenig unter der von 1936, als sie 3,75 Mrd. kWh betrug. Wesentlich geringer als vor dem Krieg dagegen war der Kohlenverbrauch. Dieser betrug 1936 ca. 8,1 Mio. t Steinkohle-Einheiten (SKE; 1 SKE entspricht 7000 Kcal oder 5682 kWh), 1946 aber nur 3,2 Mio.[93] Zurückzuführen war dieser weitaus geringere Verbrauch auf die sehr stark reduzierten Kohleimporte, die nur zu einem geringen Teil durch die Steigerung der inländischen Kohleförderung ausgeglichen werden konnten.

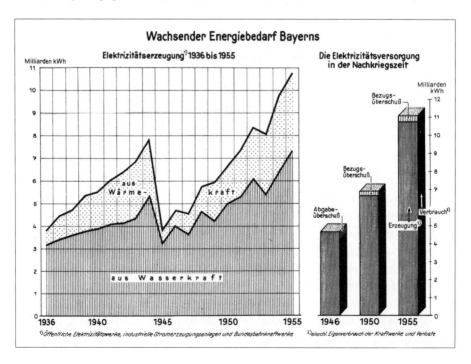

Wachsender Energiebedarf Bayerns

Elektrizitätserzeugung[1] 1936 bis 1955

Die Elektrizitätsversorgung in der Nachkriegszeit

[1] Öffentliche Elektrizitätswerke, industrielle Stromerzeugungsanlagen und Bundesbahnkraftwerke   [2] einschl. Eigenverbrauch der Kraftwerke und Verluste

Von der OBAG zur E.ON Bayern AG:
Die Stromversorgung Ostbayerns

Eine unverzichtbare Funktion in der Energieversorgung nahmen in der Nachkriegszeit die großen bayerischen Energieversorgungsunternehmen ein, die wegen der starken Beteiligung der öffentlichen Hand auch ihre Investitionen nicht nur nach betriebswirtschaftlichen Gesichtspunkten tätigten. Dies war in besonderer Weise der Fall, als die „Energieversorgung Ostbayern AG" (OBAG) 1951 an der Pfreimd in der Oberpfalz ein leistungsstarkes Speicherkraftwerk errichtete, mit dem die Stromversorgung Ostbayerns erheblich verbessert wurde. Die nach ihrem Konstrukteur benannte „Kraftwerkgruppe Jansen" besteht aus zwei Pumpspeicherwerken und einem Ausgleichswerk und verfügt über eine Bruttoleistung von insgesamt 144 MW. Ihr Herzstück sind die drei Francisturbinen des Speicherwerkes Reisach, die 105 MW leisten (s. Abb.).

Die OBAG ging auf die 1908 gegründete „Bayerische Überland-Centrale AG" zurück, aus der sich 1923 die „Oberpfalzwerke AG für Elektrizitätsversorgung, Regensburg" entwickelten. 1944 fusionierte diese mit der „Ostbayerischen Stromversorgung AG, Landshut" zur „Energieversorgung Ostbayern AG" (OBAG). Das Versorgungsgebiet dieses Unternehmens, das maßgeblichen Anteil am Ausbau der bayerischen Energieversorgung hatte, umfasste große Teile der Oberpfalz sowie Nieder- und Oberbayerns. Die OBAG betrieb zahlreiche eigene Wasser- und Wärmekraftwerke und bezog zudem Strom von industriellen Wärmekraftwerken und von einer großen Zahl privater Kleinwasserkraftwerke.

Nachdem der Freistaat seine Anteile an den bayerischen Stromversorgungsunternehmen in den 90er-Jahren veräußerte, schlossen sich 2001 die OBAG, die Energieversorgung Oberfranken AG, die Isar-Amperwerke AG, das Überlandwerk Unterfranken AG und das Großkraftwerk Franken AG zur E.ON Bayern AG zusammen. Diese ist ein Tochterunternehmen der E.ON Energie AG München, die wiederum zur E.ON AG Düsseldorf gehört, einem weltweit agierenden Energie-Konzern.

Die E.ON Bayern AG ist heute das größte Energieversorgungsunternehmen Bayerns, sein Versorgungsbereich umfasst rund 54 000 qkm. Im Jahr 2007 beschäftigte die E.ON Bayern AG rund 6000 Mitarbeiter und lieferte 28,4 Mrd. kWh Strom – das war rund die Hälfte des in Bayern verbrauchten Stroms.

Bis 1950 waren die Engpässe bei der Energieversorgung weitgehend überwunden. In diesem Jahr betrug der gesamte Primärenergieverbrauch Bayerns bereits wieder rund 14,1 Mio. t SKE. Davon wurden 61,7 % durch Kohle, 5,7 % durch Mineralölprodukte, 18,4 % durch Strom aus Wasserkraft und 14,2 % von sonstigen Energieträgern (vor allem Holz und Torf) gedeckt. Der hohe Anteil der Kohle, die größtenteils mit hohen Kosten aus dem Westen Deutschlands herangeführt wurde, legte es nahe, Anstrengungen zu unternehmen, um deren Anteil an der Energieversorgung zu reduzieren. Das war am ehesten über den Ausbau der Stromerzeugung möglich, und zwar sowohl derjenigen aus Wasserkraft wie der durch die „Verstromung" von heimischer Braunkohle. Beide Wege hat man beschritten, auch wenn sowohl dem Ausbau der Wasserkraft als auch dem des Braunkohleabbaus relativ enge Grenzen gesetzt waren.

Mit großem Einsatz trieb man vor allem den Ausbau der Wasserkraftwerke voran. 1950 begann die österreichisch-bayerische Kraftwerke AG, ein Gemeinschaftsunternehmen der Republik Österreich, des Freistaats Bayern und der Innwerke AG mit dem Bau eines Wasserkraftwerks bei Simbach/Braunau. 1952 nahm die „Donaukraftwerk Jochenstein AG", deren Gesellschafter die Rhein-Main-Donau-AG und die Österreichische Elektrizitäts-Wirtschafts-AG waren, unterhalb von Passau den Bau eines der bis dahin leistungsfähigsten Donau-Kraftwerke in Angriff. Gleichzeitig setzte man die Erschließung der Wasserkräfte des Lechs fort, wo bisher erst acht der 26 projektierten Kraftwerke realisiert waren. 1958 erfolgte die Inbetriebnahme des Speicherkraftwerks Roßhaupten, mit dessen Bau die Entstehung des Forggensees verbunden war. Die Errichtung von Speicherkraftwerken, die genutzt werden konnten, um den tageszeitlich bedingten Spitzenbedarf abzudecken und den Leistungsabfall der Laufwasserkraftwerke bei Niedrigwasserständen zumindest etwas aufzufangen, genoss Priorität, ließ sich jedoch nur in wenigen Fällen umsetzen. Trotz dieser Ausbaumaßnahmen konnte der rasch wachsende Energiebedarf aber immer weniger durch Wasserkraftwerke befriedigt werden.

Denn 1953 wurden in Bayern bereits 20,3 Mio. t SKE an Primärenergie verbraucht, das war eine Steigerung gegenüber 1950 von knapp 44 %. In den folgenden Jahren stieg der Verbrauch dann zwar weniger schnell an; dennoch nahm er von 1953 bis 1962 erneut um 56 % zu. Diese Steigerung war jedoch deutlich geringer als die der Industrieproduktion, die um 113 % zugelegt hatte. Dank des technischen Fortschritts hatte man den Verbrauch von Arbeitsmaschinen, Heizanlagen und Beleuchtungskörpern erheblich senken können. Dadurch haben sich auch die Anteile der einzelnen Verbrauchergruppen am Energieverbrauch signifikant geändert. 1953 verbrauchten die Industrie 47,6 %, die Bahnen und der gewerbliche Verkehr 11,4 % und Gewerbe, Haushalte und sonstige Verbraucher 41 % der gesamten Energie. 1962 betrugen die jeweiligen Anteile jedoch 41,4 %, 6,3 % und 52,9 %. Dennoch war die Zunahme des Energieverbrauchs so hoch, dass dieser nur noch zu einem immer kleiner werdenden Teil aus dem Land gedeckt werden konnte; mit dem Energieverbrauch nahm daher der Anteil der importierten Energie zu.

Stammten 1953 noch rund 31,9 % der in Bayern eingesetzten Primärenergie aus einheimischen Quellen, so waren es 1962 nur mehr 24,6 %; dementsprechend nahmen die importierten Energieträger von 68 % auf 75,3 % zu.[94] Dabei wurden in Bayern erhebliche Anstrengungen unternommen, eigene Energiequellen zu erschließen. 1953 wurden in Bayern Primärenergieträger mit einem Wärmeäquivalent von rund 6,5 Mio. t SKE gewonnen, 1962 dagegen von rund 7,7 Mio.; das war eine Zunahme von 19 %. Diese Steigerung ging vor allem auf die Ausbeutung von im Alpenvorland erschlossenen Erdöl- und Erdgasfeldern und auf die erhöhte „Verstromung" von Oberpfälzer Braunkohle zurück; deren Förderung nahm von 1957 bis 1962 um 70 % zu. Auch die Erzeugung von Strom aus Wasserkraft hatte beträchtlich zugelegt. Sie steigerte sich von 4,9 Mrd. kWh im Jahr 1950 auf 7,6 Mrd. kWh im Jahr 1962. Dennoch war ihr Anteil an der im Inland gewonnenen Energie von 54 % auf 44 % zurückgegangen. Dazu hatte auch beigetragen, dass der Wirkungsgrad der Wärmekraftwerke um rund 45 % verbessert werden konnte. Die gesamte Erzeugung von Strom in Wärmekraftwerken wuchs von 1,7 Mrd. kWh im Jahre 1950 auf 8,7 Mrd. im Jahre 1962.[95]

Kennzeichnend für die Energieversorgung war, dass ein immer größerer Teil der Energie in Form von Strom verbraucht wurde. Von 1950 bis 1976 stieg der bayerische Stromverbrauch von knapp 7 Mrd. kWh auf rund 43,7 Mrd. kWh an, während die bayerischen Kraftwerkskapazitäten nur von ca. 4000 MW auf knapp 11 000 MW wuchsen, sodass der Bedarf zu einem immer geringeren Teil aus bayerischen Kraftwerken gedeckt werden konnte; vor allem der Anteil aus den Wasserkraftwerken wurde stetig geringer. 1960 machte der aus Wasserkraft erzeugte Strom noch 62,5 % des gesamten in Bayern erzeugten Stroms aus, 1970 aber waren es nur noch 35,6 % und 1975 noch 26,8 %. Dazu trug auch bei, dass viele der kleinen und kleinsten Wasserkraftwerke nach und nach stillgelegt wurden. Von den rund 11 900 Anlagen dieser Art, die man 1926 zählte, waren 1988 nur noch ca. 4200 in Betrieb. Die in Bayern erzeugte gesamte Brutto-Strommenge nahm dennoch stark zu; von 1960 bis 1970 wuchs sie von 11,067 Mrd. kWh auf 24,997 Mrd. kWh und bis 1975 schließlich auf 32,112 Mrd. kWh. Damit hatte sich diese Strommenge innerhalb von 15 Jahren fast verdreifacht. Fast im gleichen Umfang war der Verbrauch von Strom angestiegen; dieser betrug 1960 13 994 Mio. kWh und stieg bis 1970 auf 28 292 und bis 1975 auf 36 242 Mio. kWh an.[96]

Der stark gestiegene Verbrauch machte auch einen Ersatz des bisherigen 240 kV-Höchstspannungsnetzes durch ein 380 kV-Höchstspannungsnetz erforderlich, mit dessen Bau 1965 begonnen wurde. Eine der ersten neuen Leitungen verband das neue Raffineriezentrum in Ingolstadt mit dem Großraum München, eine weitere führte vom Kraftwerk Pleinting bei Vilshofen an der Donau durch die Oberpfalz nach Oberfranken.[97]

Im gleichen Zeitraum fand zudem ein grundlegender Wandel hinsichtlich der importierten Energieträger statt; an die Stelle der Kohle traten Mineralöl und Erdgas. 1976 betrug der gesamte Primärenergieverbrauch Bayerns 53,9 Mio. t SKE, das war die 3,8-fache Menge von 1950. Davon entfielen nur noch 10,7 % auf Kohle, hingegen 70,3 % auf Mineralöl und 9,7 % auf Naturgas. 8,1 % des Stroms stammte aus Wasserkraft, Müll oder wurde importiert, 0,8 % steuerten die bayerischen Kernkraftwerke bei, 0,4 % sonstige Energieträger. Der Verbrauch an Mineralölprodukten hatte von 1960 bis 1975 von 5,7 Mio. t SKE auf 37,9 Mio. t SKE zugelegt, womit er einen jährlichen Zuwachs von 12,6 % vorweisen konnte.[98]

Zurückzuführen war die starke Zunahme des Anteils der Mineralölprodukte vor allem auf den Bau des Raffinerie-Zentrums im Raum zwischen Ingolstadt und Neustadt an der Donau, wo Ende 1963 die ersten beiden Raffinerien in Betrieb gingen; diese Inbetriebnahme stellt *die* Zäsur schlechthin in Bayerns Energieversorgung dar. Die Voraussetzung dafür hatte man mit dem Bau der ersten Pipeline, der „Transalpine", von Genua nach Bayern geschaffen. Sie war auf Initiative des bayerischen Wirtschaftsministers Otto Schedl und des Generaldirektors des staatlichen italienischen Energiekonzerns ENI, Enrico Mattei, von 1961 bis 1963 angelegt worden. Wenig später kam eine zweite hinzu; sie führte von Marseille aus nach Bayern.[99] Nahezu alle großen Mineralölkonzerne bauten nun binnen Kurzem an der Donau Raffinerien, sodass es 1968 hier bereits fünf Raffinerien mit einer Gesamtkapazität von über 18,9 Mio. Tonnen pro Jahr gab. Eine sechste Raffinerie wurde im Chemiedreieck bei Burghausen am Inn errichtet und diente vor allem der Versorgung der dortigen Chemiewerke. Von hier aus führte man eine Pipeline für Heizöl nach Feldkirchen bei München.[100] Die Bedeutung dieser Raffinerieansiedlungen bestand vor allem darin, dass sich dadurch die Preise für Mineralölprodukte in Bayern erheblich verringerten; bisher waren sie wegen der Transportkosten um bis zu 40 % teurer als in Norddeutschland. 1976 kamen 87 % aller in Bayern verbrauchten Mineralölprodukte aus einheimischen Raffinerien.[101]

Otto Schedl war auch maßgeblich am Aufbau einer bayerischen Gaswirtschaft beteiligt. Anfang der 60er-Jahre begann man in der gesamten Bundesrepublik damit, die Ortsgaserzeugung und -versorgung durch die Ferngasversorgung zu ersetzen. Die erste Ferngasleitung Bayerns wurde 1964 fertig gestellt und verband Nordbayern mit dem westdeutschen Ferngasnetz, das von niederländischen und norddeutschen Erdgasfeldern gespeist wurde. Im Jahr 1970 schloss dann die Ruhrgas AG auf Initiative des bayerischen Wirtschaftsministers mit der Sowjetunion einen ersten und 1973 einen weiteren Liefervertrag über russisches Erdgas ab. Die Verträge sahen eine Belieferung der Bundesrepublik mit 120 Mrd. cbm Erdgas binnen eines Zeitraums von 20 Jahren vor.[102] Seit 1973 wurde dieses Gas über eine Station bei

Waidhaus in das bayerische Erdgasnetz eingeleitet, das gleichzeitig mit hohen Zuschüssen der öffentlichen Hand ausgebaut wurde, sodass bis Ende der 1970er-Jahre große Teile Bayerns mit Erdgas versorgt werden konnten. 1976 umfasste dieses Leitungssystem eine Länge von rund 13 000 km, wovon 4500 km Hochdruckleitungen waren. Damit sich die Kosten für den Bau des Gasleitungsnetzes möglichst rasch amortisierten, wurde das Erdgas mit großem Aufwand und Erfolg auch privaten Konsumenten als billiger und bequemer Energieträger nähergebracht.

Der Gasverbrauch stieg in der Folge tatsächlich sprunghaft an. Noch im Jahr 1960 lag das gesamte Gasaufkommen in Bayern inklusive der Importe bei 423 Mio. cbm, 1965 waren es 916,5 Mio., 1970 jedoch 2165,2 Mio. und 1975 bereits 4326,1 Mio. cbm. 1975 stammte davon immerhin noch knapp ein Fünftel aus südbayerischen Quellen.[103]

Große Erwartungen setzte man in Bayern zu Beginn der 50er-Jahre in die Atomenergie;[104] von ihr erhoffte sich die Politik auf längere Sicht die Lösung aller Energieprobleme, zumal es im Fichtelgebirge ein Uranvorkommen gab, das eine Versorgung aus eigenem Bergbau zu ermöglichen schien. Als die Verabschiedung einer bundesweiten gesetzlichen Grundlage für die friedliche Nutzung der Kernenergie im Bundestag scheiterte, erließ der bayerische Landtag 1957 auf die Initiative von Ministerpräsident Wilhelm Hoegner hin, der ein überzeugter Anhänger der Atomenergie war, das „Gesetz zur vorläufigen Regelung der Errichtung und des Betriebs von Kernreaktoren", mit dem die Errichtung eines Forschungsreaktors ermöglicht wurde. Das war die Voraussetzung dafür, dass das Max-Planck-Institut für Physik und Astrophysik, dessen Leiter Werner Heisenberg war, von Göttingen nach München abwanderte und in Garching bei München einen Forschungsreaktor errichtete.

Auch der Bau der ersten Kernkraftwerke zur Stromerzeugung erfolgte maßgeblich durch staatliche Initiative und mit massiver Förderung von Seiten der öffentlichen Hand. Denn die Energiewirtschaft zeigte wenig Neigung, in die Kernenergie zu investieren, da der so erzeugte Strom auf lange Zeit hin nicht konkurrenzfähig zu sein schien.[105] Auch in Bayern war die erste Euphorie schnell verflogen, zumal der Uranbergbau bereits 1958 wegen zu geringer Ausbeute eingestellt wurde. Lediglich am Bau eines kleinen Versuchskraftwerks zeigte sich die Elektrizitätswirtschaft interessiert. Diese Aufgabe übernahm der westdeutsche Energiekonzern RWE. Als Standort dieses Kernkraftwerks aber wurde das bayerische Kahl am Main gewählt, denn die bayerische Staatsregierung hatte die Bereitschaft erkennen lassen, dieses Vorhaben nach Kräften zu fördern. Innerhalb von nur einer Woche ließ der erst kürzlich ins Amt gelangte Wirtschaftsminister Otto Schedl die dafür nötige gesetzliche Grundlage erstellen, und dieses Gesetz wurde im November 1958 mit breiter parlamentarischer Mehrheit und mit rückwirkender Geltung ab 1. Oktober angenommen.

Innerhalb von zwei Jahren und mit einem Aufwand von 43 Mio. DM erstellte daraufhin die AEG bei Kahl am Main das erste deutsche Kernkraftwerk. Es war für die Leistung von 15 MW ausgelegt, sein Reaktor wurde im November 1960 aktiviert, und am 17. Juni 1961 ging es ans Netz. 1985 wurde das Kraftwerk nach 25-jährigem Betrieb stillgelegt und 1999 wurde mit seiner Demontage begonnen, die dreimal so lange dauerte und mehr als siebenmal so viel kostete wie seine Errichtung.

Von der starken politischen Unterstützung und den ersten Erfahrungen mit der Kernenergienutzung ermutigt, gründeten 1962 das RWE und das Bayernwerk die „Kernkraftwerke RWE-Bayernwerk GmbH", die es übernahm, bei Gundremmingen im bayerischen Schwaben ein „Demonstrationskraftwerk" mit einer Leistung von nunmehr 250 MW zu errichten und zu betreiben. Ihr Engagement machten die Unternehmen von der Zusage umfangreicher öffentlicher Mittel abhängig, mit denen rund zwei Drittel der Baukosten von insgesamt 354 Mio. DM bestritten wurden. Zudem musste sich der Bund verpflichten, 90 % der Kosten zu übernehmen, um welche die Stromerzeugung dieses Kraftwerks die der konventionellen Kraftwerke überstiegen, womit die öffentliche Hand auch das unternehmerische Risiko übernahm.[106]

Auch die Errichtung des dritten bayerischen Kernkraftwerks, das in Niederaichbach bei Landshut entstand, erfolgte mit massiver Unterstützung durch öffentliche Mittel. Bauherr und Betreiber war hier die „Atomkraft Bayern GmbH", zu deren Gesellschaftern neben den bayrischen Energieversorgungsunternehmen und den Farbwerken Höchst auch der bayerische Staat zählte. 1966 wurde der Bau dieses Kernkraftwerks begonnen, und im Dezember 1972 wurde es in Betrieb genommen. Es war jedoch schon zu diesem Zeitpunkt technisch überholt und erwies sich als Fehlinvestition.

Das große Engagement der bayerischen Staatsregierung entsprang der Tatsache, dass diese weiterhin sehr große Erwartungen in die Kernenergie setzte: „Die Stromerzeugung aus Kernenergie läßt nämlich nicht nur günstigere Stromerzeugungskosten als bisher erwarten; es wird auch eine Verschiebung in der Struktur der Stromerzeugungskosten eintreten, die der Elektrizitätswirtschaft neue Möglichkeiten zur Absatzausweitung eröffnet. Der Schwerpunkt der energiepolitischen Überlegungen zur Verbesserung der Wirtschaftsstruktur Bayerns liegt deshalb vornehmlich bei diesem neuen und zukunftsträchtigen Energieträger Kernenergie."[107]

Einen wesentlichen Beitrag zur Energieversorgung haben diese Kernkraftwerke jedoch erst ab den 1980er-Jahren geleistet, und die Erwartung, dass ihr Betrieb der Elektrizitätswirtschaft „neue Möglichkeiten zur Absatzausweitung" eröffnen würde, hat sich nur ansatzweise erfüllt. Ob die großen Investitionen der öffentlichen Hand in die Kernenergie aus volkswirtschaftlicher Perspektive ge-

Bayerns Sprung ins Atomzeitalter

Große Hoffnungen setzte die gesamte westliche Welt Anfang der 50er-Jahre in die friedliche Nutzung der Kernenergie; von ihr erhoffte man sich nicht weniger als die rasche und vollständige Lösung aller Energieprobleme. Bestärkt wurden diese Erwartungen durch das 1953 von den USA gestartete Programm „Atoms for Peace", das in vielen europäischen Staaten auf große Resonanz stieß. Denn vom Aufbau einer eigenen Energieversorgung auf atomarer Basis erwartete man sich einen nachhaltigen Anschub der Wirtschaft. Zu den Ländern, die sich von dieser Art der Energiegewinnung besonders große Vorteile ausrechneten, gehörte Bayern. Hier übernahm 1954 eine von Wilhelm Hoegner (SPD) geführte Viererkoalition die Regierung, und diese sah mit der Atomenergie eine „zweite industrielle Revolution" im Anmarsch und erklärte, dass sie alles tun werde, damit Bayern diesmal ganz vorne mit dabei sein werde. Diese politische Zielvorgabe fand breite Resonanz, und dies nicht nur im eigenen politischen Lager. Denn auch der „liberale" Flügel der CSU und dessen wichtigster Exponent Franz Josef Strauß sowie einflussreiche Repräsentanten der bayerischen Industrie setzten große Erwartungen in die Atomenergie. Und dieser parteiübergreifende Konsens war von besonderer Bedeutung, denn Strauß war seit 1953 Bundesminister für besondere Aufgaben und wurde 1955 der erste Bundesminister für Atomfragen; er verfügte zudem über beste Verbindungen zu einschlägig engagierten Unternehmen sowie Wirtschafts- und Industrieverbänden. Trotz aller politischer Gegensätze fanden Hoegners Bemühungen deshalb große Unterstützung.

Diese zielten darauf ab, der anwendungsbezogenen wissenschaftlichen Forschung in Bayern eine breitere Grundlage zu verschaffen. Ansätze dazu gab es bereits. 1949 war die „Fraunhofer-Gesellschaft zur Förderung der angewandten Forschung e. V." gegründet worden, und 1952 entstand in Würzburg mit dem Institut für Silikatforschung das erste Max-Planck-Institut Bayerns; sein Leiter war der Nobelpreisträger Otto Hahn. 1953 nahm der Biochemiker und Nobelpreisträger Adolf Butenandt einen Ruf nach München an, und mit ihm wanderte das Max-Planck-Institut für Biochemie von der Spree an die Isar. Seit 1952 bemühte sich Bayern auch um den Atomphysiker und Nobelpreisträger Werner Heisenberg, den Leiter des Max-Planck-Instituts für Physik in Göttingen; dieser aber machte seinen Wechsel nach Bayern vor allem vom Bau eines Forschungsreaktors abhängig. Hoegner verstärkte diese Bemühungen, und dies insbesondere, nachdem sich die Bundesregierung 1955 dafür entschieden hatte, das deutsche Kernforschungszentrum in Karlsruhe anzusiedeln. Die bayerische Regierung setzte daraufhin eine eigene „Kommission zur friedlichen Nutzung der Atomkräfte" ein und beschloss, zunächst einen Laboratoriumsreaktor der Art, wie ihn die USA im Rahmen ihres Programms anboten, für die Technische Hochschule zu beschaffen. Dies geschah umgehend, bereits im Januar 1957 wurde das Richtfest des „Atomeis" gefeiert, wie das charakteristische Reaktorgebäude genannt wurde, das auf der „grüne Wiese" bei Garching entstand (s. Abb. S. 482). Im gleichen Jahr brach die Viererkoalition auseinander und eine von der CSU dominierte Koalition übernahm die Regierung.

Diese setzte den eingeschlagenen Weg konsequent fort, denn die großen finanziellen Mittel, die der bayerische Staat für die

Das im Bau befindliche „Atomei" bei Garching, 1957

Errichtung dieser Institute aufbringen musste, und die notwendig waren, um die genannten und weitere herausragende Wissenschaftler zu einem Umzug nach München bewegen zu können, erwiesen sich sehr bald als gute Investition. Butenand, der in der bundesdeutschen Forschungslandschaft bestens vernetzt war, wurde 1959 zum Präsidenten der Max-Planck-Gesellschaft gewählt und verlegte wenig später zunächst das Büro des Präsidenten und schließlich den Hauptsitz dieser wichtigsten deutschen Forschungsein-

richtung nach München. Nach und nach folgten weitere Institutionen, so dass sich das Schwergewicht der Max-Planck-Gesellschaft allmählich nach München verlagerte; bereits Ende der 1960er-Jahre hatte München Tübingen und Göttingen, die bisherigen Hauptstandorte der Gesellschaft, in dieser Hinsicht weit hinter sich gelassen.

Für Heisenbergs Forschungen war der 1957 unter Hoegner beschaffte Reaktor zwar völlig ungeeignet, aber dennoch verlegte er das von ihm geleitete Max-Planck Institut für Physik im Herbst 1958 von Göttingen nach München. Denn hier entstand im folgenden Jahr unter Federführung der Max-Planck- Gesellschaft, des Max-Planck-Instituts für Physik und Astrophysik, des bayerischen Kultusministeriums und des Bundesministeriums für Atomfragen die Konzeption für ein neues, auf Heisenbergs Forschungen noch weit besser zugeschnittenes Institut: das „Max-Planck-Institut für Plasmaphysik", dessen Forschungsschwerpunkt die Kernfusion war; angesiedelt wurde es bei Garching. Mit der Gründung dieses einzigartigen Instituts rückte München in die erste Liga der Forschungsstandorte weltweit auf.

Pläne, ein Institut für Fusionsforschung in München zu errichten, waren bereits 1950 entwickelt worden und damit zu einer Zeit, in der man glaubte, dass die Kernfusion schon sehr bald zur Energiegewinnung genutzt werden könnte. Damals befand sich die Fusionsforschung noch in ihren allerersten Anfängen. 1958 verkündeten die Forscher auf einer wissenschaftlichen Konferenz jedoch, dass diese Erwartungen völlig unrealistisch seien und dass vor einer technisch-wirtschaftlichen Nutzanwendung erst noch ein unübersehbarer Forschungsaufwand geleistet werden müsse. Daraufhin verlor die Wirtschaft ihr Interesse an dieser Technik und zog sich aus der Forschung zurück; auch das Kernforschungszentrum in Karlsruhe engagierte sich auf diesem Gebiet nicht.

Für die einschlägige Wissenschaft und damit auch für Heisenberg stellte die Kernfusion jedoch ein höchst interessantes Feld der Grundlagenforschung dar, das großen Erkenntnisgewinn versprach. Allein mit Unterstützung von Seiten des bayerischen Staates hätte er sein kostenträchtiges Institut jedoch kaum auf- und ausbauen können. Von essentieller Bedeutung war daher die Förderung der Kernfusionsforschung durch das von Strauß geleitete Bundesministerium für Atomfragen. Diese wurde auch fortgeführt, als Strauß in das Verteidigungsministerium wechselte, denn als seinen Nachfolger hatte er Siegfried Balke durchgesetzt. Dieser zunächst parteilose Chemiker, Direktor der Wacker-Chemie und Vorsitzender des Verbands der Bayerischen Chemischen Industrie, wurde von Strauß in die Politik geholt und übernahm 1953 zunächst das Bundespostministerium. Seit 1956 war er dann Bundesminister für Atomfragen, seit 1957 Bundesminister für Atomkernenergie und Wasserwirtschaft. Balke hatte sich bereits als Interessenvertreter der chemischen Industrie Bayerns vehement für eine nachhaltige Verbesserung der Energieversorgung in Bayern stark gemacht. Wie Strauß setzte er auf die Kernfusion als künftige Energiequelle und sorgte deshalb für die Fortführung der Forschungen.

Informationen: Stefan Deutinger, Vom Agrarstaat zum Heightechland, in: Wiederaufbau und Wirtschaftswunder (Veröffentlichungen zur bayerischen Wirtschaft und Kultur 57) 2009, S. 172–183; Mark S. Milosch, Modernizing Bavaria. The Politics of Franz Josef Strauß and the CSU 1949–1969, 2006.

rechtfertigt waren, ist eine Frage, die, vor allem auch angesichts des bis heute ungelösten Problems, wie und zu welchen Kosten der atomare Müll entsorgt werden kann, auf absehbare Sicht nicht zu beantworten ist.

Als wichtigstes Ergebnis dieser Energiepolitik ist festzuhalten, dass Bayerns Industrie und anderen Verbrauchern nun ein Energieangebot zur Verfügung stand, das hinsichtlich Quantität, Qualität und Preiswürdigkeit dem der anderen Bundesländer grundsätzlich nicht nachstand. Das war für die Konkurrenzfähigkeit der bayerischen Wirtschaft von großer Bedeutung und hat zu deren weiterer Expansion zweifellos beigetragen. Innerhalb Bayerns aber waren die Versorgungsverhältnisse sowohl hinsichtlich der Energiepreise als auch auch der Verfügbarkeit der einzelnen Energieträger noch stark unterschiedlich; auch in dieser Hinsicht war das Ziel der bayerischen Landespolitik, gleichwertige Lebensverhältnisse in allen Regionen zu schaffen, noch nicht erreicht. Das wurde als ein umso größeres Defizit empfunden, als man davon ausging, dass die wirtschaftliche Entwicklung maßgeblich von der Energieversorgung abhinge.

Ein Ziel, das Bayern seit dem 19. Jahrhundert verfolgte und das noch zu Beginn der 1950er-Jahre Präferenz besaß, lag jedoch ferner denn je: Die Minderung der Abhängigkeit Bayerns vom Energieimport. Bayern hatte lediglich seine frühere Abhängigkeit von der Kohle gegen eine neue Abhängigkeit von Öl, Gas und Uran eingetauscht, und diese Abhängigkeit war politisch noch problematischer als die frühere von der Kohle gewesen war. Wegen des stark gestiegenen Energiebedarfs war diese Abhängigkeit außerdem größer denn je. Zu Beginn der 1970er-Jahre lag der Anteil der importierten Energie in Bayern um rund 30 % über dem der Bundesrepublik, wobei auch diese bereits mehr als die Hälfte ihres Energiebedarfs durch Importe deckte. Die gesamte wirtschaftliche Entwicklung Bayerns hing nun in starkem Maße von diesen Importen ab, mit der Folge, dass jede Verknappung und Verteuerung dieser Energierohstoffe tief greifende Auswirkungen auf Bayerns Wirtschaft haben musste.

Diese Problematik beschäftigte zunehmend auch die für die bayerische Wirtschaftspolitik Verantwortlichen und trug mit zu dem Wandel bei, den die Berufung Anton Jaumanns zum Wirtschaftsminister 1970 signalisierte. Im September 1973 legte die Staatsregierung die „Grundlinien zu einem Energieprogramm für Bayern (Energieprogramm I)" vor, dessen Ziel eine größere Versorgungssicherheit war. Dass diese tatsächlich dringend erforderlich war, zeigte dann mit voller Schärfe die Energieversorgungskrise des Winters 1973/74. Im neuen Energiekonzept spielte nun die Kernenergie die wichtigste Rolle. Damit begann ein neuer Abschnitt der Energiepolitik, der bis heute andauert, wenn auch mittlerweile neben der Kernenergie die regenerative Energie eine größere Rolle zu spielen beginnt.

Neben der Versorgungssicherheit strebte die Staatsregierung jedoch auch ein „preiswürdiges Energieangebot" und die „geringstmögliche Umweltbeeinträchtigung" an – und somit Ziele, die sich teilweise gegenseitig ausschließen. Gelöst wurden diese Zielkonflikte i. d. R. im Sinne der Wirtschaftlichkeit. Begründet wurde dies mit der großen Bedeutung der Energiekosten für die Konkurrenzfähigkeit der Wirtschaft und damit, dass sie auch einen „eindeutig sozialen Aspekt" besäßen. „Die Verminderung regionaler Energiepreisunterschiede, sowohl im Verhältnis zu anderen Gebieten der Bundesrepublik Deutschland als auch innerhalb Bayerns, ist ein besonderes Anliegen der bayerischen Energiepolitik": So resümierte das bayerische Wirtschaftsministerium die Ziele seiner Politik.[108]

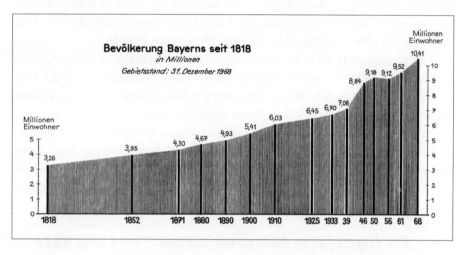

Bevölkerung Bayerns seit 1818
in Millionen
Gebietsstand: 31. Dezember 1968

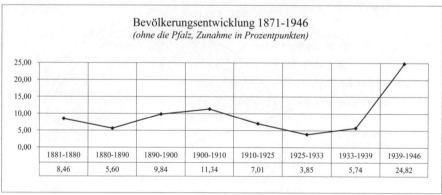

Bevölkerungsentwicklung 1871-1946
(ohne die Pfalz, Zunahme in Prozentpunkten)

	1881-1880	1880-1890	1890-1900	1900-1910	1910-1925	1925-1933	1933-1939	1939-1946
	8,46	5,60	9,84	11,34	7,01	3,85	5,74	24,82

3. Bevölkerungsentwicklung und Bevölkerungsbewegung

Rund ein Jahrhundert, von 1840 bis 1939, hatte es gedauert, bis sich die Bevölkerung im rechtsrheinischen Bayern – auf das sich die folgende Darstellung bezieht – in etwa verdoppelt. hatte. In den folgenden sieben Jahren, von

1939 bis 1946, wuchs sie um rund ein Viertel an, denn während des Krieges, vor allem aber unmittelbar danach strömten zahlreiche Menschen nach Bayern. Am 29. Oktober 1946 wurden in Bayern 8 842 503 Menschen gezählt; hinzu kamen die rund 240 000 in Lagern untergebrachten „displaced persons"[109].

Wegen des anhaltenden Zustroms von Flüchtlingen und Vertriebenen bei zunächst noch geringerer Abwanderung nahm die Bevölkerung bis 1950 nochmals um rund 200 000 auf nunmehr 9 184 466 zu.[110] Mit einem Bevölkerungszuwachs von rund 30 % lag Bayern weit über dem Bundesdurchschnitt, denn dieser betrug ca. 18 %; im Bundesgebiet hatte die Bevölkerung im gleichen Zeitraum von ca. 43 auf 50,8 Mio. zugenommen.[111] Die Bevölkerungsdichte Bayerns stieg damit von 100 Personen pro qkm 1939 auf 130 im Jahr 1950 an.[112]

Begonnen hatte diese starke Zuwanderung mit Menschen, die als Arbeitskräfte hauptsächlich in der Rüstungsindustrie benötigt wurden, sowie mit Evakuierten, die nach Beginn des Bombenkrieges aus anderen Teilen des Reichsgebiets kamen. Ein weitaus größeres Ausmaß erreichte sie aber mit dem Zustrom von Flüchtlingen und Vertriebenen. Dieser setzte bereits vor Kriegsende ein und erreichte in den ersten Monaten des Jahres 1946 mit den Vertreibungen aus dem Sudetenland seinen Höhepunkt. Allein im Jahr 1946 nahm Bayern 2,2 Mio. Menschen auf, wovon ca. 40 % aus der Tschechoslowakei,

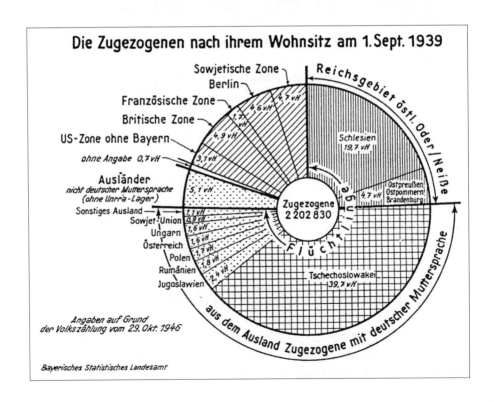

20 % aus dem nunmehr polnischen Schlesien, 4,7 % aus Ostpreußen, Ostpommern und Brandenburg und ca. 10 % aus Südosteuropa und der UdSSR kamen. Nur ein Teil davon wanderte in andere Gebiete der westlichen Besatzungszonen weiter. 1950 lebten in Bayern 1,334 Mio. Vertriebene aus der Tschechoslowakei und den übrigen ost- und südosteuropäischen Ländern sowie mehr als 594 000 Vertriebene aus den deutschen Gebieten östlich der Oder-Neiße-Grenze.[113] Von den rund 4,42 Mio. Flüchtlingen und Vertriebenen, die bis 1950 in der Bundesrepublik Aufnahme gefunden hatten, lebten ca. 1,93 Mio., das waren 43,6 %, in Bayern.[114]

Sobald sich die Verhältnisse zu normalisieren begannen und die Menschen sich ihren Aufenthaltsort frei wählen konnten, kam die normale Bevölkerungsbewegung wieder in Gang, deren Hauptursache die Suche nach besseren Arbeits- und Verdienstmöglichkeiten war. Vor allem die Flüchtlinge und Vertriebenen setzten sich in Bewegung, und zu den Bundesländern, aus denen sie abwanderten, zählte auch Bayern. 1950 verließen Bayern über 33 000 Menschen mehr als zuzogen; 1951 betrug der Wanderungsverlust dann über 48 000 und bis 1953 steigerte er sich auf knapp 52 000. 1954 blieb das Defizit in etwa auf diesem Niveau, aber schon 1956 fiel es auf nur noch knapp 17 000. 1957 wies Bayern erstmals seit 1947 wieder einen Wanderungsgewinn auf. Dieser lag zunächst noch bei nur ca. 17 000 Menschen, wuchs aber bis 1960 schon auf über 62 000 an.

Den größten Einfluss auf die Bevölkerungsentwicklung aber hatten nach wie vor die Geburten- und Sterberate (siehe Diagramm S. 488 oben). Auch in dieser Hinsicht normalisierten sich die Verhältnisse bis etwa 1950. Auffälligerweise aber verringerte sich dann jedoch der Geburtenüberschuss, der 1950 noch bei kapp 53 000 lag, bis 1955 auf knapp 42 000, weil in diesem Zeitraum die Geburten von knapp 152 000 auf rund 145 000 abnahmen. Ab 1956 aber erhöhte sich der Geburtenüberschuss wieder auf gut 49 000, und dieser Wachstumstrend hielt bis 1964 an. In diesem Jahr erreichte er mit 76 510 seinen absoluten, seither nie wieder erreichten Höhepunkt. Die Zahl der Geburten stieg im gleichen Zeitraum von ca. 145 000 auf 180 000 an.

Wenn sich die Bevölkerung Bayerns von 1950 bis 1955 dennoch um 7805 Personen verringerte, so geschah dies wegen der Abwanderung. Bayern teilte damit das Schicksal derjenigen Bundesländer, die überdurchschnittlich viele Vertriebene aufgenommen hatten; so nahm in diesem Zeitraum die Bevölkerung in Schleswig-Holstein um 12,6 % und in Niedersachsen um 3,7 % ab. Zuwächse dagegen verzeichneten vor allem Nordrhein-Westfalen mit einem Plus von 11,7 %, Rheinland-Pfalz mit 10,2 % und Baden-Württemberg mit 10,4 %. Im Durchschnitt wuchs die Bevölkerung der Bundesländer – ohne die Stadtstaaten – um 4,6 %.[115]

Von 1955 bis 1960 nahm dann aber die bayerische Bevölkerung um rund 318 000 zu, was einem Wachstum von 3,46 % entsprach. Andere Bundesländer

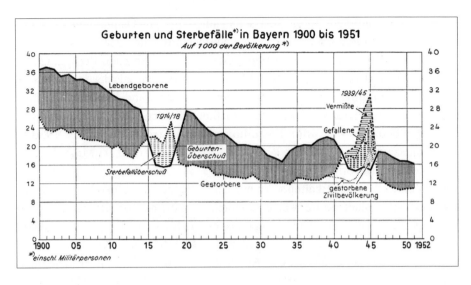

Geburten und Sterbefälle*) in Bayern 1900 bis 1951
Auf 1000 der Bevölkerung *)

*) einschl. Militärpersonen

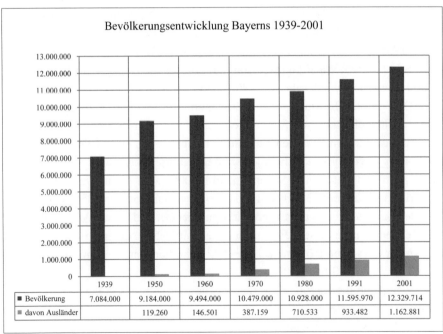

Bevölkerungsentwicklung Bayerns 1939-2001

	1939	1950	1960	1970	1980	1991	2001
■ Bevölkerung	7.084.000	9.184.000	9.494.000	10.479.000	10.928.000	11.595.970	12.329.714
▪ davon Ausländer		119.260	146.501	387.159	710.533	933.482	1.162.881

ließen Bayern diesbezüglich auch jetzt noch hinter sich; an der Spitze lag Baden-Württemberg mit 9,3 %, gefolgt von Nordrhein-Westfalen mit 8,7 %, dem Saarland mit 6,9 %, Hessen mit 6,1 % und Rheinland-Pfalz mit 5,4 %. Der Länderdurchschnitt des Zuwachses lag nun – wieder ohne Stadtstaaten – bei 6,0 %.[116]

Das seit Mitte der 50er-Jahre in Bayern zu beobachtende Bevölkerungswachstum hielt in folgenden Jahren an. Von 1960 bis 1965 wuchs die bayerische

Bevölkerung um 6,3 % und damit erstmals stärker als der Durchschnitt der Bundesländer, der – wieder ohne die Stadtstaaten, in denen der Zuwachs allerdings erstmals geringer war als in den Flächenstaaten – nunmehr bei 6,2 % lag. Dieser Abstand vergrößerte sich von 1965 bis 1970 auf ein volles Prozent; das durchschnittliche Wachstum betrug nun 4,0 %, das Bayerns 5,0 %. Auch in den Jahren von 1970 bis 1975 betrug der Abstand noch 0,9 %, und zwar bei einem durchschnittlichen Bevölkerungswachstum in der Bundesrepublik von 2,4 % und von 3,3 % in Bayern.[117]

Damit hatte Bayern von 1960 bis 1975 ein Bevölkerungswachstum von 14,4 % zu verzeichnen, womit es hinter Baden-Württemberg mit 19 % und Hessen mit 16,3 % an dritter Stelle aller Bundesländer – einschließlich der Stadtstaaten – lag. Das durchschnittliche Bevölkerungswachstum der Bundesrepublik betrug in diesem Zeitraum 10,5 %.[118] Der Anteil der Bayern an der Bevölkerung der Bundesrepublik war damit von 1950 bis 1955 zunächst von 18 % auf 15,8 % abgesunken, danach aber kontinuierlich auf 16,9 % im Jahr 1960, auf 17,3 % im Jahr 1970 und schließlich auf 17,5 % im Jahr 1975 angewachsen.[119]

Das kräftige Bevölkerungswachstum in den Jahren von 1955 bis 1960 beruhte auf zwei Säulen, dem Geburtenüberschuss und dem Wanderungsgewinn. Ab 1960 änderte sich dies signifikant, jetzt profitierte Bayern nur noch von der Zuwanderung. Schwankte die Zahl der Lebendgeborenen von 1960 an zunächst noch zwischen 180 000 und 185 000, so sank sie 1967 auf zunächst ca. 176 000 und von da an kontinuierlich weiter ab; 1975 waren es nur noch rund 108 500. Da sich aber die Zahl der Sterbefälle weiterhin um die Marke von ca. 120 000 jährlich bewegte, nahm der Geburtenüberschuss rapide ab. Von 76 510 im Jahr 1964 sank er auf nur noch 2862 im Jahr 1972 ab; 1973 übertraf dann erstmals die Zahl der Todesfälle die der Geburten, und zwar um beachtliche 8998. Diese Entwicklung setzte sich fort; 1975 erreichte das nunmehrige Geburtendefizit mit 19 387 seinen Tiefpunkt.

1977 wurde diese Entwicklung im „Strukturbericht" wie folgt kommentiert: „In der zweiten Hälfte der 60er-Jahre setzte somit in Bayern ein entscheidender Umbruch im generativen Verhalten der Bevölkerung ein. Zu dieser Zeit wurde ein drastischer Geburtenrückgang erkennbar, der den Verlauf der Bevölkerungskurve in den kommenden Jahren maßgebend prägen wird; er wird sich wegen seiner historisch einmaligen Stärke und der für Bevölkerungsphänomene typischen Langzeitwirkung bis weit in die Zeit nach der Jahrhundertwende hinein auswirken".[120]

Wie rasch sich das generative Verhalten der Bevölkerung veränderte, lässt sich daran ablesen, dass 1960 noch 18,07 Geburten auf 1000 Einwohner entfielen, während es 1975 nur noch 10,04 waren. Wie der oben zitierte Strukturbericht konstatierte, wäre die Geburtenrate noch stärker zurückgegangen, „wenn sich nicht in zunehmendem Maße die relativ hohe Geburtenhäufigkeit der ausländischen

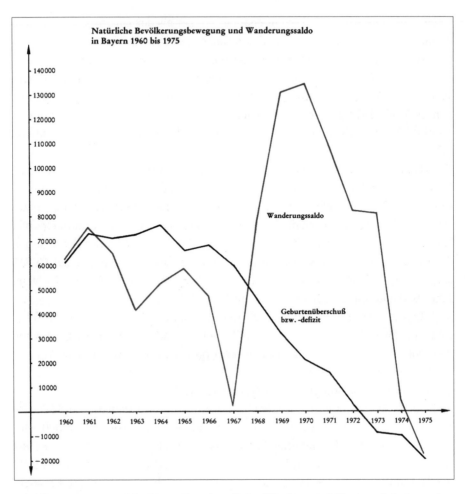

Natürliche Bevölkerungsbewegung und Wanderungssaldo
in Bayern 1960 bis 1975

Bevölkerung ausgewirkt hätte. Der Anteil der Kinder von Müttern nichtdeutscher Staatsbürgerschaft an der Gesamtzahl der Lebendgeborenen in Bayern ist kontinuierlich von 2,0 % im Jahr 1965 auf 13,5 % im Jahr 1974 (…) angestiegen"[121].

Die Bevölkerungszunahme Bayerns beruhte somit in stetig zunehmendem Maße nur noch auf dem Wanderungsgewinn, wobei sich der Charakter der Zuwanderung ab Ende der 1950er-Jahre erheblich wandelte. In der Zeitspanne von 1960 bis 1975 zogen rund 4,07 Mio. Menschen nach Bayern, während rund 3,11 Mio. dieses Land verließen (siehe Diagramm S. 492). Daraus ergab sich ein Wanderungsgewinn von 959 000 Personen, was einem durchschnittlichen jährlichen Zuwanderungsgewinn von rund 65 000 entsprach. Daran beteiligt waren ca. 256 000 Zuziehende aus anderen Teilen Deutschlands und 703 230 aus dem Ausland. Im „Strukturbericht" von 1977 hieß es dazu: „Der Hauptanteil an der Wanderungsbewegung mit dem Ausland entfällt auf die Zu- und Fortzüge von Gastarbeitern, die einerseits durch administrative Regelungen (Anwerbestopp), andererseits durch konjunkturelle Einflüsse (zum Beispiel verstärkte Rückwanderung in Phasen rezessiver Wirtschaftsentwicklung) bedingt sind. Der Wanderungssaldo gegenüber dem Ausland ist somit – im Gegensatz zur „Nord-Südwanderung" – in starkem Maße konjunkturabhängig. Das zeigt sich auch darin, dass sowohl im Jahr 1967 als auch in den Jahren 1974 und 1975 der Wanderungssaldo Bayerns gegenüber dem Ausland negativ war."[122]

Aber nicht nur die gesamtbayerische Bevölkerungsentwicklung, auch die der einzelnen Regionen wurde in hohem Maße von der Zu- und Abwanderung bestimmt. In der unmittelbaren Nachkriegszeit war diese weitgehend dadurch geprägt, dass die Flüchtlinge und Vertriebenen vorrangig in agrarisch strukturierten Regionen und generell auf dem flachen Land untergebracht wurden. Als sich dann auch die Flüchtlinge und Vertriebenen ihren Aufenthaltsort wieder selbst wählen konnten, kam es hier zu einer starken Abwanderung. Davon waren besonders diejenigen Regierungsbezirke betroffen, in denen das Angebot an gewerblichen Arbeitsplätzen gering war. Am stärksten war die Abwanderung aus Niederbayern, wo 1946 allerdings auch 334 000 Menschen mehr lebten als 1939; bis 1950 verlor dieser Regierungsbezirk rund 61 000 Einwohner. Geringer war die Abwanderung aus Oberfranken, das 285 000 Menschen aufgenommen hatte und bis 1950 rund 20 000 verlor, und in der Oberpfalz, die um rund 225 000 Menschen gewachsen war, von denen bis 1950 rund 13 000 abwanderten. Bei allen anderen Regierungsbezirken waren die Wanderungssalden zwischen 1946 und 1950 weitgehend ausgeglichen.

Ab 1950 normalisierten sich die Verhältnisse in Bezug auf die Bevölkerungsentwicklung auch in der Hinsicht, dass Oberbayern wieder weitaus rascher wuchs als alle anderen Regierungsbezirke. Schon im Zeitraum von 1950 bis 1961, als Bayerns Bevölkerungswachstum bei insgesamt rund 3 % lag, wuchs Oberbayern um stattliche 15,2 %, von 1961 bis 1975, als der bayerische Zuwachs 13,5 % betrug, waren es in Oberbayern 25,6 %, womit Oberbayern alle anderen Regierungsbezirke deutlich hinter sich ließ. Schwaben kam im ersten Zeitraum mit einem Wachstum von 10,3 % noch relativ dicht an Oberbayern heran, fiel aber im zweiten mit nunmehr 12,8 % deutlich dahinter zurück. Ungefähr gleich weit abgeschlagen lagen im ersten Zeitraum Oberfranken mit 5,3 %, Mittelfranken mit 6,7 % und Unterfranken mit 5,0 % Wachstum. Die Oberpfalz hatte einen minimalen Rückgang um 0,03 %, und Niederbayern den hohen Verlust von 14,2 % zu verzeichnen. Von 1961 bis 1975 registrierten nun zwar alle Regierungsbezirke Zuwächse, doch blieben diese in Niederbayern mit 6,9 % und in der Oberpfalz mit 8,3 % weit unter dem Landesdurchschnitt. Das galt auch für die fränkischen Regierungsbezirke. Von diesen schnitt noch am besten Mittelfranken mit einem Zuwachs von 11 % ab, gefolgt von Unterfranken mit 9,8 % und Oberfranken mit 9,4 %.

Diese Entwicklung belegte die unzureichende Wirkung der bisherigen Maßnahmen zur Stärkung des ländlichen Raumes und veranlasste die Regierung, die

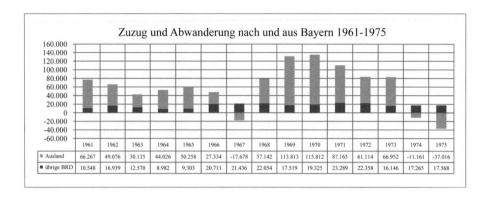

Zuzug und Abwanderung nach und aus Bayern 1961-1975

	1961	1962	1963	1964	1965	1966	1967	1968	1969	1970	1971	1972	1973	1974	1975
Ausland	66.267	49.076	30.135	44.026	50.258	27.334	-17.678	57.142	113.813	115.812	87.165	61.114	66.952	-11.161	-37.016
übrige BRD	10.548	16.939	12.570	8.982	9.303	20.711	21.436	22.054	17.519	19.325	23.289	22.358	16.146	17.265	17.568

der regionalen Verteilung der Gesamtbevölkerung unter „strukturpolitischen Gesichtspunkten" große Bedeutung beimaß, zu verstärkten Anstrengungen in dieser Richtung.[123] Als Ursache dafür, dass es trotz entgegengesetzter politischer Zielvorgaben und erheblicher finanzieller Anstrengungen nicht gelungen war, die Auseinanderentwicklung von Nord- und Südbayern sowie von ländlichen und Ballungsräumen aufzuhalten, machte die Regierung den Umstand geltend, dass in Bayern „ein überdurchschnittlich hoher Anteil von Gebieten mit erheblichen Strukturschwächen bestand, die der Gefahr von Bevölkerungsverlusten in besonderem Maße ausgesetzt waren. Hinzu kam die standortmäßige Abschnürung von Gebieten, die früher über eine relativ zentrale Lage verfügten, durch die Zonengrenze. Dies hatte zur Folge, dass auch ehedem günstig strukturierte Räume, zum Beispiel das oberfränkische Zonenrandgebiet, unter latenten Abwanderungsdruck gerieten." Unter diesen Umständen sei es als Erfolg zu betrachten, dass es gelungen sei, auch in den „strukturschwächsten Teilräumen Bayerns die Tragfähigkeit der ‚Bevölkerungsdecke' zu erhalten." Großräumig sei eine „Stärkung des Bevölkerungspotenzials in allen Regierungsbezirken eingetreten", was aber „gewisse Differenzierungen" nicht ausschließe. „Insgesamt konnte jedoch die Gefahr einer von der Bevölkerung her gesehen passiven Sanierung in strukturschwächeren Gebietsteilen bis in die jüngste Zeit weitestgehend vermieden werden." So lautete das Fazit, das man im „Strukturbericht" von 1977 zog. Für die Zukunft ausschließen wollte man eine derartige Entwicklung aber angesichts der aktuellen und künftigen Bevölkerungsentwicklung nicht.[124]

Die eigentliche Ursache für diese unbefriedigende Entwicklung sah die Staatsregierung aber im Rückgang der Geburtenhäufigkeit auch in den ländlichen Regionen. Denn diese hätten seit jeher einen natürlichen Bevölkerungsüberschuss gehabt, den sie „ohne Gefährdung ihrer eigenen bevölkerungsmäßigen Tragfähigkeit" an andere Regionen abgeben konnten. „Mit dieser Abwanderung war sowohl den ländlichen Gebieten geholfen, in denen noch keine ausreichenden Beschäftigungsmöglichkeiten bestanden haben, als auch den Verdichtungsräumen, die selbst nicht

Der Altersaufbau der bayerischen Bevölkerung von 1880 bis 1971

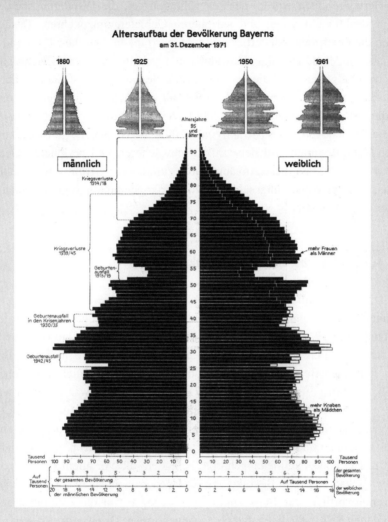

Wie die vier Diagramme in der oberen Reihe anschaulich darstellen, setzte bereits mit dem Ersten Weltkrieg jene Entwicklung ein, die zu einer immer stärkeren Deformierung der „Bevölkerungspyramide" führte. Die bis dahin gleichmäßige, sich zur Basis hin stetig verbreiternde Struktur nahm eine Form an, die zunächst durch tiefe Einschnitte, dann aber durch eine kontinuierlich schrumpfende Basis gekennzeichnet ist. Die Ursache dafür ist zunächst im Rückgang der Geburten in den Kriegs- und Krisenjahren von 1914-1918, 1922-1925 und 1930-1933 zu suchen. In den darauf folgenden Jahren zeichnete sich eine Rückkehr zu der ursprünglichen Struktur ab, doch erfolgte mit dem Zweiten Weltkrieg erneut ein starker Geburtenrückgang. Danach erreichte die Geburtenrate nicht mehr das frühere Niveau und sank ab 1964 signifikant weiter ab.

ausreichend regenerationsfähig und auf die Zuwanderung mobiler und meist jüngerer Menschen aus den Bevölkerungsüberschussgebieten angewiesen waren."[125]

Hervorgehoben wurde, dass es gelungen sei, die Wanderungsbewegung in den strukturschwachen und peripheren Gebieten umzukehren. Tatsächlich wiesen die Oberpfalz, Niederbayern und Oberfranken zwischen 1969 und 1973 erstmals wieder durchgängig Zuwanderungsgewinne aus; das Gleiche galt für das Zonenrandgebiet. Aus dieser Entwicklung leitete man den Schluss ab, „daß die in diesen Räumen erreichte Verbreiterung des Arbeitsplatzangebots und die grundlegenden Verbesserungen in zahlreichen Infrastrukturbereichen zu einem entscheidenden Abbau des Attraktivitätsgefälles zwischen den günstiger strukturierten Zentralräumen und den strukturschwächeren und peripheren Gebieten geführt haben." Dass diese Annahme aber zumindest verfrüht war, ersieht man daraus, dass der Wanderungssaldo in einigen der genannten Regionen nach 1974 wieder negativ ausfiel.[126]

4. Die Erwerbs- und Sozialstruktur

Die erste Berufszählung der Nachkriegszeit wurde am 29. Oktober 1946 durchgeführt und zeigte einige wesentliche Veränderungen gegenüber der letzten Erhebung vom 17. Mai 1939.[127] Dafür war zunächst der Zustrom von Zuwanderern verantwortlich. Die Zunahme der „Erwerbspersonen", d. h. der im Berufsleben stehenden Bevölkerung, lag jedoch mit 14,2 % erheblich unter jener der Bevölkerung insgesamt, da diese um 27,4 % angewachsen war. Dadurch war die Erwerbsquote von 54,3 % auf 48,7 % abgesunken. Zurückgeführt wurde dieser Rückgang vor allem auf die kriegsbedingte Schwächung der arbeitsfähigen männlichen Jahrgänge und darauf, dass sich unter den Flüchtlingen und Vertriebenen kaum mithelfende Familienangehörige befanden, die vor allem bei der von der Landwirtschaft lebenden Bevölkerung für einen großen Anteil der Erwerbspersonen verantwortlich war. Stark angestiegen dagegen war die Zahl der arbeitslos gewordenen Selbstständigen und deren Angehörigen. Das war der Personenkreis, der überwiegend von öffentlichen Mitteln lebte, also Pensionisten, Rentner, Invalide und Unterstützungsempfänger aller Art.[128]

Von Land- und Forstwirtschaft lebten nun 25,9 % der Bevölkerung, von Industrie und Handwerk 31,2 %. Aber wegen der zahlreichen mithelfenden Familienangehörigen in der Land- und Forstwirtschaft zählten 37,2 % aller Erwerbstätigen zu diesem Wirtschaftssektor, während es in Industrie und Handwerk nur 33,6 % waren. Dem Handel und Verkehr waren 13,5 %, dem Bereich öffentlicher Dienst und private Dienstleistungen 12,6 % der Erwerbstätigen zugeordnet; 3,1 % der Erwerbspersonen waren in häuslichen Diensten beschäftigt.

Ein weit überdurchschnittlicher Zuwachs der Erwerbstätigen war im Bereich „Öffentlicher Dienst und private Dienstleistungen" zu beobachten; hier waren 46,8 % mehr Menschen beschäftigt als 1939. Zurückgeführt wurde diese Zunahme vor allem auf die zahlreichen Arbeitskräfte, die bei der Besatzungsmacht im Dienst standen, wobei mehr als zwei Drittel dieses Wirtschaftsbereiches die Untergruppe „Verwaltung, Rechtspflege etc." ausmachte, die allein 8,6 % der gesamten Erwerbspersonen umfasste. Sie hatte damit ihren sprunghaften Anstieg von 1933 bis 1939 unvermindert fortgesetzt, mit dem Unterschied, dass an die Stelle von Wehrmacht, NSDAP und deren Organisationen neue Verwaltungsbehörden – wie die Flüchtlingsverwaltung und Vermögensverwaltung – sowie die Besatzungsmacht getreten waren. Die Zahl der Beamten allerdings hatte sich mehr als halbiert, ihr Anteil an den Erwerbstätigen war von 5,6 auf 2,9 % zurückgegangen. Das war auf die „Durchführung der politischen Bereinigung" zurückzuführen, wegen der bis zum Beginn des Jahres 1947 38 % der Bahnbeamten, 74,2 % der Polizeibeamten, 76,7 % der Beamten der Inneren Verwaltung und 88,4 % der Beamten der Arbeitsverwaltung, im Durchschnitt gerechnet 55,6 % aller Beamten aus dem Dienst ausscheiden mussten. Bei den Angestellten des öffentlichen Dienstes waren es 47,5 % und bei den Arbeitern 40,7 %.[129] Während man so etwa 90 000 männliche Beamte weniger zählte als 1939, war die Zahl der weiblichen um rund 2000 angestiegen. Den anteilsmäßig stärksten Zuwachs aber hatten zwei kleine Gruppen erfahren: In den Bereichen „Theater und Musik, Filmwesen und Schaustellungsgewerbe" und im Gesundheitswesen hatte sich die Zahl der Erwerbspersonen verdoppelt.[130]

In der Land- und Forstwirtschaft stellten die mithelfenden Familienangehörigen rund die Hälfte aller Erwerbspersonen, da alle im arbeitsfähigen Alter stehenden Angehörigen eines Landwirts, sofern sie nicht eine andere Berufstätigkeit angaben, automatisch dieser Kategorie zugerechnet wurden. Der Zuwachs der Erwerbspersonen in diesem Bereich lag jedoch mit 10,6 % deutlich unter dem der Erwerbspersonen insgesamt. Und dies trotz der Tatsache, dass zahlreiche Vertriebene, die auf dem Land untergekommen waren, mangels einer anderen Berufseinsatzmöglichkeit die Mithilfe im landwirtschaftlichen Betrieb ihres Quartiergebers als Berufstätigkeit angegeben hatten. Wie man daraus ersehen kann, war die Landwirtschaft kaum in der Lage, zusätzliche Arbeitsplätze bereitzustellen.[131]

Für den Bereich von Industrie und Handwerk ist zunächst festzuhalten, dass der Anteil der Bevölkerung, der hieraus sein Einkommen bezog, 1946 mit 31,2 % geringer war als 1939, als er bei 34,7 % lag. Hinsichtlich der Erwerbspersonen war der Anteil aber nur von 34,3 % auf 33,6 % zurückgegangen. Von den insgesamt knapp 1,4 Mio. Erwerbstätigen in Industrie und Handwerk waren ca. 250 000 im Bau- und Baunebengewerbe tätig, der mit Abstand größten Abteilung dieses Bereiches. Es folgte das Bekleidungsgewerbe mit rund 210 000 Erwerbspersonen, das Nahrungs- und Genussmittelgewerbe sowie das Holz- und Schnitzstoffgewerbe mit jeweils rund 145 000. Erst an fünfter Stelle rangierte mit gut 125 000 Erwerbspersonen der Maschinen-, Apparate- und Fahrzeugbau.

Trotz der generellen Zunahme der Erwerbstätigen in Industrie und Handwerk war in einer Reihe von Branchen ein Rückgang zu beobachten. Besonders stark betroffen hiervon war der Maschinen-, Apparate- und Fahrzeugbau, in dem 20 000 Beschäftigte weniger als 1939 gezählt wurden. Bei der Eisen- und Metallgewinnung betrug dieser Rückgang rund 5000. Die absolut und relativ stärkste Abnahme aber gab es in der Industrie der Steine und Erden, wo der Verlust rund 25 000 Arbeitsplätze betrug; im Baugewerbe waren rund 17 000 Arbeitsplätze verloren gegangen.[132] Teilweise kräftig zugelegt hatten dagegen das Bekleidungsgewerbe, die Eisen- und Metallwarenherstellung sowie das Holz- und Schnitzstoffgewerbe.

Der Anteil der im Bereich „Handel und Verkehr" Tätigen war von 14,5 % auf 13,5 % gesunken; hier hat sich die absolute Zahl von rund 545 000 auf 576 000 erhöht. Annähernd zwei Drittel davon waren im Warenhandel und dessen „Hilfsgewerben" wie Werbung, Verleih und Vermittlung sowie in den „Grenzgebieten" Verlagswesen, Geld-, Bank- und Versicherungswesen und im Gaststättenwesen tätig. 27 % der im Handel und Verkehr Tätigen fanden bei der Post und der Bahn Beschäftigung, 10 % im übrigen Verkehrswesen. Ein Verlust von Arbeitsplätzen war vor allem im Gaststättenwesen zu verzeichnen, während im Geld-, Banken- und Versicherungswesen deutlich mehr Personen erwerbstätig waren als 1939.

Was die „Stellung im Beruf" anbelangt, so ist vor allem die Tatsache bemerkenswert, dass der seit dem 19. Jahrhundert zu beobachtende Trend der Zunahme

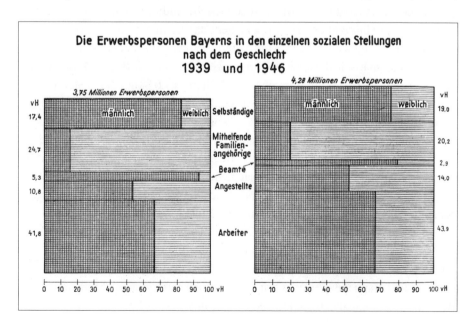

der abhängig Beschäftigten nach dem Krieg zunächst vorübergehend gestoppt wurde. Knapp 814 000 Erwerbspersonen – das waren 19 % aller Erwerbstätigen und damit rund 20 % mehr als 1939 – gaben an, selbstständig zu sein; die Zahl der selbstständigen Frauen hatte sogar um mehr als 85 % (!) zugenommen. Dazu bemerkte die Statistik: „In diesen Zahlen spiegeln sich einerseits das Bestreben vieler Angestellten und Arbeiter wider, den Zeitpunkt des gegenwärtigen wirtschaftlichen Umbruchs zur Gründung einer selbstständigen Existenz zu benützen, andererseits aber auch die zahlreichen Fälle, in denen Frauen den Betrieb ihres gefallenen oder noch in Kriegsgefangenschaft befindlichen Ehemanns übernehmen mußten."

Von Mai 1945 bis Ende 1947 wurden insgesamt 19 723 Betriebsgründungen genehmigt, von denen 30,8 % im Bereich von Industrie, Gewerbe und Handwerk angesiedelt waren, 10,3 % im Großhandel, 46,7 % im Einzelhandel und 12,2 % in dem der Handelsvertretungen.[133]

Obwohl 15 276 Anträge abgelehnt worden waren, befanden sich unter den Neugründungen viele „Klein- und Kleinstbetriebe" sowie „Flüchtlingsbetriebe", die vorerst nur auf dem Papier bestanden oder noch im Aufbau waren.

Die meisten Selbstständigen gab es nach wie vor in der Land- und Forstwirtschaft, wo ihr Anteil 24,6 % betrug. Ihre absolute Zahl hatte seit 1939 um rund 40 000 zugenommen, worunter sich ca. 20 000 ehemalige selbstständige Landwirte befanden, die als Flüchtlinge noch nicht in den Arbeitsprozess hatten eingegliedert werden können.[134] Gesunken war der Anteil der mithelfenden Familienangehörigen an den Erwerbstätigen in der Land- und Forstwirtschaft, dagegen war jener der Arbeiter von 15,8 % im Jahr 1939 auf nunmehr 24,6 % angestiegen; dieser Anstieg war auch durch den erhöhte Personalbedarf der Forstverwaltungen für den verstärkten Holzeinschlag bedingt.[135]

Im Bereich „Handel und Verkehr" hatten die Selbstständigen um 1,4 % zugenommen. Die meisten gab es im Handel, wo ihr Anteil 21,4 % ausmachte, die wenigsten im Verkehrswesen. Die stärkste Zunahme in diesem Wirtschaftssektor aber hatten die Angestellten zu verzeichnen, deren Zahl gegenüber 1939 um 30 000 oder 22 % zugenommen hatte. Dieser Zuwachs war nahezu ausschließlich im Verkehrswesen erfolgt und stand in engem Zusammenhang mit dem fast gleich starken Rückgang der Beamten.[136]

In der Industrie und im Handwerk lag der Selbstständigenanteil um 3,4 % höher als 1939. Nach wie vor dominierte hier aber die Arbeiterschaft, die eine Stärke von rund einer Million hatte und damit 70 % der Erwerbstätigen dieses Bereiches stellte. Die Zahl der Angestellten lag bei 180 000, was einem Anteil von 12,4 % entsprach. Mit großer Aufmerksamkeit wurde registriert, dass die Zahl der Arbeiter seit 1939 nur um 3,8 % gewachsen war, während sich die der Angestellten um 42 % erhöht hatte. Und dies, wie man konstatierte, obwohl die zugewanderten Flüchtlinge überwiegend im Arbeiterverhältnis tätig waren.

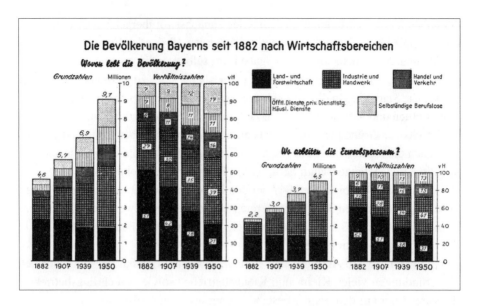

Die Bevölkerung Bayerns seit 1882 nach Wirtschaftsbereichen

Wovon lebt die Bevölkerung?

Grundzahlen · Millionen · Verhältniszahlen · vH

Land- und Forstwirtschaft · Industrie und Handwerk · Handel und Verkehr

Öfftl. Dienste, priv. Dienstlstg. Häusl. Dienste · Selbständige Berufslose

Wo arbeiten die Erwerbspersonen?

Grundzahlen · Millionen · Verhältniszahlen · vH

Die Bevölkerung seit 1882 nach Wirtschaftsbereichen

Wirtschaftsbereich		Zählungsjahr						
		1882	1907	1925	1933	1939	1946	1950
Verhältniszahlen								
Erwerbspersonen								
Land- und Forstwirtschaft	männl.	52,9	43,0	37,5	35,9	29,1	29,4	23,3
	weibl.	70,5	62,0	56,6	52,6	50,7	47,6	41,1
	zus.	59,5	51,0	45,1	42,7	38,1	37,2	30,6
Industrie und Handwerk	männl.	32,4	38,4	41,2	41,4	44,4	43,1	49,9
	weibl.	10,4	14,7	18,7	18,5	20,4	21,1	29,2
	zus.	24,1	28,4	32,2	32,1	34,3	33,6	41,4
Handel und Verkehr	männl.	7,4	10,6	13,8	14,5	15,1	14,7	15,8
	weibl.	5,7	10,4	10,8	13,5	13,7	11,8	13,9
	zus.	6,8	10,5	12,6	14,1	14,6	13,5	15,0
Öffentlicher Dienst und Dienstleistungen	männl.	7,3	8,0	7,5	8,2	11,4	12,8	11,0
aller Art	weibl.	13,4	12,9	13,9	15,4	15,2	15,4	15,8
	zus.	9,6	10,1	10,1	11,1	13,0	15,7	13,0
Erwerbspersonen	männl.	100	100	100	100	100	100	100
	weibl.	100	100	100	100	100	100	100
	zus.	100	100	100	100	100	100	100
Bevölkerung zusammen (Berufszugehörige)								
Land- und Forstwirtschaft	männl.	50,3	40,5	35,5	33,2	26,6	25,7	20,3
	weibl.	52,3	42,8	37,1	32,9	29,5	26,0	21,0
	zus.	51,3	41,7	36,3	33,0	28,1	25,9	20,7
Industrie und Handwerk	männl.	30,4	35,2	36,9	36,4	40,0	36,0	42,4
	weibl.	23,3	26,3	27,9	27,6	29,8	27,3	32,6
	zus.	26,7	30,6	32,2	31,8	34,7	31,2	37,1
Handel und Verkehr	männl.	7,6	10,5	13,0	12,9	13,5	12,7	14,0
	weibl.	7,9	11,9	13,3	13,8	14,0	11,9	13,5
	zus.	7,8	11,2	13,2	13,4	13,7	12,3	13,7
Öffentlicher Dienst und Dienstleistungen	männl.	5,9	6,4	6,6	7,0	9,9	10,7	9,8
aller Art	weibl.	7,8	8,9	10,0	10,8	12,5	13,5	12,0
	zus.	6,9	7,7	8,4	9,0	11,3	12,2	11,0
Selbständige Berufslose	männl.	5,8	7,4	8,0	10,5	10,0	14,9	13,5
(Begriffsinhalt siehe Tab. 5 oder 8)	weibl.	8,7	10,1	11,7	14,9	14,2	21,3	20,9
	zus.	7,3	8,8	9,9	12,8	12,2	18,4	17,5
Zusammen	männl.	100	100	100	100	100	100	100
	weibl.	100	100	100	100	100	100	100
	zus.	100	100	100	100	100	100	100

Über alle Wirtschaftsbereiche hinweg war eine Zunahme der Angestellten von rund 404 500 auf 628 000 zu verzeichnen. Damit änderte sich aber auch das Verhältnis von Arbeitern zu Angestellten signifikant; hatte dieses 1939 noch 100 zu 13 betragen, so waren es nun 100 zu 18. Darin erkannte die Statistik die

„Andeutung eines strukturellen Wandels, insbesondere in der gewerblichen Wirtschaft."[137]

Dass die Verhältnisse von 1946 größtenteils nur vorübergehender Natur waren und sich nach der Währungsreform rasch wieder normalisierten und in den Bahnen der langfristigen Entwicklungstrends bewegten, zeigte die Volks- und Berufszählung von 1950, deren Ergebnisse auch in den oben wiedergegebenen Übersichten Aufnahme fanden.

Die Zahl der Erwerbspersonen stieg von rund 4,28 Mio. im Jahr 1946 auf 4,57 Mio. im Jahr 1950 an, das waren ca. 6 %. Da die Bevölkerung in diesem Zeitraum um nur etwa 4 % zunahm, betrug die Erwerbsquote nun 49,8 %.[138] Sie lag damit deutlich über dem Bundesdurchschnitt von 45,6 %. Höhere Erwerbsquoten wiesen nur Württemberg-Hohenzollern und Baden auf.[139] Nur noch 30,4 % statt 37,2 % der Erwerbspersonen waren 1950 in der Land- und Forstwirtschaft tätig, 36,9 % statt 33,6 % im Bereich „produzierendes Gewerbe", 12,8 % (1946: 13,5 %) in „Handel, Geld- und Versicherungswesen, Verkehrswesen" und 16,1 % (1946: 15,7 %) im Bereich „öffentliche und private Dienstleistungen." Damit lag der Prozentsatz der in Land- und Forstwirtschaft Tätigen um 8,2 % über dem Bundesdurchschnitt, derjenige der im produzierenden Gewerbe aber um 6,6 % darunter. Bei Handel und Verkehr betrug der Rückstand 2,7 % und bei den Dienstleistungen 1,2 %.[140]

Normalisiert hatten sich die Verhältnisse auch in Hinsicht auf die „Stellung im Beruf". So war der Anteil der Selbstständigen an den Erwerbspersonen auf 17,1 % zurückgegangen, womit er aber noch um 1,7 Prozentpunkte über dem Bundesdurchschnitt lag.[141] Nach wie vor hoch war der Anteil der mithelfenden Familienangehörigen mit 18,6 %. Die Angestellten machten 13,0 % der Erwerbspersonen aus, die Arbeiter 47,6 %; auf 100 Arbeiter entfielen nunmehr bereits über 36 Angestellte. Bundesweit betrug der Anteil der Arbeiter 51,9 % und jener der Angestellten 15,7 %, und hier kamen auf 100 Arbeiter 33 Angestellte.[142] Der Anteil der Beamten betrug in Bayern 3,7 %; auf Bundesebene waren es 4 %. Insgesamt zählten in Bayern 64,3 % aller Erwerbspersonen zu den abhängig Beschäftigten; das war ein deutlich geringerer Prozentsatz als auf Bundesebene, wo er 71,6 % betrug.

Die weitere Entwicklung ist generell von einem steten Rückgang der Erwerbsquote gekennzeichnet; sie betrug 1960 noch 50,1 %, sank bis 1965 auf 47,4 %, bis 1970 auf 45,5 % und 1972 schließlich auf 44,7 % ab.[143] Dafür gab es mehrere Gründe. So stieg die Arbeitsproduktivität erheblich an, weshalb weniger Arbeitskräfte benötigt wurden, obwohl die Wirtschaftsleistung insgesamt stark zulegte. Eine weitere Ursache war das veränderte Bildungsverhalten; die durchschnittlichen Ausbildungszeiten wurden erheblich länger, was zu einem späteren Eintritt in das Erwerbsleben führte. Wegen der hohen Bedeutung der

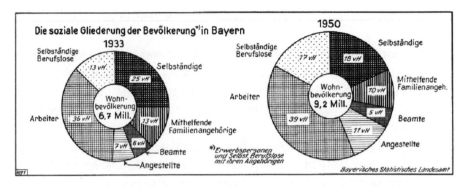

Die soziale Gliederung der Bevölkerung*) in Bayern 1933 / 1950. Bayerisches Statistisches Landesamt

beiden Faktoren Arbeitsproduktivität und Ausbildung wurde das Absinken der Erwerbsquote positiv, nämlich als Indiz für die fortschreitende Modernisierung der bayerischen Wirtschaft gewertet. Bayern habe auch in dieser Hinsicht seinen Rückstand gegenüber den anderen Bundesländern aufgeholt. Denn auch auf Bundesebene sank die von Anfang an deutlich geringere Erwerbsquote – sie betrug 1950 46 %, stieg bis 1960 langsam auf 47,1 % an und sank auf 43,6 % im Jahr 1972 ab.

Keinen größeren Einfluss auf die Entwicklung der Erwerbsquote maß man dagegen der Erwerbstätigkeit der Frauen bei. Denn die Frauen waren schon weitgehend in das Berufsleben integriert; ihre Erwerbsquote lag 1960 bei 42,9 %, sank dann jedoch rezessionsbedingt bis 1972 auf 40,7 % ab. Zugelegt aber hat die Zahl der verheirateten berufstätigen Frauen, von 1961 bis 1974 stieg ihre Zahl um 29 %. 1975 stellten die rund 2 Mio. erwerbstätigen Frauen zwei Fünftel aller Beschäftigten.[144] Zu etwa 50 % waren sie im Dienstleistungssektor tätig, und hier wieder vor allem im Handel, im Gesundheitswesen (hier stellten sie 84 % aller Beschäftigten), in Wissenschaft und Publizistik und in der Gastronomie, zu etwa 35 % im verarbeitenden Gewerbe, und zwar vorzugsweise in der Textil- und Bekleidungsindustrie sowie in der Elektroindustrie, wo sie 25 % beziehungsweise 19 % der Beschäftigten ausmachten. In den „sonstigen Wirtschaftbereichen" stellten sie 15 %, in der Landwirtschaft aber rund die Hälfte der Arbeitskräfte.

Ein weiteres Merkmal der generellen Entwicklung dieses Zeitraums ist die signifikante Verschiebung zwischen den großen Wirtschaftbereichen Landwirtschaft, produzierendes Gewerbe und Dienstleistungen.[145] Waren in der Landwirtschaft 1950 ca. 31 % der Erwerbspersonen tätig, so waren es 1960 noch 21,4 % und 1972 dann nur noch 12,5 %. Damit büßte dieser Bereich 18,5 % seines Anteils ein. Auf Bundesebene war der Anteil von 25 % im Jahr 1950 auf 7,2 % 1972 gesunken, das waren 17,8 %. Einen beachtlichen prozentualen Zuwachs erfuhr zunächst das produzierende Gewerbe, das seinen Anteil von 36,9 % im Jahr 1950 auf 45 % im Jahr 1960 ausbauen konnte. Danach aber legte es nur noch wenig zu;

46,4 % waren es im Jahr 1970 und 47,7 % im Jahr 1972; bis 1975 sank die Quote dann auf 44,4 % ab. Damit folgte Bayern mit einiger Verzögerung dem bundesweiten Trend; hier hatte der Anteil des produzierenden Gewerbes 1950 43 % und 1960 48,9 % betragen, war dann aber auf 48,1 % im Jahr 1970 und auf 44,4 % im Jahr 1975 zurückgegangen.

Den größten Zuwachs verzeichnete der tertiäre Sektor, der in Bayern seinen Anteil von 28,9 % im Jahr 1950 auf 33,6 % im Jahre 1960, auf 38,3 % 1970, 39,8 % 1972 und schließlich 42,8 % 1975 erhöhte. Auch hier folgte Bayern dem bundesweiten Trend. Auf Bundesebene betrugen die entsprechenden Zahlen 33 %, 37,6 %, 41,5 %, 44,7 % und 46,9 %.

Generell setzte sich somit in der Nachkriegszeit der seit dem ausgehenden 19. Jahrhundert zu beobachtende Trend fort: Einem schrumpfenden Anteil der Land- und Forstwirtschaft standen wachsende Anteile des produzierenden Gewerbes und vor allem der Dienstleistungen gegenüber. Wie schon in der Zwischenkriegszeit übertraf dabei das Wachstum des Dienstleistungssektors jenes des produzierenden Gewerbes deutlich. Der Anteil des Letzteren hatte von 1925 bis 1939 um 3,1 % zugelegt, der des Ersteren dagegen um 4,9 %. Von 1950 bis 1975 wuchs der Anteil des produzierenden Sektors um 3 %, der des Dienstleistungssektors dagegen um stattliche 14,8 %.

Das besonders dynamische Wachstum des Dienstleistungssektors in der unmittelbaren Nachkriegszeit war vor allem die Folge seiner zwangsweisen Zurückdrängung während des Dritten Reiches. Dank des Nachholeffekts konnten die Dienstleistungen ihren Anteil von 1950 bis 1961 um 6,5 % erhöhen, während das produzierende Gewerbe nur um 2,7 % zulegte. Dieser Trend setzte sich dann jedoch verstärkt fort. Denn von 1961 bis 1975 wuchs der Anteil der in den Dienstleistungen Tätigen an den Beschäftigten um 9,3 %, der im produzierende Gewerbe Tätigen aber nur um 0,3 %.

Während die Zahl der im produzierenden Sektor Tätigen in Bayern von 1960 bis 1975 noch um rund 140 000 oder 1,6 % zunahm, ging sie gleichzeitig auf Bundesebene schon um 5,8 % zurück. Ausschlaggebend für die Zunahme in Bayern war die Expansion der Industrie, deren Beschäftigtenzahl um 10,3 % wuchs. Diese gegenüber dem Bund gegenläufige Entwicklung hat man auf die stark unterschiedlichen industriellen Ausgangsniveaus in Bayern und im Bund zurückgeführt. Ab 1973 ist dann auch in Bayern eine rückläufige Entwicklung im produzierenden Gewerbe zu beobachten, für die man einen verstärkten Strukturwandel in einigen Branchen als Ursache ausmachte, der zu Arbeitsplatzverlusten geführt hätte, die wegen der seit 1972 spürbaren Rezession nicht aufgefangen hätten werden können.[146] Insgesamt aber hat sich die Industriedichte in Bayern von 1950 von 71 Beschäftigten je 1000 Einwohner bis 1971 auf 129 Beschäftige erhöht, womit der Bundesdurchschnitt nun nahezu erreicht war.

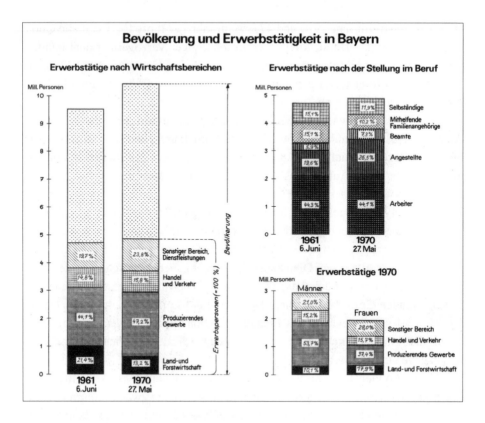

Bevölkerung und Erwerbstätigkeit in Bayern

Die Landwirtschaft verlor in diesem Zeitraum rund 400 000 Erwerbstätige. Dieser Rückgang erfolgte bis 1972, danach kam er vorläufig zum Stillstand. Bis 1975 wuchs die Zahl der Erwerbstätigen sogar wieder um über 20 000. Zurückgeführt wurde diese kurzeitige Umkehrung des Trends mit „rezessionsbedingten negativen Beschäftigungserfahrungen in Bereichen außerhalb der Landwirtschaft".[147]

Mit der Zahl der Erwerbstätigen in der Landwirtschaft ging auch die der Selbstständigen zurück, deren Anteil in der Landwirtschaft traditionell besonders groß war. Die Gesamtzahl der Selbstständigen nahm von rund 782 000 (18,7 % der Erwerbspersonen) im Jahr 1950 auf ca. 734 000 (15,3 %) im Jahr 1960 und 584 000 (11,9 %) im Jahr 1970 ab. Die folgende Rezession ließ sie zwar wieder auf 622 000 (12,7 %) im Jahr 1971 ansteigen, doch schon 1975 waren es nur noch 554 000 (11,3 %).[148] Auch damit näherten sich die Verhältnisse in Bayern jenen in der Bundesrepublik insgesamt an; hier betrug der Anteil der Selbstständigen an den Erwerbstätigen 1950 16 %, 1960 13 %, 1970 und 1975 jeweils 10 %.[149]

Auch hinsichtlich der Erwerbs- und Sozialstruktur lässt sich somit für den Zeitraum von 1950 bis 1975 eine Entwicklung konstatieren, die sich bruchlos in den Trend einfügt, der seit dem ausgehenden 19. Jahrhundert zu beobachten war. Mit ihr folgte die Entwicklung der Gesellschaft in Bayern der Gesamtdeutschlands, wobei sich der Abstand zwischen den bayerischen und nationalen Verhältnissen stetig verringerte, und dies über alle von Kriegen und Krisen gesetzte Zäsuren hinweg. Verursacht wurde dieser Wandel durch die Verschiebung der Gewichte zwischen den drei großen wirtschaftlichen Sektoren Landwirtschaft, produzierendem Gewerbe und Dienstleistungen, die in Bayern zwar langsamer in Gang kam, letztlich aber zu den gleichen Resultaten führte wie auf nationaler Ebene. Am Ausgang des Industriezeitalters wich die Erwerbs- und Sozialstruktur Bayerns nur noch in Nuancen von der der Bundesrepublik insgesamt ab.

5. Das produktive Gewerbe

Die Industrie

Die gesamte wirtschaftliche Entwicklung Bayerns der Nachkriegszeit wurde wesentlich von der Industrie bestimmt, „die auch hier zunehmend zum eigentlichen Träger des wirtschaftlichen Wachstums geworden ist."[150] Ihre Begründung fand diese Einschätzung darin, dass die Industrie einen „überdurchschnittlich hohen Beitrag zur volkswirtschaftlichen Wertschöpfung, zur Beschäftigung und zur Einkommensbildung" leistete. Zudem aber wirkte sie als starker Antrieb für die anderen Wirtschaftsbereiche, die sowohl vom technischen Fortschritt als auch von der Erschließung neuer Märkte, welche hauptsächlich von der Industrie geleistet wurde, profitierten.[151]

Dass die Industrie im Wesentlichen eine Entwicklung fortsetzte, die sie bereits vor dem Krieg eingeschlagen hat, lässt sich der nachfolgenden Aufstellung entnehmen:

Beschäftigte in der bayerischen Industrie 1936–1955											
Industriezweig	Mitte 1936		Juli 1944		Dezember 1945		April 1947		1950		1955	
		in %		in %		in %		in %		in %		in %
Gesamte Industrie	453 379	100	683 080	100	289 689	100	412 461	100	656 134	100	968 696	100
Textilindustrie	74 125	16,3	34 046	5,0	24 815	8,6	43 064	10,4	93 031	14,2	111 698	11,5
Steine und Erden	49 441	10,9	23 761	3,5	15 564	5,4	26 244	6,4	39 305	6,0	52 360	5,4
Nahrungs- und Genussmittelindustrie	42 041	9,3	39 903	5,8	31 362	10,8	30 407	7,4	52 028	7,9	67 712	7,0
Maschinenbau	40 820	9,0	211 913	31,0	25 860	8,9	68 579	16,6	60 506	9,2	110 843	11,4

Industriezweig	Mitte 1936		Juli 1944		Dezember 1945		April 1947		1950		1955	
Fahrzeugbau	10 455	2,3			9748	3,4			40 754	6,2	40 543	4,2
Stahl- und Eisenbau	4158	0,9			9350	3,2			8251	1,3	12 401	1,3
Keramik	33 395	7,4	21 896	3,2	9483	3,3	18 492	4,5	32 251	4,9	50 608	5,2
Glasindustrie		0,0	6213	0,9		0,0	6033	1,5	12 114	1,8	19 782	2,0
Holz verarbeitende Industrie	24 350	5,4	24 039	3,5	27 441	9,5	23 857	5,8	24 580	3,7	39 683	4,1
Elektroindustrie	23 163	5,1	60 271	8,8	21 353	7,4	37 516	9,1	57 426	8,8	118 377	12,2
Eisen-, Stahl-, Blechwarenindustrie	21 345	4,7	42 329	6,2	9268	3,2	18 100	4,4	21 258	3,2	29 126	3,0
Bekleidungsindustrie	17 354	3,8	25 343	3,7	13 526	4,7	18 332	4,4	31 781	4,8	59 100	6,1
Chemische Industrie	17 082	3,8	51 482	7,5	15 775	5,4	22 480	5,5	33 931	5,2	39 638	4,1
Druck- und Vervielfältigungsgewerbe	16 369	3,6	12 183	1,8	7623	2,6	11 095	2,7	30 180	3,1	27 106	2,8
Leder- und Schuhindustrie	16 319	3,6	13 557	2,0	7845	2,7	12 452	3,0	14 596	2,2	21 364	2,2
Bergbau	9202	2,0	.11 644	1,7	9339	3,2	15 987	3,9	13 064	2,0	13 566	1,4
Gießerei	9172	2,0	12 556	1,8	3264	1,1	7747	1,9	8629	1,3	14 497	1,5
Zellstoff-, Pappe-, Papierindustrie	8242	1,8	8101	1,2	8269	2,9	8845	2,1	12 413	1,9	15 088	1,6
Papier verarb. Industrie	7795	1,7	7879	1,2			4217	1,0	8200	1,2	12 746	1,3
Feinmech. und optische Industrie	7140	1,6	17 626	2,6	6214	2,1	9059	2,2	14 958	2,3	22 888	2,4
NE-Metallindustrie	3955	0,9	8132	1,2	2287	0,8	2676	0,6	3847	0,6	8689	0,9
Eisenschaffende Industrie	3233	0,7	5597	0,8	2126	0,7	4737.	1,1	8950	1,4	7742	0,8
Kraftstoffindustrie	569	0,1	409	0,1	112		640	0,2	391	0,1	391	0,1
Säge-Industrie			16 527	2,4			6407	1,6	20 268	3,1	23 477	2,4
Sonstige Industriegruppen	13 654	3,0	27 673	4,1	29 065	10,0	15 495	3,8	23 422	3,6	49 271	5,1

Die Entwicklung der bayerischen Industrie von 1945 bis in die Mitte der 70er-Jahre lässt sich in drei Phasen gliedern: die des Wiederaufbaus, die der Expansion und schließlich die der „Anpassung". Die erste Phase, die bis gegen Ende der 50er-

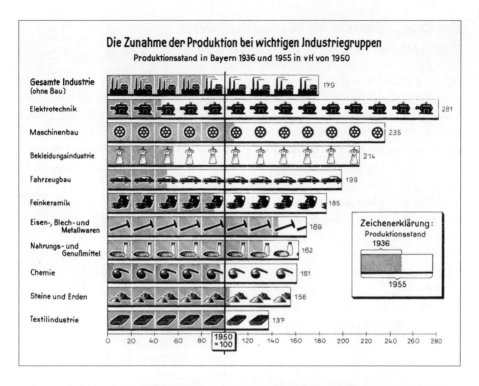

Die Zunahme der Produktion bei wichtigen Industriegruppen
Produktionsstand in Bayern 1936 und 1955 in vH von 1950

Gesamte Industrie (ohne Bau) — 179

Elektrotechnik — 281

Maschinenbau — 235

Bekleidungsindustrie — 214

Fahrzeugbau — 199

Feinkeramik — 185

Eisen-, Blech- und Metallwaren — 169

Nahrungs- und Genußmittel — 162

Chemie — 161

Steine und Erden — 156

Textilindustrie — 137

Zeichenerklärung:
Produktionsstand
1936
1955

Jahre dauerte, war zunächst durch die Wiederherstellung der durch Zerstörungen und Demontagen verloren gegangenen Industriekapazitäten gekennzeichnet. Dass man in Westdeutschland in großem Umfang neue Produktionsanlagen aufbauen musste und diese so auf den modernsten technologischen Stand brachte, hat man später als eine der wichtigsten Ursachen für die überlegene Leistungsfähigkeit der deutschen Wirtschaft im Vergleich zu der vieler anderer Volkswirtschaften ausgemacht.[152] In Bayern aber konzentrierten sich die Verluste auf die wenigen traditionell hochindustrialisierten Räume, und so trat hier bereits in dieser ersten Phase neben die Rekonstruktion der Aufbau neuer, zukunftsträchtiger Industrien.

Darüber hinaus war diese Phase durch eine starke Expansion der inländischen Nachfrage geprägt, von der kräftige Wachstumsimpulse auf die gesamte Wirtschaft ausgingen. Denn aufgrund von Kriegsverlusten bestand sowohl bei Verbrauchs- wie bei Investitionsgütern ein großer Nachholbedarf, der durch die Bevölkerungszunahme in Westdeutschland verstärkt wurde. Das Bevölkerungswachstum war aber in Bayern erheblich größer als im Bundesdurchschnitt, was sich für die bayerische Wirtschaft vor allem dann sehr positiv bemerkbar machte, als die Einkommen beträchtlich wuchsen und so die Massen-Kaufkraft erheblich zunahm.[153] Damit waren jene Faktoren, welche den Aufschwung der westdeutschen Wirtschaft in der Wiederaufbauphase insgesamt begünstigten, in Bayern besonderes stark ausgebildet.

Die Brauindustrie im 20. Jahrhundert:
Das Beispiel Brauerei Bischofshof in Regensburg

Mit dem Ersten Weltkrieg kam die bislang positive Entwicklung der bayerischen Brauindustrie zu einem abrupten Ende; nicht nur brach der Bierexport ins Ausland nahezu vollständig weg; wegen des Mangels an Lebensmitteln musste die Bierproduktion überhaupt stark reduziert werden, zudem konnte überwiegend nur sehr gehaltarmes „Einfachbier" gebraut werden. Der Bierausstoß ging damit von knapp 19 Mio. hl im Jahr 1913 auf etwas mehr als 10 Mio. hl im Jahr 1918 zurück, und der Prokopfverbrauch der bayerischen Bevölkerung sank im gleichen Zeitraum von 232 l auf 152 l. Zahlreiche Brauereien stellten die Produktion vorübergehend ein, bei einigen bedeutete dies bereits das Ende des Betriebs. Hatte man 1913 etwa 3500 gewerbliche Braustätten gezählt, so waren es 1918 noch rund 3200.

Auch in der Zwischenkriegszeit wurde Bier keineswegs allein von gewerblichen Brauern produziert. 1922/23 waren neben knapp 3000 gewerblichen Braustätten über 1500 nicht gewerbliche in Betrieb, außerdem gab es fast 8000 Hausbrauer. Der Ausstoß vieler Braue-

reien bewegte sich zudem auf einem sehr niedrigen Niveau. 1922 produzierten 1892 Brauereien weniger als 30 hl, aber nur 30 mehr als 50 000 hl pro Jahr. Insgesamt wurden 1922/23 knapp 10 Mio. hl Bier erzeugt.

Der schon vor dem Ersten Weltkrieg zu beobachtende Modernisierungs- und Konzentrationsprozess setzte sich in der Zwischenkriegszeit fort. Bis 1925 sank die Zahl der gewerblichen Brauereien auf 1922, doch waren in diesen mit über 22000 Beschäftigten noch fast so viele Menschen tätig wie vor dem Krieg.

Der Zweite Weltkrieg traf die Brauindustrie zunächst nicht so stark wie der vorausgegangene, doch danach sank die Produktion auf einen neuen Tiefpunkt. 1950 lag der Bierausstoß bei knapp über 6 Mio. hl, erst 1954 überschritt er die 8-Mio.-Grenze und 1958 hatte er mit 11,3 Mio. hl etwa den Vorkriegsstand erreicht.

Um 1960 gab es in Bayern noch immer 1566 gewerbliche Braustätten, doch setzte sich jetzt das Brauereisterben beschleunigt fort. 1970 war die Zahl auf 1247 zurückgegangen, 1987 auf 836 und 1996 schließlich auf

Flaschenabfüllanlage

Sudwerk der Brauerei

691. Der Bierausstoß aber erhöhte sich von 1961 bis 1970 von 13,5 auf 24,3 Mio. hl jährlich, danach stagnierte er jedoch; 1987 lag er bei 25,4 und 1996 bei 24,6 Mio. hl.

Im gleichen Maße wie die Zahl der Brauereien absank, nahmen der Rationalisierungsdruck und der Kampf um Marktanteile bei den verbleibenden Betrieben zu. 1970 entfiel auf jede Brauerei eine durchschnittliche Jahresproduktion von 19 440 hl, 1987 waren es bereits 32 000 hl und 1996 schließlich 35 690 hl.

Eine der Brauereien, die all diese Turbulenzen gut überstand und aus dem Strukturwandel gestärkt hervorging, ist die Brauerei Bischofshof in Regensburg. Nachdem sie unmittelbar vor dem Ersten Weltkrieg auf den modernsten Stand gebracht worden war, waren für längere Zeit keine größeren Investitionen notwendig, um einen konkurrenzfähigen Betrieb auch in den schwierigen Kriegs- und Zwischenkriegsjahren aufrechtzuerhalten. Bis in die 1950er-Jahre genügten die alten Anlagen, die im Krieg nur wenig beschädigt wurden, noch den Ansprüchen, dann jedoch war eine grundlegende Modernisierung erforderlich. 1964 wurden die bisherigen hölzernen Lagerfässer durch Stahltanks ersetzt und ein neuer Lagerkeller gebaut, unmittelbar darauf errichtete man ein modernes Sudhaus und installierte eine vollautomatische Abfüllanlage. Um die so erweiterten Kapazitäten besser auslasten und den Absatz vergrößern zu können, übernahm man in der Folge eine Reihe von Brauereien in der näheren und weiteren Umgebung, darunter die bekannte „Klosterbrauerei Weltenburg", die älteste Klosterbrauerei der Welt.

Ein weiterer Investitionsschub folgte von 1989 bis 1991: Der Bau zweier neuer Hallen, davon eine mit einer Grundfläche von 5200 qm, war die erste größere Erweiterung seit 1910. In ihnen wurde u. a. eine hochmoderne Flaschenabfüllanlage mit einer Kapazität von 40 000 Flaschen pro Stunde installiert (s Abb.). 2005/06 wurde die gesamte Bierproduktion auf den modernsten Entwicklungsstand gebracht. Die völlig neu konzipierten Einrichtungen des von der Firma Krones AG installierten Sudhauses (s. Abb.) ermöglichten eine besonders rationale, Energie und Wasser sparende Produktion. Die Kapazität von ca. 300 000 hl jährlich wird vor allem von den hauseigenen Produkten in Anspruch genommen, denn mit seinen vielfach prämierten Bieren hat Bischofshof in jüngerer Zeit sogar den Weltmarkt erobert; rund 10 % der Produktion gehen in den Export, und zwar vor allem nach Russland, Japan und China. Seit neuestem führen sogar die Restaurants der größten europäischen Warenhaushauskette „El Corte Inglés" Biere der Regensburger Brauerei.

Die nächste Phase, die Expansion, umfasste die 1960er-Jahre und war zunächst durch die fortgesetzte Ausweitung der Massenkaufkraft, die zunehmende Integration der westdeutschen Wirtschaft in die Weltwirtschaft und eine starke Ausweitung der Industrieproduktion gekennzeichnet. Zugleich kam es zu ersten Kapazitätsengpässen, die vor allem durch Arbeitskräftemangel verursacht wurden. In diesen Jahren wuchs die bayerische Industrie wegen der in Bayern noch vorhandenen Arbeitskraftreserven überproportional weiter, sodass das Land seinen wirtschaftlichen Rückstand gegenüber den anderen Bundesländern weitgehend aufholen konnte. Dabei war besonders vorteilhaft, dass es in Bayern kaum Schwerindustrie gab, die sich zunehmend zur wachstumshemmenden Problemindustrie entwickelte, und man den „Hauptakzent der Entwicklung weniger auf den Wiederaufbau und den Ausbau der bestehenden Kapazitäten und Branchen als vielmehr auf die Schaffung neuer, weitgehend standortunabhängiger Industrien" legen konnte.[154]

Als „Anpassungsphase" schließlich hat man jenen Abschnitt bezeichnet, der mit der Krise zu Beginn der 70er-Jahre einsetzte, und in dem sich die wirtschaftlichen Verhältnisse und Entwicklungen Bayerns jenen der Bundesrepublik weitgehend anglichen. Gekennzeichnet ist diese Phase durch Marktsättigungstendenzen, eine Verknappung und Verteuerung von Rohstoffen sowie durch einschneidende Veränderungen der Weltwirtschaft, welche den Absatz deutscher Industrieprodukte deutlich erschwerten. Dies führte 1973 zur bis dahin schwersten Rezession der Nachkriegszeit und zu einem deutlichen Rückgang des Wachstumstempos der deutschen Wirtschaft. Auch in Bayern war die Zahl der Industriebeschäftigten nun erstmals rückläufig.

Festzuhalten ist, dass die Zahl der Industriebeschäftigten in Bayern von 1947/48 bis 1970 kontinuierlich gewachsen ist. Von weniger als einer Million im Jahr 1950 wuchs sie auf annähernd 1,2 Mio. 1960 und 1,4 Mio. 1970; bis 1975 sank sie dann auf rund 1,3 Mio. ab. Von 1960 bis 1970 hatten die Industriebeschäftigten in Bayern damit um 19 %, auf Bundesebene aber nur um 6,5 % zugenommen. Der Anteil, den die Industriebeschäftigten Bayerns an denen der Bundesrepublik ausmachten, wuchs damit von 14,4 % im Jahr 1954 auf 14,6 % im Jahr 1960 und auf 16,3 % im Jahr 1970 an; 1975 betrug er dann sogar 16,9 %.[155]

Einen Überblick über die Entwicklung der bayerischen Industrie im Zeitraum der „Rekonstruktion" bieten die nachfolgenden Übersichten. 1955 stellten sich die Verhältnisse in den größten Zweigen der bayerischen Industrie wie folgt dar:[156]

Branche	Betriebe	Beschäftigte
Textilindustrie	779	114 415
Elektroindustrie	308	125 636
Maschinenbau	415	116 050
Steine und Erden	1148	58 554

Branche	Betriebe	Beschäftigte
Fahrzeugbau	118	42 051
Feinkeramische Industrie	140	51 858
Bekleidungsindustrie	754	61 806
Chemische Industrie (einschl. Kunstfaser)	300	40 603
Holz verarbeitende Industrie	603	40 267
Sägerei und Holzverarbeitung	1201	24 262
Feinmechanische und optische Industrie	133	23 669
Brauerei und Mälzerei	427	20 109
Glasindustrie	193	20 285
Holzschliff, Zellstoff, Papier usw.	71	1549

Entsprechend der besonderen Struktur der bayerischen Industrie war ihr Anteil an der Industrie auf Bundesebene von Branche zu Branche höchst unterschiedlich; die nachfolgende Aufstellung zeigt diese Anteile im Jahr 1954: [157]

Branche	Anteil Bayerns an Beschäftigten in Prozent	Anteil Bayerns am Umsatz in Prozent
Kohlebergbau	1,7	1,5
Eisen- u. Metallerzbergbau	6,2	1,2
Salzbergbau, Salinen	1,5	2,3
Erdölgewinnung, Mineralölverarbeitung	1,4	0,7
Sonstiger Bergbau	48,8	43,2
Torfindustrie	4,9	3,4
Industrie der Steine und Erden	20,6	16,5
Hochofen- u. Stahlwerke	3,6	2,5
Metallhütten etc.	12,9	11,0
Eisen- und Stahlgießereien	8,3	5,6
Metallgießereien	16,2	14,1
Stahlbau	9,2	8,0
Maschinenbau	13,8	14,4
Fahrzeugbau	15,4	12,8
Schiffbau	1,6	0,9
Luftfahrzeugbau	61,5	57,8
Elektrotechnische Industrie	25,0	19,5
Feinmech. u. optische Ind.	16,7	14,4
Eisen-, Stahl-, Blech und Metallwaren	8,2	5,9

Branche	Anteil Bayerns an Beschäftigten in Prozent	Anteil Bayerns am Umsatz in Prozent
Musikinstrumente, Spielwaren, Sportgeräte, Schmuck	28,4	29,2
Chemische Industrie	11,0	9,7
Feinkeramische Industrie	57,6	44,1
Glasindustrie	28,0	21,1
Sägewerke u. Holzbearbeitung	25,0	26,7
Holz verarbeitende Industrie	18,5	18,1
Zellstoff, Papier u. Pappen erzeugende Industrie	20,8	21,2
Papier verarbeitende Industrie	15,0	14,6
Druckerei und Vervielfältigungsindustrie	18,9	17,9
Kunststoff verarbeitende Ind.	18,0	16,8
Kautschuk- u. Asbestindustrie	6,3	6,6
Leder erzeugende Industrie	8,7	7,2
Leder verarbeitende Industrie	19,9	17,3
Schuhindustrie	14,0	13,6
Textilindustrie	17,1	17,2
Bekleidungsindustrie	21,0	21,6
Nahrungsmittelindustrie	10,6	8,2
Molkereien und Milch verarbeitende Industrie	34,6	30,3
Brauereien und Mälzereien	34,7	29,2
Spiritus-Industrie	10,2	7,1
Tabakindustrie	8,7	16,5
Gesamte Industrie	14,4	12,5

1975 ergab ein Vergleich der Industrie Bayerns und des Bundes folgendes Bild[158] (Anteile der einzelnen Branchen an der gesamten Industrie in Prozent):

Hauptgruppe	Beschäftigte Bayern	Beschäftigte Bund	Umsätze Bayern	Umsätze Bund
Bergbau	0,2	3,3	0,3	2,4
Grundstoff- und Produktionsgüterindustrien	13,8	21,3	21,8	29,7
Investitionsgüterindustrien	49,5	47,7	43,4	38,9
Verbrauchsgüterindustrien	30,5	21,6	21,6	16,1
Nahrungs- und Genussmittelindustrien	6,0	6,1	12,9	12,9

Beschäftigte, Gesamtumsatz und Auslandsumsatz der Industrie [1] in Bayern

Jahr	Beschäftigte [2]	Gesamtumsatz	Auslands-umsatz	Anteil an der Industrie des Bundes		
				Beschäftigte [2]	Gesamtumsatz	Auslandsumsatz
	in 1000	in Mill.RM/DM		in vH		
1936	472,2 3)	3 552,7	273,0	12,5 3)	10,9	9,0
1946	344,3	.	.	.	.	.
1947	432,0	3 664,3	42,2	.	.	.
1948	523,2	5 893,9	162,6	.	.	.
1949	604,4	8 166,2	282,3	13,7	12,6	8,1 4)
1950	642,2	9 803,7	585,0	13,4	12,2	8,8
1951	745,6	13 808,9	1 216,1	14,0	12,6	10,4
1952	780,7	14 845,1	1 388,4	14,1	12,4	10,0
1953	812,7	15 642,8	1 606,4	14,1	12,4	10,5
1954	872,8	17 674,5	2 026,5	14,4	12,5	10,9
1955	968,7	21 105,9	2 475,8	14,7	12,7	11,4

1) Betriebe mit 10 und mehr Beschäftigten, ohne Bau und öffentliche Versorgungsbetriebe
2) Jahresdurchschnitt
3) Stand am 30.6.
4) 2. Halbjahr 1949

Die industrielle Produktion in Bayern und im Bund

Jahr	Index der industriellen Produktion 1950 = 100 (arbeitstäglich)			Gesamte Industrie 1)
	Gesamte Industrie 1)	darunter		
		Investitionsgüter-industrie 2)	Verbrauchsgüter-industrie 2)	
	Bayern			Bund
1936	84,4	67,0	100,3	90,2
1948	56,3	52,3	44,9	54,1
1949	80,7	75,8	75,0	80,1
1950	100,0	100,0	100,0	100,0
1951	119,0	135,0	112,3	118,5
1952	125,2	149,5	113,2	126,1
1953	135,6	155,2	133,0	138,8
1954	153,8	182,8	145,8	155,0
1955	179,5	232,1	164,1	178,4

1) ohne Bau
2) Zur Begriffserläuterung siehe Anmerkungsteil Ziffer 4

Kennzeichnend für die bayerische Industrie war ein überdurchschnittlicher Anteil der Investitions- und Verbrauchsgüterindustrien, in der nahezu die Hälfte der bayerischen Industriebeschäftigten tätig war. Dem gegenüber standen die Bereiche Bergbau und Schwerindustrie, die vor allem in den frühzeitig industrialisierten Regionen Deutschlands ansässig waren, weit zurück. Der überdurchschnittlich hohe Anteil der Investitionsgüterindustrie wiederum war vor allem der elektrotechnischen Industrie zuzuschreiben, die 1975 nahezu 20 % aller Industriebeschäftigten Bayerns Arbeit bot.[159] Vor allem auf die Expansion dieser Industriesparten war die günstige Entwicklung der bayerischen Gesamtindustrie zurückzuführen. Von 1960 bis 1975 lagen ihre Zuwachsraten sowohl bei den Beschäftigten (mit 34,4 % gegenüber 12,3 %) als auch bei den Umsätzen (mit 307,8 % gegenüber 225,8 %) weit über den bundesdeutschen Vergleichswerten. Wie sich die einzelnen Industriezweige entwickelten, zeigt die unten stehende Übersicht.

Die Umsätze der bayerischen Industrie wuchsen von 1960 bis 1975 von 32,7 Mrd. DM auf 109,2 Mrd., das war eine Steigerung von 234,1 %. Dieser Zuwachs lag deutlich über dem der deutschen Industrie insgesamt, der im gleichen Zeitraum 175,5 % ausmachte. Durch diese Wachstumsunterschiede erhöhte sich der Anteil Bayerns am westdeutschen Industrieumsatz von 12,3 % im Jahr 1960 auf 14,9 % im Jahr 1975.

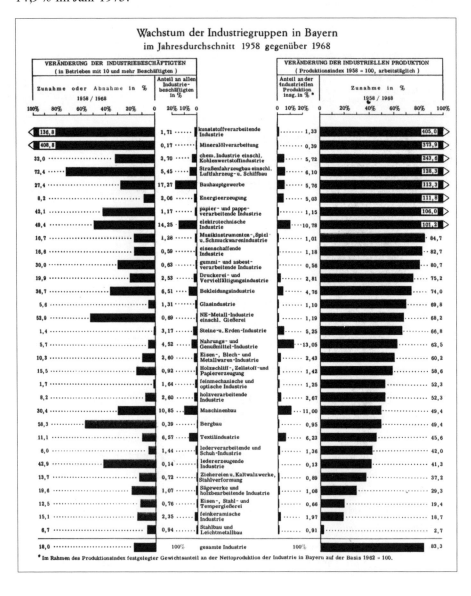

Wachstum der Industriegruppen in Bayern
im Jahresdurchschnitt 1958 gegenüber 1968

Carl v. Lindes Lebenswerk und Erbe: Die Linde AG

2004 konnte die Linde AG ihr 125-jähriges Firmenjubiläum feiern, denn am 21. Juni 1879 war sie als „Gesellschaft für Linde's Eismaschinen" von Carl Linde unter Beteiligung führender bayerischer und deutscher Industrieller gegründet worden. Sie sollte die wirtschaftliche Verwertung von Lindes Erfindungen und technischen Verfahren, insbesondere im Bereich der Kältetechnik, übernehmen und bestand nur aus einem in Wiesbaden ansässigen Konstruktionsbüro, das von Fall zu Fall mit Unternehmen des Maschinenbaus und anderer Branchen zusammenarbeitete. 1890 entstand als erste Tochtergesellschaft eine Firma, die Kühlhäuser errichtete und betrieb, aber erst als Linde auch im Bereich der Tiefkühl- und Gastechnik aktiv wurde, baute man eine eigene Produktion auf. Zur Entwicklung und Fertigung der zur Gewinnung und Zerlegung von flüssiger Luft erforderlichen Anlagen errichtete man nach der Jahrhundertwende in Höllriegelskreuth bei München ein eigenes Werk. Zur Vermarktung der neuen Verfahrenstechniken gründete man dann weitere Tochterunternehmen und ging zudem Kooperationen mit anderen Unternehmen ein. Letzteres erwies sich vor allem deshalb als sinnvoll, ja unumgänglich, weil es trotz Patentschutzes kein effektives Mittel gab, den Nachbau der Anlagen und den Ein-

Karl Lang

Carl Sedlmayr

Gustav Jung

Heinrich von Buz

Georg Krauss

Porträts des ersten Aufsichtsrates der Linde AG

satz der neuen Verfahren durch unlizenzierte Konkurrenten zu verhindern. Bis zum Ersten Weltkrieg entstanden die „Vereinigten Sauerstoffwerke GmbH", die den Bau und Betrieb von Sauerstoffwerken an industrienahen Standorten übernahmen, und zur Vermarktung außerhalb Deutschlands die „Internationale Sauerstoffgesellschaft", die mit einer Reihe ausländischer Partner kooperierte; darunter waren die wichtigsten die „Linde Air Products" in den USA, die so rasch expandierte, dass sie bald größer war als ihre Mutter, die „British Oxygen Co." in England und die „Air Liquide" in Frankreich.

Nachdem die Linde AG wegen des Weltkriegs ihre Auslandsbeteiligungen und ihre Patentrechte verloren hatte, fand die weitere Expansion nun im Inland statt. 1920 erwarb sie mit der „Deutschen Oxydric AG" auch die auf den Bau von Anlagen zur Gaserzeugung spezialisierte „Maschinenfabrik Sürth", 1922 die „Heylandt Gesellschaft für Apparatebau", Berlin, 1926 die „Kühlmöbelfabrik G. H. Walb & Co", Mainz, und 1929 die „Güldener Motoren-Gesellschaft mbH", Aschaffenburg. Damit hatte sich die Linde AG zu einem deutschlandweiten Konzern mit Unternehmen in den Bereichen Anlagen- und Maschinenbau, Kältetechnik und Betrieb von Kühlhäusern, Fabrikation, Transport und Vertrieb technischer Gase gewandelt. Diese Entwicklung setzte sich fort; so erwarb die AG 1935 die Maschinenbaufirma „Marx & Traube GmbH", die 1937 in „MATRA Werke GmbH" umbenannt wurde. Von der Autarkiepolitik des NS-Regimes profitierte man insofern, als sie die Weiterentwicklung der Tiefkühltechnik beschleunigte. Um landwirtschaftliche Produkte länger einlagern zu können, wurden zudem zahlreiche neue Kühlhäuser gebaut. Aufrüstung und Kriegswirtschaft ließen zwar die Nachfrage nach Industrieanlagen und -gasen boomen, erzwangen aber auch eine enge Kooperation mit dem Chemie-Konzern IG Farben. Dafür mussten Friedrich und Richard Linde 1945 mit kurzzeitiger Inhaftierung und Entfernung aus der Geschäftsleitung büßen.

Im Zweiten Weltkrieg wurde ein Teil der Produktionseinrichtungen zerstört, und mit der Einrichtung der sowjetischen Zone gingen die dort gelegenen Anlagen verloren; weit schwerer aber wog der Verlust der Schutzrechte. Dennoch wurde die Produktion sehr bald wieder aufgenommen; vor allem der Anlagenbau in Höllriegelskreuth, wo man jetzt hauptsächlich für den Export arbeitete, entwickelte sich gut.

Linde Gas in Leuna

Die nach der Währungsreform von 1948 erstellte Eröffnungsbilanz wies ein Grundkapital von 34 Mio. DM aus, das Unternehmen hatte zu diesem Zeitpunkt 4100 Mitarbeiter. Nun ging es in allen Sparten wieder rasch aufwärts. Im Aschaffenburger Werk, wo man bisher vor allem Dieselmotoren und Traktoren fertigte, begann man 1953 mit der Entwicklung von hydrostatischen Getrieben und damit ausgerüsteten Flurförderfahrzeugen, und deren Produktion, insbesondere die von Gabelstaplern, wurde stetig ausgeweitet. Sehr expansiv entwickelte sich der Anlagenbau, der vom Aufschwung der Petrochemie profitierte. Die Agrarpolitik der EWG begünstigte den Bereich Kühlhäuser, da diese benötigt wurden, um die großen Überschüsse an Milch, Butter und Fleisch einzulagern. Lediglich die Produktionsbereiche Kleinkälteanlagen und Kühlschränke blieben hinter den Erwartungen zurück; ihn trat man 1967 an die AEG ab.

1965 hatte man den mittlerweile obsoleten Firmennamen in „Linde AG" abgeändert. Mit der Einstellung der Traktorenfertigung 1969 konzentrierte sich das Unternehmen nun auf die Bereiche Großkältetechnik, Anlagenbau, technische Gase und Flurförderfahrzeuge. Seit 1973 gab es die vier Werksgruppen Tieftemperatur- und Verfahrenstechnik (früher Anlagenbau), Technische Gase und Güldner (Flurförderzeuge) sowie Kältetechnik, Letztere mit den Sparten Industriekälte sowie Kühl- und Einrichtungssysteme. Mit Ausnahme der Industriekälte, aus der man sich zurückzog, expandierte man in allen Sparten in den folgenden Jahren.

Mit der Übernahme der Still GmbH, Hamburg, im Jahr 1973 wurde Linde zum führenden Flurförderzeuge-Anbieter Europas, und diese Stellung baute der Konzern in der Folge mit der Übernahme weiterer einschlägiger Unternehmen in Deutschland, den USA, Frankreich, Großbritannien, Italien und in den Niederlanden zu einer weltweiten Präsenz aus.

Auch im Bereich Technische Gase expandierte die Linde AG auf gleiche Weise sowohl im In- wie im Ausland. Seit Errichtung eines der größten Gaszentren Europas in Leuna 1994, der Übernahme der tschechischen „Technoplyn" (1994) und der schwedischen „Aktiebolag Gasaccumulator (AGA)" (2000) gehört die Linde AG zu den weltweit größten Anbietern technischer Gase und der zugehörigen Technik. Diese Stellung wurde durch Übernahme der „British Oxygen (BOC)" 2006 nochmals ausgebaut.

Im Anlagenbau stellten die Gründung des Anlagenbau-Unternehmens „Linde-KCA-Dresden" und die Übernahme des Kältetechnikunternehmens „Frigorex AG", Luzern, sowie des US-amerikanischen Anlagenbauers „The Pro-Quip Corporation", Tulsa, wichtige Stationen dar.

2001 wurden dann die bisher getrennt geführten Arbeitsgebiete Technische Gase und Anlagenbau zum Unternehmensbereich „Gas und Engineering" zusammengefasst. Die Kältetechnik dagegen, die Keimzelle des Unternehmens, wurde 2004 an die US-amerikanische „Carrier Corporation" abgetreten, dem weltweit führenden Anbieter von Klimatechnik.

An diesem industriellen Wachstum waren überproportional mittelständische Unternehmen (mit bis zu 500 Beschäftigten) beteiligt. Sie waren besonders stark vertreten in der Spielwarenindustrie (100 % der Beschäftigten), der Industrie der Steine und Erden (91,6 %), der Holzbearbeitung und -verarbeitung (87,4 %), der Druck- und Vervielfältigungsindustrie (76,5 %), der Kunststoff verarbeitenden Industrie (75,5 %), der Lederindustrie (84,7 %) und der Bekleidungsindustrie (91 %).[160]

In dieser mittelständischen Struktur sah man eine der Ursachen für die Anpassungs- und Innovationsfähigkeit und damit auch die Produktivität der bayerischen Industrie. Tatsächlich wuchs die Zahl der Industriebeschäftigten Bayerns in dem Jahrzehnt von 1958 bis 1968 um 18 %, die industrielle Produktion dagegen um 83,3 %. Besonders hoch war der Produktivitätszuwachs in der Investitionsgüterindustrie. So lag er in der Kunststoff verarbeitenden Industrie bei 405 %, bei der Mineralölverarbeitung bei 373,89 %, bei der chemischen Industrie bei 243,6 %, beim Fahrzeugbau (einschließlich Luftfahrzeug- und Schiffsbau) bei 128,3 % und bei der elektrotechnischen Industrie bei 101,2 %. In anderen Bereichen war er geringer, aber gleichfalls beachtlich; so beim Maschinenbau mit 49,4 %, bei der feinmechanischen und optischen Industrie mit 52,3 % oder bei der Druckerei- und Vervielfältigungsindustrie mit 75,2 %.[161] Welche die wichtigsten Branchen der Industrie waren und wie sich diese entwickelten, zeigt die folgende Übersicht:

Branche	Anteil am Industrieumsatz		Anteil an den Industriebeschäftigten	
	in Prozent			
	1960	1975	1960	1975
Ernährungsindustrie	13,7	12,0	6,1	5,9
Elektrotechnik	12,0	17,7	15,3	20,0
Maschinenbau	11,4	11,6	12,3	13,8
Textil	9,2	4,7	9,9	5,9
Chemie	6,3	7,0	4,0	4,8
Straßenfahrzeugbau	6,3	8,3	4,5	6,8
Bekleidungsindustrie	5,0	4,4	7,2	7,4

Die exportorientierte Industrie hatte an dieser Expansion einen großen Anteil (siehe Diagramm S. 518). Stärkstes Zugpferd der bayerischen Industrie war die *elektrotechnische Industrie*. In den 50er-Jahren konnte sie jährliche Produktionszuwachsraten von teilweise mehr als 20 % verzeichnen, womit sie die gesamte bayerische Wirtschaftsstruktur nachhaltig beeinflusste. Mit einem Produktions-

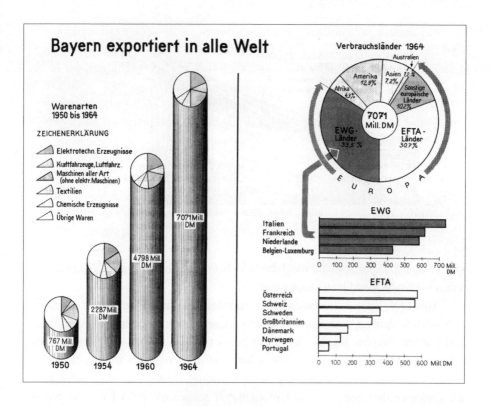

Bayern exportiert in alle Welt

Warenarten
1950 bis 1964

ZEICHENERKLÄRUNG

Elektrotechn. Erzeugnisse
Kraftfahrzeuge, Luftfahrz.
Maschinen aller Art
(ohne elektr. Maschinen)
Textilien
Chemische Erzeugnisse
Übrige Waren

767 Mill. DM — 1950
2287 Mill. DM — 1954
4798 Mill. DM — 1960
7071 Mill. DM — 1964

Verbrauchsländer 1964

Australien
Amerika 12,9%
Asien 7,2%
Afrika 4,3%
Sonstige europäische Länder 10,2%
7071 Mill. DM
EWG-Länder 33,5%
EFTA-Länder 30,7%

E U R O P A

EWG

Italien
Frankreich
Niederlande
Belgien-Luxemburg

0 100 200 300 400 500 600 700 Mill. DM

EFTA

Österreich
Schweiz
Schweden
Großbritannien
Dänemark
Norwegen
Portugal

0 100 200 300 400 500 600 Mill. DM

Knapp die Hälfte aller in der bayerischen Industrie Beschäftigten in Großbetrieben

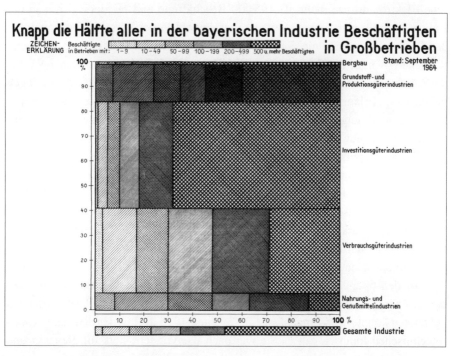

ZEICHEN-ERKLÄRUNG Beschäftigte in Betrieben mit: 1–9 10–49 50–99 100–199 200–499 500 u. mehr Beschäftigten

Stand: September 1964

Bergbau
Grundstoff- und Produktionsgüterindustrien
Investitionsgüterindustrien
Verbrauchsgüterindustrien
Nahrungs- und Genußmittelindustrien
Gesamte Industrie

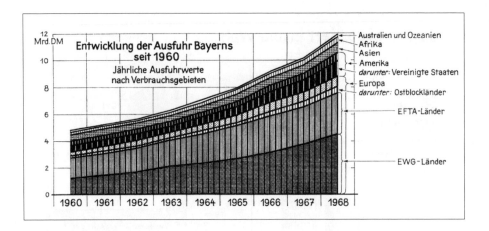

index von 505,5 bezogen auf das Jahr 1936 hat dieser Industriezweig 1955 den bis dahin höchsten Stand überhaupt erzielt.[162]

Bis 1945 hatte die deutsche Elektroindustrie ihre Schwerpunkte vornehmlich in Mitteldeutschland, rund 50 % der Gesamtproduktion waren allein in Berlin konzentriert. Bayern war bis dahin nur bei der Produktion von elektrischen Maschinen, elektro-medizinischen Apparaten und elektrotechnischen Kohleerzeugnissen führend. Diese Position wurde in der unmittelbaren Nachkriegszeit durch die Zuwanderung bedeutsamer Unternehmen ausgebaut. 1955 hatte die bayerische Elektroindustric mchr als 195 000 Beschäftigte und rangierte damit in der Bundesrepublik ganz vorne. Spitzenreiter sowohl in der Forschung als auch bei der Produktion waren die Siemens-Betriebe – Siemens-Halske, die Siemens-Schuckert-Werke, die Siemens-Reiniger-Werke und die Siemens-Plania-Werke, die Zehntausenden Beschäftigung boten. Die Schwerpunkte der Produktion lagen in Nürnberg, Erlangen, München, Regensburg, Amberg und Neustadt bei Coburg. Ein Siemens-Zweigbetrieb bildete auch das Zentrum der Flüchtlings-Industrieansiedlung Traunreut.

Starke Impulse erhielt dieser Wirtschaftsbereich durch die Radiobranche, für welche in Bayern vor allem die Namen Grundig, Opta und Metz standen, sowie durch die Verlagerung des Hauptsitzes der Firma Osram nach Augsburg. Wie sehr die außenwirtschaftliche Position Bayerns durch die Expansion dieses Industriezweiges gestärkt wurde, belegen die Umsatzzahlen und Exporterlöse; vom Gesamtumsatz der bayerischen Elektroindustrie im Jahre 1955 von nahezu zwei Mrd. DM entfielen 580 Mio. DM auf den Export.

In den 60er-Jahren pendelte sich die jährliche Produktionssteigerung der bayerischen Elektrotechnik-Industrie auf 8 % ein, womit sie ihre Position in etwa behaupten konnte; 1964 machte sie 23,2 % und 1975 21,1 % der deutschen elektrotechnischen Industrie aus.[163] Sie war nach wie vor sehr stark differenziert und wies vor allem im Bereich des Investitionsgüterbedarfs ein beachtliches Wachstum auf, während der Bereich der Gebrauchsgüter etwas an Boden verlor. Als sich Mitte der 60er-Jahre der Arbeitskräftemangel stärker bemerkbar machte, wurden erhebliche Rationalisierungs- und Automatisierungsanstrengungen unternommen, deren Resultat die beachtliche Produktionssteigerung von 115 % war, die dieser Industriezweig von 1960 bis 1975 verzeichnen konnte.

Seit den 1950er-Jahren hat man sich in der Elektroindustrie intensiver mit der EDV beschäftigt, die in der Folge zu erheblichen strukturellen Verschiebungen in dieser Branche führte. Denn als die Großrechenanlagen, bei denen amerikanische Hersteller marktbeherrschend waren, ihre Vorrangstellung verloren und sich mittlere und kleinere Rechner durchsetzten, konnten sich deutsche und auch bayerische Hersteller beachtliche Marktanteile sichern. Diese Produktion konzentrierte sich bis in die 70er-Jahre im Großraum Erlangen-Nürnberg.[164]

Die Branchen der *Feinmechanik und Optik* haben von ähnlichen Entwicklungen profitiert wie die Elektroindustrie. Ihre Strukturen blieben zunächst im Wesentlichen unverändert, aber durch Ausweitung der Kapazitäten und durch Zuwanderung einer Reihe von Klein- und Mittelbetrieben aus dem ehemaligen Sudetengebiet und aus Mitteldeutschland, vor allem im Fach der Brillenoptik, haben sie erheblich an Gewicht gewonnen. 1950 erreichten sie einen Gesamtumsatz von 93 Mio., und 1953 waren es 191 Mio. DM. 1964 betrug der Anteil der bayerischen feinmechanischen und optischen Industrie an jener der Bundesrepublik 16,4 %.[165]

Auch der *Maschinenbau* zählte zu den traditionellen bayerischen Industriezweigen; seine Schwerpunkte lagen nach wie vor in München, Augsburg und Nürnberg. 1955 wies er einen Gesamtumsatz von 2,3 Mrd. DM aus, zu dem die günstige Produktions- und Absatzentwicklung der bayerischen Kugellagerindustrie wesentlich beitrug, die schon seit der Zwischenkriegszeit eine Schlüsselposition innehatte. Nach 1945 profitierten gerade diese Unternehmen von einer massiven Unterstützung durch den bayerischen Staat, der große Anstrengungen unternahm, diese Industrie so rasch wie möglich wieder in Gang zu bringen. Seine Bemühungen sind vor dem Hintergrund zu sehen, dass ca. 80 % aller in Westdeutschland erzeugten Kugel- und Wälzlager aus Bayern kamen. Daneben unterstützte der Staat auch die Wiedererrichtung und Neugründung anderer Maschinenbaubetriebe. Dabei handelte es sich zumeist um Unternehmen des klein- und mittelschweren Maschinenbaus, die vor dem Krieg vor allem in Mitteldeutschland beheimatet und vorwiegend im Textilmaschinen-, Büro- und Nähmaschinen-, Pumpen-, Kompressoren- und Druckluftmaschinenbau tätig waren.[166] 1964 betrug der bayerische Anteil am deutschen Maschinenbau 15,7 %.[167]

1975 arbeitete jeder siebente bayerische Industriebeschäftigte im Maschinenbau, der nunmehr einen monatlichen Umsatz von rund einer Mrd. DM erzielte. Seinen hohen Qualitätsstandard belegte die hohe Exportquote, die bei rund

Ein niederbayerisches Familienunternehmen mit Weltruf: Sennebogen Maschinenbau

Industrialisierung und Maschinenbau sind zwei Seiten einer Medaille, besteht doch ein Wesensmerkmal des Industrialisierungsprozesses darin, dass menschliche Arbeitskraft, Tätigkeiten und Fertigkeiten durch technische Einrichtungen und Anlagen abgelöst wurden. Deshalb stellt der Maschinenbau eine Schlüsselindustrie dar: Wo der Maschinenbau unterentwickelt ist, ist es zumeist die Wirtschaft insgesamt. Wenn sich der bayerische Maschinenbau bis weit in die Jahre nach dem Zweiten Weltkrieg auf einige wenige Standorte konzentrierte, so ist das deshalb als Indiz dafür zu werten, dass weite Teile Bayerns von dessen Entwicklung zum Industriestaat noch kaum profitiert hatten. Ab etwa 1960 aber nahm der Maschinenbau in einigen „strukturschwachen" Regionen

einen beachtlichen Aufschwung. Zu diesen zählte Niederbayern, und zwar vorzugsweise jene Teile dieses Regierungsbezirks, die entlang der Donau liegen, der wichtigsten Verkehrsachse in den ost- und südosteuropäischen Raum.

Einer der Unternehmer, die frühzeitig die Chancen erkannten, die der wirtschaftliche Wandel der Nachkriegszeit bot und diesen in ihrem Umfeld maßgeblich mitgestaltet haben, ist Erich Sennebogen. Im Jahr 1952, als viele Flüchtlinge und andere Arbeitskräfte, die vorübergehend in der Landwirtschaft untergekommen waren, aus Niederbayern abwanderten, brachte er als erstes Produkt einen Dunglader auf den Markt. Mit diesem einfach zu bedienenden, kostengünstigen Kran konnten die Landwirte eine

Erich Sennebogen (rechts) mit seiner Belegschaft im Jahr 1953

Das SENNEBOGEN-Werk in Wackersdorf

mühsame und zeitaufwändige Arbeit erheblich erleichtern und beschleunigen, weshalb er guten Absatz fand. Das veranlasste den jungen Unternehmer, einen ähnlichen, jedoch auf die Anforderungen der Bauwirtschaft zugeschnittenen Kran zu produzieren. Damit hatte er sich einem sehr zukunftsträchtigen Markt zugewandt, auf dessen Bedürfnisse er in den nächsten Jahren Entwicklung und Fertigung ausrichtete. Ein wichtiger Schritt in diese Richtung war der „Autobagger S 803", der 1960 auf den Markt kam und dem sich dann in rascher Folge weitere Modelle anschlossen. Für diese Produktion errichtete Sennebogen 1959 in Straubing ein neues Werk.

Mit der Präsentation seiner ersten Hydraulikbagger 1962 zeigte das Unternehmen, dass es die Zeichen der Zeit erkannt hatte. Spätestens seit 1969, als es den ersten vollhydraulischen Seilbagger der Welt vorstellte, führte Sennebogen die technische Entwicklung auf diesem Gebiet mit an. Wichtige Stationen auf dem Weg zum weltweit führenden Kranhersteller waren die Entwicklung einer neuen Hydraulikbagger-Generation, die 1970 auf den Markt kam, und die des hydraulisch verstellbaren Gelenkauslegers ein Jahrzehnt später. Mit diesen Innovatio-

nen veränderte Sennenbogen die Hydraulikbagger-Welt und setzte neue Standards, die er in der Folge durch ein 3-Kreis-Hydraulik-System weiter anhob. 1992 stellte das Unternehmen eine neue Serie großer Seilbagger mit bis zu 60 t vor, und 1998 mit dem 6180 HD Starlifter ein Spezial-Trägergerät und einen Raupenkran, der sogar bis zu 200 t bewegen kann. 2001 schließlich wurde wieder eine neue Generation von Hydraulik-Seilbaggern und Raupenkranen präsentiert. 2003 kam als Weltneuheit der 305 Multihandler mit hochfahrbarem Fahrerhaus auf den Markt und 2006 – als Innovation für den Bau-Bereich – der Multicrane 608 mit hochfahrbarem Fahrerhaus.

Diese Innovationskraft verschaffte dem Unternehmen weltweite Anerkennung und Aufträge aus allen Erdteilen, zu deren Abwicklung neue Produktionskapazitäten benötigt wurden. 1989/91 baute Sennebogen auf dem zunächst für eine Wiederaufbereitungsanlage vorgesehenen Gelände bei Wackersdorf auf 160 000 qm ein hochmodernes Werk zur Produktion von Mobilbaggern. 1996 errichtete man in Balatonfüred/Ungarn ein Stahlbauwerk und erweiterte die Produktionsfläche in Wackersdorf um zwei Drittel. 2000 erfolgte die Gründung einer amerikani-

Mit ihnen begann der Aufstieg zum Weltunternehmen: Serie von „Seilmaschinen" (Dung-ladern) im Jahr 1954

schen Vertriebs- und Servicegesellschaft in Charlotte/USA unter dem Namen SENNEBO-GEN LLC, zudem die einer Vertriebs- und Servicegesellschaft in Dubai (UAE) unter dem Namen SENNEBOGEN Middle East FZCO. 2008 schließlich investierte man über 230 Mio. € in ein zusätzliches Werk in Straubing, das eine Gesamtfläche von 125 000 qm umfasst. 2008 beschäftigte das Unternehmen, dessen Leitung in den Händen von Erich Sennebogen jun. und Walter Sennebogen liegt, rund 1100 Mitarbeiter.

der Hälfte der Produktion lag. Daraus resultierte allerdings eine starke Abhängigkeit von der Auslandsnachfrage, die einen großen Innovations- und Rationalisierungsdruck erzeugte. Obwohl das Bild des bayerischen Maschinenbaus von einigen wenigen großen Unternehmen dominiert wurde, herrschte auch in diesem Industriezweig die mittelständische Struktur vor. 1975 zählten 77 % der Unternehmen weniger als 200 Mitarbeiter, nur 5 % beschäftigten mehr als 500 und 4 % mehr als 1000.[168]

Auch in der *chemischen Industrie* setzte sich die schon vor dem Krieg zu beobachtende positive Entwicklung fort. Sie hatte sich bei ihrer Standortwahl bisher vor allem vom Angebot an billigem Strom – sofern sie Grundstoffe herstellte – oder der Nähe zu den Kunden – sofern sie konsumorientiert war – leiten lassen. Das hatte zu einer Konzentration der kleineren chemischen Betriebe in München, Nürnberg und Augsburg und weniger Großbetriebe vor allem in Südbayern geführt. Nach dem Krieg entwickelte sich daneben eine weit gefächerte Veredelungsindustrie, die eine wichtige Funktion innerhalb der deutschen Chemiewirtschaft übernahm. Sie verfügte über ein sehr vielseitiges Produktionsprogramm, das vor allem bei Aluminium, chemischen Fasern, Zellstoff, Düngemitteln, Kunststoffen, Bleistiften, fototechnischen Produkten und Arzneimittelgrundstoffen ein großes Volumen erreichte. Ihr Rückgrat waren nach wie vor die Werke des „Chemiedreiecks" im östlichen Oberbayern, die Wacker-Werke in Burghausen, die Süddeutschen Kalkstickstoffwerke in Trostberg, die Vereinigten Aluminiumwerke in Töging und die Anorgana in Gendorf, ein Zweigwerk der Farbwerke Höchst. Über nahezu ganz Südbayern verteilten sich leistungsfähige Produktionsstätten anorganischer und organischer Chemikalien, so die Elektrochemischen Werke München AG in Höllriegelskreuth, die Lechchemie in Gersthofen bei Augsburg, die Südchemie AG mit ihren Werken in Moosburg, Kelheim und Heufeld und das Elektroschmelzwerk Kempten. Von rasch zunehmender Bedeutung war die Kunstfasererzeugung (zum Beispiel Perlon und Orlon), die in Regensburg, Kelheim und Obernburg ansässig war.[169]

Wie die Elektro und die Metall verarbeitende Industrie trug auch die chemische überdurchschnittlich zum allgemeinen wirtschaftlichen Aufschwung bei. Auch ihre Entwicklung war durch hohe Wachstumsraten gekennzeichnet, und 1964 machte sie 10,3 % der deutschen chemischen Industrie aus.[170] In der Folgezeit ließen sich zahlreiche internationale Pharma-Unternehmen in Bayern nieder oder vergrößerten ihre hier schon bestehenden Niederlassungen. Einen Aufschwung nahm die chemische Industrie mit dem Bau der transalpinen Öl-Pipelines, denn nun setzte in Bayern das Zeitalter der Petrochemie ein. Die Pipelines stellten die Versorgung der chemischen Industrie auf eine neue, wesentlich breitere Basis und verbesserten deren Wettbewerbsfähigkeit entscheidend. Eine mittel- und langfristige Gefahr für die chemische Industrie sah man allerdings in steigen-

Die bayerische Kraftfahrzeugindustrie

Zum wichtigsten Industriezweig Bayerns entwickelte sich in der Nachkriegszeit der Kraftfahrzeugbau. Um die Jahrtausendwende bot er rund 170 000 Menschen Beschäftigung – das waren 14 % aller Beschäftigten des verarbeitenden Gewerbes; zu dessen Umsatz trug die KFZ-Branche rund ein Viertel bei.

Einen wesentlichen Beitrag hierzu leisteten die Bayerischen Motorenwerke (BMW), die 2007 weltweit über 105 000 Mitarbeiter beschäftigten. Die Geschichte dieses Unternehmens begann 1913 in München. Damals entstand hier die „Rapp Motorenwerke GmbH", die 1917 in „Bayerische Motorenwerke" umbenannt und 1918 in eine Aktiengesellschaft umgeformt wurde. Als Hersteller von Flugzeugmotoren verlor das Unternehmen 1919 mit dem Frieden von Versailles seine Existenzgrundlage. Sein Hauptaktionär schied deshalb aus und übertrug den Firmennamen auf die 1916 gegründeten „Bayerischen Flugzeug-

werke". 1923 entwickelte die neue BMW AG ihr erstes Motorrad, das durch seine innovative Antriebstechnik sofort Aufsehen erregte. 1928 übernahm BMW die „Fahrzeugfabrik Eisenach A. G." und stieg damit in die PKW-Fertigung ein. Ab 1932 produzierte man in Thüringen mit großem Erfolg Personenwagen eigener Konstruktion, doch wurden die Kapazitäten von BMW ab Mitte der 1930er-Jahre wieder vor allem für die Herstellung von Flugzeugmotoren und Zweirädern für den militärischen Bedarf in Anspruch genommen.

Nach dem Zweiten Weltkrieg war ein Teil der Werksanlagen zerstört, andere Bereiche wurden demontiert; aber viele waren auch ausgelagert und blieben so erhalten. Dank starker finanzieller Unterstützung durch die öffentliche Hand konnte BMW schon 1948 in Milbertshofen die Produktion von Motorrädern wieder aufnehmen. Diese stieg von 9450 Stück im Jahr 1949 auf 128 000 im

1962: Produktion des BMW 1500

1959: Produktion des DKW-Junior in Ingolstadt

Jahre 1951 an. Im Dezember 1952 wurden dann die ersten PKW ausgeliefert. Mit den beiden ersten Nachkriegsmodellen, dem BMW 501, einer schweren 2-l-Luxuslimousine, und der „Isetta", einem Kleinstwagen von sehr unkonventioneller Bauart, geriet das Unternehmen jedoch tief in die roten Zahlen.

Nur mittels hoher Kredite und Bürgschaften der LfA konnte 1959 der Bankrott beziehungsweise die Übernahme durch die Daimler-Benz AG abgewendet werden. Dazu wurde ein Auffangkonsortium gebildet, dessen Führung Herbert Quandt übernahm; er konnte diese Krise mittels einer Neuentwicklung rasch überwinden. 1962 lief mit dem BMW 1500 das erste einer langer Serie sehr erfolgreicher Modelle vom Band. 1967 übernahm die BMW AG, erneut mit starker staatlicher Unterstützung, die Hans Glas GmbH, einen in Dingolfing ansässigen Kraftfahrzeugfabrikanten, und errichtete hier ein Werk modernster Konzeption. 1970 wurde Eberhard von Kuenheim Vorsitzender des Unternehmensvorstands, und mit ihm setzte ein neuerlicher Entwicklungsschub ein. In seiner bis 1993 währenden Amtszeit vervierfachte sich die PKW-Produktion, wuchs die Belegschaft von 23 000 auf 71 000 und wurde eine Reihe von Werken an neuen Standorten im In- und Ausland errichtet. Eines davon entstand in Regensburg, wobei sich hier die LfA stark engagierte, da man sich von diesem Betrieb starke Impulse für den ostbayerischen Wirtschaftsraum erhoffte. Diese Erwartungen hat das Regensburger Werk, das 1987 in Betrieb ging und laufend erweitert

und modernisiert wurde, auch erfüllt. Zu Beginn des 21. Jahrhunderts beschäftigte es rund 10 000 Mitarbeiter und bildete die Existenzgrundlage zahlreicher Zulieferbetriebe der näheren und weiteren Umgebung.

Der zweite große bayerische PKW-Produzent ist die Audi AG mit Sitz in Ingolstadt. Ihre Wurzeln reichen bis ins Jahr 1909 zurück. Damals gründete August Horch in Zwickau die „August Horch Automobilwerke GmbH", deren Namen er jedoch im folgenden Jahr auf Einspruch der bereits bestehenden Firma „August Horch & Cie", die er selbst 1899 gegründet hatte, in „Audi Automobilwerke GmbH" abänderte. Im gleichen Jahr produzierte das neue Unternehmen sein erstes Fahrzeug. 1915 wurde es in eine Aktiengesellschaft umgewandelt und in „Audi Werke AG" umbenannt. 1928 übernahm die in Zschopau ansässige Firma DKW (abgeleitet von „Dampfkraftwagen", einem ihrer ersten Produkte) den Betrieb. 1932

Inlandsabsatz von DKW-Fahrzeugen von 1949–1969				
Jahr	Personenkraftwagen	Schnelllaster	Munga	Motorräder
1949		471		100
1950	1 225	5 994		18 197
1951	12 580	5 880		34 940
1952	22 391	5 359		51 434
1953	20 527	4 316		56 896
1954	24 316	3 256		54 906
1955	26 234	5 263		38 875
1956	32 815	5 151	172	22 332
1957	21 368	2 421	5 393	14 009
1958	30 380	2 825	377	4 414
1959	40 331	2 488	5 663	632
1960	68 992	857	5 042	
1961	73 860	769	4 196	
1962	76 291	236	3 683	
1963	56 876		2 579	
1964	43 433		2 089	
1965	26 907		2 971	
1966	3 951		3 163	
1967	58		2 121	
1968			2 324	
1969			4	
Seit Produktionsbeginn	582 535	45 286	39 777	296 735

fusionierte diese mit den Fahrzeugherstellern Horch und Wanderer zur Auto Union. Der Zusammenschluss wählte sich vier Ringe als Logo, sein Hauptsitz war in Chemnitz, die Einzelmarken blieben jedoch weiter bestehen. An den bisherigen Standorten, die nach 1945 in der sowjetischen Besatzungszone lagen, folgten der Auto Union die volkseigenen Automobilwerke Zwickau und Sachsenring nach.

In Ingolstadt aber entwickelte sich aus einem 1945 gegründeten „Zentraldepot" der Auto-Union, das die Ersatzeilversorgung für deren Fahrzeuge in der US-Zone übernahm, ein neues Unternehmen, das den alten Markennamen weiterführte. Dieses Unternehmen genoss von Anbeginn die besondere Unterstützung des bayerischen Staates, da dieser an der Schaffung neuer industrieller Arbeitsplätze gerade in Ingolstadt, wo bisher die Rüstungsindustrie vorgeherrscht hatte, sehr interessiert war. Die Auto-Union verfügte zunächst über zwei Produktionsstandorte. In Düsseldorf nahm sie die Fertigung von PKW wieder auf, in Ingolstadt die von Zweirädern und leichten Lastkraftwägen. Alle Fahrzeuge waren mit Zweitaktmotoren ausgestattet, welche dieses Unternehmen perfektioniert hatte und mit denen es zunächst auch sehr erfolgreich war. Da es sich aber zu lange auf Motorräder konzentrierte, geriet es 1955 in eine schwere Krise. Um diese meistern zu können, benötigte man ein neues Werk zur Produktion von PKW, und dieses entstand – mit massiver Unterstützung des Freistaats, der so eine Abwanderung des Unternehmens nach Düsseldorf verhindern wollte – in Ingolstadt. Die Motorradproduktion wurde eingestellte und 1959 lief im neuen Ingolstädter Werk der erste DKW-Junior vom Band. Dieses Modell fand zunächst reißenden Absatz, aber bald verloren die Zweitaktmotoren an Akzeptanz, sodass der Verkauf einbrach (s. Tabelle; beim „Munga" handelt es sich um ein Geländefahrzeug, das vor allem die Bundeswehr in größerer Stückzahl abnahm).

Auf Betreiben von Friedrich Karl Flick übernahm 1958 Daimler-Benz die Auto Union, die jedoch weiterhin selbstständig blieb; lediglich das Düsseldorfer Werk ging 1962 in den Besitz der Daimler-Benz AG über. 1964 und 1966 übernahm Volkswagen in zwei Schritten die Auto-Union, wobei auch diesmal die Initiative von Flick ausging. Durch die Umstellung der Ingolstädter Produktion auf PKW-Modelle mit Viertaktmotoren, die man unter der traditionsreichen Bezeichnung „Audi" auf den Markt brachte, schrieb das Unternehmen bald wieder schwarze Zahlen. 1969 fusionierte die Auto Union mit dem traditionsreichen württembergischen Fahrzeughersteller NSU AG Neckarsulm, der kurz zuvor gleichfalls in Besitz von VW übergegangen war. Das so entstandene neue Unternehmen wurde in „Audi NSU Auto Union AG" umbenannt und hatte seinen Sitz in Neckarsulm. 1977 musste hier jedoch die Produktion des mit einem Kreiskolbenmotor ausgestatteten Ro 80, in den man große Hoffnungen gesetzt hatte, eingestellt werden, und mit ihm verschwand auch die Marke NSU. Der Sitz des jetzt als AUDI AG firmierenden VW-Tochterunternehmens wurde nach Ingolstadt zurückverlagert, wo er seither blieb.

den Stromkosten als Folge der verstärkten Stromnachfrage und in höheren Produktionskosten, die aus neuen Auflagen des Umweltschutzes zu erwarten sein würden; deshalb erwartete man Mitte der 70er-Jahre für die Zukunft ein nur noch mäßiges Wachstum dieser Industrie.[171]

Zu einer neuen Schlüsselindustrie entwickelte sich der *Kraftfahrzeugbau*, in dem Bayern seine bereits vor dem Krieg nicht unbedeutende Stellung erheblich ausbauen konnte. Dessen Schwerpunkt lag zunächst in der Fahrrad- und Motorradherstellung. Vor allem die Entwicklung von Leichtmotorrädern, die in der beginnenden Massen-Motorisierung eine wichtige Rolle spielten, ermöglichte außergewöhnliche Absatzerfolge. Ähnliches galt für den Bau von Kabinenrollern und anderen kleineren Kraftfahrzeugen. Auf längere Sicht setzte sich jedoch der PKW durch, an dessen Produktion bayerische Firmen zunächst nur geringen Anteil hatten. Besonders wichtig war daher die Ansiedlung der DKW-Werke der Auto-Union in Ingolstadt, die vom bayerischen Staat durch Kreditgewährung und Sicherheitsleistungen substanziell gefördert wurde. Dieses Unternehmen verstärkte die Kapazitäten des in Bayern bereits ansässigen Kraftfahrzeugbaus beträchtlich, vor allem auf dem PKW-Sektor. Bis dahin hatte die bayerische Fertigungspalette außer aus Luxuslimousinen, auf deren Herstellung sich BMW zunächst spezialisiert hatte, hauptsächlich aus Lastkraftwagen und Omnibussen bestanden, die von MAN, den FAUN-Werken sowie von Krauss-Maffei produziert wurden.

Auch der Kraftfahrzeugbau entfaltete in Bayern ein größeres Wachstum als im Bundesdurchschnitt. Während sein Umsatzvolumen auf Bundesebene von 1960 bis 1975 um 260 % wuchs, legte es in Bayern 340 % zu; die Zahl der hier Beschäftigten wuchs in dieser Zeit auf Bundesebene um 40 %, in Bayern jedoch um 65 %. 1975 lag dieser Industriezweig in Bayern hinsichtlich seines Beschäftigtenanteils an vierter, hinsichtlich seines Umsatzes an dritter Stelle. Diese Industrie konzentrierte sich auf München, Ingolstadt, Dingolfing und Penzberg; weitere Fabrikationsorte waren Lauf bei Nürnberg und Pilsting.[172]

Der seit der Mitte der 50er-Jahre ungebrochene Boom dieser Industrie basierte vor allem auf dem stark steigenden Massen-Einkommen im Inland, aber auch auf einer starken Nachfrage auf den ausländischen Märkten. Ausschlaggebend war jedoch die Inlandsnachfrage, die von der Verkehrspolitik unterstützt wurde, die dem motorisierten Individualverkehr absolute Priorität einräumte. Erst zu Beginn der 70er-Jahre führten allgemeine Kostensteigerungen zu einer Abschwächung der Nachfrage, und 1973 brachte dann die Verknappung und Verteuerung des Mineralöls ein vorläufiges Ende dieses Booms.

Eine Besonderheit dieses Industriezweiges war und ist – bedingt vor allem durch hohe Entwicklungskosten und große Investitionen in die Produktionsanlagen – die absolute Dominanz von sehr großen Unternehmen; nur diese sind in der

Lage, sich auf Dauer auf dem international umkämpften Automobilmarkt zu behaupten. Und dazu bedurften sie wiederholt der Unterstützung des Staates; das galt auch für die beiden großen bayerischen Automobilhersteller BMW und DKW beziehungsweise Audi.

Noch immer von beträchtlicher gesamtwirtschaftlicher Bedeutung war zunächst die *feinkeramische Industrie*. Sie war nicht nur ein wichtiger Devisenbringer, sondern befriedigte aus bayerischer Produktion rund 95 % des Geschirrbedarfs in Westdeutschland. Landesweit waren 1955 ca. 51 000 Menschen in diesem Zweig tätig, das waren 57 % der Beschäftigten der deutschen keramischen Industrie; bayerische Unternehmen waren mit 42 % an deren Umsatz und mit 58 % an deren Export beteiligt. 1964 machten die Beschäftigten der bayerischen keramischen Industrie 50,4 % der Gesamtzahl in Deutschland aus.[173] Ansässig war dieser Zweig nach wie vor in Oberfranken und in der Oberpfalz.

Da sie auf hochwertiges Kaolin sowie auf Braunkohle aus dem böhmischen Raum angewiesen war, litt sie in besonderer Weise durch den „Eisernen Vorhang". Wenn sie sich dennoch behaupten konnte, so deshalb, weil sie sowohl in der Fertigung von Gebrauchsporzellan als auch in der von Hoch- und Niederspannungsmaterial zunächst eine monopolartige Stellung innehatte. So konnte sie auch die Umstellung auf andere Rohstofflieferanten, die mit einer erheblichen Verteuerung verbunden war, und die Erschließung neuer Absatzmärkte bewältigen. Ihre Wachstumschancen waren allerdings unter diesen ungünstigen Rahmenbedingungen begrenzt. 1960 machten die Beschäftigten der feinkeramischen Industrie noch 3 % der Industriebeschäftigten aus, 1975 nur noch 2,4 %; ihr Anteil am bayerischen Industrieumsatz sank von 1,7 % im Jahr 1960 auf 0,9 % im Jahr 1975, obwohl der Umsatz von 556,8 auf 1025,3 Mio. DM wuchs. Ihr Anteil am bayerischen Export verringerte sich in diesem Zeitraum von 3,4 % auf 1,5 %.[174]

Ähnlich verhielt es sich mit der *Textilindustrie*, die gleichfalls zunächst noch von erheblicher gesamtwirtschaftlicher Bedeutung war. Mit Hilfe substanzieller staatlicher Unterstützung wurde sie in der unmittelbaren Nachkriegszeit rekonstruiert und modernisiert. Gezielt wurden Betriebe der Strumpfindustrie, der Tuchindustrie, der Gardinen- und Teppichindustrie neu angesiedelt und die Kapazitäten der Spinnereien, Webereien und Wirkereien erweitert. Der Ausfall der Zulieferungen aus dem sächsischen und thüringischen Raum wurde durch die Neuerrichtung entsprechender Betriebe ausgeglichen. Allerdings war die bayerische Textilindustrie sehr rasch einem außerordentlich hohen Wettbewerbsdruck ausgesetzt, dem man durch Rationalisierungs- und Modernisierungsmaßnahmen nur teilweise begegnen konnte. Auch die Tatsache, dass sich der Freistaat hier stark engagierte, da er ein besonderes Interesse am Erhalt der in der Branche bestehenden zahlreichen Flüchtlingsbetriebe – aber natürlich nicht nur dieser – hatte, konnte nicht verhindern, dass die Zahl der Beschäftigten seit 1960 ebenso sank wie der Anteil dieser Industrie am Industrieumsatz. Machten ihre Beschäftigten 1960 noch knapp 10 % der bayerischen Industriebeschäftigten aus, so waren es 1970 noch 7,5 % und 1975 dann nur noch 5,9 %. Ihr Anteil am Industrieumsatz sank von 9,23 % 1960 auf 4,7 % 1975, d. h. um ca. 4,5 Prozentpunkte ab.[175]

Eine gegenläufige Entwicklung nahm die *Bekleidungsindustrie*, die noch in den 50er-Jahren sowohl hinsichtlich der Beschäftigtenzahlen als auch des Umsatzes weit hinter der Textilindustrie rangierte, mit dieser aber bis 1975 gleichzog, beziehungsweise diese sogar überholte: Sie stellte 1960 erst 7,16 % der Industriebeschäftigten, erhöhte diesen Anteil 1970 aber auf 7,6 % und stellte 1975 noch 7,38 %; ihr Umsatzanteil ging von 1960 bis 1975 nur um 0,6 Prozentpunkte zurück. Die Bekleidungsindustrie war räumlich sehr breit gestreut und hatte Schwerpunkte in Oberfranken sowie in den Regionen um Regensburg, München und Augsburg. Zu dieser breiten Streuung hatte ganz erheblich die staatliche Förderung der strukturschwachen Räume beigetragen, die viele Unternehmer dazu veranlasste, dort besonders arbeitsintensive Fertigungen aufzubauen. Diese rentierten sich vor allem wegen der hier möglichen niedrigen Löhne besonders für typische Frauenarbeiten. Die zumeist kleineren und mittelständischen Unternehmen litten dann jedoch in besonderem Maße unter den Lohnsteigerungen und der ausländischen Konkurrenz. Dem Verlust ihrer Konkurrenzfähigkeit konnten sie – oft wegen Kapitalmangels – auch nicht im nötigen Umfang mit Rationalisierungs- und Modernisierungsmaßnahmen entgegentreten, weshalb die Aussichten der Bekleidungsindustrie seit Mitte der 70er-Jahre nicht gerade rosig waren.[176]

Große Erwartungen setzte die bayerische Staatsregierung in die Entwicklung der *Luft- und Raumfahrtindustrie*. Vor allem dank starker staatlicher Förderung befand sich Mitte der 70er-Jahre rund die Hälfte der einschlägigen Industriekapazität Deutschlands in Bayern. Hier beherrschten zwei im Zellenbau tätige Großunternehmen – Messerschmitt und Bölkow – sowie ein großer Münchener Turbinenhersteller die Szene, der ansonsten nur noch einige kleinere Zulieferer angehörten. Begründet wurde das erhebliche staatliche Engagement in diesem Sektor damit, dass sich dieser „traditionell an der Front des technologischen Fortschritts" bewege und dass die Innovationsausstrahlung dieses Industriezweiges weit in die gesamte Industrie hineinreiche und deshalb für die allgemeine wirtschaftliche Entwicklung Bayerns von großer Bedeutung sei.[177] Konkret nachweisbar war diese Wirkung jedoch nicht, und sowohl von der Beschäftigtenzahl wie vom Umsatzanteil her war und blieb die Branche von nachrangiger Bedeutung.

In dieser Hinsicht wurde sie selbst von der *Glasindustrie* weit übertroffen, obwohl diese 1975 mit einem Beschäftigtenanteil von 1,5 % (1960: 1,9 %) und einem Umsatzanteil von 0,99 % (1960: 1,1 %) schon sehr weit hinten rangierte. Die Glasindustrie zählte zu denjenigen Branchen, die eine schwindende gesamtwirtschaftliche Bedeutung hatten, obwohl man auch hier große Anstrengungen

Franz Josef Strauß und die bayerische Luft- und Raumfahrtindustrie

1949 wurde Franz Josef Strauß im Alter von 33 Jahren der erste Generalsekretär der CSU und zudem in den Bundestag gewählt. Damit begann eine steile politischen Karriere. 1952 rückte der junge Abgeordnete durch eine Rede, in der er sich vehement für die Wiederaufrüstung einsetzte, in die vorderste Reihe der Bundespolitiker auf. 1953 wurde er Minister für besondere Aufgaben, 1955 Bundesminister für Atomfragen und 1956 Bundesminister der Verteidigung. Dieses Amt musste er 1962 zwar wegen der „Spiegel-Affäre" räumen, aber mit der Bildung der Großen Koalition kehrte er 1966 als Bundesminister für Finanzen ins Kabinett zurück. Ab 1969 stand er dann über zehn Jahre als finanz- und wirtschaftpolitischer Sprecher der CDU/CSU-Fraktion mit an der Spitze der Opposition des Bundestags. 1978 wechselte er in das Amt des bayerischen Ministerpräsidenten, das er

bis zu seinem Tod am 3. Oktober 1988 innehatte. Sein Rückhalt aber war stets die CSU. 1953 avancierte er von deren Generalsekretär zum stellvertretenden Parteivorsitzenden und 1961 übernahm er den Parteivorsitz, den ihm bis zu seinem Tode niemand mehr streitig machen konnte.

Strauß' erklärte Absicht war es, den Aufbau einer deutschen Armee dafür zu nutzen, den durch das Verbot der Rüstungsindustrie verursachten Rückstand Deutschlands in wichtigen Technologiebereichen aufzuholen. Sein starkes Engagement für dieses Ziel verschaffte ihm die Unterstützung einflussreicher industrieller Kreise, die dem dynamischen jungen Politiker den Rücken stärkten – denn mit der Absicht, eine eigene deutsche Atom-, Luft- und Raumfahrtindustrie zu schaffen, stieß Strauß selbst innerhalb der CDU und CSU auf starken Widerstand.

Der Starfighter F104G

Schließlich war dazu ein umfangreiches, dauerhaftes finanzielles Engagement des Staates erforderlich. Viele Politiker der CDU/CSU, welche die Aufstellung einer modernen Armee grundsätzlich befürworteten, lehnten jedoch einen derartig massiven Eingriff des Staates in die Wirtschaft ab. Einflussreiche Industrielle stärkten ihm den Rücken und setzten durch, dass er 1956 Verteidigungsminister wurde. Das verschaffte ihm die Möglichkeit, den Aufbau der Bundeswehr mit dem einer deutschen Atom-, Luft- und Raumfahrtindustrie zu verbinden.

Entscheidend für die Entwicklung dieses Industriezweigs war der von Strauß durchgesetzte Beschluss, die Luftwaffe mit dem von der US-amerikanischen Firma Lockheed entwickelten „Starfighter" auszurüsten. Dieses Flugzeug sollten deutsche Firmen fertigen, um so mit amerikanischer „Entwicklungshilfe" binnen kürzester Zeit ihren technologischen Rückstand aufzuholen. Deshalb erhielt die deutsche Version des „Starfighters" – die F 104 G (G = german) – auch eine sehr viel komplexere Ausstattung als das amerikanische Modell. Diese sollten deutsche Firmen entwickeln, um somit noch rascher von den USA unabhängig zu werden. Da der Aufbau einer leistungsfähigen Luftfahrtindustrie auch ein entsprechendes Auftragsvolumen erforderte, setzte Strauß zudem durch, dass die Bundesluftwaffe weitaus mehr Maschinen dieses Typs orderte als die 250, für die sie zunächst Bedarf angemeldet hatte. Bis zur Ausmusterung der F 104 G im Jahr 1991 erhielt die Bundeswehr 916 Maschinen dieses Typs, von denen sie mehr als 290 durch Unfall verlor, wobei weit über 100 Piloten ums Leben kamen.

Von der Entscheidung für den Starfighter profitierten vor allem bayerische Firmen. Zurückzuführen war dies darauf, dass bereits vor Strauß' Amtsantritt als Verteidigungsminister eine Aufgabenteilung vorgenommen wurde, wonach die norddeutschen Flugzeugproduzenten den Bau von Transportmaschinen, die süddeutschen aber den von Kampfmaschinen übernehmen sollten. Strauß kam diese Aufgabenteilung sehr gelegen: Wie er 1959 erklärte, könne es ihm als Verteidigungsminister zwar egal sein, welche Unternehmen die Rüstungsaufträge erhielten, aber: „Ich bin nicht nur Minister zum Aufbau einer Armee, sondern ich bin auch Politiker, der eine gewisse Mitverantwortung für die wirtschaftliche Zukunft seines Landes trägt." (Zitiert nach: Mark Milosch, Franz Josef Strauß und die Ansiedlung der Luft- und Raumfahrtindustrie in Bayern, in: Renate Höpfinger (Hg.), Franz Joseph Strauß, Ludwig Bölkow, Sepp Hort (Bayerische Lebensbilder Bd. 2, 2004, S. 14–55, hier S. 34.) Die Vergabe der Hauptverträge für die Produktion der F 104 G an bayerische Unternehmen im Jahr 1958 wirkte wie eine Initialzündung: „Das Projekt stellte sich nicht nur als Rettungsanker für wichtige bayerische Firmen heraus, sondern entwickelte sich zum Kern des bayerischen Rüstungsindustriekomplexes. Messerschmitt und BMW Triebwerkbau wurden durch den Starfighter-Vertrag praktisch von den Toten erweckt. Der Rumpf des Starfighters wurde unter Lizenz von Lockheed bei Messerschmitt, Dornier und Siebel hergestellt; die Düsentriebwerke wurden unter Lizenz von General Electric bei den bayerischen Firmen BMW Triebwerksbau und MAN gebaut. (…) Darüberhinaus entstand Teldix durch die Zusammenarbeit zwischen den amerikanischen Elektronikunternehmen Bendix mit der AEG-Telefunken und Eltro aus der Zusammenarbeit zwischen Hughes Aircraft und AEG-Telefunken." (Ebd. S. 36).

Diese Entwicklung wurde von Strauß' Rücktritt als Verteidigungsminister nicht tangiert, denn in der einschlägigen Industrie bildeten 1962 jene Unternehmen, die von den Aufträgen für moderne Rüstungsgüter abhingen, bereits eine mächtige Interessensgemeinschaft. Zu dieser zählten mit an erster Stelle bayerische Firmen: Die Flugzeughersteller Messerschmitt, Dornier und Siebel, das Raumfahrts-Entwicklungsunternehmen Bölkow, die Triebwerkshersteller BMW und MAN sowie der Elektronikspezialist Siemens. Deren Entwicklung unterstützte die bayerische Politik seither auf jede nur erdenkliche Weise; so legte der Freistaat u. a. langfristige, speziell auf die Bedürfnisse dieser Industrie zugeschnittene Forschungs- und Entwicklungsprogramme auf. Besonders eng war die Verzahnung von politischen und wirtschaftlichen Interessen bei Franz Josef Strauß selbst; er übernahm 1970 auch den Vorsitz im Aufsichtsrat der „Deutschen Airbus" und der wenig später gegründeten deutsch-französischen „Airbus Industrie".

Begründet wurde diese massive staatliche Förderung mit dem öffentlichen Interesse an einer nationalen und europäischen Luft- und Raumfahrtindustrie. Mit diesem Argument wurde auch die Bildung immer größerer Konzerne gefördert. 1968 schlossen sich zunächst Bölkow und Messerschmitt zusammen, und 1969 fusionierte dieses Unternehmen mit der Hamburger Flugzeugbau GmbH, einer Tochter von Blohm + Voss, zur Messerschmitt-Bölkow-Blohm AG (MBB). Dieser Konzern übernahm 1981 die Vereinigten Flugtechnischen Werke und schloss sich wenig später mit dem Raumfahrtkonzern ERNO zu MBB-ERNO zusammen. Ein weiterer deutscher Luft- und Raumfahrtkonzern mit bayerischen Wurzeln war die Deutsche Aerospace AG, die DASA. Sie entstand 1989 aus der Fusion von Dornier, der MTU Motoren- und Turbinen-Union München/Friedrichshafen, die zum Daimler-Benz-Konzern gehörte, und Teilen der AEG. Nur Monate nach ihrer Gründung übernahm die DASA MBB-ERNO, womit der größte europäische Luft- und Raumfahrtkonzern entstand. Ihm wurde auch der niederländische Flugzeughersteller Fokker angegliedert, und Anfang der 90er-Jahre übernahm die DASA zudem die Elbe-Flugzeugwerke. 1995 wurde die DASA in Daimler Benz-Aerospace AG, diese dann nach der Fusion von Daimler-Benz mit Chrysler in DaimlerChrysler Aerospace umbenannt. Sie wiederum schloss sich im Jahr 2000 – mit Ausnahme der Tochter MTU, die bei DaimlerChrysler verblieb – mit der französischen Aerospatiale-Matra und der spanischen CASA zur European Aeronautic Defence and Space Company (EADS) zusammen. Dieser Konzern gliedert sich zur Zeit in die Bereiche Airbus, Eurocopter, Raumfahrt (Ariane und Galileo) sowie Verteidigung und Sicherheit (Eurofighter und Lenkflugkörper); sein deutscher Firmensitz ist in München.

unternahm, durch Rationalisierung, innovative Verfahren und neue, marktkonforme Produkte den Anschluss an die internationale Konkurrenz zu halten. Das aber ist nur wenigen Unternehmen gelungen.

Ein ähnliches Bild bot die in Bayern traditionell stark vertretene *Holzindustrie*. So stellten zwar die bayerischen Säge-, Hobel- und Furnierwerke 1975 rund 40 % der entsprechenden deutschen Produktionskapazitäten, aber schon 1960 arbeiteten nur noch 1,77 % der bayerischen Industriebeschäftigten in solchen Betrieben, und dieser Anteil sank bis 1975 auf 1,12 % ab. Der Anteil der Holz bearbeitenden Industrie am Industrieumsatz ging in diesem Zeitraum von knapp 2,1 % auf weniger als 1,2 % zurück. Begleitet wurde diese Entwicklung von einem starken Konzentrationsprozess, den der Rückgang der Zahl der Sägewerke und der anderen Holz bearbeitenden Betriebe in diesem Zeitraum von 20 861 auf 14 544 signalisierte; das entsprach einem Verlust von rund 30 %. Als hauptsächliche Ursache für diese Entwicklung wurde die große Entfernung zu den auswärtigen Absatzmärkten genannt, die hohe Transportkosten verursache, sowie die verstärkte Konkurrenz des Auslandes, insbesondere Österreichs und der Ostblockländer.[178]

Bei der Holzverarbeitung dagegen nahm die Zahl der Beschäftigten absolut zu, womit ihr Anteil an den Industriebeschäftigten von 1960 bis 1975 nur wenig, nämlich von 3,75 % auf 3,34 % zurückfiel. Auch ihr Umsatzanteil sank nur wenig, nämlich von 2,91 % auf 2,79 %. Zurückgeführt wurde diese vergleichsweise günstige Entwicklung auf verstärkte Anstrengungen zur Rationalisierung und Modernisierung, vor allem seit Ende der 60er-Jahre, sowie auf eine erfolgreiche Spezialisierung größerer Betriebe auf besonders nachgefragte Produkte wie zum Beispiel Sitz- und Liegemöbel und Kinderbetten, bei denen bayerische Firmen teilweise den Markt beherrschten. Die Holz verarbeitende Industrie hatte einen stark ausgeprägten mittelständischen Charakter, der trotz einer gewissen – auch hier feststellbaren – Tendenz zum größeren Betrieb erhalten blieb. So verringerte sich die Zahl der Betriebe zwar auch hier von 44 077 im Jahr 1960 auf noch immerhin 43 380 im Jahr 1975 – womit der Rückgang aber lediglich 1,6 % betrug.

Die Entwicklung der *Bauindustrie* wurde zum einen ganz wesentlich von der Rationalisierung geprägt, die zu einem großen Anstieg sowohl der Produktivität als auch der Bauleistung und der Umsätze führte, zum anderen von einem zunehmend größeren Anteil, den der Tief- und Straßenbau stellte. Auf Letzteren entfielen 1954 erst 17 % aller Arbeitsstunden, während es 1964 bereits 28 % waren. Dies hing damit zusammen, dass die staatlichen Investitionen in diesem Bereich besonders stark anstiegen. 1954 wurde noch rund die Hälfte aller Arbeitsstunden der Bauindustrie im Wohnungsbau erbracht, nur ein Viertel entfiel auf den Straßenbau und den öffentlichen Bau, 1964 aber nahmen diese beiden Bereiche je rund 40 % der Arbeitsleistung in Anspruch.

Von der Ziegelei zum Immobiliendienstleistungsunternehmen: Die AGROB AG

1859 gründete der Bauunternehmer Reinhold Hirschberg eine Gesellschaft, deren Geschäftsgegenstand die Errichtung und der Betrieb einer Ziegelei in München-Steinhausen war. Zeitpunkt und Ort waren gut gewählt, denn vor allem in den größeren Städten nahm die Bautätigkeit damals stark zu. 1864 kam eine Ziegelei bei Bamberg hinzu und 1866 wurde das Unternehmen in eine Aktiengesellschaft umgewandelt, womit die „Actien-Ziegelei München" zu den frühesten bayerischen Aktiengesellschaften zählt. Ihr Gründungskapital von 270 000 Gulden erlaubte den Kauf zusätzlicher Tonvorkommen und die Errichtung einer weiteren Ziegelei in München-Bogenhausen. Durch ständige Modernisierung und Erweiterung der Produktpalette blieb die AG weiter auf Erfolgskurs; 1908 errichtete sie in Unterföhring ein neues Werk, das auch Sitz des Unternehmens wurde.

Dank seiner soliden Basis überstand die AG Krieg und Weltwirtschaftskrise weitgehend unbeschadet. 1935 stieg sie über den Erwerb eines Werkes der Keramik-Fabrik München in den Feinkeramik-Bereich ein, und bis 1938 kamen eine weitere Ziegelei bei Bamberg und beträchtlicher Liegenschaftsbesitz in Ismaning hinzu; dort entstand bis 1943 ein neuer Großbetrieb. Mit dem Kauf zweier Betriebe in Wien und Pöchlarn wurde man 1942 erstmals außerhalb Bayerns aktiv. 1943 entstand durch Fusion mit der Aktiengesellschaft der Wiener Ziegelwerke die „Aktienziegelei München-Wien", die sich wenig später mit der „Vereinigten Mosaik- und Wandplattenwerke AG Friedland-Sinzig-Ehrang" zusammenschloss, einem der führenden Produzenten auf dem Gebiet der Feinkeramik. Seither firmierte das Unternehmen als „AG für Grob- und Feinkeramik München-Sinzig-Wien".

Ab Mitte der 1950er-Jahre expandierte die AGROB AG zumeist durch den Erwerb von oder die Beteiligung an einschlägigen Unternehmen auf nahezu allen Kontinenten, baute daneben aber auch seine Position in Deutschland und Europa weiter aus. 1958 wurde das nun weltweit aktive Unternehmen in „AGROB - Aktiengesellschaft für Grob- und Feinkeramik" umbenannt und bildete 1961 aus einem

Der Medien- und Gewerbepark in Ismaning

Teil der industriellen Auslandsbeteiligungen die „AGROB Holding AG, Basel". Mit der Übernahme der „Grosspeter-Lindemann GmbH, Königsdorf" stieg man 1964 auch in den Anlagenbau ein, was 1966 zur Gründung der Tochtergesellschaft „AGROB Anlagenbau" führte. 1968 wurde der Konzern, der nunmehr annähernd 2000 Mitarbeiter beschäftigte, in „AGROB Aktiengesellschaft" umbenannt.

1989 erfolgte eine grundlegende Umstrukturierung, bei der der Geschäftsbereich Fliesen der AGROB Fliesen GmbH, Sinzig, der Anlagenbau der Netzsch AGROB Anlagenbau GmbH, Ismaning, und die Feinkeramik der „MegaCeram GmbH", Ismaning, übertragen wurde. Für den Bereich „Großflächenkeramik" gründete man gemeinsam mit Rosenthal die „Rosenthal-AGROB Wohn- und Objekt GmbH, München". 1990 wurde die Keramikfabrikation in Ismaning eingestellt, und 1992 schließlich wurden sämtliche operativen Beteiligungsgesellschaften an die Deutsche Steinzeug Cremer & Breuer AG verkauft.

Gleichfalls 1989 erfolgte die Gründung der AGROB AG & Co. Grundbesitz OHG, womit man sich einem neuen und sehr zukunftsträchtigen Betätigungsfeld zuwandte. Bereits 1978 hatte man stillgelegte Werke in Köln-Porz und Königsdorf neu gegründeten Grundstücksverwaltungsgesellschaften übertragen, deren Aufgabe es war, die Immobilien dieser Werke zu vermarkten. Eine ähnliche Aufgabe, allerdings in einer weit größeren Dimension, hat die AGROB AG, die nach Verschmelzung mit der AGROB AG & Co. Grundbesitz OHG sowie der AGROB Süd GmbH & Co. KG seit dem Jahr 2005 die gesamten operativen Aktivitäten auf sich konzentriert. Ihre Tätigkeit umfasst die Geschäftsfelder Bestandsbewirtschaftung, Immobiliendienstleistungen sowie Projektentwicklung, wobei sie sich vor allem auf den Standort Ismaning

konzentriert. Ab 1993 wurde der hier gelegene Grundbesitz von ca. 350 000 qm einer neuen Nutzung zugeführt. In mehreren Bauabschnitten entstand ein modern gestalteter, mit großzügig angelegten Parkflächen ausgestatteter Medien- und Gewerbepark, der heute auf einer Nutzfläche von ca. 126 000 qm neben hochwertigen Lagerflächen auch Technikräume, Fernsehstudios, Sprecherkabinen und fortschrittlich konzipierte Büros beherbergt. Eine groß dimensionierte Satellitenanlage mit zahlreichen Parabolantennen sowie die weitgehende Vernetzung des Areals mittels Glasfaserkabel vervollständigen die technische Ausstattung. Einschließlich der zahlreichen freien Mitarbeiter sind mittlerweile wieder nahezu 2000 Personen auf dem Gelände für so namhafte Firmen wie Antenne Bayern, Home Shopping Europe, PLAZAMEDIA, DSF Deutsches Sportfernsehen mit Sport1, die GONG Verlagsgruppe, Janus TV sowie ARRI – Rental Deutschland tätig.

Obwohl in der Vergangenheit die Reaktionsschnelligkeit bei Investitionsentscheidungen und deren Umsetzung wichtige Erfolgsfaktoren darstellten, sind weder umweltspezifische noch gestalterische Belange zu kurz gekommen. So fügen sich die modernen, architektonisch ansprechenden Neubauobjekte harmonisch in die bestehende Bausubstanz ein und ergeben zusammen mit den historischen, erhaltenswerten Ziegelmauergebäuden ein sympathisches Erscheinungsbild. Nach der Jahrtausendwende haben sich die Mieterlöse trotz der schwierigen Konstellation auf den gewerblichen Immobilienmärkten von 9,1 Mio. € auf über 11 Mio. € kontinuierlich gesteigert. Bei vollständiger Auslastung der zurzeit genehmigten Baurechte von insgesamt 110 000 qm Bruttogeschossflächen erscheint ein Jahresumsatz von 14–15 Mio. € in einigen Jahren als eine durchaus realistische Zielgröße.

Von der Akustikdecke zum Plenarsaal: Die Entwicklung der Lindner Gruppe

„Mit uns werden aus Rohbauten schlüsselfertige Gebäude – von außen wie von innen", so umschreibt die im niederbayerischen Arnstorf ansässige Lindner Gruppe ihre Tätigkeit. An der Entwicklung des Unternehmens, das heute weltweit über 5000 Mitarbeiter beschäftigt, kann man den grundlegenden Wandel, den die Bauindustrie und das „Baunebengewerbe" seit 1945 genommen haben, nachvollziehen. Zurückzuführen ist diese Entwicklung darauf, dass die Räume insbesondere der modernen öffentlichen und gewerblichen Gebäude – von der Schule über den Flughafen bis zum Kanzleramt – immer besser den jeweiligen Ansprüchen angepasst wurden. Der Innenausbau wurde komplexer und die Anforderungen technischer wie innenarchitektonischer und ästhetischer Natur ständig höher. Ähnliches galt für die Fassaden, und so entstand ein völlig neuer Industriezweig, bei dem

Produktion und Dienstleistungen schließlich miteinander verschmolzen.

Die Lindner Gruppe ist das Lebenswerk von Hans Linder, der 1941 in Arnstorf geboren wurde. Er durchlief zunächst eine kaufmännische Lehre bei einem Sägewerk und absolvierte dann ein Studium an der staatlichen Ingenieurschule für Holztechnik in Rosenheim. Nachdem er einige Erfahrung im Bau von Fertighäusern gesammelt hatte, machte er sich 1965 mit einer Firma für den Bau von Akustikdecken selbstständig. Die Belegschaft wuchs von zunächst zwei Mitarbeitern bis 1972 auf 400 Mitarbeitern an. Dass die Firma derartig florierte, war vor allem der Aufgeschlossenheit des jungen Unternehmers gegenüber neuen Materialen und Techniken zu verdanken. Auf diese Art konnte er so überzeugende Innenausbaulösungen anbieten, dass er schon Ende der 60er-Jahre

Plenarsaal des Bayerischen Landtags

*Saal der
Frankfurter Börse*

große Aufträge erhielt. Beispielsweise war er am Bau der Universität Regensburg, der U-Bahnstationen in München, der olympischen Reitanlage und des olympischen Dorfes beteiligt.

Von 1974 bis 1976 führte Lindner mit dem Komplettausbau der Universität Wuppertal erstmals einen Auftrag in einer völlig neuen Größenordnung durch. Um solche Aufgaben künftig noch besser abwickeln zu können, erwarb er 1982 einen auf die Herstellung von furnierten Platten spezialisierten Betrieb, was die Akquisition des nächsten Großauftrages, den Ausbau der Deutschen Bank in Frankfurt, ermöglichte. In Baden bei Wien gründete er mit „Lindner Österreich" die erste Auslandstochter und expandierte durch Übernahme eines einschlägigen Handwerksbetriebs in den Bereich der Isoliertechnik. Das rasche Firmenwachstum führte jedoch zu internen Problemen, die mit Hilfe externer Sachverständiger 1984 durch eine Umstrukturierung des Unternehmens überwunden wurden. Seither hat Linder trotz mancher unvermeidlicher Rückschläge eine insgesamt sehr positive Entwicklung genommen. Das

manifestierte sich auch darin, dass das Unternehmen 1988 in eine Aktiengesellschaft umgewandelt wurde, drei Jahre später sehr erfolgreich an die Börse ging und sich so eine breite Kapitalbasis verschaffen konnte.

Parallel dazu wurde der Tätigkeitsbereich des Unternehmens ständig vergrößert. 1987 nahm man neben der bisherigen Fertigung von Wänden und Decken auch die von Doppelböden auf und avancierte binnen weniger Jahre im Bereich von Systemböden zum Marktführer. Durch Übernahme von Betrieben in benachbarten Sparten und die Gründung von Tochterunternehmen weitete man die Palette an Produkten und Dienstleistungen so aus, dass man den gesamten Innenaus- und Fassadenbau aus einer Hand anbieten konnte. Heute gehören zur Lindner Gruppe 22 Tochterunternehmen in 13 verschiedenen Ländern, die den Vertrieb übernehmen und vor Ort die Projekte abwickeln, und elf Produktionsstandorte in sechs verschiedenen Ländern: Die Lindner AG, Arnstorf (Kernprodukte: Decke, Wand und Boden), Lindner Holleben (Isolation, Produktion von Sonderblechteilen zur Rohr- und Kesselisolierung),

Lindner Fassaden GmbH (hochwertige Fassaden), Lindner Türen GmbH (Türen aller Art), Lindner GFT Dettelbach (Gipsfaserplatten, intelligente Bodensysteme), IWS Lichttechnik Essenbach (Beleuchtungssysteme), Welsy Wavre/Belgien (Systembodenelemente, Projektgeschäfte, Vertrieb), Mobilier Madunice/ Slowakei (furnierte Elemente für den Innenausbau), Lindner Taicang/ China (Produktion von Metalldecken- und Metallwandsystemen, Liefergeschäft von Produkten aus Deutschland).

Die deutsche Wiedervereinigung und der Fall des Eisernen Vorhangs eröffneten dem Unternehmen enorme Entwicklungschancen. In Berlin wirkte Lindner beim Bau der Regierungsgebäude und des Centers am Potsdamer Platz mit, und in den ost- und südosteuropäischen Staaten nahm es die selbstständige Entwicklung und Ausführung von Büro-, Gewerbe- und Wohnzentren auf. Bis 2005 wurden in der Slowakei, Ungarn und Bulgarien Anlagen dieser Art mit einer Nutzfläche von ca. 300 000 qm gebaut, in Planung und Bau befanden sich Projekte in einer Größenordnung von ca. 450 000 qm. In Deutschland dagegen übernahm Lindner vermehrt die Errichtung öffentlicher Gebäude im Rahmen der Public Private Partnership.

Trotz ihrer weltweiten Aktivitäten hat die Lindner Gruppe nicht die Bodenhaftung verloren. In besondere Weise fühlt sie sich mit ihrer niederbayerischen Heimat und den hier lebenden Menschen verbunden, von denen viele für die Lindner AG tätig sind. Das Unternehmen legt auch großen Wert auf die Aus- und Weiterbildung seiner Mitarbeiter und bietet diesen eine Reihe von außertariflichen Leistungen, die vom Unterhalt werkseigener Ferienhäuser in verschiedenen Urlaubsländern über eine Gewinnbeteiligung bis zur Betriebsrente reichen. Und da es auch höhere Positionen bevorzugt mit dem eigenen Nach-

wuchs besetzt, verfügt das Unternehmen über eine hoch motivierte, zuverlässige Belegschaft. Die positiven Wirkungen des guten Betriebsklimas sind auch in den Tochterunternehmen und selbst bei den zahlreichen Nachunternehmen spürbar, die oft schon sehr lange für die Lindner Gruppe tätig sind.

Besonders bemerkenswert jedoch ist das soziale Engagement des Unternehmens. 1991 richtete die Familie Lindner mit einem Teil der Erlöse aus dem Börsengang die Hans Linder Stiftung ein, die das von der Schließung betroffene Kreiskrankenhaus Arnstorf übernahm, aufwändig renovierte und als Mehrgenerationenhaus weiterführte. Sie trägt auch die hier neu gegründete staatlich anerkannte Berufsfachschule für Altenpflege. Im rumänischen Satu Mare hat die Stiftung Wohnraum für 350 bedürftige Familien geschaffen, betreut mit 12 Mitarbeitern Kinder und Jugendliche, denen man auch die Weiterbildung ermöglicht, und fördert Existenzgründungen. Ähnliche Aktivitäten hat man 1999 in Uganda aufgenommen.

1998 entstand, ausgestattet mit Mitteln des Unternehmens und der Familie Lindner, ebenfalls als eine staatlich anerkannte gemeinnützige Stiftung, das Hans Lindner Institut. Sein Ziel ist es, jungen Menschen durch Beratung und Betreuung den Sprung in die Selbstständigkeit zu ermöglichen. Diese Betreuungsarbeit erstreckt sich über Niederbayern und die Oberpfalz und wird derzeit von 19 ständigen Mitarbeiten geleistet. In den ersten zehn Jahren seiner Tätigkeit hat das Institut über 1300 Unternehmensgründungen begleitet, wobei mehr als 3800 Arbeitsplätze entstanden. Und an der FH Deggendorf hat die Stiftung 2002 eine Professur für Gründungsmanagement und Entrepreneurship eingerichtet, deren Aktivitäten, wieder mit Unterstützung der Stiftung, auf ganz Ostbayern ausstrahlen.

Vor allem in dem Jahrzehnt zwischen 1955 und 1965 hat die Bauindustrie ihre Leistungskraft erheblich ausgebaut, was sie zum einen durch Erhöhung ihres Personalbestandes erreichte – 1964 wurden um ein Drittel mehr Arbeitsstunden geleistet als 1951 – andererseits und vor allem aber durch Rationalisierung und Mechanisierung.[179]

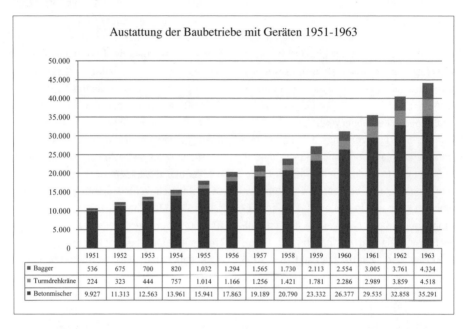

Austattung der Baubetriebe mit Geräten 1951-1963

	1951	1952	1953	1954	1955	1956	1957	1958	1959	1960	1961	1962	1963
■ Bagger	536	675	700	820	1.032	1.294	1.565	1.730	2.113	2.554	3.005	3.761	4.334
■ Turmdrehkräne	224	323	444	757	1.014	1.166	1.256	1.421	1.781	2.286	2.989	3.859	4.518
■ Betonmischer	9.927	11.313	12.563	13.961	15.941	17.863	19.189	20.790	23.332	26.377	29.535	32.858	35.291

Auf dieser Grundlage hat sich der Jahresumsatz des Bauhauptgewerbes von 2086 Mio. DM im Jahr 1955 auf 7115 Mio. im Jahr 1975 erhöht. Die Zahl der Betriebe im Bauhauptgewerbe hat sich im Zeitraum von 1956 bis 1975 dagegen nur unwesentlich verändert; sie nahm von 10 485 lediglich auf 10 300 ab. Die Zahl der Beschäftigen dagegen wuchs von 1956 bis 1966 kontinuierlich an, und zwar von knapp 239 000 auf gut 313 000. 1967 fiel sie rezessionsbedingt auf 284 000, von da an schwankte sie zwischen 315 000 und 244 000.[180]

Das Handwerk

Von der staatlichen Förderung des Mittelstands profitierte besonders auch das Handwerk.[181] Bereits 1945 wurden die Handwerkskammern wieder ins Leben gerufen, die es sich zunächst vor allem zur Aufgabe machten, die besondere Stellung, die das Handwerk im deutschen Wirtschaftsleben innehatte, wiederherzustellen. Seine größte Gefährdung sah das Handwerk in der Gewerbefreiheit, deren Einführung die US-Militärregierung im November 1948 verfügte.[182] Dieser Liberalisierung wurde jedoch von Seiten der bayerischen Staatsregierung heftiger Widerstand entgegengesetzt, sodass sie nur schleppend vorankam. 1953

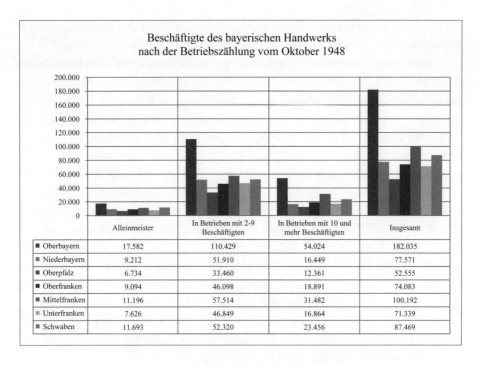

Beschäftigte des bayerischen Handwerks
nach der Betriebszählung vom Oktober 1948

	Alleinmeister	In Betrieben mit 2-9 Beschäftigten	In Betrieben mit 10 und mehr Beschäftigten	Insgesamt
Oberbayern	17.582	110.429	54.024	182.035
Niederbayern	9.212	51.910	16.449	77.571
Oberpfalz	6.734	33.460	12.361	52.555
Oberfranken	9.094	46.098	18.891	74.083
Mittelfranken	11.196	57.514	31.482	100.192
Unterfranken	7.626	46.849	16.864	71.339
Schwaben	11.693	52.320	23.456	87.469

wurden dann mittels einer auf Bundesebene erlassenen Handwerksordnung die tradierten Bedingungen wiederhergestellt, wonach die selbstständige Führung eines Handwerksbetriebs von einem Befähigungsnachweis – dem Meisterbrief – abhängig war.

Die Verhältnisse im bayerischen Handwerk haben sich relativ rasch wieder normalisiert. Im Oktober des Jahres 1948 zählte man noch 6236 „ruhende Betriebe", d. h. angemeldete, aber nicht in Betrieb befindliche Handwerksbetriebe. Im Jahr 1944 hatte deren Zahl rund 44 000 betragen, 1947 waren es noch 8404.[183] Bei der Handwerkszählung im Oktober 1948 wurden in Bayern rund 190 000 Handwerksbetriebe mit insgesamt 645 000 Beschäftigten gezählt. Damit waren im Handwerk mehr Menschen beschäftigt als in der Industrie, die damals 634 000 Menschen Arbeit bot. Von der zu diesem Zeitpunkt noch in Aussicht stehenden Gewerbefreiheit erwartete man eine Zunahme der Handwerksbetriebe binnen Jahresfrist um weitere 30 000 auf dann ca. 220 000.[184] Zu einer Ausweitung dieses Ausmaßes ist es jedoch nicht gekommen. 1949 gab es ca. 202 000 Betriebe, und seinen Höchststand – gemessen an der Zahl der Betriebe – erreichte das Handwerk 1954 mit rund 206 000 Betrieben. Schon 1956 aber waren es nur noch knapp 174 000, und diese Zahl verringerte sich dann kontinuierlich weiter. 1963 waren es 147 243 Betriebe, 1968 133 446 und 1977 schließlich 105 704.[185] Von 1960 bis 1965 ging die Zahl der Betriebe im jährlichen Durchschnitt um 2,12 % zurück, von 1965 bis 1970 um 1,92 % und von 1970 bis 1975 um 2,22 %. Als Ursache dafür wurde ein „kontinuierlicher Anpassungsprozeß" an die bundesdeutschen Verhältnisse ausgemacht, wo die gleiche Entwicklung zu beobachten war.[186]

Man kann diese Verzögerung im Anpassungsprozess auf die kleinteiligen Strukturen zurückführen, die im bayerischen Handwerk auch nach dem Krieg noch vorherrschten. 1948 war in 38,6 % der Betriebe lediglich der Betriebsinhaber tätig. Diese „Einmannbetriebe" waren besonders stark im Bekleidungshandwerk vertreten, wo sie 57,4 % ausmachten, sowie im Holz verarbeitenden Handwerk, wo es 37,0 % waren. In diesen Einmannbetrieben waren aber nur 11,3 % aller Handwerker tätig. Die weitaus meisten, nämlich 61,8 %, arbeiteten in Betrieben mit zwei bis neun Beschäftigten, nur 26,9 % in solchen mit mehr als zehn. Die meisten Betriebe der letztgenannten Kategorie wiederum gab es im Bauhandwerk, wo sie 16,2 % aller Betriebe ausmachten, die wenigsten beim Nahrungs- und Genussmittelhandwerk, wo ihre Zahl bei nur 1 % lag. Und während im Bauhandwerk 60,7 % der Beschäftigten in Betrieben mit mehr als 10 Mitarbeitern arbeiteten, waren es im Nahrungs- und Genussmittelhandwerk nur 5,4 %. Neben den rund 190 000 Betriebsinhabern waren im Handwerk ca. 256 000 Gesellen, 114 000 Lehrlinge und 81 000 „sonstige Arbeitnehmer" beschäftigt. Über 4000 waren Heimarbeiter, davon wieder etwa die Hälfte im Bekleidungshandwerk; so waren beispielsweise 44 % der Handschuhmacher Heimarbeiter.[187]

Sehr unterschiedlich war nach wie vor das Erscheinungsbild des Handwerks, das zudem auch starke regionalspezifische Besonderheiten aufwies: „Während Oberbayern infolge seiner handwerklichen Betriebsstruktur den geringsten Anteil der Betriebsinhaber und den höchsten der Gesellen und Facharbeiter von allen Regierungsbezirken aufweist, stehen die Oberpfalz und Niederbayern, die Landesteile mit den meisten Kleinbetrieben im Handwerk, mit den Zahlen der Betriebsinhaber und der Lehrlinge anteilsmäßig an der Spitze. Mittelfranken beschäftigt entsprechend seinem zum Teil der Industrie verbundenen Handwerk verhältnismäßig die meisten „sonstigen Arbeitnehmer", so zum Beispiel beim Bau-, Bürsten- und Pinselmacher-, Graveur- und Ziseleur-, Mechaniker-, Spenglerhandwerk sowie bei der Spielwarenherstellung."[187]

Sehr groß waren auch die Unterschiede hinsichtlich des Umsatzes, der auf die verschiedenen Betriebe in den einzelnen Städten und Regionen entfiel (siehe Diagramme S. 543).

Modernisierung und Rationalisierung haben in der Folge das Erscheinungsbild des Handwerks im gleichen Maße verändert wie das der Industrie, mit der große Teile des Handwerks in immer engerer Verbindung standen. Diese Entwicklung schlug sich zunächst in einem Konzentrationsprozess nieder; die Zahl der Betriebe und damit auch die der Selbstständigen hat sich ständig verringert, während die der Beschäftigten wuchs, sodass die durchschnittliche Betriebsgröße deutlich anstieg[188] (siehe Tabellen S. 544 oben).

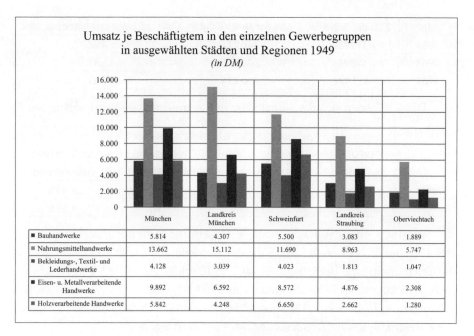

Umsatz je Beschäftigtem in den einzelnen Gewerbegruppen in ausgewählten Städten und Regionen 1949
(in DM)

	München	Landkreis München	Schweinfurt	Landkreis Straubing	Oberviechtach
■ Bauhandwerke	5.814	4.307	5.500	3.083	1.889
■ Nahrungsmittelhandwerke	13.662	15.112	11.690	8.963	5.747
■ Bekleidungs-, Textil- und Lederhandwerke	4.128	3.039	4.023	1.813	1.047
■ Eisen- u. Metallverarbeitende Handwerke	9.892	6.592	8.572	4.876	2.308
■ Holzverarbeitende Handwerke	5.842	4.248	6.650	2.662	1.280

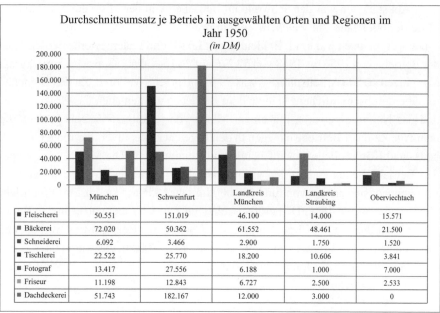

Durchschnittsumsatz je Betrieb in ausgewählten Orten und Regionen im Jahr 1950
(in DM)

	München	Schweinfurt	Landkreis München	Landkreis Straubing	Oberviechtach
■ Fleischerei	50.551	151.019	46.100	14.000	15.571
■ Bäckerei	72.020	50.362	61.552	48.461	21.500
■ Schneiderei	6.092	3.466	2.900	1.750	1.520
■ Tischlerei	22.522	25.770	18.200	10.606	3.841
■ Fotograf	13.417	27.556	6.188	1.000	7.000
■ Friseur	11.198	12.843	6.727	2.500	2.533
■ Dachdeckerei	51.743	182.167	12.000	3.000	0

Jahr	Zahl der Betriebe	Zahl der Beschäftigten	durchschnittliche Betriebsgröße
1956	173 912	740 732	4,26
1963	147 243	800 005	5,43
1968	133 446	850 734	6,37

Damit näherten sich die Verhältnisse in Bayern jenen auf Bundesebene an:[189]

	Beschäftigte je Handwerksbetrieb				
	1960	1970	1975	Veränderung	Veränderung
				in % 1970/60	in % 1975/60
Bayern	4,6	6,1	6,6	+ 32,6	+ 43,5
Bund	5,3	7,0	7,4	+ 32,1	+ 39,6

Bis 1977 ging dann zwar auch in Bayern die Zahl der Beschäftigten auf 809 471 zurück, aber noch stärker die der Betriebe – auf jetzt 105 794 –, sodass die durchschnittliche Betriebsgröße auf 7,65 Beschäftigte anstieg. Das Handwerk in Bayern konnte auch im Zeitraum von 1960 bis 1975 einen Zuwachs an Beschäftigten in Höhe von 3,6 % verzeichnen, während sich die Zahl der im Handwerk Beschäftigten auf Bundesebene um 1,7 % verringerte.[190]

Am stärksten war der Schwund an Betrieben von der Mitte der 50er- bis zur Mitte der 60er-Jahre, in welchem Zeitraum ihre Zahl um 15,3 % zurückging. Besonders dramatisch war er im Bekleidungs-, Textil- und Ledergewerbe, wo die Zahl der Betriebe von 1956 bis 1968 von 52 276 auf 26 154 oder knapp 50 % zurückging; hier gingen 40 500 Arbeitsplätze – was 39 % entsprach – verloren. Zu den Branchen mit überdurchschnittlichem Schwund an Betrieben zählten auch das Holzgewerbe und das Nahrungsgewerbe mit einem Minus von jeweils 26 %. Nur geringfügig nahm die Zahl der Betriebe dagegen in den Bereichen Metallverarbeitung, Gesundheits- und Körperpflege sowie Chemie und Reinigung ab. Die Metall verarbeitenden Betriebe hatten zudem den größten absoluten Zuwachs an Beschäftigten zu verzeichnen; sie nahmen von rund 158 000 im Jahr 1956 auf knapp 234 000 im Jahr 1968 zu, das waren 48 %. Den größten relativen Zuwachs aber gab es in den Bereichen Gesundheits- und Körperpflege sowie Chemie und Reinigungsgewerbe, denn hier nahmen Beschäftigten von ca. 48 300 auf ca. 93 700 zu, das waren 94 %.

Wie die Industrie konnte auch das Handwerk einen starken Anstieg seines Umsatzes verzeichnen:

Jahr	Gesamtumsatz in Mio. DM
1948/49[192]	3691
1956	8799
1963	19 052
1968	28 378
1977	55 480

In den Jahren nach 1960 hat der Umsatzzuwachs des Handwerks sogar jenen der Industrie deutlich übertroffen:[192]

Umsatzzuwachs von Industrie und Handwerk in Bayern, Index 1960 = 100 %		
Jahr	Industrie	Handwerk
1965	154,7	178,3
1970	232,7	261,2
1975	333,9	377,0

Da sich die Zahl der Beschäftigten in weitaus geringerem Maße erhöhte, wuchs damit der Umsatz pro Beschäftigtem überproportional an:

Jahr	Umsatz pro Beschäftigtem in DM
1948/49	5732
1956	11 879
1963	23 815
1968	33 357
1977	68 539

Ein Vergleich mit den Umsätzen des Handwerks auf Bundesebene zeigt, dass Bayern hier seinen Rückstand sehr bald wettmachte.

Umsätzen (in DM) je Beschäftigtem[193]

	1960	1965	1970	1975
Bayern	19 560	32 260	48 000	71 160
Bund	20 600	33 080	44 060	65 060

Bei allen Veränderungen blieb jedoch eines der charakteristischen Merkmale des bayerischen Handwerks erhalten, nämlich seine große Vielfalt. Nach wie vor waren die Verhältnisse nicht nur von Branche zu Branche, sondern schon von Betrieb zu Betrieb äußerst unterschiedlich, wobei es von erheblicher Bedeutung war, ob dieser auf dem Land oder in der Stadt, in einer prosperierenden Region wie Oberbayern oder im Zonenrandgebiet angesiedelt war.

Wie die nachfolgende Aufstellung S. 546 zeigt, entwickelte sich das Handwerk in den einzelnen Kammerbezirken sehr unterschiedlich. Sehr unterschiedlich war auch das in den einzelnen Regionen erzielte Einkommen. So entfiel 1962 auf einen Handwerksbetrieb in Oberbayern im Durchschnitt ein Jahresumsatz von ca. 165 000 DM, während es in Niederbayern nur knapp 112 000 DM waren.[194]

1. Handwerksbetriebe und ihre Beschäftigten 1949, 1956, 1963 und 1968 in den Regierungsbezirken
— Ergebnisse der Handwerkszählungen am 30. September 1949, 31. Mai 1956, 31. Mai 1963 und 31. März 1968 —

Gebiet	Betriebe[1]				Beschäftigte[2]			
	1949	1956	1963	1968[3]	1949	1956	1963	1968[3]
Grundzahlen								
Oberbayern	52 818	47 393	40 791	38 119	187 328	224 897	247 259	241 894
Niederbayern	24 589	19 994	16 789	14 829	68 175	70 076	80 304	77 499
Oberpfalz	18 077	15 432	12 978	11 634	54 417	62 269	70 146	69 079
Oberfranken	24 458	20 350	17 129	14 944	74 944	83 356	84 635	82 031
Mittelfranken	29 315	24 099	20 356	18 404	98 329	111 737	114 420	109 295
Unterfranken	22 815	19 546	16 877	15 279	67 861	77 657	82 231	81 785
Schwaben	29 992	27 098	22 323	19 911	92 975	110 740	121 010	114 760
Bayern	202 064	173 912	147 243	133 120	644 029	740 732	800 005	776 343
Bundesgebiet	864 428[4]	784 328	686 440	626 811	3 059 932[4]	3 823 037	4 072 130	3 877 807
Anteil Bayerns am Bund in %	.	22,2	21,5	21,2	.	19,4	19,7	20,0
Meßzahlen 1949 = 100								
Oberbayern	100	90	77	72	100	120	132	129
Niederbayern	100	81	68	60	100	103	118	114
Oberpfalz	100	85	72	64	100	114	129	127
Oberfranken	100	83	70	61	100	111	113	109
Mittelfranken	100	82	69	63	100	114	116	111
Unterfranken	100	86	74	67	100	114	121	121
Schwaben	100	90	74	66	100	119	130	123
Bayern	100	86	73	66	100	115	124	121
Verhältniszahlen (%)								
Oberbayern	26,1	27,2	27,7	28,6	29,1	30,4	30,9	31,1
Niederbayern	12,2	11,5	11,4	11,1	10,6	9,5	10,0	10,0
Oberpfalz	9,0	8,9	8,8	8,8	8,5	8,4	8,8	8,9
Oberfranken	12,1	11,7	11,6	11,2	11,6	11,2	10,6	10,6
Mittelfranken	14,5	13,9	13,8	13,8	15,3	15,1	14,3	14,1
Unterfranken	11,3	11,2	11,5	11,5	10,5	10,5	10,3	10,5
Schwaben	14,8	15,6	15,2	15,0	14,4	14,9	15,1	14,8
Bayern	100	100	100	100	100	100	100	100

[1]) Einschl. Nebenbetriebe. — [2]) Einschl. der Beschäftigten in Nebenbetrieben, ohne Heimarbeiter. — [3]) Vorläufiges Ergebnis. —
[4]) Ohne Saarland.

Betriebe und Beschäftigte im bayerischen Handwerk 1949, 1956, 1963 und 1968

ZEICHENERKLÄRUNG:
Ausgewählte Wirtschaftsbereiche
I Verarbeitendes Gewerbe (ohne Baugew.)
II Baugewerbe
III Handel
IV Dienstleistungen

Noch größer allerdings waren die Unterschiede zwischen den Branchen. Auf eine Schreinerei entfiel 1962 im Durchschnitt ein Jahresumsatz in Höhe von ca. 85 100 DM, auf eine Schlosserei 152 500 DM, auf eine Bäckerei 111 600 DM, auf eine Metzgerei 227 600 DM und auf eine Kfz-Werkstatt 560 300 DM. Auf die Beschäftigten umgelegt war der Umsatz bei einem Schreiner ca. 23 500 DM, einem Schlosser 23 300 DM, einem Bäcker 28 100 DM, einem Metzger 49 700 und einem Kfz-Mechaniker 46 250 DM.

Und dieses differenzierte Bild des Handwerks blieb trotz aller durch Modernisierung und Rationalisierung verursachten Veränderungen in seinen Grundzügen erhalten. Unübersehbar ist aber auch, dass sich die Verhältnisse im bayerischen Handwerk immer mehr denen auf der Ebene der Bundesrepublik annäherten. So sank der Anteil der bayerischen Handwerksbetriebe an denen der Bundesrepublik allein in den Jahren von 1956 bis 1963 von 22,4 % auf 21,8 % ab, während der Anteil der Beschäftigen des Handwerks im gleichen Zeitraum von 19,7 % auf 20,1 % zunahm; das zeigt, dass der Konzentrationsprozess in Bayern rascher voranschritt als auf Bundesebene.[195] Am Ausgang des Industriezeitalters war damit auch im Handwerk der säkulare Prozess der Angleichung der bayerischen Verhältnisse an die auf nationaler Ebene abgeschlossen; tatsächlich hatte das bayerische Handwerk seinen Rückstand nicht nur aufgeholt, sondern – wie seine Produktivität als der aussagekräftigste Gradmesser der Leistungsfähigkeit zeigt – sich sogar einen der vorderen Ränge auf Bundesebene erobert.

6. Der tertiäre Bereich

Wandel und Diversifikation

In Handel und Verkehr sowie im „sonstigen Bereich", der vor allem die öffentlichen und privaten Dienstleistungen umfasste – diese wurden von der Statistik erst ab 1960 durchgängig gesondert erfasst –, waren 1950 erst 28 % der Erwerbspersonen tätig, aber dieser Anteil stieg bis 1961 auf 33,7 % und bis 1968 auf 38,9 % an. In absoluten Zahlen gemessen wuchs die Zahl der in diesem Bereich tätigen Menschen von ca. 2,274 Mio. im Jahr 1950 auf 2,553 Mio. 1961 und 3,009 Mio. 1968 an.[196] 1976 schließlich zählten Handel und Verkehr 788 600 und die Dienstleistungen 1 308 200 Erwerbstätige.

Dabei war jedoch das Beschäftigungswachstum in den einzelnen Branchen sehr unterschiedlich. Im Handel, Geld- und Versicherungswesen nahmen die Beschäftigten von 1950 bis 1963 von 210 000 auf über 476 000 – das waren 126 % – und bis 1975 auf ca. 560 000 zu, das waren nochmals 61 %. Im Verkehrswesen dagegen wuchs ihre Zahl 1950 bis 1963 von knapp 184 000 auf 209 000, das waren lediglich 13,6 %. 1975 gab es in den nun zusammen erfassten Bereichen Verkehr und Nachrichtenübermittlung gut 150 000 Beschäftigte, und deren Zahl wies eine fallende Tendenz auf.[197] Im Bereich der „allgemeinen Dienstleistungen" zählte man 1950 ca. 175 000 Beschäftigte, und deren Zahl stieg bis 1963 auf 227 000, was einem Zuwachs von 30 % entsprach. Im Sektor „Öffentlicher Dienst und Dienstleistungen im öffentlichen Interesse" waren 1950 340 000 und 1963 dann 447 000 Menschen beschäftigt; das waren um 31 % mehr. 1975 erfasste die Statistik im Bereich „Gebietskörperschaften, Sozialversicherung" 204 000 Beschäftigte, in den „Organisationen ohne Erwerbscharakter" und den privaten Haushalten 55 000, und in den „Dienstleistungen (anderweitig nicht genannt)" knapp 478 000 Beschäftigte.

Wie schon der Wandel bei der statistischen Erfassung zeigt, war die Expansion des tertiären Sektors mit einer starken Diversifikation verbunden. Die Dienstleistungen wurden immer vielfältiger, die Unterschiede hinsichtlich Betriebsstrukturen, Arbeitsbedingungen und Einkommen immer größer. Diese Veränderungen lassen sich statistisch nur zum Teil erfassen. Einen gewissen Anhalt bietet die Entwicklung der Zahl der Betriebe der unterschiedlichen Kategorien:[198]

Branche		Zahl der Arbeitsstätten	
Handel	1950	1960	1970
	135 457	150 353	125 955
		davon:	davon:
		1–9 Beschäftigte 142 172	1–9 Beschäftigte 116 801
		10–49 7296	10–49 8016
		über 50 885	über 50 1138
Verkehr und Nachrichtenübermittlung	1950	1960	1970
	20 177	23 176	21 768
		davon:	davon:
		1–9 Beschäftigte 20 263	1–9 Beschäftigte 18 699
		10–49 2151	10–49 2339
		über 50 762	über 50 730
Kreditinstitute und Versicherungen	1950	1960	1970
	4528	10 679	12 672
		davon:	davon:
		1–9 Beschäftigte 9520	1–9 Beschäftigte 10 893
		10–49 953	10–49 1432
		über 50 206	über 50 347
Dienstleistungen, erbracht von Unternehmen und freien Berufen	1950	1960	1970
	103 900	109 524	102 656
		davon:	davon:
		1–9 Beschäftigte 105 279	1–9 Beschäftigte 97 543
		10–49 3863	10–49 4610
		über 50 382	über 50 503
Organisationen ohne Erwerbscharakter	1950	1960	1970
	6067	9710	9187
		davon:	davon:
		1–9 Beschäftigte 8444	1–9 Beschäftigte 7634
		10–49 1078	10–49 1327
		über 50 188	über 50 226
Gebietskörperschaften und Sozialversicherung		1960	1970
		17 894	16 510
		davon:	davon:
		1–9 Beschäftigte 12 405	1–9 Beschäftigte 9644
		10–49 4218	10–49 5151
		über 50 1271	über 50 1715

Innerhalb der einzelnen Branchen des tertiären Sektors sind höchst unterschiedliche Entwicklungen zu beobachten; so war der Handel in besonderer Weise von einem Konzentrationsprozess gekennzeichnet. Im Großhandel nahm die Zahl der Betriebe von 1960 bis 1968 von 24 886 auf 20 533 und bis 1977 auf 17 833 ab. Gleichzeitig stieg der Großhandelsumsatz von 17,8 Mrd. DM im Jahr 1960 auf 29,8 Mrd. 1968 und 63,7 Mrd. im Jahr 1977 an. Besonders stark war der Unternehmensschwund im Bereich des Handels mit Agrarprodukten und mit Lebensmitteln, während beim Handel mit Metallwaren und Einrichtungsgegenständen sogar ein Zuwachs zu verzeichnen war.[199] Im Einzelhandel nahm die Zahl der Betriebe zunächst nur wenig ab; von 1960 bis 1968 verringerte sich ihre Zahl von 91 574 auf 90 498. Dann aber beschleunigte sich der Schwund, und 1977 wurden nur noch 70 829 Betriebe gezählt. Der Umsatz stieg hier gleichzeitig von 11,1 Mrd. auf 23,1 Mrd. und schließlich 56,4 Mrd. DM an.

Eine außerordentlich positive Entwicklung nahm das Banken- und Versicherungswesen.[200] Hier wurden zunächst die während des Dritten Reichs durchgeführten Zentralisierungsmaßnahmen rückgängig gemacht. Im April 1948 wurde das „Großbankengesetz" erlassen, das u. a. bestimmte, dass keine Bank außerhalb des Landes, in dem ihr Hauptsitz lag, Filialen unterhalten durfte. Aus den bayerische Filialen der Deutschen Bank wurde so die Bayerische Creditbank, aus denen der Dresdner Bank die Bayerische Bank für Handel und Industrie und denen der Commerzbank die Bayerische Disconto-Bank. Sie waren Teil der sehr vielfältigen Bankenlandschaft Bayerns, an deren Spitze die drei Großen standen: Die Bayerische Hypotheken- und Wechselbank, die Bayerische Vereinsbank und die Bayerische Staatsbank. An sie schloss sich eine lange Reihe von Instituten unterschiedlicher Art an, an deren Spitze die Bayerische Handelsbank, die Bayerische Landwirtschaftbank, die Süddeutsche Bodenkreditbank, die Bayerische Landesbodenkreditanstalt, die Bayerische Landesbausparkasse, die Bayerische Gemeindebank und die Raiffeisen-Zentralkasse rangierten; zahlreiche Privatbanken vervollständigten das Bild. Auch das Versicherungswesen erhielt erheblichen Zuwachs. Bereits 1942 hatte die Allianz ihren Hauptsitz von Berlin nach München verlagert, und ihr folgte nach dem Zusammenbruch die Deutsche Automobil Schutz Rechtsschutzversicherung AG (DAS), die Tela-Versicherung AG und die Berliner Feuerversicherung GmbH.

Das Bankengeschäft kam nach der Währungsreform zwar nur langsam in Gang, aber 1951 rangierten die bayerischen Banken bezüglich ihres Geschäftsumfangs hinter denen Nordrhein-Westfalens an zweiter Stelle und die Münchner Börse verzeichnete den höchsten Aktienumsatz aller deutscher Börsen. Bis 1960 erfuhr das Bankengeschäft eine enorme Ausweitung. Die Einlagen von Nichtbanken in bayerischen Banken wuchsen in dem Jahrzehnt von 1950 bis 1960 um 410 %, das Volumen der von ihnen ausgegebenen Kredite um 500 %. Der Börsenumsatz stieg in diesem Zeitraum von 153 auf 1800 Mio. DM, das war eine Steigerung um das 12-Fache. Diese Zunahme der Geschäftstätigkeit machte die Einstellung vieler neuer Arbeitskräfte notwendig; so wuchs die Zahl der Mitarbeiter der Hypo-Bank von 1948 bis 1958 von 2600 auf 5600 an. Ähnlich positiv entwickelten sich die Umsatz- und Beschäftigtenzahlen im Versicherungswesen, in dem München seit den oben genannten Verlagerungen den unangefochtenen Spitzenplatz in der Bundesrepublik einnahm.

Ab der Mitte der 1950er-Jahre betätigten sich die bayerischen Banken auch wieder im internationalen Geschäft. Vorreiter waren dabei die Hypo-Bank und die Bayerische Vereinsbank. Gleichzeitig weiteten auch die Regionalbanken ihre Geschäftstätigkeit aus, indem sie sich in der Bayerischen Handelsbank und der Vereinsbank Nürnberg engagierten. Eine wichtige Rolle für den wirtschaftlichen Aufbau spielte in diesen Jahren die 1951 vom Freistaat gegründete „Landesanstalt für Aufbaufinanzierung" (LFA). Bisher hatte der Staat seine finanziellen Transaktionen zur Förderung des Wiederaufbaus und zur Flüchtlingshilfe über die Bayerische Staatsbank abgewickelt, nun aber schuf er mit der LFA eine Institution, die sich ausschließlich dieser Aufgabe widmete. Die zunächst oft auch als „Flüchtlingsbank" bezeichnete LFA vergab zunächst Kredite von zumeist relativ geringem Umfang, bald aber übernahm sie die Förderung auch sehr umfangreicher Projekte. So sanierte der Freistaat über die LFA 1957 die Messerschmitt AG, was die Voraussetzung zur Entstehung des Luftfahrtkonzerns Messerschmitt-Bölkow-Blohm GmbH (MBB) bildete, der späteren Deutschen Aerospace AG (DASA). 1959/59 ermöglichte die LFA die Sanierung von BMW; auch dieses Unternehmen hätten ohne diese Unterstützung nicht überlebt.

Gegen Ende der 1960er-Jahre setzte eine zunächst noch vorsichtige Deregulierung des Finanzwesens ein. 1967 wurde die staatliche Zinsbindung aufgehoben, die bisher geltenden strikten Einschränkungen für Bankenwerbung wurden gelockert. Das bayerische Bankengeschäft entwickelte sich auch in den 60er-Jahren überdurchschnittlich gut. Die Einlagen von Nichtbanken bei bayerischen Banken wuchsen um 340 %, während es auf Bundesebene nur 200 % waren. Das Volumen der Kredite bayerischer Banken legte um 300 %, bundesweit aber nur um 240 % zu. Die Rezession von 1966/67 und die Ölpreiskrise zu Beginn der 70er-Jahre blieben jedoch auch im Bankenwesen nicht ohne Folgen. 1971 fusionierte die Bayerische Staatsbank mit der Bayerischen Vereinsbank, womit das zehntgrößte deutsche Bankinstitut entstand. 1972 schlossen sich die Bayerische Gemeindebank-Girozentrale und die Bayerische Landesbodenkreditanstalt zusammen; es entstand so die Bayerische Landesbank, die den fünften Rang unter den deutschen Banken einnahm. Dagegen sind viele Privatbanken in diesen Jahren aus dem Markt ausgeschieden; allein in München verringerte sich ihre Zahl von 30 im Jahr 1948 auf sieben im Jahr 1979. Gleichzeitig weiteten die größeren

Banken ihr Filialnetz weiter aus. In dem Jahrzehnt zwischen 1971 und 1980 nahm die Zahl der Bankstellen von 8310 auf 9437 zu, das waren 13,6 %. Die Einlagen der bayerischen Banken wuchsen im gleichen Zeitraum um 210 %, das Volumen ihrer Kredite um 240 %; auf Bundesebene lagen die entsprechenden Werte bei 170 % und 180 %. Trotz dieses Zuwachses sank jedoch der Anteil des Banken- und Versicherungswesens am bayerischen Bruttosozialprodukt von durchschnittlich 7,1 % im Zeitraum von 1961 bis 1970 auf nunmehr 6,2 %.

Als in den 1970er-Jahren die Zuwachsraten bei den Einlagen und im Kreditgeschäft nicht mehr die Größenordnung der zurückliegenden Jahrzehnte erreichten, stiegen die bayerischen Banken verstärkt in die Vermögensverwaltung und in das Auslandskreditgeschäft ein. Von 1970 bis 1980 erhöhte sich die Auslandskreditvergabe bayerischer Banken um 380 %, womit diese weitaus stärker zunahm als die Inlandskreditvergabe. Besonders stark engagierte sich in diesem Geschäft die Hypo-Bank, die seit 1977 in New York, in Gran Cayman und seit 1980 auch in London mit eigenen Repräsentanzen vertreten war. Auch die Bayerische Vereinsbank expandierte in diesen Jahren stark, erwarb Banken und Beteiligungen in Deutschland und im Ausland und eröffnete u. a. in New York, Gran Cayman und Tokio Repräsentanzen. Im Gegenzug ließen sich vermehrt ausländische Banken in München nieder.

Das Verkehrswesen profitierte vor allem von dem zunehmenden Güterverkehr, der weitaus höhere Wachstumsraten aufwies als der Personenverkehr. Die Zahl der mittels Straßenbahnen und Omnibussen beförderten Personen wuchs von 1950 bis 1964 von 507 auf 775 Mio. pro Jahr. Die Bahn beförderte 1950

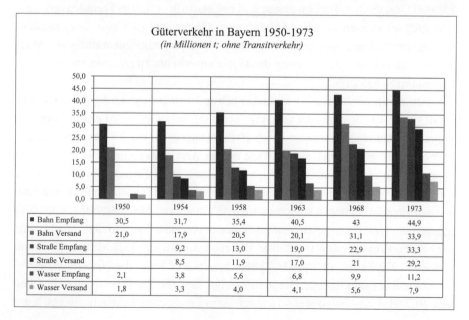

Güterverkehr in Bayern 1950-1973
(in Millionen t; ohne Transitverkehr)

	1950	1954	1958	1963	1968	1973
■ Bahn Empfang	30,5	31,7	35,4	40,5	43	44,9
■ Bahn Versand	21,0	17,9	20,5	20,1	31,1	33,9
■ Straße Empfang		9,2	13,0	19,0	22,9	33,3
■ Straße Versand		8,5	11,9	17,0	21	29,2
■ Wasser Empfang	2,1	3,8	5,6	6,8	9,9	11,2
■ Wasser Versand	1,8	3,3	4,0	4,1	5,6	7,9

249 Mio. Menschen; diese Zahl sank zunächst sogar etwas ab und stieg dann bis 1964 auf 267 Mio. an. Danach sank sie wieder und 1969 erreichten die Fahrgastzahlen mit 248 Mio. ihren tiefsten Stand; 1973 aber waren es bereits wieder 342 Mio. Die Entwicklung des Güterverkehrs zeigt das Diagramm S. 551.

Eine Entwicklung ganz eigener Charakteristik nahm das Gastgewerbe. Hier blieb die Zahl der Betriebe nahezu unverändert; 1960 zählte man 36 806 und 1977 36 876 Gastronomiebetriebe. Die Zahl der Beschäftigten nahm im selben Zeitraum von ca. 131 000 auf knapp 152 000 zu, der Umsatz von 2 Mrd. auf 7,4 Mrd. DM. Dennoch vollzog sich auch in dieser Branche ein tief gehender Wandel, denn die Zahl der Betriebe des „Beherbergungsgewerbes" hatte sich in diesen Jahren erheblich vergrößert; sie war von 9479 auf 12 966 gestiegen. Dies steht in engem Zusammenhang mit dem Fremdenverkehr, der sich in der Nachkriegszeit zu einem wichtigen Wirtschaftbereich entwickelte.

Der Fremdenverkehr

Der Fremdenverkehr stellte schon seit dem ausgehenden 19. Jahrhundert in einigen Regionen Bayerns eine wichtige Einkommensquelle dar. Doch lässt sich die wirtschaftliche Bedeutung dieses Wirtschaftszweiges, der eine ausgesprochene „Wachstumsbranche" war, wegen des Mangels an hinreichend zuverlässigen Informationen erst nach dem Ersten Weltkrieg genauer bestimmen. 1922 erfasste die Statistik erstmals systematisch die Zahl der Gästebetten und der Übernachtungen in den bekannteren Urlaubsorten und -regionen.[202]

Nach der ersten Erhebung vom 1. August 1922 gab es in Bayern damals rund 132 000 Gästebetten. Und im ersten von der Statistik erfassten Fremdenverkehrsjahr 1922/23 wurden 3,9 Mio. Ankünfte von Gästen und 10,7 Mio. Übernachtungen registriert. Die Zahl der Übernachtungen wurde seither zur wichtigsten Maßeinheit, mit der man den Umfang des Fremdenverkehrs zu erfassen suchte (siehe Diagramm S. 553).

Die durchschnittliche Verweildauer betrug 1922/23 rund 3,6 Tage und stieg bis 1934/35 auf 4,1 Tage an; danach verringerte sie sich wieder. Im ersten normalen Fremdenverkehrsjahr nach dem Krieg 1948/49 lag sie bei nur 3,5 Tagen, stieg dann aber nahezu kontinuierlich auf 5,2 Tage an, ein Wert, der erstmals 1963/64 erreicht wurde. Ein nicht geringer Anteil des Zuwachses beim Fremdenverkehr war der wachsenden Beliebtheit des Winterurlaubs zu verdanken, auch wenn dieser nach wie vor deutlich hinter der „Sommerfrische" rangierte. Von 1948/49 bis 1970/71 nahmen die Gästeübernachtungen im Sommer von rund 5,6 Mio. auf 37 Mio., die der Gästeübernachtungen im Winter von rund 3 Mio. auf 13,7 Mio. zu.[203] Damit entfielen 1922/23 erst 18 %, 1971/72 aber bereits 26,4 % auf die Wintermonate.[204]

Wie das nachfolgende Diagramm zeigt, sank die Zahl der Übernachtungen von 10,7 Mio. im ersten statistisch erfassten Fremdenverkehrsjahr 1922/23 auf

8,7 Mio. im Krisenjahr 1923/24 ab und erholte sich danach nur langsam; erst 1926/27 übertraf sie mit nunmehr 11,2 Mio. die von 1922/23. In der Weltwirtschaftskrise ging der Fremdenverkehr erneut zurück, stieg dann aber ab 1933/34 wieder kontinuierlich an. 1936/37 erreichten die Übernachtungen mit 22,6 Mio. einen neuen Höchststand. Nach einem Einbruch im ersten Kriegsjahr 1939/40 waren sie in den beiden folgenden Kriegsjahren mit fast 20 Mio. wieder erstaunlich hoch. Die Wiederbelebung des Fremdenverkehrs nach dem Zusammenbruch 1945 setzte erst mit einiger Verzögerung nach der Währungsreform von 1948 ein. Im Urlaubsjahr 1949/50 stieg die Zahl der Übernachtungen um rund 3 Mio. auf nun 11,8 Mio., und diese Zunahme setzte sich nahezu geradlinig bis zum Rezessionsjahr 1967 fort. Nach nur kurzer Stagnation begann neuerlich ein beschleunigtes Wachstum: 1970/71 wurden über 50,8 Mio. Übernachtungen gezählt; damit hatten sich diese gegenüber dem ersten statistisch erfassten Urlaubsjahr 1922/23 verfünffacht.[205]

Die Entwicklung der Bettenzahl steht mit jener der Übernachtungen zwar in enger Korrelation, zeigt jedoch auch deutliche Abweichungen. Diese sind darauf zurückzuführen, dass die Einrichtung neuer Fremdenzimmer nicht nur von der Entwicklung des tatsächlichen Bedarfs, sondern auch von der vermuteten zukünftigen Nachfrage abhing. Das erklärt beispielsweise, warum auch in Jahren sinkender Übernachtungszahlen die Kapazitäten erweitert und kaum je verkleinert wurden. Eine Sonderentwicklung zeichnet sich in den Kriegs- und Nachkriegsjahren ab. Sie dürfte darauf zurückzuführen sein, dass Fremdenzimmer von den Behörden zum Zwecke von Einquartierungen beschlagnahmt oder aber von den Besitzern umgewidmet wurden, um solchen Zwangseinweisungen zu entgehen. Was den Nutzungsgrad der Fremdenunterkünfte anbelangt, so bewegte sich dieser, langfristig betrachtet, unabhängig von deren Anzahl in etwa gleichbleibender

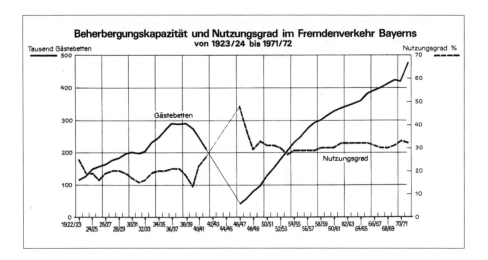

Größenordnung. Vor dem Zweiten Weltkrieg aber war dieser insgesamt deutlich geringer als danach, was vor allem auf ein geändertes Urlaubsverhalten zurückgeführt werden kann.

Dass sich die Qualität der Fremdenunterkünfte in diesem Zeitraum erheblich verändert hat, versteht sich von selbst. Dieser Wandel lässt sich statistisch jedoch nur ansatzweise erfassen. Ein Indiz ist die Entwicklung des Verhältnisses der Zahl von Vermietern zur Anzahl der Gästebetten. Waren es 1922 noch rund 22 900 Vermieter, welche rund 132 000 Gästebetten zur Verfügung stellten – das waren pro Vermieter durchschnittlich 5,7 Betten –, so waren es 1972 49 300 Vermieter mit 476 400 Gästebetten, also durchschnittlich 9,7 Betten pro Vermieter. 1922 standen noch mehr als 52 % der Gästebetten in Privatquartieren und Pensionen (siehe obenstehendes Diagramm).[206]

Was die Herkunft der Urlauber anbelangt, so rangierten von Anfang an die deutschen Gäste von außerhalb Bayerns an der Spitze. Schon in der Zwischenkriegszeit entfielen zwischen 5 und 6 Mio. der jährlichen Übernachtungen auf diesen Personenkreis; nach dem Zweiten Weltkrieg stieg diese Übernachtungszahl von rund 6,2 Mio. 1949/50 auf 41,2 Mio. im Jahr 1971/72 an. Weitaus weniger angestiegen ist dagegen die Zahl der Übernachtungen der Gäste aus Bayern. Sie lag in der Vorkriegszeit ziemlich konstant bei rund 4 Mio. und stieg seit 1949/50 von 4,9 Mio. kontinuierlich auf rund 10,7 Mio. an. Die Zahl der ausländischen Gäste dagegen wuchs von etwa 700 000 zu Beginn der 1920er-Jahre auf knapp 1,5 Mio. im Spitzenjahr 1936/37 (Winterolympiade) an. 1949/50 brachten es ausländische Gäste auf 705 000 Übernachtungen, und diese Zahl stieg bis 1971/72 auf beachtliche 3 991 000.[207] Eine besondere Anziehungskraft übten Festspiele aus, wie die in Bayreuth oder Oberammergau, oder auch besondere Ereignisse, wie zum Beispiel die Olympischen Spiele. Sie lockten vor allem Besucher aus Übersee nach Bayern. Auch bestimmte Städte wie München, Garmisch-Partenkirchen, Rothenburg ob der Tauber und Nürnberg besaßen für sie besondere Attraktivität.[208]

Die Art der Erholung, die die Gäste in Bayern suchten, hat sich in diesen Jahrzehnten erkennbar geändert. So entfielen 1937/38 von den 21,8 Mio. Übernachtungen 4 Mio. auf Heilbäder und 5 Mio. auf Luftkurorte; das waren 19 % und 23 % aller Übernachtungen. Von den knapp 56 Mio. Übernachtungen der Saison 1971/72 dagegen entfielen 18,2 Mio. auf die Heilbäder, das waren nun stattliche 32,4 %, und 13,5 Mio. auf die Luftkurorte, womit sich deren Anteil nur unwesentlich, nämlich auf 24,2 % erhöht hatte.[209] In dieser Kategorie hatten sich Veränderungen hauptsächlich in der Weise ergeben, dass bisher eher unbedeutende Fremdenverkehrsorte stark zulegen konnten.[210] Der Städtetourismus verlor erkennbar an Boden, denn die Entwicklung der Übernachtungszahlen in den Großstädten, im gesamten betrachteten Zeitraum noch sehr stark auf München, Augsburg und Nürnberg konzentriert, blieb deutlich hinter der Gesamtentwicklung zurück. So hat sich Zahl der Übernachtungen in München von 1922/23 bis 1971/72 lediglich verdoppelt.

Deutliche Verlagerungen haben auch hinsichtlich der Frequenz der verschiedenen Fremdenverkehrsgebiete stattgefunden. Die klassischen Fremdenverkehrsregionen erstreckten sich entlang der Alpen; es waren dies die Berchtesgadener Alpen, das Reichenhaller Land, die Chiemseer Alpen, das Ober-Inntal, das Inn-Mangfall-Gebiet, das Schlierseer Gebiet, das Tegernseer Gebiet, der Isarwinkel, das Umland von Kochel- und Walchensee, das Ostallgäu und das Oberallgäu. Andere Regionen kamen mit der Zeit hinzu, so die Rhön, der Spessart, der Frankenwald, das Fichtelgebirge, der Oberpfälzer Wald, der Bayerische Wald und das Altmühltal.

Diese Ausweitung des Fremdenverkehrs war zu einem guten Teil Folge der planmäßigen „Erschließung des Landes". Die bayerische Staatsregierung maß dem Fremdenverkehr gerade in den Gebieten, „die aufgrund ihrer Lage, topographischen Voraussetzungen und ihrer ungünstigen Arbeitsmarktbilanzen besondere Strukturprobleme aufweisen", große Bedeutung zu und hat seine Entwicklung kräftig gefördert.[211] Während der Fremdenverkehr in den klassischen Urlaubsregionen in der Nachkriegszeit so einen relativ moderaten Zuwachs um das Drei-bis Vierfache erfuhr, stieg er in manchen der bisher sekundären Regionen sprunghaft an. So hatten sich die Übernachtungszahlen im Fichtelgebirge und im Frankenwald 1971/72 gegenüber 1922/23 verfünffacht, in der Rhön verzehnfacht und im Allgäu und Bodenseegebiet versechsfacht. Im Bayerischen Wald waren die Übernachtungszahlen sogar dreiundzwanzig Mal höher als zu Beginn der statistischen Erfassung.[212] Entfielen 1959/60 noch 54,6 % aller Gästeübernachtungen auf Oberbayern, so waren es 1975/67 noch 44,0 %. Der Anteil Niederbayerns erhöhte sich dagegen von 5,1 % auf 13,4 %, der der Oberpfalz von 2,6 % auf 5,2 %.[213] Allerdings verlief dieses Wachstum vor allem in den neuen Fremdenverkehrsregionen sehr sprunghaft. So lagen die jährlichen Zuwachsraten im Zeitraum von 1959/60 bis 1975/76 in Niederbayern zwischen 0,8 % (1964/65) und 24,6 % (1960/61), in der Oberpfalz zwischen –2,2 % (1967/68) und 40,7 % (1971/72).[214]

Auch die gesamtwirtschaftliche Bedeutung des Fremdenverkehrs hat erheblich zugenommen. Der Gesamtumsatz wurde 1974 auf 3,4 Mrd. geschätzt, die Zahl der hier Beschäftigten auf rund 100 000, die sich auf 23 000 Betriebe verteilten.[215] Im Vergleich zum Fremdenverkehr in der gesamten Bundesrepublik entwickelte sich der bayerische in der Nachkriegszeit aber zunächst deutlich langsamer; bis 1970/71 lagen jährliche Zuwachsraten in Bayern im Schnitt um 2 bis 3 Prozentpunkte hinter denen der Bundesrepublik zurück. In der Saison von 1970/71 jedoch überschritt die Zunahme der Übernachtungen Bayern mit 10,2 % erstmals die 10%-Marke und ließ die damalige deutsche von 5,8 % weit hinter sich. Auch in den folgenden Jahren rangierte der bayerische Zuwachs mit Ausnahme der Saison 1973/74 vor dem der Bundesrepublik, wenn auch nicht in diesem deutlichen Abstand.[216]

7. Die Landwirtschaft

Die Agrarpolitik

Die Entwicklung der Landwirtschaft der Nachkriegszeit unterscheidet sich von der aller anderen Wirtschaftsbereiche insofern, als sie nie in vollem Umfang den Regeln des freien Wettbewerbs unterlag.[217] Nach dem Zusammenbruch wurde sie von der Politik weiter in die Pflicht genommen, die von ihr verlangte, die Menschen ausreichend mit Lebensmitteln zu versorgen. Dazu schien es unabdingbar, das in der NS-Zeit eingeführte System von Zwangsablieferungen und verordneten Preisen beizubehalten. Im Übrigen unterstützte die Politik die Landwirtschaft – soweit es ihre beschränkten Möglichkeiten zuließen –, damit diese ihre Produktion steigern und so die angespannte Ernährungslage verbessern konnte (siehe Diagramm S. 565 oben).

Im Hinblick auf die beschränkte Kaufkraft der Bevölkerung glaubte man, auf staatliche Vorgaben bei der Preisgestaltung für Agrarprodukte auch nach der Währungsreform nicht verzichten zu können. Sehr bald trat zudem das Interesse starker politischer Kräfte am Erhalt des bäuerlichen Mittelstandes hinzu, der bei zu geringen Preisen für landwirtschaftliche Produkte im Bestand gefährdet schien. Das Bundeslandwirtschaftsministerium entwickelte daher eine Marktordnung für die wichtigsten Agrarprodukte – Getreide, Futtermittel, Milch und Milchprodukte, Fett, Vieh, Fleisch und Zucker – die 1950/51 in Form von „Marktordnungsgesetzen" in Kraft gesetzt wurde. Außerdem wurden die Zölle für Agrarprodukte dem europäischen Niveau nur allmählich angepasst. Unter diesen Bedingungen konnte sich die deutsche Landwirtschaft rasch erholen; Anfang der 50er-Jahre erreichte und überschritt ihre Produktion das Vorkriegsniveau.

Als im Zuge des wirtschaftlichen Aufschwungs die Einkommen der Verbraucher anstiegen und sich der Abstand zwischen den landwirtschaftlichen und nichtlandwirtschaftlichen Einkommen stark vergrößerte, sah sich die Bundesregierung erneut zum Eingreifen veranlasst. Da man die Verhältnisse in der Landwirtschaft auf längere Sicht nicht über die Agrarpreise stabilisieren konnte, rückte nun die Lösung des „Strukturproblems der Landwirtschaft" in den Mittelpunkt der Agrarpolitik. In der Praxis hieß dies, dass man Anreize gab, kleinere Betriebe aufzugeben, größere aber zu erweitern und zu modernisieren. Mit dem Bundeslandwirtschaftsgesetz vom September 1955 sollte „der Landwirtschaft die Teilnahme an der fortschreitenden Entwicklung der deutschen Volkswirtschaft" ermöglicht und gleichzeitig „der Bevölkerung die bestmögliche Versorgung mit Ernährungsgütern" gesichert werden. Der Bundeslandwirtschaftsminister, der diesen Strukturwandel beschleunigen und steuern sollte, hatte den „Grünen Plan" zu erstellen und über dessen Umsetzung in Form des „Grünen Berichts" jährlich Rechenschaft abzulegen. Der Modernisierungsprozess sollte „sozial humanisiert" und durch „technische Maßnahmen" – wie der Verbesserung der ländlichen Infrastruktur – flankiert werden. So erließ die Bundesregierung 1957 zum Beispiel auch ein Gesetz über die Altershilfe für Landwirte, mit dem die sozialen Folgen der Umstrukturierung aufgefangen werden sollten.

Das Leitbild auch dieser neuen Landwirtschaftspolitik blieb der bäuerliche Familienbetrieb; diesen favorisierten zunächst auch die Landwirtschaftsminister der Mitgliedstaaten der 1957 gegründeten EWG. In eine neue Phase trat die Agrarpolitik 1960, als die Kommission der EWG ihr Programm für einen gemeinsamen Agrarmarkt veröffentlichte. Die Bundesrepublik war nun nicht mehr in der Lage, die Entwicklung über eine eigene Agrarpreisgestaltung zu steuern, sondern musste diese mit den Partnern in der EWG abstimmen, die aber teilweise deutlich abweichende Vorstellungen hatten. In den folgenden Jahren wurden die Agrarpreise auf ein gemeinsames Niveau gebracht, was für die deutsche Landwirtschaft mit erheblichen Gewinneinbußen verbunden war. Das 1965 vom Bundestag verabschiedete „EWG-Anpassungsgesetz" verschaffte ihr deshalb einen befristeten Einkommensausgleich. Gleichzeitig wurde der Strukturwandel forciert und die Aufgabe von landwirtschaftlichen Betrieben, die Umwandlung von Voll- in Nebenerwerbsbetriebe und die Erweiterung und Modernisierung solcher Betriebe, die nach den Kriterien der EWG als lebensfähig galten, finanziell unterstützt.

1965 übernahm Hermann Höcherl (CSU) das Bundeslandwirtschaftministerium. Er setzte sich zum Ziel, es der deutschen Landwirtschaft zu ermöglichen, der Konkurrenz der großen Agrarexportländer standzuhalten. Dazu sollte vor allem die Vermarktung verbessert werden, wofür 1968/69 ein neues Handelsklassengesetz, das Marktstrukturgesetz und das Absatzfondsgesetz erlassen wurden. Höcherls Politik kollidierte jedoch mit den agrarpolitischen Zielvorstellungen der EWG, die der Agrar-Kommissar Mansholt im Dezember 1968 formulierte. Mansholts Pläne stießen in Deutschland auf heftige Ablehnung, denn sie sahen die Schaffung einer aus neuartigen technologischen Produktionseinheiten bestehenden, das gesamte Gebiet der EWG umfassenden Landwirtschaft vor, wobei auf die gewachsenen Strukturen keinerlei Rücksicht genommen werden sollte. Höcherl erteilte diesen Plänen eine klare Absage, denn sie schienen ihm nicht finanzierbar und gesellschafts- und sozialpolitisch verfehlt.

Höcherls agrarpolitische Linie führte auch dessen Nachfolger Josef Ertl (FDP) fort, der das Amt 1969 übernahm. Die nunmehr von SPD und FDP gebildete Bundesregierung strebte die Entwicklung der Landwirtschaft zu einem gleichwertigen Teil der Volkswirtschaft an, die in ihr Tätigen sollten in vollem Umfang an der allgemeinen Einkommens- und Preisentwicklung teilhaben. Da dieses Ziel aber nicht durch Agrarpreiserhöhungen erreichbar schien, sondern nur durch Produktivitätssteigerung, sollte der Strukturwandel unter Anwendung der bisherigen Maßnahmen beschleunigt fortgeführt werden.

Der Strukturwandel

Auch in Bayern sank in der unmittelbaren Nachkriegszeit die landwirtschaftliche Produktion zunächst weiter ab, bedingt vor allem durch den Mangel an Betriebsstoffen und Dünger.[218] Erst im Wirtschaftjahr 1950/51 wurde der Vorkriegsstand wieder erreicht, beziehungsweise geringfügig überschritten. Der Brutto-Produktionswert wurde 1952 auf 3,6 Mio. DM geschätzt, wovon ca. zwei Drittel auf die tierische Erzeugung entfielen. Ein Vergleich der Produktionszahlen mit jenen von 1950 zeigt jedoch eine deutliche Verschiebung vor allem bei den Ackerprodukten. So stieg die Kartoffelproduktion von 5,3 Mio. t auf 8,3 Mio. t, die von Roggen von 678 000 t auf 882 000 t, die von Weizen von 738 000 t auf 811 000 t, die von Zuckerüben von 337 000 t auf 600 000 t und die von Futterrüben von 5,4 auf 5,8 Mio. t an. Der vermehrte Anbau dieser Produkte erfolgte zu Lasten des Anbaus von Klee, Luzerne und Rübenblatt sowie durch die Umwandlung von Wiesen und Weiden in Ackerland; zudem ging auch der Gemüseanbau signifikant – von 420 000 t auf 285 000 t – zurück.

Die tierische Produktion erwies sich dagegen als relativ stabil. So lag die Erzeugung von Rindfleisch, die 1951 243 000 t betrug, nur geringfügig unter der von 1936/37, als es 260 000 t gewesen waren. 1952 aber lag diese Produktion bei 267 000 t und überstieg damit die der Vorkriegsjahre. Die Produktion von Kalbfleisch ging dagegen von 66 000 t 1936/37 auf 46 000 t im Jahr 1950 zurück, die von Schweinefleisch sank im gleichen Zeitraum von 300 000 t auf 281 000 t. Aber an Schweinefleisch wurde bereits 1952 mit 317 000 t deutlich mehr produziert. Kontinuität bestimmte zunächst auch das Bild bei der Milchproduktion. 1936/37 lag diese bei rund 3,7 Mio. t pro Jahr, 1950 bei 3,6 Mio. Ebenso hier setzte dann aber rasch eine Steigerung ein, denn 1952 waren es bereits 4,3 Mio. t.

Aber nicht nur die landwirtschaftliche Produktion an sich, auch ihr Anteil an der Gesamtwirtschaft war zunächst noch relativ stabil. Betrachtet man die Wertschöpfung, d. h. den Wert der landwirtschaftlichen Eigenleistung, so zeigt sich, dass sich diese sogar im Rückblick bis ins Jahr 1928 wenig verändert hat. In diesem Jahr wurde diese Wertschöpfung auf 23 % der gesamten Wirtschaft in Bayern veranschlagt, und bis 1936/37 war dieser Anteil nur wenig, nämlich auf 21 % abgesunken. Genau dieser Prozentsatz aber wurde auch für 1950 ermittelt.[219]

Da sich die Zahl der von der Landwirtschaft lebenden Bevölkerung seit 1928 signifikant verringert hatte, hatte sich folglich der Betrag der Wertschöpfung pro Kopf deutlich erhöht. Das Gleiche galt für die Produktivität der Erwerbstätigen dieses Bereiches, die stärker anstieg als in der Wirtschaft insgesamt. In einem engen Zusammenhang mit diesem Produktivitätszuwachs, bei dem Bayerns Landwirtschaft auch keinen Rückstand gegenüber dem anderer Länder aufwies, stand die fortschreitende Mechanisierung. Diese erhielt in der Nachkriegszeit eine neue Dynamik. In den Jahren von 1913 bis 1950, d. h. über fast vier Jahrzehnte, war der Bestand an Zugtieren nur um etwa 20 % abgesunken; nun aber erhöhte sich allein in den drei Jahren von 1949 bis 1952 der Bestand an Schleppern um das Dreifache (siehe Diagramm S. 560).

Ermöglicht wurde diese Modernisierung nicht zuletzt dadurch, dass in der unmittelbaren Nachkriegszeit die Preise für landwirtschaftliche Produkte stärker stiegen als für Industrieprodukte. So konnte sich die landwirtschaftlich tätige Bevölkerung eines relativen Anstiegs ihres Einkommens erfreuen; ihr Durchschnittseinkommen blieb damit nicht mehr so weit hinter dem anderer Wirtschaftbereiche zurück wie bisher.

Im Vergleich zur Landwirtschaft der gesamten Bundesrepublik lag die bayerische hinsichtlich ihrer Leistungsfähigkeit jedoch noch deutlich zurück. Bayern verfügte zwar über 28 % der landwirtschaftlichen Nutzfläche der Bundesrepublik und über 27 % der in der Landwirtschaft ständig Beschäftigten, doch erwirtschafteten diese 1950 nur 22,6 % des Bruttoproduktionswertes der deutschen Landwirtschaft. Und da in Bayern relativ mehr Menschen in der Landwirtschaft tätig waren, betrug die Wertschöpfung pro landwirtschaftlicher Arbeitskraft auf Bundesebene 1627 DM, in Bayern aber nur 1487 DM.[220]

Mit Beginn des „Wirtschaftswunders" änderten sich dann aber die Verhältnisse auch in der Landwirtschaft rasch und tief greifend. Der Anteil der in der Landwirtschaft Beschäftigten an den Erwerbstätigen ging von 33,1 % im Jahr

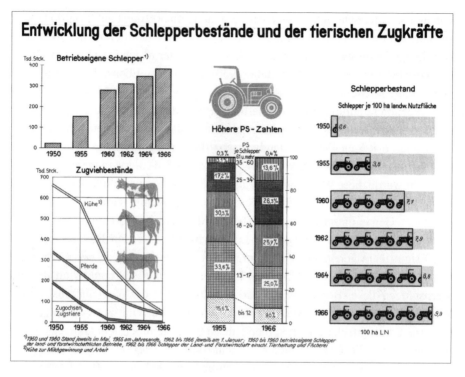

Entwicklung der Schlepperbestände und der tierischen Zugkräfte

1950 auf 13,2 % im Jahr 1970 zurück. Absolut sank ihre Zahl in diesem Zeitraum von 1,385 Mio. auf 646 900.[221] Seine größte Dynamik erreichte dieser Schrumpfungsprozess in den 60er-Jahren.

Diese Zahlen zeigen, wie wichtig der Agrarsektor als Arbeitskräftereservoir gerade in jenen Jahren war, in denen die Grenzen des industriellen und damit des wirtschaftlichen Wachstums insgesamt vor allem vom beschränkten Arbeitskräfteangebot gezogen wurden. Nicht zufällig wanderten die Erwerbstätigen verstärkt ab jenem Zeitpunkt aus der Landwirtschaft ab, als mit dem Bau der Mauer in Berlin der Zustrom von Menschen aus den östlichen Teilen Deutschlands endgültig zum Erliegen kam. Jetzt erwies es sich als großer Vorteil für Bayern, dass es der Entwicklung Deutschlands hinsichtlich der Erwerbs- und Wirtschaftsstruktur hinterherhinkte, denn so konnte man in Bayern nun Reserven mobilisieren, über welche die meisten anderen Bundesländer nicht mehr verfügten.

Diese Abwanderung aus der Landwirtschaft wurde von der Politik gewünscht und gefördert. Durch ein vielfältiges Instrumentarium direkter und indirekter Subventionen wurde zudem die Bildung größerer Betriebe und deren Ausstattung mit modernen Maschinen und Betriebsgebäuden und -einrichtungen unterstützt. Diese Bemühungen wurden noch verstärkt, als in den 60er-Jahren der Mangel an Arbeitskräften größer wurde, und sie fielen schon deshalb auf fruchtbaren Boden, weil sich die Schere zwischen den Einkommen, die man aus selbstständiger Tätigkeit in der Landwirtschaft und abhängiger Beschäftigung in Industrie und Gewerbe erzielen konnte, immer weiter öffnete.

Viele Inhaber kleinerer Betriebe wollten diese jedoch im Nebenerwerb fortführen, da sie sich nicht vorstellen konnten, die Landwirtschaft völlig aufzugeben. Zudem erleichterte es die fortschreitende Mechanisierung, einen Hof als zweites Standbein zu betreiben. So erhielt der landwirtschaftliche Nebenerwerb, den es in Bayern (wie in anderen Ländern) seit jeher gegeben hatte, nun einen neuen und weitaus größeren Stellenwert.[222] Von 1949 bis 1971 wuchs die Zahl solcher Betriebe von ca. 100 000 auf ca. 177 000, ihr Anteil an allen landwirtschaftlichen Betrieben nahm damit im gleichen Zeitraum von 21 % auf 42 % zu.[223]

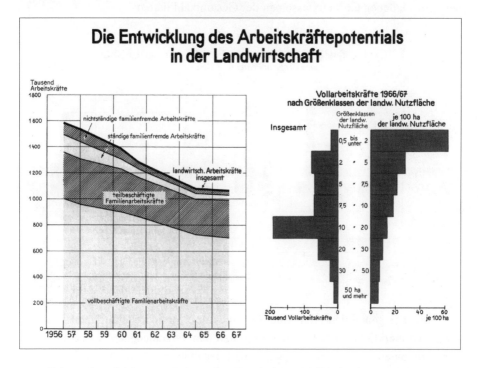

Diese Entwicklungen haben das Erscheinungsbild der bayerischen Landwirtschaft tief greifend verändert. Das zeigte sich schon am Status der hier Erwerbstätigen. So verminderte sich im Zeitraum von 1950 bis 1960 die Zahl der Selbstständigen um 12,3 %, die der mithelfenden Familienangehörigen um 22,7 % und die der Arbeiter sogar um 65,2 %; dagegen wuchs die der Erwerbstätigen mit einer Nebentätigkeit in der Landwirtschaft um 134,1 %. Von 1960 bis 1970 sank die Zahl der Selbstständigen weitaus stärker, nämlich um 33,2 %, und auch bei den mithelfenden Familienangehörigen war der Schwund mit 39,1 % größer als im vorangegangenen Jahrzehnt. Die Zahl der Arbeiter verminderte sich um 34,4 %

und somit in geringerem Umfang als zuvor. Vor allem aber nahm nun auch die Zahl der Nebenerwerbslandwirte signifikant ab, nämlich um 33 %.[224]

Die ersten, die aus der Landwirtschaft ausschieden, waren somit die abhängig Beschäftigten, die zum größten Teil schon vor 1960 in andere Wirtschaftsbereiche abwanderten; ihnen folgten die mithelfenden Familienangehörigen. Die Betriebsinhaber entschlossen sich erst nach 1960 in größerer Zahl zur Aufgabe der Landwirtschaft; bis dahin haben sie vielfach auch versucht, diese im Nebenerwerb weiter zu betreiben (siehe Diagramm S. 561).

Die Zahl der land- und forstwirtschaftlichen Betriebe verringerte sich von 507 092 im Jahr 1949 auf 472 829 im Jahr 1960 und 423 112 im Jahr 1970. Damit verbunden waren signifikante Verschiebungen bei jenem Anteil, den die Betriebe der verschiedenen Größenklassen an der Gesamtzahl hatten:

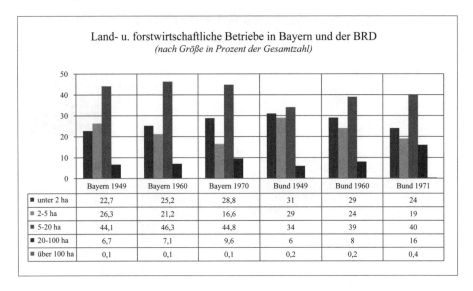

Land- u. forstwirtschaftliche Betriebe in Bayern und der BRD
(nach Größe in Prozent der Gesamtzahl)

	Bayern 1949	Bayern 1960	Bayern 1970	Bund 1949	Bund 1960	Bund 1971
■ unter 2 ha	22,7	25,2	28,8	31	29	24
■ 2-5 ha	26,3	21,2	16,6	29	24	19
■ 5-20 ha	44,1	46,3	44,8	34	39	40
■ 20-100 ha	6,7	7,1	9,6	6	8	16
■ über 100 ha	0,1	0,1	0,1	0,2	0,2	0,4

Mit der generellen Abnahme der land- und forstwirtschaftlichen Betriebe ging eine merkliche Verschiebung zwischen den verschiedenen Kategorien einher. Zum einen nahm in Bayern der Anteil der kleinsten Betriebe zu. Diese Entwicklung, die im Zusammenhang mit der Zunahme der Nebenerwerbsbetriebe zu sehen ist, stellt eine bayerische Besonderheit dar, denn auf Bundesebene nahmen diese Betriebe ab. Bei den größeren Betrieben ist die Entwicklung unterschiedlich. Durchgängig geht nur der Anteil der Betriebe der Kategorie 2 bis 5 ha zurück, während jener der nächstgrößeren Kategorie (5 bis 20 ha) bis 1960 deutlich zunimmt, dann jedoch schrumpft. Eine kontinuierliche Zunahme, und zwar beschleunigt ab den 60er-Jahren, verzeichnen die Betriebe der Größe von 20 bis 100 Hektar und damit jene, die den Vorstellungen der Politik am ehesten entsprachen. Dieser Trend ist – mit gewissen Abweichungen – in Bayern wie auf der Bundes-

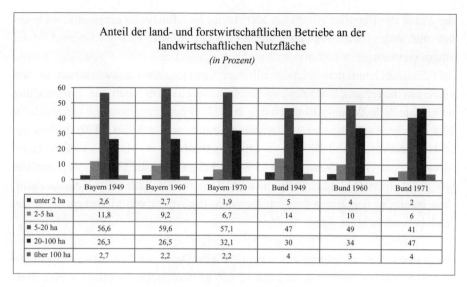

Anteil der land- und forstwirtschaftlichen Betriebe an der landwirtschaftlichen Nutzfläche
(in Prozent)

	Bayern 1949	Bayern 1960	Bayern 1970	Bund 1949	Bund 1960	Bund 1971
■ unter 2 ha	2,6	2,7	1,9	5	4	2
■ 2-5 ha	11,8	9,2	6,7	14	10	6
■ 5-20 ha	56,6	59,6	57,1	47	49	41
■ 20-100 ha	26,3	26,5	32,1	30	34	47
■ über 100 ha	2,7	2,2	2,2	4	3	4

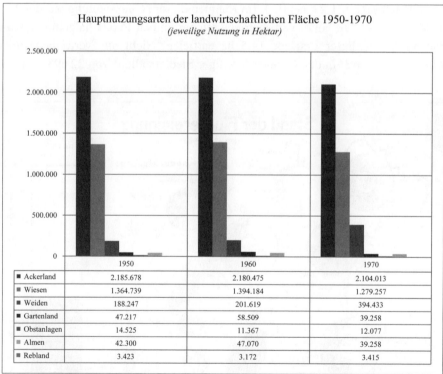

Hauptnutzungsarten der landwirtschaftlichen Fläche 1950-1970
(jeweilige Nutzung in Hektar)

	1950	1960	1970
■ Ackerland	2.185.678	2.180.475	2.104.013
■ Wiesen	1.364.739	1.394.184	1.279.257
■ Weiden	188.247	201.619	394.433
■ Gartenland	47.217	58.509	39.258
■ Obstanlagen	14.525	11.367	12.077
■ Almen	42.300	47.070	39.258
■ Rebland	3.423	3.172	3.415

ebene zu beobachten. Ähnliches gilt für die Entwicklung des Anteils der Betriebe an der landwirtschaftlichen Nutzfläche (siehe Diagramm oben).

Deutlicher als bei der Entwicklung der Betriebsstruktur wird bei jener der Flächenverteilung der Trend zur Bildung größerer Betriebe sichtbar; wuchs doch der Anteil der Betriebe mit 20 bis 100 Hektar Nutzfläche als einziger kontinuierlich und zudem am stärksten; auch hier folgte Bayern mit gewissem Abstand einem bundesweiten Trend.

Entsprechend der unterschiedlichen Struktur der Landwirtschaft in den einzelnen bayerischen Regierungsbezirken verlief dort auch die Entwicklung unterschiedlich. Weniger Betriebsaufgaben als es dem bayernweiten Durchschnitt von 13,6 % entsprach (dies gilt für den Zeitraum von 1950 bis 1970), gab es nur in Niederbayern (10,8 %) und in Oberbayern (13,1 %). Etwas darüber lagen Mittelfranken (14,7), Schwaben (15 %) und die Oberpfalz (16 %), weit darüber Oberfranken (19 %) und Unterfranken (22,5 %).[225] Dies hatte seine Ursache darin, dass gerade in den letztgenannten Bezirken der Anteil von kleineren Betrieben noch besonders hoch war.

Angesichts der zahlreichen Betriebsaufgaben fiel die Schaffung neuer Betriebe durch Neuansiedlung kaum ins Gewicht. Denn von 1945 bis 1970 wurden 35 669 Siedlerstellen mit zusammen 42 156 ha eingerichtet, womit auf eine Stelle im Durchschnitt 1,2 ha entfiel. Im Rahmen dieser Neuansiedlung wurden bis 1965 aber nur 1278 Vollerwerbsbetriebe mit zusammen 18 631 ha gebildet, womit auf jeden dieser Betriebe 14,5 ha entfielen. Nicht nur Vertriebene und Flüchtlinge kamen in den Genuss derartiger Siedlerstellen: Von 22 698 Famili-

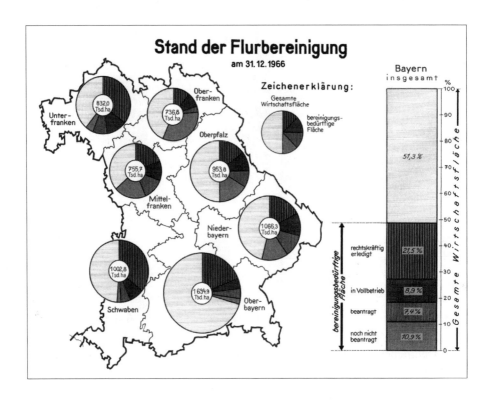

en, die man auf solchen Siedlerstellen 1966 erfasste, waren nur 13 621 diesem Personenkreis zuzurechnen. Bis 1968 haben in Bayern 23 441 Landwirte aus dem Kreis der Flüchtlinge und Vertriebenen einen landwirtschaftlichen Betrieb übernehmen können. 9304 dieser Betriebe waren als Neusiedlerstellen ge-

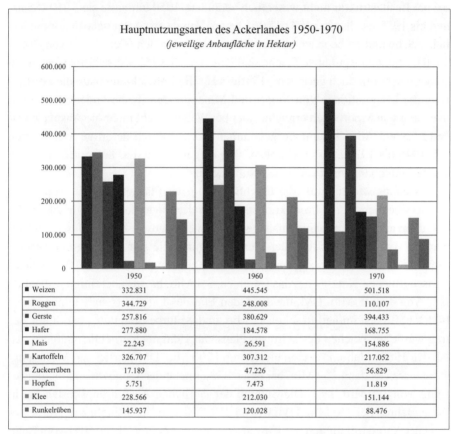

Hauptnutzungsarten des Ackerlandes 1950-1970
(jeweilige Anbaufläche in Hektar)

	1950	1960	1970
■ Weizen	332.831	445.545	501.518
■ Roggen	344.729	248.008	110.107
■ Gerste	257.816	380.629	394.433
■ Hafer	277.880	184.578	168.755
■ Mais	22.243	26.591	154.886
■ Kartoffeln	326.707	307.312	217.052
■ Zuckerrüben	17.189	47.226	56.829
■ Hopfen	5.751	7.473	11.819
■ Klee	228.566	212.030	151.144
■ Runkelrüben	145.937	120.028	88.476

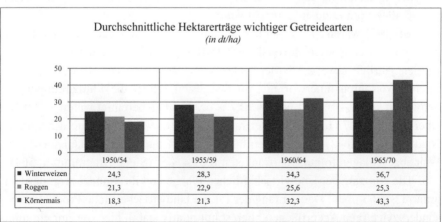

Durchschnittliche Hektarerträge wichtiger Getreidearten
(in dt/ha)

	1950/54	1955/59	1960/64	1965/70
■ Winterweizen	24,3	28,3	34,3	36,7
■ Roggen	21,3	22,9	25,6	25,3
■ Körnermais	18,3	21,3	32,3	43,3

schaffen worden, 7050 aber waren durch Kauf und 3025 durch Pacht von Einheimischen an ihre neuen Inhaber gelangt; bei 4062 Betrieben schließlich geschah dies durch Einheirat.[226]

Die landwirtschaftliche Nutzfläche aber hat sich durch diese Entwicklungen bei der Besitzstruktur nicht wesentlich verändert. 1950 umfasste sie 3 910 485 ha, und bis 1955 wuchs sie auf 4 015 061 ha an. Von da an ist ein nahezu kontinuierlicher Schwund zu beobachten, der sich vor allem in den 60er-Jahren verstärkte; 1970 umfasste die genutzte Fläche schließlich noch 3 752 861 ha. Einen gewissen – aber insgesamt doch geringen – Einfluss auf die Entwicklung hatte die Fortführung der Meliorationen von Moor- und Mineralböden. Insbesondere die Urbarmachung von Moorböden erreichte aber bei Weitem nicht mehr die Ausmaße früherer Zeiten. Alles zusammen genommen wurden durch derartige Maßnahmen von 1945 bis 1971 etwas mehr als 45 000 ha gewonnen, das entsprach ca. 1,2 % der gesamten landwirtschaftlichen Nutzfläche.[227]

Weitaus wichtiger als die Erschließung neuer Flächen war die Anpassung der bestehenden an die Produktionsmethoden der modernen Landwirtschaft, die vor allem auf große, zusammenhängende Flächen angewiesen ist. Diese zu bilden war die vorrangige Aufgabe der Flurbereinigung, die seit Ausgang der 1950er-Jahre mit Vehemenz vorangetrieben wurde. Damals galten rund 90 % der landwirtschaftlichen Nutzfläche, das waren ca. 3,4 Mio. ha, als „bereinigungsbedürftig". Von den 75 Mio. DM, die 1955 den Etat des Landwirtschaftsministeriums bildeten, flossen immerhin schon 11 Mio. in die Flurbereinigung, aber dieser Betrag wurde im Zeichen des „Grünen Plans" ab 1956 noch erheblich aufgestockt. Ab den 1960er-Jahren standen hierfür rund 200 Mio. DM jährlich zur Verfügung; 1985 waren es dann 260 Mio. bei einem Gesamtetat des Landwirtschaftsministeriums von 1,5 Mrd. DM. Die Summe der jährlichen Ausführungskosten lag in diesen Jahren bei 340 Mio. DM, wovon 220–240 Mio. aus Mitteln zur „Verbesserung der Agrarstruktur und des Küstenschutzes" stammten, die zu 60 % vom Bund und zu 40 % vom Land aufgebracht wurden.[228]

Bis 1971 waren 57,2 % der bereinigungsbedürftigen Fläche der Flurbereinigung unterzogen worden, davon der größte Teil erst nach 1945. In den 60er-Jahren wurden jährlich etwa 2,5 % der Nutzfläche, das waren ca. 80 000 ha, einem solchen Verfahren unterworfen. Am raschesten schritt die Flurbereinigung in Schwaben voran, wo 1971 bereits 90,7 % der Flächen bereinigt waren, es folgten Oberbayern mit 73,6 % und Unterfranken mit 70,9 %. Im Mittelfeld rangierten Niederbayern mit 44,4 %, die Oberpfalz mit 43,7 % und Mittelfranken mit 46,1 %. Weit abgeschlagen folgte Oberfranken mit 29,4 %.[229] (Siehe Diagramm S. 564)

Die Nutzung der landwirtschaftlichen Fläche und ihr Wandel zeigt das Diagramm S. 565 oben. Der Umfang der für die landwirtschaftliche Produktion besonders wichtigen Ackerflächen blieb somit relativ stabil, hier war nur ein mini-

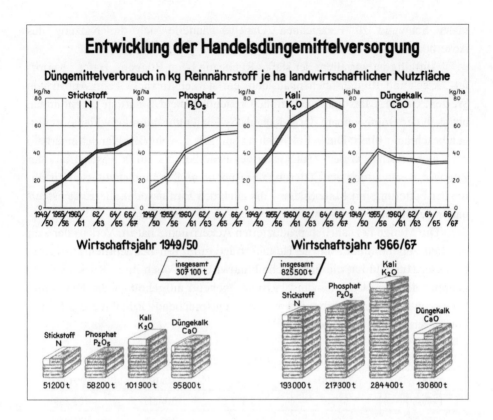

Entwicklung der Handelsdüngemittelversorgung

Düngemittelverbrauch in kg Reinnährstoff je ha landwirtschaftlicher Nutzfläche

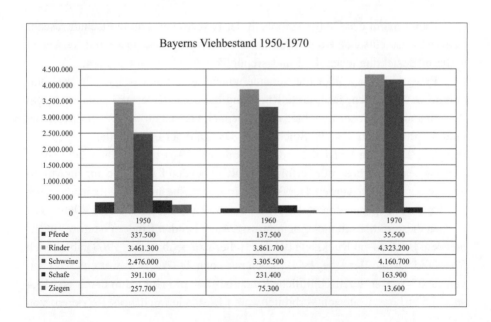

Bayerns Viehbestand 1950-1970

	1950	1960	1970
■ Pferde	337.500	137.500	35.500
■ Rinder	3.461.300	3.861.700	4.323.200
■ Schweine	2.476.000	3.305.500	4.160.700
■ Schafe	391.100	231.400	163.900
■ Ziegen	257.700	75.300	13.600

maler Schwund zu verzeichnen. Dagegen änderte sich die Nutzung des Ackerbodens nicht unerheblich.

Auffällig ist vor allem der starke Rückgang beim Roggen-, Hafer-, Kartoffel-, Klee- und Runkelrübenanbau, dem ein starker Zuwachs beim Anbau von Weizen, Gerste, Mais und Zuckerrüben gegenüberstand. Deutlich zugenommen hat auch der Hopfenanbau, der jedoch als Spezialkultur auf relativ kleine Regionen beschränkt blieb. Diese Entwicklung spiegelt sowohl den Wandel innerhalb der Landwirtschaft wider – Rückgang des Haferbedarfs durch Abschaffung der Zugtiere, Reduzierung der Fütterung mit Rüben und Klee und stattdessen Zunahme der Fütterung mit Mais-Silage – als auch den Einfluss, den die zunächst auf nationaler, dann EWG-Ebene festgesetzten Agrarpreise ausübten.

Die Menge der jährlich produzierten Ackerfrüchte hat im Verlauf der Zeit deutlich zugenommen, da die Hektarerträge zum Teil beträchtlich anstiegen. In dieser Hinsicht hat die bayerische Landwirtschaft auch ihren Rückstand gegenüber der westdeutschen bis 1970 weitgehend aufgeholt (siehe Diagramm S. 565 unten). Damit verbunden war eine entsprechende Zunahme des Kunstdüngerverbrauchs (Angaben in t):[230]

Düngejahr	Stickstoff	Phosphat	Kali	Düngekalk
1938/39	50 300	71 300	115 100	90 000
1949/50	51 316	58 422	102 117	103 289
1958/59	112 482	151 056	229 097	173 818
1962/63	164 500	190 300	281 600	139 900

Damit nahm der Düngerverbrauch der bayerischen Landwirtschaft rascher zu als im westdeutschen Durchschnitt, sodass sich die Verhältnisse in Bayern auch in dieser Beziehung jenen der Bundesrepublik weitgehend annäherten.

Einen Überblick über die Veränderungen beim Viehbestand gibt das Diagramm S. 567 unten. Der starke Rückgang beim Pferdebestand steht in engem Zusammenhang mit der Zunahme der Schlepper, von denen es 1969 in Bayern bei rund 423 000 Höfen 414 768 Stück gab.[231] Die Zahl der Pferdehalter ging gleichzeitig auf 91 339 im Jahr 1960 und 17 322 im Jahr 1970 zurück. Die mäßige Ausweitung des Rinderbestandes erfolgte vor allem bei den Kühen, die nur zur Milchgewinnung gehalten wurden. Der Bestand an Kühen, die auch zur Arbeit eingesetzt wurden, sank dagegen von 659 200 im Jahr 1950 auf 281 300 im Jahr 1960; 1970 wurden diese statistisch nicht mehr erfasst. Auch bei den Rindern ist trotz zunehmendem Bestand ein Rückgang bei den Haltern zu beobachten. 1960 gab es noch 370 500 derartige Betriebe, 1970 jedoch nur noch 278 400; das war ein Schwund von ca. 25 %. Der durchschnittliche Rinderbestand pro Hof nahm damit von 10,4 auf 15,5 zu. Am weitesten verbreitet waren Bestände mit 10 bis 19 Tieren; von derartigen Betrieben gab es 1971 genau 82 003 mit insgesamt 1 160 649 Tieren. 79 065 Halter verfügten über 20 bis 49, insgesamt aber über 2 288 184 Rinder, 84 120 Betriebe über drei bis neun und insgesamt über 490 743.[232]

Die in der Aufstellung S. 567 aufgeführten Angaben zum Schweinebestand zeigen, dass trotz der bei der Schweinehaltung üblichen starken Bestandsschwankungen auch hier insgesamt ein nicht unbeträchtlicher Zuwachs zu verzeichnen war. Bei der Schweinehaltung ist aber zudem ein stärkerer Konzentrationsprozess zu beobachten. 1960 gab es 395 300 Betriebe mit Schweinehaltung, 1970 noch 338 400. 1960 entfielen auf einen Betrieb durchschnittlich 8,4 Schweine, 1970 aber 15,2. Bei der Schweinehaltung spielten die Großbetriebe eine weitaus wichtigere Rolle als bei der Rinderhaltung. So verfügten die 57 872 Betriebe, die 1969 mehr als 20 Schweine hielten, über einen Bestand von zusammen 2 387 385 Tieren, während es alle übrigen ca. 224 700 Halter zusammen nur auf rund 1 440 000 brachten. Ermöglicht wurde diese Konzentration durch eine Spezialisierung, die auch zur Folge hatte, dass die Schweinehaltung in keinem Zusammenhang mehr zur landwirtschaftlichen Nutzfläche eines Betriebes stehen musste. So zählten 1969 über 500 Betriebe mit weniger als 2 ha Fläche zu den Betrieben mit mehr als 20 Schweinen. Schafe und Ziegen verloren stark und kontinuierlich an Bedeutung. Allein im Zeitraum von 1960 bis 1970 ging die Zahl der Schafhalter von 8300 auf 6900, und die der Ziegenhalter sogar von 41 200 auf 6800 zurück.

Größere Veränderungen sind auch bei der Geflügelhaltung zu beobachten. 1950 zählte man ca. 11,1 Mio. Hühner, 1960 13,4 Mio. und 1970 18,7 Mio. Die Zahl der Legehennen war in diesem Zeitraum gewissen Schwankungen unterworfen – sie stieg bis Mitte der 60er-Jahre von 10,4 bis auf über 13 Mio., sank dann aber auf weniger als 11 Mio. –, dagegen nahm die Zahl der Schlacht- und Masthühner kontinuierlich von ca. 626 000 im Jahr 1950 auf 5,5 Mio. im Jahr 1970 zu. Dabei ist gerade bei der Masthühnerhaltung ein starker Konzentrationsprozess zu beobachten. 1969 verfügten die 136 Betriebe mit einem Bestand von mehr als 10 000 Masthühnern über einen Gesamtbestand von über 3,5 Mio. Tieren; 1971 gab es dagegen 146 Betriebe dieser Kategorie, die insgesamt knapp 4,4 Mio. Tiere hielten.[233] Auch hier hat eine starke Spezialisierung Platz gegriffen, bei der die Größe der Nutzfläche eines Betriebes von sehr nachrangiger Bedeutung war.

Anders als bei den Hühnern ist bei den Gänsen ein starker Rückgang bei der Haltung zu verzeichnen. 1950 gab es Gänse noch auf vielen Höfen, insgesamt wurden knapp über 864 000 Tiere gezählt. Bis 1960 hatte sich ihre Zahl auf 769 000 verringert, und bis 1970 ging sie auf nur noch 161 900 zurück. Hielten 1960 noch 115 900 Höfe Gänse, so waren es 1970 nur noch 22 200. Bei der Entenhaltung dagegen war zunächst ein Zuwachs zu verzeichnen, denn von 1950

Die Mechanisierung der Landwirtschaft nach dem Zweiten Weltkrieg

11-PS-Deutz-Traktor mit Mähbalken beim Mähen einer Wiese

Der Zwang zur Produktivitätssteigerung, der schon in der Zwischenkriegszeit die Mechanisierung beschleunigt hatte, bestand nach dem Zweiten Weltkrieg in verstärktem Maße fort. Während die weitere Verbesserung des Saatgutes und ein intensiverer und besser auf die Bodenverhältnisse abgestimmter Mineraldüngereinsatz zu einer erheblichen Steigerung der Erträge führten, schuf die Weiterentwicklung der Landmaschinentechnik die Voraussetzung dafür, dass Bodenbearbeitung, Feldbestellung und Ernte mit einem immer geringeren Einsatz menschlicher Arbeitskraft bewerkstelligt werden konnten. Zunächst verdrängte nun auch in den kleineren Betrieben der Traktor die Pferde- und Ochsengespanne. Er kam nicht nur als Zugmaschine zum Einsatz, sondern stellte, ausgerüstet mit einer Zapfwelle, eine nahezu universell einsetzbare Antriebsmaschine dar. Die Industrie entwickelte eine Vielzahl von Maschinen, die mittels Traktoren betrieben werden konnten. Sie haben nahezu alle Arbeiten, von der Aussaat bis zur Ernte, erheblich erleichtert und stark beschleunigt. In den ersten Jahrzehnten nach dem Krieg kamen

Einer der ersten im Landkreis Regensburg eingesetzten Mähdrescher; er wurde 1950 von einem Betrieb erworben, der eine Betriebsfläche von über 100 ha umfasste

noch überwiegend verhältnismäßig einfache Maschinen zum Einsatz, welche die Arbeit zwar erleichterten, die menschliche Arbeitskraft aber nicht völlig ersetzten.

Eine erhebliche Einsparung an menschlicher Arbeitskraft und Zeit ermöglichte der Mähdrescher. Bei seinem Einsatz wurden die bisher einzeln auszuführenden Arbeitsschritte des Mähens, Bindens, Aufladens, Transportierens und Dreschens zu einem Arbeitsvorgang zusammengefasst. Sehr rasch wurde das Getreide fast ausschließlich auf diese Weise geerntet, wobei die Mähdrescher zumeist von Maschinenringen oder Unternehmern gestellt wurden. Welcher Fortschritt der Mähdrescher auch gegenüber seinem direkten Vorgänger, dem zapfwellenbetriebenen Mähbinder, darstellte, lassen die beiden obenstehenden Bilder erahnen, die einen Mähbinder 1938 und einen Mähdrescher 1950 im Einsatz zeigen.

Auch im vorzugsweise großflächig betriebenen Zuckerrübenanbau kamen schon früh große Erntemaschinen zum Einsatz.

Ein Zuckerrübenvollernter, der Anfang der 1960er-Jahre auf den Markt kam. Die eigentliche Erntemaschine besteht aus zwei Aggregaten, die getrennt voneinander auf einem „Geräteträger" montiert sind, und einem für diesen Zweck konstruierten Traktor, der mit einem 40-PS-Motor ausgestattet ist

bis 1963 wuchs ihre Zahl von 161 700 auf 355 700 an. Bis 1970 schmolz dieser Bestand aber wieder auf 256 900 zusammen. Die Zahl der Halter verringerte sich von 1960 bis 1970 von 47 300 auf 20 400. Durchgängig stark entwickelte sich hingegen die Truthahnzucht. 1950 wurde diese statistisch noch nicht erfasst, 1960 wurden dann 71 900 Tiere gezählt und 1970 schließlich 89 900, bei stark zunehmender Tendenz. Die Konzentration war hier von Anfang an groß und setzte sich fort. 1960 gab es 14 600 Puten-Halter, 1970 nur noch 5300.

Insgesamt hat die Haltung von Schlachtgeflügel, insbesondere von Hühnern und Puten einen beachtlichen Aufschwung genommen, von dem vor allem jene Betriebe profitierten, die sich darauf spezialisierten. Wie groß die Nachfrage nach Geflügelfleisch war, ersieht man daraus, dass die jährliche Geflügelschlachtmenge in Bayern allein von 1965 bis 1969 von 10 486 500 t auf 38 336 100 t anwuchs. Zum allergrößten Teil waren dies Hühner, aber den größten Zuwachs gab es bei Puten, deren Anteil von 10,2 t auf 729,5 t anstieg.[234]

Zu der tief greifenden Veränderung, welche die bayerische Landwirtschaft in den zwei Jahrzehnten von 1950 bis 1970 erfuhr, trug die fortschreitende Mechanisierung maßgeblich bei. Bei den ca. 432 000 land- und forstwirtschaftlichen Betrieben, die man 1969 in Bayern zählte, kamen damals folgende Maschinen zur Verwendung:

Anzahl	Art der Maschine
42 883	Motorhacken, -fräsen, -mäher
188 227	Düngerstreuer
133 556	Stallmiststreuer
370 029	Sämaschinen
299 648	Maschinen für die Futterernte
208 355	Mähdrescher
98 655	andere Maschinen für die Getreideernte
50 181	Kartoffelsammmelroder
235 580	andere Kartoffelerntemaschinen
89 375	Anhänger mit Be- und Entladevorrichtung
28 883	Pick-up-Lader für die Erntebergung
22 239	Pick-up-Pressen für Heu und Stroh
160 366	Melkmaschinenanlagen
14 040	Anlagen für das tägliche Ausmisten

Volkswirtschaftlicher Stellenwert

Der Modernisierungs- und Rationalisierungsprozess hatte die gewünschte Wirkung. Durch Steigerung der Produktivität, der Produktion und der Agrarpreise stieg die Bruttowertschöpfung der bayerischen Landwirtschaft deutlich an.

Allerdings blieb dieser Anstieg erheblich hinter dem anderer Wirtschaftsbereiche zurück, sodass der Anteil der Landwirtschaft am bayerischen Bruttoinlandsprodukt stetig zurückging (siehe Diagramme S. 574). Dieser Rückgang im Verhältnis zu der gesamtwirtschaftlichen Leistung war jedoch kein bayerisches Phänomen, sondern lässt sich auch auf Bundesebene beobachten. Allerdings war der Rückgang ab Ende der 50er-Jahre in Bayern deutlich stärker als im Bund, was darauf zurückzuführen ist, dass der Modernisierungsprozess in Bayern etwas langsamer in Gang gekommen ist. Erst zu Beginn der 70er-Jahre hat die bayerische Landwirtschaft ihren Leistungsrückstand aufgeholt, ihr Anteil an der Wertschöpfung der deutschen Landwirtschaft sank seit 1974 nicht mehr unter 24 % (siehe Diagramm S. 566 unten).

Im Rückblick wird erkennbar, dass sich die Entwicklung der bayerischen Landwirtschaft in der Nachkriegszeit ab 1945 bruchlos in jene einfügt, die schon seit Mitte des 19. Jahrhundert zu beobachten ist. Vornehmlich wegen der später einsetzenden Expansion der anderen Wirtschaftsbereiche folgte diese Entwicklung mit deutlicher Verzögerung den Bahnen, die die Landwirtschaft auf nationaler Ebene vorgab, wobei die bayerische deren Vorsprung zwar langsam, aber stetig aufholte. Dieser Prozess erlangte Mitte der 1930er-Jahre, vor allem aber in den 1960er-Jahren seine größte Dynamik. In diesen beiden Phasen herrschte Vollbeschäftigung und in Industrie und Gewerbe bestand eine besonders große Nachfrage nach Arbeitskräften; diese konnte in Bayern, anders als in den meisten anderen Ländern, zu einem beträchtlichen Teil durch jene Menschen abgedeckt werden, die aus der Landwirtschaft abwanderten. So kam es in diesen Phasen in Bayern zu einem rascheren Wachstum des sekundären und tertiären Sektors als auf Reichs- beziehungsweise Bundesebene, und es verringerte sich auch der Rückstand, den Bayern hinsichtlich seines Industrialisierungsgrades hatte, besonders rasch.

Der landwirtschaftliche Sektor war somit in Bayern nicht nur deshalb wichtig, weil er einen beachtlichen Teil zur wirtschaftlichen Wertschöpfung beisteuerte; vielmehr trug er, indem er Arbeitskräfte in großer Zahl dann freigab, wenn das Wachstum der anderen Wirtschaftssektoren durch Arbeitskräftemangel gehemmt wurde, maßgeblich dazu bei, dass Bayern seinen Rückstand gegenüber den stärker industrialisierten Regionen Deutschlands, die über solche Reserven nicht mehr verfügten, beschleunigt aufholen konnte. Die „Rückständigkeit" der bayerischen Landwirtschaft – die im Kern darin bestand, dass sie den Strukturwandel langsamer vollzog – erwies sich so vor allem in der Nachkriegszeit als ein erheb-

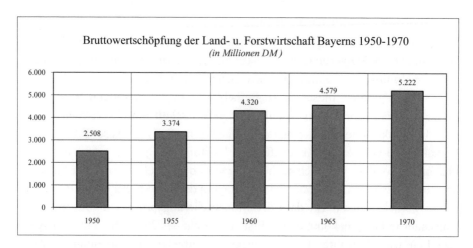

Bruttowertschöpfung der Land- u. Forstwirtschaft Bayerns 1950-1970
(in Millionen DM)

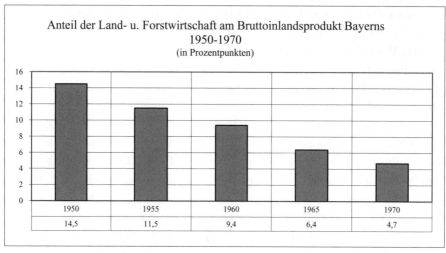

Anteil der Land- u. Forstwirtschaft am Bruttoinlandsprodukt Bayerns
1950-1970
(in Prozentpunkten)

	1950	1955	1960	1965	1970
	14,5	11,5	9,4	6,4	4,7

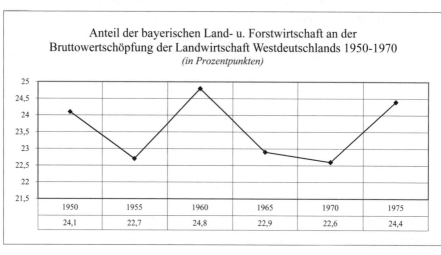

Anteil der bayerischen Land- u. Forstwirtschaft an der
Bruttowertschöpfung der Landwirtschaft Westdeutschlands 1950-1970
(in Prozentpunkten)

	1950	1955	1960	1965	1970	1975
	24,1	22,7	24,8	22,9	22,6	24,4

licher volkswirtschaftlicher Vorteil. Das hier in Reserve gehaltene Arbeitskräfte-potenzial stellte gewissermaßen eine Trumpfkarte dar, die sich Bayern bis zuletzt aufgehoben hatte, und mit deren Ausspielen es mit seinen Partnern gleichzog.

8. Öffentliche Finanzen, Steuern und Einkommen

Staatshaushalt und Staatsverschuldung

Nach Überwindung der schwierigsten Nachkriegsjahre und mit Einsetzen des wirtschaftlichen Aufschwungs wurde die öffentliche Hand in die angenehme Lage versetzt, von Jahr zu Jahr einen beträchtlichen Zuwachs ihrer Einkünfte verzeichnen und dementsprechend auch immer mehr ausgeben zu können (siehe Diagramm S. 576 oben). Von 1950 bis 1955 wuchsen die staatlichen Einnahmen – einschließlich jener durch Kreditaufnahmen – jährlich im Schnitt um 276,2 Mio. DM; von 1950 bis 1960 nahmen sie jährlich um 180,3 Mio. zu, von 1960 bis 1965 aber um 786,7 Mio., von 1965 bis 1970 um 862,1 Mio., und von 1970 bis 1975 schließlich sogar um 2139,3 Mio. DM. Insgesamt stiegen die Einnahmen von 1950 bis 1970 um das 6,8-Fache, bis 1975 um das 12,8-Fache.

Von den ca. 1775 Mio. DM, welche die Einnahmen 1950 ausmachten, stammten 1083 Mio. aus Steuern, 79,2 Mio. aus staatlichen Wirtschaftsunterneh-men, davon allein 58,2 Mio. aus den Staatsforstbetrieben. Die Verwaltungs- und Betriebseinnahmen – Gebühren, Entgelte, Strafen, Mieten etc. – erbrachten 167,5 Mio. vom Bund, und von den Gebietskörperschaften erhielt der Staat insgesamt 261,5 Mio. DM. Davon waren 24,6 Mio. Zuweisungen und 57,6 Mio. Darlehen des Bundes, 32,3 Mio. Lastenausgleich, 31 Mio. Länderfinanzausgleich und 32,8 Mio. Zuweisungen von den Gemeinden[235]. Bis 1961 änderte sich die Gewichtung zwischen den unterschiedlichen Quellen der Staatseinnahmen nur langsam. Die größten Unterschiede der Einnahmen von 1961 gegenüber denen von 1950 be-stehen darin, dass sich der Charakter der Zuweisungen vonseiten des Bundes geändert hat und die Neuverschuldung in diesem Jahr außergewöhnlich gering war. Diese spielt dagegen seit Ausgang der 60er-Jahre eine zunehmend wichti-gere Rolle, während sich im Übrigen die Schwerpunkte nur wenig verlagern (siehe Diagramme S. 577).

Der Umfang der gesamten Ausgaben stieg von 1950 bis 1970 um das 6,6-Fache und bis 1975 um das 12,4-Fache; damit bewegten sich die Ausgaben in enger Relation zu den Einnahmen. Zwar differierten sie seit 1953 mitunter ein wenig voneinander, doch blieben beide auf längere Sicht nahezu ausgeglichen. Allerdings war dieser ausgeglichene Haushalt nur durch eine laufende Neuver-schuldung aufrechtzuerhalten, denn der Staat gab trotz der starken Zunahme sei-ner eigenen Einkünfte mehr aus, als er einnahm.

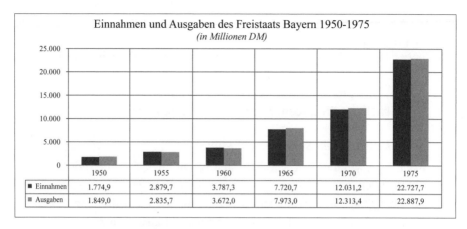

Einnahmen und Ausgaben des Freistaats Bayern 1950-1975 *(in Millionen DM)*	1950	1955	1960	1965	1970	1975
Einnahmen	1.774,9	2.879,7	3.787,3	7.720,7	12.031,2	22.727,7
Ausgaben	1.849,0	2.835,7	3.672,0	7.973,0	12.313,4	22.887,9

Die Folge davon war ein langsames, aber stetiges Wachstum der Staatsverschuldung (siehe Diagramm S. 578 oben).

Wie diese Zahlen zeigen, hat sich die bayerische Staatsregierung in den ersten beiden Jahrzehnten nach der Währungsreform weitgehend an den Grundsatz gehalten, wonach ein Staat in normalen Zeiten und auf längere Sicht nicht mehr ausgeben sollte, als er einnimmt. Bis 1970 erhöhte sich die Staatschuld nur rund um das 2,5-Fache, womit die Steigerungsrate weit hinter der Zunahme des Haushaltsvolumens zurück blieb, der im gleichen Zeitraum fast um das 7-Fache zunahm. Erst am Ende der 60er-Jahre, im Zeichen der zunehmenden Interventionspolitik, rückte sie von dieser Maxime ab, mit der Folge, dass sich zwischen Staatsausgaben und Staatseinnahmen eine immer größere Lücke auftat, die mittels einer Neuverschuldung geschlossen werden musste.

Ausgegeben wurde der größte Teil der staatlichen Mittel für die Bereiche Verwaltung – und hier insbesondere für die Personalkosten –, für die öffentliche Sicherheit, die Bildungseinrichtungen, die soziale Sicherung, sowie das Bauwesen. Die Personalkosten sind somit von 1950 bis 1970 um das 7,5-Fache und bis 1975 um das 14,5-Fache gestiegen und damit deutlich stärker als die Ausgaben insgesamt, da diese gleichzeitig um das 6,6-Fache und 12,4-Fache stiegen. Doch zeigt sich bei genauerer Betrachtung, dass die Gewichtung zwischen den verschiedenen Sektoren staatlicher Tätigkeit sehr unterschiedlich war (siehe Diagramme S. 578 u. S. 580 oben). Daraus ergibt sich folgende prozentuale Zunahme:

Bereich	1950-1965	1965-1970	1970-1975
	Zunahme in Prozentpunkten		
Regierung und zentrale Verwaltung	315,6	74,7	81,5
Öffentliche Ordnung und Sicherheit	265,3	61,8	154,4
Schule und vorschulische Bildung	343,3	75,1	108,2
Hochschulen	628,6	126,9	309,0

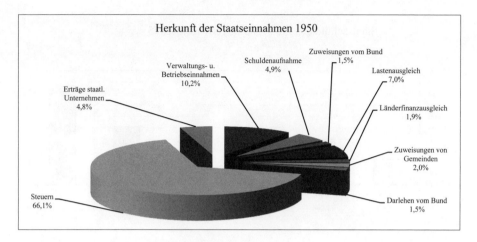

Herkunft der Staatseinnahmen 1950

Zuweisungen vom Bund
1,5%

Schuldenaufnahme
4,9%

Verwaltungs- u.
Betriebseinnahmen
10,2%

Lastenausgleich
7,0%

Erträge staatl.
Unternehmen
4,8%

Länderfinanzausgleich
1,9%

Zuweisungen von
Gemeinden
2,0%

Steuern
66,1%

Darlehen vom Bund
1,5%

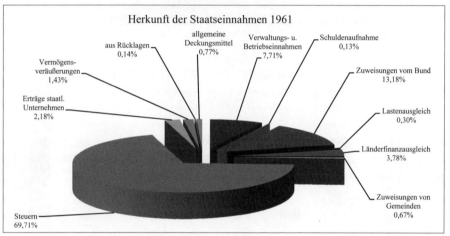

Herkunft der Staatseinnahmen 1961

allgemeine
Deckungsmittel
0,77%

Verwaltungs- u.
Betriebseinnahmen
7,71%

Schuldenaufnahme
0,13%

aus Rücklagen
0,14%

Vermögens-
veräußerungen
1,43%

Zuweisungen vom Bund
13,18%

Erträge staatl.
Unternehmen
2,18%

Lastenausgleich
0,30%

Länderfinanzausgleich
3,78%

Zuweisungen von
Gemeinden
0,67%

Steuern
69,71%

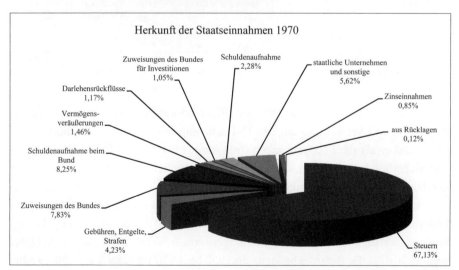

Herkunft der Staatseinnahmen 1970

Zuweisungen des Bundes
für Investitionen
1,05%

Schuldenaufnahme
2,28%

staatliche Unternehmen
und sonstige
5,62%

Darlehensrückflüsse
1,17%

Zinseinnahmen
0,85%

Vermögens-
veräußerungen
1,46%

aus Rücklagen
0,12%

Schuldenaufnahme beim
Bund
8,25%

Zuweisungen des Bundes
7,83%

Gebühren, Entgelte,
Strafen
4,23%

Steuern
67,13%

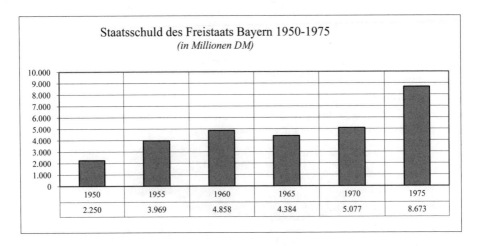

Staatsschuld des Freistaats Bayern 1950-1975
(in Millionen DM)

	1950	1955	1960	1965	1970	1975
	2.250	3.969	4.858	4.384	5.077	8.673

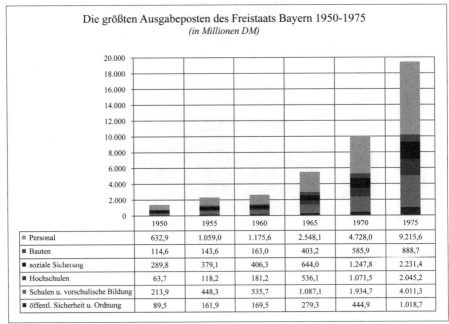

Die größten Ausgabeposten des Freistaats Bayern 1950-1975
(in Millionen DM)

	1950	1955	1960	1965	1970	1975
Personal	632,9	1.059,0	1.175,6	2.548,1	4.728,0	9.215,6
Bauten	114,6	143,6	163,0	403,2	585,9	888,7
soziale Sicherung	289,8	379,1	406,3	644,0	1.247,8	2.231,4
Hochschulen	63,7	118,2	181,2	536,1	1.071,5	2.045,2
Schulen u. vorschulische Bildung	213,9	448,3	535,7	1.087,1	1.934,7	4.011,3
öffentl. Sicherheit u. Ordnung	89,5	161,9	169,5	279,3	444,9	1.018,7

Über den Zeitraum von 1950 bis 1975 sind die Personalkosten im Bereich Regierung und Verwaltung um das 13-Fache angestiegen und damit nur geringfügig stärker als die Staatsausgaben insgesamt. Im Bereich öffentliche Ordnung und Sicherheit betrug der Anstieg das 15-Fache, im Schulwesen das 16-Fache und bei den Hochschulen sogar das 57-Fache.

Eine weitere Möglichkeit, die Personalkosten zu differenzieren, bietet ihre Untergliederung in Beamtenbezüge, Angestellten- und Arbeitervergütung, Beihilfen und sonstige Unterstützungszahlungen sowie Versorgungsaufwand. Dabei zeigt sich, dass die Beamtenbezüge von 1950 bis 1970 von 289,5 auf 2567,9 Mio.

DM und damit um das 8,6-Fache stiegen. Die Bezüge der anderen Beschäftigten nahmen von 183,6 auf 973,3 Mio. oder um das 5,3-Fache zu, die Versorgungsaufwendungen von 123,6 auf 797,4 Mio. DM oder um das 6,5-Fache.[236]

In der obigen Übersicht sind nur solche Ausgaben dargestellt, die der Staat unmittelbar tätigte. Hinzu kommen solche, bei denen er eine Mittlerrolle spielte, indem er einen Teil seiner Einnahmen an andere Körperschaften – vor allem an den Bund und die Kommunen – weiterleitete. Die Zuweisungen an die Kommunen hatten 1950 einen Umfang von 230,9 Mio. DM, und dieser stieg bis 1970 auf 1485 Mrd. DM an; das war eine Steigerung um das 6,4-Fache. An den Bund und andere Länder überwies Bayern, nachdem die gegenseitigen finanziellen Verpflichtungen zwischen Bund und Ländern geregelt waren, rund 153 Mio. DM im Jahr 1953, und diese Zuweisungen erhöhten sich bis 1970 auf 228 Mio. DM.

Die Staatsausgaben lassen gewisse Rückschlüsse auf die politischen Prioritäten zu. So lag eine Priorität offensichtlich im Bildungsbereich, überstiegen doch die Ausgaben für die Schulen und die vorschulische Bildung, die bis 1970 um das 9-Fache zulegten, und vor allem jene für die Hochschulen, die 1970 sogar fast 17 Mal so hoch waren wie 1950, die Zunahme der Gesamtausgaben – diese betrug das 6,6-Fache – deutlich. Erschwert wird die Interpretation dieser Zahlen jedoch dadurch, dass sich viele finanzielle Maßnahmen, darunter vor allem solche, die der Wirtschaft zugutekamen, nicht im Budget niederschlugen, da sie im Verzicht auf Steuern und Abgaben und in der Durchführung von Infrastrukturmaßnahmen bestanden, die zudem oft aus mehreren Quellen – EWG, Bund, Freistaat und Gemeinden – finanziert wurden. Nur ein kleiner Teil der Subventionen für die Wirtschaft lässt sich im Etat der zuständigen Ministerien ausmachen. So standen dem Wirtschaftsministerium 1964 insgesamt 72,2 Mio. DM für wirtschaftsfördernde Maßnahmen („allgemeine Bewilligungen") zur Verfügung; 1971 konnte es 18,5 Mio. DM für „allgemeine Wirtschaftsförderung" und darüber hinaus 115,9 Mio. DM für „regionale und strukturelle Wirtschaftsförderung" ausgeben. Diese Steigerung zeigt, dass die bayerische Staatsregierung auch ihre direkten Interventionen Ende der 60er-Jahre erheblich verstärkte. Dagegen wurden die Mittel des Landes für die Förderung der Landwirtschaft gekürzt. Dem Landwirtschaftsministerium standen 1964 für „allgemeine Bewilligungen" noch 572,5 Mio. DM zur Verfügung, 1971 aber waren es nur noch 492,4 Mio. DM. Nur die Ausgaben für die Flurbereinigung wurden erhöht, und zwar von 24,6 auf 49,4 Mio. DM. Gleichzeitig aber flossen erheblich mehr Mittel vom Bund und der EWG in die Landwirtschaft, sodass der Rückgang der Förderung durch das Land mehr als kompensiert wurde. Dagegen lässt sich eine Prioritätensetzung besonderer Art eindeutig feststellen: Der Etat des Ministerpräsidenten und der Staatskanzlei wurde allein in den Jahren von 1964 bis 1970 von 5,6 auf 18,4 Mio. DM und somit um mehr als das Dreifache erhöht.[237]

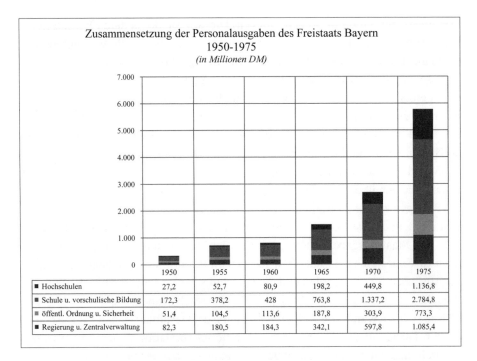

Zusammensetzung der Personalausgaben des Freistaats Bayern
1950-1975
(in Millionen DM)

	1950	1955	1960	1965	1970	1975
■ Hochschulen	27,2	52,7	80,9	198,2	449,8	1.136,8
■ Schule u. vorschulische Bildung	172,3	378,2	428	763,8	1.337,2	2.784,8
■ öffentl. Ordnung u. Sicherheit	51,4	104,5	113,6	187,8	303,9	773,3
■ Regierung u. Zentralverwaltung	82,3	180,5	184,3	342,1	597,8	1.085,4

Steuern, Einkommen und Lebenshaltungskosten

Die mit großem Abstand wichtigste Einnahmequelle der öffentlichen Hand waren selbstverständlich die Steuern, wobei sich das gesamte Steueraufkommen – d. h. die Einnahmen, die dem Freistaat *und* dem Bund aus der Lohn-, Einkommens-, Körperschafts-, Vermögens-, Erbschafts-, Kraftfahrzeug-, Umsatz- und Biersteuer zuflossen – in diesem Zeitraum stark erhöhte.

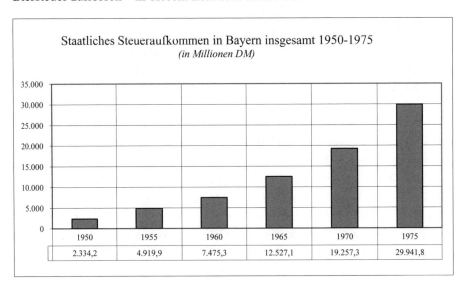

Staatliches Steueraufkommen in Bayern insgesamt 1950-1975
(in Millionen DM)

1950	1955	1960	1965	1970	1975
2.334,2	4.919,9	7.475,3	12.527,1	19.257,3	29.941,8

Den Ländern standen ein Teil der Lohn-, Einkommens- und Körperschaftssteuer sowie die Vermögens-, Kraftfahrzeug- und Biersteuer zu, die Gemeinden
erhielten die Grund- und die Gewerbesteuern. An den Bund dagegen wurden die
Umsatz- und Umsatzausgleichsteuer, die Zölle, die Tabak- und die Mineralölsteuer abgeführt. Dabei haben sich die wichtigsten Steuereinnahmen des Freistaates
wie folgt entwickelt:.

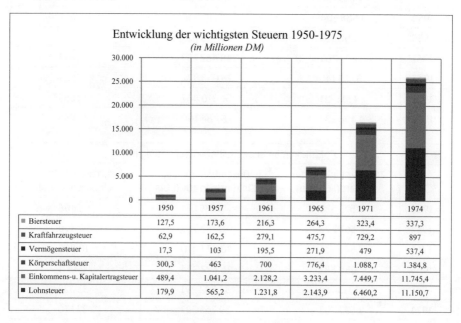

Entwicklung der wichtigsten Steuern 1950-1975
(in Millionen DM)

	1950	1957	1961	1965	1971	1974
▪ Biersteuer	127,5	173,6	216,3	264,3	323,4	337,3
▪ Kraftfahrzeugsteuer	62,9	162,5	279,1	475,7	729,2	897
▪ Vermögensteuer	17,3	103	195,5	271,9	479	537,4
▪ Körperschaftsteuer	300,3	463	700	776,4	1.088,7	1.384,8
▪ Einkommens-u. Kapitalertragsteuer	489,4	1.041,2	2.128,2	3.233,4	7.449,7	11.745,4
▪ Lohnsteuer	179,9	565,2	1.231,8	2.143,9	6.460,2	11.150,7

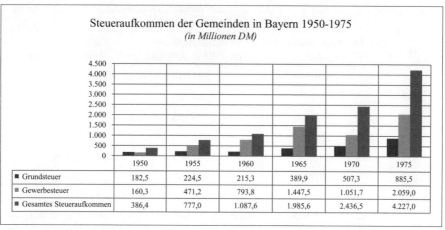

Steueraufkommen der Gemeinden in Bayern 1950-1975
(in Millionen DM)

	1950	1955	1960	1965	1970	1975
▪ Grundsteuer	182,5	224,5	215,3	389,9	507,3	885,5
▪ Gewerbesteuer	160,3	471,2	793,8	1.447,5	1.051,7	2.059,0
▪ Gesamtes Steueraufkommen	386,4	777,0	1.087,6	1.985,6	2.436,5	4.227,0

Die Entwicklung der Einnahmen aus den Steuern steht zwangsläufig mit jener der Einkommen in enger Verbindung, über die folgende Aufstellungen Aufschluss geben:[238]

Einkommen aus abhängiger Beschäftigung			
Jahr	Zahl der Lohnsteuer-pflichtigen	Gesamtsumme Bruttolohn in 1000 DM	durchschnittlicher Bruttolohn in DM
1950	1 588 504	4 530 960	2857
1955	2 602 410	9 776 655	3756
1961	3 203 003	18 462 259	5764
1965	3 583 145	28 053 842	7829
1971	4 313 211	56 310 467	13 055
1974	4 496 282	78 486 160	17 455

Einkommen aus selbstständiger Tätigkeit			
Jahr	Zahl der Einkommen-steuerpflichtigen	Gesamtsumme der Einkünfte in 1000 DM	durchschnittliche Einkünfte in DM
1950	573 628	3 135 581	5466
1957	567 796	6 183 783	10 890
1961	546 951	10 677 410	18 805
1965	689 382	16 622 334	24 111
1971	1 113 753	37 342 291	33 528
1974	1 593 303	59 765 527	37 510

Einkommen der Körperschaften			
Jahr	Zahl der steuerpflichtigen Körperschaften	Gesamtsumme der Einkünfte in 1000 DM	durchschnittliche Einkünfte in DM
1950	5181	607 548	11 726
1957	6427	1 107 745	17 235
1961	6614	1 706 105	25 795
1965	7313	1 974 306	26 997
1971	8311	3 082 562	37 090
1974	9847	3 841 558	39 012

Bei diesen Statistiken ist jedoch zu berücksichtigen, dass die steuerliche Erfassung je nach Einkommensart von unterschiedlicher Intensität war, wenn diese Unterschiede auch nicht mehr so krass waren wie früher. Eine nahezu lückenlose Erfassung gab es nur bei den Einkommen aus abhängiger Beschäftigung, da diese mittels der Lohnsteuer erfolgte. Dagegen gestaltete sich die

Ermittlung der Einkommen aus selbstständiger Tätigkeit und anderen Einkommensquellen – Vermögen, Vermietung etc. – weitaus komplizierter. Während die Einkünfte der Arbeitnehmer also in der Regel ziemlich vollständig registriert wurden, war dies bei den anderen Einkommensarten nur in Ausnahmen der Fall. So war zum Beispiel der Erfassungsgrad der Steuerpflichtigen in der Land- und Forstwirtschaft mit 10 bis 20 % aller in Frage kommenden Betriebe sehr gering, da hier die niedrigen Einheitswerte von 1935 als Basis für die steuerliche Berechnung genommen wurden, mit der Folge, dass die meisten Betriebe unterhalb der Steuerfreigrenzen lagen. Die Gewerbebetriebe lieferten im Gegensatz zu den Einkünften aus selbstständiger Arbeit und Kapitalanlagen ausführliche Zahlen. Dies hing zum einen mit den unzulänglichen Kontrollmöglichkeiten zusammen, zum anderen mit den Steuerfreigrenzen und dem Umstand, dass Selbstständige alle Kosten, die ihnen bei der Ausübung ihres Berufes entstanden, vom Einkommen abziehen konnten, sodass die Ermittlung der realen Einkommen oft sehr schwierig war.

1972 veröffentlichte das bayerische Statistische Landesamt eine umfassende vergleichende Übersicht über die Entwicklung der verschiedenen Einkommensarten für den Zeitraum von 1961 bis 1971, die trotz gewisser Unsicherheiten, die ihr wegen der o. g. Probleme anhaften, die reale Entwicklung zutreffend widerspiegeln dürfte.[239] Die Entwicklung der Gesamteinkünfte stellte sich demnach wie folgt dar:

Jahr	Art der Tätigkeit	Zahl der gesamten Steuerpflichtigen	Einkünfte der Steuerpflichtigen	durchschnittliche Einkünfte
		in Mio.	in Mrd. DM	in DM
1961	Arbeitnehmer	3,065	20,0	6525
	Selbstständige	0,327	6,6	20 183
1965	Arbeitnehmer	3,257	31,4	9640
	Selbstständige	0,285	6,8	23 859
1968	Arbeitnehmer	3,265	37,7	11 546
	Selbstständige	0,263	7,0	26 615
1971	Arbeitnehmer	3,603	59,6	16 541
	Selbstständige	0,250	9,6	38 400

Die Einkünfte sowohl der Arbeitnehmer als auch der Selbstständigen sind somit von 1950 bis 1971 kräftig gestiegen. Das durchschnittliche Brutto-Einkommen eines abhängig Beschäftigten wuchs um das 4,6fache, das eines Selbstständigen um das 6,1fache. Dabei zeigen sich jedoch bei der Entwicklung der Differenz zwischen den Einkommen aus selbstständiger und abhängiger Tätigkeit im Zeitraum von 1950 bis 1971 interessante Verschiebungen. So betrug das durch-

schnittliche Einkommen eines Selbstständigen 1950 das 1,9-Fache eines Arbeit-
nehmers; bis 1961 stieg es auf das 3,3-Fache an, 1965 betrug es noch das 3,1-Fache,
1971 das 2,6-Fache und 1974 schließlich noch das 2,1-Fache. In dieser Entwicklung spiegelt sich der große Bedarf an Arbeitskräften wider, der zu einem relativ
kräftigeren Anwachsen der Löhne seit ca. 1960 führte.

Dieser erhöhte Arbeitskräftebedarf hatte auch zur Folge, dass sich der Anteil
der Arbeitnehmer in den unteren Lohngruppen stark verminderte. So sank der
Anteil von Lohnempfängern mit Gesamteinkünften von bis zu 8000 DM von
75 % im Jahr 1961 auf 24,1 % im Jahr 1971, während derjenige mit Gesamteinkünften von 8000 bis 25 000 von 24,2 % auf 62,7 %, und der mit Gesamteinkünften von über 25 000 DM von 0,8 % auf 13,2 % zulegte. Bei den Selbstständigen verringerte sich der Anteil derjenigen mit Gesamtsamteinkünften von
weniger als 8000 DM von 42,5 % auf 25,5 %, während jener mit Gesamteinkünften von 8000 bis 25 000 DM von 39,9 % auf 41,2 % und jener mit mehr als 25 000
DM sogar von 17,6 % auf 33,1 % zulegte.

Als ein wesentlicher Faktor der Einkommensentwicklung der Arbeitnehmer
erwies sich auch der Umstand, dass die Zahl der Eheleute mit beidseitigem Brut-
tolohn, der „Doppelverdiener", von 1961 bis 1971 stark zunahm. Hatten diese
Ehepartner zuvor 28,6 % der lohnsteuerpflichtigen Fälle ausgemacht, so stellten
sie nun 41 %. Als Ursache für diese Zunahme machte man die günstige wirtschaftliche Entwicklung aus, durch die nun auch die Ehepartner von „Gastarbeitern" Arbeitsplätze gefunden hätten.

Die Löhne und Gehälter sind somit kräftig, aber deutlich unterschiedlich
gewachsen:

Lohnempfänger/ Art des Lohns	1950/51 in DM	1957 in DM	1960 in DM	1965 in DM	1970 in DM	1975 in DM	Steigerung 1950/75 in %
Industriearbeiter Wochenlohn	52	84	104	168	237	363	598
Arbeiter im Handwerk Wochenlohn	55[240]	86	113	180	253	394	616
Arbeiter in der Landwirtschaft Stundenlohn	0,70	1,47	1,77	2,97	4,12	6,35	807
Kaufmännische Angestellte[241] Monatslohn	353	455	538	798	1162	2009	469
Technische Angestellte Monatslohn	490	602	739	1057	1517	2506	411

Lohnempfänger/ Art des Lohns	1950/51 in DM	1957 in DM	1960 in DM	1965 in DM	1970 in DM	1975 in DM	Steigerung 1950/75 in %
Beamter der Besoldungsgruppe A 9, Monatsgehalt (Anfangsgehalt)	325	583	624	795	1091	1647	406
Angestellter im öff. Dienst, Anfangsgehalt der Vergütungsgruppe IV b, Monatsgeh.	380	567	725	943	1266	1870	392

Indem die Löhne mit der Produktivität in etwa Schritt hielten, stiegen sie auch deutlich rascher als die Preise; hier ist von 1956 bis 1974 folgende Entwicklung zu beobachten:[242]

Art der Güter	1956	1959	1962	1965	1968	1971	1974
			1962 = 100				
Lebensmittel	89,9	94,4	100	104,6	107,1	116,7	139,5
Textilien u. Schuhe	92,0	96,2	100	105,3	106,5	114,0	134,0
Hausrat u. Wohnbedarf	88,2	93,3	100	101,5	101,7	109,2	125,3
Sonstiges	88,3	93,3	100	104,5	109,4	121,1	147,6

Der auf Bundesebene ermittelte Preisindex für die Lebenshaltung – errechnet für einen Vier-Personen-Haushalt mit mittlerem Einkommen – stellte sich wie folgt dar (1976 = 100):[243]

	1956	1959	1962	1965	1968	1971	1974	1976
insgesamt	52,1	54,8	58,6	63,8	67,9	75,2	90,3	100
davon:								
Ernährung	55,0	58,1	58,6	67,9	67,8	74,5	89,5	100
Wohnung	34,0	35,8	42,7	50,8	62,6	74,1	88,3	100
Heizung u. Beleuchtung	45,2	48,8	51,1	54,2	59,2	63,2	83,7	100
Bekleidung	52,7	56,1	60,0	64,3	67,2	75,0	92,0	100
Bildung, Unterhaltung, Erholung	44,3	47,7	53,1	59,1	66,6	74,1	89,5	100
Verkehr	49,3	54,3	57,3	61,0	66,6	74,3	91,0	100

Die Folge des sich stetig vergrößernden Abstandes zwischen den Einkommen und den Ausgaben für den täglichen Bedarf war ein beträchtlicher Kaufkraftanstieg bei der Masse der Bevölkerung, der sich vor allem im Kauf von lang-

lebigen Gebrauchsgütern – hier rangierte der PKW mit an erster Stelle –, in einer
Zunahme der Spareinlagen und im Erwerb von Immobilienbesitz niederschlug:[244]

	1950	1955	1960	1965	1970	1975
Einlagen bei Banken und Sparkassen in Mrd. DM	2,550	7,703	14,994	29,287	61,084	116,948
davon Spareinlagen	0,675	3,339	8,179	17,873	35,621	68,200
Bausparsumme in Mrd. DM	0,202[245]	0,914	1,925	4,600	9,896	11,001
Bestand an PKW (Stückzahl)	96 523	308 419	774 936	1 608 875	2 426 446	3 133 482

Diese Entwicklung legt den Schluss nahe, dass der durch eine enge Verbindung von Produktivitäts- und Lohnzuwachs bedingte Anstieg der Massenkaufkraft ein wesentlicher Faktor des wirtschaftlichen Wachstums dieser Jahrzehnte
darstellte, das von einer großen Binnennachfrage nach Gütern und Dienstleistungen begleitet wurde. Die Verbesserung des Lebensstandards breiter Bevölkerungsschichten, die in enger Relation zum Produktivitätszuwachs erfolgte, kam
so letztlich wieder der Wirtschaft, und über die stark steigenden Einnahmen der
öffentlichen Hand auch dem Gemeinwesen als Ganzem zugute.

Die Entwicklung auf Ebene der Regierungsbezirke

Schon die beschleunigte Industrialisierung, die Bayern während des Dritten
Reiches erfuhr, hatte sich stark auf *Oberbayern* konzentriert, und dieser Regierungsbezirk war auch das bevorzugte Ziel der Betriebsverlagerungen, die während
des Krieges und unmittelbar danach vorgenommen wurden.[246] Die Folge davon
war, dass Oberbayern in diesen Jahren seinen Vorsprung gegenüber den übrigen
Regierungsbezirken hinsichtlich der wirtschaftlichen Leistungsfähigkeit weiter
ausbauen konnte. Auch die Verluste an Arbeitsplätzen in Rüstungsbetrieben, die
mit dem Kriegsende eintraten, konnten offensichtlich rasch kompensiert werden
(siehe Diagramm S. 587 oben).

Die Industrie Oberbayerns zählte im Dezember 1948 knapp 140 000 Beschäftigte, deutlich mehr als in Ober- und Mittelfranken, wo es jeweils gut
111 000 waren. Schon weit abgeschlagen folgte Schwaben mit rund 83 000, gefolgt von Unterfranken mit rund 57 000, der Oberpfalz mit 51 000 und Niederbayern mit ca. 34 000 Industriebeschäftigten. Noch deutlicher als bei der Indus-
triebeschäftigtenzahl setzte sich Oberbayern hinsichtlich seines Anteils am
Industrieumsatz ab. Im Dezember 1949 betrug dieser 26 % des Umsatzes der
gesamten bayerischen Industrie und übertraf damit deutlich den Mittelfrankens,
der mit 20,1 % folgte. Oberfranken kam auf 16,5 %, Schwaben auf 14,8 %,

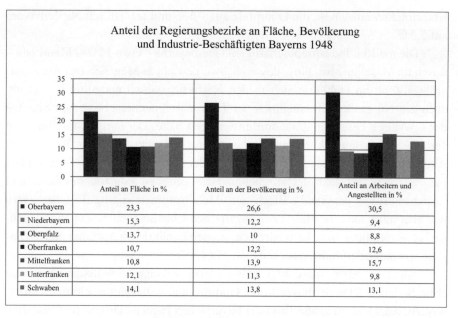

Anteil der Regierungsbezirke an Fläche, Bevölkerung und Industrie-Beschäftigten Bayerns 1948

	Anteil an Fläche in %	Anteil an der Bevölkerung in %	Anteil an Arbeitern und Angestellten in %
■ Oberbayern	23,3	26,6	30,5
■ Niederbayern	15,3	12,2	9,4
■ Oberpfalz	13,7	10	8,8
■ Oberfranken	10,7	12,2	12,6
■ Mittelfranken	10,8	13,9	15,7
■ Unterfranken	12,1	11,3	9,8
■ Schwaben	14,1	13,8	13,1

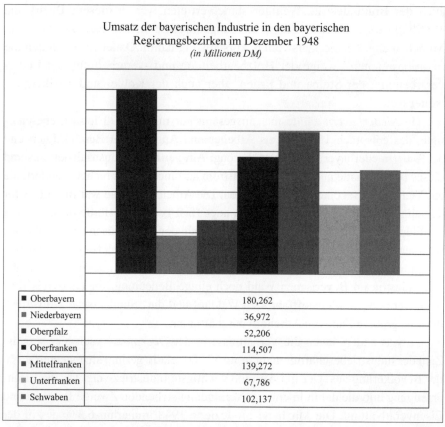

Umsatz der bayerischen Industrie in den bayerischen Regierungsbezirken im Dezember 1948
(in Millionen DM)

■ Oberbayern	180,262
■ Niederbayern	36,972
■ Oberpfalz	52,206
■ Oberfranken	114,507
■ Mittelfranken	139,272
■ Unterfranken	67,786
■ Schwaben	102,137

Unterfranken auf 9,8 %, die Oberpfalz auf 7,5 % und schließlich Niederbayern auf 5,3 %.

Die meisten Industriebeschäftigten Oberbayerns – etwa 15 000 Menschen – waren im Maschinenbau tätig, dessen Schwergewicht in München lag. Als zweitgrößtes Zentrum etablierte sich in den Nachkriegsjahren endgültig Ingolstadt, nachdem ein großes Unternehmen der Textilmaschinenbranche seinen Sitz aus der sowjetisch besetzten Zone dorthin verlagert hatte. Der übrige Maschinenbau verteilte sich hauptsächlich auf die Landkreise München, Freising, Rosenheim, Altötting und Traunstein. München war zudem nach wie vor ein Zentrum des Fahrzeugbaus, der elektrotechnischen und der optischen Industrie, des Stahl- und Eisenbaus sowie der Stahl-, Blech- und Metallwarenerzeugung. In Oberbayern war aber auch rund die Hälfte der bayerischen Chemiearbeitsplätze angesiedelt; sie lagen vor allem im „Chemiedreieck", in den Landkreisen Altötting und Traunstein sowie wiederum in München.

Kleinere, aber vitale und umsatzstarke Zweige vervollständigten das Bild. So lagen 70 % der bayerischen Gummi- und Asbestverarbeitung in Oberbayern, dazu kamen große Teile der bayerischen Papier-, Druck- und natürlich auch der Brauindustrie. Weniger stark vertreten war in diesem Bezirk die Textilindustrie, während die Bekleidungsindustrie in der Nachkriegszeit in München einen bemerkenswerten Aufschwung nahm. Daneben bestanden die traditionsreichen Zweige der Holzbearbeitung und -verarbeitung, der Lederverarbeitung, der Steine und Erden, aber auch der Kohle- und Salzbergbau weiter fort.

In *Niederbayern* zählte man insgesamt nur rund 34 000 Industriebeschäftigte, das entsprach 15 % der als Arbeiter und Angestellten Beschäftigten und 3,1 % der niederbayerischen Bevölkerung. Am geringen Industrialisierungsgrad dieses Bezirks hatte auch der große Zustrom an Flüchtlingen nichts geändert, die ein Viertel der Bevölkerung ausmachten. Die Arbeitslosenrate war mit 3,6 % für damalige Verhältnisse außerordentlich hoch; fast genau die Hälfte davon entfiel auf Flüchtlinge. Im Dezember 1948 war die Zahl der Arbeitslosen damit höher als die aller Industriebeschäftigten. Die meisten Industriearbeitsplätze Niederbayerns waren im Bereich der Steine und Erden angesiedelt, daneben besaß lediglich die Glasindustrie im Bayerischen Wald noch einige Bedeutung; im Landkreis Kelheim waren es die Zellstofffabrik zu Waldhof und die „Süddeutsche Zellwolle", die eine größere Zahl von Arbeitern beschäftigten.

Etwas anders lagen die Verhältnisse in der *Oberpfalz*. Auch hier war die Zahl der Industriebeschäftigten mit rund 52 000 relativ gering; sie machten 8,7 % der Bevölkerung aus. Der mit Abstand wichtigste Industriezweig war die Eisenerzeugung und die damit in engerer Verbindung stehenden Zweige Bergbau und Eisenverarbeitung. Die Maxhütte produzierte 1948 immerhin 6,3 % des in der gesamten Bizone hergestellten Roheisens, und im Oberpfälzer Eisenerz- und Braunkohlebergbau fanden damals rund 5000 Menschen Beschäftigung. Von größerer Bedeutung waren auch die feinkeramische und die Glasindustrie. Regensburg war zudem der Standort der einzigen bayerischen Zuckerfabrik, die damals während der Kampagne mehr als 1100 Menschen beschäftigte.

In *Oberfranken* dagegen betrug der Anteil der in der Industrie Tätigen an den Beschäftigten 36,5 % und war damit der höchste aller Regierungsbezirke; er entsprach 9,9 % der dortigen Bevölkerung und 19 % der Beschäftigten der gesamten bayerischen Industrie. Hinsichtlich ihres Umsatzes allerdings rangierte die Industrie Oberfrankens hinter Oberbayern und Mittelfranken erst an dritter Stelle. Nach Niederbayern und Schwaben wies Oberfranken die drittstärkste Belegung mit Flüchtlingen auf; diese stellten auch 14 der 30 Arbeitslosen, die in diesem Regierungsbezirk auf 1000 Einwohner entfielen. Die beschäftigungsstärksten Industrien waren die der Steine und Erden, der Feinkeramik, der Holzverarbeitung, der Ledererzeugung, sowie die Schuh- und die Textilindustrie. Letztere rangierte mit 30 000 Beschäftigten an der Spitze, gefolgt von der feinkeramischen Industrie mit etwas weniger als 19 000; das aber waren 63 % der Beschäftigten der gesamten feinkeramischen Industrie Bayerns. Sie konzentrierten sich in den Kreisen Selb, Wunsiedel, Rehau und Kronach. Mittelpunkt der Textilindustrie dagegen war Hof, wo über ein Drittel der Beschäftigten dieser Industrie arbeiteten. In Münchberg waren die Baumwollspinnereien und -webereien konzentriert. Die Glasindustrie war hauptsächlich im Kreis Kronach angesiedelt, die Lederfabriken und die Schuherzeugung in den Landkreisen Lichtenfels und Naila, die Industrie der Steine und Erden in den Kreisen Wunsiedel und Coburg. In Bayreuth betrieb man als bedeutende Flüchtlingsindustrie die Herstellung von Gablonzer Glas- und Schmuckwaren. Die Holzwarenfabrikation hatte ihre Schwerpunkte um Coburg und Lichtenfels, die Bekleidungsindustrie, die rund 6000 Beschäftigten zählte, in Bamberg und Coburg. Von zunehmender Bedeutung waren die elektrotechnische Industrie, die sich in den Kreisen Coburg, Hof, Selb und Bamberg konzentrierte, und der Fahrzeugbau, der hauptsächlich in den Kreisen Bamberg und Kulmbach betrieben wurde; Letzteres war zudem ein Zentrum der Bierbrauerei.

In *Mittelfranken* waren 29,1 % der abhängig Beschäftigten oder 8,7 % der Bevölkerung in der Industrie tätig. Von der Zahl ihrer Beschäftigten her rangierte die mittelfränkische Industrie an dritter, vom Umsatz her an zweiter Stelle. Der Flüchtlingsanteil Mittelfrankens entsprach dem Oberbayerns – nämlich 18,2 % der Bevölkerung – und von den 2,4 % Arbeitslosen, die man hier registrierte, waren etwas weniger als die Hälfte Flüchtlinge. Der wichtigste Industriezweig war in Mittelfranken eindeutig die Elektrotechnik, die fast 50 % aller bayerischen Beschäftigten dieser Branche Arbeit bot. Ihr Zentrum war Nürnberg, wo mehr als

17 000 Menschen Telefon- und Radiogeräte, Messgeräte, Kabel, Drähte, Beleuchtungs- und Heizkörper herstellten. In Erlangen dagegen wurden hauptsächlich medizinische Geräte fabriziert. Auch die Fahrzeugherstellung war in Nürnberg konzentriert, wo vor allem die Werke Triumph, Victoria, MAN, Ardie, Hercules und FAUN viele Arbeitsplätze boten. Mehr als die Hälfte der Eisen, Blech und Metall verarbeitenden Betriebe war gleichfalls in Nürnberg ansässig, darüber hinaus ein großer Teil der feinmechanischen und optischen Industrie; diese war aber auch in Erlangen sehr präsent. Eine weitere Nürnberger Spezialität war die Spielwarenherstellung, deren Ausfuhren schon 1948 wieder 6,3 % des gesamten bayerischen Exportes ausmachten. Auch die Nichteisen-Metallindustrie, der Maschinenbau und die Bleistiftindustrie waren nach wie vor in Nürnberg konzentriert. Darüber hinaus hatte Mittelfranken, vor allem der Nürnberg-Fürther Raum, ein Reihe weiterer Industriezweige aufzuweisen – so eine zunehmend wichtiger werdende Kunststoffindustrie, eine auf Elektrobedarf spezialisierte keramische Industrie, Papiererzeugung und -verarbeitung, Druckereien, eine gut eingeführte Lebensmittel- und Brauindustrie, aber auch Betriebe der Industrie der Steine und Erden, der Ledererzeugung und -verarbeitung und schließlich auch der Holzverarbeitung.

In *Unterfranken* waren die wirtschaftlichen Verhältnisse durch ein ungefähres Gleichgewicht von Landwirtschaft und Industrie gekennzeichnet. In Letzterer waren 24,2 % der abhängig Beschäftigten tätig, was 5,6 % der Bevölkerung entsprach. Mit 15,9 % war der Flüchtlingsanteil der geringste aller Regierungsbezirke, und auch die Arbeitslosigkeit lag mit 18 Arbeitslosen – davon 7 Flüchtlinge – pro 1000 Einwohner weit unter dem Landesdurchschnitt, der bei 25 lag. Unterfranken war – wie sonst nur noch Niederbayern – in keinem Industriezweig führend. Mit knapp 11 000 Beschäftigten rangierte der Maschinenbau mit dem Zentrum Schweinfurt an der Spitze; hier war auch nach wie vor das Zentrum der deutschen Kugellagerindustrie. Von weitaus geringerer Bedeutung waren der Fahrzeugbau, der hauptsächlich in Schweinfurt und Würzburg angesiedelt war, die Elektrotechnik in Bad Neustadt a. d. Saale und die Gießereien in Kitzingen und in den Kreisen Karlstadt, Lohr und Aschaffenburg. Weiter verstreut lagen Sägereien und Holz verarbeitende Betriebe; die Papiererzeugung und -verarbeitung dagegen konzentrierte sich in Aschaffenburg, das auch Zentrum der Bekleidungsindustrie war. Von einiger Bedeutung waren die Textilindustrie im Kreis Obernburg und die Tabakindustrie im Kreis Alzenau. Recht weit verbreitet war dagegen die Industrie der Steine und Erden, die ihre Schwerpunkte in den Landkreisen Würzburg und Miltenberg hatte; sie war von der Beschäftigtenzahl her der drittgrößte Industriezweig des Regierungsbezirks.

In *Schwaben* waren 26,1 % der Beschäftigten in der Industrie tätig; das waren 8,3 % der Bevölkerung und 14,1 % der bayerischen Industriebeschäftigten.

Der Flüchtlingsanteil an der Bevölkerung betrug 15,4 % und war damit genau so hoch wie in Niederbayern. Wesentlich günstiger als dieser Regierungsbezirk stand Schwaben aber bei den Arbeitslosen da. Auf 1000 Einwohner entfielen 24 Arbeitslose, von denen 14 Flüchtlinge waren. Trotz dieser relativ großen Zahl war Schwaben derjenige Bezirk, in dem die Integration der Flüchtlinge in das Arbeitsleben noch am besten gelungen war. Zurückgeführt wurde dies vor allem auf den Aufbau einer „Flüchtlingsindustrie".

Das Erscheinungsbild der Industrie Schwabens war von der Textilindustrie mit rund 27 550 und vom Maschinenbau mit knapp 15 000 Beschäftigten geprägt; Zentrum beider Zweige war Augsburg. Ersterer war zudem in den Landkreisen Sonthofen, Schwabmünchen, Günzburg und Füssen sowie in Kaufbeuren und Kempten verbreitet, Letzterer dagegen verteilte sich nahezu über den ganzen Regierungsbezirk. Dazu kam der Stahl- und Eisenbau, vornehmlich in Augsburg und Donauwörth, die Elektrotechnik in Augsburg, Memmingen und Wertingen sowie die feinmechanische und optische Industrie in Füssen. Eisen- und Metallwarenfabrikation gab es hauptsächlich in Augsburg, daneben in Memmingen, Neu-Ulm und Kempten. Gleichfalls in Augsburg war der größte Teil der chemischen Industrie Schwabens konzentriert. Die anderen, durchwegs weniger bedeutsamen Industriezweige verteilten sich in der Regel über den ganzen Regierungsbezirk. Hervorzuheben ist unter diesen vor allem die Lebensmittelindustrie und hier wieder vor allem die Milchverarbeitungsbetriebe in den Kreisen Sonthofen, Kempten, Markt Oberdorf sowie Günzburg und Krumbach. Eine weitere Besonderheit stellt die Gablonzer Glas- und Schmuckwarenindustrie dar, die aus über 600 Kleinbetrieben mit zumeist weniger als 10 Beschäftigen bestand und ihren Schwerpunkt um Kaufbeuren hatte.

Damit ist die Ausgangslage umrissen, von der die Wirtschafts- und Strukturpolitik der kommenden Jahre auszugehen hatte. Deren Ziel war somit eine dezentrale Industrialisierung, und tatsächlich kam es im Verlauf der Entwicklung zu einer Annäherung des Industrialisierungsgrades der einzelnen Regierungsbezirke. Die Zahl der Industriebeschäftigten wuchs landesweit von 1950 bis 1975 um 99 %, die der einzelnen Regierungsbezirke aber wie folgt:

Oberbayern	148 %
Niederbayern	159 %
Oberpfalz	88 %
Oberfranken	30 %
Mittelfranken	95 %
Unterfranken	134 %
Schwaben	79 %

Die überdurchschnittlichen Zuwachsraten in Niederbayern und Unterfranken sind jedoch vor dem Hintergrund des hier sehr niedrigen Ausgangsniveaus zu sehen; misst man den Zuwachs in absoluten Zahlen, dann war er in diesen beiden Bezirken sehr viel geringer als in den weiter entwickelten. Die weitaus meisten neuen Arbeitsplätze waren in Oberbayern entstanden. Immerhin aber wurden auf der Ebene der Regierungsbezirke die zunächst sehr großen Unterschiede hinsichtlich der Verteilung der Erwerbstätigen auf die einzelnen Wirtschaftssektoren ab 1960 deutlich reduziert. Dazu trug aber wesentlich bei, dass die Landwirtschaft in denjenigen Bezirken, in denen sie besonders stark vertreten war, überproportional an Erwerbstätigen verlor. So betrug der Rückgang von 1961 bis 1975 in Oberbayern 28,4 %, in Niederbayern aber 37,3 % und in Unterfranken sogar 61,3 %; im Landesdurchschnitt waren es 38,4 %. Der Abstand zwischen den Regierungsbezirken mit dem höchsten Agrarbesatz (Niederbayern) und dem geringsten (Oberbayern) verringerte sich so von 23,8 auf 15,3 Prozentpunkte[247].

Die Verringerung der Unterschiede bei der Erwerbsstruktur reichte aber nicht aus, um das Gefälle zwischen den Regierungsbezirken zu beseitigen. Und auch durch die massive Förderung der Ansiedlung neuer Industrie- und Gewerbebetriebe in Oberfranken und in der Oberpfalz konnte der dort durch den wirt-

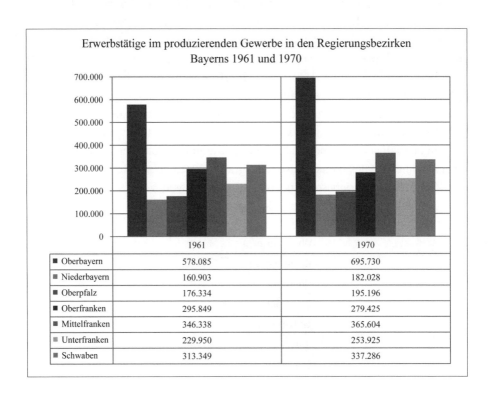

Erwerbstätige im produzierenden Gewerbe in den Regierungsbezirken
Bayerns 1961 und 1970

	1961	1970
■ Oberbayern	578.085	695.730
■ Niederbayern	160.903	182.028
■ Oberpfalz	176.334	195.196
■ Oberfranken	295.849	279.425
■ Mittelfranken	346.338	365.604
▨ Unterfranken	229.950	253.925
■ Schwaben	313.349	337.286

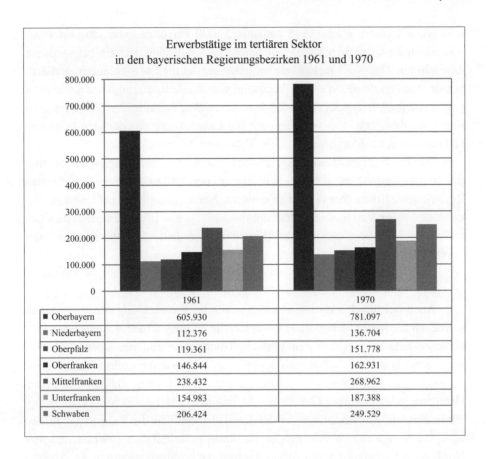

Erwerbstätige im tertiären Sektor
in den bayerischen Regierungsbezirken 1961 und 1970

	1961	1970
■ Oberbayern	605.930	781.097
■ Niederbayern	112.376	136.704
■ Oberpfalz	119.361	151.778
■ Oberfranken	146.844	162.931
■ Mittelfranken	238.432	268.962
■ Unterfranken	154.983	187.388
■ Schwaben	206.424	249.529

schaftlichen Strukturwandel bedingte Wegfall von Arbeitsplätzen nicht völlig aufgefangen werden. „Hier waren die zur Erhöhung der Produktivität und Rentabilität des produzierenden Gewerbes erforderlichen grundlegenden Rationalisierungs- und Modernisierungsinvestitionen mit einem nicht unerheblichen Freisetzungseffekt verbunden", so kommentierte man dies von Seiten der Staatsregierung.[248]

Immerhin lag die *Zunahme* der Industriedichte in den wirtschaftlich schwach strukturierten Regionen über dem Landesdurchschnitt. So hat sich diese im niederbayerischen Zonenrandgebiet von 1950 bis 1971 von 50 auf 109, im oberpfälzischen Zonenrandgebiet von 80 auf 123 und in Unterfranken von 88 auf 164 Industriebeschäftigte je 1000 Einwohner erhöht.[249] Während die Industriedichte in Gesamtbayern von 69,7 Industriebeschäftigten pro 1000 Einwohner im Jahr 1950 auf 117,6 im Jahr 1958 und 123,6 im Jahr 1968 anstieg, wuchs sie in den „schwach strukturierten Gebieten" – das waren außer dem Zonenrandgebiet elf Landkreise und eine kreisfreie Stadt – im selben Zeitraum von 30,5 auf 62,7 und 78,9 an. In den Industriebetrieben (Betriebe mit mehr als zehn Beschäftigten) der strukturschwachen Gebiete waren 1968 um rund 57 000 Personen mehr tätig als 1958, was einem Zuwachs von 32,7 % entsprach. Im Landesdurchschnitt betrug dieser Zuwachs nur 18,2 %.[250] Weitaus einheitlicher verlief die Entwicklung im tertiären Sektor, denn an dessen starkem Wachstum waren alle Regierungsbezirke in etwa gleich beteiligt. Besonders auffällig war dieses Wachstum in den ostbayerischen Regierungsbezirken, was vor allem auf die Entwicklung des dortigen Fremdenverkehrs zurückzuführen war[251] (siehe Diagramm S. 593).

Von einer „Dienstleistungsgesellschaft" war man in Bayern – wie auch in der Bundesrepublik insgesamt – zu Beginn der 1970er-Jahre in den meisten Regierungsbezirken aber noch weit entfernt. Noch immer hatte der Güter produzierende Sektor, und hier vor allem die Industrie, große Bedeutung, und dies galt noch immer als besonderes Charakteristikum der deutschen wie nun auch der bayerischen Wirtschaftsstruktur.

Die regionale Einkommensverteilung

Auch bei den Einkommen, deren generelle Entwicklung oben dargestellt wurde, sind erhebliche regionale Unterschiede zu beobachten. Und wie das Einkommensgefälle zwischen den Wirtschaftsbereichen und Branchen oder zwischen Stadt und Land, so hat auch dasjenige zwischen den einzelnen Regierungsbezirken eine große Wirkung auf die gesamte Entwicklung Bayerns ausgeübt. Denn wie jedes derartige Gefälle beschleunigte es die Bevölkerungsbewegung, die in Bayern ihre Richtung von der Landwirtschaft in die Industrie, von den agrarisch strukturierten Räumen in die industriellen Ballungsräume und von Nord- nach Südbayern nahm. Wenn die bayerische Staatsregierung die Abwanderung aus den „strukturschwachen" ländlichen Regionen in die Ballungsräume stoppen wollte, so musste sie deshalb vor allem versuchen, das regionale Einkommensgefälle einzuebnen.

Bereits 1950 war Oberbayern mit 31,5 % an der „Wertschöpfung" – später allgemein als Sozialprodukt bezeichnet – Bayerns beteiligt, obwohl hier nur 26,7 % der Bevölkerung wohnten.[252] Auf jeden Oberbayern entfielen damit 1610 DM. Dagegen betrug der Anteil Niederbayerns an der Bevölkerung 11,8 %, der am Sozialprodukt 8,4 %, der Betrag pro Kopf 982 DM. Zwischen diesen Werten lagen die anderen Regierungebezirke mit folgenden Beträgen pro Einwohner: Oberpfalz 1078 DM, Oberfranken 1331 DM, Mittelfranken 1522 DM, Unterfranken 1268 DM und Schwaben 1389 DM.

Im bayerischen Durchschnitt lag der Pro-Kopf-Betrag bei der Bevölkerung der Landkreise bei 992 DM, bei der Bevölkerung der kreisfreien Städte dagegen bei 2224 DM. In Oberbayern entfielen auf einen Landbewohner 1121 DM und auf einen Städter 2362 DM, in Niederbayern 887 DM und 1654 DM, in der Oberpfalz 881 DM und 1687 DM, in Oberfranken 1040 DM und 2025 DM, in Mittelfranken 896 DM und 2234 DM, in Unterfranken 915 DM und 2763 DM und in Schwaben 1069 DM und 2264 DM. Und während in Oberbayern 14 von 33 Kreisen eine Bruttowertschöpfung aufwiesen, die mindestens 95 % des landesweiten Durchschnitts betrug – 6 davon sogar mehr als 110 % –, zählten in Niederbayern lediglich 5 von 26 und in der Oberpfalz 5 von 24 Kreisen dazu. In Oberfranken waren es 14 von 26, in Mittelfranken 9 von 25, in Unterfranken 6 von 27 und in Schwaben 12 von 30.

Dass zwischen Wirtschaftskraft und Wirtschaftsstruktur der Regierungsbezirke ein sehr enger Zusammenhang bestand, geht aus folgender Zusammenstellung hervor:

Regierungsbezirk	Anteil der Wirtschaftsbereiche an der Wertschöpfung in Prozent				
	Land- u. Forstwirtschaft	Prod. Gewerbe	darunter Industrie	übrige Wirtschaftsbereiche	darunter Handel, Geld- und Versicherungswesen sowie Verkehr
Oberbayern	12,2	38,2	22,4	49,3	23,0
Niederbayern	35,6	31,9	17,7	32,5	14,4
Oberpfalz	22,2	39,9	25,7	37,9	17,4
Oberfranken	13,6	54,9	41,8	31,5	15,0
Mittelfranken	10,5	50,2	34,7	39,3	20,3
Unterfranken	20,6	44,8	30,6	34,6	16,0
Schwaben	19,1	47,6	33,2	33,3	15,6
Bayern	16,7	43,8	28,9	39,5	18,7

Während es in Oberbayern 11 Kreise gab, in denen die Land- und Forstwirtschaft den größten Teil zum Sozialprodukt beitrug, waren es in Niederbayern 28, in der Oberpfalz 12, in Oberfranken 5, in Unterfranken 14 und in Schwaben 8. Dagegen lagen 11 der insgesamt 82 Kreise (von denen 28 kreisfreie Städte und 54 Landkreise waren), in denen das produzierende Gewerbe an erster Stelle lag, in Oberbayern und nur 3 in Niederbayern. In der Oberpfalz waren es 8, in Oberfranken 21, in Mittelfranken 11, in Unterfranken 13 und in Schwaben 18.

In den zehn Kreisen mit der höchsten Wirtschaftskraft betrug die durchschnittliche Wertschöpfung pro Einwohner 2215 DM, in den zehn wirtschaftsschwächsten dagegen nur 723 DM. Von Letzteren lagen 6 in Niederbayern, 3 in der Oberpfalz und einer in Mittelfranken.

Auch beim Bruttoerwerbseinkommen lassen sich erhebliche Differenzen feststellen:

Durchschnittliches jährliches Bruttoerwerbseinkommen natürlicher Personen 1950	
Regierungsbezirk	Einkommen in DM
Oberbayern	1444
– kreisfreie Städte	1828
– Landkreise	1194
Niederbayern	956
– kreisfreie Städte	1346
– Landkreise	901
Oberpfalz	1028
– kreisfreie Städte	1410
– Landkreise	905
Oberfranken	1254
– kreisfreie Städte	1571
– Landkreise	1120
Mittelfranken	1421
– kreisfreie Städte	1815
– Landkreise	1074
Unterfranken	1153
– kreisfreie Städte	1793
– Landkreise	999
Schwaben	1282
– kreisfreie Städte	1739
– Landkreise	1115
Bayern	*1263*
– kreisfreie Städte	*1726*
– Landkreise	*1060*

Die Streuung bei den Durchschnittseinkommen war somit nur wenig geringer als bei der Bruttowertschöpfung. Überdurchschnittliche Einkommen gab es in allen kreisfreien Städten mit Ausnahme von Deggendorf (Niederbayern); dagegen lagen diese in 48 Landkreisen um mehr als 25 % unter dem Durchschnitt. Beim verfügbaren Einkommen verringerten sich die Abstände zwar etwas, das Gesamtbild änderte sich dadurch aber nicht.

Da sich in den folgenden Jahren die Schere zwischen dem Anteil der Landwirtschaft und jenem der anderen Wirtschaftsbereiche am Sozialprodukt weiter öffnete und die Zahl von besser bezahlten Arbeitsplätzen im sekundären und tertiären Sektor in den schwach entwickelten Regionen zunächst nur langsam wuchs, änderte sich an dieser Einkommensverteilung vorerst nur wenig. Erst in den 60er-Jahren verringerte sich die Distanz etwas. Während das Bruttoinlandsprodukt in ganz Bayern von 1961 bis 1966 um 43,7 % anstieg, waren es in Niederbayern 49,0 % und in der Oberpfalz 45,5 %; in der gesamten Bundesrepublik betrug die Steigerung 38,9 %.[253] Diese Entwicklung war nicht zuletzt den beträchtlichen Zuwendungen zuzuschreiben, welche die Landwirtschaft im Zuge der Durchführung des „Grünen Plans" erhielt.

Dem eigentlichen Ziel der Politik der „Erschließung des Landes", dem Abbau des hohen Gefälles zwischen den wirtschaftsschwachen Regionen und den Ballungsräumen, ist man bis Ende der 1960er-Jahre kaum nähergekommen. Das belegt am deutlichsten das Landesentwicklungsprogramm von 1969. Dessen Ziel war einmal mehr die Schaffung „möglichst wertgleicher Lebensbedingungen", und erneut sollte das durch – jetzt erheblich verstärkte – Anstrengungen zur Verbesserung der Wirtschaftsstruktur in den „schwach strukturierten Gebieten, sonstigen ländlichen Gebieten und in den industriellen Problemgebieten" erreicht werden.[254] Als Merkmale solcher Gebiete wurden neben Abwanderung, geringer Bevölkerungsdichte und niedrigem Industriebesatz auch eine zu geringe Realsteuerkraft – und damit niedrige Einkommen – definiert. Als strukturschwach galten Kreise – und bei deren Bildung wurden die kreisfreien Städte den sie umgebenden Landkreisen zugeordnet –, die mindestens drei der folgenden fünf Kriterien erfüllten:
– negativer Wanderungssaldo 1961–1967,
– Bevölkerungsdichte unter 104 Einwohner pro km^2,
– Industriebesatz unter 75,8 Industriebeschäftigte pro 1000 Einwohner,
– Realsteuerkraft 1967 unter 113,93 DM pro Einwohner,
– Bruttoinlandsprodukt 1966 unter 5970 DM pro Einwohner.

Alle fünf Kriterien erfüllten 21 Kreise; einer davon lag in Oberbayern, acht in Niederbayern, vier in der Oberpfalz, zwei in Oberfranken, vier in Mittelfranken und drei in Unterfranken; in Schwaben gab es keinen.[255] Vier Kriterien erfüllten in Oberbayern drei, in Niederbayern zehn, in der Oberpfalz sechs, in Oberfranken einer, in Mittelfranken drei, in Unterfranken vier Kreise; in Schwaben erneut keiner. Drei Kriterien schließlich erfüllten in Oberbayern zwei, in Niederbayern zwei, in der Oberpfalz drei, in Oberfranken einer, in Mittelfranken zwei, in Unterfranken fünf und in Schwaben zwei. Insgesamt gab es somit 62 strukturschwache Kreise, von denen 17 in Niederbayern und 13 in der Oberpfalz lagen; in diesen beiden Regierungsbezirken lag somit fast die Hälfte dieser Kreise. Darunter waren einige, in denen die Realsteuerkraft je Einwohner sehr weit unter dem Limit von 113,93 DM lag. Am geringsten war die Realsteuerkraft in den Landkreisen Bogen (Niederbayern) mit 51,59 DM, Kötzting (Niederbayern) mit 57,72 DM und Wolfstein (Niederbayern) mit 57,17 DM. In Niederbayern lag die Realsteuerkraft nur in 5 von insgesamt 22 Kreisen über dem Limit und in der Oberpfalz in 6 von 19. In Oberbayern dagegen wurde dieses Limit von 20 der 26, in Oberfranken von 11 der 17, in Mittelfranken von 10 der 17, in Unterfranken von 12 der 22 und in Schwaben sogar von 19 der 20 Kreise erreicht oder überschritten.[256]

Vergleicht man die dem „Landesentwicklungsprogramm" von 1969 zugrunde liegenden Daten mit denen zu Wirtschaftskraft und Einkommen in den bayerischen Kreisen 1950,[257] fällt sofort deren große Übereinstimmung ins Auge. Zwar haben sich in diesen beiden Jahrzehnten Bruttowertschöpfung und Bruttoeinkommen insgesamt deutlich erhöht, aber die großen Unterschiede zwischen den Regierungsbezirken, Regionen und Kreisen haben sich kaum verringert. Auch am Ausgang des Industriezeitalters bestand in Bayern somit noch immer ein großes Gefälle zwischen Landgemeinden und Städten, ländlichen Regionen und Ballungsräumen und, nicht zuletzt, zwischen Nord- und Südbayern.

Anmerkungen

1 Rede Hans Ehards zum 10-jährigen Verfassungsjubiläum am 3.12.1956, Verhandlungen des Bayerischen Landtags, Stenographische Berichte 1954–1958, Bd. 3, S. 2779–2789.

2 Die Wiederentstehung eines demokratischen bayerischen Staates, dessen Wirtschaftspolitik und wirtschaftliche Entwicklung sind Gegenstand zahlreicher Darstellungen, die aufzuführen hier unmöglich ist. Dieser Thematik sind auch die am Institut für Zeitgeschichte angesiedelten Projekte „Politik und Gesellschaft in der US-Zone 1945 bis 1949" und „Gesellschaft und Politik in Bayern 1949 bis 1973" gewidmet, in deren Rahmen in jüngerer Zeit eine Reihe fundierter Untersuchungen erschienen sind. Wirtschaftspolitik und wirtschaftliche Entwicklung stehen vor allem im Zentrum der von Thomas Schlemmer und Hans Woller herausgegebenen drei Bände „Bayern im Bund" sowie in den Untersuchungen von Dietmar Süß „Kumpel und Genossen" Jaromir Balcar, „Politik auf dem Land", Thomas Schlemmer, „Eine Entwicklung amerikanischen Maßstabes", und Stefan Grüner, „Vom Wiederaufbau zum Wirtschaftswunder?" (s. Literaturverzeichnis). In diesen Untersuchungen ist auch die bis dahin erschienene Literatur weitgehend bibliographisch erfasst.

3 Lanzinner, M., Zwischen Sternenbanner und Bundesadler. Bayern im Wiederaufbau 1945–1958, 1996, S. 18 f.

4 Gelberg, K. U., Die Bayerische Pfalzpolitik 1945–1956, in: Fenske, H. (Hg.), Die Pfalz und Bayern 1816–1956, 1998, S. 237–264.

5 Heyen, F. J. (Hg.), Rheinland-Pfalz entsteht. Beiträge zu den Anfängen des Landes Rheinland-Pfalz in Koblenz 1945–1951, Boppard/ Rhein 1984; Nestler, G., „Die Pfalz gehört zu Bayern". Der Bund Bayern und die Pfalz 1948–1956, in: Fenske H. (Hg.), Die Pfalz und Bayern 1816–1956, S. 265–296.

6 Gelberg (s. Anm. 4), S. 262.

7 Zur allgemeinen Lage in Bayern nach dem Zusammenbruch s. Lanzinner (s. Anm. 3); Deuerlein, E. u. Gruner, W. D., Die politische Entwicklung Bayerns 1945 bis 1972, in: Handbuch der bayerischen Geschichte Bd. 4/1, Das Moderne Bayern, 1979, S. 538–644; Neuanfang in Bayern 1945–1949. Politik und Gesellschaft in der Nachkriegszeit, hg. von Wolfgang Benz, 1988. S. auch die Einleitung zu „Die Erschließung des Landes 1949 bis 1973" (Bayern im Bund Bd. 1) von T. Schlemmer und H. Woller.

8 Emminger, O., Die bayerische Industrie (Schriftenreihe der Volkswirtschaftlichen Arbeitsgemeinschaft für Bayern, Heft 2) München 1947, S. 49–51.

9 Die Bayerische Wirtschaft 1950/51 (Sonderschrift des IFO-Instituts für Wirtschaftsforschung Nr. 9) 1951, S. 129–131.

10 Zum Folgenden s. Hansmeyer, K.-H., und Caesar, R., Kriegswirtschaft und Inflation, in: Währung und Wirtschaft in Deutschland 1876–1975, hg. von der Deutschen Bundesbank 1976, S. 367–430; Möller, H., Die westdeutsche Währungsreform von 1948, in: ebd., S. 433–483.

11 Bayerische Staatsbank, 1955, S. 382 ff.

12 Ebd., S. 386.

13 Treue, W., Wirtschaftsgeschichte der Neuzeit, Bd. 2, 20. Jahrhundert, ³1973, S. 126 f.

14 Schlesinger, H., Geldpolitik in der Phase des Wiederaufbaus (1950–1958), in: Währung und Wirtschaft in Deutschland, 1876–1975, hg. von der Deutschen Bundesbank 1976, S. 555–608, S. 556, 559.

15 Statistisches Jahrbuch 30 (1972), S. 134.

16 Schlesinger, Geldpolitik (s. Anm. 14), S. 560.

17 Oberhauser, A., Geld- und Kreditpolitik bei weitgehender Vollbeschäftigung und mäßigem Preisanstieg (1958–1968), in: Währung und Wirtschaft in Deutschland 1876–1975, hg. von der Deutschen Bundesbank 1976, S. 609–642, S. 609 ff.

18 Borchardt, K., Zäsuren in der wirtschaftlichen Entwicklung, in: Zäsuren nach 1945. Essays zur Periodisierung der deutschen Nachkriegsgeschichte, hg. von Martin Broszat, 1990, S. 21–33, S. 22.

19 Ebd., S. 26.

20 Hobsbawn, E., Das Zeitalter der Extreme. Weltgeschichte des 20. Jahrhunderts, München ⁴2000, S. 329.

21 Ebd., S. 503.

22 Fait, B., Demokratische Erneuerung unter dem Sternenbanner. Amerikanische Kontrolle und Verfassunggebung in Bayern 1946, 1998, S. 85.

23 Baer, F., Die Ministerpräsidenten Bayerns 1945–1962, Dokumentation und Analyse, 1971, S. 65.

24 Borchardt, K., Zur Geschichte des Bayerischen Staatsministeriums für Wirtschaft und Verkehr, in: Wirtschaft und Wirtschaftsverwaltung in Bayern, hg. von Helmut Reuther, 1981, S. 49–92.

25 Baer (s. Anm. 23), S. 88 f.

26 Klossowski, J., Der Bergbau in Bayern, in: Unser Bayern. Politik, Wirtschaft, Kultur, hg. von der Bayerischen Staatskanzlei, 1951.

27 Ammann, F., Rissbachwasser im Walchenseewerk, in: Unser Bayern 1951, S. 56–59.

28 Zum Folgenden s. Gesch, H.-D., Die bayerische Wirtschaft in den ersten Jahren nach dem Zweiten Weltkrieg (Diss. rer. pol. Bern 1968), 1969, S. 103–111. 1955 gaben 366 000 der Vertriebenen und Flüchtlinge in der BRD an, eine selbstständige Tätigkeit in der Land- und Forstwirtschaft ausgeübt zu haben; Maier, J., Die wirtschaftliche Eingliederung von Flüchtlingen und Heimatvertriebenen in Bayern. Ergebnis aus gewerblicher Kompetenz, individuellem Engagement und unterstützenden politischen Rahmenbedingungen, in: Die Entwicklung Bayerns durch die Integration der Vertriebenen und Flüchtlinge. Forschungsstand 1995, hg. im Auftrag des Bayerischen Staatsministeriums für Arbeit und Sozialordnung, Familie, Frauen und Gesundheit, 1995, S. 79–92, S. 81.

29 Emminger (s. Anm. 8).

30 Zu den damaligen Verbindungen zwischen Politik, Wirtschaftsverwaltung und Wirtschaft beziehungsweise Wirtschaftsverbänden s. Moser, E., Unternehmer in Bayern. Der Landesverband der Bayerischen Industrie und sein Präsidium 1948 bis 1978, in: Bayern im Bund 2, S. 25–86, hier v. a. S. 47–58.

31 Verhandlungen des Bayerischen Landtags 1946–1950, Stenographische Berichte Bd. 5, Protokoll der Sitzung vom 7.2.1950, S. 636.

32 Ebd., S. 637. Zur Haltung der politischen Parteien in Fragen der Wirtschaftordnung s. Ambrosius, G., Die Durchsetzung der Sozialen Marktwirtschaft in Westdeutschland, 1945–1949, 1977. Zur Haltung der CSU: Löffler, B., Wirtschaftspolitische Konzeption und Praxis Hanns Seidels, in : Bayer, A. und Baumgärtl, M. (Hg.), Weltanschauung und politisches Handeln. Hanns Seidel zum 100. Geburtstag, 2001, S. 39–66; Morsey, R., Föderalismus im Bundesstaat. Die Rolle des bayerischen Ministerpräsidenten Hans Ehard in der Vor- und Frühgeschichte der Bundesrepublik Deutschland, in: Historisches Jahrbuch 108 (1988) S. 430–447; Löffler, B., Ludwig Erhard und Bayern, in: Staat und Verwaltung in Bayern. Festschrift für Wilhelm Volkert zum 75. Geburtstag, 2003, S. 725–750.

33 Verhandlungen des Bayerischen Landtags (s. Anm. 31), S. 637.

34 Ebd., S. 638.

35 Bayern im Bund, Bd. 1: Die Erschließung des Landes 1949 bis 1973, hg. von T. Schlemmer und H. Woller, 2001, Einleitung S. 1–32, hier S. 15.

36 Ebd., S. 16.

37 Ebd., S. 16. Zur „Erschließungspolitik" s. v. a. die einschlägigen Untersuchungen von Grüner, S., Staatliche Planung und sozialer Wandel in den sechziger Jahren – Überlegungen zu einem Forschungsprojekt zur Geschichte Bayerns nach 1945, in: Bauer, T./ Süß, W. (Hg.), NS-Diktatur, DDR, Bundesrepublik. Drei Zeitgeschichten des vereinigten Deutschland. Werkstattberichte, 2000, S. 263–286; Ökonomischer Strukturwandel und Industriepolitik in der Region: Bayerisch-Schwaben zwischen Rüstungsboom und Wiederaufbau (1933–1950), in: Hoser, P./ Baumann, R. (Hg.), Kriegsende und Neubeginn. Die Besatzungszeit im schwäbisch-alemannischen Raum (Forum Suevicum. Beiträge zur Geschichte Ostschwabens und der benachbarten Regionen, Band 5) 2003, S. 419–461, sowie Schlemmer, T./Grüner, S./ Balcar, J. „Entwicklungshilfe im eigenen Lande". Landesplanung in Bayern nach 1945, in: Frese, M./ Paulus, J./Teppe, K. (Hg.), Demokratisierung und gesellschaftlicher Aufbruch. Die sechziger Jahre als Wendezeit der Bundesrepublik, 2003, S. 379–450.

38 Bayern 1950–1954. Arbeitsbericht der Bayerischen Staatsregierung vom 20.11.1954, zitiert nach Baer (s. Anm. 23), S. 158–162, hier S. 158.

39 Baer (s. Anm. 23), S. 159.

40 Ebd., S. 160.

41 Frey, A., Die industrielle Entwicklung Bayerns von 1925 bis 1975. Eine vergleichende Untersuchung über die Rolle städtischer Agglomerationen im Industrialisierungsprozess, 2003, S. 136.

42 S. Moser, E., Unternehmer in Bayern. Der Landesverband der Bayerischen Industrie und sein Präsidium 1948–1978, in: Bayern im Bund, Bd. 2, hg. v. Schlemmer T. und Woller, H., 2002, S. 25–86, hier S. 25; Hefele, P., Die Verlagerung von Industrie- und Dienstleistungsunternehmen aus der SBZ/ DDR nach Westdeutschland, 1998.

43 Bayern im Bund (s. Anm. 35) Einleitung, S. 18.

44 Baer (s. Anm. 23), S. 210 f.

45 Ebd., S. 213.

46 Ebd., S. 213 f.

47 Zu den Gründen hierfür s. Frey (s. Anm. 41), S. 129–132.

48 Zitiert nach Baer (s. Anm. 23), S. 217 f.

49 Frey (s. Anm. 41), S. 134.

50 Zitiert nach Baer (s. Anm. 23), S. 239–249.

51 Hierzu und zum Folgenden s. Maier (s. Anm. 28).

52 Eichmüller, A., „Ich hab' nie viel verdient, weil i immer g'schaut hab', daß as Anwesen mitgeht." Arbeiterbauern in Bayern nach 1945, in: Gesellschaft im Wandel, hg. von Thomas Schlemmer und Hans Woller, 2002, S. 179–268.

53 Landeswicklungsplan 1969, S. 23 f.

54 Bayerisches Staatsministerium für Wirtschaft und Verkehr (Hg.), Grenzlandpolitik in Bayern, 1973, S. 14.

55 Ebd., S. 19.

56 Bayerisches Staatsministerium für Wirtschaft und Verkehr (Hg.), Bericht über die strukturelle Entwicklung der bayerischen Wirtschaft (Strukturbericht), 1977, S. 183 f.

57 Ebd., S. 184 f.

58 Bayern im Bund (s. Anm. 35), Einleitung, S. 18 f.

59 Strukturbericht 1977 (s. Anm. 56), S. 182.

60 Ebd., S. 186; Angaben zu den Frachthilfen: Bayerisches Staatministerium für Wirtschaft und Verkehr (Hg.), Grenzlandpolitik in Bayern, 1973, S. 73.

61 Bayern im Bund (s. Anm. 35), Einleitung, S. 17 f.

62 Strukturbericht 1977 (s. Anm. 56), S. 182.

63 Ebd., S. 183.

64 Ebd., S. 50.

65 Berechnet nach Frey (s. Anm. 41), Tabelle D 3.10, S. 357.

66 Berechnet nach Frey (s. Anm. 41), Tabelle D 2.6, S. 345.

67 Berechnet nach Frey (s. Anm. 41), Tabelle D 2.21 S. 348.

68 Frey (s. Anm. 41), S. 130.

69 Angaben nach: Statistisches Jahrbuch 30 (1972), S. 131.

70 Strukturbericht 1977 (s. Anm. 56), S. 30 f.

71 Ebd., S. 31.

72 Ebd., S. 31.

73 Gall, A., „Gute Straßen bis ins kleinste Dorf!" Verkehrspolitik und Landesplanung 1945 bis 1976, in: Die Erschließung des Landes 1949 bis 1973, S. 119–204, S. 153.

74 Strukturbericht 1977 (s. Anm. 56), S. 233.

75 Rothballer, M. J., Die öffentlichen Aufwendungen für den Straßenbau von 1955 bis 1968, in: Zeitschrift des bayerischen statistischen Landesamtes 102 (1970), S. 210–226, S. 210.

76 Ebd., S. 224.

77 Ebd., S. 214.

78 Ebd., S. 213.

79 Grundlage: ebd., Tabelle S. 214.

80 Ebd., S. 211.

81 Ebd.

82 Ebd., S. 223.

83 Ebd., S. 211.

84 Gall, Verkehrspolitik (s. Anm. 73), S. 185–187.

85 Ebd., S. 157–170.

86 Ebd., S. 170.

87 Ebd., S. 194.

88 Ebd., S. 199 f.

89 Morgenroth, K., München-Riem als Flughafen im internationalen Reiseverkehr, in: Unser Bayern 1951, S. 158–160.

90 Strukturbericht 1977 (s. Anm. 56), S. 232.

91 Emminger (s. Anm. 8), S. 55.

92 Ebd., S. 28 f; zur Stromwirtschaft in der unmittelbaren Nachkriegszeit s. Vogt, H., Die bayerische Energieversorgung, in: Die bayerische Wirtschaft in der Bewährung, in: Bayern Land und Volk in Wort und Bild. Die Wirtschaft, 1956, S. 73–103.

93 Emminger (s. Anm. 8), S. 58.

94 Kresling, H. u. Danner, P., Die Energieversorgung in den Jahren 1953 bis 1962, in: ZBSL 96 (1964), S. 1–7.

95 Bayerns Wirtschaft gestern und heute, 1964, S. 44.

96 Die Zahlen zur Stromerzeugung und zum Stromverbrauch 1960–1975 nach Strukturbericht 1977 (s. Anm. 56), S. 208.

97 Strukturbericht 1977 (s. Anm. 56), S. 210.

98 Ebd., S. 216.

99 Deutinger, S., Eine „Lebensfrage für die bayerische Industrie". Energiepolitik und regionale Energieversorgung 1945 bis 1980, in: Bayern im Bund (s. Anm. 35), S. 33–118.

100 Landesentwicklungsprogramm 1969, S. 48.

101 Strukturbericht 1977 (s. Anm. 56), S. 217.

102 Strukturbericht 1977 (s. Anm. 56), S. 215.

103 Ebd.; s. auch Vogt (s. Anm. 92).

104 Vogt (s. Anm. 92), S. 95–98.

105 Deutinger (s. Anm. 99), S. 74.

106 Ebd., S. 76 f.

107 Landesentwicklungsprogramm 1969, S. 45 f.

108 Strukturbericht 1977 (s. Anm. 56), S. 226.

109 Beiträge zur Statistik Bayerns 145, Die Volks- und Berufszählung vom 29. Oktober 1946 in Bayern, Teil I, S. 7 f.

110 Bayern-Daten 1983, S. 14.

111 Die Bundesrepublik Deutschland in Zahlen. 1945/49–1980. Ein sozialgeschichtliches Arbeitsbuch, von Rytlewski, R. und Opp de Hipt, M., 1987, S. 28.

112 Ebd.

113 Ebd., S. 31.

114 Ebd., S. 31.

115 Ebd., S. 67.

116 Ebd.

117 Ebd.

118 Strukturbericht 1977 (s. Anm. 56), S. 11.

119 Für 1950 bis 1960 errechnet auf Grundlage von: Die Bundesrepublik in Zahlen (s. Anm. 108), S. 43 und nach Strukturbericht 1977 (s. Anm. 56), S. 11.

120 Strukturbericht 1977 (s. Anm. 56), S. 13.

121 Ebd., S. 13.

122 Ebd., S. 17.

123 Ebd., S. 14.

124 Ebd., S. 18.

125 Ebd., S. 30.

126 Ebd., S. 23.

127 Zopfy, F., Die berufliche und soziale Gliederung der Bevölkerung Bayerns, in: ZBSL 80 (1948), S. 35–45.

128 Ebd., S. 42.

129 Ebd., S. 43; Bayern in Zahlen 1947, S. 56.

130 Ebd., S. 41.

131 Ebd., S. 40.

132 Ebd., S. 40 f.

133 Bayern in Zahlen 1947, S. 53 f.

134 Ebd., S. 3.

135 Zopfy (s. Anm. 127), S. 44.

136 Ebd.

137 Ebd., S. 43.

138 Statistisches Jahrbuch 25 (1955), S. 119.

139 Bayern und Bund (s. Anm. 35), S. 20.

140 Ebd., S. 23.

141 Ebd., S. 27.

142 Berechnet nach „Übersicht 2", ebd. S. 27.

143 Das Nachfolgende nach Strukturbericht 1977 (s. Anm. 56), S. 32 f.

144 Strukturbericht 1977 (s. Anm. 56), S. 92.

145 Folgende Zahlen nach: Die Bundesrepublik Deutschland in Zahlen (s. Anm. 111), S. 79;

Die gewerbliche Wirtschaft in Bayern, 1965, S. 12.

146 Strukturbericht 1977 (s. Anm. 56), S. 36 f.

147 Ebd., S. 36.

148 Nach: Bayern-Daten 1983, S. 44.

149 Die Bundesrepublik in Zahlen (s. Anm. 111), S. 80.

150 Strukturbericht 1977 (s. Anm. 56), S. 97.

151 Ebd.

152 Ebd., S. 62.

153 Strukturbericht 1977 (s. Anm. 56), S. 52.

154 Ebd., S. 98.

155 Ebd., S. 98.

156 Fußeder, S., Die bayerische Wirtschaft in der Bewährung, in: Bayern Land und Volk in Wort und Bild. Die Wirtschaft, 1956, S. 6–30, S. 18.

157 Statistisches Jahrbuch 25 (1955), S. 223.

158 Strukturbericht 1977 (s. Anm. 56), S. 105.

159 Ebd., S. 105.

160 Ebd., S. 100; diese Angaben beziehen sich auf das Jahr 1975.

161 Landesentwicklungsprogramm 1971, A. 21.

162 Fußeder (s. Anm. 156), S. 21 f.

163 Die Gewerbliche Wirtschaft in Bayern (Schaubilderheft des bayerischen statischen Landesamtes 15) 1965, S. 97.

164 Strukturbericht 1977 (s. Anm. 56), S. 113 f.

165 Schaubilderheft 15 (s. Anm. 163), S. 97.

166 Fußeder (s. Anm. 156), S. 16.

167 Schaubilderheft 15 (s. Anm. 163), S. 97.

168 Strukturbericht 1977 (s. Anm. 56), S. 114 f.

169 Fußeder (s. Anm. 156), S. 17.

170 Schaubilderheft 15 (s. Anm. 163), S. 97.

171 Strukturbericht 1977 (s. Anm. 156), S. 16 f.

172 Ebd., S. 15.

173 Schaubilderheft 15 (s. Anm. 163), S. 97.

174 Strukturbericht 1977 (s. Anm. 56), S. 123 f.

175 Ebd., S. 120.

176 Ebd., S. 122.

177 Ebd., S. 117.

178 Ebd., S. 124.

179 Schaubilderheft 15 (s. Anm. 163), S. 46.

180 Bayern – Daten 1983, S. 76.

181 Zur Politik und Organisation des bayerischen Handwerks s. die umfassende Studie von Boyer, Ch. und Schlemmer, Th., „Handwerkerland Bayern?" Entwicklung, Organisation und Politik des bayerischen Handwerks 1945 bis 1975, in: Bayern im Bund, Bd. 2: Gesellschaft im Wandel 1949 bis 1973, S. 87–177.

182 Gesch (s. Anm. 28), S. 182–185.

183 Buck, J., Das Handwerk in Bayern, in: Zeitschrift des bayerischen statistischen Landesamtes 81 (1949), S. 163–167, S. 167.

184 Ebd., S. 163.

185 Zahlen nach Statistisches Jahrbuch 28 (1964), S. 197; Bayern-Daten 1983, S. 79.

186 Strukturbericht 1977 (s. Anm. 56), S. 148.

187 Ebd., S. 166 f.

188 Ebd., S. 167.

189 Grundlage der nachfolgenden Ausführungen: Bayern – Daten 1983, „produzierendes Gewerbe", S. 79.

190 Strukturbericht 1977 (s. Anm. 56), S. 151.

191 Ebd., S. 149.

192 Zahlen für 1948/49: Stat. Jb. 28 (1964), S. 197.

193 Strukturbericht 1977 (s. Anm. 56), S. 153.

194 Ebd., S. 152.

195 Nach: Gesamtumsatz des Handwerks 1962, Stat. Jb. 28 (1964), S. 198.

196 Die Gewerbliche Wirtschaft in Bayern (Schaubilderheft des bayerischen statistischen Landesamtes 15) 1965, S. 104 f.

197 Statistisches Jahrbuch 29 (1969), S. 133.

198 Bayern Daten 1983, S. 49 f.

199 Ebd., S. 67.

200 Ebd., S. 88.

201 Zum Folgenden: Zeitler, F. C., Der Beitrag des bayerischen Finanzdienstleistungsgewerbes zum Wandel der Wirtschaftsstruktur nach dem Zweiten Weltkrieg, in: Geschichte des Bankplatzes München, hg. im Auftrag des wissenschaftlichen Beirats des Instituts für bankhistorische Forschung e. V. von Hans Pohl, 2007, S. 185–243.

202 Alberstötter, H., 50 Jahre amtliche Fremdenverkehrsstatistik in Bayern, in: Zeitschrift des Statistischen Bayerischen Landesamtes (1972), S. 2–33.

203 Ebd., S. 10.

204 Ebd., S. 14.

205 Ebd., S. 9 f.

206 Ebd., S. 11.

207 Ebd., S. 13.

208 Ebd., S. 12.

209 Ebd.

210 Ebd.

211 Strukturbericht 1977 (s. Anm. 56), S. 132 f.

212 Alberstötter (s. Anm. 202), S. 12 f.

213 Strukturbericht 1977 (s. Anm. 56), S. 141.

214 Ebd., S. 134–136.

215 Ebd., S. 132.

216 Ebd., S. 133 f.

217 Zum Folgenden: Grundzüge der Agrarpolitik, in: Die Agrarwirtschaft in der Bundesrepublik Deutschland, hg. im Auftrag des Bundesministers für Ernährung, Landwirtschaft und Forsten von H. Haushofer, München 1974, S. 149–174.

218 Nachfolgende Angaben nach: Wirnshofer, J., Produktion und Wertschöpfung der Landwirtschaft in Bayern, in: Zeitschrift des Bayerischen Statistischen Landesamtes 85 (1953), S. 171–182.

219 Ebd., S. 179.

220 Ebd., S. 182.

221 Nach: Bayern – Daten von 1950 bis 1982, S. 44 f.

222 Dazu s. Eichmüller, A., „Ich hab' nie viel verdient, weil i immer g'schaut hab', das as Anwesen mitgeht." Arbeiterbauern in Bayern nach 1945, in: Bayern im Bund, Bd. 2, 2002, S. 179–268.

223 Ebd., S. 180.

224 Ebd., S. 181.

225 Angaben und Berechnungen nach: Statistisches Jahrbuch 30 (1972), S. 141.

226 Angaben und Berechnungen nach: ebd., S. 151.

227 Angaben und Berechnungen nach: ebd., S. 150.

228 Hundert Jahre Flurbereinigung in Bayern 1886–1986, hg. vom Bayerischen Staatsministerium für Ernährung, Landwirtschaft und Forsten, 1986, S. 142–147.

229 Angaben und Berechnungen nach: Statistisches Jahrbuch 30 (1972), S. 150.

230 Statistische Jahrbuch 28 (1964), S. 158.

231 Statistisches Jahrbuch 30 (1972), S. 149.

232 Ebd., S. 167.

233 Ebd., S. 169.

234 Ebd., S. 169.

235 Angaben nach: Statistisches Jahrbuch 28 (1964), S. 287.

236 Grundlage dieser Berechnungen: Statistisches Jahrbuch 28 (1964), S. 288; Statistisches Jahrbuch 30 (1972), S. 309.

237 Angaben nach: Statistisches Jahrbuch 28 (1964), S. 287; Statistisches Jahrbuch 30 (1972), S. 308.

238 Grundlage: Bayern-Daten 1983, S. 112.

239 Sieber, J., Die Einkünfte der Arbeitnehmer sowie der Selbstständigen im Lichte der Steuerstatistik, in: ZBSL 1975, S. 61–71.

240 Dieser Wert ist anhand der späteren Entwicklung geschätzt; die Statistik weist die Löhne erst ab 1957 nach.

241 Bei allen Angaben zu Angestellten handelt es sich um die Durchschnittslöhne von männlichen und weiblichen Angestellten.

242 Nach: Bayern-Daten 1983, S. 120.

243 Nach: ebd., S. 120.

244 Nach: ebd., S. 100 und 92 (PKW).

245 Angabe für 1951.

246 Das Folgende hauptsächlich nach: Wolf, E., Die regionale Struktur der bayerischen Industrie. Dargestellt nach den Ergebnissen der Industrieberichterstattung, in: Zeitschrift des bayerischen statistischen Landesamtes 81(1949), S. 70–76.

247 Strukturbericht 1977 (s. Anm. 56), S. 37.

248 Ebd., S. 37.

249 Grundsätze regionaler Strukturpolitik in Bayern, 1973, S. 17.

250 Landesentwicklungsprogramm 1971, S. 19.

251 Strukturbericht 1977 (s. Anm. 56), S. 39.

252 Diese und die nachfolgenden Angaben zur Entwicklung des Sozialprodukts und der Einkommen nach: Wirnshofer, J., Wirtschaftskraft und Einkommen in den kreisfreien Städten und Landkreisen Bayerns 1950, in. ZBSL 91 (1959), S. 4–16.

253 Grundsätze regionaler Strukturpolitik in Bayern, hg. vom Bayerischen Staatsministerium für Wirtschaft und Verkehr, 1973, S. 18.

254 Landesentwicklungsprogramm vom 22. 4. 1969, hg. vom Staatsministerium für Landesentwicklung und Umweltfragen, 2. Auflage 1971, S. 1–6.

255 Ebd., S. 69–72.

256 Nachfolgende Angaben nach: ebd., S. 69–72.

257 Wirnshofer (s. Anm. 252), S. 4–16.

VI. Bayern auf dem Weg ins 21. Jahrhundert

Die Arbeit des Historikers ist mit dem Industriezeitalter an ihr Ende gelangt, denn die Entwicklung seither ist noch nicht abgeschlossen und somit noch nicht Geschichte. Das zeigt nichts deutlicher als die heftigen Diskussionen, die 2007 mit dem Ausbruch der weltweiten Rezession in Gang gekommen sind und in denen sowohl die Wirtschaftspolitik als auch die wirtschaftliche Entwicklung der letzten Jahrzehnte sehr viel kritischer beurteilt werden als bisher. Da diese Diskussionen Teil der Analyse der aktuellen Situation von Wirtschaft und Politik sind, hat sie der Historiker den Wirtschaftswissenschaftlern und Politologen zu überlassen. Deshalb beschränkt sich der folgende Ausblick darauf, die Grundlinien der wirtschaftlichen Entwicklung und der Wirtschaftpolitik Bayerns seit Mitte der 1970er-Jahre aufzuzeigen.

Das Industriezeitalter wurde von einer Ära abgelöst, die man zunächst mit dem missverständlichen Begriff „postindustriell" belegte. Missverständlich deshalb, weil nach wie vor die Industrie die Basis der Wirtschaft bildet, und dies nicht mehr nur in den am weitesten entwickelten Industrieländern, sondern auch in vielen Staaten, die in ihrer wirtschaftlichen Entwicklung bisher weit zurückgeblieben waren. Tatsächlich hat die Industrie im „postindustriellen" Zeitalter eine enorme Ausweitung erfahren, weshalb diese Bezeichnung als irreführend zu gelten hat und daher auch keine allgemeine Akzeptanz gefunden hat. Der Industriebeirat beim Bayerischen Staatsministerium für Wirtschaft und Verkehr beispielsweise lehnte ihn als „nicht realistisch" ab.[1] Begründet wurde dies damit, dass die „Industrie klassischen Zuschnitts" lediglich durch eine „vernetzte Dienstleistungs-Industrie" abgelöst worden sei, bei der „Dienstleistungen aller Art, vom Engineering bis zur Beratung des Kunden, die Güterproduktion begleiten."

In den 1990er-Jahren wurde der Begriff „postindustrielles Zeitalter" von dem der „Globalisierung" verdrängt. Auch dieser ist nicht unproblematisch, bezeichnet er doch einen Prozess, den man schon seit dem Zeitalter der Entdeckungen, verstärkt aber seit Beginn der Industrialisierung verfolgen kann. Jedoch haben die weltweite Kooperation und der Welthandel nach der weltgeschichtlichen Zäsur von 1989/90, die der Zusammenbruch des sowjetischen Imperiums und die darauf folgende Auflösung des „Sozialistischen Lagers" markierte, binnen weniger Jahre derart zugenommen, dass dieser Prozess eine völlig neue Dimension gewonnen hat. Auch die industriellen Kapazitäten und die industrielle Produktion sind seither weltweit enorm gewachsen, was u. a. einen rasant steigenden Energie- und Rohstoffbedarf zur Folge gehabt hat. In noch weit größerem Ausmaß aber hat der weltweite Austausch von Waren und Dienstleistungen zugenommen. Letztere haben vor allem deshalb einen besonders hohen Zuwachs erfahren, weil die modernen, komplexen Wirtschaftsgüter vielfach erst durch das in ihnen enthaltene und ihre Verwendung flankierende „Know-how" ihren eigentlichen Wert erhalten. Begünstigt durch eine rasante technische Entwicklung hat sich vor allem auch die Kommunikation enorm ausgeweitet, wodurch wiederum die Dienstleistungen beflügelt wurden, die in der Folge erheblich zu dem starken Anstieg des Welthandels beigetragen haben. So expandierten die Exporte von Industriegütern von 1950 bis 2000 bereits dreimal so schnell wie deren Produktion; von 1990 bis 2000 aber legte die weltweite Industrieproduktion um 80 % zu, während sich der Wert der internationalen Kapitalströme versechsfachte. Und das Welt-Brutto-Inlands-Produkt hat sich von 1950 bis 2000 versiebenfacht, während die realen Exporte in diesem Zeitraum um das 42fache angestiegen sind.[2]

Eine enorme Ausweitung der Waren-, Dienstleistungs- und Kapitalströme und die sich daraus ergebende enge wirtschaftliche Kooperation über alle politischen, kulturellen und geografischen Abgrenzungen hinweg stellen somit das wichtigste Charakteristikum der weltweiten wirtschaftlichen Entwicklung nach dem Ausklang des Industriezeitalters dar. Diese „Globalisierung" bewirkte eine enge Verflechtung aller Volkswirtschaften, eine starke Ausweitung der gegenseitigen Auslandsinvestitionen sowie eine große Zunahme der Landes- und Kontinentgrenzen überschreitenden Unternehmenszusammenschlüsse und Kooperationen. Welche Gefahren damit verbunden sind, macht in aller Schärfe die Rezession sichtbar, welche, ausgelöst durch eine Bankenkrise in den USA, 2007 die gesamte Weltwirtschaft erfasst hat.

In den am weitesten fortgeschrittenen Industriestaaten zeichnete sich die Entwicklung von der Industrie klassischen Zuschnitts zur „Dienstleistungsindustrie" schon in den 1960er-Jahren ab. Aufgrund der Tatsache, dass in Bayern die „alten" Industriezweige wie Bergbau, Stahl- und Grundstoffindustrie seit jeher gering ausgebildet waren, vollzog sich hier dieser Wandel mit weniger Problemen als in anderen Bundesländern. In Bayern kann man die Stagnation beziehungsweise den Rückgang der Beschäftigtenzahl im Güter produzierenden Wirtschaftsbereich seit Beginn der 1970er-Jahre beobachten. Im Jahrzehnt von 1970 bis 1980 nahm die Zahl der Erwerbstätigen in diesem Sektor um ca. 50 000 ab, während die Gesamtzahl der Erwerbstätigen um ca. 170 000 zunahm. Von 1970 bis 2001 stieg die Zahl der Erwerbstätigen insgesamt von 4,89 Mio. auf 5,97 Mio., das waren rund 22 %, während sie im produzierenden Gewerbe von 2,27 Mio. auf 2,12 Mio. zurückging. Der Anteil der Beschäftigten des produzierenden Sektors an der Gesamtzahl der Erwerbstätigen sank damit von 46,4 % auf 35,6 %. Parallel dazu wuchs der Dienstleistungssektor erheblich. 1970 waren in diesem 1,82 Mio. Menschen beschäftigt, 2001 dagegen 3,63 Mio., womit sich ihre Zahl nahezu verdoppelt hat. Ihr Anteil an den Erwerbstätigen wuchs damit von 38,5 % im Jahr 1970 auf 60,9 % im Jahr 2001.[3] Dies wirkte sich auch auf das Handwerk aus, in dem die

Zahl der Betriebe und vor allem die der Beschäftigten wieder zunahm. Letztere erhöhte sich von 1976 bis 1994 um ein Drittel, der Umsatz der Handwerksbetriebe um 43 %.[4] Bei der Land- und Forstwirtschaft dagegen setzte sich der schon lange zu beobachtende Rückgang der Zahl der Erwerbstätigen ungehemmt fort. Von 735 000 im Jahr 1970 sank sie auf 405 000 im Jahr 1985 und nur mehr 214 000 im Jahr 2001. Ihr Anteil an der Gesamtzahl der Erwerbstätigen ging damit von 15,3 % im Jahr 1970 auf 3,6 % im Jahr 2001 zurück.[5]

Die Bevölkerung Bayerns ist im Zeitraum von 1970 bis 2000 von 10,5 Mio. auf 12,2 Mio. angewachsen,[6] obwohl die Geburtenrate auf einem sehr niedrigen Stand verharrte. Kamen 1970 noch 13,7 Lebendgeborene auf 1000 Einwohner, so waren es 1980 nur noch 10,5; bis 1990 stieg diese Rate zwar vorübergehend auf 12,0 an, aber im Jahr 2000 lag sie bei nur noch 9,9.[7] Das Bevölkerungswachstum ist somit nahezu ausschließlich der Zuwanderung zu verdanken.[8] Diese erlebte nach einem starken Rückgang in den 1970er-Jahren – in der Mitte dieses Jahrzehnts gab es sogar erhebliche Wanderungsverluste – unmittelbar nach der Wiedervereinigung einen neuen Höhepunkt. 1990 betrug der Wanderungsgewinn 215 692 Menschen, 1991 waren es 135 023 und 1992 sogar wieder 161 094. Von 1993 bis zum Jahr 2000 betrug der Zuwanderungsgewinn insgesamt 411 651 Menschen, das entsprach einem durchschnittlichen jährlichen Gewinn von 51 456. Trotz eines beachtlichen Zustroms aus anderen Bundesländern – in den Jahren unmittelbar nach 1989 vor allem aus den neuen – kam ein großer Teil der Zuwanderer nach wie vor aus dem Ausland. Von Mitte der 1980er-Jahre bis 1992 verlief die Zuwanderung aus dem Ausland mit einem konstanten Aufwärtstrend; 1986 betrug der Zuwanderungsgewinn Bayerns gegenüber dem Ausland 23 978 Menschen, im Jahr 1992 waren es dann 111 124. Seither verlief die Entwicklung wieder sehr unregelmäßig, außerdem schwächte sich diese Zuwanderung deutlich ab; insgesamt belief sich der Zuwanderungsgewinn gegenüber dem Ausland in den Jahren 1993 bis 2000 auf 85 785, was einem Jahresdurchschnitt von 10 719 entsprach. Dies erklärt auch weitgehend die im Vergleich zu anderen Bundesländern relativ hohe Erwerbsquote in Bayern. Diese lag 1970 bei 46,9 %, 1980 bei 48,7 % und 1990 schließlich sogar bei 53,0 %; bis zum Jahr 2000 sank sie dann jedoch auf 50,9 %.[9]

Wie man gerade an dieser Entwicklung von Abwanderung und Zuwanderung gut ablesen kann, hat Bayern den Übergang vom industriellen ins postindustrielle Zeitalter zwar nicht ohne Probleme, aber doch schneller bewältigt als andere Bundesländer. Dass Bayern diese Phase so gut überstehen würde, war jedoch zunächst nicht abzusehen gewesen. Das erklärt, warum bereits die Verschlechterung der wirtschaftlichen Rahmenbedingungen im Gefolge der Rezession von 1966/67 die bayerische Staatsregierung zu einer bemerkenswerten Revision ihres wirtschaftspolitischen Kurses veranlasste. Gegen hartnäckigen Widerstand, vor allem aus den

Reihen der CSU-Landtagsfraktion, erklärte sie im Januar 1969 ihre Zustimmung zur ersten großen „Föderalismusreform" der Nachkriegszeit. Unter maßgeblicher Mitwirkung des damaligen Bundesfinanzministers und CSU-Vorsitzenden Franz Josef Strauß wurden nun „Gemeinschaftsaufgaben" von Bund und Ländern definiert, wodurch erheblich größere Mittel für den Hochschulausbau und die Wirtschaftsförderung nach Bayern flossen. Im Gegenzug mussten die Länder dem Bund jedoch sowohl bei der Hochschulplanung als auch bei der Förderung der Wirtschaft und der Modernisierung der Agrarstruktur größere Mitspracherechte einräumen. Dadurch wurde der Handlungsspielraum der Landespolitik eingeschränkt und die Abhängigkeit Bayerns vom Bund erhöht. Das hat vor allem ab 1969, als die Bundesregierung von einer sozial-liberalen Koalition gestellt wurde, zu heftigen Kontroversen zwischen München und Bonn geführt. Diese verschärften sich, als im November 1978 Franz Josef Strauß das Amt des bayerischen Ministerpräsidenten übernahm, und dauerten auch nach der konservativ-liberalen „Wende" von 1982 an, mit der Helmut Kohl seine 16-jährige Kanzlerschaft antrat.

Hinzu kam, dass auch Brüssel immer weitere Kompetenzen in Anspruch nahm, was den Handlungsspielraum der Länder weiter einschränkte. Sowohl der Bund wie auch die EG beziehungsweise EU entwickelten wirtschaftliche Förderprogramme, deren Zielvorstellungen sich nur teilweise mit denen Bayerns deckten. Da die Gewährung von Zuschüssen von Kriterien abhing, die nicht auf bayerische Verhältnisse ausgerichtet waren, hatte die bayerische Staatsregierung sowohl in Bonn als auch in Brüssel einen ständigen Kampf um die Berücksichtigung bayerischer Interessen zu führen. Dieser Teil der Tätigkeit der bayerischen Staatsregierung wurde immer umfangreicher, da Umfang und Vielfalt der nationalen und EG/EU-Förderprojekte sprunghaft zunahmen. Dass sich dieser Einsatz lohnte, ersieht man beispielsweise daraus, dass Bayern allein in den Jahren von 1994 bis 1999 aus dem „Strukturfonds" der EG 580 Mio. DM zur Förderung seiner „strukturschwachen" Gebiete erhielt.[10]

Aber auch die kritischere Einstellung der Bevölkerung gegenüber den Folgen des technologischen Fortschritts und des wirtschaftlichen Wachstums, die auch dann bestehen blieb, als die unmittelbaren Folgen der Krise von 1973 überwunden waren, erforderte gewisse Korrekturen vor allem in der Umwelt-, Energie- und Verkehrspolitik. So musste die Staatsregierung in der Folge vor allem gegen einen wachsenden Widerstand gegen die Atomenergie ankämpfen, die nach ihrem Willen forciert ausgebaut hätte werden sollen. Dieser Konflikt kulminierte 1987/88 in den Auseinandersetzungen um die Errichtung einer Wiederaufbereitungsanlage für abgebrannte Kernbrennstäbe bei Wackersdorf in der Oberpfalz. Dieses Vorhaben wurde nach dem Tod von Franz J. Strauß, der im Oktober 1988 im Amt verstarb, fallengelassen. Der Bau wurde 1989 eingestellt, obwohl bereits rund zwei Milliarden DM investiert worden waren. Trotz der damals wie heute ungelösten Problematik der Entsorgung der atomaren Abfälle hielt die bayerische Staatsregierung jedoch an ihrer Präferenz für die Atomenergie fest.

Die Kapazität der bayerischen Atomkraftwerke wurde seit den 1980er-Jahren erheblich ausgeweitet, sodass diese 1995 schließlich 62,5 % des in Bayern erzeugten Stroms lieferten, während der Anteil des von den Wasserkraftwerken erzeugten nur mehr 18 % betrug. Die Stromerzeugung wurde damit so ausgeweitet, dass Bayern seit 1985 mehr Strom aus- als einführte.[11] Im Jahr 2001 stammte der in Bayern erzeugte Strom zu 61 % aus Kernkraftwerken, zu 20 % aus regenerativen und sonstigen Quellen (Wasser, Wind, Photovoltaik, Biomasse, Müll), zu 11 % aus Kohle, und zu je einem Prozent aus Öl und Gas. Trotz einer Ausweitung der Stromerzeugung auf regenerativer Basis soll sich nach den Planungen daran bis 2010 nichts Wesentliches ändern.[12]

Der gesamte Energieverbrauch Bayerns, der im Jahr 1960 noch bei 20,4 Mio. t Steinkohleeinheiten (SKE) lag, betrug 1970 bereits 32,5 Mio. t SKE und nahm bis 1980 auf knapp 39,9 Mio. t SKE und bis 2000 schließlich auf 46,8 Mio. t SKE zu. Während der Verbrauch der Industrie von 1970 bis 2000 von 10,2 Mio. t SKE auf 9,3 Mio. t SKE zurückging, stieg der der Haushalte und sonstigen Kleinverbraucher von 14,5 auf 21,7 Mio. t SKE und der des Verkehrssektors von 7,8 auf 15,8 Mio. t SKE an.[13] Der jährliche Gasverbrauch stieg von 2 Mrd. m^3 im Jahr 1970 auf 12 Mrd. im Jahr 2001 an, der an Benzin, Diesel und Kerosin von 5 Mio. auf 10,6 Mio. t.[14]

Der Anteil des Verkehrs am Gesamtenergieverbrauch wuchs von 1970 bis 1990 von 24 % auf 32 %, wobei der Anteil des Verbrauchs der Eisenbahn konstant blieb, während sich der des Straßenverkehrs verdoppelte und der des Luftverkehrs vervierfachte.[15] Diese Entwicklungen waren die Folgen der auch nach 1973 nahezu bruchlos fortgeführten Verkehrspolitik; denn auch wenn die bayerische Staatsregierung immer wieder die Potenziale des Schienenverkehrs und der Binnenschifffahrt hervorhob und Maßnahmen ankündigte, damit diese künftig besser genutzt würden, so genossen der Straßen- und Luftverkehr de facto weiterhin absoluten Vorrang. Die Aufwendungen für den Straßenbau stiegen von 1970 bis 1980 von ca. 1,17 auf jährlich ca. 1,96 Mrd. DM; auf diesem Niveau verharrten sie bis zur Jahrtausendwende. Die Zahl der PKW erhöhte sich von 1970 bis 2000 von ca. 2,4 Mio. auf 6,7 Mio., das war ein Zuwachs von 179 %. Kamen 1970 auf 1 000 Einwohner noch 231 PKW, so waren es im Jahr 2000 bereits 556. Die Zahl der Lastkraftwagen legte im gleichen Zeitraum von 163 555 auf 593 114 zu, was einem Zuwachs von 263 % entsprach.[16] Obwohl das Netz der bayerischen Autobahnen von 1960 bis 1993 um 235 % wuchs, hat sich deren durchschnittliche Verkehrsdichte mehr als versechsfacht.[17] Die gesamte Personenverkehrsleistung betrug in Bayern im Jahr 1975 noch 91,4 Mrd. Personenkilometer (Pkm), während es 1992 bereits 140,8 Mrd. waren; das war ein Zuwachs von 54 %. 1975 entfielen davon auf den Individualverkehr 72,8 Mrd. Pkm, auf den öffentlichen

Personenverkehr dagegen 18,5 Mrd. Pkm; 1995 betrugen die entsprechenden Werte 115,3 und 25,9 Mrd. Pkm.[18] Der Güterverkehr (ohne Transit) ist im gleichen Zeitraum von 23,2 Mrd. Tonnenkilometer (tkm) auf 38,6 Mrd. tkm angestiegen, was 66 % entsprach. Dabei verharrte der Anteil der Bahn bei 6 Mrd. tkm, während der der Binnenschifffahrt von 0,8 auf 0,9 Mrd. tkm und somit nur geringfügig anstieg, der des Lkw-Fernverkehrs dagegen sehr stark, nämlich von 8,8 auf 20,1 Mrd. tkm, und der des Lkw-Nahverkehrs von 7,6 auf 11,6 Mrd. tkm.[19] Damit entfielen 1992 82,1 % aller Transportleistungen (ohne Transit) auf den Lkw, 15,5 % auf die Bahn (1975 waren es noch 25,6 % gewesen) und 2,3 % auf die Binnenschifffahrt. Die großen Erwartungen, die man in deren Entwicklung nach der Vollendung des Main-Donau-Kanals im Herbst 1992 gesetzt hatte,[20] haben sich nicht erfüllt. 1970 betrug der gesamte Güterempfang per Schiff 10,371 und 1990 noch 7,823 Mio. t; im Jahr 2000 aber waren es mit nur 7,812 Mio. t sogar noch etwas weniger als zehn Jahre zuvor. Der Güterversand reduzierte sich von 6,222 Mio. t im Jahr 1970 auf 5,338 Mio. t 1990 und 5,019 Mio. t im Jahr 2000.[21]

Einen enormen Aufschwung nahm der Flugverkehr. Wurden 1970 auf den beiden internationalen Flughäfen München und Nürnberg ca. 3,8 Mio. Fluggäste abgefertigt (Ankünfte und Abflüge zusammengerechnet), so waren es 1980 bereits 6,5 Mio., 1990 12,6 Mio. und im Jahr 2000 schließlich 25,9 Mio. Mit Inbetriebnahme eines zweiten Terminals 2002 hat der Flughafen München seine Kapazität um 10 Mio. Fluggäste erweitert und rangierte mit 23,2 Millionen Abfertigungen nun unter den europäischen Flughäfen an sechster Stelle. Das Luftfrachtaufkommen nahm in den 30 Jahren von 1970 bis 2000 von ca. 28 016 t auf 143 801 t zu; in München wuchs es von 25 000 t im Jahr 1992 auf 144 000 t im Jahr 2002 an.[22]

Dass die wiederholt deklarierten verkehrspolitischen Ziele – Verlagerung des Güterverkehrs von der Straße auf die Schiene und aufs Wasser, Rückdrängung des Individualverkehrs durch Ausbau des öffentlichen Personennahverkehrs – nicht erreicht wurden, ist letztlich dem Umstand zuzuschreiben, dass der Erhalt der sozialen Marktwirtschaft, des freien Spiels der Marktkräfte und der unternehmerischen Eigenverantwortung oberste Maxime des Handelns der bayerischen Staatsregierung blieb. Gleichfalls übergeordnete Priorität genoss, vor allem seitdem Bayern Mitte der 70er-Jahre das Entwicklungsniveau der deutschen Wirtschaft erreicht hatte, die „Erhaltung der Wettbewerbsfähigkeit".[23] Dazu wurde das Instrumentarium zur Förderung der wirtschaftlichen Entwicklung ständig erweitert und in immer mehr Bereichen eingesetzt. Insbesondere dem Mittelstand wollte die Politik auf diese Weise dazu verhelfen, rascher und stärker am technischen und wissenschaftlichen Fortschritt zu partizipieren. Diesem Zweck diente das 1974 erlassene Mittelstandsförderungsgesetz, das in den folgenden Jahren durch Fördermaßnahmen ganz neuer Qualität ergänzt und flankiert wurde: Einem „Innovationsförderungsprogramm" folgten das „Technologie-Einführungsprogramm", das

„Mittelständische Technologie-Beratungsprogramm", der Aufbau von staatlichen „Informationsvermittlungsstellen" und von „Technologie-Transfer-Stellen". Zudem übernahm der Staat die Förderung von Technologiemessen sowie der Gründung von Technologiezentren, Instituten für angewandte Forschung, Zentren für Mikroelektronik, Informationstechnik und angewandte Mikroelektronik.[24]

In der Folge konzentrierte die Staatsregierung ihre Unterstützung auf die mittelständische Wirtschaft und das Handwerk, denen es ermöglicht werden sollte, mit der technologischen Entwicklung Schritt zu halten und so ihre Konkurrenzfähigkeit zu behaupten. Damit trug die Politik der Tatsache Rechnung, dass der Anteil der mittelständischen Wirtschaft sowohl hinsichtlich der Beschäftigung wie auch der Bruttowertschöpfung überproportional zugenommen hatte.[25] 1974 entfielen in Bayern 47,3 % des Umsatzes aller Wirtschaftsbereiche auf die mittelständische gewerbliche Wirtschaft, das waren rund fünf Prozentpunkte mehr als in der Bundesrepublik. Hatte der Anteil der Beschäftigten der mittelständischen Industrie Bayerns an der entsprechenden Gruppe auf Bundesebene 1953 noch 16,1 % betragen, so waren es 1974 bereits 18 %. Besonders hoch war der Anteil der mittelständischen Unternehmen in der bayerischen Investitionsgüterindustrie, die das stärkste Wachstum im industriellen Sektor aufwies. Gleichfalls einen sehr hohen Anteil hatte der Mittelstand an einer weiteren Wachstumsbranche, dem Fremdenverkehr.

Diese positive Entwicklung schrieb die Staatsregierung ihrer seit Jahrzehnten betriebenen Wirtschaftsförderung zu, die deshalb auch weiterhin im Zentrum der Wirtschaftspolitik stehen sollte. Diese wurde von 1970 bis 1988 maßgeblich von Anton Jaumann gestaltet, dessen Handlungsspielraum sich dank stark steigender Staatseinnahmen erheblich vergrößerte. In den 18 Jahren seiner Amtszeit erhöhten sich die Staatseinnahmen etwa um das 3-Fache, der Etat des Wirtschaftsministeriums sogar um das 5,5-Fache. 85 bis 90 % dieser Mittel wurden für Investitions- und Fördermaßnahmen ausgegeben, wobei zu berücksichtigen ist, dass die Landesmittel nach wie vor nur einen kleinen Teil der Investitionshilfen ausmachten, die der Wirtschaft insgesamt zuflossen.

Wie seine Amtsvorgänger begründete auch Jaumann diese Ausgaben damit, dass „die ökonomischen und damit die kulturellen Lebensbedingungen der Menschen durch die Erreichung gleichwertiger Lebensverhältnisse insbesondere auch im ländlichen Raum" nachhaltig verbessert werden müssten.[26] Damit schien er zwar an die von Seidel begründete Politik anzuknüpfen; aber wie sich bei genauerer Betrachtung zeigt, hat er diese erheblich modifiziert. Aus der Entwicklung der zurückliegenden Jahre hatte er nämlich die Überzeugung gewonnen, dass eine nachhaltige wirtschaftliche Entwicklung der peripheren Räume ohne ein kräftiges allgemeines Wirtschaftswachstum unmöglich sei, weshalb er diesem absolute Priorität einräumte.

Die wirtschaftlichen Rahmenbedingungen für ein solches Wachstum aber waren in seiner Amtszeit insgesamt günstig. Die Gesamtzahl der Erwerbstätigen Bayerns hat sich von 1970 bis 1992 von 4,9 auf 5,8 Mio. oder um rund 20 % erhöht; im verarbeitenden Gewerbe stieg ihre Zahl zwar nicht mehr, hat sich aber, anders als im restlichen Bundesgebiet, auch nicht drastisch verringert. Der Anteil der Beschäftigten dieses Sektors an den Erwerbstätigen hat sich lediglich von 47,1 % im Jahr 1970 auf 42,1 % im Jahr 1991 vermindert.[27] Zugleich haben sich jedoch innerhalb dieses Sektors die Produktions- und Beschäftigtenstrukturen nachhaltig verändert. Vor allem in den Bereichen Textil, Bekleidung und Leder wurden Arbeitsplätze abgebaut, der Anteil der dort Beschäftigten ging von ca. 17 % auf 7 % zurück. Auch die feinkeramische und die Glasindustrie verringerten ihre Beschäftigtenzahlen. Relativ stabil blieben diese in der elektrotechnischen Industrie und beim Maschinenbau sowie bei einer Reihe kleinerer Branchen. Einen Zuwachs von annähernd 100 % und damit den größten innerhalb dieses Sektors verzeichnete der Fahrzeugbau, der nun 12 % der Beschäftigten des produzierenden Gewerbes stellte. Geringere Zuwächse wiesen die Bereiche Chemie und Kunststoffe sowie das Ernährungsgewerbe auf.

Nach der Überwindung der Rezession zu Beginn der 80er-Jahre förderte Ministerpräsident Strauß (1978–1988) gezielt den Ausbau „innovativer" Industriezweige, wozu der Freistaat in beträchtlichem Umfang Anteile an solchen Unternehmen erwarb.[28] So wurde u. a. der Staatsanteil an Messerschmitt-Bölkow-Blohm (MBB) von 14 % auf 35,28 % erhöht und eine 35-prozentige Beteiligung an Krauss-Maffei erworben. Zur Flankierung des Engagements im Luftfahrzeugbau erwarb der Freistaat zudem eine Schachtelbeteiligung an der Lufthansa. Als weitere besonders zukunftsträchtige Branchen zogen auch die Filmindustrie und die Neuen Medien das Interesse Strauß' auf sich, weshalb der Freistaat u. a. 1984 auch 20 % der Bavaria Film GmbH erwarb.

Im Vergleich zur übrigen (alten) Bundesrepublik wies die Struktur des produzierenden Sektors in Bayern zu Beginn der 1990er-Jahre folgende Besonderheiten auf:

– Die Elektrotechnik inklusive EDV war mit einem Anteil von 20,4 % der Beschäftigten weitaus stärker ausgeprägt als auf Bundesebene, wo sie nur 14,7 % ausmachte.

– Für den Luft- und Raumfahrzeugbau mit 2,2 % der Beschäftigten gab es auf Bundesebene keine Entsprechung.

– Beim Maschinen-, Stahl- und Leichtmetallbau blieb der Anteil in Bayern mit 15,9 % etwas hinter dem des Bundesgebietes mit 16,9 % zurück, ebenso bei Chemie/Kunststoffen mit 9,5 % gegenüber 12,4 %.

– Bei den anderen, kleineren Branchen war der bayerische Anteil bei Textil/Bekleidung/Leder, Feinkeramik/Glas, Steine/Erden, Holzverarbeitung und -bearbeitung sowie Druck/Vervielfältigung teilweise signifikant höher, dagegen war er beim Ernährungsgewerbe minimal und bei der Eisen-, Blech- und Metallwarenindustrie deutlich geringer.

Damit war der Investitions- und Verbrauchsgüterbereich in Bayern insgesamt erkennbar stärker, der Grundstoff- und Produktionsgütersektor hingegen merklich schwächer ausgebildet als auf Bundesebene; beim Nahrungs- und Genussmittelsektor gab es kaum Abweichungen. Blickt man weiter in die Vergangenheit zurück, so sieht man, dass sich damit der schon seit der Zwischenkriegszeit feststellbare Strukturwandel im produzierenden Sektor bis etwa 1990 nahezu geradlinig fortgesetzt hat.

Die Wiedervereinigung, die Öffnung des „Eisernen Vorhangs" und die Osterweiterung der EU verschafften der bayerischen Wirtschaft einen nachhaltigen Entwicklungsschub. Wie die Staatsregierung deren Auswirkungen einschätzte und welche Konsequenzen sie daraus zog, lässt sich dem Bericht über die „Wirtschaftliche Zukunft Bayerns" entnehmen, den der damalige Minister für Wirtschaft und Verkehr August R. Lang 1991 dem Ministerrat vorlegte und veröffentlichte.[29] Da der Ministerrat unter Max Streibl, der nach dem plötzlichen Tod von Franz J. Strauß im Oktober 1988 Ministerpräsident wurde und dieses Amt bis Mai 1993 innehatte, wieder zur zentralen politischen Schaltstelle geworden war, kommt diesem Bericht der Charakter einer Regierungserklärung zu.

In der einleitenden „Bestandsaufnahme" wurde zunächst festgestellt, dass Bayern seinen vormaligen Entwicklungsrückstand aufgeholt habe und seine Beschäftigungsentwicklung dynamischer sei als die der Bundesrepublik. Das Bruttoinlandsprodukt pro Kopf der Bevölkerung habe 1987 den Bundesdurchschnitt erreicht und übertreffe diesen seither, lediglich bei der Arbeitsproduktivität liege Bayern noch etwas unter dem Durchschnitt. Ursachen dieser positiven Entwicklung Bayerns seien neben dem Fehlen eines „altindustriellen" Sektors die bayerische Wirtschaftspolitik, die ihre Wirkung vor allem dank des föderalen Aufbaus Deutschlands habe entfalten können. Kennzeichnend für Bayerns Wirtschaftsstruktur sei ein „überproportionaler Anteil von modernen und wachstumsträchtigen Industriezweigen", ein großes Gewicht des tertiären Sektors, auf den fast 60 % des Bruttoinlandsprodukts entfielen, und ein überproportionaler Anteil kleiner und mittelständischer Unternehmen, die 55 % des Bruttoinlandsprodukts erzielten und 56 % aller Erwerbstätigen beschäftigten.

Die Wiedervereinigung sei grundsätzlich positiv zu bewerten, auch wenn sie den Haushalt von Bund und Ländern belaste und die Konzentration der Fördermaßnahmen auf die neuen Bundesländer die bisherigen Fördergebiete – und damit auch Bayern – benachteilige. Denn das wirtschaftliche Erstarken dieser Länder, vor allem Thüringens und Sachsens, werde letztlich Bayern und insbesondere Nordbayern zugutekommen, das jetzt wieder im Zentrum Deutschlands liege.

Nordbayern werde von der Wiedervereinigung besonders profitieren, da es seine früheren engen Verflechtungen mit dem mitteldeutschen Raum wiederherstellen könne, wovon nachhaltige Beschäftigungs- und Wachstumsimpulse zu erwarten seien.[30] Diese Region werde auch Nutznießer der Verlagerung des Regierungssitzes von Bonn nach Berlin und der daraus resultierenden erhöhten Anziehungskraft der Bundeshauptstadt sein, da sich eine neue Entwicklungsachse zwischen Nürnberg und Berlin ausbilden werde. Dadurch würden die bisherigen Entwicklungsdefizite, die Nordbayern bisher gegenüber Südbayern aufweise, aufgehoben. München dagegen werde in Zukunft gegen eine steigende Attraktivität Berlins vor allem auf Unternehmen aus dem Dienstleistungsbereich, besonders aus Werbung und Medien, anzukämpfen haben.

Positiv wurden auch die Auswirkungen des sich erweiternden EG-Binnenmarktes und dessen Öffnung zu den Staaten Mittel-, Ost- und Südosteuropas bewertet, auch wenn diese noch länger mit großen wirtschaftlichen Problemen zu kämpfen hätten. Diese Öffnung böte der bayerischen Wirtschaft zusätzliche Perspektiven, zumal diese vor allem zur Tschechoslowakei und zu Ungarn bereits sehr gute Wirtschaftbeziehungen unterhalte und München und Nürnberg die nächstgelegenen Messeplätze des europäischen Binnenmarktes für die ost- und südosteuropäischen Staaten darstellten. Man werde deshalb den Ausbau der wirtschaftlichen Beziehungen zwischen der EG und den ost- und südosteuropäischen Ländern ebenso nachdrücklich unterstützen wie die Erweiterung der EG durch den Einbezug Österreichs.

Nach den anschließend unterbreiteten „Vorschlägen zur Sicherung und Stärkung der wirtschaftlichen Stellung Bayerns" sollte die bisherige Politik fortgeführt werden, da es keinen Anlass für einen „vordergründigen Aktionismus oder gar für einen Kurswechsel" gäbe; zudem bedürfe eine erfolgreiche Wirtschaftspolitik nichts so sehr wie der Kontinuität.[31] Angesichts des zunehmenden Konkurrenzdrucks, dem die bayerische Wirtschaft ausgesetzt sei, müsse der Staat die Unternehmen auch weiterhin durch eine „Verbesserung der Rahmenbedingungen wirtschaftlichen Handelns unterstützen." Damit allein aber sei es nicht getan: „Vorrangig gefordert ist staatliches Handeln im Wettbewerb der Regionen um Investoren." Die Attraktivität des „Wirtschaftsstandorts Bayerns" müsse gesteigert werden, um Abwanderung ansässiger Unternehmen zu verhindern und um neue Investoren anzuziehen. Deshalb werde die Staatsregierung in der „Standortwerbung und Ansiedlungsberatung" künftig noch größere Aktivitäten entfalten. Man werde die Auslandspräsenz verstärken, eine intensivere Kontaktpflege zu Multiplikatoren im In- und Ausland betreiben, ein „integriertes Standortmarketing" entwickeln, die Betreuung standortsuchender Unternehmen in Bayern intensivieren und Maßnahmen zur Förderung von Neuansiedlungen und Betriebserweiterungen koordinieren. Zudem werde man die außenwirtschaftlichen Beziehungen und die

„mittelständische Außenwirtschaftsberatung" intensivieren. Dem Mittelstand werde man die Beteiligung an Messen und Ausstellungen erleichtern und über bayerische Außenwirtschaftsrepräsentanzen und Außenwirtschaftsbüros bei der Herstellung von Kontakten ins Ausland unterstützen.

Grundsätzlich werden in diesem Programm somit zwei Aufgabenfelder unterschieden: Die Unterstützung der heimischen Wirtschaft und die Steigerung der Attraktivität des Wirtschaftsstandorts Bayern, um so neue Investoren anzuziehen. Zwangsläufig gab es hier Überschneidungen; so kamen beispielsweise die angekündigten verstärkten Bemühungen, das Verständnis der Bevölkerung für die „berechtigten Anliegen der Wirtschaft" zu steigern, sowohl den ansässigen Unternehmen als auch der Attraktivität des Wirtschaftsstandorts zugute.[32] Das gilt auch für zahlreiche weitere der ankündigten Maßnahmen. So wurden die Gemeinden aufgefordert, eine wirtschaftsfreundliche „Standortpolitik" zu verfolgen und die „vielfach zu beobachtende zunehmende Zurückhaltung gegenüber berechtigten Anliegen von Wirtschaft und Verkehr" aufzugeben, da diese zur Verhinderung von Neuansiedlungen führe und Verlagerungstendenzen verstärke.[33] Diese Mahnung war insbesondere an die Landeshauptstadt München gerichtet, die sich „verstärkt um Weltoffenheit und ein entsprechendes Image" bemühen und versuchen sollte, ihren „Vorsprung insbesondere als Zentrum der Elektronikindustrie, der Luft- und Raumfahrtindustrie, als führender Modeplatz sowie als modernes Dienstleistungszentrum zu halten."[34]

Auch der geforderte Ausbau der Verkehrsinfrastruktur, die für die Wettbewerbsfähigkeit von entscheidender Bedeutung sei, diente der bayerischen Wirtschaft ebenso wie der Steigerung der Attraktivität des Wirtschaftsstandorts. Die Wiedervereinigung erfordere die Herstellung neuer leistungsfähiger Nord-Süd-Verbindungen, die Öffnung des Ostens und die Schaffung eines vergrößerten europäischen Marktes dagegen mache einen Ausbau der Verbindungen von West nach Ost und des Alpentransitverkehrs notwendig. Dieser Ausbau müsse sowohl die Schienenwege wie auch die Straßen und Wasserstraßen umfassen. Dem gleichfalls stark steigenden Luftverkehr müsse man vor allem mit dem Ausbau des Flughafens München Rechnung tragen, der zu einem „weiteren Knotenpunktflughafen neben Frankfurt" entwickelt werden müsse. Dazu sollte die Lufthansa zu „frühestmöglicher Einrichtung von Langstreckendiensten ab München" veranlasst werden und möglichst rasch müssten „internationale Carrier" an München gebunden werden, „um den zeitlichen Konkurrenzvorsprung gegenüber einem späteren Großflughafen Berlin zu nutzen und die Stellung im internationalen Luftverkehr, insbesondere als Luftverkehrsknoten der Süd- und Süd-Ost-Verbindungen, zu sichern."[35] Außerdem müssten, um die „notwendige Chancengleichheit" von Schiene und Straße zu erreichen, dem Straßenverkehr künftig die Wegekosten in voller Höhe angelastet werden.

Was die Förderung von Forschung und Wissenschaft anbelange, so müsse sich auch diese künftig noch stärker an den Bedürfnissen der Wirtschaft, insbesondere der mittelständischen, ausrichten. Im Übrigen mache die fortschreitende europäische Einigung eine Verstärkung des Studentenaustauschs, eine steigende Internationalisierung des Studienangebots und die gegenseitige Anerkennung von Studien- und Prüfungsleistungen nötig.[36] An den Schulen sollte vor allem der Fremdsprachenunterricht ausgebaut werden; ansonsten aber sollte das Bildungssystem, insbesondere die berufliche Aus- und Weiterbildung, beibehalten werden.[37]

Bei der Energiepolitik folgte man der Prämisse, dass „eine sichere, preiswerte und umweltverträgliche Energieversorgung" auch weiterhin „Schlüsselfaktor" der Leistungsfähigkeit der bayerischen Wirtschaft sei. Man rechnete mit einem Zuwachs des Energieverbrauchs bis 2010 um 10 %, und dieser müsse bei gleichzeitiger Absenkung der bisherigen CO_2-Emissionen um 25 bis 30 % abgedeckt werden. Deshalb müsse der Einsatz erneuerbarer Energieträger ausgebaut und die Kernenergie weiter genutzt werden. Bei der als notwendig anerkannten „Bekämpfung des Treibhauseffekts" dürften jedoch „die Grenzen der Belastbarkeit für die Verbraucher, insbesondere für die im internationalen Wettbewerb stehende Wirtschaft nicht überschritten werden." Gefordert wurden deshalb der Abbau der Kohlesubventionen und die Herstellung gleicher Rahmenbedingungen für die Energiewirtschaft auf europäischer Ebene.[38]

Unter der Überschrift „Erhöhung der Attraktivität des Standortes durch Pflege der ‚weichen' Standortfaktoren" wurden die Maßnahmen zur Förderung von Kunst und Kultur sowie, zur Bewahrung der Umwelt und zum Wohnungswesen vorgestellt.[39] Kunst und Kultur, so hieß es, spielten für das „Image der Zentren, aber auch das der Regionen" eine wichtige Rolle. Besonders Münchens Stellung im deutschen Kulturbetrieb sei aber durch den Aufstieg Berlins gefährdet; dem müsse man durch gezielte Förderung, insbesondere im audiovisuellen Bereich, entgegenwirken.

Einen „erheblichen Wettbewerbsvorteil bei Betriebsansiedlungen" stellten auch die „vergleichsweise wenig beschädigten ökologischen Verhältnisse" in Bayern dar. Diese müssten daher erhalten und gegebenenfalls verbessert werden. Diesem Zweck haben die Gewässerschutzpolitik, die Luftreinhaltepolitik und der Bodenschutz zu dienen. Den Gewässerschutz werde man durch Ausbau der Abwasserentsorgung, Schutz des Grundwassers und Optimierung der öffentlichen Wasserversorgung verbessern, und die Luftreinhaltung durch eine Verringerung der Stickstoffemission, vor allem der des Verkehrs. Dazu werde eine bessere „Verknüpfung des Individual- und Transportverkehrs mit dem öffentlichen Nah- und Fernverkehr" vorgenommen und die Entwicklung neuer, emissionsarmer Fahrzeugantriebe vorangetrieben. Dem Erhalt der Lebensgrundlagen diene der Bodenschutz. Schadstoffeinträge seien zu verringern, die „Flächeninanspruchnahme einschließlich der Bodenversiegelung" sei zu vermindern. In diesen Zusammenhang wurde auch die Agrarpolitik gestellt: Zwischen Agrarstruktur, Landschaftsstruktur und Wirtschaft bestehe ein unauflöslicher Zusammenhang: „Die von bäuerlich betriebener Landwirtschaft geprägte Kulturlandschaft trägt mit ihrer unverwechselbaren Eigenart zum Standort für Betriebsansiedlungen bei. Diesen Vorteil Bayerns gilt es auch weiter zu nutzen." Der Verbesserung des Bodenschutzes diene auch die Abfallwirtschaft, die man ausbauen und modernisieren werde. Und schließlich sei zur „Sicherung der wirtschaftlichen Stellung Bayerns" die Bereitstellung von genügend Wohnraum für die verschiedenen Ansprüche erforderlich; deshalb werde der Staat im Rahmen der Städtebauförderung auch hier entsprechende Maßnahmen ergreifen.

Im letzten Teil des Programms wurden Vorschläge beziehungsweise Forderungen für eine „Verbesserung der gesamtwirtschaftlichen Rahmenbedingungen auf Landes-, Bundes- und EG-Ebene" entwickelt.[40] Diese gingen von der Prämisse aus, dass eine positive wirtschaftliche Entwicklung Bayerns in Zukunft nur möglich sei, wenn die Staatsregierung ihre wirtschaftpolitischen Kompetenzen behalte, wozu der Föderalismus in Deutschland und in Europa abgesichert und gestärkt werden müsse: „Nur wenn den Ländern ausreichende Handlungsspielräume verbleiben, kann die Politik auch künftig für überdurchschnittliche Entwicklungsmöglichkeiten sorgen." Die Mitsprachemöglichkeiten der Länder auf nationaler und europäischer Ebene müssten daher erweitert, Einschränkungen, wie sie vor allem vonseiten der EG drohten, unterbunden werden. Die in Bayern betriebene Raumordnung und Landesplanung nach dem Konzept der Regionalisierung müsse von einer künftigen EG-Raumordnungsplanung respektiert werden, Bayern müsse auch weiterhin die „Erhaltung und Schaffung einer Vielfalt von leistungsfähigen, miteinander im Verbund stehenden Wirtschaftszentren" verfolgen können. Auf Bundesebene müsse man vor allem Maßnahmen zur Senkung der zu hohen Steuerbelastung der Unternehmen ergreifen und Mittelstand und Handwerk durch eine Reform der Erbschaftssteuer entlasten. Weitere Aufgabe sei eine „Verkürzung der Planungs- und Genehmigungsfristen" bei Standortentscheidungen und Infrastrukturvorhaben, die „angesichts der zunehmenden internationalen Konkurrenz der Regionen um Investoren" von erheblicher Bedeutung sei. Notwendig sei auch die Steigerung der Leistungsfähigkeit der Verwaltung durch gezielte Fortbildung, Verwaltungsvereinfachung und Aufgabenabbau. Zur Stärkung des „föderalen Elements" und der Attraktivität des Standorts Bayern könne auch eine weitergehende Dezentralisierung von Einrichtungen des Bundes und der Europäischen Gemeinschaft beitragen, wozu entsprechende Vorschläge unterbreitet wurden. Abschließend wurde noch auf die Bedeutung der Inneren Sicherheit für die Attraktivität des Standorts Bayern verwiesen. Angesichts der Grenzöffnungen und des Schengener Abkommens müsse man Vorkehrungen treffen, dass diese auch künftig voll gewährleistet sei.

In diesem Programm wurden somit die politischen Vorstellungen und Ziele in aller wünschenswerten Klarheit offengelegt. Es belegt, dass die bayerische Staatsregierung Bayern in erster Linie als Wirtschaftsstandort betrachtete und nicht nur ihre Wirtschaftspolitik, sondern die gesamte Politik konsequent darauf ausrichtete, dessen Attraktivität zu erhalten und zu erhöhen. Unter Edmund Stoiber, der 1993 Max Streibl als Ministerpräsident ablöste und dieses Amt bis 2007 ausübte, wurde diese Politik konsequent umgesetzt. Bereits in seiner Regierungserklärung zu Beginn der Legislaturperiode von 1994/98 strich Stoiber die Bewältigung der Folgen der „Globalisierung der Weltwirtschaft" als wichtigste Aufgabe seiner Regierung heraus.[41] Die verstärkte weltweite Konkurrenz zwinge zu einer tief greifenden Reform von Wirtschaft, Gesellschaft und Staat. Denn auch Letzterer stehe im internationalen Wettbewerb, weshalb er seine Ausgaben senken und effektiver werden müsse: „In vielen mit uns konkurrierenden Ländern können Unternehmer schneller investieren, weil über Planungen schneller entschieden wird. Ob uns diese Maßstäbe gefallen oder nicht – gegen diese Konkurrenz müssen wir bestehen. Halten wir uns nur einmal zum Beispiel die großen Investitionsentscheidungen von BMW und Siemens, den großen bayerischen Arbeitgebern, vor Augen." Senkung der Staatsquote, Beschleunigung der Verwaltungsvorgänge, Schaffung neuer Arbeitsplätze in innovativen Unternehmen und dies vor allem durch Förderung des Mittelstandes, von Existenzgründungen und Selbstständigen, all dies müsse absoluten Vorrang genießen. Aber auch die Entwicklung neuer Produkte müsse der Staat fördern: „Wir werden die Gesellschaft für Innovation und Technologietransfer mit dem Namen ‚Bayern – innovativ' in Nürnberg errichten. Das Innovations- und Gründerzentrum für Biologie und Gentechnologie-Formen in Martinsried läuft an. Hinzu kommt der Bayerische Innovationspreis, der alle zwei Jahre mit 300 000 DM dotiert ist." Und auch im Ausland müsse man aktiv werden: „Wir wollen bayerische Unternehmen unterstützen, neue Märkte zu erschließen. Wir werden eine Gesellschaft für internationale Wirtschaftsbeziehungen, ‚Bayern International', gründen. Sie wird vor allem dem Mittelstand helfen, Exportmärkte noch stärker zu nutzen. Wir beteiligen uns an ‚Häusern der deutschen Wirtschaft'. Shanghai ist unsere erste Anlaufstelle in Asien. Wir haben Indien ebenso im Blick wie Singapur, Vietnam und unsere chinesische Partnerprovinz Shangdong."

Angekündigt wurden des Weiteren staatliche Aktivitäten zum Ausbau leistungsfähiger neuer Kommunikationssysteme und eines Datenhochgeschwindigkeitsnetzes. Auch die Landwirtschaft sollte durch Innovationen konkurrenzfähiger werden; dazu sollte die Förderung „besonders leistungsfähiger Landwirte" verstärkt fortgeführt werden.

Neben der Förderung von Innovationen auf allen Gebieten rangierte der Abbau der Bürokratie ganz vorne. Wichtig sei vor allem die Beschleunigung von

Genehmigungsverfahren im Bereich der Wirtschaft: „Wie schon bisher bei Groß-vorhaben wollen wir die gerichtliche Überprüfung auf eine Tatsacheninstanz re-duzieren. Die Wirtschaft unseres Landes hängt zu einem Drittel vom Export ab. Wenn wir den internationalen Wettbewerb bestehen wollen – das ist allerdings nicht die alleinige Motivation –, müssen wir von der obrigkeitshörigen Stempel-gläubigkeit wegkommen." Eine ganze Reihe von Behörden – so die Eichverwal-tung, die Gewerbeaufsicht, die Versorgungsverwaltung, die Landesanwaltschaf-ten und die Direktionen für ländliche Entwicklung – sollten aufgelöst und ihre Aufgaben, soweit dies nötig sei, von Privaten übernommen werden. Die Staats-forste würden künftig nach privatwirtschaftlichen Prinzipien bewirtschaftet und die staatlichen Beteiligungen an Unternehmen, vor allem im Energiebereich, wür-den verkauft werden.

Auch die Raumordnung und Regionalplanung und damit jenes Instrumenta-rium, welches die Staatsregierung seit den 70er-Jahren mit großem Aufwand ge-schaffen hatte, um die wirtschaftliche Entwicklung des Landes gezielt voranzu-treiben, sollten abgebaut werden. Die Kontrolle nachgeordneter Behörden sollte reduziert und deren Handlungsspielräume erweitert werden, denn „Verwaltungen müssen ähnlich wirtschaften können wie Privatunternehmen." Und auch das „überzogene Statistik-, Erhebungs- und Dokumentationswesen" sollte stark redu-ziert werden.

Wie diese Ankündigungen zeigen, beschränkte sich der Staat nicht mehr darauf, der Wirtschaft „beratend und stützend zu Seite zu stehen", wie es Seidel einst als dessen Aufgabe definiert hatte. Die Politik definierte vielmehr selbst die Bereiche, in denen ihrer Auffassung nach die zukunftsträchtigen Entwicklungen stattfinden würden und stellte den am Wirtschaftleben Beteiligten dar, welche Voraussetzungen sie erfüllen müssten, damit sie daran partizipieren könnten. Zu-dem errichtete und unterstützte der Staat Forschungseinrichtungen und andere Institutionen, die der Entwicklung und dem Transfer der als zukunftsträchtig er-kannten Technologien dienen sollten. Die Wirtschaftspolitik verstand sich nun als „Forschungs-, Technologie- und Innovationspolitik", deren erklärtes Ziel es war, das „Innovationspotenzial" in Bayern zu nutzen und zu steigern.

Bei der Formulierung und Umsetzung dieser Politik zog die Staatsregierung verstärkt Sachverständige außerhalb der Administration hinzu. So wurden die „Visionen zur Industrielandschaft Bayerns in 20–25 Jahren", in denen die Grund-linien der Wirtschaftspolitik vorgezeichnet wurden, die Ministerpräsident Ed-mund Stoiber später umsetzte, 1993 von einem Gremium ausgearbeitet, dem vor allem Vertreter der bayerischen Industrie angehörten.[42] Sie definierten auch die „Cluster", die für Bayern als bedeutsam anzusehen seien, womit sie eine Funktion von hoher politischer Bedeutung ausübten. Denn jede Entscheidung für ein „Clus-ter", d. h. die Bildung von bestimmten Schwerpunkten mittels Vernetzung des vorhandenen Potenzials und dessen gezielter Ausbau, erfordert, so stellten diese Experten fest, „entsprechende Veränderungen in der Struktur und den Kooperationsweisen von Industrie und Staat, Wirtschaft und Ausbildungssystemen, den legalistischen, finanziellen und sozialen Rahmenbedingungen. Im Einzelfall wird dies zur Auflösung bestehender Organisationen und Strukturen führen, wodurch erhebliche Widerstände hervorgerufen werden."[43]

Zugunsten dieses neuartigen wirtschaftspolitischen Engagements verzichtete der Staat auf die bisherigen Formen der Einflussnahme auf die Wirtschaft. Gemäß der von Stoiber ausgegebenen Devise „nicht besitzen, sondern gestalten" – als ob das Eine das Andere ausschlösse! – veräußerte der Freistaat seine Beteiligungen an Unternehmen, über die er bisher erheblichen Einfluss auf deren Entscheidungen genommen hatte, so an der DASA, der Deutschen Aerospace AG, an der Bayerischen Versicherungskammer, der VIAG und der Bayernwerk AG. Seither ist der Staat fast nur noch Inhaber von oder Teilhaber an Unternehmen, die vorrangig staatlichen Zwecken dienen oder – wie die Bäder- und Vermögensverwaltung – nicht privatisiert werden können.[44] Gerade auch im Bereich der Energieversorgung wurde damit die Bildung von Großkonzernen, die Stoiber später selbst als nachteilig beklagte, begünstigt. Zudem baute der Staat den über Jahrzehnte entwickelten Verwaltungsapparat ab, mit dessen Hilfe er bisher die wirtschaftliche Entwicklung des Landes zu fördern und zu steuern getrachtet hatte. Dies geschah nicht, um den Einfluss der Regionen und Kommunen im Sinne einer Dezentralisierung zu stärken, denn durch weitere „Verwaltungsvereinfachungen" wurden auch deren Kompetenzen erheblich verringert. Die Ankündigung Stoibers, die Landesplanung auf das „bundesrechtlich notwendige Maß" zu reduzieren,[45] stellte damit den Schlusspunkt eines der wichtigsten Kapitel der bayerischen Nachkriegspolitik dar – auch wenn noch in dem 2006 veröffentlichten „Landesentwicklungsprogramm Bayern" behauptet wird, dass diese Planung maßgeblich dazu beigetragen habe, „umweltverträgliche und ausgewogene Raumstrukturen zu schaffen und Bayern in wirtschaftlicher Hinsicht in eine günstige Ausgangsposition zu bringen". Hinter den Schlagworten „Entbürokratisierung" und „Verschlankung des Staates" verbirgt sich somit in Wirklichkeit eine grundsätzliche Abkehr von jener Wirtschaftspolitik, die einst Hanns Seidel begründete.

Tatsächlich hatte sich das Vorhaben, durch eine planmäßige, vom Staat nach politischen Kriterien vorgegebene „Erschließung des Landes" und eine damit bewirkte „dezentralisierte Industrialisierung" wirtschaftliche Strukturen zu schaffen, welche „gleichwertige Lebensbedingungen" in allen Regionen gewährleisten hätten können, längst als undurchführbar erwiesen. Auch in Bayern konzentrierte sich die Wirtschaft in wenigen Ballungsräumen, die sich im Zeitalter der Globalisierung zu „Metropolregionen" auszudehnen begannen. Und anstatt von hier aus auf alle Regionen auszustrahlen, wie es die Politik erwartete,[46] beschränkten sich die von diesen Ballungsräumen ausgehenden Impulse auf einige wenige Entwicklungs-achsen. Diese verliefen außer zwischen den Ballungsräumen hauptsächlich in die vormals vom „Eisernen Vorhang" abgetrennten Regionen Deutschlands und nach Osteuropa. Die entlang dieser Achsen gelegenen Regionen haben seither einen spürbaren Aufschwung genommen. Das gilt besonders für die entlang der Donau-linie gelegenen Teile von Schwaben, der Oberpfalz und von Niederbayern; in diesen drei Regierungsbezirken verbuchte man seit 1989 durchgängig Binnenwanderungs-gewinne. Nur von 1991 bis 1995 wandelte sich dagegen in Oberfranken die Abwan-derung in eine Zuwanderung, und nahezu durchgängig negativ war der Binnenwan-derungssaldo in den Regierungsbezirken Mittelfranken und Unterfranken.[47]

Gekennzeichnet war die wirtschaftliche Entwicklung Bayerns in den 90er-Jahren zum einen von dem Boom, der unmittelbar nach der Wiedervereinigung einsetzte – 1990 und 1991 wuchs das Bruttosozialprodukt Bayerns jeweils um mehr als 5 % – und der Rezession von 1992/93, die nur langsam überwunden werden konnte. Vor allem aber waren die 90er-Jahre das Jahrzehnt der „Tertiari-sierung", denn der Anteil des produzierenden Gewerbes an der Bruttowertschöp-fung in Deutschland ging um ca. 10 % – in Bayern um 9 % von 40 % auf 31 % – zurück, während der des Dienstleistungssektors entsprechend zunahm. Diesen Wandel verkraftete Bayern aus den schon genannten Gründen besser als andere Länder, sodass sein jährliches Wirtschaftswachstum in diesen Jahren um etwa einen halben Prozentpunkt höher ausfiel als das auf Bundesebene.[48]

Einen nicht unwesentlichen Beitrag dazu leistete das Finanzdienstleitungsge-werbe, das sich in München konzentrierte – dem nach Frankfurt mit Abstand wich-tigsten Finanzplatz Deutschlands. Die wachsende Bedeutung dieses Wirtschafts-sektors lässt sich daran ablesen, dass dessen Wertschöpfung von 1991 bis 2000 um 60 % anstieg, während diejenige der bayerischen Wirtschaft insgesamt „nur" um 21 % wuchs.[49] Diese Entwicklung war nicht zuletzt der Deregulierung und der Aus-weitung der Finanzgeschäfte zu verdanken.[50] Die Ansätze dazu reichen bis 1967 zurück, als die staatliche Zinsbindung aufgehoben und die bisher geltenden Ein-schränkungen für Bankenwerbung gelockert wurden. Als in 70er-Jahren die Zu-wachsraten bei den Einlagen und im Kreditgeschäft geringer ausfielen als bisher, stiegen die bayerischen Banken verstärkt in die Vermögensverwaltung und in das Auslandskreditgeschäft ein. Von 1970 bis 1980 erhöhte sich die Auslandskreditver-gabe bayerischer Banken um 380 %. Besonders stark engagierte sich hier die Hypo-Bank, die seit 1977 in New York und in Gran Cayman und seit 1980 auch in London mit eigenen Repräsentanzen vertreten war; andere Institute folgten ihrem Beispiel. Im Gegenzug ließen sich vermehrt ausländische Banken in München nieder. In den 1980er-Jahren verlor das Inlandsgeschäft weiter an Dynamik, die Einlagen von Nichtbanken wuchsen noch um 110 %, das Kreditvolumen um 100 %. Der Anteil der Sparanlagen an den Einlagen aber verminderte sich von 45 % auf 31,5 %, denn immer mehr Anleger wollten eine höhere Rendite erzielen, als die traditionellen Anlagen ihnen boten. Deshalb weiteten die Banken ihre provisionsabhängige Geschäftstätigkeit aus, womit sie die Bedürfnisse ihrer Kunden befriedigten und sich zugleich neue, lukrativere Geschäftsfelder erschlossen. In der Folge wurde die Palette der Finanzprodukte ständig erweitert, das traditionelle Anlage- und Kreditgeschäft trat immer weiter in den Hintergrund und das „Investmentbanking" nahm stark zu. Dadurch wuchs auch die Zahl der Bankbeschäftigten, so allein von 1980 bis 1990 um rund 24 %. Dagegen schrumpfte das Filialnetz; von 1990 bis 2000 nahm die Zahl der Bankstellen um 10 % ab. Besonders die Großbanken expandierten in den neuen Geschäftsfeldern. Die Bayerische Vereinsbank gründete dazu Ende der 80er-Jahre die BV Exportleasing GmbH und die BV Immobilien GmbH und ging außerdem eine enge Kooperation mit der italienischen Gruppe ARCA NordEst und der Credit Foncier de France ein; auch beteiligte sie sich an der Gründung der „Banque Internationale de Credit et de Gestion Monaco".

Diese Entwicklung wurde beschleunigt, als 1991 den deutschen Banken die Beleihung von Grundstücken außerhalb Deutschlands gestattet wurde; diese war jetzt in allen Staaten der EG und im gesamten europäischen Wirtschaftsraum zulässig. 1993 entstand der europäische Binnenmarkt mit freiem Waren-, Dienstleistungs- und Kapitalverkehr und der neu eingeführte „Europäische Pass" für Kreditinstitute eröffnete den deutschen Banken die Möglichkeit, ihre sämtlichen Finanzprodukte in allen Mitgliedsstaaten der EU ohne nochmalige Zulassung anzubieten. 1998 schließlich wurde den Banken die Beleihung von Grundstücken in allen Staaten, die Mitglieder der OECD waren, gestattet. Das Wachstum des Auslandsgeschäfts in diesen Jahren lässt sich daran ablesen, dass 1990 erst drei Münchner Bankinstitute mit insgesamt 19 Auslandsfilialen und 11 Auslandstöchtern im Ausland engagiert waren, während es im Jahr 2000 sechs Institute mit 27 Filialen und 50 Töchtern waren.

Die Großbanken setzten ihre Expansion verstärkt fort; so errichtete die Hypo-Bank allein in den neuen Bundesländern 100 Stützpunkte und die Vereinsbank eröffnete dort 25 Niederlassungen. 1993 gründete die Hypo-Bank in Budapest die Hypo-Bank Hungaria Rt., während die Bayerische Landesbank ein Joint Venture mit der Tschechischen Sparkasse Prag zur Gründung einer Bausparkasse einging. 1994 gründete die Hypo-Bank mit der Direkt Anlage Bank GmbH die erste deutsche Direktbank, 1996 folgte die Vereinsbank mit Gründung der Advance Bank ihrem Beispiel. Nach Immobilien-Fehlinvestitionen in den neuen Bundesländern, die eine Wertberichtung in Höhe von 3,5 Mrd. DM erforderten, schloss sich die Hypobank 1998 mit der Bayerischen Vereinsbank zur Bayerischen Hypo-Vereinsbank (HVB) zusammen. Damit kam man auch dem Wunsch der bayerischen Staatsregierung nach, da so eine mögliche Übernahme der Hypo-Bank durch die Deutsche Bank abgewehrt wurde. Im Jahr 2000 übernahm die HVB die Bank Austria, womit sie ihre Position in Osteuropa weiter ausbaute, und 2003 gründete sie als eine Tochter die Hypo-Real Estate Bank AG, die künftig das Hypothekengeschäft betreiben sollte. 2005 aber erwarb die italienische Unicredito Gruppe – seither Unicredit – die Aktienmehrheit der HVB, die so ihre Eigenständigkeit verlor. Ein ähnlicher Konzentrationsprozess ist auch im Versicherungswesen zu beobachten, wo vor allem die Allianz ihre Vormachtstellung ausbaute. 1997 erwarb sie mit der Versicherungsgruppe Assurances Générales de France das größte französische Versicherungsunternehmen, und 2001 die Dresdner Bank. Letzteres geschah, um künftig alle Finanzgeschäfte aus einer Hand anbieten zu können, denn nunmehr hatte sich die Allianz die Vermögensverwaltung zum Kerngeschäft erkoren.

In Umrissen zeichnete sich aber bereits vor der Jahrtausendwende die Krise ab, in die das Finanzwesen bald danach geraten sollte. Trotz vieler Bemühungen, die Betriebskosten zu senken und trotz „fortgeschrittener Bereinigung der Kreditportefeuilles" litt das Bankgewerbe unter Ertrags- und Kostenproblemen: „Die zunehmende Renditeorientierung der Kunden, die durch den Fortschritt der Informations- und Kommunikationstechnik erhöhte Markttransparenz sowie eine stärkere direkte Nutzung des Kapitalmarktes als Quelle unternehmerischer Finanzierung (Disintermediation) haben zu einer strukturellen Verschlechterung der Ertragslage vieler Institute geführt. Vielerorts war auch die Konditionengestaltung im Kreditgeschäft nicht risikoadäquat. Die Folgen wurden durch die Börsenbaisse und die konjunkturelle Schwäche mit zahlreichen Kreditausfällen erst richtig transparent."[51] Zur Steigerung ihres Umsatzes und ihrer Erträge weiteten die Banken vor allem das „Investment Banking" und das Auslandsgeschäft aus. Dabei nahmen sie, wie im Zuge der Banken- und Finanzkrise offenbar wurde, unkalkulierbare Risiken in Kauf. Wie sich diese Krise auf das bayerische Banken- und Versicherungswesen konkret auswirken wird, ist heute noch nicht absehbar, aber zweifellos wird es tief greifende und dauerhafte Veränderungen erfahren.

Die Aufgabe, die bayerische Wirtschaft und hier insbesondere die Gründung neuer, innovativer Unternehmen durch Bereitstellung von Kapital zu unterstützen, hatte schon in den 90er-Jahren zunehmend die Landesanstalt für Aufbaufinanzierung (LFA) übernommen. Dazu gründete sie zwei Tochtergesellschaften, nämlich 1992 die Bayerische Beteiligungsgesellschaft mbH und 1995 die Risikokapitalgesellschaft Bayern. Die Erstgenannte hat bis 1999 in rund 400 Unternehmen ca. 450 Mio. Euro investiert, Letztere aber stellte vor allem jungen Unternehmern, die neue, innovative Unternehmen aufbauen wollten, Gründungskapital zur Verfügung.

In seiner zweiten Amtszeit von 1998 bis 2003 hat Stoiber seine – oben umrissene – Politik erneut forciert. In seiner Regierungserklärung vom Herbst 1998 verkündete er,[52] dass man vor einer „neuen technologischen Revolution" stehe: „Zwei Leittechnologien werden auf absehbare Zeit unser Leben im nächsten Jahrhundert prägen, die Bio- und Gentechnologie (…) und die Informations- und Kommunikationstechnologie (…)." Er sähe daher die wichtigste Aufgabe seiner Regierung darin, die bayerische Wirtschaft instand zu setzen, die damit verbundenen Herausforderungen zu bewältigen: „Wir wollen mit einer High-Tech-Offensive den technologischen Fortschritt Bayerns landesweit ausbauen – und das mit eigenen, mit Landesmitteln (…). Dabei setzen wir auf ein Konzept der landesweiten Vernetzung. Oberstes Ziel dieser Offensive ist die Gründung und Ansiedlung neuer Unternehmen und zukunftsorientierter Arbeitsplätze in allen Landesteilen.

Ein Schwerpunkt ist die Stärkung international herausragender High-Tech-Zentren. Geschaffen werden bayernweite Forschungs- und Technologienetzwerke in den Bereichen der Informations- und Kommunikationstechnologie, der Bio- und der Gentechnologie, der Medizin- und der Umwelttechnik sowie in den Querschnittstechnologien ‚Neue Materialien' und ‚Mechatronik'. Die vorhandenen Potenziale sollen gezielt zu Zentren von internationalem Rang ausgebaut werden. Wir wollen Bayern zum führenden Biotechnologie-Zentrum Europas ausbauen (…)."[53]

Das größte Hindernis für die Umsetzung dieser Politik sah Stoiber in der Einschränkung des politischen Handlungsspielraums des Landes Bayern: „Die Staaten der Europäischen Union haben einen großen Teil ihrer Kompetenzen auf die europäische Ebene verlagert. Im Durchschnitt sind bereits 50 % der deutschen Innenpolitik durch das EG-Recht bestimmt, in einzelnen wichtigen Bereichen wie der Wirtschafts-, Landwirtschafts- und Umweltpolitik sind es bereits 70 %.

Das Zusammenwachsen der Weltmärkte führt zur Bildung großer Weltkonzerne. Sie können wählen, wo und unter welchen Bedingungen sie investieren und Arbeitsplätze schaffen. Mit der Größe der Konzerne, vor allem mit der Zahl ihrer Arbeitsplätze, wächst ihr Einfluß auf nationale Entscheidungen."[54]

Als Konsequenz daraus forderte Stoiber eine Stärkung der Eigenständigkeit der Bundesländer: „Die Globalisierung hat zu einem bisher nie dagewesenen Wettbewerb der Standorte geführt. Es kommt immer mehr darauf an, was die Länder in Deutschland für die Ansiedlung von Unternehmen und für Arbeitsplätze tun. Die augenblickliche föderale Struktur in Deutschland fördert diese Anstrengungen nicht, sondern konterkariert sie. Für den weltweiten Standortwettbewerb müssen in Deutschland die Blockadestrukturen aufgebrochen werden.

Die Länder müssen ein Interesse daran haben, dass ihre Anstrengungen für Arbeit und Wohlstand in ihrem Land Früchte tragen. Jede Ebene braucht klare Verantwortung. Nur so profitieren auch die Menschen von ihrer eigenen Arbeit und Leistung. Die Länder und Regionen zu stärken, also Föderalisierung, ist Bayerns Antwort auf Zentralisierung und Internationalisierung. Nur dieser Weg garantiert der Landespolitik auch in Zukunft den Handlungsspielraum, den sie braucht. (…) Die Bayerische Staatsregierung will eine klarere Trennung der Kompetenzen von Bund und Ländern. (…) Wir wollen die Weichen selbst stellen: für eine schlanke, aber loyale und qualifizierte Verwaltung.

Die Bayerische Staatsregierung will eine Reform von Finanzausgleich und Finanzverfassung, nämlich mehr Steuerautonomie für die Länder, weniger Mischfinanzierung und Abbau der Gemeinschaftsaufgaben. In die originäre Zuständigkeit der Länder müssen der soziale Wohnungsbau, der Hochschulbau und die Agrar- und Städtebauförderung zurückgegeben werden. Die entsprechenden Finanzmittel sind dauerhaft den Ländern zuzuweisen. Die Staatsregierung will einen gerechteren Länderfinanzausgleich. (…) Den Ländern müssen für ihre Bürger mindesten 50 % der Steuereinnahmen verbleiben. Nur so werden Leistungsanreize geschaffen, die die eigene Wirtschaftsleistung erhöhen."[55]

Diese Forderungen sind vor dem Hintergrund zu sehen, dass Bayern im Jahr 1980 über den Länderfinanzausgleich noch Mittel in Höhe von 209 Mio. Euro erhalten hatte, sich diese Zuweisungen dann jedoch rasch reduzierten und der Freistaat 1989 erstmals 33 Mio. Euro zum Länderfinanzausgleich beisteuern musste; bis 2001 steigerte sich dieser Beitrag auf 2,28 Mrd. Euro. Ursache dafür war der hohe Anstieg der Steuereinnahmen Bayerns, die von 1980 bis 2000 von 10,7 auf 26,8 Mrd. Euro, d.h. um ca. 150 % zulegten. Diese Zunahme war vor allem der günstigen wirtschaftlichen Entwicklung zu verdanken, die Bayern durch die Wiedervereinigung, den Fall des Eisernen Vorhanges und die Osterweiterung der EU genommen hat. Der Umstand, dass Bayern eine im Vergleich zu einigen anderen Bundesländern günstigere wirtschaftliche Entwicklung nahm, hatte schon seit den 70er-Jahren das bayerischen Selbstbewusstsein steigen lassen. Nach einer Umfrage von 2003 spielen bei der Wertschätzung, welche die Bayern für ihren Staat hegen, besonders solche Aspekte eine Rolle, „die sinnbildlich für die Entwicklung Bayerns vom Agrarstaat zum High-Tech-Standort samt seiner politisch-kulturellen Transformation stehen: alsda werden wissenschaftliche Leistungen (71 Prozent), Bildungseinrichtungen (70 Prozent) und wirtschaftliche Erfolge (68 Prozent) genannt."[56] Besonders ausgeprägt ist dieser Stolz auf das Errungene bei der bayerischen Staatsregierung und der sie seit 1957 ununterbrochen tragenden Partei, die zusammen den Anspruch erheben, diese Entwicklung durch ihre Politik herbeigeführt zu haben. Sie fühlen sich deshalb berechtigt, die Bundesregierungen sowie die Regierungen der anderen Länder zu belehren und leiten daraus ihren Anspruch auf eine weitreichende „Föderalismusreform" ab. Sie soll jene von 1969 revidieren, den Ländern erheblich mehr Kompetenzen einräumen sowie eine neue Aufteilung der Staatseinnahmen zwischen Bund und Ländern vornehmen. Die so erweiterten Kompetenzen will die bayerische Staatsregierung erklärtermaßen vor allem zur „Entbürokratisierung" solcher Verwaltungsvorgänge nutzen, welche angeblich die Entwicklung der Wirtschaft behindern. Zudem sollten die Leistungen Bayerns im Rahmen des Länderfinanzausgleichs verringert und der Anteil des Freistaats an den Staatseinnahmen erhöht werden. Mit diesen zusätzlichen Mitteln wollte die Staatsregierung ihre oben dargestellten wirtschaftspolitischen Aktivitäten intensivieren und so die Attraktivität des Wirtschaftsstandorts Bayern weiter steigern.

Diese Aktivitäten konzentrierten sich sehr stark auf die Metropolregion München, die dank ihrer zahlreichen Standortvorteile immer weiter an Attraktivität gewonnen hat. Diese Region war es auch, die in besonderer Weise von der Förderung profitierte, welche die Staatsregierung ausgewählten Bereichen der Wissenschaft und Forschung sowie innovativen Wirtschaftszweigen und Unternehmen angedeihen ließ. Ihren konkreten Niederschlag fand diese Politik darin, dass das Bruttoinlandsprodukt pro Kopf in München 2002 doppelt so hoch war wie im Bundesdurchschnitt und dass Oberbayern in der Rangliste aller 211 EU-Regionen an siebter Stelle steht.[57] 2003 lag die Kaufkraft pro Einwohner in München bei 22 706 Euro, während es im bayerischen Durchschnitt 18 109 Euro und im Bundesdurchschnitt 17 013 Euro waren. Nach den Analysen von Wirtschaftsforschungsinstituten zählt München zu den drei attraktivsten Wirtschaftsstandorten Europas und nimmt in allen für das künftige Wachstum relevanten Feldern Spitzenpositionen ein. Die Entwicklung der Metropolregion München und von Oberbayern wird von der bayerischen Staatsregierung auch weiterhin gefördert, obwohl damit zwangsläufig das Gefälle zwischen den bayerischen Regionen verstärkt wird. Damit hat die bayerische Wirtschaftspolitik ein Ziel, das sie seit dem 19. Jahrhundert verfolgte und in der Nachkriegszeit unter der Parole „gleichwertige Lebensbedingungen in allen Regionen" zu ihrem zentralen Anliegen gemacht hatte, de facto gänzlich aufgegeben. Der Versuch, die Abwanderung vom Land in die Ballungsräume und von Nord- nach Südbayern zu stoppen, dürfte damit endgültig gescheitert sein.

Anmerkungen

1 Bayerisches Staatsministerium für Wirtschaft und Verkehr (Hg.), Bericht der Arbeitsgruppe „Visionen zur Industrielandschaft Bayerns in 20–25 Jahren", im Auftrag des Industriebeirates beim Bayerischen Staatsministerium für Wirtschaft und Verkehr, Stand 14.3.1994, S. 3.

2 Bayerisches Staatsministerium für Wirtschaft und Verkehr (Hg.), Bayern 2020 – Industriereport. Analysen, Trends, Prognosen, (2002), S. 12.

3 Zahlen 1970: Bayerns Wirtschaft gestern und heute, 1992, S. 23; 2001: Stat. Jahrbuch 2002, S. 151.

4 R. Gömmel, Gewerbe, Handel und Verkehr, in: Handbuch der bayerische Geschichte Bd. IV, 2, 2007, S. 216–299, hier S. 286.

5 Ebd.

6 Statistische Berichte, Bevölkerungsstand Bayerns am 30. September 2007, 2008, S. 7.

7 Statistisches Jahrbuch 2001, S. 14.

8 Nachfolgende Angaben nach: Statistische Berichte, Die Wanderung in Bayern 2002, 2003, S. 19.

9 Statistisches Jahrbuch 2001, S. 15.

10 Kießling, A., Die CSU. Machterhaltung und Machterneuerung, 2004, S. 61.

11 Gömmel, S. 293.

12 Gesamtkonzept Bayerns zur Energiepolitik vom 20.4.2004, Anhang Nr. 11.

13 Ebd., Anhang 12.

14 Gömmel, S. 293.

15 Ebd., S. 108.

16 Angaben: Statistisches Jahrbuch 2001, S. 272.

17 Gömmel, S. 294.

18 Bayerische Verkehrspolitik. Textauszug aus dem Gesamtverkehrsplan Bayern 1994, hg. vom Bayerischen Staatsministerium für Wirtschaft, Verkehr und Technologie, 1994, S. 8.

19 Ebd., S. 12.

20 Ebd.

21 Statistisches Jahrbuch 2001, S. 17.

22 Gömmel (s. Anm. 4), S. 295.

23 Vgl. die Ausführungen Anton Jaumanns in seiner Haushaltsrede am 21.3.1985, abgedruckt in: Ders., Wirtschafts- und Verkehrspolitik für Bayern. Reden 1985, S. 43–60, S. 6.

24 Ebd., S. 40.

25 Nachfolgende Angaben nach: Bayerisches Staatsministerium für Wirtschaft und Verkehr (Hg.), Bericht der Bayerischen Staatsregierung über die Lage der kleinen und mittleren Unternehmen sowie der freien Berufe in Bayern (Mittelstandsbericht 1976), 1976, S. 9 f.

26 Kramer, F., Wirtschaftminister Anton Jaumann – Eine politisch-biographische Skizze, in: Wirtschaftsminister Anton Jaumann (1927–1994). Ein Ausstellung aus dem neuerworbenen Nachlaß anläßlich seines 70. Geburtstages (Bayerisches Hauptstaatsarchiv, Kleine Ausstellungen Nr. 9), 1997, S. 9–30, S. 20.

27 Bayerns Wirtschaft gestern und heute, 1992, S. 20.

28 Chronik 50 Jahre LfA Förderbank Bayern, hg. von der LfA, 2001, S. 58.

29 Bayerisches Staatsministerium für Wirtschaft und Verkehr (Hg.), Die wirtschaftliche Zukunft Bayerns, 1991.

30 Ebd., S. 11.

31 Ebd., S. 21.

32 Ebd., S. 22.

33 Ebd., S. 27.

34 Ebd., S. 28.

35 Ebd., S. 31.

36 Ebd., S. 32 f.

37 Ebd., S. 35.

38 Ebd., S. 33 f.

39 Ebd., S. 36–38.

40 Ebd., S. 38–42.

41 Verhandlungen des Bayerischen Landtags, 13. Wahlperiode, Bd. 1, Plenarprotokoll vom 8.12.1994, S. 130–135.

42 Bayerisches Staatsministerium für Wirtschaft und Verkehr (Hg.), Bericht der Arbeitsgruppe „Visionen zur Industrielandschaft Bayerns in 20–25 Jahren", im Auftrag des Industriebeirates beim Bayerischen Staatsministerium für Wirtschaft und Verkehr, Stand 14.3.1994, S. 1. Zur Erstellung von Gutachten und Prognosen wurden im Übrigen vor allem das Ifo-Institut (München) und die Prognos AG (Basel) herangezogen.

43 Ebd., S. 10.

44 Gömmel (s. Anm. 4), S. 297.

45 So in der Regierungserklärung vom 6.11.2003; Verhandlungen des Bayerischen Landtags, 15. Wahlperiode, Bd. 1, Plenarprotokoll vom 6.11.2003, S. 53.

46 Landesentwicklungsprogramm 2006, S. 5.

47 Statistische Berichte, Die Wanderungen in Bayern 2002, 2003, S. 18.

48 Zur wirtschaftlichen Entwicklung in diesem Zeitraum s. Zeitler, F. C., Der Beitrag des bayerischen Finanzdienstleistungsgewerbes zum Wandel der bayerischen Wirtschaftsstruktur nach dem Zweiten Weltkrieg, in: Geschichte des Finanzplatzes München, hg. im Auftrag des Wissenschaftlichen Beirats des Instituts für bankhistorische Forschung e. V. von Hans Pohl, München 2007, S. 185–241, hier S. 229 f.

49 Ebd., S. 231.

50 Ebd., S. 229–239.

51 Zeitler, F. C., Die Zukunft Münchens als Finanzstandort von internationaler Bedeutung, in: Geschichte des Finanzplatzes München, hg. im Auftrag des Wissenschaftlichen Beirats des Instituts für bankhistorische Forschung e. V. von Hans Pohl, München 2007, S. 251 f.

52 Verhandlungen des Bayerischen Landtags, 14. Wahlperiode, Bd. 1, Plenarprotokoll vom 29.10.1998, S. 47–59.

53 Ebd., S. 49.

54 Ebd., S. 47.

55 Ebd., S. 50 f.

56 Kießling, A., Die CSU. Machterhaltung und Machterneuerung, 2004, S. 63.

57 Zeitler, F. C., (s. Anm. 51), S. 245–268.

Ein Rückblick auf zwei Jahrhunderte bayerischer Wirtschaftspolitik

Das moderne Bayern entstand in einer Ära, in der Frankreich bewies, zu welchen Leistungen eine von den Fesseln der feudalen Gesellschafts- und Wirtschaftsordnung befreite Nation fähig ist. Dieses Frankreich war daher das Vorbild Montgelas', als er in Bayern aus einem Konglomerat unterschiedlicher Territorien einen Staat formte. Damit sich dieser auf der politischen Bühne Europas behaupten konnte, bedurfte er einer materiellen Fundierung, die seinen politischen Ambitionen entsprach. Da der politische Stellenwert eines Staates auch damals vor allem von der Höhe seiner Staatseinnahmen und damit von der Leistungsfähigkeit seiner Wirtschaft abhing, musste es Aufgabe und Ziel der bayerischen Wirtschaftspolitik sein, diese zu steigern.

Der mit großem Abstand wichtigste Wirtschaftszweig war die Landwirtschaft. Wollte man deren Leistungsfähigkeit signifikant erhöhen, so musste man vor allem die Grundherrschaft aufheben; das aber war aus Rücksicht auf den Adel nicht möglich. Deshalb konzentrierte sich die Politik zunächst auf Handel und Gewerbe, die tatsächlich ein großes Entwicklungspotenzial besaßen. Das galt vor allem für das produktive Gewerbe, bei dem die Einführung der Gewerbefreiheit beträchtliche Kräfte hätte freisetzen können. Aber dagegen lief das mittelständische Bürgertum Sturm, sodass auch diese Option letztlich fallengelassen werden musste.

Diese Abwehrhaltung gegenüber Reformen ist vor dem Hintergrund sehr schlechter wirtschaftlicher Rahmenbedingungen zu sehen. In der Napoleonischen Epoche waren der bayerische Außen- und Transithandel nahezu zum Erliegen gekommen und wichtige Absatzmärkte verloren gegangen. Nach Beendigung der Kriege und der Aufhebung der Kontinentalsperre wurde ganz Europa von den Produkten der weit fortgeschrittenen englischen Industrie regelrecht überschwemmt, die auch in Bayern auf den Markt drängten. Zudem zwangen Missernten die Konsumenten dazu, einen großen Teil ihres Einkommens für die Ernährung auszugeben. Noch gravierender war dann der lang andauernde Preisverfall für landwirtschaftliche Produkte in den 1820er-Jahren, da dieser die Kaufkraft breiter Bevölkerungsschichten nachhaltig schwächte.

So konzentrierte sich die Politik auf eine Verbesserung der allgemeinen wirtschaftlichen Rahmenbedingungen: Ausbau der Verkehrswege, Integration Bayerns in den Deutschen Zollverein, Aufbau einer effizienten Verwaltung und Justiz, Verbesserung des Bildungs- und Ausbildungswesens, Schaffung eines leistungsfähigen Banken- und Versicherungswesens, Förderung von Ausstellungen und andere Aktivitäten, die direkt oder indirekt der Wirtschaft zugutekamen.

Die Industrialisierung wurde von der bayerischen Staatsführung sehr genau beobachtet. Man war sich darüber im Klaren, dass sich Bayern ihr nicht verschließen konnte, wollte aber die Entwicklung so dosieren und steuern, dass deren als negativ empfundenen politischen und sozialen Begleiterscheinungen möglichst vermieden wurden. Die Revolution von 1848 aber zeigte, dass man dieses Ziel ganz offensichtlich verfehlt hat. Im Zuge der daran anschließenden Politik der Revolutionsprävention spielte die Verbesserung der wirtschaftlichen Verhältnisse eine wichtige Rolle, sodass die wirtschaftliche Entwicklung nunmehr einen deutlich größeren Stellenwert erhielt. Als Preußen in den 1850er-Jahren offen darauf hinarbeitete, sich die deutschen Länder unterzuordnen, verstärkte Bayern die Anstrengungen, seinen Entwicklungsrückstand gegenüber den norddeutschen Staaten aufzuholen; denn nur ein starkes Bayern konnte hoffen, seine Eigenständigkeit bewahren zu können. Jetzt wurden jene Reformen nachgeholt, zu denen man in der ersten Jahrhunderthälfte nicht fähig gewesen war.

Dieser äußere Zwang zur Modernisierung entfiel mit der Eingliederung Bayerns in das Kaiserreich 1871. Auch wenn die bayerische Staatsführung zur Aufrechterhaltung der Position Bayerns im Reich ein Interesse daran hatte, dass die wirtschaftliche Entwicklung mit der Preußens und anderer Länder Schritt hielt, so verlor doch die Wirtschaftspolitik erheblich an Bedeutung. Dazu trug auch bei, dass wichtige wirtschaftspolitische Kompetenzen an das Reich übergegangen waren. Wenn Bayern wirtschaftspolitische Aktivitäten entfaltete, so vornehmlich aus innen- und sozialpolitischen Motiven, und dann kamen sie vor allem der Förderung der Landwirtschaft zugute. Dennoch haben sich die anderen Wirtschaftbereiche, insbesondere das produktive Gewerbe und die Industrie, deutlich besser entwickeln können. Wenn die Industrialisierung vor allem ab den 1880er-Jahren nun auch in Bayern rasch voranschritt, so war dies aber kaum das Verdienst bayerischer Wirtschaftspolitik. Es war vielmehr dem Umstand zuzuschreiben, dass die bayerische Wirtschaft ein integraler Bestandteil der deutschen war und darum an dem großen Aufschwung teilhatte, den diese in den Jahrzehnten vor dem Ersten Weltkrieg nahm. Während des Krieges aber verfügte Bayern kaum über wirtschaftspolitische Handlungsspielräume; man konnte sich lediglich um eine angemessene Berücksichtigung bei der Vergabe von Heeresaufträgen bemühen, wobei man nur teilweise erfolgreich war.

In der Weimarer Republik befand sich Bayern in einer derartigen Abhängigkeit vom Reich, dass die bayerische Staatsregierung kaum eigene wirtschaftspolitische Aktivitäten entfalten konnte. Und dadurch, dass die Länder nur zu einem sehr geringen Teil an den Steuereinkünften partizipierten, fehlte auch der Anreiz für ein stärkeres wirtschaftspolitisches Engagement. Wenn sich die Staatsregierung dennoch wirtschaftspolitisch engagierte, dann vor allem zur Unterstützung des bäuerlichen wie bürgerlichen Mittelstandes. Diesen Zweck verfolgte auch die wichtigste Aktivität, die Bayern in den 1920er-Jahren auf wirtschaftlichem Gebiet entfaltete, nämlich der Aufbau eines landesweiten Stromversorgungsnetzes. Diese Maßnahme kam jedoch der gesamten Wirtschaft zugute und hat die Industrialisierung Bayerns erkennbar beschleunigt, obwohl dies nicht, oder zumindest nicht die erklärte Absicht der Regierung war. Mit der Etablierung der NS-Diktatur gab es dann keine bayerische Wirtschaftspolitik mehr. Die NS-Politik zielte auf eine umfassende Indienstnahme aller wirtschaftlichen Ressourcen für die Aufrüstung und Kriegsführung ab, bei der betriebs- und volkswirtschaftliche Aspekte hintanzustehen hatten. Diese Politik beschleunigte die Anpassung der bayerischen Wirtschafts- und Sozialstrukturen an die des Reiches und trieb die Industrialisierung verstärkt voran.

Als man nach dem Zusammenbruch und der Überwindung der schlimmsten Notjahre wieder daran denken konnte, eine aktive Wirtschaftspolitik zu betreiben, hatten sich die Verhältnisse grundlegend gewandelt. So verfügte der Freistaat auch nach der Gründung der Bundesrepublik über beträchtliche wirtschaftspolitische Kompetenzen, die er ausgiebig genutzt hat. Tatsächlich war er zu einer aktiven Wirtschaftspolitik gezwungen, da der starke Zuzug von Flüchtlingen und Vertriebenen die Schaffung von rund einer halben Million neuer Arbeitsplätze erforderte. Da diese nur außerhalb der Landwirtschaft entstehen konnten, gab es zu einer weiteren Industrialisierung des Landes keine Alternative, obwohl man dieser nach wie vor skeptisch gegenüberstand. Die Zurückhaltung, mit der man in Bayern der Industrialisierung seit Anbeginn begegnete, und die die Ursache dafür war, dass die Unterstützung des (bäuerlichen) Mittelstandes eine alle geschichtlichen Zäsuren überdauernde Konstante bayerischer Wirtschaftspolitik bildete, hat man trotz der gründlich gewandelten Verhältnisse nicht aufgegeben. Nichts zeigt dies besser als das Konzept der „dezentralisierten Industrialisierung", dem die Absicht zugrunde lag, die Industrialisierung gewissermaßen zu zähmen und ihre Kräfte zur Verbesserung der Lebensbedingungen auf dem flachen Land zu nutzen. Auch an der traditionellen Auffassung vom Verhältnis von Staat, Gesellschaft und Wirtschaft hielt die Staatsregierung fest. Wie Hanns Seidel konstatierte, sei es „die Aufgabe des Staates, dafür zu sorgen, daß die Wirtschaft nicht das Leben des Volkes beherrscht, sondern daß sie dem Volke dient." Die Wirtschaftspolitik müsse dafür sorgen, „daß das Kapital dorthin fließt, wo es den größten volkswirtschaftlichen Nutzen bringen kann", sie müsse der „Wirtschaft in all ihren Zweigen, Organisationen und Ständen (…) beratend und unterstützend zur Seite (…) stehen" und sich der „Gewerbeförderung, dem Auf- und Ausbau der gewerblichen Kapazität und der Schaffung einer gesunden Wirtschaftsstruktur widmen".

An dem Ziel, durch planmäßige „Erschließung des Landes" und einer damit verbundenen „dezentralisierten Industrialisierung" in allen Regionen Bayerns „gleichwertige Lebensbedingungen" herzustellen, hat die bayerische Wirtschaftspolitik bis in die 70er-Jahre hinein festgehalten. Zu diesem Zeitpunkt war nicht mehr zu übersehen, dass die wirtschaftliche Entwicklung auch in Bayern durch Kräfte angetrieben und gesteuert wurde, die weitaus wirksamer waren als jene, die der Politik zur Verfügung standen. Die Politik hatte erfahren müssen, wie begrenzt ihr Einfluss auf die Wirtschaft letztlich war, und sie zog daraus Konsequenzen. Nicht mehr die wirtschaftliche Entwicklung der Regionen, sondern die Bayerns insgesamt rückte in ihren Fokus, wobei man argumentieren konnte, dass davon auch die Regionen profitierten. Diese seit Ende der 1970er-Jahre von Strauß und Jaumann verfolgte Wirtschaftspolitik war somit weit pragmatischer als die ihrer Vorgänger. Aber auch sie glaubten, der wirtschaftlichen Entwicklung die Richtung vorgeben zu können. Die Auffassung vom Verhältnis von Gesellschaft und Wirtschaft aber hatte sich bereits erheblich gewandelt. Da das wirtschaftliche Wachstum immer mehr zum Gradmesser erfolgreicher Politik geworden war und die Bürger ihre Wahlentscheidungen zunehmend von den (vermuteten) wirtschaftspolitischen Kompetenzen der konkurrierenden Parteien abhängig machten, war die Wirtschaft zum Dreh- und Angelpunkt der gesamten Politik geworden.

Unter Ministerpräsident Strauß sah die Staatsregierung die Hauptaufgabe der Wirtschaftspolitik darin, der Wirtschaft die Richtung zu weisen und sie auf diesem Weg zu unterstützen, nötigenfalls aber auch entsprechenden Druck auszuüben. Von diesen Vorstellungen rückte man in den 1990er-Jahren ab. Unter Ministerpräsident Stoiber sah die Wirtschaftspolitik nunmehr ihre wichtigste Aufgabe darin, zu ermitteln, in welche Richtung sich die Wirtschaft global entwickelte und welche Anforderungen an Bayerns Wirtschaft, Staat und Gesellschaft damit verbunden seien. Auf diesen Analysen aufbauend hatte die Politik dann jene Maßnahmen zu treffen, die man für notwendig erachtete, um den Anforderungen gewachsen zu sein. Diese reichten von der Schaffung entsprechender gesetzlicher Rahmenbedingungen – und dies hieß v. a. Deregulierung und Entbürokratisierung – über die Schul-, Bildungs- und Wissenschaftspolitik bis hin zur Steuer-, Umwelt- und Familienpolitik. So wurden letztlich Staat und Gesellschaft in den Dienst der Wirtschaft gestellt. Die Wirtschaft, deren Rolle Hanns Seidel noch als die einer Dienerin des Volkes definiert hatte, war damit, um im Bild zu bleiben, zur Herrin von Staat und Gesellschaft avanciert.

Tatsächlich wurde Bayern so eines der Bundesländer, in denen die Ausrichtung von Staat und Gesellschaft an den – tatsächlichen oder vermeintlichen – Bedürfnissen der Wirtschaft am raschesten und konsequentesten erfolgte. Deshalb liegt auch die Vermutung nahe, dass diese Politik dazu beigetragen hat, dass Bayerns Wirtschaft die Herausforderungen, die mit der Ausformung einer globalisierten Wirtschaft verbunden waren, besser meisterte, als das in einigen anderen Ländern der Fall war. Unstrittig aber ist die Tatsache, dass diese günstige wirtschaftliche Entwicklung ohne die Wiedervereinigung, die Öffnung des Eisernen Vorhangs und die

Osterweiterung der EU nicht möglich gewesen wäre. Wie groß der Anteil der bayerischen Politik daran wirklich war, lässt sich deshalb letztlich nicht bestimmen.

Ein derartig grundlegender Wandel, wie er mit dieser Ausrichtung von Staat und Gesellschaft auf die Wirtschaft erfolgte, ist nur mit breitem gesellschaftlichem Konsens möglich. Die Gesellschaft muss bereit sein, den vorgeblich übergeordneten ökonomischen Zwängen Priorität einzuräumen und alle anderen Bedürfnisse hintanzustellen. Dazu aber sind die Menschen nur bereit, wenn sie davon überzeugt sind, von dieser Unterordnung letztlich zu profitieren. Noch ist die große Mehrheit der Bevölkerung zweifellos dieser Überzeugung, aber die Zahl derjenigen wächst, die einer Politik, in deren Zentrum das Wirtschaftswachstum steht, kritisch gegenüberstehen. Dazu trägt zum einen bei, dass diese Politik offensichtlich nicht verhindern kann, dass sich die Schere zwischen Reichen und Armen ständig weiter öffnet, wodurch ein gefährliches Konfliktpotenzial heranwächst. Die damit verbundenen Gefahren für die einzelnen Staaten wie für den Weltfrieden werden seit Langem mit wachsender Aufmerksamkeit verfolgt. Zum anderen wird die Präferenz der Wirtschaft auch deswegen in Frage gestellt, weil damit jede Tätigkeit, deren Resultat sich nicht mit ökonomischen Maßstäben messen lässt, abgewertet wird. Dadurch wird der Mensch auf seine Funktion als Produzent und Konsument reduziert, womit jedoch die Grundlage der Gesellschaft zerstört werden muss. In den letzten Jahren sinkt deshalb die Bereitschaft, sich einer vollständigen Ökonomisierung des Lebens zu unterwerfen. So kann man beispielsweise einen wachsenden Widerstand gegen die Ausrichtung des gesamten Bildungswesens auf eine möglichst frühe und effiziente Teilnahme am Wirtschaftsleben konstatieren, da diese Art von Bildung und Erziehung grundlegende Bedürfnisse der Kinder und Heranwachsenden ignoriert, Bildung auf Ausbildung reduziert und die Vermittlung von Werten, auf die eine Gesellschaft essenziell angewiesen ist, unmöglich macht.

Möglicherweise wird dieser Umdenkprozess durch die Banken- und Finanzkrise der Jahre 2007/08 und die sich daran anschließende weltweite Rezession beschleunigt. Denn diese haben offengelegt, dass eine Wirtschaft, die nur den Regeln der Marktwirtschaft folgt und keine Verpflichtung gegenüber der Gesellschaft kennt, zwar einigen Wenigen die Anhäufung riesiger Vermögen ermöglicht, der Allgemeinheit aber wenig Nutzen bringt. Diese muss vielmehr auch noch die Folgelasten übernehmen, die aus dem Fehlverhalten und der Unfähigkeit der „Eliten" resultieren, die diese Wirtschaftsform hervorbringt. Es dürfte deshalb schwerfallen, diese Krise als „Betriebsunfall" abzutun, nach dessen Behebung man wieder im alten Geleise fortfahren könne.

Bei der fälligen Neujustierung des Verhältnisses von Staat, Gesellschaft und Wirtschaft könnte ein Rückblick in die Anfangszeit der Sozialen Marktwirtschaft hilfreich sein. Damals wies man dem Staat die Aufgabe zu, dafür zu sorgen, „daß die Wirtschaft nicht das Leben des Volkes beherrscht, sondern daß sie dem Volke dient. In dieser Feststellung liegt das Wesen der Wirtschaftspolitik; in ihr ist aber zugleich die Schwierigkeit der Aufgabe verborgen. Die Schwierigkeit ist durch die Frage nach der Art, dem Umfang und der Richtung des staatlichen Eingreifens, das heißt der wirtschaftspolitischen Maßnahmen gekennzeichnet."[1] Die Voraussetzung für eine solche Rückbesinnung aber wäre, dass die Bürger selbst andere Prioritäten setzten und ihre Wahlentscheidungen nicht mehr hauptsächlich von der Entwicklung des Bruttosozialprodukts abhängig machten. Manches spricht dafür, dass wirtschaftliches Wachstum – und damit vielleicht auch die Wirtschaft insgesamt – zukünftig nicht mehr die dominante Rolle spielen wird, die es bisher innehatte. Dafür werden allein schon die mit dem bisherigen enormen wirtschaftlichen Wachstum verbundenen Folgen sorgen – man denke nur an den Klimawandel –, welche die Menschheit in absehbarer Zukunft mit völlig neuen Herausforderungen konfrontieren werden.

---

1 Verhandlungen des Bayerischen Landtags 1946–1950, Stenographische Berichte Bd. 5, Protokoll der Sitzung vom 7.2.1950, S. 637.

Anhang

Literaturverzeichnis

I. Zur bayerischen und deutschen Geschichte des 19. und 20. Jahrhunderts

Handbuch der Bayerischen Geschichte, Bd. 4,1: Das Neue Bayern. Staat und Politik, zweite völlig neu bearbeitete Auflage hg. von A. Schmid, 2003.

Handbuch der Bayerischen Geschichte, Bd. 4, 2: Das Neue Bayern. Innere und kulturelle Entwicklung, zweite völlig neu bearbeitete Auflage hg. von A. Schmid, 2007.

Nipperdey, Th., Deutsche Geschichte 1800–1866. Bürgerwelt und starker Staat, [2]1984.

Nipperdey, Th., Deutsche Geschichte 1866–1918. Arbeitswelt und Bürgergeist, [2]1984.

Wehler, H.-U., Deutsche Gesellschaftsgeschichte, Bd. 2: Von der Reformära bis zur industriellen und politischen „Deutschen Doppelrevolution". 1815–1845/49, [2]1989.

Wehler, H.-U., Deutsche Gesellschaftsgeschichte, Bd. 3: Von der „Deutschen Doppelrevolution" bis zum Beginn des Ersten Weltkrieges 1849–1914, 1995.

II. Zur Wirtschaftsgeschichte des 19. und 20. Jahrhunderts

Abelshauser, W., Petzina, D. (Hg.), Deutsche Wirtschaftsgeschichte im Industriezeitalter. Konjunktur, Krise, Wachstum, 1981.

Aubin, H., Zorn, W. (Hg.), Handbuch der Deutschen Wirtschafts- und Sozialgeschichte, Bd. 2, 1976.

Henderson, W. O., Die Industrielle Revolution. Europa 1780–1914, 1971.

Henning, F.-W., Das industrialisierte Deutschland, 1974.

Henning, F.-W., Deutsche Wirtschafts- und Sozialgeschichte im 19. Jahrhundert (Handbuch der Wirtschafts- und Sozialgeschichte Deutschlands 2), 1996.

Henning, F.-W., Die Industrialisierung in Deutschland 1800 bis 1914, 1973.

Henning, F.-W., Landwirtschaft und ländliche Gesellschaft in Deutschland, [2]1988.

Henning, F.-W., Wirtschafts- und Sozialgeschichte, Bd. 2: Die Industrialisierung in Deutschland 1800 bis 1914, [5]1979.

Hentschel, V., Deutsche Wirtschafts- und Sozialpolitik 1815–1945, 1980.

Hentschel, V., Wirtschaft und Wirtschaftspolitik im Wilhelminischen Deutschland. Organisierter Kapitalismus und Interventionsstaat, 1978.

Hobsbawn, E., Das Zeitalter der Extreme. Weltgeschichte des 20. Jahrhunderts, [4]2000.

Hoffmann, W. G., Das Wachstum der deutschen Wirtschaft seit der Mitte des 19. Jahrhunderts, 1965.

Hoffmann, W. G. (Hg.), Untersuchungen zum Wachstum der deutschen Wirtschaft, 1971.

Hoffmann, W. G., Müller, H. J., Das deutsche Volkseinkommen 1851–1957, 1959.

„Industrie", „Gewerbe", in: Geschichtliche Grundbegriffe. Historisches Lexikon der politisch-sozialen Sprache in Deutschland, hg. von O. Brunner, W. Conze u. R. Kosellek, Bd. 3, 1982, S. 237–304.

Landes, D. S., Der entfesselte Prometheus. Technologischer Wandel und industrielle Entwicklung in Westeuropa von 1750 bis zur Gegenwart, 1983.

Kellenbenz, H., Deutsche Wirtschaftsgeschichte II: Vom Ausgang des 18. Jahrhunderts bis zum Ende des Zweiten Weltkrieges, 1981.

Kellenbenz, H. (Hg.), Handbuch der europäische Wirtschafts- und Sozialgeschichte, Bd. 4: Europäische Wirtschafts- und Sozialgeschichte von der Mitte des 17. bis zur Mitte des 19. Jahrhunderts; Bd. 5: Europäische Wirtschafts- und Sozialgeschichte von der Mitte des 19. Jahrhunderts bis zum I. Weltkrieg, 1987.

Kellenbenz, H., Schneider, J., Gömmel, R. (Hg.), Wirtschaftliches Wachstum im Spiegel der Wirtschaftsgeschichte (Wege der Forschung 376), 1978.

Kernbauer, H., März, E., Das Wirtschaftswachstum in Deutschland und Österreich in der Mitte des 19. Jahrhunderts bis zum Ersten Weltkrieg – eine vergleichende Darstellung, in: Schröder, W. K. u.a. (Hg.), Historische Konjunkturforschung (Historisch-Sozialwissenschaftliche Forschungen 11), 1980, S. 47–59.

Kiesewetter, H., Fremdling, R. (Hg.), Staat, Region und Industrialisierung, 1985.

Kiesewetter, H., Industrielle Revolution in Deutschland 1815–1914, 1989.

Petzina, D., Grundriss der deutschen Wirtschaftsgeschichte 1918–1945 (Deutsche Geschichte seit dem Ersten Weltkrieg Bd. 2), 1973.

Pierenkemper, T., Umstrittene Revolutionen. Die Industrialisierung im 19. Jahrhundert, 1996.

Sombart, W., Die deutsche Volkswirtschaft im 19. Jahrhundert und im Anfang des 20. Jahrhunderts, [8]1954.

Spree, R., Wachstumstrends und Konjunkturzyklen in der deutschen Wirtschaft von 1820 bis 1913. Quantitativer Rahmen für eine Konjunkturgeschichte des 19. Jahrhunderts, 1978.

Spree, R., Wachstumszyklen der deutschen Wirtschaft von 1840 bis 1880 mit einem konjunkturstatistischen Anhang (Schriften zur Sozial- und Wirtschaftsgeschichte 29), 1977.

Tilly, R., Vom Zollverein zum Industriestaat. Die wirtschaftlich-soziale Entwicklung Deutschlands 1834 bis 1914, 1990.

Treue, W., Gesellschaft, Wirtschaft und Technik Deutschlands im 19. Jahrhundert (Bruno Gebhardt: Handbuch der deutschen Geschichte Bd. 17), [10]1994.

Treue, W., Wirtschaftsgeschichte der Neuzeit, 2 Bde., [3]1973.

III. Zur Wirtschaftsgeschichte des modernen Bayern

a) Quellen

Bavaria. Landes- und Volkskunde des Königreichs Bayern. 4 Bde. in je zwei Teilen, 1860–1867; Bd. 5: Topographisch-statistisches Handbuch des Königreichs Bayern nebst alphabetischem Ortslexikon, bearb. v. J. Heyberger, Ch. Schmitt u. V. Wachter, 1867/68.

Bayerisches Landesamt für Statistik und Datenverarbeitung (Hg.), 150 Jahre amtliche Statistik in Bayern von 1833 bis 1983, 1983.

Bayern in Zahlen, hg. vom Bayerischen Statistischen Landesamt (seit 1982: Bayerisches Landesamt für Statistik und Datenverarbeitung), 1947 ff.

Bayerns Wirtschaft gestern und heute, hg. vom Bayerischen Statistischen Landesamt (seit 1982: vom Bayerischen Landesamt für Statistik und Datenverarbeitung), 1962–1994 (erschien seit 1976 im zweijährigen Rhythmus).

Bayerns Wirtschaft im Aufbau, hg. vom Bayerischen Statistischen Landesamt, München, 1953.

Bayerns Wirtschaft 10 Jahre nach dem Kriege, hg. vom Bayerischen Statistischen Landesamt, München, 1956.

Beyträge zur Statistik des Königreichs Bayerns, hg. vom Königlich-Bayerischem statistischen Bureau (seit 1909: vom Königlich-Bayerischen Statistischen Landesamt), 1850–1918, fortgeführt durch:

Beiträge zur Statistik Bayerns, hg. vom Bayerischen Statistischen Landesamt (seit 1982: vom bayerischem Landesamt für Statistik und Datenverarbeitung), 1919 ff.

Bevölkerung und Wirtschaft 1872–1982, hg. vom Statistischen Bundesamt Wiesbaden anläßlich des 100jährigen Bestehens der zentralen amtlichen Statistik, 1972.

Bienengräber, A., Statistik des Verkehrs und Verbrauchs im Zollverein für die Jahre 1842–1864, 1868.

Crome, A. Fr. W., Geographisch-statistische Darstellung der Staatskräfte von den sämmtlichen, zum deutschen Staatenbunde gehörigen Ländern, 1820 (Bayern: S. 1–82).

Die Bayerische Wirtschaft 1950/51 (Sonderschrift des IFO-Instituts für Wirtschaftsforschung Nr. 9), 1951.

Die Bundesrepublik in Zahlen. 1945/49–1980. Ein sozialgeschichtliches Arbeitsbuch, hg. von R. Rytlewski und M. Opp de Hipt, 1987.

Die Gewerbliche Wirtschaft in Bayern (Schaubilderheft des bayerischen statistischen Landesamtes 15), 1965.

Fischer, W. u. a., Sozialgeschichtliches Arbeitsbuch I: Materialien zur Statistik des Deutschen Bundes 1815–1870 (Statistische Arbeitsbücher zur neueren Geschichte), 1982.

Fremdling, R., Federspiel R., Kunz, A. (Hg.), Statistik der Eisenbahnen in Deutschland 1835–1989 (Quellen und Forschungen zur historischen Statistik in Deutschland 17), 1995.

Hartmann, E., Statistik des Königreichs Bayern, 1866.

Jaumann, A., Wirtschafts- und Verkehrspolitik für Bayern. Reden, 1985.

Jersch-Wenzel, St., Krengel, J. (Bearb.), Die Produktion der deutschen Hüttenindustrie 1850–1914. Ein historisch-statistisches Quellenwerk (Einzelveröffentlichungen der Historischen Kommission zu Berlin, Quellenwerke 43), 1984.

Kraus, A. (Bearb.), Quellen zur Berufs- und Gewerbestatistik Deutschlands 1816–1875: Süddeutsche Staaten (Quellen zur Bevölkerungs-, Sozial- und Wirtschaftsgeschichte Deutschlands 1815–1875. Forschungen zur deutschen Sozialgeschichte 2/V), 1995.

Kunz, A. (Hg.), Statistik der Binnenschiffahrt in Deutschland seit 1835 (Quellen und Forschungen zur historischen Statistik in Deutschland 20), 1992.

Landesentwicklungsprogramm vom 22.4.1969, hg. vom Staatsministerium für Landesentwicklung und Umweltfragen, 2. Auflage 1971.

Rudhart, I., Ueber den Zustand des Königreich Baierns nach amtlichen Quellen, 3 Bde., 1825/27.

Statistisches Jahrbuch für das Königreich Bayern (ab 1919: für Bayern), 1894 ff.

Verhandlungen der zweiten Kammer der Ständeversammlung (ab 1849: des Landtags) des Königreichs Bayern. Stenographische Berichte und Beilagen, 1819–1918.

Verhandlungen des bayerischen Landtages, Stenographische Berichte und Beilagen, München 1946 ff.

Zeitschrift des Königlich-Bayerischen statistischen Bureaus, 1869–1908; fortgeführt durch: Zeitschrift des Königlich-Bayerischen Statistischen Landesamtes, 1909–1918; fortgeführt durch: Zeitschrift des Bayerische Statistischen Landesamtes, 1919–1980; 1980 aufgegangen in Bayern in Zahlen (s.o.).

b) Allgemeine und umfassende Darstellungen

Aufbruch ins Industriezeitalter, Bd. 1: Linien der Entwicklungsgeschichte; Bd. 2: Aufsätze zur Wirtschaftsgeschichte Bayerns von 1750–1850; Bd. 3: Quellen zur Wirtschafts- und Sozialgeschichte Bayerns vom ausgehenden 18. bis zur Mitte des 19. Jahrhunderts (Veröffentlichungen zur bayerischen Geschichte und Kultur 3–5/85), 1985.

Auf neuen Wegen. Die Wirtschaft in Bayern (Bayern Land und Volk in Wort und Bild. Die Wirtschaft), 1956.

Darstellungen aus der Geschichte der Technik, der Industrie und Landwirtschaft in Bayern. Festgabe der Königlichen Technischen Hochschule in München, 1906.

Das Land Bayern. Seine kulturelle und wirtschaftliche Bedeutung für das Reich, hg. von der München-Augsburger Abendzeitung, 1927.

Deneke, B., Geschichte Bayerns im Industriezeitalter in Texten und Bildern, 1987.

Die bayerische Wirtschaft in der Fachliteratur von 1918–1946. Eine Sammlung von Büchern, Zeitschriften- und Zeitungsaufsätzen; mit einer Einleitung: Wesen und Ziele der Volkswirtschaftlichen Arbeitsgemeinschaft für Bayern, hg. von M. Schneider, 1947.

Dienel, H. u. a., Bayerns Weg in das technische Zeitalter. 125 Jahre Technische Universität München 1868–1993, 1993.

Eheberg, K. Th., Die industrielle Entwicklung Bayerns seit 1800. Rede beim Antritt des Prorectorats der Königlich-Bayerischen Friedrich-Alexander-Universität Erlangen, 1897.

Gesch, H.-D., Die bayerische Wirtschaft in den ersten Jahren nach dem Zweiten Weltkrieg, Diss. rer. pol. Bern 1968, 1969.

Giebel, H. R., Strukturanalyse der Gesellschaft des Königreichs Bayern im Vormärz 1818–1848, Diss. München 1971.

Gutmann, J., Bayerns Industrie und Handel 1806–1906, 1906.

Hundert Jahre Technische Erfindungen und Schöpfungen in Bayern. Jahrhundertschrift des Polytechnischen Vereins in Bayern, 1906.

Kuhlo, A., Geschichte der Bayerischen Industrie, 1926.

Leben und Arbeiten im Industriezeitalter. Eine Ausstellung zur Wirtschafts- und Sozialgeschichte Bayerns seit 1850, hg. von G. Bott, 1985.

Luebeck, J., Die wirtschaftliche Entwicklung Bayerns und die Verwaltung von Handel, Industrie und Gewerbe. Denkschrift der Handelskammer München über die zukünftigen Aufgaben des Staatsministeriums für Handel, Industrie und Gewerbe, 1919.

Michelson, J., Die bayerische Großindustrie und ihre Entwicklung seit dem Eintritt Bayerns in das deutsche Reich, (Diss. Erlangen 1907).

Osel, H., Zur Entwicklung von Bayerns Industrie und Handel, 1917.

Rehlingen-Haltenberg, H. Frhr. v., Berufliche und soziale Gliederung der Bevölkerung des Königreiches Bayern vom Jahre 1840 bis 1907, 1911.

Schremmer, E., Die Wirtschaft Bayerns. Vom hohen Mittelalter bis zum Beginn der Industrialisierung. Bergbau-Gewerbe-Handel, 1970.

Spilker, E. M., Bayerns Gewerbe 1815–1965. Eine quantitative Analyse der Struktur und der Entwicklung des gewerblichen Sektors in Bayern in 150 Jahren, 1985.

Unser Bayern. Politik, Wirtschaft, Kultur, hg. von der Bayerischen Staatskanzlei, 1951.

Volkert, W., Handbuch der bayerischen Ämter, Gemeinden und Gerichte 1799–1980, 1983.

Wiest, H., Die Entwicklung des Gewerbes des rechtsrheinischen Bayern in der Frühzeit der deutschen Zollvereinigung, 1970.

Zorn, W., Kleine Wirtschafts- und Sozialgeschichte Bayerns 1806–1933, 1962.

c) Wirtschaft und Wirtschaftspolitik

Ackermann K., Girsch, G. (Hg.), Gustl Lang. Leben für die Heimat. Festschrift zum 60. Geburtstag, 1989.

Alber, G., Zollverwaltung und Zollerträgnisse in Bayern seit dem Jahre 1819, 1919.

Anegg, E., Zur Gewerbestruktur und Gewerbeverfassung Bayerns während der Regierung Montgelas, (Diss. München 1965).

Baer, F., Die Ministerpräsidenten Bayerns 1945–1962, Dokumentation und Analyse, 1971.

Bader, W., Die Verbindung von Rhein und Donau. Zur Geschichte eines bemerkenswerten Wasserstraßenprojekts, 1982.

Bayerisches Staatsministerium für Arbeit und Sozialordnung, Familie, Frauen und Gesundheit (Hg.), Die Entwicklung Bayerns durch die Integration der Vertriebenen und Flüchtlinge. Forschungsstand 1995, 1995.

Bayerisches Staatsministerium für Ernährung, Landwirtschaft und Forsten (Hg.), Hundert Jahre Flurbereinigung in Bayern 1886–1986, 1986.

Bayerisches Staatsministerium für Wirtschaft und Verkehr (Hg.), Bericht der Bayerischen Staatsregierung über die Lage der kleinen und mittleren Unternehmen sowie der freien Berufe in Bayern (Mittelstandsbericht 1976), 1976.

Bayerisches Staatsministerium für Wirtschaft und Verkehr (Hg.), Bericht über die strukturelle Entwicklung der bayerischen Wirtschaft (Strukturbericht), 1977.

Bayerisches Staatsministerium für Wirtschaft und Verkehr (Hg.), Wirtschaftliche Zukunft Bayerns. Bericht des Bayerischen Staatsministers für Wirtschaft und Verkehr Dr. h. c. R. Lang an den Bayerischen Ministerrat am 8.Oktober 1991, 1991.

Bayerisches Staatsministerium für Wirtschaft, Verkehr und Technologie (Hg.), Die reale Kaufkraft in Bayern, 1994.

Bayerisches Staatsministerium für Wirtschaft, Verkehr und Technologie (Hg.), Mit neuer Energie in die Zukunft. Gesamtkonzept der Bayerischen Staatsregierung zur rationellen und umweltverträglichen Erzeugung und Verwendung von Energie, 1997.

Bayern im Bund, Bd. 1, hg. von Th. Schlemmer: Die Erschließung des Landes (1949–1973), 2001.

Bayern im Bund, Bd. 2, hg. von Th. Schlemmer: Gesellschaft im Wandel (1949–1973), 2002.

Bayern im Bund, Bd. 3, hg. von Th. Schlemmer: Politik und Kultur im föderalistischen Staat (1949–1973), 2004.

Bayern im Bund, Bd. 4: Süß, D., Kumpel und Genossen. Arbeiterschaft, Betrieb und Sozialdemokratie in der bayerischen Montanindustrie 1945–1976, 2003.

Bayern im Bund, Bd. 5: Baclar, J., Politik auf dem Land. Studien zur bayerischen Provinz (1945–1972), 2004.

Bayern im Bund, Bd. 6, hg. von Th. Schlemmer und H. Woller: „Eine Entwicklung amerikanischen Maßstabes". Politik, Wirtschaft und Gesellschaft in der Region Ingolstadt 1948–1975, 2005.

Berding, H. (Hg.), Wirtschaftliche und politische Integration in Europa im 19. und 20. Jahrhundert (Geschichte und Gesellschaft, Sonderheft 10), 1984.

Bergmeier, M., Wirtschaftsleben und Mentalität. Modernisierung im Spiegel der bayerischen Physikatsberichte 1858–1862 (Mittelfranken, Unterfranken, Schwaben, Pfalz, Oberpfalz), 1990.

Biensfeldt, J., Freiherr Dr. Theodor von Cramer-Klett, erblicher Reichsrat der Krone Bayern. Sein Leben und Werk, ein Beitrag zur bayerischen Wirtschaftsgeschichte, 1922.

Blaich, F., Die Energiepolitik Bayerns 1900–1921 (Regensburger Historische Forschungen Bd. 8), 1981.

Blaich, F., Staat und Verbände in Deutschland zwischen 1871 und 1945 (Wissenschaftliche Paperbacks/Sozial- und Wirtschaftsgeschichte 14), 1979.

Bierner, M., Die deutsche Handelspolitik des 19. Jahrhunderts, [2]1899.

Böhme, H., Deutschlands Weg zu Großmacht. Studien zum Verhältnis von Wirtschaft und Staat während der Reichsgründungszeit, 1848 bis 1881, [3]1974.

Bößenecker, H., Bayern, Bosse und Bilanzen. Hinter den Kulissen der weiß-blauen Wirtschaft, 1972.

Borchardt, K., Wachstum, Krisen und Handlungsspielräume der Wirtschaftspolitik. Studien zur Wirtschaftsgeschichte des 19. und 20. Jahrhunderts (Kritische Studien zur Geschichtswissenschaft 50), 1982.

Borchardt, K., Währung und Wirtschaft, in: Deutsche Bundesbank (Hg.), Währung und Wirtschaft in Deutschland 1876–1975, 1976, S. 3–56.

Borchardt, K., Zur Geschichte des Bayerischen Staatsministeriums für Wirtschaft und Verkehr (Beiträge zur Wirtschafts- und Sozialgeschichte 34), 1987.

Bosl, K., Die „geminderte" Industrialisierung in Bayern, in: Grimm, C. (Hg.), Aufbruch ins Industriezeitalter, Bd. 1: Linien der Entwicklungsgeschichte (Veröffentlichungen zur Bayerischen Geschichte und Kultur 3/85), 1985, S. 22–39.

Burkhardt, I., Das Verhältnis von Wirtschaft und Verwaltung in Bayern während der Anfänge der Industrialisierung (1834–1868), 2001.

Brüschwien, H., Der Gedanke einer Rhein-Main-Donau-Verbindung in seiner geschichtlichen Entwicklung (Diss. Erlangen 1927), 1928.

Carell, E., Die bayerische Wirtschaftspolitik und ihre Auswirkungen auf die wirtschaftliche Entwicklung Unterfrankens von 1814 bis zur Gründung des deutschen Reiches, in: Unterfranken im 19. Jahrhundert, 1965, S. 177–209.

Deutinger, S., Vom Agrarland zum High-Tech-Staat. Zur Geschichte des Forschungsstandorts Bayern 1945–1980, 2001.

Eckardt, G., Industrie und Politik in Bayern 1900–1919. Der Bayerische Industriellen-Verband als Modell des Einflusses von Wirtschaftsverbänden (Beiträge zu einer historischen Strukturanalyse Bayerns im Industriezeitalter, Bd. 15), 1976.

Eibert, G., Unternehmenspolitik Nürnberger Maschinenbauer (1835–1914) (Beiträge zur Wirtschaftsgeschichte 3), 1979.

Erdmann, M., Die verfassungspolitische Funktion der Wirtschaftsverbände in Deutschland 1815–1871 (Sozialwissenschaftliche Abhandlungen 12), 1968.

Emminger, O., Die bayerische Industrie (Schriftenreihe der Volkswirtschaftlichen Arbeitsgemeinschaft für Bayern, Heft 2), 1947.

Erker, P., Industriewirtschaft und regionaler Wandel. Überlegungen zu einer Wirtschaftsgeschichte Bayerns 1945–1995, in: Landesgeschichte und Zeitgeschichte, hg. von M. Lanzinner (Materialien zur bayerischen Geschichte und Kultur 4) 1997, S. 41–55.

Facius, F., Wirtschaft und Staat. Die Entwicklung der staatlichen Wirtschaftsverwaltung in Deutschland vom 17. Jahrhundert bis 1945 (Schriften des Bundesarchivs 6), 1959.

Fox, A., Die wirtschaftliche Integration Bayerns in das Zweite Kaiserreich. Studien zu den wirtschaftspolitischen Spielräumen eines deutschen Mittelstaates zwischen 1862 und 1875, 2001.

Frey, A., Die industrielle Entwicklung Bayerns von 1925 bis 1975. Eine vergleichende Untersuchung über die Rolle städtischer Agglomerationen im Industrialisierungsprozess, 2003.

Georges, D., 1810/11–1993. Handwerk und Interessenpolitik. Von der Zukunft zur modernen Verbandsorganisation (Europäische Hochschulschriften III/552), 1993.

Götschmann, D., Das bayerische Innenministerium 1825–1864. Organisation und Funktion, Beamtenschaft und politischer Einfluss einer Zentralbehörde in der konstitutionellen Monarchie, 1993.

Götschmann, D., Bayerischer Parlamentarismus im Vormärz. Die Ständeversammlung des Königreichs Bayern 1819–1848, 2002.

Götschmann, D., „Nervus rerum". Die Staatseinnahmen des Königreichs Bayern und ihre Verwendung, in: Festschrift Hermann Rumschöttel zum 65. Geburtstag, hg. von G. Hetzer und B. Uhl (Archivalische Zeitschrift Bd. 88), 2006, S. 229–270.

Grundsätze regionaler Strukturpolitik in Bayern. Praktische Erfahrungen bei ihrer Anwendung und Auseinandersetzung mit den Vorstellungen der Bundesregierung, hg. vom Bayerischen Staatsministerium für Wirtschaft und Verkehr, 1973.

Hahn, K. E., Die Territorialpolitik der süddeutschen Staaten Baden, Bayern und Württemberg und ihr Einfluß auf die Verkehrsleitung und die Linienführung der Verkehrswege insbesondere der Eisenbahnen, Diss. München 1929.

Hamerow, T. S., Restauration, Revolution, Reaction: Economics and Politics in Germany 1815–1871, 1958.

Hämmerle, K., Gustav von Schlör. Ein Beitrag zur bayerischen Geschichte des 19. Jahrhunderts (Wirtschafts- und Verwaltungsstudien mit besonderer Berücksichtigung Bayerns 68), 1926.

Hausmann, F., Die Agrarpolitik der Regierung Montgelas. Untersuchungen zum gesellschaftlichen Strukturwandel Bayerns um die Wende vom 18. zum 19. Jahrhundert, 1975.

Hartung, G., Die bayerischen Landstraßen, ihre Entwicklung im 19. Jahrhundert und ihre Zukunft (Wirtschafts- und Verwaltungsstudien mit besonderer Berücksichtigung Bayerns Bd. 16), 1902.

Hefele, P., Die Verlagerung von Industrie und Dienstleistungsunternehmen aus der SBZ/DDR nach Westdeutschland unter besonderer Berücksichtigung Bayerns (1945–1961), 1999.

Held, J., Brüschwien, H., Rhein-Main-Donau. Die Geschichte einer Wasserstraße, 1929.

Hesse, H., Die sogenannte Sozialgesetzgebung Bayerns Ende der 60er Jahre des 19. Jahrhunderts, 1971.

Kaizl, J., Der Kampf um Gewerbereform und Gewerbefreiheit in Bayern von 1799 bis 1868, 1879.

Kammerer, M., Interessenvertretungspolitik im Wandel. Von der „Oberpfälzisch-Regensburg'schen Handelskammer" zur Industrie- und Handelskammer Regensburg (1843–1932). Wirtschaftshistorische Analyse des institutionellen Wandels der Industrie- und Handelskammer Regensburg und der Veränderung ihrer Aufgaben und Interessenvertretungspolitik, 2002.

Kramer, F., Wirtschaftminister Anton Jaumann Eine politisch-biographische Skizze, in: Wirtschaftsminister Anton Jaumann (1927–1994). Ein Ausstellung aus dem neuerworbenen Nachlaß anläßlich seines 70. Geburtstages (Bayerisches Hauptstaatarchiv, Kleine Ausstellungen Nr. 9), 1997.

Lanzinner, M., Zwischen Sternenbanner und Bundesadler. Bayern im Wiederaufbau 1945–1958, 1996.

Löffler, B., Die Bayerische Kammer der Reichsräte 1848 bis 1918. Grundlagen, Zusammensetzung, Politik, 1996.

Löwenstein, Th., Die bayerische Eisenbahnpolitik bis zum Eintritt Deutschlands in die Weltwirtschaft 1835–1890, Diss. Frankfurt 1927.

Marggraf, H., Die kgl.-bayerische Staatseisenbahn in ihrer geschichtlichen und statistischen Beziehung, 1894.

Mauersberg, H., Bayerische Entwicklungspolitik 1818–1923. Die etatmäßigen bayerischen Industrie- und Kulturfonds, 1986.

Meyer, A., Der Zollverein und die deutsche Politik Bismarcks. Eine Studie über das Verhältnis von Wirtschaft und Politik im Zeitalter der Reichsgründung (Europäische Hochschulschriften III/288), 1986.

Milosch, M. S., Modernizing Bavaria. The Politics of Franz Joseph Strauß and the CSU 1949–1969, 2006.

Müller, G., König Max II. und die soziale Frage, Diss. München 1964.

Neuanfang in Bayern 1945–1949. Politik und Gesellschaft in der Nachkriegszeit, hg. von W. Benz, 1988.

Pix, M. (Hg.), Friedrich Benedikt Wilhelm von Hermann (1795–1868). Ein Genie im Dienste der bayerischen Könige. Politik, Wirtschaft und Gesellschaft im Aufbruch (Zeitschrift für Bayerische Sparkassengeschichte, Beihefte 2, Sparkassen in der Geschichte 1,18), 1999.

Pisecky, F., Die österreichische Donauschiffahrt und Europa im Wandel der Zeiten – Realitäten und Visionen, in: Donauschiffahrt – Sonderband (2004), S. 19–23.

Politische Zäsuren und gesellschaftlicher Wandel im 20. Jahrhundert. Regionale und vergleichende Perspektiven, hg. von M. Frese, 1996.

Popp, A., Die Entstehung der Gewerbefreiheit in Bayern, 1928.

Preisser, K.-H., Die industrielle Entwicklung Bayerns in den ersten drei Jahrzehnten des Deutschen Zollvereins (Beiträge zur Wirtschafts- und Sozialgeschichte 2), 1993.

Preisser, K.-H., Die Stellung Bayerns bei der Steuerharmonisierung im Deutschen Zollverein 1834–1871 (Wirtschafts- und sozialwissenschaftliche Forschungsbeiträge 10), 1991.

Rodenstock, R., Der Wandel im bayerischen Wirtschaftsgefüge, 1956.

Rosenberg, H., Große Depression und Bismarckzeit. Wirtschaftsablauf, Gesellschaft und Politik in Mitteleuropa (Veröffentlichungen der Historischen Kommission zu Berlin beim Friedrich-Meinecke-Institut der Freien Universität Berlin 24. Publikationen zur Geschichte der Industrialisierung 2), 1967.

Schanz, G., Der Donau-Main-Kanal und seine Schicksale, 1894.

Schlemmer, Th., „Bayerns Ruhrgebiet". Politik, Wirtschaft und Gesellschaft in der Region Ingolstadt 1948 bis 1975, in: NS-Diktatur, DDR, Bundesrepublik, hg. von Th. Bauer, 2000, S. 181–213.

Schlemmer, Th., Gesellschaft und Politik in Bayern 1949–1973. Ein neues Projekt des Instituts für Zeitgeschichte, in: Landesgeschichte und Zeitgeschichte, hg. von M. Lanzinner (Materialien zur bayerischen Geschichte und Kultur 4) 1999, S. 102–109.

Schmidt, J., Bayern und das Zollparlament. Politik und Wirtschaft in den letzten Jahren vor der Reichsgründung (1866/67–1870). Zur Strukturanalyse Bayerns im Industriezeitalter, (Miscellanea Bavaria Monacensia, Bd. 46), 1973.

Schnorbus, A., Arbeit und Sozialordnung in Bayern vor dem 1. Weltkrieg, 1890–1914 (Miscellanea Bavarica Monacensia, Bd. 19), 1969.

Schumann, D., Bayerns Unternehmer in Gesellschaft und Staat 1834–1914. Fallstudien zu Herkunft und Familie, politischer Partizipation und staatlicher Auszeichnung, 1992.

Schwarz, G., „Nahrungsstand" und erzwungener „Gesellenstand". Mentalité und Strukturwandel des bayerischen Handwerks im Industrialisierungsprozeß um 1860, 1972.

Shorter, E. L., Social Change and Social Policy in Bavaria, 1800–1860, 3 Bde., Diss. Cambridge/USA 1967.

Siebert, A., Die Entwicklung der direkten Besteuerung in den süddeutschen Bundesstaaten im letzten Jahrhundert (Zeitschrift für die gesamte Staatswissenschaften, Bd. 68), 1912.

Stache, Ch., Bürgerlicher Liberalismus und katholischer Konservativismus in Bayern 1867–1871, 1981.

Stäbler, W., Weltwirtschaftskrise und Provinz. Studien zum wirtschaftlichen, sozialen und politischen Wandel im Osten Altbayerns 1928 bis 1933 (Münchner Historische Studien, Abteilung Bayerische Geschichte Bd. 14), 1992.

Sturm, H., Die pfälzischen Eisenbahnen, 1967.

Tooze, J. A., Ökonomie der Zerstörung. Die Geschichte der Wirtschaft im Nationalsozialismus, 2007.

Währung und Wirtschaft in Deutschland 1876–1975, hg. von der Deutschen Bundesbank, 1976.

Wilhelm, R., Das Verhältnis der süddeutschen Staaten zum Norddeutschen Bund (1867–1870), 1978.

Winkel, H., Wirtschaft im Aufbruch. Der Wirtschaftsraum München-Oberbayern und seine Industrie- und Handelskammer im Wandel der Zeit, 1990.

Wirtschaft und Wirtschaftsverwaltung in Bayern, hg. von H. Reuther, 1981.

Zabel, U. J., Die finanzielle Verknüpfung der bayerischen Wirtschaft außer Landes 1918–1933. Aufgezeigt am Beispiel ausgewählter Aktiengesellschaften, 1989.

Ziegler, D., Eisenbahn und Staat im Zeitalter der Industrialisierung. Die Eisenbahnpolitik der deutschen Staaten im Vergleich (VSWG, Beiheft 127), 1996.

d) Einzelne Branchen, Unternehmen und Regionen

Achterberg, E., Süddeutsche Bodenkreditbank. Ein Jahrhundert Werden und Wirken, 1971.

Alckens, A., Münchener Forscher und Erfinder des 19. Jahrhunderts, 1965.

Andres, C. M., Die bundesdeutsche Luft- und Raumfahrtindustrie 1945–1970. Ein Industriebereich im Spannungsfeld von Politik, Wirtschaft und Militär, 1996.

Arps, L., Wechselvolle Zeiten. 75 Jahre Allianz Versicherung 1890–1965, 1965.

Aubry, L., Festschrift zur Feier des 25jährigen Bestehens der wissenschaftlichen Station für Brauerei in München, 1901.

Auer, A. (Hg.), Krauss-Maffei. Lebenslauf einer Münchner Fabrik und ihrer Belegschaft. Bericht und Dokumentation von G. Engasser, Bd. 1, 1988.

Bähr, J., Banken, R., Flemming, T., Die MAN. Eine deutsche Industriegeschichte, 2008.

Bayerisches Staatsministerium für Ernährung, Landwirtschaft und Forsten (Hg.), Die Ausstellung „100 Jahre Flurbereinigung in Bayern 1886–1986" (Materialien zur Flurbereinigung Heft 10), 1986.

Barth, E., Entwicklungslinien der deutschen Maschinenbauindustrie von 1870 bis 1914 (Forschungen zur Wirtschaftsgeschichte 3), 1973.

Beck, L. C., Bayerns Großindustrie und Großhandel. I. Theil: Maschinen- und Metallwaren-Fabrikation des Industriebezirkes Nürnberg-Fürth, 1895.

Beck, L. C, Die Fabrikindustrie Nürnberg, in: Festschrift zur 40. Hauptversammlung des VDI in Nürnberg vom 11.–15. Juni 1899, o. J., S. 338–569.

Berlin, Ph., Die bayerische Spiegelglasindustrie, Diss. Erlangen 1909.

Birnbaum, M., Das Münchener Handwerk im 19. Jahrhundert (1799–1869). Beiträge zu Politik, Struktur und Organisation des städtischen Handwerks im beginnenden Industriezeitalter, Phil. Diss. München 1984.

Bischoff, J., Zur Familiengeschichte Alt-Nürnberger Bleistiftmacher. Ein Beitrag zur Frühgeschichte der Nürnberger Bleistiftindustrie, 1938.

Böhm, M., Bayerns Agrarproduktion 1800–1870 (Studien zur Wirtschafts- und Sozialgeschichte 10), 1965.

Borscheid, P., 100 Jahre Allianz 1890–1990, 1990.

Brenneisen, R., Schüle, F. (Redaktion), Wirtschaftsraum Oberpfalz-Regensburg (Monographien deutscher Wirtschaftsgebiete 27), 1964.

Büchner, F., Hundert Jahre Geschichte der Maschinen-Fabrik Augsburg-Nürnberg, 1940.

Bundesbank, Deutsche (Hg.), Deutsches Geld- und Bankenwesen in Zahlen 1876–1975, 1976.

Burger, H., 350 Jahre Paulaner-Salvator-Thomasbräu A.G., 1634–1984. Jubiläums-Festschrift, 1984.

Carell, E., Die bayerische Wirtschaftspolitik und ihre Auswirkungen auf die wirtschaftliche Entwicklung Unterfrankens von 1814 bis zur Gründung des Deutschen Reiches, in: Festschrift Unterfranken im 19. Jahrhundert (Mainfränkische Heimatkunde XIII), 1965, S. 177–209.

Carl, H., Fabrikation feuer- und diebesfester Kassenschränke. 1869–1969. (Carl Hermann, Tresorbau, Stahlbau, Nürnberg), 1969.

Chemie in Bayern, hg. vom Verband der Chemischen Industrie, Landesverband Bayern, 1983.

Chronik der Firma C. Philipps Wwe., 1918.

Chronik des Hauses Loden-Frey. Anläßlich seines 125jährigen Bestehens, 1967.

Chronik fünfzig Jahre LfA Förderbank Bayern, hg. von der Landesanstalt für Aufbaufinanzierung, 2001.

Chronik Optische Werke G. Rodenstock München, 1877–1960, 1960.

Cohen, A., Geschichte der Handelskammer München seit ihrer Gründung 1869, 1926.

Cohen, R., Schuckert 1873–1923, 1923.

Das Zeitalter der Elektrizität. 75 Jahre Vereinigung Deutscher Elektrizitätswerke, hg. von der Vereinigung Deutscher Elektrizitätswerke, 1967.

Demeter, A., Der Hochofenbetrieb in Amberg, Diss. München 1905.

Denkschrift zum 150jährigen Bestehen der Farbenfabriken Michael Huber München, 1780–1930, 1930.

Destouches, E. v., Fünfzig Jahre Münchner Gewerbegeschichte 1848–1898, 1898.

Dettmar, G., Die Entwicklung der Starkstromtechnik in Deutschland, Bd. 1, 1940.

Deurer, R., 100 Jahre Firma Gregor Deurer, Baugeschäft, Zimmerei, Sägewerk. Ein Beitrag zur Betriebswirtschaftslehre des Handwerks, 1949.

Die Agrarwirtschaft in der Bundesrepublik Deutschland, hg. im Auftrag des Bundesministers für Ernährung, Landwirtschaft und Forsten von H. Haushofer, 1974.

Die Bayerische Staatsbank 1780–1930. Geschichte und Geschäfte einer öffentlichen Bank, hg. vom Staatsbankdirektorium, bearb. v. F. Steffan, 1930.

Die Bayerische Staatsbank 1780–1955. Geschichte und Geschäfte einer öffentlichen Bank, hg. vom Staatsbankdirektorium, bearb. v. F. Steffan, u. W. Diehm, 1955.

Die Bayerischen Staatsverkehrsanstalten in der Zeitperiode 1880–1900, 1900.

Die Bleistiftfabrik von Johann Faber in Nürnberg. Festschrift gewidmet von C. und E. Faber, 1889.

Die Industrie der Oberpfalz in Wort und Bild. Hg. von der Handelskammer Regensburg, 1914.

Die Süddeutsche Apparate-Fabrik GmbH Nürnberg und ihr Werdegang 1875–1935, 1935.

Dietz. F. R., Lembert. Hutmacher seit hundert Jahren, 1961.

Dihm, H., Die Entwicklung der Konserven-, Marmeladen- und Fruchtsäftefabrik Joh. Eckart München, 1868–1948, 1948.

Dihm. H., Geschichte der Aktienbrauerei zum Löwenbräu, 1922.

Dirscherl, J. F., Das ostbayerische Grenzgebirge als Standraum der Glasindustrie, 1938.

Deesbach, A., Seit 90 Jahren auf Achse. MAN Nutz-
fahrzeuge und ihre Geschichte 1915 bis 2005,
2005.

Dummer, W., Die neue Augsburger Kattunfabrik,
1952.

Eberlein, H., 350 Jahre Hasenbrauerei Augsburg
1589–1939, o. J.

Eidelloth, G., Die Entwicklung der Porzellanindustrie
Oberfrankens, Diss. Erlangen 1914.

Einhundert Jahre Bankhaus H. Aufhäuser 1870–1970,
1970.

Eisner, F., Die bayerische Textilindustrie, ihre geschichtliche Entwicklung und heutige Bedeutung,
Diss. Würzburg 1920.

Erdmann, M., Die verfassungspolitische Funktion der
Wirtschaftsverbände in Deutschland 1815–1871
(Sozialwissenschaftliche Abhandlungen 12), 1968.

Facius, F., Wirtschaft und Staat. Die Entwicklung der
staatlichen Wirtschaftsverwaltung in Deutschland
vom 17. Jahrhundert bis 1945 (Schriften des Bundesarchivs 6), 1959.

Festschrift der Lokomotivfabrik Krauss & Co., 1905.

Festschrift zur Eröffnung der kanalisierten Mainstrecke Würzburg-Ochsenfurt 18. Juni 1954, 1954.

Fichtl, W. (Hg.), Das Bayerische Oberbergamt und der
bayerische Bergbau, 1960.

Fischer, I., Industrialisierung, sozialer Konflikt und
politische Willensbildung in der Stadtgemeinde.
Ein Beitrag zur Sozialgeschichte Augsburg 1840–
1914 (Abhandlungen zur Geschichte der Stadt
Augsburg, Bd. 24), 1977.

Fischer, W., Materialien zur Statistik des deutschen
Bundes 1815–1870, 1982.

Förster, F., Geschichte der deutschen BP 1904–1979,
1979.

Franz, G. (Hg.) Die Geschichte der Landtechnik im
20. Jahrhundert, 1969.

Freisleben, W., Im Wandel gewachsen. Der Weg der
Wacker-Chemie 1914–1964, 1964.

Fritz, B., Hundert Jahre Porzellan. Ausstellungskatalog der Rosenthal AG, 1982.

Fritz, C., München als Industriestadt, 1913.

Fünf Jahrhunderte Geschichte der Lederer-Brauerei
(1468–1968), hg. von der Lederer-Bräu A. G.,
Nürnberg, 1968.

Fünfundsiebzig Jahre AEG, hg. von der Allgemeinen
Elektricitäts-Gesellschaft, 1958.

Fünfzig Jahre BAWAG 1940–1990, hg. von der Bayerischen Wasserkraftwerke AG München, 1990.

Fünfundsiebzig Jahre Electricitäts-Lieferungs-Gesell-
schaft Bayreuth 1897–1972, 1972.

Fünfundsiebzig Jahre Energieversorgung in Ostbayern
1908–1958, hg. von der OBAG, 1958.

Fünfundsiebzig Jahre E. Vollraht & Co, Nürnberg.
1855–1930, 1930.

Fünfundsiebzig Jahre Innwerke AG, hg. von der Innwerke AG, 1967.

Fünfundsiebzig Jahre J. G. Böhmler, Spezialhaus für
Inneneinrichtung München Tal 12 (1875–1950),
1950.

Fünfundsiebzig Jahre Linde, hg. von der Gesellschaft
für Lindes Eismaschinen Aktiengesellschaft, 1954.

Fünfundsiebzig Jahre RMD, hg. von der Rhein-Main-
Donau AG, 1996.

Fünfundsiebzig Jahre Strobel, 1883 bis 1958. Der
Werdegang einer Firma zur Weltgeltung, 1958.

Fünfundsiebzig Jahre Strom für Ostbayern, hg. von
der OBAG, 1983.

Gall, L. u. a., Die Deutsche Bank. 1870–1995, 1995.

Gebrannte Erde. Baustoff der Jahrtausende. (100 Jahre
AGROB A.G. für Grob- und Feinkeramik München), 1959.

Geiger, R., Die Bleistiftmacher Staedtler und ihre Bedeutung für die Geschichte des Bleistifts. Ein Beitrag zur Geschichte von Nürnbergs Handwerk und
Industrie, 1952.

Genzmer, W., Hundert Jahre Augsburger Kammgarnspinnerei 1836/1936. Ein Beitrag zur Geschichte
des deutschen Wollgewerbes, 1936.

Gerlach, W. (Hg.), Das Buch der alten Firmen der
Stadt und des Industriebezirkes Augsburg im Jahre
1930, 1930.

Gerlach, W. (Hg.), Das Buch der alten Firmen der
Stadt Nürnberg im Jahre 1930. Schriftl.: E. Reicke,
1930.

Gerlach, W. (Hg.), Das Buch der alten Firmen der
Stadt und des Industriebezirks Regensburg im Jahre 1931, 1932.

Geschichte der Stadt Ludwigshafen am Rhein. Entstehung und Entwicklung einer Industrie- und Han-
delsstadt in fünfzig Jahren. 1853–1903. Mit einem
geschichtlichen Rückblick. Aus Anlass des 50jäh-
rigen Bestehens der Stadt Ludwigshafen am Rhein
herausgegeben vom Bürgermeisteramt, 1903.

Gleichen-Russwurm, [K.] A. v., 500 Jahre Hacker-Bräu,
1417–1917. Ein Münchener Kulturbild, 1917.

Gömmel, R., Wachstum und Konjunktur der Nürnberger Wirtschaft (1815–1914) (Beiträge zur Wirtschaftsgeschichte 1), 1978.

Götschmann, D., Die Kuchenreuter und ihre Zunftgenossen. Das Oberpfälzer Büchsenmacherhandwerk von seinen Anfängen bis um 1850, 1991.

Götschmann, D., Wirtschaftliche Entwicklung und gesellschaftlicher Wandel. Aspekte der Industrialisierung der Oberpfalz, in: Industrie- und Technikgeschichte der Oberpfalz, hg. vom Oberpfälzer
Kulturbund, Kallmünz 1985, S. 3–17.

Grassmann, J., Die Entwicklung der Augsburger Industrie im Neunzehnten Jahrhundert. Eine gewer-
begeschichtliche Studie, 1894.

Grimm, T., Die Bayerische Handelsbank in München 1869–1969, 1969.

Gutschmidt, H.-U., Der Aufbau und die Entwicklung des Notenbankwesens in Bayern (1834–1881) unter Berücksichtigung der wirtschaftlichen Verhältnisse, Diss. Köln 1969.

Hailer, Festschrift zur Feier des 100jährigen Bestehens der K. B. Gewehrfabrik in Amberg, 1901.

Hassler, F., Geschichte der L. A. Riedinger Maschinen- und Bronzewaren-Fabrik, Aktien-Gesellschaft Augsburg, 1928.

Hassler, F., Hundert Jahre Mechanische Baumwoll-Spinnerei und Weberei Augsburg, 1937.

Hassler, F., Und dennoch drehen sich wieder die Spindeln, 1953.

Henning, F. W., Die Zuckerindustrie in Deutschland 1800–1914, 1973.

Hetzer, G., Tröger, O.-K., Weichstellungen. Eisenbahnen in Bayern 1835–1920 (Ausstellungskataloge der Staatlichen Archive Bayern 43), 2001.

Heydenreuther, R., Die Hüter des Schatzes. 200 Jahre staatliche Finanzverwaltung in Bayern, hg. vom Bayerischen Staatsministerium der Finanzen, 2008.

Hruschka, M., Die Entwicklung des Geld- und Kreditwesens unter besonderer Berücksichtigung der Sparkasse im Raum Straubing-Bogen 1803–1972, 1991.

Huber, F. M., Unsere Tiere im alten Bayern. Eine Geschichte der Nutztiere, 1988.

Hundert Jahre Bayerische Hypotheken- und Wechselbank 1835–1935, 1935.

Hundert Jahre Bayerische Versicherungsbank 1835–1935, 1936.

Hundert Jahre Hans Brochier Rohrleitungsbau, Nürnberg, 1873–1973, 1973.

Hundert Jahre Johann Funk Marmorwerke Nürnberg. 1852–1952, 1952.

Hundert Jahre Schwan-Bleistiftfabrik Nürnberg, 1855–1955, 1955.

Hundertfünfundzwanzig Jahre Anton Riemerschmid München, 1985.

Hundertfünfundzwanzig Jahre Bayerische Handelsbank in München 1869–1994. Festschrift. Geschichten aus der Geschichte der Bayerischen Handelsbank, 1994.

Hundertfünfundzwanzig Jahre Bayerische Hypotheken- und Wechselbank, 1960.

Hundertfünfundzwanzig Jahre Franz Kathreiners Nachfolger. Soll und Haben, eine Bilanz von 1829 bis 1954, 1954.

Hundertfünfzig Jahre Bayerische Staatsschuldenverwaltung, 1961.

Hundertfünfzig Jahre Neue Augsburger Kattunfabrik vorm. Schöppler & Harmann, Augsburg 1931.

Industrie- und Handelskammer Aschaffenburg (Hg.), Die Wirtschaft am bayerischen Untermain, 1956.

Industrie- und Handelskammer München (Hg.), Cohen, A., Simon, E. (Bearb.), Geschichte der Handelskammer München. Seit ihrer Gründung 1869. Beitrag zur Wirtschaftsgeschichte der letzten Jahrzehnte, 1926.

Jansen, Th., Die Geschichte der königlich bayerischen Gewehrfabrik in Amberg, 1998.

Jungmann-Stadler, F., Die Anfänge der Bayerischen Hypotheken- und Wechselbank, 1985.

Kahn, J., Münchens Großindustrie und Großhandel, München 1891, 2., veränd. Aufl. 1913.

Kötter, R., 1855–1955. 100 Jahre Conrad Conradty Nürnberg. Elektroden, elektrische und galvanische Kohlen, 1955.

Kraus, M., Die königlich-bayerischen Hoflieferanten, 2009.

Kuntz, A., Der Dampfpflug. Bilder und Geschichte der Mechanisierung und Industrialisierung von Ackerbau und Landleben im 19. Jahrhundert, 1979.

Kustermann, F., Die Entwicklung der Eisenindustrie in München, Diss. München 1914.

Lech-Elektrizitätswerke A. G. Augsburg 1901–1951. Ein Bericht zur 50. Wiederkehr der Betriebseröffnung, 1951.

Leonhardy, F., Gliederung der bayerischen „Handels- und Gewerbekammern" und späteren „Handelskammern" bis zur Gegenwart, Diss. Erlangen 1926.

Liebel-Monninger, A., Friedrich Monninger und seine Zeit 1882–1932. Zum 50-jährigen Bestehen der Buch- und Kunstdruckerei Fr. Monninger in Nürnberg, 1932.

Liebl, A. J., Die Privateisenbahn München-Augsburg (1835–1844), 1982.

Liebl, T., Aufgeh'n wird die Erde in Rauch. Geschichte der ersten privaten Eisenbahnen in Bayern, 1985.

Löwenstein, Th., Die bayerische Eisenbahnpolitik bis zum Eintritt Deutschlands in die Weltwirtschaft 1835–1890, 1927.

Malchus, C.-A. v., Die Sparcassen in Europa. Vollständiger Nachdruck der Originalausgabe Heidelberg und Leipzig 1838. Mit einer Einführung von M. Pix, 1994.

Maralt, H. v., Schutz und Sicherheit im Zeichen der Burg. 75 Jahre Nürnberger Lebensversicherungs-A.G. 1884–1959, 1959.

Marx, W., Die Entstehungsgeschichte der Stadt Ludwigshafen a. Rh. Der Großstadt am Rhein zu ihrem Festjubiläum, 1953.

Meilensteine. 150 Jahre Lyra-Orlow, 1956.

Miller, W. v., Oskar von Miller. Pionier der Energiewirtschaft. Schöpfer des deutschen Museums, ²1955.

Möhl, F., Hundert Jahre Krauss-Maffei München 1837–1937, 1937.

Mönnich, H., BMW. Eine deutsche Geschichte, 2004.

Müller, K. A. v. u. a., 100 Jahre G. Haindlsche Papierfabrik, hg. von der Firma, 1949.

Müller, R. A. (Hg.), Unternehmer – Arbeitnehmer. Lebensbilder aus der Frühzeit der Industrialisierung in Bayern, 1985.

Neher, F. L., 80 Jahre. Beitrag zur Geschichte des Herdes, hg. im Auftrag der Wamsler Herd und Ofen GmbH München, 1957.

Niedermayer, H., Die Eisenindustrie der Oberpfalz in geschichtlicher und handelspolitischer Beziehung unter besonderer Berücksichtigung der Roheisenerzeugung, Diss. Heidelberg 1912.

Nichelmann, V., Beitrag zur Darstellung der Entwicklung der eisenschaffenden Industrie in der Oberpfalz, in: Verhandlungen des Historischen Vereins der Oberpfalz 97, 1956, S. 133–162.

Obenaus, W., Aktiengesellschaften in der bayerischen Wirtschaftsgeschichte des 19. Jahrhunderts, Diss. München 1976.

Pfeiffer, G. (Hg.), Nürnberg – Geschichte einer europäischen Stadt, München 1971.

Pöhl, K. O., Ein Band durch fünf Generationen, 1957.

Pohl, M., Das Bayernwerk 1921 bis 1996, 1996.

Poschinger, A. Frhr. v., Die Glasindustrie in der bayerischen Ostmark unter besonderer Berücksichtigung der Weißhohlglasindustrie, Diss. München 1936.

Preyss, C. R., Von Reichenbachs Werkstatt zum Ertel-Werk für Feinmechanik 1802–1962, 1962.

Prinz, F., Krauss, M. (Hg.), München – Musenstadt mit Hinterhöfen. Die Prinzregentenzeit 1886–1912, 1988.

Pustet, F., 150 Jahre Verlag Friedrich Pustet 1826–1976, 1976.

Radkau, J., Aufstieg und Krise der deutschen Atomwirtschaft 1945–1975. Verdrängte Alternativen in der Kerntechnik und der Ursprung der nuklearen Kontroverse, 1983.

Raiser, W., Eduard Scharrer und Co, Nürnberg. 150 Jahre Hopfen 1809–1959, 1959.

Rank, M., Hundert Jahre Rank, 1862–1962, 1962.

Reinwald, T., Nürnberger Motorradindustrie. Eine Chronik aller Firmen, 2002.

Renk 1873–1973. Zahnräderfabrik Renk Aktiengesellschaft Augsburg, 1973.

Roth, G. D., Liebergesell. Zum 75jährigen Bestehen der Hochbau E. Liebergesell Gmbh & Co. KG, 1972.

Roth, H., Ein Jahrhundert Pschorrbräu 1820–1920, 1921.

Rupieper, H.-J., Arbeiter und Angestellte im Zeitalter der Industrialisierung. Eine sozialgeschichtliche Studie am Beispiel der Maschinenfabriken Augsburg und Nürnberg (MAN) 1837–1914, 1982.

Sachsenhauser, G., Gedenkschrift zum 60jährigen Bestehen der Firma Ludwig Beck, 1921.

Sager & Woerner, 1864–1964. Arbeit, Erfolge, Verluste. Teil 1: 1864–1920, 1964.

Schäfer, M., Vom Markt zur Messe. Über Messen zu neuen Märkten, hg. von der Messe München, 2005.

Schaffer, R. (Hg.), Das Buch mit alten Firmen der Landeshauptstadt München, [ca. 1957].

Schlögel, B. A. (Hg.), Bayerische Agrargeschichte, 1954.

Schmid, J., Die Augsburger Kammgarn-Spinnerei und ihre Stellung in der deutschen Woll-Industrie, Diss. Würzburg 1923.

Schmidt-Dubro, E., 125 Jahre Andreae-Noris-Zahn A. G., 1966.

Schmitz, O., Die Bewegung der Warenpreise in Deutschland von 1851 bis 1902, 1903.

Schmoll, P., Die Messerschmitt-Werke im Zweiten Weltkrieg. Die Flugzeugproduktion der Messerschmitt GmbH Regensburg von 1938 bis 1945, ²1999.

Schröder, P., Die Entwicklung des Nürnberger Großgewerbes 1806–1870. Studien zur Frühindustrialisierung, 1970.

Schröter, A., Becker, W., Die deutsche Maschinenbauindustrie in der Industriellen Revolution, 1962.

Schuster, C., Badische Anilin- & Sodafabrik AG Ludwigshafen am Rhein. Ein Beitrag zur Geschichte der chemischen Technik, o. J.

Schwanhäusser, E., Die Nürnberger Bleistiftindustrie und ihre Arbeiter in Vergangenheit und Gegenwart, Diss. Greifswald 1893.

Seebauer, H., Die vereinigten Fabriken landwirtschaftlicher Maschinen vorm. Epple & Buxbaum A. G., Augsburg, Diss. Würzburg 1924.

Siebert, G., 100 Jahre Merck, Finck & Co., 1870–1970, 1970.

Siegert, T., Elektrizität in Ostbayern. Die Oberpfalz von den Anfängen bis 1945 (Schriftenreihe des Bergbau- und Industriemuseums Ostbayern e.V. Theuern Bd. 6), 1985.

Siemens, G. v., Der Weg der Elektrotechnik. Geschichte des Hause Siemens, 2 Bde., 1961.

Späth, L., München und sein Hotel Bayerischer Hof. Über 100 Jahre Hotel „Bayerischer Hof", 1953.

Spengler, K., Kehrer & Weber, vormals Angelo Sabbadini, 1782–1957. 175 Jahre Kaufmannsarbeit, 1957.

Sprenger, B., Das Geld der Deutschen. Geldgeschichte Deutschlands von den Anfängen bis zur Gegenwart, 1991.

Steffan, F., Bayerische Vereinsbank 1869–1969. Eine Regionalbank im Wandel der Jahrhunderte, 1969.

Steffan, F., Bilder und Berichte aus hundert Jahren Bankgeschichte. 100 Jahre Vereinsbank in Nürnberg. 1871–1971, 1971.

Steuert, L., Die Kgl. Akademie Weihenstephan und ihre Vorgeschichte, Berlin 1905.

Stürmer, E., Die Geschichte des Instituts der Handelskammer in Bayern, 1911.

Struve, E., Die Entwicklung des bayerischen Braugewerbes im 19. Jahrhundert, Leipzig 1893.

Tivoli. Die Mühle am Englischen Garten. Jubiläumsschrift aus Anlaß des 100-jährigen Bestehens der Aktiengesellschaft Kunstmühle Tivoli und ihrer Rechtsnachfolgerin Tivoli Handels- und Grundstücks-Aktiengesellschaft München, 1973.

Trautmann, K., Die Handschuhfabrik J. Roeckl. Hundert Jahre aus der Geschichte eines Altmünchener Bürger- und Geschäftshauses, o. J.

Tremel, M. (Hg.), Salz Macht Geschichte (Haus der der Bayerischen Geschichte, Ausstellungskatalog), 1995.

Grunert, M, Triebel, F., Das Unternehmen BMW seit 1916, 2006.

Tümmel, W., Buch- und Kunstdruckerei Wilhelm Tümmel, Verlag des Fränkischen Kurier Nürnberg. Gegr. 1833, 1896.

Uebel, L. (Hg.), 150 Jahre Schienenfahrzeuge aus Nürnberg. Beiträge zur Geschichte des Waggonbaues, 1994.

Vershofen, W., Die Anfänge der chemisch-pharmazeutischen Industrie. Eine wirtschaftshistorische Studie, 3 Bde., 1949–1958.

Vershofen, W., Tat und Vorbild. 125 Jahre C. M. Hutschenreuther Hohenberg, 1939.

Von der Karbidlampe zum Mikrochip. 75 Jahre Wacker-Chemie, 1989.

Wagenblass, H., Der Eisenbahnbau und das Wachstum der deutschen Eisen- und Maschinenbauindustrie 1835 bis 1860. Ein Beitrag zur Geschichte der Industrialisierung Deutschlands (Forschungen zur Sozial- und Wirtschaftsgeschichte 18), 1973.

Wagner, J., Bierbrauerei zum Augustiner, 1911.

Walch, E., 80 Jahre Bauunternehmung Georg Berlinger 1874–1954, 1955.

Wandel und Werden in fünf Generationen. 1823–1958. Aus der 135-jährigen Geschichte der Joh. A. Benckiser GmbH, 1958.

Wendler, R., Vierzig Jahre Bankhaus Ruederer & Lang München 1883–1923, 1923.

Werden und Wesen des Hauses R. Oldenbourg München. Ein geschichtlicher Überblick 1858–1958, 1958.

Wiese, H., 1894–1969. 75 Jahre Leonhard Moll, 1969.

Winkel, H., Wirtschaft im Aufbruch. Der Wirtschaftsraum München-Oberbayern und seine Industrie- und Handelskammer im Wandel der Zeit, 1990.

Wismüller, F. X., Geschichte der Teilung der Gemeindeländereien in Bayern, 1904.

Witt, G., Die Entstehung des nordostbayerischen Eisenbahnnetzes. Politische, wirtschaftliche und verkehrsgeographische Motive und Probleme. Diss. Erlangen-Nürnberg 1968.

Zimmermann, J., Die wirtschaftliche Entwicklung der Stadt Regensburg im 19. Jahrhundert und zu Beginn des 20. Jahrhunderts, 1934.

Zinner, B., Die Handelskammer von Mittelfranken. Organisation und gutachtliche Tätigkeit (1842–1889) (Nürnberger Werkstücke zur Stadt- und Landesgeschichte, Bd. 19), 1976.

Zinner, B., Hillenbrand, L., Sechs Jahrhunderte schwäbische Wirtschaft. Beiträge zur Geschichte der Wirtschaft im bayerischen Regierungsbezirk Schwaben. 125 Jahre Industrie- und Handelskammer Augsburg, 1969.

Zorn, W., Die wirtschaftliche Struktur Altbayerns im Vormärz (1815–1848), in: Oberbayerisches Archiv 93 (1971), S. 190–206.

Zorn, W., Handels- und Industriegeschichte Bayerisch-Schwabens 1648–1870. Wirtschafts-, Sozial- und Kulturgeschichte des schwäbischen Unternehmertums (Veröffentlichungen der Schwäbischen Forschungsgemeinschaft bei der Kommission für Bayerische Landeskunde 1,6), 1961.

Zum 250-jährigen Geschäftsjubiläum der königl.-bayerischen Hofbuchdruckerei und Verlagshandlung von Ulrich Ernst Sebald (früher Wolfgang Eb. Felsecker), Nürnberg 9. Mai 1908, 1908.

Zweihundertfünfundzwanzig Jahre Seifenfabrik A. Linsenmayer, 1700–1925, 1925.

Namen- und Ortsregister

Sachregister

Verzeichnis der Tabellen und Diagramme nach Seitenzahlen

316: Die Bevölkerungsverteilung 1910–1933. *Grundlage: Statistisches Jahrbuch 22 (1938) S. 8, Tabelle 3; Beiträge zur Statistik Bayerns 145, S. 9*

317: Aufteilung der Bevölkerung auf Stadt und Land 1939. *Grundlage: Beiträge zur Statistik Bayerns 135 (1942) S. 48*

318: Wachstum der Städte, die um 1939 mehr als 40 000 Einwohner zählten. *Grundlage: Statistisches Jahrbuch Bayers 23 (1947) S. 23*

319: Verteilung der Erwerbstätigen auf die Wirtschaftsbereiche 1925–1933. *Grundlage: Statistisches Jahrbuch Bayern 1937, S. 10; Bevölkerung und Wirtschaft 1872–1972, hg. vom Statistischen Bundesamt Wiesbaden, 1972, S. 142; Zeitschrift des Bayerische Statistischen Landesamtes 74 (1942) S. 181*

320 o.: Berufliche Zuordnung der Bevölkerung in den Regierungsbezirken 1939. *Grundlage: Zeitschrift des Bayerische Statistischen Landesamtes 74 (1942) S. 185 f.*

320 u.: Verteilung der Erwerbstätigen auf die Wirtschaftsbereiche in Bayern 1907–1939. *Grundlage: Statistisches Jahrbuch 13 (1915) S. 27; Statistisches Jahrbuch Bayern 1937, S. 10; Zeitschrift des Bayerische Statistischen Landesamtes 74 (1942) S. 183 f.*

322: Beschäftigungsverhältnisse in den einzelnen Wirtschaftsbereichen im Jahr 1925. *Grundlage: Beiträge zur Statistik Bayerns 111 (1926) S. 36*

325 o.: Soziale Gliederung der Erwerbstätigen und ihrer Angehörigen 1933 und 1939. *Grundlage: Zeitschrift des Bayerische Statistischen Landesamtes 74 (1942) S. 184*

325 u.: Soziale Gliederung der Erwerbstätigen 1939. *Grundlage: Zeitschrift des Bayerische Statistischen Landesamtes 74 (1942) S. 188*

328: Betriebsgrößenstruktur der gewerblichen Wirtschaft 1939. *Grundlage: O. Emminger, Die bayerische Industrie, S. 202, Tabelle 2*

354 o.: Anteil der Land- und Forstwirtschaft am Lebensunterhalt und an der Erwerbstätigkeit 1907–1939. *Grundlage: Beiträge zur Statistik 111, 1926, S. 15–33; Beiträge zur Statistik 123, 1935, S. 26–30*

354 m.: Zwangsversteigerung landwirtschaftlicher Betriebe in Bayern 1924–1933. *Grundlage: Beiträge zur Statistik 134 (1942) S. 1 f.*

354 u.: Anteil der Betriebe an der landwirtschaftlichen Nutzfläche. *Nach: Beiträge zur Statistik Bayerns 122, S. 12 f. (für 1895 bis 1925); für 1933: Statistisches Jahrbuch Bayern 20 (1934) S. 48; für 1939: Zeitschrift des Bayerische Statistischen Landesamtes 74 (1942) S. 195*

364: Pferdedichte in Bayern 1939. *Grundlage: Zeitschrift des Bayerische Statistischen Landesamtes 74, 1942*

368 o.: Einnahmen der öffentlichen Hand in Bayern 1913–1938. *Grundlage: Beiträge zur Statistik 135, 1944*

368 m.: Ausgaben der öffentlichen Hand in Bayern 1913–1938. *Grundlage: Beiträge zur Statistik 135, 1944*

368 u.: Überschüsse bzw. Defizite der öffentlichen Hand in Bayern 1913–1938. *Grundlage: Beiträge zur Statistik 135, 1944*

371: Steueraufkommen in Bayern und im Reich pro Kopf. *Grundlage: 1925: Beiträge zur Statistik 116 (1928), S. 116; 1937: Statistisches Jahrbuch für Bayern 22 (1938) S. 254*

375: Anteil der wichtigsten Steuerarten am Steueraufkommen der Regierungsbezirke 1936. *Grundlage: Beiträge zur Statistik Bayerns 139 (1994) S. 33*

381 o.: Nettolohn und -gehaltssumme 1925–1938 reichsweit. *Grundlage: Bevölkerung und Wirtschaft 1872–1972, hg. vom Statistischen Bundesamt Wiesbaden, 1972, S. 263*

381 u.: Bruttoeinkommen aus unselbstständiger Arbeit reichsweit. *Grundlage: Bevölkerung und Wirtschaft 1872–1972, hg. vom Statistischen Bundesamt Wiesbaden, 1972, S. 263*

382: Indexziffern für die Lebenshaltungskosten in Bayern 1928–1942. *Grundlage: Zeitschrift des Bayerische Statistischen Landesamtes 75 (1945) S. 18*

467 o.: Kraftfahrzeugbestand in Bayern 1950–1970. *Grundlage: Bayern-Daten 1983, S. 92–95*

467 u.: Ausgaben von Staat, Gemeinden und Landkreisen für das bayerische Straßenwesen 1955–1967. *Grundlage: Zeitschrift des bayerischen statistischen Landesamtes 102 (1970) S. 212*

485 u.: Bevölkerungsentwicklung 1871–1946. *Grundlage: Statistisches Jahrbuch 30 (1972) S. 14*

488: Bevölkerungsentwicklung Bayerns 1939–2001. *Grundlage: Statistische Jahrbücher für Bayern, 1947–2002*

492: Zuzug und Abwanderung nach und aus Bayern 1961–1975. *Grundlage; Strukturbericht 1977, S. 11–27*

503f.: Beschäftigte in der bayerischen Industrie 1936–1955. *Vorlage aus: A. Frey, Die industrielle Entwicklung Bayerns 1925 bis 1975, 2003, Tabelle C17*

540: Ausstattung der Baubetrieb mit Geräten 1951–1963. *Grundlage: Bayerns Wirtschaft gestern und heute 1964, S. 48*

541: Beschäftigte des bayerischen Handwerks nach der Betriebszählung vom Oktober 1948. *Grundlage: Zeitschrift des bayerischen statistischen Landesamtes 81 (1949) S. 166*

543 o.: Umsatz je Beschäftigtem in den einzelnen Gewerbegruppen in ausgewählten Städten und Regi-

Bildnachweis nach Seitenzahlen

15: aus: Statistisches Jahrbuch für das Königreich Bayern 1897

25: aus: Statistisches Jahrbuch für Bayern 1952, S. 4

27: nach: Bayerisches Statistisches Landesamt 1969

32: Vorlage aus: Brockhaus Enzyklopädie, 15. Auflage, 1929–35, Karte 51

45/46: Stadtarchiv München

63: aus: 100 Jahre Dingler. Geschichte und Entwicklung der Werke, 1927

84: aus: Zeitschrift des Bayerischen Landesamtes 71, 1939, nach S. 550

124/126: Bayerische Landesbank

131: aus: Die Industrie der Oberpfalz in Wort und Bild, Regensburg 1914

132: privat

133 o. und u.: aus: Die Industrie der Oberpfalz in Wort und Bild, Regensburg 1914

137–139: Regensburger Energie- und Wasserversorgung AG & Co KG

142: aus: Die Industrie der Oberpfalz in Wort und Bild, Regensburg 1914, S. 123

143/144: Regensburger Energie- und Wasserversorgung AG & Co KG

156: nach: Statistisches Jahrbuch für das Königreich Bayern 1897, Beilage VII b

161: aus: Statistische Jahrbuch für das Königreich Bayern 1897

177/179: Regensburger Energie- und Wasserversorgung AG & Co KG

186: Regensburger Energie- und Wasserversorgung AG & Co KG

189/190: Bayerisches Wirtschaftsarchiv, Bestand Rosner & Seidl

200–202: Linde AG

207: aus: 100 Jahre Krauss-Maffei München 1837–1937, München 1937

213: aus: Die Industrie der Oberpfalz in Wort und Bild, Regensburg 1914, S. 23 (Bild), S. 89 (Karte)

214–216: aus: Isar-Amperwerke. 50 Jahre im Dienste der Oberbayerischen Stromversorgung 1908–1958, S. 13 u. 20

220: aus: Die Industrie der Oberpfalz in Wort und Bild, Regensburg 1914, S. 4

226/227: Brauerei Bischofshof

233 o. und u.: aus: Meyers Konversationslexikon, 2. Auflage, 1861–1868, Bd. 17. Karten und Kupfer, Landwirtschaft II und III

234: aus: Binder, E. M., Bauern – Häusler – Ökowirte, 1992, S. 60

257: Eigener Entwurf, erstellt nach: Hohorst, G. (u. a.), Sozialgeschichtliches Arbeitsbuch, Bd. 2, 1870–1914, 1978, S. 104

263: aus: Werk und Wirken. 50 Jahre TE-KA-DE Nürnberg, 1962

280: aus: Brockhaus Enzyklopädie, 15. Auflage, 1933

292/293: Bayernhafen GmbH & Co KG

298 o.: aus: Die Industrie der Oberpfalz in Wort und Bild, Regensburg 1914, S. 183

298 u./299: aus: 50 Jahre BBI. Bayerische Braunkohleindustrie AG 1906–1956, nach S. 44 und 64

310: aus: Zeitschrift des Bayerischen Statistischen Landesamtes 71 (1939), nach S. 552

359/360: privat

379: aus: Beträge zur Statistik Bayerns 135

395: aus: Zeitschrift des Bayerischen Statistischen Landesamtes 81 (1949), S. 73

401–403: Münchener Messe- und Ausstellungsgesellschaft GmbH

409: aus: Bayerns Wirtschaft im Aufbau / Bavarian Economy on the March, hg. vom Bayerischen Statistischen Landesamt, 1953

410–412: Schaeffler-Gruppe

417: aus: Bayerns Wirtschaft 10 Jahre nach dem Krieg, hg. Vom Bayerischen Statistischen Landesamt, 1955

418: Grundlage: Bayerns Wirtschaft gestern und heute, 1964, S. 9, 1992, S. 9

424: aus: Bayern in Zahlen, 1947, S. 25

425/426: Rohrwerk Maxhütte

433: Landesanstalt für Aufbaufinanzierung

441/443: Vereinigung der Bayerischen Wirtschaft

444: aus: Die Gewerbliche Wirtschaft in Bayern (Schaubilderheft des bayerischen statistischen Landesamtes 15), hg. vom Bayerischen Statistischen Landesamt, 1965, S. 69

445/446: aus: Bayerns Wirtschaft 10 Jahre nach dem Kriege, hg. vom Bayerischen Statistischen Landesamt, 1956, Blätter 13 und 11

449: aus: Auf neuen Wegen. Die Wirtschaft in Bayern, 1956, S. 93

452: Grundlage: Bayerns Wirtschaft gestern und heute, Ausgabe 1964, S. 7 f. (für die Angaben 1951 bis 1961); Ausgabe 1976 S. 17 f. (für die Angaben von 1962 bis 1970); Ausgabe 1992, S. 14 f. (für die Angaben 1971 bis 1991). Die Werte dieser Statistik weichen von jenen in den statistischen Jahrbüchern aus nicht ersichtlichen Gründen geringfügig ab.

474: aus: Bayerns Wirtschaft 10 Jahre nach dem Kriege, hg. vom Bayerischen Statistischen Landesamt, 1956, Blatt 8

475: aus: Wirtschaftsraum Oberpfalz-Regensburg, S. 176

482: Haus der Bayerischen Geschichte, München

485 o.: aus: Statistisches Jahrbuch 29 (1969), S. 21; die Angaben beziehen sich auf Bayern ohne die Pfalz

486/488 o.: aus: Statistisches Jahrbuch 23 (1947), S. 21

490: aus: Strukturbericht 1977, S. 12

493: aus: Statistisches Jahrbuch Bayern 30 (1972), S. 15

496: aus: Bayern in Zahlen, 1947, S. 2

498 o. und u.: aus: Statistisches Jahrbuch 24 (1952), S. 81

500: aus: Statistisches Jahrbuch 25 (1955), S. 135; man beachte, dass auch bei den Angaben für 1933 die Pfalz nicht berücksichtigt ist.

502: aus: Bayerns Wirtschaft gestern und heute, 1982, S. 33

505: aus: Bayerns Wirtschaft 10 Jahre nach dem Kriege, hg. vom Bayerischen Statistischen Landesamt, 1956, Blatt 14

506/507: Brauerei Bischofshof

511 o. und u.: aus: Bayerns Wirtschaft 10 Jahre nach dem Kriege, hg. vom Bayerischen Statistischen Landesamt, 1956; Übersichten 3 und 4. Man beachte, dass in Übersicht 3 nicht alle Industriebeschäftigten berücksichtigt sind.

512: aus: Landesentwicklungsplan 1971, S. 21

513/514: Linde AG

517 o. und u.: aus: Die Gewerbliche Wirtschaft in Bayern (Schaubilderheft des bayerischen statistischen Landesamtes 15), 1965, oben Blatt 59, unten Blatt 40

518: aus: Statistisches Jahrbuch 29 (1969), S. 228

520–522: Sennebogen Maschinenfabrik GmbH

524: aus: Bayerische Motorenwerke AG München. Festschrift 50 Jahre BMW, 1966, S. 104

525/526: aus: Mirsching, Gerhard, Audi. Vier Jahrzehnte Ingolstädter Automobilbau, 1988, S. 134

531: privat

535: AGROB AG

537/538: Lindner Gruppe

546: aus: Statistisches Jahrbuch 29 (1969), S. 205

553/554: aus: Zeitschrift des Statistischen Bayerischen Landesamtes (1972), Schaubild 1

560/561/564: aus: Die bayerische Landwirtschaft in Bild und Zahl, hg. vom Bayerischen Statistischen Landesamt, 1968

567 o.: aus: Die bayerische Landwirtschaft in Bild und Zahl, hg. vom Bayerischen Statistischen Landesamt, 1968

570/571: privat